普通高中新教材实施的大概念核心问题教学研究（一）

语文

总主编 ◎ 米云林

主　编 ◎ 向柱文　郑　芸

西南交通大学出版社

·成　都·

图书在版编目（CIP）数据

普通高中新教材实施的大概念核心问题教学研究. 一
1 语文 / 米云林总主编 ； 向柱文，郑芸主编. --成都：
西南交通大学出版社，2025. 2. --ISBN 978-7-5774
-0326-7

Ⅰ. G633

中国国家版本馆 CIP 数据核字第 2025WC1126 号

Putong Gaozhong Xinjiaocai Shishi de Dagainian Hexin Wenti Jiaoxue Yanjiu（yi）

普通高中新教材实施的大概念核心问题教学研究（一）

总主编 / 米云林
语文 **主　编** / 向柱文　郑　芸
数学 **主　编** / 董蜀章　张　翼
英语 **主　编** / 舒启慧　王学龙

策划编辑 / 罗小红　余崇波
责任编辑 / 居碧娟　何明飞　孟　媛
责任校对 / 左凌涛
封面设计 / 墨创文化

西南交通大学出版社出版发行
（四川省成都市金牛区二环路北一段 111 号西南交通大学创新大厦 21 楼　610031）
营销部电话：028-87600564　　028-87600533
网址：https://www.xnjdcbs.com
印刷：成都勤德印务有限公司

成品尺寸　185 mm × 260 mm
总 印 张　54.75　　总字数　1370 千
版　　次　2025 年 2 月第 1 版　　印次　2025 年 2 月第 1 次

书　　号　ISBN 978-7-5774-0326-7
套价（全 3 册）　288.00 元

普通高中新教材实施的大概念核心问题教学研究丛书

编委会

序

《基础教育课程改革纲要（2001 年）》《国家中长期教育发展纲要（2010—2020 年）》《普通高中课程方案（2017 年版 2020 年修订）》、《普通高中语文等各学科课程标准（2017 年版 2020 年修订）》等文件一再提出深入推进课程改革，加之四川省普通高中新课程新教材的实施已于 2022 年 9 月在新高一平稳落地。作为四川仅有的三所教育部批准的普通高中新课程新教材实施国家级示范校之一，四川大学附属中学（简称为“川大附中”）以大概念赋能学校 20 余年的“核心问题教学”，开展“大概念核心问题教学”研究，即教学设计聚焦核心大概念与核心问题的双核组织与驱动，开展全员全程全学科的“破冰式”探索，以大概念实现课程内容结构化，以核心问题实现课程内容情境化，在实践研究中丰富而生动地诠释了《普通高中课程方案》“以大概念为核心，使课程内容结构化，以主题为引领，使课程内容情境化”相关要求。实践表明，大概念核心问题教学引导学生追求概念结论、思想方法、价值观念的深层意义和灵活迁移，有力促进了学生在学科育人情境中逐渐形成基于学科本质的正确价值观、必备品格和关键能力，进而发展成为适应个人终身发展和社会发展需要的核心素养，有力助推教师们在学科教学内容、教育技术的优化与整合中，深度理解课标、教材，不断提升学科育人水平。

基于大概念与核心问题双核组织与驱动教学，教师通过整合学科知识和学习经验，开展结构化的教学设计，将课程内容由学科逻辑向学习逻辑不断调整、优化，使得学科知识、方法、价值之间的逻辑联系，呈现动态的、再生的、主客观融合的、相互渗透的紧密关联，同时以核心问题引导学生经历概念生成、理解、迁移和运用等过程，产生对大概念的深度体验，形成结论认知、方法探索、观念养成等三种学习成果。在持续伴随的问题解决情境中，学生不断地将觉察到的以知识、个人为中心的关联体验提炼为个体经验；进而反思提升，表达为经由充分交流、达成共识性理解的集体经验，即能够表征出来的大概念；并在新的问题情境中将大概念转化为作用于实践运用的新的个体经验，使新问题得以解决，最后将这一完整过程以素养的形式刻入我们的行动、思维和观念之中。经由深度的体验、深刻的理解和深入的实践，就建立起情境—大概念—素养之间的关联。

本丛书是教师基于新教材开发实施的大概念核心问题教学成果集，涵盖了各学科所有教材核心单元的核心教学课时，包含了“大概念核心问题教学单元规划纲要”（见表 1，以下简称“单元规划纲要”）、“大概念核心问题教学课时学教案”（见表 2，以下简称“课时学教案”）等两项内容。“单元规划纲要”主要包含：基于课标和教材分析、学情分析、资源基础等确立的单元核心大概念及其蕴含的概念结论、思想方法、价值观念三类大概念的简约化表达和特征化表达，单元教学内容的课时大概念下层结构；明确学生单元学习时的经历境遇、达成行为标准和心智标准的单元素养目标表达；明确学生单元学习过程中研究性活动的单元核心问题和课时核心问题结构；涵盖基础性作业、综合性作业和实践性作业的单元作业系统规划。“课时学教案”主要包含：基于课标和教材分析、学情分析等确立的课时核心大概念及三类大概念的简约化表达和特征化表达；明确学生课时学习的素养目标表达；明确学生课时研究性活动的核心问题；核心问题教学四环节；体现三类大概念生成的板书结构化设计；涵盖三类作业的既有丰富情境又检测和发展三类大概念，还能体现学科核心素养的水平层次的课时作业系统规划表，以及课后“大概念核心问题教学文化评价表”“大概念核心问题教学素养目标点检测表”。教学设计突出大概念的特征：高阶性和中心性、中枢性和意义性、持久性和迁移性，突出核心问题教学彰显的学科课程的本质性、情境性、关联性和研究性。这样基于大概念与核心问题的课程教学设计，有利于将静态、孤立、客观的知识系统转化为学习者主动建构的对知识进行由此及彼、由表及里地探究、理解、迁移的学习经验系统，从而实现学生在深度体验中核心素养的积淀与发展。

本系列丛书既是学校课题研究成果的原始素材，又是课题研究成果的现实演绎；既是教师专业成长的阶梯，又是教师专业发展的实证。这些研究成果得到社会的广泛认可，许多案例已经在全国、四川省、成都市各级各类赛课中获奖，在各级各类研究课中获一致好评。

表 1　大概念核心问题教学单元规划纲要

学科__________　　　　　　　年级__________　　　　　　　教师__________

<table>
<tr><td>年级</td><td></td><td>单元名称</td><td></td><td>单元课时</td><td></td></tr>
<tr><td rowspan="2">单元内容</td><td>教材内容</td><td colspan="4"></td></tr>
<tr><td>课程标准</td><td colspan="4"></td></tr>
<tr><td rowspan="2">基础条件</td><td>资源基础</td><td colspan="4"></td></tr>
<tr><td>学生基础</td><td colspan="4"></td></tr>
<tr><td>单元大概念
及下层结构</td><td colspan="5"></td></tr>
<tr><td>单元教学目标</td><td colspan="5"></td></tr>
<tr><td>单元核心问题
及问题分解</td><td colspan="5"></td></tr>
<tr><td rowspan="5">课时划分</td><td>课时</td><td colspan="2">课时名称</td><td colspan="2">课时核心问题</td></tr>
<tr><td>第一课时</td><td colspan="2"></td><td colspan="2"></td></tr>
<tr><td>第二课时</td><td colspan="2"></td><td colspan="2"></td></tr>
<tr><td>第三课时</td><td colspan="2"></td><td colspan="2"></td></tr>
<tr><td>××××</td><td colspan="2"></td><td colspan="2"></td></tr>
<tr><td>教学评价</td><td colspan="5"></td></tr>
<tr><td>单元作业</td><td colspan="5"></td></tr>
<tr><td>反馈调整</td><td colspan="5"></td></tr>
</table>

表 2　大概念核心问题教学课时学教案

学科＿＿＿＿＿＿　　　　　　　　　　　　教师＿＿＿＿＿＿

方面	项目	内容
教学分析设计	教材课标	
	大概念	
	资源条件	
	学生基础	
	教学目标	
	核心问题	
	评价预设	
教学实施设计	教学环节	
	板书设计	
	作业布置	
	教学流程	
教学评价设计	评价实施	
	信息搜集	
	反馈调整	

目　录

高中语文必修（上）第三单元
——“生命的诗意”单元教学

“生命的诗意”大概念的核心·问题教学单元规划纲要

学科 语文 教师 邓苹、王曦、陈琳、王晏玲

<table>
<tr><td>年级</td><td>高一</td><td>单元名称</td><td>古诗词鉴赏</td><td>单元
课时</td><td>8</td></tr>
<tr><td>单元
内容</td><td>教材
内容</td><td colspan="4">本单元是人教社部编本（2020版）《普通高中教科书·语文》上册第三单元。本单元的人文主题是“生命的诗意”，该单元对应的学习任务群是“文学阅读与写作”。
“文学阅读与写作”任务群旨在引导学生阅读古今中外诗歌、散文、小说、剧本等不同体裁的优秀文学作品，使学生在感受形象、品味语言、体验感情的过程中提升文学欣赏能力，并尝试文学写作，撰写文学评论，借以提高审美鉴赏能力和表达交流能力。
单元所选古诗词共八首，分别是魏晋诗人曹操《短歌行》、陶渊明《归园田居》，唐代诗人李白《梦游天姥吟留别》、杜甫《登高》、白居易《琵琶行并序》，宋代诗人苏轼《念奴娇·赤壁怀古》、辛弃疾《永遇乐·京口北固亭怀古》、李清照《声声慢》。从时间上看，这八首诗歌贯穿了魏晋至宋代近千年时间；从体裁上看，既有古体诗，又有律诗，还有词。这些不同时代不同境遇的诗人，以意象、手法、炼字、形象塑造等方式吟唱出对生命的感悟。具体如下：
<table>
<tr><td>篇目</td><td>作者</td><td>体式</td><td>意象</td><td>形象</td><td>炼字</td><td>手法</td><td>背景</td></tr>
<tr><td>《短歌行》</td><td>曹操</td><td>古体诗行</td><td>杜康、苹等</td><td>求贤若渴、志在天下</td><td>厌</td><td>用典</td><td>南伐途中</td></tr>
<tr><td>《归园田居》</td><td>陶渊明</td><td>古体诗</td><td>南野、方宅等</td><td>厌倦官场、乐享田园</td><td>误</td><td>白描</td><td>辞官归田</td></tr>
<tr><td>《梦游天姥吟留别》</td><td>李白</td><td>古体诗吟</td><td>湖月、猿等</td><td>不屈不挠、潇洒自信</td><td>迷、恍</td><td>想象</td><td>赐金放还别友</td></tr>
<tr><td>《登高》</td><td>杜甫</td><td>近体诗</td><td>风、猿、鸟等</td><td>年老多病、心忧国民</td><td>常、独</td><td>对仗</td><td>流寓夔州</td></tr>
<tr><td>《琵琶行并序》</td><td>白居易</td><td>古体诗行</td><td>枫叶、月等</td><td>仕途困顿</td><td>迟、</td><td>比喻</td><td>左迁九江</td></tr>
<tr><td>《念奴娇·赤壁怀古》</td><td>苏轼</td><td>词</td><td>故垒、乱石、浪涛、月等</td><td>怀古伤己、豁达自慰</td><td>了、还</td><td>对比</td><td>被贬黄州</td></tr>
<tr><td>《永遇乐·京口北固亭怀古》</td><td>辛弃疾</td><td>词</td><td>舞榭、歌台等</td><td>怀古叹今、抱负难伸</td><td>赢</td><td>用典</td><td>开禧北伐</td></tr>
<tr><td>《声声慢》</td><td>李清照</td><td>词</td><td>淡酒、雁、黄花等</td><td>愁肠百结、体弱多病</td><td>敌、守</td><td>反问</td><td>晚年流寓南方</td></tr>
</table>
</td></tr>
</table>

<table>
<tr><td>单元内容</td><td>课程标准</td><td colspan="2">本单元属于《普通高中语文课程标准》(2017年版2020年修订版)所划分的18个学习任务群中第五个——文学阅读与写作。课程标准中该任务群的“课程内容”“学习目标与内容”和“教学提示”综合而言主要指向如下三方面:
第一是学科核心素养的培养——“审美鉴赏与创造”和“文化的传承与理解”。“生命的诗意”八首诗词均是我国古代诗词中的经典作品,既通向“审美鉴赏与创造”,也是理解和传承中华优秀传统文化的绝佳文本。
第二是文学作品阅读鉴赏方法和过程的建构。完成本单元的诗歌学习,也就完成了从阅读到鉴赏再到写作评价这样一个逐渐深入的学习环节:① 精读古今中外优秀的文学作品,感受作品中的艺术形象,理解欣赏作品的语言表达,把握作品的内涵,理解作者的创作意图。结合自己的生活经验和阅读写作经历,发挥想象,加深对作品的理解,力求有自己的发现。② 根据诗歌、散文、小说、剧本不同的艺术表现方式,从语言、构思、形象、意蕴、情感等多个角度欣赏作品,获得审美体验,认识作品的美学价值,发现作者独特的艺术创造。③ 结合所阅读的作品,了解诗歌、散文、小说、剧本写作的一般规律。捕捉创作灵感,用自己喜欢的文体样式和表达方式写作,与同学交流写作体会。尝试续写或改写文学作品。④ 养成写读书提要和笔记的习惯。根据需要,可选用杂感、随笔、评论、研究论文等方式,写出自己的阅读感受和见解,与他人分享,积累、丰富、提升文学鉴赏经验。
第三是教学方式的选择和运用。① 教学中可运用专题阅读、比较阅读等方式,创设阅读情境,激发学生阅读兴趣,引导学生阅读、鉴赏、探究与写作。② 以学生自主阅读、讨论、写作、交流为主。应结合作品的学习和写作实践,由学生自主梳理探究,使所学的文学知识结构化。教师应向学生提供有效的学习支持,如做好问题设计、提供阅读策略指导、适时组织经验分享和成果交流活动;在学习过程中相机进行指导点拨,组织并平等参与问题讨论;鼓励和引导学生自主组织、举办诗歌朗诵会、读书报告会、话剧表演等活动,丰富学生的审美体验。
“生命的诗意”单元所选古诗词作品的作者及作品的题材内容对学生来说都不陌生,在此基础上进行自主探究式的学习是可行的。老师可以从策略方向上加以引导,使学生自主学习变得高效,有助于学生获得更好的鉴赏体验,深化对相关文学知识的认知,易于知识结构的生成</td></tr>
<tr><td rowspan="5">基础条件</td><td rowspan="5">资源基础</td><td>资源名称</td><td>功　能</td></tr>
<tr><td>黑板</td><td>板书课时核心问题;板书学生诵读鉴赏过程中发现、生成和反思提炼的知识、能力及方法要点</td></tr>
<tr><td>教材、学案及辅助资料</td><td>提供核心问题教学四个环节中学生诵读鉴赏、评析探究与生成知识能力所需的必要载体与支架</td></tr>
<tr><td>PPT</td><td>出示课时核心问题和四个环节的学生活动及要求,提供赏析交流的关键性提示和部分参考性结论</td></tr>
<tr><td>微视频</td><td>展示学生成果</td></tr>
</table>

续表

<table>
<tr><td>基础条件</td><td>学生基础</td><td>高一学生在小学阶段学习了 75 首古诗词，初中三年学习 80 余首古诗词，从数量来看，学生已有较为丰富的古诗词积累。古诗词鉴赏方面，学生对古诗词艺术手法、思想情感等相关术语和鉴赏路径也是比较熟悉的。学校教学中的诗词朗诵活动和自媒体时代不同版本的朗诵视频，让很多学生喜欢上古诗词朗诵并提升了古诗词朗诵水平。这些都为本单元的古代诗词鉴赏奠定了顺利有效实施的基础。
但是，高中生古诗词鉴赏学习也存在一些问题：① 所选篇目阅读难度增加，对学生能力要求更高了。② 高中学生迫于高考压力，在古诗词的学习上具有功利心，很多学生都在吃初中常见术语、常考模式背诵的老本，不会主动也没有能力对篇目进行更深入、更系统的思考。③ 从现实语境来看，无论是日常生活表达还是写作，学生并不常常接触古诗词阅读与写作。所以学生要对这八首不同时代、不同体式、不同内容的诗歌进行整合阅读并写文学短评，还是有一定困难的。那么在教学上，教学方式的选用、学习策略的指导就尤为重要</td></tr>
<tr><td>单元大概念及下层结构</td><td colspan="2">单元名称：古诗词鉴赏
核心大概念：古诗词形与意的关联鉴赏
特征化表达：以正确的生命观、审美观、写作观研习单元古诗词经典篇目，掌握古诗词阅读中的形象思维、关联思维、比较思维、逻辑思维、创造思维，探究古诗词整合鉴赏中形与意的关联鉴赏的一般方法。
概念结论类：古诗词形与意的关联鉴赏方法
特征化表达：古诗词作为中国传统文化中独特的文学样式，既有外在呈现的“形”，如标点、字词、体式、意象、手法、诗歌形象、写作背景，也有其内在的“意”，即思想情感、观念、主旨、内涵等。深入文本，以“形”求“意”，读懂诗和诗人。这个过程就蕴含着阅读古诗词的一般方法。
思想方法类：形象思维、关联思维、比较思维、逻辑思维、创造思维
特征化表达：古诗词言简义丰，需要在朗读中展开想象和联想，还原诗歌意境，梳理诗歌的结构逻辑或情感逻辑，从整体上理解一首诗。也要比较不同时代不同风格的作品，欣赏不同作品的独特的艺术手法，从整体上理解诗歌体系，建构完善的诗歌鉴赏体系。还要在理解鉴赏的基础上，尝试用喜欢的诗歌体式和表达方式创作，以简要的文字把自己对诗歌的理解分析和评价写出来，提升文学创作能力。
价值观念类：正确的生命观、审美观、创作观
特征化表达：“生命的诗意”单元就是在探究文本的情感的过程中，认识到诗意的生命的当代价值，激发学生对自我生命的观照、对当今社会的思考，树立正确的生命观，理性对待人生境遇。领略多样的审美追求，理性评价并传承传统文化，热爱优秀传统文化，并自觉传承优秀文化
<table>
<tr><td rowspan="2">课时</td><td colspan="2">课时大概念</td><td colspan="3">课时概念梳理</td></tr>
<tr><td>简略化表达</td><td>特征化表达</td><td>概念结论（小概念）</td><td>思想方法</td><td>价值观念</td></tr>
<tr><td>1</td><td>炼字与情感</td><td>相较于其他文学作品，古诗词尤其讲究用词的简洁、准确、精妙。诗歌中的形容词、动词、数词、拟声词、叠词等等，往往含有不尽之意，能使文本具有张力，暗含诗人丰富的情感</td><td>炼字、叠词与诗歌情感</td><td>朗诵感受形象思维</td><td>字斟句酌的审美观</td></tr>
</table>
</td></tr>
</table>

续表

	课时	课时大概念		课时概念梳理		
		简略化表达	特征化表达	概念结论（小概念）	思想方法	价值观念
单元大概念及下层结构	2	体式与情感	不同体式的古代诗歌，在韵律、节奏、表现手法等方面呈现出不同的特征，通过运用比较、联想、创造等思维，建立“形”“意”相生的诗词审美观，有助于辨析诗歌的创作体裁，把握不同风格的审美取向，品味诗人的情感表达	古典诗歌体式与情感	比较思维 联想思维 创造思维	“形”“意”相生的诗词审美观
	3～4	手法与情感	诗歌需要借助手法来摹物、状景、写情。要引导学生分析提炼不同手法达到的艺术效果，更要比较不同诗人使用同一种手法的区别和达到的不同效果，通过对比来理解诗人独特的审美风格	修辞、描写、抒情手法与诗歌情感	比较思维 逻辑思维	诗无定法、诗亦有法的审美观
	5	背景与情感	诗人的作品，往往跟所处的时代、自己的性格、审美追求、自身遭遇相关，所以解析诗歌往往需要“知人论世”。“世”即文学创作的时代背景，“人”即作者的性格、经历及其审美追求等。在欣赏文学作品时如果了解这些，就能拨叶寻根，发掘时代背景、人生境遇与作品情感的关系	不同时代背景中诗人人生态度的变化	比较思维 关联思维	人与社会环境的共生发展观
	6	形象与情感	诗歌中往往有几个形象值得关注：诗人现实形象、诗中抒情形象、诗中其他形象。分析这些形象的差异和联系，有利于进一步分析出诗人复杂的情感，从而把握单元主题“生命的诗意”	明确诗人、诗中形象与情感三者间的关联	比较思维 关联思维	生命观、仕途观
	7～8	文学短评写作	鉴赏诗歌要有对诗歌的理解、分析和评价，并能形成文字，即文学短评。因此要指导学生从诗歌的字词、体式、手法、背景、形象某一感触最深的角度入手展开评论，以梳理个人阅读经验，领悟创作、鉴赏的规律，提高文学审美能力	评价方式 诗评创作	比较思维 创造思维	审慎全面的写作观

续表

<table>
<tr><td>单元教学目标</td><td colspan="3">参与古诗词单元“炼字与情感”“体式与情感”“手法与情感”“背景与情感”“形象与情感”“文学短评写作”六个贯通式阅读赏析活动，完成古诗词形与意的关联鉴赏。逐步掌握古诗词鉴赏的基本方法（素养水平 1-3、1-4、2-3）、文学短评的写作思路（4-3、5-3、5-4），热爱优秀文化传统，自觉传承优秀文化，理性对待人生境遇（3-4、4-4）</td></tr>
<tr><td>单元核心问题及问题分解</td><td colspan="3">核心问题：
通读本单元八首古诗词，从用词、体式、手法、背景、形象等角度研读诗歌情感，并提炼诗歌鉴赏的基本方法，尝试写作文学短评。
问题分解：
本单元的单元核心问题的设置，从“文学阅读与写作”任务群的要求、“单元学习目标”“单元学习任务”出发，力求使学生习得古诗词的鉴赏的基本方法，并在品读语言手法、体验情感的过程中，学会分析和评价文学作品，撰写兼具议论性与文学性的评论性文章。现将核心问题作如下分解：① 尝试做批注式短评，分析炼字与叠词对营造诗歌意境的作用。② 学习诗歌体式与特点，改写诗歌，探寻体式对情感表达的作用。③ 比较阅读，探究艺术手法对诗歌内涵表现的作用。④ 概括诗歌多种形象，探究诗歌形象对表现主题的作用</td></tr>
<tr><td rowspan="7">课时划分</td><td>课时</td><td>课时名称</td><td>课时核心问题</td></tr>
<tr><td>第一课时</td><td>炼字与情感</td><td>批注《登高》《声声慢》中的炼字和叠词，交流探讨遣词用字对表现诗歌情感的作用</td></tr>
<tr><td>第二课时</td><td>体式与情感</td><td>联读两首古体诗，体察“体式与情感”的关联，并探析两种不同取向的艺术风格</td></tr>
<tr><td>第三、四课时</td><td>手法与情感</td><td>比较《念奴娇·赤壁怀古》《永遇乐·京口北固亭怀古》中的用典艺术，探究诗人如何借助艺术手法表现独特的情感</td></tr>
<tr><td>第五课时</td><td>背景与情感</td><td>梳理《短歌行》《归园田居》的写作时代、词人境遇等信息，寻找背景在诗歌中的投射，探究背景对诗情的影响</td></tr>
<tr><td>第六课时</td><td>形象与情感</td><td>研读文本，借助“我”发掘诗人复杂的情感，探究两首诗歌在表征上的共性与个性</td></tr>
<tr><td>第七、八课时</td><td>文学评论写作</td><td>小组讨论确定文学评论的角度，共读经典评论，探究文学评论常见写作路径。由浅入深逐步完成由句到段、由段到篇的文学评论写作</td></tr>
<tr><td>教学评价</td><td colspan="3">一、关于大概念生成理解的评价预设
1. 概念结论类大概念
（1）就古诗词鉴赏阅读这一单元大概念本身及其统摄下的“炼字与情感”“体式与情感”“手法与情感”“背景与情感”“形象与情感”“文学评论写作”几个课时大概念在教与学的统整和规范上的实际效用进行综合评价。
（2）在单元古诗词鉴赏活动中，就学生基于单元各类大概念进行鉴赏的具体情况进行及时恰当的评价。
2. 思想方法类大概念
在单元古诗词的鉴赏活动中，就学生在概括归纳、比较鉴赏、创作表达等活动中的达成情况进行检测评价。
3. 价值观念类大概念
在单元古诗词的鉴赏活动和单元三类作业的完成过程中，就学生对个别鉴赏角度的体悟，对中华优秀传统文化的认知进行评价。</td></tr>
</table>

续表

<table>
<tr><td>教学评价</td><td colspan="7">二、关于单元素养目标达成的评价预设
（1）就学生参与单元古诗词遣词用字的分析、诗歌的体式转换创作、手法的对比分析、形象的概括分析等活动中的具体表现进行激励、督促和指导性评价。
（2）就学生把握单元每首古诗词的典型意境、基本情感等的达成情况进行优、良、中、一般的定性评价。
（3）就学生掌握古诗词鉴赏的基本方法、认识古诗词当代价值、理性分析与评价古诗词的具体情况进行鼓励性评价。
三、关于三类单元作业完成的评价预设
将单元基础性作业、综合性作业和实践性作业在各课时中命制成具体的古诗词鉴赏题目并赋分，就学生对每一类题目的完成情况进行赋分评价</td></tr>
<tr><td rowspan="4">单元作业</td><td>作业类型</td><td>作业目标</td><td>作业内容</td><td>作业情境</td><td>概念结论</td><td>思想方法</td><td>价值观念</td></tr>
<tr><td>基础性作业</td><td>结合课内所学，运用古诗词情感鉴赏的基本方法，对课内诗歌进行补充鉴赏</td><td>梳理本单元八首诗歌的用词、体式、手法、背景、形象并分析这些外在“形”与诗歌情感之间的关联，以表格或者思维导图的形式呈现</td><td>古诗词综合鉴赏的真实学习实践情境和归纳分析的真实学习探索情境</td><td>由形及意</td><td>概括归纳
体悟分析</td><td>着眼文本
研“形”析“意”</td></tr>
<tr><td>综合性作业</td><td>能熟练运用单元古诗词鉴赏学习所获，对诗歌进行综合鉴赏活动</td><td>在你遭遇失败、不如意时，你更喜欢用哪首诗歌作为你的情感寄托？请选择一首，从“形象与情感”切入，写一则800字左右的文学短评</td><td>诗歌阅读与文学短评结合，是积累创作经验、领悟鉴赏创作规律结合的真实学习实践情境</td><td>文学评论</td><td>创作表达</td><td>读写结合
继承发扬</td></tr>
<tr><td>实践性作业</td><td>能自觉结合单元古诗词鉴赏阅读学习所获，去开展古诗词文化现象的审美实践和探究，促进对传统文化的理性认知和传承</td><td>参观成都杜甫草堂或武侯祠，选取一首你喜欢的诗歌，并搜集背景资料、相关作品、视频，反复揣摩其情感，设计朗诵脚本，班级交流朗诵</td><td>古诗词在实际生活中的审美情境、读写结合的真实审美探索情境</td><td>鉴赏诵读</td><td>赏析创作</td><td>由篇及类
古为今用</td></tr>
<tr><td>反馈调整</td><td colspan="7">待单元教学完成之后，拟从单元教学设计、教学实施和作业设计三个方面进行反思总结，提出具体的优化措施</td></tr>
</table>

体式与情感
——“生命的诗意”单元第二课时学教案

王　曦

一、教学分析设计

【内容分析】☞

多样的体式是古诗歌的特点之一，如古体诗的歌、行、吟、引，近体诗律诗绝句，还有词的小令、中调、长调等。对待多篇古诗词，不但要了解不同体式在字数、声韵等方面的基础知识，更要深入分析诗歌体式对情感表达的重要作用。本课时将联读《短歌行》《归园田居（其一）》两首古体诗，引导学生学会从语言的韵律、节奏、表现手法的角度赏析诗歌语言，让学生领悟质朴刚健和平淡舒缓两种不同取向的诗歌之美，进而强化学生对诗歌“体式与情感”关联的体验，提升其诗歌鉴赏水平。

【课时大概念】☞

概念类别	简略化表达	特征化表达
核心大概念	古典诗歌体式与情感	不同体式的古代诗歌，在韵律、节奏、表现手法等方面呈现出不同的特征，通过运用比较、联想、创造等思维，建立“形”“意”相生的诗词审美观，有助于辨析诗歌的创作体裁，把握不同风格的审美取向，品味诗人的情感表达
概念结论类	诗歌体式	诗歌中基于创作体裁与审美取向而呈现出的体貌特色和技巧手法
思想方法类	比较思维 联想思维 创造思维	以两首诗歌的比较为教学内容主体，以改编创作为教学手段之一，以合理联想链接诗歌“形”与“意”，达成强化学生对诗歌“体式与情感”关联的体验、提升其诗歌鉴赏水平的教学目标
价值观念类	“形”“意”相生的诗词审美观	诗歌因形式的考究而具有音韵美、节奏美、结构美、形体美，因“形”与“意”相生而具有情境美。赏析古诗词，把握“形”“意”关联，有助于提升学生的诗歌鉴赏水平

【资源条件】☞

资源名称	功 能
黑板	板书核心问题；板书学生解决问题时交流、分析、建构要点；板书反思提升要点等
教材、学案、课外助读资料	提供核心问题教学各环节中自主阅读、探究与生成的支架与思维空间
电子白板	方便进行基于深度理解与表达的思维训练
自制 PPT	出示具体的任务和活动内容；出示评价反馈练习等内容

【学生基础】☞

高一学生在小学阶段学习了 75 首古诗词，初中三年学习 80 余首古诗词，从数量来看，学生已经较为丰富的古诗词积累。古诗歌鉴赏方面，学生对古诗歌艺术手法、思想情感等相关术语和鉴赏路径也是比较熟悉的。学校教学中的诗词朗诵活动和自媒体时代不同版本的朗诵视频，让很多学生喜欢上古诗词朗诵并提升了古诗词朗诵水平。这些都为本单元的古代诗词鉴赏奠定了顺利有效实施的基础。

但是，高中生古诗词鉴赏学习也存在一些问题：① 所选篇目阅读难度增加，对学生能力要求更高。② 高中学生迫于高考压力，在古诗词的学习上具有功利心，很多学生都在吃初中常见术语、常考模式背诵的老本，不会主动也没有能力对篇目进行更深入更系统的思考。相对于近体诗，学生对古体诗的鉴赏偏少偏弱；相对于诗歌情感和手法，从诗歌体式角度对诗歌进行鉴赏和探究的更是少之又少。因此，我们应通过恰当的联读，让学生在比较中体悟到不同的韵律、节奏和表达技巧带来的不同效果，以及其诗歌风格与情感的对应关联和高度契合。

【目标分析】☞

参与“体式与情感”课时的学习，学生将进行诵读诗歌、改写诗歌，分析诗歌以及文学短评创作等实践活动（语言建构与运用 4-1、审美鉴赏与创造 4-3、文化的理解与传承 4-4），并通过比较阅读的方法（思维发展与提升 4-2），领会“体式与情感”的关联，获得不同诗歌风格的审美体验（审美鉴赏与创造 4-3），进而形成“形”“意”相生的古代诗歌审美观（审美鉴赏与创造 4-3）。

【主题分析】☞

本单元曹操的《短歌行》是四言古诗中的精品，陶渊明《归园田居（其一）》是五言诗的典范，本课时授课中，教学中要强调两者对比，引导学生学会从语言的韵律、节奏、表现手法的角度赏析诗歌语言，体察体式与情感表达的关联，领悟质朴刚健和平淡舒缓两种不同取向的诗歌之美。因此，本节课的核心问题是：联读两首古体诗，体察“体式与情感”的关联，并探析两种不同取向的艺术风格。

【评价预设】☞

（1）提出问题环节。由前人评价导入，引起学生注意，再展示核心任务，学生更能体会到本节课的必要性、重要性，这样才更有利于探讨的顺利开展。

（2）“解决问题”环节。在赏析语言时，有些学生对文本理解不够准确、技巧分析不准确、具体概念不明晰，需在探讨交流过程中不断加以指导；表述观点时，教师要在学生发言后加以引导，对学生理解和表达准确程度等进行适度评价。

（3）“反思提升”环节。在总结论证方法时，学生思考可能理解不够准确，教师要结合课例予以引导规范。在总结妙处时，学生思考可能不够深入，老师要表扬他们所做的努力和形成的方向，同时结合课例给予适度引导，促进学生拓宽思维空间。

（4）“运用反馈”环节，学生鉴赏、展示的时间要留够，学生点评时可能存在角度不恰当，教师要及时指导纠正。教师应重点回扣评价指标进行恰当的评价。

二、教学实施设计

【教学环节】☞

教学环节	学生活动	教师活动	设计意图	技术融合
提出问题	引出前人评价，领会核心问题	引导学生阅读前人评价，提出核心问题：联读两首古体诗，体察“体式与情感”的关联，并探析两种不同取向的艺术风格	激发学习兴趣，明确学习任务，引起学习注意	电子白板出示核心问题
解决问题	1. 任务一：朗读感知，体会两诗节奏韵律差异。 （1）活动一：请尝试将《归园田居（其一）》改写成四言诗，将《短歌行》改成五言诗，并比较改写前后表情达意的不同。 （2）活动二：请标出两首诗的韵脚，朗读体会韵脚带来的不同情味。 2. 任务二：精读赏析，比较两诗语言技巧之别。（特别比较相同手法的不同之处）。 3. 任务三：鉴赏品味，领略不同诗风审美特质。 （1）刘勰用“志深而笔长，梗概而多气”评价建安文学，请就《短歌行》谈谈你对这一诗风的理解。 （2）苏轼评价陶渊明的诗“质而实绮，癯而实腴”，请就《归园田居（其一）》谈谈你的理解	1. 引导学生通过诵读、改写，分析韵脚体会两首诗节奏形式的差异，以及其语言形式与思想内容情感的契合。 2. 组织学生精读赏析，比较两诗语言技巧细微之别。除了相异之处，比喻和直抒胸臆有相似之处，相似之处也有差异。 3. 通过文本互涉，赏析前人评价，引导学生鉴赏品味，领略不同诗风审美特质并探析其达成的原因。引导学生发言，并及时板书学生发言要点	1. 让学生通过一系列语言活动，体会到诗歌语言形式是达成其“自由舒缓”或“古朴庄重”诗风的重要原因。 2. 通过精读赏析，比较两诗语言技巧细微之别，进一步领会情感与形式之间的关联。 3. 升级思维，暗中链接高考，对“诗歌风格”的赏析是高考难点	PPT 出示活动要求，提供文本研读所需的资料

续表

教学环节	学生活动	教师活动	设计意图	技术融合
反思提升	1. 总结归纳《短歌行》《归园田居（其一）》的语言艺术特点。 2. 总结：赏析某种诗歌风格的呈现，除了分析其思想内容、情感等，还要赏析与之相匹配的形式		通过探讨反思，进一步明确其语言艺术特点和艺术效果	板书要点
评价反馈	1. 鉴赏实践； 2. 习作展示	展示评测练习题：① 钟嵘《诗品》评价曹操的诗“曹公古直，甚有悲凉之句”，可是顾随先生却不以为然，他认为“曹诗表面是悲，骨子里却是壮；表面是凉，骨子里却是热；消极之中，有其积极的因素”。对此，你的理解是什么？请结合《短歌行》和曹操的其他作品写一则文学短评。 ② 元好问评价陶渊明的诗“一语天然万古新，豪华落尽见真淳”。试结合《归园田居（其一）》和陶渊明的其他作品，写一则文学短评	将学习体验应用到鉴赏实践中	电子白板出示学生习作

【板书设计】☞

体式与情感

——统编本高中语文必修上册“生命的诗意”第二课时

核心问题：联读两首古体诗，体察“体式与情感”的关联，并探析两种不同取向的艺术风格。

一、学生发言（根据学生发言课堂生成）

特点/篇目	短歌行	归园田居（其一）
节奏	四言“二二” 匀称铿锵，古朴庄重	五言“二一二”“二二一”交替 自由灵动，舒缓自如
押韵	八次换韵 跌宕起伏、深沉委曲	一韵到底 轻松愉快，明朗喜悦
技法	比兴、直抒胸臆、借代、比喻、设问、用典、引用	比喻、直抒胸臆、寓情于景、白描
诗风	情志深刻，笔意深长 激昂慷慨，气韵雄浑	质而实绮，癯而实腴

二、反思提升（根据学生发言课堂总结）

赏析诗歌风格的维度：内容与形式（具体化）

副板书：任务三之诗歌风格分析要点

【课后服务】☞

课时作业的结构化设计：

作业序号	作业目标	作业情境		概念结论		思想方法		价值观念		整体评估	
		内容	水平	内容	水平	内容	水平	内容	水平	内容	水平
1	研读本单元诗词，能明确其文体，说明其文体特点，概括其发展历程	基于本单元所有诗歌体裁的知识点梳理是诗歌体式探究的起点，是真实的学习探索情境	简单	诗歌体式演变历程	语言建构与运用 1	归纳思维、比较思维	思维发展与提升 2	古诗词是中文独有的文体，有特殊的格式和韵律，是民族文化的精华	文化传承与理解 1	基础性作业	学业质量水平 1-4
2	迁移本课时所学知识，研读课内外其他诗词，能分析诗词体式与其情感表达之间的联系，并赏析其诗歌风格	基于同类型文本解读的真实情景	较复杂	诗歌体式对情感表达具有重要作用	语言建构与运用 3	比较思维、聚合思维、发散思维、思辨思维	思维发展与提升 3	“形”“意”相生的诗词审美观	文化传承与理解 3	综合性作业	学业质量水平 3-3
3	能学以致用，将习得的知识与能力运用到语言实践活动中	基于解决实际问题以及引导学生深入思考的真实情景	复杂	诗歌体式对情感表达具有重要作用	语言建构与运用 5	比较思维、创造思维	思维发展与提升 4	“形”“意”相生的诗词审美观	文化传承与理解 5	实践性作业	学业质量水平 4-3
课时作业总体评估	本课时解决问题的过程中强调两诗对比，引导学生学会从语言的韵律、节奏、表现手法的角度赏析诗歌语言，探析体式与情感的关联，进而领悟质朴刚健和平淡舒缓两种不同取向的诗歌之美。在反思提升环节总结：赏析某种诗歌风格的呈现，除了分析其思想内容、情感等，还要赏析与之相匹配的形式。在评价反馈环节，进行了课中两位诗人诗歌风格的赏析训练。在此基础上，课后设计了基础性、综合性和实践性三类作业，以此将本课时习得的知识和能力进行迁移，使学生能在更广的范围灵活运用。 基础性作业为“查阅资料，解释以下名词并简要概述其发展历程：古体诗、四言诗、五言诗、歌、行、吟、引、乐府诗、近体诗、律诗、绝句、词、小令、中调、长调”。其设计意图是让学生能够界定诗歌的体式并大体掌握其特点。综合性作业为“李白、杜甫诗歌体式与情感表达的关系”“苏轼、辛弃疾、李清照词风的体现”，意在检测学生迁移本课时知识的能力，使学生以“形“意”相生的审美观梳理古代重要诗人的诗歌风格。实践性作业为“评论写作”与“文学写作”，意在让学生把习得的知识与能力运用到更高级的语言实践活动中										

（具体的作业内容略）

【教学流程】☞

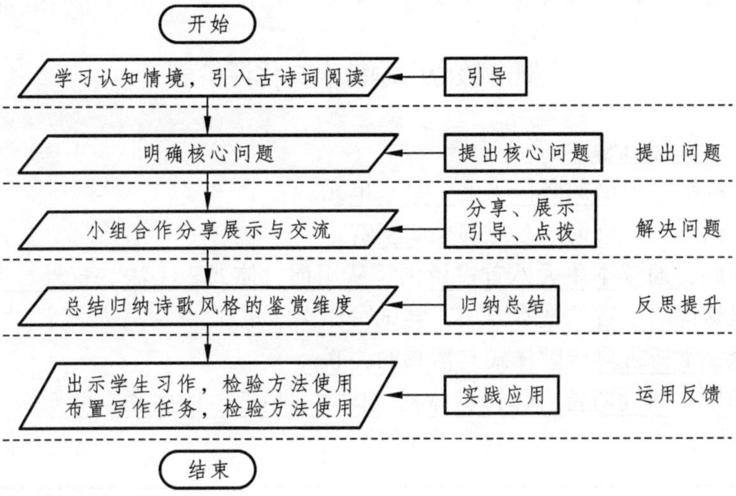

三、教学评价设计

【评价实施】☞

（1）课堂教学四个环节的推进过程中，一方面主要是立足课前依据学情和学习内容拟定的“评价预设”，就学生在各学习环节中参与相应的探析鉴赏活动表现情况进行引导性评价，以促进学生学习体验行为更加有效；另一方面，注重捕捉学生在各学习活动中的临时生成性表现并进行针对性评价，以鼓励或纠偏，从而较好地保障了学生学习体验的有序和高效。

（2）为检测学生课堂对古代诗歌“体式与情感”关联体验的实际效果，在“评价反馈”环节设计了课时作业（评价工具），然后对学生的完成情况进行了等级评价，并依据评价来分析判断学生本节课的学习体验实效，力求达成以评促学的评价目的。

【信息搜集】☞

为真实完整地了解本节课素养目标的达成情况，在“评价反馈”环节布置了检测题目，课后第一时间收齐了全班学生在课内完成的作业[从以下两题中选择一个，写一则文学短评。① 钟嵘《诗品》评价曹操的诗“曹公古直，甚有悲凉之句”，可是顾随先生却不以为然，他认为“曹诗表面是悲，骨子里却是壮；表面是凉，骨子里却是热；消极之中，有其积极的因素”。对此，你的理解是什么？请结合《短歌行》和曹操的其他作品写一则文学短评。② 元好问评价陶渊明的诗“一语天然万古新，豪华落尽见真淳”。试结合《归园田居（其一）》和陶渊明的其他作品，写一则文学短评]，并进行了完成质量等级评价和详细统计分析。

【反馈调整】☞

相对于近体诗，学生对古体诗的鉴赏偏少偏弱；相对于诗歌情感和手法，从诗歌体式角度对诗歌进行鉴赏和探究的更是少之又少。因此，我们应通过恰当的联读，让学生在比较中体悟到不同的韵律、节奏和表达技巧带来的不同效果，以及其诗歌风格与情感的对应关联和高度契合。本节课达成了预期目标。但由于时间关系，本节课还是囿于课内文本了，如有相应拓展，可以以更多形式进行诗歌的比较，更能帮助学生突破概括风格的难点。

大概念核心问题教学文化评价表

课时名称：体式与情感。

所属单元：统编高中语文必修（上）第三单元。

单元核心大概念：古诗词形与意的关联鉴赏。

单元核心问题：通读本单元八首古诗词，从用词、体式、手法、背景、形象等角度研读诗歌情感，并提炼诗歌鉴赏的基本方法，尝试写作文学短评。

课时大概念：赏析古典诗歌体式与情感的关联。

课时核心问题：联读两首古体诗，体察“体式与情感”的关联，并探析两种不同取向的艺术风格。

<table>
<tr><th rowspan="2">评价目标</th><th colspan="3">评价指标</th><th rowspan="2" colspan="2">评价
方法结果</th></tr>
<tr><th>一级指标</th><th>二级指标</th><th>三级指标</th></tr>
<tr><td rowspan="20">实现活动体验中的学习与素养发展</td><td rowspan="12">具有大概念核心问题教学形态</td><td rowspan="3">核心问题
利于活动体验</td><td>内含客观问题和学生活动方式</td><td>7</td><td rowspan="12">每项指标最高评8分（满分为96分）

合计 93 分</td></tr>
<tr><td>问题情境与真实生活密切相关</td><td>7</td></tr>
<tr><td>能引发大概念、新知新法生成</td><td>8</td></tr>
<tr><td rowspan="3">教学目标
价值引导恰当</td><td>目标构成全面准确</td><td>8</td></tr>
<tr><td>内含关联体验目标</td><td>8</td></tr>
<tr><td>目标价值引导显现</td><td>8</td></tr>
<tr><td rowspan="3">教学环节
完整合理落实</td><td>课程教学环节完整</td><td>8</td></tr>
<tr><td>环节内容合理充实</td><td>8</td></tr>
<tr><td>学生活动时间充分</td><td>7</td></tr>
<tr><td rowspan="3">教学要素
相互匹配促进</td><td>问题目标环节两两匹配</td><td>8</td></tr>
<tr><td>技术促进活动形式内容</td><td>8</td></tr>
<tr><td>课程特色突出氛围浓郁</td><td>8</td></tr>
<tr><td rowspan="8">具有大概念核心问题教学特质</td><td rowspan="4">拓展学习视野</td><td>课堂与现实世界有恰当关联</td><td colspan="2" rowspan="8">选择一个表现突出的二级指标，在相应三级指标引导下，以现场学生表现为主要依据，以其余指标为背景，于本表的第二页写出150字以上的简要评价</td></tr>
<tr><td>有基于缄默知识的问题解决</td></tr>
<tr><td>有缄默知识运用的追踪剖析</td></tr>
<tr><td>知识运用剖析导向素养发展</td></tr>
<tr><td rowspan="4">投入实践活动</td><td>有真实而且完整的实践活动</td></tr>
<tr><td>实践活动深度融入两类情境</td></tr>
<tr><td>能够全身心地浸渍于活动中</td></tr>
<tr><td>活动的内容结果均丰富深入</td></tr>
</table>

续表

<table>
<tr><td rowspan="2">评价目标</td><td colspan="3">评价指标</td><td rowspan="2">评价
方法结果</td></tr>
<tr><td>一级指标</td><td>二级指标</td><td>三级指标</td></tr>
<tr><td rowspan="15">实现活动体验中的学习与素养发展</td><td rowspan="15">具有大概念核心问题教学特质</td><td rowspan="4">感受意义关联</td><td>有核心问题的深层意义感受</td><td rowspan="15"></td></tr>
<tr><td>有以知识为中心的关联感受</td></tr>
<tr><td>有以个人为中心的关联感受</td></tr>
<tr><td>有对三类大概念的关联感受</td></tr>
<tr><td rowspan="4">自觉反思体验</td><td>有实质性反思活动的开展</td></tr>
<tr><td>有课堂新因素的追踪利用</td></tr>
<tr><td>有体验的交流与改善重构</td></tr>
<tr><td>有概念生成中的素养发展</td></tr>
<tr><td rowspan="4">乐于对话分享</td><td>乐于自我的表达与认真的倾听</td></tr>
<tr><td>乐于合作中成果与思路的分享</td></tr>
<tr><td>乐于成果交流中深层意义分享</td></tr>
<tr><td>有宽容的对话氛围和双向交流</td></tr>
<tr><td rowspan="3">认同素养评价</td><td>认可素养评价</td></tr>
<tr><td>参与素养评价</td></tr>
<tr><td>利用素养评价</td></tr>
<tr><td colspan="5">大概念核心问题教学特质的简要评价（包括发展性建议）：
我选择“投入的实践活动”对本节课设计进行评价。本课任务设计由浅入深，思考难度逐层增加，语文实践活动是学生解决问题的脚手架。在进行诗词赏析时，需要进行大量的“诵读、改写、比较”等语文实践活动，方能往文本深处走、细处寻，品味出体式不同带来的情绪表达差异。只有学生积极投入语文实践，才能够由浅入深逐步解决问题，最后完成诗歌艺术风格鉴赏这样能力层级要求最高的难题。特别是在改写和比较诵读环节，全员参与，相互点评，气氛热烈</td></tr>
</table>

大概念核心问题教学素养目标点检测表

<table>
<tr><td>课时名称</td><td colspan="3">体式与情感</td></tr>
<tr><td>所属单元</td><td colspan="3">统编本高中语文必修（上）第三单元</td></tr>
<tr><td rowspan="3">单元大概念</td><td>核心大概念</td><td colspan="2">古诗词形与意的关联鉴赏</td></tr>
<tr><td>概念结论类</td><td>思想方法类</td><td>价值观念类</td></tr>
<tr><td>古诗词形与意的关联鉴赏方法</td><td>形象思维、关联思维、比较思维、逻辑思维、创造思维</td><td>正确的生命观、审美观、创作观</td></tr>
</table>

<table>
<tr><td>单元核心问题</td><td colspan="3">通读本单元八首古诗词，从用词、体式、手法、背景、形象等角度研读诗歌情感，并提炼诗歌鉴赏的基本方法，尝试写作文学短评</td></tr>
<tr><td rowspan="2">课时大概念</td><td>概念结论类</td><td>思想方法类</td><td>价值观念类</td></tr>
<tr><td>古典诗歌体式与情感</td><td>比较思维、联想思维、创造思维</td><td>“形”“意”相生的诗词审美观</td></tr>
<tr><td>课时核心问题</td><td colspan="3">联读两首古体诗，体察“体式与情感”的关联，并探析两种不同取向的艺术风格</td></tr>
<tr><td>课时素养目标</td><td colspan="3">参与“体式与情感”课时的学习，学生将进行诵读诗歌、改写诗歌，分析诗歌以及文学短评创作等实践活动（语言建构与运用 4-1、审美鉴赏与创造 4-3、文化的理解与传承 4-4），并通过比较阅读的方法（思维发展与提升 4-2），鉴赏诗歌“体式与情感”的关联，获得不同诗歌风格的审美体验（审美鉴赏与创造 4-3），进而形成“形”“意”相生的古代诗歌审美观（审美鉴赏与创造 4-3）</td></tr>
<tr><td>检测点</td><td colspan="3">“诗歌体式”与“诗歌情感”之间的关联</td></tr>
<tr><td>检测任务</td><td colspan="3">从以下两题中选择一个，写一则文学短评。
1. 钟嵘《诗品》评价曹操的诗“曹公古直，甚有悲凉之句”，可是顾随先生却不以为然，他认为“曹诗表面是悲，骨子里却是壮；表面是凉，骨子里却是热；消极之中，有其积极的因素”。对此，你的理解是什么？请结合《短歌行》和曹操的其他作品写一则文学短评。
2. 元好问评价陶渊明的诗“一语天然万古新，豪华落尽见真淳”。试结合《归园田居（其一）》和陶渊明的其他作品，写一则文学短评</td></tr>
<tr><td rowspan="4">分类标准</td><td colspan="3">A. 能结合诗句鉴赏诗歌风格，表达准确清晰，并在短评中恰当体现从韵律、节奏等体式维度进行的思考</td></tr>
<tr><td colspan="3">B. 能结合诗句鉴赏诗歌风格，表达较准确清晰，在短评中较恰当体现从韵律、节奏等体式维度进行的思考</td></tr>
<tr><td colspan="3">C. 能鉴赏诗歌风格，在短评中体现从韵律、节奏等体式维度进行的思考</td></tr>
<tr><td colspan="3">D. 诗歌风格鉴赏有误，在短评中没有体现从韵律、节奏等体式维度进行的思考</td></tr>
<tr><td rowspan="5">检测统计</td><td>分类等级</td><td>学生人数</td><td>百分比（%）</td></tr>
<tr><td>A</td><td>9</td><td>17.3</td></tr>
<tr><td>B</td><td>26</td><td>50</td></tr>
<tr><td>C</td><td>12</td><td>23</td></tr>
<tr><td>D</td><td>5</td><td>9.6</td></tr>
<tr><td>检测分析及结果运用</td><td colspan="3">文本的品析和学生的体验过程由浅入深、由表及里，尊重学生的认知规律的同时，使学生获得了丰富的体验。在课后检测中，有 67.3%的同学能结合诗句鉴赏诗歌风格，表达较准确清晰，在短评中较恰当体现从韵律、节奏等体式维度进行的思考，得分率较高。其中有近 17.3%的同学能结合诗句鉴赏诗歌风格，表达准确、清晰、优美，并在短评中恰当体现从韵律、节奏等体式维度进行的思考。但仍有 9.6%的同学诗歌风格鉴赏有误，或没有结合文本，或短评中没有体现从韵律、节奏等体式维度进行的思考</td></tr>
</table>

素养目标达成典型实例	典型作品一： 《短歌行》以感人的真诚和慷慨悲凉的感情吟咏了生命的忧患，以貌似颓废的意态来表达及时进取的精神，以放纵歌酒的行为来表现对人生哲理的严肃思考，以觥筹交错之景来抒发心忧天下和渴慕人才之情。全诗以感慨开篇，继之以慷慨沉吟，再以忧愁接之，后以开朗收尾，忧乐夹杂，或徐或疾，想象丰富，语言铿锵，古朴悲凉，气魄宏大。 《龟虽寿》异曲同工。人寿夭有别，却终有一死的开篇说尽悲凉，但紧承“老骥伏枥，志在千里，烈士暮年，壮心不已”，深刻表达老当益壮之精神，笔力遒劲、韵律沉雄。 故而钟嵘先生之评价“曹公古直，甚有悲凉之句”，是为“表”，顾随先生“曹诗表面是悲，骨子里却是壮；表面是凉，骨子里却是热”，是为曹公知音。 分析：本短评结合《短歌行》《龟虽寿》诗句鉴赏诗歌风格，表达准确清晰，雅致优美，并在短评中恰当体现从韵律、节奏等体式维度进行的思考。判为A类上等。 典型作品二： 《归园田居（其一）》写的是隐退丘山之志，诗人用“误落”“一去”“旧林”“故渊”等词，说明其原为世外之人，尘俗生活有违本意。他无比向往回归田园，其笔下的方宅草屋、榆柳桃李、人村炊烟、狗吠鸡鸣等，描写得自然质朴，言语不刻意修饰，却透出灵动与自由，感情上不矫揉造作，扫净铅华，尽现率真。陶渊明的诗句，如“采菊东篱下，悠然见南山”“少无适俗韵，性本爱丘山”“晨兴理荒秽，带月荷锄归”等，都是清新自然的句子，用“一语天然万古新，豪华落尽见真淳”来概括陶渊明诗歌的特点，是对陶渊明诗歌的充分肯定和高度赞美。 分析：本短评结合陶渊明诗句，表达准确清晰，并在短评中恰当体现从韵律、节奏等体式维度进行的思考。判为A类中等
检测反馈	每个同学的作品都经过了自我修改、小组修改和老师指导修改的多个环节，逐步形成了更优秀更完整的作品。后进的同学，也在集体的熏陶中找到了写作的感觉，有了明显的进步

诵苏辛词章，悟生命诗意
——“生命的诗意”单元第三课时学教案

陈　琳

一、教学分析设计

【内容分析】☞

统编高中语文教材选择性必修上册第三单元属于“文学阅读与写作”学习任务群，单元人文主题是“生命的诗意”。

“文学阅读与写作”任务群旨在引导学生阅读古今中外诗歌、散文、小说、剧本等不同体裁的优秀文学作品，使学生在感受形象、品味语言、体验感情的过程中提升文学欣赏能力，并尝试文学写作，撰写文学评论，借以提高审美鉴赏能力和表达交流能力。

单元所选古诗词共八首，分别是魏晋诗人曹操《短歌行》、陶渊明《归园田居》，唐代诗人李白《梦游天姥吟留别》、杜甫《登高》、白居易《琵琶行并序》，宋代诗人苏轼《念奴娇·赤壁怀古》、辛弃疾《永遇乐·京口北固亭怀古》、李清照《声声慢》。从时间上看，这八首诗歌贯穿了魏晋至宋代近千年时间；从体裁上看，既有古体诗，又有律诗，还有词。这些不同时代不同境遇的诗人，以意象、手法、炼字、形象塑造等吟唱出对生命的感悟。

这节课的主要学习任务在于精读《念奴娇·赤壁怀古》《永遇乐·京口北固亭怀古》两首经典词作，引导学生分析提炼不同手法达到的艺术效果，比较不同诗人使用同一种手法的区别和达到的不同效果，通过对比联读来理解诗人独特的审美风格。

【课时大概念】☞

概念类别	简略化表达	特征化表达
核心大概念	古典诗词的手法与情感	诗歌需要借助手法来摹物、状景、写情。不同的手法有不同的艺术效果，不同诗人使用同一种手法也能达到的不同效果，从而通过比较联读来理解诗人独特的审美风格
概念结论类	不同诗人使用同一种手法的区别和达到的不同效果	诗词中的典故承载着作者深沉的情思和独特的感悟，不管用典单一还是丰富，都值得细细咀嚼品味。因而，通过比较两首经典词作用典手法、归纳出赏析的一般方法是研习此类文本的重要阅读任务

续表

概念类别	简略化表达	特征化表达
思想方法类	比较与逻辑分析	基于单元古典诗词内容多的特点，精选其中两首，设计比较阅读和实践练笔的活动，以丰富学生语言建构与运用的经验
价值观念类	深刻的人文性和正确的生命观	本单元就是在探究文本情感的过程中，认识到诗意的生命的当代价值，激发学生对自我生命的观照、对当今社会的思考，树立正确的生命观，理性对待人生境遇

【资源条件】☞

资源名称	功能
黑板	板书核心问题；板书学生解决问题时交流、分析、建构的要点；板书反思提升要点等
教材、学案、课外助读资料	提供核心问题教学各环节中自主阅读、探究与生成的支架与思维空间
PPT	出示具体的教学内容；提供全班交流时所需部分结果；出示评价反馈练习等内容

【学生基础】☞

学生在小学阶段学习了75首古诗词，初中学习了80余首古诗词，从数量来看，学生已经有较为丰富的古诗词积累。古诗词鉴赏方面，学生对古诗词艺术手法、思想情感等相关术语和鉴赏路径也是比较熟悉的。学校教学中的诗词朗诵活动和自媒体时代不同版本的朗诵视频，让很多学生喜爱并擅长古诗词朗诵。这些都为本单元的古代诗词鉴赏奠定了顺利有效实施的基础。

但是，高中生古诗词鉴赏学习也存在一些问题：一是所选篇目阅读难度增加，对学生能力要求更高。二是高中学生迫于高考压力，在古诗词的学习上具有功利心，很多学生都在吃初中常见术语、常考模式背诵的老本，不会主动也没有能力对篇目进行更深入、更系统的思考。三是从现实语境来看，无论是日常生活表达，还是写作，学生并不常常接触古诗词阅读与写作。所以学生要对这八首不同时代、不同体式、不同内容的诗歌进行整合阅读并写文学短评，还是有一定困难的。那么在教学上，教学方式的选用、学习策略的指导就尤为重要。

【目标分析】☞

参与古代词章名篇《念奴娇·赤壁怀古》与《永遇乐·京口北固亭怀古》的阅读鉴赏（素养水平1-1、2-2、3-2），在此过程中，能比较诗词中咏史怀古的写作手法，能把握典故的复杂内涵及作用（素养水平4-2），能够体会诗词中表达的情感，树立正确的人生观（素养水平5-1）。

【主题分析】☞

古诗词作为中国传统文化中独特的文学样式，既有外在呈现的“形”，也有其内在的“意”，以“形”求“意”，读懂诗和诗人这个过程就蕴含着阅读古诗词的一般方法。因此，本节课通过联读《念奴娇·赤壁怀古》与《永遇乐·京口北固亭怀古》，将两首词的用典手法进行比较，启发学生自主探究不同诗人使用同一种手法的区别和达到的不同效果，通过对比来理解诗人独特的审美风格。

基于上述分析，本课时的核心问题即拟定为：比较《念奴娇·赤壁怀古》《永遇乐·京口北固亭怀古》中的用典艺术，探究诗人如何借助艺术手法表现的独特的情感。

【评价预设】☞

（1）提出问题环节：以郭沫若先生为辛弃疾写的楹联导入，让学生了解苏辛词都有豪放之势，引用词中诗句，将学生带入二人笔下的豪迈世界，引导学生说出怀古诗词的含义以及常见的写作手法：临古地—思古人—抒己志。运用激励性评价，肯定他们与词作共情，激发他们进一步探究的欲望、信心和勇气，从而明晰核心问题。

（2）解决问题环节：设置的三个活动为“以声入情，诵苏辛之词”“缘典明情，析词人之志向”“对比析情，悟生命诗意”。这三个活动主要是让学生在“读”“缘”“比”的过程中进行自主体验、合作探究，并运用激励性评价和多元性评价，不断促进学生深度体验。

（3）反思提升环节：先讲述表达技巧类（典故）的答题方法，再让学生提炼诗歌情感。苏词豪中带旷，苏轼是一个失意的文人，能够释怀，所以有“人生如梦，一尊还酹江月”之叹，词人也从失意转向乐观豁达。而辛弃疾是一个失意的英雄，他无法释怀，所以有“凭谁问，廉颇老矣，尚能饭否？”之问。辛词豪放中带悲，这是将才的志向，是一个拥有家国情怀的英雄的唉叹。在激励性评价的基础上进行三类大概念的总结提炼。

（4）评价反馈环节：通过文学的创造，进入现实的再创造。两首词都是词人在面对人生失意与挫折时所创作的。在这里，要引导学生联想到：如今的我们，如何去面对挫折、面对人生的困难呢？在这里设置问题：同学们是否和曾经面对困难就气馁的自己握手言和呢？请运用这两首词中的语句，以“亲爱的自己，当面对困难和挫折时”为开头，运用典故给那时的自己写一段勉励寄语。这是对中国人精神文化的传承，更是让学生树立正确的人生观。

二、教学分析设计

【教学环节】☞

教学环节	学生活动	教师活动	设计意图	技术融合
提出问题	欣赏楹联，感受伟大词人的豪迈世界；明确课时核心问题，进入“生命的诗意”单元“以形写意”的赏析情境	1. 郭沫若创作的挽联导入：“铁板铜琶，继东坡高唱大江东去，美芹悲黍，冀南宋莫随鸿雁南飞。” 2. 提出核心问题。联读《念奴娇·赤壁怀古》与《永遇乐·京口北固亭怀古》，挖掘典故的复杂内涵及作用，品悟生命的诗意	以豪迈悲怆的楹联引入，促进思考和认知，激发文本赏析兴趣，明确学习核心任务，产生学习期待	PPT 出示苏轼、辛弃疾相关资料，出示核心问题

续表

教学环节	学生活动	教师活动	设计意图	技术融合
解决问题	诵读两首词，初步感受“念奴娇”和“永遇乐”两个词牌的不同格律和词人表达的不同情感。 聆听教师范读	出示活动一：“以声入情，诵苏辛之词” 指导阅读：读准字音，吐字清晰；把握节奏，恰当停顿；体会感情，抑扬顿挫。 教师范读、点拨	按要求诵读，并在聆听教师范读的过程中促进学生快速进入赏析情境	PPT 出示诵读要求
	独立思考、小组讨论、执笔人记录、确定主要发言人	出示活动二：“缘典明情，析词人之志” 跟随苏轼与辛弃疾登临赤壁/北固亭，看他们怀了哪些人？忆了哪些事？主要运用了哪些手法？ 教师出示相关补充资料，指导分析、点评	学生进行自主合作探究，将典故转化为一个个鲜活的人物和故事，体会典故的内涵和作用	PPT 出示活动要求
	比较阅读、深入思考、交流讨论两首词运用典故的显著差异及不同的效果	出示活动三：“对比析情，悟生命诗意” 比较这两首词典故使用的异同，从而总结出情感的异同。 点评、追问和深化	在典故的比较分析中加深对两位词人所处的时代背景、性格特点、身世经历的理解	PPT 出示活动要求和相关图文资料
反思提升	深入思考古典诗词中典故的使用对表情达意和传理的作用，从而促进对“生命的诗意”的深刻领会	引导学生反思关于典故的不同使用方法以及不同方法背后的原因，总结、提炼苏轼和辛弃疾的生命观	以“形”求“意”，读懂诗和诗人的过程中逐步提炼阅读古诗词的一般方法	PPT 出示结构图，完善板书
评价反馈	按要求完成写作检测题并进行展示交流，对展示交流的情况进行口头评价	出示评价题：学习完这两首词后，你是否和曾经那个遇到困难就气馁的自己握手言和呢？请运用这两首词中的语句，以“亲爱的自己，当面对困难和挫折时”为开头，运用典故，给那时的自己写一段勉励寄语吧。 布置写作练习，组织生生互评	通过写作练习，检测学生对素养目标的达成情况，进一步强化树立正确的人生观	PPT 出示反馈任务、实物投影学生写作练习

【板书设计】☞

诵苏辛词章，悟生命的诗意

核心问题：联读《念奴娇·赤壁怀古》与《永遇乐·京口北固亭怀古》，挖掘典故的复杂内涵及作用，品悟生命的诗意。

词作	典故	生命诗意
念奴娇/苏轼	周瑜—— 单则典故	豪中带旷 豁达、逍遥
永遇乐/辛弃疾	孙权 刘裕 刘义隆 } 多则典故 拓跋焘 廉颇	豪中带悲 志向坚韧、家国情怀

（其余内容根据课堂情况现场生成）

【课后服务】☞

课时作业的结构化设计：

作业序号	作业目标	作业情境		概念结论		思想方法		价值观念		整体评估	
		内容	水平	内容	水平	内容	水平	内容	水平	内容	水平
1	检测鉴赏诗歌表达技巧的方法	运用以形写意手法的真实学习情境	较容易	古典诗词用典手法的赏析	语言建构与运用 2	演绎与发散	思维发展与提升 2	内容与形式相结合	文化传承与理解 1	基础性作业	学业质量水平 1-2
2	检测读懂诗歌与诗人的人文之美的能力	深度感受苏辛二人的豪迈气度和悲怆人生的真实体验情境	较复杂	古典诗词生命的诗意的探究	语言建构与运用 3	分析与综合	思维发展与提升 3	理性和感性相结合	文化传承与理解 3	综合性作业	学业质量水平 3-2
3	检测联系诗人和现代社会生活实际进行文案创作的能力	表达真实的社会生活实践情况	复杂	微视频文案的写作	语言建构与运用 5	演绎与赋形	思维发展与提升 4	理论与实践相结合	文化传承与理解 5	实践性作业	学业质量水平 4-3

续表

课时作业总体评估	本节课设计了基础性、综合性和实践性三类作业。其中基础性作业为一道高考题：“《日暮倚杖水边》（诗歌内容略）此诗领联运用了什么手法，表达了作者怎样的感情？”检测是否能够准确判断鉴赏诗歌的方法，并分析其情感。综合性作业为：“阅读苏轼的《前赤壁赋》《后赤壁赋》以及《辛弃疾传》，谈谈苏东坡和辛弃疾的突围之举和突围之果。”检测是否在读懂诗文的基础上进一步了解苏辛二人的经历和追求，能运用恰当的语言表达二人的突围之举和突围之果，感受人文之美。实践性作业：“为宣传苏辛故居创作微视频文案”。检测联系诗人和现代社会生活实际进行文案创作的能力。三类作业设计基本遵循了由方法到能力、由理论到实践、由赏析到创作的知识能力内化规律，具有较为明显的结构化表征，不仅能检测学生对古典诗词以形写意的方法是否掌握，更能让学生学会理性对待人生境遇，领略多样的审美追求，理性评价并传承经典、热爱经典，并自觉传承优秀文化

（具体的作业内容略）

【教学流程】☞

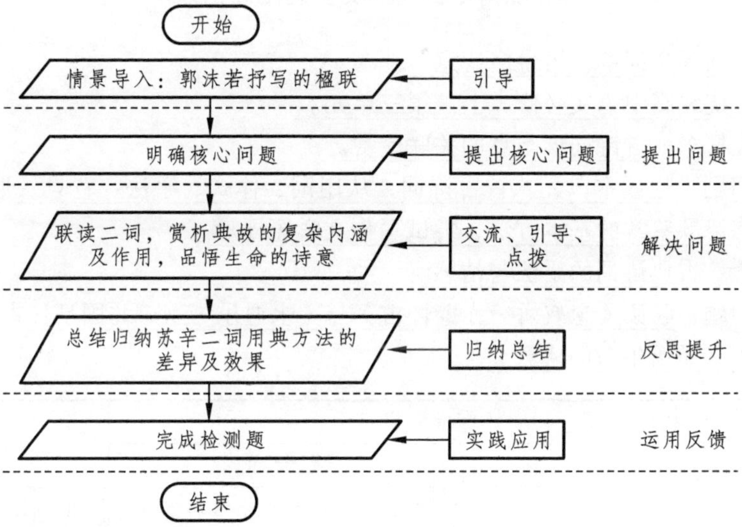

三、教学评价设计

【评价实施】☞

（1）本节课评价伴随教学四个环节展开而进行，评价时立足学情和“评价预设”，就学生参与讨论交流的相应内容进行激励性、导向性、多元性评价，以促进学生学习体验行为更加有效。同时要及时对学生在思维碰撞活动中产生的分歧进行纠偏或鼓励评价，对课堂生成的新思路、新角度进行鼓励性评价，从而激励学生始终处于高效且富于激情的思维活动。

（2）为检测学生挖掘典故的复杂内涵及作用，品悟生命诗意的学习体验的实际效果，在“评价反馈”环节结合课堂学习内容设计了课时作业（评价工具），然后对学生的完成情况进行了等级评价和赋分评价，并依据这两类评价数据来分析判断学生本节课的学习体验实效，力求达成以评促学的评价目的。

【信息搜集】☞

为真实完整地了解本节课素养目标的达成情况，在“评价反馈”环节布置了检测题目，课后收集了全班学生在课内完成的练笔，并进行了质量等级评价和详细统计分析。

【反馈调整】☞

本课以古代词章名篇《念奴娇·赤壁怀古》与《永遇乐·京口北固亭怀古》为载体，尝试从手法与情感的角度来培养学生解读文本的能力，从核心问题课堂教学实施的四个环节的具体情况来看，总体上是较为理想地达成了预期素养目标。但在反思提升环节——提炼阅读古诗词的一般方法，学生的表达不够凝练，赏析理解有些不着边际。其原因在于本节课设计的内容过多，既有两首词典故内容的理解，又有典故使用原因的挖掘，还有对两位词人生平经历、时代背景、性格志趣的探究，而教师在课堂中脚手架的搭建不够清晰。所以在课堂设计中务求思路清晰指向明确，确保课堂流畅高效。

大概念核心问题教学文化评价表

课时名称：<u>诵苏辛词章，悟生命诗意。</u>

所属单元：<u>统编高中语文必修（上）第三单元。</u>

单元核心大概念：<u>古诗词形与意的关联鉴赏。</u>

单元核心问题：<u>通读本单元八首古诗词，从用词、体式、手法、背景、形象等角度研读诗歌情感。提炼诗歌鉴赏的基本方法，尝试写作文学短评。</u>

课时大概念：<u>古典诗词的手法与情感。</u>

课时核心问题：<u>联读《念奴娇·赤壁怀古》与《永遇乐·京口北固亭怀古》，挖掘典故的复杂内涵及作用，品悟生命的诗意。</u>

<table>
<tr><th rowspan="2">评价目标</th><th colspan="3">评价指标</th><th colspan="2" rowspan="2">评价
方法结果</th></tr>
<tr><th>一级指标</th><th>二级指标</th><th>三级指标</th></tr>
<tr><td rowspan="12">实现活动体验中的学习与素养发展</td><td rowspan="12">具有大概念核心问题教学形态</td><td rowspan="3">核心问题利于活动体验</td><td>内含客观问题和学生活动方式</td><td>8</td><td rowspan="12">每项指标最高评 8 分（满分为 96 分）

合计 <u>90</u> 分</td></tr>
<tr><td>问题情境与真实生活密切相关</td><td>8</td></tr>
<tr><td>能引发大概念、新知新法生成</td><td>7</td></tr>
<tr><td rowspan="3">教学目标价值引导恰当</td><td>目标构成全面准确</td><td>7</td></tr>
<tr><td>内含关联体验目标</td><td>7</td></tr>
<tr><td>目标价值引导显现</td><td>7</td></tr>
<tr><td rowspan="3">教学环节完整合理落实</td><td>课程教学环节完整</td><td>8</td></tr>
<tr><td>环节内容合理充实</td><td>8</td></tr>
<tr><td>学生活动时间充分</td><td>7</td></tr>
<tr><td rowspan="3">教学要素相互匹配促进</td><td>问题目标环节两两匹配</td><td>7</td></tr>
<tr><td>技术促进活动形式内容</td><td>8</td></tr>
<tr><td>课程特色突出氛围浓郁</td><td>8</td></tr>
</table>

续表

<table>
<tr><td rowspan="2">评价目标</td><td colspan="3">评价指标</td><td rowspan="2">评价
方法结果</td></tr>
<tr><td>一级指标</td><td>二级指标</td><td>三级指标</td></tr>
<tr><td rowspan="23">实现活动体验中的学习与素养发展</td><td rowspan="23">具有大概念核心问题教学特质</td><td rowspan="4">拓展学习视野</td><td>课堂与现实世界有恰当关联</td><td rowspan="23">选择一个表现突出的二级指标，在相应三级指标引导下，以现场学生表现为主要依据，以其余指标为背景，于本表的第二页写出150字以上的简要评价</td></tr>
<tr><td>有基于缄默知识的问题解决</td></tr>
<tr><td>有缄默知识运用的追踪剖析</td></tr>
<tr><td>知识运用剖析导向素养发展</td></tr>
<tr><td rowspan="4">投入实践活动</td><td>有真实而且完整的实践活动</td></tr>
<tr><td>实践活动深度融入两类情境</td></tr>
<tr><td>能够全身心地浸渍于活动中</td></tr>
<tr><td>活动的内容结果均丰富深入</td></tr>
<tr><td rowspan="4">感受意义关联</td><td>有核心问题的深层意义感受</td></tr>
<tr><td>有以知识为中心的关联感受</td></tr>
<tr><td>有以个人为中心的关联感受</td></tr>
<tr><td>有对三类大概念的关联感受</td></tr>
<tr><td rowspan="4">自觉反思体验</td><td>有实质性反思活动的开展</td></tr>
<tr><td>有课堂新因素的追踪利用</td></tr>
<tr><td>有体验的交流与改善重构</td></tr>
<tr><td>有概念生成中的素养发展</td></tr>
<tr><td rowspan="4">乐于对话分享</td><td>乐于自我的表达与认真的倾听</td></tr>
<tr><td>乐于合作中成果与思路的分享</td></tr>
<tr><td>乐于成果交流中深层意义分享</td></tr>
<tr><td>有宽容的对话氛围和双向交流</td></tr>
<tr><td rowspan="3">认同素养评价</td><td>认可素养评价</td></tr>
<tr><td>参与素养评价</td></tr>
<tr><td>利用素养评价</td></tr>
<tr><td colspan="5">大概念核心问题教学特质的简要评价（包括发展性建议）：
本课体现核心问题教学实质较为典型的是“认同素养评价”。语文素养就是学生通过语文学习而获得的知识、能力、思维方法和人文素养等，它由语言运用、思维发展、审美情趣、文化传承、品德修养等构成。那么，语文核心素养就指的是学生在接受教育的过程中，通过对语文课程的学习，逐步形成和发展起来的，适应未来社会要求的、解决实际问题和特殊情境所需要的最有用的语文思维品质。语文核心素养是语文素养中最本质和最重要的东西，是语文学科区别于其他学科且最能体现语文学科价值的关键素养。本课的教学设计主要指向语文核心素养中的“思维发展与提升”。本课以古代词章名篇《念奴娇·赤壁怀古》与《永遇乐·京口北固亭怀古》为突破口，尝试从手法与情感的角度来培养学生解读文本的能力，强调学生通过学习语言的运用，能够获得几种思维能力的发展，包括直觉思维、形象思维、逻辑思维、比较思维和创造思维，另外，还能提升思维品质，包括思维的深刻性、敏捷性、灵活性、批判性和独创性</td></tr>
</table>

大概念核心问题教学素养目标点检测表

<table>
<tr><td>课程名称</td><td colspan="3">诵苏辛词章，悟生命诗意</td></tr>
<tr><td>所属单元</td><td colspan="3">统编高中语文必修（上）第三单元</td></tr>
<tr><td rowspan="3">单元大概念</td><td>核心大概念</td><td colspan="2">古诗词形与意的关联鉴赏</td></tr>
<tr><td>概念结论类</td><td>思想方法类</td><td>价值观念类</td></tr>
<tr><td>古诗词形与意的关联鉴赏方法</td><td>形象思维、关联思维、比较思维、逻辑思维、创造思维</td><td>正确的生命观、审美观、创作观</td></tr>
<tr><td rowspan="3">课程大概念</td><td>核心大概念</td><td colspan="2">古典诗词的手法与情感</td></tr>
<tr><td>概念结论类</td><td>思想方法类</td><td>价值观念类</td></tr>
<tr><td>不同诗人使用同一种手法的区别和达到的不同效果</td><td>比较与逻辑分析</td><td>深刻的人文性和正确的生命观</td></tr>
<tr><td>课时核心问题</td><td colspan="3">联读《念奴娇·赤壁怀古》与《永遇乐·京口北固亭怀古》，挖掘典故的复杂内涵及作用，品悟生命的诗意</td></tr>
<tr><td>课时素养目标</td><td colspan="3">参与古代词章名篇《念奴娇·赤壁怀古》与《永遇乐·京口北固亭怀古》的阅读鉴赏（素养水平 1-1、2-2、3-2），在此过程中，能比较诗词中咏史怀古的写作手法，能把握典故的复杂内涵及作用（素养水平 4-2），能够体会诗词中表达的情感，树立正确的人生观（素养水平 5-1）</td></tr>
<tr><td>检测点</td><td colspan="3">检测学生是否能合理运用典故进行劝勉，从而表现出正确的人生观</td></tr>
<tr><td>检测任务</td><td colspan="3">学习完这两首词后，你是否和曾经那个遇到困难就气馁的自己握手言和呢？请运用这两首词中的语句，以“亲爱的自己，当面对困难和挫折时”为开头，运用典故，给那时的自己写一段勉励寄语</td></tr>
<tr><td rowspan="4">分类标准</td><td colspan="3">A. 能恰当运用典故、修辞等方法进行勉励，语言典雅，感染力强</td></tr>
<tr><td colspan="3">B. 能运用典故、修辞等方法进行勉励，语言比较典雅，感染力较强</td></tr>
<tr><td colspan="3">C. 能运用典故、修辞等方法进行勉励，语言较流畅，不具备感染力</td></tr>
<tr><td colspan="3">D. 不能恰当运用典故、修辞等方法进行勉励，语言不流畅典雅，不具备感染力</td></tr>
<tr><td rowspan="5">检测统计</td><td>分类等级</td><td>学生人数</td><td>百分比（%）</td></tr>
<tr><td>A</td><td>29</td><td>51.8</td></tr>
<tr><td>B</td><td>23</td><td>41.1</td></tr>
<tr><td>C</td><td>4</td><td>7.1</td></tr>
<tr><td>D</td><td>0</td><td>0</td></tr>
</table>

续表

检测分析及结果运用	本节课的课时素养目标是：进行古代词章名篇《念奴娇·赤壁怀古》与《永遇乐·京口北固亭怀古》的阅读鉴赏，在此过程中，理解诗词中咏史怀古的写作手法，把握典故的复杂内涵及作用，体会诗词中表达的情感，树立正确的人生观。目标中的“理解诗词中咏史怀古的写作手法，把握典故的复杂内涵及作用”主要体现在核心问题的问题部分“挖掘典故的复杂内涵及作用”，素养目标中的“体会诗词中表达的情感，树立正确的人生观”体现了语文核心素养的“思维的提升与发展”“审美鉴赏与创造”。 为了能够更好地回应核心问题，本人选择了设计练习（学习完这两首词后，你是否和曾经那个遇到困难就气馁的自己握手言和呢？请运用这两首词中的语句，以“亲爱的自己，当面对困难和挫折时”为开头，恰当运用典故等写作手法，给那时的自己写一段勉励寄语）检测学生是否能运用严谨的说理技巧进行论证。基于这个检测点，我根据学生对体验性目标的感受强弱设计了四个等级，具体标准见以上分类。 本次得A的同学，共有27人，这类同学有丰富的人文体验，曾阅读过《苏东坡传》《辛弃疾传》，也认真阅读了拓展资料《苏东坡突围》、前后《赤壁赋》，对苏东坡虽遭贬谪但乐观豁达的性格崇敬不已，故在写作中对苏辛的典故能够信手拈来。能够恰当地运用二人的典故，以充满人文性的语言与自己对话，与自己握手言和，具备较强的感染力。 得B的同学共有23人。这类同学对苏东坡、辛弃疾有一定的了解，能够感受到两位伟大的文学家笑看人生风雨的气魄，但是典故运用生硬，文章缺乏文采。 得C的同学有4人。这类同学往往出现审题偏离，思维模糊，且这类答卷往往字迹潦草，得分通常为1～2分
素养目标达成典型实例	周同学习作展示： 亲爱的自己，当面对困难和挫折时，我仍然爱你。我爱你的破碎，爱你的失落，爱你的犹豫和不确定。因为长大以后，就是要面对无数的困难与挫折，接受无数的委屈与失败，那又能于我如何呢？东坡一生仕途坎坷，却与自己言和，与自然言和，活出一世潇洒；辛公老骥伏枥，仍不坠青云之志。亲爱的自己，休整之后再出发吧，不急，一路一风景，一花一菩提。 〖点评〗周同学的习作于开篇鲜明地表达了对自我的认同。顺境固然美好，但逆境更值得审视和咀嚼。文中巧妙结合苏轼和辛弃疾的人生经历和理想追求，劝慰自己不要急躁，人生是一段漫长的旅程，沿途的风景值得细细欣赏
检测反馈	从学生完成评价反馈环节的检测情况以及课后完成基础性、综合性和实践性作业的情况来看，本节课通过“提出问题、解决问题、反思提升、评价反馈”四个环节，引导学生借助内容分析、诗词比较来训练学生思维，同时不断地创设问题情境，让学生在阅读中能够遵循着“质疑—解疑—质疑—解疑”的螺旋上升过程来提升思维能力。上述设计和实施是合理而有良好效果的，较好地助力了单元及课时素养目标的达成。在新课程新教材和新高考的背景下，只有运用大概念核心问题教学模式才能更好地使教学内容结构化、教学情境主题化，从而塑造学生的学科核心素养

失意生命的艺术表达
——“生命的诗意”单元第四课时“手法与情感”学教案

王晏玲

一、教学分析设计

【内容分析】☞

本单元在“生命的诗意”大主题下，选取了 8 首古诗词，汇聚了魏晋、唐、宋三个时期不同体式不同作者的诗词名作。根据《普通高中语文课程标准》“文学阅读与写作”任务群和教材“单元学习任务”的提示，本课时聚焦诗词艺术手法和情感的关联，通过研读《念奴娇·赤壁怀古》《永遇乐·京口北固亭怀古》中的用典艺术，探究诗人借助艺术手法表现独特的情感的方法，从而掌握中国文人面对“失意生命”的“艺术表达”。

【课时大概念】☞

概念类别	简略化表达	特征化表达
核心大概念	手法与情感的关联鉴赏	诗歌需要借助手法来摹物、状景、写情。通过鉴赏苏轼和辛弃疾两位诗人使用典故表达不同情感的艺术手法，感悟诗人的失意人生。从而掌握鉴赏用典抒情诗词的一般手法
概念结论类	手法与情感关联鉴赏的一般方法	诗歌中艺术手法包括：修辞、表现手法、表达技巧、构思技巧。赏析诗歌中的艺术手法，有利于我们掌握诗中诗人表达的情感，从而把握单元人文主题“生命的诗意”
思想方法类	形象思维 分析思维 比较思维 关联思维	通过分析手法来把握情感，首先要找出诗中所运用的手法，进而分析这些手法，找出其异同，由此来探究诗人情感
价值观念类	人生观	歌以言志，诗人面对一些特殊人生遭遇时往往用诗歌含蓄地表达自己对生命的感悟

【资源条件】☞

资源名称	功能
黑板	板书课时核心问题；板书学生解决问题时交流、分析、构建概念过程的要点；板书反思提升要点等
教材、学案及助读资料	提供课时核心问题、教学四环节和学生研读诗词时所需要的必要载体和支架
自制 PPT	出示课时核心问题和四环节的研读活动和要求，提供赏析交流所需的部分参考性结论

【学生基础】☞

在本节课前，学生为《念奴娇·赤壁怀古》《永遇乐·京口北固亭怀古》两首诗歌联读做了如下准备：

（1）了解两首诗歌写作背景及作者生平。

（2）翻译古诗词。学生在自学环节中，结合书下注释、工具书，通过小组合作疏通诗句，整体把握诗歌大意。

【目标分析】☞

参与第三单元古典诗词的鉴赏活动，最大限度地通过品读鉴赏诗歌语言中的手法，体会诗人丰富的情感（语言的建构与运用 3-1）。古典诗词是古人们智慧的结晶，通过鉴赏苏辛两位词人的词作，感受诗人的精神世界，体会它们失意命运中的诗意人生，感受词人们传达给我们的精神力量（审美鉴赏与创造 5-3）。古典诗词具有极丰富的暗示性，理解诗词暗示的内容可以借助一定方法技巧，所以借本课时的学习，应掌握古诗词表情达意的一般方法（思维的发展与提升 5-2）。优美的古诗词是中华文化的瑰宝，蕴含丰富的文化基因，在学习中体悟中华民族优秀传统文化的魅力（文化传承与理解 2-4）。

【主题分析】☞

古代诗词大都具有暗示性，而诗词中这些暗示性的内容往往通过诗人含蓄地表达，而含蓄地表达往往要借助诗歌的形象、手法、语言等。借助艺术手法表情达意是古代诗人们惯用的一种方法，而探究这些方法自然成为古诗词研读的一个重点。本课时，我们整合的两首诗歌《念奴娇·赤壁怀古》《永遇乐·京口北固亭怀古》有一个共同点，即用典来抒情，这也成为两首诗歌联读的基础。通过研读，我们不难发现两首诗歌在用典抒情时又有不同点。苏轼《念奴娇·赤壁怀古》借古迹、古人抒发的是个人情怀，并表现出词人积极乐观的人生观；辛弃疾《永遇乐·京口北固亭怀古》借古迹、古人抒发的不仅有个人情怀，还有家国情怀，字里行间透露着辛弃疾积极入世的人生观。

基于上述分析，本课时的核心问题拟定为：研读《念奴娇·赤壁怀古》《永遇乐·京口北固亭怀古》，比较苏轼和辛弃疾在词中所运用手法和表达情感的异同，掌握鉴赏用典抒情诗词的一般方法。

【评价预设】☞

（1）提出问题环节：就学生联读预习中提出的疑问进行评价，对课堂核心问题的领会进行引导性评价，为学生进入课堂学习体验情景铺路搭桥。

（2）解决问题环节：针对学生在词中找出的典故和典故的用意进行启发、点拨等引导性评价，对学生探讨的词人的情感及人生观进行引导性评价，促进学生研读走向准确和深入。

（3）反思提升环节：针对本课时学生所学诗词的研读，总结提炼用典抒情的方法，并进行鼓励性评价，以促进学生获取手法到情感的深度体验和认识。

（4）评价反馈环节：就学生从分析典故分析古诗词情感的情况进行评价，从而进一步促进学生古诗词鉴赏能力的提高。

二、教学实施设计

【教学环节】☞

教学环节	学生活动	教师活动	设计意图	技术融合
提出问题	1. 学生回顾联读预习中遇到的问题。 2. 明确本节课核心问题	1. 出示预习提问，引出“用典实为掉书袋”“用典诗词难读懂”的话题，营造学习情境。 2. 提出本节课核心问题	创设问题情境，激发学生研读兴趣	PPT，出示课时核心问题
解决问题	活动一：查阅典故，理解深意。 概括两首词中典故的内容，明晰典故中蕴含的词人情感及其用意，填写表格。 活动二：结合典故，知人论世。 查阅两首词的写作背景，结合写作背景深入理解词人用典抒情的艺术手法	引导学生小组活动，对问题进行点拨，促进学生在学习活动中实现深度体验	引导学生明晰典故的原意和用意，从而把握用典抒情的艺术技巧	PPT 出示活动要求及文本研读的所需的学习资料
反思提升	活动三：比较异同，归纳方法。 比较两首词用典上的异同[典故内容（事典/言典）、典故类型（正用/反用）、典故作用（形象/意境/情感/主题）]，填写表格，并归纳用典抒情的一般方法	促进学生在反思中强化用典抒情的一般方法	促使活动体验结构化、系统化	PPT 出示活动相关要求。黑板板书用典抒情的一般方法
评价反馈	南宋岳珂认为《永遇乐·京口北固亭怀古》用事太多。但是明代杨慎却说“谓此词用人名多者，当是不解词味。”你认同谁的说法？请有理有据地说明原因，写一则 300 字左右的文学短评	出示题目，引导学生让本节课所学知识内化	检验本课时目标达成情况，将本课所学内化为学生的能力	PPT 出示评价反馈的题目，手机拍照并上传学生的研读结果

【板书设计】☞

失意生命的艺术表达

核心问题：研读《念奴娇·赤壁怀古》《永遇乐·京口北固亭怀古》，比较苏轼和辛弃疾在词中所运用手法和表达情感的异同，掌握鉴赏用典抒情诗词的一般方法。

典故		事件	情感	用意
《赤壁怀古》	周瑜	小乔初嫁 赤壁之战	羡慕 敬仰	年华流逝 壮志未酬
《京口北固亭怀古》	孙权	置镇京口 雄踞一方	敬仰 惋惜	叹英雄后继无人
	刘裕	起兵北伐 建立政权	仰慕 向往	表建功立业雄心
	刘义隆	草率出师 仓皇而逃	不屑 讽刺	劝为政者勿草率
	拓跋焘	率兵追击 建立行宫	耻辱 悲哀	谏为国者勿忘耻
	廉颇	一饭斗米 以示勇武	同情 悲叹	望为政者用人才

赏析用典抒情诗词的一般方法：明典故—析典故—悟情感—析意图

（最终板书依据学生课堂发言现场生成）

【课后服务】☞

课时作业结构化设计：

作业序号	作业目标	作业情境		概念结论		思想方法		价值观念		整体评估	
		内容	水平	内容	水平	内容	水平	内容	水平	内容	水平
1	检测学生通过分析典故把握诗词情感的迁移运用能力	古诗词情感理解的真实学习情境	简单	明确手法、诗人、情感三者之间的关联	审美鉴赏与创造1-3	由现象到本质	思维发展与提升1-2	人生观和价值观	文化的传承和理解1-4	基础性作业	学业质量水平1-3
2	检测学生抒情手法的掌握情况，加深“生命的诗意”主题的体验，促进对传统文化的热爱	同一主题诗歌整合研读评析的真实学习实践情境	复杂	诗歌抒情手法一致性的研读	审美鉴赏与创造2-3	由具体到一般	思维发展与提升2-2	人生观与价值观	文化的传承与理解2-4	综合性作业	学业质量水平
3	学生通过收集并赏析古诗词中用典抒情的诗句，进行“生命诗意表达”主题的审美实践，促进文化的传承	用典抒情类诗词的积累与赏析	复杂	用典抒情类诗词的积累与赏析	审美鉴赏与创造3-3	收集整理	思维发展与提升3-2	古诗词是生命情怀的载体	文化的传承与理解3-4	实践性作业	学业质量水平

续表

课时作业总体评估	本课时整理了《念奴娇·赤壁怀古》《永遇乐·京口北固亭怀古》两首词用典抒情的艺术手法，通过分析典故，掌握词人含蓄表情达意的写作方式，在反思提升中掌握了用典抒情的一般赏析方法。所以，在评价反馈中，我设计了三道不同类型的题：① 运用本课时所学知识，分析《短歌行》中用典抒情的艺术表达，填写表格。检测学生单元古诗词用典抒情知识的运用能力。② 阅读下面词，回答问题：词的下阕是如何抒发词人感情的？请简要分析。本题检测学生对“艺术手法表情达意”知识的综合性运用能力，意将结构化的知识内化为解决问题的能力。③ 收集古诗词中用典抒情的句子，背诵并赏析这些典故，并拍摄成一个短视频分享到班级群。本题检测学生对用典抒情古诗词的积累情况，通过分享视频，学生能积累更多用典抒情的古诗词，更多地了解古诗词的审美方式，促进学生对传统文化的热爱与传承。这三道题的设置，从范围来看，体现文本内到文本外的情境变化；从能力来看，这份作业形式多样，不但检测了学生用典抒情的艺术手法掌握情况，也能检测学生语言、思维、审美、文化四方面的核心素养

（具体的作业内容略）

【教学流程】☞

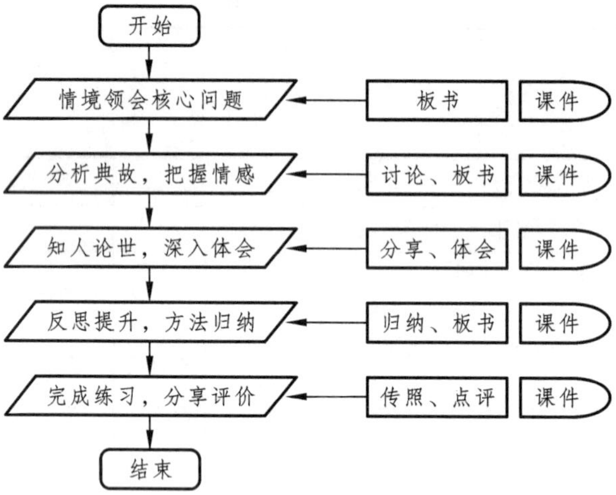

三、教学评价设计

【评价实施】☞

本堂课的四个环节，整体上贯彻了“教学实施设计”中的“评价预设”的评价原则和方式，对学生在各个学习活动中的学习表现进行了针对性评价，又根据课堂教学中的非预设情形灵活地调整了评价策略，力求有效地促进学生课堂学习中的深度体验发生。

（1）提出问题环节：教师就学生联读预习中提出的疑问进行评价，对课堂核心问题的领会进行引导性评价，为学生进入课堂学习体验情景铺路搭桥。这样使学生产生了学习期待，迅速进入核心问题的思考。

（2）解决问题环节：引导学生在词中找出典故，并分析典故的用意，教师进行启发、点拨等引导性评价。其后对学生探讨的词人的情感及人生观进行引导性评价，促进学生研读走向准确和深入。该环节充分调动了学生学习的积极性，增强了学生思维的深刻性，提升了学生的思维品质，落实了语文核心素养。

（3）反思提升环节：针对本课时学生所学诗词的研读，总结提炼用典抒情的方法，并进行鼓励性评价，以促进学生获取手法到情感的深度体验和认识。本环节充分发挥了教师作为教学引导者的功能，使学生知识结构化、系统化，真正提升了学生思维的深度和广度。

（4）评价反馈环节：就学生从分析典故及情感的情况进行评价，从而进一步促进学生古诗词鉴赏能力的提高。本环节通过学生自评和教师点评，引导学生掌握“用典抒情”这一艺术表达技巧。

【信息搜集】☞

为全面而真实地了解本节课教学目标，尤其是关联体验目标的达成情况，在“评价反馈”环节布置了文学短评这一写作任务。随后收齐了高一 15 班同学的文章进行批阅并做了相关统计和分析。

【反馈调整】☞

本课时聚焦诗词艺术手法和情感上的关联，通过分析《念奴娇·赤壁怀古》《永遇乐·京口北固亭怀古》中的用典艺术，探究诗人如何借助艺术手法表现独特的情感，从而掌握中国文人面对“失意生命”的“艺术表达”。整个教学设计还可以在两个地方进行调整。

第一，在反思提升环节，整个过程中都过于关注两首词用典抒情的相同点，而在两首词不同点上用力不够。其实，从不同点去分析，可以分析出不同时期不同诗人用典的方式、用典的用意不同，而这些不同则归因于诗人们不同的时代人生境遇，这样更能挖掘诗词情意理志。

第二，在拓展学习视野上，本堂课视野仅局限在课文本身的内容上，而没有将课堂与现实世界进行适当的关联，语文的工具性和人文性结合得还不够紧密，所以，本节课在学生素养的导向上还可以增加活动，使学生个人理想、爱国情怀等情感被充分调动起来。

大概念核心问题教学文化评价表

课时名称：失意生命的艺术表达。

所属单元：统编高中语文必修（上）第三单元。

单元核心大概念：古诗词形与意的关联鉴赏。

单元核心问题：通读本单元八首古诗词，从用词、体式、手法、背景、形象等角度研读诗歌情感。提炼诗歌鉴赏的基本方法，尝试写作文学短评。

课时大概念：手法与情感的关联鉴赏。

课时核心问题：研读《念奴娇·赤壁怀古》《永遇乐·京口北固亭怀古》，比较苏轼和辛弃疾在词中所运用手法和表达情感的异同，掌握鉴赏用典抒情诗词的一般方法。

评价目标	评价指标			评价方法结果	
	一级指标	二级指标	三级指标		
实现活动体验中的学习与素养发展	具有大概念核心问题教学形态	核心问题利于活动体验	内含客观问题和学生活动方式	7	每项指标最高评 8 分（满分为 96 分）
			问题情境与真实生活密切相关	7	
			能引发大概念、新知新法生成	7	
		教学目标价值引导恰当	目标构成全面准确	8	
			内含关联体验目标	7	
			目标价值引导显现	7	
		教学环节完整合理落实	课程教学环节完整	8	
			环节内容合理充实	8	
			学生活动时间充分	8	
		教学要素相互匹配促进	问题目标环节两两匹配	8	
			技术促进活动形式内容	8	
			课程特色突出氛围浓郁	7	合计<u>90</u>分
	具有大概念核心问题教学特质	拓展学习视野	课堂与现实世界有恰当关联	选择一个表现突出的二级指标，在相应三级指标引导下，以现场学生表现为主要依据，以其余指标为背景，于本表的第二页写出 150 字以上的简要评价	
			有基于缄默知识的问题解决		
			有缄默知识运用的追踪剖析		
			知识运用剖析导向素养发展		
		投入实践活动	有真实而且完整的实践活动		
			实践活动深度融入两类情境		
			能够全身心地浸渍于活动中		
			活动的内容结果均丰富深入		
		感受意义关联	有核心问题的深层意义感受		
			有以知识为中心的关联感受		
			有以个人为中心的关联感受		
			有对三类大概念的关联感受		
		自觉反思体验	有实质性反思活动的开展		
			有课堂新因素的追踪利用		
			有体验的交流与改善重构		
			有概念生成中的素养发展		
		乐于对话分享	乐于自我的表达与认真的倾听		
			乐于合作中成果与思路的分享		
			乐于成果交流中深层意义分享		
			有宽容的对话氛围和双向交流		
		认同素养评价	认可素养评价		
			参与素养评价		
			利用素养评价		

续表

大概念核心问题教学特质的简要评价（包括发展性建议）： 在核心问题教学实质方面，我认为本节课在“投入实践活动”“自觉反思体验”这两方面值得肯定。 1. 投入实践活动：首先，整堂课有一个真实而完整的实践活动。比如活动一分为四个部分：明典故、析典故、悟情感、析意图。由浅入深，由表及里，通过赏析典故理解词人寄寓在词中的情志。再者，整个课堂能让学生全身心地投入活动中。比如在最后一个环节中讨论多用典是艺术性的体现还是“掉书袋”式才学的卖弄这一问题，引起同学们的讨论兴趣，学生们为了论证自己观点，都认真阅读思考，积极组织语言撰写自己的观点。经过同学们的积极参与，自然活动的内容逐渐丰富而深入。 2. 自觉反思体验：首先，课堂有实质性的反思活动。整堂课的设计，不管是活动一中分析典故情感及用意，还是在应用反馈中写作环节，学生都积极地反思自己的思考方向和思考结果是否符合作者写作时的情境，这样使整堂课都带有实质性的反思活动。再者，整堂课还有体验的交流，比如最后一环节思考多用典是艺术性的体现还是“掉书袋”式才学的卖弄这一问题，学生通过撰写短评，外显了自己的学习体验，教师通过课堂分享活动从而将学生的体验进行了充分的交流

大概念核心问题教学素养目标点检测表

课时名称	失意生命的艺术表达		
所属单元	统编高中语文必修（上）第三单元		
单元大概念	核心大概念	古诗词形与意的关联鉴赏	
	概念结论类	思想方法类	价值观念类
	古诗词形与意的关联鉴赏方法	形象思维、关联思维、比较思维、逻辑思维、创造思维	正确的生命观、审美观、创作观
单元核心问题	通读本单元八首古诗词，从用词、体式、手法、背景、形象等角度研读诗歌情感。并提炼诗歌鉴赏的基本方法，尝试写作文学短评		
课时大概念	概念结论类	思想方法类	价值观念类
	手法与情感关联鉴赏的一般方法	形象思维、分析思维、关联思维、比较思维	正确的人生观
课时核心问题	研读《念奴娇·赤壁怀古》《永遇乐·京口北固亭怀古》，比较苏轼和辛弃疾在词中所运用手法和表达情感的异同，掌握鉴赏用典抒情诗词的一般方法		
课时素养目标	参与古诗词单元“手法与情感”“背景与情感”“文学短评写作”三个阅读赏析活动，完成古诗词手法与情感的关联鉴赏（素养水平 1-1、2-2）。本课通过对手法与情感关联的鉴赏和读写结合途径掌握古诗词鉴赏的部分方法（素养水平 1-3、1-4、2-3）、文学短评的写作路径（素养水平 4-3、5-3、5-4）。由此，让当代学生热爱优秀传统文化，自觉传承优秀文化（素养水平 3-4、4-4）		
检测点	“诗歌手法”与“诗歌情感”之间的关联		
检测任务	运用本课时所学知识，结合单元写作材料《学习文学短评》，从用典抒情这一角度尝试写文学短评		
分类标准	A. 文学短评观点明确、论据充分、结构清晰、语言优美		
	B. 文学短评观点明确、论据充分、结构清晰，但语言缺少感染力		
	C. 文学短评观点明确，结构清晰，但论据不充分，语言缺少感染力		
	D. 文学短评观点不明确，论据不充分，结构紊乱，语言缺少感染力		

续表

<table>
<tr><td rowspan="5">检测统计</td><td>分类等级</td><td>学生人数</td><td>百分比（%）</td></tr>
<tr><td>A</td><td>10</td><td>17.6</td></tr>
<tr><td>B</td><td>30</td><td>52.6</td></tr>
<tr><td>C</td><td>14</td><td>24.6</td></tr>
<tr><td>D</td><td>3</td><td>5.2</td></tr>
<tr><td>检测分析及结果运用</td><td colspan="3">本课时，通过分析作品中的典故把握文章情感，从而掌握用典抒情的一般方法。通过文学短评的写作训练能让学生将课堂知识内化为写作能力。在课后检测中，有70.2%的同学能做到观点明确、论据充分、结构清晰，其中有17.6%的同学具有充沛的情感和语言艺术感染力，但仍有29.8%的同学在语言艺术感染力方面，需要提升语言理解和写作能力。反思出现上述不够理想的检测原因，我认为一方面是由于未将课文里的境遇与学生自身相关联，课堂与现实还未建立起紧密的关联，以致学生情感体会不深或没有情感共鸣，另一方面也存在在教学上写作训练的量和质有待提高的问题</td></tr>
<tr><td>素养目标达成典型实例</td><td colspan="3">优秀作品：
我更赞同岳珂的观点，《永遇乐·京口北固亭怀古》这首词用典实属太多。所谓“文以载道，歌以言志”，古诗词如果不能明确清晰地传达诗人所要表达的思想情感，则失去诗歌本来存在的意义。《永遇乐》中用了孙权、刘裕、刘义隆、拓跋焘、廉颇、霍去病六个典故，其中刘裕、刘义隆、拓跋焘三个典故相对较为生僻，读者对这些晦涩难懂的典故望而生畏，词义尚且无法理解，更何况体会作者的情感呢？杨慎说“谓此词用人名多者，当是不解词味”，他认为不喜欢这首词的读者是不解词味，然而解词味者就一定能喜爱这首词吗？将典故堆砌在词中难道不正削弱了诗味吗？引经据典确实能为诗词增添文化历史底蕴，然而大量堆砌典故，难道未有卖弄之嫌？堆砌典故，让读者望而生畏，不知所云，这就是为何辛词会被评价为“掉书袋”的缘故了吧</td></tr>
<tr><td>检测反馈</td><td colspan="3">每位同学的作品都经过了教师评阅指导、自我修改、小组修改多个环节，逐步形成了更优秀更完整的作品。后进的同学，也在集体的熏陶中找到了写作的感觉，有了明显的进步</td></tr>
</table>

失意生命的诗意呈现
——“生命的诗意”单元第六课时学教案

邓　苹

一、教学分析设计

【内容分析】☞

“生命的诗意”共选编八首诗词。从时代上看，这八首诗歌贯穿了魏晋至宋朝近千年时间；从体裁上看，既有古体诗，又有律诗，还有词。这些不同时代不同境遇的诗人，以不同外在文学形式呈现出个体对生命的诗意感悟。结合本任务群“学习目标与内容”之一，根据诗歌、散文、小说、剧本不同的艺术表现方式，从语言、构思、形象、意蕴、情感等多个角度欣赏作品，获得审美体验，认识作品的美学价值，发现作者独特的艺术创造。整个单元的教学设计为阅读和写作两部分：首先是“以形求意”阅读诗歌，从炼字、体式、意象、手法、诗歌形象、创作背景几个角度鉴赏诗歌，把握诗歌情感内核。然后是“文学评论”的写作，有角度、有逻辑地评论诗歌。

【课时大概念】☞

概念类别	简略化表达	特征化表达
核心大概念	古诗词形与意的关联鉴赏	运用形象思维、关联思维、比较思维研读《梦游天姥吟留别》和《琵琶行》，探究诗人的复杂情感，进而归纳出古诗词中形象与情感关联鉴赏的一般方法
概念结论类	赏析古诗词形象与情感的方法	诗歌中往往有几个形象值得关注：诗人现实形象、诗中抒情形象、诗中其他形象。分析共同的抒情形象“我”，有利于进一步把握诗人复杂的情感，从而把握单元主题“生命的诗意”
思想方法类	联想思维 想象思维 比较思维 关联思维	通过形象把握情感，首先要概括出诗中的不同形象，并对比这些不同形象，发现形象的差异，由此探究诗人复杂的情感
价值观念类	人生观与仕途观	言为心声，诗以明志。诗人在不同的人生遭遇中以诗歌形象来表达自己对生命的理解，并传达出各自的人生观和仕途观

【资源条件】☞

资源名称	功　能
黑　板	板书课时核心问题；板书学生研读赏析出的形象情感要点、反思提升要点等
教材、学案及助读资料	提供课时核心问题教学四个环节中学生研读赏析诗词文本所需的必要载体与支架
自制 PPT	出示课时核心问题和四个环节的研读活动和要求，提供赏析交流所需的部分参考性结论

【学生基础】☞

在本节课时前，学生为诗歌的联读做了如下准备：

（1）读熟并背诵本单元的八首古诗词；查阅每首诗歌的写作背景。

（2）古诗今译。学生在自读环节中，结合注释、工具书，通过小组合作，疏通诗句，整体把握诗意。

（3）预习环节，学生完成《梦游天姥吟留别》《琵琶行》两篇诗歌的字词答疑环节和思想情感的质疑环节。

【目标分析】☞

参与古诗词“形象与情感”的诗歌研读活动。通过诗歌形象来解读诗歌情感（审美鉴赏与创造 1-3、2-3），由此准确而全面地把握每首古诗词的复杂情感（审美鉴赏与创造 4-3），掌握通过形象研读古诗词情感的一般方法（思维的发展与提升 3-2），并深入地认识人生的价值与意义，体悟中华优秀传统文化的魅力。（文化传承与理解 2-4）。

【主题分析】☞

古典诗词的研读，一个重点就是要弄清心与物的关系。所谓心，就是情；所谓物，就是形象，形象是诗人情感的载体，诗人的思想感情往往是借助诗中的形象委婉含蓄地表达出来的。要进入诗歌的情感内核，形象分析就是我们优先考虑的鉴赏角度。形象包括人物形象、景物形象、事物形象。我们要整合的两首诗歌《梦游天姥吟留别》和《琵琶行》有一个共同点，就是诗中都有一组矛盾的抒情形象“我”，这个共同点是两首诗歌联读的基础，是深入理解不同诗人不同情感一个契机，这是异中“同”。但是，两位诗人在表征复杂情感时，一位选择“梦”，一位选择“曲”，这就体现了诗人的创作风格、文学追求、文学视角、人生经历、时代背景等的不同之处。这是诗歌的同中“异”。

基于上述分析，本课时的核心问题拟定为：研读文本，借助“我”发掘诗人复杂的情感，探究两首诗歌在表征上的共性与个性。

【评价预设】☞

（1）提出问题环节：就学生联读预习中提出的疑问进行评价，对课堂核心问题的领会情况进行点评和引导性评价，为学生进入课堂学习体验情境铺路搭桥。

（2）解决问题环节：对学生概括矛盾形象和利用矛盾形象分析复杂感情的具体表现进行启发、点拨等引导性评价，对学生探讨情感表征的具体情况进行引导性评价，促进学生的研读走向准确和深入。

（3）反思提升环节：针对学生结合所学诗歌情感的研读，总结提炼通过矛盾形象研读此类古诗词情感的一般方法，并进行激励性评价，以促进学生获得由形象到情感的深度体验和认知。

（4）评价反馈环节：就学生从形象角度完成同类古诗词鉴赏的情况进行赋分评价，从情感及情感表征两个维度促进学生古诗词鉴赏能力的进一步生成。

二、教学实施设计

【教学环节】☞

教学环节	学生活动	教师活动	设计意图	技术融合
提出问题	设置生活情境某名人“×××四川行”好书推荐，初步进入形象与情感关系的分析情境；明确课时核心问题，进入诗词情感分析状态	1. 情境引入：由学生熟悉的名人推荐文案引入。 2. 提出核心问题：研读文本，借助“我”发掘诗人复杂的情感，探究两首诗歌在表征上的共性与个性	通过跟学生生活联系紧密的热点人物、事件引入，关联联读预习和课堂学习，激发学生思考和解惑的欲望，明确学习核心任务	PPT，出示该名人推荐图片、课时核心问题
解决问题	自由阅读两首诗歌，根据提示概括诗中矛盾的抒情形象	出示活动 1：快速阅读两首诗歌，勾画有“我”的句子，并借助“我”梳理每篇内容。 指导、点拨、评价	让学生通过朗读文本进入赏析语境之中，并梳理出诗歌中内容，把握不同的“我”。感受异中“同”	PPT 出示活动要求及文本研读所需的互涉文献资料
	小组讨论交流，结合文本及助读资料，对比分析，通过分析不同的形象，进而明确形象隐含的不同情感	出示活动 2：结合诗歌与拓展材料，选择一篇探讨“我”的情感。 评价、引导、点拨	借助形象分析，逐步理解诗人或显或隐的情感表达，并准确把握情感	
	知人论世，结合时代背景及诗人生平经历、创作风格等，分析诗人情感表征不同的原因	出示活动 3： 李、白二人表现矛盾情感所依托的方式有何不同？为什么会有这种不同？ 评价、引导、点拨	由复杂情感的外在呈现方式，探究诗人表征情感的不同方式。读出同中“异”	
反思提升	基于本单元诗词文本阅读的大概念，立足本节课的研读体验提炼，总结通过形象研读古诗词情感的一般方法	引导学生反思总结、归纳提炼古诗词中抒情形象“我”与情感的基本关系和此类古诗词情感研读的一般方法	促进学生在反思中强化对鉴赏古诗词情感方法的认知，完善古诗词情感鉴赏方法	PPT 出示活动要求与此类古诗词特征
应用反馈	做学案评价题并展示交流，参与赋分评价	出示学案评价题： 近期某平台“生命的诗意”直播专场要上架《李白诗集》《白居易诗集》等唐代诗人诗集，请川大附中的文学爱好者为主播写一段 80 字左右的推荐文案	检测课时目标达成情况，将诗歌鉴赏与生活实践关联，借此进一步强化通过形象鉴赏情感的认知	PPT 出示评价反馈工具和研读结论参考标准。 手机拍照学生作品并实时上传

【板书设计】☞

失意人生的诗意呈现

核心问题：研读文本，借助“我”发掘诗人复杂的情感，探究两首诗歌在表征上的共性与个性。

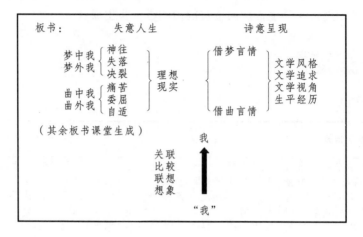

板书：　　失意人生　　　　　诗意呈现

梦中我 / 梦外我 ｛神往、失落、决裂｝
曲中我 / 曲外我 ｛痛苦、委屈、自适｝　理想　现实

借梦言情 / 借曲言情 ｝ 文学风格、文学追求、文学视角、生平经历

（其余板书课堂生成）

关联、比较、联想、想象　“我” → 我

【课后服务】☞

课时作业的结构化设计：

作业序号	作业目标	作业情境		概念结论		思想方法		价值观念		整体评估	
		内容	水平	内容	水平	内容	水平	内容	水平	内容	水平
1	检测学生通过分析人物形象进而撰写推荐文案的迁移运用能力	古诗词情感理解的真实学习情境	简单	明确诗中形象、情感与文案三者间的关联	审美鉴赏与创造 2	由现象到本质	思维发展与提升 1	人生观与仕途观	文化传承与理解 2	基础性作业	学业质量水平 1-3
2	检测学生通过分析人物形象进而开展综合性探究学习以解决问题的能力	《长安三万里》中李白诗词朗诵与电影情境鉴赏的真实学习探索情境	较复杂	诗歌人物形象、电影人物形象与诗歌情感的一致性研读	审美鉴赏与创造 4	比较辨析	思维发展与提升 3	刚直洒脱的生命观	文化传承与理解 3	综合性作业	学业质量水平 3-3
3	引导学生通过分析人物形象进行“生命的诗意”主题诗歌的审美实践，促进对传统文化的热爱	同一主题诗歌整合研读评析的真实学习实践情境。	复杂	同一主题的多首诗歌整合研读评析	审美鉴赏与创造 5	归纳综合	思维发展与提升 4	古典诗词是生命情怀的载体	文化传承与理解 5	实践性作业	学业质量水平 4-3

续表

课时作业总体评估	本堂课整合了《梦游天姥吟留别》和《琵琶行（并序）》两首诗歌的形象，并据此探讨诗人复杂的情感，在反思提升中提炼出通过动作、神态、景物、虚词等研读情感，通过文学理论、文学视野、时代背景、生平遭遇等理解诗人形象。所以在评价反馈环节中，作业中设置了以下三个问题。问题 1：为《李白诗集》《白居易诗集》撰写推荐文案，以检测学生课时中所学古诗词情感分析方法的迁移运用能力。问题 2:《长安三万里》中有一段是李白朗诵《将进酒》，你认为电影中的朗诵与情境设置契合吗？请从形象与情感的角度说明你的理由。本题用于检测学生运用学习古诗词形象分析时所获的知识、方法开展综合性探究学习以解决生活问题的能力。问题 3：川大附中举行“生命的诗意”主题线上朗诵大赛，请选择一首古诗词设计朗诵脚本，并拍摄一个短视频。本题用以检测学生运用学习古诗词形象分析时所获古诗词知识、方法进行诗词文化审美实践的能力，促进学生对传统文化的热爱和传承。这三道题的设置，从难度上看具备由浅而深的梯度性，从范围上看具备由文本内到文本外的情境变化，从能力要求来看，这份课时作业形式多样，不但能巩固由形象分析情感这一课时目标，也能检测学生语言、思维、审美、文化四方面核心素养

（具体的作业内容略）

【教学流程】☞

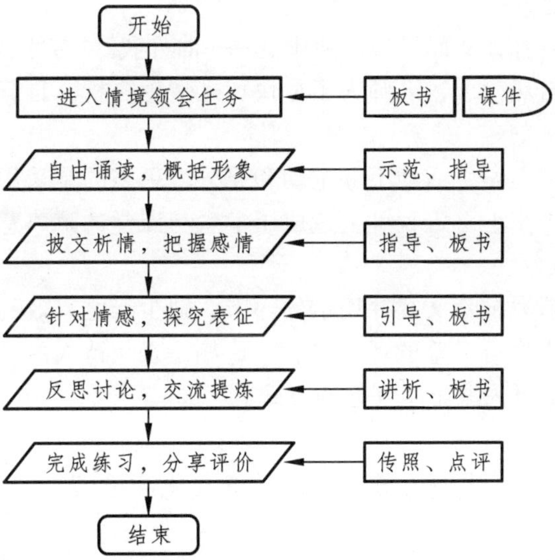

三、教学评价设计

【评价实施】☞

（1）课堂核心问题教学的四个环节中，既整体上贯彻“教学实施设计”中的“评价预设”的评价原则和方式，对学生在各个学习活动中的学习表现进行了针对性评价，又根据课堂教学中的非预设性情形灵活地调整评价策略，力求较为有效地促进学生课堂学习中深度体验的发生。

（2）在“评价反馈”环节，设计了三个具有真实情境的检测题，这三个题从简单到复杂，具备由浅而深的梯度（评价工具），力求通过学生课堂和课后的完成情况，客观地反映学生对古典诗词形象与情感关系的认知和赏析方法的掌握情况，从而实现评价的有效实施。

【信息搜集】☞

为了了解本节课素养目标的达成情况，教师布置了课堂运用反馈检测题——请川大附中的文学爱好者为主播写段 80 字左右的推荐文案。课后搜集了全班学生的作品。总体上看，学生能从两篇诗歌中的意象、动作等角度或是从诗人的文学理论、文学视角、所受文化影响等角度出发撰写文案。

【反馈调整】☞

单元核心大概念下的《梦游天姥吟留别》和《琵琶行（并序）》两篇诗歌的联读，首先要考虑的是联读的出发点和落脚点。诗歌讲求以形求意，这两篇共同之"形"就是矛盾的抒情形象"我"，以此为出发点解读与"我"相关的信息，由浅入深地进行审美鉴赏，抽丝剥茧地理解诗人的复杂情感，使语文核心素养真正落地。在理解感情的基础上，学生进一步研读两位诗人对复杂情感的表征，以比较思维讨论表征不同的原因，是由篇走向类，由诗词小"我"走向诗人大"我"的过程。最后拟写推荐文案是对作品的发掘与再创造，是文本与现实生活的关联。

这堂课目标的达成源于平时扎实的训练，缄默知识内化于心。大概念引导下结构化的课堂设计，一课一得，得得相连，学生研习会逐层深入，长此以往语文的知识体系就会越发完备。

这堂课可以调整的地方：

一、学生概括文本内容，从而发现"曲中我——曲外我""梦中我——梦外我"的环节，这应该是学生活动中的自然生成，老师为了尽快切入情感分析，自行归纳，给学生的思考时间不多。

二、课堂活动。课堂上学生活动不够主动和充分，更多的是采用问答的方式来推进，没有主动参与到课堂活动中来，一定程度上造成了学生与课堂的疏离感。为此，可以通过组与组的 PK 等方式来调动气氛。

三、课堂评价。在拟写推荐文案并展示的环节，缺少行之有效的点评，只是流于表面的肯定。这个环节首先应提供可借鉴的评价量表，比如是否从诗人的某一方面进行比较，是否使用修辞手法等。方式上可采取生生互评的方式。

大概念核心问题教学文化评价表

课时名称：失意生命的诗意呈现。

所属单元：统编高中语文选择性必修（上）第三单元。

单元核心大概念：古诗词形与意的关联鉴赏。

单元核心问题：整合研习本单元八首古诗词，从用词、体式、手法、背景、形象等角度研读诗歌情感。并提炼诗歌鉴赏的基本方法，尝试写作文学短评。

课时大概念：鉴赏形象与情感（诗歌中往往有几个形象值得关注：诗人现实形象、诗中抒情形象、诗中其他形象。分析这些形象的差异和联系，有利于进一步分析出诗人复杂的情感，从而把握单元主题"生命的诗意"）。

课时核心问题：研读文本，借助"我"发掘诗人复杂的情感，探究两首诗歌在表征上的共性与个性。

评价目标	评价指标			评价	
	一级指标	二级指标	三级指标	方法结果	
实现活动体验中的学习与素养发展	具有大概念核心问题教学形态	核心问题利于活动体验	内含学科问题和学生活动方式	8	每项指标最高评8分（满分为96分）
			问题情境与真实生活密切相关	8	
			能引发大概念、新知新法生成	8	
		教学目标价值引导恰当	两类目标正确全面	7	
			关联体验目标恰当	8	
			目标价值引导显现	8	
		教学环节完整合理落实	教学环节清晰完整	8	
			环节内容合理充实	8	
			学生活动时间充分	7	
		教学要素相互匹配促进	问题目标环节两两匹配	8	
			技术促进活动形式内容	8	
			素养导向突出氛围浓郁	8	合计 94 分
	具有大概念核心问题教学特质	拓展学习视野	课堂与现实世界有恰当关联	选择一个表现突出的二级指标，在相应三级指标引导下，以现场学生表现为主要依据，以其余指标为背景，于本表的第二页写出150字以上的简要评价	
			有基于缄默知识的问题解决		
			有缄默知识运用的追踪剖析		
			知识运用剖析导向素养发展		
		投入实践活动	有真实而且完整的实践活动		
			实践活动深度融入两类情境		
			能够全身心地浸渍于活动中		
			活动的内容结果均丰富深入		
		感受意义关联	有核心问题的深层意义感受		
			有以知识为中心的关联感受		
			有以个人为中心的关联感受		
			有对三类大概念的关联感受		
		自觉反思体验	有实质性反思活动的开展		
			有课堂新因素的追踪利用		
			有体验的交流与改善重构		
			有概念生成中的素养发展		
		乐于对话分享	乐于自我的表达与认真的倾听		
			乐于合作中成果与思路的分享		
			乐于成果交流中深层意义分享		
			有宽容的对话氛围和双向交流		
		认同素养评价	认可素养评价		
			参与素养评价		
			利用素养评价		

续表

大概念核心问题教学特质的简要评价（包括发展性建议）：

本节课在大概念核心问题教学特质方面表现得最为突出的是“课堂与现实世界有恰当关联”。

本堂课与现实世界的关联，首先体现在贯彻了语文课程的实践性。古诗词与现实生活的关联点在于读古诗、赏古诗、品古诗，用古诗歌中的人生价值观指导现代人，能传承并发扬古代优秀传统文化。贯穿课堂始终的“拟写推荐文案”与现实关联紧密，自媒体时代的每一段视频信息都需要文案辅助，正能量和文化气息兼具的某平台文案无疑对学生有正面导向。课上赏析古诗、深入理解古诗情感，并把解读后的感受和理解形成文字，推荐给他人，契合多媒体时代特征，也和学生的生活相关。

课堂与现实世界有恰当关联还体现在解决问题的环节中，创设了解诗的操作情境。在核心问题的引领下，学生能够一句句、一篇篇捕捉文本中的相关信息并展开联想。学生能联系自己原有的学习体验和生活体验，逐渐探究文字之间的奥秘——形象与情感之间的关联，走出盲区实现更深层次的思考，特别是在老师提供的相关资料的印证下，获得知人论世的真实体验。学生能够体味千年前诗人当时当地的情感，又将自己此时此地的理解融入研读中，诠释出对失意生命的诗意表征的理性认知。学生沉浸课堂，思维活跃，踊跃发言，语文学科核心素养——“审美鉴赏与创造”“文化传承与理解”都有比较好的落实。

大概念核心问题教学素养目标点检测表

课时名称	失意生命的诗意呈现		
所属单元	统编高中语文选择性必修（上）第三单元		
单元大概念	核心大概念	古诗词形与意的关联鉴赏	
	概念结论类	思想方法类	价值观念类
	古诗词形与意的关联鉴赏方法	形象思维、关联思维 比较思维、逻辑思维创造思维	正确的生命观、审美观、创作观
单元核心问题	整合研习本单元八首古诗词，从用词、体式、手法、背景、形象等角度研读诗歌情感。并提炼诗歌鉴赏的基本方法，尝试写作文学短评		
课时大概念	概念结论类	思想方法类	价值观念类
	古诗词抒情形象与情感的关联鉴赏方法	比较思维、关联思维	生命观、仕途观
课时核心问题	研读文本，借助“我”发掘诗人复杂的情感，探究两首诗歌在表征上的共性与个性		
课时素养目标	参与古诗词“形象与情感”的诗歌研读活动。通过诗歌形象来解读诗歌情感（审美鉴赏与创造 1-3、2-3），由此准确而全面地把握每首古诗词的复杂情感（审美鉴赏与创造 4-3），掌握通过形象研读古诗词情感的一般方法（思维的发展与提升 3-2），并深入地认识人生的价值与意义，体悟中华优秀传统文化的魅力。（文化传承与理解 2-4）		
检测点	古诗词形与意的关联鉴赏的一般方法、通过矛盾形象鉴赏诗歌情感之间的关联的体验		
检测任务	近期某平台“生命的诗意”直播专场要上架《李白诗集》《白居易诗集》等唐代诗人诗集，请川大附中的文学爱好者为主播写段 80 字左右的推荐文案		

续表

<table>
<tr><td rowspan="4">分类标准</td><td colspan="3">A. 学生能深刻体会到诗歌文本中的诗人形象与诗歌所要表达的情感之间的关联，表述流畅，文采斐然，能激发读者阅读兴趣</td></tr>
<tr><td colspan="3">B. 学生能体会到诗歌文本中的诗人形象与诗歌所要表达的情感之间的关联，表述通顺有文采，能激发部分读者阅读兴趣</td></tr>
<tr><td colspan="3">C. 学生大概能体会到诗歌文本中的诗人形象与诗歌所要表达的情感之间的关联，表述较通顺，能给读者留下一定印象</td></tr>
<tr><td colspan="3">D. 学生基本能够体会到诗歌文本中的诗人形象与诗歌所要表达的情感之间的关联，表述不够通顺，欠缺文采，读者印象不深</td></tr>
<tr><td rowspan="5">检测统计</td><td>分类等级</td><td>学生人数</td><td>百分比（%）</td></tr>
<tr><td>A</td><td>10</td><td>25</td></tr>
<tr><td>B</td><td>22</td><td>55</td></tr>
<tr><td>C</td><td>4</td><td>10</td></tr>
<tr><td>D</td><td>4</td><td>10</td></tr>
<tr><td>检测分析及结果运用</td><td colspan="3">从上面“检测统计”中的数据可以清楚地看出，全班 40 名学生中，有 25%的学生能深刻体会到诗歌文本中的诗人形象与诗歌所要表达的情感之间的关联，表述流畅，文采斐然，能激发读者阅读兴趣。有 55%的学生体会到诗歌文本中的诗人形象与诗歌所要表达的情感之间的关联，表述通顺有文采，能激发部分读者阅读兴趣。这表明 80%的同学在本节课在检测中表现良好，素养目标的达成度还是比较理想的。这一检测结果证明了大概念的核心问题教学能更好地整合课时教学内容，驱动学生更好地参与课堂学习活动，进而获得深度学习体验。
另外，从检测结果来看，还有 10%的学生大概能体会到诗歌文本中的诗人形象与诗歌所要表达的情感之间的关联，表述较通顺，能给读者留下一定印象。10%的学生基本能够体会到诗歌文本中的诗人形象与诗歌所要表达的情感之间的关联，表述不够通顺，欠缺文采，读者印象不深。对这一检测结果的归因如下：一是教学内容和环节在实施中还需改进；二是学生的表达能力、将理解转换为文字并进行实践性创作的能力有限，为教师在写作上对学生进行针对性辅导提供了依据</td></tr>
<tr><td>素养目标达成典型实例</td><td colspan="3">优秀推荐文案：
一个是盛世之星，一个是中唐之葩。一个写山川大海、神仙洞府、不折腰事人的傲气；一个写市井小民、仕途坎坷、天涯沦落人的悲戚。一个不畏强权，在困境中也乐观、豁达、傲骨铮铮；一个悲天悯人、居易知足，痛苦中也保持温和宽厚。读他们的诗歌，见识不一样的精神境界。
〖点评〗从这份答案可以看出学生很好地掌握了诗人形象与情感之间的关联，即失意人生中的慨叹以及诗人与诗歌表征之间的关联，并能将这种关联转换成推荐文案。能从诗人所处时代、诗人经历这个角度去比较诗人的个性化创作和诗歌表征，进而落脚于“失意生命的诗意呈现”，为受众呈现较为深刻的阅读引导。从答案中可以看出，学生能体会深刻，分析全面，情感表达准确，为 A 类</td></tr>
<tr><td>检测反馈</td><td colspan="3">本节课检测结果反馈出的情况有如下：
一是在高中语文新教材单元整合教学的实施中，大概念的核心问题教学具有纲领性作用，能使学生既有对此类文本的整体感知，也有对篇章的深入理解，能优化教学设计，提升课堂教学实效。
二是基于大概念核心问题的课时教学内容的整合，要根据文本特征、学生学科基础和学习能力实际进行科学考量。以推荐文案为情境任务，以分析诗人形象为抓手，唤起了学生沉浸式学习的动力，在诵读—探究—实践的良好情境中推进，使各个层次的学生都能有所收获</td></tr>
</table>

高中语文必修（上）第六单元
——“学习之道”单元教学

“学习之道”大概念的核心·问题教学单元规划纲要

学科 语文 教师 刘世刚、郑芸、李开山、山莉莉、廖洁昊、任志恒

<table>
<tr><td>年级</td><td>高一</td><td>单元名称</td><td>学习之道</td><td>单元课时</td><td>6个</td></tr>
<tr><td rowspan="2">单元内容</td><td>教材内容</td><td colspan="4">本单元编排在统编版高中语文必修上册第六单元，其人文主题是“学习之道”，对应《普通高中语文课程标准》(2017 年版 2020 年修订)任务群是“思辨性阅读与表达”。该人文主题和任务群指向在“学习之道”主题下的思辨性阅读与思辨性表达。
从主题内容角度看：本单元所选文章共 6 篇，皆是论述学习的中外名篇，从不同角度论述了有关学习的问题，或阐述学习的意义，或讨论从师的原则，或讨论学习的态度与方法，或描述读书的经历与感受。学习该主题于时代而言，意义重大，因其能够引导学生在经济科技高速进步的时代，对学生进行立德树人的引导。
从任务群角度看：本单元选文主体为论述说理佳作，前 5 篇文章具有鲜明的共性，无不是针对现实生活中的现象提炼问题、挖掘本质，或直接确立观点，围绕观点进行有针对性的阐述；或以破立结合的文章结构、灵活生动的论证方法、各有特色的语言鲜明有力地表达对学习的意义、方法等的综合认识。值得注意的是，五、六这两篇文章，属于灵活自由的随笔，第六篇回顾上图书馆的几段经历，具有明显的记叙性。
因此，单元学习应追求人文主题涵养与任务群学习的双重达成，注重落实语文学科核心素养，即在文质兼美的佳作学习中实现“语言积累与建构”“思维发展与提升”“审美鉴赏与创造”和“文化传承与理解”，特别是思辨性阅读与表达完成</td></tr>
<tr><td>课程标准</td><td colspan="4">关于“思辨性阅读与表达”任务群的课标要求
本任务群旨在引导学生学习思辨性阅读与表达，发展实证、推理、批判与发现的能力，增强思维的逻辑性和深刻性，认清事物的本质，辨别是非、善恶、美丑，提高理性思辨水平。
在此任务群要求下，课标对于“学习目标与内容”的要求如下：
(1)阅读古今中外论说名篇，把握作者的观点、态度和语言特点，理解作者阐述观点的方法和逻辑。阅读近期重要的时事评论，学习作者评说国内外大事或社会热点问题的立场、观点、方法。在阅读各类文本时，分析质疑，多元解读，培养思辨能力。
(2)学习表达和阐发自己的观点，力求立论正确，语言准确，论据恰当，讲究逻辑。学习多角度思考问题。学习反驳，能够做到有理有据，以理服人。
(3)围绕感兴趣的话题开展讨论和辩论，能理性、有条理地表达自己的观点，平等商讨，有针对性、有风度、有礼貌地进行辩驳。
本单元为必修内容，课标建议必修课程完成后学生的“学业质量水平”表现应达到水平 2，针对本单元表现突出的“思维发展与建构”，课标要求如下：</td></tr>
</table>

续表

<table>
<tr><td>单元内容</td><td>课程标准</td><td colspan="3">“1-2 在理解语言时，能提取和概括主要信息，能区分事实和观点，分析各部分内容之间的关系，发现观点和材料之间的联系；能利用获得的信息解决具体的实际问题。在表达时，能做到观点明确、内容完整、结构清楚。
2-2 在理解语言时，能区分主要信息和次要信息，理解并准确概括其内容、观点和情感倾向；能对获得的信息及其表述逻辑作出评价；能利用获得的信息分析并解决具体问题。在表达时，能注意自己的语言运用，力求概念准确、判断合理、推理有逻辑。”</td></tr>
<tr><td rowspan="7">基础条件</td><td rowspan="6">资源基础</td><td>资源名称</td><td colspan="2">功能</td></tr>
<tr><td>黑板</td><td colspan="2">板书课时核心问题；板书学生语言梳理探究过程中发现、生成和反思提炼的知识、能力及方法要点</td></tr>
<tr><td>教材</td><td colspan="2">提供核心问题教学四个环节中学生活动所需必要载体与支架</td></tr>
<tr><td>学案、助读资料</td><td colspan="2">提供学生活动所需资料，促进学生活动的深度开展</td></tr>
<tr><td>线上音视频</td><td colspan="2">帮助学生直观学习，快速获得梳理探究语言的方法与技巧</td></tr>
<tr><td>PPT</td><td colspan="2">出示核心问题和四个环节活动要求，提供学生交流所需的部分参考性结论</td></tr>
<tr><td>学生基础</td><td colspan="3">日常学习中学生对于论述类文章不感兴趣，具体表现为阅读时更喜欢情节曲折的小说文本、抒情叙事的散文，一旦遇到论述类文本即处于不明确目的、不清楚方法、不知晓的状态，常常跳读，难于明确把握作者观点、理清论述的逻辑、辨析与使用论证方式；口头和书面表达时，论述说理普遍存在“大而空”的现象，对现实的针对性不够强，观点的条理性、逻辑性不够，论证方式缺乏，论证语言干瘪乏味。
回到日常语言交际中，清晰准确表达自己、针对别人的观点进行反驳，是最为常见的情形。对于一个社会公民尤其是生活在网络时代的社会公民而言，能够把握别人观点、表达自己观点并进行“有针对性、有风度、有礼貌地辩驳”，是具有现实意义的。
针对正处于形象思维和抽象思维发展阶段的高中生而言，本单元学习指向的“语言积累与建构”为表征的“思维发展与提升”正是阶段发展所必需，思维发展进阶带来语言建构升级，语言建构的发展有助于思维提升，两者互为表里。
概言之，论述说理是学生阅读与表达中的难点。语文教学需要在积极的语言实践活动中发展学生的语言能力、提高学生的思维水平。</td></tr>
<tr><td rowspan="3">单元大概念及下层结构</td><td colspan="2" rowspan="3">单元名称：学习之道
核心大概念：说理的艺术
简约化表达：以情境问题为导向，以论证方式、方法和论据为抓手，以贴切的语言为媒介，合理表达观点。
特征化表达：针对现实生活存在的问题或现象，选择立论驳论等恰当的论证方式，采用比喻论证、对比论证、类比论证等适宜的论证方法，筛选古今中外适切的论据，选用符合对象特征、场合的语言，有力度、有风度、有温度地表达自己的观点与主张</td><td>概念结论</td><td>论证方式：立论和驳论；
论证方法：比喻论证、对比论证、引用论证、道理论证、类比论证、举例论证等；
论据选取原则：适切、有力；
论述语言关注要素：对象特征、场合特点</td></tr>
<tr><td>思想方法</td><td>透过现象看到本质的思维能力；
归纳、演绎、实证、推理、批判等思维能力；
分析质疑，多元解读等辩证思考能力</td></tr>
<tr><td>价值观念</td><td>语言与思维一体两面，明亮的语言带来明朗的表达，明朗的表达决定观点与主张的力度、风度与温度，促进公民素质和社会的进步</td></tr>
</table>

续表

	课时	课时大概念		课时概念梳理		
		简略化表达	特征化表达	概念结论（小概念）	思想方法	价值观念
单元大概念及下层结构	1	立论的针对性与结构特征	能够根据论述所要针对的现象选择恰当的立论方式，并选择并列式、递进式等恰当结构展开论述	论证方式：立论和驳论 并列式、递进式等论述文章结构	透过现象看到本质的思维能力	论证需要有的放矢
	2	破立结合的针对性与结构特征	能够根据论述所要针对的现象选择恰当的立论方式，针对需要反驳的现象展开破立结合的论述，并选择并列式、递进式等恰当结构展开	论证方式：破立结合	透过现象看到本质的思维能力	论证需要有的放矢
	3	论证方法的适切与力度	能够根据所要表达的观点恰当使用论证方法，使观点表达与反驳适切具体现象且具有风度	论证方法：比喻论证、对比论证、引用论证、道理论证、类比论证、举例论证等	归纳、演绎、实证、推理、批判等思维能力；分析质疑、多元解读等辩证思考能力	论证需要适切有力
	4	论据选择的适切与风度	能够根据所要表达的观点选取适切的论据，使观点表达更有力，并形成论据使用的原则与评判标准，使语言表达适切且具有风度	事实论据和言语论据	归纳、演绎、实证、推理、批判等思维能力；分析质疑、多元解读等辩证思考能力	论据需要适切且有风度
	5	论述语言的适切与温度	能够根据对象特征和场合特点调整具体的语言风格，使语言表达适切且具有温度	论述语言关注要素：对象特征、场合特点	具体问题具体分析	语言需要适切且有温度
	6	说理的艺术——表达主张的综合运用（辩论赛）	能够根据自身立场，确立观点，并综合运用恰当的论证方式、论证方法和论据进行观点表达，表达具有力度、风度和温度	辩论观点的针对性、立论驳论方式的针对性、论证方式选用、论据筛选、论述语言的适切	归纳、演绎、实证、推理、批判等思维能力 分析质疑、多元解读等辩证思考能力	观点表达需要有艺术，说理的艺术推动事理的探讨
	7	经历记述与感悟表达	能够剪裁事实经历符合文体表达，并以恰当的方式有机嵌入对经历的感悟	对事实经历的剪裁原则 对感悟表达的有机嵌入	源事说理 事理相生	事理两面一体

续表

<table>
<tr><td>单元教学目标</td><td colspan="3">提炼《教师用书》的教学目标：“能把握思辨类文本中作者的观点和态度，理解作者思考问题的角度，综合分析各篇文章的论点表达、论证结构、论证方法、语言特点等，学习有针对性地表达观点的方法；分析文章论证结构，梳理逻辑关系，初步形成思辨类文本阅读与写作的‘知识导图’；学会观察生活现象并发现问题，写作议论性的文章，选择适合的角度以恰当的方式阐述自己的观点，能够有针对性、有风度、有礼貌地进行辩驳；感悟学习的价值、意义、原则和方法，形成正确的学习观，改进学习方法，提高学习能力。”
结合单元大概念，形成本单元的素养教学目标：
参与研读单元文章、探究立论表达的针对性与结构特征，挖掘论证方法、论据选择、论述语言等与说理艺术的关联。在形成评价量表、展开主题辩论赛、撰写随笔文章等探究活动中，能够明确论述方式、论述方法、论据选择和论述语言等基本要素，初步探讨论述的针对性与立论驳论的结构特征、论述方法选用、论据筛选和论述语言雕琢等关联（思维发展与提升 2-2）。并能在语言交际活动（辩论赛）、议论文写作实践中有效使用常见的论证方式、方法（语言积累与建构 2-1，思维发展与提升 2-2），进而培养表达观点时说理的力度、风度和温度。（思维发展与提升 5-1，文化传承与理解 2-2）</td></tr>
<tr><td>单元核心问题及问题分解</td><td colspan="3">基于上述分析，结合具体学生学情，我们将本单元的单元学习任务确定为“说理的艺术——体悟学习之道，追求情理交响”，将单元整体学习情境设定为“撰写辩论陈词，展开主题辩论”，将学习内容分解为两部分：一是思辨性阅读；二是思辨性表达。
思辨性阅读：以课文中古今中外的论说文章为主，既要把握作者的观点、态度和语言特点，以重视思维的理性，又要把握作者阐述观点的方法和逻辑，以追求学生思维逻辑的提升。
思辨性表达：以学生的辩论陈词为载体，展开主题辩论赛，在真实的语言交际活动中，学习表达和阐发自己的观点，学习多角度思考和反驳他人观点。因此，在单元任务学习中，既设计了思辨性的阅读，又贯穿了思辨性的表达，实现学以致用，以用促学。
据此确定了本单元核心问题：研读单元文章，探究立论表达的针对性与结构特征，挖掘论证方法、论据选择、论述语言等与说理的力度、风度、温度的关联，形成说理艺术评价量表，展开主题辩论赛，撰写有关比赛经历与感受的随笔文章。
为将单元核心问题落实到单元内容，将本单元核心问题分解为 7 个环环相扣的课时核心问题，以此形成单元的结构化活动支撑</td></tr>
<tr><td rowspan="8">课时划分</td><td>课时</td><td>课时大概念</td><td>课时核心问题</td></tr>
<tr><td>第一课时</td><td>立论的针对性与结构特征</td><td>联读《劝学》和《师说》，探究两篇文章的立论针对性，据此分析两篇文章的结构特征，完成评价量表的对应部分</td></tr>
<tr><td>第二课时</td><td>破立结合的针对性与结构特征</td><td>联读《反对党八股》和《拿来主义》，探讨其驳论艺术，运用驳立结合的论证方法修改所撰写的驳论词</td></tr>
<tr><td>第三课时</td><td>论证方法的适切与力度</td><td>研读本单元所选课文，结合课文实例，探究分析论述文章中论证方法的使用原则，完成评价量表的对应部分</td></tr>
<tr><td>第四课时</td><td>论据选择的适切与风度</td><td>研读本单元所选课文，结合课文实例，探究分析论述文章中论据选择的原则，完成评价量表的对应部分</td></tr>
<tr><td>第五课时</td><td>论述语言的适切与温度</td><td>研读本单元所选课文，结合课文实例，探究影响文章论述语言风格的因素，完成评价量表的对应部分</td></tr>
<tr><td>第六课时</td><td>说理的艺术——表达主张的综合运用（辩论赛）</td><td>融合上述各课时的评价量表形成《说理的艺术——表达主张的评价量表》，据此开展主题辩论赛</td></tr>
<tr><td>第七课时</td><td>经历记述与感悟表达</td><td>联读《读书：目的和前提》和《上图书馆》，探究经历记述与感悟表达的关联与契合，撰写一篇随笔</td></tr>
</table>

续表

<table>
<tr><td>教学评价</td><td colspan="7">一、关于大概念生成理解的评价预设
1. 概念结论类大概念
“学习之道”单元的教学以学生为中心，七个课时的核心问题任务贯穿始终。学生在每个课时对概念知识类的掌握情况是教师评价的首要对象。故而在教学评价时，首先要关注学生的概念知识类的正确性与活动过程，采用形成评价量表的方式让评价贯穿学生学习的始终。
2. 思想方法类大概念
除了知识性的评价，针对“学习之道”七个课时活动所采用的不同思想方法，建立完整的关于归纳、演绎、实证、推理、批判等的思维能力和关于分析质疑、多元解读等的辩证思考能力，并以评价量表对学生整个学习过程的思想方法成果作显性呈现。
3. 价值观念类大概念
在“学习之道”教学和单元三类作业的完成过程中，体会“语言与思维一体两面，明亮的语言带来明朗的表达，明朗的表达决定观点与主张的力度、风度与温度，促进公民素质和社会的进步”，使学生明晰观点表达的力度、风度和温度。
二、关于三类单元作业完成的评价预设
将单元基础性作业、综合性作业和实践性作业在各课时中的表现进行赋分，可根据学生各课时学习成果和题目的完成情况进行有针对性的完善，形成单元的评价量表</td></tr>
<tr><td rowspan="4">单元作业</td><td>作业类型</td><td>作业目标</td><td>作业内容</td><td>作业情境</td><td>概念结论</td><td>思想方法</td><td>价值观念</td></tr>
<tr><td>基础性作业</td><td>能掌握本单元学习所获得的议论文的基本知识，结合文本分析文体特征，理解内容主旨</td><td>从关键概念及关键概念之间的关联入手，研习议论文的文体特征并把握其主要内容</td><td>基于议论文的文体和针对性的特征快速把握文本内容和实质的情景</td><td>关键概念
基本理论</td><td>概括思维
阐释思维</td><td>政治立场和思想观念
世界观和方法论
道德品质</td></tr>
<tr><td>综合性作业</td><td>能熟练运用本单元所学的议论文知识，综合分析议论文的独特性，并能与其他文体做有效的区别。进而理解不同的文体在表达和应用上的个体特色</td><td>就不同话题的议论文选文进行整合比较研习</td><td>基于相关文体知识和分析技巧，鉴赏不同文体的区别的真实探索情境</td><td>整合阅读
比较阅读</td><td>聚合思维
辨异思维</td><td>政治立场和思想观念
世界观和方法论
道德品质</td></tr>
<tr><td>实践性作业</td><td>能利用本单元所学撰写一篇议论文，体现评论文完整的结构和较强的针对性</td><td>仿照《劝学》《师说》或《拿来主义》，就新近发生的社会事件进行评论</td><td>化读为写的真实探索情境</td><td>读写结合
以读导写</td><td>赋形思维
逻辑思维</td><td>政治立场和思想观念
世界观和方法论
道德品质</td></tr>
<tr><td>反馈调整</td><td colspan="7">待大单元教学完成之后，计划从大单元教学设计、教学实施、运用反馈和教学调整四个方面进行反思总结，提出具体的优化措施</td></tr>
</table>

立论文的结构特征
——“学习之道”单元第一课时学教案

郑 芸

一、教学分析设计

【内容分析】☞

统编高中语文教材必修上册第六单元，其人文主题为“学习之道”，属于“思辨性阅读与表达”任务群。《普通高中语文课程标准》（2017 年版 2020 年修订）将该任务群列为第 6 位，并做了明确的要求：“引导学生思辨性阅读与表达，发展实证、推理、批判与发现的能力，增强思维的逻辑性和深刻性”。本单元有四课，共六篇文章。这些文章各有特色，如《劝学》《师说》是文言文，《反对党八股》是演讲词，《拿来主义》是杂文，《读书：目的和前提》《上图书馆》是随笔，但都有共同点，第一，都是从不同的角度论述了有关学习的问题，第二都是针对现实生活中的现象，有针对性地阐述自己的观点，论据充分，论证逻辑严密，结构清晰。因此，这节课的主要学习任务就是引导学生赏析《劝学》《师说》两篇文章阐述论点的思维逻辑，具体了解立论文的一般论证结构，并归纳总结赏析写作立论文结构的构型。

【课时大概念】☞

概念类别	简略化表达	特征化表达
核心大概念	论证结构的梳理和安排	依托《劝学》《师说》两篇文章论证结构的梳理，认识立论文论证结构，进而归纳出赏析此类文本结构的正确方法
概念结论类	立论文的论证结构：并列式、层递式、对照式、总分式	能够根据论述所要针对的现象选择恰当的立论方式，并选择并列式或递进式等恰当的结构展开论述，选用适切的语言，有力度、有风度、有温度地表达自己的观点与主张
思想方法类	思维可视化、逻辑思维	透过现象看到本质的思维能力 归纳、演绎、实证、推理、批判等思维能力 分析质疑，多元解读等辩证思考能力
价值观念类	全面的学习观、正确的写作观	学习观：时间持久、内容精当、态度勤勉，学习是终身的追求，既要外求于人，又要反求于己。 写作观：论述类的文章写作要有针对性，观点和主张的阐明需要清晰、严谨、富有思维逻辑的结构层次

【资源条件】☞

资源名称	功 能
黑 板	板书课时核心问题；板书学生分析文本结构获得的认知要点等
教材、学案及典型题例	提供课时核心问题教学四个环节中学生分析文本结构所需的必要辅助资料
自制 PPT	出示课时核心问题；出示四个环节的具体要求及相应的指导知识

【学生基础】☞

本节课立论文论证结构的学习，与必修下册第一单元“中华文明之光”和第八单元“责任与担当”同属“思辨性阅读与表达”任务群。本次课及本单元的学习，是在为后两个单元的深入研习和赏析打好基石。但论述类文本不及小说情节曲折，也不及散文情感细腻、文笔优美，因而调动学生的兴趣存在一定难度。有些论述类文章文意深邃、言辞犀利，学生难以准确提炼观点和理解文句，阅读能力不足，又容易放弃。加之学生日常用语随意性大，观点表述时“假大空”现象普遍，又或者表意不完整希望对方来意会，存在对现实的针对性不强、逻辑不清、条理不明等问题。

【目标分析】☞

参与研读单元论述类文章，完整经历通读原文、梳理提炼、分析概况等研习过程（语言建构与运用 1-2），归纳立论文结构的一般特征（语言建构与运用 3-1），掌握赏析此类文本结构的一般方法（思维发展与提升 2-2），进而完成立论文论证结构的安排和写作（审美鉴赏与创造 4-2），培养表达观点时的说理艺术的力度、风度（思维发展与提升 5-3，文化传承与理解 2-2）。

【主题分析】☞

本节课聚焦单元所选前两篇选文的论证结构的研习，旨在引导学生理解和把握此类立论文结构的特点，提高阅读、赏析此类文章结构的能力，继而能有针对性和思辨性地发表自己的观点和看法。本课及本单元的学习是必修上下册两本书中三个“思辨性阅读与表达”的第一个单元，因此有必要让学生掌握论述文的基本特征、表现形式等文本特征，以便能顺利完成必修下册第一单元的诸子文、史传文，以及第八单元的古代思辨性文本的相关研习。

基于上述分析，本课时的核心问题即拟定为：联读《劝学》和《师说》，探究两篇文章阐述论点的思维逻辑，探析概况立论文的结构特征，并尝试创作论证结构。

【评价预设】☞

（1）提出问题环节：针对学生领会课堂核心问题的情况进行整体引导性评价，为具体开展论证结构的提炼进行铺垫；

（2）解决问题环节：就学生对两篇思辨性文本的论证思路的梳理概况进行点拨、指导和激励性评价，促进学生快速达到有效梳理的效果；

（3）反思提升环节：就学生体验总结、提炼此类文本论证结构的一般方法的表现情况进行肯定和点拨性评价，对其体验情况进行激励性评价，促进学生深度理性认知；

（4）评价反馈环节：就学生展示的课外主题的论证结构进行定性和赋分评价，促进学生的深度体验。

二、教学实施设计

【教学环节】☞

教学环节	学生活动	教师活动	设计意图	技术融合
提出问题	回顾《劝学》《师说》的内容。明确本堂课的核心问题，进入单元论述类文本结构的分析情境	1. 回顾《劝学》《师说》的论证内容。 2. 提出核心问题：联读《劝学》和《师说》，探究两篇文章的论点阐述的思维逻辑，探析概况立论文的结构特征，并尝试创作论证结构	以旧知的回顾来促进学生对文本内容、论点阐述的逻辑思路、论证结构进行思考，进入本堂课的体验情境，明确学习的核心任务	PPT 出示课时核心问题，电子白板
解决问题	1. 梳理《劝学》和《师说》的论证结构，绘制思维导图。 2. 交流分享展示	出示活动 1：绘制两篇文章的论证结构思维导图。 出示活动 2：分享交流展示，小组代表讲解并板书或投影	思维导图的绘制、交流、修改，可以让学生把握两篇文章的论证思路，论证层次	电子白板出示原文和板书，实物投影展示学生思维导图
反思提升	立足本节课的梳理，提炼写作立论文结构的一般方法	引导学生反思本节课关于两篇立论文结构的分析过程，总结提炼此类文本结构安排的一般方法	概念固化与落实，促进学生在总结反思活动中深化对论证结构的理解和掌握	PPT 出示反思活动要求，电子白板展示学生总结提炼后的方法
评价反馈	1. 从本单元《反对党八股》和《读书：目的和前提》两篇文章中任选一篇，以思维导图的形式梳理其论证结构。 2. 按要求完成以“青春”为话题的论证结构创作，进行展示交流，对展示交流的情况进行口头评价	1. 出示学案：《反对党八股》和《读书：目的和前提》论证结构空表。 2. 出示评价题：对话题“青春”进行本论部分论证结构的分解，要求具有明确的逻辑层次	检测课时目标达成情况，以进一步强化学生对立论文论证结构的理解和运用	PPT 出示评价反馈检测题和评价标准。电子白板出示范文

【板书设计】☞

立论文的结构特征

核心问题：联读《劝学》和《师说》，探究两篇文章阐述论点的思维逻辑，探析概况立论文的结构特征，并尝试创作论证结构。

引论：点明中心论点

本论：分角度有层次论证观点
- 并列式结构、层递式结构
- 对照式结构、总分式结构

结论：收束全文

（其余根据课堂实际生成）

【课后服务】☞

课时作业的结构化设计：

作业序号	作业目标	作业情境		概念结论		思想方法		价值观念		整体评估	
		内容	水平	内容	水平	内容	水平	内容	水平	内容	水平
1	检测学生运用立论文结构分析的一般方法快速梳理同类文本结构、理解文章内容的能力	梳理和理解论述类文体特征、立论文结构逻辑层次的真实学习情境	简单	梳理和理解论述类文体特征、立论文结构逻辑层次	语言建构与运用 2	演绎与发散	思维发展与提升 2	政治立场、思想观念、世界观、方法论	文化传承与理解 2	基础性作业	学业质量水平 1-2 2-2
2	检测学生从论点阐述的具体思维过程（并列式、层递式、对照式、总分式等类型）分析论述类文本立论文结构的能力	确定不同论证结构的逻辑的真实探索情境	较复杂	不同论证结构的探究	语言建构与运用 2	分析与综合	思维发展与提升 3	政治立场、思想观念、世界观、方法论	文化传承与理解 3	综合性作业	学业质量水平 4
3	引导学生运用立论文结构类型相关知识进行写作，增进对论述类文本结构的理解和掌握	例文鉴赏、话题写作的真实实践情境	复杂	给定话题拟做论证结构的写作	语言建构与运用 5	演绎与赋形	思维发展与提升 5	理论与实践相结合	文化传承与理解 5	实践性作业	学业质量水平 5

课时作业总体评估	本节课在解决问题环节以联读《劝学》和《师说》的方式，在回顾中强化了文章内容，为随后逻辑思路的梳理和归纳做好准备；在反思提升环节归纳概括了此类文本结构的一般特征，也总结了赏析的一般方法。因而在评价反馈环节设计了基础性、综合性、实践性三类作业。其中基础性作业："从本单元《反对党八股》《读书：目的和前提》两篇文章中任选一篇，以思维导图的形式梳理其论证结构"，以检测学生的课内运用能力。综合性作业："以'青春'为话题，拟写论证思路"，以检测学生的课外迁移运用能力。实践性作业："成功，是这个时代最引人注目的话题。成功者和成功的故事比比皆是。然而，什么是成功呢？评价成功的标准又是什么呢？请以'成功的标准'为话题写一篇议论文。"检测学生运用立论文结构逻辑的相关知识进行主题写作的实践能力，以促进学生对论述类文本的深度理解和把握。本节课的这三类作业设计遵循了课内习得到课外演练、论证结构层次设计到立论文完整文章写作的循序渐进、由归纳的"易"到实践的"难"的能力提升过程，具有明显的结构化特征，有助于学生形成对立论文结构的掌握能力和应用能力

（具体的作业内容略）

【教学流程】☞

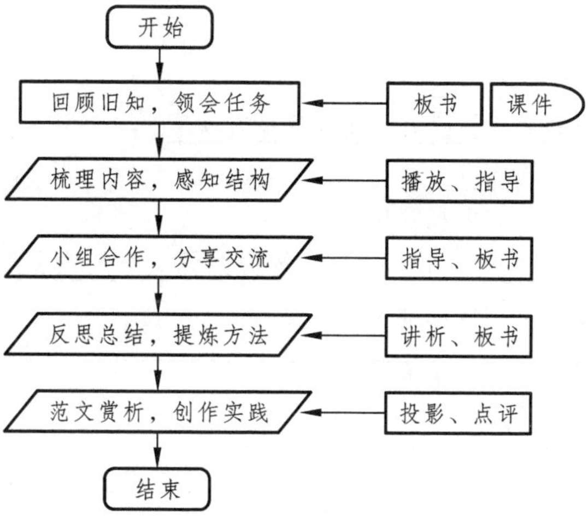

三、教学评价设计

【评价实施】☞

（1）课堂教学环节的推进过程中，要关注每个细节的落实，尤其是教学篇目《劝学》和《师说》的文本结构梳理，务必做到准确精致。因为《劝学》的结构，就是学生以后创作立论文最好的范本和思路。学生可以在此基础上做模仿和变化。教师应做好巡视和发现、肯定和纠正。

（2）学生实践和分享的过程中，要明确结构层次属于哪一种，且要讲明是如何体现该逻辑思路的。这一步是将本节课学习内化和外现的过程。学生的自我评述，是对自己学习实效的检验。

（3）基础性、综合性、实践性三类作业层层推进，由易到难，等级评定和数据分析是检验课堂效益的重要指标，做好收集和分析，以期达到对教学的促进作用。

【信息搜集】☞

为真实完整地了解本节课素养目标的达成情况，在“评价反馈”环节布置了三个检测题目，第一个在课内完成并点评，第二个在课内完成但未点评，第三个在课后完成。课后收上来全班学生在课内完成的以“青春”为话题的论证结构的拟写，并进行了完成质量等级评价和详细统计分析。

【反馈调整】☞

根据核心问题课堂教学实施的四个环节的具体情况来看，这节课总体上较为理想地达成了预期素养目标。本来预设的是先进行并列式结构的训练，再循序渐进地进行层递式（也叫递进式）结构，结果该班学生无一例外直接开始递进式结构的创作。教学应时而动，作为教师应根据学生的实际情况和反馈做出恰时又恰当的回应；同时也提醒自己在教学设计时一定要充分预设，不仅考虑学生不会的内容，也要考虑学生可能已经知道的、会跳跃的内容，以保证学生课堂体验的真实性和有效性。

大概念核心问题教学文化评价表

课时名称：立论文的结构特征。

所属单元：统编高中语文教材必修（上）第六单元。

单元核心大概念：说理的艺术。

课时大概念：论证结构的梳理和安排。

课时核心问题：联读《劝学》和《师说》，探究两篇文章的论点阐述的思维逻辑，探析概况立论文的结构特征，并尝试创作论证结构。

<table>
<tr><th rowspan="2">评价目标</th><th colspan="3">评价指标</th><th colspan="2" rowspan="2">评价
方法结果</th></tr>
<tr><th>一级指标</th><th>二级指标</th><th>三级指标</th></tr>
<tr><td rowspan="12">实现活动体验中的学习与素养发展</td><td rowspan="12">具有大概念核心问题教学形态</td><td rowspan="3">核心问题利于活动体验</td><td>内含客观问题和学生活动方式</td><td>8</td><td rowspan="11">每项指标最高评8分（满分为96分）</td></tr>
<tr><td>问题情境与真实生活密切相关</td><td>8</td></tr>
<tr><td>能引发大概念、新知新法生成</td><td>8</td></tr>
<tr><td rowspan="3">教学目标价值引导恰当</td><td>目标构成全面准确</td><td>8</td></tr>
<tr><td>内含关联体验目标</td><td>7</td></tr>
<tr><td>目标价值引导显现</td><td>8</td></tr>
<tr><td rowspan="3">教学环节完整合理落实</td><td>课程教学环节完整</td><td>8</td></tr>
<tr><td>环节内容合理充实</td><td>7</td></tr>
<tr><td>学生活动时间充分</td><td>7</td></tr>
<tr><td rowspan="3">教学要素相互匹配促进</td><td>问题目标环节两两匹配</td><td>8</td></tr>
<tr><td>技术促进活动形式内容</td><td>7</td></tr>
<tr><td>课程特色突出氛围浓郁</td><td>8</td><td>合计 92 分</td></tr>
</table>

续表

<table>
<tr><th rowspan="2">评价目标</th><th colspan="3">评价指标</th><th rowspan="2">评价
方法结果</th></tr>
<tr><th>一级指标</th><th>二级指标</th><th>三级指标</th></tr>
<tr><td rowspan="23">实现活动体验中的学习与素养发展</td><td rowspan="23">具有大概念核心问题教学特质</td><td rowspan="4">拓展学习视野</td><td>课堂与现实世界有恰当关联</td><td rowspan="23">选择一个表现突出的二级指标，在相应三级指标引导下，以现场学生表现为主要依据，以其余指标为背景，于本表的第二页写出150字以上的简要评价</td></tr>
<tr><td>有基于缄默知识的问题解决</td></tr>
<tr><td>有缄默知识运用的追踪剖析</td></tr>
<tr><td>知识运用剖析导向素养发展</td></tr>
<tr><td rowspan="4">投入实践活动</td><td>有真实而且完整的实践活动</td></tr>
<tr><td>实践活动深度融入两类情境</td></tr>
<tr><td>能够全身心地浸渍于活动中</td></tr>
<tr><td>活动的内容结果均丰富深入</td></tr>
<tr><td rowspan="4">感受意义关联</td><td>有核心问题的深层意义感受</td></tr>
<tr><td>有以知识为中心的关联感受</td></tr>
<tr><td>有以个人为中心的关联感受</td></tr>
<tr><td>有对三类大概念的关联感受</td></tr>
<tr><td rowspan="4">自觉反思体验</td><td>有实质性反思活动的开展</td></tr>
<tr><td>有课堂新因素的追踪利用</td></tr>
<tr><td>有体验的交流与改善重构</td></tr>
<tr><td>有概念生成中的素养发展</td></tr>
<tr><td rowspan="4">乐于对话分享</td><td>乐于自我的表达与认真的倾听</td></tr>
<tr><td>乐于合作中成果与思路的分享</td></tr>
<tr><td>乐于成果交流中深层意义分享</td></tr>
<tr><td>有宽容的对话氛围和双向交流</td></tr>
<tr><td rowspan="3">认同素养评价</td><td>认可素养评价</td></tr>
<tr><td>参与素养评价</td></tr>
<tr><td>利用素养评价</td></tr>
<tr><td colspan="5">大概念核心问题教学特质的简要评价（包括发展性建议）：
这节课在大概念核心问题教学实质方面表现得最为理想的是“投入实践活动”。这在“评价反馈”环节的第二个学习活动中最为凸显。该活动的要求是对话题“青春”进行本论部分论证结构的分解，逻辑上要求并列式或递进式或对照式均可。这个活动实际上是在检测本堂课学生对立论文结构的掌握和构建。拿到任务以后，学生独立思考和完成，认真寻找拆分中心论点的角度和维度，也谨慎选择恰当的句式，仔细考虑是否注入修辞或者是文学性很强的词语等等。看得出来，思考和创作的实践活动很深入，且是真实完整的。通过让学生切实地浸渍于实践活动过程，本堂课在反思提升环节所获得的一般性方法得到了使用和训练</td></tr>
</table>

大概念核心问题教学素养目标点检测表

<table>
<tr><td>课时名称</td><td colspan="3">立论文的论证结构</td></tr>
<tr><td>所属单元</td><td colspan="3">统编版高中语文必修（上）第六单元</td></tr>
<tr><td rowspan="3">单元大概念</td><td>核心大概念</td><td colspan="2">说理的艺术</td></tr>
<tr><td>概念结论类</td><td>思想方法类</td><td>价值观念类</td></tr>
<tr><td>论述类文本的针对性和思辨性</td><td>逻辑推理
理性实证</td><td>阅读观、学习观、写作观</td></tr>
<tr><td>单元核心问题</td><td colspan="3">研读单元文章，探究立论表达的针对性与结构特征，挖掘论证方法、论据选择、论述语言等与说理的力度、风度、温度的关联，形成说理艺术评价量表，展开主题辩论赛，撰写有关比赛经历与感受的随笔文章</td></tr>
<tr><td rowspan="2">课时大概念</td><td>概念结论类</td><td>思想方法类</td><td>价值观念类</td></tr>
<tr><td>立论文的论证结构：并列式、层递式、对照式、总分式</td><td>思维可视化
逻辑思维</td><td>全面的学习观
正确的写作观</td></tr>
<tr><td>课时核心问题</td><td colspan="3">联读《劝学》和《师说》，探究两篇文章阐述论点的思维逻辑，探析概况立论文的结构特征，并尝试创作论证结构</td></tr>
<tr><td>课时素养目标</td><td colspan="3">参与研读单元论述类文章，完整经历通读原文、梳理提炼、分析概况等研习过程（语言建构与运用 1-2），归纳立论文结构的一般特征（语言建构与运用 3-1），掌握赏析此类文本结构的一般方法（思维发展与提升 2-2），进而完成立论文论证结构的安排和写作（审美鉴赏与创造 4-2），培养表达观点时的说理的力度、风度（思维发展与提升 5-3，文化传承与理解 2-2）</td></tr>
<tr><td>检测点</td><td colspan="3">立论文结构赏析的一般方法与说理艺术的关联的体验</td></tr>
<tr><td>检测任务</td><td colspan="3">以“青春”为话题，拟写论证思路</td></tr>
<tr><td rowspan="4">分类标准</td><td colspan="3">A. 逻辑清晰，层次分明，句式整齐，表意清晰，文学性强</td></tr>
<tr><td colspan="3">B. 逻辑较清晰，层次分明，句式整齐，表意清晰，文学性较强</td></tr>
<tr><td colspan="3">C. 逻辑较清晰，层次较分明，句式较整齐，表意基本清晰，文学性一般</td></tr>
<tr><td colspan="3">D. 逻辑有混淆，层次不分明，句式不整齐，表意基本清楚，书面语表达</td></tr>
<tr><td rowspan="5">检测统计</td><td>分类等级</td><td>学生人数</td><td>百分比（%）</td></tr>
<tr><td>A</td><td>15</td><td>20</td></tr>
<tr><td>B</td><td>23</td><td>39</td></tr>
<tr><td>C</td><td>16</td><td>27</td></tr>
<tr><td>D</td><td>5</td><td>9</td></tr>
<tr><td>检测分析及结果运用</td><td colspan="3">从作业数据来分析，本次课的预期效果基本达成。九成以上的学生能在课堂中获得立论文结构的基本知识和分解的基本方法。能结合所教授的方法，组织语言完成并列式或者递进式结构的设置，而且在语言使用中有意识地结合修辞方法，如引用、化用、比喻、对偶等方法来构成一组整句，使得分论点不仅能实现对中心论点的有效拆分，而且是有文学意义的表达</td></tr>
</table>

续表

素养目标达成典型实例	青春是敢想敢做的热血 青春是不惧挫折的奋进 青春是不负时代的责任（李鑫宇） 青春是晨曦中的第一缕阳光，怀揣着希望 青春是正午时的第一滴汗水，追逐着梦想 青春是夜空中的第一颗星星，照耀着未来（李湘婷） 青春就要珍惜时间，不负韶华 青春就要以梦为马，勇往直前 青春就要感恩祖国，汇报社会（姚思琪） 青春正当时，应把握当下，顽强拼搏 青春正当时，应排除万难，奋勇争光 青春正当时，应不负韶华，奠基未来（卓钰轩） 青春需珍惜绚丽年华，博学笃志力行，奋斗提升自我 青春应肩负强国使命，投身复兴实践，争取为国效力 青春应树立远大理想，拥抱美好未来，勇攀人生高峰（宿家贝） 奋斗的青春是个人生涯里最华美的乐章 奋斗的青春是社会组成中最新鲜的血液 奋斗的青春是国家前行时最坚定的桨舵（蒋雨萱） 吾身吾体健似朝阳，所拼所搏皆是青春 吾心悟性澄如明镜，所思所想皆是青春 吾梦吾志重若千钧，所追所求皆是青春（张鲁） 青春是一种姿态，是心有猛虎，细嗅蔷薇 青春是一种精神，是积极向上，追求成功（张网） 青春就要热烈，就算布满荆棘，也不妨碍我乘风破浪 青春就要自信，就算困难查重，也不妨碍我谱写赞诗 青春就要坚毅，就算久如暗室，也不妨碍我向阳而生（彭思源） 青春是“不破楼兰终不还”的担当，顶天立地，奋勇争先 青春是“化作春泥更护花”的奉献，助人为乐，赴汤蹈火 青春是“咬定青山不放松”的拼搏，发愤图强，逆流而上（王丝雨） 青春是“咬定青山不放松”的坚持，发愤图强，不畏艰险 青春是“青取之于蓝而青于蓝”的上进，不断拼搏，奋勇争先 青春是“不破楼兰终不还”的坚定，顶天立地，扑汤蹈火（袁毅）

续表

素养目标达成典型实例	以“路漫漫其修远兮，吾将上下而求索”的胸怀，书写青春之志 以“人生自古谁无死，留取丹心照汗青”的担当，书写青春之责 以“长风破浪会有时，直挂云帆济沧海”的姿态，书写青春之约（尹呈思元） 青春是“三更灯火五更鸡”的勤奋 青春是“千磨万击还坚劲”的坚韧 青春是“天生我材必有用”的自信（王诗琦） 青春就像一刻不止的流水，逝者如斯，不舍昼夜 青春就像万物竞发的春天，生机勃发，朝气蓬勃 青春就像剧烈燃烧的火把，踔厉奋发，激情燃烧 青春是“恰同学少年，风华正茂”的活力与朝气 青春是“粪土当年万户侯”的自信与豪迈 青春是“莫问收获，但问耕耘”的奋斗与奉献（陈同烨） 〖点评〗以上作品抓住了“青春”这个关键词的核心价值，从不同的维度和角度对中心论点进行理解和细化，2 到 3 个的分论点之间皆存在严谨的逻辑关系，抑或是并列式均衡着力，抑或是层递式逐次增强，严密又科学。在语言表达中，有意识地使用了表达技巧，如巧用了比喻、引用、对偶等修辞手法赋予文采，短句组合语意铿锵，力量十足
检测反馈	从上述学生在课堂学习活动中完成的评价反馈环节的基础性作业的情况来看，本节课的教学过程，几个学习活动的设计和实施是合理的，且效果较好。整堂课较好地实现单元及课时素养目标的达成。大概念的核心问题教学在进行单元文本的整合教学中确实起到了显著的效果，在此统摄之下，课时任务的完成也就是顺理成章的事情了。这对学生语文学科核心素养的培养有着极大的益处。说理的逻辑层次清晰了，表意就明确了，那么，有效的说理甚至达到说理的艺术高度也是完全可以实现的了

说理蕴含辩证之美 驳论闪耀思维之光：从《反对党八股》和《拿来主义》中学习驳论艺术——“学习之道”单元第二课时学教案

廖洁昊

一、教学分析设计

【内容分析】☞

统编高中语文教材必修上第六单元人文主题是“学习之道”，对应的学习任务群是“思辨性阅读与表达”。该人文主题和任务群指向“学习之道”的思辨性阅读与思辨性表达。本单元前四篇文章以议论为主，思辨性较强，且大多是针对现实生活中的现象，提炼问题、挖掘本质，以破立结合的文章结构、灵活生动的论证方法、各有特色的语言鲜明有力地表达对学习的意义、方法等的综合认识；后两篇文章兼有议论和记叙，但仍不乏能引发学生深入思考的思辨性内容。

【课时大概念】☞

概念类别	简略化表达	特征化表达
核心大概念	破立结合的针对性与结构特征	能够根据论述所要针对的现象选择恰当的立论方式，针对需要反驳的现象展开破立结合的论述，并选择并列式、递进式等恰当结构展开，以充满人文关怀的语言阐述自己的观点
概念结论类	论证方式：破立结合	驳论文首先要否定或批判某些观点，继而表达阐释另外的观点。前一个过程谓之“破”，后一个过程谓之“立”，所谓“不破不立”。驳论文是一种思辨性极强的文章，而破立结合的论证方式正是其强思辨性的最佳体现。因而学习、掌握此种论证方式并赏析精彩的驳论文段是研习此类文本的重要阅读任务
思想方法类	逻辑思维、关联思维、同中求异思维、透过现象看到本质的思维	基于本课文章篇幅长、文段间逻辑性强等特点，精心设计篇章间对比阅读、篇章内文段精读等语言实践活动，以锻炼学生的逻辑思维，同时让学生积攒丰富的语言建构与运用的经验

续表

概念类别	简略化表达	特征化表达
价值观念类	论证需要有的放矢；语言思辨应当蕴含人文价值	优秀的驳论文在说理时一定能够找准对象、详略得当，且在说理时体现风度与温度。赏析优秀驳论文的语言，有助于学生形成有的放矢的论证思维，同时不忘体现语言的人文关怀

【资源条件】☞

资源名称	功能
黑板	板书核心问题；板书学生解决问题时交流、分析、建构的要点；板书反思提升要点等
教材、学案、课外助读资料	提供核心问题教学各环节中自主阅读、探究与生成的支架与思维空间
PPT	出示具体的教学内容；提供全班交流时所需部分结果；出示评价反馈练习等内容

【学生基础】☞

经过前期的学习，学生已经对《反对党八股》和《拿来主义》这两篇文章的内容有了大致了解，也基本了解了议论文的“论点”“论据”等概念。但在日常教学中发现学生在阅读时遇到论述类文本常常跳读甚至不读，难以明确把握作者观点、理清论述的逻辑、辨析与使用论证方式；口头和书面表达时，论述说理普遍存在“大而空”的现象，对现实的针对性不够强、观点的条理性逻辑性不够、论证方式运用缺乏、论证语言干瘪乏味。

【目标分析】☞

参与研读单元文章、探究立论表达的针对性与结构特征，挖掘论证方法、论据选择、论述语言等与说理艺术的关联。在形成评价量表、展开主题辩论赛、撰写随笔文章等探究活动中，能够明确论述方式、论述方法、论据选择和论述语言等基本要素，初步探讨论述的针对性与立论驳论的结构特征、论述方法选用、论据筛选和论述语言雕琢等关联（思维发展与提升 2-2），并能在语言交际活动（辩论赛）、议论文写作实践中有效使用常见的论证方式、方法（语言积累与建构 2-1，思维发展与提升 2-2），进而培养表达观点时的说理艺术的力度、风度和温度。（思维发展与提升 5-1，文化传承与理解 2-2）。

【主题分析】☞

本节课聚焦本单元的《反对党八股》和《拿来主义》两篇文章，旨在引导学生了解并掌握破立结合的驳论文论证方式，熟悉驳论文写作的一般思路，在研习优秀驳论文作品时感受语言与逻辑的魅力。因此，本节课语言文本的研习应围绕本单元“说理的艺术”这一核心概念，聚焦于文本语言间的论证逻辑，促进学生对“破立结合”这一论证方式的深刻理解与领悟，从而掌握此类文本的一般写作思路。

基于上述分析，本课时的核心问题即拟定为：联读《反对党八股》和《拿来主义》，探讨其驳论艺术，运用驳立结合的论证方法修改所撰写的驳论词。

【评价预设】☞

（1）提出问题环节：回顾前置性作业情境，结合学生的前置性作业，发现并指出学生在撰写驳论词时存在的问题，以此引入本堂课的内容；

（2）解决问题环节：结合《反对党八股》和《拿来主义》两篇文章中的典型段落，探究并掌握其“边破边立”“破立结合”的写作思路，并将其运用于写作实践中；

（3）反思提升环节：教师总结、提炼上述文本中呈现出的驳论文写作思路和运用到的方法；

（4）评价反馈环节：学生运用本节课所学知识，修改之前所写的驳论词，说出修改的原因，并比较修改前后的差异。

二、教学实施设计

【教学环节】☞

教学环节	学生活动	教师活动	设计意图	技术融合
提出问题	学生聆听教师的讲解，回顾前置性学习任务，进入问题情境，明确本课时的核心问题	结合 PPT，带领学生回顾前置性学习任务，展示问题情境并以此为导入；提出核心问题，讲解本课时任务要求	以当下热度较高的电视节目为情境导入，引发学生对撰写驳论词这一话题的兴趣与学习冲动；并在明确核心问题后产生学习期待	PPT 显示该情境的相关内容，并显示本课时核心问题
解决问题	学习活动一：学生联读研析《反对党八股》和《拿来主义》典型段落，找出两个文段批驳的观点，并分析、归纳两段文字是如何“驳”的	抽问学生；对学生的探究成果或发言进行及时的归纳、点评、追问和深化；板书学生回答要点	学习活动一设计意图：引导学生细读课本，梳理文本要点，培养学生的思辨性阅读能力	板书关键词；PPT 呈现文段驳论写作思路及补充文本
反思提升	学习活动二：教师总结、提炼上述文本中呈现出的驳论文写作思路和运用到的方法	引导学生梳理、总结文本	以先贤哲人的哲思性话语为引导，启迪学生感受文章的逻辑思辨力量，在表达时有理有据地进行论述；学习前人大家的典范作品，准确把握作者的观点态度，关注作者思考问题的角度，学习他们表达观点的方法，并能恰当地表达自己的看法	板书要点

续表

教学环节	学生活动	教师活动	设计意图	技术融合
评价反馈	学习活动三：学生运用本节课所学知识，修改之前所写的驳论词，并说出修改的原因，比较修改前后的差异	巡视、查看学生的修改情况并适时沟通、指导，视课堂具体情况选取2～3位学生的作品作课堂展示、点评	检测、评价学生的学习情况	投影展示学生作品

【板书设计】☞

说理蕴含辩证之美　驳论闪耀思维之光

——从《反对党八股》和《拿来主义》中学习驳论艺术

核心问题：联读《反对党八股》和《拿来主义》，探讨其驳论艺术，运用驳立结合的论证方法修改所撰写的驳论词。

篇目名称	批驳对象	思路	所用手法
《反对党八股》（第6段）	形式主义	摆现象—析危害—挖根源—明做法	比喻论证、道理论证等
《拿来主义》（第3段）	拿来主义	让步承认—类比引申—指出危害	类比论证

驳论需要“逐层深入、有理有据”，以理立己、以理服人

【课后服务】☞

课时作业的结构化设计：

作业序号	作业目标	作业情境		概念结论		思想方法		价值观念		整体评估	
		内容	水平	内容	水平	内容	水平	内容	水平	内容	水平
1	能掌握本单元学习所获得的议论文的基本知识，结合文本分析文体特征，理解内容主旨	基本字词的运用、词语辨析、基本文体知识	简单	关键概念基本理论	语言建构与运用1	概括思维阐释思维	思维发展与提升1	政治立场和思想观念、世界观和方法论、道德品质	文化理解与传承1	基础性作业	学业质量水平2

续表

<table>
<tr><th rowspan="2">作业序号</th><th rowspan="2">作业目标</th><th colspan="2">作业情境</th><th colspan="2">概念结论</th><th colspan="2">思想方法</th><th colspan="2">价值观念</th><th colspan="2">整体评估</th></tr>
<tr><th>内容</th><th>水平</th><th>内容</th><th>水平</th><th>内容</th><th>水平</th><th>内容</th><th>水平</th><th>内容</th><th>水平</th></tr>
<tr><td>2</td><td>能熟练运用本单元所学的议论文知识，综合分析议论文的独特性，并能与其他文体做有效的区别，进而理解不同的文体在表达和应用上的个体特色</td><td>课内外议论文语段对比阅读</td><td>较简单</td><td>整合阅读比较阅读</td><td>语言建构与运用2</td><td>聚合思维辨异思维</td><td>思维发展与提升2</td><td>政治立场和思想观念、世界观和方法论、道德品质</td><td>审美鉴赏与创造2</td><td>综合性作业</td><td>学业质量水平2</td></tr>
<tr><td>3</td><td>能够在理解《反对党八股》和《拿来主义》典型段落写作思路及文章机构的基础上撰写有理有据的驳论陈词</td><td>生活实践情境下的“边破边立”的驳论文写作</td><td>较复杂</td><td>读写结合、以读导写</td><td>语言建构与运用3</td><td>赋形思维、逻辑思维</td><td>思维发展与提升3</td><td>政治立场和思想观念、世界观和方法论、道德品质</td><td>文化理解与传承1</td><td>实践性作业</td><td>掌握运用水平</td></tr>
<tr><td>课时作业总体评估</td><td colspan="11">课前，给学生布置了学习任务，在课堂伊始回顾了该问题情境。随后在解决问题、反思提升和评价反馈三个环节各设置了一个学生活动，通过教学活动的推进引导学生回扣教材文本，让学生通过对课文的学习认识、了解“破立结合”这种驳论文的论证方式，并对照自己在课前写的驳论陈词，修改完善，将课堂所学运用到写作实践中去。因而，在作业布置方面，设计了基础性、综合性和实践性三类作业。其中，基础性作业是基本字词的运用、词语辨析和对基本文体知识的考察，旨在考查学生对教材内基础知识点的掌握情况。综合性作业为课内外议论文语段的对比阅读，本题选择了课文的部分语段，与课外同类型语段进行对比阅读，考查学生的思辨性阅读能力和知识迁移能力。实践性作业：“仿照《反对党八股》或《拿来主义》的写作思路，运用‘破立结合’‘边破边立’的写作方法，充当《主持人大赛》的选手，选择一个新近发生的社会事件进行评论。要求：观点清晰、有理有据、350字左右。”本题其实是课内修改语段作业的延伸，要求学生独立思考，内化“破立结合”“边破边立”的论证方法，并能真正在写作实践中运用这些方法。本课时三类作业的设置基本遵循了由浅入深、由表及里、由感性到理性的知识能力内化规律，应该能够较好地检测学生对“破立结合”这种论证方式的掌握及运用情况，并能进一步培养学生的思辨性阅读思维，让学生逐步掌握说理的艺术，感受语言的力量</td></tr>
</table>

（课时作业内容略）

【教学流程】☞

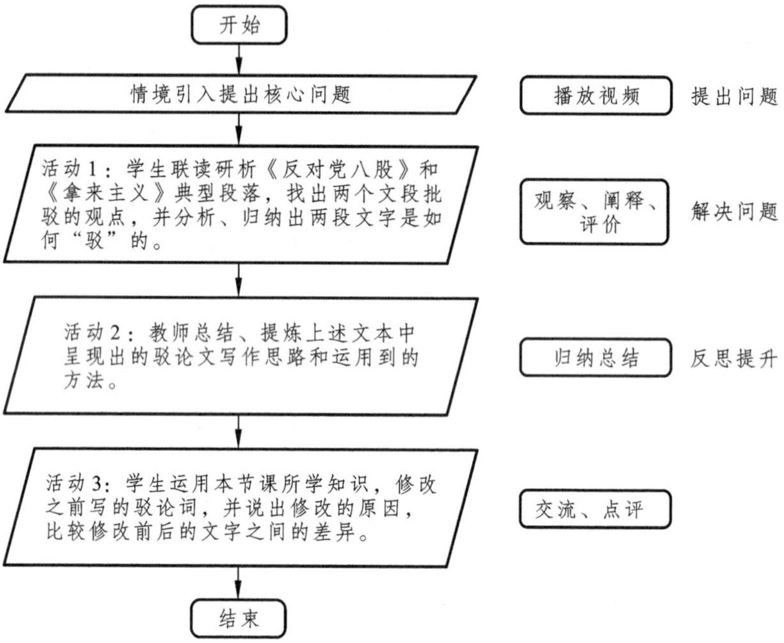

三、教学评价设计

【评价实施】☞

在课堂教学四个环节的推进过程中，一方面，依据前置性学习任务、学生基本学情和主要学习内容拟定“评价预设”，就学生在各学习环节中参与的学习活动的表现进行引导性评价，以使学生学习体验行为更加有效；另一方面，又注重捕捉学生在各学习活动中的临时生成性表现，并进行针对性评价以鼓励或纠偏，从而较好地保障了学生学习体验的有序和高效。为检测学生课堂上对“破立结合”这一论证方式的学习效果，设计了基础性、综合性和实践性三类有梯度的课时作业。其中，实践性作业是在课堂上完成的，并随机选取了几位学生的作业进行展评。课后收集了全部学生作业，进行了等级评价和赋分评价，并依据这两类评价数据来分析判断学生本节课的学习情况，以期达到学评结合的良性循环。

【信息搜集】☞

为及时、准确地了解本节课素养目标的达成情况，教师在“评价反馈”环节布置了三个具有明显梯度的检测题目，并在课后第一时间收齐了全班学生在课内完成的“实践性作业”（仿照《反对党八股》或《拿来主义》的写作思路，运用“破立结合”“边破边立”的写作方法，充当《主持人大赛》的选手，选择一个新近发生的社会事件进行评论。要求：观点清晰、有理有据、350字左右），并进行了完成质量等级评价和详细统计分析。

【反馈调整】☞

根据核心问题课堂教学实施的四个环节的具体情况来看，这节课总体上较为理想地达成了预期素养目标。但是在评价反馈环节，即开展学生活动三——“学生运用本节课所学知识，修改之前所写的驳论词，并说出修改的原因，比较修改前后的文字之间的差异”时，学生的体验不够充分，部分学生还未全部完成文字的修改与分析任务。课后反思发现，出现这一情况的原因主要有二：一是前面两个学生活动花费了较多的课堂时间，留给学生写作、修改的时间不够充裕；二是部分学生对“破立结合”这种论证手法的理解还不够深刻，运用起来不熟练，所以写作时需要花费较多的时间去思考或者构思，迟迟无法动笔。这就启发我们要注意把握课堂节奏，在有限的时间里科学、合理地安排每个活动，尽量完成全部的教学环节，让学生获得完整而充实的课堂体验。而对学生来说，课后还需要时间将“破立结合”这一论证方法内化、吸收，以期今后能将这一论证方法运用得更加纯熟。

大概念核心问题教学文化评价表

课时名称：说理蕴含辩证之美 驳论闪耀思维之光——从《反对党八股》和《拿来主义》中学习驳论艺术。

所属单元：统编版高中语文必修（上）第六单元。

单元核心大概念：说理的艺术。

单元核心问题：研读单元文章，探究立论表达的针对性与结构特征，挖掘论证方法、论据选择、论述语言等与说理的力度、风度、温度的关联，形成说理艺术评价量表，展开主题辩论赛，撰写比赛经历与感受的随笔文章。

课时大概念：破立结合的针对性与结构特征。

课时核心问题：联读《反对党八股》和《拿来主义》，探讨其驳论艺术，运用驳立结合的论证方法修改所撰写的驳论词。

<table>
<tr><th rowspan="2">评价目标</th><th colspan="3">评价指标</th><th colspan="2" rowspan="2">评价方法结果</th></tr>
<tr><th>一级指标</th><th>二级指标</th><th>三级指标</th></tr>
<tr><td rowspan="12">实现活动体验中的学习与素养发展</td><td rowspan="12">具有大概念核心问题教学形态</td><td rowspan="3">核心问题利于活动体验</td><td>内含客观问题和学生活动方式</td><td>7</td><td rowspan="11">每项指标最高评 8 分（满分为 96 分）</td></tr>
<tr><td>问题情境与真实生活密切相关</td><td>8</td></tr>
<tr><td>能引发大概念、新知新法生成</td><td>7</td></tr>
<tr><td rowspan="3">教学目标价值引导恰当</td><td>目标构成全面准确</td><td>8</td></tr>
<tr><td>内含关联体验目标</td><td>8</td></tr>
<tr><td>目标价值引导显现</td><td>8</td></tr>
<tr><td rowspan="3">教学环节完整合理落实</td><td>课程教学环节完整</td><td>7</td></tr>
<tr><td>环节内容合理充实</td><td>7</td></tr>
<tr><td>学生活动时间充分</td><td>7</td></tr>
<tr><td rowspan="3">教学要素相互匹配促进</td><td>问题目标环节两两匹配</td><td>7</td></tr>
<tr><td>技术促进活动形式内容</td><td>7</td></tr>
<tr><td>课程特色突出氛围浓郁</td><td>8</td><td>合计 89 分</td></tr>
</table>

续表

<table>
<tr><th rowspan="2">评价目标</th><th colspan="3">评价指标</th><th rowspan="2">评价方法结果</th></tr>
<tr><th>一级指标</th><th>二级指标</th><th>三级指标</th></tr>
<tr><td rowspan="24">实现活动体验中的学习与素养发展</td><td rowspan="24">具有大概念核心问题教学特质</td><td rowspan="4">拓展学习视野</td><td>课堂与现实世界有恰当关联</td><td rowspan="24">选择一个表现突出的二级指标，在相应三级指标引导下，以现场学生表现为主要依据，以其余指标为背景，于本表的第二页写出150字以上的简要评价</td></tr>
<tr><td>有基于缄默知识的问题解决</td></tr>
<tr><td>有缄默知识运用的追踪剖析</td></tr>
<tr><td>知识运用剖析导向素养发展</td></tr>
<tr><td rowspan="4">投入实践活动</td><td>有真实而且完整的实践活动</td></tr>
<tr><td>实践活动深度融入两类情境</td></tr>
<tr><td>能够全身心地浸渍于活动中</td></tr>
<tr><td>活动的内容结果均丰富深入</td></tr>
<tr><td rowspan="4">感受意义关联</td><td>有核心问题的深层意义感受</td></tr>
<tr><td>有以知识为中心的关联感受</td></tr>
<tr><td>有以个人为中心的关联感受</td></tr>
<tr><td>有对三类大概念的关联感受</td></tr>
<tr><td rowspan="4">自觉反思体验</td><td>有实质性反思活动的开展</td></tr>
<tr><td>有课堂新因素的追踪利用</td></tr>
<tr><td>有体验的交流与改善重构</td></tr>
<tr><td>有概念生成中的素养发展</td></tr>
<tr><td rowspan="4">乐于对话分享</td><td>乐于自我的表达与认真的倾听</td></tr>
<tr><td>乐于合作中成果与思路的分享</td></tr>
<tr><td>乐于成果交流中深层意义分享</td></tr>
<tr><td>有宽容的对话氛围和双向交流</td></tr>
<tr><td rowspan="3">认同素养评价</td><td>认可素养评价</td></tr>
<tr><td>参与素养评价</td></tr>
<tr><td>利用素养评价</td></tr>
<tr><td colspan="5">大概念核心问题教学特质的简要评价（包括发展性建议）:
从核心问题出发，综合课堂表现和课后反馈综合分析，本节课比较凸显“投入实践活动”这个二级指标，即“有真实而且完整的实践活动”“实践活动深度融入两类情境”和“活动的内容结果均丰富深入”。
在“有真实而且完整的实践活动”方面，本节课布置的前置性作业即为学生围绕教师提供的问题情境写一段驳论文。该问题情境以当下热度较高的电视节目《主持人大赛》为背景，以在网络上和学生中间讨论较多的“读书无用论”为话题，要求学生独立思考，用文字阐述自己的观点，并做到有理有据，让学生充分参与到语文课堂的实践活动中来。在“实践活动深度融入两类情境”方面，本课时既体现了实践融入学习探索情境，也体现了实践融入生活实践情境。学习探索情境方面，课堂上结合《反对党八股》和《拿来主义》两篇文章的典型段落学习了驳论文“边破边立”的写作方式，为学生搭建起驳论文写作的基本框架、提供基本思路；生活实践情境方面，在日常生活中，与他人持有不同观点是寻常事，因此，如何有理有据、有礼有节地表达自己的观点就显得尤为重要，本课的学习正好能为学生开展合理的辩驳提供思路。在“活动的内容结果均丰富深入”方面，学生通过完成前置性作业已经对该问题情境有了直观的了解。教师也批改了学生完成的前置性作业，收集了具有代表性的部分学生作业。但也有部分学生存在比较大的问题，在课堂上，教师还提供了一些补充了解的信息给学生，进一步丰富了学生对该问题情境的认识。在学习完本课知识之后，学生补充、完善前置性作业，呈现出了较为丰富的学习成果。</td></tr>
</table>

大概念核心问题教学素养目标点检测表

课时名称	说理蕴含辩证之美 驳论闪耀思维之光——从《反对党八股》和《拿来主义》中学习驳论艺术		
所属单元	统编版高中语文必修（上）第六单元		
单元大概念	核心大概念	说理的艺术	
	概念结论类	思想方法类	价值观念类
	论证方式：立论和驳论 论证方法：比喻论证、对比论证、引用论证、道理论证、类比论证、举例论证等；论据选取原则：适切、有力；论述语言关注要素：对象特征、场合特点	透过现象看到本质的思维能力；归纳、演绎、实证、推理、批判等思维能力；分析质疑，多元解读等辩证思考能力	语言与思维一体两面，明亮的语言带来明朗的表达，明朗的表达决定观点与主张的力度、风度与温度，促进公民素质和社会的进步
单元核心问题	研读单元文章，探究立论表达的针对性与结构特征，挖掘论证方法、论据选择、论述语言等与说理的力度、风度、温度的关联，形成说理艺术评价量表，展开主题辩论赛，撰写有关比赛经历与感受的随笔文章		
课时大概念	概念结论类	思想方法类	价值观念类
	驳论文首先要否定或批判某些观点，继而表达阐释另外的观点。前一个过程谓之“破”，后一个过程谓之“立”，所谓“不破不立”。驳论文是一种思辨性极强的文体，而破立结合的论证方式正是其强思辨性的最佳体现。因而学习、掌握此种论证方式并赏析精彩的驳论文段是研习此类文本的重要阅读任务	基于本课文章篇幅长、文段间逻辑性强等特点，精心设计篇章间对比阅读、篇章内文段精读等语言实践活动，以锻炼学生的逻辑思维，同时让学生积攒丰富的语言建构与运用的经验	优秀的驳论文在说理时一定能够找准对象、详略得当，且在说理时体现风度与温度。赏析优秀驳论文的语言，有助于学生形成有的放矢的论证思维，同时不忘体现语言的人文关怀
课时核心问题	联读《反对党八股》和《拿来主义》，探讨其驳论艺术，运用驳立结合的论证方法修改所撰写的驳论词		
课时素养目标	参与研读单元文章、探究立论表达的针对性与结构特征，挖掘论证方法、论据选择、论述语言等与说理艺术的关联。在形成评价量表、展开主题辩论赛、撰写随笔文章等探究活动中，能够明确论述方式、论述方法、论据选择和论述语言等基本要素，初步探讨论述的针对性与立论驳论的结构特征、论述方法选用、论据筛选和论述语言雕琢等关联（思维发展与提升 2-2），并能在语言交际活动（辩论赛）、议论文写作实践中有效使用常见的论证方式、方法（语言积累与建构 2-1，思维发展与提升 2-2），进而培养表达观点时的说理艺术的力度、风度和温度。（思维发展与提升 5-1，文化传承与理解 2-2）		

续表

<table>
<tr><td>检测点</td><td colspan="3">熟悉“破立结合”的驳论文基本结构，并能运用适当的方法体现于写作实践中，以显示自己的逻辑思辨能力和人文观照素养</td></tr>
<tr><td>检测任务</td><td colspan="3">仿照《反对党八股》或《拿来主义》的写作思路，运用“破立结合”“边破边立”的写作方法，充当《主持人大赛》的选手，选择一个新近发生的社会事件进行评论。要求：观点清晰、有理有据、350 字左右</td></tr>
<tr><td rowspan="4">分类标准</td><td colspan="3">A. 能够鲜明地表达自己的观点，做到有理有据，篇幅适中，且符合《主持人大赛》比赛现场的答题情境</td></tr>
<tr><td colspan="3">B. 能够表达自己的观点，基本做到有理有据，篇幅适中，且基本符合《主持人大赛》比赛现场的答题情境</td></tr>
<tr><td colspan="3">C. 观点表达不够清晰，理据不够充分，篇幅过长或过短，不太符合《主持人大赛》比赛现场的答题情境</td></tr>
<tr><td colspan="3">D. 观点表达极不清晰，几乎没有理据支撑观点，篇幅太长或太短，且完全不符合《主持人大赛》比赛现场的答题情境</td></tr>
<tr><td rowspan="5">检测统计</td><td>分类等级</td><td>学生人数</td><td>百分比（%）</td></tr>
<tr><td>A</td><td>14</td><td>25</td></tr>
<tr><td>B</td><td>25</td><td>44.6</td></tr>
<tr><td>C</td><td>12</td><td>21.4</td></tr>
<tr><td>D</td><td>5</td><td>9</td></tr>
<tr><td>检测分析及结果运用</td><td colspan="3">本检测点是掌握“破立结合”的驳论文基本结构并能将其运用于写作实践中。驳论文其实属于议论文的范畴，但与议论文不同的是，驳论文既需要表明自己的观点，也需要驳斥不合理的观点，且一般是驳斥不合理观点在前、表明自己的合理观点在后，或二者同步进行，也即所谓的“边破边立”。高一学生还没有系统学习过议论文写作，驳论文又是议论文中较难的一个分支，所以对学生的学习能力和学习素养提出了更高的要求。尽管学生还没有系统学习过驳论文的写作，但其实生活情境中并不乏对这类知识的应用，最常见的便是辩论赛上写辩论词。因此，此知识点也不能算一个全新的知识点，教师在教学的时候要注意区别，避免夸大知识本身的难度而给学生造成不必要的负担。此外，该知识点本身也具有比较强的实践性，这就要求教师要在教学中充分运用两大类情境来辅助教学</td></tr>
<tr><td>素养目标达成典型实例</td><td colspan="3">从古人所云“书中自有颜如玉，书中自有黄金屋”便可知，自古以来，读书便为人所重视。而如今，社会上却出现了“读书无用论”这样的观点。我实在不敢苟同。
看到某些文化水平不高的网红直播带货来钱快便就此认为读书无用？那或许我们更应该看到某些知名网红是如何偷税漏税被国家重罚或宣传虚假商品被专业人士打假的。试问，若这些人饱读诗书、静心修为，还至于犯这样的错误吗？下至国民，上至国家、社会，无不需要知识的积累、文化的积淀。于个人而言，我们可以在浩瀚书海中撷取前人智慧的硕果，可以洞悉社会发展的规律，以古鉴今；于家庭而言，充满书香之气的家庭必将是文明、知礼、守节的家庭，必将培养出优秀的子女；于国家、社会而言，读书、教育从来都是国之大计、国之重计。科教兴国、人才强国等国家战略的制定，无不在彰显这个国家的文化追求。
所谓读书之“用”，不应当局限于眼前的经济利益，而更应当着眼于长远的将来。所谓“腹有诗书气自华”，并非一日可成；所谓“科技强国”“人才强国”也不可能朝夕可就。读书，保持对知识与文明的敬畏，将始终成为个人与民族的不懈追求。
〖点评〗该生能够准确、清楚地表达自己的观点，且做到了有理有据、不泛泛而谈，且文字篇幅适宜，符合比赛情境要求</td></tr>
</table>

论证方法的适切与力度：从《师说》和《劝说》中合理选用论证方法——“学习之道”单元第五课时学教案

李开山

一、教学分析设计

【内容分析】☞

统编高中语文新教材必修上册第六单元围绕课程标准“思辨类阅读和表达”学习任务群，围绕“学习之道”的主题选择了6篇文章（《劝学》《师说》《反对党八股》《拿来主义》《读书：目的和前提》《上图书馆》），前4篇以议论为主，思辨性较强；后两篇兼有议论和记叙。单元所选文章共6篇，皆是论述学习的中外名篇，从不同角度论述了有关学习的问题，或阐述学习的意义，或讨论从师的原则，或讨论学习的态度与方法，或描述读书的经历与感受。该主题学习于时代而言，意义重大。因其能够引导学生在经济科技高速进步的时代，对学生进行立德树人的引导。

《劝学》和《师说》是这个单元的两篇议论文，都是我国古代探讨学习问题的名篇。除了疏通文本内容，引导学生掌握重要的实词、虚词、重点句式外，我们还应结合这两篇文章的特色，让学生了解什么是议论文、议论文的要素、论证方法的使用等知识，帮助学生搭建议论文的框架，为议论文写作做准备。

另外，这两篇文章是论证“学习之道”的文章，我们还应配合单元的学习任务，引导学生辩证地思考作者的观点，真正领会学习的重要性。

【课时大概念】☞

课时	课时大概念		课时概念梳理		
	简约化表达	特征化表达	概念结论（小概念）	思想方法	价值观念
第5课时	针对现实生活存在的问题或现象，选用恰当论证方式、论证方法和论据，选用适切的语言，有力度、有风度、有温度地表达自己的观点与主张	针对现实生活存在的问题或现象，选择立论驳论等恰当的论证方式，采用比喻论证、对比论证、类比论证等适宜的论证方法，筛选古今中外适切的论据，选用符合对象特征、场合的语言，有力度、有风度、有温度地表达自己的观点与主张	论证方法：比喻论证、对比论证 论据选取原则：适切、有力	1. 透过现象看到本质的思维能力 2. 归纳、演绎、实证、推理、批判等思维能力 3. 分析质疑，多元解读等辩证思考能力	语言与思维一体两面，明亮的语言带来明朗的表达，明朗的表达决定观点与主张的力度、风度与温度，促进学生表达能力和人格素养的提升

【资源条件】☞

资源名称	功能
黑板	板书核心问题；板书学生解决问题时交流、分析、建构的要点；板书反思提升要点；等等
教材、学案、课外助读资料	提供核心问题教学各环节中自主阅读、探究与生成的支架与思维空间
电子白板	方便进行基于深度理解与表达的思维训练
PPT	出示具体的教学内容；提供全班交流时所需部分结果；出示评价反馈练习等内容

【学生基础】☞

日常学习中，学生对于论述类文章不感兴趣，具体表现为阅读时更喜欢情节曲折的小说文本、抒情叙事的散文，一旦遇到论述类文本即处于不明确目的、不清楚方法的状态，常常跳读，难于明确把握作者观点、理清论述的逻辑、辨析与使用论证方式；口头和书面表达时，论述说理普遍存在“大而空”的现象，对现实的针对性不够强，观点的条理性、逻辑性不够，论证方式缺乏，论证语言干瘪乏味。

本单元学习指向的“语言积累与建构”为表征的“思维发展与提升”正是阶段发展所必需，思维发展进阶带来语言建构升级，语言建构的发展有助于思维提升，两者互为表里。

概言之，论述说理是学生阅读与表达中的难点。语文教学需要在积极的语言实践活动中发展学生的语言能力、提高学生的思维水平。

【目标分析】☞

本单元的素养教学目标：参与研读单元文章、探究立论表达的针对性与结构特征，挖掘论证方法、论据选择、论述语言等与说理艺术的关联。在形成评价量表、展开主题辩论赛、撰写随笔文章等探究活动中，能够明确论述方式、论述方法、论据选择和论述语言等基本要素，初步探讨论述的针对性与立论驳论的结构特征、论述方法选用、论据筛选和论述语言雕琢等关联（思维发展与提升 2-2），并能在语言交际活动（辩论赛）、议论文写作实践中有效使用常见的论证方式、方法（语言积累与建构 2-1，思维发展与提升 2-2），进而培养表达观点时的说理艺术的力度、风度和温度。（思维发展与提升 5-1，文化传承与理解 2-2）。

结合学生的知识和素养基础和本单元的教学目标，我们将本课时教学目标为确立为：

（1）梳理探究文章的内容，准确把握作者的观点和态度，关注作者思考问题的角度，学习他们有针对性地表达观点的方法；

（2）分析比喻论证、对比论证等论证方法的应用及其效果；

（3）学会发现问题，从合适的角度以恰当的方式阐述自己的看法。

【评价预设】☞

“学习之道”单元的教学以学生为中心，七个课时的核心问题任务贯穿始终。学生在每个课时对概念知识类内容的掌握情况是教师评价的首要对象。故而在教学评论时，教学评价首先要关注学生的概念知识类内容的正确性与具体活动过程，采用形成评价量表的方式让评价贯穿学生学习的始终。除了知识性的评价，针对“学习之道”七个课时活动，针对七个课时所采用的不同思想方法，建立完整的关于归纳、演绎、实证、推理、批判等思维能力，关于分析质疑、多元解读等辩证思考能力，并以评价量表对学生整个学习过程的思想方法成果作显性呈现。在“学习之道”教学和单元三类作业的完成过程中，体会“语言与思维一体两面，明亮的语言带来明朗的表达，明朗的表达决定观点与主张的力度、风度与温度，促进公民素质和社会的进步”，培养学生表明观点时的力度、风度和温度。

在课堂教学中，老师的评价是引导课堂不断推进，学生的思维不断深入的重要抓手。我们现在对本堂课实施过程中的评价先做如下预设：

1. 解决问题阶段

学生在阅读课文，绘制思维导图，梳理论证思路的过程中，可能存在对课文思路梳理不清的情况，以至于绘制的思维导图条理不分明。在这个过程，老师首先要充分肯定学生已有的理解，指导学生从文段中筛选关键词，引导学生在各文段的关键词的基础上分析思路，既能帮助学生体会梳理过程，又能让学生获得成就感，提高学生完成相应问题的自信。

2. 运用反馈阶段

学生在分享修改建议的过程中，可能会关注具体修改的词语和文句等表达层面的内容。老师在指导时，一定要强化修改的原因，特别是从论证的适切和力度的角度，引导学生关注论证对象、论证场合和论证语言，把适切和力度结合起来，以达到最佳的论证效果。

二、教学实施设计

【教学环节】☞

<table>
<tr><th>教学环节</th><th>学生活动</th><th>教师活动</th><th>设计意图</th><th>技术融合</th></tr>
<tr><td>提出问题</td><td>1. 阅读课文，圈点文章说理效果特别突出的文句。
2. 理解本堂课的核心问题：研读本单元所选课文，结合课文实例，探究分析其论证方法的使用原则，完成评价量表的对应部分</td><td>1. 说明文章论证中比喻、对比论证的运用有效地增加了文章的论证效果。
2. 提出本堂课的核心问题：研读本单元所选课文，结合课文实例，探究分析其论证方法的使用原则，完成评价量表的对应部分</td><td>引导学生从文本论证效果中分析方法，明确核心问题</td><td>电子白板出文本，出示核心问题</td></tr>
<tr><td>解决问题</td><td>1. 阅读课文，绘制思维导图，梳理论证思路
阅读课文，学习小组梳理并绘制《劝学》和《师说》论证思维导图，然后组与组之间交流，逐步修改完善自己的思维导图。
<table><tr><th>课文</th><th>观点</th><th>主要论证方法</th><th>论证结构</th><th>论证语言</th></tr><tr><td>《劝学》</td><td>学不可以已</td><td>比喻论证</td><td>并列结构，逐项阐述自己的观点</td><td>文章中善于运用大量短句、排比和对举的句式，呈现出错综与齐整之美，增强了全文的气势和雄辩的色彩，感染力极强。</td></tr><tr><td>《师说》</td><td>要重视师道</td><td>对比论证、举例论证</td><td>递进结构，逐层深入论证自己的观点</td><td>整句与散句结合，又兼以多种不同句式，使得语言错落有致，错综变化，又富有气势。</td></tr></table>
2. 分享并完善思维导图，分析比喻证论、对比论证在文本的具体运用</td><td>教师引导学生从论点、论据、论证方法等角度深入探究比喻论证、对比论证的运用场合和使用效果</td><td>思维导图的绘制、交流、修改，可以让学生把握两篇文章的论证思路，把握作者的观点，了解论据及论证方法</td><td>电子白板出示阅读内容，引导学生认真阅读探究</td></tr>
<tr><td>反思提升</td><td>1. 阅读比喻论证、对比论证的经典例子和经典文论：“此类虽繁，以切至为贵。若刻鹄类鹜，则无所取焉”(选自刘勰《文心雕龙》)。
2. 理解运用比喻论证和对比论证进行论证要特别关注适当和契合</td><td>出示比喻论证和对比论证的典型例子，结合经典文论，深化学生对比喻论证、对比论证的理解</td><td>结合经典文论，深化学生对比喻论证、对比论证的理解</td><td>电子白板出示“此类虽繁，以切至为贵。若刻鹄类鹜，则无所取焉”(选自刘勰《文心雕龙》)，加深印象</td></tr>
</table>

续表

教学环节	学生活动	教师活动	设计意图	技术融合
运用反馈	1. 按要求完成议论性文段写作：善良是中华民族的传统美德，在新时代中也应得到积极的传承和发扬。请以“善良”为话题，运用比喻论证、对比论证方法写300字左右的议论性文段。 2. 互评同学文段，分享修改建议	1. 引导学生按要求完成议论性文段写作练习：善良是中华民族的传统美德，在新时代中也应得到积极的传承和发扬。请以“善良”为话题，运用比喻论证、对比论证方法写300字左右的议论性文段。 2. 指导学生互评	由阅读分析转入运用实践	电子白板出示和修改学生习作

【板书设计】☞

论证方法的适切与力度

——从《师说》和《劝学》中合理选用论证方法

核心问题：研读本单元所选课文，探究论证方法使用原则，完成评价量表。

	观点	主要论证方法	论证结构	论证语言
《劝学》	学不可以已	比喻论证	并列结构，逐项阐述	善于短名、排比和对举的句式
《师说》	要重视师道	对比论证、举例论证	递进结构，逐层深入	整散结合

【作业布置】☞

运用本堂课学习的论证方法适切与力度方面的收获，合理运用比喻论证、对比论证等方法，以“与时俱进”为话题，写300字的议论性文段。

【教学流程】☞

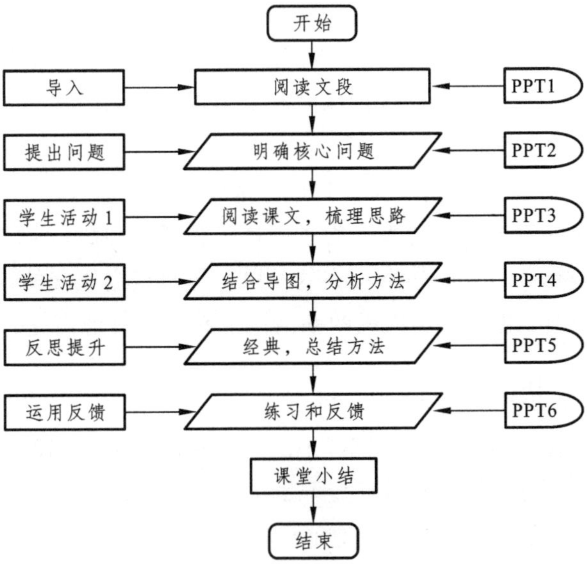

三、教学评价设计

【评价实施】☞

（1）学生在阅读课文，绘制思维导图，梳理论证思路的过程中，可能存在对课文思路梳理不清的情况，以至于绘制的思维导图条理不分明。在这个过程，老师首先要充分肯定学生已有的理解，指导学生从文段中筛选关键词，引导学生在各文段的关键词的基础上分析思路，既能帮助学生体会梳理过程，又能让学生获得成就感，帮学生提升完成相应问题的自信。

我们可以评价学生“×××同学的思维导图呈现出了文章×××与×××内容运用了×××论证方法，让我们明了了作者在论证方法上合理安排；以此为基础，我们还能够进一步找出文中×××与×××内容×××论证方法的运用，以及全文呈现的×××结构思路”。

（2）学生在分享修改建议的过程中，可能会关注具体修改的文句和词语等表达层面的内容。老师在指导时，一定要强化修改的原因，特别是从论证的适切和力度的角度，引导学生关注论证对象、论证场合和论证语言，把适切和力度结合起来，以达到最佳的论证效果。

【信息搜集】☞

本次学生练习比较好的文段：

例 1：有人说，善良是春日里的一抹和煦微风；有人说，善良是炎炎夏日中的一盏清茶；有人说，善良是秋收时的累累硕果；也有人说，善良是隆冬里的温暖阳光……我却想，要是人人都奉献点爱心，世界该有多美好——即使在自己最困难的时候。

例 2：有这样一种光芒，它始终笼罩在中华民族的精神家园；有这样一种火焰，它始终跳动在中国古老而广阔的大地上；有这样一股暖流，它始终奔流在悠久文明的前进步伐中。它便是善良。唯有保持善良的本性，我们才能用爱谱写沟通的语言。

例 3：一抹夕阳，一声鸟鸣，是高原的美丽；一声温暖的问候，一个鼓励的眼神，是教师的本色；一切为了孩子，为了一切孩子，胡忠和谢晓君将这句话演绎得淋漓尽致。他们没有多高的收入，没有更好的条件，有的只是一腔爱和信念的坚持。他们用生命改变了孤儿的命运，却冷落了年迈的父母；他们潜移默化地向儿女传授着爱的力量，却不知因此受了多少不该有的挫折。义无反顾的善良是本性。

例 4：追求金钱，追求名誉，追求飞黄腾达，这样的人爬得再高，也不值得我们仰望。唯有一个平凡的追求道德、追求高尚的人，为了善良、为了精神兢兢业业，才让人敬佩。刘金国的行动就是最纯洁的善良。火场救生，临危不惧，他是当之无愧的铁血将帅。善良是手中的利剑，向邪恶扬眉出鞘，为国家和人民两袖清风。铁血清廉是善良的本性。

【反馈调整】☞

从本次检测情况来看，学生都能比较好地运用比喻论证、对比论证等论证方法，论证的适切程度中等，但论证的力度还略显得有些不足。

另外，由于学生所掌握的论据有限，论证过程中，论证方法的运用就显得有些捉襟见肘。

在后面的教学过程中，我们要将论证方法的运用和论据的收集结合起来，让学生的认识在丰富的积累中不断深化，让学生的表达在丰富的积累中提升，以达到论证方法的精妙和思想认识的精当相得益彰。

大概念核心问题教学文化评价表

课时名称：论证方法的适切与力度——从《师说》和《劝说》中合理选用论证方法。

所属单元：统编高中语文必修（上）第六单元。

单元大概念：说理的艺术。

单元核心问题：研读单元文章，探究立论表达的针对性与结构特征，挖掘论证方法、论据选择、论述语言等与说理的力度、风度、温度的关联，形成说理艺术评价量表，展开主题辩论赛，撰写比赛经历与感受的随笔文章。

课时大概念：能够根据所要表达的观点恰当使用论证方法，使观点表达与反驳适切具体现象且具有风度。

课时核心问题：研读本单元所选课文，探究论证方法使用原则，完成评价量表。

<table>
<tr><th rowspan="2">评价目标</th><th colspan="3">评价指标</th><th rowspan="2" colspan="2">评价
方法结果</th></tr>
<tr><th>一级指标</th><th>二级指标</th><th>三级指标</th></tr>
<tr><td rowspan="20">实现活动体验中的学习与素养发展</td><td rowspan="12">具有大概念核心问题教学形态</td><td rowspan="3">核心问题
利于活动体验</td><td>内含学科问题和学生活动方式</td><td>8</td><td rowspan="12">每项指标最高评 8 分（满分为 96 分）

合计 90 分</td></tr>
<tr><td>问题情境与真实生活密切相关</td><td>7</td></tr>
<tr><td>能引发大概念、新知新法生成</td><td>7</td></tr>
<tr><td rowspan="3">教学目标
价值引导恰当</td><td>两类目标正确全面</td><td>8</td></tr>
<tr><td>关联体验目标恰当</td><td>8</td></tr>
<tr><td>目标价值引导显现</td><td>8</td></tr>
<tr><td rowspan="3">教学环节
完整合理落实</td><td>教学环节清晰完整</td><td>8</td></tr>
<tr><td>环节内容合理充实</td><td>7</td></tr>
<tr><td>学生活动时间充分</td><td>8</td></tr>
<tr><td rowspan="3">教学要素
相互匹配促进</td><td>问题目标环节两两匹配</td><td>7</td></tr>
<tr><td>技术促进活动形式内容</td><td>7</td></tr>
<tr><td>素养导向突出氛围浓郁</td><td>7</td></tr>
<tr><td rowspan="8">具有大概念核心问题教学特质</td><td rowspan="4">拓展学习视野</td><td>课堂与现实世界有恰当关联</td><td rowspan="8" colspan="2">选择一个表现突出的二级指标，在相应三级指标引导下，以现场学生表现为主要依据，以其余指标为背景，于本表的第二页写出 150 字以上的简要评价</td></tr>
<tr><td>有基于缄默知识的问题解决</td></tr>
<tr><td>有缄默知识运用的追踪剖析</td></tr>
<tr><td>知识运用剖析导向素养发展</td></tr>
<tr><td rowspan="4">投入实践活动</td><td>有真实而且完整的实践活动</td></tr>
<tr><td>实践活动深度融入两类情境</td></tr>
<tr><td>能够全身心地浸渍于活动中</td></tr>
<tr><td>活动的内容结果均丰富深入</td></tr>
</table>

续表

<table>
<tr><td rowspan="2">评价目标</td><td colspan="3">评价指标</td><td rowspan="2">评价
方法结果</td></tr>
<tr><td>一级指标</td><td>二级指标</td><td>三级指标</td></tr>
<tr><td rowspan="15">实现活动体验中的学习与素养发展</td><td rowspan="15">具有大概念核心问题教学特质</td><td rowspan="4">感受意义关联</td><td>有核心问题的深层意义感受</td><td rowspan="15"></td></tr>
<tr><td>有以知识为中心的关联感受</td></tr>
<tr><td>有以个人为中心的关联感受</td></tr>
<tr><td>有对三类大概念的关联感受</td></tr>
<tr><td rowspan="4">自觉反思体验</td><td>有实质性反思活动的开展</td></tr>
<tr><td>有课堂新因素的追踪利用</td></tr>
<tr><td>有体验的交流与改善重构</td></tr>
<tr><td>有概念生成中的素养发展</td></tr>
<tr><td rowspan="4">乐于对话分享</td><td>乐于自我的表达与认真的倾听</td></tr>
<tr><td>乐于合作中成果与思路的分享</td></tr>
<tr><td>乐于成果交流中深层意义分享</td></tr>
<tr><td>有宽容的对话氛围和双向交流</td></tr>
<tr><td rowspan="3">认同素养评价</td><td>认可素养评价</td></tr>
<tr><td>参与素养评价</td></tr>
<tr><td>利用素养评价</td></tr>
<tr><td colspan="5">大概念核心问题教学特质的简要评价（包括发展性建议）：本堂课的核心问题是研读本单元所选课文，结合课文实例，探究分析其论证方法使用原则，完成评价量表的对应部分。本堂课的大概念核心问题教学特质明显，主要表现在课堂教学内容和形式都密切结合学科问题，学生的探究活动方式丰富，活动层次深入，关联体验真实有效。
本堂课探究的论证方法的适切与力度，紧扣高中语文“文学阅读与写作”任务群，将课文学习与写作实践结合起来，让学生结合课文了解论证方法，学会恰当运用论证方法提高论证的适切和力度，为进一步提高论证、辩论能力打好基础。
学生在整个教学过程中，深入参与核心问题提出、解决的全过程，结合文段的鉴赏和写作真实感受提升论证的适切和力度的方法，又深度体验了文章的论证方法和论证效果之间的关联</td></tr>
</table>

大概念核心问题教学素养目标点检测表

课时名称	论证方法的适切与力度——从《师说》和《劝说》中合理选用论证方法
所属单元	高中语文新教材必修（上）第六单元
单元大概念	说理的艺术
单元核心问题	研读单元文章，探究立论表达的针对性与结构特征，挖掘论证方法、论据选择、论述语言等与说理的力度、风度、温度的关联，形成说理艺术评价量表，展开主题辩论赛，撰写有关比赛经历与感受的随笔文章
课时大概念	能够根据所要表达的观点恰当使用论证方法，使观点表达与反驳适切具体现象且具有风度
课时核心问题	研读本单元课文，探究论证方法使用原则，完成评价量表

续表

<table>
<tr><td>课时素养目标</td><td colspan="3">学会针对现实生活存在的问题或现象，合理选择论据，恰当选用论证方法和语言表达自己的观点与主张</td></tr>
<tr><td>检测点</td><td colspan="3">恰当运用比喻论证、对比论证等方法完成议论性文段</td></tr>
<tr><td>检测工具
（检测题）</td><td colspan="3">按要求完成议论性文段写作：善良是中华民族的传统美德，在新时代中也应得到积极的传承和发扬。请以“善良”为话题，运用比喻论证、对比论证方法写 300 字左右的议论性文段</td></tr>
<tr><td rowspan="4">分类标准</td><td colspan="3">A. 论证方法使用非常恰当，文段的论证形象生动，说服力强，效果非常好</td></tr>
<tr><td colspan="3">B. 论证方法使用比较恰当，文段的论证比较生动，说服力较强，效果较好</td></tr>
<tr><td colspan="3">C. 论证方法使用比较恰当，文段的论证有一定的形象生动性和说服力</td></tr>
<tr><td colspan="3">D. 论证方法使用不够恰当，文段的论证生动性和说服力都有待提高</td></tr>
<tr><td rowspan="5">检测统计</td><td>分类等级</td><td>学生人数</td><td>百分比（%）</td></tr>
<tr><td>A</td><td>30</td><td>50</td></tr>
<tr><td>B</td><td>18</td><td>30</td></tr>
<tr><td>C</td><td>12</td><td>20</td></tr>
<tr><td>D</td><td>0</td><td>0</td></tr>
<tr><td>检测分析
结果运用</td><td colspan="3">本次检测，按要求完成议论性文段写作：“善良是中华民族的传统美德，在新时代中也应得到积极的传承和发扬。请以‘善良’为话题，运用比喻论证、对比论证方法写 300 字左右的议论性文段。”全班参与检测的同学为 60 人，其中 30 人为 A 等，论证方法使用非常恰当，文段的论证形象生动，说服力强，效果非常好；18 人为 B 等，论证方法使用比较恰当，文段的论证比较生动，说服力较强，效果较好；12 人为 C 等，论证方法使用比较恰当，文段的论证有一定的形象生动性和说服力。
课后，我充分运用本项检测分析结果，引导学生对比阅读不同等级的文段，深入分析文段论证方法运用情况和效果差异，探究论点、论据和论证效果的关联，进一步提升学生论证的适切和力度能力</td></tr>
<tr><td>素养目标达成
典型实例</td><td colspan="3">例 1：有人说，善良是春日里的一抹和煦微风；有人说，善良是炎炎夏日中的一盏清茶；有人说，善良是秋收时的累累硕果；也有人说，善良是隆冬里的温暖阳光……我却想，要是人人都奉献点爱心，世界该有多美好——即使在自己最困难的时候
例 2：有这样一种光芒，它始终笼罩在中华民族的精神家园；有这样一种火焰，它始终跳动在中国古老而广阔的大地上；有这样一股暖流，它始终奔流在悠久文明的前进步伐中。它便是善良。唯有保持善良的本性，我们才能用爱谱写沟通的语言。
例 3：一抹夕阳，一声鸟鸣，是高原的美丽；一声温暖的问候，一个鼓励的眼神，是教师的本色；一切为了孩子，为了一切孩子，胡忠和谢晓君将这句话演绎得淋漓尽致。他们没有多高的收入，没有更好的条件，有的只是一腔爱和信念的坚持。他们用生命改变了孤儿的命运，却冷落了年迈的父母；他们潜移默化地向儿女传授着爱的力量，却不知因此受了多少不该有的挫折。义无反顾的善良是本性。
例 4：追求金钱，追求名誉，追求飞黄腾达，这样的人爬得再高，也不值得我们仰望。唯有一个平凡的追求道德、追求高尚的人，为了善良、为了精神兢兢业业，才让人敬佩。刘金国的行动就是最纯洁的善良。火场救生，临危不惧，他是当之无愧的铁血将帅。善良是手中的利剑，向邪恶扬眉出鞘，为国家和人民两袖清风。铁血清廉是善良的本性。
以上文段大多通过比喻论证，运用形象化的事物和形象的动作来增强文段的形象性，从而达到增强感染力的效果</td></tr>
<tr><td>检测反馈</td><td colspan="3">从本次恰当运用比喻论证、对比论证等方法，完成议论性文段写作检测情况来看，学生基本能够恰当运用比喻论证、对比论证方法，完成一段通顺流畅、具有较强的形象性的议论文段。个别同学比喻论证方法的选用上适切程度不够，未能兼顾形象性与逻辑性，后续我们将在训练中不断强化和完善</td></tr>
</table>

说理的艺术：观点与主张表达的综合运用（辩论赛）——“学习之道”单元第六课时学教案

任志恒

一、教学分析设计

【内容分析】☞

本单元是统编版高中语文必修上册第六单元，其人文主题是“学习之道”，对应《普通高中语文课程标准》（2017 年版 2020 年修订）任务群是“思辨性阅读与表达”。

从主题内容角度看：学习是永恒的话题，是人类社会发展进步的必经之径。本单元所选文章共六篇，均为“学习”相关话题的中外名篇，或阐述学习的意义，或讨论从师的原则，或讨论学习的态度与方法，或描述读书的经历与感受，既有从对学习关键问题切中肯綮的论述，又有对学习经历认知的感性描写抒发。该主题的探讨对于各个领域均突飞猛进的新时代而言，时代意义重大；对于学生所处的高中这一拔节抽穗的人生阶段而言，育人意义不容忽视。

从任务群角度看：本单元选文多为论述说理佳作，前五篇文章共性突出，均是针对现实生活中的典型现象，提炼问题、挖掘本质、阐述观点、表达主张。同时，其论述说理具体表现形式呈现出丰富性，或以直接确立观点，围绕观点进行有针对性地阐述，或以破立结合的文章结构鲜明有力地表达对学习的意义、方法等综合认识，皆采用灵活生动的论证方法、选用恰切而具有特色的语言，于理性思辨之美中传递出说理艺术之美。同时要注意，单元所选的第五、六两篇文章属于随笔，且第六篇回顾自己上图书馆的几段经历，兼有议论和记叙。

综上分析，本单元学习应追求人文主题涵养与任务群学习的双重达成，注重在引导学生关注学习之道的话题中积淀语文学科核心素养，语言的实质乃是思维，因此关注说理语言基础上的思维发展，实现思辨性阅读与表达。

本课时基于前面五个课时学习成果展开语文活动，是观点与主张表达的综合运用，即基于本单元主题任务“辩论辞”撰写的基础上展开辩论赛，需要学生基于灵活使用论证方式、综合使用论证方法、合理筛选运用论据、调整论述语言，在真实的语境中更综合地表达自己的观点与主张，在表达观点与主张中主动追求思维与言语的综合美感。

【课时大概念】☞

概念类别	简略化表达	特征化表达
核心大概念	说理的艺术在于观点与主张表达的综合运用	能够根据自身立场，正确立论，选用恰当的论证方式，采用合理的论证方法，筛选丰富有力的论据，明确适切情境的语言风格，进行多角度综合的观点表达，使表达具有力度、风度和温度
概念结论类	表达观点主张的方法	根据问题明确自身立场，确立与立场高度匹配的观点，立论驳论的方式具有针对性，论证方式具有恰当性，论据选用标准具有一致性，论述语言具有适切性
思想方法类	辩证思考	归纳、演绎、实证、推理、批判等思维能力； 分析质疑、多元解读等辩证思考能力、批判性思维
价值观念类	理性精神	理性精神的认识——以聚类概括和深度透视发掘事物的本质 理性精神的表达——观点和主张表达需要有艺术 理性精神的作用——以艺术的说理推动事理的探讨

【资源条件】☞

资源名称	功能
黑板	板书核心问题；板书学生解决问题时交流、分析、建构的要点
教材、学习任务单、课外助读资料	形成大概念核心问题教学各环节中的探索情境，营造问题解决的思维空间
PPT 课件	展示视频、图片等情境；出示核心问题；提供全班交流时所需的资料；出示前置任务完成情况、评价反馈练习等内容
信息技术融合	学生习作投屏技术展示研究成果；手机投屏技术展示思考总结内容

【学生基础】☞

日常语文学习中可以观察到，大多数学生对于论述类文章的阅读与写作普遍兴趣不高，具体表现：阅读时更喜欢情节曲折的小说或抒情叙事的散文，对论述类文本不甚关注。究其根源，“兴趣”与“方法”相互羁绊，兴趣不高导致阅读量少，难以形成较为系统的论述类文章阅读方法，不明确阅读目的、阅读侧重导致学生难以把握作者观点、理清论述逻辑、辨析与使用论证方式，从而无法体会逻辑说理带来的理性之美。表达时，学生的口头或书面表达均或多或少地存在论述说理“大而空”的现象，观点与现实的针对性不强、观点的条理性和逻辑性不强、论证方式运用单一、论据使用盲目、论证语言干瘪乏味等明显缺陷。

然而对于一个社会公民尤其是网络时代的社会公民而言，能够针对问题表达自己观点，并能结合他人观点进行“有针对性、有风度、有礼貌地辩驳”，具有重要的现实意义。因此，对于正处在形象思维和抽象思维发展阶段的高中生而言，本单元学习指向以“语言积累与建构”为表征、以“思维发展与提升”“审美鉴赏与创造”“文化传承与理解”为内里实质的阶段发展重点。

为突破“论述说理”这一阅读与表达的难点，本单元在设计时凸显语文学科的“实践性”，以实际任务（辩论辞撰写和主题辩论赛）为单元任务驱动，将辩论辞的撰写作为书面表达的载体，将辩论赛作为口头表达的真实情境，让目标明确而情境单一的书面写作为目标明确且情境综合的口头表达提供保障，在真实的语言实践活动中提升学生语言能力和思维水平。

【目标分析】☞

参与修改主题辩论辞、形成《说理的艺术：观点与主张表达的评价量规》、开展微型辩论赛并点评等学习活动，能够从论证方式、论证方法、论据选用、论述语言等各方面探究观点主张的表达，能根据具体的语言环境理解论述表达的艺术（语文积累与建构 1-1），能对获得的信息及其表述逻辑作出评价（思维发展与提升 2-2），由此体验到论证方式、方法、论据、语言等与观点主张表达的力度、风度与温度之间的关联（语言积累与建构 1-1，思维发展与提升 1-2），懂得富含艺术的说理能够有效推动事理的探讨（文化传承与理解 2-4）。

【主题分析】☞

基于前述分析，本课时乃是该单元学习的集大成者。

从内容上说，本课时是承前课时的“收获季”，本课时主题“观点与主张表达的综合运用”是承接单元前 5 课时的综合学习内容，随着课时内容深入，单元主体学习任务得以完善，《说理的艺术——观点与主张表达的评价量规》得以完善和修改，将综合运用论证方式、论证方法、论据和论述语言等多维度进行观点和主张表达，人文主题与任务群得以步步落实，学生在结构化的学习活动中建构起结构化的学习内容，立体系统的大概念得以生根发芽。

从活动形式来说，从前五课时单纯的以课文学习为主体的活动走向了真实语境下的语言实践（辩论赛），是以书面表达为载体的即时口头表达“说理的艺术——观点与主张表达的综合运用”。

综上，拟定本课时核心问题为：探究并完善《说理的艺术：观点与主张表达的评价量规》，修改前述课时完成的主题辩论辞，基于量规和主题辩论辞展开微型主题辩论赛并点评。

【评价预设】☞

（1）提出问题环节：回顾学生前述课时所学，就学生对本课核心问题的领会情况进行点评和引导性评价，为学生进入学习探索情境做铺垫。

（2）解决问题环节：引导学生站在“思辨性阅读与表达”的角度结合单元所学对评价量规进行系统思考并完善，据此展开对所撰写辩论辞的修改，围绕论证方式、论证方法、论据选用和论述语言等各方面进行启发、点拨，引导学生思考论证方式、论证方法、论据选用和论述语言所指向的聚类概括与深度透视等辩证思维和理性精神，观察学生的小组辩论过程并对评委点评进行总结，促使学生完善主题辩论辞和评价量规。

（3）反思提升环节：就学生量规的完善维度、主题辩论辞的修改维度进行激励性评价，对表达观点主张的力度、风度、温度进行系统梳理，围绕课时大概念形成概念知识类、思想方法类和价值观念类的系统认识。

（4）评价反馈环节：以学生主题辩论词修改及理由阐明进行点拨，促使顶层的系统思考内化深入，促进学生关联说理艺术与现象事理的探讨，滋养理性精神。

二、教学实施设计

【教学环节】☞

<table>
<tr><th>教学环节</th><th>学生活动</th><th>教师活动</th><th>设计意图</th><th>技术融合</th></tr>
<tr><td>提出问题</td><td>回顾单元任务和前述课时所学，领会核心问题，进入问题解决的探索情境</td><td>1. 导入：明确本单元情境任务，回顾本单元前面五课时所学，引出本课时的阶段定位与内容重点。
2. 提出本节课的核心任务：探究并完善《说理的艺术：观点与主张表达的评价量规》，修改前述课时完成的主题辩论辞，基于量规和主题辩论辞展开微型主题辩论赛并点评</td><td>基于语言交际创设真实的学习探索情境，激发学生解决问题的兴趣，明确学习核心任务</td><td>PPT，出示学习、生活情境和课时核心问题</td></tr>
<tr><td rowspan="2">解决问题</td><td>活动一：建构量规，指导辩论辞修改。
小组讨论，分工完成。回顾前述五课时所学，形成系统的《说理的艺术：观点与主张表达的评价量规》，并以此指导辩论辞的修改</td><td>出示活动要求，并基于前述学习成果展开点拨和指导，强调量规的系统和全面，强调在量规指导下展开辩论词修改</td><td>调整量规，形成表达观点与主张的顶层思想，指导辩论辞（书面表达实践）修改与完善</td><td rowspan="2">PPT 出示活动要求</td></tr>
<tr><td>活动二：展开微型辩论赛，基于量规点评。
全班参与，分角色完成。依据修改后辩论辞展开微型辩论赛，依据评价量规展开点评</td><td>出示活动，观察学生的微型辩论赛，关注评委的点评，注意关注量规对辩论赛与点评的指导作用，为真实活动中的反思提升做准备</td><td>基于辩论辞展开微型辩论赛（口头表达实践），进一步对书面表达成果、评价量规进行提升</td></tr>
<tr><td>反思提升</td><td colspan="2">师生基于前述活动围绕课时大概念进行提升：
（1）概念知识类：表达观点与主张的方法具有系统性，辩论观点与立场的匹配度、立论驳论方式的针对性、论证方式的恰当性、论据选用的一致性、论述语言的适切性。
（2）思想方法类：表达观点与主张需要运用归纳、演绎、实证、推理、批判等思维能力，具有分析质疑、多元解读等辩证思考能力。
（3）价值观念类：表达观点主张应该具有力度、风度与温度；语言形式与思维构建存在一体两面关系；观点主张表达与问题解决、事理探讨之间关联</td><td>促进学生在反思中系统强化观点与主张表达的系统认识，作为书面与口头表达的顶层指导思想，成为本单元系统成果</td><td>PPT 出示活动要求及相关名言</td></tr>
<tr><td>评价反馈</td><td>运用反思提升所学，修改辩论辞，并阐明修改缘由</td><td>依据评价量规，对修改及修改缘由进行点评；基于修改与修改缘由反思完善评价量规</td><td>检测课时目标达成情况，借此进一步强化学生的理解和认知</td><td>PPT 出示评价反馈工具</td></tr>
</table>

【板书设计】☞

说理的艺术——观点与主张表达的综合运用（辩论赛）

——统编版高中语文必修上册“学习之道”单元第 6 课时学教案

核心问题：探究并完善《说理的艺术——观点与主张表达的评价量规》，修改前述课时完成的主题辩论辞，基于量规和主题辩论辞展开微型主题辩论赛。

辩论辞修改方向 观点与立场 论证方式 论证方法 论据 论述语言	评价量规 表达观点与主张的系统性 辩论观点与立场的匹配度立论 驳论方式的针对性 论证方法的恰当性 论据选用的一致性 论述语言的适切性	辩论赛点评 ……
说理的艺术——观点与主张表达的综合运用		

【课后服务】☞

课时作业的结构化设计：

作业序号	作业目标	作业情境		概念结论		思想方法		价值观念		整体评估	
		内容	水平	内容	水平	内容	水平	内容	水平	内容	水平
1	基础性作业：检测学生对常见论证方法的使用，强调论证方法与所阐述观点之间的针对性	《拿来主义》的文本语境、大宅子的比喻论证理解等学习探索情境	较复杂	比喻论证的本体、喻体要求	语言积累与建构 2	透过现象看到本质	思维发展与提升 2	对文化遗产、外来文化的态度	文化传承与理解 2	基础性作业	学业质量水平 2-1
2	综合性作业：检测学生对论证方式、方法、论据、语言等的综合运用	学习探索情境：就“人生是否需要设计”这一话题，自选一个立场，撰写主题辩论辞	较复杂	论证方式、方法、论据、语言等综合运用以表达观点与主张	语言积累与建构 2	通过现象看到本质	思维发展与提升 2	责任担当	文化传承与理解	综合性作业	学业质量水平 2-2
3	实践性作业：论证方式、方法、论据、语言等综合运用以表达观点与主张；观点主张表达过程中对力度、风度和温度的关注	面向班级搜集一个需要改善的生活现象，针对该现象发表观点，力图改变该生活现象的生活探索情境	复杂	论证方式、方法、论据、语言等综合运用以表达观点与主张	语言积累与建构 2	透过现象看到本质	思维发展与提升 2	责任担当、文化自信	文化传承与理解 3	实践性作业	学业质量水平 3-2

续表

课时作业总体评估	本课时的作业评估从以下方面展开： 其一，就作业情境而言，经历了学习探索情境到生活实践情境的阶梯递进、交融共生，学生在从基础性作业中的单纯学习探索情境到综合性作业、实践性作业中的学习探索情境与生活实践情境相互交融的发展中实现了从“解题”到“解决问题”的转变。 其二，就作业设计目的而言，从基础性作业到综合性作业再到实践性作业是从语言文字的学习到以语言文字解决现实生活的问题，学生可在更为综合、更为交际的情景中体会观点主张表达的说理艺术，实现了从“做题”到“做人做事”的转变

（具体作业内容略）

【教学流程】☞

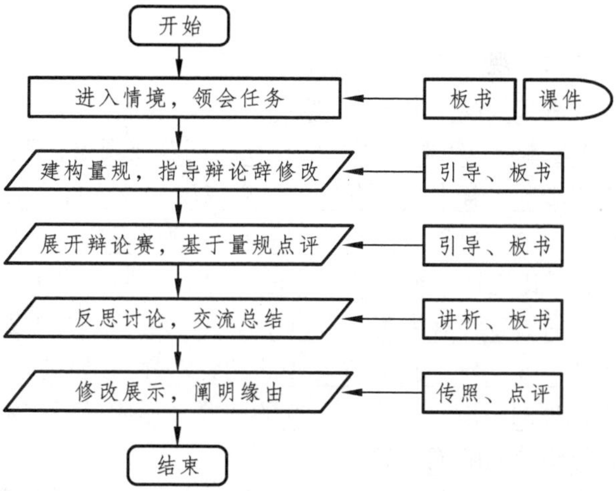

三、教学评价设计

【评价实施】☞

课堂核心问题教学的四个环节中，既整体上贯彻“教学实施设计”中的“评价预设”的评价原则和方式对学生在各学习活动中的学习表现进行针对性评价，又根据课堂教学中的非预设性情形灵活地调整了评价策略，力求较为有效地促进学生课堂学习中的深度体验。具体而言，本课时的评价实施从两个方面展开：

（1）围绕大概念的三个层次，根据课堂教学四个环节的推进，一方面主要是立足课前依据学情和学习内容拟定的“评价预设”就学生在各学习环节中参与相应的问题解决活动的表现情况进行引导性评价以促进学生学习体验行为更加有效；另一方面又注重捕捉学生在各学习活动中的临时生成性表现进行针对性评价以鼓励或纠偏，从而较好地保障了学生学习体验的有序和高效。

（2）为检测学生课堂学习实际效果，在“评价反馈”环节结合课堂学习内容设计了基础性、综合性和实践性三类有梯度的课时作业（评价工具），然后对学生的完成情况进行了等级评价和赋分评价，并依据这两类评价数据来分析判断学生本节课的学习体验实效，力求达成以评促学的评价目的。

【信息搜集】☞

本课搜集了两类主体的资料，即参与班级学生和听课教师。针对学生，搜集了三方面的资料。一是学生代表的主题辩论辞文字稿；二是学生制定的《说理的艺术：观点与主张的表达评价量规》；三是研读过程中的问题搜集和学生感受反馈。针对教师，既关注了授课教师自身的感受，又关注了听课教师的意见与建议。

【评价实施】☞

以《大概念核心问题教学文化评价表》进行自评。

大概念核心问题教学文化评价表

课时名称：说理的艺术：观点与主张表达的综合运用（辩论赛）。

所属单元：统编高中语文必修（上）第六单元。

单元大概念：说理的艺术——针对现实生活存在的问题或现象，选用恰当论证方式、论证方法和论据，选用适切的语言，有力度、有风度、有温度地表达自己的观点与主张。

单元大概念的特征化表达：针对现实生活存在的问题或现象，选择立论驳论等恰当的论证方式，采用比喻论证、对比论证、类比论证等适宜的论证方法，筛选古今中外适切的论据，选用符合对象特征、场合的语言，有力度、有风度、有温度地表达自己的观点与主张。

单元核心问题：研读单元文章，探究立论表达的针对性与结构特征，挖掘论证方法、论据选择、论述语言等与说理的力度、风度、温度的关联，形成说理艺术评价量规，展开主题辩论赛，撰写比赛经历与感受的随笔文章。

课时大概念：能够根据自身立场，正确立论，选用恰当的论证方式，采用合理的论证方法，筛选丰富有力的论据，明确适切情境的语言风格，进行多角度综合的观点表达，使表达具有力度、风度和温度。

课时核心问题：探究并完善《说理的艺术：观点与主张表达的评价量规》，修改前述课时完成的主题辩论辞，基于量规和主题辩论辞展开微型主题辩论赛并点评。

<table>
<tr><th rowspan="2">评价目标</th><th colspan="3">评价指标</th><th colspan="2" rowspan="2">评价
方法结果</th></tr>
<tr><th>一级指标</th><th>二级指标</th><th>三级指标</th></tr>
<tr><td rowspan="9">实现活动体验中的学习与素养发展</td><td rowspan="9">具有大概念核心问题教学形态</td><td rowspan="3">核心问题利于活动体验</td><td>内含客观问题和学生活动方式</td><td>8</td><td rowspan="9">每项指标最高评8分（满分为96分）

合计<u>92</u>分</td></tr>
<tr><td>问题情境与真实生活密切相关</td><td>7</td></tr>
<tr><td>能引发大概念、新知新法生成</td><td>7</td></tr>
<tr><td rowspan="3">教学目标价值引导恰当</td><td>目标构成全面准确</td><td>8</td></tr>
<tr><td>内含关联体验目标</td><td>8</td></tr>
<tr><td>目标价值引导显现</td><td>8</td></tr>
<tr><td rowspan="3">教学环节完整合理落实</td><td>课程教学环节完整</td><td>8</td></tr>
<tr><td>环节内容合理充实</td><td>8</td></tr>
<tr><td>学生活动时间充分</td><td>8</td></tr>
</table>

续表

<table>
<tr><td rowspan="2">评价目标</td><td colspan="3">评价指标</td><td rowspan="2" colspan="2">评价
方法结果</td></tr>
<tr><td>一级指标</td><td>二级指标</td><td>三级指标</td></tr>
<tr><td rowspan="26">实现活动体验中的学习与素养发展</td><td rowspan="26">具有大概念核心问题教学形态</td><td rowspan="3">教学要素相互匹配促进</td><td>问题目标环节两两匹配</td><td>7</td><td rowspan="3"></td></tr>
<tr><td>技术促进活动形式内容</td><td>7</td></tr>
<tr><td>课程特色突出氛围浓郁</td><td>8</td></tr>
<tr><td rowspan="4">拓展学习视野</td><td>课堂与现实世界有恰当关联</td><td rowspan="23" colspan="2">选择一个表现突出的二级指标，在相应三级指标引导下，以现场学生表现为主要依据，以其余指标为背景，于本表的第二页写出150字以上的简要评价</td></tr>
<tr><td>有基于缄默知识的问题解决</td></tr>
<tr><td>有缄默知识运用的追踪剖析</td></tr>
<tr><td>知识运用剖析导向素养发展</td></tr>
<tr><td rowspan="4">投入实践活动</td><td>有真实而且完整的实践活动</td></tr>
<tr><td>实践活动深度融入两类情境</td></tr>
<tr><td>能够全身心地浸渍于活动中</td></tr>
<tr><td>活动的内容结果均丰富深入</td></tr>
<tr><td rowspan="4">感受意义关联</td><td>有核心问题的深层意义感受</td></tr>
<tr><td>有以知识为中心的关联感受</td></tr>
<tr><td>有以个人为中心的关联感受</td></tr>
<tr><td>有对三类大概念的关联感受</td></tr>
<tr><td rowspan="4">自觉反思体验</td><td>有实质性反思活动的开展</td></tr>
<tr><td>有课堂新因素的追踪利用</td></tr>
<tr><td>有体验的交流与改善重构</td></tr>
<tr><td>有概念生成中的素养发展</td></tr>
<tr><td rowspan="4">乐于对话分享</td><td>乐于自我的表达与认真的倾听</td></tr>
<tr><td>乐于合作中成果与思路的分享</td></tr>
<tr><td>乐于成果交流中深层意义分享</td></tr>
<tr><td>有宽容的对话氛围和双向交流</td></tr>
<tr><td rowspan="3">认同素养评价</td><td>认可素养评价</td></tr>
<tr><td>参与素养评价</td></tr>
<tr><td>利用素养评价</td></tr>
<tr><td colspan="6">大概念核心问题教学特质的简要评价（包括发展性建议）：
本课在“投入实践活动”和“感受意义关联”两方面表现突出，凸显了两者之间的紧密关联。投入实践活动是“感受意义关联”的前提。学生参与两个层层深入、紧密关联、目标一致的活动，两个活动分别指向书面表达和口头表达；形成了四个成果，分别是指向观点和主张表达的顶层设计的《评价量规》、指向主题辩论的辩论辞、基于辩论辞的微型辩论赛、针对辩论赛的评委点评。两个活动、四个成果之间承前启后、紧密相关。感受意义关联是“投入实践活动”的旨归。活动的目的在于从书面表达和口头表达两个活动感受观点与主张表达的评价维度（理论）、辩论陈词（书面表达实践）、辩论（口头表达实践）之间的关联，从多个维度实现深度体验</td></tr>
</table>

大概念核心问题教学素养目标点检测表

<table>
<tr><td>课时名称</td><td colspan="3">说理的艺术：观点与主张表达的综合运用（辩论赛）</td></tr>
<tr><td>所属单元</td><td colspan="3">统编版高中语文必修（上）第六单元</td></tr>
<tr><td>单元大概念</td><td colspan="3">说理的艺术——针对现实生活存在的问题或现象，选用恰当论证方式、论证方法和论据，选用适切的语言，有力度、有风度、有温度地表达自己的观点与主张</td></tr>
<tr><td>单元核心问题</td><td colspan="3">研读单元文章，探究立论表达的针对性与结构特征，挖掘论证方法、论据选择、论述语言等与说理的力度、风度、温度的关联，形成说理艺术评价量规，展开主题辩论赛，撰写有关比赛经历与感受的随笔文章</td></tr>
<tr><td>课时大概念</td><td colspan="3">能够根据自身立场，正确立论，选用恰当的论证方式，采用合理的论证方法，筛选丰富有力的论据，明确适切情境的语言风格，进行多角度综合的观点表达，使表达具有力度、风度和温度</td></tr>
<tr><td>课时核心问题</td><td colspan="3">探究并完善《说理的艺术：观点与主张表达的评价量规》，修改前述课时完成的主题辩论辞，基于量规和主题辩论辞展开微型主题辩论赛并点评</td></tr>
<tr><td>课时素养目标</td><td colspan="3">参与修改主题辩论辞、形成《说理的艺术：观点与主张表达的评价量规》、开展微型辩论赛并点评等学习活动，能够从论证方式、论证方法、论据选用、论述语言等各方面探究观点主张的表达，能根据具体的语言环境理解论述表达的艺术（语文积累与建构 1-1），能对获得的信息及其表述逻辑作出评价（思维发展与提升 2-2），由此体验到论证方式、方法、论据、语言等与观点主张表达的力度、风度与温度之间的关联（语言积累与建构 1-1，思维发展与提升 1-2），懂得富含艺术的说理能够有效推动事理的探讨（文化传承与理解 2-4）</td></tr>
<tr><td>检测点</td><td colspan="3">对论证方式、方法、论据、语言等与表达观点主张的力度、风度与温度之间关联的体验</td></tr>
<tr><td>检测（检测题）</td><td colspan="3">运用本课所学，修改辩论辞，并阐明修改缘由</td></tr>
<tr><td rowspan="3">分类标准</td><td colspan="3">A. 能够结合课堂所学，从论证方式、方法、论据、语言等三个及以上角度修改，使得主题辩论辞在力度、风度与温度之间两个方面有明显改变，阐明的缘由显著体现修改角度与观点主张表达艺术之间的关联</td></tr>
<tr><td colspan="3">B. 能够结合课堂所学，从论证方式、方法、论据、语言等两个以上角度修改，使得主题辩论辞在力度、风度与温度之间两个方面有明显改变，阐明的缘由比较显著体现修改角度与观点主张表达艺术之间的关联</td></tr>
<tr><td colspan="3">C. 能够结合课堂所学，从论证方式、方法、论据、语言等两个以上角度修改，使得主题辩论辞在力度、风度与温度之间一个方面有明显改变，阐明的缘由体现了修改角度与观点主张表达艺术之间的关联</td></tr>
<tr><td>分类标准</td><td colspan="3">D. 能够结合课堂所学，从论证方式、方法、论据、语言等一个以上角度修改，使得主题辩论辞在力度、风度与温度之间一个方面有明显改变，阐明的缘由对修改角度与观点主张表达艺术之间的关联体现不足</td></tr>
<tr><td rowspan="5">检测统计</td><td>分类等级</td><td>学生人数</td><td>百分比（%）</td></tr>
<tr><td>A</td><td>15</td><td>27.27</td></tr>
<tr><td>B</td><td>23</td><td>41.81</td></tr>
<tr><td>C</td><td>11</td><td>20.00</td></tr>
<tr><td>D</td><td>6</td><td>10.90</td></tr>
</table>

续表

检测分析结果运用	基于上述检测统计，可以发现： A 等人数占比四分之一，能够从多个（三个及以上）修改、实现两个方面明显变化，且能阐明修改角度与观点主张表达艺术之间关联方面，这部分同学的书面表达实践和口头表达实践都对关联体现充分。 B 和 C 等同学超过三分之二，能够从两个以上角度修改，并使得力度、风度与温度之间有明显改变、阐明缘由比较显著。这部分同学主要集中在论证方法、论据两方面，对论证方式和语言的体验不足，可以适当补充课外资料，使其体现更为充分。 D 等同学占比十分之一，属于该部分体验不足的部分，其修改角度集中在论据，效果针对力度而展开，所举事实论据和道理论据与讨论的事情体现不足
素养目标达成典型实例	文化的创新比传承更重要 【修改前辩论辞】 感谢主席，问候在场各位。我方认为，文化的创新比传承更重要。 首先，文化的创新可以推动时代的发展。从古至今，我国的文化都在不断更迭。从远古的甲骨文到现在的简体字，从生涩难懂的文言文，到如今通俗的现代文。随着时代的发展，中国的文化正在不断进化，更在时间长河中创新优化。因此，在这种更新中，国家也在不断前进，所以文化的创新可以带来国家的发展。 其次，文化创新提升人们的思维，促进思考。每一种新文化的诞生后，都会经历人们的审视，从不同角度提出对其的疑惑，经过时间的洗礼，这种文化才能真正为人们所接纳并融入日常生活。在这个过程中，人们会为了文化的合理，审慎思考、优化创新，提出对其的疑问。如今我们身为高中生，正是对各种事物满的奇心的年龄，对古对今的各种文化有自己的思考与疑问。在解的过程中，思维也有了进一步的深化与提升。 综上，我们认为文化的创新传承更重要。 【修改后辩论辞】 感谢主席，问候在场各位。开宗明义，文化是人类在社会历史发展过程中所创造的物质财富和精神财富的总和，特别是指精神财富。文化的创新即更注重开创新文化，文化的传承即对传统文化的全然接纳。我方认为，文化的创新比传承更重要，从以下三个方面论述。 首先，文化创新是推动时代发展的内在动力。一个时代有一个时代之文化，诚然其中有不少传承于优秀传统文化，但更不可缺少在守正创新中的因时而变，即文化创新。放眼全球，世界各国的发展无不以文化为源泉。从古至今，我国文化不断更迭。随着时代的发展，中国的文化从无到有，从有到优，不断在时间长河中创新优化、熠熠生辉。正因如此，才有了春秋时期百家争鸣，才有了儒家文化仁义治国……社会进步、国家发展的滚滚车轮永不止步，正是文化为其提供了源源不断的动力。 其次，文化创新能促进改造人们的思维，使一个时代有一个时代之大众。每一种新文化的诞生背后，都会经历不同人群审视、疑惑，经过时间的洗礼淬炼，方能为人接纳认同。正是在审慎思考、辩证创新的过程中，人们才不会一味继承、全盘接受，而是面对文化这座大宅子，能够做到“精心挑选”“伸手来拿”“创新创造”。 我们并不否认文化传承的重要性，然而，文化创新能推动时代、创造时代，又能改造思维、改良百姓，使得时代与人在文化创新的力量中相得益彰、相互成就。综上，我们认为文化的创新传承更重要。 〖点评〗此次修改有两个亮点，其一，对主要概念进行了界定，为观点表达划定张本。其二，基于概念界定，对部分段落的论证方式进行调整，对论据能够选择具有针对性的部分，对论证方法（多见举例论证、比喻论证、对比论证等）能够合理采用，在阐明的理由中对于论据的力度（针对性）、观点与主张的风度温度等有清晰的回应。属于 A 等

续表

素养目标达成典型实例	上述两位同学能够从三个角度进行修改，对部分段落的论证方式进行调整，对论据能够选择具有针对性的部分，对论证方法（多见举例论证、比喻论证、对比论证等）能够合理采用，在阐明的理由中对于论据的力度（针对性）、观点与主张的风度温度等有清晰的回应。属于A等
检测反馈	从课时作业检测可以发现学生存在的问题主要有两个：一是对论述语言的体验不够深入，特别是论述语言在力度、风度和温度上的多维体现，针对该问题，需要在本单元文章之外筛选其他文章进行拓展，如《反对党八股》和《拿来主义》等，进行多方位的体会。二是学生综合运用多种方法提升观点和主张表达艺术的能力还需要提升，表现为对观点主张的阐述还不够，该问题源于对本单元学习内容的体会不够深入，还需要进一步引导感受，如《师说》论点的提出，如《劝学》比喻论证的使用对观点表达的作用等

高中语文必修（上）第七单元
——“自然情怀”单元教学

“自然情怀”大概念的核心·问题教学单元规划纲要

学科 语文 教师 梁军、林俊、李磊、熊雪、陈奥

<table>
<tr><td>年级</td><td>高一</td><td>单元名称</td><td>自然情怀</td><td>单元课时</td><td>5</td></tr>
<tr><td rowspan="2">单元内容</td><td>教材内容</td><td colspan="4">统编高中语文教材选择性必修上册第七单元是写景抒情散文单元，人文主题为“自然与情怀”，属于“文学阅读与写作”学习任务群。主要引导学生研习写景抒情散文文章，体会和把握写景抒情散文类文章表达的特点，提高阅读、理解写景抒情散文类文章的能力，体会民族审美心理，提升文学欣赏品位，培养对自然的热爱之情。本单元选取的五篇散文，都是写景抒情的名篇，有对故都“秋味”的吟唱，对荷塘月色的描写，有北京地坛牵出的人生故事，有夜游赤壁的吊古伤今，登临东岳的畅想。在对大地山川、风物美景的描写中徜徉，既可以受到美的熏陶，又能够领会深厚的人文内涵。
这些文章写到北国独特秋味、荷塘的内外神韵、赤壁的江月美景等自然景物和野外风光，以不同的方式展现了人类反观自然、感悟自然之美，表达对自然和生活的热爱之情。其中前两篇体会散文情境交融、情理结合的写法；第三篇探寻精神家园的历程，体会散文景随情至、情由景生的特点；最后两篇在于倾听山水自然里的生命回响，把握古代山水游记散文情景交融、情理结合的特点。虽然时代不同，表述有异，但皆是贵在有我、贵在情真的散文佳作。这五篇文章的题材内容具体如下表：
<table>
<tr><td>选文</td><td>作者</td><td>体裁</td><td>题材内容</td></tr>
<tr><td>《故都的秋》</td><td>郁达夫</td><td>现代写景散文</td><td>对故都“秋味”的吟唱</td></tr>
<tr><td>《荷塘月色》</td><td>朱自清</td><td>现代写景散文</td><td>对荷塘月色的描写</td></tr>
<tr><td>《我与地坛》</td><td>史铁生</td><td>现代哲理散文</td><td>北京地坛牵出的人生故事</td></tr>
<tr><td>《赤壁赋》</td><td>苏轼</td><td>古代山水游记</td><td>夜游赤壁的吊古伤今</td></tr>
<tr><td>《登泰山记》</td><td>姚鼐</td><td>古代山水游记</td><td>登临东岳的畅想</td></tr>
</table></td></tr>
<tr><td>课程标准</td><td colspan="4">本单元属于《普通高中语文课程标准》（2017 年版 2020 年修订）所划分的 18 个学习任务群中的第六个——文学阅读与写作。课程标准中该任务群的“课程内容”“学习目标与内容”和“教学提示”综合而言主要指向如下三方面：
第一是学科核心素养之“审美鉴赏与创造”能力的培养。本任务群旨在引导学生阅读不同时期、不同风格写景抒情散文，使学生在感受文人笔下美景、关注作品中的景物描写和人生思考时，激发对自然的珍爱之心和对生活的热爱之情。进一步体会民族审美心理，增强对民族文化的认识和了解</td></tr>
</table>

续表

<table>
<tr><td>单元内容</td><td>课程标准</td><td colspan="2">第二是文学作品阅读鉴赏方法和过程的建构。“学习目标与内容”的（1）和（2）要求精读优秀文学作品，重点关注作者如何抓住景物突出特点、表现景物的独特之美。“散文诵读”单元中的散文作品都需要在反复诵读的基础上，从用词、句式和艺术手法等方面进行鉴赏解读，在这个过程中自然能有助于建构起学生此类文学作品的阅读鉴赏方法，体会文章情景交融、情理结合的特点，品味散文独特的语言美。
第三是教学方式的选择和运用。教师应运用专题阅读、比较阅读等方式，创设阅读情境，引导学生阅读鉴赏与探究；应向学生提供问题设计、阅读策略指导等学习支持，通过学生的自主梳理探究，使所学的文学知识结构化。“散文阅读”单元所选散文作品的作者及作品的题材内容，学生在以往的学习中已经对有的内容有了一定的了解和积累，有的由于时代差异存在一定的理解障碍，因此教师需要引导开展自主探究式的学习，有助于学生获得更好的鉴赏体验，深化对相关文学知识的认知，易于这些知识的结构化生成</td></tr>
<tr><td rowspan="6">基础条件</td><td rowspan="5">资源基础</td><td>资源名称</td><td>功能</td></tr>
<tr><td>黑板</td><td>板书课时核心问题；板书学生诵读鉴赏过程中发现、生成和反思提炼的知识、能力及方法要点</td></tr>
<tr><td>教材、学案及助读资料</td><td>提供核心问题教学四个环节中学生诵读鉴赏、评析探究与生成知识、能力所需的必要载体与支架</td></tr>
<tr><td>希沃白板</td><td>方便进行基于深度理解与表达的思维训练</td></tr>
<tr><td>PPT</td><td>出示课时核心问题和四个环节的诵读鉴赏活动和要求，提供赏析交流所需的部分参考性结论</td></tr>
<tr><td>学生基础</td><td colspan="2">阅读理解基础：高一这个阶段的学生，在初中小学阶段的课内外有大量的散文作品阅读体验。从这个层面看，学生已经有了较好的散文阅读积累，这为本单元散文内容的理解奠定了能够顺利而有效实施的基础，但是部分作品由于作家表达方式、语体风格、时代差异，也会带给学生阅读上的阻碍。
阅读鉴赏基础：散文鉴赏题是中学语文考查的重要题型，学生经过初中的学习具备一定的鉴赏知识基础，但在高中的阅读鉴赏中提出了更高的要求，学生只用初中的答题模式和认知模式去理解高中的散文阅读鉴赏，往往是隔靴搔痒，不得要领。这需要一方面深入领会作家对景物的独特洞察，将不同的作品有机整合，从散文的情味和意趣方面领略富有情味的景色和性灵的思想情感。另一方面需要了解散文如何运用多种艺术手法实现创作意图，自觉运用语文专业素养去品味散文语言和风格等方面的独特魅力。
写作表达基础：学生在初中小学阶段有一定的读后感的写作训练体验，而大量的写景类记叙文训练为学生进一步尝试散文创作打下坚实的基础。学生一方面可以用读书笔记或提要的形式对散文的写作技法进行鉴赏，获得写作启示；另一方面可以在课后动手写借景抒情的片段，或借鉴课文中隽永的语句加以品味后再仿写，并且尝试将其运用到自己的散文创作中去</td></tr>
<tr><td>单元大概念及下层结构</td><td colspan="3">一、单元名称：自然情怀（“文学阅读与写作”任务群）
二、单元核心大概念：自然情怀的文学呈现
特征化表达：情、景、理交融的表现手法，通过恰当的关联和想象，展现民族审美心理共性下心灵自我疗愈的历程和图景。
三、概念结论类：情景交融、情理结合、景理结合
特征化表达：
情景交融：客观景物刻画与主观情感经验相结合的表现手法有利于丰富文学作品的抒情意蕴。</td></tr>
</table>

续表

<table>
<tr><td rowspan="8">单元大概念及下层结构</td><td colspan="6">情理结合：将作家的主观思想感情和客观事物的内在规律相结合，理以导情，理在情中，有利于增加文学作品的抒情深度。
景理结合：客观景物刻画与客观事物内在规律相结合的表现手法有利于增强文学作品的说理生动性和趣味性。
四、思想方法类：关联思维、形象思维
1. 关联思维：学生能够将抒情、写景、说理相关联；能够将人生经历、社会现实与文本解读进行关联。
2. 形象思维：加工处理形象信息的思维方式，它以生动、直观为主要特征，以想象、联想、整合为基本思维方法。
五、价值观念类：民族审美心理
特征化表达：一个民族区别于其他民族的且相对稳定的审美趣味、审美能力、审美理想，体现为一种共同的独特心理结构，这种共同性常常以系统的整体功能呈现于民族成员的审美实践活动中</td></tr>
<tr><td rowspan="2">课时</td><td colspan="2">课时大概念</td><td colspan="3">课时概念梳理</td></tr>
<tr><td>简略化表达</td><td>特征化表达</td><td>概念结论（小概念）</td><td>思想方法</td><td>价值观念</td></tr>
<tr><td>1</td><td>专题一：粗读感悟，明情绘景（2 课时）</td><td>写景抒情散文的整体感知需要通过朗读、注读、泛读等形式勾勒内心视象，由大自然的描写反观自然，由作者的抒情反照内心</td><td>朗读、评点精彩片段</td><td>散文诵读</td><td>审美体验</td></tr>
<tr><td>2</td><td>专题二：合作探究情景关联（3 课时）</td><td>写景抒情散文的深入解析需要分析借景抒情、因景生情等艺术手法，反复涵泳咀嚼景物与“我”的特定情感关联</td><td>景物描写与情感以及所体现的哲思之间的关联</td><td>从特殊到一般</td><td>知人论世</td></tr>
<tr><td>3</td><td>专题三：微型写作感悟共情（1 课时）</td><td>写景抒情散文的技法研习需要由读者视角向作者视角延伸，确立“观点”意识，模仿所学名家采用的景物描写的技法，观察自己与名家技法及其表达效果上的异同，总结其中共同的审美旨趣</td><td>写作、评价
合作、探究</td><td>借鉴模仿
鉴赏评价</td><td>审美情趣
审美品位</td></tr>
<tr><td>4</td><td>专题四：文本对照汲古润今（3 课时）</td><td>写景抒情散文在阅读理解与写作上的维度升格，需要在文本对照、汲古润今中探究此类文本基于民族审美心理的一般评价方法</td><td>中国古代游记的景、情、理关系</td><td>理解鉴赏</td><td>审美情趣
审美品位</td></tr>
<tr><td>5</td><td>专题五：撰写文学短评及其思路（2 课时）</td><td>抒情散文的阅读及理性赏析，提升审美情趣的旨归以及艺术感悟、评析能力。以文学短评及思路作为载体</td><td>文学短评的写作练习</td><td>鉴赏评价</td><td>合作精神
写作技巧</td></tr>
<tr><td>单元教学目标</td><td colspan="6">参与阅读写景抒情散文活动，完整经历预习、粗读、细读、评价、写作的过程，由此把握散文写景、抒情、说理之间的内在关系（素养水平 2-3）。能够鉴赏多种艺术手法及散文语言的魅力，了解民族审美心理、审美特点和审美文化（素养水平 3-3），能够借鉴写景抒情散文的技法进行创作（素养水平 4-1），提升对文学作品的共情能力，激发想象，形成高尚的审美情趣（素养水平 4-3）</td></tr>
</table>

续表

<table>
<tr><td>单元核心问题及问题分解</td><td colspan="3">核心问题：
欣赏不同时期的散文名篇，探究散文写景、抒情、说理之间的内在关系，品味多种艺术手法及散文语言的魅力，探析民族审美心理、审美特点和审美文化，以朗诵形式表达阅读感受，撰写阅读短评，借鉴课文技法进行创作、互相品评，并编辑成册。
问题解析：
借景抒情散文通过对自然的描写牵引读者反观内心，从而调动对自然美的感悟力，激发与作者产生不同时空的共情。这种共情既依赖于特定的文学欣赏方法和欣赏品位，又植根于一种古今贯通的民族审美心理、审美情趣和审美文化。在反复涵泳咀嚼中，体会作品中渗透的上述人文内涵，体会作者观察、欣赏和表现自然景物的角度，感受作品的文辞之美，是本单元的重点</td></tr>
<tr><td rowspan="6">课时划分</td><td>课时</td><td>课时大概念</td><td>课时核心问题</td></tr>
<tr><td>第一课时</td><td>通读文本
粗评交流</td><td>通读五篇散文，欣赏同学们自主选择篇目、片段的配乐朗诵，选择部分篇目或片段做批注，结合通过想象或联想形成的“内心视象”写一段评论性文字，在课上交流</td></tr>
<tr><td>第二课时</td><td>合作探究
情景关联</td><td>探究借景抒情、因景生情的艺术手法内涵及其差异，探析景物与“我”的特定情感关联</td></tr>
<tr><td>第三课时</td><td>微型写作
感悟共情</td><td>模仿所学名家采用的景物描写的技法，进行微作文写作，观察与名家技法及其表达效果上的异同，总结其中共同的审美旨趣</td></tr>
<tr><td>第四课时</td><td>文本对照
古为今用</td><td>探究《赤壁赋》和《登泰山记》写景、抒情、说理之间的内在关系，梳理作者情感脉络和人生态度，结合作者特定的人生际遇，探究其不同的表现手法及其效果，制作写景抒情散文评价量表</td></tr>
<tr><td>第五课时</td><td>撰写文学短评及其思路</td><td>撰写文学短评及其思路。根据要求学习文学短评及思路的写作技巧，能够根据题干写出内容、形式均符合高考实际要求的文学短评及短评思路</td></tr>
<tr><td>教学评价</td><td colspan="3">一、关于大概念生成理解的评价预设
1. 概念结论类大概念
（1）就写景抒情散文技法这一单元大概念本身及其统摄下的课时大概念在教与学的统整和规范上产生的实际效用进行综合评价。
（2）对学生借助散文的情、景、理关系来深入解读文章意蕴、赏析散文技法的活动进行适恰的评价。
2. 思想方法类大概念
就学生分析鉴赏时与作者建立时空共情关系的情况进行口头评价，对五篇课文的关联阅读与所反映的作者态度的深度整合等的达成情况进行检测评价。
3. 价值观念类大概念
在单元文章的鉴赏评价和单元三类作业的完成过程中，就学生对作品在观照与洞察人生世相及其展现民族审美心理等大概念的体悟情况进行评价。
二、关于单元素养目标达成的评价预设
1. 就学生把握散文写景、抒情、说理之间的内在关系等方面的具体表现进行激励、督促和指导性评价。
2. 就学生能够鉴赏多种艺术手法及散文语言的魅力，了解民族审美心理、审美特点和审美文化的具体情况进行优、良、中、一般的定性评价。
3. 就学生能够借鉴写景抒情散文的技法进行创作，提升对文学作品的共情能力，激发想象，形成高尚的审美情趣等情况进行鼓励性评价。</td></tr>
</table>

续表

<table>
<tr><td>教学评价</td><td colspan="7">4. 根据要求学习文学短评及思路的写作技巧，能够根据题干写出内容、形式均符合高考实际要求的文学短评及短评思路。
三、关于三类单元作业完成的评价预设
将单元基础性作业、综合性作业和实践性作业在各课时中进行量化设计，就学生对每一类题目的参与、完成情况进行量化评价</td></tr>
<tr><td rowspan="4">单元作业</td><td>作业类型</td><td>作业目标</td><td>作业内容</td><td>作业情境</td><td>概念结论</td><td>思想方法</td><td>价值观念</td></tr>
<tr><td>基础性作业</td><td>能掌握散文单元学习所获得的散文基本知识，能结合文本对相应的散文进行分析</td><td>能理解散文的各要素在具体文本中的作用与效果</td><td>结合散文本身营造的情境，深入具体情境中，感知各个要素所产生的作用效果</td><td>散文的特点及各要素作用</td><td>结合具体文本情境的概念分析</td><td>形散而神不散</td></tr>
<tr><td>综合性作业</td><td>能熟练运用本单元所学的散文知识，综合分析散文的独特性；能与其他文体进行分析比较，进而理解不同文体在表达和应用上的特点与优势，或者根据关键词撰写文学短评</td><td>综合运用所学知识技巧，综合分析一篇散文的特点。或者立足于散文文体特征，与其他文体（如实用类文本、小说）进行比较。
深入体会散文文体的独特性，或能撰写符合关键词要求的短评及短评思路</td><td>充分体会散文形散神聚的特点。通过与不同文体参照对比，深入感知散文文体特点或能在具体文本情境中抓住关键词展开评论</td><td>散文的文体特征。不同文体的特征比较。文学短评及短评思路的写作技巧</td><td>综合理解比较分析，筛选表达</td><td>欣赏评价</td></tr>
<tr><td>实践性作业</td><td>能利用所学知识技巧，结合时代特征与自身感悟，尝试创作一篇散文</td><td>仿照《荷塘月色》或者《端午的鸭蛋》，选取生活中的几个片段，某个人物，创作一篇抒发自己情感、体悟的散文</td><td>个人情感，生活感悟等真实情境的体验</td><td>散文创作</td><td>多种表达方式融合</td><td>散文创作观</td></tr>
<tr><td>反馈调整</td><td colspan="7">待单元教学完成之后，拟从单元教学设计、教学实施和作业设计三个方面进行反思总结，提出具体的优化措施</td></tr>
</table>

“心灵的自我疗愈：文本对照，汲古润今”
——“自然与情怀”第四课时学教案

陈　奥

一、教学分析设计

【内容分析】☞

统编高中语文教材必修上册第七单元是写景抒情散文单元，人文主题为“自然与情怀”，属于“文学阅读与写作”学习任务群。该任务群旨在引导学生阅读古今中外诗歌、散文、小说、剧本等不同体裁的优秀文学作品，使学生在感受形象、品味语言、体验感情的过程中提升文学欣赏能力，并尝试文学写作，撰写文学评论，借以提高审美鉴赏能力和表达交流能力。本单元主要引导学生研习写景抒情散文，体会和把握写景抒情散文的特点，提高阅读、理解写景抒情散文的能力，体会民族审美心理，提升文学欣赏品位，倾听山水自然里的生命回响，把握古代山水游记散文情景交融、情理结合的特点。

【课时大概念】☞

概念类别	简略化表达	特征化表达
核心大概念	文本对照 汲古润今	写景抒情散文在阅读理解与写作上的维度升格，需要在文本对照、汲古润今中探究此类文本基于民族审美心理的一般评价方法
概念结论类	情景交融	客观景物刻画与主观情感经验相结合的表现手法有利于丰富文学作品的抒情意蕴
	情理结合	将作家的主观思想感情和客观事物的内在规律相结合，理以导情，理在情中，有利于增加文学作品的抒情深度
	景理结合	客观景物刻画与客观事物内在规律相结合的表现手法有利于增强文学作品的说理生动性和趣味性
思想方法类	关联思维	学生能够将抒情、写景、说理相关联；能够将人生经历、社会现实与文本解读进行关联
	形象思维	加工处理形象信息的思维方式，它以生动、直观为主要特征，以想象、联想、整合为基本思维方法

续表

概念类别	简略化表达	特征化表达
价值观念类	自然主义文学观	在某一特定的时间与空间结构中借助自然的力量突围本然世界的矛盾以带给现世人慰藉和激发的文学观念
	民族审美心理	一个民族区别于其他民族的且相对稳定的审美趣味、审美能力、审美理想，体现为一种共同的独特心理结构，这种共同性常常以系统的整体功能呈现于民族成员的审美实践活动中

【资源条件】☞

资源名称	功　能
黑板	板书核心问题；板书学生解决问题时交流、分析、建构的要点；板书反思提升要点等
教材、学案、课外助读资料	提供核心问题教学各环节中自主阅读、探究与生成的支架与思维空间
电子白板	方便进行基于深度理解与表达的思维训练
PPT	出示具体的教学内容；提供全班交流时所需部分结果；出示评价反馈练习等内容

【学生基础】☞

阅读理解基础：高一这个阶段的学生，在初中小学阶段的课内外有大量的散文作品阅读体验。从这个层面看，学生已经有了较好的散文阅读积累，这为本单元散文内容的理解奠定了能够顺利而有效实施的基础，但是部分作品由于作家表达方式、语体风格、时代差异，也会带给学生阅读上的阻碍。

阅读鉴赏基础：散文鉴赏题是中学语文考查的重要题型，学生经过初中的学习具备一定的鉴赏知识基础，但在高中的阅读鉴赏中提出了更高的要求，学生只用初中的答题模式和认知模式去理解高中的散文阅读鉴赏，往往是隔靴搔痒，不得要领。这需要一方面深入领会作家对景物的独特洞察，将不同的作品有机整合，从散文的情味和意趣方面领略富有情味的景色和性灵的思想情感；另一方面需要了解散文如何运用多种艺术手法实现创作意图，自觉运用语文专业素养去品味散文语言和风格等方面的独特魅力。

写作表达基础：学生在初中小学阶段有一定的读后感的写作训练体验，而大量的写景类记叙文训练为学生进一步尝试散文创作打下坚实的基础。学生一方面可以用读书笔记或提要的形式对散文的写作技法进行鉴赏，获得写作启示；另一方面可以在课后动手写借景抒情的片段，或借鉴课文中隽永的语句加以品味后再仿写，并且尝试将其运用到自己的散文创作中去。

【目标分析】☞

参与阅读《赤壁赋》和《登泰山记》写景抒情散文活动，完整经历预习、粗读、细读、评价、写作的过程，由此把握散文写景、抒情、说理之间的内在关系（素养水平 2-3）。能够鉴赏多种艺术手法及散文语言的魅力，了解民族审美心理、审美特点和审美文化（素养水平 3-3），能够借鉴写景抒情散文的技法进行创作（素养水平 4-1），提升对文学作品的共情能力，激发想象，形成高尚的审美情趣（素养水平 4-3）。

【主题分析】☞

核心问题：从“赤壁水月”和“岱宗山日”探究中国文人的“山水”式自救。

核心任务：探究《赤壁赋》和《登泰山记》写景、抒情、说理之间的内在关系，梳理作者情感脉络和人生态度，提炼苏轼、姚鼐二人从山水中汲取力量、完成心灵自救的智慧，并探究其表现手法和效果。

【评价预设】☞

（1）“提出问题”环节。由学生对比阅读导入，引起学生注意，再展示核心任务，学生更能体会到情、景、理交融的特点，理解本节课的必要性、重要性，这样才更有利于探讨的顺利开展。

（2）“解决问题”环节。在找出巧合时，有些学生对文本理解不够准确，分析心灵的自救时，具体过程不能明晰化，需在探讨交流过程中不断加以指导；表述观点时，教师要在学生发言后加以引导，对学生理解和表达准确程度等进行适度评价。

（3）“反思提升”环节。在梳理作者情感脉络和人生态度，学生思考可能理解不够准确，不能形成苏轼、姚鼐二人从山水中汲取力量、完成心灵自救的智慧的提炼归纳，教师要结合课例予以引导规范。在总结启示时，学生思考可能不够深入，老师要表扬他们所做的努力和形成的方向，同时结合课例给予适度引导，促进学生拓宽思维空间。

（4）“运用反馈”环节，学生鉴赏、展示的时间要留够，学生点评时可能存在角度不恰当情况，教师要及时指导纠正。

二、教学实施设计

【教学环节】☞

教学环节	学生活动	教师活动	设计意图	技术融合
提出问题	初步比较两篇课文的共性，提炼关键词	引导学生比较两篇课文的共同特征，提出核心问题：从“赤壁水月”和“岱宗山日”探究中国文人的“山水”式自救。 必修（上册）第七单元是自然情怀散文单元，向作家们学习欣赏自然，从自然中汲取力量，可对自己进行心灵疗愈。今天，我们就向苏轼和姚鼐学习，二人在历经人生大困境大变故之后，能主动亲近山水，从赤壁的“水与月”、泰山的“山与日”中汲取智慧和力量	激发学习兴趣，明确学习任务，引起学习注意	电子白板出示比较阅读故事，出示核心问题

续表

教学环节	学生活动	教师活动	设计意图	技术融合
解决问题	任务一：探究赤壁的“水月”如何疗愈了苏轼？ 问题一：“乐”与水月有关吗？ 问题二：“悲”与水月有关吗？ 问题三：“喜”与水月有关吗？ 总结：“水月”自救的实质和疗效。 任务二：探究岱宗的“山日”如何疗愈了姚鼐？ 问题一：姚鼐的困境是什么？ 问题二：什么样的泰山给予了姚鼐怎样的力量？ 总结：“山日”自救的实质和疗效	1. 引导学生细读课文，探究写景、抒情、说理的关联。 2. 明确： 苏轼：“问汝平生功业，黄州惠州儋州”，苏轼给出了这样的回答。他重新定义了“功业”二字，高度评价了人生“三起三落”中的“三落”。如他诗词所描述的，他被贬惠州爱惠州：“日啖荔枝三百颗，不辞长作岭南人。”他被贬儋州爱儋州：“九死南荒吾不恨，兹游奇绝冠平生。”他为官一任，造福一方：兴修水利，造福百姓；肃贪倡廉，整顿官场；兴办教育，引领后学……这样的苏轼又何尝不是建功立业呢！ 姚鼐：姚鼐这次登泰山是一次带着情绪的登山，但《登泰山记》一文的情感是含而不露的。与一般的登山临水游记相比，该文更侧重客观写景，姚鼐将情感与思考隐藏在一个“登”字之中。明明行路极为艰难，用笔却极为俭省；明明辞官不悦、乘雪访友、除夕登山……如此复杂的登山背景，全文448字却几乎读不出作者内心的波澜，笔调极其冷峻理性。 3. 引导学生发言，并及时板书学生发言要点	1. 通过细读文本，体验文章抒情、说理、写景巧妙融合的艺术特色。 2. 通过探讨，从“赤壁水月”和“岱宗山日”提炼中国文人的“山水”式自救历程	电子白板出示任务和问题，板书学生研讨发言
反思提升	对比“水月”自救和“山日”自救的共性和个性 共性：1. 山水是中国文人心灵自救的主动选择。 2. 山水是中国青年汲取力量的“无尽藏也”。 个性：1. 仁者乐山，智者乐水。《赤壁赋》的哲学智慧与《登泰山记》的持重风骨。 2. 宋代文人的厚重与桐城派的雅洁		文本对照，在养心与作文上汲古润今	板书要点
评价反馈	探究2023年成都一诊诗歌鉴赏《送黄若虚下第归湖南》颈联“长淮白浪摇春枕，故国青山接夜航”中山水的情感指向	引导学生发言 组织学生讨论交流	指向应试，理论落地	电子白板出示学生习作

【板书设计】☞

心灵的自我疗愈：文本对照，汲古润今

核心问题：从“赤壁水月”和“岱宗山日”探究中国文人的“山水”式自救。

苏轼的困境： 姚鼐的困境： 共性： 1. 山水是中国文人心灵自救的主动选择 2. 山水是中国青年汲取力量的“无尽藏也” 个性： 1. 仁者乐山，智者乐水。《赤壁赋》的哲学智慧与《登泰山记》的持重风骨 2. 宋代文人的厚重与桐城派的雅洁。

【课后服务】☞

课时作业的结构化设计：

作业序号	作业目标	作业情境		概念结论		思想方法		价值观念		整体评估	
		内容	水平	内容	水平	内容	水平	内容	水平	内容	水平
1	本题检测学生对诗歌的综合理解、赏析能力以及鉴赏诗歌炼句的能力	诗词鉴赏学习探索情境	中等	情景交融	审美鉴赏与创造 3	关联思维	思维发展与提升 2	心灵的自我疗愈	文化传承与理解 2	基础性作业	学业质量水平 3-3
2	本题检测学生对本课大概念的深度理解、灵活运用以及批判性思维能力	共情文学作品的学习探索情境	较复杂	情景理结合	审美鉴赏与创造 4	关联思维	思维发展与提升 4	民族审美心理	文化传承与理解 3	综合性作业	学业质量水平 2-4
3	本题检测学生借鉴写景抒情散文的技法进行创作的能力	借助文学想象和理性认知完成创作的生活实践情境	较复杂	情景理结合	审美鉴赏与创造 4	形象思维关联思维	思维发展与提升 4	心灵的自我疗愈	文化传承与理解 3	实践性作业	学业质量水平 1-4
课时作业总体评估	本节课在评价反馈环节设计了基础性、综合性和实践性三类作业。其中基础性作业是课上评价翻译作业的延伸和迁移，选择的是 2023 年成都一诊诗歌鉴赏《送黄若虚下第归湖南》，以检测学生运用课时大概念进行文学性文本鉴赏和迁移能力；综合性作业为课堂结论的相反方向，提供给学生酝酿批判性思维的培育支架，以检测学生课堂学习活动中生成的思想方法、价值观念特别是深刻领悟民族文化心理的迁移运用能力；实践性作业是“给身边遇到挫折还没有走出来的亲人或朋友（或自己）写一段话”，检测学生运用情景理结合的方法进行主题实用短文写作的实践能力，以促进学生对以文学进行心理疗愈的深度认知。本节课三类作业设计基本遵循了由感性到理性、由语句到篇章、由赏析到创作的知识能力内化规律，具有明显的结构化表征，应该能较好地检测学生语言理解和品鉴能力的达成实情，并能进一步促进学生对情景理结合的文学思维和山水之美的认知										

（具体的作业内容略）

【教学流程】☞

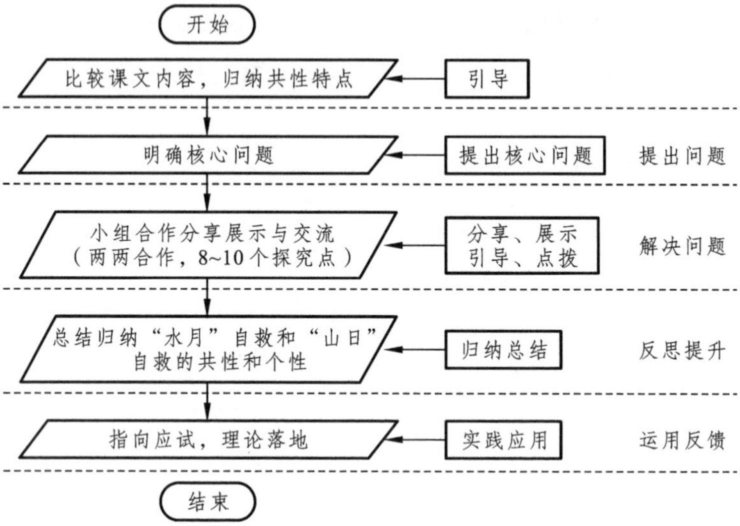

三、教学评价设计

【评价实施】☞

（1）课堂教学四个环节的推进过程中，一方面主要立足课前依据学情和学习内容拟定的“评价预设”，就学生在各学习环节中参与相应的文本赏析活动的表现情况进行引导性评价，以促使学生学习体验行为更加有效；另一方面又注重捕捉学生在各学习活动中的临时生成性表现，进行针对性评价以鼓励或纠偏，从而较好地保障了学生学习体验的有序和高效。

（2）为检测学生课堂对自然山水的文学意义学习体验的实际效果，在“评价反馈”环节结合课堂学习内容设计了基础性、综合性和实践性三类有梯度的课时作业（评价工具），然后对学生的完成情况进行了等级评价和赋分评价，并依据这两类评价数据来分析判断学生本节课的学习体验实效，力求达成以评促学的评价目的。

【信息搜集】☞

为真实完整地了解本节课素养目标的达成情况，在“评价反馈”环节布置了三个具有明显梯度的检测题目，课后第一时间收起了全班学生在课内完成的“综合性作业”，并进行了完成质量等级评价和详细统计分析。

【反馈调整】☞

根据核心问题课堂教学实施的四个环节的具体情况来看，这节课总体上是较为理想地达成了预期素养目标。但在课上评价反馈的学习活动中，学生对试题的分析还不够到位，说明课堂上学生的体验不够聚焦，赏析理解过于宽泛，甚至有漫无边际之感。课后反思后发现，主要原因是大概念一定要落实到语文知识的小概念上，很多学生对文本的理解到位了，就是差一点“最后一公里”的术语表达和赏析结构，即没有给学生一个具体的操作范式。所以在课堂学习活动的设计中务求做到概念落地，结论具体，为学生的学习行为搭桥递梯，以确保有助于高效促进学生进行深度的学习体验。

大概念核心问题教学文化评价表

课时名称：心灵的自我疗愈：文本对照，汲古润今。

所属单元：统编高中语文教材必修（上）第七单元。

单元大概念：自然情怀的文学呈现：情、景、理交融的表现手法，通过恰当的关联和想象，展现民族审美心理共性下心灵自我疗愈的历程和图景。

单元核心问题：欣赏古今借景抒情的名篇，探究散文写景、抒情、说理之间的内在关系，品味多种艺术手法及散文语言的魅力，探析民族审美心理、审美特点和审美文化，以朗诵形式表达阅读感受，撰写阅读短评，借鉴课文技法进行创作、互相品评，并编辑成册。

课时大概念：文本对照汲古润今。

课时核心问题：从“赤壁水月”和“岱宗山日”探究中国文人的“山水”式自救。

<table>
<tr><th rowspan="2">评价目标</th><th colspan="3">评价指标</th><th rowspan="2" colspan="2">评价
方法结果</th></tr>
<tr><th>一级指标</th><th>二级指标</th><th>三级指标</th></tr>
<tr><td rowspan="24">实现活动体验中的学习与素养发展</td><td rowspan="12">具有大概念核心问题教学形态</td><td rowspan="3">核心问题利于活动体验</td><td>内含学科问题和学生活动方式</td><td>8</td><td rowspan="12">每项指标最高评8分（满分为96分）

合计 93 分</td></tr>
<tr><td>问题情境与真实生活密切相关</td><td>8</td></tr>
<tr><td>能引发大概念、新知新法生成</td><td>8</td></tr>
<tr><td rowspan="3">教学目标价值引导恰当</td><td>两类目标正确全面</td><td>8</td></tr>
<tr><td>关联体验目标恰当</td><td>7</td></tr>
<tr><td>目标价值引导显现</td><td>8</td></tr>
<tr><td rowspan="3">教学环节完整合理落实</td><td>教学环节清晰完整</td><td>8</td></tr>
<tr><td>环节内容合理充实</td><td>7</td></tr>
<tr><td>学生活动时间充分</td><td>7</td></tr>
<tr><td rowspan="3">教学要素相互匹配促进</td><td>问题目标环节两两匹配</td><td>8</td></tr>
<tr><td>技术促进活动形式内容</td><td>8</td></tr>
<tr><td>素养导向突出氛围浓郁</td><td>8</td></tr>
<tr><td rowspan="12">具有大概念核心问题教学特质</td><td rowspan="4">拓展学习视野</td><td>课堂与现实世界有恰当关联</td><td rowspan="12" colspan="2">选择一个表现突出的二级指标，在相应三级指标引导下，以现场学生表现为主要依据，以其余指标为背景，于本表的第二页写出150字以上的简要评价</td></tr>
<tr><td>有基于缄默知识的问题解决</td></tr>
<tr><td>有缄默知识运用的追踪剖析</td></tr>
<tr><td>知识运用剖析导向素养发展</td></tr>
<tr><td rowspan="4">投入实践活动</td><td>有真实而且完整的实践活动</td></tr>
<tr><td>实践活动深度融入两类情境</td></tr>
<tr><td>能够全身心地浸渍于活动中</td></tr>
<tr><td>活动的内容结果均丰富深入</td></tr>
<tr><td rowspan="4">感受意义关联</td><td>有核心问题的深层意义感受</td></tr>
<tr><td>有以知识为中心的关联感受</td></tr>
<tr><td>有以个人为中心的关联感受</td></tr>
<tr><td>有对三类大概念的关联感受</td></tr>
</table>

续表

<table>
<tr><td rowspan="2">评价目标</td><td colspan="3">评价指标</td><td rowspan="2">评价
方法结果</td></tr>
<tr><td>一级指标</td><td>二级指标</td><td>三级指标</td></tr>
<tr><td rowspan="11">实现活动体验中的学习与素养发展</td><td rowspan="11">具有大概念核心问题教学特质</td><td rowspan="4">自觉反思体验</td><td>有实质性反思活动的开展</td><td rowspan="11"></td></tr>
<tr><td>有课堂新因素的追踪利用</td></tr>
<tr><td>有体验的交流与改善重构</td></tr>
<tr><td>有概念生成中的素养发展</td></tr>
<tr><td rowspan="4">乐于对话分享</td><td>乐于自我的表达与认真的倾听</td></tr>
<tr><td>乐于合作中成果与思路的分享</td></tr>
<tr><td>乐于成果交流中深层意义分享</td></tr>
<tr><td>有宽容的对话氛围和双向交流</td></tr>
<tr><td rowspan="3">认同素养评价</td><td>认可素养评价</td></tr>
<tr><td>参与素养评价</td></tr>
<tr><td>利用素养评价</td></tr>
<tr><td colspan="5">大概念核心问题教学特质的简要评价（包括发展性建议）：
我选择“拓展学习视野”进行评价。苏轼“乐水”，从赤壁“水月”之中寻找到了一条儒与道互助共生的疗愈自救之路，就像动态的太极图一般，正所谓“知者动”，他成功实现了儒与道的动态平衡、人与自然社会的动态平衡；姚鼐“乐山”，从岱宗“山日”之中获得了“弘毅守志”的力量，在儒家以做官为主流的道路旁选择了一条鲜有人走的路，正所谓“仁者静”，他选择坚守在太极儒家这一侧那个小小的圆点之上，“任凭日月星辰流转，我自岿然不动”。于是，苏轼“乐”，是因为他的旷达乐观、“利万物而不争”；姚鼐“寿”，是因为他的弘毅守志、“稳如泰山”。通过上述分析，建立了课堂与现实世界的恰当关联，引导学生向苏、姚二人学习从山水中汲取力量的智慧，并意识到这并不意味着一定要去游览名山大川，就如同郁达夫可以坐在小院中感受故都的秋味、朱自清在家门口欣赏荷塘月色、史铁生到离家很近的地坛去思考人生，我们到校园里小小的风景……这样一步步引导学生领悟到，苏、姚二人的自救不是学习的终点，每个人学会解决自身的心灵困惑才是学习的目的</td></tr>
</table>

大概念核心问题教学素养目标点检测表

课时名称	心灵的自救：文本对照，汲古润今
所属单元	统编高中语文教材必修（上）第七单元
单元大概念	自然情怀的文学呈现：情、景、理交融的表现手法，通过恰当的关联和想象，展现民族审美心理共性下心灵自我疗愈的历程和图景
单元核心问题	欣赏古今借景抒情的名篇，探究散文写景、抒情、说理之间的内在关系，品味多种艺术手法及散文语言的魅力，探析民族审美心理、审美特点和审美文化，以朗诵形式表达阅读感受，撰写阅读短评，借鉴课文技法进行创作、互相品评，并编辑成册
课时大概念	文本对照汲古润今
课时核心问题	从“赤壁水月”和“岱宗山日”探究中国文人的“山水”式自救
课时素养目标	参与阅读《赤壁赋》和《登泰山记》写景抒情散文活动，完整经历预习、粗读、细读、评价、写作的过程，由此把握散文写景、抒情、说理之间的内在关系（素养水平 2-3）。能够鉴赏多种艺术手法及散文语言的魅力，了解民族审美心理、审美特点和审美文化（素养水平 3-3），能够借鉴写景抒情散文的技法进行创作（素养水平 4-1），提升对文学作品的共情能力，激发想象，形成高尚的审美情趣（素养水平 4-3）

续表

<table>
<tr><td>检测点</td><td colspan="3">通过课后留置作业的完成情况判断学生是否体验到散文写景、抒情、说理之间的关联</td></tr>
<tr><td>检测工具
（检测题）</td><td colspan="3">你是否认为苏东坡和姚鼐借助山水彻底实现了人生突围和心灵自救？请在文本中找出相关依据，写一段话证明你的观点</td></tr>
<tr><td rowspan="4">分类标准</td><td colspan="3">A. 答案要点全面，条理清楚，层次清晰，表达具有依据性、逻辑性、艺术美</td></tr>
<tr><td colspan="3">B. 答案要点较全面，条理清楚，层次清晰，表达具有一定的依据性、逻辑性、艺术美</td></tr>
<tr><td colspan="3">C. 答案要点较全面，条理较清楚，层次较清晰，能够基本结合文本内容分析</td></tr>
<tr><td colspan="3">D. 答案要点不够全面，条理不够清楚，层次不够清晰，不能结合文本进行分析</td></tr>
<tr><td rowspan="5">检测统计</td><td>分类等级</td><td>学生人数</td><td>百分比（%）</td></tr>
<tr><td>A</td><td>5</td><td>12.5</td></tr>
<tr><td>B</td><td>10</td><td>25</td></tr>
<tr><td>C</td><td>10</td><td>25</td></tr>
<tr><td>D</td><td>15</td><td>37.5</td></tr>
<tr><td>检测分析
结果运用</td><td colspan="3">从整个课堂来说，学生活动时间充分，每个同学都能积极参与到梳理课文、鉴赏文本、分析创作意图、交流表达中来。设置的问题难度层层递进，由于解决问题的脚手架搭建得比较好，学生都能积极主动地在文本中去筛选、整合信息，积极组织语言，概括得出结论，总结反思所得，充分体现了学生确实是融入了整个课堂，充分调动了缄默知识，获得了深度体验</td></tr>
<tr><td>素养目标达成
典型实例</td><td colspan="3">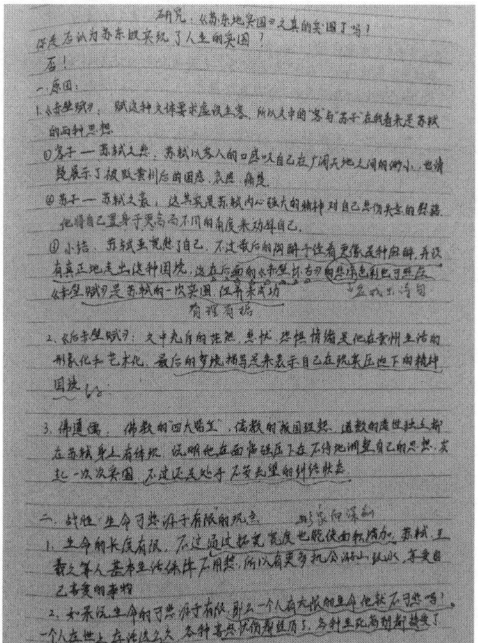</td></tr>
<tr><td>检测反馈</td><td colspan="3">62.5%的同学能比较规范地从“赤壁水月”和“岱宗山日”探究中国文人的“山水”式自救。鉴赏层次清晰，表达依据性、逻辑性、艺术美较强，得分率较高。甚至其中有 12.5%的同学要点全面，条理清楚，层次清晰，表达具有依据性、逻辑性、艺术美。但是仍然有 37.5%的同学在要点全面性、结合文本分析、表达的层次性逻辑性上存在问题，需要进一步练习提高</td></tr>
</table>

如何写文学短评思路
——第七单元（散文单元）第五课时学教案

李　磊

一、教学分析设计

【内容分析】

学科素养依据:《普通高中语文课程标准》(2017 年版 2020 年修订)创造性地提出了 18 个“学习任务群”的语文教学新理念。其中第五个学习任务群“文学阅读与写作”明确指出“本任务群旨在引导学生阅读古今中外诗歌、散文、小说、剧本等不同体裁的优秀文学作品，……并尝试文学写作，撰写文学评论，借以提高审美鉴赏能力和表达交流能力”;在“学习目标与内容”中指出“根据需要，可选用杂感、随笔、评论、研究论文等方式，写出自己的阅读感受和见解，与他人分享，积累、丰富、提升文学鉴赏经验。”

学科教材依据：统编高中语文必修（上）第七单元即属于“文学阅读与写作”的范围，本单元所选的 5 篇课文均属于不同时代散文的代表，考生可以据此理解认识文学作品，尤其是散文的基本特征。

在此基础上，我考虑结合必修（上）第三单元“学写文学短评”的专题以及高考对文学短评思路的考查，开展文学短评以及短评思路的写作教学。这既能充分利用两个单元的课文，也与《普通高中语文课程标准》中“尝试文学写作，撰写文学评论，借以提高审美鉴赏能力和表达交流能力”的要求相符合。

【课时大概念】☞

概念类别	简略化表达	特征化表达
核心大概念	撰写文学短评及其思路	依据必修（上）第七单元中各篇散文特征以及必修（上）第三单元“学写文学短评”专题，为写作文学短评确定课文依托与理论依据，进而归纳出相应写作技巧
概念结论类	文学短评的思路	文学短评是用简要的文字把自己对文学作品的理解、分析和评价用叙议结合的文字表达出来。有利于梳理、积累个人的阅读经验，领悟创作、鉴赏的规律，提高文学审美能力
思想方法类	分析探究，逻辑归纳，语言表达	根据关键词分析探究文本独特之处，从“小”处切入，运用叙议结合的方式，在适当复述、介绍或者引用作品内容的基础上，展开分析和评论
价值观念类	文本的思想态度价值观	审美鉴赏与文学艺术价值感悟

【资源条件】☞

资源名称	功　能
黑　板	板书课时核心问题；板书学生梳理归纳的认知要点等
教材、学案及朗读音频	提供课时核心问题教学四个环节中学生进行文学短评思路写作所需的必要资料与辅助
自制 PPT	出示课时核心问题和四个环节的内容要求及相关知识要点

【学生基础】☞

高三学生对文体知识已经比较熟悉，且已经进行了文学短评的相应写作训练，完成了诗歌、现代散文的文学短评写作练习，具备了将文学短评提升整合为文学短评思路的基本知识储备与能力训练。

【目标分析】☞

学生参与到文学短评及思路写作活动中，首先需要熟悉相应的散文并在此基础上根据题干要求构思短评结构（思维发展与提升 4-2），随后进行短评的相应撰写（语言建构与运用 1-2）。再依据短评写作经验，提升短评以及短评思路写作技巧，最终形成写作的基本规范并能由此写作新的短评与短评思路（审美鉴赏与创造 4-3）。在撰写的作品中体现出对散文的艺术评述与审美认识（审美鉴赏与创造 3-3）。

【主题分析】☞

第一，高二学生已经在必修（上）第三单元学习过文学短评的写作。第二，基于高考实际要求，现代文阅读试题要求考生进行文学短评思路的写作。第三，虽然只有两个字的区别，但实际文体要求不同，写作要求相异，需要进行专门的写作练习，实现由短评到短评思路的提升整合。

基于上述分析，本课时的核心问题拟定为：整合文学短评思路的写作规律，尝试围绕题干关键词写出规范的短评思路。

【评价预设】☞

（1）提出问题环节：就已经写作的文学短评进行简评，提出由短评到短评思路的核心问题。

（2）解决问题环节：根据已经写作的文学短评与参考短评思路进行比较，寻找梳理二者的异同，为提升整合做好准备。

（3）反思提升环节：根据上个环节的交流、小结，师生共同归纳出短评思路写作的规律要点。

（4）评价反馈环节：学生借助反思提升的规律，完成《给儿子》（2023 年新课标 I 卷）中相应的短评思路练习，促进学生深度体验和理解。

二、教学实施设计

【教学环节】☞

教学环节	学生活动	教师活动	设计意图	技术融合
提出问题	交流课前书面完成的短评学案，形成感性认识，明确本节课所需完成的核心任务	1. 由学生课前学案引入本节课学习内容。 2. 提出核心问题：整合文学短评思路的写作规律，尝试围绕题干关键词写出规范的短评思路	以课前学案的交流与简评营造情境，引发学生的学习积极性，明确本节课核心任务	PPT 出示学案示例和课时核心问题
解决问题	学生比较文学短评与短评思路的异同，同步进行归纳小结	教师板书学生的发言重点，实时提示学生从多角度进行比较、归纳	师生共同完成寻找异同、组织整合的过程	教师结合学生发言进行板书
反思提升 1	在教师引导下，对刚刚的发言进行整合提升	教师引导学生将板书的内容整合提升为便于记忆、运用的写作要点	在反思提升中形成便于记忆与运用的规律要点	板书与 PPT 结合，实现系统化
评价反馈	1. 学生完成要求的短评思路写作。 2. 利用实物投影交流修正	1. 要求学生独立完成《给儿子》（2023 年新课标 I 卷）中相应的短评思路练习。 2. 就学生完成的写作进行交流点评。 3. 教师适当总结	检测课时目标达成情况，强化学生短评思路的写作能力	PPT 出示评价反馈检测题和评价标准

【板书设计】☞

如何写文学短评思路

核心问题：整合文学短评思路的写作规律，尝试围绕题干关键词写出规范的短评思路。

文学短评

1. 文学短评必须围绕题干关键词展开，要结合文本对关键词的内涵进行诠释，可以从主旨情感、技巧手法或者语言特点等角度进行分析。

2. 诠释过程中，要注意体现分组中关键词之间的逻辑关联，还可以将两组关联词的内涵相互关联与印证。

3. 叙、评、析相结合，在评、析中注意适当使用专业术语。

……

文学短评思路

1. 短评思路是短评的提炼整合，本质上要体现短评的各个要素。（重要前提）

2. 记叙更加简要，一般不引用，不涉及具体情节内容（人名、地名可以使用）。评、析部分务必表达出自己的理解思考，体现出由感性到理性的深入。

3. 字数一般控制在 100 字左右。

4. 形式上分点回答，层次明确。

（根据课堂实际生成，再结合 PPT 进行整理）

【课后服务】☞

课时作业的结构化设计：

作业序号	作业目标	作业情境		概念结论		思想方法		价值观念		整体评估	
		内容	水平	内容	水平	内容	水平	内容	水平	内容	水平
1	检测学生根据关键词写作文学短评的能力	完成《给儿子》中文学短评的写作	中等	文学短评写作	语文知识结构化水平 3-1 3-2 4-2	筛选整合与表达	发展逻辑思维与语言表达	文本中的思想价值观	审美鉴赏与文学艺术价值感悟	基础性作业	学业质量水平 3-3 3-4
2	检测学生根据规律，将短评提升整合为短评思路的能力	学生根据规律，将《给儿子》的文学短评提升整合为短评思路	较复杂	文学短评特征，文学短评思路特征	鉴赏与创造水平 1-2 2-2 5-2	关联感知，逻辑归纳	思维发展与提升	审美感悟，逻辑化表述	审美鉴赏与文学艺术价值感悟能力	综合性作业	学业质量水平 1-2 2-3
3	检测学生结合新的实际阅读情境，比较分析、归纳整合、逻辑展示的能力	学生阅读新的文学作品，根据关键词撰写短评思路	复杂	文学短评思路写作	鉴赏与创造水平 4-2 4-3 5-3	归纳综合表达	思维发展与提升	整合并有条理地表达	审美鉴赏与文学艺术价值感悟	实践性作业	学业质量水平 5-2 5-3
课时作业总体评估	本节课三个层次的作业能覆盖不同水平的学生，基础性作业适合所有学生完成，能达成认识文学短评写作的基本要求，能帮助学生提升实际的高考解题能力，是本节课的基本目标所在。在此基础上，关联感知文学短评思路的特点并借助实际练习进一步落实，属于中等层次的作业，大多数学生都能够实现关联理解并在作业中体现出来。而实践性作业需要学生将本节课上总结归纳的规律运用到新的实际阅读情境中，再真正解决实际问题。 根据以上分析与课后统计，三个层次的作业基本实际有效，能帮助学生实现本节课的学习目标，实现知识结构的完善、学科能力的提升										

（具体的作业内容略）

【教学流程】☞

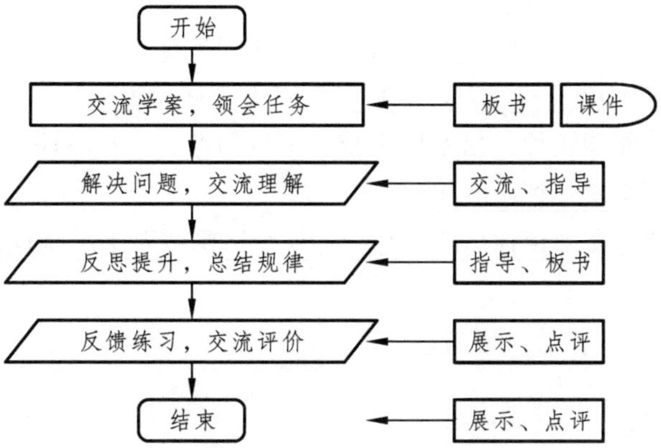

三、教学评价设计

【评价实施】☞

（1）课堂教学设施过程中，学生依据核心问题教学的四个环节进行了深入学习。各个环节落实较为顺利，从整体上看，较好地促进了学生学习体验的深度推进，实现了预设的各个教学目标。

（2）为检测学生深入学习的实际效果，在“评价反馈”环节设计了基础性、综合性和实践性三个由易到难的课时作业（评价工具），然后在全体学生完成的基础上进行批改与数据分析，检验学生的课堂学习实效，确保了学习与教学的有效实施。

【信息搜集】☞

课后批改了全班学生在课内完成的“综合性作业”，再对此进行数据分析。

从完成内容和短评形式两个维度进行了质量等级评价和详细统计分析。

【反馈调整】☞

从课堂教学中四个环节的实施情况来看，本节课较好地达成了预期教学目标。在作业设置方面考虑是否需要调整增强综合性作业难度。因为本节课的综合性作业——将 2023 年新课标 I 卷《给儿子》的文学短评提升整合为短评思路属于在已经写作短评的基础上提升整合，并不是直接进行新的短评思路写作。在课后反思时，也有老师指出，如果要提升难度，增强学生的实际写作水平，强化本节课的指导价值，可以考虑让学生阅读新的文学作品，根据关键词撰写新的短评思路，这样就将实践性作业融入综合性作业中。

大概念核心问题教学文化评价表

课时名称：如何撰写文学短评思路。

所属单元：统编高中语文必修（上）第七单元、统编高中语文必修（上）第三单元。

单元核心大概念：自然情怀的文学呈现。

单元核心问题：欣赏不同时期的散文名篇，探究散文写景、抒情、说理之间的内在关系，品味多种艺术手法及散文语言的魅力，探析民族审美心理、审美特点和审美文化，以朗诵形式表达阅读感受，撰写阅读短评，借鉴课文技法进行创作、互相品评，并编辑成册。

课时大概念：撰写文学短评及其思路。

课时核心问题：整合文学短评思路写作规律，尝试围绕题干关键词写出规范的短评思路。

评价目标	评价指标			评价	
	一级指标	二级指标	三级指标	方法结果	
实现活动体验中的学习与素养发展	具有大概念核心问题教学形态	核心问题利于活动体验	内含客观问题和学生活动方式	8	每项指标最高评 8 分（满分为 96 分）
			问题情境与真实生活密切相关	8	
			能引发大概念、新知新法生成	7	
		教学目标价值引导恰当	目标构成全面准确	8	
			内含关联体验目标	8	
			目标价值引导显现	8	
		教学环节完整合理落实	课程教学环节完整	8	
			环节内容合理充实	8	
			学生活动时间充分	8	
		教学要素相互匹配促进	问题目标环节两两匹配	8	
			技术促进活动形式内容	7	
			课程特色突出氛围浓郁	7	合计 <u>93</u> 分
	具有大概念核心问题教学特质	拓展学习视野	课堂与现实世界有恰当关联	选择一个表现突出的二级指标，在相应三级指标引导下，以现场学生表现为主要依据，以其余指标为背景，于本表的第二页写出 150 字以上的简要评价	
			有基于缄默知识的问题解决		
			有缄默知识运用的追踪剖析		
			知识运用剖析导向素养发展		
		投入实践活动	有真实而且完整的实践活动		
			实践活动深度融入两类情境		
			能够全身心地浸渍于活动中		
			活动的内容结果均丰富深入		
		感受意义关联	有核心问题的深层意义感受		
			有以知识为中心的关联感受		
			有以个人为中心的关联感受		
			有对三类大概念的关联感受		
		自觉反思体验	有实质性反思活动的开展		
			有课堂新因素的追踪利用		
			有体验的交流与改善重构		
			有概念生成中的素养发展		
		乐于对话分享	乐于自我的表达与认真的倾听		
			乐于合作中成果与思路的分享		
			乐于成果交流中深层意义分享		
			有宽容的对话氛围和双向交流		
		认同素养评价	认可素养评价		
			参与素养评价		
			利用素养评价		

续表

大概念核心问题教学特质的简要评价（包括发展性建议）： 本节课在大概念核心问题教学中实现了“乐于对话分享”之“乐于成果交流中深层意义分享”这个指标。在学生完成了《给儿子》短评思路写作之后，通过实物展示，将自己的习作与同学们交流探讨。在交流过程中，同学们围绕反思提升的要点，对展示作品进行了评价，围绕关键词之间的逻辑关联，叙、评、析相结合的表达方式，行文结构等角度进行了深层次的交流、互动。既肯定了习作的优点，也指出了其中的不足与调整方法，较好地实现了“乐于成果交流中深层意义分享”这个指标

大概念核心问题教学素养目标点检测表

<table>
<tr><td>课时名称</td><td colspan="3">如何撰写文学短评思路</td></tr>
<tr><td>所属单元</td><td colspan="3">统编高中语文必修（上）第七单元
统编高中语文必修（上）第三单元</td></tr>
<tr><td rowspan="3">单元大概念</td><td>核心大概念</td><td colspan="2">自然情怀的文学呈现</td></tr>
<tr><td>概念结论类</td><td>思想方法类</td><td>价值观念类</td></tr>
<tr><td>情景交融、情理结合、景理结合</td><td>关联思维、形象思维</td><td>民族审美心理</td></tr>
<tr><td>单元核心问题</td><td colspan="3">欣赏不同时期的散文名篇，探究散文写景、抒情、说理之间的内在关系，品味多种艺术手法及散文语言的魅力，探析民族审美心理、审美特点和审美文化，以朗诵形式表达阅读感受，撰写阅读短评，借鉴课文技法进行创作、互相品评，并编辑成册</td></tr>
<tr><td rowspan="2">课时大概念</td><td>概念结论类</td><td>思想方法类</td><td>价值观念类</td></tr>
<tr><td>撰写文学短评及其思路</td><td>关联感知，逻辑归纳</td><td>审美感悟，逻辑化表述</td></tr>
<tr><td>课时核心问题</td><td colspan="3">整合文学短评思路写作规律，尝试围绕题干关键词写出规范的短评思路</td></tr>
<tr><td>课时素养目标</td><td colspan="3">学生参与到文学短评及思路写作活动中，首先需要熟悉相应的散文并在此基础上根据题干要求构思短评结构（思维发展与提升 4-2），随后进行短评的相应撰写（语言建构与运用 1-2）。再依据短评写作经验，提升短评以及短评思路写作技巧，最终形成写作的基本规范并能由此写作新的短评与短评思路（审美鉴赏与创造 4-3）。在撰写的作品中体现出对散文的艺术评述与审美认识（审美鉴赏与创造 3-3）</td></tr>
<tr><td>检测点</td><td colspan="3">写作新的短评与短评思路（审美鉴赏与创造 4-3）</td></tr>
<tr><td>检测任务</td><td colspan="3">阅读 2023 年新课标Ⅰ卷《给儿子》完成试题：
读书小组要为此文写一则文学短评。经讨论，甲组提出一组关键词：未来·回忆·成长；乙组提出一个关键词：河流。请任选一个小组加入，围绕关键词写出你的短评思路。
将短评整合提升为短评思路</td></tr>
<tr><td rowspan="3">分类标准</td><td colspan="3">A. 严格符合短评的各个要素（前提），记叙文字比短评更加简要，能抓住关键词体现由感性到理性的深入，分点回答，层次明确，100 字左右</td></tr>
<tr><td colspan="3">B. 符合短评的各个要素（前提），记叙文字比短评更加简要，能借助关键词表达理性认识，分点回答，层次明确，100 字左右</td></tr>
<tr><td colspan="3">C. 能体现短评的特点，记叙文字简要，能表达理性认识，分点回答，100 字左右</td></tr>
<tr><td rowspan="4">检测统计</td><td>分类等级</td><td>学生人数</td><td>百分比（%）</td></tr>
<tr><td>A</td><td>27</td><td>57.4</td></tr>
<tr><td>B</td><td>15</td><td>31.9</td></tr>
<tr><td>C</td><td>5</td><td>10</td></tr>
</table>

续表

检测分析及结果运用	从上面监测统计数据可以明显看出，本节课基本达成了单元及课时素养目标。因为检测点设置在综合性作业，学生课前已经进行了本文文学短评的写作，熟悉文章且有写作基础，因此反思提升后的反馈作业完成得较好。全班 47 名学生，有 42 人能较好完成练习，表现出对短评以及短评思路的深入理解，且能落实到语言表达上。剩下的 5 名同学，对散文文体知识的把握尚有缺失，不仅仅是本节课目标达成的问题，还需要逐步完善语文知识的积累与提高语言表达能力
素养目标达成典型实例	1. 河流是贯穿全文的主要意象。2. 河流作为父亲想象儿子行踪的载体，表达了对儿子的期许。3. 父亲将追忆与展望凝结在河流中，打破了时间空间的束缚，富有张力。4. 河流串联了回忆与未来，承载父亲的情感，象征着传承与延续，深化了主旨。（108 字） 评价：这个回答，较好地运用了反思提升得出的基本规律，符合短评所需的基本要求。在此基础上，记叙文字更加简明扼要，能抓住关键词（河流）体现由感性到理性的认识（象征、寄托），做到了分点回答，层次明确，字数也符合要求
检测反馈	根据评价反馈环节中对综合性作业的完成质量和课后学生对实践性作业的完成情况来看，这节课基本达成了素养目标。 这进一步表明，在新课改背景下，基于单元大概念进行的单元文本整合教学可以较好地与我校核心问题教学模式相结合，从而简洁有效地完成学科教学任务，实现学科教学目标，真正提升学生的学科核心素养及实际解题能力

高中语文必修（下）第二单元
——“良知与悲悯”单元教学

“良知与悲悯”大概念的核心·问题教学单元规划纲要

学科 语文 教师 陈幼萍、李卉、刘攀、赵丕康、张金成、余进

<table>
<tr><td>年级</td><td>高一</td><td colspan="2">单元名称</td><td>良知与悲悯</td><td>单元课时</td><td>6</td></tr>
<tr><td rowspan="6">单元内容</td><td rowspan="5">教材内容</td><td colspan="5">统编高中语文教材必修下第二单元人文主题是“良知与悲悯”，对应的学习任务群是“文学阅读与写作”。
“文学阅读与写作”任务群旨在引导学生阅读古今中外诗歌、散文、小说、剧本等不同体裁的优秀文学作品，使学生在感受形象、品味语言、体验感情的过程中提升文学欣赏能力，并尝试文学写作，撰写文学评论，借以提高审美鉴赏能力和表达交流能力。
本单元属于戏剧阅读与写作单元，课文节选自三部戏剧名作:《窦娥冤》是中国传统戏剧（元杂剧）的代表作品，《雷雨》是中国现代话剧的名作，《哈姆莱特》则是西方戏剧史上占有重要地位的经典剧作。三部剧作都是悲剧，有着深厚的思想、情感意蕴和高超的艺术成就，而又分别呈现出不同时代、地域的风格特点，能够启发学生更好地认识戏剧这一体裁独特的艺术表现方式和一般规律，学会从“语言、构思、形象、意蕴、情感等多个角度欣赏作品，获得审美体验，认识作品的美学价值，发现作者独特的艺术创造”</td></tr>
<tr><td>选　文</td><td>作　者</td><td colspan="2">体裁</td><td>冲突性质</td></tr>
<tr><td>《窦娥冤》（节选）</td><td>关汉卿</td><td colspan="2">元代杂剧</td><td>悲剧</td></tr>
<tr><td>《雷雨》（节选）</td><td>曹　禺</td><td colspan="2">现代话剧</td><td>悲剧</td></tr>
<tr><td>《哈姆莱特》（节选）</td><td>莎士比亚</td><td colspan="2">古典戏剧</td><td>悲剧</td></tr>
<tr><td>课程标准</td><td colspan="5">1. 精读古今中外优秀的戏剧作品，感受作品中的艺术形象，理解欣赏作品中人物语言的表达和戏剧舞台语言的呈现，领悟作品丰富的内涵，体会其舞台艺术的表现力。结合自己的生活经验和戏剧观赏经历，发挥想象，加深对作品的理解，受到感染和启迪，力求有自己的发现。
2. 根据戏剧剧本不同的艺术表现方式，从语言、构思、形象、意蕴、情感等多个角度欣赏作品，探索古今中外戏剧作品中蕴含的民族心理、时代精神，陶冶性情，涵养心灵，发现作者独特的艺术创造，获得审美体验，认识作品的美学价值和时代价值。
3. 结合所阅读的作品，了解包括布景设计、台词设计、表情动作设计、旁白设计、场次转换、舞台说明的设计等戏剧剧本创作的一般规律，捕捉创作灵感，尝试续写或改写文学作品。</td></tr>
</table>

续表

<table>
<tr><td>单元
内容</td><td>课程
标准</td><td colspan="2">4. 注重个性化阅读，发展自身独立阅读戏剧作品的能力。在主动积极的思维和情感活动中，获得独特的感受、体验和理解。敢于思辨、质疑已有的结论，大胆地提出自己的见解，发展思辨能力和探究能力</td></tr>
<tr><td rowspan="6">基础
条件</td><td rowspan="5">资源
基础</td><td>资源名称</td><td>功　能</td></tr>
<tr><td>黑　板</td><td>板书核心问题；板书学生解决问题时交流、分析、建构概念过程的要点；板书反思提升要点等</td></tr>
<tr><td>教材、学案</td><td>提供核心问题教学各环节中自主探究与生成的环节与思维空间</td></tr>
<tr><td>PPT</td><td>展示视频、图片等情境；出示核心问题；提供全班交流时所需的资料；出示评价反馈练习等内容</td></tr>
<tr><td>技术融合</td><td>学生习作投屏技术展示学生成果；手机投屏技术展示学生思考总结的内容；视频剪辑软件帮助学生录制、剪辑微课</td></tr>
<tr><td>学生
基础</td><td colspan="2">高一的学生们在初中接触过三篇戏剧课文。分别是郭沫若的《屈原（节选）》、何冀平的《天下第一楼（节选）》以及孙鸿的话剧《枣儿》。但是，由于中考几乎不考查戏剧，大部分初中语文教师并没有认真展开戏剧教学，学生也没有重视过戏剧学习。这就导致学生对戏剧、戏曲的基础知识知之甚少，对戏剧作品的鉴赏能力不足，鉴赏水平较低，甚至将戏剧鉴赏与小说鉴赏混为一谈。
部分学生虽有观摩、欣赏戏剧演出的经验，但剧本的阅读经验较少，对戏剧作品设计冲突、构思情节、塑造人物的艺术手法和戏剧语言缺乏深入了解，鉴赏能力较弱，也缺少改写剧本、续写剧本、写戏剧评论的创作经验。所以，本单元的教学，要帮助学生建构对戏剧这种文学体裁的理解，还要让学生习得鉴赏戏剧文学的方向、方法。
另外，经典的艺术作品不仅深刻反映生活的真实，同时也是对现实生活的提炼和升华。本单元的三部戏剧作品，无论是创作年代，还是所反映的社会现象，都与学生的现实生活经验相距较远。学生想要直接进入文本，理解剧中人物的心理，探究作品的主题存在一定的困难。所以，教学上需要通过引导，让学生将自身的生活经验及阅读体验相结合，深入体验，认识作品的现实意义，领会作者的创作意图和思想感情</td></tr>
<tr><td>单元大
概念及
下层
结构</td><td colspan="3">单元名称：戏剧鉴赏
核心大概念：戏剧的悲剧意蕴
特征化表达：戏剧的悲剧意蕴渗透于戏剧情节、戏剧语言、人物塑造、矛盾冲突等戏剧表现方式中，可以通过综合运用形象与抽象、分析与归纳、关联与整合等思想方法进行发掘、提炼，进而涵养崇高的审美观和悲悯的生命观。
概念结论类：悲剧意蕴的表达与评价
特征化表达：悲剧需通过美的被毁灭来传达出震撼人心的意蕴。悲剧的鉴赏需要借助戏剧的情节安排、冲突设计、人物塑造等艺术形式来深入解读其悲剧意蕴，并进行适恰的评价。
思想方法类：形象与抽象、分析与归纳、关联与整合
特征化表达：戏剧剧本属于文学作品，而文学是通过形象来表现情感主旨和反映现实生活的，所以欣赏戏剧作品必须基于对人物形象特征的把握并进行合理而深入的分析，才能准确而全面地归纳出作品所表达的抽象的主旨。就本单元而言，必须在对三个悲剧作品进行关联阅读的基础上对三个悲剧形象所承载的悲剧意蕴进行深度整合，才益于学生更好地理解其悲剧的文本意义和现实价值。</td></tr>
</table>

单元大概念及下层结构	价值观念类：崇高的审美观、悲悯的生命观 特征化表达：悲剧表现了关于生和死的意识，它使生命显得崇高而有价值，显得丰富而美妙，使人对死亡感到敬畏；关照自己在人世间的生存状态而产生悲痛与怜悯，促进自我的不断省察。在坚守良知正义的基础上，对世间不幸与不幸人物心生悲悯					
	课时	课时大概念		课时概念梳理		
		简略化表达	特征化表达	概念结论（小概念）	思想方法	价值观念
	1	戏剧知识与文本特征	单元三篇戏剧，虽文学样式相同，但分属于不同剧种。其中关于元杂剧的相关戏剧知识有必要做一个归纳，如角色、曲词的知识，比如戏剧创作的“三一律”原则	元代杂剧 现代话剧 古典戏剧	感性到理性 归纳和系统	文体知识是文体鉴赏的基础和前提
	2	戏剧情节与人物关系	单元三篇戏剧均情节跌宕，人物关系复杂，戏剧中的人物关系正是在情节的逐步展开中得到揭示，人物形象也在人物关系和情节展开中得以展示	情节发展性 人物冲突性	归纳与概括 梳理与整合	戏剧情节是戏剧人物性格发展的历史
	3	戏剧语言与人物个性	戏剧通过富有个性化和表现力的舞台说明和人物台词（唱词）刻画人物形象特征	舞台说明 人物台词	分析与综合 现象与本质	戏剧语言要有动作性和个性化
	4	戏剧冲突与人物命运	戏剧冲突包括人物关系冲突、内心冲突和环境冲突，从戏剧冲突的角度探究人物悲剧结局产生的原因，领悟悲剧作品的深沉意蕴	冲突集中性 命运悲剧性	形象与抽象 分析与提炼	戏剧冲突是戏剧价值凸显的高潮，能拓展读者思考的广度和深度
	5	人物悲剧与悲剧意蕴	悲剧是以美好人物的悲剧结局来寄寓作者的悲悯情怀，以唤醒社会良知的。这些情怀和良知即为悲剧蕴含的价值和意义	悲剧原因 悲剧意义	分析与评价 关联与聚合	悲剧是崇高的集中形态，是一种崇高的美
	6	悲剧评价与剧评写作	悲剧评价的核心是对悲剧人物及其悲剧人生所承载的价值和意义的评价。指导学生聚焦该核心进行剧评写作是生成戏剧鉴赏能力的重要途径	评价方式 剧评创作	辨析与批判 再现与创造	崇高的审美观和健康写作观

续表

<table>
<tr><td>单元教学目标</td><td colspan="3">参与单元三篇悲剧文本的贯通式阅读赏析活动，完整经历戏剧基础知识学习和基于戏剧情节、戏剧语言、戏剧人物、戏剧冲突等戏剧表达方式以把握悲剧意蕴的研读过程（审美鉴赏与创造 2-3、3-3），从而准确理解单元悲剧的文本意义和现实价值，初步了解戏剧鉴赏的一般路径和剧评写作的一般方法（审美鉴赏与创造 4-3、语言的建构和运用 5-1），进而在一定程度上激发学生心中的良知与悲悯情怀（文化传承与理解 3-4）</td></tr>
<tr><td>单元核心问题及问题分解</td><td colspan="3">核心问题：
研读本单元良知与悲悯主题戏剧剧本，基于戏剧情节、戏剧语言、人物塑造、矛盾冲突等戏剧表达方式的研读以探究其悲剧意蕴。
问题分解：
本单元的单元核心问题的设置，力求从阅读戏剧作品的整体要求出发，并根据任务群的要求，将习得的知识，落实到戏剧评论的创作中。故将核心问题作如下分解：1. 简介戏剧情节，绘制人物关系图谱；2. 细读戏剧语言（舞台说明和台词），分析剧中人物的性格特征，体会剧本语言具有个性化、动作化等特征；3. 分析悲剧主人公所处的矛盾旋涡，从戏剧冲突的角度探究悲剧产生的原因，进而比较不同作品中人物的悲剧结局，感悟作品蕴含的悲悯情怀；4. 写作一篇戏剧评论，交流评价，总结戏剧评论的写作方法</td></tr>
<tr><td rowspan="7">课时划分</td><td>课时</td><td>课时大概念</td><td>课时核心问题</td></tr>
<tr><td>第一课时</td><td>戏剧知识与文本特征</td><td>参与“戏剧知识”抢答活动，归纳、提炼戏剧基本特征</td></tr>
<tr><td>第二课时</td><td>戏剧情节与人物关系</td><td>基于课前对单元三篇选文的完整剧本通读，写出故事梗概，绘制人物关系图谱，交流、讲述戏剧故事和其中的人物关系</td></tr>
<tr><td>第三课时</td><td>戏剧语言与人物个性</td><td>品析角色个性化语言及戏剧的舞台说明，揣摩角色语言的潜台词，探析人物性格</td></tr>
<tr><td>第四课时</td><td>戏剧冲突与人物命运</td><td>分析戏剧中矛盾冲突的产生、发展与结果，探究悲剧产生的原因，分析戏剧冲突对表现人物命运的作用</td></tr>
<tr><td>第五课时</td><td>人物悲剧与悲剧意蕴</td><td>比较分析《窦娥冤》《雷雨》《哈姆莱特》中三位主人公的悲剧命运，探究悲剧作品在表达悲悯情怀上的特性和共性</td></tr>
<tr><td>第六课时</td><td>悲剧评价与剧评写作</td><td>基于课前撰写《窦娥冤》《雷雨》《哈姆莱特》的戏剧评论，交流、提炼戏剧评论的写作方法</td></tr>
<tr><td>教学评价</td><td colspan="3">一、关于大概念生成理解的评价预设
1. 概念结论类大概念
（1）就“悲剧意蕴的表达与评价”这一单元大概念本身及其统摄下的课时大概念在教与学的统整和规范上的实际效用进行综合评价。
（2）对学生借助戏剧的情节安排、冲突设计、人物塑造等表达悲剧意蕴的艺术形式来深入解读其悲剧意蕴的具体赏析活动进行适恰的评价。
2. 思想方法类大概念
就学生分析鉴赏时对形象感受与抽象主旨的分析归纳，对三个悲剧作品的关联阅读与对三个悲剧形象所承载的悲剧意蕴的深度整合等的达成情况进行检测评价。
3. 价值观念类大概念
在单元戏剧剧本的鉴赏评价和单元三类作业的完成过程中，就学生对坚守良知正义、激发悲悯情怀等大概念的体悟情况进行评价。
二、关于单元素养目标达成的评价预设
1. 就学生参与单元戏剧剧本的梳理戏剧情节、研读戏剧语言、分析人物形象、探究悲剧产生原因、感悟作品悲剧意蕴、写作戏剧评论等过程中的具体表现进行激励、督促和指导性评价。</td></tr>
</table>

续表

<table>
<tr><td>教学评价</td><td colspan="7">2. 就学生把握单元三篇戏剧的主要人物形象和悲剧意蕴达成情况进行优、良、中、一般的定性评价。
3. 就学生掌握鉴赏评价戏剧剧本的一般方法和感悟戏剧作品的悲剧意蕴的具体情况进行鼓励性评价。
三、关于三类单元作业完成的评价预设
将单元基础性作业、综合性作业和实践性作业在各课时中进行量化设计，就学生对每一类题目的参与、完成情况进行量化评价</td></tr>
<tr><td rowspan="4">单元作业</td><td>作业类型</td><td>作业目标</td><td>作业内容</td><td>作业情境</td><td>概念结论</td><td>思想方法</td><td>价值观念</td></tr>
<tr><td>基础性作业</td><td>能熟练运用单元戏剧剧本学习所获的戏剧基本知识、鉴赏方法等开展戏剧综合鉴赏活动</td><td>运用学习到的戏剧剧本鉴赏方法，从情节安排、冲突设计、人物塑造以及思想主题等角度比较元杂剧《窦娥冤》和京剧《六月雪》的异同</td><td>剧本综合鉴赏的真实学习实践情境，探析异同的真实学习探索情境</td><td>赏析评读
异同研读</td><td>鉴赏与评价
比较与抽象</td><td>戏如人生
现原象
矛盾冲突
显主题</td></tr>
<tr><td>综合性作业</td><td>能迁移运用单元戏剧剧本学习所获的戏剧基本知识等进行中国戏曲和西方戏剧的异同比较</td><td>能依据老师所提供的学习资料，进行筛选、整合，简单梳理出中国戏曲和西方戏剧的基础知识，撰写一篇观演指导，不少于500字</td><td>真实学习探索情境：校园戏剧节即将开幕，其中有昆曲《牡丹亭》和西方戏剧《罗密欧与朱丽叶》，学校要制作一个观演指导手册，以便师生更好地观看演出</td><td>戏剧特征解读</td><td>界定概念
对比辨析</td><td>由文化差异到审美共情</td></tr>
<tr><td>实践性作业</td><td>能自觉运用单元戏剧剧本学习所获的戏剧基本知识和鉴赏方法去开展戏剧的审美实践和探究，促进对戏剧文化的热爱</td><td>从第六单元的小说里，选择一个自己感兴趣的片段，将其改写为一个剧本</td><td>鉴别小说与戏剧的真实审美学习生活情境和化读为写的真实审美探索情境</td><td>悟读续写</td><td>写实结合想象
由感悟到实践</td><td>由再现生活到艺术加工</td></tr>
<tr><td>反馈调整</td><td colspan="7">待单元教学完成之后，拟从单元教学设计、教学实施和作业设计三个方面进行反思总结，提出具体的优化措施</td></tr>
</table>

探析悲剧人物，感悟悲悯情怀
——“良知与悲悯”单元第五课时学教案

陈幼萍

一、教学分析设计

【内容分析】

统编高中语文教材必修下第二单元人文主题是“良知与悲悯”，对应的学习任务群是“文学阅读与写作”。“文学阅读与写作”任务群旨在引导学生阅读古今中外诗歌、散文、小说、剧本等不同体裁的优秀文学作品，使学生在感受形象、品味语言、体验感情的过程中提升文学欣赏能力，并尝试文学写作，撰写文学评论，借以提高审美鉴赏能力和表达交流能力。

本单元属于戏剧阅读与写作单元，课文节选自三部戏剧名作：《窦娥冤》是中国传统戏剧（元杂剧）的代表作品，《雷雨》是中国现代话剧的名作，《哈姆莱特》则是西方戏剧史上占有重要地位的经典剧作。三部剧作都是悲剧，有着深厚的思想、情感意蕴和高超的艺术成就，而又分别呈现出不同时代、地域的风格特点，能够启发学生更好地认识戏剧这一体裁独特的艺术表现方式和一般规律，学会从“语言、构思、形象、意蕴、情感等多个角度欣赏作品，获得审美体验，认识作品的美学价值，发现作者独特的艺术创造”。

在大单元教学的前四个课时，我们已经学习了戏剧知识与文本特征，梳理了戏剧情节与人物关系，品析了戏剧语言与人物个性，分析了戏剧冲突与人物命运，在此基础上，本课时的主要学习内容就是比较分析《窦娥冤》《雷雨》和《哈姆莱特》中三位主人公的悲剧命运，深入挖掘悲剧原因，发现悲剧的价值，探究悲剧作品在表达悲悯情怀上的特性和共性。

【课时大概念】☞

概念类别	简略化表达	特征化表达
核心大概念	人物悲剧与悲剧意蕴	通过比较分析《窦娥冤》《雷雨》和《哈姆莱特》中三位主人公的悲剧命运及其悲剧产生的原因，体会悲剧的价值和意义，进而探究出悲剧作品在表达悲悯情怀上的特性和共性
概念结论类	悲剧原因 悲剧意义	人物的悲剧命运都有产生的原因，深入挖掘悲剧的根源，才能更深刻地理解悲剧的价值和意义

续表

概念类别	简略化表达	特征化表达
思想方法类	分析与评价 关联与聚合	悲剧人物的形象特征、悲剧产生的原因、悲剧的价值和意义、作家悲悯情怀的表达都有其特性与共性，运用分析与评价、关联与聚合的思维方法对本单元的三部悲剧进行整合联读，能更深入地理解其人物悲剧与悲剧意蕴
价值观念类	悲剧是悲悯情怀和社会良知的集中形态，是一种崇高的美。	悲剧是以美好人物的悲剧命运来寄寓作者的悲悯情怀，以唤醒社会良知。这些情怀和良知即为悲剧蕴含的价值和意义，是一种崇高的美

【资源条件】☞

资源名称	功能
黑板	板书核心问题；板书学生解决问题时交流、分析、建构概念过程的要点；板书反思提升要点等
教材、学习任务单、课外助读资料	提供核心问题教学各环节中自主探究与生成的环节与思维空间
PPT	展示视频、图片等情境；出示核心问题；提供全班交流时所需的资料；出示评价反馈练习题等内容
信息技术融合	投屏技术展示学生前置学习成果及学生评价反馈练习的结果

【学生基础】☞

学生通过前四节课的学习已经掌握了戏剧鉴赏的相关文体知识，梳理清楚了戏剧情节和人物关系，通过对戏剧语言和戏剧冲突的品析，初步认识了人物的形象特征，这就为本节课悲剧原因和悲剧意蕴的研读鉴赏奠定了阅读基础。另外，为使学生能更加准确全面地探究悲剧原因，理解悲剧意蕴，课前还让学生查阅有关悲剧的知识，了解悲剧的类型和特征，适当阅读与这三部戏剧相关的评论性文章。课上和课下的这些准备，都为学生本节课学习目标的达成提供了支撑。

【目标分析】☞

参与本单元三篇戏剧悲剧意蕴的探究活动，经历基于戏剧人物、戏剧冲突、戏剧语言等戏剧表达方式把握悲剧意蕴的研读过程（审美鉴赏与创造 2-3、语言的建构和运用 5-1），从而准确理解单元悲剧的文本意义和现实价值，初步了解悲剧作品在表达悲悯情怀上的特性和共性（审美鉴赏与创造 3-3、4-3），进而在一定程度上激发心中的良知正义与悲悯情怀（文化传承与理解 3-4）。

【主题分析】☞

本单元所选的三篇戏剧作品都是伟大的悲剧，作为“艺术皇冠”的悲剧，“是人类崇高的生命力之体现，是人类心灵的归宿”。剧中人物的悲情遭遇，表现了不同时代、不同民族的剧作家对社会现实的理解，寄托着他们对人生的深切关怀。因此在对三个悲剧作品进行关联阅读的基础上对三个悲剧形象所承载的悲剧意蕴进行深度整合，益于学生更好地理解其悲剧的文本意义和现实价值，继而观照自己在人世间的生存状态而产生悲痛与怜悯，促进自我的不断省察，在坚守良知正义的基础上，对世间不幸与不幸人物心生悲悯。这节课，我设计以“悲”为课眼，通过“悲剧形象，悲剧根源，悲剧价值”的课脉，引导学生比较分析三部悲剧作品的人物形象、悲剧命运的产生原因，同时，循序渐进，由特殊到一般，引导学生探究出悲剧作品在表达悲悯情怀上的特性和共性。在充分理解悲剧价值的基础上，激发心中的良知正义与悲悯情怀。

基于上述分析，本课时的核心问题即拟定为：比较分析《窦娥冤》《雷雨》和《哈姆莱特》中三位主人公的悲剧命运，探究悲剧作品在表达悲悯情怀上的特性和共性。

【评价预设】☞

（1）提出问题环节：就学生前几节课的学习表现及对本节课核心问题的领会情况进行点评和引导性评价，为学生进入课堂学习体验情境铺路搭桥。

（2）解决问题环节：针对学生立足文本，结合助读资料，联系现实生活，参与探析悲剧人物、探寻悲剧根源、探究悲剧价值的具体表现进行启发、点拨等引导性评价，促进学生的鉴赏评价走向准确和深入。

（3）反思提升环节：针对学生立足本节课的研读体验，总结悲剧作品在表达悲悯情怀上的特性和共性的情况，并进行激励性评价，以促进学生获得关于悲剧的深度体验和认知。

（4）评价反馈环节：就学生完成的习作进行评价，从思考和表达两个维度促进学生关联经典与现实，激发良知正义与悲悯情怀。

二、教学实施设计

【教学环节】☞

教学环节	学生活动	教师活动	设计意图	技术融合
提出问题	回顾前几课时的学习内容；进入情境，理解本节课的核心问题，进入戏剧研读状态	1. 情境导入：好的悲剧是伟大的，是深刻的，是引人深思的。 2. 提出核心任务：比较分析《窦娥冤》《雷雨》和《哈姆莱特》中三位主人公的悲剧命运，探究悲剧作品在表达悲悯情怀上的特性和共性	创设真实生活、学习情境，激发学生研读兴趣，明确学习核心任务	PPT 出示学习、生活情境和课时核心问题
解决问题	1. 前置学习：梳理窦娥、鲁侍萍、哈姆莱特三位主要悲剧人物的人生遭遇、结局，分析人物形象，填写学习任务单 1，组内交流讨论，完善表格。 2. 展示学习成果，分别总结窦娥、鲁侍萍、哈姆莱特的形象特征。 3. 概括悲剧作品中悲剧人物具有的共同特征	出示任务一：悲之形——探析悲剧人物 1. 请学生展示学习成果，分别总结窦娥、鲁侍萍、哈姆莱特的形象特征。注意引导形象特征的分析要全面、准确。 2. 引导、点拨学生由外而内、由特殊到一般地探析悲剧人物的悲剧性特征	师生借助学习任务单，从人生遭遇、命运结局、形象特征等几个方面对课文进行联读梳理，探析悲剧人物的悲剧性共同特征，为后面的深入探究作准备	PPT 出示活动要求，展示学生的前置学习成果，提供文本研读所需的助读资料

续表

教学环节	学生活动	教师活动	设计意图	技术融合
解决问题	1. 前置学习：阅读文本，绘制人物关系图，梳理戏剧冲突，结合创作背景，填写学习任务单2。 2. 结合学习任务单2及助读资料，说说探寻到的悲剧原因。 3. 依据已经探寻出的原因，小组讨论，进一步探寻三位主人公共同的悲剧根源	出示任务二：悲之因——探寻悲剧根源 1. 评价、引导、点拨学生探寻三位悲剧人物各自的悲剧原因。 2. 评价、引导、点拨学生对悲剧原因进行辨别，进一步探寻出这三位不同时代，不同民族的三个悲剧人物共同的悲剧根源	细读文本，紧扣教学目标，视野由文本内部扩展到文本全局，要完成这一问题的思考探究，需要对人物形象、遭遇有充分的认识，还得结合创作背景，挖掘作者的创作意图	
	1. 学生谈感受和认识：看到这些悲剧人物身上“有价值的东西”都遭遇了现实社会的摧残与“毁灭”，你们有着怎样的感受和认识？ 2. 思考、理解、探究悲剧价值	出示任务三：悲之义——探究悲剧价值 1. 请学生谈阅读悲剧，看到“有价值的东西”“毁灭”时的感受和认识。 2. 评价、引导、点拨学生不仅要能从悲剧中感受到经由“毁灭”带来的痛感，继而心生悲悯，还应该从悲剧鉴赏中生发出自己的理性思考，从而激发良知正义	在三篇选文联读过程中，让学生走进人物，充分地与人物、作者对话，观照自我，直面现实，思考悲剧的文本价值和现实意义，提升学生对于悲剧的审美能力	
反思提升	立足本节课的研读体验，深刻理解悲剧作品在表达悲悯情怀上的特性和共性	引导学生反思提升、深刻理解悲剧作品在表达悲悯情怀上的特性和共性	促进学生在反思中强化对悲剧意蕴的认知，提升对悲剧价值的理性认知	PPT出示活动要求及关于悲剧价值的前人论断
评价反馈	1. 课前完成评价反馈练习题：请从本单元三篇戏剧中，除开三位悲剧主人公，再任选一个悲剧人物，通过分析他的人生遭遇、结局、悲剧原因，探究其悲剧意蕴。写一段不少于150字的人物评论，表达你对该人物悲剧意蕴的理解。 2. 在本节课的学习基础上，怀着悲悯之心，重新审视剧中人物，围绕悲剧意蕴修改自己所写的文段。 3. 展示、交流、评价，加深对悲剧作品中人物悲剧意蕴的理解	1. 出示评价反馈练习题。 2. 请学生在本节课的学习基础上进行修改。 3. 请学生展示习作，进行评价。评价时从思考和表达两个维度，聚焦“悲剧性”，引导学生加深对悲剧作品中人物悲剧意蕴的理解	检测课时目标达成情况，借此进一步强化学生对悲剧的理解和认知	PPT出示评价反馈工具，手机拍照学生习作实时上传

【板书设计】☞

探析悲剧人物，感悟悲悯情怀

——统编版高中语文必修下册“戏剧鉴赏”单元第五课时

核心问题：比较分析《窦娥冤》《雷雨》《哈姆莱特》中三位主人公的悲剧命运，探究悲剧作品在表达悲悯情怀上的特性和共性。

	特性			共性	
	窦娥	鲁侍萍	哈姆莱特		
形：	善良孝顺、坚贞	真情、隐忍	高贵理想、崇尚理性	真善美	不幸
	觉醒反抗	清醒自尊	犹豫不决	反抗	毁灭
悲之因：	社会	命运、家庭、社会	性格、社会	命运	社会

义：生命无常　个体渺小　精神强大　人之崇高　关照自我　责任使命　悲悯良知

（最终板书依据学生课堂发言现场生成）

【课后服务】☞

课时作业的结构化设计：

作业序号	作业目标	作业情境		概念结论		思想方法		价值观念		整体评估	
		内容	水平	内容	水平	内容	水平	内容	水平	内容	水平
1	检测学生单元戏剧鉴赏学习所获戏剧人物、戏剧冲突、悲剧意蕴等知识的迁移运用能力	戏剧中单一悲剧形象的悲剧意蕴的真实学习探究情境	基础	单一悲剧形象的悲剧意蕴探究	审美鉴赏与创造 2	由现象到本质	思维发展与提升 1	悲剧人物遭遇是悲剧艺术的特性之一	文化传承与理解 2	基础性作业	学业质量水平 1-3
2	检测学生运用单元戏剧鉴赏学习所获戏剧人物、戏剧冲突、悲剧意蕴等知识，归纳、概括、分析、提炼等方法开展综合性探究学习以解决问题的能力	戏剧中多个悲剧形象的悲剧意蕴的综合探究学习情境	较复杂	多个悲剧形象的悲剧意蕴探究	审美鉴赏与创造 4	由现象到本质 归纳整合	思维发展与提升 3	悲剧是人类巨大力量和非凡性格的最佳表现	文化传承与理解 3	综合性作业	学业质量水平 3-3

续表

作业序号	作业目标	作业情境		概念结论		思想方法		价值观念		整体评估	
		内容	水平	内容	水平	内容	水平	内容	水平	内容	水平
3	引导学生运用单元戏剧鉴赏学习所获戏剧人物、戏剧冲突、悲剧意蕴等知识，归纳、概括、分析、提炼等方法自觉进行戏剧审美实践，促进自我的省察，激发内心的良知正义，唤起对生命的悲悯情怀	为学校戏剧节撰写推介词的真实实践学习情境	复杂	探析悲剧人物，感悟悲悯情怀	审美鉴赏与创造 5	理论指导实践	思维发展与提升 4	悲剧的审美价值是一种特殊形式的高贵美	文化传承与理解 5	实践性作业	学业质量水平 4-3
课时作业总体评估	因为在课堂教学解决问题环节通过整合教学比较分析《窦娥冤》《雷雨》和《哈姆莱特》中三位主人公的悲剧命运，探究出了悲剧作品在表达悲悯情怀上的特性和共性，所以在评价反馈作业中设置了问题 1（本单元三部悲剧作品中除了窦娥、鲁侍萍、哈姆莱特这三个主要悲剧人物外，还有其他悲剧人物值得我们关注，请从本单元三篇戏剧中，再任选一个悲剧人物，通过分析他的悲剧命运、悲剧原因，探究其悲剧意蕴），以检测学生单元戏剧鉴赏学习所获戏剧人物、戏剧冲突、悲剧意蕴等知识的迁移运用能力；问题 2（本单元三部悲剧作品中除了窦娥、鲁侍萍、哈姆莱特这三个主要悲剧人物外，还有其他悲剧人物值得我们关注，请从本单元三部戏剧中，各选一个悲剧人物，将其进行关联与聚合，通过比较、分析他们的悲剧遭遇、结局、悲剧原因，探究悲剧意蕴在表达上的共性），以检测学生运用单元戏剧鉴赏学习所获戏剧人物、戏剧冲突、悲剧意蕴等知识，归纳、概括、分析、提炼等方法开展综合性探究学习以解决问题的能力；并设计了具有明显实践情境的开放性的问题 3[川大附中校园戏剧文化节即将开幕，本次文化节主题为“探访悲剧人物，感悟悲悯情怀”。经过前面的初赛筛选，最终进入决赛展示的剧目有《窦娥冤》(节选)、《梁祝》(节选)、《雷雨》(节选)、《哈姆雷特》(节选)、《罗密欧与朱丽叶》(节选)等，你作为学生会宣传干事负责节目宣传展板的设计，请你围绕文化节主题，为本次戏剧文化节写一段不少于 400 字的推介词]，以引导学生运用单元戏剧鉴赏学习所获戏剧冲突、戏剧人物、悲剧意蕴等知识，归纳、概括、分析、提炼等方法去自觉进行戏剧审美实践，促进自我的省察，激发内心的良知正义，唤起对生命的悲悯情怀。从作业设置的由浅而深的梯度性和由课内而课外的情境变化，以及与该变化匹配的内容和水平以及涉及的思想方法可以看出，这份课时作业形式多样，内容由单一而综合，情境由基础而高阶，应该可以较好地检测课时目标的达成情况，益于促进学生真实学习行为的发生										

（具体的作业内容略）

【教学流程】☞

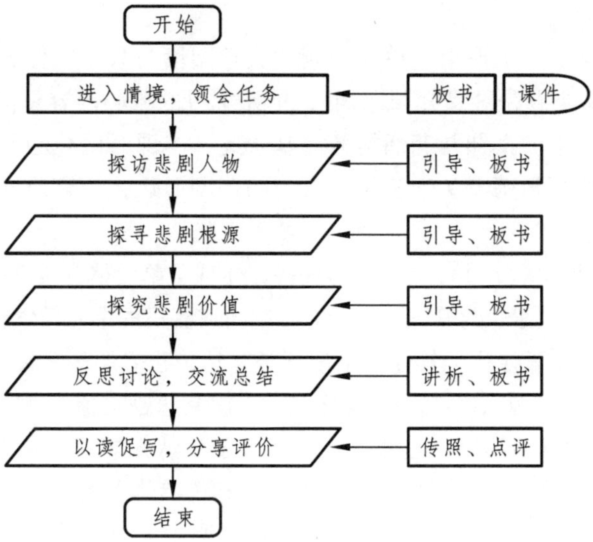

三、教学评价设计

【评价实施】☞

（1）课堂核心问题教学的四个环节中，既整体上贯彻“教学实施设计”中的“评价预设”的评价原则和方式对学生在各个学习活动中的学习表现进行了针对性评价，又根据课堂教学中的非预设性情形灵活地调整了评价策略，力求较为有效地促进学生课堂学习中深度体验的发生。

（2）为检测学生课堂学习体验的实际效果，在评价反馈环节设计了三个具有真实情境且具有简单到复杂的梯度的检测题（评价工具），力求通过学生课堂和课后完成情况客观地反映学生对悲剧的认知和理解情况，从而实现评价的有效实施。本课时评价反馈环节请学生怀着悲悯之心，重新审视剧中人物，围绕悲剧意蕴修改并展示自己所写的悲剧人物评论，学生自评，教师点评。评价时从思考和表达两个维度，聚焦“悲剧性”，引导学生加深了对悲剧作品中人物悲剧意蕴的理解。

【信息搜集】☞

学生对于剧中主要悲剧人物的分析、理解都比较到位，但本单元三部悲剧作品中除了窦娥、鲁侍萍、哈姆莱特这三个主要悲剧人物外，还有其他悲剧人物，这些人物的人生遭遇、命运结局也具有很强的悲剧性色彩和丰富的悲剧意蕴，同样值得我们关注和探究。但同学们对这些人物的认识和理解存在一些问题，对其悲剧意蕴的探究并未深入。例如，很多同学觉得蘩漪性格阴鸷，她的悲惨结局是自己造成的。也有同学认为周朴园就是所有人悲剧的制造者，最后反倒活了下来，是侥幸，而非悲剧。因此，先请学生从本单元三篇戏剧中，除三位悲剧主人公外，再任选一个悲剧人物，通过分析他的悲剧命运、悲剧原因，探究其悲剧意蕴，并写成不少于 150 字的人物评论。为了检测学生本课时学习的目标达成情况，请学生围绕悲剧意蕴修改自己所写的悲剧人物评论。课后搜集了全班学生的习作进行分析统计。

【反馈调整】☞

统编高中语文教材必修下册第二单元归属“文学阅读与写作”任务群，学习的是戏剧剧本的欣赏与创作；人文主题是“良知与悲悯”，单元学习的核心内容是深入理解戏剧作品，把握其悲剧意蕴，激发心中的良知与悲悯情怀。基于此，本课时的核心问题设定为：比较分析《窦娥冤》《雷雨》和《哈姆莱特》中三位主人公的悲剧命运，探究悲剧作品在表达悲悯情怀上的特性和共性。

这个核心问题很好地串联起了主要的学习任务，体现了单元整合教学的思维，满足了大概念教学中分课时概念的教学要求，与其他5个课时一起组成有机的单元教学整体。整堂课的教学设计在核心问题引领下，分解为几个具体的学习任务，从“悲之形——探析悲剧人物”开始，再到“悲之因——探寻悲剧根源”，然后到“悲之义——探究悲剧价值”，最后进入“悲之评——表达悲悯情怀”，学习活动环节清晰，逐步递进，符合学生认知规律，课堂节奏非常流畅。

在单元教学之前，我通读了《窦娥冤》《雷雨》和《哈姆莱特》这三部戏剧原作，内心受到了更强烈的触动，这加深了我对作品的认识，也对剧中人物的悲剧命运产生了更深层次的思考。这种阅读原作与以往阅读节选文段的感受与思考是截然不同的，这也让我意识到要想真正地实现单元教学目标，尤其是对于单元人文主题的理解，应该想办法让学生尽可能多地阅读完整剧本。所以我提前将三部剧作的表演视频投放到班级群中，请学生利用周末时间进行观看；也印发了一些节选文本中没有的剧本内容，设计了相应的学习任务单，请学生进行自主学习；在前面课时的教学中，也带领学生对一些拓展内容进行了研读探究。但是学生的时间和精力有限，绝大多数学生还是没有能够阅读完整剧本，对此我深感遗憾。从实际教学情况来看，这些戏剧相关文本的拓展，确实能够帮助学生加深对作品的理解。例如，在探析人物形象特征时，他们能够从更多更具体的人物台词中去进行品读、分析，加深对人物的理解和认识，而不是简单直接地给人物贴标签；在探寻人物悲剧原因时，很多学生借助于拓展助读资料，更为全面地分析总结了悲剧原因，进而对悲剧原因进行思辨时，结合剧作的创作背景、作家的相关经历等进一步深入探寻出悲剧的共同根源。从学生的课堂表现来看，这些拓展补充很有必要。选文中没有的东西，给了他们一种新鲜感，同时也调动了学生的参与度，拓展了他们的思维水平。

在整体教学设计比较合理，大环节处理比较顺畅的同时，具体的教学过程我认为还有以下可以提升的地方：

（1）任务一“悲之形——探析悲剧人物”的呈现方式，为了调动课堂气氛，选择让学生在下面自由发言，教师及时板书，但这种呈现方式可能导致形象特征的总结不够完整。可以调整为课前小组内部进行交流汇总，课堂上由小组代表呈现合作学习成果，这样既能更好地把控课堂环节时间，又能保证形象特征总结得比较完整。

（2）在探寻悲剧根源时，教师展示了三篇剧本中相似的关于“命”的台词，请学生朗读后进行思辨。如果这些台词由学生主动寻找出来，朗读时再配合相应的表演，应该会更利于学生理解戏剧台词以及剧中人物的情感和思想，对于悲剧原因的思辨也会更深刻。

（3）鉴于时间关系，对于个别学生的发言没有及时给予评价。而恰当及时的评价能让学生对自己的发言进行适时反思调整，学生也会受到鼓励，成就感更强。评价反馈环节如果能够让更多的同学起来展示并且点评会更好，而且自评、他评时应该给予学生评价的方向和标准。

大概念核心问题教学文化评价表

课时名称：探析悲剧人物，感悟悲悯情怀。

所属单元：统编版高中语文必修（下）第二单元。

单元核心大概念：戏剧的悲剧意蕴。

单元核心问题：研读本单元良知与悲悯主题戏剧剧本，基于戏剧情节、戏剧语言、人物塑造、矛盾冲突等戏剧表达方式的研读以探究其悲剧意蕴。

课时大概念：人物悲剧与悲剧意蕴。

课时核心问题：比较分析《窦娥冤》《雷雨》《哈姆莱特》中三位主人公的悲剧命运，探究悲剧作品在表达悲悯情怀上的特性和共性。

<table>
<tr><th rowspan="2">评价目标</th><th colspan="3">评价指标</th><th rowspan="2" colspan="2">评价方法结果</th></tr>
<tr><th>一级指标</th><th>二级指标</th><th>三级指标</th></tr>
<tr><td rowspan="20">实现活动体验中的学习与素养发展</td><td rowspan="12">具有大概念核心问题教学形态</td><td rowspan="3">核心问题利于活动体验</td><td>内含客观问题和学生活动方式</td><td>8</td><td rowspan="12">每项指标最高评 8 分（满分为 96 分）

合计 92 分</td></tr>
<tr><td>问题情境与真实生活密切相关</td><td>7</td></tr>
<tr><td>能引发大概念、新知新法生成</td><td>7</td></tr>
<tr><td rowspan="3">教学目标价值引导恰当</td><td>目标构成全面准确</td><td>8</td></tr>
<tr><td>内含关联体验目标</td><td>8</td></tr>
<tr><td>目标价值引导显现</td><td>8</td></tr>
<tr><td rowspan="3">教学环节完整合理落实</td><td>课程教学环节完整</td><td>8</td></tr>
<tr><td>环节内容合理充实</td><td>8</td></tr>
<tr><td>学生活动时间充分</td><td>8</td></tr>
<tr><td rowspan="3">教学要素相互匹配促进</td><td>问题目标环节两两匹配</td><td>8</td></tr>
<tr><td>技术促进活动形式内容</td><td>7</td></tr>
<tr><td>课程特色突出氛围浓郁</td><td>7</td></tr>
<tr><td rowspan="8">具有大概念核心问题教学特质</td><td rowspan="4">拓展学习视野</td><td>课堂与现实世界有恰当关联</td><td rowspan="8" colspan="2">选择一个表现突出的二级指标，在相应三级指标引导下，以现场学生表现为主要依据，以其余指标为背景，于本表的第二页写出 150 字以上的简要评价</td></tr>
<tr><td>有基于缄默知识的问题解决</td></tr>
<tr><td>有缄默知识运用的追踪剖析</td></tr>
<tr><td>知识运用剖析导向素养发展</td></tr>
<tr><td rowspan="4">投入实践活动</td><td>有真实而且完整的实践活动</td></tr>
<tr><td>实践活动深度融入两类情境</td></tr>
<tr><td>能够全身心地浸渍于活动中</td></tr>
<tr><td>活动的内容结果均丰富深入</td></tr>
</table>

续表

<table>
<tr><th rowspan="2">评价目标</th><th colspan="3">评价指标</th><th rowspan="2">评价方法结果</th></tr>
<tr><th>一级指标</th><th>二级指标</th><th>三级指标</th></tr>
<tr><td rowspan="15">实现活动体验中的学习与素养发展</td><td rowspan="15">具有大概念核心问题教学特质</td><td rowspan="4">感受意义关联</td><td>有核心问题的深层意义感受</td><td rowspan="15"></td></tr>
<tr><td>有以知识为中心的关联感受</td></tr>
<tr><td>有以个人为中心的关联感受</td></tr>
<tr><td>有对三类大概念的关联感受</td></tr>
<tr><td rowspan="4">自觉反思体验</td><td>有实质性反思活动的开展</td></tr>
<tr><td>有课堂新因素的追踪利用</td></tr>
<tr><td>有体验的交流与改善重构</td></tr>
<tr><td>有概念生成中的素养发展</td></tr>
<tr><td rowspan="4">乐于对话分享</td><td>乐于自我的表达与认真的倾听</td></tr>
<tr><td>乐于合作中成果与思路的分享</td></tr>
<tr><td>乐于成果交流中深层意义分享</td></tr>
<tr><td>有宽容的对话氛围和双向交流</td></tr>
<tr><td rowspan="3">认同素养评价</td><td>认可素养评价</td></tr>
<tr><td>参与素养评价</td></tr>
<tr><td>利用素养评价</td></tr>
<tr><td colspan="5">大概念核心问题教学特质的简要评价（包括发展性建议）:
我认为这节课在“感受意义关联”这一评价指标方面呈现得比较突出。本课时的核心问题是“比较分析《窦娥冤》《雷雨》和《哈姆莱特》三部作品中主人公的悲剧命运，探究悲剧作品在表达悲悯情怀上的特性和共性”。提出问题环节，学生在回顾前四课时的学习内容的基础上，迅速融入以单元大概念“悲剧意蕴的表达与评价”为中心的单元学习的情境中，积极投入对本课时核心问题的深层意义感受和思考中。解决问题环节，学生从探析悲剧人物，到探寻悲剧根源，再到探究悲剧价值，在这三个具有内在逻辑和思维梯度的学习任务中，深刻感受到了“悲之形”“悲之因”“悲之义”这三者间以知识为中心的关联。而在探寻悲剧根源时，学生更是在思辨中感受了悲剧人物与其所处的时代、社会的关联。在探究悲剧价值时，学生谈到自己对悲剧人物的同情怜悯，对黑暗社会的憎恶，感受到了个体的渺小与脆弱，也感受到了精神的伟大和崇高，继而形成生命认知的自我警醒，进一步思考生活当下的意义和价值，意识到个体在社会变革中的责任和使命。在这个过程中，学生充分感受了他人与自我、过去与现在、文本与现实的关联。在反思提升环节，教师引导学生总结了这三篇悲剧虽然出自不同时代不同地域的作家之手，在表达悲悯情怀上各有特性，但又具有很多共性，在此过程中，学生对悲剧人物、悲剧作家、读者（观众）之间的关联也有了更深刻的感受。最后，在评价反馈环节，学生重新审视剧中悲剧人物，修改课前习作，并进行展示、评价，在读、写、评的实践活动中，学生强化了对核心问题的深层意义感受，对悲剧人物的悲剧意蕴与作者内心的悲悯情怀之间的意义关联体会得更深刻了。因此本节课在“感受意义关联”上的达成情况比较好</td></tr>
</table>

大概念核心问题教学素养目标点检测表

<table>
<tr><td>课程名称</td><td colspan="3">统编版高中语文必修（下）第二单元戏剧鉴赏阅读</td></tr>
<tr><td rowspan="3">课程大概念</td><td>核心大概念</td><td colspan="2">戏剧的悲剧意蕴</td></tr>
<tr><td>概念结论类</td><td>思想方法类</td><td>价值观念类</td></tr>
<tr><td>悲剧意蕴的
表达与评价</td><td>形象与抽象
分析与归纳
关联与整合</td><td>崇高的审美观
悲悯的生命观</td></tr>
<tr><td>核心问题</td><td colspan="3">研读本单元良知与悲悯主题戏剧剧本，基于戏剧情节、戏剧语言、人物塑造、矛盾冲突等戏剧表达方式的研读以探究其悲剧意蕴</td></tr>
<tr><td>课程素养目标</td><td colspan="3">参与单元三篇悲剧文本的贯通式阅读赏析活动，完整经历戏剧基础知识学习和基于戏剧情节、戏剧语言、戏剧人物、戏剧冲突等戏剧表达方式以把握悲剧意蕴的研读过程（审美鉴赏与创造 2-3、3-3），从而准确理解单元悲剧的文本意义和现实价值，初步了解戏剧鉴赏的一般路径和剧评写作的一般方法（审美鉴赏与创造 4-3、语言的建构和运用 5-1），进而在一定程度上激发学生心中的良知与悲悯情怀（文化传承与理解 3-4）</td></tr>
<tr><td>检测点</td><td colspan="3">能够把握人物的人生遭遇、结局、原因与人物悲剧意蕴的之间的关联点</td></tr>
<tr><td>检测任务</td><td colspan="3">课前，从本单元三篇戏剧中，除开三位悲剧主人公，再任选一个悲剧人物，通过分析他的人生遭遇、结局、悲剧原因，探究其悲剧意蕴。写作一段不少于 150 字的人物评论，表达对该人物悲剧意蕴的理解。运用本节课学习所得，围绕悲剧意蕴修改自己所写的文段</td></tr>
<tr><td rowspan="4">分类标准</td><td colspan="3">A. 能结合人物的人生遭遇、结局、悲剧原因，探究其悲剧意蕴，获得理性而深刻的悲剧审美体验，并能使用精炼、准确的语言对人物进行评论，恰当地表达自己的悲悯情怀</td></tr>
<tr><td colspan="3">B. 能结合人物的人生遭遇、结局、悲剧原因，大致理解其悲剧意蕴，获得理性的悲剧审美体验，并能使用恰当的语言对人物进行评论，表达自己的悲悯情怀</td></tr>
<tr><td colspan="3">C. 能梳理和写清楚人物的人生遭遇、结局，但对悲剧原因的分析不完整或者不恰当，对其悲剧意蕴的理解较片面肤浅，能获得一些感性的悲剧审美体验，对人物的评论较少</td></tr>
<tr><td colspan="3">D. 能简单叙述人物的人生遭遇和结局，但缺乏对悲剧原因的思考，不能理解人物的悲剧意蕴，缺乏对人物的评论</td></tr>
<tr><td rowspan="5">检测统计</td><td>分类等级</td><td>学生人数</td><td>百分比（%）</td></tr>
<tr><td>A</td><td>20</td><td>40</td></tr>
<tr><td>B</td><td>23</td><td>46</td></tr>
<tr><td>C</td><td>5</td><td>10</td></tr>
<tr><td>D</td><td>2</td><td>4</td></tr>
<tr><td>检测分析及结果运用</td><td colspan="3">本节课，有 40%的同学能结合人物的人生遭遇、结局、悲剧原因，探究其悲剧意蕴，获得理性而深刻的悲剧审美体验，并能使用精炼、准确的语言对人物进行评论，恰当地表达自己的悲悯情怀。有接近一半的同学能结合人物的人生遭遇、结局、悲剧原因，大致理解其悲剧意蕴，获得理性的悲剧审美体验，并能使用恰当的语言对人物进行评论，表达自己的悲悯情怀。还有少数同学没有很好地理解“人物评论”的写作应重在评论，写作时能较清楚地叙述人物的人生遭遇、结局，但对人物的评论较少，这也检测出学生对悲剧原因的分析不完整或者不恰当，对其悲剧意蕴的理解较片面肤浅，本节课的学习所获较少。还有个别同学只能简单叙述人物的人生遭遇和结局，没有对人物的评论，原因可能是缺乏对悲剧原因的思考，不能理解人物的悲剧意蕴</td></tr>
</table>

续表

素养目标达成典型实例	高一 20 班 蒋同学 在文中，周朴园是典型的官僚资本形象的代表，为了赚取利益不择手段，其对鲁侍萍的无情以及对鲁大海的冷漠让人慨叹。但同时，看似是一切悲剧的始作俑者的周朴园的命运也是被大的时代背景所左右的。他出身于封建地主家庭，从小受到的教育和其所处的阶级地位迫使他做出种种令人憎恶的事。但其最后捐出所有财产，置办医院，陪伴侍萍、繁漪，悔过自己的所作所为，都体现出他人性中良知尚存的一面。最后的自我救赎既使其灵魂得以复活，也算是作者对民族资本主义的期盼。这无不体现了作者对“人性”的深刻理解。 高一 20 班 雍同学 繁漪，是《雷雨》中让我眼前一亮的悲剧角色。她是一个受过先进教育的思想前卫的女性，却被迫接受一段没有爱情的婚姻，嫁入一个腐朽的封建家庭。在长期的压抑与痛苦中，她为了追求“爱情”而不惜违背伦理道德与继子发生了关系。最后又因为“爱情”的失败与儿子的死亡而发了疯。她的悲剧命运让我们看到了封建大家庭的罪恶与污浊，也让我们看到了一个女性敢于冲破枷锁、勇于追求自由的那种人性的鲜活与倔强，感受到了即使深处悲剧却从未放弃挣扎，努力挣脱悲剧的不屈精神
检测反馈	从检测练习的反馈情况来看，通过本节课的深度学习，绝大多数同学不仅对三篇悲剧的三位悲剧主人公有了更全面更深入的认识，对其他次要悲剧人物也加深了理解，同学们能够以悲悯的眼光看待他们的命运，能够发现他们身上那些美好的有价值的东西，并因为这些有价值的东西被现实毁灭而体验到了悲伤、哀痛乃至愤懑，并进一步认识到良知的不朽价值，充分理解这些人物的悲剧意蕴。近一半的同学在获得理性而深刻的悲剧审美体验之后，还能使用精炼、准确的语言对人物进行评论，恰当地表达自己的悲悯情怀。同情是轻浅的看见和安慰，悲悯是深沉的发现和共情。检测结果表明绝大多数学生单元戏剧鉴赏学习所获戏剧人物、戏剧冲突、悲剧意蕴等知识的迁移运用能力都得到了锻炼和提升。 还有几个同学虽然对三位主人公的悲剧命运做了分析比较，对其悲剧意蕴的探究理解有一定的收获，但因为对剧中次要人物关注不够，以及对更复杂的人性欠缺理性的思考，所以对次要人物悲剧意蕴的理解较片面肤浅，甚至完全无法理解其悲剧意蕴，这也检测出这些同学不能将课堂所学进行知识迁移运用，内化成自己的能力。针对这部分同学，老师还应该单独辅导，可以补充介绍一下与这些次要人物相关的助读资料，引导学生加深对悲剧人物、悲剧原因、悲剧意义等的思考和理解，并加强语言表达训练

悲剧评价与剧评写作
——“良知与悲悯”单元第六课时学教案

张金成

一、教学分析设计

【内容分析】☞

统编高中语文教材必修下第二单元人文主题是“良知与悲悯”，对应的学习任务群是“文学阅读与写作”。“文学阅读与写作”任务群旨在引导学生阅读古今中外诗歌、散文、小说、剧本等不同体裁的优秀文学作品，使学生在感受形象、品味语言、体验感情的过程中提升文学欣赏能力，并尝试文学写作，撰写文学评论，借以提高审美鉴赏能力和表达交流能力。

本单元属于戏剧阅读与写作单元，课文节选自三部戏剧名作：《窦娥冤》是中国传统戏剧（元杂剧）的代表作品，《雷雨》是中国现代话剧的名作，《哈姆莱特》则是西方戏剧史上占有重要地位的经典剧作。三部剧作都是悲剧，有着深厚的思想、情感意蕴和高超的艺术成就，而又分别呈现出不同时代、地域的风格特点，能够启发学生更好地认识戏剧这一体裁独特的艺术表现方式和一般规律，能够促进学生从“语言、构思、形象、意蕴、情感等多个角度欣赏作品，获得审美体验，认识作品的美学价值，发现作者独特的艺术创造”。

在大单元教学的前五个课时，我们已经学习了戏剧知识与文本特征，梳理了戏剧情节与人物关系，品析了戏剧语言与人物个性，探究了戏剧冲突与人物命运的关系，比较分析了《窦娥冤》《雷雨》《哈姆莱特》中三位主人公的悲剧命运，深入挖掘悲剧原因，发现了悲剧的价值，体会了悲剧作品在表达悲悯情怀上的特性和共性。本节课，在前五节课的基础上，探究悲剧的评价和剧评写作。

【课时大概念】☞

概念类别	简略化表达	特征化表达
核心大概念	梳理悲剧特点 归纳剧评知识 撰写剧评	梳理《窦娥冤》《雷雨》和《哈姆莱特》中人物形象、主题思想、矛盾冲突、语言特色、细节设计、表演风格、审美感受等方面的特点，运用戏剧评价与剧评写作的相关知识，创作一篇剧评
概念结论类	悲剧评价 剧评写作	悲剧评价的核心是对悲剧人物及其悲剧人生所承载的价值和意义的评价。指导学生聚焦该核心进行剧评写作是生成戏剧鉴赏能力的重要途径

续表

概念类别	简略化表达	特征化表达
思想方法类	辨析与批判 再现与创造	理解人物悲剧与悲剧意蕴，在对比中辨析不同时代、不同地域产生悲剧的作家对社会现实的理解，通过辨析人物命运、时代背景，在批判中感受作家的良知与悲悯情怀，在理解与审美中丰富作品内涵，实现审美创造
价值观念类	崇高的审美观和健康写作观	从主题思想、矛盾冲突、语言特色、细节设计、表演风格、审美感受等方面多个角度欣赏作品，获得审美体验，认识作品的美学价值，发现作者独特的艺术创作，感受作家的良知与悲悯情怀，形成自己独特的见解和健康写作观

【资源条件】☞

资源名称	功能
黑板、实物投影台	板书核心问题，板书学生解决问题时交流、分析、建构概念过程的要点，板书反思提升要点等
教材、学习任务单、课外助读资料	提供核心问题教学各环节中自主探究与生成的环节与思维空间
PPT	展示视频、图片等情境，出示核心问题，提供全班交流时所需的资料，出示评价反馈练习等内容
信息技术融合	学生习作投屏技术展示学生成果，手机投屏技术展示学生思考总结的内容，视频剪辑软件帮助学生录制、剪辑微课

【学生基础】☞

学生通过前五节课的学习已经掌握了戏剧鉴赏的相关文体知识，梳理清楚了戏剧情节和人物关系，通过对戏剧语言和戏剧冲突的品析，初步认识了人物的形象特征，探究了悲剧原因和悲剧意蕴，深度理解了作家的良知与悲悯情怀。同时为使学生能更加准确全面地探究悲剧原因，理解悲剧意蕴，课前还让学生查阅了与这三部戏剧相关的评论性文章。课上和课下的这些准备，都为学生本节课学习目标的达成提供了支撑。

【目标分析】☞

参与本单元三篇戏剧悲剧意蕴的探究活动，鉴赏戏剧人物、戏剧冲突、戏剧语言等（审美鉴赏与创造 2-3、语言的建构和运用 5-1），能够较深刻理解悲剧的文本意义、现实价值，感受作家对社会现实的理解，体会剧作家对人生的深切关怀（审美鉴赏与创造 3-3、4-3）。学习剧评创作的相关知识，能够从主题思想、矛盾冲突、语言特色、细节设计、表演风格、审美感受等方面展开戏剧评析（语言的建构和运用 5-2）。

【主题分析】☞

本单元所选的三篇戏剧作品都是伟大的悲剧，窦娥的善良、鲁侍萍的真情、哈姆莱特的理想这些“有价值的东西”遭遇了现实的摧残和毁弃。这些作品展现了“良知与悲悯”的人文主题，理解这一主题在当代社会生活与个人人生建设中有极其重要的作用。前五个课时学生从戏剧知识与文本特征、戏剧语言与人物个性、人物悲剧与悲剧意蕴等方面进行了系统的探究，对三篇文章的艺术特色有了充分的了解。在人物形象、主题思想、矛盾冲突、语言特色、细节设计、表演风格、审美感受等方面有所触动。通过戏剧评价与剧评写作相关知识的学习，能够写出一定水平的作品。

基于上述分析，本课时的核心问题拟定为：梳理《窦娥冤》《雷雨》和《哈姆莱特》中人物形象、主题思想、矛盾冲突、语言特色、细节设计、表演风格、审美感受等方面的特点，运用戏剧评价与剧评写作的相关知识，创作一篇剧评。

【评价预设】☞

（1）提出问题环节：就学生前几节课的学习表现及对本节课核心问题的领会情况进行点评和引导性评价，为学生进入课堂学习体验情境铺路搭桥。

（2）解决问题环节：针对学生立足文本，结合助读资料，联系现实生活，参与梳理物形象、主题思想、矛盾冲突、语言特色、细节设计、表演风格、审美感受等方面的特点，教师引导性评价，促进学生的鉴赏评价走向准确和深入。

（3）反思提升环节：针对学生立足本节课的梳理创作体验，总结戏剧评价与剧评写作的情况，并进行激励性评价，以促进学生获得关于戏剧评价与剧评写作体验和认知。

（4）评价反馈环节：就学生完成的习作进行评价，从思考和表达两个维度促进学生关联现实，激发表达创作的热情。

二、教学实施设计

【教学环节】☞

教学环节	学生活动	教师活动	设计意图	技术融合
提出问题	学生回顾谈学习这几篇戏剧的感受。进入情境，理解本节课的核心问题，进入戏剧研读状态	情境与任务：教师评价引导展示本节课的核心任务：梳理《窦娥冤》《雷雨》和《哈姆莱特》中人物形象、主题思想、矛盾冲突、语言特色、细节设计、表演风格、审美感受等方面的特点，运用戏剧评价与剧评写作的相关知识，创作一篇剧评	创设真实生活、学习情境，激发学生研读兴趣，明确学习核心任务	PPT 出示学习、生活情境和课时核心问题
解决问题	1. 前置学习：梳理《窦娥冤》《雷雨》《哈姆莱特》中人物形象、主题思想、矛盾冲突、语言特色、细节设计、表演风格、审美感受等方面的特点，填写学习任务单 1，组内交流讨论，完善表格。 2. 展示学习成果，分别谈触动心灵的感动点	出示任务一：探究本单元戏剧的艺术特色 1. 请学生展示学习成果，分别总结窦娥、鲁侍萍、哈姆莱特的形象特征。注意引导形象特征的分析要全面、准确。 2. 引导、点拨、补充归纳触动点的关键词句	师生借助学习任务单，从人物形象、主题思想、矛盾冲突、语言特色、细节设计、表演风格、审美感受等方面的特点联读梳理，引导学生深入体会，为后面的深入探究作准备	PPT 出示活动要求，展示学生的前置学习成果，提供文本研读所需的助读资料

续表

教学环节	学生活动	教师活动	设计意图	技术融合
解决问题	前置学习：阅读戏剧评价与剧评写作的相关学习资料，学习戏剧评价与剧评的写作方法	出示任务二：阅读《走出没有太阳的日子——观〈雷雨〉心得》等剧评，归纳戏剧评价与剧评的写作方法。 1. 评价、引导、点拨学生探寻戏剧评价与剧评的写作方法。 2. 教师补充、总结戏剧评价与剧评的写作要求	细读文章，梳理归纳戏剧评价与剧评的写作方法，为自我创作打下基础	
反思提升	学生聆听、思考、体会戏剧评价与剧评写作的要点	教师在学生前置作业以及学生的展示结果的基础上总结归纳，提取要点	帮助学生掌握戏剧评价与剧评写作创作的方法	PPT 出示活动要求及戏剧评价与剧评写作的要点
评价反馈	1. 课前完成评价反馈练习题：请从本单元三篇戏剧中，从人物形象、主题思想、矛盾冲突、语言特色、细节设计、表演风格、审美感受等方面任选一个角度。写一段不少于300字的评论，表达你对本单元戏剧学习的感受。 2. 在本节课的学习基础上，运用戏剧评价与剧评写作方法，围绕自己的深刻体验修改自己所写的文段。 3. 展示、交流、评价，深化对戏剧的理解与戏剧评价与剧评写作方法的掌握	1. 出示评价反馈练习题。 2. 请学生在本节课的学习基础上进行修改。 3. 请学生展示习作，进行评价	检测课时目标达成情况，借此进一步强化学生对悲剧的理解和戏剧评价与剧评写作创作实践	PPT 出示评价反馈工具，手机拍照学生习作实时上传

【板书设计】☞

悲剧评价与剧评写作

——统编版高中语文必修下册“戏剧鉴赏”单元第六课时

核心问题：梳理《窦娥冤》《雷雨》《哈姆莱特》中人物形象、主题思想、矛盾冲突、语言特色、细节设计、表演风格、审美感受等方面的特点，运用戏剧评价与剧评写作的相关知识，创作一篇剧评。

戏剧单元的艺术特色	戏剧评价与剧评创作方法
良知与悲悯情怀的人文主题	“叙”要简明，突出重点
集中尖锐的矛盾冲突	择其一点，深入挖掘
个性化的人物语言	联系实际，纵横拓展
	有着重点，主见鲜明
	行文朴素，说理透彻

善意地指出不足，提出意见

（最终板书依据学生课堂发言现场生成）

【课后服务】☞

课时作业的结构化设计：

作业序号	作业目标	作业情境		概念结论		思想方法		价值观念		整体评估	
		内容	水平	内容	水平	内容	水平	内容	水平	内容	水平
1	检测学生单元戏剧鉴赏学习人物形象、主题思想、矛盾冲突、语言特色、细节设计、表演风格、审美感受等方面知识以及迁移运用能力	戏剧悲剧艺术特征的真实学习探究情境	基础	戏剧悲剧艺术特征的真实学习探究	审美鉴赏与创造2	由现象到本质	思维发展与提升1	悲剧人物遭遇是悲剧艺术的特性之一	文化传承与理解2	基础性作业	学业质量水平1-3
2	检测学生学习戏剧评价与剧评写作的能力，归纳、概括、分析、提炼方法，为创作搭好脚手架	学习戏剧评价与剧评写作，归纳、概括、分析、提炼方法	基础	学习戏剧评价与剧评写作，归纳、概括、分析、提炼方法	审美鉴赏与创造4	由现象到本质归纳整合	思维发展与提升3	悲剧是人类巨大力量和非凡性格的最佳表现	文化传承与理解3	综合性作业	学业质量水平3-3
3	引导学生运用单元戏剧鉴赏学习所获戏剧人物、戏剧冲突、悲剧意蕴等知识，归纳、概括、分析、提炼等方法自觉进行戏剧审美实践，撰写戏剧评价与剧评	撰写戏剧评价与剧评	复杂	掌握本单元三篇戏剧的艺术特色，将理论与结合实践，撰写剧评	审美鉴赏与创造5	理论指导实践	思维发展与提升4	悲剧的审美价值是一种特殊形式的高贵美	文化传承与理解5	实践性作业	学业质量水平4-3

续表

课时作业总体评估	因为学生通过前五节课的学习已经掌握了戏剧鉴赏的相关文体知识，梳理清楚了戏剧情节和人物关系，通过对戏剧语言和戏剧冲突的品析，初步认识了人物的形象特征，探究了悲剧原因和悲剧意蕴，深度理解了作家的良知与悲悯情怀。课上和课下的这些准备，都为学生本节课学习目标的达成提供了支撑。所以在评价反馈作业中设置了问题 1（检测学生单元戏剧鉴赏学习人物形象、主题思想、矛盾冲突、语言特色、细节设计、表演风格、审美感受等方面知识以及迁移运用能力），以检测学生单元戏剧鉴赏学习所获戏剧人物、戏剧冲突、悲剧意蕴等知识的归纳提炼能力；设置了问题 2（检测学生学习戏剧评价与剧评写作，归纳、概括、分析、提炼方法，为创作搭好脚手架），为完成作业三做好铺垫；设置了问题 3（请结合本单元学习的三篇戏剧，从人物形象、主题思想、矛盾冲突、语言特色、细节设计、表演风格、审美感受等角度，撰写一篇不少于 800 字的剧评），以引导学生运用单元戏剧鉴赏学习所获人物形象、主题思想、矛盾冲突、语言特色、细节设计、表演风格、审美感受等知识去自觉进行戏剧审美实践，促进自我的省察，激发内心的良知正义，唤起对生命的悲悯情怀。从作业设置由浅而深的梯度性和由课内而课外的情境变化，及与该变化匹配的内容和水平以及涉及的思想方法可以看出，这份课时作业形式多样，内容由单一而综合，情境由基础而高阶，应该可以较好地检测课时目标的达成情况，益于促进学生真实学习行为的发生

（具体的作业内容略）

【教学流程】☞

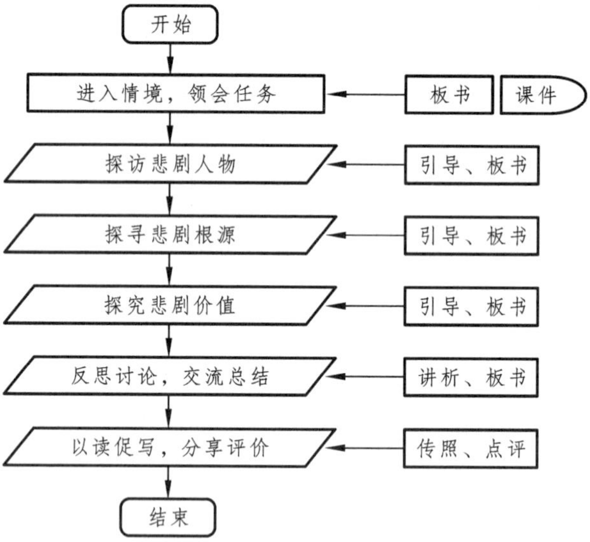

三、教学评价设计

【评价实施】☞

课堂核心问题教学的四个环节中，既整体上贯彻“教学实施设计”中的“评价预设”的评价原则和方式对学生在各个学习活动中的学习表现进行了针对性评价，又根据课堂教学中的非预设性情形灵活地调整了评价策略，力求较为有效地促进学生课堂学习中深度体验的发生。

（1）提出问题环节：教师通过对本单元前五课时学习的简单回顾，使学生对于“戏剧鉴赏”大概念的核心问题单元学习有了结构化、条理化的清晰认识，再顺势提出本课时的核心问题，使学生产生了学习期待，迅速投入核心问题的积极思考。

（2）解决问题环节：教师精心设计“学习任务单”，为学生提供学习活动支架，在三个层次清晰的学习任务指引下，组织学生一步步深入研读，合作探究，师生对话，有效突破课堂教学的重点、难点。学生在真实而完整的学习活动中，增强思维的深刻性，提升思维品质，落实学科核心素养。

（3）反思提升环节：教师在学生充分探究归纳的基础上，总结补充，在学生充分参与、深度体验的基础上，启发点拨。该环节充分发挥了教师作为教学引导者的功能，真正提升了学生思维的广度和深度。

（4）评价反馈环节：设计三个具有真实情境且具有简单到复杂的梯度的检测题（评价工具），力求通过学生课堂和课后完成情况客观地反映学生对悲剧的认知和理解情况，从而实现评价的有效实施。本课时评价反馈环节请学生从本单元三篇戏剧中，从人物形象、主题思想、矛盾冲突、语言特色、细节设计、表演风格、审美感受等方面任选一个角度。写一段不少于300字的评论，表达对本单元戏剧学校的感受。学生自评，教师点评。评价时从思考和表达两个维度，聚焦“悲剧艺术特色”，引导学生加深对悲剧作品中的理解。

【信息搜集】☞

学生对于剧中主要悲剧人物的分析、理解都比较到位，但本单元三部悲剧作品中除了窦娥、鲁侍萍、哈姆莱特这三个主要悲剧人物外，还有其他悲剧人物，这些人物的人生遭遇、命运结局也具有很强的悲剧性色彩和丰富的悲剧意蕴，同样值得我们关注和探究。但同学们对这些人物的认识和理解存在一些问题，对其悲剧意蕴的探究并未深入。例如，很多同学觉得蘩漪性格阴鸷，她的悲惨结局是自己造成的。也有同学认为周朴园就是所有人悲剧的制造者，最后反倒活了下来，是侥幸，而非悲剧。因此，先请学生从本单元三篇戏剧中，除三位悲剧主人公外，再任选一个悲剧人物，通过分析他的悲剧命运、悲剧原因，探究其悲剧意蕴，并写成不少于150字的人物评论。为了检测学生本课时学习的目标达成情况，请学生围绕悲剧意蕴修改自己所写的悲剧人物评论。课后搜集了全班学生的习作进行分析统计。

【反馈调整】☞

统编高中语文教材必修下册第二单元归属“文学阅读与写作”任务群，学习的是戏剧剧本的欣赏与创作；人文主题是“良知与悲悯”，单元学习的核心内容是深入理解戏剧作品，把握其悲剧意蕴，激发心中的良知与悲悯情怀。基于此，本课时的核心问题设定为梳理《窦娥冤》《雷雨》和《哈姆莱特》中人物形象、主题思想、矛盾冲突、语言特色、细节设计、表演风格、审美感受等方面的特点，运用戏剧评价与剧评写作的相关知识，创作一篇剧评。

这个核心问题很好地串联起了主要的学习任务，体现了单元整合教学的思维，满足了大概念教学中分课时概念的教学要求，与其他 5 个课时一起组成有机的单元教学整体。但在教学实施的过程中，发现学生虽然对这三篇戏剧进行了比较深入的学习，但体会认识还不够全面，学生对戏剧塑造的悲剧人物、悲剧命运及其产生的原因认识比较深刻，对伟大作家的良知与悲悯情怀感受得比较深刻，但对矛盾冲突、语言特色方面的理解还有所欠缺。对于剧评的写作，论点比较鲜明，但论证不够充分。因此，在归纳剧评写作方法的时候，还应该加强论证的教学。

大概念核心问题教学文化评价表

课时名称：悲剧评价与剧评写作。

所属单元：统编版高中语文必修（下）第二单元。

单元大概念：悲剧意蕴的表达与评价。

单元核心问题：梳理《窦娥冤》《雷雨》《哈姆莱特》中人物形象、主题思想、矛盾冲突、语言特色、细节设计、表演风格、审美感受等方面的特点，运用戏剧评价与剧评写作的相关知识，创作一篇剧评。

课时大概念：悲剧评价的核心是对悲剧人物及其悲剧人生所承载的价值和意义的评价。指导学生聚焦该核心进行剧评写作是生成戏剧鉴赏能力的重要途径。

课时核心问题：梳理《窦娥冤》《雷雨》《哈姆莱特》中人物形象、主题思想、矛盾冲突、语言特色、细节设计、表演风格、审美感受等方面的特点，运用戏剧评价与剧评写作的相关知识，创作一篇剧评。

<table>
<tr><th rowspan="2">评价目标</th><th colspan="4">评价指标</th><th rowspan="2" colspan="2">评价
方法结果</th></tr>
<tr><th>一级指标</th><th>二级指标</th><th colspan="2">三级指标</th></tr>
<tr><td rowspan="20">实现活动体验中的学习与素养发展</td><td rowspan="12">具有大概念核心问题教学形态</td><td rowspan="3">核心问题利于活动体验</td><td>内含学科问题和学生活动方式</td><td>8</td><td rowspan="12">每项指标最高评8分（满分为96分）

合计 92 分</td></tr>
<tr><td>问题情境与真实生活密切相关</td><td>7</td></tr>
<tr><td>能引发大概念、新知新法生成</td><td>7</td></tr>
<tr><td rowspan="3">教学目标价值引导恰当</td><td>两类目标正确全面</td><td>8</td></tr>
<tr><td>关联体验目标恰当</td><td>8</td></tr>
<tr><td>目标价值引导显现</td><td>8</td></tr>
<tr><td rowspan="3">教学环节完整合理落实</td><td>教学环节清晰完整</td><td>8</td></tr>
<tr><td>环节内容合理充实</td><td>8</td></tr>
<tr><td>学生活动时间充分</td><td>8</td></tr>
<tr><td rowspan="3">教学要素相互匹配促进</td><td>问题目标环节两两匹配</td><td>8</td></tr>
<tr><td>技术促进活动形式内容</td><td>7</td></tr>
<tr><td>素养导向突出氛围浓郁</td><td>7</td></tr>
<tr><td rowspan="8">具有大概念核心问题教学特质</td><td rowspan="4">拓展学习视野</td><td colspan="2">课堂与现实世界有恰当关联</td><td rowspan="8">选择一个表现突出的二级指标，在相应三级指标引导下，以现场学生表现为主要依据，以其余指标为背景，于本表的第二页写出150字以上的简要评价</td></tr>
<tr><td colspan="2">有基于缄默知识的问题解决</td></tr>
<tr><td colspan="2">有缄默知识运用的追踪剖析</td></tr>
<tr><td colspan="2">知识运用剖析导向素养发展</td></tr>
<tr><td rowspan="4">投入实践活动</td><td colspan="2">有真实而且完整的实践活动</td></tr>
<tr><td colspan="2">实践活动深度融入两类情境</td></tr>
<tr><td colspan="2">能够全身心地浸渍于活动中</td></tr>
<tr><td colspan="2">活动的内容结果均丰富深入</td></tr>
</table>

续表

评价目标	评价指标			评价方法结果
	一级指标	二级指标	三级指标	
实现活动体验中的学习与素养发展	具有大概念核心问题教学特质	感受意义关联	有核心问题的深层意义感受	
			有以知识为中心的关联感受	
			有以个人为中心的关联感受	
			有对三类大概念的关联感受	
		自觉反思体验	有实质性反思活动的开展	
			有课堂新因素的追踪利用	
			有体验的交流与改善重构	
			有概念生成中的素养发展	
		乐于对话分享	乐于自我的表达与认真的倾听	
			乐于合作中成果与思路的分享	
			乐于成果交流中深层意义分享	
			有宽容的对话氛围和双向交流	
		认同素养评价	认可素养评价	
			参与素养评价	
			利用素养评价	
大概念核心问题教学特质的简要评价（包括发展性建议）： 我认为这节课在“投入实践活动”这一评价指标方面呈现得比较突出。本课时的核心问题是“梳理《窦娥冤》《雷雨》《哈姆莱特》中人物形象、主题思想、矛盾冲突、语言特色、细节设计、表演风格、审美感受等方面的特点，运用戏剧评价与剧评写作的相关知识，创作一篇剧评”。提出问题环节，学生在回顾前五课时的学习内容的基础上，迅速融入以单元大概念“悲剧意蕴的表达与评价”为中心的单元学习的情境中，积极投入到对本课时核心问题的深层意义感受和思考中，能够积极发言。解决问题环节，学生着重谈了人物形象、主题思想方面的感受，有一些深刻的语言。在阅读关于本单元的剧评，归纳剧评写作方法的过程中，学生能根据自身体验比较准确地提炼出要点。在运用反馈的环节，学生都积极主动地发言，乐于将自己的观点分享给同学们。课堂上学生深度地融入了老师所创设的情境当中，真实有效地完成了实践活动				

大概念核心问题教学素养目标点检测表

课时名称	悲剧评价与剧评写作
所属单元	统编版高中语文必修（下）第二单元
单元大概念	悲剧意蕴的表达与评价
单元核心问题	研读本单元良知与悲悯主题戏剧剧本，基于戏剧情节、戏剧语言、人物塑造、矛盾冲突等戏剧表达方式的研读以探究其悲剧意蕴
课时大概念	悲剧评价的核心是对悲剧人物及其悲剧人生所承载的价值和意义的评价。指导学生聚焦该核心进行剧评写作是生成戏剧鉴赏能力的重要途径

续表

<table>
<tr><td>课时核心问题</td><td colspan="3">梳理《窦娥冤》《雷雨》和《哈姆莱特》中人物形象、主题思想、矛盾冲突、语言特色、细节设计、表演风格、审美感受等方面的特点，运用戏剧评价与剧评写作的相关知识，创作一篇剧评</td></tr>
<tr><td>课时素养目标</td><td colspan="3">语言建构与运用：研读戏剧语言、戏剧冲突等，分析总结悲剧人物形象特点，初步探究三篇戏剧悲剧意蕴。
思维发展与提升：研读经典台词，思辨、探寻剧中人物的悲剧根源。
审美鉴赏与创造：准确理解单元悲剧的文本意义和现实价值，探究悲剧作品在表达悲悯情怀上的特性和共性。
文化传承与理解：理解悲剧人物、悲剧作品的悲剧意蕴，激发心中的良知正义与悲悯情怀</td></tr>
<tr><td>检测点</td><td colspan="3">对人物悲剧意蕴的理解和表达</td></tr>
<tr><td>检测工具
（检测题）</td><td colspan="3">课前，请结合本单元学习的三篇戏剧，从人物形象、主题思想、矛盾冲突、语言特色、细节设计、表演风格、审美感受等角度，撰写一篇不少于400字的剧评，表达对本单元悲剧的理解</td></tr>
<tr><td rowspan="4">分类标准</td><td colspan="3">A. 能结合人物的人生遭遇、结局、悲剧原因，探究其悲剧意蕴，获得理性而深刻的悲剧审美体验，并能使用精炼、准确的语言对人物进行评论，恰当地表达自己的悲悯情怀</td></tr>
<tr><td colspan="3">B. 能结合人物的人生遭遇、结局、悲剧原因，大致理解其悲剧意蕴，获得理性的悲剧审美体验，并能使用恰当的语言对人物进行评论，表达自己的悲悯情怀</td></tr>
<tr><td colspan="3">C. 能梳理和写清楚人物的人生遭遇、结局，但对悲剧原因的分析不完整或者不恰当，对其悲剧意蕴的理解较片面肤浅，能获得一些感性的悲剧审美体验，对人物的评论较少</td></tr>
<tr><td colspan="3">D. 能简单叙述人物的人生遭遇和结局，但缺乏对悲剧原因的思考，不能理解人物的悲剧意蕴，缺乏对人物的评论</td></tr>
<tr><td rowspan="5">检测统计</td><td>分类等级</td><td>学生人数</td><td>百分比（%）</td></tr>
<tr><td>A</td><td>18</td><td>39</td></tr>
<tr><td>B</td><td>22</td><td>46</td></tr>
<tr><td>C</td><td>5</td><td>10.6</td></tr>
<tr><td>D</td><td>2</td><td>4.4</td></tr>
<tr><td>检测分析
结果运用</td><td colspan="3">本节课，有近40%的同学能结合人物形象、主题思想、矛盾冲突、语言特色、细节设计、表演风格、审美感受等方面的特点，获得理性而深刻的悲剧审美体验，并能使用精炼、准确的语言对人物进行评论，恰当地表达自己的悲悯情怀。有接近一半的同学能结合人物形象、主题思想、矛盾冲突、语言特色、细节设计、表演风格、审美感受等方面的特点，获得理性的悲剧审美体验，并能使用恰当的语言对人物进行评论，表达自己的悲悯情怀。还有少数同学没有很好地理解“人物评论”的写作应重在评论，写作时能较清楚地叙述人物的人生遭遇、结局，对人物的评论较少，这也检测出学生对悲剧原因的分析不完整或者不恰当，对其悲剧意蕴的理解较片面肤浅，本节课的学习所获较少。还有个别同学只能简单叙述人物的人生遭遇和结局，没有对人物的评论，原因可能是缺乏对悲剧原因的思考，不能理解人物的悲剧意蕴</td></tr>
</table>

续表

素养目标达成典型实例	走出没有太阳的日子 ——观《雷雨》心得 《雷雨》是剧作家曹禺的代表作品，主要讲述了周、鲁两个家庭，在一天之内所牵扯出的跨越两代人、时长三十年的纠葛与恩怨。一场雷雨，八个性格鲜明的人物之间的矛盾冲突瞬间爆发，不仅见证了两代人酿成的悲剧，也呼应着整个社会的动荡与挣扎。 戏剧中的八个主要人物，有的狡诈自私，有的单纯美好，可无论是谁，都没有逃过这一场命中注定的雷雨，并走向了最终的悲剧。他们身上也正反映了那个时代所特有的矛盾冲突，其中，封建大家庭的拘束与个体向往自由平等之间的矛盾尤为突出。 凡有压迫，必有反抗。压迫是一种不公平的剥削。 周朴园伪善冷酷的外表下，是顽固腐朽的灵魂。他蛮横且专制，他的利欲熏心又害死了两千多条人命。他总是希望一切都能按照他所期望的进行。然而残酷专横之下，反抗是必然的。 鲁大海作为罢工代表，上门与其交涉。在周朴园奸诈地用金钱收买工人代表平息罢工后，鲁大海愤怒地揭露了周朴园的罪行，直指他“发的是绝子绝孙的昧心财”，顽强地与其斗争到底。 相比于鲁大海对资本家周朴园那不屈不畏的激烈反抗，蘩漪的反抗则从细微处隐约可见。第一幕中，蘩漪嫌房子里太闷，听得四凤说是周朴园不让开窗，她便一定要打开它。而当四凤为她端来药时，她只道“苦得很”，感叹“这些年喝这种苦药，我大概是喝够了”。令她感到苦的实际不是药，而是多年来压抑难耐的生活。它们一点一点地积压在她心中，久而久之酿成了“病”。周朴园的胁迫让她心生抵触，且有意识地进行反抗。蘩漪向往自由不受摆布的生活，然而曾给她带来希望的周萍却又狠心地抛弃她，终于，雷雨之夜里，她胸中的怨恨、愤怒堆积到了极点。她一身黑衣立于暴雨中，以自己的方式对周家，也对周萍展开报复。她不惜利用儿子周冲，公开自己与周萍的不伦关系，将蒙于周家丑恶上的遮羞布彻底掀开，她带着报复的火焰将周家的虚伪、腐朽燃尽，也将自己推上毁灭之路。蘩漪一心追求个性的自由、解放，在某种程度上说，也是对那个时代的反抗与斗争
检测反馈	从检测练习的反馈情况来看，通过本节课的深度学习，绝大多数同学不仅对三篇悲剧的三位悲剧主人公有了更全面更深入的认识，能从人物形象、主题思想、矛盾冲突、语言特色、细节设计、表演风格、审美感受等方面的特点，能够发现这些作品美好的有价值的东西。近一半的同学在获得理性而深刻的悲剧审美体验之后，还能使用精炼、准确的语言对人物进行评论，恰当地表达自己的悲悯情怀。同情是轻浅的看见和安慰，悲悯是深沉的发现和共情。检测结果表明绝大多数学生单元戏剧鉴赏学习所获戏剧人物、戏剧冲突、悲剧意蕴等知识的迁移运用能力都得到了锻炼和提升。 还有几个同学虽然对三位主人公的悲剧命运做了分析比较，对其悲剧意蕴的探究理解有一定的收获，但因为对剧中次要人物关注不够，以及对更复杂的人性欠缺理性的思考，所以对次要人物悲剧意蕴的理解较片面肤浅，甚至完全无法理解其悲剧意蕴，这也检测出这些同学不能将课堂所学进行知识迁移运用，内化成自己的能力。针对这部分同学，老师还应该单独辅导，可以补充介绍一下与这些次要人物相关的助读资料，引导学生加深对悲剧人物、悲剧原因、悲剧意义等的思考和理解，并加强语言表达训练

高中语文必修（下）第六单元
——“观察与批判”单元教学

“观察与批判”大概念的核心·问题教学单元规划纲要

学科 语文 教师 梁军、林俊、熊雪、李磊、陈奥

年级	高一	单元名称	观察与批判	单元课时	4

单元内容

教材内容

本单元是人教社部编本（2020版）《普通高中教科书·语文》单列的“小说阅读”单元。该单元旨在通过虚构的人物和故事反映社会生活、人情世态，借以提升学生的观察与批判、鉴赏与创作能力，属于“文学阅读与写作”学习任务群。单元所选小说共五篇，分别是鲁迅的《祝福》、施耐庵的《林教头风雪山神庙》、契诃夫的《装在套子里的人》、蒲松龄的《促织》和卡夫卡的《变形记》（节选）。就题材内容而言，这五篇小说内容各有差异，蒲松龄的《促织》和卡夫卡的《变形记》（节选）都有人变虫的情节，因此，本课时的主要学习内容就是在前两节课对该两篇熟读和理解的基础上，着眼作者所写之情节，聚焦人异化的成因，分析两篇小说的风格差异，对两篇小说进行整合析读、精读以把握其主题。

就题材内容而言，这五篇小说内容各有差异，具体如下表：

选文	作者	体裁	题材内容
祝福	鲁迅	小说	乡土小说
林教头风雪山神庙	施耐庵	小说	农民起义小说
装在套子里的人	契诃夫	小说	批判现实主义小说
促织	蒲松龄	小说	浪漫主义小说
变形记（节选）	卡夫卡	小说	后现代主义小说

课程标准

本单元属于《普通高中语文课程标准》（2017年版2020年修订）所划分的18个学习任务群中第六个——文学阅读与写作。课程标准中该任务群的“课程内容”“学习目标与内容”和“教学提示”综合而言主要指向如下三方面：

第一是学科核心素养之“审美鉴赏与创造”能力的培养。本任务群旨在引导学生阅读古今中外包括小说在内的优秀文学作品，使学生在感受形象、品味语言、体验情感的过程中提升文学欣赏能力，撰写读书笔记和复杂的记叙文等，借以提高审美鉴赏和表达能力。“小说诵读”单元所选的五篇小说均是古今中外小说中的经典作品，是培养学生的审美鉴赏与创造能力的绝佳文本。

续表

<table>
<tr><td>单元
内容</td><td>课程
标准</td><td colspan="2">第二是文学作品阅读鉴赏方法和过程的建构。“学习目标与内容”的（1）和（2）两条要求精读优秀文学作品，感受其艺术形象，理解其语言表达，把握其内涵，理解作者的创作意图，并能结合自己的生活经验和阅读经历，借助想象，加深对作品的理解；同时要求根据文学作品的艺术表达方式，从形象、情节、语言等角度欣赏不同风格类型的作品，以获得审美体验，认识作品的美学价值，发现作者独特的艺术创造。“小说诵读”单元中的小说作品都需要在深度诵读的基础上，从形象、情节、语言和艺术手法等方面进行鉴赏解读，这个过程有助于建构起学生此类文学作品的阅读鉴赏方法。
第三是教学方式的选择和运用。教师应运用专题阅读、比较阅读等方式，创设阅读情境，引导学生阅读鉴赏与探究；应向学生提供问题设计、阅读策略指导等学习支持，通过学生的自主梳理探究，使所学的文学知识结构化。“小说阅读”单元所选小说作品的作者及作品的题材内容，学生有的在以往的学习中已经有了一定的了解和积累，有的由于时代与国家的差异存在一定的理解障碍，因此需要在教师的引导下开展自主探究式的学习，有助于学生获得更好的鉴赏体验，深化对相关文学知识的认知，易于这些知识的结构化生成</td></tr>
<tr><td rowspan="5">基础
条件</td><td rowspan="4">资源
基础</td><td>资源名称</td><td>功能</td></tr>
<tr><td>黑板</td><td>板书课时核心问题；板书学生诵读鉴赏过程中发现、生成和反思提炼的知识、能力及方法要点</td></tr>
<tr><td>教材、学案及助读资料</td><td>提供核心问题教学四个环节中学生小说鉴赏、评析探究与生成知识、能力所需的必要载体与支架</td></tr>
<tr><td>PPT</td><td>出示课时核心问题和四个环节的小说鉴赏活动和要求，提供赏析交流所需的部分参考性结论</td></tr>
<tr><td>学生
基础</td><td colspan="2">阅读理解基础：高一这个阶段的学生，已在初中小学阶段的课内外有大量的小说作品阅读体验。从这个层面看，学生已经有了较好的小说阅读积累，这为本单元小说内容的理解奠定了能够顺利而有效实施的基础，但是部分作品由于作家表达方式、语体风格、国别社会差异，也会带给学生一定的阅读阻碍。
阅读鉴赏基础：小说鉴赏题是中学语文考查的重要题型，学生经过初中的学习具备一定的鉴赏知识基础，但高中的阅读鉴赏提出了更高的要求，学生只用初中的答题模式和认知模式去理解高中的小说阅读鉴赏，往往是隔靴搔痒，不得要领。这需要一方面深入领会作家对现实生活的深刻洞察，增强社会认知和审美素养；另一方面了解小说如何运用多种艺术手法实现创作意图，自觉运用语文专业素养去品味小说形象、情节、语言和风格等方面的独特魅力。
写作表达基础：学生在初中小学阶段有一定的读书笔记的训练体验，而大量的记叙文训练为学生进一步尝试复杂的记叙文创作打下坚实的基础。学生一方面可以用读书笔记或提要的形式对小说的阅读感受和见解进行表达，另一方面可以通过教师引导、自主查找对比提升的方式将专业的小说评论与自己的表达相对照，深度理解小说的思想和艺术内涵，并且尝试将其运用在自己的复杂记叙文创作中去。</td></tr>
</table>

续表

<table>
<tr><td rowspan="7">单元大概念及下层结构</td><td colspan="6">单元名称：观察与批判——小说单元
单元核心大概念：小说的阅读与写作
特征化表达：从对人物与社会环境的观察与批判中把握人物、环境、情节、主题之间的内在关联，运用知人论世的方法，理解人物性格、事件、环境形成和发展的原因，进而体悟作者的创作意图，借鉴小说的技法进行创作。
概念结论类：虚构
特征化表达：作家在创作过程中，为有效凸显主旨，凭借自己的联想、想象，创造出现实生活中并非存在，但又在情理或意识中的小说情节、人物和环境。
思想方法类：知人论世
特征化表达：全方面地了解作者本人，并且能够从作者所处的时代来进行思考，这样才能够更加全面地了解文学作品，从人物与社会环境共生中认识人物性格形成和发展的原因。
价值观念类：观察与批判
特征化表达：领会作家对社会现实和人生世相的深刻洞察，拓展视野，体会其对旧世界、丑恶事物的批判意识。学会观察社会生活，思考人生问题，增强对社会的认识；提升审美情趣和审美品味</td></tr>
<tr><td rowspan="2">课时</td><td colspan="2">课时大概念</td><td colspan="3">课时概念梳理</td></tr>
<tr><td>简略化表达</td><td>特征化表达</td><td>概念结论（小概念）</td><td>思想方法</td><td>价值观念</td></tr>
<tr><td>1</td><td>粗读文本梳理情节</td><td>通过预习，概括小说的主要内容，画出小说的思维导图或者勾勒人物命运曲线图，标出影响命运走向的突发事件并分析作用</td><td>小说情节结构思维导图、命运曲线图</td><td>形象感受与逻辑感受相结合</td><td>读书百遍其义自现</td></tr>
<tr><td>2</td><td>探求差异整合析读</td><td>在熟读和理解的基础上，着眼作者所写之情节，聚焦人异化的成因，分析两篇小说的风格差异，对两篇小说进行整合析读、精读以把握其主题</td><td>人物述评</td><td>从特殊到一般</td><td>知人论世</td></tr>
<tr><td>3</td><td>文本细读究中深意</td><td>搜集资料，探讨造成小说中不幸命运的社会根源，揭示造成病苦的原因</td><td>虚构与想象</td><td>主动参与主动建构</td><td>合作精神培养习惯</td></tr>
<tr><td>4</td><td>能力训练展示交流</td><td>采用简易文言文的形式为人物写一个小传，展示并点评。以自身真实经历，虚构微型小说</td><td>虚构</td><td>借鉴模仿鉴赏评价</td><td>审美情趣审美品位</td></tr>
<tr><td>单元教学目标</td><td colspan="6">参与阅读小说活动，完整经历预习、粗读、细读、评价、写作的过程，由此把握从人物与社会环境共生中认识人物性格形成和发展的原因（素养水平 2-1）。品味小说在形象、情节、语言等方面的独特魅力（素养水平 2-3），了解小说中运用的多种艺术手法（素养水平 3-2），借鉴小说的技法进行创作（素养水平 4-1），提升对社会现实观察、分析、判断的能力，激发想象，培养学生高尚的审美情趣（素养水平 3-3、4-1）</td></tr>
</table>

续表

<table>
<tr><td>单元核心问题及问题分解</td><td colspan="3">核心问题：
欣赏不同风格类型的小说，探究小说情节、人物、环境、主题的内在关系，品味多种艺术手法及小说语言的魅力，探析基于虚构的艺术性、巧合性与基于生活的真实性、合理性之间的关联，记录阅读感受，撰写读书札记，借鉴小说技法进行创作。
问题解析：
小说通过虚构人物形象和故事情节展现人情世态和人生思索，这种以“虚构”来传递“真实感悟”的文学形态赋予了小说不同于其他文体的艺术魅力和深刻内涵，激活了想象和审美情趣，同时丰富了文学的生活性表达和现实性观照。本单元不同时代、风格、类型的小说恰好从不同角度展现了这种“虚构”的多维多向性，在情节、人物、环境等方面存在鲜明的差异，却又在主题上呈现高度的统一，即都展现出困境与抗争、忍耐与突围的矛盾冲突，在探讨社会环境对人物命运影响方面，都具有丰富而深厚的意蕴，以及鲜明的社会批判性。借助课文，首先需要探究的是小说要素间关联：基于虚构的情节、人物、环境与基于“真实感悟”的小说主题之间，分别是什么关系，它们内部有哪些分型，各分型之间是什么关系，应该形成相应的清晰的结论。其次需要探究的是小说的鉴赏方法：不同于散文，小说有其特有的创作技巧和赏析角度，有其特有的文学风格和语言特质，有其特有的关注焦点和逻辑起点，应该形成相应的分析框架。最后需要探究的是小说的评论和创作方法，主要体现在学生的真实过手成文上</td></tr>
<tr><td rowspan="5">课时划分</td><td>课时</td><td>课时大概念</td><td>课时核心问题</td></tr>
<tr><td>第一课时</td><td>粗读文本
梳理情节</td><td>概括五篇小说主要内容，绘制小说情节思维导图和人物命运曲线图，探究影响命运走向的突发事件在小说中的作用</td></tr>
<tr><td>第二课时</td><td>探求差异
整合析读</td><td>从语言、神态、外貌、性格和心理等角度归纳五篇小说中主要人物的形象特征，探究造成人物悲剧和不幸命运的个人和社会原因，交流心得体会。从对主人公不幸命运造成重大影响的人物中选择一个，写一段评论性的文字</td></tr>
<tr><td>第三课时</td><td>文本细读
究中深意</td><td>以小组合作的方式，研读教师提供的背景资料，对比五篇小说社会和自然环境的异同，分析环境对情节、人物造成的影响，探究小说情节、人物、环境、主题的内在关系</td></tr>
<tr><td>第四课时</td><td>能力训练
展示交流</td><td>品味多种艺术手法及小说语言的魅力，探析基于虚构的艺术性、巧合性与基于生活的真实性、合理性之间的关联，借鉴小说技法，发挥想象创作一个虚构的故事</td></tr>
<tr><td>教学评价</td><td colspan="3">一、关于大概念生成理解的评价预设
1. 概念结论类大概念
（1）就“小说技法”这一单元大概念本身及其统摄下的课时大概念在教与学的统整和规范上产生的实际效用进行综合评价。
（2）对学生借助小说的情节安排、人物塑造、环境营造展现困境与抗争、忍耐与突围等矛盾冲突的艺术形式来深入解读小说意蕴、赏析小说技法的活动进行适恰的评价。
2. 思想方法类大概念
就学生分析鉴赏时的作者视角与抽象主旨的分析归纳，对五篇小说作品的关联阅读与所反映的时代背景的深度整合等的达成情况进行检测评价。
3. 价值观念类大概念
在单元小说作品的鉴赏评价和单元三类作业的完成过程中，就学生对小说作品在观照与洞察人生世相及其展现对旧世界、丑恶事物的批判意识等大概念的体悟情况进行评价。</td></tr>
</table>

续表

<table>
<tr><td>教学评价</td><td colspan="7">二、关于单元素养目标达成的评价预设
1. 就学生把握人物性格形成和发展原因，品味小说在人物、情节、环境、语言等方面魅力与关联，了解小说多种艺术手法等的具体表现进行激励、督促和指导性评价。
2. 就学生记录阅读感受，撰写读书札记，激发想象，借鉴小说技法进行创作的具体情况进行优、良、中、一般的定性评价。
3. 就提升对社会现实观察、分析、判断的能力，形成高尚的审美情趣进行鼓励性评价。
三、关于三类单元作业完成的评价预设
将单元基础性作业、综合性作业和实践性作业在各课时中进行量化设计，就学生对每一类题目的参与、完成情况进行量化评价</td></tr>
<tr><td rowspan="4">单元作业</td><td>作业类型</td><td>作业目标</td><td>作业内容</td><td>作业情境</td><td>概念结论</td><td>思想方法</td><td>价值观念</td></tr>
<tr><td>基础性作业</td><td>能掌握小说单元学习所获得的小说基本知识，能结合文本对相应的小说要素进行分析</td><td>感受小说所营造的情境，进而分析小说各要素。理解小说各要素在小说中的作用效果</td><td>结合小说本身营造的情境，能够深入到小说营造的社会环境或自然环境中，设身处地地进行思考分析</td><td>小说各要素（人物、环境、情节、主题）</td><td>结合情境的概念分析</td><td>由小说主题内化修正自己的价值观</td></tr>
<tr><td>综合性作业</td><td>能熟练运用本单元所学的小说知识，综合分析小说的独特性；能与其他文体进行分析比较，进而理解不同文体在表达和应用上的特点与优势</td><td>综合运用所学知识技巧，多方面分析一篇小说的特点。或者评述小说要素的优劣。能比较小说与其他文体（如实用类作品）的同题材作品有何异同。
能体会不同文体在运用上的独特性与合理性</td><td>充分体会小说所处时代的社会情境、小说营造的不同情境以及不同文体的使用情境</td><td>小说的整体特征，小说的独特性。不同文体的特征与适环境</td><td>综合理解比较分析</td><td>不同文体在不同情境下的运用价值</td></tr>
<tr><td>实践性作业</td><td>能利用所学知识技巧，结合时代特征，与自身感悟，尝试创作一篇短篇小说</td><td>仿照鲁迅《故事新编》或贾平凹《俗世奇人》，选取生活中一个片段或人物，创作一篇有时代特色的短篇小说</td><td>时代特点，社会热潮，情境就在当下</td><td>小说创作</td><td>综合写作</td><td>通过小说反映自己对时代、对社会的观察与理解，展示自己对小说文体的把握</td></tr>
<tr><td>反馈调整</td><td colspan="7">待单元教学完成之后，拟从单元教学设计、教学实施和作业设计三个方面进行反思总结，提出具体的优化措施</td></tr>
</table>

运用比较阅读的方式对小说进行探究与表达——“观察与批判”单元第二课时学教案

林 俊

一、教学分析设计

【内容分析】☞

本单元是人教社部编本（2020 版）《普通高中教科书 · 语文》单列的“小说阅读”单元。该单元旨在通过虚构的人物和故事反映社会生活、人情世态，借以提升学生的观察与批判、鉴赏与创作能力，属于“文学阅读与写作”学习任务群。单元所选小说共五篇，分别是鲁迅的《祝福》、施耐庵的《林教头风雪山神庙》、契诃夫的《装在套子里的人》、蒲松龄的《促织》和卡夫卡的《变形记》（节选）。就题材内容而言，这五篇小说内容各有差异，蒲松龄的《促织》和卡夫卡的《变形记》（节选）都有人变虫的情节，因此，本课时的主要学习内容就是在前两节课对该两篇熟读和理解的基础上，着眼作者所写之情节，聚焦人异化的成因，分析两篇小说的风格差异，对两篇小说进行整合析读、精读以把握其主题。

【课时大概念】☞

概念类别	简略化表达	特征化表达
核心大概念	探求差异 整合析读	在熟读和理解的基础上，着眼作者所写之情节，聚焦人异化的成因，分析两篇小说的风格差异，对两篇小说进行整合析读、精读以把握其主题
概念结论类	小说技法	从人物与社会环境共生中认识人物性格形象。通过阅读小说，了解小说中运用的多种艺术手法，借鉴小说的技法进行创作
思想方法类	知人论世	全方面了解作者本人，并且能够从作者所处的时代来进行思考，这样才能够更加全面地了解文学作品，从人物与社会环境共生中认识人物性格形成和发展的原因
价值观念类	观察与批判	领会作家对社会现实和人生世相的深刻洞察，拓展视野，体会其对旧世界、丑恶事物的批判意识。学会观察社会生活，思考人生问题，增强对社会的认识；提升审美情趣和审美品位

【资源条件】☞

资源名称	功 能
黑 板	板书课时核心问题；板书学生研读赏析出的小说异同要点等
教材、学案及助读资料	提供课时核心问题教学四个环节中学生研读赏析小说文本所需的必要载体与支架
自制 PPT	出示课时核心问题和四个环节的研读活动和要求，提供赏析交流所需的部分参考性结论

【学生基础】☞

高一阶段的学生，在初中小学阶段的课内外有大量的小说作品阅读体验。从这个层面看，学生已经有了较好的小说阅读积累，这为本单元小说内容的理解奠定了能够顺利而有效实施的基础，但是部分作品由于作家表达方式、语体风格、国别社会差异，也会在阅读上带给学生一定的阻碍。小说鉴赏题是中学语文考查的重要题型，学生经过初中的学习具备一定的鉴赏知识基础，但高中的阅读鉴赏提出了更高的要求，学生只用初中的答题模式和认知模式去理解高中的小说阅读鉴赏，往往是隔靴搔痒，不得要领。这需要一方面深入领会作家对现实生活的深刻洞察，增强社会认知和审美素养，另一方面需要了解小说如何运用多种艺术手法实现创作意图，自觉运用语文专业素养去品味小说形象、情节、语言和风格等方面的独特魅力。学生在初中小学阶段有一定的读书笔记的训练体验，而大量的记叙文训练为学生进一步尝试复杂的记叙文创作打下坚实的基础。学生一方面可以用读书笔记或提要的形式对小说的阅读感受和见解进行表达，另一方面可以通过教师引导、自主查找对比提升的方式将专业的小说评论与自己的表达相对照，深度理解小说的思想和艺术内涵，并且尝试将其运用在自己的复杂记叙文创作中去。

【目标分析】☞

参与阅读小说活动，完整经历预习、粗读、细读、评价、写作的过程，由此从人物与社会环境共生中把握认识人物性格形成和发展的原因（素养水平 2-1）。品味小说在形象、情节、语言等方面的独特魅力（素养水平 2-3），了解小说中运用的多种艺术手法（素养水平 3-2），借鉴小说的技法进行创作（素养水平 4-1），提升对社会现实观察、分析、判断的能力，激发想象，培养学生高尚的审美情趣（素养水平 3-3、4-1）。

【主题分析】☞

小说通过虚构人物形象和故事情节展现人情世态和人生思索，这种以“虚构”来传递“真实感悟”的文学形态赋予了小说不同于其他文体的艺术魅力和深刻内涵，激活了想象和审美情趣，同时丰富了文学的生活性表达和现实性观照。本单元不同时代、风格、类型的小说恰好从不同角度展现了这种“虚构”的多维多向性，在情节、人物、环境等方面存在鲜明的差异，却又在主题上呈现高度的统一，即都展现出困境与抗争、忍耐与突围的矛盾冲突，在探讨社会环境对人物命运影响方面，都具有丰富而深厚的意蕴，以及鲜明的社会批判性。

基于上述分析，本课时的核心问题即拟定为：聚焦比较小说文本中的人物的异化情节，透过小说手法、背景、写作意图分析小说各要点的关联。

【评价预设】☞

（1）提出问题环节：针对学生进入单元两篇小说的赏析阅读情境、领会课堂核心问题的情况进行整体引导性评价，为具体开展文本语言赏析进行铺垫。

（2）解决问题环节：就学生对两篇小说的关键语句和段落的圈划判断、理解分析等进行点拨、指导和激励性评价，促进学生快速达到有效赏析的效果。

（3）反思提升环节：就学生基于本节课两篇小说赏析的体验总结、提炼小说赏析的一般方法的表现情况进行肯定和点拨性评价，对学生运用比较阅读的方式对小说进行赏析的体验情况进行激励性评价，促进学生对小说风格和主题的深度认知。

（4）评价反馈环节：就学生完成小说赏析类作业的情况进行定性和赋分评价，促进学生小说文本语言理解和赏析能力的深度体验和提升。

二、教学实施设计

【教学环节】☞

教学环节	学生活动	教师活动	设计意图	技术融合
提出问题	聚焦变形情节，引发原因思考；明确课时核心问题，进入小说研读状态	1. 东西方人的异化神话传说引入。 2. 提出核心问题：聚焦小说文本中的人物的异化情节，透过小说手法、背景、写作意图分析小说各要点的关联	以经典的神话传说引入，创设学习情境，激发研读欲望，明确学习核心任务	PPT 出示文论原句和课时核心问题
解决问题	参与小说情节梳理，明确异化情节的内容和作用	出示活动 1：梳理小说情节，明确异化情节的内容和作用。 指导、点拨	学生梳理情节，教师指导点拨，创设情节研读情境	PPT 出示活动要求及文本研读所需的互涉文献资料
	探究异化情节手法的差异，明确其效果的不同	出示活动 2：探究异化情节手法的差异。 评价、引导、点拨	为快速准确辨析异化手法提供抓手，强化读小说看手法、看意图的意识	
	知人论世，结合背景资料，准确把握小说主题	出示活动 3：关联背景深入全面把握主题。 评价、引导、点拨	为深入全面研读异化情节提供支撑，强化知人论世的意识	
反思提升	基于本单元小说文本明确小说的基本特征。 立足本节课的研读体验提炼小说的一般方法	引导学生反思总结、归纳提炼情节、手法、主题的基本关系和此类小说研读的一般方法	促进学生在反思中强化对小说的认知，提升对该类小说阅读鉴赏的理性认知	PPT 出示活动要求及与小说特征和鉴赏有关的前人论断

续表

教学环节	学生活动	教师活动	设计意图	技术融合
评价反馈	做学案评价题并展示交流，参与赋分评价	出示学案评价题： 在人类社会中，许多事情变了，许多事情又并未改变，在这些变与不变中隐藏着什么样的规律？	检测课时目标达成情况，借此进一步强化学生对该类小说和主题的理解和认知	PPT 出示评价反馈工具和研读结论参考标准。 手机拍照学生研读结论实时上传

【板书设计】☞

“小说阅读”之研读异化

核心问题：聚焦比较小说文本中的人物的异化情节，透过小说手法、背景、写作意图分析关联。

小说	情节	手法	意图
《促织》:	子死化虫	反讽、对比、荒诞	天子一跬步，皆关民命
《变形记》:	人变虫被弃	反讽、对比、荒诞、象征	资本对人的异化
研读方法：	梳理聚焦情节	分析技法	知人论世

【课后服务】☞

课时作业的结构化设计：

作业序号	作业目标	作业情境		概念结论		思想方法		价值观念		整体评估	
		内容	水平	内容	水平	内容	水平	内容	水平	内容	水平
1	检测学生概括小说情节、理解文本内容研读知识的迁移运用能力	结合小说本身营造的情境，能够深入到小说营造的社会环境或自然环境中，设身处地地进行思考分析	简单	小说各要素（人物、环境、情节、主题）	审美鉴赏与创造 2	结合情境的概念分析	思维发展与提升 1	小说主题的内化	文化传承与理解 2	基础性作业	学业质量水平 1-3
2	能熟练运用本单元所学的小说知识，综合分析小说的独特性；能与其他文体进行分析比较，进而理解不同文体在表达和应用上的特点与优势	充分体会小说所处时代的社会情境、小说营造的不同情境以及不同文体的使用情境	较复杂	小说的整体特征，小说的独特性	审美鉴赏与创造 4	综合理解比较分析	思维发展与提升 3	不同文体在不同情境下的运用价值	文化传承与理解 3	综合性作业	学业质量水平 3-3

续表

作业序号	作业目标	作业情境		概念结论		思想方法		价值观念		整体评估	
		内容	水平	内容	水平	内容	水平	内容	水平	内容	水平
3	能利用所学知识技巧，结合时代特征，与自身感悟，尝试创作一篇短篇小说	时代特点，社会热潮，情境就在当下	复杂	小说创作	审美鉴赏与创造 5	综合写作	思维发展与提升 4	通过小说反映自己对时代、对社会的观察与理解，展示自己对小说文体的把握	文化传承与理解 5	实践性作业	学业质量水平 4-3
课时作业总体评估	因为在课堂教学解决问题环节通过整合教学集中研读了本单元两篇小说的异化情节，并在此基础上提炼出梳理聚焦情节、分析技法、知人论世的研读方法，所以在评价反馈作业中设置了问题 1（请从主人公自身与周围的人物的上角度分析成名之子和格里高尔“变虫后”的特点），以检测学生单元小说阅读学习所获小说阅读知识的迁移运用能力；问题 2（分析刻画成名之子和格里高尔形象运用的手法以及两者共同点），以检测学生运用单元小说阅读学习所获小说阅读知识、方法开展综合性探究学习以解决问题的能力；具有明显实践情境的开放性的问题 3（在人类社会中，许多事情变了，许多事情又并未改变，在这些变与不变中隐藏着什么样的规律？请大家思考并写下 300～500 字的小随笔），以引导学生运用小说阅读学习所获小说阅读知识、方法去进行所处地域历史文化审美实践的自觉，促进对世界的思考。从作业设置的由浅而深的梯度性和由课内而课外的情境变化，以及与该变化匹配的内容和水平以及涉及的思想方法可以看出，这份课时作业形式多样，内容由单一而综合，情境由简单而高阶，应该可以较好地检测课时目标的达成情况，益于促进学生真实学习行为的发生										

（具体的作业内容略）

【教学流程】☞

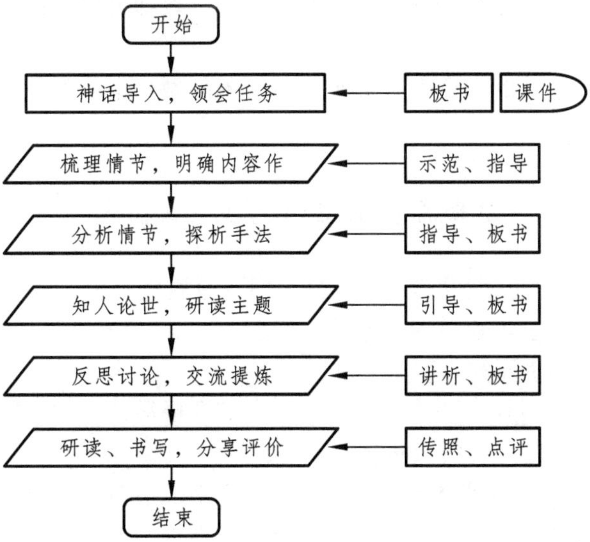

三、教学评价设计

【评价实施】☞

（1）课堂核心问题教学的四个环节中，既整体上贯彻“教学实施设计”中的“评价预设”的评价原则和方式对学生在各个学习活动中的学习表现进行了针对性评价，又根据课堂教学中的非预设性情形灵活地调整了评价策略，力求较为有效地促进学生课堂学习中深度体验的发生。

（2）在“评价反馈”环节，设计三个具有真实情境且具有简单到复杂的梯度的检测题（评价工具），力求从学生课堂和课后完成情况、从定量和定性两个维度客观反映学生对小说阅读中小说要素的关系和研读方法的认知和掌握情况，从而实现评价的有效实施。

【信息搜集】☞

（1）基础性作业的收集：为了检验本节课教学目标的达成情况，教师布置了课堂运用反馈检测题——请从主人公自身与周围的人物的上角度分析成名之子和格里高尔“变虫后”的特点。课后搜集了全班学生的答案，总体上学生能够找到两人变虫后的特点，但存在概括不全、表述不够准确的问题。

（2）学生课堂感受：在初读的时候能够形成特点的感性认识，但对于信息筛选不够全面，总有遗漏。有的学生信息筛选到了，却无法用准确语言说出来，感到表达上的不足，需要积累相关的词汇、术语。

【反馈调整】☞

这堂课可以调整的地方：

（1）学生在研读课文关键情节时候，部分学生思考认识不到相关作用，个别知识点教师越俎代庖进行了讲解，这不太利于学生思维构建关联，教师可以在课前加强知识的铺垫，便于学生思考的顺畅。

（2）课堂运用反馈上，时间紧，任务难度大，不能做到全面的提升，需要再细化分解，在学生导入程序上做好铺垫。

大概念核心问题教学文化评价表

课时名称：运用比较阅读的方式对小说进行探究与表达。

所属单元：统编高中语文必修（下）第六单元。

单元核心大概念：探求差异，整合析读。

特征化表达：从人物与社会环境共生中认识人物性格形像。通过阅读小说，了解小说中运用的多种艺术手法，借鉴小说的技法进行创作。

单元核心问题：欣赏不同风格类型的小说，探究小说情节、人物、环境、主题的内在关系，品味多种艺术手法及小说语言的魅力，探析基于虚构的艺术性、巧合性与基于生活的真实性、合理性之间的关联，记录阅读感受，撰写读书札记，借鉴小说技法进行创作。

课时大概念：通过阅读小说，了解小说中运用的多种艺术手法，借鉴小说的技法进行创作，全方面地了解作者本人，学会观察社会生活，思考人生问题，增强对社会的认识；提升审美情趣和审美品位。

课时核心问题：在熟读和理解的基础上，着眼作者所写之情节，聚焦人异化的成因，分析两篇小说的风格差异，对两篇小说进行整合析读、精读以把握其主题。

<table>
<tr><th rowspan="2">评价目标</th><th colspan="3">评价指标</th><th rowspan="2" colspan="2">评价
方法结果</th></tr>
<tr><th>一级指标</th><th>二级指标</th><th>三级指标</th></tr>
<tr><td rowspan="28">实现活动体验中的学习与素养发展</td><td rowspan="12">具有大概念核心问题教学形态</td><td rowspan="3">核心问题利于活动体验</td><td>内含客观问题和学生活动方式</td><td>8</td><td rowspan="12">每项指标最高评 8 分（满分为 96 分）

合计 91 分</td></tr>
<tr><td>问题情境与真实生活密切相关</td><td>7</td></tr>
<tr><td>能引发大概念、新知新法生成</td><td>7</td></tr>
<tr><td rowspan="3">教学目标价值引导恰当</td><td>目标构成全面准确</td><td>8</td></tr>
<tr><td>内含关联体验目标</td><td>8</td></tr>
<tr><td>目标价值引导显现</td><td>8</td></tr>
<tr><td rowspan="3">教学环节完整合理落实</td><td>课程教学环节完整</td><td>8</td></tr>
<tr><td>环节内容合理充实</td><td>8</td></tr>
<tr><td>学生活动时间充分</td><td>7</td></tr>
<tr><td rowspan="3">教学要素相互匹配促进</td><td>问题目标环节两两匹配</td><td>7</td></tr>
<tr><td>技术促进活动形式内容</td><td>7</td></tr>
<tr><td>课程特色突出氛围浓郁</td><td>8</td></tr>
<tr><td rowspan="16">具有大概念核心问题教学特质</td><td rowspan="4">拓展学习视野</td><td>课堂与现实世界有恰当关联</td><td rowspan="16" colspan="2">选择一个表现突出的二级指标，在相应三级指标引导下，以现场学生表现为主要依据，以其余指标为背景，于本表的第二页写出 150 字以上的简要评价</td></tr>
<tr><td>有基于缄默知识的问题解决</td></tr>
<tr><td>有缄默知识运用的追踪剖析</td></tr>
<tr><td>知识运用剖析导向素养发展</td></tr>
<tr><td rowspan="4">投入实践活动</td><td>有真实而且完整的实践活动</td></tr>
<tr><td>实践活动深度融入两类情境</td></tr>
<tr><td>能够全身心地浸渍于活动中</td></tr>
<tr><td>活动的内容结果均丰富深入</td></tr>
<tr><td rowspan="4">感受意义关联</td><td>有核心问题的深层意义感受</td></tr>
<tr><td>有以知识为中心的关联感受</td></tr>
<tr><td>有以个人为中心的关联感受</td></tr>
<tr><td>有对三类大概念的关联感受</td></tr>
<tr><td rowspan="4">自觉反思体验</td><td>有实质性反思活动的开展</td></tr>
<tr><td>有课堂新因素的追踪利用</td></tr>
<tr><td>有体验的交流与改善重构</td></tr>
<tr><td>有概念生成中的素养发展</td></tr>
</table>

续表

<table>
<tr><th rowspan="2">评价
目标</th><th colspan="3">评价指标</th><th rowspan="2">评价
方法结果</th></tr>
<tr><th>一级指标</th><th>二级指标</th><th>三级指标</th></tr>
<tr><td rowspan="7">实现活动体验中的学习与素养发展</td><td rowspan="7">具有大概念核心问题教学特质</td><td rowspan="4">乐于对话分享</td><td>乐于自我的表达与认真的倾听</td><td rowspan="7"></td></tr>
<tr><td>乐于合作中成果与思路的分享</td></tr>
<tr><td>乐于成果交流中深层意义分享</td></tr>
<tr><td>有宽容的对话氛围和双向交流</td></tr>
<tr><td rowspan="3">认同素养评价</td><td>认可素养评价</td></tr>
<tr><td>参与素养评价</td></tr>
<tr><td>利用素养评价</td></tr>
<tr><td colspan="5">大概念核心问题教学特质的简要评价（包括发展性建议）:
本节课在大概念核心问题教学特质方面表现得最为突出的是“投入实践活动”。首先，创设了良好的学习探索情境。通过与古代与西方神话中人的异化情节，吸引学生兴趣，构建关联，为学习活动的展开打下很好的基础。
在解决问题的环节中，创设了小说研读的情境，既有整体的感知，又有局部的细读；既有情节梳理感知，又有关键情节聚焦；既有手法探究，又有知人论世深化。整个课堂，学生真正融入学习探索情境和生活实践情境中。
课后学生有回味，课堂上对课堂知识有深度认识。学生能理性分析小说要素关系，与时代特征相结合，进行相关的小说创作，个体综合素养提升</td></tr>
</table>

大概念核心问题教学素养目标点检测表

<table>
<tr><td>课时名称</td><td colspan="3">运用比较阅读的方式对小说进行探究与表达</td></tr>
<tr><td>所属单元</td><td colspan="3">统编高中语文必修（下）第六单元</td></tr>
<tr><td rowspan="3">课程大概念</td><td>核心大概念</td><td colspan="2">小说阅读</td></tr>
<tr><td>概念结论类</td><td>思想方法类</td><td>价值观念类</td></tr>
<tr><td>小说技法</td><td>知人论世</td><td>观察与批判</td></tr>
<tr><td>核心问题</td><td colspan="3">聚焦比较小说文本中的人物的异化情节，透过小说手法、背景、写作意图分析小说各要点的关联</td></tr>
<tr><td>课程
素养目标</td><td colspan="3">参与阅读小说活动，完整经历预习、粗读、细读、评价、写作的过程，由此把握从人物与社会环境共生中认识人物性格形成和发展的原因（素养水平 2-1）。品味小说在形象、情节、语言等方面的独特魅力（素养水平 2-3），了解小说中运用的多种艺术手法（素养水平 3-2），借鉴小说的技法进行创作（素养水平 4-1），提升对社会现实观察、分析、判断的能力，激发想象，培养学生高尚的审美情趣（素养水平 3-3、4-1）</td></tr>
<tr><td>检测点</td><td colspan="3">检测学生通过人物把握小说情节、主题之间关联的能力</td></tr>
<tr><td>检测任务</td><td colspan="3">请从主人公自身与周围的人物的角度分析成名之子和格里高尔“变虫后”的特点</td></tr>
<tr><td rowspan="4">分类标准</td><td colspan="3">A. 学生能全面概括特点，用词准确，角度恰当</td></tr>
<tr><td colspan="3">B. 学生能比较全面概括特点，用词比较准确，角度比较恰当</td></tr>
<tr><td colspan="3">C. 学生能大致概括特点，用词大致准确，角度大致恰当</td></tr>
<tr><td colspan="3">D. 学生不能全面概括特点，用词不够准确，角度不太恰当</td></tr>
</table>

续表

<table>
<tr><td rowspan="5">检测统计</td><td>分类等级</td><td>学生人数</td><td>百分比（%）</td></tr>
<tr><td>A</td><td>13</td><td>23.21</td></tr>
<tr><td>B</td><td>22</td><td>39.28</td></tr>
<tr><td>C</td><td>15</td><td>26.78</td></tr>
<tr><td>D</td><td>6</td><td>10.07</td></tr>
<tr><td>检测分析及结果运用</td><td colspan="3">从上面“检测统计”中的数据可以清楚地看出，全班56名学生中，有23.21%的学生能全面概括特点，用词准确，角度恰当；有39.28%的学生能比较全面地概括特点，用词比较准确，角度比较恰当。这表明本节课素养目标的达成度还是比较理想的。这一检测结果证明了大概念的核心问题教学能更好地整合课时教学内容，驱动学生更好地参与课堂学习活动，进而获得深度学习体验。
另外，从检测结果来看，还有26.78%的学生能大致概括特点，用词大致准确，角度大致恰当；10.07%的学生不能全面概括特点，用词不够准确，角度不太恰当。这一检测结果说明在教学内容的实施中还需改进，同时为教师在课外对学生进行针对性辅导提供了依据</td></tr>
<tr><td>素养目标达成典型实例</td><td colspan="3">余玺：成名之子与格力高尔“变虫后”的特点分析
《促织》中的成名之子，在小说中是一个微不足道的角色，但他的命运却成为整个故事的转折点。这个年轻人经历了人生的起起伏伏，从原本平凡的农村生活到被选中为宫廷促织的参赛者，再到最终的悲剧结局。在这一过程中，他展现了多方面的特点。
首先，成名之子有着非凡的勇气和毅力。无论是面对宫廷的竞争还是家庭的困境，他都展现出了顽强的意志和决不退缩的态度。
其次，成名之子也体现出了对家庭的深深眷恋。在家庭遭遇困境时，他毫不犹豫地选择挺身而出，为了家庭和亲人的幸福而奋斗。
而在《变形计》中，格力高尔在故事中经历了由人到虫的转变，不仅仅是形体上的变化，更是心灵和价值观的巨大转变。
首先，格力高尔变虫后展现出了顽强的生存意志。尽管身体发生了巨大的变化，他仍然努力地适应新的环境和挑战，试图找到属于自己的生存之路。
其次，格力高尔变虫后也始终保持着对家庭关系的爱。在变形之后，格力高尔成为一个与人类社会格格不入的异类。但哪怕历经打击也依然保持着对家庭的深深眷恋。
〖点评〗余玺同学对于两个人物的分析立足于文本情节，深刻把握人物的性格特点，在从自身与周围人的矛盾碰撞中找出人物的特点，通过聚焦比较不同人物的异化原因，更深入地体悟出小说的主题所在</td></tr>
<tr><td>检测反馈</td><td colspan="3">从上述学生在课堂学习活动中完成评价反馈环节的基础性作业的情况以及课后完成综合性和实践性作业的情况来看，本节课几个学习活动的设计和实施是合理且有良好效果的，较好地助力了单元及课时素养目标的达成。这表明，在高中语文新教材的实施过程中，自觉运用大概念的核心问题教学进行单元文本的整合教学确实有助于高效实施教材，实现课程目标，促进学科核心素养的落实，最终实现学生语言、思维、文化和审美能力的更好生成</td></tr>
</table>

《林教头风雪山神庙》和《装在套子里的人》联读
——“观察与批判”单元第三课时学教案

梁　军

一、教学分析设计

【内容分析】☞

《普通高中语文课程标准》(2017 年版 2020 年修订)要求学生通过阅读与鉴赏、表达与交流、梳理与探究等语文学习活动，在语言建构与运用、思维发展与提升、审美鉴赏与创造、文化传承与理解几个方面都获得进一步的发展，坚定文化自信。自觉弘扬社会主义核心价值观，树立积极向上的人生理想，为全面发展和终身发展奠定基础。能阅读理论类、实用类、文学类等多种文本。了解理论类、实用类、文学类文本的文体特征和表达方法。培养学生丰富语言积累、梳理语言现象的习惯，在观察、探索语言文字现象，发现语言文字运用问题的过程中，自主积累语文知识，探究语言文字运用规律，增强语言文字运用的敏感性，提高探究、发现的能力，感受祖国语言文字的独特魅力，增强热爱祖国语言文字的感情。

《林教头风雪山神庙》和《装在套子里的人》是部编统编教材必修下册第六单元的两篇小说，这一单元属于“文学阅读与写作”任务群，单元的人文主题是观察与批判。学习文本，要领会作家对社会现实和人生世相的深刻观察，拓展视野，体会文本对旧世界、丑恶事物的批判意识；要让学生学会观察社会生活，思考人生问题，增强对社会的认识；提升审美情趣和审美品味。这两篇小说，通过虚构的人物形象与故事情节反映社会生活，描摹人情世态，表达对人生的思索。学习小说，要注意知人论世，在人物与社会环境共生、互动的关系中认识人物性格的形成和发展，关注作品的社会批判性。要了解作者如何运用多种艺术手法实现创作意图，品味小说在形象、情节、语言等方面的独特魅力，欣赏小说的不同风格类型。

【课时大概念】☞

概念类别	简略化表达	特征化表达
核心大概念	文本细读 究其深意	搜集资料，探讨造成小说中不幸命运的社会根源，揭示造成病苦的原因

续表

概念类别	简略化表达	特征化表达
概念结论类	虚构与想象	小说的虚构与想象是文学创作中的两个基本要素，它们共同构成了小说艺术的核心。虚构是指作家在创作过程中，依据生活逻辑，透过想象与撮合，创造出现实生活中不存在但又合情合理的人和事物。想象是小说家创作过程中的心理活动，是他们将现实世界投映于内心世界的结果
思想方法类	知人论世	全方面地了解作者本人，并且能够从作者所处的时代来进行思考，这样才能够更加全面地了解文学作品，从人物与社会环境共生中认识人物性格形成和发展的原因
价值观念类	观察与批判	领会作家对社会现实和人生世相的深刻洞察，拓展视野，体会其对旧世界、丑恶事物的批判意识。学会观察社会生活，思考人生问题，增强对社会的认识；提升审美情趣和审美品位

【资源条件】☞

资源名称	功　能
黑　板	板书课时核心问题；板书学生联读讨论的要点
教材、学案及助读资料	提供课时核心问题教学四个环节中学生联读赏析文本所需的必要载体与支架
自制 PPT	出示课时核心问题和四个环节的研读活动和要求，提供赏析交流所需的部分参考性结论

【学生基础】☞

《林教头风雪山神庙》和《装在套子里的人》是部编教材必修下册第六单元的两篇小说，属于“文学阅读与写作”的学习任务群，本单元的人文主题是观察与批判。学生对施耐庵的《水浒传》有所了解，对契诃夫的《装在套子里的人》比较陌生。在教学的过程中，要鼓励学生自主探究，就小说的题材、思想意义、艺术手法、创作风格等开展广泛深入的研讨。既要深化学生对小说体裁的一般理解，又要让他们模仿小说家的眼光去观察社会人生，借鉴小说作品的写法去创造故事，让学生在阅读、思考、观察、写作的融合中提升自己的语文核心素养。

【目标分析】☞

联读《林教头风雪山神庙》和《装在套子里的人》，把握小说情节，分析人物形象（思维的发展与提升 3-2）厘清人物和社会环境之间的关系（审美鉴赏与创造 1-3、2-3），思考林冲和别里科夫两人面对社会压迫的不同做法对当今社会的启示（文化传承与理解 2-4）。

【主题分析】☞

英国诗人约翰·多恩说：“没有人是自成一体、与世隔绝的孤岛，每一个人都是广袤大陆的一部分。”我们常说性格决定命运，命运和时代环境相关。不同时代、不同地域的人，在面对一个黑暗的、压迫的社会时，会有不同的行动、不同的心理反应，出现不同的结局。

本课的核心问题是：联读《林教头风雪山神庙》和《装在套子里的人》，讨论分析林冲和别里科夫身上“羔羊”的特征和他们成为“命运的羔羊”的原因，探究社会环境对人物命运走向所起到的重要作用。

【评价预设】☞

（1）提出问题环节：就学生预习两篇小说的情况及对课堂核心问题的领会进行点评和引导性评价，为学生进入课堂学习体验情境铺路搭桥。

（2）解决问题环节：就小说技法这一单元大概念本身及其统摄下的课时大概念在教与学的统整和规范上产生的实际效用进行综合评价。

（3）反思提升环节：对学生借助小说的情节安排、人物塑造、环境营造展现困境与抗争、忍耐与突围等矛盾冲突的艺术形式来深入解读小说意蕴、赏析小说技法的活动进行适恰的评价。

（4）评价反馈环节：就学生完成作业情况进行评价，从研读和表达两个维度促进学生小说阅读鉴赏能力的进一步生成。

二、教学实施设计

【教学环节】☞

教学环节	学生活动	教师活动	设计意图	技术融合
提出问题	解释文论，初步了解古诗词中的景情关系；明确课时核心问题，进入诗词情感研读状态	1. 文论引入：英国诗人约翰·多恩说："没有人是自成一体、与世隔绝的孤岛，每一个人都是广袤大陆的一部分。" 2. 提出核心问题：联读《林教头风雪山神庙》《装在套子里的人》，讨论分析林冲和别里科夫身上"羔羊"的特征和他们成为"命运的羔羊"的原因。探究社会环境对人物命运走向所起到的重要作用	以经典的文论引入，创设学习情境，激发研读欲望，明确学习核心任务	PPT 出示文论原句和课时核心问题
解决问题	提炼人物要点并用形象化语言再现	出示活动 1：如果用动物来形容他们，你觉得他们分别是什么动物？ 评价、指导、点拨	激发兴趣，迅速将目光聚焦于人物形象特征	PPT 出示活动要求及文本研读所需的互涉文献资料
	结合文本分析，做到有理有据（时间 3 分钟）	出示活动 2：辩论：林冲是不是一只"羔羊"？ 评价、引导、点拨	明确人物形象的丰富内涵及其与形成原因	
	结合文本分析，做到有理有据（时间 3 分钟）	出示活动 3：别里科夫是不是一只"羔羊"？ 评价、引导、点拨		
反思提升	立足文本，从人物个性、思想观念、社会环境等方面入手	林冲和别里科夫是怎样成为"羔羊"的？	促进学生在反思中强化对人物形象与社会环境的关系有理性的思考	PPT 出示活动要求及课堂研究结果

续表

教学环节	学生活动	教师活动	设计意图	技术融合
评价反馈	做学案评价题并展示交流，参与赋分评价。 学生朗读《春日登楼怀归》，说说为什么这样朗读，自己是怎样体会这种情感的	出示学案评价题： 学习了《林教头风雪山神庙》和《装在套子里的人》，试着从环境对人的影响的角度对人物进行评价	检测课时目标达成情况，借此进一步强化学生对人物评价路径和方法的认知	PPT 出示评价反馈工具和研读结论参考标准。 手机拍照学生研读结论实时上传

【板书设计】☞

《林教头风雪山神庙》和《装在套子里的人》联读

核心问题：讨论分析林冲和别里科夫身上“羔羊”特征和他们成为“命运的羔羊”的原因，探究社会环境对人物命运走向起到的重要作用。

软弱　　　　保守

羔羊 ← 奴性 ← 封建专制（命运）

【课后服务】☞

课时作业的结构化设计：

作业序号	作业目标	作业情境		概念结论		思想方法		价值观念		整体评估	
		内容	水平	内容	水平	内容	水平	内容	水平	内容	水平
1	能掌握小说单元学习所获得的小说基本知识，能结合文本对相应的小说要素进行分析	结合小说本身营造的情境，能够深入小说营造的社会环境或自然环境中，设身处地地进行思考分析	简单	小说各要素（人物、环境、情节、主题）	语言建构与运用 2	结合情境的概念分析	思维发散与提升 2	由小说主题内化修正自己的价值观	文化传承与理解 1	基础性作业 综合性作业	学业质量水平 1-3
2	能熟练运用本单元所学的小说知识，综合分析小说的独特性；能与其他文体进行分析比较，进而理解不同文体在表达和应用上的特点与优势	充分体会小说所处时代的社会情境、小说营造的不同情境以及不同文体的使用情境	较复杂	小说的整体特征，小说的独特性。不同文体的特征与适环境	语言建构与运用 3	对不同类型小说综合理解比较分析	思维发散与提升 3	欣赏与评价。	文化传承与理解 3	综合性作业	学业质量水平 3-3

续表

作业序号	作业目标	作业情境		概念结论		思想方法		价值观念		整体评估	
		内容	水平	内容	水平	内容	水平	内容	水平	内容	水平
3	能利用所学知识技巧，结合时代特征，与自身感悟，尝试创作一篇短篇小说	时代特点，社会热潮，情境就在当下	复杂	小说创作	语言建构与运用 3	综合写作	思维发散与提升 4	表现与创新选择与继承	文化传承与理解 4	实践性作业	学业质量水平 4-3
课时作业总体评估	根据本单元学习目标及大概念的统领，在作业布置上按照由浅入深的顺序，设计了如下作业：基础作业为感受小说所营造的情境，进而分析小说各要素，理解小说各要素在小说中的作用效果；综合作业是综合运用所学知识技巧，多方面分析一篇小说的特点，或者评述小说要素的优劣，能比较小说与其他文体（如实用类作品）的同题材作品有何异同，能体会不同文体在运用上的独特性与合理性。实践作业是仿照鲁迅《故事新编》或者贾平凹《俗世奇人》，选取生活中的一个片段、一个人物，创作一篇有时代特色的短篇小说。本节课三类作业设计基本遵循了由感性到理性、由语句到篇章、由赏析到创作的知识能力内化规律，具有明显的结构化表征，应该能较好地检测学生人物形象理解和其他要素的关联达成实情，并能进一步促进学生由知人论世到鉴赏评价，再到综合写作创新实践的能力素养养成										

（具体的作业内容略）

【教学流程】☞

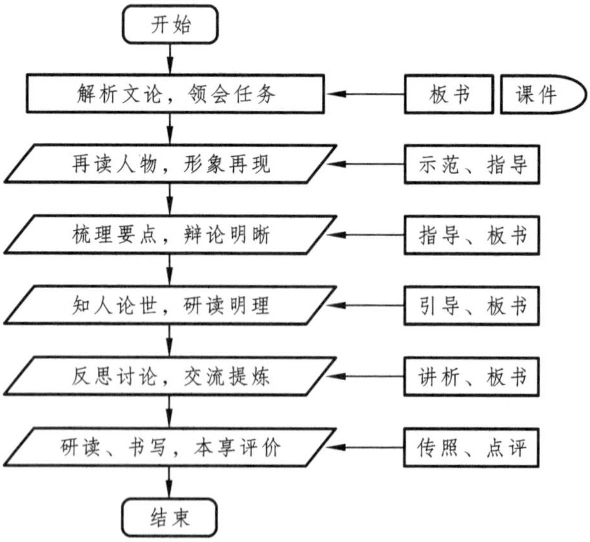

三、教学评价设计

【评价实施】☞

1. 课堂核心问题教学的四个环节中，既整体上贯彻“教学实施设计”中的“评价预设”的评价原则和方式对学生在各个学习活动中的学习表现进行了针对性评价，又根据课堂教学中的非预设性情形灵活地调整了评价策略，力求较为有效地促进学生课堂学习中深度体验的发生。

2. 在“评价反馈”环节，设计三个具有真实情境且具有简单到复杂的梯度的检测题（评价工具），力求从学生课堂和课后完成情况中，从定量和定性两个维度客观地反映学生对小说阅读方法的认知和掌握情况，从而实现评价的有效实施。

【信息搜集】☞

基础性作业的收集：为了检验本节课教学目标的达成情况，教师布置了课堂运用反馈检测题——阅读《林教头风雪山神》《装在套子里的人》和《小公务员之死》，试着评价作品中的人物。

课后搜集了全班学生的作业，总体上学生能够体会到小说文本中的人物形象与社会环境的关联，语言表达准确，但分析较笼统。

【反馈调整】☞

（1）课时大概念核心问题设计能够充分调动学生。“讨论分析林冲和别里科夫身上‘羔羊’的特征和他们成为‘命运的羔羊’的原因。探究社会环境对人物命运走向所起到的重要作用。”这个问题既有新颖性，又有较大的操作空间。实践证明，学生能够带着问题走进文本，走近人物，基本达到目标。

（2）学生对于“命运的羔羊”的理解层次不同，有个别学生无法理解，还需要教师在提出核心任务后搭好脚手架。

大概念核心问题教学文化评价表

课时名称：《林教头风雪山神庙》和《装在套子里的人》联读。

所属单元：统编高中语文新教材必修（下）第六单元。

单元核心大概念：文本细读，究其深意。

特征化表达：搜集资料，探讨造成小说中不幸命运的社会根源，揭示造成病苦的原因。

单元核心问题：领会小说这一体裁的认识和教育价值，获得独特审美体验；学习小说多变的叙事手法及其表达效果，了解小说写作的一般规律，用合适的文体样式和表达方式写作。

课时大概念：研究分析小说丰富的意蕴，小说不同形式下思想层面的关联。

课时核心问题：联读《林教头风雪山神庙》和《装在套子里的人》，讨论分析林冲和别里科夫身上“羔羊”的特征和他们成为“命运的羔羊”的原因。探究社会环境对人物命运走向所起到的重要作用。

评价目标	评价指标			评价方法结果	
	一级指标	二级指标	三级指标		
实现活动体验中的学习与素养发展	具有大概念核心问题教学形态	核心问题利于活动体验	内含客观问题和学生活动方式	8	每项指标最高评8分（满分为96分）
			问题情境与真实生活密切相关	8	
			能引发大概念、新知新法生成	6	
		教学目标价值引导恰当	目标构成全面准确	8	
			内含关联体验目标	8	
			目标价值引导显现	8	
		教学环节完整合理落实	课程教学环节完整	8	
			环节内容合理充实	8	
			学生活动时间充分	8	
		教学要素相互匹配促进	问题目标环节两两匹配	7	
			技术促进活动形式内容	6	
			课程特色突出氛围浓郁	7	合计 90 分
	具有大概念核心问题教学特质	拓展学习视野	课堂与现实世界有恰当关联	选择一个表现突出的二级指标，在相应三级指标引导下，以现场学生表现为主要依据，以其余指标为背景，于本表的第二页写出150字以上的简要评价	
			有基于缄默知识的问题解决		
			有缄默知识运用的追踪剖析		
			知识运用剖析导向素养发展		
		投入实践活动	有真实而且完整的实践活动		
			实践活动深度融入两类情境		
			能够全身心地浸渍于活动中		
			活动的内容结果均丰富深入		
		感受意义关联	有核心问题的深层意义感受		
			有以知识为中心的关联感受		
			有以个人为中心的关联感受		
			有对三类大概念的关联感受		
		自觉反思体验	有实质性反思活动的开展		
			有课堂新因素的追踪利用		
			有体验的交流与改善重构		
			有概念生成中的素养发展		
		乐于对话分享	乐于自我的表达与认真的倾听		
			乐于合作中成果与思路的分享		
			乐于成果交流中深层意义分享		
			有宽容的对话氛围和双向交流		
		认同素养评价	认可素养评价		
			参与素养评价		
			利用素养评价		

续表

<table>
<tr><td>大概念核心问题教学特质的简要评价（包括发展性建议）：
本堂课的亮点之一是核心问题利于活动体验。
首先，核心问题抓住“羔羊”一词，对学生有挑战，一般情况下，“羔羊”是弱者的代名词，但从两篇小说来看，二者的身份、性格、环境皆不相同。因此，问题的提出，激活了学生的思维。使得学生重新思考二者是否具有相似性。
学生在问题的研究当中，既要注意小说写了什么，又要关注是怎么写的。小说的技法是研究分析的路径，结合作者写作时代背景，知人论世是钥匙。再两相对比、找关联，形成阅读小说新的方法。
福斯特在《如何阅读一本小说》中指出，读懂一本小说，就是多活一次人生；让阅读成为我们的生活方式：认真对待小说，就是认真对生活。在这样的阅读体验中，学生获得的成长是显而易见的</td></tr>
</table>

大概念核心问题教学素养目标点检测表

<table>
<tr><td>课时名称</td><td colspan="3">《林教头风雪山神庙》和《装在套子里的人》联读</td></tr>
<tr><td>所属单元</td><td colspan="3">统编高中语文新教材必修（下）第六单元</td></tr>
<tr><td rowspan="3">单元大概念</td><td>核心大概念</td><td colspan="2">文本细读，究其深意</td></tr>
<tr><td>概念结论类</td><td>思想方法类</td><td>价值观念类</td></tr>
<tr><td>小说技法</td><td>知人论世</td><td>观察与批判</td></tr>
<tr><td>单元核心问题</td><td colspan="3">领会小说这一体裁的认识和教育价值，获得独特审美体验；学习小说多变的叙事手法及其表达效果，了解小说写作的一般规律，用合适的文体样式和表达方式写作</td></tr>
<tr><td rowspan="2">课时大概念</td><td>概念结论类</td><td>思想方法类</td><td>价值观念类</td></tr>
<tr><td>技巧、主题</td><td>联系、还原</td><td>审美情趣和审美品位</td></tr>
<tr><td>课时核心问题</td><td colspan="3">联读《林教头风雪山神庙》和《装在套子里的人》，讨论分析林冲和别里科夫身上“羔羊”的特征和他们成为“命运的羔羊”的原因。探究社会环境对人物命运走向所起到的重要作用</td></tr>
<tr><td>课时素养目标</td><td colspan="3">联读《林教头风雪山神庙》和《装在套子里的人》，把握小说情节，分析人物形象（思维的发展与提升 3-2），厘清人物和社会环境之间的关系（审美鉴赏与创造 1-3、2-3），思考林冲和别里科夫两人面对社会压迫的不同做法对当今社会的启示（文化传承与理解 2-4）</td></tr>
<tr><td>检测点</td><td colspan="3">对小说人物和环境的关系进行评价</td></tr>
<tr><td>检测任务</td><td colspan="3">阅读《林教头风雪山神》《装在套子里的人》和《小公务员之死》，试着评价作品中的人物</td></tr>
<tr><td rowspan="4">分类标准</td><td colspan="3">A. 学生能深刻体会到小说文本中的人物形象与社会环境的关联，分析全面，语言表达准确</td></tr>
<tr><td colspan="3">B. 学生能够体会到小说文本中的人物形象与社会环境的关联，分析笼统，语言表达准确</td></tr>
<tr><td colspan="3">C. 学生基本能够体会到小说文本中的人物形象与社会环境的关联，分析片面，语言表达比较准确</td></tr>
<tr><td colspan="3">D. 学生基本能够体会到小说文本中的人物形象与社会环境的关联，分析架空，语言表达不准确</td></tr>
</table>

续表

<table>
<tr><td rowspan="5">检测统计</td><td>分类等级</td><td>学生人数</td><td>百分比（%）</td></tr>
<tr><td>A</td><td>17</td><td>33.3</td></tr>
<tr><td>B</td><td>18</td><td>35.2</td></tr>
<tr><td>C</td><td>14</td><td>27.4</td></tr>
<tr><td>D</td><td>2</td><td>3.9</td></tr>
<tr><td>检测分析及结果运用</td><td colspan="3">从上面“检测统计”中的数据可以清楚地看出，全班 51 名学生中，有 33.3%的学生能深刻体会到小说文本中的人物形象与社会环境的关联，分析全面，语言表达准确；有 35.2%的学生能够体会到小说文本中的人物形象与社会环境的关联，分析笼统，语言表达准确。这表明本节课素养目标的达成度还是比较理想的。这一检测结果证明了大概念的核心问题教学能更好地整合课时教学内容，驱动学生更好地参与课堂学习活动，进而获得深度学习体验。
另外，从检测结果来看，还有 30%的学生谈得比较空泛，语言表达也不够准确。这一检测结果说明在教学内容的实施中还需改进，同时为教师在课外对学生进行针对性辅导提供了依据</td></tr>
<tr><td>素养目标达成典型实例</td><td colspan="3">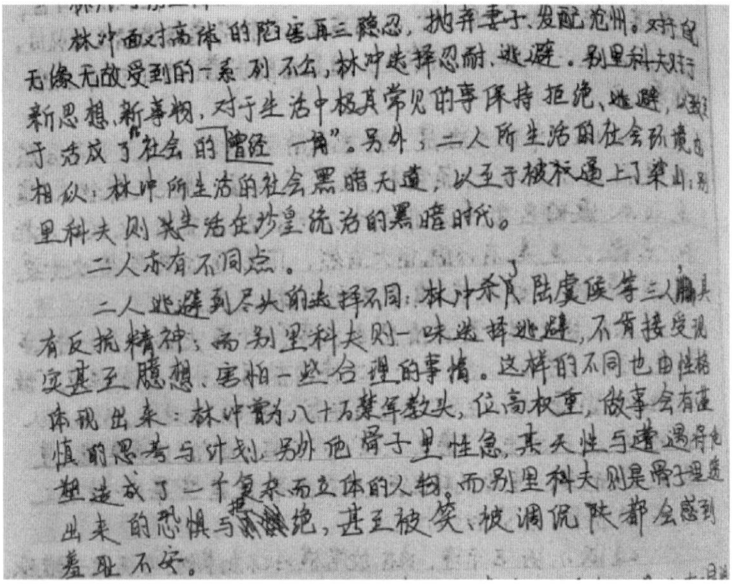
林冲面对高俅的陷害再三隐忍，抛弃妻子、发配沧州。对待自
无缘无故受到的一系列不公，林冲选择忍耐、逃避。别里科夫对待
新思想、新事物，对于生活中极其常见的事保持拒绝、逃避，以致
于活成了“社会的‘曾经’一角”。另外，二人所生活的社会环境也
相似：林冲所生活的社会黑暗无道，以至于被逼上了梁山；别
里科夫则生活在沙皇统治的黑暗时代。
二人亦有不同点。
二人逃避到尽头的选择不同：林冲杀了陆虞侯等三人，更具
有反抗精神；而别里科夫则一味选择逃避，不肯接受现
实，甚至臆想、害怕一些合理的事情。这样的不同也由性格
体现出来：林冲曾为八十万禁军教头，位高权重，做事会有谨
慎的思考与计划，另外他骨子里性急，其天性与遭遇将他
塑造成了一个复杂而立体的人物。而别里科夫则是骨子里透
出来的恐惧与拒绝，甚至被笑、被调侃时都会感到
羞耻不安。</td></tr>
<tr><td>检测反馈</td><td colspan="3">本节课检测结果反馈出的情况有如下：
一是在高中语文新教材单元整合教学的实施中，大概念的核心问题教学具有纲领性作用，能使学生既有对此类文本的整体感知，也有对篇章的深入理解，能优化教学设计，提升课堂教学实效。
二是基于大概念的核心问题教学的课时教学内容的整合，要根据文本特征，学生学科基础和学习能力实际进行科学考量。小说的阅读，需要找到一个较好的突破口，核心问题能够起到牵一发而动全身的作用。
三是要将信任交给学生，教师不必凡事亲力亲为。只要找到了合理路径，一切就水到渠成了</td></tr>
</table>

高中语文必修（下）
“古诗词诵读”单元教学

"古诗词诵读"大概念的核心·问题教学单元规划纲要

学科 语文 教师 尹玉英、向柱文、汪慧敏、韩宏丽、孔令波

<table>
<tr><td>年级</td><td>高一</td><td>单元名称</td><td>古诗词诵读</td><td>单元课时</td><td>4</td></tr>
<tr><td rowspan="2">单元内容</td><td>教材内容</td><td colspan="4">本单元是人教社部编本（2020 版）《普通高中教科书·语文》的"古诗词诵读"单元。该单元旨在增进学生对我国古代优秀诗词的积累，借以提高学生的古典诗词鉴赏能力，属于"文学阅读与写作"学习任务群。
单元所选古诗词共四首，分别是唐代杜甫的《登岳阳楼》、北宋王安石的《桂枝香·金陵怀古》、南宋张孝祥的《念奴娇·过洞庭》和选自明代汤显祖《牡丹亭》的《游园》。就题材内容而言，这四首都是即景抒怀之作。具体如下表：
<table>
<tr><td>选　文</td><td>作　者</td><td>体裁</td><td>题材内容</td></tr>
<tr><td>《登岳阳楼》</td><td>杜　甫</td><td>诗</td><td>即景抒怀</td></tr>
<tr><td>《桂枝香·金陵怀古》</td><td>王安石</td><td>词</td><td>即景抒怀、怀古寄意</td></tr>
<tr><td>《念奴娇·过洞庭》</td><td>张孝祥</td><td>词</td><td>即景抒怀</td></tr>
<tr><td>《游　园》</td><td>汤显祖</td><td>曲</td><td>即景抒怀</td></tr>
</table></td></tr>
<tr><td>课程标准</td><td colspan="4">本单元属于《普通高中语文课程标准》（2017 年版 2020 年修订）所划分的 18 个学习任务群中第六个——文学阅读与写作。课程标准中该任务群的"课程内容""学习目标与内容"和"教学提示"综合而言主要指向如下三方面：
第一是学科核心素养之"审美鉴赏与创造"能力的培养。本任务群旨在引导学生阅读古今中外包括诗歌在内的优秀文学作品，使学生在感受形象、品味语言、体验情感的过程中提升文学欣赏能力，撰写文学评论等，借以提高审美鉴赏和表达能力。"古诗词诵读"单元所选的四首诗词均是我国古代诗词中的经典作品，是培养学生审美鉴赏与创造能力的绝佳文本。
第二是文学作品阅读鉴赏方法和过程的建构。"学习目标与内容"的（1）和（2）两条要求精读优秀文学作品，感受其艺术形象，理解其语言表达，把握其内涵，理解作者的创作意图，并能结合自己的生活经验和阅读经验，借助想象，加深对作品的理解；同时要求根据文学作品的艺术表达方式，从语言、构思、形象、意蕴、情感等角度欣赏作品，以获得审美体验，认识作品的美学价值，发现作者独特的艺术创造。"古诗词诵读"单元中的古代经典诗词作品都需要在反复诵读的基础上，从语言、形象、情感和艺术手法等方面进行鉴赏解读，有助于建构起学生此类文学作品的阅读鉴赏方法</td></tr>
</table>

<table>
<tr><td>单元内容</td><td>课程标准</td><td colspan="2">第三是教学方式的选择和运用。教师应运用专题阅读、比较阅读等方式，创设阅读情境，引导学生阅读鉴赏与探究；应向学生提供问题设计、阅读策略指导等学习支持，通过学生的自主梳理探究，使所学的文学知识结构化。“古诗词诵读”单元所选古诗词作品的作者及作品的题材内容，学生在以往的学习中已经有了一定的了解和积累，因此自主探究式的学习既可行，也有助于学生获得更好的鉴赏体验，深化对相关文学知识的认知，易于这些知识的结构化生成</td></tr>
<tr><td rowspan="6">基础条件</td><td rowspan="5">资源基础</td><td>资源名称</td><td>功　能</td></tr>
<tr><td>黑板</td><td>板书课时核心问题；板书学生诵读鉴赏过程中发现、生成和反思提炼的知识、能力及方法要点</td></tr>
<tr><td>教材、学案及助读资料</td><td>提供核心问题教学四个环节中学生诵读鉴赏、评析探究与生成知识、能力所需的必要载体与支架</td></tr>
<tr><td>线上音视频</td><td>用作诵读示范观摩，方便学生直观学习，快速获得诗词诵读鉴赏的方法与技巧</td></tr>
<tr><td>PPT</td><td>出示课时核心问题和四个环节的诵读鉴赏活动和要求，提供赏析交流所需的部分参考性结论</td></tr>
<tr><td>学生基础</td><td colspan="2">诵读鉴赏基础：高二这个阶段的学生，在初中三年和高中前三个学期中已经学习了 90 余首古诗词，其中有 40 余首属于现行高考全国卷必备篇目。从这个层面看，学生已经有了较好的古诗词积累，为本单元的古代诗词诵读鉴赏奠定了顺利有效实施的基础。
诵读能力基础：高中生学习古代诗词的出发点大多不是为了鉴赏美，更不是为了陶冶情操，而是为了应对高中语文试卷中诗歌鉴赏题的 11 分和古诗文默写的 5 分共 16 分的试题。这种非源自学生自身内在动力去学习古诗的动机，导致学生对古代诗词的诵读通常只是为记而读，为考而读，因此往往也就是默读无声，或者有声无情，声情游离。故而学生的古代诗词诵读能力大多尚不理想。但古诗词是中华优秀传统文化的典型代表，在高中语文中占有重要地位，对提升高中生对传统文化的了解，增强语文素养和文学鉴赏能力具有重要意义。古诗词诵读教学可以促使学生在古诗词的节奏和韵律中把握古诗词特有的情感和魅力，促进学生对不同时代的不同情感表达艺术的准确把握，对塑造高中生良好的文学素养和核心素养十分关键。基于此，本单元的教学应指向学生古诗词诵读能力的培养</td></tr>
<tr><td>单元大概念及下层结构</td><td colspan="3">单元名称：古诗词诵读
核心大概念：即景抒怀类古诗词的诵读
特征化表达：诗歌是诵读的艺术，又因即景抒怀类古诗词是诗人触景生情而创作的，情因景发即为其一般写作思维流程，故此类诗词应依循由景而情的内在逻辑，采用任务指向各有侧重的诵读方式以达成鉴赏目标。
概念结论类：即景抒怀类古诗词的诵读技巧
特征化表达：诵读是鉴赏古典诗词的基本方法。即景抒怀类古诗词的诵读需要借助读准字音、读清句读、读出情意等方面的方法和技巧，以助力读者准确把握情与景的关系，进而缘景入情，理解诗歌的情感。
思想方法类：直觉和形象、联想和想象、再现和创造
特征化表达：古典诗词中即景抒情类诗歌是因具体的景物触发作者情怀而来的，因此此类古诗词的鉴赏就需要读者在诵读中依靠直觉思维来感知诗歌景物意象，并结合诗词背景和读者的生活经验展开联想和想象，将诗词中的景物意象再现为生动的景物画面，进而创造性地感知意境、把握情感</td></tr>
</table>

续表

<table>
<tr><td rowspan="7">单元大概念及下层结构</td><td colspan="6">价值观念类：1. 任何客观事物都可触发人的主观情感，主观情感需要借助客观事物表现；2. 透过现象看本质。
特征化表达：即景抒怀类古典诗词的“景”是触发诗人主观情感的客观事物，因而诗人的“情”（主观情感）须借助“景”这一客观事物来表现。因此诵读鉴赏古典诗词就需要通过诗词中的景物意象这一“现象”来透视诗人内在的情感（本质），这样才能真正理解诗词</td></tr>
<tr><td rowspan="2">课时</td><td colspan="2">课时大概念</td><td colspan="3">课时概念梳理</td></tr>
<tr><td>简略化表达</td><td>特征化表达</td><td>概念结论（小概念）</td><td>思想方法</td><td>价值观念</td></tr>
<tr><td>1</td><td>朗读畅句</td><td>朗读声音清晰响亮。在单元起始课中运用各种声情并茂的朗读，以准确而熟练地把握诗词语句的声韵节奏和整个文本的起承转合，直至熟读成诵</td><td>领读、自读</td><td>形象感受与逻辑感受相结合</td><td>读书百遍
其义自见</td></tr>
<tr><td>2</td><td>译读通意</td><td>鉴赏古诗词的前提是读懂诗意，而读懂诗意的基本方法是古诗今译。学生边读边借助注释和工具书以及教师的适当讲解以疏通单元诗词句意，进而整体把握诗意</td><td>解读、讲读</td><td>信达雅</td><td>字字真心
句句真意</td></tr>
<tr><td>3</td><td>研读析情</td><td>“情为诗之胚”。古诗词阅读旨在准确理解诗人情感。就即景抒怀类诗词而言，着眼诗人所写之景，聚焦景情关系并关联诗题、背景等信息进行精微的分析方可准确理解其情感</td><td>析读、精读</td><td>沿波讨源
披文入情</td><td>情因景发
景赖情美</td></tr>
<tr><td>4</td><td>赏读明法</td><td>“景乃情之媒”。即景抒怀类古诗词因诗人内在的诗情是缘客观外在景物而生，因此借助反复诵读领悟和已知同类文本的关联对照阅读即可赏析品评其由景而情的具体表现方法</td><td>悟读、联读</td><td>鉴赏评价概括归纳
从特殊到一般</td><td>诗无定法
诗亦有法</td></tr>
<tr><td>单元教学目标</td><td colspan="6">参与即景抒怀类古诗词群文的诵读鉴赏活动，完整经历熟读成诵、译读通意、研读析情和赏读明法诵读鉴赏过程（素养水平 1-3、2-3、3-3），由此准确把握每首古诗词的基本情感和主要表现手法（素养水平 4-3），熟练掌握诵读鉴赏此类古诗词的一般方法（素养水平 5-1），进而较为深入地认识我国传统古诗词声韵和谐和景情融合之美（素养水平 2-4）</td></tr>
</table>

续表

<table>
<tr><td>单元核心问题及问题分解</td><td colspan="3">核心问题：
群文诵读鉴赏即景抒怀类古诗词，通过朗读、译读、研读和赏读等形式对单元古诗词文本进行自浅而深、由质而文的程序性诵读鉴赏，探讨并提炼此类古诗词诵读鉴赏的一般方法。
问题解析：
古诗词诵读教学是帮助学生生成古诗词阅读鉴赏这一语文学科能力的最基本同时也是最重要的途径和方法，更是达成语文学科核心素养之审美鉴赏与创造的不可或缺的途径和方法。本单元所选四首古诗词属于同一题材内容——即景抒怀。这一单元文本特质正好为此类古诗词诵读鉴赏路径和方法的集中实现与突破提供了便捷，可产生由一而二、举一反三、触类旁通的学习实效。因此，基于单元四个古诗词文本的同质性内容，拟定“即景抒情类古诗词的诵读”这一单元大概念，并以这一大概念为基点，再借助文本诵读教学的一般流程，将单元大概念进行结构化分解为熟读成诵、译读通意、研读析情和赏读明法四个互为基础而又次第深入的课时大概念。在课堂教学实施设计中，又聚焦该课时大概念进行古诗词具体诵读活动的设计，自然能使学生获得更加切实而深刻的学习体验，最终熟练掌握古诗词诵读鉴赏的一般方法，进一步生成古诗词的审美阅读能力</td></tr>
<tr><td rowspan="5">课时划分</td><td>课时</td><td>课时大概念</td><td>课时核心问题</td></tr>
<tr><td>第一课时</td><td>朗读畅句</td><td>范读、领读、齐读、自读本单元四首古诗词，发掘文本的声韵节奏和各文本语句间的起承转合关系</td></tr>
<tr><td>第二课时</td><td>译读通意</td><td>借助注释和工具书以及教师的适当讲解逐句翻译解读单元古诗词文本，概括每首诗词大意</td></tr>
<tr><td>第三课时</td><td>研读析情</td><td>借助单元古诗词文本中的景物意象，聚焦景情关系并关联诗题、背景等信息精细阅读分析每首诗词的情感</td></tr>
<tr><td>第四课时</td><td>赏读明法</td><td>借助对单元古诗词文本的反复诵读领悟和已知同类文本的关联对照阅读，赏析品评其由景而情的具体表现手法</td></tr>
<tr><td>教学评价</td><td colspan="3">一、关于大概念生成理解的评价预设
1. 概念结论类大概念
（1）就即景抒怀类古诗词的诵读这一单元大概念本身及其统摄下的朗读畅句、译读通意、研读析情、赏读明法等课时大概念在教与学的统整和规范上的实际效用进行综合评价。
（2）在单元读诗词的诵读活动中，就学生基于单元各类大概念进行诵读鉴赏的具体情况进行定向评价。
2. 思想方法类大概念
汇总单元古诗词的诵读学习情况，就学生朗读时的形象感受与逻辑感受相结合、译读时的信达雅、研读时的据景析情、赏读时的鉴赏评价和概括归纳等的达成情况进行检测评价。
3. 价值观念类大概念
在单元古诗词的诵读鉴赏和单元三类作业的完成过程中，就学生对“读书百遍其义自见”等大概念的体悟情况进行评价。
二、关于单元素养目标达成的评价预设
1. 就学生参与单元古诗词熟读、译读、研读和赏读过程中的具体表现进行激励、督促和指导性评价。
2. 就学生把握单元每首古诗词的基本情感和主要表现手法的达成情况进行优、良、中、一般的定性评价。</td></tr>
</table>

续表

<table>
<tr><td>教学
评价</td><td colspan="7">3. 就学生掌握诵读鉴赏此类古诗词的一般方法和认识我国传统古诗词声韵谐和与景情融合之美的具体情况进行鼓励性评价。
三、关于三类单元作业完成的评价预设
将单元基础性作业、综合性作业和实践性作业在各课时中命制成具体的古诗词鉴赏题目并赋分，就学生对每一类题目的完成情况进行赋分评价</td></tr>
<tr><td rowspan="4">单元
作业</td><td>作业
类型</td><td>作业
目标</td><td>作业
内容</td><td>作业
情境</td><td>概念
结论</td><td>思想
方法</td><td>价值
观念</td></tr>
<tr><td>基础性
作业</td><td>能迁移运用单元古诗词诵读学习所获古诗词朗读、译读、研读等知识、方法，对某一特定即景抒情类古诗词的情感或表现手法进行鉴赏</td><td>从景物意象入手把握某一指定古诗词的情感，从由景到情的关系角度赏析某一指定古诗词的表现手法</td><td>读中赏景，读中析情的古诗词真实鉴赏实践情境及读中探法（情景内在关联之法）的真实学习探索情境</td><td>情感析读
手法赏读</td><td>由象
到意</td><td>景为诗媒
情乃诗胚</td></tr>
<tr><td>综合性
作业</td><td>能熟练运用单元古诗词诵读学习所获古诗词朗读、译读、研读、赏读等知识、方法，开展即景抒情类古诗词综合鉴赏活动</td><td>就某一特定即景抒怀类古诗词与其相关的古代诗画（或诗论）进行关联赏析</td><td>诗歌和诗画（诗论）综合诵读鉴赏的真实学习实践情境和异同探析的真实学习探索情境</td><td>诗义解读
异同研读</td><td>比较
辨析</td><td>诗画一体
诗论互证</td></tr>
<tr><td>实践性
作业</td><td>能自觉运用单元古诗词诵读学习所获古诗词朗读、译读、研读、赏读等知识、方法，开展古诗词文化现象的审美实践和探究，促进对传统文化的热爱</td><td>自主搜集某一地域历史中的即景抒怀类古诗词进行诵读赏析，并撰写赏析短文</td><td>搜寻鉴别、联读欣赏的古诗词真实审美学习生活情境和化读为写的真实审美探索情境</td><td>畅句联读
赏析评读</td><td>自感
而理</td><td>诗以怡情
古为今用</td></tr>
<tr><td>反馈
调整</td><td colspan="7">待单元教学完成之后，拟从单元教学设计、教学实施和作业设计三个方面进行反思总结，提出具体的优化措施</td></tr>
</table>

研读析情
——“古诗词诵读”单元第三课时学教案

尹玉英

一、教学分析设计

【内容分析】☞

“古诗词诵读”属于《普通高中语文课程标准》（2017 年版 2020 年修订）所列 18 个“学习任务群”的“文学阅读与写作”任务群。该任务群的“学习目标与内容”之一是“根据诗歌、散文、小说、剧本不同的艺术表现方式，从语言、构思、形象、意蕴、情感等多个角度欣赏作品，获得审美体验，认识作品的美学价值，发现作者独特的艺术创造”。本单元的四首古诗词都是即景抒怀的经典作品。杜甫《登岳阳楼》因登岳阳楼所见洞庭湖之景抒写了怀才不遇、报国无门的凄伤；王安石《桂枝香·金陵怀古》通过对金陵景物的赞美和历史兴亡的感喟，寄托了对国家政治大事的关心以及对当时朝政的担忧；张孝祥《念奴娇·过洞庭》借洞庭夜月之景，抒发了自己的高洁忠贞和豪迈气概以及被贬谪的悲凉；汤显祖《游园》借助己家的后花园万紫千红与破井断墙相伴之景无人欣赏，抒发了对良辰美景空自流逝的惊异和惋惜以及对美好青春被禁锢、被扼杀的叹息（因为四首诗词容量太大，一节课无法完成，故本次课选择了前三首）。因此，本课时的主要学习内容就是在前两节课熟读和译读的基础上，着眼诗人所写之景，聚焦景情关系并关联诗题、背景等信息对三首诗词进行整合析读、精读以把握其情感。

【课时大概念】☞

概念类别	简略化表达	特征化表达
概念结论类	研读析情	“情为诗之胚”。古诗词阅读重在准确理解诗人情感。研读即景抒怀类诗词，着眼诗人所写之景，聚焦景情关系并关联诗题、背景等信息进行研析，深刻领悟其情感。概念结论类：即景抒怀类古诗词的诵读技巧。 特征化表达：诵读是鉴赏古典诗词的基本方法。即景抒怀类古诗词的诵读需要借助读准字音、读清句读、读出情意等

续表

概念类别	简略化表达	特征化表达
思想方法类	沿波讨源 披文入情	思想方法类：直觉和形象、联想和想象、再现和创造 特征化表达：古典诗词中即景抒情类诗歌是因具体的景物触发作者情怀而来的，因此此类古诗词的鉴赏就需要读者在诵读中依靠直觉思维来感知诗歌景物意象，并结合诗词背景和读者的生活经验展开联想和想象，将诗词中的景物意象再现为生动的景物画面，进而创造性地感知意境，把握情感
价值观念类	情因景发 景赖情美	即景抒情类诗歌的“情”是因所见之“景”而生的，诗中的景物因蕴含了诗人的主观情意而富有意趣。这是此类诗词的基本特质。 价值观念类：1. 任何客观事物都可触发人的主观情感，主观情感需要借助客观事物表现。2. 透过现象看本质。 特征化表达：即景抒怀类古典诗词的“景”是触发诗人主观情感的客观事物，因而诗人的“情”（主观情感）须借助“景”这一客观事物来表现。因此诵读鉴赏古典诗词就需要通过诗词中的景物意象这一“现象”来透视诗人内在的情感（本质），这样才能真正理解诗词

【资源条件】

资源名称	功　能
黑板	板书课时核心问题；板书学生研读赏析出的诗词情感要点等
教材、学案及助读资料	提供课时核心问题教学四个环节中学生研读赏析诗词文本所需的必要载体与支架
自制 PPT	出示课时核心问题和四个环节的研读活动和要求，提供赏析交流所需的部分参考性结论

【学生基础】☞

学生通过前两节课的学习已经读熟了本单元的三首古诗词，部分学生已经能够背诵，同时通过古诗今译，学生已经疏通了诗句，整体把握了诗意。这就为本节课诗词情感的研读赏析奠定了阅读基础。另外，为使学生能更加准确全面地研读诗词情感，课前还让学生查询了与本单元这三首诗词有关的作者及写作背景资料。课上和课下的这些准备，都为学生本节课学习目标的达成提供了支撑。

【目标分析】☞

参与即景抒怀类古诗词群文的研读析情活动，完整经历通过精读、细读等研读方式解读单元三首古诗词情感内容的过程（审美鉴赏与创造 1-3、2-3），由此准确而全面地把握每首古诗词的基本情感（审美鉴赏与创造 4-3），熟练掌握研读此类古诗词情感内容的一般方法（思维的发展与提升 3-2），进而较为深入地认识即景抒怀类古诗词情景融合之美（文化传承与理解 2-4）。

【主题分析】☞

清人王夫之在《姜斋诗话》中说："情景名为二，而实不可离，神于诗者，妙合无垠。"在古典诗词创作的过程中，情与景是自始至终紧紧联系在一起的，诗词中的景物意象是诗人情感的载体，我们在诵读鉴赏古诗词时必须把这些景物意象作为优先考虑的鉴赏方向，进而把握其蕴含的深层情感，即景抒怀类古诗词尤其如此。因此要准确把握本单元三首古诗词的情感，就必须要学会捕捉并分析诗歌中的景物意象。与此同时，不少古诗词的标题本身就具提示性，能点明诗词的情感基调，如王安石的《桂枝香·金陵怀古》中"怀古"一词透露了该词的情感内容和基调。另外，"言为心声"，任何一首诗或词都是作者情感的流露，都和作者所处的环境及作者的人生经历、性格密切相关。因此鉴赏古典诗歌时，如果忽视作者作此诗词时的背景，就不能准确理解其中蕴含的真实情感。因此，古诗词情感的研读必须关联诗题和创作背景。

基于上述分析，本课时的核心问题即拟定为：借助单元古诗词文本中的景物意象，聚焦景情关系并关联诗题、背景等信息研读分析诗词的情感。

【评价预设】☞

（1）提出问题环节：就学生朗诵单元三首古诗词的具体表现及对课堂核心问题的领会情况进行点评和引导性评价，为学生进入课堂学习体验情境铺路搭桥。

（2）解决问题环节：针对学生立足单元三首古诗词中的景物意象，关联诗题、背景研读诗词情感的具体表现进行启发、点拨等引导，促进学生的研读走向准确和深入。

（3）反思提升环节：针对学生结合本单元三首古诗词情感的研读、总结提炼此类古诗词情感的一般方法的情况，进行激励性评价，以促使学生获得即景抒怀类古诗词诵读的深度体验和认知。

（4）评价反馈环节：就学生完成同类古诗词情感研读的情况进行赋分评价，从研读和表达两个维度促进学生即景抒怀类古诗词诵读鉴赏能力的进一步生成。

二、教学实施设计

【教学环节】☞

教学环节	学生活动	教师活动	设计意图	技术融合
提出问题	解释文论，初步了解古诗词中的景情关系；明确课时核心问题，进入诗词情感研读状态	1. 文论引入：《文心雕龙·神思》："登山则情满于山，观海则意溢于海。" 2. 提出核心问题：借助单元古诗词文本中的景物意象，聚焦景情关系并关联诗题、背景等信研读分析其情感	以经典的文论引入，创设学习情境，激发研读欲望，明确学习核心任务	PPT 出示文论原句和课时核心问题

续表

教学环节	学生活动	教师活动	设计意图	技术融合
解决问题	参与或欣赏单元古诗词配乐朗诵，初步勾画景语情语，初步感知情感	出示活动1：配乐朗诵（师生共同）三首古诗词，整体感知诗词中的景与情。 示范、指导、点拨	师生共同参与配乐朗诵，创设诗词研读情境	播放朗诵音乐，营造诗意氛围。 PPT出示活动要求及文本研读所需的互涉文献资料
	自由诵读并勾画出景情两语，自主分析并交流诗词情感	出示活动2：借助诗题勾画并研读景语情语，初步分析情感。 评价、引导、点拨	为快速准确辨析诗词景情提供抓手，强化读诗先读题的意识	
	知人论世，细读景语情语，准确把握诗词情感	出示活动3：关联背景并研读景语情语，深入全面把握情感。 评价、引导、点拨	为深入全面研读诗词景情提供支撑，强化知人论世的读诗意识	
反思提升	基于本单元诗词文本明确即景抒怀类古诗词的基本特征。 立足本节课的研读体验提炼此类古诗词情感研读的一般方法	引导学生反思总结、归纳提炼即景抒怀类古诗词中景与情的基本关系和此类古诗词情感研读的一般方法	促进学生在反思中强化对即景抒怀类古诗词的认知，提升对该类古诗词诵读鉴赏的理性认知	PPT出示活动要求及与此类古诗词特征和鉴赏有关的前人论断
评价反馈	做学案评价题并展示交流，参与赋分评价。 学生朗读《春日登楼怀归》，说说为什么这样朗读，你是怎样体会这种情感的	出示学案评价题： 阅读下面一首宋诗，完成后面题目。 诗歌文本：寇准《春日登楼怀归》；题目：本诗从首句的“聊”到末句的“惊”，反映了诗人怎样的感情变化？请联系全诗进行分析	检测课时目标达成情况，借此进一步强化学生对即景抒怀类古诗词特征和情感研读方法的理解和认知	PPT出示评价反馈工具和研读结论参考标准。 手机拍照学生研读结论实时上传

【板书设计】☞

研读析情

核心问题：借助单元古诗词文本中的景物意象，聚焦景情关系并关联诗题、背景等信息研读分析其情感。

古诗词	景	情
《登》：	洞庭的浩瀚无边	身世之悲、家国之痛
《桂》：	澄江似练……白鹭翔舞	借六朝事，讽当朝人
《念》：	玉鉴琼田……明河倒影	高洁忠贞，被贬之悲

研读方法：缘景明情　知人论世

【课后服务】☞

课时作业的结构化设计：

作业序号	作业目标	作业情境		概念结论		思想方法		价值观念		整体评估	
		内容	水平	内容	水平	内容	水平	内容	水平	内容	水平
1	检测学生运用依景索情、缘景明情知人论世等古诗词情感研读知识的迁移运用能力	即景抒怀类诗词情感理解的真实研读情境	简单	即景抒怀类古诗词情感研读	审美鉴赏与创造 2	由现象到本质	思维发展与提升 1	景为情媒情乃诗胚	文化传承与理解 2	基础性作业	学业质量水平 1-3
2	检测学生运用依景索情、缘景明情、知人论世等古诗词情感研读知识开展综合性探究学习以解决问题的能力	即景抒怀类诗词与相关古代画作比较鉴赏的真实学习探索情境	较复杂	即景抒怀类古诗词与相关诗画情意的一致性研读	审美鉴赏与创造 4	比较辨析	思维发展与提升 3	诗中有画画中有诗	文化传承与理解 3	综合性作业	学业质量水平 3-3
3	引导学生运用依景索情、缘景明情、知人论世等古诗词情感研读知识进行地域历史文化审美实践，促进对传统文化的热爱	地域相同题材主题即景抒怀类诗词整合研读评析的真实学习实践情境	复杂	地域相同题材主题即景抒怀类诗词整合研读评析	审美鉴赏与创造 5	归纳综合	思维发展与提升 4	古典诗词是地域文化的载体	文化传承与理解 5	实践性作业	学业质量水平 4-3
课时作业总体评估	因为在课堂教学解决问题环节通过整合教学集中研读了本单元三首古诗词的情感，并在此基础上提炼出即景抒怀类古诗词情因景发、景由情美的景情关系，总结出了依景索情，缘景明情，知人论世的研读方法，所以在评价反馈作业中设置了问题 1（本诗从首句的“聊”到末句的“惊”，反映了诗人怎样的感情变化？请联系全诗进行分析），以检测学生课时古诗词研读析情学习活动中所获古诗词研读知识、方法的迁移运用能力；问题 2（北宋翰林图画院曾用“野水无人渡，孤舟尽日横”作为考题，夺魁者画的是“一船夫睡舟尾，横一孤笛”，你认为这幅画能表现这两句诗的内容吗？请说明你的理由），以检测学生运用课时古诗词研读析情学习所获古诗词研读知识、方法开展综合性探究学习以解决问题的能力；并设计了具有明显实践情境的开放性的问题 3[请利用周末到杜甫草堂、望江公园薛涛博物馆等文化景点，搜集至少三首（一位诗人只选一首）古诗词进行诵读鉴赏，在此基础上写一篇题为“诗意成都——成都主题古诗词赏析”的不少于 800 字的赏析文章]，以检测学生运用课时古诗词研读析情学习所获古诗词研读知识、方法去进行所处地域历史文化审美实践的自觉，促进对传统文化的热爱。从作业设置的由浅而深的梯度性和由课内而课外的情境变化，及与该变化匹配的内容和水平以及涉及的思想方法可以看出，这份课时作业形式多样，内容由单一而综合，情境由简单而高阶，应该可以较好地检测课时目标的达成情况，益于促进学生真实学习行为的发生										

（具体的作业内容略）

【教学流程】☞

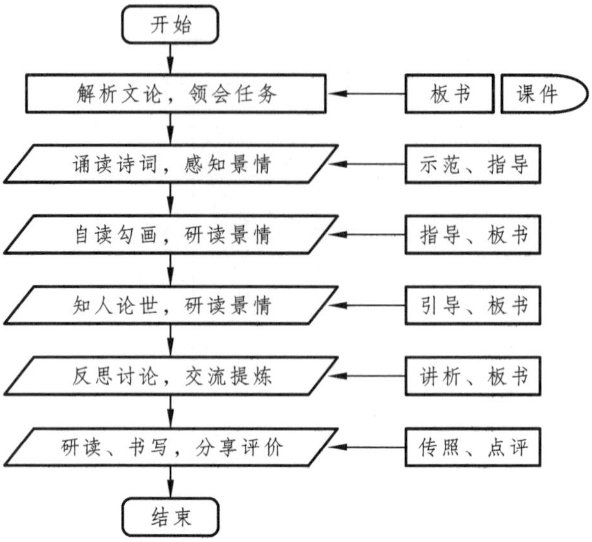

三、教学评价设计

【评价实施】☞

（1）课堂核心问题教学的四个环节中，既整体上贯彻“教学实施设计”中的“评价预设”的评价原则和方式对学生在各个学习活动中的学习表现进行了针对性评价，又根据课堂教学中的非预设性情形灵活地调整了评价策略，力求较为有效地促进学生课堂学习中深度体验的发生。

（2）在“评价反馈”环节，设计三个具有真实情境且具有简单到复杂梯度的检测题（评价工具），力求从学生课堂和课后完成情况中，从定量和定性两个维度客观反映学生对古典诗词中即景抒怀类古诗词的景情关系和研读方法的认知和掌握情况，从而实现评价的有效实施。

【信息搜集】☞

（1）基础性作业的收集：为了检验本节课教学目标的达成情况，教师布置了课堂运用反馈检测题——读宋诗《春日登楼怀归》，完成习题“本诗从首句的‘聊’到末句的‘惊’，反映了诗人怎样的感情变化？请联系全诗进行分析”。课后搜集了全班学生的答案，总体上学生能够找到文本中的景语，并借助诗歌题目中的“怀归”，及注释中的“初任巴东知县，田园家业”比较准确分析了情感的变化。

（2）学生课堂感受：“知道了三首诗词联读的原因，因为都是即景抒情类的，懂得了这类诗歌的研读方法”，“沉浸式的学习从上课前的古旧的幻灯片以及古琴乐曲，老师的马面裙开始，让我似乎穿越千年，进入了古诗学习的情境中”，“同学们积极的发言中有着思维的碰撞，鉴赏诗歌的角度和对情感的理解给我以全新方思考”，“贯穿课堂的诵读（尤其在有音乐的时候），如与诗人对话，与时空交流，再结合注释与背景资料，使诵读诗歌成为与古人精神交流的通道，再次感受到中国古诗词的美妙”，“特别喜欢析情的环节，大家发言太积极，几次想举手，结果发现都被他们抢光了”“同学们的朗诵十分到位，没有一味高声豪情，而是融入诗人的情感，对诗句停顿、强调、延长、降缓都有推敲”“诵读诗歌，情感是可以和声音表情融合在一起的”，“后面部分给的时间太少了，还没全想好，不过课后做起来，挺容易的”，“没有让我们刻意准备的课让我有期待”。

大概念核心问题教学文化评价表

课时名称：研读析情。

所属单元：统编高中语文必修（下）“古诗词诵读”单元。

单元名称：古诗词诵读。

单元核心大概念：即景抒怀类古诗词的诵读。

特征化表达：诗歌是诵读的艺术，又因即景抒怀类古诗词是诗人触景生情而创作的，情因景发即为其一般写作思维流程，故此类诗词应依循由景而情的内在逻辑采用任务指向各有侧重的诵读方式以达成鉴赏目标。

单元核心问题：群文诵读鉴赏即景抒怀类古诗词，通过朗读、译读、研读和赏读等形式对单元古诗词文本进行自浅而深、由质而文的程序性诵读鉴赏，探讨并提炼此类古诗词诵读鉴赏的一般方法。

课时大概念：“情为诗之胚”。古诗词阅读旨在准确理解诗人情感。就即景抒怀类诗词而言，着眼诗人所写之景，聚焦景情关系并关联诗题、背景等信息进行研读分析方可准确理解其情感。

概念结论：析读、精读。

课时核心问题：借助单元古诗词文本中的景物意象，聚焦景情关系并关联诗题、背景等信息研读分析诗词的情感。

评价目标	评价指标				评价 方法结果
	一级指标	二级指标	三级指标		
实现活动体验中的学习与素养发展	具有大概念核心问题教学形态	核心问题利于活动体验	内含学科问题和学生活动方式	8	每项指标最高评8分（满分为96分）
			问题情境与真实生活密切相关	8	
			能引发大概念、新知新法生成	7	
		教学目标价值引导恰当	两类目标正确全面	8	
			关联体验目标恰当	8	
			目标价值引导显现	8	
		教学环节完整合理落实	教学环节清晰完整	8	
			环节内容合理充实	7	
			学生活动时间充分	8	
		教学要素相互匹配促进	问题目标环节两两匹配	8	
			技术促进活动形式内容	8	
			素养导向突出氛围浓郁	8	合计 94 分

续表

评价目标	评价指标			评价方法结果
	一级指标	二级指标	三级指标	
实现活动体验中的学习与素养发展	具有大概念核心问题教学特质	拓展学习视野	课堂与现实世界有恰当关联	选择一个表现突出的二级指标，在相应三级指标引导下，以现场学生表现为主要依据，以其余指标为背景，于本表的第二页写出 150 字以上的简要评价
			有基于缄默知识的问题解决	
			有缄默知识运用的追踪剖析	
			知识运用剖析导向素养发展	
		投入实践活动	有真实而且完整的实践活动	
			实践活动深度融入两类情境	
			能够全身心地浸渍于活动中	
			活动的内容结果均丰富深入	
		感受意义关联	有核心问题的深层意义感受	
			有以知识为中心的关联感受	
			有以个人为中心的关联感受	
			有对三类大概念的关联感受	
		自觉反思体验	有实质性反思活动的开展	
			有课堂新因素的追踪利用	
			有体验的交流与改善重构	
			有概念生成中的素养发展	
		乐于对话分享	乐于自我的表达与认真的倾听	
			乐于合作中成果与思路的分享	
			乐于成果交流中深层意义分享	
			有宽容的对话氛围和双向交流	
		认同素养评价	认可素养评价	
			参与素养评价	
			利用素养评价	

大概念核心问题教学特质的简要评价（包括发展性建议）：

本节课在大概念核心问题教学特质方面表现得最为突出的是“投入实践活动”。首先，创设了良好的学习探索情境。悠扬的古乐、古风背景的 PPT、老师的汉服装束，在课的开场就为学生营造了“穿越千年，与诗人同行”的古诗词学习情境，让学生感受中国传统文化的美，心也随之沉静下来，为学习活动的展开打下很好的基础。

在解决问题的环节中，创设了理想的古诗词诵读的情境，既有整体的感知，又有局部的细读；既有全班齐读，又有男女生分别齐读；既有老师范读，又有学生一个个朗读。书声琅琅的审美情境中，学生的诵读催化了对诗歌情感的理解。创设了解诗的操作情境，在核心问题的引领下，学生能够一句句、一篇篇捕捉文本中的相关信息，展开联想探究文字之间的奥秘，景与情感之间的关联，学生能够联系自己的原有的学习体验和生活体验，谈出自己的理解。能够排查文本的相关信息，帮助学生走出盲区实现更深层次的思考，特别是与老师提供的相关资料相互印证，实现知人论世的方法的真实体验。学生能够体味诗人当时当地的情感，千年后，又将自己的这份情感融入深情的诵读之中，眼中有景，心中有情，以声传情，声情并茂。学生沉浸课堂，思维活跃，踊跃发言，“道”“技”“术”三方面的语文学科核心素养，都有比较好的落实。整个课堂，学生真正融入学习探索情境和生活实践情境中。

课后学生有回味，课堂上对古诗词发掘与再创造的诵读悟情，理性分析情景关系，感受到诗意生活，相信他们能够形成正确的审美意识和情趣，并融入现实生活中

【反馈调整】☞

"一堂有语文味的语文课""有温度而不乏深度"的评价，让人感到本课时教学达到设计的初衷。大概念引导下结构化教学，蕴含着语文思想而非简单的经验，研读以析情，将诵读贯穿始终，由浅入深，抽丝剥茧，使语文核心素养真正落地。学生在研读中，能对作品发掘与再创造，在悟情中，将悟的感受和体验形成正确的审美意识和情趣，这也是本课研究性的体现。学生能感受到融入情境的关联、诗中的景与学生描绘的景的关联、情与背景的关联等，层次就上了一个台阶。最后是情和美之间的关联，营造的课堂情境美，诗歌中的景美，研习出的情美，再创作的诵读也美。由因景析情，到将情以声音再现，关联又进一层。学生对文化解读是有深度的，活动是实在的，在鉴赏中，由情及景，学生的思维发展有了提升。学生析景有对比，悟情有对比，诵读的语音、语调、语速的对比，这让课堂充满活力。

这堂课目标的达成源于平时扎实的训练，缄默知识内化于心。大概念引导下结构化的课堂设计，一课一得，得得相连，学生研习会逐层深入，长此以往语文的知识体系就会越发完备。

这堂课可以调整的地方：（1）研读景语及情语，学生发言积极，时间稍显长。可以适当把控时间，或者重点研读其中两首。在反思提升环节，所剩时间不多，学生活动不够充分，教师越俎代庖。评价反馈时间不够，部分学生习题未能当堂完成，削弱了课堂的完整性。（2）课堂评价，对过于个性化的解读，可以提示学生延迟评价。

大概念核心问题教学素养目标点检测表

课时名称	研读析情
所属单元	统编高中语文必修（下）"古诗词诵读"单元
单元大概念	单元名称：古诗词诵读 核心大概念：即景抒怀类古诗词的诵读 特征化表达：诗歌是诵读的艺术，又因即景抒怀类古诗词是诗人触景生情而创作的，情因景发即为其一般写作思维流程，故此类诗词应依循由景而情的内在逻辑采用任务指向各有侧重的诵读方式以达成鉴赏目标
单元核心问题	群文诵读鉴赏即景抒怀类古诗词，通过朗读、译读、研读和赏读等形式对单元古诗词文本进行自浅而深、由质而文的程序性诵读鉴赏，探讨并提炼此类古诗词诵读鉴赏的一般方法
课时大概念	"情为诗之胚"。古诗词阅读旨在准确理解诗人情感。就即景抒怀类诗词而言，着眼诗人所写之景，聚焦景情关系并关联诗题、背景等信息进行研读分析方可准确理解其情感
课时核心问题	借助单元古诗词文本中的景物意象，聚焦景情关系并关联诗题、背景等信息研读分析诗词的情感
课时素养目标	参与即景抒怀类古诗词群文的研读析情活动，完整经历通过精读、细读等研读方式解读单元三首古诗词情感内容的过程（审美鉴赏与创造 1-3、2-3），由此准确而全面地把握每首古诗词的基本情感（审美鉴赏与创造 4-3），熟练掌握研读此类古诗词情感内容的一般方法（思维的发展与提升 3-2），进而较为深入地认识即景抒怀类古诗词情景融合之美（文化传承与理解 2-4）

续表

<table>
<tr><td>检测点</td><td colspan="3">熟练掌握研读“即景抒怀”类古诗词内容情感的一般方法，深入地认识此类古诗词的情感融合之美</td></tr>
<tr><td>检测工具
（检测题）</td><td colspan="3">阅读下面一首宋诗，完成后面题目。
春日登楼怀归①
寇准
高楼聊引望，杳杳一川平。野水无人渡，孤舟尽日横。
荒村生断霭，古寺语流莺。旧业②遥清渭③，沉思忽自惊。
〖注〗① 此诗约作于980年，诗人时年十九，进士及第，初任巴东知县。② 旧业，这里指田园家业。③ 清渭，指渭水。
题目：本诗从首句的“聊”到末句的“惊”，反映了诗人怎样的感情变化？请联系全诗进行分析</td></tr>
<tr><td rowspan="4">分类
标准</td><td colspan="3">A. 学生能深刻体会到诗歌文本中的景物意象，诗题、背景与诗歌所要表达的情感之间的关联，分析全面，情感表达准确</td></tr>
<tr><td colspan="3">B. 学生能够体会到诗歌文本中的景物意象，诗题、背景与诗歌所要表达的情感之间的关联，分析笼统，情感表达准确</td></tr>
<tr><td colspan="3">C. 学生基本能够体会到诗歌文本中的景物意象，诗题、背景与诗歌所要表达的情感之间的关联，分析片面，情感表达比较准确</td></tr>
<tr><td colspan="3">D. 学生基本能够体会到诗歌文本中的景物意象，背景与诗歌所要表达的情感之间的关联，分析架空，情感表达不准确</td></tr>
<tr><td rowspan="5">检测
统计</td><td>分类等级</td><td>学生人数</td><td>百分比（%）</td></tr>
<tr><td>A</td><td>16</td><td>30.18</td></tr>
<tr><td>B</td><td>20</td><td>37.74</td></tr>
<tr><td>C</td><td>14</td><td>26.61</td></tr>
<tr><td>D</td><td>3</td><td>5.66</td></tr>
<tr><td>检测分析
结果运用</td><td colspan="3">从上面“检测统计”中的数据可以清楚地看出，全班53名学生中，有30.18%的学生能深刻体会到诗歌文本中的景物意象，诗题、背景与诗歌所要表达的情感之间的关联，分析全面，情感表达准确；有37.74%的学生能够体会到诗歌文本中的景物意象，诗题、背景与诗歌所要表达的情感之间的关联，分析笼统，情感表达准确。这表明本节课素养目标的达成度还是比较理想的。这一检测结果证明了大概念的核心问题教学能更好地整合课时教学内容，驱动学生更好地参与课堂学习活动，进而获得深度学习体验。
另外，从检测结果来看，还有26.61%的学生情感的结论概括得比较清晰，但是分析时或者忽略诗题“怀归”或者忽略注释中的背景“初任巴东知县”或者只关注“田园家业”中的“田园”而忽略家业，导致分析片面；5.66%的学生知道情感与景物意象，诗题、背景有关联，但不能将有效信息整合，准确表达情感。这一检测结果说明教学内容的实施还需改进，同时为教师在课外对学生进行针对性辅导提供了依据</td></tr>
</table>

素养目标达成典型实例	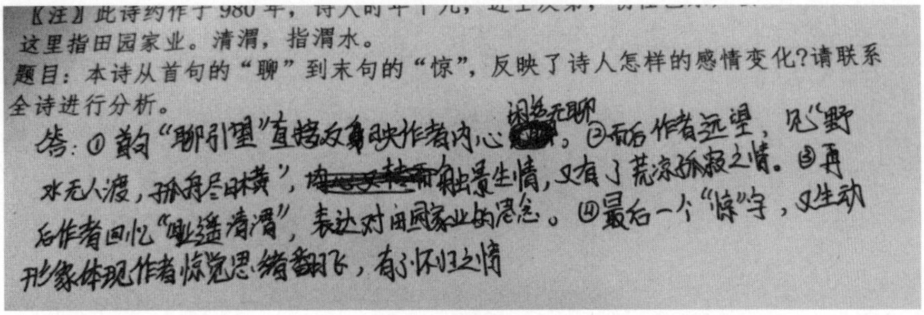 〖注〗此诗约作于980年，诗人时年十九，进士及第，初任巴 这里指田园家业。清渭，指渭水。 题目：本诗从首句的“聊”到末句的“惊”，反映了诗人怎样的感情变化?请联系全诗进行分析。 答：①首句“聊引望”直接反映作者内心闲适无聊。②而后作者远望，见“野水无人渡，孤舟尽日横”，触景生情，又有了荒凉孤寂之情。③再后作者回忆“数株清渭”，表达对田园家业的思念。④最后一个“惊”字，又生动形象体现作者惊觉思绪翻飞，有了怀归之情 〖分析〗从这份答案可以看出学生已经掌握即景抒怀类诗歌的解读方法。关联到文本的景物描写“野水无人渡，孤舟尽日横”的荒凉孤寂，关联到注释中的“清渭，田园家业”透露的信息——对家乡的思念，关联到到标题中的“怀归”以及首联的“聊”，捕捉到登楼本意不是思乡而是闲来无事，因为登楼所见之景才隐隐触发思乡之情，所以才会有“惊”，惊觉身在仕地，而心生思乡之情。从答案中可以看出，学生能深刻体会到诗歌文本中的景物意象，诗题、背景与诗歌所要表达的情感之间的关联，分析全面，情感表达准确，堪称优秀作答，为A类。 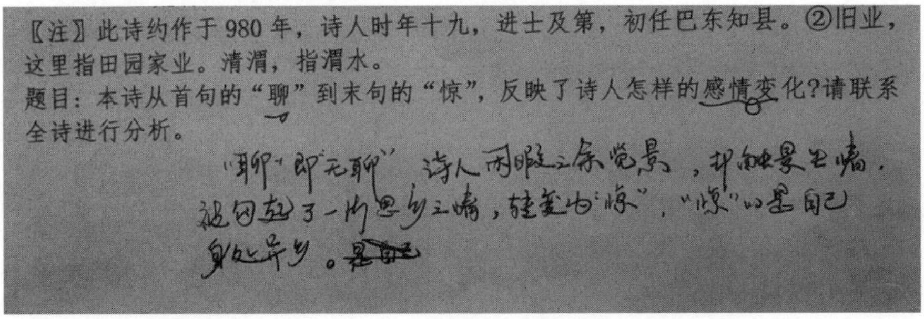 〖注〗此诗约作于980年，诗人时年十九，进士及第，初任巴东知县。②旧业，这里指田园家业。清渭，指渭水。 题目：本诗从首句的“聊”到末句的“惊”，反映了诗人怎样的感情变化?请联系全诗进行分析。 “聊”即无聊 诗人闲暇之余览景，却触景生情，被勾起了一份思乡之情，就是“惊”，“惊”的是自己身处异乡。 〖分析〗从这份答案可以看出学生已经基本掌握即景抒怀类诗歌的解读方法。关联到文本的景，但缺少具体分析，关联到诗题的“怀归”，“身处异乡”也关联到了注释，虽然情感表达准确，但分析过于笼统，为B类
检测反馈	本节课检测结果反馈出的情况有如下： 一是在高中语文新教材单元整合教学的实施中，大概念的核心问题教学具有纲领性的作用，能使学生既有对此类文本的整体感知，也有对篇章的深入理解，能优化教学设计，提升课堂教学实效。 二是基于大概念的核心问题教学的课时教学内容的整合，要根据文本特征，学生学科基础和学习能力实际进行科学考量。诵读是古诗词教学很好的抓手，唤起了学生沉浸式学习的动力，诵读—探究的互相促进，使各个层次的学生都能有所收获

高中语文选择性必修（上）第四单元
——“逻辑的力量”单元教学

“逻辑的力量”大概念的核心·问题教学单元规划纲要

学科 语文 教师 崔凌嫣、王茂钢、陈幼萍、罗向丽、李卉

年级	高二	单元名称	逻辑的力量	单元课时	5
单元内容	教材内容	统编高中语文教材选择性必修上册第四单元主题为“逻辑的力量”，对应的学习任务群是“语言积累、梳理与探究”。“语言积累、梳理与探究”任务群旨在培养学生丰富语言积累、梳理语言现象的习惯，在观察、探索语言文字现象，发现语言文字运用问题的过程中，自主积累语文知识，探究语言文字运用规律，增强语言文字运用的敏感性，提高探究、发现的能力，感受祖国语言文字的独特魅力，增强热爱祖国语言文字的感情。 温儒敏教授在培训讲话中明确指出：“‘逻辑的力量’这个单元的设置是从语言运用角度学习逻辑基本知识，落脚点在思维训练。”因此本单元的教学，既要落实“语言积累、梳理与探究”任务群，又要落实“思辨性阅读与表达”任务群中提出的“学习表达和阐发自己的观点，力求理论正确，语言准确，论据恰当，讲求逻辑，学习反驳，能做到有理有据、以理服人”学习目标，培养“思维发展与提升”核心素养。 本单元“单元提示”指出“本单元中，我们会接触一些逻辑的基本方法，学会辨析逻辑错误，进行简单的逻辑推理，并运用逻辑知识来构建和完善论证”，所以本单元的教学重点不应是逻辑学知识的传授，而是引导学生在主题活动中探究规律、领悟方法，将逻辑应用在日常学习生活当中。 本单元“学习活动”包括三个方面：发现潜藏的逻辑谬误、运用有效的推理形式、采用合理的论证方法。这三个活动分别对应逻辑的三个功能：辨谬、推理、论证。在思维线索上，这样的学习活动安排希望学生能够在认识逻辑基本规律的基础上掌握基本的推理形式，进而能运用于论证实践。除了上述思维线索外，本单元还贯穿着语用线索：针对改善学生的语文生活，尤其对拨正网络阅读的碎片化和网络表达的情绪化有一定的意义，在关注学生语文生活的同时，逐步聚焦语文学习，如挖掘论证的隐含前提、利用“虚拟论敌”等，即语言实践的取向较为突出。本单元编写者只提供了三个学习方案，在活动内容上也较为开放，既有课内所学过的内容，也有课外日常生活中的语言现象，活动形式层面上涉及探析、辨析、搜集、辩论、书面表达等，需要从不同纬度设计更多教学内容。具体如下表所示：				

续表

<table>
<tr><td rowspan="8">单元内容</td><td rowspan="7">教材内容</td><td>学习活动</td><td>学习目标</td><td>学习任务</td></tr>
<tr><td rowspan="2">发现潜藏的逻辑谬误</td><td rowspan="2">探究逻辑的基本规律，梳理总结常见的逻辑谬误类型，学会识别和反击谬误，区别逻辑谬误和故意反用逻辑</td><td>任务 1：分析下面的例子，指出其中的逻辑错误</td></tr>
<tr><td>任务 2：辨析日常语言表达中的语言错误和故意违反逻辑的区别</td></tr>
<tr><td>运用有效的推理形式</td><td>从具体的语言材料中概括出推理过程初步认识三段论、条件推理、排除法归纳、类比等若干种推理形式，自觉运用这些推理形式解读文本、解决问题。</td><td>任务：以下案例大都与我们学过的课文有关，请指出各个案例中的前提和结论，简述推理过程，并从中提炼出可以普遍应用的推理形式</td></tr>
<tr><td rowspan="3">采用合理的论证方法</td><td rowspan="3">引导学生认识和掌握：论证的要素、论证的隐含前提、间接论证、驳论、“虚拟论敌”。尝试用逻辑的方法创造性地解决语言交流和语文学习中的问题，培养思维的灵活性和敏捷性。教学时密切结合学生的语文学习实际</td><td>任务 1：搜集典型议论性文章，分析其中的逻辑链条</td></tr>
<tr><td>任务 2：以小组为单位开展班级辩论赛在辩论中体会逻辑的力量</td></tr>
<tr><td>任务 3：尝试写驳论文</td></tr>
<tr><td>课程标准</td><td colspan="3">本任务群旨在培养学生丰富语言积累、梳理语言现象的习惯，在观察、探索语言文字现象，发现语言文字运用问题的过程中，自主积累语文知识，探究语言文字运用规律，增强语言文字运用的敏感性，提高探究、发现的能力，感受祖国语言文字的独特魅力，增强热爱祖国语言文字的感情。
本任务群的学习贯穿必修、选择性必修两个阶段。
1. 学习目标与内容：（1）在语文活动中，积累有关汉字、汉语的现象和理性认识，了解汉字在汉语发展和应用中的重要作用，巩固和加深义务教育阶段所学的汉字知识；体会汉字、汉语与中华传统文化的关系及汉语的民族特性，增强热爱祖国语言文字的感情。（2）通过在语境中解读词汇、理解语义的过程，树立语言和言语的相关性和差别性的观念。（3）通过文言文阅读，梳理文言词语在不同上下文中的词义和用法，把握古今汉语词义的异同，既能沟通古今词义的发展关系，又要避免用现代意义理解古义，做到对中华优秀传统文化作品的准确理解。（4）在自主修改病句和分析句子结构的过程中，体会汉语句子的结构特点和虚词的作用，进一步领悟语法规律。在学习文学作品时，观察词语的活用、句子语序的变化等，体会文学语言的灵活性和创造性。（5）在运用口语和书面语表达的过程中，对比两种语体用词和造句的差别，体会口语与书面语的风格差异。（6）反思和总结自己写作时遣词造句的经验，建构初步的逻辑和修辞知识，提高语用能力，增强表达的个性化。
2. 教学提示：本任务群贯穿整个高中阶段，既有课内活动，也应有课外任务。必修和选择性必修阶段，均安排 1 个学分，选修阶段不安排学分。（1）积累、梳理要有系统、有计划，要有步骤地、持续地进行。积累既是丰富学生词汇、表达方式等的需要，也是</td></tr>
</table>

续表

<table>
<tr><td>单元内容</td><td>课程标准</td><td colspan="2">为以后的梳理所做的准备。要有布置，有鼓励和督促，持之以恒。（2）本任务群的课时，在必修和选择性必修阶段，可以有两种分配方式：或集中安排，或穿插在其他学习任务群中。如何分配课时，由教材编者设计或教师根据自己的教学计划安排。（3）本任务群在必修和选择性必修阶段，应贯穿其他所有的学习任务群，与各个学习任务群中阅读与鉴赏、表达与交流、梳理与探究的语文活动有机结合在一起。每一个学习任务群，都要为“语言积累、梳理与探究”学习任务群提出问题，提供资料，准备必要的条件；有些学习任务群也可以与本任务群共同完成。例如，在既有书面语读写，又有口语活动的学习任务群中，即可探讨语体风格的问题。（4）积累、整合与探究，都要边积累边记录。必修阶段主要写语言札记，随时记录点滴材料。选择性必修阶段可试写短文，整合和解释有关现象。（5）本任务群重在过程的典型性，不论是积累、梳理还是探究，都注重发展语感，增强对语言规律的认识，不追求知识点的全面与系统，切忌违背学生自主学习的精神，生硬灌输一些语言学条文。（6）在完成任务的过程中，针对学习内容，可通过专门文章的阅读，引导学生深入思考</td></tr>
<tr><td rowspan="6">基础条件</td><td rowspan="5">资源基础</td><td>资源名称</td><td>功　能</td></tr>
<tr><td>黑板</td><td>板书课时核心问题；板书学生语言梳理探究过程中发现、生成和反思提炼的知识、能力及方法要点</td></tr>
<tr><td>教材、学案及助读资料</td><td>提供核心问题教学四个环节中学生语言梳理探究所需的必要载体与支架</td></tr>
<tr><td>线上音视频</td><td>帮助学生直观学习，快速获得语言梳理探究的方法与技巧</td></tr>
<tr><td>PPT</td><td>出示课时核心问题和四个环节的语言梳理探究活动和要求，提供学生交流所需的部分参考性结论</td></tr>
<tr><td>学生基础</td><td colspan="2">本单元的学习主体为高二年级上学期的学生，在学生的学科学习过程中，数学学科有对逻辑的一定运用，但是并未直接涉及逻辑知识相关概念。思政学科选择性必修三《逻辑与思维》系统介绍了逻辑的相关知识，但是对于高二学生来说，学习“逻辑的力量”单元时还未接触到这本教材。再加上语文学科本身虽有“思辨性阅读与表达”任务群的学习，但对学生而言只是朦胧的感受，所以说高二年级上学期学生对于“逻辑的力量”单元是较为陌生的。老师在设置教学目标时不宜过难，需要考虑学生学习过程中可能会出现的畏难心理。学生在学习过程中可能出现以下问题：
知识：对逻辑谬误的类型有一定的了解，但理解并不清晰和准确，缺乏系统的逻辑知识。
能力：较少留意日常语言表达中存在的逻辑谬误辨别信息、审慎表达观点的能力有待提高</td></tr>
<tr><td>单元大概念及下层结构</td><td colspan="3">单元名称：逻辑的力量
核心大概念：语言与逻辑
特征化表达：基于语言运用的谨严品质和理性精神研讨日常生活和语文学习中遇到的典型逻辑现象，归纳并运用常见逻辑知识，培养批判、思辨等逻辑思维能力，探究语言中逻辑运用的基本规律。
概念结论类：语言中逻辑运用的规律</td></tr>
</table>

续表

<table>
<tr><td rowspan="8">单元大概念及下层结构</td><td colspan="6">特征化表达：语言的逻辑包括两大方向：一是以“事理”为对象的“形式逻辑”，表现为“遵循逻辑”；二是以“情感”来判断事物的“情感逻辑”，表现为“不遵循逻辑”。前者多见于论述性语言，后者多见于文学性语言；前者多见于研究语境，后者多见于交际语境。
思想方法类：逻辑思维、思辨性思维
特征化表达：逻辑思维是人们在认识过程中借助于概念、判断、推理反映现实的过程。在逻辑思维中，要用到概念、判断、推理等思维形式和比较、分析、综合、抽象、概括等方法，而掌握和运用这些思维形式和方法的程度，也就是逻辑思维的能力；思辨性思维是关于任何主题、内容或问题的一种思维方式，它是自我导向、自我约束、自我监督、自我校正的思考。
价值观念类：谨严品质、理性精神
特征化表达：语言表达需要思虑周全，表意准确，这就需要具有严谨的用语品质。为此，就需要重视逻辑知识的自觉运用。理性精神是指在语言实践中能够运用理智的能力。语文学习中，追求审慎思考以推理方式推导出结论的语言表达习惯的生成，有助于学生学科核心素养的更好达成</td></tr>
<tr><td rowspan="2">课时</td><td colspan="2">课时大概念</td><td colspan="3">课时概念梳理</td></tr>
<tr><td>简略化表达</td><td>特征化表达</td><td>概念结论（小概念）</td><td>思想方法</td><td>价值观念</td></tr>
<tr><td>1</td><td>辨析逻辑谬误
初识逻辑知识</td><td>通过书面及生活语言中潜藏的逻辑错误辨别分析，初步感知并了解概念、命题、推理等逻辑基础知识</td><td>概念、命题</td><td>搜集整理
推断认知</td><td>判断需精准
表达应审慎</td></tr>
<tr><td>2</td><td>明谬用妙用之界
品妙用逻辑之效</td><td>关注、辨析生活和语文语言表达中“谬用”与“妙用”逻辑规律之间的区别，赏析表达、交际中“妙用”逻辑规律所带来的效果，尝试将“妙用”逻辑运用到生活当中，进一步感知语言运用中“逻辑的力量”</td><td>反用逻辑的艺术效果</td><td>推理思辨
辩证思考</td><td>巧思需循理
巧辩应顺理</td></tr>
<tr><td>3</td><td>提炼推理形式
小试书面推理</td><td>研析教材所列具体语言材料中的推理过程，提炼常见的推理形式并尝试书面推理</td><td>条件
三段论</td><td>归纳提炼
演绎实证</td><td>析理循链条
推理合形式</td></tr>
<tr><td>4</td><td>洞悉逻辑链条
进行合理论证</td><td>搜集典型议论文章，分析其隐含的论证前提及其运用的直接或间接的论证方法，并借鉴这些方法进行议论短文写作实践</td><td>论证思路
直接论证
间接论证</td><td>案例分析
探究发现</td><td>论证需方法
思想应客观</td></tr>
<tr><td>5</td><td>引入虚拟论敌
完善议论升格</td><td>研讨运用“虚拟论敌”的典范例文以把握其相关知识，进而引入“虚拟论敌”对典型论文病文进行升格训练，从而真切感知逻辑的力量</td><td>论证方式
虚拟论敌</td><td>反向思维
发散思维</td><td>理性需滋养
佳作应修改</td></tr>
</table>

续表

<table>
<tr><td>单元教学目标</td><td colspan="3">参与日常语言运用及语文学习实践中逻辑现象辨识和研讨活动，完整经历逻辑谬误辨识、推理形式提炼、逻辑链条厘清、虚拟论敌引入等逻辑知识及其使用的梳理和探究过程（思维发展与提升 2-2、3-2），从而准确认识逻辑基本规律，初步把握常见逻辑推理形式并能在议论文写作实践中有效使用常见的论证方式、方法（思维发展与提升 4-2、5-2），进而涵养自身语言运用重证据、会质疑、讲道理的理性精神（语言建构与运用 5-1，文化传承与理解 5-4）</td></tr>
<tr><td>单元核心问题及问题分解</td><td colspan="3">核心问题：
梳理日常语言运用语文学习实践中的逻辑现象，基于具体语言情境中逻辑谬误的辨识、推理形式的提炼、逻辑链条的厘清、虚拟论敌的引入、议论文升格训练等逐层深入的探究活动，探究语言中逻辑的运用规律，发掘逻辑的力量。
问题解析：
逻辑单元的学习目标是促进高中生在语言实践中建立基本的逻辑观念与意识。在高中语文学习中，与逻辑单元联系得比较紧密的就是议论文写作。根据本单元的学习要求以及“语言积累、梳理与探究”任务群的教学提示，本单元旨在通过辨析逻辑谬误、熟悉推理形式、掌握论证方法、作文升格或再创造四个相辅相成的学习环节来建构学生的逻辑知识。其中前三个学段的学习内容依次递进，重在逻辑知识的梳理探究。第四个任务综合了前三个任务的学习内容，重在逻辑知识在语言情景中的综合运用。四个任务的设置，让学生能借助逻辑知识去理解语言中体现的思维，自觉地借助逻辑知识来促进阅读能力与写作能力提升，更好地理解和运用祖国的语言文字</td></tr>
<tr><td rowspan="6">课时划分</td><td>课时</td><td>课时大概念</td><td>课时核心问题</td></tr>
<tr><td>第一课时</td><td>辨析逻辑谬误
初识逻辑知识</td><td>搜集书面及生活语言中潜藏的逻辑错误，梳理概念、命题、推理等逻辑基础知识并利用逻辑知识对逻辑错误进行辨析</td></tr>
<tr><td>第二课时</td><td>明谬误妙用之界
品妙用逻辑之效</td><td>探析语言中妙用逻辑的现象，辨析语病现象与妙用逻辑的异同，探究妙用逻辑的妙处</td></tr>
<tr><td>第三课时</td><td>提炼推理形式
小试书面推理</td><td>研析教材所列具体语言材料中的推理过程，提炼常见的推理形式并尝试书面推理</td></tr>
<tr><td>第四课时</td><td>洞悉逻辑链条
进行合理论证</td><td>基于逻辑知识思维导图，分析典型议论文中隐含的论证前提及其运用的论证方法并撰写论证片段</td></tr>
<tr><td>第五课时</td><td>引入虚拟论敌
完善议论升格</td><td>基于典范例文剖析探究“虚拟论敌”知识，开展议论文升格训练，发掘其逻辑力量</td></tr>
<tr><td>教学评价</td><td colspan="3">一、关于大概念生成理解的评价预设
1. 概念结论类大概念
“逻辑的力量”单元的教学以学生的对逻辑知识的学习活动为中心，三个学习活动都有学习任务贯穿始终。而学生每一阶段性的学习成果以及伴随成果的表现则是评价的主要对象。故而在教学这一单元时，教学评价要关注学生的学习过程，这也意味着教师在评价体系建立之初就要理清学生各个学习环节所要完成的任务及成果，采用评价量化的方式让评价贯穿学生学习的始终。</td></tr>
</table>

续表

<table>
<tr><td>教学评价</td><td colspan="7">2. 思想方法类大概念
除了知识性的评价，针对“逻辑的力量”活动性特点，针对各个活动所采用的不同思想方法，建立完整的关于梳理、区分、抽象、辨析、讨论，并在具体情境中反思、运用逻辑知识的学习档案，也就是为学生整个学习过程的发展轨迹做记录。
3. 价值观念类大概念
在单元逻辑知识教学和单元三类作业的完成过程中，通过真实有趣的情境活动促成知识的迁移和运用，关注生成过程中学生的参与情况、投入程度和获得感。
二、关于单元素养目标达成的评价预设
1. 就学生参与单元语言梳理探究中的拨迷见智，深入辨谬、论辩争锋、触类旁通、强化说理、思辨发展等具体表现进行激励、督促和指导性评价。
2. 就学生把握单元语言梳理探究的达成情况和利用补充语料、前人观点进行多元化思考的能力，对各阶段学习成果如逻辑知识的掌握情况、辨谬的能力测试、逻辑推理的判断、论证方法的使用、辩论赛的表现、驳论文写作作品，进行优、良、中、一般的定性评价。
3. 就学生掌握语言梳理探究的一般方法和在语言梳理探究中对逻辑对于论证说理的增益的感受，以及学生在各个活动阶段的参与态度、参与程度、小组合作能力的情况，是否能体会中华语言文字的魅力的情况，以量规的形式进行鼓励性评价。
三、关于三类单元作业完成的评价预设
将单元基础性作业、综合性作业和实践性作业在各课时中命制成具体的语言梳理探究相关题目并赋分，就学生对各阶段学习成果和题目的完成情况进行恰当有针对性的赋分评价</td></tr>
<tr><td rowspan="2">单元作业</td><td>作业类型</td><td>作业目标</td><td>作业内容</td><td>作业情境</td><td>概念结论</td><td>思想方法</td><td>价值观念</td></tr>
<tr><td>基础性作业</td><td>在自主搜集语料、阅读补充资料、梳理教材资源的前提下，学习、积累逻辑知识后能准确地判别语言使用中的逻辑正误</td><td>1. 分析下面的例子，找出其中的逻辑错误。（见教材 P83）
2. 在认识逻辑基本规律概念的基础上找出自己或他人日常语言表达中的错误例子并梳理常见的错误类型（如自相矛盾、强加因果、以偏概全、偷换概念、划分不当避重就轻等）。
3. 在所给范文中找出逻辑谬误并修改</td><td>从更多的教材文本中发现逻辑知识。鉴于逻辑知识在教材文本中的分散性，有必要分类梳理与逻辑单元活动任务相关的教材内容，为逻辑知识的积累提供条件</td><td>夯实基础
思辨理解</td><td>抽丝剥茧
厚积薄发</td><td>着眼细节
批判发现</td></tr>
</table>

续表

单元作业	综合性作业	能利用所学习的逻辑知识，分析、比较归纳和概括语言现象与文学现象有理有据地表达自己的观点和阐述自己的发现	整理所学逻辑知识成手册，以“鲁迅作品应不应该退出中学语文教材”为辩题，以所学习的逻辑知识为工具，开展一场班级辩论赛	编辑逻辑自查手册，并在整理的基础上综合运用所学的逻辑知识开展班级辩论赛，学以致用表达自己的观点，切身体会逻辑的力量	整理归纳 思辨迁移	逻辑思辨 质疑迁移	认清本质 辨别是非
	实践性作业	运用批判性思维审视语言文字作品，滋养理性精神，提高思辨能力。提高对实用语言逻辑和文学文本叙述逻辑的认识程度	围绕社会最近热点问题，搜集、阅读媒体上的评论文章，选择你不认同其观点的一篇，写一篇驳论文	前两个维度当中，学生已经基本掌握了逻辑的相关概念，在语言实践中初步体会了逻辑的力量。积极创设情境，将逻辑思辨和质疑能力迁移运用到当代生活情境中去，提高语用能力，增强表达的个性化，发现问题，解决问题	质疑评论 思辨运用	习得素养 思辨传承	感受语言魅力 滋养理性精神
反馈调整	待大单元教学完成之后，计划从大单元教学设计、教学实施、运用反馈和教学调整四个方面进行反思总结，提出具体的优化措施。						

发现逻辑谬误，有理必说清楚
——“逻辑的力量”单元第一课时学教案

王茂钢

一、教学分析设计

【内容分析】☞

统编高中语文教材选择性选修上册的第四单元“逻辑的力量”是专属于语言的任务群。本单元注重落实核心素养中“语言建构与运用”的语言运用的相关要求，也为核心素养中的“思维发展与提升”夯实基础，并为思维训练和思辨阅读、思辨写作提供方法和作用。

本单元的学习任务是通过学习一些基本的逻辑方法，学习辨析逻辑错误，进行简单的逻辑推理，并运用逻辑方法来构建并完善论证。本单元通过对语言文字现象的梳理、比对，在具体的情境中运用、反思、完善这些经验知识，能够初步掌握生活中潜藏的逻辑谬误，以此形成负责任、重证据、会质疑、讲道理的理性态度；然后通过对逻辑的有效的推理形式的探究进一步激发学生从具体现象中推出一般规律的探索精神；最后探究合理利用逻辑中的论证方法，从而培养学生敢于用逻辑工具创造性地解决语言交流中的问题。

本课是大单元教学的第一课时，主要通过对语言现象中常见的语言逻辑问题进行归纳整理，从而得出四种逻辑的基本规律及特点，在此基础上推导出一些常见逻辑错误类型，从而使学生初步感知语言的逻辑思维。这节课的内容也将为后面运用有效的推理形式和采用合理的论证方法奠定坚实的基础。

【课时大概念】☞

概念类别	简略化表达	特征化表达
核心大概念	辨析逻辑谬误 初识逻辑知识	探究逻辑的基本规律，梳理总结常见的逻辑谬误类型，学会识别和反击谬误
概念结论类	概念、命题	语言的逻辑包括两大方向：一是以“事理”为对象的“形式逻辑”，表现为“遵循逻辑”；二是以“情感”来判断事物的“情感逻辑”，表现为“不遵循逻辑”
思想方法类	搜集整理 推断认知	逻辑谬误潜藏于生活和语文实践之中，需要运用逻辑知识进行推理，还要结合语境辩证思考谬误是否需要纠正，分析有意反用的逻辑谬误在语用中的艺术效果

续表

概念类别	简略化表达	特征化表达
价值观念类	判断需精准 表达应审慎	通过对日生活和学习中的语言逻辑谬误现象的分析，用推理、论证的方式，发现造成这些错误现象背后的根源，培养学生的理性精神；用辩证的眼光对社会生活中违背了逻辑规律的语言现象的分析，得出不一样的结论，从而能很好地指导在今后的语用，避免逻辑谬误，展示文化自信

【资源条件】☞

资源名称	功能
黑板	板书核心问题；板书学生解决问题时交流、分析、建构概念过程的要点；板书反思提升要点等
教材、学案及典型题型	提供核心问题教学各环节中自主探究与生成的环节与思维空间
自制 PPT	展示视频、图片等情境；出示核心问题；提供全班交流时所需的资料；出示评价反馈练习等内容

【学生基础】☞

高中生的认知上呈现出目的更明确，专注度更高，精确性和概括性也更强，但随着高中学业任务的加重，学习科目的增加，学习压力也随之增强，此时他们的语言逻辑思维还比较凌乱，主要体现在语言表达的随意性，语言交流的“短，平，快”，语言内涵的浅显化。这些都是因为他们很少有机会、有精力来接受系统性的逻辑知识的建构和逻辑思维训练。学生通过数学等学科又或多或少对逻辑规律有一定的了解，加之这个年龄段正是高中生求知的旺盛期，对理性思维有着莫名的亲近，而且现在跨学科的整合也增强了他们的好奇心，这些都为本单元的逻辑教学创造了有利的条件。

【目标分析】☞

参与日常语言运用及语文学习实践中逻辑现象辨识和研讨活动，能够完整经历逻辑谬误辨识、推理形式提炼、逻辑链条厘清、“虚拟论敌”引入等逻辑知识及其使用的梳理和探究过程（思维发展与提升 2-2、3-2），运用所学分析归纳其中所违背的逻辑规律（语言建构与运用 2-2、5-1），并认识文艺作品中“反用逻辑”效果的学习活动，初步了解逻辑在发挥语言艺术上的妙用（思维发展与提升 4-2、5-1），并能将所学的逻辑规律情境化，用以解决真实的交际问题和学习中的相应试题，从而在语用实践中发展逻辑思维，滋养理性精神（语言建构与运用 5-2、思维发展与提升 5-2）。

【主题分析】☞

很多学科都有逻辑思维训练的任务，而语文学科是在具体的语言文字理解和运用中完成这一任务。课程标准提出：“适时适度地引导学生学习必要的逻辑知识；相关知识的教学要简明、实用，能有效地帮助学生解决概念、判断、推理等方面遇到的问题；避免进行不必要的、机械的训练。”要求学生“反思总结自己写作时遣词造句的经验，建构初步的逻辑和修辞知识”。

基于此，本单元围绕学生在主题活动中探究规律、掌握规范、理解标准、建构知识、领悟方法来进行大单元教学的整体构思。所以本单元的教学就以帮助学生体会语言梳理与探究的典型性过程中生成一般性规律，让学生通过语言文字现象建构特定的知识方法，也要让学生认真体会、反思这些知识方法的建构过程和规律，并把相关的过程和规律用到对其他语言文字现象的梳理和探究上。要实现这些目标，就需要先认识逻辑的基本规律，在此基础上能够运用有效的推理形式，最终达到在社会生活中使用合理论证方法来表达自己观点的目的。

基于上述分析，本课时的核心问题即拟定为：搜集书面及生活语言中潜藏的逻辑错误，梳理概念、命题、推理等逻辑基础知识并利用逻辑知识对逻辑错误进行辨析。

【评价预设】☞

（1）提出问题环节：通过平时的真实情景，快速吸引学生的注意力，实现引出话题中明知有问题却说不清楚具体原因，让学生能够快速进入问题中来。

（2）解决问题环节：设计了三个活动，第一个是通过典型事例来得出逻辑的基本规律，典型事例相对简单，学生能够比较快地找出来，增强他们的信心，为第二个问题做好铺垫；第二个活动是发现这些规律的基本特点，在归纳的过程中会出现一些难点，这就需要适当引导同学进行归纳总结；第三个活动是对常见逻辑谬误类型的总结，一般都能比较好地总结出来，如果有没有总结出来的情况，就由教师来进行补充，最终让学生建构出逻辑的基本规律。

（3）反思提升环节：希望学生能一分为二看问题，用理性思维作分析，提高学生的思辨意识。

（4）评价反馈环节：从历年高考题中涉及语言逻辑的题中筛选出不同类型的题，进行适当的改编，检查学生对基本知识的掌握情况，再次提高他们的思辨意识。

二、教学实施设计

【教学环节】☞

教学环节	学生活动	教师活动	设计意图	技术融合
提出问题	理解本节课的核心问题，进入逻辑辨误的推理状态	情境与任务：在大课间跑操时，毛同学因为腿受伤过来向我请假，跑操时站在后面休息，这时我一旁的欧同学马上嬉皮笑脸凑过来说：“王老我也不想跑步，和毛同学一起站在后面去。”我果断拒绝了他。然后他反问我，为什么他可以不跑操，我就必须跑操？	创设真实生活、学习情境，激发学生研读兴趣，明确学习核心任务	PPT 出示学习、生活情境和课时核心问题

续表

教学环节	学生活动	教师活动	设计意图	技术融合
解决问题	1. 前置学习：查找资料，查找逻辑的含义、概念的含义和概念的关系及表现形式，完成前置性任务表格。 2. 根据选取的事例，通过学生分组讨论，找出例句的逻辑错误	出示任务：1. 结合课前作业2，发现事例中不合逻辑的原因，完成相应表格。 2. 引导、点拨学生探究事例中概念的关系，然后由特殊到一般地探析事例不合逻辑的原因	让学生能够从常见的事例中去发现，总结规律，调动学生的自主能动性	PPT 出示活动要求，提供发现逻辑谬误所需的事例
	根据例句所找出的逻辑错误，小组讨论这些错误的异同之处，从而归纳出逻辑的基本规律	提出问题，进一步引导学生通过比较分析找到逻辑病因中的相似之处和不同之处，从而总结出逻辑的基本规律及基本特点	根据事例中所犯的逻辑错误原因，整合错误类型，从而让学生能够自主发现概念规律特征，在比对异同中发现问题，得出结论，从而提升学生的思辨能力	
	立足解决问题时的经验总结所得，依据逻辑的基本规律，结合课前作业 1 和例句，归纳完善常见的逻辑谬误类型	出示任务：根据课前作业 1，运用逻辑的基本规律，将上表中的逻辑错误类型补充完整。继续引导学生通过典型的事例来补充逻辑谬误的常见类型，指导学生完善谬误的常见类型	让学生进一步加深对逻辑基本规律的理解，对常见逻辑谬误类型做到心中有数。	
反思提升	根据课前作业 1 和事例探究故意利用逻辑错误的语言艺术与谬误的区别	出示学生的前置性作业，引出问题。通过学生的前置作业 1 引导学生发现逻辑错误的正确运用事例，从而引导学生能简单认识谬误和故意违反逻辑的语言艺术	引导学生一分为二地看问题，对谬误与利用逻辑错误形成的语言艺术有一个初步了解并形成简单的判定标准	PPT 出示活动要求
评价反馈	课堂检测，根据学生生成的知识结构，结合高考中所出现的各种题型，来检测学生对逻辑谬误的理解和运用的情况	1. 出示评价反馈练习题。 2. 请同学根据已经掌握的逻辑知识来对这些习题进行订正	检测课时目标达成情况，借此进一步强化学生对逻辑错误的认识	PPT 出示评价反馈工具

【板书设计】☞

发现逻辑错误，有理必说清楚

核心问题：对典型事例的分析和总结，初步认识逻辑谬误的一般规律，总结谬误的常见类型。

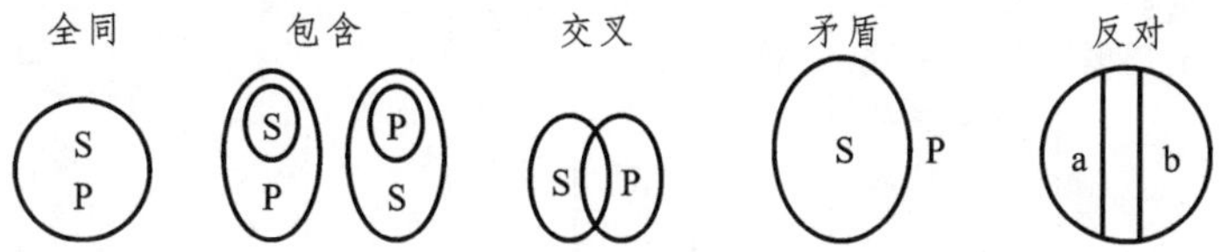

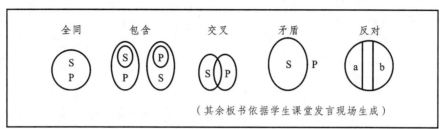

（其余板书依据学生课堂发言现场生成）

【课后服务】☞

课时作业的结构化设计：

作业序号	作业目标	作业情境		概念结论		思想方法		价值观念		整体评估	
		内容	水平	内容	水平	内容	水平	内容	水平	内容	水平
1	写一写在日常生活中常见的一些不合逻辑的句子。（1）逻辑的含义；（2）概念的含义；（3）完成概念间的关系表。发现问题，为后面的解决问题奠定基础	日常生活中的语用情况，如各类电视广告，日常交流语言等	基础	逻辑、概念	语言的建构与运用1	由现象到本质	语言的建构与运用1	发现现实生活中潜藏的语言谬误	语言的建构与运用1	基础性作业	学业质量水平1-3
2	通过对典型事例的分析、归纳、探究，最终总结出逻辑的基本规律和常见谬误类型	学过的课文和学生日常生活中会经常遇到的一些比较熟悉的事例	较复杂	逻辑基本规律	语言的建构与运用3	由现象到本质，归纳整合	语言的建构与运用3	通过梳理、整合将原材料和学的语文知识结构化	语言的建构与运用3	综合性作业	学业质量水平3-3
3	区分逻辑谬误和故意违反逻辑的语言艺术	学生自行记录的一些日常用语和上课前准备的谬误句子	复杂	区分谬误和语言艺术	思维发展与提升5	辩证看问题	思维发展与提升5	能够辨识、比较语言现象形成自己的语言认识	思维发展与提升6	实践性作业	学业质量水平4-3

续表

作业序号	作业目标	作业情境		概念结论		思想方法		价值观念		整体评估	
		内容	水平	内容	水平	内容	水平	内容	水平	内容	水平
4	通过高考题的回放，检测学生理解情况	勾连高考，在历年真题的情境下来发展逻辑思维	难	指出谬误的地方并改正	思维发展与提升 5	理论指导实践	思维发展与提升 5	自觉分析语文实践经验，增强思维的深刻性、灵活性。	思维发展与提升 5	实践性作业	学业质量水平 4-3
课时作业总体评估	作业主要分为三个部分：第一个是基础作业，以收集资料为主，相对简单；第二部分是综合作业，主要以探究逻辑的基本规律为中心而设计的，作业类型以书中学过的例子和日常生活中见过或听过的为主，并在最后辅以高考真题来增加可信度和关注度，大大提升学生对其的重视程度，整体难度由浅入深，由个别到整体，由单句辨析到情景式辨析，符合现在提出的无情景不立意的特点；第三部分是综合性作业，主要是对已学知识的巩固提升，并根据课堂中生成的经验寻找正确运用逻辑错误的语言艺术的其他表现形式。作业的设计整体有序，目标明确，难易适中，既符合现在高中生的心理发展规律，又能很好地体现本课时的核心任务										

（具体的作业内容略）

【教学流程】☞

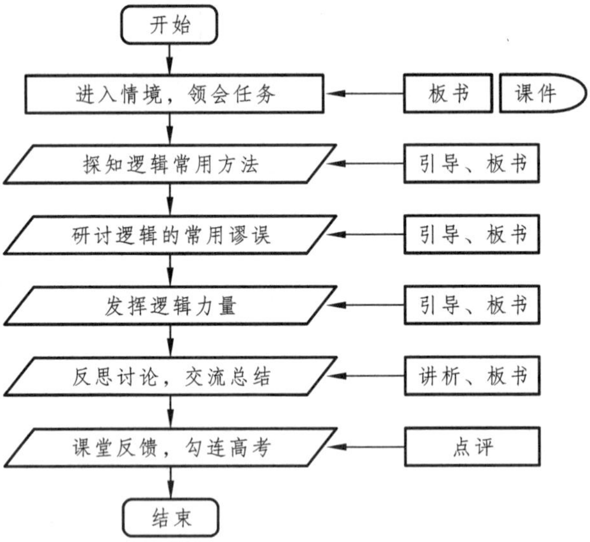

三、教学评价设计

【评价实施】☞

（1）课堂核心问题教学的四个环节中，既整体上贯彻“教学实施设计”中的“评价预设”的评价原则和方式对学生在各个学习活动中的学习表现进行了针对性评价，又根据课堂教学中的非预设性情形灵活地调整了评价策略，力求较为有效地促进学生课堂学习中深度体验的发生。精心设计“学习任务单”，为学生提供学习活动支架，在三个层次清晰的学习任务指引下，组织学生一步步深入研读，合作探究，师生对话，有效突破课堂教学的重点、难点。学生在真实而完整的学习活动中，增强思维的深刻性，提升思维品质，落实学科核心素养。

（2）为了检测学生是否掌握对本课知识，从语言逻辑的基础知识出发勾连高考中语言逻辑的常见题型，引用或改编了十道高考真题，在数据具现化的指引下构建出真实情境和具有简单到复杂梯度的检测题（评价工具），力求从学生课堂和课后完成情况中，客观地反映出学生对逻辑规律的认知和理解情况，从而实现评价的有效实施，引导学生加深对“逻辑的谬误”的理解。

【信息搜集】☞

为了让同学能够真实的感受语言逻辑的谬误，于是布置了一个前置性的作业，即收集日常生活中的一些语言谬误的使用素材，以此让学生能真切地感受语言逻辑的日常使用并对本单元的教学内容产生兴趣；为了进一步引起学生的兴趣，避免只通过用练习题来加强知识的巩固，教师又通过网络找寻了一些类似“脑白金”中妙用语言逻辑的广告，从而尽可能引起学生注意，使学生关注本课学习的重点，并进行了质量等级评价和统计分析。

【反馈调整】☞

根据核心问题课堂教学实施的四个环节的具体情况来看，这节课总体上达成了预期素养目标。但在解决问题的第三个学习活动——“请结合概念的关系和以上病例，总结语言运用中常见的逻辑谬误类型”，学生在总结的过程中同质化比较严重，都能很快找出“同一律和不矛盾律”，对于另外两种“排中律和充分条件律”能够归纳出来的同学较少。课后反思后认为，学生不能总结出来的原因是他们没有接触过，前置性作业也没有突出这样的布置，就导致学生对术语陌生无感。所以在课堂教学前对比较难的知识点还是要先让学生有一个初步的了解，这样才能让他们在课堂的活动中生成自己的学习体验。

大概念核心问题教学文化评价表

课时名称：发现逻辑谬误，有理必说清楚。

所属单元：统编版高中语文选择性选修（上）第四单元。

单元核心大概念：逻辑规律运用。

单元核心问题：逻辑谬误潜藏于生活和语文实践之中，需要运用逻辑知识进行推理，还要结合语境辩证思考谬误是否需要纠正，分析有意反用的逻辑谬误在语用中的艺术效果。

课时大概念：辨析逻辑谬误，初识逻辑知识。

课时核心问题：搜集书面及生活语言中潜藏的逻辑错误，梳理概念、命题、推理等逻辑基础知识并利用逻辑知识对逻辑错误进行辨析。

评价目标	评价指标			评价	
	一级指标	二级指标	三级指标	方法结果	
实现活动体验中的学习与素养发展	具有大概念核心问题教学形态	核心问题利于活动体验	内含学科问题和学生活动方式	8	每项指标最高评8分（满分为96分）
			问题情境与真实生活密切相关	8	
			能引发大概念、新知新法生成	7	
		教学目标价值引导恰当	两类目标正确全面	8	
			关联体验目标恰当	8	
			目标价值引导显现	7	
		教学环节完整合理落实	教学环节清晰完整	8	
			环节内容合理充实	7	
			学生活动时间充分	7	
		教学要素相互匹配促进	问题目标环节两两匹配	8	
			技术促进活动形式内容	7	
			素养导向突出氛围浓郁	7	合计<u>90</u>分
	具有大概念核心问题教学特质	拓展学习视野	课堂与现实世界有恰当关联	选择一个表现突出的二级指标，在相应三级指标引导下，以现场学生表现为主要依据，以其余指标为背景，于本表的第二页写出150字以上的简要评价	
			有基于缄默知识的问题解决		
			有缄默知识运用的追踪剖析		
			知识运用剖析导向素养发展		
		投入实践活动	有真实而且完整的实践活动		
			实践活动深度融入两类情境		
			能够全身心地浸渍于活动中		
			活动的内容结果均丰富深入		
		感受意义关联	有核心问题的深层意义感受		
			有以知识为中心的关联感受		
			有以个人为中心的关联感受		
			有对三类大概念的关联感受		
		自觉反思体验	有实质性反思活动的开展		
			有课堂新因素的追踪利用		
			有体验的交流与改善重构		
			有概念生成中的素养发展		
		乐于对话分享	乐于自我的表达与认真的倾听		
			乐于合作中成果与思路的分享		
			乐于成果交流中深层意义分享		
			有宽容的对话氛围和双向交流		
		认同素养评价	认可素养评价		
			参与素养评价		
			利用素养评价		

续表

大概念核心问题教学特质的简要评价（包括发展性建议）： 本节课引出核心问题的情景是基于日常生活中学生身边的真实案例，能快速吸引学生的注意，并与学生形成情感共鸣，从而使学生能快速进入学习情景中，围绕核心问题展开各项学习活动。本课时基于缄默知识的运用，让学生体会运用直观感受来发现问题的不足，从而引导学生积极主动地寻求解决问题的办法，以此来重新发现问题并解决问题。从给出的例子出发，发现问题的表象特征，由表及里、由浅入深地归纳总结出辨析谬误的错误类型，将缄默的知识系统化、显现化，并以此来指导后面对谬误错误类型的归纳和整理，从而使学生对辨析谬误有进一步的理解，实现知识的理解和迁移

大概念核心问题教学素养目标点检测表

<table>
<tr><td>课时名称</td><td colspan="3">发现逻辑谬误，有理必说清楚</td></tr>
<tr><td>所属单元</td><td colspan="3">统编版高中语文选择性必修（上）第四单元</td></tr>
<tr><td rowspan="3">单元大概念</td><td>核心大概念</td><td colspan="2">逻辑规律运用</td></tr>
<tr><td>概念结论类</td><td>思想方法类</td><td>价值观念类</td></tr>
<tr><td>辨谬、推理、论证</td><td>推理思辨，辩证思考</td><td>理性精神</td></tr>
<tr><td>单元核心问题</td><td colspan="3">逻辑谬误潜藏于生活和语文实践之中，需要运用逻辑知识进行推理，还要结合语境辩证思考谬误是否需要纠正，分析有意反用的逻辑谬误在语用中的艺术效果</td></tr>
<tr><td rowspan="2">课时大概念</td><td>概念结论类</td><td>思想方法类</td><td>价值观念类</td></tr>
<tr><td>辨谬、推理</td><td>分析与评价，个体到一般</td><td>辩证看问题，透过现象看本质</td></tr>
<tr><td>课时核心问题</td><td colspan="3">对典型事例的分析和总结，初步认识逻辑谬误的一般规律，总结谬误的常见类型</td></tr>
<tr><td>课时素养目标</td><td colspan="3">语言的建构与运用</td></tr>
<tr><td>检测点</td><td colspan="3">懂得语言运用中常见的逻辑谬误类型，能辨析常见谬误</td></tr>
<tr><td>检测任务</td><td colspan="3">精选并改编与逻辑相关的高考题</td></tr>
<tr><td rowspan="4">分类标准</td><td colspan="3">A. 完全掌握</td></tr>
<tr><td colspan="3">B. 能较好地掌握</td></tr>
<tr><td colspan="3">C. 基本掌握</td></tr>
<tr><td colspan="3">D. 不合格</td></tr>
<tr><td rowspan="5">检测统计</td><td>分类等级</td><td>学生人数</td><td>百分比（%）</td></tr>
<tr><td>A</td><td>10</td><td>25</td></tr>
<tr><td>B</td><td>20</td><td>50</td></tr>
<tr><td>C</td><td>8</td><td>20</td></tr>
<tr><td>D</td><td>2</td><td>5</td></tr>
<tr><td>检测分析结果运用</td><td colspan="3">绝大部分的同学能够将测试题做对，但里面还是有一些同学靠的是感觉，对知识的实践化运用不够完善，对知识的把握不够准确，甚至还有两位男生没有达标，这说明他们在掌握知识时就没有弄清楚，所以评价反馈的任务不能完成，本次检测的任务基本完成了预期的目标。</td></tr>
</table>

续表

素养目标达成典型实例	有人上公交车不排队，往前挤。别人批评他："不要挤嘛，讲一点公德。"他嬉皮笑脸地回答："我这是发扬雷锋的钉子精神，一要有钻劲儿，二要有挤劲儿。"如果你也是准备上车的乘客，请用简明得体的语言反驳他的错误言论。 综合运用各种语言知识，能很好地检测出学生的掌握情况。第一位发言的同学写道："人家雷锋钻的是怎样更好为人民服务，挤的是自己的休息时间。而你钻的是空子，挤的是别人。"该同学能够较快、很好地将课堂上学习的知识运用到这道题，回答得体，有的放矢，能够以同一律作为依托进行有效反击，她的答案出来后，还给了暂时没有想出回怼话语的同学以提示
检测反馈	通过检测基本已掌握辨析谬误的方法，但还是有两个同学存在对知识的掌握不牢靠的情况，也有一部分同学存在不能很好地将所学的知识融会贯通的情况

明“谬用”“妙用”之界，品妙用逻辑之利——“逻辑的力量”单元第二课时学教案

崔凌嫣

一、教学分析设计

【内容分析】☞

统编高中语文教材选择性必修上册第四单元“逻辑的力量”，对应的学习任务群是“语言积累、梳理与探究”。“语言积累、梳理与探究”任务群旨在培养学生丰富语言积累、梳理语言现象的习惯，在观察、探索语言文字现象，发现语言文字运用问题的过程中，自主积累语文知识，探究语言文字运用规律，增强语言文字运用的敏感性，提高探究、发现的能力，感受祖国语言文字的独特魅力，增强热爱祖国语言文字的感情。

“逻辑”指逻辑思维以及人的语言中隐含的逻辑过程。本单元学习活动包括三个方面：发现潜藏的逻辑谬误、运用有效的推理形式、采用合理的论证方法，这三个活动分别对应逻辑的三个功能：辨谬、推理、论证。本单元只提供了三个学习方案，在活动内容上也较为开放，既有课内所学过的内容，也有课外、日常生活中的语言现象，活动形式层面上涉及探析、辨析、搜集、辩论、书面表达等，需要从不同纬度设计更多教学内容。

单元指示中指出“本单元中，我们会接触一些逻辑的基本方法，学会辨析逻辑错误，进行简单的逻辑推理，并运用逻辑知识来构建和完善论证”，所以本单元的教学重点不应是逻辑学知识的传授，而是引导学生在主题活动中探究规律、领悟方法，将逻辑应用在日常学习生活当中。

本课时是第四单元大单元教学的第二课时，在前一课时中学生已经基本掌握了逻辑的相关概念和逻辑规律的基础知识，初步了解了逻辑在生活和语文中的表现，因此本课时旨在引导学生关注、辨析生活和语文语言表达中“谬误”与妙用逻辑规律之间的区别，并结合语例赏析妙用逻辑规律所带来的艺术效果，尝试将其运用到生活当中，展现语言智慧，滋养理性精神。

【课时大概念】☞

概念类别	简略化表达	特征化表达
核心大概念	逻辑规律运用	立足理性精神，利用基本逻辑规律以及逻辑谬误的知识，认识推理、辩证的思考方式，探析交际、文学中反用逻辑的艺术效果，进而归纳出赏析此类文本语言的一般方法
概念结论类	反用逻辑的艺术效果	真实情境的语言表达中，有目的地反用逻辑可以产生吸引听众注意、生发“言外之意”、强化情绪表达的效果
思想方法类	推理思辨 辩证思考	逻辑谬误潜藏于生活和语文实践之中，需要运用逻辑知识进行推理，还要结合语境辩证思考谬误是否需要纠正，分析有意反用的逻辑谬误在语用中的艺术效果
价值观念类	理性精神	以理智的目光、正确的价值观，运用合理的语言，减少错误，增加理智，人与人之间的关系甚至人本身都能够走向更好、更光明的方向

【资源条件】☞

资源名称	功能
黑板、实物投影台	板书核心问题；板书学生解决问题时交流、分析、建构概念过程的要点；板书反思提升要点等
教材、学习任务单、课外助读资料	提供核心问题教学各环节中自主探究与生成的环节与思维空间
PPT	展示视频、图片等情境；出示核心问题；提供全班交流时所需的资料；出示前置任务完成情况、评价反馈练习等内容
信息技术融合	学生习作投屏技术展示学生成果；手机投屏技术展示学生思考总结的内容

【学生基础】☞

在高一年级下学期，学生已经通过写作和《六国论》和《拿来主义》等文本接触了论证方法等相关逻辑知识，初步梳理了逻辑链条，但对于逻辑为什么在生活和语文中拥有强大的力量，学生还未完全明确。经过前一课时对于逻辑知识的学习，本单元学生能准确地判别语言使用中的逻辑正误，基本认识并掌握了逻辑三个基本功能中的“辨谬”，但并未形成自觉区别“逻辑谬误”与“故意反用逻辑”的意识，对谬误在表达中产生的具体危害、故意反用逻辑在表情达意上的效果的认识较浅。解决这一问题，有利于提高学生的语言运用能力、逻辑思维能力，在具体情境中更加有效地交流沟通，感受语言文字的丰富内涵，对国家通用语言文字形成深厚感情。

【目标分析】☞

自主搜集生活中各领域出现逻辑谬误的语例，运用所学分析归纳其中所违背的逻辑规律，研讨归纳文艺作品中“反用逻辑”效果的学习活动，能够认知逻辑在发挥语言艺术上的妙用（思维发展与提升 5-1），并能将所学的逻辑规律情境化，用以解决真实的交际问题，从而在语用实践中发展逻辑思维，滋养理性精神（语言建构与运用 5-2、思维发展与提升 5-2）。

【主题分析】☞

本单元共设置三个学习活动：发现潜藏的逻辑谬误、运用有效的推理形式、采用合理的论证方法。仔细分析三个学习活动，会发现本单元的学习活动有三个特点：探究性（在“单元提示”指出：“在本单元中，我们会接触一些逻辑的基本方法，学会辨析逻辑错误进行简单的逻辑推理，并运用逻辑知识来构建和完善论证”）、活动性（在语文实践中形成关键能力，任务设计注重探究性和实践性）、综合性（学生对于“听、说、读、写”能力的综合需求）。由此可见，逻辑单元的基本功能是帮助当代的高中生建立基本的逻辑观念与意识，并能够用其进行语文实践、解决在日常生活中出现的问题。

高中《语文》选择性必修（上）“逻辑的力量”单元在“辨谬”部分提出的学习目标是“必须具备辨识谬误的能力”，强调的是知识的运用性而非知识本身。教材意图是促成学生正谬的思维、说理的水平在文学作品阅读和日常生活交际中的应用。与此同时，文学作品和日常交际中存在着“逻辑谬误”和“妙用逻辑”的区别，值得引导学生关注、辨析。

基于上述分析，本课时的核心问题即拟定为：探析语言中妙用逻辑的现象，辨析语病现象与妙用逻辑的异同，探究妙用逻辑的妙处。

【评价预设】☞

（1）提出问题环节：就学生对第一课时所学逻辑知识及对本节课核心问题的领会情况进行点评和引导性评价，为学生进入学习任务情境做铺垫。

（2）解决问题环节：针对学生前置学习、小组合作、思考辨谬、细读赏析、创作实践的具体表现进行启发、点拨等引导性评价，促进学生的语言运用、思维发展评价走向准确和深入。

（3）反思提升环节：就学生对“反差”修辞与“逻辑谬误”的辨析情况、妙用反差修辞所生发的艺术效果的把握情况进行激励性评价，以促进学生建立关于逻辑规律在语境中的应用能力、逻辑思维的滋养提升。

（4）评价反馈环节：就学生完成的习题进行评价，促进学生关联逻辑与现实，滋养理性精神。

二、教学实施设计

【教学环节】☞

教学环节	学生活动	教师活动	设计意图	技术融合
提出问题	回顾上一课时所学基本逻辑规律。理解本节课的核心问题，进入对逻辑知识在生活和语文实践中的应用，滋养理性精神	1. 引入：由《琅琊榜》中高湛、萧景琰违反逻辑规律以解决问题的片段引入。 2. 提出本节课的核心任务：辨析课前搜集的语言片段，讨论其中的“谬用”之害与“妙用”之利，探寻“谬用”“妙用”的界限	创设真实生活、学习情境，激发学生研读兴趣，明确学习核心任务	PPT 出示学习、生活情境和课时核心问题

续表

教学环节	学生活动	教师活动	设计意图	技术融合
解决问题	1. 前置学习：自主搜集3~5个生活中（新闻、互联网、日常交际等场景）具有逻辑谬误的语言现象。 2. 小组讨论，分析违反逻辑规律的语言片段是“谬用”还是“妙用”，其害处、妙处在哪里	出示任务一：辨用法，品利害 请小组1、2、3展示讨论成果，注意引导学生清晰、准确地表达所违反的逻辑规律及其所产生的效果	学生借助学案，运用所学逻辑知识，对语言现象中的逻辑谬误、逻辑规律进行辨析，初步探讨“谬用”之害与“妙用”之利，为任务二在对比中研析“谬用”“妙用”之界限做准备	PPT出示活动要求，展示学生的前置学习成果
	小组讨论，观察、整合所搜集到的语言片段，结合学习经验，尝试在对比中研析“谬用”“妙用”之界限	出示活动二：明界限，析原则 1. 出示用法容易混淆的含有逻辑谬误的语言片段，引导学生从交际走向、是否符合客观现实等方面思考“谬用”“妙用”之界限。 2. 请小组1、2、3展示讨论成果，注意引导学生清晰、准确地表达语言片段中所体现的“谬用”“妙用”的界限	细读语例，紧扣教学目标，转向研析“谬用”“妙用”之界限。完成这一目标，需要有基本逻辑知识的储备、对语例内容的充分理解，发扬思辨精神	
反思提升	立足本节课的学习，反思归纳“谬用”“妙用”逻辑之界限、“妙用”时需要考虑的因素，以及“妙用”逻辑之效果	引导学生反思“谬用”“妙用”之界限以及“妙用”时需要考虑的因素以及“妙用”逻辑之效果。 提升总结“妙用”时需要考虑的因素，“妙用”逻辑之效果	促进学生在反思中强化对“谬误”与“反差”修辞的区别以及修辞所带来的艺术效果的认知	PPT出示活动要求及关于“逻辑的力量”的名家论断
评价反馈	完成评价反馈练习题：运用本课所学，妙用“同一律”，修改课前所写的劝说词。 展示、交流、评价，加深对“妙用逻辑”力量的体会，滋养理性精神	出示评价反馈练习题。 1. 请学生在本节课的学习基础上修改劝说词。 2. 请学生展示，进行互评。注意从得体和有效两方面引导学生进行评价，加深对“妙用逻辑”力量的体会，滋养理性精神	检测课时目标达成情况，以写定评，借此进一步强化学生对反用逻辑的理解和认知	PPT出示评价反馈工具，手机拍照学生习作实时上传

【板书设计】☞

明"谬用""妙用"之界，品妙用逻辑之利

——统编版高中语文选择性必修上册"逻辑的力量"单元第二课时

核心问题：辨析课前搜集的语言片段，讨论其中的"谬用"之害与"妙用"之利，探寻逻辑"谬用"与"妙用"的界限。

语言片段	所违反的逻辑规律	害/利
1	同一律	
2	同一律	
3	排中律	
4	排中律	
5	充足律	
6	充足律	
7	矛盾律	

"谬""妙"之界	由"谬"转"妙"
真	① 以真实奠定表达的基础
诚	② 以真诚搭建交流的平台
技	③ 以技巧化解沟通的尴尬
境	④ 以恰断语境来实现妙用

妙用之效
可生发"言外之意"
可化解尴尬
可强化感情
可吸引注意

（最终板书依据学生课堂发言现场生成）

【课后服务】☞

课时作业的结构化设计：

作业序号	作业目标	作业情境		概念结论		思想方法		价值观念		整体评估	
		内容	水平	内容	水平	内容	水平	内容	水平	内容	水平
1	检测学生明确逻辑内涵及逻辑规律、妙用逻辑规律的语言艺术等知识的迁移运用能力	搜集文学作品中妙用逻辑规律的语例的真实学习探究情境	基础	区别语言现象中逻辑规律的谬用与妙用	语言建构与运用 2	由现象到本质	思维发展与提升 1	逻辑存在于日常生活中	文化传承与理解 2	基础性作业	学业质量水平 1-3
2	检测学生归纳、概括、分析、提炼等方法开展综合性探究学习以解决问题的能力	分析文学作品中妙用逻辑规律如何增强艺术效果的语例的综合探究学习情境	较复杂	赏析妙用逻辑赋予作品的艺术效果	审美鉴赏与创造 4	由现象到本质，思辨分析	思维发展与提升 3	逻辑是以理性的目光探究语言的本质	文化传承与理解 3	综合性作业	学业质量水平 3-3

续表

作业序号	作业目标	作业情境		概念结论		思想方法		价值观念		整体评估	
		内容	水平	内容	水平	内容	水平	内容	水平	内容	水平
3	引导学生运用归纳、概括、分析、提炼等方法，自觉在情理结合的前提下进行逻辑知识的应用实践，促进逻辑思维的发展，滋养理性精神	妙用逻辑，为校运会上出现的不文明争执现象创作一首劝说意味的小诗	复杂	妙用逻辑规律，完成有效交际	审美鉴赏与创造 5	理论指导实践	思维发展与提升 4	逻辑使人与人的关系走向更好的方向	文化传承与理解 5	实践性作业	学业质量水平 4-3
课时作业总体评估	由于在课时教学中思辨研讨了如何以逻辑规律正谬、反用逻辑规律以增强艺术效果，所以在评价反馈作业中设置了问题 1（搜集文学作品中妙用逻辑规律的语例），以检测学生阶段明确逻辑内涵、逻辑规律、妙用逻辑规律的语言艺术等知识的迁移运用能力；问题 2（分析文学作品中妙用逻辑规律如何增强艺术效果的语例），以检测学生运用阶段明确逻辑内涵、逻辑规律、妙用逻辑规律的语言艺术等知识，归纳、概括、分析、提炼等方法开展综合性探究学习以解决问题的能力；并设计了具有明显实践情境的开放性的问题 3（时值川大附中秋季运动会，在健儿们挥洒汗水的同时，一些同学出于维护班级荣誉的想法与裁判和别班同学发生了争执，请你针对该现象写一首劝说意味的小诗），以引导学生运用阶段明确逻辑内涵、逻辑规律、妙用逻辑规律的语言艺术等知识，归纳、概括、分析、提炼等方法自觉在情理结合的前提下进行正反逻辑的应用实践，促进逻辑思维的发展，滋养理性精神。从作业设置的由浅而深的梯度性和由课内而课外的情境变化，及与该变化匹配的内容和水平以及涉及的思想方法可以看出，这份课时作业形式多样，内容由单一而综合，情境由基础而高阶，应该可以较好地检测课时目标的达成情况，益于促进学生真实学习行为的发生										

（具体的作业内容略）

【教学流程】☞

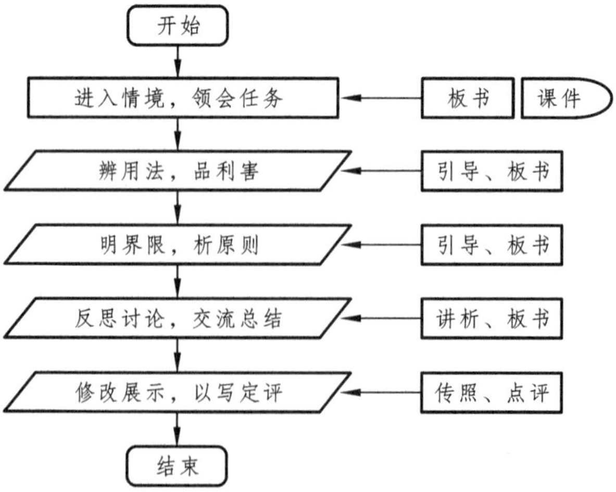

三、教学评价设计

【评价实施】☞

（1）课堂核心问题教学的四个环节中，既整体上贯彻“教学实施设计”中的“评价预设”的评价原则和方式，对学生在各个学习活动中的学习表现进行了针对性评价，又根据课堂教学中的非预设性情形灵活地调整了评价策略，力求较为有效地促进学生课堂学习中深度体验的发生。

（2）为检测学生课堂对反用逻辑之妙的学习体验效果，设计具有真实情境且具有简单到复杂的梯度的检测题（评价工具），力求从学生课堂和课后完成情况中，客观地反映学生对逻辑规律的认知和理解情况，从而实现评价的有效实施。本课时评价反馈环节请学生以理性的目光，从“赏析语例中反用逻辑的艺术效果”和“反用逻辑，完成一次有目的的语言交际活动”两个任务中选择一个完成，学生自评，教师点评，引导学生加深对“逻辑的力量”的理解。

【信息搜集】☞

经过第一课时的学习，学生对于“逻辑”概念、逻辑规律已经有了明确的认识，并且能够利用语用性很强的“逻辑事件”去理解、体悟，并学会分析、阐释和在语用中自觉规避逻辑谬误。但同学们在运用逻辑规律时仍然存在不够理性、脱离语境的问题，第一课时结束后搜集到的学生“逻辑的力量”单元学历案中，绝大多数学生认为本堂课在语用方面的收获在于“所学的基本逻辑规律能够用来纠正日常对话中对方的错误”，忽略了反用逻辑以成就“语言的艺术”；并且在过往的语言文字运用方面，学生往往表现出“不知所云、毫无关联、忽略细节”的问题，这正是缺少对逻辑规律的真实运用所导致的。因此，我先给出了热点新闻材料，请学生作为新闻事件中的乘务员，面对这个公共突发事件，妙用“同一律”，完成一段 200 字左右的劝说词。为了检测学生本课时学习的目标达成情况，请学生聚焦“劝说”的语用目的，立足逻辑规律的正反运用，重新改写了已完成的劝说词。课后搜集了全班学生的习作进行分析统计。

【反馈调整】☞

统编高中语文教材选择性必修上册第四单元归属“语言积累、梳理与探究”任务群，学习的是逻辑知识及其运用；人文主题是“思维发展与提升”，单元学习的核心内容是基于语言运用的严谨品质和理性精神研讨日常生活和语文学习中遇到的典型逻辑现象，归纳并运用常见逻辑知识，涵养批判、思辨等逻辑思维能力，探究语言中逻辑运用的基本规律。基于此，本课时的核心问题设定为：探析语言中妙用逻辑的现象，辨析语病现象与妙用逻辑的异同，探究妙用逻辑的妙处。

这个核心问题很好地串联起了主要的学习任务，体现了单元整合教学的思维，满足了大概念教学中分课时概念的教学要求，与其他 5 个课时一起组成有机的单元教学整体。整堂课的教学设计在核心问题引领下，分解为几个具体的学习任务，从“辨用法，品利害”开始，再到“明界限，析原则”，最后进入“妙用计，解问题”，学习活动环节清晰，逐步递进，符合学生认知规律，课堂节奏非常流畅。

在单元教学之前，我系统学习了基本的逻辑知识，通读了《逻辑的力量》全书，加深了对逻辑学的认识，也对教学内容有了更深层次的思考，整个教学设计的思路，是从一而终以提升学生逻辑思维能力为目标，所以全篇无论是逻辑知识的学习还是基本技能的训练都以自主理解、自主训练，以及实践运用为主，尽量避免以教师为主导、以陈述性知识为主体内容的过度讲解。多选用学生熟悉的语言材料以及趣味性强的拓展素材，使学生在动态的课堂体验逻辑的力量。为了尽可能提高学生在本课时以及本单元的获得感，我提前准备了2003年国际大专辩论赛 A 组决赛“顺境/逆境更有利于人的成长”、2005 国际大专辩论赛“人性本善/恶”的视频让学生观看，初步感受逻辑生发的理性思维在交际中闪耀着的智性光芒。我也从《逻辑的力量》一书中摘取了一些基础的逻辑学知识，设计了学习任务单印发给学生，阅读批注，让学生提出疑问，进行答疑。但是学生的时间和精力有限，绝大多数学生还是没有能够完整阅读、深刻理解文献内容，对此我深感遗憾。从实际教学情况来看，这些逻辑相关文献的补充确实有利于学生学习教材中的逻辑知识，甚至能够为他们打开逻辑学的妙门提供一把钥匙。例如，在分析“妙用逻辑”的效果时，学生能够在未接触“故意违反逻辑规律”这一知识的情况下，根据已经了解的逻辑基本知识分析出“故意违反逻辑规律的效果实际上合乎了情感逻辑”。从学生的课堂表现来看，这些拓展补充很有必要。教材语料中没有的东西，给了他们一种新鲜感，同时也调动了学生的参与度，拓展了他们的思维水平。

但本课时的教学设计仍然有不足之处：

一是涉及较多的逻辑知识术语，学生对相关的逻辑知识了解又少，所以在教学设计中的一些活动任务可能达不到预期的效果；

二是课堂容量较大，难点较多，需要考虑学生在学习过程如何保持一贯的学习热情，所以在设计中可能会因为过于追求趣味性而忽视了知识的系统性；

三是单元涉及逻辑知识的基本内容，但多为案例与实践活动，不利于学生建构完整的逻辑知识体系，这就要求我在设计过程中结合课内课外相关素材进行整合，工作量较大。

大概念核心问题教学文化评价表

课时名称：明“谬用”“妙用”之界，品妙用逻辑之利。

所属单元：统编版高中语文选择性必修（上）第四单元。

单元核心大概念：语言与逻辑。

单元核心问题：基于语言运用的谨严品质和理性精神研讨日常生活和语文学习中遇到的典型逻辑现象，归纳并运用常见逻辑知识，涵养批判、思辨等逻辑思维能力，探究语言中逻辑运用的基本规律。

课时大概念：探析逻辑规律在生活和语文实践中的运用，并尝试使用逻辑规律解决语用问题、赏析文艺作品。

课时核心问题：探析语言中妙用逻辑的现象，辨析语病现象与妙用逻辑的异同，探究妙用逻辑的妙处。

评价目标	评价指标				评价方法结果
	一级指标	二级指标	三级指标		
实现活动体验中的学习与素养发展	具有大概念核心问题教学形态	核心问题利于活动体验	内含学科问题和学生活动方式	8	每项指标最高评8分（满分为96分）
			问题情境与真实生活密切相关	7	
			能引发大概念、新知新法生成	7	
		教学目标价值引导恰当	两类目标正确全面	8	
			关联体验目标恰当	8	
			目标价值引导显现	8	
		教学环节完整合理落实	教学环节清晰完整	8	
			环节内容合理充实	8	
			学生活动时间充分	8	
		教学要素相互匹配促进	问题目标环节两两匹配	8	
			技术促进活动形式内容	7	
			素养导向突出氛围浓郁	7	合计<u>92</u>分
	具有大概念核心问题教学特质	拓展学习视野	课堂与现实世界有恰当关联		选择一个表现突出的二级指标，在相应三级指标引导下，以现场学生表现为主要依据，以其余指标为背景，于本表的第二页写出150字以上的简要评价
			有基于缄默知识的问题解决		
			有缄默知识运用的追踪剖析		
			知识运用剖析导向素养发展		
		投入实践活动	有真实而且完整的实践活动		
			实践活动深度融入两类情境		
			能够全身心地浸渍于活动中		
			活动的内容结果均丰富深入		
		感受意义关联	有核心问题的深层意义感受		
			有以知识为中心的关联感受		
			有以个人为中心的关联感受		
			有对三类大概念的关联感受		
		自觉反思体验	有实质性反思活动的开展		
			有课堂新因素的追踪利用		
			有体验的交流与改善重构		
			有概念生成中的素养发展		
		乐于对话分享	乐于自我的表达与认真的倾听		
			乐于合作中成果与思路的分享		
			乐于成果交流中深层意义分享		
			有宽容的对话氛围和双向交流		
		认同素养评价	认可素养评价		
			参与素养评价		
			利用素养评价		

续表

大概念核心问题教学特质的简要评价（包括发展性建议）： 我认为这节课在“拓展学习视野”这一评价指标方面呈现得比较突出。本课时的核心问题是“探析语言中妙用逻辑的现象，辨析语病现象与妙用逻辑的异同，探究妙用逻辑的妙处”。提出问题环节，学生在回顾前一课时的学习内容的基础上，迅速融入以单元大概念“语言与逻辑”为中心的单元学习的情境中，积极投入对本课时核心问题的深层意义感受和思考中。解决问题环节，学生从赏析“谬、妙”之效果，到明确“谬、妙”之界限，在这两个具有内在逻辑和思维梯度的学习任务中，通过展示分析学生自主收集的具有逻辑谬误的语言片段，学生深刻感受到了逻辑规律与日常言语活动(如交际、网络、写作、阅读）有密切联系，拓展了“逻辑知识是高度理论化的复杂学问”这一视野，让学生体会到逻辑学“落地”的实感。学生在第一课时已经掌握了基本的逻辑规律，并且初步体验了利用逻辑规律纠谬的学习活动。对于这一阶段的学生来讲，“逻辑谬误”是一定要攻克、纠正的对象，这实际上正是并未完整、深刻领会“逻辑的力量”的表现，本课时两个以缄默知识为驱动、以逻辑知识为中心关联起来的学习活动，有助于学生运用知识、解决语文和交际问题，赏析效果在于“读懂”言语中的逻辑，而明确界限在于“用好”言语中的逻辑，拓展了缄默知识中“逻辑知识只能纠谬”的视野。在反思提升环节，教师引导学生总结“谬、妙”之界限，“妙用”之效果。最后，在评价反馈环节，学生重新审视逻辑知识的运用效果，修改课前习作，并进行展示、评价，在读、写、评的实践活动中，学生强化了对核心问题的深层意义感受，以妙用逻辑的效果这一知识为导向检验了理性思维的建构，因此本节课在“拓展学习视野”上的达成情况比较好

大概念核心问题教学素养目标点检测表

课时名称	明“谬用”“妙用”之界，品妙用逻辑之利
所属单元	统编版高中语文选择性必修（上）第四单元
单元大概念	语言与逻辑
单元核心问题	基于语言运用的谨严品质和理性精神研讨日常生活和语文学习中遇到的典型逻辑现象，归纳并运用常见逻辑知识，涵养批判、思辨等逻辑思维能力，探究语言中逻辑运用的基本规律。
课时大概念	明谬用妙用之界，品妙用逻辑之效
课时核心问题	探析语言中妙用逻辑的现象，辨析语病现象与妙用逻辑的异同，探究妙用逻辑的妙处。
课时素养目标	参与自主搜集生活中各领域出现逻辑谬误的语例，运用所学分析归纳其中所违背的逻辑规律（语言建构与运用 2-2)，研讨归纳文艺作品中“反用逻辑”的效果的学习活动，能够认知逻辑在发挥语言艺术上的妙用（思维发展与提升 5-1)，并能将所学的逻辑规律情境化，用以解决真实的交际问题，从而在语用实践中发展逻辑思维，滋养理性精神（语言建构与运用 5-2、思维发展与提升 5-2)。 文化传承与理解：在语用实践中发展逻辑思维，滋养理性精神
检测点	对逻辑规律的理解与运用
检测工具（检测题）	结合“江西航空老太女孩占座纠纷”这一热点新闻材料，假设你是新闻事件中的乘务员，请面对这个公共突发事件，妙用“同一律”，完成一段 200 字左右有理有据的劝说词。结合本课的学习体验，修改劝说词

续表

<table>
<tr><td rowspan="4">分类标准</td><td colspan="3">A. 能结合逻辑规律、交际语境、语用目的，使用合情、合理的语言解决真实的问题，体会“逻辑的力量”，滋养理性精神</td></tr>
<tr><td colspan="3">B. 能结合逻辑规律、语用目的，使用表意清晰的语言解决真实的问题，体会“逻辑的力量”，滋养理性精神</td></tr>
<tr><td colspan="3">C. 能结合逻辑规律、交际语境和语用目的以准确的语言撰写劝说词，但逻辑规律的使用较为生硬，体会“逻辑的力量”，滋养理性精神</td></tr>
<tr><td colspan="3">D. 能结合交际语境撰写劝说词，但未使用或错误地使用了逻辑规律，未能达成语用目的，无法利用“逻辑的力量”解决真实问题</td></tr>
<tr><td rowspan="5">检测统计</td><td>分类等级</td><td>学生人数</td><td>百分比（%）</td></tr>
<tr><td>A</td><td>16</td><td>42</td></tr>
<tr><td>B</td><td>17</td><td>44</td></tr>
<tr><td>C</td><td>3</td><td>7</td></tr>
<tr><td>D</td><td>2</td><td>5</td></tr>
<tr><td>检测分析
结果运用</td><td colspan="3">本节课，有 42%的同学能结合逻辑规律、交际语境、语用目的，使用合情、合理的语言解决真实的问题，体会“逻辑的力量”，滋养理性精神。有接近一半的同学能结合逻辑规律、交际语境、语用目的，使用表意清晰的语言解决真实的问题，体会“逻辑的力量”，滋养理性精神。还有少数同学没有很好地在交际场合中“妙用”逻辑规律，在使用俗语或谐音手段时显得生硬，这在生活中实际上是无法有效完成交际任务的。还有个别同学能结合交际语境撰写劝说词，但未使用或错误地使用了逻辑规律，未能达成语用目的，无法利用“逻辑的力量”解决真实问题。总体上来看，教学实效符合预期</td></tr>
<tr><td>素养目标达成
典型实例</td><td colspan="3">阿姨：您消消气。我非常能理解您，您有高血压和心脏病，确实需要一个更加舒适的位置，如果这位女士能主动将她的座位让给您坐，那是最好了。只是靠窗的座位确实是这位女士购买的，现在年轻人工作辛苦，购买靠窗座也是为了好好休息，希望您能理解。阿姨，您也知道我们这是在飞机上，“飞机上挂暖壶——高水瓶”，您可是“高水平”“高素质”人士。咱们也换位思考一下，体谅体谅年轻人。如果您实在有特殊情况，需要照顾，我可以再和领导沟通，酌情给您安排一个满意的位置。您觉得这样处理可以吗？
〖点评〗该同学在修改中尤其注意了“合情合理”，完全将自己代入“乘务员”的身份中，力图化干戈为玉帛，直指“解决问题”的语用目的。在语段中，该同学使用“飞机上挂暖壶——高水瓶”这一违反同一律的歇后语，幽默而机智地消弭了紧张的纷争气氛，该生已经深深体会并能灵活运用“逻辑的力量”。</td></tr>
<tr><td>检测反馈</td><td colspan="3">从检测练习的反馈情况来看，通过本节课的深度学习，绝大多数同学不仅已经掌握了基础逻辑规律的知识，且能够巧妙使用逻辑规律来面对现实生活、解决交际问题，将知识性的体验自觉上升到操作性的体验，认识到在利用逻辑规律时既要“合情”也要“合理”，在修改中体会了“逻辑的力量”。近一半的同学结合逻辑规律解决问题时，能够以清晰的语言交际，滋养理性精神，只在语言上不太符合“乘务员”这一角色定位，劝说效果稍逊，说明未能完全结合语境进行说理。检测结果表明绝大多数学生逻辑内涵、逻辑规律、妙用逻辑规律的语言艺术等知识的迁移运用能力都得到了锻炼和提升。
还有几个同学虽然对进行了劝说，但层次、表意都不够清晰，无法较为有效地甚至完全不能故意违反逻辑规律以生发别样的语言艺术，在“合情”“合理”两个维度上都暂不达标。这也检测出这些同学不能将课堂所学进行知识迁移运用，最终内化成自己的能力。针对这部分同学，老师还应该单独辅导，可以补充介绍一下“妙用逻辑”的具体表现形式，并加强语言表达训练</td></tr>
</table>

洞悉逻辑链条　进行合理论证
——“逻辑的力量”单元第四课时学教案

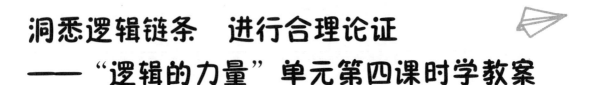

罗向丽

一、教学分析设计

【内容分析】☞

统编高中语文教材选择性必修上册第四单元属于“语言积累、梳理与探究”学习任务群。这一单元人文主题是“逻辑思维”。《普通高中语文课程标准》（2017 年版 2020 年修订）对“语言积累、梳理与探究”任务群提出了明确的学习要求：“培养学生丰富语言积累、梳理语言现象的习惯，在观察、探索语言文字现象，发现语言文字运用问题的过程中，自主积累语文知识，探究语言文字运用规律，增强语言文字运用的敏感性，提高探究、发现的能力，感受祖国语言文字的独特魅力，增强热爱祖国语言文字的感情。”本单元学习活动包括三个方面：发现潜藏的逻辑谬误、运用有效的推理形式、采用合理的论证方法，这三个活动分别对应逻辑的三个功能：辨谬、推理、论证。在思维线索上，这样安排希望学生能够在其中认识逻辑的基本规律，在认识基本规律的基础上掌握基本的推理形式，再进一步掌握论证的要求和方法。单元提示中指出“本单元中，我们会接触一些逻辑的基本方法，学会辨析逻辑错误，进行简单的逻辑推理，并运用逻辑知识来构建和完善论证”，所以本单元的教学重点是引导学生在主题活动中探究规律、领悟方法，洞悉逻辑链条，进行合理论证，将逻辑应用在日常学习生活当中。

本课时是第四单元大单元教学的第四课时，在前三课时中学生已经基本掌握了逻辑的相关概念和逻辑规律的基础知识，初步了解了逻辑在生活和语文中的表现，因此本课时旨在引导学生基于逻辑知识思维导图，分析典型议论文中隐含的论证前提及其运用的论证方法并撰写论证片段，并尝试将其运用到现实生活语境当中，展现语言智慧，滋养理性精神。

【课时大概念】☞

概念类别	简略化表达	特征化表达
核心大概念	语言与逻辑	基于语言运用的严谨品质和理性精神研讨日常生活和语文学习中遇到的典型逻辑现象，归纳并运用常见逻辑知识，培养批判、思辨等逻辑思维能力，探究语言中逻辑运用的基本规律

续表

概念类别	简略化表达	特征化表达
概念结论类	语言中逻辑运用的规律	语言的逻辑包括两大方向：一是以“事理”为对象的“形式逻辑”，表现为“遵循逻辑”；二是以“情感”来判断事物的“情感逻辑”，表现为“不遵循逻辑”。前者多见于论述性语言，后者多见于文学性语言；前者多见于研究语境，后者多见于交际语境
思想方法类	逻辑思维 思辨性思维	逻辑思维是人们在认识过程中借助于概念、判断、推理反映现实的过程。在逻辑思维中，要用到概念、判断、推理等思维形式和比较、分析、综合、抽象、概括等方法，而掌握和运用这些思维形式和方法的程度，也就是逻辑思维的能力；思辨性思维是关于任何主题、内容或问题的一种思维方式，它是自我导向、自我约束、自我监督、自我校正的思考
价值观念类	谨严品质、理性精神	语言表达需要思虑周全，表意准确，这就需要具有严谨的用语品质。为此，就需要重视逻辑知识的自觉运用。理性精神是指在语言实践中能够运用理智的能力。语文学习中，追求审慎思考以推理方式推导出结论的语言表达习惯的生成，有助于学生学科核心素养的更好达成

【资源条件】☞

资源名称	功能
黑板、实物投影台	板书核心问题；板书学生解决问题时交流、分析、建构概念过程的要点；板书反思提升要点等
教材、学习任务单、课外助读资料	提供核心问题教学各环节中自主探究与生成的环节与思维空间
自制 PPT	展示视频、图片等情境；出示核心问题；提供全班交流时所需的资料；出示前置任务完成情况、评价反馈练习等内容
信息技术融合	学生习作投屏技术展示学生成果；手机投屏技术展示学生思考总结的内容

【学生基础】☞

学生的论证能力是指他们在写作或辩论时，能够清晰并有效地表达自己的观点，以及用事实、逻辑和证据来支持自己的论点的能力。这是一项重要的学术技能，不仅能够帮助学生在各种考试和评估中取得好成绩，而且能使他们在学术和职业生涯中受益。因此，提高学生的论证能力对于他们的学习和发展至关重要。在高一年级，学生已经通过学习《六国论》和《拿来主义》等文本接触了论证方法等相关逻辑知识，初步梳理了逻辑链条，但对于逻辑在生活和语文中拥有的强大力量，以及利用逻辑来进行合理的论证，学生还未完全掌握。经过前三课时对于逻辑知识的学习，本单元学生已经能够初识逻辑知识，辨析逻辑谬误，明“谬误”“妙用”之界，提炼推理形式，能进行书面推理，品妙用逻辑之效，但如果能运用逻辑进行合理的论证有利于提高学生的语言运用能力、逻辑思维能力，并在具体情境中更加有效地交流沟通，感受语言文字的丰富内涵，对国家通用语言文字形成深厚感情。

【目标分析】☞

参与单元逻辑的力量——洞悉逻辑链条，进行合理论证学习活动，在理解语言时，能对获得的信息及其表述逻辑作出评价，能利用获得的信息分析并解决具体问题。在表达时，能注意自己的语言运用，力求概念准确、判断合理、推理有逻辑（语言建构与运用 2-2）。在论证过程中，能提出自己感兴趣的问题，尝试用所学的知识解决相关问题。能根据具体的语境组织表达内容，选择合适的表达方式，有效地运用口头和书面语言实现沟通交流。乐于与同学分享自己的学习经验，主动帮助他人共同提高语文学习的质量和效率（思维发展与提升 5-1）。在论证时，能从多角度、多方面获得信息，有效地筛选信息，比较和分析其异同；能清晰地解释文本中事实、材料与观点、推断之间的关系，分析其推论的合理性，或揭示其可能存在的矛盾、模糊或故意混淆之处等；能依据多个信息来源，对文本信息、观点的真实性、可靠性作出自己的判断，并逻辑清晰地阐明自己的依据；能从多篇文本或一组信息材料中发现新的关联，推断、整合出新的信息或解决问题的策略、程序和方法，并运用于解决自己学习和生活中遇到的相关问题。能围绕某一方面的问题组织专题探讨，形成自己的观点。在表达时，讲究语言运用，追求独创性，力求用不同的词语准确表达概念，用多种语句形式表达自己的判断和推理；尝试用多种文体、语体、多种媒介，多样地表达自己的思想和情感，追求表达的准确性、深刻性、灵活性、生动性（语言建构与运用 5-2、思维发展与提升 5-2）。通过洞悉逻辑链条，进行合理论证，在阅读和表达交流中探析有关文化现象；具有文化批判和反思的意识；从多角度、多层面分析、论述相关的文化现象和观念（文化传承与理解 5-4）。

【主题分析】☞

本单元共设置三个学习活动：发现潜藏的逻辑谬误、运用有效的推理形式、采用合理的论证方法。仔细分析三个学习活动，会发现本单元的学习活动有三个特点：探究性（“单元提示”指出：“在本单元中，我们会接触一些逻辑的基本方法，学会辨析逻辑错误进行简单的逻辑推理，并运用逻辑知识来构建和完善论证”）、活动性（在语文实践中形成关键能力，任务设计注重探究性和实践性）、综合性（学生对于“听、说、读、写”能力的综合需求）。由此可见，逻辑单元的基本功能是帮助当代的高中生建立基本的逻辑观念与意识，并能够用其进行语文实践、解决在日常生活中出现的问题。

高中语文选择性必修（上）“逻辑的力量”单元在“采用合理的论证方法”部分提出的学习目标是“通过梳理、探究论点、论据、论证形式等论证要素，学会分析议论性文章，在写议论性文章时，能够有效运用论证”，强调的是知识的运用性而非知识本身。从教材意图看，提升学生论证的思维、说理的水平，在文学作品阅读和日常生活交际中的应用很重要，值得引导学生关注、辨析。

基于上述分析，本课时的核心问题即拟定为：基于逻辑知识思维导图，分析典型议论文中隐含的论证前提及其运用的论证方法并撰写论证片段。

【评价预设】☞

（1）提出问题环节：就学生对前三节课所学逻辑知识及对本节课核心问题的领会情况进行点评和引导性评价，为学生进入学习任务情境做铺垫。

（2）解决问题环节：针对学生前置学习、小组合作、思考采用合理的论证方法、细读赏析、创作实践的具体表现进行启发、点拨等引导性评价，促进学生的语言运用、思维发展评价走向准确和深入。

（3）反思提升环节：就学生对隐含前提和间接论证方法的学习情况进行激励性评价，以促进学生提高在语境中应用逻辑规律的能力，提升逻辑思维。

（4）评价反馈环节：就学生完成的习题进行评价，促进学生关联逻辑与现实，滋养理性精神。

二、教学实施设计

【教学环节】☞

教学环节	学生活动	教师活动	设计意图	技术融合
提出问题	回顾上一课时所学提炼推理形式，七嘴八舌回忆已经学习过的论证方法	1. 引入：七嘴八舌说论证 引导同学们回忆已经学习过的论证方法，引出我们常见的七种论证方法："例证法""引证法""喻证法""比较法""排除法""归谬法""反证法"，其中，"比较法"中又有"类比法"和"对比法"之分。 2. 提出本节课的核心任务：基于逻辑知识思维导图，分析典型议论文中隐含的论证前提及其运用的论证方法并撰写论证片段	创设真实生活、学习情境，激发学生研读兴趣，明确学习核心任务	PPT 出示学习、生活情境和课时核心问题
解决问题	1. 前置学习：搜集典型议论性文章，分析其中的逻辑链条。 2. 小组讨论：关注隐含前提	出示任务一：冰山一角初相识，关注隐含前提。 在一个论证中，说出来的论据只是一部分，那些没有说出来的论据就是隐含前提。而且在论据或隐含前提的背后，还有一些支持这些论据或隐含前提的没有说出来的假设，这些假设被称作隐含假设	学生借助学案，运用所学逻辑知识，追本溯源探真相，关注隐含假设为任务二做准备	PPT 出示活动要求，展示学生的前置学习成果

续表

教学环节	学生活动	教师活动	设计意图	技术融合
解决问题	小组探究，学会间接论证	出示任务二： 直接举例或从其他观点出发证实或证伪某个观点，叫作直接论证。在某些情况下，直接论证的难度较大或效果不佳，就需要进行间接论证，排除法、反证法和归谬法就是间接论证的方法	细读语例，紧扣教学目标，学会间接论证，发扬思辨精神	
反思提升	立足本节课的学习，反思归纳关注隐含前提和学会间接论证的方法	引导学生反思总结关注隐含前提和学会间接论证的方法	促进学生在反思中强化关注隐含前提和学会间接论证的方法	PPT 出示活动要求
评价反馈	1. 完成评价反馈练习题“孟尝君是否得士？”驳论文片段写作。 2. 展示、交流、评价，加深对隐含前提和间接论证方法的体会，滋养理性精神	1. 出示评价反馈练习题：“孟尝君是否得士？”驳论文片段写作。 2. 请学生展示，进行互评。注意从合理和有效两方面引导学生进行评价，关注隐含前提和学会间接论证的方法，滋养理性精神	检测课时目标达成情况，以写定评，借此进一步强化学生对合理论证的理解和认知	PPT 出示评价反馈工具，手机拍照学生习作实时上传

【板书设计】☞

洞悉逻辑链条　进行合理论证

——统编版高中语文选择性必修上册“逻辑的力量”单元第四课时

核心问题：基于逻辑知识思维导图，分析典型议论文中隐含的论证前提及其运用的论证方法并撰写论证片段。

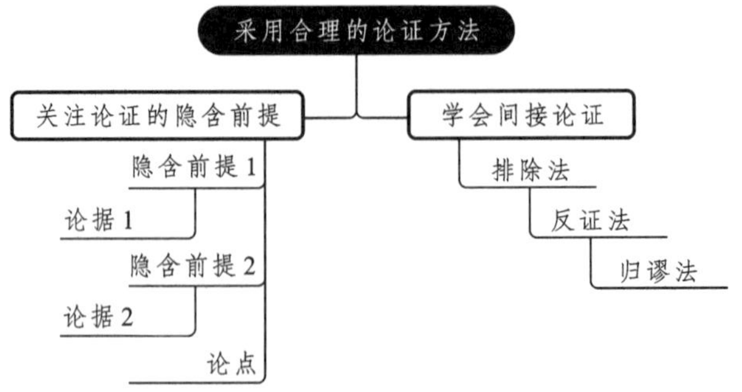

（最终板书依据学生课堂发言现场生成）

【作业布置】☞

课时作业的结构化设计：

作业序号	作业目标	作业情境		概念结论		思想方法		价值观念		整体评估	
		内容	水平	内容	水平	内容	水平	内容	水平	内容	水平
1	检测合理的论证方法等知识的迁移运用能力	绘制论证方法逻辑知识思维导图，进行真实学习，探究情境	基础	把握逻辑语言现象及合理论证的方法	语言建构与运用 2	由现象到本质	思维发展与提升 1	逻辑存在于日常生活中	文化传承与理解 2	基础性作业	学业质量水平 1-3
2	检测学生运用逻辑进行合理论证，开展综合性探究学习以解决问题的能力	分析典型议论文中隐含的论证前提及论证方法语例的综合探究学习情境	较复杂	分析典型议论文中隐含的论证前提及论证方法艺术效果	审美鉴赏与创造 4	由现象到本质思辨分析	思维发展与提升 3	逻辑是以理性的目光探究语言的本质	文化传承与理解 3	综合性作业	学业质量水平 3-3
3	引导学生运用逻辑进行合理论证，自觉在情理结合的前提下进行逻辑知识的应用实践，促进逻辑思维的发展，滋养理性精神	完成评价反馈练习题“逆境出人才？”驳论文片段写作	复杂	合理论证，完成有效交际	审美鉴赏与创造 5	理论指导实践	思维发展与提升 4	逻辑使人与人的关系走向更好的方向	文化传承与理解 5	实践性作业	学业质量水平 4-3
课时作业总体评估	由于在课时教学中思辨研讨了基于逻辑知识思维导图，分析典型议论文中隐含的论证前提及其运用的论证方法并撰写论证片段。所以在评价反馈作业中设置了问题 1（绘制论证方法逻辑知识思维导图），以检测学生阶段明确逻辑内涵、逻辑规律、妙用逻辑规律的语言艺术等知识的迁移运用能力；问题 2（分析典型议论文中隐含的论证前提及论证方法），以检测学生运用阶段明确逻辑内涵、逻辑规律、妙用逻辑规律的语言艺术等知识，归纳、概括、分析、提炼等方法开展综合性探究学习以解决问题的能力；设计了具有明显实践情境的开放性的问题 3（结合选择性必修中册第三课单元，进行“逆境出人才？”驳论文片段写作），以引导学生运用阶段明确逻辑内涵、逻辑规律、合理论证的语言艺术等知识，归纳、概括、分析、提炼等方法自觉在情理结合的前提下进行正反逻辑的应用实践，促进逻辑思维的发展，滋养理性精神。从作业设置的由浅而深的梯度性和由课内而课外的情境变化，以及与该变化匹配的内容和水平涉及的思想方法可以看出，这份课时作业形式多样，内容由单一而综合，情境由基础而高阶，应该可以较好地检测课时目标的达成情况，益于促进学生真实学习行为的发生										

（具体的作业内容略）

【教学流程】☞

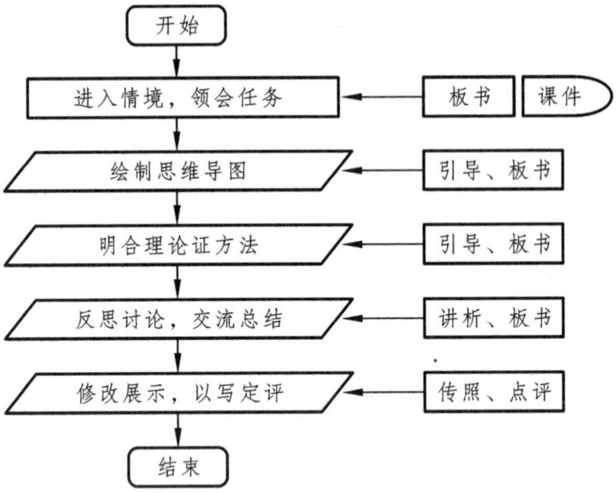

三、教学评价设计

【评价实施】☞

课堂核心问题教学的四个环节，既整体上贯彻“教学实施设计”中的“评价预设”的评价原则和方式对学生在各个学习活动中的学习表现进行了针对性评价，又根据课堂教学中的非预设性情形灵活地调整了评价策略，力求较为有效地促进学生课堂学习中深度体验的发生。

（1）提出问题环节：教师通过对本单元前三课时学习的简单回顾，使学生对于“逻辑的力量”大概念的核心问题单元学习有了结构化的初步认识，再顺势提出本课时的核心问题，使学生产生学习期待，迅速投入核心问题的积极思考。

（2）解决问题环节：教师精心设计“学习任务单”，为学生提供学习活动支架，在两个层次清晰的学习任务指引下，组织学生一步步深入研读、合作探究、师生对话，有效突破课堂教学的重点、难点。学生在真实而完整的学习活动中，增强思维的深刻性，提升思维品质，落实语文学科核心素养。

（3）反思提升环节：引导学生勾连、回顾本节课的学习任务，在学生充分参与、深度体验的基础上，体会和总结在真实情境中反用逻辑规律有何效用，反用与谬用的界限又该怎样界定。该环节充分发挥了教师作为教学引导者的功能，真正提升了学生思维的广度和深度。

（4）评价反馈环节：为了检测学生洞悉逻辑链条，进行合理论证学习体验的实际效果，在评价反馈环节，设计了具有真实情境且具有简单到复杂的梯度的检测题（评价工具），力求从学生课堂和课后完成情况中，客观地反映出了学生对逻辑规律的认知和理解情况，从而实现评价的有效实施。本课时评价反馈环节请学生以理性的目光，完成评价反馈练习题“孟尝君是否得士？”，进行驳论文片段写作、展示、交流、评价，加深对关注隐含前提和学会间接论证的方法的体会，学生自评，教师点评，引导学生加深对“逻辑的力量”的理解。

【信息搜集】☞

经过这节课的学习，学生对于“逻辑”概念、逻辑规律已经有了明确的认识，并且能够利用语用性很强的“逻辑事件”去理解、体悟，并学会采用合理的论证方法进行论证写作。课后收集了全班学生在课内完成的评价反馈的习作，并进行了完成质量等级评价和详细统计分析。

【反馈调整】☞

统编高中语文教材选择性必修上册第四单元归属“语言积累、梳理与探究”任务群，学习的是逻辑知识及其运用；人文主题是“思维发展与提升”，单元学习的核心内容是基于语言运用的严谨品质和理性精神研讨日常生活和语文学习中遇到的典型逻辑现象，归纳并运用常见逻辑知识，涵养批判、思辨等逻辑思维能力，探究语言中逻辑运用的基本规律。基于此，本课时的核心问题设定为：基于逻辑知识思维导图，分析典型议论文中隐含的论证前提及其运用的论证方法并撰写论证片段。

这个核心问题很好地串联起了主要的学习任务，体现了单元整合教学的思维，满足了大概念教学中分课时概念的教学要求，与其他四个课时一起组成有机的单元教学整体。整堂课的教学设计在核心问题引领下，学习活动环节清晰，逐步递进，符合学生认知规律，课堂节奏非常流畅。

在单元教学之前，我解读了崔凌嫣老师撰写的单元纲要，系统学习了基本的逻辑知识，通读了《逻辑的力量》全书，加深了我对逻辑学的认识，也让我对教学内容有了更深层次的思考，整个教学设计的思路，始终以提升学生逻辑思维能力为目标，所以全篇无论是逻辑知识的学习还是基本技能的训练都以自主理解、自主训练，以及实践运用为主，尽量避免以教师为主导、以陈述性知识为主体内容的过度讲解。多选用学生熟悉的语言材料以及趣味性强的拓展素材，使学生在动态的课堂体验逻辑的力量。为了尽可能提高学生在本课时以及本单元的获得感，同时我播放了 2003 年国际大专辩论赛 A 组决赛“顺境/逆境更有利于人的成长”、2005 国际大专辩论赛“人性本善/恶”的视频让学生观看，初步感受逻辑生发的理性思维在交际中闪耀着的智性光芒。

但本课时的教学设计仍然有不足之处：一是涉及较多的逻辑知识术语，学生对相关的逻辑知识了解又少，所以在教学设计中的一些活动任务可能达不到预期的效果；二是课堂容量较大，难点较多，所以在设计中可能会因为过于追求知识的系统性，而忽视了趣味性；三是单元涉及逻辑知识的基本内容，但多为案例与实践活动，不利于学生建构完整的逻辑知识体系；四是课堂上只有学生学习过程和成果的展示，缺少教师有效的指导和提升，且展示多是平面的、同质化的，而不是层级性的、进阶式的；五是关注学生口语表达中对教学重点或难题的解决，而忽略学生语言精准表达能力的提升。这几点我将在以后的教学中加以改进。

通过这节课，我更加深刻地认识到学习是一个螺旋式立体提升的过程。学生学习过程和成果展示与教师有效的指导并不矛盾。从平面展示到螺旋式推进是培育语文能力的必然路径。前者是课堂教学的基础和资源，后者是教学的愿景与结果。课堂上学生展示，教师当观众，这其实是对师生地位的误解。教师应有所作为，而且需要有更卓越的教学智慧，判断介入时机、介入方式、指导内容和指导方法等，发挥促进者和指导者的作用。

【核心问题评价表】☞

大概念核心问题教学文化评价表

课时名称：洞悉逻辑链条，进行合理论证。

所属单元：统编版高中语文选择性必修（上）第四单元。

单元核心大概念：语言与逻辑的表达与评价。

课时大概念：探析逻辑规律在生活和语文实践中的运用，并尝试使用逻辑规律解决语用问题、进行写作。

<table>
<tr><th rowspan="2">评价目标</th><th colspan="3">评价指标</th><th colspan="2" rowspan="2">评价
方法结果</th></tr>
<tr><th>一级指标</th><th>二级指标</th><th>三级指标</th></tr>
<tr><td rowspan="20">实现活动体验中的学习与素养发展</td><td rowspan="12">具有大概念核心问题教学形态</td><td rowspan="3">核心问题
利于活动体验</td><td>内含客观问题和学生活动方式</td><td>8</td><td rowspan="12">每项指标最高评8分（满分为96分）

合计<u>94</u>分</td></tr>
<tr><td>问题情境与真实生活密切相关</td><td>7</td></tr>
<tr><td>能引发大概念、新知新法生成</td><td>8</td></tr>
<tr><td rowspan="3">教学目标
价值引导恰当</td><td>目标构成正确全面</td><td>8</td></tr>
<tr><td>内含体验目标恰当</td><td>8</td></tr>
<tr><td>目标价值引导显现</td><td>8</td></tr>
<tr><td rowspan="3">教学环节
完整合理落实</td><td>教学环节清晰完整</td><td>8</td></tr>
<tr><td>环节内容合理充实</td><td>8</td></tr>
<tr><td>学生活动时间充分</td><td>8</td></tr>
<tr><td rowspan="3">教学要素相
互匹配促进</td><td>问题目标环节两两匹配</td><td>8</td></tr>
<tr><td>技术促进活动形式内容</td><td>8</td></tr>
<tr><td>课程特色突出氛围浓郁</td><td>7</td></tr>
<tr><td rowspan="8">具有大概念核心问题教学特质</td><td rowspan="4">拓展学习视野</td><td>课堂与现实世界有恰当关联</td><td colspan="2" rowspan="8">选择一个表现突出的二级指标，在相应三级指标引导下，以现场学生表现为主要依据，以其余指标为背景，于本表的第二页写出150字以上的简要评价</td></tr>
<tr><td>有基于缄默知识的问题解决</td></tr>
<tr><td>有缄默知识运用的追踪剖析</td></tr>
<tr><td>知识运用剖析导向素养发展</td></tr>
<tr><td rowspan="4">投入实践活动</td><td>有真实而且完整的实践活动</td></tr>
<tr><td>实践活动深度融入两类情境</td></tr>
<tr><td>能够全身心地浸渍于活动中</td></tr>
<tr><td>活动的内容结果均丰富深入</td></tr>
</table>

续表

评价目标	评价指标			评价方法结果
	一级指标	二级指标	三级指标	
实现活动体验中的学习与素养发展	具有大概念核心问题教学特质	感受意义关联	有核心问题的深层意义感受	
			有以知识为中心的关联感受	
			有以个人为中心的关联感受	
			有对三类大概念的关联感受	
		自觉反思体验	有实质性反思活动的开展	
			有课堂新因素的追踪利用	
			有体验的交流与改善重构	
			有概念生成中的素养发展	
		乐于对话分享	乐于自我的表达与认真的倾听	
			乐于合作中成果与思路的分享	
			乐于成果交流中深层意义分享	
			有宽容的对话氛围和双向交流	
		认同素养评价	认可素养评价	
			参与素养评价	
			利用素养评价	

大概念核心问题教学特质的简要评价（包括发展性建议）：

这节课学生在“有真实而且完整的实践活动”这一评价指标方面呈现得比较突出。本课时的核心问题是“基于逻辑知识思维导图，分析典型议论文中隐含的论证前提及其运用的论证方法并撰写论证片段”。在提出问题环节同学们七嘴八舌说论证，积极回忆已经学习过的论证方法，归纳出七种论证方法，有“例证法”“引证法”“喻证法”“比较法”“排除法”“归谬法”“反证法”。在解决问题阶段积极探索隐含前提，并深入探讨了直接论证和间接论证的方法，对间接论证方法中的排除法、反证法和归谬法进行了深入分析和运用。在反思提升阶段学生积极反思、总结，关注隐含前提，学会了间接论证的方法，在评价反馈阶段进行了“孟尝君是否得士？”驳论文片段写作，并积极相互展示，进行互评。课堂气氛十分热烈。

这节课在课堂的各个环节，学生的头脑和嘴巴真正动了起来，真正实现了学生的参与性、体验性、探究性学习。课堂上我以逻辑思辨为桥梁，搭建了课程内容与学生成长的联系，同时创设适合学生学习的教学情境。以情境任务为载体，提炼并聚焦语文实践活动话题，创设更多自主、合作、探究的学习机会，让学生养成主动思考、深度思考的习惯，提高口语和书面表达能力，同时打破单篇界限，让学生有开阔的视野，整合关联性较强的教学资源，引导学生向更深、更广处探究

大概念核心问题教学素养目标点检测表

<table>
<tr><td>课时名称</td><td colspan="3">洞悉逻辑链条，进行合理论证</td></tr>
<tr><td>所属单元</td><td colspan="3">统编版高中语文选择性必修（上）第四单元</td></tr>
<tr><td rowspan="3">单元大概念</td><td>核心大概念</td><td colspan="2">语言与逻辑</td></tr>
<tr><td>概念结论类</td><td>思想方法类</td><td>价值观念类</td></tr>
<tr><td>语言中逻辑运用的规律</td><td>逻辑思维
思辨性思维</td><td>谨严品质
理性精神</td></tr>
<tr><td>单元核心问题</td><td colspan="3">梳理日常语言运用语文学习实践中的逻辑现象，基于具体语言情境中逻辑谬误的辨识、推理形式的提炼、逻辑链条的厘清、合理论证、虚拟论敌的引入、议论文升格训练等逐层深入的探究活动，探究语言中逻辑的运用规律，发掘逻辑的力量</td></tr>
<tr><td rowspan="2">课时大概念</td><td>概念结论类</td><td>思想方法类</td><td>价值观念类</td></tr>
<tr><td>合理论证
艺术效果</td><td>论证思辨
辩证思考</td><td>理性精神
逻辑谨严</td></tr>
<tr><td>课时核心问题</td><td colspan="3">基于逻辑知识思维导图，分析典型议论文中隐含的论证前提及其运用的论证方法并撰写论证片段</td></tr>
<tr><td>课时素养目标</td><td colspan="3">语言建构与运用：分析典型议论文中隐含的论证前提及其运用的论证方法进行逻辑思辨。
思维发展与提升：能将所学的逻辑规律情境化，用以解决真实的交际问题，思维能力得以很大提升。
审美鉴赏与创造：研讨归纳合理论证的方法，能够认知逻辑在发挥语言艺术上的作用。
文化传承与理解：在语用实践中发展逻辑思维，滋养理性精神</td></tr>
<tr><td>检测点</td><td colspan="3">在语用实践中发展逻辑思维，滋养理性精神</td></tr>
<tr><td>检测任务</td><td colspan="3">战国时候，齐国的孟尝君田文喜欢招纳各种人做门客，号称宾客三千。有一次，孟尝君率领众宾客出使秦国，被秦昭王扣留。这时候，孟尝君手下的一个门客装狗钻入秦营，偷出珍贵的白狐裘献给昭王的小妾，孟尝君才得以被释放。孟尝君及随从逃至函谷关时，秦昭王又下令追捕。这时，另一门客学鸡叫，引得附近众鸡齐鸣，守门侍卫以为时辰到了，就打开城门。孟尝君骗开城门后，得以逃回齐国。
王安石说：“世皆称孟尝君能得士，士以故归之，而卒赖其力以脱于虎豹之秦。嗟乎！孟尝君特（只，仅仅）鸡鸣狗盗之雄耳，岂足以言得士？”王安石还列举了“徐尚、苏秦、周最、陈轸、召滑、楼缓、吴起、孙膑、带佗、倪良、廉颇、赵奢”等六国之士，说这些人有谋、断、辩、伐等方面的大才华，方足以称“士”；秦用李斯、张仪，六国用苏秦、孙膑、赵奢等，也才可称为“得士”。故而，田文不可言“得士”。
对孟尝君能否称得上“得士”这一论题，王安石的观点是什么？请你围绕上述材料，对“士”这个人群，对孟尝君及其门客的行为进行深度思考，以当今的目光重新审视王安石的观点、论据和论证过程，联系历史和现实生活，写一段 200 字左右文字以达到反驳王安石的观点，并阐述自己观点的目的</td></tr>
</table>

续表

<table>
<tr><td rowspan="4">分类标准</td><td colspan="3">A. 能很好地结合逻辑规律、论证方法进行合理的论证，解决真实的问题，体会“逻辑的力量”，滋养理性思辨精神</td></tr>
<tr><td colspan="3">B. 能较好地结合逻辑规律、论证方法进行合理的论证，解决真实的问题，体会“逻辑的力量”，滋养理性思辨精神</td></tr>
<tr><td colspan="3">C. 能基本地结合逻辑规律、论证方法进行合理的论证，解决真实的问题，体会“逻辑的力量”，滋养理性思辨精神</td></tr>
<tr><td colspan="3">D. 不能地结合逻辑规律、论证方法进行合理的论证，解决真实的问题，体会“逻辑的力量”，滋养理性思辨精神</td></tr>
<tr><td rowspan="5">检测统计</td><td>分类等级</td><td>学生人数</td><td>百分比（%）</td></tr>
<tr><td>A</td><td>21</td><td>35.3</td></tr>
<tr><td>B</td><td>36</td><td>60.7</td></tr>
<tr><td>C</td><td>2</td><td>4</td></tr>
<tr><td>D</td><td>0</td><td>0</td></tr>
<tr><td>检测分析及结果运用</td><td colspan="3">上面的检测统计数据表明，本节课较为理想地达成了单元及课时素养目标。全班59名同学写的片段，通过评改，有21名同学能很好地结合逻辑规律、论证方法进行合理的论证，解决真实的问题，体会“逻辑的力量”，滋养理性思辨精神，达到35.3%。有36名同学能较好地结合逻辑规律、论证方法进行合理的论证，解决真实的问题，体会“逻辑的力量”，滋养理性思辨精神，达到60.7%。有2名同学能基本地结合逻辑规律、论证方法进行合理的论证，解决真实的问题，体会“逻辑的力量”，滋养理性精神。没有同学不能结合逻辑规律、论证方法进行合理的论证，解决真实的问题，体会“逻辑的力量”，滋养理性思辨精神。由此看来，绝大多数同学能结合逻辑规律、论证方法进行合理的论证，解决真实的问题，体会“逻辑的力量”，滋养理性思辨精神。总体而言，这节课较好地达成了单元和课时素养目标，教学实效是符合预期的</td></tr>
<tr><td>素养目标达成典型实例</td><td colspan="3">高2022级8班某学生《孟尝君足以言得士》精彩论证赏析：
“世皆称孟尝君能得士”，王安石却说：“孟尝君特鸡鸣狗盗之雄耳，岂足以言得士？”按照王安石的择士标准，他说得有一定的道理，但他不能因为这些士的本领不登大雅之堂或身份地位低下，全面否定了孟尝君和他的门客，这失之偏颇。所以我认为：孟尝君足以言得士。
不拘一格降人才，故能得之天下士。孟尝君舍弃家业，优待门客，士人不论贵贱、一律平等，使得大量宾客亲近、倾慕并归附孟尝君，可以说“孟尝君能得士”。门客在他受困时候，帮助孟尝君安然脱身。不可否认，即使是“鸡鸣狗盗”之徒，也尽到了“士”的本分。孟尝君门客三千，各有其才，孟尝君能看到鸡鸣狗盗之徒的用处，恰恰是他“得士”的独有眼光，确实堪称“得士”。所以正是孟尝君的不拘一格降人才，故能得之天下士。
不以出身论英雄，足以得之天下士。正是刘邦不以出身论英雄的择士标准，他才得天下士。汉武帝唯才是举，使汉朝成为当时世界上最强大的国家。当下社会，青年工匠梁智滨，靠砌墙成为世界冠军，拒绝百万年薪只为报效祖国，是人才；钟南山院士在疫情肆虐时逆行出征，护佑国民安康，不愧“国士无双”。有才可赞，有胸怀更难能可贵！</td></tr>
</table>

续表

素养目标达成典型实例	不以“出身”论英雄，更要打破框框，消除偏见，“聚天下英才而用之”，让英雄有用武之地；“因才适用”“人尽其才”，让更多的“千里马”驰骋新时代，推动中国式现代化的发展。 〖点评〗这位同学深入洞悉了王安石的逻辑链条，在文中通过对“得士”的标准的鉴别，针对王安石把孟尝君推到“鸡鸣狗盗”之徒的行列的观点进行了合理的驳论，确立了自己的观点，全文论证合理，严劲紧束，体现了笔力之绝，整个论证结构严谨，用词简练，体现了理性精神
检测反馈	从检测练习的反馈情况来看，通过本节课的深度学习，绝大多数同学不仅已经掌握了逻辑规律的基础知识，了解了直接论证和间接论证的方法，能结合逻辑规律、论证方法进行合理的论证，解决真实的问题，体会了“逻辑的力量”，滋养了理性精神，而且能够巧妙使用逻辑规律剖析文章的论证过程，体会论证的作用和论辩的魅力，来面对现实生活、解决交际问题，将知识性的体验自觉上升到操作性的体验，认识到在利用逻辑规律时既要“合情”也要“合理”，在写作中体会了“逻辑的力量”。检测结果表明绝大多数学生能借助逻辑知识、采取恰当的论证方法进行论证，理解和评估论证的合理性，提高了论证的水平，增强了说理的严密性和论辩性。逻辑内涵、逻辑规律、逻辑规律的语言艺术等知识的迁移运用能力都得到了锻炼和提升

假想论敌“水到”，驳论片段“渠成”
——“逻辑的力量”单元第六课时学教案

李　卉

一、教学分析设计

【内容分析】☞

统编高中语文教材选择性必修上册第四单元“逻辑的力量”是一个语文活动单元，属于“语言积累、梳理与探究”学习任务群。本任务群旨在培养学生丰富语言积累、梳理语言现象的习惯，在观察、探索语言文字现象，发现语言文字运用问题的过程中，自主积累语文知识，探究语言文字运用规律，增强语言文字运用的敏感性，以提高探究、发现的能力，感受祖国语言文字的独特魅力，增强热爱祖国语言文字的感情。

“逻辑”是指逻辑思维以及人的语言中隐含的逻辑过程。本单元学习活动包括三个层次：发现潜藏的逻辑谬误、运用有效的推理形式、采用合理的论证方法。这三个活动分别对应逻辑的三个功能：辨谬、推理、论证。这三个学习活动是按照人类认识事物的规律来安排设定的。学生首先认识逻辑的基本规律，在此基础上掌握基本的推理形式，再进一步掌握论证的要求和方法，最后应用于驳论文的写作。

本单元还针对学生的语文实践，逐步聚焦语文学习，利用“引入虚拟论敌”的方法，对对方的观点进行有效的驳斥。本单元只提供了三个学习方案，在活动内容上也较为开放，既有课内所学过的内容，也有日常生活中的语言现象，活动形式的层面涉及探析、辨析、搜集、辩论、书面作文等，需要从不同的维度设计更多教学内容。

单元提示中指出“本单元中，我们会接触一些逻辑的基本方法，学会辨析逻辑错误，进行简单的逻辑推理，并运用逻辑知识来构建和完善论证”。所以本单元的教学重点不应是逻辑学知识的传授，而是引导学生在主题活动中探究规律、领悟方法，将逻辑应用到驳论文的写作中。

本课时是第四单元大单元教学的第五课时，也是本单元的最后一个课时。在前面的课时中，学生已经基本掌握了逻辑的相关概念和常见的逻辑谬误类型；已经了解了若干种推理形式，能够运用这些推理形式解读文本、解决问题。因此，本课时旨在设计写作活动，引导学生关注假想论敌的引入时机和功能，以及驳论片段的写作结构，并尝试将其运用到写作当中，展现语言智慧，涵养理性精神。

【课时大概念】☞

概念类别	简略化表达	特征化表达
核心大概念	引入虚拟论敌 构建驳论结构	立足理性思辨的科学态度和科学精神开展语文学习活动，探析逻辑规律在论证方法和论证结构中的运用，并尝试遵循逻辑规律，引入虚拟论敌，反驳别人的观点，表达自己的观点
概念结论类	驳论片段结构的构建	在引入“假想论敌”的语言情境中，要收到说服对方，表达自己观点的效果，就要有逻辑地反驳对方的论点、论据或论证过程
思想方法类	逻辑推理 辩证思考	基于生活中人们对时事的不同看法，精心设计类似辩论的语境，促使学生结合语境辩证思考论敌的观点和论证思路，运用逻辑知识进行反驳，再合理提出自己的观点
价值观念类	关注时事的态度 理性思辨的精神	以理智的目光、正确的价值观、尊重的态度，运用合理的语言，思辨性地分析时事，有风度地反驳，有助于学生增强社会责任意识，培养理性思辨精神

【资源条件】☞

资源名称	功能
黑板、实物投影台	板书核心问题；板书学生解决问题时交流、分析、建构概念过程的要点；板书反思提升要点等
教材、学习任务单、课外助读资料	提供核心问题教学各环节中自主探究与生成的环节与思维空间
PPT	展示视频、图片等情境；出示核心问题；提供全班交流时所需的资料；出示前置任务完成情况、评价反馈练习等内容
信息技术融合	学生习作投屏技术展示学生成果；手机投屏技术展示学生思考总结的内容

【学生基础】☞

在必修上册《反对党八股》和必修下册《拿来主义》的学习中，学生已经学习了论证方法等相关逻辑知识，初步梳理了逻辑链条，并初步接触了“驳论”这一概念，但对于怎样有理有据、有礼有节地反驳一个观点，学生还未完全明确。

经过本单元前面五个课时的学习，学生已经能够掌握常见的逻辑规律，并能运用简单的逻辑知识准确地判别语言使用中的逻辑正误，但并未形成反驳逻辑谬误的意识，对如何引入假想论敌，从而更有效地反驳逻辑谬误还知之甚少。解决这一问题，有利于提高学生的语言运用能力、逻辑思维能力，在具体情境中更加有效地交流沟通，感受语言文字的丰富内涵，对国家通用语言文字形成深厚感情。

【目标分析】☞

参与自主搜集生活中权威报刊或官方网站上相关的驳论语语段，运用所学分析其中所运用的论证方法和方法背后的逻辑规律（语言建构与运用 2-2），研讨归纳反驳片段中“引入假想论敌”的效果的学习活动，能够认知反驳在发挥语言艺术上的妙用（思维发展与提升 5-1），并能将所学的论证方法情境化，用以解决真实的反驳需要，从而在语用实践中发展逻辑思维，培养关注时事的精神，培养理性思辨的精神（语言建构与运用 5-2、思维发展与提升 5-2）。

【主题分析】☞

本单元是以活动为主的教学单元，共设置三个主要的学习活动，即“发现潜藏的逻辑谬误”“运用有效的推理形式”和“采用合理的论证方法”。本单元的这些学习活动有三个特点：探究性（“单元提示”指出：“在本单元中，我们会接触一些逻辑的基本方法，学会辨析逻辑错误进行简单的逻辑推理，并运用逻辑知识来构建和完善论证”）、活动性（在语文实践中形成关键能力，任务设计注重探究性和实践性）、综合性（学生对于“听、说、读、写”能力的综合需求）。由此可见，逻辑单元的基本功能是帮助当代的高中生建立基本的逻辑观念与意识，并能够用其进行语文实践，解决在日常生活中出现的问题。

本单元在“采用合理的方法”这一学习活动中指出，该部分的学习任务主要是分析评估和构建论证。一是论证的构成，二是隐含前提，三是间接论证（包括排除归谬和反证法），四是虚拟论敌。其中，“引入虚拟论敌”是反驳的基础，体现了本活动最核心的思想，在自我辩驳中（即反思中）完善自己的思维，改进自己的论证。

基于上述分析，本课时的核心问题即拟定为：分析反驳语段中的论证方法和论证结构，引入假想论敌，探究反驳性语段的写作方法。

【评价预设】☞

（1）提出问题环节：就学生对 2019 年高考语文全国 1 卷的作文题审题立意的分析和第四课时所学的对逻辑链条的梳理，分析典型议论文中隐含的论证前提及其运用的论证方法进行回顾，对学生的回答进行点评和引导性评价，为学生进入学习任务情境做铺垫。

（2）解决问题环节：针对学生前置学习、小组合作、引入假想论敌的位置和效果，针对学生对归谬法、排除法、反证法等论证方法的分析，针对学生对反驳对方论点、论据、论证过程的分析进行启发、点拨等引导性评价，促进学生的语言运用、思维发展评价走向准确和深入。

（3）反思提升环节：就学生对引入虚拟论敌的效果的概括情况进行激励性评价，就学生对归谬法、排除法、反证法等论证方法的使用和效果的理解情况进行激励性评价，就学生对反驳敌方论点、论据、论证过程的感悟进行激励性评价，以促进学生建立关于逻辑规律在语境中的应用能力、逻辑思维的滋养提升。

（4）评价反馈环节：就学生完成的反驳片段进行评价，促进学生对引入假想论敌来进行反驳的深度体验，同时滋养理性思辨的精神。

二、教学实施设计

【教学环节】☞

教学环节	学生活动	教师活动	设计意图	技术融合
提出问题	1. 对 2019 年高考语文全国 1 卷的作文题进行审题立意的分析。 2. 对第四课时所学的对逻辑链条的梳理，分析典型议论文中隐含的论证前提及其运用的论证方法进行回顾	1. 引入：针对 2019 年高考语文全国 1 卷的作文题，我们在审题立意时，有哪些需要注意的事项呢？ 2. 上节课，我们学习过哪些论证的方法呢？ 3. 提出本节课的核心任务：分析反驳语段中的论证方法和论证结构，引入假想论敌，探究反驳性语段的写作方法	创设真实的学习情境，激发学生研读兴趣，明确学习核心任务	PPT 出示学习情境和课时核心问题
解决问题	1. 前置学习：自主搜集 1 个权威报刊或主流媒体的官方网站上的反驳语段，尝试还原靶向性语段的大致逻辑。 2. 独立思考：交流靶向性语段的观点是什么。如果缺失，则根据权威报刊或主流媒体的官方网站的反驳片段，尝试还原敌方观点，并分析权威报刊或主流媒体的官方网站是如何通过引入假想论敌来还原靶向性一方的观点的	出示任务一中的“活动 1”：还原“敌方”观点，分析观点之谬。 学习小组展示讨论成果，注意引导学生清晰、准确地表达靶向性观点，引导学生感悟“界定概念”的重要性	学生借助学案，运用所学逻辑知识和对语言的理解，找到并概括对方的观点，为任务二分析概括如何反驳做准备	PPT 出示活动要求，展示学生的前置学习成果
	小组讨论：交流靶向性语段的论据是什么。如果缺失，则尝试通过引入假想论敌来还原靶向性一方的论据	出示任务一中的“活动 2”：引入假想论敌，为敌补充论据 学习小组展示讨论成果，注意引导学生关注论据与论点间的关系	仔细分析观点，尝试采用事实论据和理论论据相结合的方式为靶向性一方补充论据，为任务二中引入假想论敌做准备	

续表

教学环节	学生活动	教师活动	设计意图	技术融合
解决问题	独立思考：交流靶向性语段的论证过程是怎样的。用到了哪些论证方法，效果如何	出示任务一中的“活动3”：拆穿论敌“伪装”，揭露荒谬论证。 学习小组展示讨论成果，注意引导学生关注逻辑谬误的判定	通过分析论证过程中的谬误，再次回顾如因果倒置、强加因果、充分条件与必要条件的混淆、改变范围、偷换概念等常见论证谬误	
	小组讨论：交流权威报刊或主流媒体的官方网站是如何针对敌方的论点、论据和论证过程展开反驳的	出示任务二：分析驳论语段论点、论据、论证过程、论证方法，探析它们和敌方相应部分间的关系	通过比对，针对性地分析权威报刊或主流媒体的官方网站所使用的论证方法及其效果；探析驳论语段的基本结构	
反思提升	立足本节课的学习，反思驳论性语段如何引入假想论敌，效果如何。同时，还要反思驳论性语段的基本结构格式	引导学生反思驳论性语段如何引入假想论敌，效果如何。反思驳论性语段的基本结构格式。 提升总结“引入假想论敌”时需要考虑的因素（包括位置、措辞），归谬法、反证法、排除法的不同效果	促进学生在反思中强化对“引入假想论敌”和采用归谬法、反证法、排除法等论证方法所带来的说理效果的认知	PPT出示活动要求和基本结论
评价反馈	按要求完成评价反馈练习题并进行展示、交流和口头评价	1. 出示评价反馈练习题：假如你是深圳中学的学生，你将如何反驳网友的观点（顶尖大学毕业的硕士、博士到中学教书是大材小用）？请写一段文字，谈谈自己的看法。 2. 请学生在本节课的学习基础上修改反驳片段。 3. 请学生展示，进行互评。注意从结构和有效两方面引导学生进行评价，加深对“引入假想论敌”力量和正确使用论证方法及结构的体会，滋养理性精神	检测课时目标达成情况，以写定评，借此进一步强化学生对如何写作反驳片段的理解和认知，加深对“引入假想论敌”力量的体会，感受论证结构化的力量	PPT出示评价反馈工具，实物投影学生习作

【板书设计】☞

假想论敌“水到”，驳论片段“渠成”

——统编版高中语文选择性必修上册“逻辑的力量”单元第六课时

核心问题：分析反驳语段中的论证方法和论证结构，引入假想论敌，探究反驳性语段的写作方法。

反驳的方法：
1. 直接反驳论点：①重新界定关键概念 ②直接揭露不良意图（谈危害、讲后果、明错误）
2. 间接反驳论点：①假设推理 ②顺势归谬（归谬法）
①利用矛盾 ②直击要害（反证法）
3. 反驳论据漏洞：①分析论据 ②找出破绽（论据虚假、以偏概全）
4. 反驳论证过程：①聚焦逻辑 ②驳击论证（文不对题、强加因果、因果倒置、充分条件与必要条件混淆）

引入假想论敌：摆出对方论点时使用——概述、引用
分析对方论据时使用——有针对性，片段化摘引，凸显谬误点
分析对方论证方法及论证过程时使用——还原错误逻辑，直指论证漏洞
标志性用语：“也许有人会说……”“诚然……”“或许您会说……”

反驳片段基本结构：
有人说（要反驳的观点）。但是，真的如此吗？在我看来，（自己的观点）。诚然（对方的合理之处），但是……（对方不合理之处，驳论点，驳论据，驳论证过程）因此，（再次强调自己的观点）。

【课后服务】☞

课时作业的结构化设计：

作业序号	作业目标	作业情境		概念结论		思想方法		价值观念		整体评估	
		内容	水平	内容	水平	内容	水平	内容	水平	内容	水平
1	检测学生对逻辑规律的理解，对推理形式和逻辑链条的理解及迁移运用能力	搜集权威报刊或主流媒体的官方网站的反驳语段的真实学习探究情境	基础	区别语言现象中论证方法的使用	语言建构与运用2	由现象到本质	思维发展与提升1	主流媒体的论证是反驳片段的主阵地	语言建构与运用2	基础性作业	学业质量水平1-3
2	检测学生对语言片段所运用的逻辑规律、论证方法等方法开展综合性探究学习以解决问题的能力	分析权威报刊或主流媒体的官方网站引入假想论敌如何增强反驳效果的语段的综合探究学习情境	较复杂	分析权威报刊或主流媒体的官方网站引入假想论敌的位置和作用	语言建构与运用2	由现象到本质思辨分析	思维发展与提升3	辩证地看待对方的观点，理智客观地看待问题	语言建构与运用2	综合性作业	学业质量水平3-3

续表

作业序号	作业目标	作业情境		概念结论		思想方法		价值观念		整体评估	
		内容	水平	内容	水平	内容	水平	内容	水平	内容	水平
3	引导学生引入假想论敌，界定关键概念，使用归谬法、反证法等论证方法进行驳论片段的应用实践，促进逻辑思维的发展，滋养理性精神	分别在论点、论据和论证过程中引入假想论敌，运用恰当的论证方法，写一段驳论语段	复杂	综合运用论证方法和结构，完成驳论片段写作	审美鉴赏与创造5	理论指导实践	思维发展与提升4	反驳的价值是有逻辑有风度地批驳与立论	文化传承与理解5	实践性作业	学业质量水平4-3
课时作业总体评估	由于在课时教学中思辨研讨了如何引入假想论敌，如何针对对方的论点、论据和论证过程，使用恰切的论证方法以增强反驳语段的说服力，所以在评价反馈作业中设置了任务1（搜集权威报刊或主流媒体的官方网站的反驳语段），以检测学生是否具有逻辑内涵、逻辑规律等知识的迁移运用能力；任务2（分析驳论语段的论证方法和论证过程），以检测在运用阶段，学生是否能明确论证结构、论证方法等知识，是否具有运用归纳、概括、分析、提炼等方法开展综合性探究学习以解决问题的能力；设计了具有明显实践情境的写作任务3（假如你是深圳中学的学生，你将如何反驳网友的观点“顶尖大学毕业的硕士、博士到中学教书是大材小用”？请写一段文字，谈谈自己的看法），以引导学生运用阶段明确逻辑规律、论证规律等知识，归纳、概括、分析、提炼等方法自觉在尊重客观事实的前提下进行反驳性语段的应用实践，促进逻辑思维的发展，滋养理性精神。 从作业设置的由浅而深的梯度性和由课内而课外的情境变化，以及与该变化匹配的内容和水平以及涉及的思想方法可以看出，这份课时作业形式多样，内容由单一而综合，情境由基础而高阶，应该可以较好地检测课时目标的达成情况，益于促进学生真实学习行为的发生										

（具体的作业内容略）

【教学流程】☞

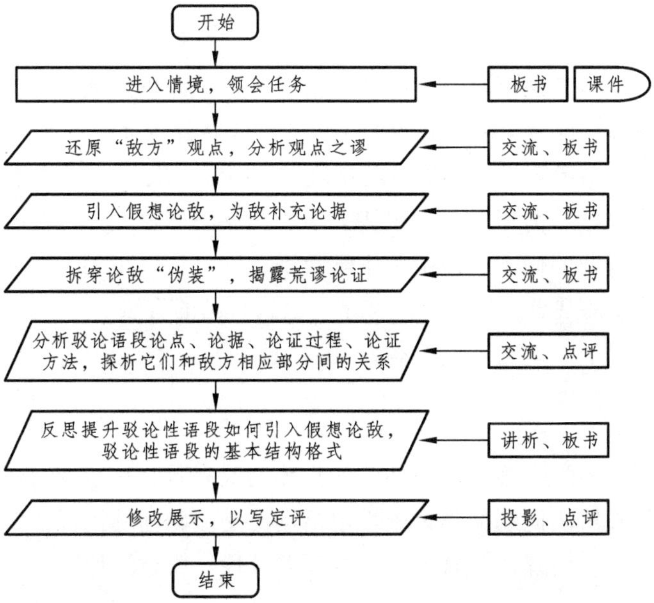

三、教学评价设计

【评价实施】☞

课堂核心问题教学的四个环节中，既整体上贯彻“教学实施设计”中的“评价预设”的评价原则和方式对学生在各个学习活动中的学习表现进行了针对性评价，又根据课堂教学中的非预设性情形灵活地调整了评价策略，力求较为有效地促进学生课堂学习中深度体验的发生。

（1）提出问题环节：教师通过对本单元前五个课时学习的简单回顾，使学生对于“逻辑的力量”大概念的核心问题单元学习有了结构化的初步认识，再顺势展示 2019 年高考 1 卷作文题，顺势提出本课时的核心问题，使学生产生了学习期待，迅速投入核心问题的积极思考。

（2）解决问题环节：教师精心设计“学习任务单”，为学生提供学习活动支架，在两个层次清晰的学习任务指引下，组织学生对每一则语段是如何引入假想论敌的，采用了哪些论证方法，有怎样的论证逻辑，开展学习小组间的合作探究，师生对话，有效突破课堂教学的重点、难点。学生在真实而完整的学习活动中，增强思维的深刻性，提升思维品质，落实语文学科核心素养。

（3）反思提升环节：引导学生回顾本节课的学习任务，在学生充分参与、深度体验的基础上，体会和总结在真实情境中反驳语段的结构是怎样的，如何针对假想论敌进行反驳，反驳的方法有哪些。该环节充分发挥了教师作为教学引导者的功能，真正提升了学生思维的广度和深度。

（4）评价反馈环节：设计具有真实情境且具有从简单到复杂的梯度的检测题（评价工具），力求从学生课堂和课后完成情况中，客观地反映出学生对反驳语段的认知和理解情况，从而实现评价的有效实施。本课时评价反馈环节请学生以完整的形式呈现一则反驳语段，并对其进行修改，学生自评，教师点评。引导学生加深对“引入假想论敌”和反驳语段的结构的理解。

【信息收集】☞

为真实完整地了解本节课素养目标的达成情况，在“评价反馈”环节布置了一个具有明显检测价值的写作任务，课后第一时间收齐了全班同学在课内完成的实践性作业（2021 年，深圳中学新入职的教师名单曝光，引发网友热议。该中学本次新入职教师共计 56 名，其中绝大部分是毕业于北京大学、清华大学、牛津大学、宾夕法尼亚大学等高校的硕士或博士。有网友质疑：顶尖高校毕业的硕士、博士到中学教书，这是大材小用。假如你是深圳中学的学生，你将如何反驳网友的观点？请写一段文字，谈谈自己的看法），并进行了完成质量等级评价和详细统计分析。

【反馈调整】☞

根据核心问题课堂教学实施的四个环节的具体情况来看，这节课总体上较为理想地达成了预期素养目标。但在解决问题的第二个学习活动（交流靶向性语段的观点是什么。如果缺失，则根据权威报刊或主流媒体的官方网站的反驳片段，尝试还原敌方观点。并分析权威报刊或主流媒体的官方网站是如何通过引入假想论敌来还原靶向性一方的观点的）时，学生的分析比较肤浅，回答比较琐碎。尤其对于“如何通过引入假想论敌来还原靶向性一方的观点的”这一问题，学生大多泛泛而谈，或者想当然地得出结论。课后反思后发现，主要原因是解决问题前，教师所给的学习支架不够，活动指令欠具体，即没有界定可以从哪些角度来引入假想论敌，以及引入假想论敌常见的形式有哪些。所以在课堂学习活动的设计前，务求做到将必要的学习支架作为前置性学习的一部分提供给学生，为学生的学习行为搭桥递梯，同时课堂指令要指向明确而具体，以确保有助于高效促进学生进行深度的学习体验。

大概念核心问题教学文化评价表

课时名称：引入假想论敌，写作驳论片段。

所属单元：统编高中语文选择性必修（上）第四单元。

单元核心大概念：语言与逻辑。

单元核心问题：梳理日常语言运用语文学习实践中的逻辑现象，基于具体语言情境中逻辑谬误的辨识、推理形式的提炼、逻辑链条的厘清、虚拟论敌的引入、议论文升格训练等逐层深入的探究活动，探究语言中逻辑的运用规律，发掘逻辑的力量。

课时大概念：运用逻辑方法，构建驳论结构。

课时核心问题：分析反驳语段中的论证方法和论证结构，引入假想论敌，探究反驳性语段的写作方法。

<table>
<tr><th rowspan="2">评价目标</th><th colspan="3">评价指标</th><th colspan="2" rowspan="2">评价
方法结果</th></tr>
<tr><th>一级指标</th><th>二级指标</th><th>三级指标</th></tr>
<tr><td rowspan="12">实现活动体验中的学习与素养发展</td><td rowspan="12">具有大概念核心问题教学形态</td><td rowspan="3">核心问题利于活动体验</td><td>内含客观问题和学生活动方式</td><td>8</td><td rowspan="11">每项指标最高评 8 分（满分为 96 分）</td></tr>
<tr><td>问题情境与真实生活密切相关</td><td>7</td></tr>
<tr><td>能引发大概念、新知新法生成</td><td>7</td></tr>
<tr><td rowspan="3">教学目标价值引导恰当</td><td>目标构成全面准确</td><td>8</td></tr>
<tr><td>内含关联体验目标</td><td>8</td></tr>
<tr><td>目标价值引导显现</td><td>8</td></tr>
<tr><td rowspan="3">教学环节完整合理落实</td><td>课程教学环节完整</td><td>8</td></tr>
<tr><td>环节内容合理充实</td><td>8</td></tr>
<tr><td>学生活动时间充分</td><td>8</td></tr>
<tr><td rowspan="3">教学要素相互匹配促进</td><td>问题目标环节两两匹配</td><td>7</td></tr>
<tr><td>技术促进活动形式内容</td><td>7</td></tr>
<tr><td>课程特色突出氛围浓郁</td><td>8</td><td>合计 93 分</td></tr>
</table>

续表

<table>
<tr><th rowspan="2">评价目标</th><th colspan="3">评价指标</th><th rowspan="2">评价
方法结果</th></tr>
<tr><th>一级指标</th><th>二级指标</th><th>三级指标</th></tr>
<tr><td rowspan="24">实现活动体验中的学习与素养发展</td><td rowspan="24">具有大概念核心问题教学特质</td><td rowspan="4">拓展学习视野</td><td>课堂与现实世界有恰当关联</td><td rowspan="24">选择一个表现突出的二级指标，在相应三级指标引导下，以现场学生表现为主要依据，以其余指标为背景，于本表的第二页写出150字以上的简要评价</td></tr>
<tr><td>有基于缄默知识的问题解决</td></tr>
<tr><td>有缄默知识运用的追踪剖析</td></tr>
<tr><td>知识运用剖析导向素养发展</td></tr>
<tr><td rowspan="4">投入实践活动</td><td>有真实而且完整的实践活动</td></tr>
<tr><td>实践活动深度融入两类情境</td></tr>
<tr><td>能够全身心地浸渍于活动中</td></tr>
<tr><td>活动的内容结果均丰富深入</td></tr>
<tr><td rowspan="4">感受意义关联</td><td>有核心问题的深层意义感受</td></tr>
<tr><td>有以知识为中心的关联感受</td></tr>
<tr><td>有以个人为中心的关联感受</td></tr>
<tr><td>有对三类大概念的关联感受</td></tr>
<tr><td rowspan="4">自觉反思体验</td><td>有实质性反思活动的开展</td></tr>
<tr><td>有课堂新因素的追踪利用</td></tr>
<tr><td>有体验的交流与改善重构</td></tr>
<tr><td>有概念生成中的素养发展</td></tr>
<tr><td rowspan="4">乐于对话分享</td><td>乐于自我的表达与认真的倾听</td></tr>
<tr><td>乐于合作中成果与思路的分享</td></tr>
<tr><td>乐于成果交流中深层意义分享</td></tr>
<tr><td>有宽容的对话氛围和双向交流</td></tr>
<tr><td rowspan="4">认同素养评价</td><td>认可素养评价</td></tr>
<tr><td>参与素养评价</td></tr>
<tr><td>利用素养评价</td></tr>
<tr></tr>
<tr><td colspan="5">大概念核心问题教学特质的简要评价（包括发展性建议）：
我认为这节课在“投入实践活动”这一评价指标方面呈现得比较突出。本课时的核心问题是“分析反驳语段中的论证方法和论证结构，引入假想论敌，探究反驳性语段的写作方法”。在提出问题环节，学生在回顾以前课时的学习内容的基础上，迅速融入以单元大概念“语言与逻辑”为中心的单元学习的情境中，积极投入对本课时核心问题的深层意义感受和思考中。在解决问题环节，学生从交流靶向性语段的论点、论据、论证过程，以及权威网站、报刊等是如何针对靶向性语段的论点、论据、论证过程进行反驳的。在这两个具有内在逻辑和思维梯度的学习任务中，通过展示分析学生自主收集的权威网站和报刊反驳性的语言片段，学生深刻感受到了权威网站和报刊是如何引入虚拟论敌，如何反驳敌方观点的。参与思维实践活动，让学生体会到反驳在生活中的运用。在反思提升环节，教师引导学生立足本节课的学习，反思驳论性语段如何引入假想论敌，效果如何。同时，还要反思驳论性语段的基本结构格式。最后，在评价反馈环节，完成评价反馈练习题，写一段文字，谈谈自己对敌方观点的反驳。在这一环节，学生展示、交流、评价，加深了对“引入假想论敌”力量的体会，感受到了论证结构化的力量。因此本节课在“投入实践活动”上的达成情况比较好</td></tr>
</table>

【点检测表】☞

大概念核心问题教学素养目标点检测表

<table>
<tr><td>课时名称</td><td colspan="3">引入假想论敌，写作驳论片段</td></tr>
<tr><td>所属单元</td><td colspan="3">统编高中语文选择性必修（上）第四单元</td></tr>
<tr><td rowspan="3">单元大概念</td><td>核心大概念</td><td colspan="2">语言与逻辑</td></tr>
<tr><td>概念结论类</td><td>思想方法类</td><td>价值观念类</td></tr>
<tr><td>语言中逻辑
运用的规律</td><td>逻辑思维
思辨性思维</td><td>谨严品质
理性精神</td></tr>
<tr><td>单元核心问题</td><td colspan="3">梳理日常语言运用语文学习实践中的逻辑现象，基于具体语言情境中逻辑谬误的辨识、推理形式的提炼、逻辑链条的厘清、虚拟论敌的引入、议论文升格训练等逐层深入的探究活动，探究语言中逻辑的运用规律，发掘逻辑的力量</td></tr>
<tr><td>课时大概念</td><td colspan="3">探析逻辑规律在论证方法和论证结构中的运用，并尝试遵循逻辑规律，引入虚拟论敌，反驳别人的观点，表达自己的观点</td></tr>
<tr><td>课时核心问题</td><td colspan="3">分析反驳语段中的论证方法和论证结构，引入假想论敌，探究反驳性语段的写作方法</td></tr>
<tr><td>课时素养目标</td><td colspan="3">参与自主搜集权威网站和报刊上的反驳语例的活动，运用所学到的逻辑知识分析归纳其中反驳的方法（思维发展与提升 3-2、语言建构与运用 5-3），由此将所学的逻辑规律情境化，用以解决真实的交际问题（思维发展与提升 4-2），进而研讨归纳生活实践中的驳论的学习活动，深刻认识引入假想论敌在反驳艺术上的妙用（思维发展与提升 5-2），以求得在语用实践中发展逻辑思维，滋养理性精神（审美鉴赏与创造 3-4、文化传承与理解 5-4）</td></tr>
<tr><td>检测点</td><td colspan="3">深刻认识引入假想论敌在反驳艺术上的妙用</td></tr>
<tr><td>检测任务</td><td colspan="3">课前，完成练习题：假如你是深圳中学的学生，你将如何反驳网友的观点（顶尖大学毕业的硕士、博士到中学教书是大材小用）？写一段文字，谈谈自己的看法。
在课堂上修改片段，展示、交流、评价，加深对“引入假想论敌”力量的体会，感受论证结构化的力量</td></tr>
<tr><td rowspan="4">分类标准</td><td colspan="3">A. 能有逻辑地分析反驳语段中的论证方法和论证结构，成功引入假想论敌，准确而完整地整理出反驳性语段的写作方法，很好地体现批判思维</td></tr>
<tr><td colspan="3">B. 能较有逻辑地分析反驳语段中的论证方法和论证结构，能引入假想论敌，较完整地整理出反驳性语段的写作方法，较好地体现批判思维</td></tr>
<tr><td colspan="3">C. 基本能有逻辑地分析反驳语段中的论证方法和论证结构，基本能引入假想论敌，能整理出反驳性语段的一些写作方法，部分体现批判思维</td></tr>
<tr><td colspan="3">D. 有一至两处能分析反驳语段中的论证方法和论证结构，不能引入假想论敌，不能整理出反驳性语段的写作方法</td></tr>
<tr><td rowspan="5">检测统计</td><td>分类等级</td><td>学生人数</td><td>百分比（%）</td></tr>
<tr><td>A</td><td>28</td><td>44</td></tr>
<tr><td>B</td><td>22</td><td>41</td></tr>
<tr><td>C</td><td>4</td><td>5</td></tr>
<tr><td>D</td><td>2</td><td>2</td></tr>
</table>

续表

检测分析及结果运用	检测统计数据表明，本节课较为理想地达成了单元及课时素养目标。本节课，有 44%的同学能有逻辑地分析反驳语段中的论证方法和论证结构，成功引入假想论敌，准确而完整地整理出反驳性语段的写作方法，很好地体现了批判思维。有 41%的同学能较有逻辑地分析反驳语段中的论证方法和论证结构，基本能引入假想论敌，较完整地整理出反驳性语段的写作方法，较好地体现批判思维。还有少数同学基本能有逻辑地分析反驳语段中的论证方法和论证结构，基本能引入假想论敌，能整理出反驳性语段的一些写作方法，部分体现批判思维。还有个别同学只有一至两处能分析反驳语段中的论证方法和论证结构，不能引入假想论敌，不能整理出反驳性语段的写作方法。总体而言，这节课是较好地达成了单元和课时素养目标的，教学实效是符合预期的
素养目标达成典型实例	有人说，顶尖高校毕业的博士、硕士到中学教书是大材小用。但是，真的如此吗？在我看来，这非但不是大材小用，屈尊就卑，反而是人尽其力，“大材大用”。 诚然，顶尖高校的博士、硕士们才华横溢，卓越不凡，谓之“大材”毫不为过。如果投身科研院所，或置身任何高精尖的行业，都能人尽其用。但是，他们到中学教书，绝对不是所谓的“小用”。 何为“小用”？即没有发挥价值，或只发挥出事物全部价值的一部分。就教师个人而言，倾尽所学，授业解惑，十年树人，如何没有发挥“材”之大用？就国家而言，以“有为”之教师，培养“有为”之青年，为国育才，百年树人，怎么不是为国发挥大用？如果按照网友的逻辑，袁隆平深入田间地头，和泥巴、稻米打交道，就该是大材无用了吧！ 教育事业是一个国家向前发展的基石，是实现中华民族伟大复兴的中国梦不可轻视的一环。中学生乃新时代之青年，与国家的前途命运密不可分，以“大材”担当国之大任，高知出高徒，如此良性循环，岂不善哉？习近平总书记曾说：“青年强，则国家强。青年是祖国的未来，民族的希望。”所以我们需要有为青年，自然也就需要培育有为青年的园丁和沃土。 因此，顶尖高校毕业的博士、硕士到中学教书非但不是大材小用，反而是人尽其用，大材大用。 〖点评〗该同学所写的这个片段成功引入假想论敌，准确而完整地运用反驳性语段的写作方法，先破后立，先退一步承认高层次人才置身于高精尖行业的合理性和必要性，再利用逻辑知识中的概念解释法，分析了“大材小用”这一核心概念的内涵和外延，一针见血地指出对方的逻辑谬误，很好地体现批判思维。立论部分判断精准理解透彻，表达精当，以理服人
检测反馈	从检测练习的反馈情况来看，通过本节课的深度学习，绝大多数同学不仅已经掌握了如何在引入敌方论点时设置假想论敌，更为难能可贵的是，不少学生还能够主动假想敌人可能使用的论据和论证过程，并对假想论敌一一给予反驳。 大部分同学在前置作业中，缺乏正确使用论证方法的意识。经过“解决问题”部分和“反思提升”部分，绝大部分同学学会了使用反证法、归谬法等有效的反驳手段，提升驳论的力量；还有几个同学虽然对进行了反驳，但没有界定概念，没有说清楚作为一个中学教师，为什么不能称之为“大材小用”；有的同学层次、表意不够清晰，无法较为有效地阐释中小学教育的重要性，这也检测出这些同学不能将课堂所学进行知识迁移运用，最终内化成自己的能力，针对这部分同学，老师还应该单独辅导

高中语文选择性必修（中）第二单元
——“苦难与新生”单元教学

“苦难与新生”大概念的核心·问题教学单元规划纲要

学科 语文 教师 余进、刘攀、王成敏、敖熙如、王玺、张金成

年级	高二	单元名称	苦难与新生	单元课时	10
单元内容	教材内容	本单元属于第九个学习任务群“中国革命传统作品研习”，本任务群就文章文体而言要求学习：革命先辈的名篇诗作，阐发革命精神的优秀论文与杂文，关于革命传统的新闻、通讯、报告、演讲、访谈、述评等实用性文体的优秀作品。就内容而言要求体会：革命人格、英雄模范事迹、革命爱国精神；革命志士、英雄人物和劳动模范的艺术形象，作品内涵、作者的创作意图；论文与杂文中论证的逻辑性和深刻性；实用性文体中的写作手法。围绕这个任务群，选择性必修教材共设计了两个单元：选择性必修上册第一单元和选择性必修中册第二单元。这两个单元从社会历史和文学两个维度建构“中国革命传统作品研习”任务群。选择性必修上册第一单元所选文章以实用性的文章为主，而本单元以文学性的文章为主。两个单元体裁互补，题材多样。两个单元围绕同一任务群，但是侧重点是不一样的。本单元强调了纪实作品和虚构作品各自的特点和表现方法，要求欣赏作家塑造艺术形象的深厚功力和富有个性的创作风格。 本单元的主题解读：本单元的主题是“苦难与新生”，要求学生了解中国共产党在苦难深重的旧中国领导人民通过艰苦卓绝的斗争实现了国家的解放和民族的新生这一过程；要求学生思考中国革命的意义；要求学生理解革命文化的精神内涵。 到具体的作品，这个单元的6篇文章共同点是“斗争”： 《记念刘和珍君》和《为了忘却的记念》表现的是进步的知识分子阶层与反动势力（帝国主义及其帮凶北洋军阀和国民党反动派）的革命斗争，进步分子的主要代表是刘和珍和“左联”五烈士；《包身工》展现的是工人阶级与帝国主义及其帮凶之间的阶级对立和尖锐矛盾（本文斗争不明显，但是也可理解为一种萌芽或值得争取的力量），其典型代表有“芦柴棒”和小福子；《小二黑结婚》展示的是农民阶级在中国共产党的领导下和封建落后势力的斗争，主要代表是小二黑和小芹；《荷花淀》展示的是农民阶级在中国共产党的领导下和日本侵略者的斗争，主要代表是水生和水生嫂们；《党费》展现的是农民阶层在中国共产党的领导下和国民党反动派的斗争，代表人物是黄新。 本单元的6篇文章，从大的角度来说可以分为两类作品：纪实性作品和虚构作品。纪实性作品包括两篇散文和一篇报告文学，虚构作品是3篇小说				

续表

<table>
<tr><td rowspan="2">单元内容</td><td>教材内容</td><td colspan="2">纪实性作品中的两篇散文都属于写人记事的纪念性散文，两篇文章的共同点是记叙、议论、抒情有机融合在一起。不同点在于，《记念刘和珍君》的情感直露显豁、感情浓厚炽烈，《为了忘却的记念》的情感内敛深沉。纪实性作品中《包身工》是报告文学，此篇报告文学表现出了客观叙述和主观评判的完美融合，即集新闻性和文学性于一体。《包身工》一文既有新闻性，即所写的事件是真实的，是经过了作者的调查的，没有虚构和夸张，同时还有一定的时效性，反映了当时的社会现状。《包身工》一文虽是报告文学，但在忠实于真实的前提下，运用了文学的手法来写作。文章中采用记叙、描写、议论、抒情等手法，塑造人物形象、刻画细节、营造气氛等。也就是说纪实性作品在保证事件真实记录的前提下，会综合运用记叙、描写、抒情、议论等手法来写作。而虚构作品中，3 篇小说主要是在典型环境中塑造典型人物，通过细节塑造人物形象。
不同点在于孙犁的《荷花淀》是诗情画意“荷花淀派”的风格塑造；赵树理的《小二黑结婚》是用通俗生动、乡土气息浓厚的“山药蛋派”风格塑造；《党费》则是用简约明了、节奏紧张的“军旅文学”风格塑造。</td></tr>
<tr><td>课程标准</td><td colspan="2">本单元选自人民教育出版社（部编本）高中语文选择性必修中册第二单元。本单元既有纪实性较强的散文和报告文学，也有以虚构为主的小说，我从中选取了《记念刘和珍君》《包身工》和《荷花淀》三篇课文，来讲述中国女性在上世纪前半叶中展现出的美丽精神。“芦柴棒”饱受压迫仍期盼黎明，水生嫂温柔贤淑、深明大义支持革命，刘和珍作为牺牲的青年代表，是本节课讲课的重点。《记念刘和珍君》是现代文学著名作家鲁迅先生的作品，是高中语文传统名篇。文本选取体现了《高中语文课程标准》（2017 年版）课程理念和课程目标，设置在选择性必修中册，符合新课标课程结构内容中的第 10 个学习任务群“中国现当代作家作品研习”（0.5 学分）：研习中国现当代代表性作家作品，了解现当代作家作品概貌，培养阅读当代文学作品的兴趣，以正确的价值观鉴赏文学作品，进一步提高文学阅读和写作能力，把握中国现当代文学作品思想性、艺术性、观赏性有机统一的价值取向。
新课标基本理念指出，要坚持立德树人，增强文化自信，充分发挥语文课程的育人功能，弘扬民族精神，增强为中华民族伟大复兴而努力的历史使命感和社会责任感。通过学习这三篇课文，能够培养青少年学生的爱国情感，增强他们的使命感和责任感，传承鲁迅先生的坚强品格，坚守“中华民族新文化的方向”，明确人民群众在革命中的重要作用。
在教学过程中，我严格贯彻新课标理念和内容要求，让学生通过对文本的深入研习和反复诵读，以和文本对话的方式，对作品进行“审美与创造”，引导学生深入领会鲁迅先生关爱青年学生的情怀，学习青年学生炽热的爱国之情，加强“文化传承与理解”，成为“奉献祖国”的有为青年，为中华民族伟大复兴贡献自己的力量</td></tr>
<tr><td rowspan="5">基础条件</td><td rowspan="5">资源基础</td><td>资源名称</td><td>功　能</td></tr>
<tr><td>黑板</td><td>板书课时核心问题；板书学生诵读鉴赏过程中发现、生成和反思提炼的知识、能力及方法要点</td></tr>
<tr><td>教材、学案及辅助资料</td><td>提供核心问题教学四个环节中学生诵读鉴赏、评析探究与生成知识、能力所需的必要载体与支架</td></tr>
<tr><td>PPT</td><td>出示课时核心问题和四个环节的学生活动和要求，提供赏析交流的关键性提示和部分参考性结论</td></tr>
<tr><td>微视频</td><td>展示学生成果</td></tr>
</table>

续表

<table>
<tr><td>基础条件</td><td>学生基础</td><td colspan="5">《新课标》指出：“高中同学们身心发展渐趋成熟，已具有一定的阅读表达能力和知识文化积累，促进他们探究能力的发展应成为高中语文课程的重要任务。”同学们对白话现代散文是不陌生的，初中时即学过鲁迅的《故乡》等同样的文体，对这种文体进行过初步的鉴赏，因此对这种文体是熟悉的。但他们的思维能力和审美能力尚在形成之中，这种熟悉很大程度上仅限于生活中的熟悉，而并非阅读与写作技巧上的熟悉，所以需要教师引导同学们对文本阅读的把握，既要让同学们鉴赏课文，又要指导同学们学会鉴赏的方法，并且在此基础上去粗存精，抓住有用的信息</td></tr>
<tr><td rowspan="4">单元大概念及下层结构</td><td colspan="6">单元名称：“苦难与新生”小说单元
核心大概念：文学与革命精神的传承
特征化表达；以正确的生命观、审美观、写作观研习革命经典篇目，掌握小说阅读中的形象思维、关联思维、比较思维、逻辑思维、创造思维，深刻认识革命历程，激发奋发向上的精神力量；了解纪实作品和虚构作品各自的特点和表现手法，欣赏作家塑造艺术形象的深刻功力和富有个性的创作风格。
概念结论类：了解纪实作品和虚构作品各自的特点和表现手法
特征化表达：研读课文，了解纪实作品和虚构作品各自的特点，分析其表现手法，欣赏作家塑造和表现艺术形象的深厚功力和富有个性的创作风格。
思想方法类：形象思维、关联思维、比较思维、逻辑思维、创造思维
特征化表达：小说需要在阅读中展开思考与分析，在梳理小说内容脉络、作者情感脉络的前提下，分析鉴赏小说的人物形象，进而探究小说的主题；要比较不同时期、不同风格的作家对于人物精神品质的塑造方法的差异，进而把握文章的内涵。还要在理解鉴赏的基础上，尝试用喜欢的体式和表达方式创作，以简要的文字把自己对小说及所塑造的人物精神品质的理解分析和评价写出来，提升文学创作能力。
价值观念类：正确的生命观、审美观、创作观
特征化表达：本单元旨在了解人民群众逐步觉醒、不断进步的历程，感受作者对烈士牺牲的深切哀痛和对正义力量的信心，体察旧中国劳动人民的苦难，体会中华民族新生的喜悦，理解革命志士的高尚品质。在此基础上，思考中国革命的意义，理解革命文化的精神内涵，深刻认识革命传统，激发奋发向上的精神力量，更好地认识历史，把握当下，树立当代中国人的文化自信</td></tr>
<tr><td rowspan="2">课时</td><td colspan="2">课时大概念</td><td colspan="3">课时概念梳理</td></tr>
<tr><td>简略化表达</td><td>特征化表达</td><td>概念结论（小概念）</td><td>思想方法</td><td>价值观念</td></tr>
<tr><td>1-2</td><td>梳理内容结构及情感脉络</td><td>通过分课时梳理文章内容，了解每篇文章的斗争者及其精神品质，体会中国革命的意义——在积贫积弱、内忧外患的危机之下，中国人民以无畏的斗争救亡图存，获得新生，形成解构梳理文章的能力</td><td>斗争历程
精神品质</td><td>阅读分析
理性思维</td><td>认真阅读，思考分析，感受人物可贵的精神品质</td></tr>
</table>

续表

<table>
<tr><td rowspan="6">单元大概念及下层结构</td><td rowspan="2">课时</td><td colspan="2">课时大概念</td><td colspan="3">课时概念梳理</td></tr>
<tr><td>简略化表达</td><td>特征化表达</td><td>概念结论（小概念）</td><td>思想方法</td><td>价值观念</td></tr>
<tr><td>3-5</td><td>多种表达方式下的抒情方式</td><td>联读《记念刘和珍君》和《为了忘却的记念》，先展示两篇文章是如何用记叙、议论、抒情的方式悼念牺牲的中国青年，再共读其共同点和不同点</td><td>抒情方式情感表达</td><td>比较思维
创造思维</td><td>析“情”达意的审美观</td></tr>
<tr><td>6</td><td>新闻性与文学性的统一</td><td>精读《包身工》，展示其是如何运用新闻性和文学性相统一的方式揭露包身工制度，对他们的恶劣行径发出沉痛的控诉和严正的警告的</td><td>新闻性与文学性统一</td><td>比较鉴赏
逻辑思维</td><td>同情苦难，树立珍惜当下的人生观</td></tr>
<tr><td>7-9</td><td>不同时代背景下的革命精神</td><td>联读三篇小说，先分课文体会其特点，最后对他们的共同点进行联读</td><td>不同时代背景、不同风格作品中对革命精神的展现</td><td>比较思维
关联思维</td><td>树立承续革命精神的价值观</td></tr>
<tr><td>10</td><td>纪实性作品与虚构作品异同</td><td>对比纪实性作品与虚构作品的特点和表现手法</td><td>明确不同风格作品的特点，分析并掌握其表现手法</td><td>比较思维
关联思维</td><td>文学观</td></tr>
<tr><td>单元教学目标</td><td colspan="6">1. 学习中国革命传统作品，深刻认识革命传统，了解中国人民的苦难和革命先驱的斗争历程。
2. 阅读课文，把握作品的主要内容，理解作者表达的情感，品析文中的典型人物形象，获得审美体验。
3. 研读课文，了解纪实作品和虚构作品的特点，分析表现手法，欣赏作家塑造和表现艺术形象的深厚功力和富有个性的创作风格。
4. 从艺术形象中获得熏陶和感染，汲取人生营养，激发奋发向上的精神力量，坚定继承和发扬革命传统的志向</td></tr>
<tr><td>单元核心问题及问题分解</td><td colspan="6">核心问题：
通读本单元六篇文章，从梳理内容及情感脉络、概括人物形象等角度研读作者情感，进一步把握人物内在的精神品质，探究纪实作品和虚构作品的特点，分析其表现手法，汲取人生营养，激发奋发向上的精神力量，坚定继承和发扬革命传统的志向。
问题分解：
本单元属于第九个学习任务群“中国革命传统作品研习”，本任务群就文章文体而言要求学习：革命先辈的名篇诗作，阐发革命精神的优秀论文与杂文，关于革命传统的新闻、通讯、报告、演讲、访谈、述评等实用性文体的优秀作品。就内容而言，要求体会革命人格、英雄模范事迹、革命爱国精神，革命志士、英雄人物和劳动模范的艺术形象，作品内涵、作者的创作意图，论文与杂文中论证的逻辑性和深刻性，实用性文体中的写作手法</td></tr>
</table>

续表

<table>
<tr><td>单元核心问题及问题分解</td><td colspan="3">围绕这个任务群，选择性必修教材共设计了两个单元：选择性必修上册第一单元和选择性必修中册第二单元。这两个单元从社会历史和文学两个维度建构“中国革命传统作品研习”任务群。选择性必修上册第一单元所选文章以实用性的文章为主，而本单元以文学性的文章为主。两个单元体裁互补，题材多样。两个单元围绕同一任务群，但是侧重点是不一样的。本单元强调了纪实作品和虚构作品各自的特点和表现方法，要求欣赏作家塑造艺术形象的深厚功力和富有个性的创作风格。现将核心问题作如下分解：（1）尝试梳理文章内容和情感脉络，形成独立解构文章的能力。（2）探究纪实作品和虚构作品的特点，探寻文章风格对情感表达的作用。（3）比较阅读，探究不同时代革命者精神的同一性</td></tr>
<tr><td rowspan="6">课时划分</td><td>课时</td><td>课时大概念</td><td>课时核心问题</td></tr>
<tr><td>第一、二课时</td><td>单元导读</td><td>通过分课时梳理文章内容，了解每篇文章的斗争者及其精神品质，体会中国革命的意义——在积贫积弱、内忧外患的危机之下，中国人民以无畏的斗争救亡图存，获得新生，形成解构梳理文章的能力</td></tr>
<tr><td>第三、四、五课时</td><td>《记念刘和珍君》和《为了忘却的记念》群文教学</td><td>联读《记念刘和珍君》和《为了忘却的记念》，分析两篇文章是如何用记叙、议论、抒情的方式悼念牺牲的中国青年，从而探寻文章创作的异同</td></tr>
<tr><td>第六课时</td><td>《包身工》精读教学</td><td>阅读文章，探究其如何运用新闻性和文学性相统一的方式揭露包身工制度</td></tr>
<tr><td>第七、八、九课时</td><td>《荷花淀》和《小二黑结婚》（节选）《党费》群文教学</td><td>联读三篇小说，概括女性形象特点，把握不同时期革命女性展现出的革命精神</td></tr>
<tr><td>第十课时</td><td>单元整体联读</td><td>研读课文，分析纪实作品和虚构作品语言风格，探究纪实作品和虚构作品在形象塑造、叙事、抒情手法上的异同，写作《包身工》小说创作提纲</td></tr>
<tr><td>教学评价</td><td colspan="3">一、关于大概念生成理解的评价预设
1. 概念结论类大概念
（1）就“苦难与新生”单元阅读这一单元大概念本身及其统摄下的“梳理内容结构”“梳理情感脉络”“多种表达方式下的抒情方式”“新闻性与文学性的统一”“不同时代背景下的革命精神”“纪实性作品与虚构作品异同”几个课时大概念在教与学的统整和规范上的实际效用进行综合评价。
（2）在单元鉴赏活动中，就学生基于单元各类大概念进行鉴赏的具体情况进行及时恰当的评价。
2. 思想方法类大概念
在单元鉴赏活动中，就学生在概括归纳、比较鉴赏、创作表达等活动中达成情况进行检测评价。
3. 价值观念类大概念
在单元鉴赏活动和单元三类作业的完成过程中，就学生学习任务完成的体悟，对传统革命精神的认知进行评价。</td></tr>
</table>

续表

<table>
<tr><td>教学评价</td><td colspan="7">二、关于单元素养目标达成的评价预设
1. 就学生参与单元梳理内容结构、梳理情感脉络、把握多种表达方式综合运用的抒情方式、体会革命者的革命精神等活动中的具体表现进行激励、督促和指导性评价。
2. 就学生把握单元人物形象的概括、革命精神实质的理解与感悟进行优、良、中、一般的定性评价。
3. 就学生掌握纪实性作品与虚构作品的异同进行鼓励性评价。
三、关于三类单元作业完成的评价预设
将单元基础性作业、综合性作业和实践性作业在各课时中命制成具体的紧扣高考考点题目并赋分，就学生对每一类题目的完成情况进行赋分评价</td></tr>
<tr><td rowspan="4">单元作业</td><td>作业类型</td><td>作业目标</td><td>作业内容</td><td>作业情境</td><td>概念结论</td><td>思想方法</td><td>价值观念</td></tr>
<tr><td>基础性作业</td><td>结合文本，梳理基本内容及情感脉络，形成整体把握文本的能力</td><td>梳理本单元文本的内容结构、情感脉络、概括人物形象并以表格的形式加以呈现</td><td>纪念性散文、报告文学、小说真实学习实践情境和归纳分析的真实学习探索情境</td><td>由表及里</td><td>概括归纳分析</td><td>着眼文本研“表”析“里”</td></tr>
<tr><td>综合性作业</td><td>能运用“基础性作业”中梳理的内容进行文学短评的创作</td><td>请根据课文和注释内容，写一篇《白莽小传》或《柔石小传》，要求紧扣课文与注释内容，可适当联想或想象，字数在200字左右</td><td>阅读与文学短评结合，是积累创作经验，领悟鉴赏、创作规律结合的真实学习实践情境</td><td>文学评论</td><td>创作表达</td><td>读写结合继承发扬</td></tr>
<tr><td>实践性作业</td><td>能自觉结合单元鉴赏阅读学习所获，去开展探寻革命精神实践和探究，促进对革命精神的理性认知和传承</td><td>参观四川大学“江姐纪念馆”并分组讨论：新时代的青年应该如何继承和发扬革命传统？</td><td>革命题材文本阅读在实际生活中价值情境和读写结合的真实探索情境</td><td>参观讨论</td><td>感悟表达</td><td>传承赓续</td></tr>
<tr><td>反馈调整</td><td colspan="7">待单元教学完成之后，拟从单元教学设计、教学实施和作业设计三个方面进行反思总结，提出具体的优化措施</td></tr>
</table>

鲁迅纪念性散文抒情的“冷与热”
——“苦难与新生”单元第三、四课时学教案

刘　攀

一、教学分析设计

【内容分析】☞

围绕课程标准“中国革命传统作品研习”学习任务群，选择性必修教材共设计了两个单元。第一个是选择性必修上册第一单元，以“伟大的复兴”为主题；第二个就是选择性必修中册第二单元，以“苦难与新生”为主题。这个单元以文学作品为主，选取鲁迅、夏衍、孙犁、赵树理、王愿坚等左翼、解放区文艺工作者的作品，其立足点在于文学上的“红色”创作。本单元关注对艺术形象的刻画，突出对作家富有个性的创作风格的鉴赏。本单元共有六篇作品，分为三组。前两组分别是纪实性较强的散文和报告文学，后一组是以虚构为主的小说。

培养文体感是“表现本位”教学的题内之义。其目的是培养某一文体感。借助某一文本，教的是某种文体的写作和鉴赏方法，这应成为教师的教学常规。缺乏“教文体”的意识，便没有正确、高效的“表现本位”教学活动。《记念刘和珍君》和《为了忘却的记念》是以写人记事为主的纪念性散文。前者赞扬以刘和珍为代表的“为中国而死的中国的青年”，后者感叹白莽、柔石等人的牺牲使“中国失掉了很好的青年”，两篇文章都表达了对青年革命烈士的哀悼和对反动势力的痛恨，展现了新民主主义革命时期仁人志士英勇斗争的历史场景。在学习提示和单元研习任务中，“纪念性散文”这一关键词多次出现，这意味着本课任务是引导学生学会鉴赏回忆性散文的多方位知识。鲁迅散文是不可复制的，学生可以从中学到怎样鉴赏纪念性散文。这两篇文章主题相近、情感相通，写法相似，合编为一组，有利于进行整合、比较，开展专题教学。可从两篇文章简洁的叙述、精辟的议论、尖锐的讽刺等方面，把握鲁迅特有的文字表达风格；还可以同中求异，比较同样是抒发悼念的情感，两篇文章在具体风格和写法上有什么不同（比如，前者情感直露显豁，感情浓厚炽烈，后者使用了不少曲折隐晦的笔法），思考造成差异的原因。

【课时大概念】☞

概念类别	简略化表达	特征化表达
核心大概念	鲁迅纪念性散文抒情的“冷与热”	在普遍联系观的引导下，关联《记念刘和珍君》和《为了忘却的记念》中叙述语言、抒情语言与作者情感表达的隐晦或直白，运用语境分析、揣摩语言建构方法，梳理抒情特色等方法，进一步体会文章语言与情感相关性的核心思想
概念结论类	赏析鲁迅纪念性散文抒情方式与情感表达的一般方法	鲁迅纪念性散文承载着作者丰富的情感。语言客观与犀利并存，情感冷静克制与锋芒毕露交相辉映是其语言的基本特征，因而通过其语言赏析情感进而归纳出赏析“这一类”文章的一般方法是研习此类文本的重要阅读任务
思想方法类	比较思维与创造思维	基于对本文的语言，尤其是那些打上了鲁迅先生烙印的叙述性、抒情性的语言加以品味比较，揣摩两篇文章在叙事风格上的同中有异之处，把握作者情感的复杂性（多样性）、情感的矛盾性（战斗性）、情感的强烈性（鲜明性）等言语梳理、言语感知、言语反思、言语运用的实践活动，以此丰富学生语言建构与运用的经验
价值观念类	析“情”达意的审美观	重在启发学生“怎么写，为什么写”的体验与感受、情感与思辨、建构与生成。调动、组织学生进行参与性、创造性的言语活动，促其自悟自觉

【资源条件】☞

资源名称	功　能
黑板、实物投影台	板书课时核心问题；板书学生解决问题时交流、分析、建构概念过程的要点；板书反思提升要点等
教材、学习任务单及课外助读资料	提供课时核心问题教学四个环节中学生赏析文本语言所需的必要辅助资料
PPT	展示图片等情境；出示核心问题；提供全班交流时所需的资料；出示前置任务完成情况、评价反馈练习等内容

【学生基础】☞

在学生自读预习课文的基础上，我们从学生的“疑点反馈”处入手，把学生的“真问题”作为教学的切入点。收集了学生的问题后，我们发现学生的疑点并不在人物形象上，而在课文的议论抒情部分，在课文的语言表达上，很多语句令学生费解难懂。而本文情感具有复杂性、丰富性等特点，这种独特的情感，对于高二的学生来说，要有较为深刻的体悟和感受是有一定难度的，因为它联结着独特的社会环境、独特的个人生活经历和独特的个人心理。因此，我基于学生的真实疑问，把体悟作者在两篇纪念性散文中传递出来的或显豁明畅或隐晦曲折的情感与语言建构形式作为本文教学的重点和难点之一。

【目标分析】☞

学习本单元重在鉴赏鲁迅散文语言“冷与热”的抒情特色。本教案以“联读文本，品析抒情和叙事语言，探究鲁迅纪念性散文的抒情特色，模仿其特色撰写新闻短评”为学习任务来开展设计与实施，通过自主阅读、梳理探究、写作分享的学习方式达成单元学习目标；期望通过教师积极创设的阅读情境，提供阅读策略指导，将学生引向深度阅读、深度写作，从而提升学生的语文核心素养。基于上述设计拟定了本课时的素养目标：

参与鲁迅纪念性散文《记念刘和珍君》和《为了忘却的记念》文本联读，从文章抒情和叙事性语言文字的描写方面切入来赏析鲁迅散文的抒情特点，模仿其用语特色，撰写新闻评论性文字，由此体会到文本中蕴藏的文人审美趣味、审美理想（审美鉴赏与创造水平 2-3、语言建构与运用 3-1、思维发展与提升 3-2），懂得语言建构方法与情感态度表达之间关联（语言建构与运用 3-1、思维发展与提升 3-2），坚定继承和发扬革命传统的志向，形成正确的世界观、人生观和价值观（文化传承与理解 3-4）。

【主题分析】☞

夏丏尊先生在《学习国文的着眼点》一文中明确告诉我们：“学习国文，目的就在学得用文字来表现的方法，他们只着眼于别人所表现的内容本身，不去留心表现的文字形式，结果当然是徒劳无功的。”这显然在提醒我们：在指导学生理解文本的语义内容时，还要进一步引导学生体会文本的语言体式，因为语义内容和语言体式是一个不可分割的有机整体，语义内容是从语言体式中生长出来的。

语文学科人文关怀的特性，就在于激发存在性言语动机，培育“立言”这一核心价值。以“立言成志”为导向，必然要以“言语表现”为本位。鲁迅是“立言者”之楷模，让高中学生了解鲁迅其人和其作品，从而实现学科核心素养之“语言建构和运用”“审美鉴赏与创造”的养成，实属必要。鲁迅先生作为语言艺术大师，在他的笔下，标点符号可以成为一种修辞手段，主动参与表情达意。非但如此，他还善于融通中西，博采众长，将文言、方言、外语等内容元素与长短句、整散句等形式元素巧妙糅合，还可以借助比喻、反语、反复等修辞手段，创造具有独特表达效果的言语作品。“鲁迅式长句”便是其中的典型。这种长句具有结构复杂、句法灵活，内蕴丰富、意义深刻、效果独特、韵味悠长的特点，最大限度地发挥了汉语表现的张力，可以说是对文言和传统白话的一个重大突破，极大地增强了汉语表达丰富复杂细腻思想感情的能力。教学中引导学生对本文的语言，尤其是这些打上了鲁迅先生烙印的叙述性、抒情性的语言加以品味比较，对于体悟作者的情感一定会产生意想不到的效果。同时，两篇文章在叙事风格上也有同中有异之处，揣摩两文中关于所纪念的人，作者的叙事呈现怎样的特点也是一个突破口。再者，两篇文章蕴含的情感异常独特。这种独特性主要体现在三方面。情感的复杂性（多样性），情感的矛盾性（战斗性），情感的强烈性（鲜明性）。两文情感直指不同阶层不同人物，呈现多样性的特点，而对同一对象的情感又具有复杂性。因此，体悟作者的情感应该是教学的突破口。

不同于前两节课的教学设计重在带领学生较多地停留在两篇纪念性散文“写了什么”的理解与分析层面上，第三、四课时的设计重在启发学生“怎么写，为什么写”的体验与感受、情感与思辨、建构与生成上。借由核心问题“联读文本，品析抒情和叙事语言，探究鲁迅纪念性散文的抒情特色，模仿其特色撰写新闻短评”来调动、组织学生进行参与性、创造性的言语活动，促其自悟自觉。有了学生的言语梳理、言语感知、言语反思、言语运用等创造活动，才有真正意义上的“学生本位”教学。借助怎样的言语来培养文体感呢？有别于初中鲁迅散文的教学注重引导学生通过人物言行观其形、作品语言感其情，高中学段应在怎样的更高层面带领学生赏析“这一类”的文章呢？

基于上述分析，本课时的核心问题拟定为：联读文本，品析抒情和叙事语言，探究鲁迅纪念性散文的抒情特色，模仿其特色撰写新闻短评。

【评价预设】☞

（1）提出问题环节：针对学生利用课堂营造的真实情境，通过冷与热的初步探讨，直观地认识到鲁迅散文抒情性语言和叙述性语言与作者情感的关联进行评价，领会课堂核心问题的情况进行整体引导性评价，为探究鲁迅散文的抒情性特点做好铺垫。

（2）解决问题环节：就学生通过分析鉴赏两篇文章中抒情和叙述性语言，体会不同的语言形式带来的不同的抒情效果等进行点拨、指导和激励性评价，促使学生快速实现有效赏析。

（3）反思提升环节：就学生梳理和总结文本中体现作者情感的词句与语言表达之间的关联，探究作者创作此文时的心情。在上一个教学环节的基础上深化与拓展性地探究鲁迅散文抒情性特点，深入理解作者的情感表达进行激励性评价，促进学生对鲁迅“这一类”文章的文本语言与情感多样性有更深刻理性的认知。

（4）评价反馈环节：就学生交流分享其在课堂上模仿作者的用语特色、结合新闻时事完成的小练笔、凸显语言与文字之间的情感关联等方面进行评价，促进学生对此类文本语言理解和赏析能力的深度体验和提升。

二、教学实施设计

【教学环节】☞

教学环节	学生活动	教师活动	设计意图	技术融合
提出问题	学生初谈看法，明确核心任务	教师创设情景，提出核心问题	营造情境，让学生直观感受语言与情感的关联，明确核心任务后，产生学习期待	播放课件，出示核心问题
解决问题	围绕“冷与热”，以两文中抒情和叙事语言为例，讨论分享：两篇写人记事为主的纪念性散文的抒情特色	围绕《记念刘和珍君》中惨案现场的叙述、《为了忘却的记念》中“五烈士就义”等语言和表情达意（直接抒情或间接抒情）的“冷与热”引导学生分享交流	立足文本，咀嚼语言，提升学生对文学语言的审美和鉴赏能力，进一步明确语言与情感的关联	课件投影平台展示。及时评价对语言与情感关联的表述

续表

教学环节	学生活动	教师活动	设计意图	技术融合
反思提升	梳理探究问题的路径，明确两篇纪念性散文呈现语言差异的原因	引导回顾两文中抒情和叙事语言，反思对鲁迅散文“冷与热”的理性认识	让学生探究文学语言背后的深刻情感表达，反思造成这两种语言差异的原因	课件投影平台展示。课堂内容固化与落实
评价反馈	完成片段写作任务，交流分享	教师引导学生写作并分享，课后加工润色	呼应课堂开始的活动设置，从读到赏，从赏到写，学以致用	实物投影平台展示学生习作

【板书设计】☞

鲁迅纪念性散文抒情的“冷与热”

核心问题：联读文本，品析抒情和叙事语言，探究鲁迅纪念性散文的抒情特色，模仿其特色撰写新闻短评。

探究思路：

	《记念刘和珍君》	《为了忘却的记念》
叙述语言	惨案现场：冷静、客观、实录、春秋笔法式的语言 ……	烈士就义：冷静、客观、实录、春秋笔法式的语言 ……
抒情语言	直接抒情：惨象、留言、沉默呵沉默呵…… 语言建构形式：反复、互文、对偶、反语、欧式长短融合本土文化、多种句式变换	间接抒情：一本诗集、一幅版画、一首小诗、三个典故
冷：语言客观、冷静克制。语调沉缓，如静水流深般含蓄深沉——情感：饱含隐晦曲折的情感和态度。 热：语言犀利，锋芒毕露。语调高昂，如洪水奔涌般不可抑制——情感：直露显豁语言文字背后的情感		

【课后服务】☞

课时作业的结构化设计：

作业序号	作业目标	作业情境		概念结论		思想方法		价值观念		整体评估	
		内容	水平	内容	水平	内容	水平	内容	水平	内容	水平
1	在熟悉文本的基础上，重点关注叙述性语言和抒情性语言，为课上的探究活动搭好脚手架	（1）熟读两篇课文，概括鲁迅与革命青年之间的交往，思考文章叙事的特点。 （2）找出文章中抒情和叙事的句子，反复诵读并体会鲁迅散文语言特点	基础	关注文章中的叙述和抒情性语言	语言建构与运用2	由现象到本质	思维发展与提升1	叙述性和抒情性语言在文章中的体现	文化传承与理解2	基础性作业	学业质量水平1-3
2	检测学生运用鲁迅的语言建构方式形成的用语特色与表达情感之间的关联，对同一事件的不同写作用语特色进行研读、鉴赏，进一步巩固语言与情感的关联度	分析鲁迅《无花的蔷薇（之二）》的语言表达形式与情感表达的关系	较复杂	赏析用语特色与抒情特点之间产生的艺术效果	审美鉴赏与创造4	由现象到本质思辨分析	思维发展与提升3	文章用语特色与抒情特点之间的关系是文学作品复杂情感、深刻主题的重要鉴赏途径	文化传承与理解3	综合性作业	学业质量水平3-3
3	引导学生模仿鲁迅散文的用语特色，进行语言与情感关联思维的实践创作，由较为被动的鉴赏走向主动的思考和创造	模仿其特色撰写新闻短评，写一段150字的议论性文字	复杂	运用语言与情感的关联体验进行语段写作	审美鉴赏与创造5	理论指导实践	思维发展与提升4	语言与情感的关联体验是写作中一种高级表现方式	文化传承与理解5	实践性作业	学业质量水平4-3
课时作业总体评估	本课时中，主要通过学习《记念刘和珍君》和《为了忘却的记念》中“语言特色与情感表达”关联体验的运用，学生通过具体文本的探究鉴赏，归纳提炼出“关注散文语言特与情感表达之间的关联”在写人记事的纪念性散文中的鉴赏思路和主要作用。在运用这些方法和思路、赏析其他语篇的过程中分析其中的情感和意蕴，进入真实学习探究情境。三个作业分阶段由探究课文中作者的用语特色与情感表达之间的关联，再到自己结合所学知识进行课外阅读实践和写作实践，由易渐难，循序渐进，进一步巩固学生对该知识和技能的掌握和迁移运用，也符合新高考情境类学习和探究的要求。情境由基础而高阶，应该可以较好地检测课时目标的达成情况，有助于学生真实学习行为的发生										

（具体的作业内容略）

【教学流程】☞

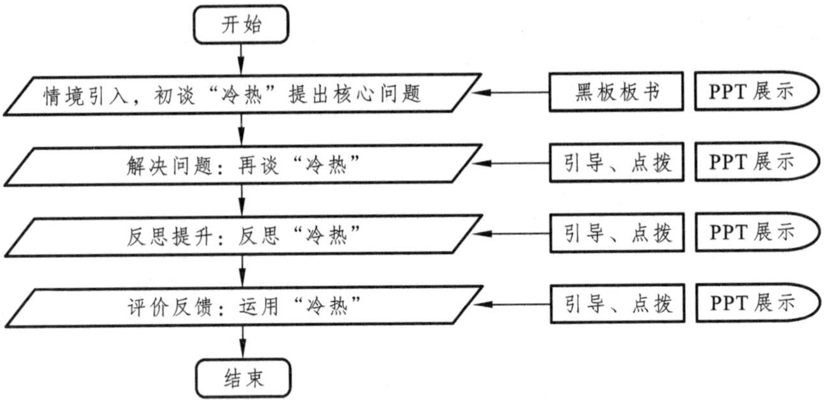

三、教学评价设计

【评价实施】☞

1. 素养落实，核心突出

鲁迅作品难懂，难在理解遣词用句上，更难在理解这些词句背后蕴含的深意。读懂鲁迅散文，就是要从语言出发，带领学生拨开文字迷障，感受经典之美，探讨作品中的人生思考，提升阅读理解力。更为重要的是，鲁迅语言的思想性和创造性是学生语言运用的重要参照，在对鲁迅语言的揣摩和品味中自然可以提升学生的思维品质和语言的运用力。在解决问题环节，始终引导学生从作品的语言入手，促进学生核心素养的落实。

另外，中学生正处在情感丰富多变、感受细腻的人生阶段，他们富有激情、感受力强，中学阶段是道德情操养成的关键时期。但长期以来，我们太注重对课文语言的分析，侧重字词、背诵等方面，导致学生在情感最敏感的时期不能正视对情感的表达，例如在朗读抒情性的课文时，许多学生都羞于表达，读起来语气干涩、敷衍、缺乏情感，甚至故意“阴阳怪气”掩饰尴尬。健康的情感品格是健全人格不可或缺的组成部分，中学生的热情、善良、正义感很大程度来自语文课堂。《记念刘和珍君》和《为了忘却的记念》是进行情感教育的优秀文本，本节课在核心问题的引领下，我采用文本理解与朗读相结合的方式，引导学生全情投入鲁迅的情感世界，激发学生对丑恶事物的批判、对美好事物的共鸣、对自己情绪的审视和管理，促进学生理性精神和审美素养的提升。

2. 读写结合，收获可见

在运用反馈环节中，让学生模仿鲁迅的用语特色，选择一个热点新闻，撰写新闻短评。从语言与思维的角度看，阅读与写作是交融的、同步的，学生写作的过程是运用语言与思维的过程，他们在建构自己的文本意义时，一般会直接或间接地参考或借鉴他所阅读过的文本。

【信息搜集】☞

为真实完整地了解本节课素养目标的达成情况，我在“评价反馈”环节布置了具有明显梯度的检测题目——自选一个时事材料热点话题，模仿其用语特色撰写新闻短评，表达自己的或冷或热的情感观点态度。课后第一时间收集了全班学生在课内完成的练笔作业，并进行了完成质量等级评价和详细统计分析。

【反馈调整】☞

根据核心问题课堂教学实施的四个环节的具体情况来看，这节课总体上较为理想地达成了预期素养目标。但在评价反馈环节——教师引导学生自选一个时事材料热点话题，模仿其用语特色撰写新闻短评，表达自己的或冷或热的情感观点态度。学生的体验不够聚焦，赏析理解过于宽泛，甚至有漫无边际之感。课后反思后发现，主要原因是热点话题不够聚焦，活动指令欠具体，学生思维太过发散，浮于表面，教师的引导工作做得还不够到位。所以在课堂学习活动的每一个设计中都务求做到指向明确、指令具体，为学生的学习行为搭桥递梯，以有助于高效促进学生进行深度的学习体验。

大概念核心问题教学文化评价表

课时名称：鲁迅纪念性散文抒情的“冷与热”。

所属单元：统编高中语文选择性必修（中）第二单元。

单元核心大概念：文学与革命精神的传承。

特征化表达：以正确的生命观、审美观、写作观研习革命经典篇目，掌握小说阅读中的形象思维、关联思维、比较思维、逻辑思维、创造思维，深刻认识革命历程，激发奋发向上的精神力量；了解纪实作品和虚构作品各自的特点和表现手法，欣赏作家塑造艺术形象的深刻功力和富有个性的创作风格。

<table>
<tr><th rowspan="2">评价目标</th><th colspan="3">评价指标</th><th rowspan="2" colspan="2">评价方法结果</th></tr>
<tr><th>一级指标</th><th>二级指标</th><th>三级指标</th></tr>
<tr><td rowspan="12">实现活动体验中的学习与素养发展</td><td rowspan="12">具有大概念核心问题教学形态</td><td rowspan="3">核心问题利于活动体验</td><td>内含客观问题和学生活动方式</td><td>8</td><td rowspan="11">每项指标最高评8分（满分为96分）</td></tr>
<tr><td>问题情境与真实生活密切相关</td><td>7</td></tr>
<tr><td>能引发大概念、新知新法生成</td><td>7</td></tr>
<tr><td rowspan="3">教学目标价值引导恰当</td><td>目标构成全面准确</td><td>8</td></tr>
<tr><td>内含关联体验目标</td><td>8</td></tr>
<tr><td>目标价值引导显现</td><td>8</td></tr>
<tr><td rowspan="3">教学环节完整合理落实</td><td>课程教学环节完整</td><td>8</td></tr>
<tr><td>环节内容合理充实</td><td>8</td></tr>
<tr><td>学生活动时间充分</td><td>8</td></tr>
<tr><td rowspan="3">教学要素相互匹配促进</td><td>问题目标环节两两匹配</td><td>7</td></tr>
<tr><td>技术促进活动形式内容</td><td>7</td></tr>
<tr><td>课程特色突出氛围浓郁</td><td>8</td><td>合计 92 分</td></tr>
</table>

续表

<table>
<tr><th rowspan="2">评价目标</th><th colspan="3">评价指标</th><th rowspan="2">评价方法结果</th></tr>
<tr><th>一级指标</th><th>二级指标</th><th>三级指标</th></tr>
<tr><td rowspan="24">实现活动体验中的学习与素养发展</td><td rowspan="24">具有大概念核心问题教学特质</td><td rowspan="4">拓展学习视野</td><td>课堂与现实世界有恰当关联</td><td rowspan="24">选择一个表现突出的二级指标，在相应三级指标引导下，以现场学生表现为主要依据，以其余指标为背景，于本表的第二页写出150字以上的简要评价</td></tr>
<tr><td>有基于缄默知识的问题解决</td></tr>
<tr><td>有缄默知识运用的追踪剖析</td></tr>
<tr><td>知识运用剖析导向素养发展</td></tr>
<tr><td rowspan="4">投入实践活动</td><td>有真实而且完整的实践活动</td></tr>
<tr><td>实践活动深度融入两类情境</td></tr>
<tr><td>能够全身心地浸渍于活动中</td></tr>
<tr><td>活动的内容结果均丰富深入</td></tr>
<tr><td rowspan="4">感受意义关联</td><td>有核心问题的深层意义感受</td></tr>
<tr><td>有以知识为中心的关联感受</td></tr>
<tr><td>有以个人为中心的关联感受</td></tr>
<tr><td>有对三类大概念的关联感受</td></tr>
<tr><td rowspan="4">自觉反思体验</td><td>有实质性反思活动的开展</td></tr>
<tr><td>有课堂新因素的追踪利用</td></tr>
<tr><td>有体验的交流与改善重构</td></tr>
<tr><td>有概念生成中的素养发展</td></tr>
<tr><td rowspan="4">乐于对话分享</td><td>乐于自我的表达与认真的倾听</td></tr>
<tr><td>乐于合作中成果与思路的分享</td></tr>
<tr><td>乐于成果交流中深层意义分享</td></tr>
<tr><td>有宽容的对话氛围和双向交流</td></tr>
<tr><td rowspan="3">认同素养评价</td><td>认可素养评价</td></tr>
<tr><td>参与素养评价</td></tr>
<tr><td>利用素养评价</td></tr>
<tr><td style="display:none"></td></tr>
<tr><td colspan="5">大概念核心问题教学特质的简要评价（包括发展性建议）：
这节课在大概念核心问题教学实质方面表现得最为理想的是“核心问题利于活动体验”。《记念刘和珍君》和《为了忘却的记念》是选择性必修中册第二单元的第6课。两篇文章的共同点是记叙、议论、抒情有机融合在一起。不同点在于，《记念刘和珍君》的情感直露显豁、感情浓厚炽烈；《为了忘却的记念》的情感内敛深沉。本堂课尝试根据单元要求、课后提示以及文本特点，选择鲁迅纪念性散文抒情的“冷与热”作为微专题，聚焦言语形式，通过两文联读，引导学生在文本诵读、语言品味、比较鉴赏、合作探究中体悟作者情感，感受言语智慧。在本节课的实施环节，核心问题利于课堂学生的体验活动始终扣住文本，学生通过对文本深入“研读”来达成既定的教学目标。前面两个大环节自不待言，完全是就文读文、就文谈文，教学的着眼点是为了学生更好地理解把握文本，让学生在对文章语言形式的建构上深挖，获得对课文（包括关键语句）的深入理解，实现对课文的“深度教学”，从而“了解鲁迅的革命思想和人道主义思想，有利于丰富和加深学生对革命文化的理解”。例如学生从文本字里行间真切“体会”到鲁迅的“愤怒”情绪，同自称“我读到了鲁迅的愤怒”完全是两码事；从语言文字中感受到作者的情绪脉搏，与脱离语言去概括“情感脉络”也是两码事。学生是沉浸于文字中去咂摸品味，而不是浮皮潦草地通读之后就高调“谈论”。提出问题环节创设了真实的情景：毕飞宇对鲁迅文章“冷与热”的评价，既撬动了文本分析，又开启了学生思维。同时布置了典型的任务，将鲁迅散文抒情性语言和叙述性语言的品读和揣摩活动贯穿整堂课，由表及里，通过对文本的解读，催生对文本“深层意蕴”的理解</td></tr>
</table>

大概念核心问题教学素养目标点检测表

<table>
<tr><td>课时名称</td><td colspan="3">鲁迅纪念性散文抒情的“冷与热”</td></tr>
<tr><td>所属单元</td><td colspan="3">统编高中语文选择性必修（中）第二单元</td></tr>
<tr><td rowspan="3">单元大概念</td><td>核心大概念</td><td colspan="2">文学与革命精神的传承</td></tr>
<tr><td>概念结论类</td><td>思想方法类</td><td>价值观念类</td></tr>
<tr><td>了解纪实作品和虚构作品各自的特点和表现手法</td><td>形象思维、关联思维、比较思维、逻辑思维、创造思维</td><td>正确的生命观、审美观、创作观</td></tr>
<tr><td>单元核心问题</td><td colspan="3">通读本单元六篇文章，从梳理内容及情感脉络、概括人物形象等角度研读作者情感，进一步把握人物内在的精神品质，探究纪实作品和虚构作品的特点，分析其表现手法，汲取人生营养，激发奋发向上的精神力量，坚定继承和发扬革命传统的志向</td></tr>
<tr><td rowspan="2">课时大概念</td><td>概念结论类</td><td>思想方法类</td><td>价值观念类</td></tr>
<tr><td>赏析鲁迅纪念性散文抒情方式与情感表达的一般方法</td><td>比较思维、创造思维</td><td>析“情”达意的审美观</td></tr>
<tr><td>课时核心问题</td><td colspan="3">联读文本，品析抒情和叙事语言，探究鲁迅纪念性散文的抒情特色，模仿其特色撰写新闻短评</td></tr>
<tr><td>课时素养目标</td><td colspan="3">参与鲁迅纪念性散文《记念刘和珍君》和《为了忘却的记念》文本联读，从文章抒情和叙事性语言文字的描写方面切入来赏析鲁迅散文的抒情特点，模仿其用语特色，撰写新闻评论性文字，由此体会到文本中蕴藏的文人审美趣味、审美理想（审美鉴赏与创造水平 2-3、语言建构与运用 3-1、思维发展与提升 3-2），懂得语言建构方法与情感态度表达之间关联（语言建构与运用 3-1、思维发展与提升 3-2），坚定继承和发扬革命传统的志向，形成正确的世界观、人生观和价值观（文化传承与理解 3-4）</td></tr>
<tr><td>检测点</td><td colspan="3">对语言建构方法与情感态度表达之间关联的体验</td></tr>
<tr><td>检测任务</td><td colspan="3">自选一个时事材料热点话题，模仿鲁迅用语特色撰写新闻短评，表达自己或冷或热的情感观点态度（150 字以内）</td></tr>
<tr><td rowspan="4">分类标准</td><td colspan="3">A. 针对所选热点新闻，能够很好地模仿鲁迅散文的用语特色，综合运用五种及以上的语言建构方法，明确地表达自己的真实感受</td></tr>
<tr><td colspan="3">B. 针对所选热点新闻，能够很好地模仿鲁迅散文的用语特色，综合运用三至四种的语言建构方法，比较明确地表达自己的真实感受</td></tr>
<tr><td colspan="3">C. 针对所选热点新闻，能够很好地模仿鲁迅散文的用语特色，综合运用一至两种的语言建构方法，自己的真实感受表达不太明确</td></tr>
<tr><td colspan="3">D. 针对所选热点新闻，不能运用任意一种语言建构方式，自己的真实感受表达不出</td></tr>
<tr><td rowspan="5">检测统计</td><td>分类等级</td><td>学生人数</td><td>百分比（%）</td></tr>
<tr><td>A</td><td>32</td><td>58.1</td></tr>
<tr><td>B</td><td>13</td><td>23.6</td></tr>
<tr><td>C</td><td>7</td><td>12.7</td></tr>
<tr><td>D</td><td>3</td><td>5</td></tr>
</table>

续表

检测分析及结果运用	上面基础性作业的检测统计数据表明，本节课较为理想地达成了单元及课时素养目标。全班共 55 名学生，本节课，58.1%的同学的语言表达能够很好地模仿鲁迅散文的用语特色，能综合运用五种及以上的语言建构方法，选择一个热点新闻，表达自己的真实感受；23.6%的学生的语言表达能够较好模仿鲁迅散文的用语特色，能综合运用三至四种语言建构方法，选择一个热点新闻，表达自己的真实感受
素养目标达成典型实例	这寒冬来得太快、太快，我裹紧了衣服。这悲伤没由来的，院子中稀稀的烟火，集市上零散的人群，默默地看着红色刺眼的窗花。茶几上堆满的瓜果，房间里无人过问的电视仍轰轰不已，屋内的人们总执着于盯着手中那会发光，会出声的“方疙瘩”。而我，向来是不屑于此的。可年年见人如此，心仍忍不住过问，这年，还是年吗？也罢，大抵是时代发展太快，旧有的，他们所认为的古板的，却被淡忘了吧。 天，还是太冷，太冷，我仍出门走走，看着来往的人群裹上厚厚的伪装，本该属于这黑夜的绚烂烟火不知去了何方，大抵是带走了年味，迎来了冰冷的霜。 烟火不再，年味，也淡了几许。少了点过年的期盼，情愿永远留在“旧生活”中。我闭眼，冥想。 这年味，我只取三分，被淡忘的三分。 评析：能较好模仿鲁迅的用语特色。应进一步思考：如何加深语言与情感的关联
检测反馈	从上述学生在课堂学习活动中完成的基础性作业的情况以及课后完成综合性和实践性作业的情况来看，本节课几个学习活动的设计和实施是合理而有良好效果的，较好地助力了单元及课时素养目标的达成。这表明，在高中语文新教材的实施过程中，自觉运用大概念的核心问题教学进行单元文本的整合教学确实有助于高效实施教材，实现课程目标，促进学科核心素养的落实，最终实现学生语言、思维、文化和审美能力的更好生成

“于矛盾中见深刻”
——“苦难与新生”单元第五课时学教案

敖熙如

一、教学分析设计

【内容分析】☞

统编高中语文教材选择性必修中册第二单元“革命文学作品”，对应的学习任务群是“中国革命传统作品研习”和“中国现当代作家作品研习”。“中国革命传统作品研习”任务群旨在阅读和研讨语言典范、论辩深刻、时代精神突出的革命传统作品，深入体会革命志士以及广大群众为民族解放事业英勇奋斗、百折不挠的革命精神和革命人格；学习在社会主义革命、建设、改革过程中涌现的英雄模范事迹，感受其无私无畏的爱国精神，学习其为社会主义建设无私奉献、辛勤劳动、不断创造的高尚品质；进一步发展语言运用能力、思维能力和审美鉴赏能力；陶冶性情，坚定志向，形成正确的世界观、人生观和价值观。“中国现当代作家作品研习”任务群旨在大体了解现当代作家作品概貌，培养阅读现当代文学作品的兴趣，以正确的价值观鉴赏文学作品，进一步提高文学阅读和写作能力，把握中国现当代文学作品思想性、艺术性、观赏性有机统一的价值取向。

本单元的人文主题是“苦难与新生”，旨在引导学生认识在灾难深重的旧中国，中国共产党领导人民进行了艰苦卓绝的斗争，以巨大的奉献和牺牲换来了国家的解放、民族的新生；了解这一伟大历史进程，思考中国革命的意义，理解革命文化的精神内涵，从而更好地认识历史，把握当下，树立当代中国人的文化自信。本单元文学体裁比较丰富，有写人记事散文、报告文学、小说，有纪实作品，也有虚构作品。通过学习，了解纪实作品和虚构作品各自的特点和表现手法，欣赏作家塑造艺术形象的深刻功力和富有个性的创作风格。

本课时是第二单元大单元教学的第五课时，本课时的主要学习内容就是联读《记念刘和珍君》和《为了忘却的记念》，梳理文中含有矛盾性语言的语段，体悟鲁迅先生蕴含在矛盾性语言中的复杂情感和深刻思考，探究矛盾性语言在写人记事散文中的作用，撰写“矛盾性语言运用”的文学评论。

【课时大概念】☞

概念类别	简略化表达	特征化表达
核心大概念	多种表达方式下的抒情方式	赏析写人记事散文作品中作者或者人物在言行举止或者心理方面前后矛盾的表达，归纳鉴赏思路，体悟情感内涵，归纳此类文本中矛盾性语言的一般性作用
概念结论类	抒情方式情感表达	写人记事散文是散文这一文学体裁的主要题材之一，矛盾性语言的运用是其较为常见、具有丰富内涵的语言特征，因此，赏析散文矛盾性语言，进而归纳出赏析的一般方法是研习此类文本的重要阅读任务
思想方法类	比较思维 创造思维	基于鲁迅先生散文意蕴丰富、内涵深刻的特点，精心设计把握语意构成矛盾关系的句子所表现的丰富情感和深刻内涵这一核心问题，综合运用多种思维方式进行语言实践活动，以丰富学生思维发展与提升的经验
价值观念类	析“情”达意的审美观	中学生正是建立人生价值观的重要阶段，阅读鲁迅作品无疑可以给他们打下坚实的精神基础，塑造正直的灵魂脊梁。赏析散文精妙的语言，有助于增进学生树立严谨而灵动的逻辑语言表达观念，树立当代中国人的文化自信

【资源条件】☞

资源名称	功能
黑板、实物投影台	板书核心问题；板书学生解决问题时交流、分析、建构概念过程的要点；板书反思提升要点等
教材、学习任务单、课外助读资料	提供核心问题教学各环节中自主探究与生成的环节与思维空间
PPT	展示图片等情境；出示核心问题；提供全班交流时所需的资料；出示前置任务完成情况、评价反馈练习等内容

【学生基础】☞

矛盾性语言经常运用于日常生活和文学作品中，尤其是近年来网络用语的兴起，语言表达的多样性和包容性得到空前发展，矛盾性语言层出不穷，比如“我的沉默震耳欲聋”“痛并快乐着”“朋克养生”“讴歌型吐槽”等。因此，学生对于“矛盾性语言”不会太陌生。

在选择性必修上册，学生已经通过第四单元“逻辑的力量”学习了逻辑规律中的不矛盾律，在理论知识上对“矛盾”这一概念进行了比较深入和系统的学习。学生在此基础上学习写人记事散文中矛盾性语言的运用，相对来讲难度不是太大。

以上是矛盾思维和语言在生活和逻辑学中的运用，但学生对文学作品中矛盾性语言的运用接触不是太多，要想写出质量比较高的文学短评还是有一定难度。

【目标分析】☞

参与《记念刘和珍君》和《为了忘却的记念》的联读活动，完整经历“是什么矛盾”“为什么矛盾”“矛盾者形象分析”等文学抒情方式知识及其使用的梳理和探究过程，提炼文中含有矛盾性语言的语段，研读作者矛盾心理在文中的具体体现（语言建构与运用 1-2），厘清文中作者产生矛盾的原因（思维发展与提升 3-2），理解鲁迅先生的形象（思维发展与提升 4-2），掌握矛盾性语言鉴赏思路和作用（思维发展与提升 3-1），学会撰写矛盾性语言鉴赏文学短评（审美鉴赏与创造 4-3）。

【主题分析】☞

本单元共有六篇作品，分为三组。前两组分别为纪实性较强的散文和报告文学，后一组为以虚构为主的小说。本单元在文学作品鉴赏方面提出的单元目标是把握作品的主要内容，理解作者表达的情感，品析文中的典型人物形象，获得审美体验。分析其表现手法，欣赏作家塑造和表现艺术形象的深厚功力和富有个性的创作风格。从艺术形象中获得熏陶和感染，汲取人生营养，激发奋发向上的精神力量，坚定继承和发扬革命传统的志向，形成正确的世界观、人生观和价值观。

鲁迅的《记念刘和珍君》和《为了忘却的记念》，是写人记事的纪念性散文。《记念刘和珍君》为悼念在“三一八”惨案中遭段祺瑞执政府卫队杀害的刘和珍等青年学生而写，《为了忘却的记念》为纪念被国民党反动派杀害的白莽、柔石、冯铿、李伟森、胡也频等五位左翼青年作家而写，两篇文章都运用矛盾性语言表达了对青年革命烈士的哀悼和对反动势力的痛恨，展现了新民主主义革命时期仁人志士英勇斗争的历史场景。这两篇文章主题相近，情感相通，写法相似，合编为一组，有利于进行整合、比较，开展专题教学。

基于上述分析，本课时的核心问题拟定为：联读《记念刘和珍君》和《为了忘却的记念》，分析两篇文章如何用记叙、议论、抒情的方式悼念牺牲的中国青年，从而探寻文章创作的异同。

【评价预设】☞

（1）提出问题环节：就学生对生活和文学中的“矛盾”表现出的兴趣给予学生引导性评价，带动全班学生在学习与研究准备状态中明晰核心问题，激发学习兴趣。

（2）解决问题环节：针对学生前置学习、小组合作、细读赏析、创作实践的具体表现进行引导性、提示性、鼓励性评价，如学生对矛盾性语言背后的情感概括准确时给予肯定性和引导性评价，对学生分析矛盾产生原因时给予提示性评价。

（3）反思提升环节：引导学生对解决问题的过程进行总结提升，运用激励性和提示性评价，加深对矛盾性语言运用的一般性探究方法和思路的认识。

（4）评价反馈环节：将素养目标中的“审美鉴赏与创造”用于新的语言情境中进行文学短评写作，一方面学生再次体验矛盾性语言鉴赏的思路和作用；另一方面，可以从学生对这一任务的完成情况进行点检测分析，形成体验性目标达成情况的评价并反馈给学生。

二、教学实施设计

【教学环节】☞

教学环节	学生活动	教师活动	设计意图	技术融合
提出问题	进入情境，回顾生活和学习中的“矛盾性语言”，理解本节课的核心问题，进入探究情境	1. 情境与任务： ①出示教学楼 C 栋一楼墙上爱因斯坦的名言“这个世界最不能理解的就是它竟然是可以被理解的”、黑格尔的“人类从历史中学到的唯一的教训，就是没有从历史中吸取到任何教训”，以及“《文艺理论》考试是不用担心的，因为是必然要担心的”。 ②出示核心任务：“核心问题：联读《记念刘和珍君》和《为了忘却的记念》，探究矛盾性语言在写人记事散文中的主要作用，撰写矛盾性语言运用的文学短评。”	创设真实生活、学习情境，激发学生研读兴趣，明确学习核心任务	PPT 出示学习、生活情境和课时核心问题
解决问题	1. 前置学习：细读文本，找出文中表现作者创作矛盾的语句，初步感知“是什么矛盾”。 2. 小组展示学习成果：梳理出两篇文章中表现鲁迅先生创作过程中体现矛盾心理的语言，初步体会作者创作过程的矛盾纠结	出示任务一： 探究：是什么“矛盾”？ 1. 活动一：梳理《记念刘和珍君》中体现鲁迅先生写作过程“矛盾”的语言。 2. 活动二：梳理《为了忘却的记念》中体现鲁迅先生写作过程“矛盾”的语言	学生借助前置学习成果，找到两篇文章中作者的“矛盾心理”，为任务二分析矛盾背后的思想情感做准备	PPT 出示任务与学习活动，以及参考结论
	1. 结合学习任务一以及前后语境，分析作者矛盾背后的思想情感。 2. 结合学习任务二，对前面学习活动中体悟出的原因和情感进行归纳、概括和升华	出示任务二： 探究：为什么“矛盾”？ 1. 活动一：结合语境，分析作者“要写”与“记念”的原因。 2. 引导、提示学生结合语境体悟作者每一次表达“要写”“记念”的原因和情感内涵。 3. 活动二：再读文本，归类概括作者“不写”与“忘却”的原因。 4. 引导、提示学生结合语境归类概括作者“不写”与“忘却”的原因和情感内涵	细读文本，结合上下文语境，体会鲁迅先生为何反复表达矛盾的心理，体会先生蕴含在反复矛盾中丰富的情感、理性的思考、社会的黑暗与高压，也为学生下一步探究鲁迅先生的矛盾形象做好知识和情感储备	

续表

教学环节	学生活动	教师活动	设计意图	技术融合
解决问题	结合前面两个学习任务，探究鲁迅先生在文中的表面形象和实质身份，体会鲁迅先生的深邃思想和伟大精神	出示任务三：探究“矛盾者”的形象。 1. 出示活动：鲁迅先生在文中称自己为“苟活者”，谈谈你认为鲁迅先生是“猛士”还是“苟活者”？ 2. 引导学生结合前面的学习成果以及对鲁迅先生的了解，分析“猛士”与“苟活者”的矛盾形象中体现出的鲁迅先生作为革命家、思想家、文学家的伟大之处		
反思提升	立足本节课的学习，归纳概括在写人记事散文中矛盾性语言的探究思路及作用	引导学生回顾本节课所学内容，归纳写人记事散文中矛盾性语言探究思路及主要作用	促进学生在反思中强化对写人记事散文中矛盾性语言探究思路及作用的认知	PPT 出示活动要求。板书知识点
评价反馈	1. 学习活动： 在下面四则材料中任选一则，就其中“矛盾性语言运用的作用”写一则文学短评（150 字左右），然后交流展示。 （材料一：我到现在终于没有见——大约孔乙己的确已经死了。 材料二：有的人活着，他已经死了；有的人死了，他还活着。 材料三：卖炭得钱何所营？身上衣裳口中食。可怜身上衣正单，心忧炭贱愿天寒。 材料四：欲寄君衣君不还，不寄君衣君又寒。寄与不寄间，妾身千万难。） 2. 在本节课的学习基础上，将素养目标中的“审美鉴赏与创造”用于新的语言情境中进行文学短评写作。 3. 进行写作成果的展示、交流，加深对矛盾性语言鉴赏的思路和作用的理解和认知	1. 出示评价反馈练习题。 2. 请学生交流、展示习作，进行互评。教师进行指导性、激励性评价	一方面，学生再次体验矛盾性语言鉴赏的思路和作用；另一方面，可以从学生对这一任务的完成情况进行点检测分析，形成体验性目标达成情况的评价并反馈给学生	PPT 出示活动要求

【板书设计】☞

核心问题：联读《记念刘和珍君》和《为了忘却的记念》，探究矛盾性语言在写人记事散文中的作用，撰写“矛盾性语言运用”的文学短评。

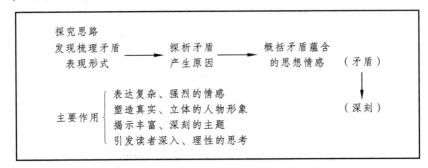

探究思路

发现梳理矛盾表现形式 → 探析矛盾产生原因 → 概括矛盾蕴含的思想情感　（矛盾）

↓

主要作用：
- 表达复杂、强烈的情感
- 塑造真实、立体的人物形象
- 揭示丰富、深刻的主题
- 引发读者深入、理性的思考

（深刻）

【课后服务】☞

课时作业的结构化设计：

作业序号	作业目标	作业情境		概念结论		思想方法		价值观念		整体评估	
		内容	水平	内容	水平	内容	水平	内容	水平	内容	水平
1	检测学生对“矛盾思维”和“矛盾性语言”的理解程度，以及在小说、诗歌文学体裁中运用上述知识的辨析能力	在下面四则材料中任选一则，就其中“矛盾性语言运用的作用”写一则文学短评（150字左右），然后交流展示。 （材料一：我到现在终于没有见——大约孔乙己的确已经死了。 材料二：有的人活着，他已经死了；有的人死了，他还活着。 材料三：卖炭得钱何所营？身上衣裳口中食。可怜身上衣正单，心忧炭贱愿天寒。 材料四：欲寄君衣君不还，不寄君衣君又寒。寄与不寄间，妾身千万难。）	基础	小说、诗歌中矛盾性语言的运用	语言建构与运用2	由现象到本质	思维发展与提升1	文学作品矛盾性语言的深刻内涵与丰富情感体现	文化传承与理解2	基础性作业	学业质量水平1-3

续表

作业序号	作业目标	作业情境		概念结论		思想方法		价值观念		整体评估	
		内容	水平	内容	水平	内容	水平	内容	水平	内容	水平
2	检测学生运用赏析矛盾性语言的相关知识，对难度较大、主题深刻的文章进行研读、鉴赏，进一步明确矛盾性语言在文学作品中的艺术效果和巨大作用，进一步巩固矛盾性语言鉴赏的思路及其作用相关知识	分析鲁迅《野草》集中《题辞》一诗矛盾的表现形式和思想主题	较复杂	赏析矛盾性语言赋予作品的艺术效果	审美鉴赏与创造 4	由现象到本质思辨分析	思维发展与提升 3	矛盾性语言是文学作品复杂情感和深刻主题的重要语言形式	文化传承与理解 3	综合性作业	学业质量水平 3-3
3	引导学生运用矛盾性语言的辨析和鉴赏知识，进行矛盾思维和矛盾性语言的写作实践创作，促进矛盾思维和矛盾性语言的发展，由较为被动的鉴赏走向主动地思考和创造	自选话题，运用矛盾性语言，写一段 300 字左右的议论性文字	复杂	运用矛盾性语言进行语段写作	审美鉴赏与创造 5	理论指导实践	思维发展与提升 4	矛盾思维和矛盾性语言是写作中一种高级表现方式	文化传承与理解 5	实践性作业	学业质量水平 4-3
课时作业总体评估	本课时中，主要学习《记念刘和珍君》和《为了忘却的记念》中矛盾性语言的运用，学生通过具体文本的探究鉴赏，归纳提炼出矛盾性语言在写人记事散文中的鉴赏思路和主要作用，分析其中的情感和意蕴，进入真实学习探究情境。三个作业分阶段由文学作品中较为浅显易懂的矛盾表达到较有难度的矛盾性语言的鉴赏，再到自己结合所学知识进行写作实践，由易渐难，循序渐进，进一步巩固学生对矛盾与语言相关知识和技能的掌握和迁移运用，也符合新高考情境类学习和探究的要求。情境由基础而高阶，应该可以较好地检测课时目标的达成情况，有助于学生真实学习行为的发生										

（具体的作业内容略）

【教学流程】☞

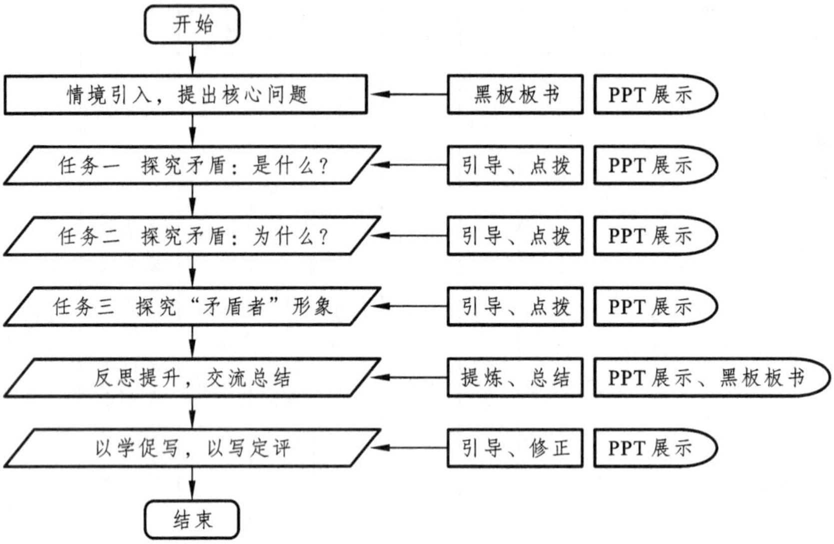

三、教学评价设计

【评价实施】☞

（1）课堂教学四个环节的推进过程中，我一方面主要是立足课前依据学情和学习内容拟定的“评价预设”，就学生在各学习环节中参与相应的散文矛盾性语言赏析活动的表现情况进行引导性评价，关注学生知识与技能的理解和掌握；另一方面又注重捕捉学生在学习活动中的临时生成性表现进行针对性评价以鼓励或纠偏，同时关注学生的个性化差异，较好地培养了学生的学习情感与态度，以及善于思考、乐于合作、敢于表达、勇于创新的精神。

（2）为检测学生课堂散文矛盾性语言赏析学习体验的实际效果，我在“评价反馈”环节结合课堂学习内容设计了基础性、综合性和实践性三类有梯度的课时作业（评价工具），然后对学生的完成情况进行了等级评价和赋分评价，并依据这两类评价数据来分析判断学生本节课的学习体验实效，力求达成以评促学的评价目的。

【信息搜集】☞

为真实完整地了解本节课素养目标的达成情况，在“评价反馈”环节布置了三个具有明显梯度的检测题目，课后第一时间收齐了全班学生在课内完成的“基础性作业”（在下面四则材料中任选一则，就其中“矛盾性语言运用的作用”写一则 150 字左右的文学短评，然后交流展示。材料一：我到现在终于没有见——大约孔乙己的确已经死了。材料二：有的人活着，他已经死了；有的人死了，他还活着。材料三：卖炭得钱何所营？身上衣裳口中食。可怜身上衣正单，心忧炭贱愿天寒。材料四：欲寄君衣君不还，不寄君衣君又寒。寄与不寄间，妾身千万难。），并进行了完成质量等级评价和详细统计分析。

【反馈调整】☞

根据核心问题课堂教学实施的四个环节的具体情况来看，这节课总体上较为理想地达成了预期素养目标。但在解决问题“分析为什么矛盾”这个学习任务中，学生的体验和总结不够全面，对于作者产生矛盾的原因分析不够深入，流于粗浅，此环节花费时间超出预设，因此导致“评价反馈”环节的第一个基础性作业没有在课堂内完成。课后反思发现，主要原因是学生对文本还不够熟悉，尤其是对文中意蕴丰富、内涵深刻的语句进行理性分析和深层挖掘的能力不足，所以在课堂学习活动的设计中务求做到学生要充分熟悉文本，对意蕴丰富、内涵深刻的语句给予适当的提示性注解。

大概念核心问题教学文化评价表

课时名称：于矛盾中见深刻。

所属单元：统编版高中语文选择性必修（中）第二单元。

单元核心大概念：文学与革命精神的传承。

单元核心问题：通读本单元六篇文章，从梳理内容及情感脉络、概括人物形象等角度研读作者情感，进一步把握人物内在的精神品质。并探究纪实作品和虚构作品的特点，分析其表现手法，汲取人生营养，激发奋发向上的精神力量，坚定继承和发扬革命传统的志向。

课时大概念：赏析写人记事散文作品中作者或者人物的言行举止或者心理在表面上前后矛盾的表达，归纳鉴赏思路，体悟情感内涵，分析其作用。

课时核心问题：联读《记念刘和珍君》和《为了忘却的记念》，探究矛盾性语言在写人记事散文中的主要作用，撰写“矛盾性语言运用”的文学短评。

<table>
<tr><th rowspan="2">评价目标</th><th colspan="3">评价指标</th><th rowspan="2" colspan="2">评价
方法结果</th></tr>
<tr><th>一级指标</th><th>二级指标</th><th>三级指标</th></tr>
<tr><td rowspan="12">实现活动体验中的学习与素养发展</td><td rowspan="12">具有大概念核心问题教学形态</td><td rowspan="3">核心问题
利于活动体验</td><td>内含学科问题和学生活动方式</td><td>8</td><td rowspan="11">每项指标最高评8分（满分为96分）</td></tr>
<tr><td>问题情境与真实生活密切相关</td><td>8</td></tr>
<tr><td>能引发大概念、新知新法生成</td><td>7</td></tr>
<tr><td rowspan="3">教学目标
价值引导恰当</td><td>两类目标正确全面</td><td>8</td></tr>
<tr><td>关联体验目标恰当</td><td>7</td></tr>
<tr><td>目标价值引导显现</td><td>8</td></tr>
<tr><td rowspan="3">教学环节
完整合理落实</td><td>教学环节清晰完整</td><td>8</td></tr>
<tr><td>环节内容合理充实</td><td>8</td></tr>
<tr><td>学生活动时间充分</td><td>8</td></tr>
<tr><td rowspan="3">教学要素
相互匹配促进</td><td>问题目标环节两两匹配</td><td>8</td></tr>
<tr><td>技术促进活动形式内容</td><td>7</td></tr>
<tr><td>素养导向突出氛围浓郁</td><td>8</td><td>合计 93 分</td></tr>
</table>

续表

评价目标	评价指标			评价方法结果
	一级指标	二级指标	三级指标	
实现活动体验中的学习与素养发展	具有大概念核心问题教学特质	拓展学习视野	课堂与现实世界有恰当关联	选择一个表现突出的二级指标，在相应三级指标引导下，以现场学生表现为主要依据，以其余指标为背景，于本表的第二页写出150字以上的简要评价
			有基于缄默知识的问题解决	
			有缄默知识运用的追踪剖析	
			知识运用剖析导向素养发展	
		投入实践活动	有真实而且完整的实践活动	
			实践活动深度融入两类情境	
			能够全身心地浸渍于活动中	
			活动的内容结果均丰富深入	
		感受意义关联	有核心问题的深层意义感受	
			有以知识为中心的关联感受	
			有以个人为中心的关联感受	
			有对三类大概念的关联感受	
		自觉反思体验	有实质性反思活动的开展	
			有课堂新因素的追踪利用	
			有体验的交流与改善重构	
			有概念生成中的素养发展	
		乐于对话分享	乐于自我的表达与认真的倾听	
			乐于合作中成果与思路的分享	
			乐于成果交流中深层意义分享	
			有宽容的对话氛围和双向交流	
		认同素养评价	认可素养评价	
			参与素养评价	
			利用素养评价	

大概念核心问题教学特质的简要评价：

我认为这节课在“感受意义关联”这一评价指标方面呈现得比较突出。本课时的核心问题是“联读《记念刘和珍君》和《为了忘却的记念》，探究矛盾性语言在写人记事散文中的主要作用，撰写矛盾性语言运用的文学短评”。提出问题环节，用教学楼C栋一楼墙上爱因斯坦“这个世界最不能理解的就是它竟然是可以被理解的”、黑格尔“人类从历史中学到的唯一的教训，就是没有从历史中吸取到任何教训”和我本人“《文艺理论》考试是不用担心的，因为是必然要担心的”的例子引入情境，让学生感受到矛盾手法、矛盾性语言广泛运用于科技、人文和生活的各个方面，表达矛盾的心理、深层的思考、亘古的真理。学生在此基础上，迅速融入以单元大概念“欣赏作家塑造艺术形象的深刻功力”为中心的单元学习的情境中，积极投入对本课时核心问题的深层意义感受和思考中。解决问题环节，学生从探究“是什么矛盾”，到探究“为什么矛盾”，再到探究文字背后作者的矛盾形象，学生在分析、归纳、概括、提炼和拓展阅读中感受到鲁迅先生为何反复表达矛盾的心理，体会先生蕴含在反复矛盾中丰富的情感、理性的思考、当时社会的黑暗与高压，以及鲁迅先生作为革命家、思想家、文学家的伟大之处。在反思提升环节，教师引导学生结合学习实践活动总结提炼了本节课的两大核心“矛盾”与“深刻”，掌握矛盾性语言的鉴赏思路及其在文学作品中的丰富作用和内涵。在评价反馈环节，学生利用反思提升环节总结的方法和知识点，进行矛盾性语言在其他文学体裁中运用的文学短评的撰写。各个环节层层推进，环环相扣，在引导学生逐步深入地习得知识、获取能力方面体现出了较强的关联性

【点检测表】☞

大概念核心问题教学素养目标点检测表

课时名称	于矛盾中见深刻
所属单元	统编版高中语文选择性必修（中）第二单元
单元大概念	文学与革命精神的传承
单元核心问题	通读本单元六篇文章，从梳理内容及情感脉络、概括人物形象等角度研读作者情感，进一步把握人物内在的精神品质。并探究纪实作品和虚构作品的特点，分析其表现手法，汲取人生营养，激发奋发向上的精神力量，坚定继承和发扬革命传统的志向
课时大概念	赏析写人记事散文作品中作者或者人物的言行举止或者心理在表面上前后矛盾的表达，归纳鉴赏思路，体悟情感内涵，分析其作用
课时核心问题	联读《记念刘和珍君》和《为了忘却的记念》，探究矛盾性语言在写人记事散文中的主要作用，撰写“矛盾性语言运用”的文学短评
课时素养目标	语言建构与运用：提炼文中含有矛盾性语言的语段，体会作者矛盾心理在文中的具体体现。 思维发展与提升：分析文中作者产生矛盾的原因，概括矛盾性语言表达的情感与思考，概括鲁迅先生的形象。 审美鉴赏与创造：撰写矛盾性语言鉴赏文学短评，对矛盾性语言进行审美鉴赏与创造。 文化传承与理解：从艺术形象中获得熏陶和感染，激发奋发向上的精神力量，坚定继承和发扬革命传统的志向，形成正确的世界观、人生观和价值观
检测点	对矛盾性语言进行审美鉴赏与创造
检测任务	在给出的四则语言材料中任选一则，就其中“矛盾性语言的运用”写一则文学评论（150字左右），然后交流展示
分类标准	A. 能正确遵循矛盾性语言鉴赏的思路，恰当运用矛盾性语言的作用类知识点，结合语言材料的具体内容，使用精炼、准确的语言对不同语段中体现的心理情感、人物形象、主题思想和对读者的启发，进行全面、深刻的鉴赏和评论
	B. 能运用矛盾性语言的作用类知识点，结合语言材料的具体内容，使用准确的语言对不同语段中体现的心理情感、人物形象、主题思想和对读者的启发，进行较为全面的鉴赏和评论
	C. 能运用矛盾性语言的相关知识点，结合语言材料的具体内容，就不同语段中体现的心理情感、人物形象、主题思想和对读者的启发表达自己的看法和评论
	D. 不能正确运用矛盾性语言的相关知识点，没有结合语言材料的具体内容，对不同语段中体现的心理情感、人物形象、主题思想和对读者的启发的某一个角度，甚至是没有结合上述角度，无法表达正确的看法和评论

续表

<table>
<tr><td rowspan="5">检测统计</td><td>分类等级</td><td>学生人数</td><td>百分比（%）</td></tr>
<tr><td>A</td><td>23</td><td>40</td></tr>
<tr><td>B</td><td>25</td><td>45</td></tr>
<tr><td>C</td><td>5</td><td>8</td></tr>
<tr><td>D</td><td>4</td><td>7</td></tr>
<tr><td>检测分析
结果运用</td><td colspan="3">本节课，有 40%的同学能正确遵循矛盾性语言鉴赏的思路，恰当运用矛盾性语言的作用类知识点，结合语言材料的具体内容，使用精炼、准确的语言对不同语段中体现的心理情感、人物形象、主题思想和对读者的启发，进行全面、深刻的鉴赏和评论。有接近一半的同学能运用矛盾性语言的作用类知识点，结合语言材料的具体内容，使用准确的语言对不同语段中体现的心理情感、人物形象、主题思想和对读者的启发，进行较为全面的鉴赏和评论。还有少数同学没有很好地理解“文学评论”的写作应重在评论，应当深入、全面地挖掘语言材料体现的相关知识点，这也检测出学生对矛盾性语言知识点的掌握不到位，对其矛盾意蕴的理解较片面肤浅</td></tr>
<tr><td>素养目标达成
典型实例</td><td colspan="3">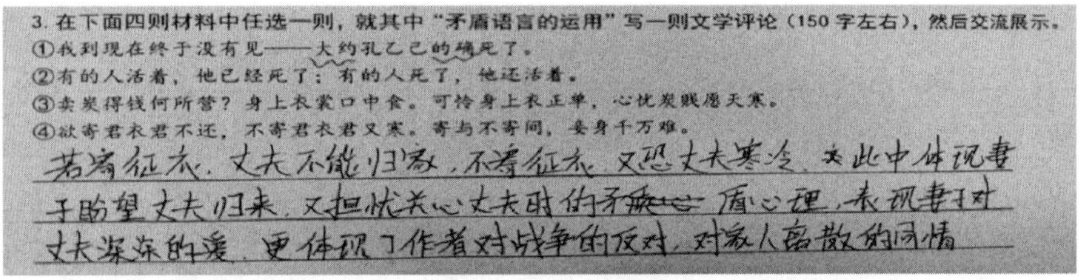
3. 在下面四则材料中任选一则，就其中“矛盾语言的运用”写一则文学评论（150 字左右），然后交流展示。
①我到现在终于没有见——大约孔乙己的确死了。
②有的人活着，他已经死了；有的人死了，他还活着。
③卖炭得钱何所营？身上衣裳口中食。可怜身上衣正单，心忧炭贱愿天寒。
④欲寄君衣君不还，不寄君衣君又寒。寄与不寄间，妾身千万难。
若寄征衣，丈夫不能归家，不寄征衣，又恐丈夫寒冷。此中体现妻子盼望丈夫归来，又担忧关心丈夫的矛盾心理，表现妻子对丈夫深深的爱，更体现了作者对战争的反对，对家人离散的同情
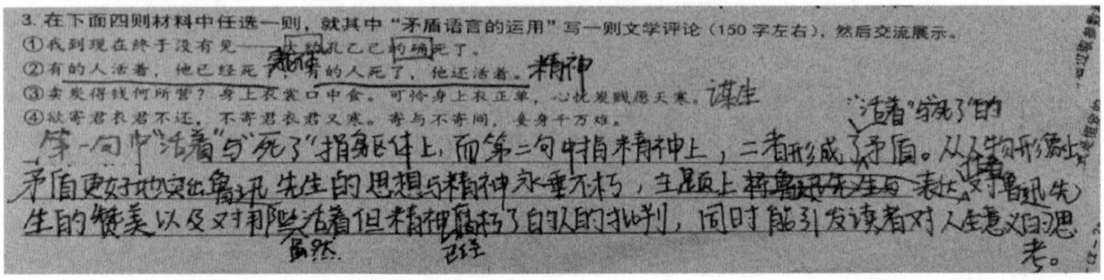
3. 在下面四则材料中任选一则，就其中“矛盾语言的运用”写一则文学评论（150 字左右），然后交流展示。
①我到现在终于没有见——大约孔乙己的确死了。
②有的人活着，他已经死了；有的人死了，他还活着。
③卖炭得钱何所营？身上衣裳口中食。可怜身上衣正单，心忧炭贱愿天寒。
④欲寄君衣君不还，不寄君衣君又寒。寄与不寄间，妾身千万难。
第一句中“活着”与“死了”指躯体上，而第二句中指精神上，二者形成矛盾。从人物形象上，矛盾更好地突出鲁迅先生的思想与精神永垂不朽，主题上表达对鲁迅先生的赞美以及对那些活着但精神已死了的人的批判，同时能引发读者对人生意义的思考。
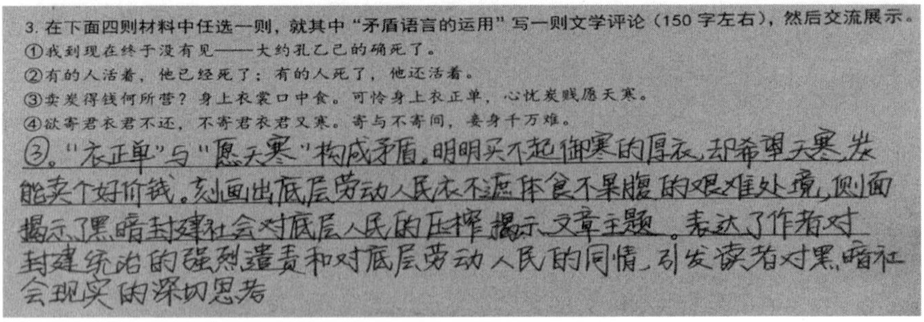
3. 在下面四则材料中任选一则，就其中“矛盾语言的运用”写一则文学评论（150 字左右），然后交流展示。
①我到现在终于没有见——大约孔乙己的确死了。
②有的人活着，他已经死了；有的人死了，他还活着。
③卖炭得钱何所营？身上衣裳口中食。可怜身上衣正单，心忧炭贱愿天寒。
④欲寄君衣君不还，不寄君衣君又寒。寄与不寄间，妾身千万难。
③.“衣正单”与“愿天寒”构成矛盾，明明买不起御寒的厚衣，却希望天寒，炭能卖个好价钱。刻画出底层劳动人民衣不蔽体食不果腹的艰难处境，侧面揭示了黑暗封建社会对底层人民的压榨，揭示文章主题。表达了作者对封建统治的强烈谴责和对底层劳动人民的同情，引发读者对黑暗社会现实的深切思考</td></tr>
<tr><td>检测反馈</td><td colspan="3">从上述学生在课堂学习活动中完成评价反馈环节的基础性作业的情况以及课后完成综合性和实践性作业的情况来看，本节课几个学习活动的设计和实施是合理且有良好效果的，较好地助力了单元及课时素养目标的达成。这表明，在高中语文新教材的实施过程中，自觉运用大概念的核心问题教学进行单元文本的整合教学确实有助于高效实施教材，实现课程目标，促进学科核心素养的落实，最终实现学生语言、思维、文化和审美能力的更好生成</td></tr>
</table>

一样藤开别样花
——“苦难与新生”单元第九课时学教案

王 玺

一、教学分析设计

【内容分析】☞

高中语文统编教材选择性必修（中）第二单元“中国革命传统作品研习”的人文主题是“苦难与新生”，与语文核心素养中的“文化传承与理解”契合。本单元以文学作品为主，选取鲁迅、夏衍、孙犁、赵树理、王愿坚等左翼、解放区文艺工作者的作品，其立足点在于文学上的“红色”创作。本单元所选六篇文章：鲁迅的《记念刘和珍君》和《为了忘却的记念》，是写人记事的纪念性散文；夏衍的《包身工》是报告文学；孙犁的《荷花淀》、赵树理《小二黑结婚》、王愿坚《党费》是以虚构为主的小说。通过学习这些作品，学生可以更深刻地认识革命传统，理解中国革命的意义，激发奋发向上的精神力量，同时进一步发展语言运用能力、思维能力和审美鉴赏能力。

按照统编版教材的编排，本单元属于“中国革命传统作品研习”任务群。根据《高中语文课程标准》（2017 年版 2020 年修订）的要求，本任务群旨在深刻认识革命传统，树立正确的世界观、人生观和价值观，激发奋发向上的精神力量；了解革命纪实作品和虚构作品各自的特点和表现手法，欣赏作家塑造艺术形象的深刻功力和富有个性的创作风格。结合新课标对学生关键能力和必备品格的要求，老师需要带领学生跨越时代，重回苦难深重的旧中国，思考中国革命的意义，理解革命文化的内涵，树立当代中国人的文化自信。

孙犁的《荷花淀》以青年参军、妻子寻夫的独特视角，展现白洋淀地区人民的斗争和生活，歌颂抗日军民的斗争精神和美好情青感。赵树理的《小二黑结婚》讲述抗日民主根据地的青年男女，在中国共产党的领导下争取婚婚姻自主的故事，反映农民在政治上获得解放后，思想和精神冲破封建束缚而发生的深刻变化。王愿坚的《党费》以“缴党费”为线索，讲述苏区人民英勇斗争的故事，其中塑造的黄新这一人物形象，集中展现了共产党人的高尚品格和牺牲精神。这三篇小说在展现革命斗争和生活画面时各有侧重，在人物形象、思想情感、作品风格方面有很多可比较之处。

因此，本课时的主要学习内容就是在熟读三篇课文的基础上，概括女性形象特点，对不同时期革命女性展现出的革命精神进行思辨性探究。

【课时大概念】☞

概念类别	简略化表达	特征化表达
核心大概念	不同时代背景下的革命精神	以正确的生命观、审美观、写作观研习革命经典篇目，掌握小说阅读中的形象思维、关联思维、比较思维、逻辑思维、创造思维，深刻认识革命历程，激发奋发向上的精神力量
概念结论类	不同时代背景、不同风格作品中对革命精神的展现	研读课文，分析其表现手法，欣赏作家塑造和表现艺术形象的深厚功力和富有个性的创作风格
思想方法类	比较思维 关联思维	小说需要在阅读中展开思考与分析，在梳理小说内容脉络、作者情感脉络的前提下，分析鉴赏小说的人物形象，进而探究小说的主题；同时要比较不同时期、不同风格的作家对于人物精神品质的塑造方法的差异，进而把握文章的内涵
价值观念类	继承革命精神 思考文化意义	在学习中国革命传统作品过程中，体会革命志士的革命精神和伟大人格，感受无私无畏的革命精神，继承和弘扬革命文化，汲取人生营养，激发奋发向上的精神力量，坚定继承和发扬革命传统的志向，形成正确的世界观、人生观和价值观；了解旧中国人民的苦难和革命先驱的斗争历程，思考革命的意义，理解革命文化的精神内涵，树立文化自信、道路自信

【资源条件】☞

资源名称	功　能
黑　板	板书课时核心问题；板书学生赏析文本获得的认知要点等
教材、学案及助读资料	提供课时核心问题教学四个环节中学生研读赏析文本所需的必要载体与支架
自制 PPT	出示课时核心问题和四个环节的研读活动和要求，提供赏析交流所需的部分参考性结论

【学生基础】☞

本教学设计的授课对象为普通高中高二年级上学期的学生，具备阅读小说的基本素养，对于部分作家的创作风格也有了初步了解，同时刚刚经过选择性必修上册第一单元革命传统作品的研习，从不同历史阶段、不同观察角度认识了中国革命、理解了革命文化、增强了革命精神。但根据教学经验，有可能会存在以下几个方面的情况：

（1）三篇小说具有明显的时代特征，离学生生活的时代较远，在理解小说人物的典型性及小说主题的时代价值时则会显示出脸谱化的表述，需要教师搭设有效支架，合理地启发引导学生深入理解。

（2）学生能够积极质疑、设问，但所提问题可能会流于浅表，深度和思辨性不足，还需教师多引入名家的评论作为支架，积极创设情境。

【目标分析】☞

完整经历革命小说群文的研读析情活动，通过精读、细读等研读方式解读单元三篇课文（审美鉴赏与创造 1-3、2-3），由此准确而全面地把握每篇课文的基本情节（审美鉴赏与创造 4-3），熟练掌握在叙事情节中突出鲜明的人物形象的写作技巧（思维的发展与提升 3-2），分析语言含义和“感性”语言表达效果等研习过程（语言建构与运用 4-4），进而较为深入地探究不同作家不同的创作风格（审美鉴赏与创造 4-5），并在此基础上从艺术形象中获得熏陶和感染，汲取人生营养，激发奋发向上的精神力量，坚定继承和发扬革命传统的志向，形成正确的世界观、人生观和价值观（文化传承与理解 2-4）。

【主题分析】☞

孙犁的《荷花淀》既写生活也写战斗，赵树理的《小二黑结婚》侧重展现新生活的面貌，王愿坚的《党费》突出表现斗争的残酷。这三篇小说在展现革命斗争和生活画面时各有侧重，同时，语言表达也各有特色。《荷花淀》清新优美，富有诗情画意，体现了鲜明的“荷花淀派”风格；《小二黑结婚》通俗生动，乡土气息浓厚，具有典型的“山药蛋派”特点；《党费》简约明了，节奏紧张，表现了军旅文学的创作风格。这三篇作品通过各有侧重的表现内容和各具特色的艺术创作，相互映照，在表现革命斗争艰苦与悲壮的基调下，在革命的宏大叙事和严肃主题中注入一丝浪漫和宁静的气息，使革命的图景呈现出历史的真实感和文学的艺术性。本单元属于“中国革命传统作品研习”任务群。本任务群旨在让学生深刻认识革命传统，树立正确的世界观、人生观和价值观，激发奋发向上的精神力量；了解革命纪实作品和虚构作品各自的特点和表现手法，欣赏作家塑造艺术形象的深刻功力和富有个性的创作风格。

基于上述分析，本课时的核心问题即拟定为：联读三篇小说，概括女性形象特点，把握不同时期革命女性展现出的革命精神。

【评价预设】☞

（1）提出问题环节：就学生对课堂核心问题的领会情况进行点评和引导性评价，为学生进入课堂学习体验情境铺路搭桥。

（2）解决问题环节：就学生参与联读思辨阅读过程中的比较鉴别、深入拓展，论辩争锋，触类旁通、思辨发展等具体表现进行激励、督促和指导性评价。

（3）反思提升环节：就学生理解三篇小说体现出不同艺术效果的原因，学习对不同作家不同创作风格进行思辨性阅读，提高鉴赏小说能力的具体情况进行鼓励性评价。

（4）评价反馈环节：就学生完成课外小说赏析的情况进行定性和赋分评价，促进学生小说理解和赏析能力的深度体验和提升。

二、教学实施设计

【教学环节】☞

教学环节	学生活动	教师活动	设计意图	技术融合
提出问题	情境引入，初步了解中国共产党领导中国革命的伟大历史进程；明确课时核心问题，进入研读状态	1. 视频引入：播放庆祝中国共产主义青年团成立 100 周年宣传片《共青春》主题曲。 2. 提出核心问题：联读三篇小说，概括女性形象特点，把握不同时期革命女性展现出的革命精神	以视频引入，创设学习情境，激发研读欲望，明确学习核心任务	PPT 出示庆祝中国共产主义青年团成立 100 周年宣传片《共青春》主题曲和课时核心问题

续表

教学环节	学生活动	教师活动	设计意图	技术融合
解决问题	自主梳理分析《荷花淀》《小二黑结婚》和《党费》的情节、人物形象、主题，小组讨论	出示活动 1： 预习检测：自主梳理分析《荷花淀》《小二黑结婚》和《党费》的情节、人物形象、主题，示范、指导、点拨	检测学生预习情况，自主分析三篇小说的情节、人物形象、主题，为下一步细读文本，鉴赏三篇小说中不同时期革命女性展现出的革命精神做准备，创设研读情境	PPT 出示活动要求
	研读原文片段，鉴赏三篇小说女性形象塑造的不同之处	出示活动 2： 思考：(1)比较课文文段，分析叙事手法的不同。 (2)比较课文文段，分析写人手法不同。 (3)比较课文文段，分析语言特点的不同。 评价、引导、点拨	让学生对经典课文中的精彩片段进行赏析，能充分发挥教材的例子作用，引领学生悉心揣摩作者独具匠心的叙事艺术、人物塑造方法、语言特点，欣赏不同作家不同的创作风格	
	自主探究女性形象的成长原因、小组分享交流	出示活动 3：请读一读水生嫂、三仙姑、黄新等人物的“觉醒时刻”的片段，探究是什么原因让这些女性迎来新生？小组分享交流。 评价、引导、点拨	引导学生理解不同时期革命女性展现出的革命精神	
反思提升	立足本节课的研读体验，结合拓展资料，总结三位作家呈现不同创作风格的原因	引导学生反思总结、归纳提炼三位作家呈现不同创作风格的原因	促进学生在反思中强化对作家塑造艺术形象的深刻功力和富有个性的创作风格的理解，提升对革命小说鉴赏的理性认知	PPT 出示活动要求及拓展资料
评价反馈	做练习册鉴赏题并展示交流，参与赋分评价	出示鉴赏题：【2022 年全国甲卷《支队政委》(王愿坚)】老胡这一形象有哪些特点？请结合文本一简要分析	检测课时目标达成情况，借此进一步强化学生对革命小说的理解和认知	PPT 出示评价反馈工具和研读结论参考标准。 手机拍照学生研读结论实时上传

【板书设计】☞

一样藤开别样花

核心问题：联读三篇小说，概括女性形象特点，把握不同时期革命女性展现出的革命精神。

	《荷花淀》	《小二黑结婚》	《党费》
时代	抗日战争时期	四五十年代社会大变革时期	第二次国内革命战争时期
人物	水生嫂：勤劳勇敢 深明大义	小芹：勤劳能干 勇敢反抗	黄新：对党忠诚 勇于牺牲
新生	民族战争催发群体觉醒	新政权推动制度解放	革命信仰锻造精神超越
		革命思想指引女性觉醒 革命精神托举女性梦想	
手法	诗化象征 群像塑造	夸张漫画化 对比反讽	细节、动词、象征
语文	清新婉约，多短句	评书体，方言俚语	简洁有力，象征性强，情感浓烈
风格	抒情诗化现实主义	评书体大众文学	革命英雄主义叙事

（根据课堂实际生成）

【课后服务】☞

课时作业的结构化设计：

作业序号	作业目标	作业情境		概念结论		思想方法		价值观念		整体评估	
		内容	水平	内容	水平	内容	水平	内容	水平	内容	水平
1	检测学生运用鉴赏小说形象的迁移运用能力	小说形象鉴赏的真实研读情境	简单	小说形象研读	审美鉴赏与创造 2	由现象到本质	思维发展与提升 1	人物的形象的典型性	文化传承与理解 2	基础性作业	学业质量水平 1-3
2	检测学生运用分析人物形象开展综合性探究学习以解决问题的能力	革命小说人物形象的多角度解读、思辨性质疑的真实学习探索情境	较复杂	革命小说人物形象多元一致性研读	审美鉴赏与创造 4	比较辨析	思维发展与提升 3	人物的多面性与复杂性	文化传承与理解 3	综合性作业	学业质量水平 3-3
3	引导学生运用革命小说学习所获研读、赏读等知识、方法去进行革命小说的审美实践，促进对革命文化的热爱	同一主题小说整合研读评析的真实实践学习实践情境	复杂	同一主题小说整合研读演绎	审美鉴赏与创造 5	归纳综合	思维发展与提升 4	革命小说是革命文化的载体	文化传承与理解 5	实践性作业	学业质量水平 4-3

续表

课时作业总体评估	在课堂教学解决问题环节通过教学集中联读三篇小说，概括女性形象特点，把握不同时期革命女性展现出的革命精神；在反思提升环节通过拓展资料，引导学生反思总结三位作家呈现不同创作风格的原因，促进学生在反思中强化对作家塑造艺术形象的深刻功力和富有个性的创作风格的理解，提升对革命小说鉴赏的理性认知。因而在评价反馈环节设计了基础性、综合性和实践性三类作业。其中基础性作业为“【2022 年全国甲卷《支队政委》(王愿坚)】老胡这一形象有哪些特点？请结合文本一简要分析”，以检测学生运用鉴赏小说形象的迁移运用能力；综合性作业为“‘一次跨越时空的对话’，请以当代中学生的身份，从《荷花淀》《小二黑结婚》《党费》中任选一角色，给他 / 她（们）写一封信，角度不限，不少于四百字”，以检测学生运用分析人物形象开展综合性探究学习以解决问题的能力；实践性作业为“从小学、初中到高中，我们在语文课本中读到过很多反映革命文化的作品，在政治课、历史课上也接触过不少革命斗争的事迹，同学们自己也可能通过各种途径了解到一些英雄人物和革命故事。以小组为单位，汇集这样的材料，分工协作，编辑一本红色作品集”，以检测学生运用革命小说学习所获研读、赏读等知识、方法去进行革命小说的审美实践的能力，并且促进学生对革命文化的热爱。从作业设置的由浅而深的梯度性和由课内而课外的情境变化，以及与该变化匹配的内容和水平以及涉及的思想方法可以看出，这份课时作业形式多样，内容由单一而综合，情境由简单而高阶，应该可以较好地检测课时目标的达成情况，益于促进学生真实学习行为的发生

（具体的作业内容略）

【教学流程】☞

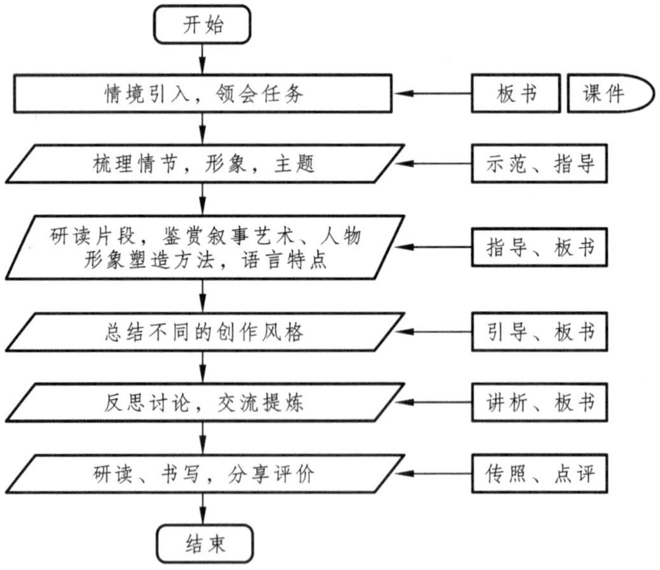

三、教学评价设计

【评价实施】☞

（1）课堂核心问题教学的四个环节中，既整体上贯彻“教学实施设计”中的“评价预设”

的评价原则和方式，对学生在各个学习活动中的学习表现进行了针对性评价，又根据课堂教学中的非预设性情形灵活地调整了评价策略，力求较为有效地促进学生课堂学习中深度体验的发生。

（2）在“评价反馈”环节，设计三个具有真实情境且具有简单到复杂的梯度的检测题（评价工具），力求从学生课堂和课后完成情况中，从定量和定性两个维度客观地反映学生在叙事情节中突出鲜明的人物形象的写作技巧的认知和掌握情况，从而实现评价的有效实施。

【信息搜集】☞

（1）基础性作业的收集：为了检验本节课教学目标的达成情况，教师布置了：“【2022 年全国甲卷《支队政委》（王愿坚）】老胡这一形象有哪些特点？请结合文本一简要分析”。课后搜集了全班学生的答案，总体上学生能够准确地鉴赏小说人物的形象特点。

（2）学生课堂感受：“同学们积极的发言中有着思维的碰撞，鉴赏人物的角度和对情节、人物的理解给我以全新思考”“对经典片段的研读，能感受三位作家富有个性的创作风格”“特别喜欢分析人物形象的环节，大家发言太积极，几次想举手，结果发现都被他们抢光了”“后面部分给的时间太少了，还没全想好，不过课后做起来，挺容易的”。

【反馈调整】☞

大概念引导下的结构化教学蕴含着语文思想而非简单的经验，研读情节以析形象，将研读文本贯穿始终，由浅入深，抽丝剥茧，使语文核心素养真正落地。学生在研读中，能对作品进行发掘与再创造，多角度鉴赏不同作家的个性化创作，这也是本课研究性的体现。学生能够通过研读文本感受到革命小说或诗化或曲折或紧张的故事情节、多样的精密的篇章结构、个性鲜明的人物形象和富有魅力的文学语言，能够欣赏到不同作家富有个性的创作，深化对革命文化的认识，并在此基础上思考革命文化的现代意义。这堂课目标的达成源于平时扎实的训练，缄默知识内化于心。大概念引导下结构化的课堂设计，一课一得，得得相连，学生研习会逐层深入，长此以往，语文的知识体系会越发完备。

当然，课堂永远是遗憾的艺术，这堂课可以调整的地方：（1）在研读原文片段、鉴赏三篇小说人物形象的不同之处这一环节上，我虽采用了课堂讨论模式，同学们也非常积极踊跃，概括出了很多有个人见地的东西，但我迫于时间有限，怕教学任务完不成，不得不打断学生，亮出自己预设好的标签式的答案。在反思提升环节，所剩时间不多，学生活动不够充分，教师越俎代庖。评价反馈时间不够，部分学生习题未能当堂完成，削弱了课堂的完整性。（2）这堂课的课堂评价预设准备得比较充分，但抓住课堂新因素的现场生成不够，这与未充分发挥课堂评价功能的激励性、专业性、开放性有关。比如：解决问题环节的学生活动对情节叙述与语言特点的关联性关注不够，教师在课堂没有做适时的调控和引导，学生发言展示之后教师对两者之间关联的点评较少且不够精准，学生因此未能对两者的关联进行自主的、有深度的反思提升。通过这次上课，我明白课堂评价不仅仅是预设的实现，更是精彩的生成。调整自己对于评价预设的认识、调整教学评价的方式、合理发挥教学评价的各项功能，才能更好地推动教学。

大概念核心问题教学文化评价表

课时名称：一样藤开别样花。

所属单元：统编高中语文选择性必修（中）第二单元。

单元核心大概念：文学与革命精神的传承。

单元核心问题：通读本单元六篇文章，从梳理内容及情感脉络、概括人物形象等角度研读作者情感，进一步把握人物内在的精神品质。并探究纪实作品和虚构作品的特点，分析其表现手法，汲取人生营养，激发奋发向上的精神力量，坚定继承和发扬革命传统的志向。

课时大概念：不同时代背景下的革命精神。

课时核心问题：联读三篇小说，概括女性形象特点，把握不同时期革命女性展现出的革命精神。

评价目标	评价指标			评价	
	一级指标	二级指标	三级指标	方法结果	
实现活动体验中的学习与素养发展	具有大概念核心问题教学形态	核心问题利于活动体验	内含客观问题和学生活动方式	8	每项指标最高评8分（满分为96分） 合计 92 分
			问题情境与真实生活密切相关	7	
			能引发大概念、新知新法生成	7	
		教学目标价值引导恰当	目标构成全面准确	8	
			内含关联体验目标	8	
			目标价值引导显现	8	
		教学环节完整合理落实	课程教学环节完整	8	
			环节内容合理充实	8	
			学生活动时间充分	8	
		教学要素相互匹配促进	问题目标环节两两匹配	7	
			技术促进活动形式内容	7	
			课程特色突出氛围浓郁	8	
	具有大概念核心问题教学特质	拓展学习视野	课堂与现实世界有恰当关联	选择一个表现突出的二级指标，在相应三级指标引导下，以现场学生表现为主要依据，以其余指标为背景，于本表的第二页写出150字以上的简要评价	
			有基于缄默知识的问题解决		
			有缄默知识运用的追踪剖析		
			知识运用剖析导向素养发展		
		投入实践活动	有真实而且完整的实践活动		
			实践活动深度融入两类情境		
			能够全身心地浸渍于活动中		
			活动的内容结果均丰富深入		
		感受意义关联	有核心问题的深层意义感受		
			有以知识为中心的关联感受		
			有以个人为中心的关联感受		
			有对三类大概念的关联感受		

续表

<table>
<tr><th rowspan="2">评价目标</th><th colspan="3">评价指标</th><th rowspan="2">评价
方法结果</th></tr>
<tr><th>一级指标</th><th>二级指标</th><th>三级指标</th></tr>
<tr><td rowspan="11">实现活动体验中的学习与素养发展</td><td rowspan="11">具有大概念核心问题教学特质</td><td rowspan="4">自觉反思体验</td><td>有实质性反思活动的开展</td><td rowspan="11"></td></tr>
<tr><td>有课堂新因素的追踪利用</td></tr>
<tr><td>有体验的交流与改善重构</td></tr>
<tr><td>有概念生成中的素养发展</td></tr>
<tr><td rowspan="4">乐于对话分享</td><td>乐于自我的表达与认真的倾听</td></tr>
<tr><td>乐于合作中成果与思路的分享</td></tr>
<tr><td>乐于成果交流中深层意义分享</td></tr>
<tr><td>有宽容的对话氛围和双向交流</td></tr>
<tr><td rowspan="3">认同素养评价</td><td>认可素养评价</td></tr>
<tr><td>参与素养评价</td></tr>
<tr><td>利用素养评价</td></tr>
<tr><td colspan="5">大概念核心问题教学特质的简要评价（包括发展性建议）:
本次课堂教学在大概念核心问题教学特质方面表现得最为突出的是“投入实践活动”。首先，以《共青春》视频导入，在课的开始就让学生初步了解中国共产党领导中国革命的伟大历史进程，为学生营造了革命小说探究的情境。在解决问题环节中，以文本为依归，引导学生从情节中挖掘人物形象的细节。学生立足文本，走近文本，解读文本，探究文本，通过对情节的细读、品读，对三篇小说人物的对比分析，多角度挖掘人物形象、捕捉人物闪光点，真正做到了动手、动脑、动笔，提高了自身的阅读鉴赏能力。事实证明，只要给学生主动权，调动学生学习的积极性，让他们体验到思考的快乐和成就感，他们的潜力是惊人的。学生沉浸课堂，思维活跃，踊跃发言，在分析三位作家不同的创作风格时，我以为需要引导的地方，学生们都经过自己的阅读、思考、讨论，进行了深刻的体会，并且用简练不失文采的语言表达出来了。结论虽不一定准确、全面，但在思考、合作、探究的过程中，学生的个性得到了张扬，思维得到了较好的发展，学生的鉴赏活动贯穿教学的始终，鉴赏能力得到了提高。</td></tr>
</table>

大概念核心问题教学素养目标点检测表

课时名称	一样藤开别样花
所属单元	统编高中语文选择性必修（中）第二单元
单元大概念	文学与革命精神的传承
单元核心问题	通读本单元六篇文章，从梳理内容及情感脉络、概括人物形象等角度研读作者情感，进一步把握人物内在的精神品质，并探究纪实作品和虚构作品的特点，分析其表现手法，汲取人生营养，激发奋发向上的精神力量，坚定继承和发扬革命传统的志向
课时大概念	不同时代背景下的革命精神
课时核心问题	联读三篇小说，概括女性形象特点，把握不同时期革命女性展现出的革命精神

续表

<table>
<tr><td>课时素养目标</td><td colspan="3">完整经历革命小说群文的研读析情活动，通过精读、细读等研读方式解读单元三篇课文（审美鉴赏与创造 1-3、2-3），由此准确而全面地把握每篇课文的基本情节（审美鉴赏与创造 4-3），熟练掌握在叙事情节中突出鲜明的人物形象的写作技巧（思维的发展与提升 3-2），分析语言含义和“感性”语言表达效果等研习过程（语言建构与运用 4-4），进而较为深入地探究不同作家不同的创作风格（审美鉴赏与创造 4-5），并在此基础上从艺术形象中获得熏陶和感染，汲取人生营养，激发奋发向上的精神力量，坚定继承和发扬革命传统的志向，形成正确的世界观、人生观和价值观（文化传承与理解 2-4）</td></tr>
<tr><td>检测点</td><td colspan="3">小说鉴赏的一般方法与熟练运用鉴赏小说叙事艺术的方法赏析小说之间的关联的体验</td></tr>
<tr><td>检测任务</td><td colspan="3">【2022 年全国甲卷《支队政委》（王愿坚）】老胡这一形象有哪些特点？请结合文本一简要分析</td></tr>
<tr><td rowspan="3">分类标准</td><td colspan="3">A. 学生能结合文本内容，分析人物形象特点，语言表达准确，分点作答，答题清晰</td></tr>
<tr><td colspan="3">B. 学生能结合文本内容，但对文本内容分析比较笼统，能较为准确地概括人物形象的特点，或者脱离文本，只概括人物形象的特点，语言表达较为准确，分点作答，答题清晰</td></tr>
<tr><td colspan="3">C. 学生不能准确概括人物形象特点，对文本的分析也呈现架空状态，语言表达不准确</td></tr>
<tr><td rowspan="4">检测统计</td><td>分类等级</td><td>学生人数</td><td>百分比（%）</td></tr>
<tr><td>A</td><td>16</td><td>40</td></tr>
<tr><td>B</td><td>18</td><td>45</td></tr>
<tr><td>C</td><td>6</td><td>15</td></tr>
<tr><td>检测分析及结果运用</td><td colspan="3">从上面“检测统计”中的数据可以清楚地看出，全班 40 名学生中，有 40%的学生能结合文本内容，分析人物形象特点，语言表达准确，分点作答，答题清晰；有 45%的学生能结合文本内容，但对文本内容分析比较笼统，能较为准确地概括人物形象的特点，或者脱离文本，只概括人物形象的特点，语言表达较为准确，分点作答，答题清晰。这表明本节课素养目标的达成度还是比较理想的。这一检测结果证明了大概念的核心问题教学能更好地整合课时教学内容，驱动学生更好地参与课堂学习活动，进而获得深度学习体验。
另外，从检测结果来看，还有 15%的学生不能准确概括人物形象特点，对文本的分析也呈现架空状态，语言表达不准确。这一检测结果说明在教学内容的实施中还需改进，同时为教师在课外对学生进行针对性辅导提供了依据</td></tr>
<tr><td>素养目标达成典型实例</td><td colspan="3">《支队政委》习题答案示例：
① 坚强勇敢：为了继续战斗，能够忍受常人难以忍受的痛苦。
② 处事果断：一旦决定手术，坚决实施。
③ 有工作智慧：为了说服战友，或说理，或命令，或请求，切实有效。
〖点评〗从这份答案可以看出学生已经掌握了小说形象的鉴赏方法。既能准确概括形象特点，又能结合文本准确分析，语言表达准确，答题规范，堪称优秀作答，得分 6 分</td></tr>
<tr><td>检测反馈</td><td colspan="3">本节课检测结果反馈出的情况如下：
一是在高中语文新教材单元整合教学的实施中，大概念的核心问题教学具有纲领性作用，能使学生既有对此类文本的整体感知，也有对篇章的深入理解，能优化教学设计，提升课堂教学实效。
二是基于大概念的核心问题教学的课时教学内容的整合，要根据文本特征，学生学科基础和学习能力实际进行科学考量</td></tr>
</table>

如何欣赏纪实作品与虚构作品
——“苦难与新生”单元第十课时学教案

余　进

一、教学分析设计

【内容分析】☞

统编高中语文教材选择性必修上册第四单元“革命文学作品”，对应的学习任务群是“中国革命传统作品研习”“中国现当代作家作品研习”。“中国革命传统作品研习”任务群旨在让学生阅读和研讨语言典范、论辩深刻、时代精神突出的革命传统作品，深入体会革命志士以及广大群众为民族解放事业英勇奋斗、百折不挠的精神革命精神和革命人格；学习在社会主义革命、建设、改革过程中涌现的英雄模范事迹，感受其无私无畏的爱国精神，感受其无私无畏的爱国精神，感受社会主义建设无私奉献、辛勤劳动、不断创造的高尚品质；进一步发展语言运用能力、思维能力和审美鉴赏能力；陶冶性情，坚定志向，形成正确的世界观、人生观和价值观。“中国现当代作家作品研习”任务群旨在让学生大体了解现当代作家作品概貌，培养阅读现当代文学作品的兴趣，以正确的价值观鉴赏文学作品，进一步提高文学阅读和写作能力，把握中国现当代文学作品思想性、艺术性、观赏性有机统一的价值取向。

本单元的人文主题是“苦难与新生”，旨在引导学生认识在灾难深重的旧中国，中国共产党领导人民进行了艰苦卓绝的斗争，以巨大的奉献和牺牲换来了国家的解放、民族的新生；了解这一伟大历史进程，思考中国革命的意义，理解革命文化的精神内涵，从而更好地认识历史，把握当下，树立当代中国人的文化自信。本单元文学体裁比较丰富，有写人记事散文、报告文学、小说，有纪实作品，也有虚构作品，通过学习，了解纪实作品和虚构作品各自的特点和表现手法，欣赏作家塑造艺术形象的深刻功力和富有个性的创作风格。

本课时是第二单元大单元教学的第十课时，本课时的主要学习内容就是进行单元总结性阅读，对比纪实性作品与虚构作品的特点和表现手法。

【课时大概念】☞

概念类别	简略化表达	特征化表达
概念结论类	明确不同风格作品的特点，分析并掌握其表现手法	通过了解纪实作品和虚构作品各自的特点和表现手法，欣赏作家塑造艺术形象的深刻功力和富有个性的创作风格
思想方法类	比较思维 关联思维	基于两种不同类型的文本，基于比较思维进行有效关联，以此丰富学生文本鉴赏能力的建构与运用的经验
价值观念类	文学观	重在启发学生通过不同类型文学作品的阅读，建构较为全面的文学观

【资源条件】☞

资源名称	功能
黑板、实物投影台	板书核心问题；板书学生解决问题时交流、分析、建构概念过程的要点；板书反思提升要点等
教材、学习任务单、课外助读资料	提供核心问题教学各环节中自主探究与生成的环节与思维空间
PPT	展示图片等情境；出示核心问题；提供全班交流时所需的资料；出示前置任务完成情况、评价反馈练习等内容

【学生基础】☞

《新课标》指出："高中学生身心发展渐趋成熟，已具有一定的阅读表达能力和知识文化积累，促进他们探究能力的发展应成为高中语文课程的重要任务。"同学们对白话现代散文是不陌生的，初中时即学过鲁迅的《故乡》等同样的文体，对这种文体进行过初步的鉴赏，因此对这种文体是熟悉的。但他们的思维能力和审美能力尚在形成之中，这种熟悉很大程度上仅限于生活中的熟悉，而并非阅读与写作技巧上的熟悉，所以需要教师引导同学们对文本阅读的把握，既要让同学们鉴赏课文，又要指导同学们学会鉴赏的方法，并且在此基础上去粗存精，抓住有用的信息。

通过先前新闻的学习，学生了解了纪实性作品的写作特点并掌握了相应的阅读方法。通过小说学习，学生了解了虚构性作品的特点并掌握了相关的阅读方法。

【目标分析】☞

完成本单元的单篇精读或多篇联读后，让学生速读六篇课文，分析两类作品呈现出的语言风格的异同（语言建构与运用 1-2），进一步分析两类作品在形象塑造、叙事、抒情手法上的异同（思维发展与提升 3-2），创作《包身工》小说提纲，形成一定的文学创作能力（审美鉴赏与创造 4-3）。

【主题分析】☞

本单元共有六篇作品，分为三组。前两组分别为纪实性较强的散文和报告文学，后一组为以虚构为主的小说。本单元在文学作品鉴赏方面提出的单元目标是把握作品的主要内容，理解作者表达的情感，品析文中的典型人物形象，获得审美体验；分析其表现手法，欣赏作家塑造和表现艺术形象的深厚功力和富有个性的创作风格；从艺术形象中获得熏陶和感染，汲取人生营养，激发奋发向上的精神力量，坚定继承和发扬革命传统的志向，形成正确的世界观、人生观和价值观。

基于上述分析，本课时的核心问题即拟定为：研读课文，分析纪实作品和虚构作品语言风格，探究纪实作品和虚构作品在形象塑造、叙事、抒情手法上的异同，写作《包身工》小说创作提纲。

【评价预设】☞

（1）提出问题环节：就学生对两类作品阅读表现出的兴趣给予学生激励性评价，带动全班学生在学习与研究准备状态中明晰核心问题，激发学习兴趣。

（2）解决问题环节：针对学生前置学习、小组合作、细读赏析、创作实践的具体表现进行引导性、提示性、鼓励性评价，如学生对两类作品呈现出的不同的语言风格的感受与概括给予肯定性和引导性评价，就学生对两类作品在形象塑造、叙事、抒情手法上的探究给予提示性评价。

（3）反思提升环节：引导学生对解决问题的过程进行总结提升，运用激励性和提示性评价，加深对两类作品整体异同的探究概括方法和思路的认识。

（4）评价反馈环节：将素养目标中的“审美鉴赏与创造”用于新的语言情境中进行文学短评写作，一方面学生再次体验矛盾语言鉴赏的思路和作用，另一方面，可以从学生对这一任务的完成情况进行点检测分析，形成体验性目标达成情况的评价并反馈给学生。

二、教学实施设计

【教学环节】☞

教学环节	学生活动	教师活动	设计意图	技术融合
提出问题	本单元所选六篇文章分别属于什么体裁的文章？你对这些体裁有哪些认识？在个人思考的基础上小组合作研讨	1. 展示问题、参与学生讨论、巡视过程中与学生进行点对点交流。 2. 出示核心任务：核心问题：研读课文，分析纪实作品和虚构作品语言风格，探究纪实作品和虚构作品在形象塑造、叙事、抒情手法上的异同，写作《包身工》小说创作提纲	创设探究讨论学习情境，激发学生研读兴趣，明确学习核心任务	PPT 出示套就讨论情境和课时核心问题

续表

教学环节	学生活动	教师活动	设计意图	技术融合
解决问题	依据本单元六篇作品的体裁，归类纪实性作品和虚构性作品。 总结两类作品划分的标准。明确：纪实作品，文本表述与背景事件的差异较小，距离较近，它们客观地还原了真实世界；虚构作品，文本表述与背景事件的差异较大，距离较远，它们借助想象，虚构了人物，杂糅了事件，添加了细节，艺术地表现了真实世界	1. 出示任务一： 依据本单元六篇作品的体裁，归类纪实性作品和虚构性作品。 2. 引导学生总结两类作品的划分标准	学生借助先前的学习成果，在对本单元的文章进行归类的同时，感知两类作品整体上的差异	PPT 出示任务与学习活动，以及参考结论
	分别探究两类作品内容特点： 1. 从刘和珍、黄新的形象塑造为例探究两类作品的差异。 明确：《记念刘和珍君》对刘和珍的描写是求真写实的，较为简略粗疏，寥寥数语就勾勒出主人公形象。《党费》对于黄新的描写是虚构、嫁接的，如把卢春兰、大娘和烈士的故事杂糅在黄新的身上，并且写得较为详尽细腻，浓墨重彩地渲染了主人公形象。 2. 从《记念刘和珍君》和《党费》的叙事特点的差异探究两类作品在叙事特点上的不同。 明确：《记念刘和珍君》叙事比较零散，平铺直叙，较平实。《党费》叙事比较完整，一波三折，有波澜。 3. 从《记念刘和珍君》和《党费》的环境描写特点的差异探究两类作品在环境描写特点上的不同。 明确：《记念刘和珍君》不注重环境描写。《党费》注重环境描写，如对八角坳“活像个乱葬岗子”的描绘	出示任务二： 以《记念刘和珍君》和《党费》为例，分别探究两类作品在内容上有何特点？ 1. 引导、提示学生从刘和珍、黄新的形象塑造为例探究两类作品的差异。 2. 引导、提示学生从《记念刘和珍君》和《党费》的叙事特点的差异探究两类作品在叙事特点上的不同。 3. 引导、提示学生从《记念刘和珍君》和《党费》的环境描写特点的差异探究两类作品在环境描写特点上的不同	聚焦内容维度，以《记念刘和珍君》和《党费》为例，探究两类作品内容特点上的差异	

续表

教学环节	学生活动	教师活动	设计意图	技术融合
解决问题	分别探究两类作品艺术手法、作者情感的特点： 1. 从《记念刘和珍君》和《党费》的表达方式、修辞、表现手法等方面的探究两类作品在艺术手法上的不同。 表达方式： 明确：(1)《记念刘和珍君》多用记叙、抒情、议论，但记叙只是依凭，是为议论和抒情服务的。《党费》多用记叙和描写，尤其是细节描写，如黄新在孩子挨饿时“瞅了瞅”孩子和咸菜的细节，刻画得分外细腻传神。还有心理描写，如对“我”在听到黄新最后一句话时的心理状态的描摹。 (2)修辞、表现手法：《记念刘和珍君》多用比喻、反语、对比等，章法较散漫。而《党费》埋伏笔，设悬念，章法较紧密。 2. 以《记念刘和珍君》和《党费》为例探究两类作品在表达作者情感上的不同。 明确：在《记念刘和珍君》中，叙述者等于作者，作者是在场的，情感表露比较直白。而在《党费》中，叙述者不等于作者，作者是缺席的，其感情是通过艺术形象含蓄地表达出来的	1. 出示活动：从《记念刘和珍君》和《党费》的表达方式、修辞、表现手法等方面的探究两类作品在艺术手法上的不同。 2. 出示活动：以《记念刘和珍君》和《党费》为例探究两类作品在表达作者情感上的不同	深入文本内核，进一步探究两类作品在艺术手法、作者情感等方面的异同，完善对两类作品阅读的认知结构	
反思提升	梳理整合：两类作品在内容、手法、情感的差异，并完成表格	引导学生回顾本节课所学内容，归纳两类作品在内容、手法、情感的差异	促进学生在反思中强化对写人两类作品的认知	PPT 出示活动要求

续表

教学环节	学生活动	教师活动	设计意图	技术融合
评价反馈	1. 重构作品文本，打通虚实壁垒： 夏衍原想用自己搜集的包身工的素材写一篇小说，但最后还是写成了“力求真实，一点也没有虚构和夸张”的报告文学。如果要把《包身工》改写成小说，你会怎么设计人物、安排情节、描写环境？请列出写作提纲。 教师点拨：可以充分发挥想象，基于原有文本设计人物，安排情节，描写环境。例如： 人物：确定主要人物“芦柴棒”；设计次要人物——小福子、“拿莫温”“小荡管”“抄身婆”“芦柴棒”的胞弟等。 情节：叙述人称、视角——第一人称，小福子的有限视角。 线索：时间，包身工的一天。 艺术手法：用倒叙、悬念、伏笔、描写（外貌、心理、语言、神态）等方式。 主线：“芦柴棒”之死，小福子疑原因—小福子初入厂，“芦柴棒”忆家乡—小福子和“芦柴棒”共甘苦—“芦柴棒”为保护小福子而死—小福子用仅剩的钱收葬“芦柴棒”。 环境：三组场景的对照——纱厂环境的恶劣、苏北农村的贫瘠和夜上海的繁华。 组员互评：交流小说提纲，并根据下面表格为组员的小说提纲打分	1. 出示评价反馈练习题。 2. 请学生交流、展示习作，进行互评。教师进行指导性、激励性评价	一方面学生再次体验纪实性作品与虚构性作品鉴赏的思路，另一方面，可以从学生这一任务的完成情况进行点监测分析，形成体验性目标达成情况的评价并反馈给学生	PPT 出示活动要求

【板书设计】☞

核心问题：研读课文，分析纪实作品和虚构作品语言风格，探究纪实作品和虚构作品在形象塑造、叙事、抒情手法上的异同，写作《包身工》小说创作提纲。

类别	文体	内容特点	艺术手法	作者情感
纪实作品	写人记事的散文、报告文学等	人物（求真）；写实事件（零散、平实）；环境（忽略、粗疏）	多记叙、议论、抒情、比喻、反语、对比等，章法较散漫。	在场直白
虚构作品	小说等	人物（虚构）；事件（完整、波澜）；环境（重视、细致）	多记叙、描写（尤其是细节和心理描写）、伏笔、悬念，章法较紧密。	缺席含蓄

【课后服务】☞

课时作业的结构化设计：

作业序号	作业目标	作业情境		概念结论		思想方法		价值观念		整体评估	
		内容	水平	内容	水平	内容	水平	内容	水平	内容	水平
1	检测学生对纪实性作品和虚构性作品辨析能力	搜集纪实性作品和虚构性作品各一篇进行分享阅读	基础	生活中的纪实性作品和虚构性作品	语言建构与运用2	由现象到本质	思维发展与提升1	纪实性作品和虚构性作品辨别	文化传承与理解2	基础性作业	学业质量水平1-3
2	检测学生运用所学进行扩展性分析，进一步固化纪实性作品和虚构性作品对比阅读能力	从内容特点、艺术手法特点和作者情感三个维度分析《为了忘却的记念》和《小二黑结婚》的异同	较复杂	赏析纪实性作品和虚构性作品差异	审美鉴赏与创造4	由现象到本质思辨分析	思维发展与提升3	从内容特点、艺术手法特点和作者情感三个维度分析《为了忘却的记念》和《小二黑结婚》的异同	文化传承与理解3	综合性作业	学业质量水平3-3
3	引导学生运用纪实性作品特点进行文学创作	选取生活中典型真人真事进行纪实性作品的小创作	复杂	创作纪实性作品	审美鉴赏与创造5	理论指导实践	思维发展与提升4	选取生活中典型真人真事进行纪实性作品的小创作	文化传承与理解5	实践性作业	学业质量水平4-3
课时作业总体评估	本课时中，主要通过学习纪实性作品和虚构性作品异同的感受、分析、概括，学生通过具体文本的探究鉴赏，进入真实学习探究情境。三个作业分阶段由生活中的情景表达到较有难度的文学作品鉴赏，再到自己结合所学知识进行写作实践，由易渐难，循序渐进，进一步巩固学生对矛盾与语言相关知识和技能的掌握和迁移运用，也符合新高考情境类学习和探究的要求。情境由基础而高阶，应该可以较好地检测课时目标的达成情况，有助于学生真实学习行为的发生										

（具体的作业内容略）

【教学流程】☞

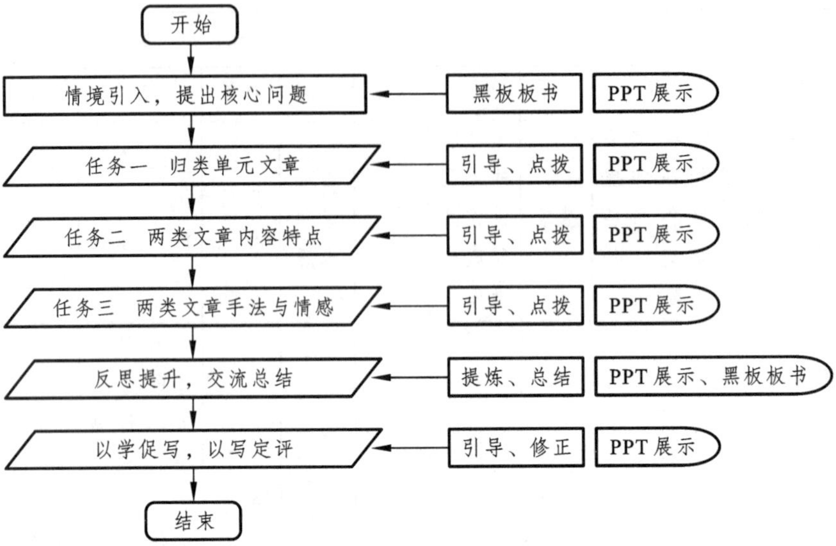

三、教学评价设计

【评价实施】☞

（1）课堂教学四个环节的推进过程中，一方面主要是立足课前依据学情和学习内容拟定的“评价预设”，就学生在各学习环节中参与相应的自然科学论著选文语言赏析活动的表现情况进行引导性评价，以促进学生学习体验行为更加有效；另一方面又注重捕捉学生在各学习活动中的临时生成性表现进行针对性评价以鼓励或纠偏，从而较好地保障了学生学习体验的有序和高效。

（2）为检测学生阅读纪实性作品与虚构性作品能力的实际效果，在“评价反馈”环节结合课堂学习内容设计了基础性、综合性和实践性三类有梯度的课时作业（评价工具），然后对学生的完成情况进行了等级评价和赋分评价，并依据这两类评价数据来分析判断学生本节课的学习体验实效，力求达成以评促学的评价目的。

【信息搜集】☞

为真实完整地了解本节课素养目标的达成情况，在“评价反馈”环节布置了三个具有明显梯度的检测题目，课后第一时间收齐了全班学生在课内完成的“基础性作业”（搜集纪实性作品和虚构性作品各一篇进行分享阅读），并进行了完成质量等级评价和详细统计分析。

【反馈调整】☞

根据核心问题课堂教学实施的四个环节的具体情况来看，这节课总体上较为理想地达成了预期素养目标。但在解决问题的第二个学习活动——“分别探究两类作品艺术手法、作者情感的特点”，学生的体验不够聚焦，赏析理解过于宽泛，甚至有漫无边际之感。课后反思发现，主要原因是活动指令欠具体，即没有界定从什么样（或者哪些）角度去分析艺术手法、作者情感的特点。所以在课堂学习活动的设计中务求做到指向明确，指令具体，为学生的学习行为搭桥递梯，以确保有助于高效促进学生进行深度的学习体验。

大概念核心问题教学文化评价表

课时名称：如何欣赏纪实作品与虚构作品。

所属单元：统编版高中语文选择性必修（中）第二单元。

单元核心大概念：文学与革命精神的传承。

单元核心问题：通读本单元六篇文章，从梳理内容及情感脉络、概括人物形象等角度研读作者情感，进一步把握人物内在的精神品质。并探究纪实作品和虚构作品的特点，分析其表现手法，汲取人生营养，激发奋发向上的精神力量，坚定继承和发扬革命传统的志向。

课时大概念：纪实性作品与虚构作品异同。

课时核心问题：研读文本，对比纪实性作品与虚构作品的特点和表现手法的异同，把握其对塑造形象、表达情感的作用。

<table>
<tr><th rowspan="2">评价目标</th><th colspan="3">评价指标</th><th colspan="2" rowspan="2">评价
方法结果</th></tr>
<tr><th>一级指标</th><th>二级指标</th><th>三级指标</th></tr>
<tr><td rowspan="20">实现活动体验中的学习与素养发展</td><td rowspan="12">具有大概念核心问题教学形态</td><td rowspan="3">核心问题
利于活动体验</td><td>内含学科问题和学生活动方式</td><td>8</td><td rowspan="12">每项指标最高评8分（满分为96分）

合计 93 分</td></tr>
<tr><td>问题情境与真实生活密切相关</td><td>8</td></tr>
<tr><td>能引发大概念、新知新法生成</td><td>7</td></tr>
<tr><td rowspan="3">教学目标
价值引导恰当</td><td>两类目标正确全面</td><td>8</td></tr>
<tr><td>关联体验目标恰当</td><td>7</td></tr>
<tr><td>目标价值引导显现</td><td>8</td></tr>
<tr><td rowspan="3">教学环节
完整合理落实</td><td>教学环节清晰完整</td><td>8</td></tr>
<tr><td>环节内容合理充实</td><td>8</td></tr>
<tr><td>学生活动时间充分</td><td>8</td></tr>
<tr><td rowspan="3">教学要素
相互匹配促进</td><td>问题目标环节两两匹配</td><td>8</td></tr>
<tr><td>技术促进活动形式内容</td><td>7</td></tr>
<tr><td>素养导向突出氛围浓郁</td><td>8</td></tr>
<tr><td rowspan="8">具有大概念核心问题教学特质</td><td rowspan="4">拓展学习视野</td><td>课堂与现实世界有恰当关联</td><td colspan="2" rowspan="8">选择一个表现突出的二级指标，在相应三级指标引导下，以现场学生表现为主要依据，以其余指标为背景，于本表的第二页写出150字以上的简要评价</td></tr>
<tr><td>有基于缄默知识的问题解决</td></tr>
<tr><td>有缄默知识运用的追踪剖析</td></tr>
<tr><td>知识运用剖析导向素养发展</td></tr>
<tr><td rowspan="4">投入实践活动</td><td>有真实而且完整的实践活动</td></tr>
<tr><td>实践活动深度融入两类情境</td></tr>
<tr><td>能够全身心地浸渍于活动中</td></tr>
<tr><td>活动的内容结果均丰富深入</td></tr>
</table>

续表

<table>
<tr><th rowspan="2">评价目标</th><th colspan="3">评价指标</th><th rowspan="2">评价
方法结果</th></tr>
<tr><th>一级指标</th><th>二级指标</th><th>三级指标</th></tr>
<tr><td rowspan="15">实现活动体验中的学习与素养发展</td><td rowspan="15">具有大概念核心问题教学特质</td><td rowspan="4">感受意义关联</td><td>有核心问题的深层意义感受</td><td rowspan="15"></td></tr>
<tr><td>有以知识为中心的关联感受</td></tr>
<tr><td>有以个人为中心的关联感受</td></tr>
<tr><td>有对三类大概念的关联感受</td></tr>
<tr><td rowspan="4">自觉反思体验</td><td>有实质性反思活动的开展</td></tr>
<tr><td>有课堂新因素的追踪利用</td></tr>
<tr><td>有体验的交流与改善重构</td></tr>
<tr><td>有概念生成中的素养发展</td></tr>
<tr><td rowspan="4">乐于对话分享</td><td>乐于自我的表达与认真的倾听</td></tr>
<tr><td>乐于合作中成果与思路的分享</td></tr>
<tr><td>乐于成果交流中深层意义分享</td></tr>
<tr><td>有宽容的对话氛围和双向交流</td></tr>
<tr><td rowspan="3">认同素养评价</td><td>认可素养评价</td></tr>
<tr><td>参与素养评价</td></tr>
<tr><td>利用素养评价</td></tr>
<tr><td colspan="5">大概念核心问题教学特质的简要评价：
我认为这节课在“感受意义关联”这一评价指标方面呈现得比较突出。本课时的核心问题是“研读课文，分析纪实作品和虚构作品语言风格，探究纪实作品和虚构作品在形象塑造、叙事、抒情手法上的异同，写作《包身工》小说创作提纲”。提出问题环节以问题引入情境，让学生感受到两类作品的突出特点。学生在此基础上，迅速融入以单元大概念“文学与革命精神的传承”为中心的单元学习的情境中，积极投入对本课时核心问题的深层意义感受和思考中。解决问题环节，学生从探究两类作品的内容差异，到探究两类作品的手法差异，再到探究两类作品的情感差异，学生在分析、归纳、概括、提炼和拓展阅读中把握两类作品的异同。在反思提升环节，教师引导学生结合前半节课的学习实践活动总结提炼了本节课的两大核心“纪实性作品”与“虚构性作品”，掌握两类作品的差异内涵。在评价反馈环节，学生利用反思提升环节总结的方法和知识点，进行重构作品文本，打通虚实壁垒的撰写。各个环节层层推进，环环相扣，在引导学生逐步深入地习得知识、获取能力方面体现出了较强的关联性</td></tr>
</table>

【点检测表】☞

大概念核心问题教学素养目标点检测表

课时名称	如何欣赏纪实作品与虚构作品
所属单元	统编版高中语文选择性必修（中）第二单元
单元大概念	文学与革命精神的传承

续表

<table>
<tr><td>单元核心问题</td><td colspan="3">通读本单元六篇文章，从梳理内容及情感脉络、概括人物形象等角度研读作者情感，进一步把握人物内在的精神品质，并探究纪实作品和虚构作品的特点，分析其表现手法，汲取人生营养，激发奋发向上的精神力量，坚定继承和发扬革命传统的志向</td></tr>
<tr><td>课时大概念</td><td colspan="3">对比纪实性作品与虚构作品的特点和表现手法</td></tr>
<tr><td>课时核心问题</td><td colspan="3">研读课文，分析纪实作品和虚构作品语言风格，探究纪实作品和虚构作品在形象塑造、叙事、抒情手法上的异同，写作《包身工》小说创作提纲</td></tr>
<tr><td>课时素养目标</td><td colspan="3">语言建构与运用：让学生略读六篇课文，分析两类作品呈现出的语言风格的异同。
思维发展与提升：进一步分析两类作品在形象塑造、叙事、抒情手法上的异同，写作《包身工》小说创作提纲。
审美鉴赏与创造：写作《包身工》小说创作提纲</td></tr>
<tr><td>检测点</td><td colspan="3">对两类作品异同的理解和鉴赏，懂得两类作品的不同之处，形成鉴赏或者创作两类作品的基本能力</td></tr>
<tr><td>检测工具
（检测题）</td><td colspan="3">夏衍原想用自己搜集的包身工的素材写一篇小说，但最后还是写成了“力求真实，一点也没有虚构和夸张”的报告文学。如果要把《包身工》改写成小说，你会怎么设计人物、安排情节、描写环境？请列出写作提纲</td></tr>
<tr><td rowspan="4">分类标准</td><td colspan="3">A. 人物形象主次分明，形象生动；情节集中，波澜起伏；环境渲染氛围，烘托人物，推动情节；修辞妥帖，表现手法灵活；主旨意蕴丰富、深刻；情感丰富含蓄</td></tr>
<tr><td colspan="3">B. 人物形象主次分明，形象生动；情节集中，波澜起伏；环境渲染氛围，烘托人物，推动情节</td></tr>
<tr><td colspan="3">C. 人物形象主次分明，形象生动；情节集中，波澜起伏；环境渲染氛围，烘托人物，推动情节</td></tr>
<tr><td colspan="3">D. 不能合理安排主次人物；情节不清晰、不典型、不集中；忽略环境营造，特别是忽略社会环境的交代；语言零散而无表现力；叙事拖沓；不能表达较为明确的主旨</td></tr>
<tr><td rowspan="5">检测统计</td><td>分类等级</td><td>学生人数</td><td>百分比（%）</td></tr>
<tr><td>A</td><td>23</td><td>40</td></tr>
<tr><td>B</td><td>25</td><td>45</td></tr>
<tr><td>C</td><td>5</td><td>8</td></tr>
<tr><td>D</td><td>4</td><td>7</td></tr>
<tr><td>检测分析
结果运用</td><td colspan="3">本节课，有 40%的同学在创作中能做到人物形象主次分明，形象生动；情节集中，波澜起伏；环境渲染氛围，烘托人物，推动情节；修辞妥帖，表现手法灵活；主旨意蕴丰富、深刻；作者情感丰富含蓄。有接近一半的同学能在创作中做到人物形象主次分明，形象生动；情节集中，波澜起伏；环境渲染氛围，烘托人物，推动情节。还有少数同学不能合理安排主次人物；情节不清晰、不典型、不集中；忽略环境营造，特别是忽略社会环境的交代；语言零散而无表现力；叙事拖沓；不能表达较为明确的主旨</td></tr>
</table>

续表

素养目标达成典型实例	锭子上的冤魂 我是一个替老板打杂干活的伙计，大体也就是一些打下手的脏活之类的，在我那不算漫长的职业生涯中，曾见过这么一类人，一类至今在我脑海里挥之不去的梦魇。 按我那在前些日子突然暴毙的老板的话来讲，她们叫做“猪猡”。可我不想用这个名字叫她们，还是唤她们一个更体面的名字。包身工。虽然被20元包了身，被父母卖到了这个工厂里，并不是一件体面的事，可是在这个世界上的体面，难道不是只属于老板那样的有钱人吗？ 他们的工作便是在那长方形，用红砖墙严密地封锁着的工房里工作，像鸽笼一般。每日在太阳未上山时，便被我们这类人催醒，准备开始劳作，老实说，催醒她们可是一件苦差事，且不说得在凌晨四点起床，对于常人来说，定是要困倦一天的，而她们的住所也确实是非人能呆的地方，充斥着汗臭与粪臭，小虫在这片地方肆意滋长，却也时常因为太过拥挤而被不慎压死。在那里多待上一秒，我便觉得我的鼻炎要犯了。另外，对于我而言，每一次对他们的叫骂，都让我身心俱疲
检测反馈	一是在高中语文教学新教材单元整合教学的实施中，大概念的核心问题教学让知识整合与迁移效果显著。教师在教学中能围绕核心问题构建大概念体系，帮助学生将碎片化的知识串联起来。以大概念为核心，引导学生整合多个知识点，学生在后续解决相关复杂问题时，能够迅速调用所学知识进行分析，知识迁移能力明显提升。 二是利用大概念的核心问题教学能以问题驱动激发兴趣。以核心问题为导向的教学模式有效激发了学生的学习兴趣和探究欲望，促使学生主动思考、积极讨论。课堂氛围活跃，学生参与度大幅提高，对这种教学方式非常感兴趣

高中语文选择性必修（下）第四单元
——“求真务实”单元教学

“求真务实”大概念的核心·问题教学单元规划纲要

学科 语文 教师 向柱文、汪慧敏、熊雪、孔令波

<table>
<tr><td>年级</td><td>高三</td><td>单元名称</td><td>自然科学论著阅读</td><td>单元课时</td><td>5</td></tr>
<tr><td rowspan="2">单元内容</td><td>教材内容</td><td colspan="4">统编高中语文教材选择性必修下册第四单元是自然科学论著单元，人文主题为“求真务实”，属于“科学与文化论著研习”任务群，主要引导学生研习自然科学类科普文章，体会和把握自然科学类科普文章表达的特点，提高阅读、理解自然科学类科普文章的能力，开阔视野，培养求真求实的科学态度和勇于探索、创新的科学精神。
本单元所选自然科学论著三篇文章，都是典范的自然科学论著文。这些文章有的是专论，如《自然选择的证明》和《天文学上的旷世之争》；有的是科普性质的电视解说词，如《宇宙的边疆》。这些文章以不同的方式展现了人类探索自然，反思自我的成果。其中前两篇阐明科学原理，介绍科学知识；第三篇研讨科学史问题，追溯科学研究的历程。虽然内容不同，表述有异，但共同点是逻辑严密，论证严谨，说明清楚，理论性强，体现了自然科学论著的典型特点。这三篇文章的题材内容具体如下表：
<table>
<tr><td>选　文</td><td>作　者</td><td>国籍</td><td>题材内容</td></tr>
<tr><td>《自然选择的证明》</td><td>达尔文</td><td>英国</td><td>科学原理</td></tr>
<tr><td>《宇宙的边疆》</td><td>卡尔·萨根</td><td>美国</td><td>科学原理</td></tr>
<tr><td>《天文学上的旷世之争》</td><td>关增建</td><td>中国</td><td>科学史</td></tr>
</table></td></tr>
<tr><td>课程标准</td><td colspan="4">本单元属于《普通高中语文课程标准》(2017 年版 2020 年修订)所划分的 18 个学习任务群中的第十二个——科学与文化论著研习。综合课程标准中该任务群“学习目标与内容”和“教学提示”的具体内容，该任务群的研习目标主要应聚焦如下三方面：
1. 学科核心素养培养方面：聚焦“思维的发展与提升”。本任务群重在指导学生在研习文本的过程中学习体验概括、归纳、实证等科学思维方法，把握科学论著观点明确、逻辑严密、语言准确精练等特点。本单元三篇文章均为自然科学类论著选文，是培养学生的科学态度和创新精神的典范文本。
2. 文本阅读能力建构方面：聚焦自然科学论著阅读能力。本任务群研习自然科学论文和著作，旨在引导学生体会和把握此类文章表达的特点，提高阅读、理解此类文章的能力，以开阔学生视野，培养学生求真务实的科学态度和探索创新的精神。因此，本单元文本的研习，应基于必修下册第三单元“自然科学、社会科学知识性读物的研习”和选择性必修中册第一单元“社会科学论文的研习”，通过抓住关键概念、梳理逻辑推理过程、理解重要语句意思，促进学生进一步建构起科学论著阅读的一般方法。</td></tr>
</table>

<table>
<tr><td rowspan="1">单元内容</td><td>课程标准</td><td colspan="2">3. 单元教学方式的选用方面：聚焦专题研习的交流和讨论。教师创设专题研习情境，组织学生交流和讨论，分享学习成果，研讨学习中遇到的问题。本单元的教学路径拟做如下设计：一是创设单元选文整合研习情境，以专题形式探究文本意蕴、剖析作者意图，引导学生从中感悟科学论著中体现的科学态度和科学精神，激发科学探索的兴趣；二是创设单元选文拓展情境，推荐并阅读相关自然科学论著，便于学生了解科学论著的学术价值和现实意义，发展科学思维，促进此类文本阅读能力的提升</td></tr>
<tr><td rowspan="5">基础条件</td><td rowspan="4">资源基础</td><td>资源名称</td><td>功 能</td></tr>
<tr><td>黑板</td><td>板书课时核心问题；板书学生文本研习过程中发现、生成和反思提炼的必备知识、关键能力及方法、路径要点</td></tr>
<tr><td>教材、学案及助读资料</td><td>提供核心问题教学四个环节中学生阅读探究、交流讨论与理解知识、生成能力所需的必要载体与辅助材料</td></tr>
<tr><td>PPT</td><td>出示课时核心问题和四个环节的研习活动内容及相关要求，提供科普文阅读所需的一般原则与技巧</td></tr>
<tr><td>学生基础</td><td colspan="2">文体阅读能力基础：学生在高一和高二阶段已经学习了同属于“科学与文化论著研习”任务群的两个单元：一是必修下册第三单元“自然科学和社会科学知识性读物的研习”，二是选择性必修中册第一单元“社会科学论文的研习”。本单元是对这两个单元学习的延伸、拓展、提高和深化。因为学生已经积累了阅读研习科学论著选文的经验；同时，通过选择性必修上册第四单元“逻辑的力量”的学习，也锤炼了学生更高的科学思维能力。这阅读研习经验和思维能力为顺利达成本单元自然科学论著选文的阅读研习目标提供了基础和保障。
文本阅读心理基础：由于必修下册第三单元和选择性必修中册第一单元所选文本均属社会科学论著，本单元所选文本则为自然科学论著，因而学生对本单元的文本通常会有一种明显的陌生感。再加上自然科学与社会科学研究目的和方法不同，阅读的技巧也有不同，客观上增加了阅读难度。其次，尽管已是高三，但许多学生对严谨严肃的自然科学类文章存在一种不自觉的排斥心理，很难沉下心去阅读文本、理解文本，学有余力的学生应该能够读懂《宇宙的边疆》和《天文学上的旷世之争》，却很难对《自然选择的证明》产生兴趣，难以理解概念和长句子，基础较弱的学生更容易产生畏难情绪，自然很难主动去开展文本的深入研习</td></tr>
<tr><td>单元大概念及下层结构</td><td colspan="3">单元名称：自然科学论著阅读
核心大概念：自然科学论著选文的阅读
特征化表达：立足求真务实的科学态度和科学精神研习单元自然科学论著选文，认识其讲求逻辑、理性和实证的科学思维，探究自然科学论著选文阅读的一般方法。
概念结论类：自然科学论著选文的阅读方法
特征化表达：自然科学论著选文的阅读通常需要通过抓住关键概念、梳理逻辑推理过程、理解重要语句含义等来推进，这个推进过程中就蕴含着阅读科学论著的一般方法。
思想方法类：逻辑推理、理性实证</td></tr>
</table>

续表

<table>
<tr><td rowspan="8">单元大概念及下层结构</td><td colspan="6">特征化表达：自然科学论著记录的是人类对自然的追问和对真理的探求，表达的科学严谨是其基本特征，因而阅读时需体会理性和逻辑之美，认识其推理和实证之严，以发展科学思维，提升思维能力。
价值观念类：科学态度、科学精神
特征化表达：自然科学论著的阅读需要在探究文本意蕴、剖析作者意图的研习过程中，感悟其中体现的科学态度和科学精神，激发科学探索的兴趣，涵养科学素养</td></tr>
<tr><td rowspan="2">课时</td><td colspan="2">课时大概念</td><td colspan="3">课时概念梳理</td></tr>
<tr><td>简略化表达</td><td>特征化表达</td><td>概念结论（小概念）</td><td>思想方法</td><td>价值观念</td></tr>
<tr><td>1</td><td>理解科学概念</td><td>科学论著表达作者认知的基本逻辑单位是概念，因而理解文中重要概念和厘清概念间的关联是有效阅读此类文本的前提</td><td>内涵、外延</td><td>抽象、概括</td><td>概念是科学理论的精确提炼</td></tr>
<tr><td>2</td><td>梳理科学思路</td><td>科学论著讲求推理的严密、思维的严谨，因而梳理文本的行文思路是快速而准确地把握此类文本思想内容的重要途径</td><td>时空、逻辑</td><td>横向、纵向</td><td>科学理论需要科学形式呈现</td></tr>
<tr><td>3</td><td>把握科学观点</td><td>科学论著是作者用以阐述对某一科学对象的观点的文体，因而基于观点的把握，理解其中蕴涵的科学精神和理性哲思是阅读此类文本核心目的</td><td>立场、看法</td><td>归纳、演绎</td><td>务实态度求真精神创新勇气</td></tr>
<tr><td>4</td><td>赏析科学语言</td><td>科学论著承载着普及科学知识、启蒙科学思想的功能，科学性和文学性是其语言的基本特征，因而赏析其语言是研习此类文本的重要阅读任务</td><td>长句、难句</td><td>语理、逻辑</td><td>科学理论需严谨的语言传递</td></tr>
<tr><td>5</td><td>学习科学表达</td><td>科学论著具有引导读者认识科学、理解科学、感知科学精神内涵等文本价值，尝试科学小论文的写作有助于学生内化此类文本的上述价值</td><td>摘要、论文</td><td>演绎、赋型</td><td>理论对实践具有指导意义</td></tr>
</table>

续表

<table>
<tr><td>单元教学目标</td><td colspan="3">参与单元自然科学论著选文的研习活动，完整经历理解科学概念、梳理科学思路、把握科学观点、赏析科学语言、学习科学表达的研读过程（思维发展与提升 3-2、语言建构与运用 5-3），由此准确把握作者的写作意图和理解文本深层的科学意蕴（思维发展与提升 4-2），完整掌握阅读自然科学论著选文的基本方法（思维发展与提升 5-2），进而深化对求真务实的科学态度和科学精神体会和认知，进一步涵育科学探索的兴趣（审美鉴赏与创造 3-4、文化传承与理解 5-4）</td></tr>
<tr><td>单元核心问题及问题分解</td><td colspan="3">核心问题：
整合研习单元自然科学论著选文，通过文本概念的理解、思路的梳理、观点的把握和语言的赏析等序列化解读活动，探究自然科学论著选文阅读的基本方法。
问题解析：
在高中语文文体分类中，科学论著选文属于实用类文本范畴。实用类文本由于体裁的不同，往往有着不同的基本文体特征，因而要快速而准确地解读，就必须依循其文体特征，采用相应的阅读路径和方法。自然科学论著因其是依托科学的概念、严密的逻辑推理和严谨的语言来向读者普及科学知识、启蒙科学思想的，所以阅读其选文必须基于文本概念、思路、观点、语言的理解、梳理、把握和赏析来推进，并在此基础上助力学生建构起阅读此类文本的一般方法</td></tr>
<tr><td rowspan="6">课时划分</td><td>课时</td><td>课时大概念</td><td>课时核心问题</td></tr>
<tr><td>第一课时</td><td>理解科学概念</td><td>速读单元选文，抓住关键概念探讨各文本逻辑推理过程</td></tr>
<tr><td>第二课时</td><td>梳理科学思路</td><td>细读单元选文，理清行文思路简要概述各文本主要内容</td></tr>
<tr><td>第三课时</td><td>把握科学观点</td><td>研读单元文本，把握基本观点探究文本意蕴及现实意义</td></tr>
<tr><td>第四课时</td><td>赏析科学语言</td><td>赏读选文语言，探析科学论著语言的中逻辑与思维之美</td></tr>
<tr><td>第五课时</td><td>学习科学表达</td><td>尝试主题写作，撰写“中国精神”科学类书籍推介稿</td></tr>
<tr><td>教学评价</td><td colspan="3">一、关于大概念生成理解的评价预设
1. 概念结论类大概念
（1）就“自然科学论著选文的阅读”这一单元核心大概念统摄下概念结论类大概念（自然科学论著选文的阅读方法）及相应的“理解科学概念”“梳理科学思路”“把握科学观点”“赏析科学语言”“学习科学表达”等课时大概念在统整和规范教与学上的实际效用进行综合评价。
（2）在单元科学论著类选文的研习活动中，针对学生基于单元各类大概念进行文本研习的具体情况施以引导性评价。
2. 思想方法类大概念
在单元文本的研习全过程中，就学生对文本关键概念的抽象与概括的理解、文本行文顺序的横向与纵向的梳理、作者观点中蕴含的归纳与演绎思维的把握、科学论著语言的语法或语义进行理性赏析等的达成程度进行定向检测评价。
3. 价值观念类大概念
在单元选文的研习和单元三类作业的完成过程中，就学生对自然科学论著中关键概念、行文思路、主要观点等与科学理论之间关联的体悟情况施以过程性评价。</td></tr>
</table>

续表

<table>
<tr><td>教学评价</td><td colspan="7">二、关于单元素养目标达成的评价
1. 就学生参与单元自然科学论著选文概念的理解、思路的梳理、观点的把握、语言的赏析等研习过程中的具体表现进行点拨、激励和督促性评价。
2. 就学生探究单元自然科学论著选文的写作意图和深层意蕴的活动体验情况进行积极主动与否的定性评价。
3. 就学生掌握阅读自然科学论著类选文的基本方法和自然科学论著蕴含的求真务实的科学态度和科学精神的具体情况进行肯定或鼓励性评价。
三、关于三类单元作业完成的评价预设
将单元基础性作业、综合性作业和实践性作业在各课时中命制成具体的科学论著文本阅读题目并赋分，就学生对题目的解答情况进行赋分评价</td></tr>
<tr><td rowspan="4">单元作业</td><td>作业类型</td><td>作业目标</td><td>作业内容</td><td>作业情境</td><td>概念结论</td><td>思想方法</td><td>价值观念</td></tr>
<tr><td>基础性作业</td><td>能迁移运用单元自然科学论著选文研习所归纳提炼的阅读方法，对某一特定自然科学论著选文进行单一阅读任务的研读</td><td>从关键概念及关键概念之间的关联入手，研习把握某一指定自然科学论著选文，把握其主要内容</td><td>基于科学概念的理解快速把握一篇自然科学论著选文基本理论的真实文本研习情境</td><td>关键概念
基本理论</td><td>概括思维
阐释思维</td><td>科学品质
科学精神</td></tr>
<tr><td>综合性作业</td><td>能迁移运用单元自然科学论著选文研习所归纳提炼的阅读方法，对某一特定自然科学论著选文进行综合阅读任务的研读</td><td>就某一自然科学话题的不同论著选文进行整合比较研习</td><td>统一自然科学话题的不同论著选文综合阅读的阅读实践情境和文本观点异同探析的真实研习情境</td><td>整合阅读
比较阅读</td><td>聚合思维
辨异思维</td><td>科学品质
科学精神</td></tr>
<tr><td>实践性作业</td><td>能自觉运用自然科学论著选文研习所归纳提炼的阅读方法指导与现实紧密关联的科学阅读或写作实践，增进科学素养</td><td>在学校文学社举办“中国精神”专题报告会中，以“中国科学家身上的中国精神”为主题，写一篇关于某本科学类书籍的推介稿</td><td>自然科学论著主题活动中化读为写的真实实践探索情境</td><td>读写结合
以读导写</td><td>赋形思维
逻辑思维</td><td>科学品质
科学精神</td></tr>
<tr><td>反馈调整</td><td colspan="7">待单元教学完成之后，拟从单元教学设计、教学实施和作业设计三个方面进行反思总结，提出具体的优化措施</td></tr>
</table>

自然科学论著语言的逻辑和思维之美
——“求真务实”单元第四课时学教案

向柱文

一、教学分析设计

【内容分析】

统编高中语文教材选择性必修下册第四单元属于“科学与文化论著研习”学习任务群，这一单元人文主题是“求真求实”。《普通高中语文课程标准》（2017年版2020年修订）对“科学与文化论著研习”任务群提出了明确的学习要求：“研习自然科学和社会科学论文、著作，旨在引导学生体会和把握科学与文化论著表达的特点，提高阅读、理解科学与文化论著的能力，开阔视野，培养求真求实的科学态度和勇于探索创新的精神。”本单元所选自然科学论著三篇文章，都是典范的自然科学论著文。这些文章有的是专论，如《自然选择的证明》和《天文学上的旷世之争》；有的是科普性质的电视解说词，如《宇宙的边疆》。虽然内容不同，表述有异，但共同点是逻辑严密、论证严谨、说明清楚、理论性强，体现了自然科学论著语言的典型特点。因此，这节课的主要学习任务是引导学生赏析单元三篇自然科学论著选文的语言，以具体了解此类文本科学性和文学性相结合的语言特征，并归纳总结赏析自然科学论著类文本语言的一般方法；立足求真务实的科学态度和科学精神研习单元自然科学论著选文，认识其讲求逻辑、理性和实证的科学思维，探究自然科学论著选文阅读的一般方法。

【课时大概念】☞

概念类别	简略化表达	特征化表达
核心大概念	赏析科学语言	基于准确严谨的科学态度，依托语法和逻辑分析赏析单元三篇自然科学论著选文中的关键语言，进而归纳出赏析此类文本语言的一般方法
概念结论类	赏析科学语言的一般方法	科学论著承载着普及科学知识、启蒙科学思想的功能，科学性和文学性是其语言的基本特征，因而赏析其语言进而归纳出赏析的一般方法是研习此类文本的重要阅读任务
思想方法类	语法分析与逻辑分析	基于单元选文长句和结构复杂句子多的特点，精心设计把握句子的基本成分或结构层次等言语实践活动，以丰富学生语言建构与运用的经验

续表

概念类别	简略化表达	特征化表达
价值观念类	严谨生动的科学语言观	自然科学论著的语言的基本要求是准确严密地表达科学概念和理论，但同时也不乏生动活泼的因素。赏析自然科学论著的语言，有助于增进学生树立严谨而灵动的科学语言表达观念

【资源条件】☞

资源名称	功　能
黑板	板书课时核心问题；板书学生赏析文本语言获得的认知要点等
教材、学案及典型题例	提供课时核心问题教学四个环节中学生赏析文本语言所需的必要辅助资料
自制 PPT	出示课时核心问题和四个环节的赏析语句与具体要求及相应的语言赏析指导知识

【学生基础】☞

本节课的语言研习，建立在必修下册第三单元“自然科学和社会科学知识性读物的研习”和选择性必修中册第一单元“社会科学论文的研习”两个同质单元文本语言研习的基础之上。本节课的语言研习是对这两个单元语言学习的延伸、拓展、提高和深化。也就是说，高三这个阶段的学生对自然科学论著类文本的语言赏析已有一定的基础，并通过本学期论述类、实用类、文学类等文本阅读的复习积累了足够的语言赏析知识，也锤炼了更理想的语言赏析思维能力，但本单元的学习仍有一定的难度。首先自然科学论著与上述更偏向于社会科学论著的文本研究目的和方法不同，因而语言特征也就有所不同，自然赏析语言的方法和技巧也有区别，这就客观上增加了这节课的研习难度；其次，高中学生对严谨严肃的自然科学类文章阅读兴趣不够，很难沉心去阅读、理解文本，因而也就不容易感知和发现其语言的魅力。

【目标分析】☞

参与单元自然科学论著选文典型语言的赏析活动，完整经历浏览文本、圈画难懂语言、分析语言含义和“感性”语言表达效果等研习过程（语言建构与运用 4-4），由此准确认知自然科学论著语言的特征（审美鉴赏与创造 3-4），进一步掌握赏析此类文本语言的一般方法（思维发展与提升 3-3），进而领会科学类文本的语言严谨与生动之美（审美鉴赏与创造 4-5）。

【主题分析】☞

本节课聚焦单元所选三篇自然科学论文和著作选文语言的研习，旨在引导学生体会和把握此类文章表达的特点，提高阅读、理解此类文章语言的能力，以开阔视野，培养对此类文本严谨而生动的语言的认知和赏析能力。因此，本节课文本语言的研习，应基于必修下册第三单元“自然科学、社会科学知识性读物的研习”和选择性必修中册第一单元“社会科学论文的研习”的语言赏析积累，让学生从语法和逻辑两个维度重点赏析选文中的典型语句或片段来理解重要语句含义，感知自然科学论著类文本语言的逻辑和思维的魅力，进一步建构起科学论著文本语言赏析的一般方法。

基于上述分析，本课时的核心问题即拟定为：赏读单元三篇自然科学论著选文语言，探析自然科学论著语言的中逻辑与思维之美。

【评价预设】☞

（1）提出问题环节：针对学生进入单元三篇自然科学论著选文语言赏析读情境、领会课堂核心问题的情况进行整体引导性评价，为具体开展文本语言赏析进行铺垫。

（2）解决问题环节：就学生对三篇自然科学论著选文关键语句和段落的圈画判断、理解分析等进行点拨、指导和激励性评价，促进学生快速达到有效赏析的效果。

（3）反思提升环节：就学生基于本节课三篇自然科学论著选文语言赏析的体验总结、提炼此类文本语言赏析的一般方法的表现情况进行肯定和点拨性评价，对学生对文本语言的逻辑和思维之美的体验情况进行激励性评价，促进学生对科学文本语言的严谨性和生动性的深度理性认知。

（4）评价反馈环节：就学生完成课外自然科学论著选文语言赏析的情况进行定性和赋分评价，促进学生自然科学论著类文本语言理解和赏析能力的深度体验和提升。

二、教学实施设计

【教学环节】☞

教学环节	学生活动	教师活动	设计意图	技术融合
提出问题	观看视频，交流发言，初步感知自然科学论著语言的基本特点；明确课时核心问题，进入单元自然科学论著文本语言的赏析情境	1. 视频引入：观看国际大专辩论会“真理越辩越明/真理不会越辩越明”的辩论视频。思考：正反双方关于“真理”的阐述语言有什么特点？ 2. 提出核心问题：赏读单元三篇自然科学论著选文语言，探析自然科学论著语言的中逻辑与思维之美	以精彩视频引入，促进思考和认知，创设语言赏析体验情境，激发语言赏析兴趣，明确学习核心任务	1. 视频：播放经典辩论赛； 2. PPT 出示视频观看任务和课时核心问题
解决问题	阅读指定段落，欣赏分析达尔文否定“特创论”的语言，初步感知自然科学论著语言的思维和逻辑之美	出示活动 1:《自然选择的证明》证明“自然选择学说”的过程中，始终否定“特创论”。达尔文否定“特创论”谬误，语言有哪些特点？ 指导阅读，例析、点拨	定向阅读感知，定点欣赏分析，促进学生快速进入自然科学论著语言赏析体验情境	PPT 出示单元自然科学论著文本语言赏析的具体活动和相关要求以及其他文献资料中对相关文段语言解读与赏析的典型范例

续表

教学环节	学生活动	教师活动	设计意图	技术融合
解决问题	比较阅读，思考讨论并交流对“感性”语言在自然科学论著文本中的表达效果的理解，初步认识此类文本严谨和生动的语言特征	出示活动2：同样是表述“地球的宝贵”，甲段文字“感性”，乙段文字“理性”。请结合两段文字，分析“感性”的语言是否会影响理性的表达。 指导分析，点拨、评价	在语言的比较赏析中加深对自然科学论著语言的认知，促进对此类文本中语言的理性与感性价值的理解	
	赏析语段语言特点，深化对自然科学论著语言的理解和认识	出示活动3：以《天文学上的旷世之争》最后一段为例，赏析语言特点。 指导赏析，出示参考	通过定点开放性语言赏析体验，促进对自然科学论著语言的深度认知	
反思提升	立足本节课的语言鉴赏体验总结提炼自然科学论著类文章语言赏析的一般方法。 基于这三篇选文语言的赏析，总结科学类文本语言之美的呈现形式	引导学生反思本节课关于三篇自然科学论著选文语言的赏析过程，总结、提炼此类文本语言赏析的一般方法及自然科学论著语言的严谨与生动、思维和逻辑之美的常见呈现形式	促进学生在总结反思活动中深化对自然科学论著语言的认知和对此类文本语言之美的理解	PPT 出示反思活动要求及专家学者关于自然科学论著语言之美的论断
评价反馈	按要求完成语言赏析检测题并进行展示交流或对展示交流的情况进行口头评价	出示评价题：从本单元三篇自然科学论著选文中任一处课堂上尚未赏析的典型语句，从内容和形式两个维度进行书面理解赏析	检测课时目标达成情况，以进一步强化学生对自然科学论著语言赏析方法和语言之美的理解和认知	PPT 出示评价反馈检测题和口头评价标准

【板书设计】☞

自然科学论著语言的逻辑和思维之美

核心问题：赏读单元三篇自然科学论著选文语言，探析自然科学论著语言的中逻辑与思维之美。

选文	语言	逻辑与思维之美	
《自然》	长句	长句之型、长句之理、长句之美	严谨与生动
《天文》	论述	钩玄提要、由表及里、阐幽发微	
《宇宙》	断句	结构明了、句意明晰、简洁明快	

（其余根据课堂实际生成）

【课后服务】☞

课时作业的结构化设计：

作业序号	作业目标	作业情境		概念结论		思想方法		价值观念		整体评估	
		内容	水平	内容	水平	内容	水平	内容	水平	内容	水平
1	检测学生运用自然科学论著语言赏析的一般方法快速理解和评析同类文本语言的能力	自然科学论著语言理解和评析的真实学习情境	简单	自然科学论著语言的理解与评析	语言建构与运用2	演绎与发散	思维发展与提升2	内容与形式相结合	文化传承与理解1	基础性作业	学业质量水平1-2
2	检测学生从语言形式和表达方式等维度赏析自然科学论著文本语言逻辑和思维之美的能力	自然科学论著语言的逻辑和思维之美的真实探索情境	较复杂	自然科学论著语言之美的探究	语言建构与运用3	分析与综合	思维发展与提升3		文化传承与理解3	综合性作业	学业质量水平3-2
3	引导学生运用自然科学论著语言知识进行主题实用短文写作，增进自然科学文章的读写热情	自然科学论著类主题实用短文的真实写作实践情境	复杂	自然科学论著类主题短文的写作	语言建构与运用5	演绎与赋形	思维发展与提升4	理论与实践相结合	文化传承与理解5	实践性作业	学业质量水平4-3
课时作业总体评估	本节课在解决问题环节以单元整合教学形式指导学生集中朗读了本单元四首古诗词，并基本达到了熟读成诵的程度，在总结感知自然科学论著语言的思维和逻辑之美、认识此类文本严谨和生动的语言特征以及对自然科学论著语言的深化理解和认识的感性体验的基础上，在反思提升环节总结出了自然科学论著类文章语言赏析的一般方法。因而在评价反馈环节设计了基础性、综合性和实践性三类作业。其中基础性作业为“从本单元三篇自然科学论著选文中任一处课堂上尚未赏析的典型语句，从内容和形式两个维度进行书面理解赏析”，以检测学生课堂自然科学论著文本语言赏析学习活动中生成的语言鉴赏方法、技巧的课内运用能力；综合性作业为“从语言形式和表达方式等维度赏析2023年高考语文甲卷中自然科学论著阅读文本语言的逻辑和思维之美”，以检测学生课堂自然科学论著文本语言赏析学习活动中生成的语言鉴赏方法、技巧的迁移运用能力；实践性作业是“请以‘践行科学精神’为主题，向全校师生发出倡议，展现你的认识与思考，并提出你的希望与建议”，检测学生运用自然科学论著语言知识进行主题实用短文写作的实践能力，以促进学生对自然科学的深度认知和热爱。本节课三类作业设计基本遵循了由感性到理性，由语句到篇章，由赏析到创作的知识能力内化规律，具有明显的结构化表征，应该能较好地检测学生自然科学论著语言理解和品鉴能力的达成实情，并能进一步促进学生对自然科学论著语言的思维和逻辑之美的认知										

（具体的作业内容略）

【教学流程】☞

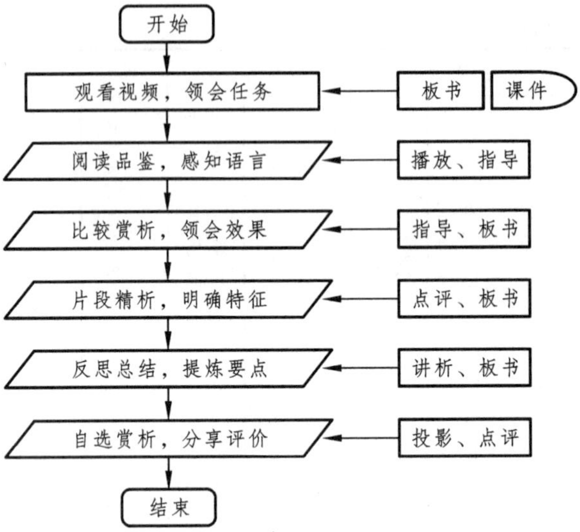

三、教学评价设计

【评价实施】☞

（1）课堂教学四个环节的推进过程中，一方面主要是立足课前依据学情和学习内容拟定的“评价预设”，就学生在各学习环节中参与相应的自然科学论著选文语言赏析活动的表现情况进行引导性评价，以促进学生学习体验行为更加有效；另一方面又注重捕捉学生在各学习活动中的临时生成性表现，并进行针对性评价以鼓励或纠偏，从而较好地保障了学生学习体验的有序和高效。

（2）为检测学生课堂自然科学论著选文语言思维的逻辑之美学习体验的实际效果，在“评价反馈”环节结合课堂学习内容设计了基础性、综合性和实践性三类有梯度的课时作业（评价工具），然后对学生的完成情况进行了等级评价和赋分评价，并依据这两类评价数据来分析判断学生本节课的学习体验实效，力求达成以评促学的评价目的。

【信息搜集】☞

为真实完整地了解本节课素养目标的达成情况，在“评价反馈”环节布置了三个具有明显梯度的检测题目，课后第一时间收齐了全班学生在课内完成的“基础性作业”（请从《自然选择的证明》《天文学上的旷世之争》和《宇宙的边疆》三篇自然科学论著选文中任一处课堂上尚未赏析的典型语句，从内容和形式两个维度进行书面理解赏析），并进行了完成质量等级评价和详细统计分析。

【反馈调整】☞

根据核心问题课堂教学实施的四个环节的具体情况来看，这节课总体上较为理想地达成了预期素养目标，但在解决问题的第二个学习活动——“请结合两段文字，分析‘感性’的语言是否会影响理性的表达”，学生的体验不够聚焦，赏析理解过于宽泛，甚至有漫无边际之感。

课后反思后发现，主要原因是活动指令欠具体，即没有界定从什么样（或者哪些）角度去分析感性语言与理性表达之间的相辅相成、互为补充的关系。所以，在课堂学习活动的设计中务求做到指向明确，指令具体，为学生的学习行为搭桥递梯，以确保有助于高效促进学生进行深度的学习体验。

大概念核心问题教学文化评价表

课时名称：自然科学论著语言的逻辑和思维之美。

所属单元：统编高中语文选择性必修（下）第四单元。

单元核心大概念：自然科学论著选文的阅读。

单元核心问题：整合研习单元自然科学论著选文，通过文本概念的理解、思路的梳理、观点的把握和语言的赏析等序列化解读活动，探究自然科学论著选文阅读的基本方法。

课时大概念：赏析科学语言（科学论著承载着普及科学知识、启蒙科学思想的功能，科学性和文学性是其语言的基本特征，因而赏析其语言是研习此类文本的重要阅读任务）。

课时核心问题：赏读单元三篇自然科学论著选文语言，探析自然科学论著语言的中逻辑与思维之美。

<table>
<tr><th rowspan="2">评价目标</th><th colspan="3">评价指标</th><th rowspan="2" colspan="2">评价
方法结果</th></tr>
<tr><th>一级指标</th><th>二级指标</th><th>三级指标</th></tr>
<tr><td rowspan="20">实现活动体验中的学习与素养发展</td><td rowspan="12">具有大概念核心问题教学形态</td><td rowspan="3">核心问题利于活动体验</td><td>内含客观问题和学生活动方式</td><td>8</td><td rowspan="12">每项指标最高评8分（满分为96分）

合计 92 分</td></tr>
<tr><td>问题情境与真实生活密切相关</td><td>7</td></tr>
<tr><td>能引发大概念、新知新法生成</td><td>7</td></tr>
<tr><td rowspan="3">教学目标价值引导恰当</td><td>目标构成全面准确</td><td>8</td></tr>
<tr><td>内含关联体验目标</td><td>8</td></tr>
<tr><td>目标价值引导显现</td><td>8</td></tr>
<tr><td rowspan="3">教学环节完整合理落实</td><td>课程教学环节完整</td><td>8</td></tr>
<tr><td>环节内容合理充实</td><td>8</td></tr>
<tr><td>学生活动时间充分</td><td>8</td></tr>
<tr><td rowspan="3">教学要素相互匹配促进</td><td>问题目标环节两两匹配</td><td>7</td></tr>
<tr><td>技术促进活动形式内容</td><td>7</td></tr>
<tr><td>课程特色突出氛围浓郁</td><td>8</td></tr>
<tr><td rowspan="8">具有大概念核心问题教学特质</td><td rowspan="4">拓展学习视野</td><td>课堂与现实世界有恰当关联</td><td rowspan="8" colspan="2">选择一个表现突出的二级指标，在相应三级指标引导下，以现场学生表现为主要依据，以其余指标为背景，于本表的第二页写出150字以上的简要评价</td></tr>
<tr><td>有基于缄默知识的问题解决</td></tr>
<tr><td>有缄默知识运用的追踪剖析</td></tr>
<tr><td>知识运用剖析导向素养发展</td></tr>
<tr><td rowspan="4">投入实践活动</td><td>有真实而且完整的实践活动</td></tr>
<tr><td>实践活动深度融入两类情境</td></tr>
<tr><td>能够全身心地浸渍于活动中</td></tr>
<tr><td>活动的内容结果均丰富深入</td></tr>
</table>

续表

<table>
<tr><td rowspan="2">评价目标</td><td colspan="3">评价指标</td><td rowspan="2">评价
方法结果</td></tr>
<tr><td>一级指标</td><td>二级指标</td><td>三级指标</td></tr>
<tr><td rowspan="15">实现活动体验中的学习与素养发展</td><td rowspan="15">具有大概念核心问题教学特质</td><td rowspan="4">感受意义关联</td><td>有核心问题的深层意义感受</td><td rowspan="15"></td></tr>
<tr><td>有以知识为中心的关联感受</td></tr>
<tr><td>有以个人为中心的关联感受</td></tr>
<tr><td>有对三类大概念的关联感受</td></tr>
<tr><td rowspan="4">自觉反思体验</td><td>有实质性反思活动的开展</td></tr>
<tr><td>有课堂新因素的追踪利用</td></tr>
<tr><td>有体验的交流与改善重构</td></tr>
<tr><td>有概念生成中的素养发展</td></tr>
<tr><td rowspan="4">乐于对话分享</td><td>乐于自我的表达与认真的倾听</td></tr>
<tr><td>乐于合作中成果与思路的分享</td></tr>
<tr><td>乐于成果交流中深层意义分享</td></tr>
<tr><td>有宽容的对话氛围和双向交流</td></tr>
<tr><td rowspan="3">认同素养评价</td><td>认可素养评价</td></tr>
<tr><td>参与素养评价</td></tr>
<tr><td>利用素养评价</td></tr>
<tr><td colspan="5">大概念核心问题教学特质的简要评价（包括发展性建议）:
这节课在大概念核心问题教学实质方面表现得最为理想的是“乐于对话分享”。这在“解决问题”环节的第三个学习活动中最为凸显。该活动的内容和要求为“以《天文学上的旷世之争》最后一段为例，赏析语言特点”。学生在独立阅读，圈点勾画，思考书写之后，自觉将自己的赏析结果在小组中进行思路清晰的交流讨论。在小组代表交流时，各小组代表在分享本小组代表性赏析结果时表达流畅、自信满满；其他同学则认真倾听，或频频点头以示认可，或举手发言质疑。小组内成员之间，小组间同学之间双向交流热烈而充分，对话氛围和谐宽容。在这种理想的赏析成果交流分享活动中全班学生都获得了对自然科学论著类文本语言的思维和逻辑之美的深层理解和认知</td></tr>
</table>

大概念核心问题教学素养目标点检测表

<table>
<tr><td>课时名称</td><td colspan="3">自然科学论著语言的逻辑和思维之美</td></tr>
<tr><td>所属单元</td><td colspan="3">统编高中语文选择性必修（下）第四单元</td></tr>
<tr><td rowspan="3">单元大概念</td><td>核心大概念</td><td colspan="2">自然科学论著选文的阅读</td></tr>
<tr><td>概念结论类</td><td>思想方法类</td><td>价值观念类</td></tr>
<tr><td>自然科学论著选文的阅读方法</td><td>逻辑推理
理性实证</td><td>科学态度
科学精神</td></tr>
</table>

续表

<table>
<tr><td>单元核心问题</td><td colspan="3">整合研习单元自然科学论著选文，通过文本概念的理解、思路的梳理、观点的把握和语言的赏析等序列化解读活动，探究自然科学论著选文阅读的基本方法</td></tr>
<tr><td rowspan="2">课时大概念</td><td>概念结论类</td><td>思想方法类</td><td>价值观念类</td></tr>
<tr><td>长句、难句</td><td>语理、逻辑</td><td>科学理论需严谨的语言传递</td></tr>
<tr><td>课时核心问题</td><td colspan="3">赏读单元三篇自然科学论著选文语言，探析自然科学论著语言的中逻辑与思维之美</td></tr>
<tr><td>课时素养目标</td><td colspan="3">参与单元自然科学论著选文典型语言的赏析活动，完整经历浏览文本、圈画难懂语言、分析语言含义和“感性”语言表达效果等研习过程（语言建构与运用 4-4），由此准确认知自然科学论著语言的特征（审美鉴赏与创造 3-4），进一步掌握赏析此类文本语言的一般方法（思维发展与提升 3-3），进而领会科学类文本的语言严谨与生动之美（审美鉴赏与创造 4-5）</td></tr>
<tr><td>检测点</td><td colspan="3">自然科学论著类文本语言赏析的一般方法与准确而深入地赏析认知自然科学类文本语言的思维和逻辑之美之间的关联的体验</td></tr>
<tr><td>检测任务</td><td colspan="3">请从《自然选择的证明》《天文学上的旷世之争》和《宇宙的边疆》三篇自然科学论著选文中任一处课堂上尚未赏析的典型语句，从内容和形式两个维度进行书面理解赏析</td></tr>
<tr><td rowspan="4">分类标准</td><td colspan="3">A. 选句十分典型，两个赏析维度呈现充分，赏析表述精当流畅</td></tr>
<tr><td colspan="3">B. 选句较为典型，两个赏析维度呈现清晰，赏析表述准确通畅</td></tr>
<tr><td colspan="3">C. 选句基本典型，两个赏析维度呈现清楚，赏析表述完整通顺</td></tr>
<tr><td colspan="3">D. 选句不够典型，两个赏析维度呈现模糊，赏析表述拉杂紊乱</td></tr>
<tr><td rowspan="5">检测统计</td><td>分类等级</td><td>学生人数</td><td>百分比（%）</td></tr>
<tr><td>A</td><td>9</td><td>15.79</td></tr>
<tr><td>B</td><td>21</td><td>36.84</td></tr>
<tr><td>C</td><td>24</td><td>42.11</td></tr>
<tr><td>D</td><td>3</td><td>5.26</td></tr>
<tr><td>检测分析及结果运用</td><td colspan="3">上面基础性作业的检测统计数据表明，本节课较为理想地达成了单元及课时素养目标。全班共 57 名学生，有 9 人能做到在单元三篇文章中筛选出十分具有典型性的语句，且能准确理解所选句子的含义（内容）并判断出句子所使用的表达技巧（形式），而且能精当而流畅地书面表达出自己的赏析结果；有 21 名学生能选出比较具有典型性的语句进行赏析，对所选语句的含义和技巧的理解判断准确到位，对自己赏析结果的表达也准确通畅。这说明他们在课堂学习活动中活动充分，体验到位。通过本节课学习，获得了自然科学论著类文本语言的赏析能力的切实提升。有 24 名同学所选语句虽不是最为典型的，但也都能从内容和形式两个方面进行完整的赏析，而且赏析结果的书面表达也能做到完整通顺。这部分学生通过进一步的针对性强化训练是很快能进入 B 类行列的。3 名学生选句缺乏典型性，赏析思路紊乱，书面语言表达欠佳，其原因除课堂学习活动的参与度不高，体验不深入外，主要是他们语文科阅读和写作基础不够理想，比较缺乏语言的感知判断和表达能力。数据是硬道理，总体而言，这节课较好地达成了单元和课时素养目标，教学实效是符合预期的</td></tr>
</table>

续表

素养目标达成典型实例	《宇宙的边疆》中两处语句的赏析： 巧用修辞，善用比喻、拟人、排比等手法，形象生动。如“我们已经开始向大海涉足，当然，海水才刚刚没及我们的脚趾，充其量也只不过溅湿我们的踝节”，用比喻形象生动地阐述了人与海洋的密切关系：海洋是生命的诞生之地。再如“其中有些是孤独的徘徊者，大部分则群集在一起，挤作一团，在大宇宙的黑夜里不停地飘荡”，用拟人手法，形象生动亲切，能够让读者更加深刻地想象到这些星系的存在状态。 〖点评〗该同学所选的两个语句是自然科学论著类文本中以感性语言表达理性知识的典型语句。这个书面赏析着眼于所选语句的形式——所用修辞手法和内容，判断精准理解透彻，表达精当，用语流畅：堪称自然科学论著文本语言赏析的范例
检测反馈	从上述学生在课堂学习活动中完成评价反馈环节的基础性作业的情况以及课后完成综合性和实践性作业的情况来看，本节课几个学习活动的设计和实施是合理且有良好效果的，较好地助力了单元及课时素养目标的达成。这表明，在高中语文新教材的实施过程中，自觉运用大概念的核心问题教学进行单元文本的整合教学确实有助于高效实施教材，实现课程目标，促进学科核心素养的落实，最终实现学生语言、思维、文化和审美能力的更好生成

普通高中新教材实施的大概念核心问题教学研究（一）

数学

总主编 ◎ 米云林

主　编 ◎ 董蜀章　张　翼

西南交通大学出版社

·成　都·

图书在版编目（CIP）数据

普通高中新教材实施的大概念核心问题教学研究. 一 2 数学 / 米云林总主编 ；董蜀章，张翼主编. --成都：西南交通大学出版社，2025. 2. --ISBN 978-7-5774-0326-7

Ⅰ. G633

中国国家版本馆 CIP 数据核字第 2025CY3689 号

Putong Gaozhong Xinjiaocai Shishi de Dagainian Hexin Wenti Jiaoxue Yanjiu （yi）

普通高中新教材实施的大概念核心问题教学研究（一）

总主编／米云林

语文　**主　编**／向柱文　郑　芸

数学　**主　编**／董蜀章　张　翼

英语　**主　编**／舒启慧　王学龙

策划编辑／罗小红　余崇波

责任编辑／居碧娟　何明飞　孟　媛

责任校对／左凌涛

封面设计／墨创文化

西南交通大学出版社出版发行

（四川省成都市金牛区二环路北一段 111 号西南交通大学创新大厦 21 楼　610031）

营销部电话：028-87600564　028-87600533

网址：https://www.xnjdcbs.com

印刷：成都勤德印务有限公司

成品尺寸　185 mm × 260 mm

总 印 张　54.75　总字数　1370 千

版　　次　2025 年 2 月第 1 版　印次　2025 年 2 月第 1 次

书　　号　ISBN 978-7-5774-0326-7

套价（全 3 册）　288.00 元

目　录

“函数基本性质”单元教学

“函数基本性质”单元
大概念的核心·问题教学单元规划纲要

学科 数学 教师 卢中华 龙跃文 史棚林

<table>
<tr><td>年级</td><td>高一</td><td>单元名称</td><td>函数基本性质</td><td>单元课时</td><td>7 课时</td></tr>
<tr><td rowspan="2">单元内容</td><td>教材内容</td><td colspan="4">函数是刻画现实世界客观事物关系的模型，可以通过研究函数基本性质来探索客观事物之间的关系. 函数作为贯穿高中数学课程的主线，在整个高中数学教材中占有较大的比重.
新旧版本教材在知识结构等各方面的异同.
在内容分布上，新旧版本教材在“函数基本性质”内容上保持一致，知识点并无增加或删改，变化在章节的编排上. 旧版的“函数的基本性质”这一部分内容分布在第一章，而新版的“函数基本性质”这一部分内容分布在第三章函数概念与性质第二节的内容，包括函数的单调性、函数的最值和函数的奇偶性等知识.
在知识呈现方式上，新版的表述更为准确，比如在引导学生对函数的性质进行探究时，新旧版本的表述方式也有所不同. 旧版的表述是“函数在什么时候递增或递减”，而新版的表述是“随着自变量的增大函数值是增大还是减小”.
本单元主要运用几何直观和代数运算和研究，首先借助函数图象对其性质定性描述，在此基础上进行利用数量特征定量刻画；借助数学符号语言形成函数性质的定义；探究形成研究函数性质的一般方法与过程：具体函数—图象特征—数量刻画—符号语言—抽象定义—性质判定，也充分体现了特殊到一般、数形结合等研究方法. 这种研究函数性质的方法贯穿于整个函数的数学学习，也能将学习函数的最值、周期性等也纳入“函数性质”这个大单元中</td></tr>
<tr><td>课程标准</td><td colspan="4">借助函数图象，会用符号语言表达函数的单调性、最值、理解其作用和实际意义；结合具体函数，了解奇偶性的概念和几何意义；结合三角函数，了解周期性的概念和几何意义.
能利用图形与图形、图形与数量的关系理解函数的基本性质并类比运用推理，正确使用符号语言清晰刻画函数的性质，理解函数性质是刻画客观世界中的变化规律，重点提升数学抽象、数学运算、直观想象、逻辑推理素养</td></tr>
<tr><td rowspan="5">基础条件</td><td rowspan="5">资源基础</td><td colspan="2">资源名称</td><td colspan="2">功能</td></tr>
<tr><td colspan="2">黑板</td><td colspan="2">板书核心问题、单调性概念、发言重点与总结</td></tr>
<tr><td colspan="2">教材、学案</td><td colspan="2">提供核心问题教学各环节中自主探究与生成的环节与思维空间</td></tr>
<tr><td colspan="2">网络画板</td><td colspan="2">方便作函数图象，便于学生直观观察，获取函数单调性的深刻印象，从而突破函数单调性定义、函数性质综合运用的难点</td></tr>
<tr><td colspan="2">PPT</td><td colspan="2">出示核心问题；提供全班交流时所需部分结果；出示评价反馈练习等内容</td></tr>
</table>

<table>
<tr><td>基础条件</td><td>学生基础</td><td colspan="7">学生在初中已经学习过函数的概念，初步认识到函数是一个刻画事物运动变化关系的数学模型（几何直观、定性描述）；进入高中后，又进一步学习了函数的概念，认识到函数是两个数集之间的一种对应关系．了解了函数的三种表示方法，特别是具备了可以借助图象直观得出函数部分性质的能力，有了利用函数图象进行两个数大小比较的经验（几何直观、定性描述）；能够通过具体函数解析式，找到自变量和函数值之间的变化关系（简单定量刻画），但在图形语言、自然语言、符号语言的相互转换中无法准确描述函数的变化规律（数学抽象、定性描述到定量刻画），尤其在符号语言描述中，对“任意”“都有”等涉及无限取值的语言的理解和运用还存在困难．高一学生通过前两章集合与简易逻辑、不等式与方程依据函数概念的学习，对数学抽象、符号语言转化及逻辑推理又有新的认知和提升，具备研究函数性质的知识和能力．
为了让学生理解函数性质用数学符号语言描述的抽象概况，获得对前述完整、科学探究过程的尝试体验，可以利用网络画板软件作出函数图象，便于学生直观观察，从具体到抽象获取函数性质的深刻印象，深度体验图形语言、自然语言及符号语言在相互转化中的关联．为此，将“借助网络画板作图”“利用符号语言”描述变化规律拟定为本单元核心问题中的学生活动</td></tr>
<tr><td colspan="2">单元大概念及下层结构</td><td colspan="7">单元名称：函数基本性质
单元核心大概念：在普遍联系观、对立统一观的引导下，利用“归纳实例、抽象概念-数形结合、探究性质-运用性质、解决问题”这一基本研究思路和方法用于研究函数的性质，包括单调性、奇偶性、最值等．
概念结论类：函数基本性质（含单调性、最值、奇偶性、周期性、对称性）．
大概念特征化表达：基于具体的数学情境，以研究函数概念和性质的一般方法为指导，抽象概括函数的单调性、奇偶性、最值等基本性质，用函数图象和代数运算的方法研究函数的性质，体会函数值随自变量变化的不变性就是函数的性质．
思想方法类：数形结合、数学抽象、直观想象、类比推理、归纳演绎．
大概念特征化表达：从具体的实例抽象出函数单调性、奇偶性、最值的概念，利用数 → 形，形 → 数的转化思想，研究具体函数的基本性质，并类比推理得到函数单调性、奇偶性、最值的精确描述．
价值观念类：普遍联系观、对立统一观（变化中的不变性/规律性）．
大概念特征化表达：在研究函数性质的活动中，体验因变量与自变量的关联；体验函数图象及性质之间的关联，体验研究某个函数性质与一般函数性质的一般方法和路径的普遍联系；体验函数变化中的不变性、规律性</td></tr>
<tr><td colspan="2" rowspan="3">单元大概念及下层结构</td><td rowspan="2">课时名称</td><td rowspan="2">课时</td><td colspan="2">课时大概念</td><td colspan="3">课时概念梳理</td></tr>
<tr><td>简约化表达</td><td>特征化表达</td><td>概念结论（小概念）</td><td>思想方法</td><td>价值观念</td></tr>
<tr><td>函数单调性</td><td>2</td><td>函数的单调性</td><td>在熟悉的函数模型的情境中，沿图形语言—自然语言—符号语言—应用的路径，从具体函数实例中归纳概括出函数单调性的准确定义，体会变化中的不变性，加深对对立统一、普遍联系观的理解</td><td>单调递增、增函数、单调递减、减函数、单调区间</td><td>数形结合、从特殊到一般、转化与化归</td><td>普遍联系观、变化中的规律性和不变性</td></tr>
</table>

续表

<table>
<tr><td rowspan="5">单元大概念及下层结构</td><td rowspan="2">课时名称</td><td rowspan="2">课时</td><td colspan="2">课时大概念</td><td colspan="3">课时概念梳理</td></tr>
<tr><td>简约化表达</td><td>特征化表达</td><td>概念结论（小概念）</td><td>思想方法</td><td>价值观念</td></tr>
<tr><td>函数最值</td><td>1</td><td>函数最值</td><td>函数最值即定义域中函数值的最大（小）值</td><td>最大值、最小值</td><td>数形结合、直观到抽象</td><td>变化中的规律性、不变性；整体与局部的关联认识</td></tr>
<tr><td>函数奇偶性</td><td>2</td><td>函数奇偶性</td><td>函数奇偶性用于刻画函数的对称变化规律</td><td>对称性（y轴、原点对称），奇函数，偶函数，整体性质</td><td>类比推理、数形结合、定性到定量、粗略到精确、数学抽象、特殊到一般</td><td>事物变化具有普遍联系的、可相互转化；整体与局部的关联认识</td></tr>
<tr><td>函数性质综合运用</td><td>2</td><td>函数性质综合运用</td><td>将函数性质运用于解决变化问题</td><td>函数性质的知识网络及内在关联，问题解决中的模型化</td><td>函数与方程分类讨论，转化与化归数形结合</td><td>事物变化具有普遍联系的；理论联系实际；透过现象看本质</td></tr>
<tr><td>单元教学目标</td><td colspan="7">参与函数性质概念形成、定义及理解、判定及证明和综合运用的活动，完整经历图象语言、自然语言、符号语言三种语言的转化（达成直观想象的水平 2、数学抽象的水平 2）；能从数形两个角度抽象函数性质的概念并用符号语言加以定义证明、解决变化综合问题（达成数学抽象的水平 3、逻辑推理的水平 2、数学运算的水平 2）；由此懂得数形结合、转化与化归是研究函数性质及其综合运用的基本方法，体验函数变化中的不变性、规律性.（达成直观想象的水平 3、数学抽象的水平 2、逻辑推理的水平 3、数学运算的水平 2）</td></tr>
<tr><td>单元核心问题及问题分解</td><td colspan="7">核心问题：用自然语言描述生活中的变化现象，借助网络画板研究函数图象、利用符号语言描述函数的变化规律，归纳研究函数单调性的基本方法，类比探究函数的其他性质，进而将其作为工具解决变化问题.
函数性质概念的形成需要经历定性描述到定量刻画的过程，体现了数学概念逐渐抽象化、严格化的过程. 初中学生经历了用自然语言表述图形特征的过程；高中阶段借助网络画板绘制函数图象，采用动态方式展示函数值随着自变量变化的规律，并体会自变量取值的任意性，并通过符号语言（即采取 $\forall$、$\exists$ 的符号语言），使定性描述上升到定量刻画，实现了变化规律的精确化表达，充分体现了函数研究的方法：几何直观和代数运算即数形结合的思想，也体现了数学抽象的一般过程，对于培养学生的直观想象和数学抽象具有重要意义.
学生在研究函数性质中，体验具体函数—图象特征—数量刻画—符号语言—抽象定义—性质判定的研究基本方法，也是从“形”到“数”、从理性到感性、从具体到抽象、从特殊到一般的研究过程，归纳形成研究函数性质（单调性）的主要方法，能够类比迁移到函数的其他性质（奇偶性、对称性），然后熟悉该方法自主研究其他函数性质，培养学生学习主动性和方法运用的有效迁移能力，将其举一反三解的变化规律问题</td></tr>
<tr><td rowspan="2">课时划分</td><td>课时名称</td><td>课时</td><td colspan="2">课时大概念</td><td colspan="3">课时核心问题</td></tr>
<tr><td>函数单调性</td><td>1、2</td><td colspan="2">函数单调性</td><td colspan="3">归纳概括函数图象随自变量变化而变化的规律，并用符号语言准确描述，探究函数性质的基本研究方法</td></tr>
</table>

续表

<table>
<tr><td rowspan="4">课时划分</td><td colspan="2">课时名称</td><td>课时</td><td>课时大概念</td><td colspan="3">课时核心问题</td></tr>
<tr><td colspan="2">函数最值</td><td>3</td><td>函数最值</td><td colspan="3">数形结合，用符号语言描述函数最值，归纳研究函数性质的基本方法</td></tr>
<tr><td colspan="2">函数奇偶性</td><td>4、5</td><td>函数奇偶性</td><td colspan="3">数形结合，用符号语言描述函数的奇偶性，归纳研究函数性质的基本方法</td></tr>
<tr><td colspan="2">函数性质的综合运用</td><td>6、7</td><td>函数性质综合运用</td><td colspan="3">利用函数基本性质解决复合函数变化规律的实际问题，构建函数性质的知识框架，提炼函数性质研究思想方法</td></tr>
<tr><td>教学评价</td><td colspan="7">一、对大概念的生成理解评价维度
（概念结论类）变化中的不变性和规律性体现在函数值在随着自变量变化的增减性、函数图象的对称性，应从概念的抽象形成、符号语言的精准表达进行学科专业知识的评价.
（思想方法类）对研究函数性质的基本思想方法进行评价：如从“形”的角度，直观获得函数性质的认识；能从“数”的角度进行函数性质的推理论证；在归纳研究函数性质的基本方法时应对学生的知识结构及思想方法进行总结评价，并要求类比该方法尝试研究函数的其他性质，举一反三解决新函数的变化规律实际问题.
（价值观念）通过研究函数变化规律，学会认识和研究一个对象规律的方法，认识客观世界是发展变化的，变化是有规律的. 今天研究的是函数的运动变化规律，明天研究的就是客观世界的发展变化规律，形成正确的人生观和价值观.
二、对素养目标达成的评价
1. 在研究函数性质中尤其利用数学符号语言、与图形语言、自然语言相互转化的活动中，对直观想象、数学抽象等素养进行评价.
2. 在利用函数概念和性质研究分析问题、转换和解决问题的活动中，对学生直观想象、逻辑推理、数学运算等素养进行评价</td></tr>
<tr><td rowspan="3">单元作业</td><td>作业类型</td><td>作业目标</td><td>作业内容</td><td>作业情境</td><td>概念结论</td><td>思想方法</td><td>价值观念</td></tr>
<tr><td>基础性作业</td><td>会利用函数的性质解释常见的实际生活问题，理解函数性质的概念</td><td>利用定义证明函数的单调性、奇偶性、最值等</td><td>证明题数学情境；简单的有关函数性质概念的情境；简单的生活生产建模情境</td><td>函数的单调性、奇偶性、最值</td><td>数学运算、抽象概括、逻辑推理、数形结合、数学建模</td><td>联系观和有用价值观</td></tr>
<tr><td>综合性作业</td><td>会利用研究函数的主要方法研究函数的其他性质，综合解决较为复杂函数的变化规律问题（大概念的运用及迁移能力、数学抽象、逻辑推理的考查）</td><td>利用定义证明抽象函数的单调性、奇偶性、最值等</td><td>证明题数学情境；研究复合函数、抽象函数的性质的情境；综合的生活生产建模情境</td><td>函数的单调性、奇偶性、最值</td><td>数学运算、抽象概括、逻辑推理、数形结合、数学建模</td><td>事物是普遍联系的</td></tr>
</table>

续表

单元作业	作业类型	作业目标	作业内容	作业情境	概念结论	思想方法	价值观念
	实践性作业	能够类比函数性质的研究方法解决新的复杂情境问题，综合考查数学学科核心素养，体会研究函数的单调性、奇偶性、最值的实际价值	调查产品价格和产品数量，研究供求关系．选择合适的商家，调查收集1年的相应数据，并给出合理的建议	实践性的生活生产建模情境	函数的单调性、奇偶性、最值的实际含义	数学运算、抽象概括、逻辑推理、数形结合、数学建模、数据分析	事物是普遍联系的，体会实事求是的科学研究态度
反馈调整	单元教学中，从核心问题教学的四个环节关注学生的课堂表现，尤其是新因素的发掘；单元教学后，从学生整体和个体的学科核心素养积淀、具体针对核心问题教学评价表（讨论稿）、大概念的核心问题教学素养目标点检测表（讨论稿）的相关要素进行搜集并反馈调整						

“单调性的应用——二次函数在闭区间上的最值”学教案

龙跃文

一、教学分析设计

【教材课标】☞

1. 课程标准分析

本次课“二次函数在闭区间上的最值”安排在《数学（必修第一册）》第一章“1.3.1 单调性与最大（小）值”一节教学之后，是研究函数抽象性的具体载体，从而可以使学生形象直观地理解函数的单调性、最大（小）值及其几何意义，并能深刻体会分类讨论思想和数形结合思想在解决数学问题中的重要作用.

2. 教材内容分析

二次函数是高中数学中最基本也是最重要的内容之一. 可以说，高中阶级遇到的函数问题几乎都与二次函数相关，如函数性质、函数与方程、函数与不等式、函数与导数问题等，都与二次函数有着密切的联系. 因此，深入研究二次函数，体会二次函数的研究思路方法，对于学习函数知识，解决与函数相关问题起着非常重要的作用. 二次函数在闭区间上的最值问题，涉及数形结合和分类讨论的数学思想，是研究函数性质的重要内容. 它贯穿于研究函数性质的全部思路和方法，即借助函数图象（或导数），判断函数的单调性，认识函数值及其变化、极值、最值等. 对于二次函数在闭区间上的最值问题，随着区间的确定或变二次函数历来是教学的重点，也是难点，更是考试的热点. 学好本节内容，才能让学生对函数学习和研究的综合能力得到提升.

【大概念】☞

1. 简约化表达：二次函数的单调性、二次函数的最值.

2. 特征化表达：通过讨论二次函数的对称轴与区间的相对位置关系和图象的不同情况，判断二次函数在此区间上的单调性，从而确定最值在何处取得，最后将结果以分段函数的形式表达出来. 以此推理论证过程培养学生数形结合和分类讨论的数学思想和数学核心素养，进而让其学会用发展的眼光和一分为二的思想看待问题和认识世界，培养辩证的唯物主义世界观.

概念类别	简略化表达	特征化表达
概念结论类	二次函数的概念、最值的概念、图象和性质，研究一类函数的内容、基本路径和方法	经历从具体最值问题中抽象出二次函数最值求法的过程，能利用图象正确对含参问题分类讨论，归纳研究一类函数的内容、基本路径和方法
思想方法类	数形结合、分类讨论、数学抽象、逻辑推理、数学运算	通过具体实例，能从开口方向、自变量的范围、对称轴的位置等角度归纳共性，探寻方法；通过推理，抽象出不同条件下二次函数最大值和最小值的一般分类讨论方法，体会函数图象是研究函数性质的一种重要工具
价值观念类	普遍联系观、变化中的规律性和不变性	建立二次函数求最值一类问题的内容、基本路径和方法之间的关联，函数图象和性质之间的关联

【资源条件】☞

资源名称	功能
黑板	板书教学流程，尤其是学生解决问题、反思提升过程的要点以及学生演板. 适时适当的板书利于学生建立知识结构，归纳学科思想方法
PPT 课件，电子白板	展示教学环节，展示函数图象的生成过程，让学生的感受更加直观
几何画板	动态展示区间和对称轴位置关系变化时的最值点

【学生基础】☞

在知识上，学生已经有了初中的一次函数、二次函数和反比例函数等知识作为基础，学生在学习心理、学习方法和知识技能等方面为高中学习做了必要的准备. 本章可以看成高中数学学习的正式起点，在知识的抽象程度、处理问题的方式方法以及数学语言的表达方面，都上了一个新的台阶，同时本章本节是公认的难点内容，因此在各个内容的学习上需要静心处理和安排. 大部分学生也在初中或者初高中衔接课程中做过二次函数定轴定区间的最值问题，高一开始大部分学生已熟练掌握了二次函数图象及其性质，初步具备了运用数形结合思想方法考察问题的能力，这为学习含参二次函数做好了知识和方法上的准备. 在能力上，学生已经具备一定的形象思维和抽象思维能力，有一定的分析和解决问题的能力. 当然，对于刚进入高中半个学期的学生来说，虽然具备一定的分析和解决问题的能力，逻辑思维已初步形成，但对含参问题的推理能力较弱，缺乏分类讨论的思想，对含参数的解析式有困惑. 另外，学生可能缺乏冷静、深刻的解题训练，思维具有片面、不严谨的特点，需要不断提升.

【教学目标】☞

参与求解具体二次函数在闭区间上的最值问题和探讨求二次函数最值的讨论方法的活动，构建函数性质的知识框架，提炼函数性质研究的思想方法. 熟悉二次函数的配方和二次函数的顶点式（数学运算水平 1）、根据二次函数的对称轴判断二次函数的单调性（达成数学抽象水平 1）、感受图形直观与代数运算相结合的思想方法，发展数形结合、数学抽象、逻辑推理和数学运算的数学核心素养（达成数形结合水平 2，逻辑推理水平 2，数学运算水平 2）、理解和掌握根据不同点区间和开口方向以及最大值和最小值等不同问题的分类讨论的一般方法（达成学业质量水平 3）.

【核心问题】☞

核心问题：求解二次函数的最值问题，探讨寻二次函数最值的讨论方法.

设计思想：函数是高中数学内容的一条主线，第三章前两节学习了函数的一般概念、函数单调性性质的刻画方法. 本节课是利用单调性研究的二次函数的最值，对后续学习其他函数具有非常重要的作用，也是让学生理解分类讨论思想和数形结合思想的重要载体. 这两个思想是学习高中数学代数内容所必需的，通过本课内容的学习、理解和掌握，学生能更好地理解单调性对于理解函数相关问题的重要性. 但是对于抽象的函数问题，必须以实际问题为依据，让学生的理解从特殊到一般，具体到抽象进行转化，所以设置了解决一个求解具体二次函数最值问题的核心问题，通过学生们的独立思考、同桌讨论以及自我解题操作，从而总结出分类讨论的一般方法.

【评价预设】☞

1. 虽然本节课很常规，是“基本套路”，但是二次函数在闭区间上的最值问题是学生学习的难点，又是高考考查的重点. 因此，本节课的教学必须要有“构建研究的蓝图”. 比如“研究函数性质的一般方法是什么？”就是让学生明确认识函数的“基本套路”，即依据函数类型，画函数图象，认识单调性，进而认识函数值的变化、函数最值等；或者依据函数类型，判断单调性，描绘函数草图，认识其单调性，得到函数值及其变化. 函数单调性是本节课问题的“中枢”，也是认识和解决函数问题的核心，为函数与导数的学习指明了认识的方向和方法.

2. 本节课设计层次分明，循序渐进，主题突出. 例如，在课堂的情境创设中，通过二次函数性质认识常系数的最值处理思路，使学生认识到求解最值的常规方法，问题中的变式都围绕区间固定，而对称轴位置不确定的二次函数展开，探究影响二次函数最值的原因，通过创设有效的情境和问题链，引领学生逐步深入，使学生思维水平逐步从形象思维变成抽象思维.

3. 顺应学生思维，渗透思想方法. 通过解决问题后的类比、变式和逆向思维训练，让学生讨论动区间上最值的求解方法，并与之前问题差异比较，让学生体会化异为同，殊途同归的思想. 在问题解决过程中，学会运用数形结合，分类讨论等数学思想方法，使学生充分感悟数与形的紧密关系.

4. 追求数学本质，有效开展数学活动，通过尝试、观察、思考、归纳、抽象概括、运用等手段，力求使学生对数学问题作出理性判断. 通过二次函数在闭区间上最值的讨论，理解影响函数单调性的改变点是否在区间内，这样就自然地引入了分类讨论，为以后学习其他函数提供了研究的方向.

二、教学实施设计

【教学环节】☞

教学环节（时间）	学生活动	教师活动	设计意图	技术融合
提出问题（5 min）	1. 复习回顾初中二次函数和前一节函数中二次函数值域的求法，完成确定二次函数在固定区间上的最值问题. 2. 思考提出的新的挑战性问题	温故知新，提出本节课的核心问题：求解下面二次函数的最值问题，探讨求二次函数最值的讨论方法	复习回顾旧知，引导学生思考新的问题，去认识新的函数对应关系	PPT 展示具体实例，引导学生深入思考；出示核心问题，明确任务
解决问题（15 min）	1. 独立思考提出的核心问题：已知函数 $f(x)=x^2-2ax+3,x\in[-2,2]$，求 $f(x)$ 的最小值和最大值. 2. 同桌讨论核心问题的处理方法. 3. 根据思考和讨论的结果独立计算，解决问题. 4. 展示自己的解决思路	1. 引导学生，指明思考方向. 2. 巡视指导，适时展示学生成果. 3. 对学生的成果进行及时评价	通过问题情境，激发学生的思维，并在新知探究的过程中，使学生自然形成研究问题的一般思路.在探究含参二次函数在闭区间的最值问题的过程中，提升学生的数形结合和逻辑推理素养	黑板板书师生共同总结的内容和要点；投影展示学生成果
反思提升（10 min）	一、抽象出一般方法 （1）求 $f(x)$的最小值时，按对称轴在区间的左边、中间、右边三种情况讨论. （2）求 $f(x)$的最大值时，按对称轴在区间中点的左边、右边两种情况讨论. 二、数学思想方法 1. 数学抽象. 2. 数形结合. 3. 分类讨论	与学生一起回顾整个探究过程，并就探究过程中用到的数学知识、数学思想方法做点评和总结	师生共同总结含参二次函数在闭区间上的最值问题的讨论方法，在学生自主探究的基础上再进行归纳总结和升华，有效地提升了学生的逻辑推理能力	黑板板书形成反思成果
运用反馈（10 min）	课堂完成反馈练习： 1. 求函数 $f(x)=-x^2+x-3$ 在区间 $[m,m+1]$ 的最大值. 2. 已知函数 $f(x)=ax^2-x+1$，若函数 $f(x)$ 在区间[1，4]上的最大值为−2，求 a 的值	巡视，引导学生积极完成课堂反馈，同学之间交流展示，老师点评总结	通过类比、变式和逆向思维训练，加深对反思提升内容的理解，从而更好地理解二次函数最值的分类讨论方法	PPT 出示反馈任务

【板书设计】☞

二次函数在闭区间上的最值

一、提出问题

核心问题：求解下面二次函数的最值问题，探讨求解二次函数最值的讨论方法.

二、解决问题

已知函数 $f(x)=x^2-2ax+3$，$x\in[-2,2]$，求 $f(x)$ 的最小值和最大值

三、反思提升

方法总结：

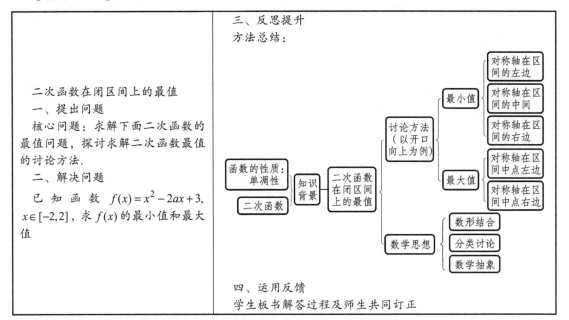

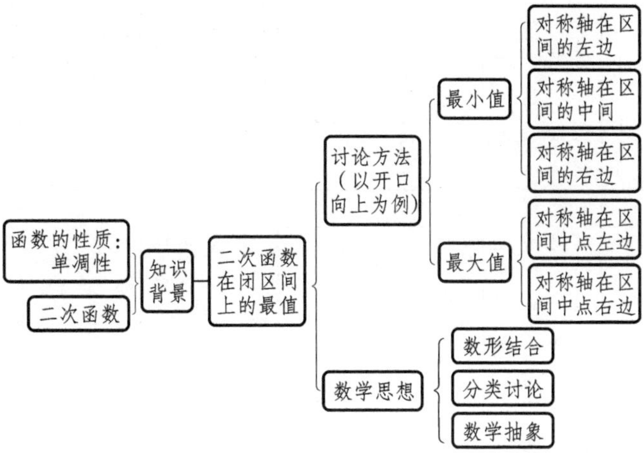

四、运用反馈

学生板书解答过程及师生共同订正

【作业设计】☞

课时作业的结构化设计：

作业序号	作业目标	作业情境		概念结论		思想方法		价值观念		整体评估	
		内容	水平	内容	水平	内容	水平	内容	水平	类型	水平
1～3	能根据二次函数的图象求解确定函数在确定区间上的最值	简单二次函数最值问题	简单	配方、换元、二次函数的图象以及二次函数的单调性	数学运算水平1	概念辨析；性质的应用	数学抽象水平1；数学运算水平1	事物是普遍联系的	数学运算水平1	基础性作业	学业质量水平1
4	应用二次函数图象判断最值在何处取得	会画二次函数在指定区间的图象，并分析按段何处取得最值	简单	二次函数的图象、最值的取得与对称轴的关系	逻辑推理水平1；数学运算水平1	数形结合	数学运算水平1	事物是普遍联系的	逻辑推理水平1；数学运算水平1	基础性作业	学业质量水平1
5	能处理简单二次函数的最值和恒成立与存在性问题	恒成立和存在性问题转化为二次函数的最值问题	简单	恒成立、能成立、二次函数最值	数学运算水平1；逻辑推理水平1	直观想象；数形结合	直观想象水平1；数形结合水平1	变化中的规律性和不变性	逻辑推理水平1	综合性作业	学业质量水平2

续表

作业序号	作业目标	作业情境		概念结论		思想方法		价值观念		整体评估	
		内容	水平	内容	水平	内容	水平	内容	水平	类型	水平
6～7	会解决含参二次函数或者含参区间的最值问题	根据对称轴与区间的位置关系进行分类讨论	相对复杂	二次函数最值的分类讨论	数学抽象水平1	特殊到一般；类比归纳	逻辑推理水平2；数学抽象水平1	变化中的规律性和不变性	数学抽象水平1	综合性作业	学业质量水平2
8	会解决以恒成立问题“包装”的最值的变式问题	根据对称轴与区间的位置关系进行分类讨论	相对复杂	恒成立问题、二次函数最值的分类讨论	逻辑推理水平2	类比归纳	数学抽象水平2	事物是普遍联系的	数学抽象水平2	综合性作业业	学业质量水平2
9	二次函数讨论最值的综合性大题	最大值与最小值同时求取问题的分类讨论	复杂	二次函数最值的分类讨论	逻辑推理水平2	数形结合、类比归纳	数学抽象水平2	变化中的规律性和不变性	数学抽象水平2	综合性作业	学业质量水平2
课时作业总体评估	针对本堂课核心问题及教学目标，按照合格考和等级考的要求，设计了具有梯度的课时练习，题量适中，有选择题也有主观性试题，符合学生学习思维．作业目标明确可检测、易操作，利于得到客观反馈和检测素养目标，以便调整教学教法；根据新教材，新高考的特点，作业情境设置多样，从简单情境到复杂情境，从学术情境到生活情境，兼顾习题生动性与深度性；实践探究作业课拓宽学生视野，培养同学们的数学核心素养和勇于探索的科研精神										

（具体的作业内容略）

【教学流程】☞

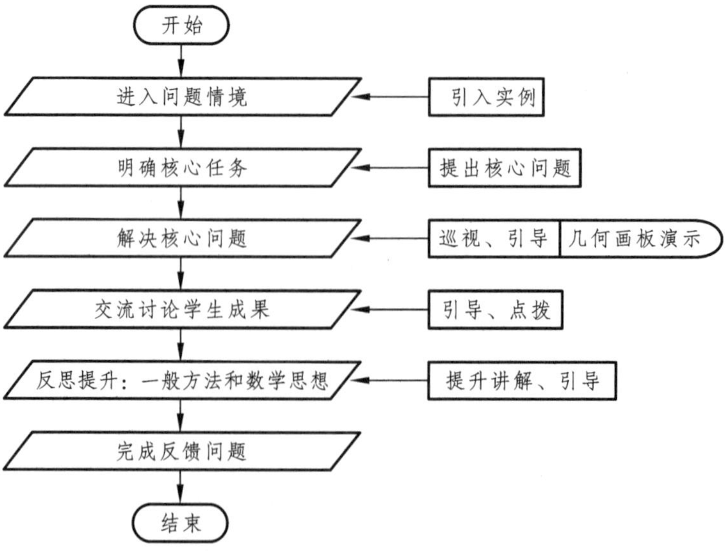

三、教学评价设计

【评价实施】☞

大概念核心问题教学文化评价表

课时名称：单调性的应用——二次函数在闭区间上的最值.

所属单元：函数的概念和性质.

单元大概念：函数基本性质（刻画变化规律）.

单元核心问题：用自然语言描述生活中的变化现象，借助网络画板研究函数图象、利用符号语言描述函数的变化规律，归纳研究函数单调性的基本方法，类比探究函数的其他性质，进而将其作为工具解决变化问题.

课时核心大概念

简约化表达：二次函数的单调性、二次函数的最值.

特征化表达：通过讨论二次函数的对称轴与区间的相对位置关系和图象的不同情况，判断二次函数在此区间上的单调性，从而确定最值在何处取到，最后将结果以分段函数的形式表达出来.

课时核心问题：求解下面二次函数的最值问题，探讨求二次函数最值的讨论方法.

评价目标	评价指标			评价方法结果	
	一级指标	二级指标	三级指标		
实现活动体验中的学习与素养发展	具有大概念核心问题教学形态	核心问题利于活动体验	内含学科问题和学生活动方式	8	每项指标最高评 8 分（满分为 96 分）
			问题情境与真实生活密切相关	7	
			能引发大概念、新知新法生成	8	
		教学目标价值引导恰当	两类目标正确全面	7	
			关联体验目标恰当	7	
			目标价值引导显现	7	
		教学环节完整合理落实	教学环节清晰完整	8	
			环节内容合理充实	8	
			学生活动时间充分	7	
		教学要素相互匹配促进	问题目标环节两两匹配	8	
			技术促进活动形式内容	7	
			素养导向突出氛围浓郁	8	合计 90 分

续表

<table>
<tr><th rowspan="2">评价目标</th><th colspan="3">评价指标</th><th rowspan="2">评价
方法结果</th></tr>
<tr><th>一级指标</th><th>二级指标</th><th>三级指标</th></tr>
<tr><td rowspan="22">实现活动体验中的学习与素养发展</td><td rowspan="22">具有大概念核心问题教学特质</td><td rowspan="4">拓宽学习视野</td><td>课堂与现实世界有恰当关联</td><td rowspan="22">选择一个表现突出的二级指标，在相应三级指标引导下，以现场学生表现为主要依据，以其余指标为背景，于本表的第二页写出150字以上的简要评价</td></tr>
<tr><td>有基于缄默知识的问题解决</td></tr>
<tr><td>有缄默知识运用的追踪剖析</td></tr>
<tr><td>知识运用剖析导向素养发展</td></tr>
<tr><td rowspan="4">投入实践活动</td><td>有真实而且完整的实践活动</td></tr>
<tr><td>实践活动深度融入两类情境</td></tr>
<tr><td>能够全身心地浸渍于活动中</td></tr>
<tr><td>活动的内容结果均丰富深入</td></tr>
<tr><td rowspan="4">感受意义关联</td><td>有核心问题的深层意义感受</td></tr>
<tr><td>有以知识为中心的关联感受</td></tr>
<tr><td>有以个人为中心的关联感受</td></tr>
<tr><td>有对三类大概念的关联感受</td></tr>
<tr><td rowspan="4">自觉反思体验</td><td>有实质性反思活动的开展</td></tr>
<tr><td>有课堂新因素的追踪利用</td></tr>
<tr><td>有体验的交流与改善重构</td></tr>
<tr><td>有概念生成中的素养发展</td></tr>
<tr><td rowspan="4">乐于对话分享</td><td>乐于自我地表达与认真地倾听</td></tr>
<tr><td>乐于合作中成果与思路的分享</td></tr>
<tr><td>乐于成果交流中深层意义分享</td></tr>
<tr><td>有宽容的对话氛围和双向交流</td></tr>
<tr><td rowspan="3">认同素养评价</td><td>认可素养评价</td></tr>
<tr><td>参与素养评价</td></tr>
<tr><td>利用素养评价</td></tr>
<tr><td colspan="5">大概念核心问题教学特质的简要评价（包括发展性建议）</td></tr>
<tr><td colspan="5">本节课凸显了大概念核心问题教学中“感受意义关联”这个二级指标.
本节课在单元大概念的引领下，在同学们学习了函数单调性的概念和简单应用后，以及在初中打好的部分二次函数的相关基础的条件下，进一步学习单调性的应用——二次函数在闭区间上的最值.在本节课的学习过程中，同学们体会到了从初中到高中，由简单到复杂以及由具体到抽象的知识循序渐进的过程，也让同学们体会到了代数与几何，“数”与“形”是相辅相成，密不可分的，而这样的数学思想贯穿整个高中数学的学习过程，是同学们必须理解和掌握的思想和技巧.同时，经过解决问题和反馈训练，同学们也能从中学会用发展的眼光和一分为二的思想看待问题和认识世界，培养了同学们的辩证唯物主义世界观</td></tr>
</table>

【信息收集】☞

课后收集了全班 59 名同学的评价反馈练习，按照体验性目标的达成情况及正确率进行了批阅和分类.

【反馈调整】☞

根据同学们的层次水平和不同学生的差异化体现，准备从以下方面对检测方法和检测工具进行调整.

1. 准备具有层次差别的题目作为检测工具，既有基础的变式练习，也有能力拓展的逆向思维问题，使得不同基础水平的学生都能完成相应的任务，从而让他们达到不同程度的学习成果.

2. 在检测过程中，重点关注有思维障碍的学困生，及时给他们适当的引导和帮助，让他们能够及时解决问题，重拾学习的信心.

3. 课后对有欠缺的学生跟踪过关，让他们不遗留问题，及时消化和巩固学习的知识，并关联知识与题目，学会举一反三，触类旁通.

大概念核心问题教学素养目标点检测表

课时名称	单调性的应用——二次函数在闭区间上的最值
所属单元	函数的基本性质
单元大概念	第二单元函数基本性质（刻画变化规律）
单元核心问题	用自然语言描述生活中的变化现象，借助网络画板研究函数图象、利用符号语言描述函数的变化规律，归纳研究函数单调性的基本方法，类比探究函数的其他性质，进而将其作为工具解决变化问题
课时大概念	简约化表达：二次函数的单调性、二次函数的最值. 特征化表达：通过讨论二次函数的对称轴与区间的相对位置关系和图象的不同情况，判断二次函数在此区间上的单调性，从而确定最值在何处取到，最后将结果以分段函数的形式表达出来
课时核心问题	求解下面二次函数的最值问题，探讨求二次函数最值的讨论方法
课时素养目标	参与解具体二次函数在闭区间上的最值问题和探讨求二次函数最值的讨论方法的活动，构建函数性质的知识框架，提炼函数性质研究的思想方法. 熟悉二次函数的配方和二次函数的顶点式（数学运算水平 1）、根据二次函数的对称轴判断二次函数的单调性（达成数学抽象水平 1）、感受图形直观与代数运算相结合的思想方法，发展数形结合、数学抽象、逻辑推理和数学运算的数学核心素养（达成数形结合水平 2，逻辑推理水平 2，数学运算水平 2）、理解和掌握根据不同点区间和开口方向以及最大值和最小值等不同问题的分类讨论的一般方法（达成学业质量水平 3）
检测点	一般二次函数在闭区间上最值问题的讨论方法
检测工具（检测题）	1. 求函数 $f(x)=-x^2+x-3$ 在区间 $[m,m+1]$ 的最大值； 2. 已知函数 $f(x)=ax^2-x+1$，若函数 $f(x)$ 在区间$[1，4]$上的最大值为-2，求 a 的值

续表

<table>
<tr><td rowspan="4">分类标准</td><td colspan="3">A. 能正确将函数配方，能根据对称轴和区间的相对位置判断出函数的单调性，能正确说出函数在区间上的最值点，能将函数的最值结果表示成恰当的形式</td></tr>
<tr><td colspan="3">B. 能正确将函数配方，能根据对称轴和区间的相对位置判断出函数的单调性，能正确说出函数在区间上的最值点，不能将函数的最值结果表示成恰当的形式</td></tr>
<tr><td colspan="3">C. 能正确将函数配方，能根据对称轴和区间的相对位置判断出函数的单调性，不能正确说出函数在区间上的最值点，不能将函数的最值结果表示成恰当的形式</td></tr>
<tr><td colspan="3">D. 不能正确将函数配方，或者不能根据对称轴和区间的相对位置判断出函数的单调性，不能正确说出函数在区间上的最值点，不能将函数的最值结果表示成恰当的形式</td></tr>
<tr><td rowspan="5">检测统计</td><td>分类等级</td><td>学生人数（总人数 59 人）</td><td>百分比</td></tr>
<tr><td>A</td><td>32</td><td>54.2%</td></tr>
<tr><td>B</td><td>14</td><td>23.7%</td></tr>
<tr><td>C</td><td>8</td><td>13.6%</td></tr>
<tr><td>D</td><td>5</td><td>8.5%</td></tr>
<tr><td>检测分析
结果运用</td><td colspan="3">从学生素养目标的达成来看，还是比较好的. A 等级完成情况全班有 32 人，占 54.2%，说明在经过核心问题的解决以及反思提升的总结和提炼，问题的关键点都已经掌握；而 B 等级完成情况的同学因为在举一反三和应用能力上稍有欠缺，所以在最后的步骤上没有达到预期的要求；此外 C 等级和 D 等级同学可能是在此前单调性的理解和二次函数积累的基础上稍显薄弱，以及计算能力的有待提高导致本监测点的检测目的未很好地达成，因此还需在相应方面加强练习和总结</td></tr>
<tr><td>素养目标达成
典型实例</td><td colspan="3">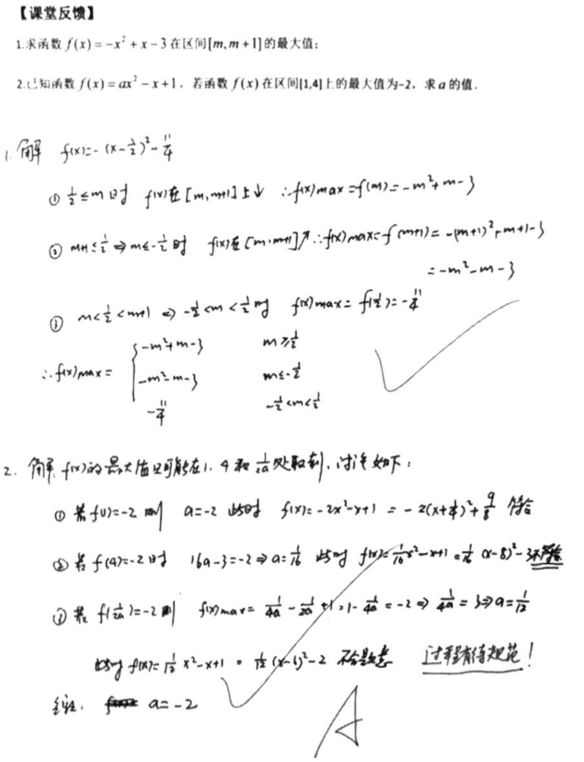
【课堂反馈】
1.求函数 $f(x)=-x^2+x-3$ 在区间 $[m,m+1]$ 的最大值；
2.已知函数 $f(x)=ax^2-x+1$，若函数 $f(x)$ 在区间[1,4]上的最大值为-2，求 a 的值.
1. 解 $f(x)=-(x-\frac{1}{2})^2-\frac{11}{4}$
① $\frac{1}{2}\le m$ 时 $f(x)$在$[m,m+1]$上↓ ∴$f(x)_{max}=f(m)=-m^2+m-3$
② $m+1\le\frac{1}{2}\Rightarrow m\le-\frac{1}{2}$时 $f(x)$在$[m,m+1]$↗ ∴$f(x)_{max}=f(m+1)=-(m+1)^2+m+1-3=-m^2-m-3$
③ $m<\frac{1}{2}<m+1\Rightarrow-\frac{1}{2}<m<\frac{1}{2}$时 $f(x)_{max}=f(\frac{1}{2})=-\frac{11}{4}$
∴$f(x)_{max}=\begin{cases}-m^2+m-3 & m\ge\frac{1}{2}\\ -m^2-m-3 & m\le-\frac{1}{2}\\ -\frac{11}{4} & -\frac{1}{2}<m<\frac{1}{2}\end{cases}$
2. 解 $f(x)$的最大值只可能在1、4和$\frac{1}{2a}$处取到，讨论如下：
① 若$f(1)=-2$则 $a=-2$ 此时 $f(x)=-2x^2-x+1=-2(x+\frac{1}{4})^2+\frac{9}{8}$ 符合
② 若$f(4)=-2$时 $16a-3=-2\Rightarrow a=\frac{1}{16}$ 此时 $f(x)=\frac{1}{16}x^2-x+1=\frac{1}{16}(x-8)^2-3$ 不符合
③ 若$f(\frac{1}{2a})=-2$则 $f(x)_{max}=\frac{1}{4a}-\frac{1}{2a}+1=1-\frac{1}{4a}=-2\Rightarrow\frac{1}{4a}=3\Rightarrow a=\frac{1}{12}$
此时 $f(x)=\frac{1}{12}x^2-x+1=\frac{1}{12}(x-6)^2-2$ 不合题意 过程有待规范！
综上 $a=-2$
A

上面这位同学熟练掌握二次函数在闭区间上的最值的讨论方法，并且能举一反三，触类旁通. 数形结合思想也体现得非常充分，解答过程略有瑕疵，但是瑕不掩瑜，较好地达成了课时素养目标</td></tr>
</table>

续表

检测反馈	基于搜集信息的检测分析情况，现准备做如下的反馈调整： 在教学设计的过程中除了照顾到优生，对于基础相对较差的学生更要给予更多的关注，课堂上如果他们的回答有不足之处，一定要耐心引导，帮助他们顺利找到正确的思路. 如果有时间可以让不同层次的学生都有机会展示自己的成果，让各种知识和方法的应用性更强，并且在帮助他们解决问题的过程中，发现问题，在课后及时跟进辅导. 课后，对本节课的检测题目及时做了评讲，并请学生再次总结了二次函数在闭区间上最值的讨论方法. 通过大家的思考和总结，学生们更加明确处理这类问题的一般方法，相信课后再辅助一些练习，可以取得比较好的效果. 针对等级为 D 的 5 名同学，课后及时跟进，一一交流，了解了出错的原因，并帮助他们及时纠正

“函数的基本性质——单调性”学教案

王旭

一、教学分析设计

【教材课标分析】☞

1. 单元主题

本单元的主题是通过分析具体函数的图象特征、进行数量刻画、利用符号语言抽象表达函数基本性质，认识函数的基本性质，并且体会研究函数性质的一般方法.

2. 课标内容

《普通高中数学课程标准（2017）》指出，数学抽象的主要表现为：获得数学概念和规则，提出数学命题和模型，形成数学方法与思想，认识数学结构与体系. 对于“函数的性质”，本章要用代数运算和函数图象研究函数的单调性、奇偶性、最大（小）值等主要性质，这里既注意体现研究数学性质的一般思路，又注意函数性质的特殊性——变化中的规律性、不变性. 在研究方法上，加强了通过代数运算和图象直观揭示函数性质的引导和明示，特别是在单调性的研究中，教科书构建了一个从具体到抽象、从特殊到一般的过程，引导学生归纳概括出用严格的数学语言精确刻画单调性的方法，从而为提升数学运算、直观想象素养，提升学生的抽象思维水平奠定基础.

3. 本课地位

函数的单调性是人教 A 版高中数学第一册第三章函数性质的第一课时，是函数的基本性质之一，它刻画了函数值的增减变化规律. 引进函数单调性的概念为刻画现实世界的运动变化中增减趋势这一变化规律提供了方法. 另外，方程、不等式等问题的求解都需要用到函数的单调性. 因此，函数单调性在数学内外都具有重要的应用.

从初中到高中，函数单调性概念的形成，经历了从定性到定量的过程，体现了数学概念逐渐抽象化、严格化的过程，对于数学一般概念的学习具有借鉴意义. 在初中阶段，用“y 随 x 的增大而增大（减小）”来刻画函数图象从左到右的上升（下降），学生经历了用自然语言表述图形特征的过程；高中阶段，单调性是学生在了解函数概念后即将学习的函数的第一个性质，是函数学习中第一个用符号语言刻画的概念. 课标要求引入数学符号，并采用“$\forall x_1, x_2 \in D$”的方式，进一步将“y 随 x 的增大而增大（减小）”转化为精确的定量关系，即用不等式刻画“增大”“减小”，从而使定性描述上升到定量刻画，实现了函数单调性变化规律的精确化表达. 这样一种从图形直观到定性描述再到定量刻画的研究过程，以及通过引入数学符号、借助符号语言定量刻画变化规律的方法，体现了数学概念形成的一般过程，对于培养学生的数学抽象能力具有重要意义. 同时通过几何直观、代数运算、逻辑推理等方法研究函数性质也为进一步学习函数其他性质提供了基本经验，起着承上启下的作用.

4. 教材关联

“函数的单调性”在新教材中相比老教材最大的变化就是退出性质的本质所在，即变化中的不变性和变化中的规律性. 新教材既注意体现研究数学性质的一般思路，又注意函数性质的特殊性——变化中的规律性、不变性. 在研究方法上，加强了通过代数运算和图象直观揭示函数性质的引导和明示，特别是在单调性的研究中，教科书构建了一个从具体到抽象、从特殊到一般的过程，引导学生归纳概括出用严格的数学语言精确刻画单调性的方法，从而提升其数学运算、直观想象素养.

5. 教材逻辑

教材编排的逻辑是依次回答以下四个问题即“为什么要研究函数的性质？什么叫作函数的性质？函数的性质主要有哪些？如何发现函数的性质？”等问题. 这样的编排逻辑是方便了“学与教”现实操作. 从认知理论看，既有同化也有顺应，学生在教材的示范下进行模仿、归纳和抽象而形成性质的判断规则，并且通过对关键词的辨析和应用规则判断函数性质的练习，掌握判断函数性质的操作步骤，所以，教材为学生铺设了合适的认知台阶，能使学生经历完整的学习过程，从而保证学生对函数性质判断规则的理解水平，并对“如何研究函数性质”有所感悟.

【大概念】☞

课时核心大概念
- 简约化表达：函数的单调性
- 特征化表达：刻画函数值在随着自变量增大而增大（减小）的规律

概念类别	简略化表达	特征化表达
概念结论类	单调递增增函数、单调递减减函数、单调区间	一般地，设函数 $f(x)$ 的定义域为 A，区间 $D\subseteq A$: 如果对于 D 内的任意两个自变量的值 x_1,x_2，当 $x_1<x_2$ 时，都有 $f(x_1)<f(x_2)$，那么就说 $f(x)$ 在区间 D 上是增函数. 区间 D 叫作单调递增区间. 如果对于 D 内的任意两个自变量的值 x_1,x_2，当 $x_1<x_2$ 时，都有 $f(x_1)>f(x_2)$，那么就说 $f(x)$ 在区间 D 上是减函数. 区间 D 叫作单调递减区间
思想方法类	数形结合、从特殊到一般	研究函数性质的一般方法： 具体函数—图象特征—数量刻画—符号语言—抽象定义—性质判定
价值观念类	客观世界是发展变化的，变化中的规律性、不变性	数值在随着自变量增大而增大（减小）的规律

【资源条件】☞

资源名称	功能
黑板	板书核心问题；板书学生解决问题时交流、分析、函数性质建构要点；板书反思提升要点等
教材学案	提供核心问题教学各环节中自主探究与生成的环节与思维空间
网络画板	利用网络画板作图，便于学生直观观察图象，获取函数单调性的深刻印象，从而突破函数单调性定义、函数性质综合运用的难点
PPT	出示核心问题生活实例；提供全班交流时所需部分结果；出示评价反馈练习等内容

【学生分析】☞

学生在初中时已经学习了一次函数、二次函数、反比例函数的相关知识，对函数的单调性有一个初步的感性认知，已具备一定的观察事物和语言转换能力，在此学习单调性，有助于学生从感性思维到理性思维的过渡.

在高中阶段对于“函数的性质”的研究进入了一个更高的层次，要用函数图象和代数运算研究函数的单调性、奇偶性、最大（小）值等主要性质，既注重体现研究数学性质的一般思路，又要注意函数性质的本质，即变化中的规律性、不变性. 在研究方法上，加强了通过代数运算和图象直观揭示函数性质的引导和明示，特别是在单调性的研究中，教材构建了一个从具体到抽象、从特殊到一般的过程，引导学生归纳概括出用严格的数学符号语言精确刻画单调性的方法，从而为提升数学运算、直观想象素养，提升学生的抽象思维水平奠定了基础. 因此，本节课需学生理解如何用数学符号刻画函数这一规律. 为让学生利用数学符号语言对函数单调性进行抽象概况，获得对前述完整、科学的探究过程进行尝试体验，学生可利用网络画板作出具体函数图象，进一步引导学生进行直观观察，帮助学生深刻理解任意性、认识无限，从具体到抽象获取函数性质的深刻印象，深度体验图形语言、自然语言及符号语言在相互转化中的关联. “利用符号语言”描述函数变化规律拟定为本课时核心问题中的学生活动.

【教学目标】☞

参与函数单调性概念形成、定义理解、判定证明的活动，能够完整经历图象语言、自然语言、符号语言三种语言的转化；提炼研究函数单调性的一般思路方法. 能从数形两个角度抽象函数单调性的概念并进行定义、证明（达成数学抽象的水平 2、逻辑推理的水平 2）；由此懂得从具体函数—图象特征—数量刻画—符号语言—抽象定义—性质判定这一研究函数的基本方法，初步体验函数变化中的不变性、规律性（达成逻辑推理的水平 3、数学运算的水平 2）.

【核心问题】☞

基于前述教材、学生及目标分析，为了学生能在学习中融入情境，尤其是融入学习探索情境，主动分析、探究中获得对单调性探究的深度体验，深刻认识、深入理解函数单调性概念的形成需要经历定性描述到定量刻画的过程，体现数学概念逐渐抽象化、严格化的过程. 同时借助网络画板绘制函数图象，采用动态方式展示函数值随着自变量变化的规律，并体会自变量取值的任意性，并通过符号语言，采取∀、∃的符号语言，而使定性描述上升到定量刻画，实现了变化规律的精确化表达，充分体验函数性质研究的方法、加深函数性质是刻画客观世界中的变化规律的，也重点提升数学抽象、数学运算、直观想象、逻辑推理等学科核心素养. 基于此拟定了如下的核心问题：

利用网络画板作下列函数的图象，描述其函数值随自变量的变化而变化的规律，用符号语言刻画并证明，归纳研究函数性质的基本方法.

（1）$f(x)=2x+1$；（2）$f(x)=x^2$；（3）$f(x)=\dfrac{1}{x}$；（4）$f(x)=x+\dfrac{1}{x}$.

【评价预设】☞

提出问题环节：首先对本单元学习研究的主题进行整体性引导，体现大概念“研究函数的性质为了更好认识客观世界的变化规律”. 明确函数性质就是刻画是函数值在随自变量变化的过程中呈现的不变性、规律性. 对学生表现出研究函数性质的兴趣给予激励性评价，以带动全班所有学生在跃跃欲试的学习与研究准备状态中明晰核心问题，产生强烈的探究愿望.

解决问题环节：学生在核心问题的解决活动中，对学生从“形”的角度直观获得函数单调性的认识、从“数”的角度进行函数单调性的推理论证给予充分肯定，并从数形结合的关联紧密程度的视角加以引导. 针对在研究函数单调性的定义中尤其利用数学符号语言、与图形语言、自然语言相互转化的活动中，对直观想象、数学抽象等素养进行引导性评价，发挥好该环节评价的激励与引导功能.

反思提升环节：与学生共同对解决问题过程进行反思，通过在激励性的学科化评价基础上进行结构化的提升，进一步加深学生对研究函数调性的思想方法：几何直观和代数运算，从直观到抽象，从定性到定量，从粗略到精确，从特殊到一般等，促进学生对学会认识和研究函数其他性质方法的深刻认识，通过研究函数变化规律，学会认识和研究一个对象规律的方法，努力发挥此环节评价的体验积淀功能.

评价反馈环节：以素养目标中的“经历具体到抽象、图象语言、自然语言、符号语言的转化”达成进行检测. 一方面学生再次经历数形结合的思想，强化对课时大概念的体验，以及对研究函数性质的一般方法各个环节间的关联；另一方面，可从学生对这一任务的完成情况进行点检测分析，形成体验性目标达成情况的评价并反馈给学生，凸显该环节评价的体验强化功能.

二、教学实施设计

【教学环节】☞

教学环节（时间）		学生活动	教师活动	设计意图	技术融合
提出问题 （3 min）		从具体生活实例初步体验认识函数图象的变化规律，明确核心问题	与学生共同认识函数性质单元需要解决的问题，并将单调性作为单元第一课时的研究．由此引出核心问题：利用网络画板作下列函数的图象，描述其函数值随自变量的变化而变化的规律，用符号语言刻画并证明，归纳研究函数性质的基本方法	从创设的情境中初步感知函数值随自变量的变化而变化的规律，初步感知把握这种规律以预测函数发展态势的必要性，师生共同认识研究函数性质的必要性．同时引导学生初步感知如何发现函数的性质．让学生对函数性质单元有整体的认识，对将要学习的内容产生期待、渴望的积极情绪；明晰核心问题后，学生进入跃跃欲试的学习状态	**PPT** 出示生活实例，出示核心问题
解决问题 （约19 min）	活动一：概念形成的简约阶段 （定性描述 5 min）	作出函数图象，描述函数值随自变量的变化而变化的规律． 1. 用网络画板作出 （1）$f(x)=2x+1$ （2）$f(x)=x^2$ （3）$f(x)=\frac{1}{x}$ （4）$f(x)=x+\frac{1}{x}$ 四个函数的图象． 2. 描述函数图象所体现的函数值随自变量变化而变化的规律． 通过作图、描点，感受图象“上升”“下降”的直观印象，用自己的语言描述图象的变化规律，抽象出函数值随自变量的变化而变化的本质特征，完成对函数单调性的第一次认识	从学生认知基础入手，指导学生作图、分析图象特征、描述规律，逐步深入的感受函数图象的变化规律．并且根据具体图象来感知函数图象有递增递减的属性	引导学生经历概念形成的“简约阶段”．第一，进行辨别．对具体函数图象的变化规律进行辨别，通过由函数图象“上升”“下降”的直观印象带来的刺激，引发学生描述图象的变化规律的欲望．第二，进行浅层次的分化．根据具体图象初步感知函数的性质，并且在多种函数的性质中聚焦函数有递增递减的属性．第三，进行类化共同属性，利用图形语言描述函数特征，抽离出它们所共有的“上升”“下降”的共同属性．第四是抽象本质属性，引导学生类化出函数“上升”“下降”的共同属性，利用自然语言揭示出函数“变中不变”的本质特征，也就是函数图象的“上升”“下降”，发展学生的直观想象、数学抽象等核心素养	借助网络画板绘制函数图象，度量函数图象上点的横、纵坐标从数和形两个角度感受函数值随自便量的变化而变化的规律

续表

教学环节（时间）		学生活动	教师活动	设计意图	技术融合
解决问题（约 19 min）	活动二：概念形成的符号阶段（定量刻画、符号表达 10 min）	这一阶段的主要任务是完成抽象概括并证明，用符号来表达规律．学生的主要任务有以下两个． （1）独立尝试用代表数量意义的数学符号形式化的来刻画四个函数的函数值 $f(x)$ 随自变量 x 的增大而增大（减小）的变化规律． （2）借助数学符号、代数运算证明四个函数的函数值 $f(x)$ 随自变量 x 的增大而增大（减小）的这一变化规律． （3）合作交流、讨论发现的问题（局部性、任意性）	（1）引导学生从感性认识到理性认识，启发学生尝试用代表数量意义的数学符号语言来刻画函数图象上升与下降，刻画函数值 $f(x)$ 随自变量 x 的增大而增大（减小）的变化规律． （2）引导、启发学生通过逻辑推理、数学运算证明用数量意义的数学符号语言所刻画的结论，完成单调性的第二次认识． （3）在用数学符号刻画、证明的过程中引导学生发现 $f(x)$ 随自变量 x 的增大而增大（减小）是函数的局部性与任意性． （4）在学生解决问题的过程中巡视、答疑、点拨	从数量特征定量分析解释之前的定性描述，利用符号语言抽象概念，初步完成对函数单调性相关概念的形式化的表达，实现对函数单调性的二次认识． 学生通过在符号语言中的“任意”“都有”等涉及无限取值的语言的理解和处理，体现数学符号的抽象带给人们观念上的变化，积淀和发展学生的直观想象、数学抽象等素养	利用黑板展示学生用符号语言刻画刻画函数值 $f(x)$ 随自变量 x 的增大而增大（减小）的变化规律． 展示学生的证明过程
	活动三：归纳研究函数性质的主要方法（4 min）	尝试归纳研究函数单调性的方法	引导学生回顾解决问题的过程，从数形结合、特殊到一般等角度归纳研究函数性质的一般方法	再次体验数形结合的数学思想，进一步深度体验自然语言、图形语言与符号语言的关联，落实单元大概念“数形结合”“从特殊到一般”． 另外，为进一步推广研究函数性质的基本方法做相应的铺垫，凸显大概念的迁移性和意义性特征	黑板展示研究函数单调性的方法

续表

教学环节（时间）	学生活动	教师活动	设计意图	技术融合
反思提升 （约 8 min）	师生共同反思核心问题解决过程，提升出本节课的新知及思想方法. 数学知识 1. 函数单调性的概念. 2. 证明函数单调性的步骤. 研究方法： 1. 思想方法（数形结合、特殊到一般）. 2. 研究函数基本性质的一般方法		通过对解决问题过程的反思与结构化提升，进一步提炼出从具体函数—图象特征—数量刻画—符号语言—抽象定义—性质判定这一方法，研究函数性质. 再次感受用数量刻画、定量分析解释图形特征、定性描述这一数形结合的数学思想，进一步感受从特殊到一般的数学思想. 为研究函数其他性质做相应铺垫	板书数学知识、研究方法
评价反馈 （约 10 min）	完成评价反馈任务并交流	出示评价反馈任务： 探究 $f(x)=x+\dfrac{a}{x}(x>0)$ 的单调性	探究这个函数的单调性，目的是检测学生是否已初步掌握研究函数的基本性质的一般方法. 此任务的困难在于单调性的判断，单调区间分界点的确切位置的确定. 在问题的解决中，学生可能会有两种方案，第一种方案先作图判断，再利用函数单调性去证明由函数图象得到的单调性的结论. 第二种方案，学生直接利用函数单调性定义进行分析，讨论其函数单调性. 在讨论其单调性的过程中，回扣定义中的关键词“任意、都有”判断函数单调性. 最后教师借助网络画板绘制当参数 a 变化时的函数图象，通过数形结合相互印证得到的结论. 同时，由老师引导学生观察发现函数的其他性质，为研究函数的奇偶性埋下伏笔. 落实大概念“数形结，强化数学学科核心素养	PPT 出示评价反馈任务，黑板记录学生的探究过程，使用网络画板绘制函数图象验证猜想

【板书设计】（按照 6 楼科技楼黑板设计）☞

设计图

3.2.1 函数的基本性质——单调性		
一、提出问题 核心问题：利用网络画板作下列函数的图象，描述其函数值随自变量的变化而变化的规律，用符号语言刻画并证明，归纳研究函数性质的基本方法. （1）$f(x)=2x+1$； （2）$f(x)=x^2$； （3）$f(x)=\frac{1}{x}$； （4）$f(x)=x+\frac{1}{x}$. 二、解决问题 特殊　具体函数 图像特征 ← ↓ → 形 数量刻画 ← ↓ → 数 一般　符号语言	三、反思提升 （一）数学知识 单调递增　单调递减 增函数　减函数 单调区间 （二）研究方法 1. 思想方法； 2. 研究函数基本性质的主要方法. 四、评价反馈 探究 $f(x)=x+\frac{a}{x}(x>0)$ 的单调性	副板书 （1）展示学生利用函数符号语言刻画函数值 $f(x)$ 随自变量 x 的增大而增大（减小）的变化规律及证明过程. （2）探究 $f(x)=x+\frac{a}{x}(x>0)$ 的单调性的过程

【作业设计】☞

作业序号	作业目标	作业情境		概念结论		思想方法		价值观念		整体评估	
		内容	水平	内容	水平	内容	水平	内容	水平	类型	水平
1～2	会用函数单调性的定义证明函数的单调性.会利用函数单调性求参数	直接的数学问题情境	简单	函数单调性的概念	数学运算水平1	概念辨析	数学运算水平1、数学抽象水平1	变化中的不变性、变化中的规律性	数学运算水平1	基础性作业	学业质量水平1
3	用符号与语言表达数学函数性质	直接的数学问题情境	相对复杂	函数单调性的定义	数学运算水平1	运算性质演绎	数学运算水平1	事物是普遍联系的	数学运算水平1	综合性作业	学业质量水平2
4	函数单调性的应用	生活实际应用情境	相对复杂	数学建模、函数单调性的应用	数学运算水平1，逻辑推理1	数学建模	数学运算水平1，逻辑推理1	事物是普遍联系的	数学运算水平1	实践性作业	学业质量水平2

续表

课时作业总体评估	1. 针对本节课的核心问题和教学目标，按照课程标准和考试要求，设计了具有梯度的课后作业，题量适中. 2. 作业针对性强，有利于检测检测素养目标，方便后期发现学生的学习数学的短板. 3. 从题型上看，以主观题为主，真实考查学生动手能力及思考问题的能力. 4. 符合新课程、新教材、新高考对学生数学学科核心素养的考查，作业情境多样，兼顾数学学科情境和生活情境，同时习题具有生动性与深度性. 5. 实践性作业引导学生以数学眼光看待世界，在动手解决问题中提升数学核心素养，同时引导同学们挖掘数学的应用价值

（具体的作业内容略）

【教学流程】☞

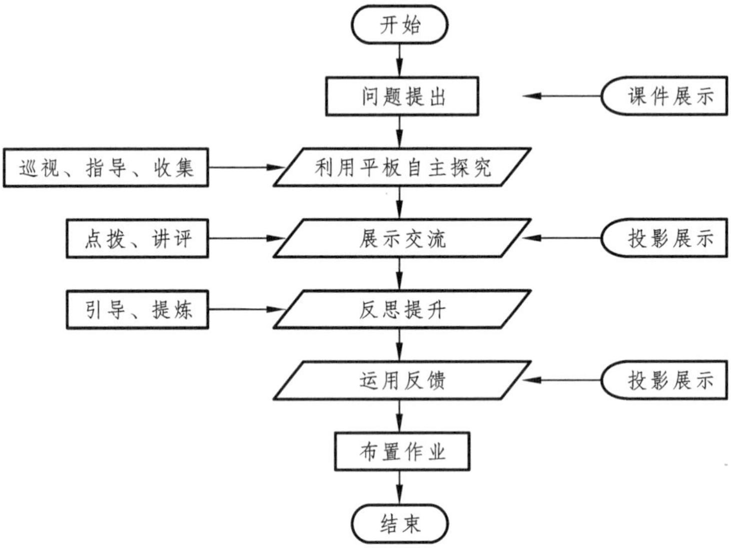

三、教学评价设计

【评价实施】☞

大概念核心问题教学文化评价表

课时名称：函数的基本性质——单调性.

所属单元：函数的基本性质.

单元大概念：函数基本性质（含单调性、最值、奇偶性、周期性、对称性）.

单元核心问题：用自然语言描述生活中的变化现象，借助网络画板研究函数图象、利用符号语言描述函数的变化规律，归纳研究函数单调性的基本方法，类比探究函数的其他性质，进而将其作为工具解决变化问题.

课时大概念：函数的单调性.

课时核心问题：利用网络画板作下列函数的图象，描述其函数值随自变量的变化而变化的规律，用符号语言刻画并证明，归纳研究函数性质的基本方法.

<table>
<tr><th rowspan="2">评价目标</th><th colspan="3">评价指标</th><th colspan="2" rowspan="2">评价
方法结果</th></tr>
<tr><th>一级指标</th><th>二级指标</th><th>三级指标</th></tr>
<tr><td rowspan="35">实现活动体验中的学习与素养发展</td><td rowspan="12">具有大概念
核心问题
教学形态</td><td rowspan="3">核心问题
利于活动体验</td><td>内含学科问题和学生活动方式</td><td>8</td><td rowspan="12">每项指标最高评8分（满分为96分）

合计91分</td></tr>
<tr><td>问题情境与真实生活密切相关</td><td>8</td></tr>
<tr><td>能引发大概念、新知新法生成</td><td>6</td></tr>
<tr><td rowspan="3">教学目标
价值引导恰当</td><td>两类目标正确全面</td><td>8</td></tr>
<tr><td>关联体验目标恰当</td><td>8</td></tr>
<tr><td>目标价值引导显现</td><td>8</td></tr>
<tr><td rowspan="3">教学环节
完整合理落实</td><td>教学环节清晰完整</td><td>8</td></tr>
<tr><td>环节内容合理充实</td><td>8</td></tr>
<tr><td>学生活动时间充分</td><td>6</td></tr>
<tr><td rowspan="3">教学要素
相互匹配促进</td><td>问题目标环节两两匹配</td><td>8</td></tr>
<tr><td>技术促进活动形式内容</td><td>8</td></tr>
<tr><td>素养导向突出氛围浓郁</td><td>7</td></tr>
<tr><td rowspan="23">具有大概念
核心问题
教学特质</td><td rowspan="4">拓宽学习视野</td><td>课堂与现实世界有恰当关联</td><td colspan="2" rowspan="23">选择一个表现突出的二级指标，在相应三级指标引导下，以现场学生表现为主要依据，以其余指标为背景，于本表的第二页写出150字以上的简要评价</td></tr>
<tr><td>有基于缄默知识的问题解决</td></tr>
<tr><td>有缄默知识运用的追踪剖析</td></tr>
<tr><td>知识运用剖析导向素养发展</td></tr>
<tr><td rowspan="4">投入实践活动</td><td>有真实而且完整的实践活动</td></tr>
<tr><td>实践活动深度融入两类情境</td></tr>
<tr><td>能够全身心地浸渍于活动中</td></tr>
<tr><td>活动的内容结果均丰富深入</td></tr>
<tr><td rowspan="4">感受意义关联</td><td>有核心问题的深层意义感受</td></tr>
<tr><td>有以知识为中心的关联感受</td></tr>
<tr><td>有以个人为中心的关联感受</td></tr>
<tr><td>有对三类大概念的关联感受</td></tr>
<tr><td rowspan="4">自觉反思体验</td><td>有实质性反思活动的开展</td></tr>
<tr><td>有课堂新因素的追踪利用</td></tr>
<tr><td>有体验的交流与改善重构</td></tr>
<tr><td>有概念生成中的素养发展</td></tr>
<tr><td rowspan="4">乐于对话分享</td><td>乐于自我的表达与认真的倾听</td></tr>
<tr><td>乐于合作中成果与思路的分享</td></tr>
<tr><td>乐于成果交流中深层意义分享</td></tr>
<tr><td>有宽容的对话氛围和双向交流</td></tr>
<tr><td rowspan="3">认同素养评价</td><td>认可素养评价</td></tr>
<tr><td>参与素养评价</td></tr>
<tr><td>利用素养评价</td></tr>
</table>

续表

大概念核心问题教学特质的简要评价（包括发展性建议）
首先要引领一个宏观的认知即搞清楚“为什么要研究函数的性质？什么叫作函数的性质？函数的性质主要有哪些？如何发现函数的性质？”等问题. 在教学过程中通过引导学生研究函数的变化规律来把握客观世界中事物的变化规律；研究函数的性质，如随着自变量的增大函数值是增大的还是减小的，有没有最大值或最小值，函数图象有什么特征等；让学生体验变化中的不变性就是性质，变化中的规律性也是性质；引导学生先画出函数图象，通过观察和分析图象的特征探究函数的一些性质等，初步感知一些研究函数性质的方法. 其次是对函数单调性的具体学习和研究. 除了学习知识本身以外，还要注重归纳形成研究函数性质的一般方法与过程：具体函数—图象特征—数量刻画—符号语言—抽象定义—性质判定. 这种研究函数性质的方法贯穿于整个函数的学习过程，也充分体现了特殊到一般、数形结合的研究方法，因此符合课时大概念. 同时充分体现了大概念的迁移性特征，此研究方法对后期研究函数的周期性、变化率也有迁移作用，再次理解函数性质是刻画客观世界中的变化规律，也重点提升数学抽象、数学运算、直观想象、逻辑推理等学科核心素养. 在教学中，通过网络画板等信息技术手段，演示函数值随自变量的变化而变化的规律，研究变化中的不变性和规律性体现在函数值在随着自变量变化的增减性、函数图象的对称性，应从概念的抽象形成、符号语言的精准表达进行学科专业知识的评价. 在对研究函数性质的基思想方法进行评价：如从“形”的角度，直观获得函数性质的认识；能从“数”的角度进行函数性质的推理论证；在归纳研究函数性质的基本方法时应对学生的知识结构及思想方法进行总结评价，并要求类比该方法尝试研究函数的其他性质，举一反三解决新函数的变化规律实际问题. 通过研究函数变化规律，学会认识和研究一个对象规律的方法，认识客观世界是发展变化的，变化是有规律的，今天研究的是函数的运动变化规律，明天研究的就是客观世界的发展变化规律，形成正确的人生观和价值观

【信息收集】☞

针对数学组同仁和学校校本教研领导小组提出的反馈意见，并收集了全班学生的评价反馈练习 40 份. 对收集到的 40 份学生评价反馈练习基于素养目标达成情况评判标准，进行了批阅和分类，按照等级标准标注了等级.

学生对于函数单调性的定义掌握得较好，但是对于运用符号语言刻画函数单调性以及用定义去证明单调性还不够熟练. 同时，对于数学符号的识别还需要进一步加强训练，要在后期的教学中做好调整.

【反馈调整】☞

结合本人实际授课情况，结合数学组同仁和学校校本教研领导小组提出的反馈意见，我将从以下两点作出调整.

1. 教学过程中要充分发挥学生的主体地位，把课堂还给学生

课堂的前半节，在知识的获得过程中，虽然设计了让学生自主生成知识要点的学生活动，但是学生需要解决的问题偏多，导致学生对每个问题没有充足的时间去思考. 老师一直在催促

学生完成任务，学生的主体作用没有得到充分地发挥，课堂容量过大，教师主导过多，没有把课堂还给学生.

2. 要预设有深度的课堂评价反馈

在本节课的教学中，学生的表现还是很亮眼的，学生在课堂上也展示出了一些有亮点的回答并暴露出典型的易错点. 但是本人的课堂评价还不够有深度，对学生回答问题的引导性、启发性不够，因此为了让课堂更有深度，更有层次需要在课堂评价预设上下功夫.

大概念核心问题教学素养目标点检测表

<table>
<tr><td>课时名称</td><td colspan="3">函数的基本性质——单调性</td></tr>
<tr><td>所属单元</td><td colspan="3">函数的基本性质</td></tr>
<tr><td>单元大概念</td><td colspan="3">函数基本性质（含单调性、最值、奇偶性、周期性、对称性）</td></tr>
<tr><td>单元核心问题</td><td colspan="3">用自然语言描述生活中的变化现象，借助网络画板研究函数图象、利用符号语言描述函数的变化规律，归纳研究函数单调性的基本方法，类比探究函数的其他性质，进而将其作为工具解决变化问题</td></tr>
<tr><td>课时大概念</td><td colspan="3">函数的单调性</td></tr>
<tr><td>课时核心问题</td><td colspan="3">利用网络画板作下列函数的图象，描述其函数值随自变量的变化而变化的规律，用符号语言刻画并证明，归纳研究函数性质的基本方法</td></tr>
<tr><td>课时素养目标</td><td colspan="3">在研究函数单调性的过程中发展学生运算素养、逻辑推理素养、数学抽象素养</td></tr>
<tr><td>检测点</td><td colspan="3">函数单调性的定义、判断函数单调性的方法</td></tr>
<tr><td>检测工具
（检测题）</td><td colspan="3">探究 $f(x)=x+\dfrac{a}{x}(x>0)$ 的单调性</td></tr>
<tr><td rowspan="4">分类标准</td><td colspan="3">A. 单调性判断准确、论证分析清晰准确</td></tr>
<tr><td colspan="3">B. 会判断、但是证明过程步骤、逻辑基本清楚</td></tr>
<tr><td colspan="3">C. 会判断、但论证不清楚</td></tr>
<tr><td colspan="3">D. 不会判断、也不会论证</td></tr>
<tr><td rowspan="5">检测统计</td><td>分类等级</td><td>学生人数（总人数 40 人）</td><td>百分比</td></tr>
<tr><td>A</td><td>15</td><td>37.5%</td></tr>
<tr><td>B</td><td>21</td><td>52.5%</td></tr>
<tr><td>C</td><td>3</td><td>7.5%</td></tr>
<tr><td>D</td><td>1</td><td>2.5%</td></tr>
<tr><td>检测分析结果运用</td><td colspan="3">利用大概念的核心问题教学模式，利用信息技术，学生基本达成本节课的教学目标，在后期教学及课后辅导的过程中，尽量引导学生利用大概念背景下的数学思想方法等指导自己独立解决问题</td></tr>
</table>

续表

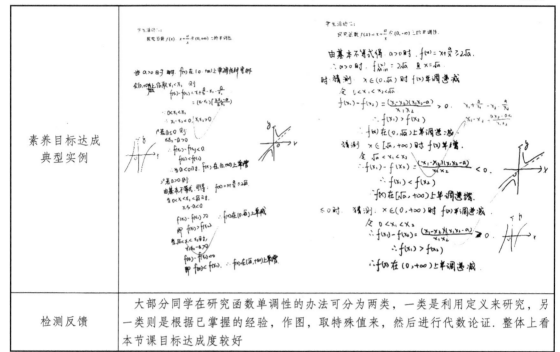

素养目标达成典型实例	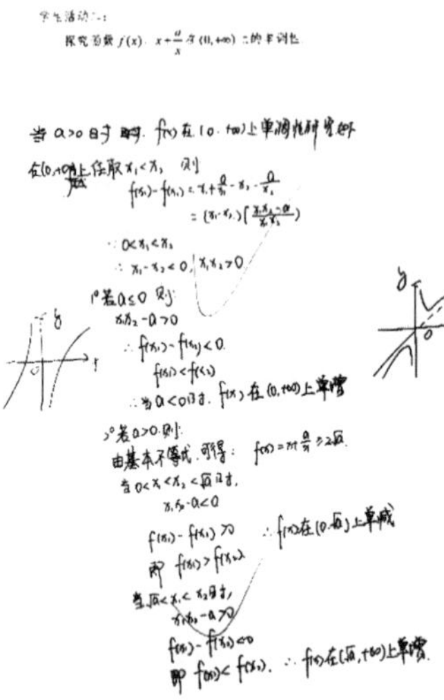 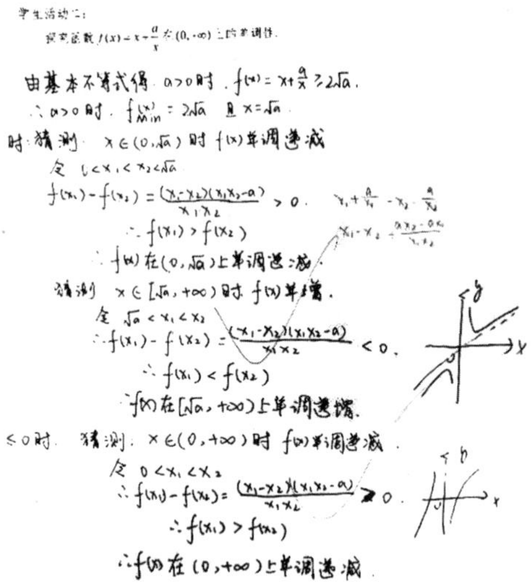
检测反馈	大部分同学在研究函数单调性的办法可分为两类，一类是利用定义来研究，另一类则是根据已掌握的经验，作图，取特殊值来，然后进行代数论证. 整体上看本节课目标达成度较好

“函数的奇偶性（第一课时）”学教案

卢中华

一、教学分析设计

【教材课标】☞

“函数的奇偶性”是普通高中课程标准教科书数学必修第 1 册的第三章第二节的内容. 函数的奇偶性是函数的一个重要性质，它既是函数概念、函数的单调性的延续和拓展，也是今后研究各种基本初等函数的基础，为研究函数的求值、定义域、值域、单调性、图象的绘制等问题提供方便. 同时，函数奇偶性揭示的是函数自变量与函数值之间的一种特殊的数量规律，直观反映的是函数图象的轴对称和中心对称. 利用数形结合的数学思想来研究函数问题或者数学问题，是学生必须掌握的数学思想方法. 函数的奇偶性是一个整体概念，而函数的单调性是一个局部概念，两者的对比学习，使学生能更好地了解如何去研究一个函数的基本性质，也为学生今后研究三角函数、二次曲线等知识做了一个重要铺垫. 灵活地应用函数的奇偶性常使复杂的不等问题、方程问题、作图问题等变得简单明了，因此函数的奇偶性有着承上启下的作用.

【大概念】☞

简约化表达：函数的奇偶性.

特征化表达：基于具体的数学情境，以研究函数概念和性质的一般方法为指导，抽象概括函数的单调性、奇偶性、最值等基本性质，用函数图象和代数运算的方法研究函数的性质，体会函数值随自变量变化的不变性就是函数的性质.

概念类别	简略化表达	特征化表达
概念结论类	函数奇偶性的概念	1. 偶函数的特征 定义域的特征：定义域关于原点对称 代数特征：$f(-x)=f(x)$ 几何特征：函数图象关于 y 轴对称. 2. 奇函数的特征 定义域的特征：定义域关于原点对称 代数特征：$f(-x)=-f(x)$ 几何特征：函数图象关于原点对称

续表

概念类别	简略化表达	特征化表达
思想方法类	数据分析、现象到本质、特殊到一般、抽象概括	函数奇偶性揭示的是函数自变量与函数值之间的一种特殊的数量规律，直观反映的是函数图象的轴对称和中心对称. 利用数形结合的数学思想来研究函数问题或者数学问题，是学生必须掌握的数学思想方法. 数形结合：就是通过数与形之间的对应和转化来解决问题，它包含“以形助数”和“以数解形”两个方面，利用它可使复杂综合问题简单化；让学生感受从实际背景中抽象出来的一个数学概念，研究它是很自然的事情
价值观念类	对立统一观、普遍联系观	函数的奇偶性是一个整体概念，而函数的单调性是一个局部概念，两者的对比学习，使学生更好的了解如何去研究一个函数的基本性质，同时与生活实际与数学学科广泛联系，促进了学生了解中国文化、关心社会，体现了数学的应用价值与人文价值，这些均体现了普遍联系观

【资源条件】☞

资源名称	功能
黑板	板书核心问题和教学环节；板书学生解决问题时交流、分析、建构的要点；板书反思提升的生成性思维导图；板书适当的评价反馈内容
教材学案	提供核心问题教学各环节中自主探究与生成的环节与思维空间
PPT	展示课前作业、问题情境和核心问题；出示核心问题生活实例；提供全班交流时所需部分结果；出示评价反馈练习等内容
电子白板	投放 PPT；学生探究过程和结果的拍照、拍摄投屏；在线批注

【学生基础】☞

思维方面：高一学生已具有一定的形象思维能力，已能从直观的角度来认识一些简单的图形，但分析、归纳、抽象的思维能力还是比较薄弱，通过恰当的培养和引导能够使学生的分析归纳能力得到提高.

知识方面：通过初中所学的对称图形以及对称的概念的学习，以及对函数定义域、值域的理解和学习，学生也基本掌握了如何来认识和学习函数. 但是学生的分析归纳能力以及对事物本质的认识能力还比较弱，所以我们必须引导学生从“数”与“形”两个方面来加深对函数奇偶性本质的认识.

【教学目标】☞

参与抽离下列生活实例中的函数并归纳其共同特征（达成数学抽象水平 1），从图象和代数运算探究这些函数的基本性质的活动，理解函数的奇偶性定义及类型，能据定义判断函数是否具有奇偶性. 在对函数图象和性质的研究过程中，感受图形直观与代数运算相结合的思想方法，发展数形结合、数学抽象、逻辑推理和数学运算的数学核心素养（达成数形结合水平 2，逻辑推理水平 2，数学运算水平 2）；由此懂得研究一类函数的内容（定义域、值域、单调性、奇偶性等）、基本路径（背景—概念—图象—性质—应用）和方法（联系与类比，数形结合等），提升研究素养和解决问题的能力（达成学业质量水平 3）. 通过对函数奇偶性的研究，使学生认识事物的特殊性与一般性之间的关系，培养学生善于探索的思维品质.

【核心问题】☞

通过绘制、展示函数的图象的对称美，探究函数的奇偶性.

基于前述教材课标、学生基础及目标分析，为了学生能在学习中深度融入情境，尤其学习探索情境，要突破教学难点需要培养学生思维的灵活性和思考的主动性，在教学过程中采取目标导学、自主探究、问题引领、合作交流的教学方式. 教师指导学生主动探究、自主学习，落实概念建构过程，情境中的游戏环节与第一个小问题，主要帮助学生感受数学概念与生活的联系，为后续研究过程中积极参与、主动学习和建构数学概念做了铺垫.

函数奇偶性揭示的是函数自变量与函数值之间的一种特殊的数量规律，直观反映的是函数图象的轴对称和中心对称. 利用数形结合的数学思想来研究函数问题或者数学问题，是学生必须掌握的数学思想方法. 函数的奇偶性是一个整体概念，而函数的单调性是一个局部概念，两者的对比学习，使学生更好地了解如何去研究一个函数的基本性质，当然也为学生今后研究三角函数、二次曲线等知识做了一个重要铺垫.

学生展示的设置，既起到分享学生研究成果，质疑、补充使得出的概念更加准确、精致的作用，又锻炼了学生的数学表达能力，实现数学语言、数学符号规范化应用. 为此，本节课的核心问题确立为：通过绘制、展示函数的图象的对称美，探究函数的奇偶性.

【评价预设】☞

提出问题环节：创设情境，抽象定义；以生活中的实际问题为背景让学生感受对称美，同时渗透德育教育. 同时，明晰核心问题，使学生产生强烈的解决问题的欲望.

解决问题环节：教师指导学生主动探究、自主学习，落实概念建构过程，情境中实际问题，主要帮助学生感受数学概念与生活的联系，为后续研究过程中积极参与、主动学习和建构数学概念做了铺垫. 重点从知识的结构化梳理情况、函数单调性与奇偶性的区别与联系，感悟及其可能对后续学习、发展的影响进行评价、反馈与交流，发挥好该环节评价的激励与引导功能.

反思提升环节：与学生共同对问题的解决过程和策略进行反思. 在学生有效性认识与实践提升的基础上，重点针对平面向量的概念间关联及对转化与化归解加以提升，努力促进学生在深度体验基础上获得对大概念的高阶性、迁移性、网络性等特征的理解与内化，发挥好此环节评价的体验积淀功能.

评价反馈环节：为了学生能将本节课学习中体验到的关联和转化与化归基本思想方法迁移到后续学习之中，学生展示的设置，既起到分享学生研究成果，质疑、补充使获取的概念更加准确、精致的作用，又锻炼了学生的数学表达能力，实现数学语言、数学符号规范化应用.

二、教学实施设计

【教学环节】☞

<table>
<tr><th>教学环节</th><th>学生活动</th><th>教师活动</th><th>设计意图</th><th>技术融合</th></tr>
<tr><td>提出问题</td><td>1. 观看生活中的对称图形.
2. 明了轴对称与中心对称的实质</td><td>展示几张实际生活中的轴对称建筑以及中心对称的实例图片，从生活中的“对称美”导入，并请同学们思考数学中是否也存在着“对称美”.
提问学生初中所学习的图象关于 y 轴和关于原点对称的函数，并在课件上展示出相应的函数图象.
本章节学习的都是函数部分的知识，引导学生往函数方面思考. 提出本节课的核心问题：通过绘制、展示函数的图象的对称美，体验数与形的结合，探究函数的奇偶性</td><td>从实际生活中的对称美导入，让学生寻找数学中的对称美，把实际生活与数学知识相结合，培养学生的审美意识</td><td>PPT 展示核心问题，明确任务，引导学生深入思考</td></tr>
<tr><td>解决问题</td><td>回顾初中所学过的函数并回答出二次函数 $y=x^2$ 关于 y 轴对称，正比例函数 $y=x$ 以及反比例函数 $y=\frac{1}{x}$ 关于原点对称.
认真跟着教师的思路回顾上节课函数的单调性探究方法.
根据偶函数解析式，快速完成表格，发现表格中的数据也存在着对称性. 自行归纳总结出表格所呈现的规律：当自变量互为相反数时，对应的函数值保持不变，即 $f(-x)=f(x)$</td><td>先以二次函数 $f(x)=x^2$ 为例讨论函数图象关于 y 轴对称的情况，在课件上展示 $f(x)=x^2$ 的函数图象. 选取自变量的一些特殊值，让学生完成表格，并从表格中归纳出自变量与函数值之间的等量关系.
<table><tr><td>x</td><td>-2</td><td>-1</td><td>0</td><td>1</td><td>2</td></tr><tr><td>$f(x)$</td><td></td><td></td><td></td><td></td><td></td></tr></table>对学生归纳出的结论表示赞赏，并提出新的问题：这一结论是否在函数的定义域内都是成立的.
引导学生从函数解析式的角度入手，证明定义域内的所有点都满足 $f(-x)=f(x)$</td><td>从学生熟悉的函数入手，让学生从几何角度上直观感受函数图象的对称性，符合学生的认知规律.
回顾函数的单调性的探究方法，可以为本节课用符号语言描述函数的奇偶性做铺垫.
让学生直接从函数图象上抽象出数学语言是比较困难的，所以设计了一个表格，从表格中数据的对称性更容易得出结论</td><td>黑板板书师生共同总结的内容和要点.
电子白板展示学生的探究成果.
PPT 展示教学的主要环节和内容</td></tr>
</table>

续表

教学环节	学生活动	教师活动	设计意图	技术融合
解决问题	从函数的解析式入手，证明该结论在整个定义域内都成立，即 $\forall x\in \mathbf{R}$, 都有 $-x\in \mathbf{R}$, 且 $f(-x)=(-x)^2=x^2=f(x)$ 小组讨论并尝试归纳出偶函数的定义. 理解偶函数的定义以及其几何意义，清楚定义中的关键前提——定义域关于原点对称. 类比偶函数定义的形成过程，小组讨论探究并得出：函数图象关于原点对称时，解析式满足 $f(-x)=-f(x)$ 这一等量关系. 理解奇函数的定义以及其几何意义，清楚定义中的关键前提——定义域关于原点对称. 跟着教师的思路，回顾两个定义，了解函数的单调性与函数的奇偶性之间的不同之处	介绍偶函数 $f(x)=x^2$，组织学生讨论偶函数的定义. 板书偶函数的定义：一般地，设函数 $f(x)$ 的定义域为 D，如果 $\forall x\in D$，都有 $-x\in D$，并且有 $f(-x)=f(x)$，那么函数 $f(x)$ 就叫作偶函数. 并强调定义中对于定义域的限制——定义域要关于原点对称. 介绍完偶函数的定义之后，回到课前提到的两个关于原点对称的函数：正比例函数 $f(x)=x$ 以及反比例函数 $f(x)=\frac{1}{x}$，让学生类比偶函数定义的形成过程，以小组的形式探究：函数图象关于原点对称时，解析式可以得出什么样的等量关系. 介绍上述两个函数 $f(x)=x$ 以及 $f(x)=\frac{1}{x}$ 被称为奇函数，并请一位学生类比偶函数的定义得出奇函数的定义. 板书奇函数的定义：一般地，设函数 $f(x)$ 的定义域为 D，如果 $\forall x\in D$，都有 $-x\in D$，并且有 $f(-x)=-f(x)$，那么函数 $f(x)$ 就叫作奇函数. 并且再次强调对于定义域的限制——定义域要关于原点对称. 照着板书上偶函数和奇函数的定义，强调函数的奇偶性与函数的单调性不同. 函数的单调性是函数的“局部”性质，但是函数的奇偶性是函数的“整体”性质	把这一结论从特殊值推广到整个定义域上，体现从特殊到一般的数学思想方法. 小组讨论并尝试归纳偶函数的定义可以培养学生的语言表达能力和抽象概括能力. 完整板书偶函数的定义可以起到强调作用，并有利于课堂小结时带领学生回顾知识. 让学生小组探究不仅能加深学生对偶函数定义形成过程的印象，还可以培养学生类比的数学思想方法，同时也能培养学生之间的交流合作能力. 让学生再次体会类比的数学思想方法，以及还可以锻炼学生的语言表达能力. 完整板书奇函数的定义可以起到强调作用，并且有利于课堂小结的时带领学生回顾. 强调函数的单调性是函数的“局部”性质，而函数的奇偶性是函数的“整体”性质，加深学生的印象	

续表

教学环节	学生活动	教师活动	设计意图	技术融合
反思提升	跟着老师回顾函数的奇偶性的定义、判定方法、及所蕴含的数学思想与方法	带领学生回顾本节课学习的偶函数和奇函数的定义和其几何意义，以及判断函数奇偶性的步骤. 就探究过程中用到的数学知识、数学思想方法做点评和总结	课堂小结可以让学生梳理本节课的知识脉络，更好地构建知识体系	黑板板书形成
评价反馈	【课堂反馈】已知函数 $f(x)$ 对一切实数 x，y 都有 $f(x+y)=f(x)+f(y)$. （1）求证：$f(x)$ 是奇函数； （2）若 $f(-3)=a$，试用 a 表示 $f(12)$	巡视，引导学生积极完成课堂反馈，同学之间交流展示，老师点评总结	此题可以增强学生对新知的应用能力，让学生在分析、证明的过程中提升逻辑推理素养和数学运算素养	PPT 出示反馈任务

【板书设计】☞

3.2 函数的奇偶性 一、提出问题 核心问题：通过绘制、展示函数的图象的对称美，探究函数的奇偶性. 二、解决问题 学生活动（一）： 学生活动（二）：	三、反思提升 1. 基础知识 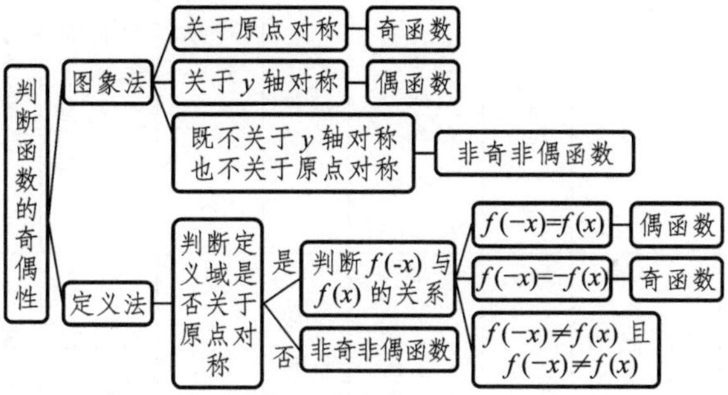 2. 思想、方法（数形结合）	四、评价反馈 学生板书解答过程及师生共同订正	副板书（步骤）

【作业设计】☞

课时作业的结构化设计：

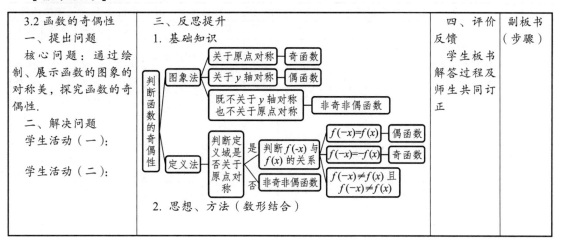

作业序号	作业目标	作业情境		概念结论		思想方法		价值观念		整体评估	
		内容	水平	内容	水平	内容	水平	内容	水平	类型	水平
1～4	以学业要求的达成为目标，以大概念核心知识为基础，体现单元教学的整体性，具体以问题情境为载体，以思想方法为依托，以关键能力为特征，突出单元大概念生成、理解、运用，综合体现学科核心素养的落实	数学问题情境	简单	奇偶性的判定和简单应用	数学运算水平1	概念辨析；性质的应用	数学抽象水平1；数学运算水平1	事物是普遍联系的	数学运算水平1	基础性作业	学业质量水平1
5	能在实际情境中体会函数的奇偶性的广泛应用	数学问题情境	简单	奇偶性的判定和简单应用	逻辑推理水平1；数学运算水平1	解决实际问题	数学运算水平1	数学来源于生活，事物是普遍联系的	逻辑推理水平1；数学运算水平1	综合性作业	学业质量水平1

续表

作业序号	作业目标	作业情境		概念结论		思想方法		价值观念		整体评估	
		内容	水平	内容	水平	内容	水平	内容	水平	类型	水平
6	会从特殊的函数入手，通过观察和类比分析，得到一般函数的奇偶性的性质应用	数学问题情境	较复杂	奇偶性的判定和简单应用	数学抽象水平1	特殊到一般；类比归纳	逻辑推理水平2；数学抽象水平1	变化中的规律性和不变性	数学抽象水平1	综合性作业	学业质量水平2
7	掌握研究一类函数及其基本性质基本路径和方法.	抽象点的数学背景条件	复杂	研究一类函数的内容、基本路径和方法	逻辑推理水平2	类比归纳	数学抽象水平2	事物是普遍联系的	数学抽象水平2	综合性作业	学业质量水平2
课时作业总体评估	针对本堂课核心问题及教学目标，按照合格考和等级考的要求，设计了具有梯度的课时练习，题量适中，有选择题也有主观性试题，符合学生学习思维. 作业目标明确可检测、易操作，利于得到客观反馈和检测素养目标，以便调整教学教法；根据新教材，新高考的特点，作业情境设置多样，从简单情境到复杂情境，从学术情境到生活情境，兼顾习题生动性与深度性										

（具体的作业内容略）

【教学流程】☞

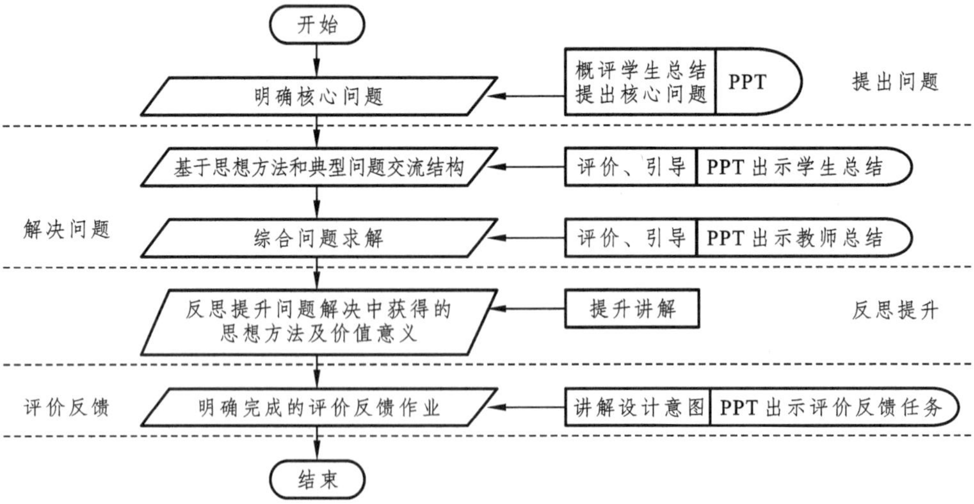

三、教学评价反馈

【评价实施】☞

大概念核心问题教学文化评价表

课时名称：函数的奇偶性.

所属单元：函数基本性质.

单元大概念：在普遍联系观、对立统一观的引导下，利用“归纳实例、抽象概念-数形结合、探究性质-运用性质、解决问题”这一基本研究思路和方法用于研究函数的性质，包括单调性、奇偶性、最值等.

单元核心问题：用自然语言描述生活中的变化现象，借助网络画板研究函数图象、利用符号语言描述函数的变化规律，归纳研究函数单调性的基本方法，类比探究函数的其他性质，进而将其作为工具解决变化问题.

课时核心大概念：

简约化表达：函数的奇偶性.

特征化表达：基于具体的数学情境，以研究函数概念和性质的一般方法为指导，抽象概括函数的单调性、奇偶性、最值等基本性质，用函数图象和代数运算的方法研究函数的性质，体会函数值随自变量变化的不变性就是函数的性质.

课时核心问题：通过绘制、展示函数的图象的对称美，探究函数的奇偶性.

评价目标	评价指标			评价 方法结果	
	一级指标	二级指标	三级指标		
实现活动体验中的学习与素养发展	具有大概念核心问题教学形态	核心问题利于活动体验	内含学科问题和学生活动方式	8	每项指标最高评8分（满分为96分）
			问题情境与真实生活密切相关	7	
			能引发大概念、新知新法生成	8	
		教学目标价值引导恰当	两类目标正确全面	7	
			关联体验目标恰当	7	
			目标价值引导显现	7	
		教学环节完整合理落实	教学环节清晰完整	8	
			环节内容合理充实	8	
			学生活动时间充分	7	
		教学要素相互匹配促进	问题目标环节两两匹配	7	
			技术促进活动形式内容	7	
			素养导向突出氛围浓郁	7	合计88分
	具有大概念核心问题教学特质	拓宽学习视野	课堂与现实世界有恰当关联	选择一个表现突出的二级指标，在相应三级指标引导下，以现场学生表现为主要依据，以其余指标为背景，于本表的第二页写出150字以上的简要评价	
			有基于缄默知识的问题解决		
			有缄默知识运用的追踪剖析		
			知识运用剖析导向素养发展		

续表

评价目标	评价指标			评价方法结果
	一级指标	二级指标	三级指标	
实现活动体验中的学习与素养发展	具有大概念核心问题教学特质	投入实践活动	有真实而且完整的实践活动	
			实践活动深度融入两类情境	
			能够全身心地浸渍于活动中	
			活动的内容结果均丰富深入	
		感受意义关联	有核心问题的深层意义感受	
			有以知识为中心的关联感受	
			有以个人为中心的关联感受	
			有对三类大概念的关联感受	
		自觉反思体验	有实质性反思活动的开展	
			有课堂新因素的追踪利用	
			有体验的交流与改善重构	
			有概念生成中的素养发展	
		乐于对话分享	乐于自我的表达与认真的倾听	
			乐于合作中成果与思路的分享	
			乐于成果交流中深层意义分享	
			有宽容的对话氛围和双向交流	
		认同素养评价	认可素养评价	
			参与素养评价	
			利用素养评价	

大概念核心问题教学特质的简要评价（包括发展性建议）

本节课凸显了大概念核心问题教学中“课堂与现实世界有恰当关联”这个二级指标.

本节课以大概念核心问题为主线，充分激发学生的学习动力和兴趣，有真实而且完整的实践活动，突出核心内容，提升数学核心素养. 本节课的核心问题分两个部分呈现，同时也分别对应两个学生活动. 学生活动（一）：给出4个生活实例，引导学生从“数”与“形”两个方面来加深对函数奇偶性本质的认识. 同时，主要帮助学生感受数学概念与生活的联系，为后续研究过程中积极参与、主动学习和建构数学概念做了铺垫. 学生活动（二）：如何利用符号语言精确地描述“函数图象关于 y 轴对称”？以情境中实际问题为引例，做铺垫让学生自己构建新的概念，让学生自己组织语言对函数奇偶性下定义，充分体现学生的直观能动性，主要帮助学生感受数学概念与生活的联系，为后续研究过程中积极参与、主动学习和理解数学概念做了铺垫. 重点从对知识的结构化梳理情况、对函数单调性与奇偶性的区别与联系，感悟及其可能对后续学习、发展的影响进行评价、反馈与交流，发挥好该环节评价的激励与引导功能.

反思提升环节：与学生共同对问题的处理策略和解决过程进行反思. 在学生有效的认识与实践提升的基础上，重点针对函数性质的相关概念间关联及对转化与化归解加以提升，努力促进学生在深度体验基础上获得对大概念的高阶性、迁移性、网络性等特征的理解与内化，发挥好此环节评价的体验积淀功能.

综上，学生在本课的学习中有核心问题的深层价值意义感受、有以知识个人为中心的关联感受、有对三类大概念的深层关联感受，“课堂与现实世界有恰当关联”这一二级指标凸显充分

【信息收集】☞

课后收集了全班 53 名同学的评价反馈练习，按照体验性目标的达成情况及正确率进行了批阅和分类.

【反馈调整】☞

1. 针对学生

课堂学习仅在经历概念建立的过程中，简要学习了函数奇偶性的定义及其简单应用. 跟进式地给出课后阅读与学习的网络资源，可以更好地发挥线上线下信息技术对学习的有效支撑，让学生能更全面地了解函数奇偶性的定义及其性质，提升学生的学习兴趣，激发学生的学习欲望.

分层、分类作业的设计，既注重了本节学习任务的核心，同时让学生借助通读本章全部内容，画出模块知识的思维导图，也可以起到帮助学生明确后续学习目标与方向的作用.

对学生完成的评价反馈作业进行认真的归类分析后，从课堂学习及课后作业两个方面与学生进行反馈交流：针对课堂上学生坐姿端正、严守纪律，但交流互动的积极程度略欠这一情况，激励学生在今后的课堂学习中可更加大胆地表达自己的观点与见解，这样更有助于自己与同学对所学知识的理解与内化；对于课后作业，如前面分析所述，情况良好.

2. 针对教师

课后作业完成质量超出预想，说明学生在本节课及课后进行总结时对“概念结论、思想方法与价值观念的梳理与反思”的体验深刻，这进一步增强了自己对大概念核心问题教学及学习方法与策略教学的信心与动力. 教学过程中实现了学生学习的“读，议，讲，练，看，想，听”七个环节，但是没有体现出“问”，学生提出问题的能力有待培养，教师设计时要注意引导、启发.

作为本章的概念课，对于整章内容学习的原因及应用的广泛性介绍相对偏少，在概念生成环节教师干预时间较长，情境和范例展示及体验不足，学生的深度思考、交流的广泛性及自主建构有待进一步挖掘.

大概念核心问题教学素养目标点检测表

课时名称	函数的奇偶性
所属单元	函数的基本性质
单元大概念	单元核心大概念：在普遍联系观、对立统一观的引导下，利用“归纳实例、抽象概念-数形结合、探究性质-运用性质、解决问题”这一基本研究思路和方法用于研究函数的性质，包括单调性、奇偶性、最值等
单元核心问题	用自然语言描述生活中的变化现象，借助网络画板研究函数图象、利用符号语言描述函数的变化规律，归纳研究函数单调性的基本方法，类比探究函数的其他性质，进而将其作为工具解决变化问题
课时核心问题	通过绘制、展示函数的图象的对称美，探究函数的奇偶性

续表

<table>
<tr><td>课时素养目标</td><td colspan="3">参与抽离下列生活实例中的函数并归纳其共同特征(达成数学抽象水平 1),从图象和代数运算探究这些函数的基本性质的活动,理解函数的奇偶性定义及类型,能据定义判断函数是否具有奇偶性. 在对函数图象和性质的研究过程中,感受图形直观与代数运算相结合的思想方法,发展数形结合、数学抽象、逻辑推理和数学运算的数学核心素养(达成数形结合水平 2,逻辑推理水平 2,数学运算水平 2);由此懂得研究一类函数的内容(定义域、值域、单调性、奇偶性等)、基本路径(背景—概念—图象—性质—应用)和方法(联系与类比,数形结合等),提升研究素养和解决问题的能力(达成学业质量水平 3). 通过对函数奇偶性的研究,使学生学会认识事物的特殊性与一般性的关系,培养学生善于探索的思维品质</td></tr>
<tr><td>检测点</td><td colspan="3">函数奇偶性的判定及其应用</td></tr>
<tr><td>检测工具
(检测题)</td><td colspan="3">【课堂反馈】已知函数 $f(x)$对一切实数 x,y 都有 $f(x+y)=f(x)+f(y)$.
(1)求证:$f(x)$是奇函数;
(2)若 $f(-3)=a$,试用 a 表示 $f(12)$</td></tr>
<tr><td rowspan="4">分类标准</td><td colspan="3">A. 函数奇偶性概念及其性质的理解,呈现了概念结论、思想方法与价值观念中两个或两个以上的方面且关联体现好;懂得研究函数的一般路径和常用方法,答案正确且书写规范逻辑清晰,对概念的理解准确</td></tr>
<tr><td colspan="3">B. 函数奇偶性概念及其性质的理解,呈现了概念结论、思想方法与价值观念中两个或两个以上的方面且关联体现好;懂得研究函数的一般路径和常用方法,可能在探究性质时思维不严密,不能给出严格证明,对概念的理解较为深入</td></tr>
<tr><td colspan="3">C. 函数奇偶性概念及其性质的理解,呈现了概念结论、思想方法与价值观念中两个或两个以上的方面且关联体现稍弱;可能在探究性质时内容不全面,方法不准确,思维不够严密,或者运算素养不到位,未能得出答案</td></tr>
<tr><td colspan="3">D. 不太清楚函数的奇偶性定义,对性质理解不到位,不清楚如何研究一个函数,基本未能得出答案</td></tr>
<tr><td rowspan="5">检测统计</td><td>分类等级</td><td>学生人数(总人数 53 人)</td><td>百分比</td></tr>
<tr><td>A</td><td>22</td><td>41.5%</td></tr>
<tr><td>B</td><td>16</td><td>30.2%</td></tr>
<tr><td>C</td><td>9</td><td>17.0%</td></tr>
<tr><td>D</td><td>6</td><td>11.3%</td></tr>
<tr><td>检测分析
结果运用</td><td colspan="3">学生素养目标的达成较好. 全班有 22 人(占 41.5%)知道函数的奇偶性的定义,对其性质之间的关联体验深入,懂得研究函数的一般路径和常用方法,答案正确且书写规范逻辑清晰,对概念的理解准确. 有 16 人(占 30.2%)对奇偶性的定义及其性质的关联体验较为深入,懂得研究一类函数的路径和方法,可能在探究性质时思维不严密,不能给出严格证明,对概念的理解较为深入,在方法的选择和幂函数性质的探究上有一定的经验. 这些还有 15 位同学未能在第一时间完全掌握此类问题的处理方法. 课后及时与同学交流解决问题的障碍和困难,进一步指导和跟进</td></tr>
</table>

续表

素养目标达成典型实例	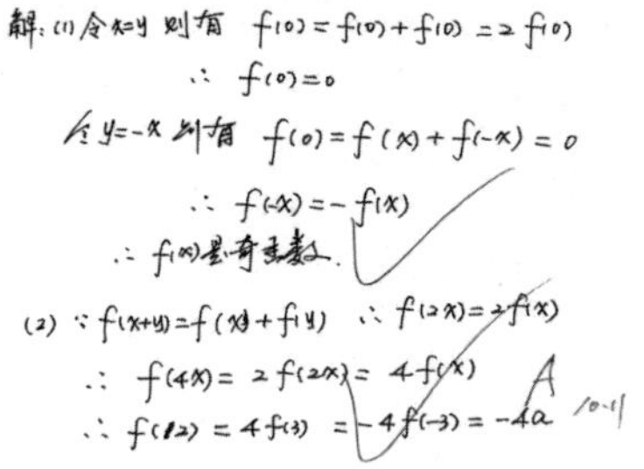 上面这位同学对函数的奇偶性理解到位，对其性质应用恰当，懂得研究函数的一般路径和常用方法，答案正确且书写规范逻辑清晰，对概念的理解准确，课时素养目标达成情况很好
检测反馈	基于搜集信息的检测分析情况，现准备做如下的反馈调整： 1. 在教学设计的过程中除了照顾到优生，对于基础相对较差的学生要给予更多的关注，课堂上如果他们的回答有不足之处，一定要耐心引导，帮助他们顺利找到正确的思路. 如果有时间可以让不同层次的学生都有机会展示自己的成果，让各种知识和方法的应用性更强，并且从帮助他们解决问题的过程中，发现问题，在课后及时跟进辅导. 2. 课后，对本节课的检测题目及时做了评讲，并请学生再次总结了研究一类函数的基本路径和方法. 通过大家的思考和总结，学生们更加明确处理这类问题的一般方法，相信课后再辅助一些练习，可以取得比较好的效果. 针对等级为 D 的 6 名同学，课后及时跟进，一一交流，了解了出错的原因，并及时纠正

“基本初等函数（一）——幂函数、指数函数与对数函数”单元教学

“基本初等函数（一）——幂函数、指数函数与对数函数”单元大概念的核心问题教学单元规划纲要

学科 数学 教师 鲜何琴 杨入境 胡宗祥

<table>
<tr><td>年级</td><td>高一</td><td>单元名称</td><td>基本初等函数（一）——幂函数、指数函数与对数函数</td><td>单元课时</td><td>17 课时</td></tr>
<tr><td>单元内容</td><td>教材内容</td><td colspan="4">“幂函数”与“指数函数概念”分别是人教社 A 版《数学 必修 第一册》第三章函数的概念与性质第三小节和第四章指数函数与对数函数第二小节指数函数的第一课时内容. 在学习了函数的概念和基本性质后，我们可以把幂函数、指数函数和对数函数三种常见的基本初等函数整合为一个自然单元. 整个单元章节包含幂函数、指数及指数函数、对数及对数函数、函数的应用（二）. 无论是从教材的编写，还是内容的呈现，两个课时均在单元内起着承上启下、起承转合的作用.
本章知识结构如下图所示：
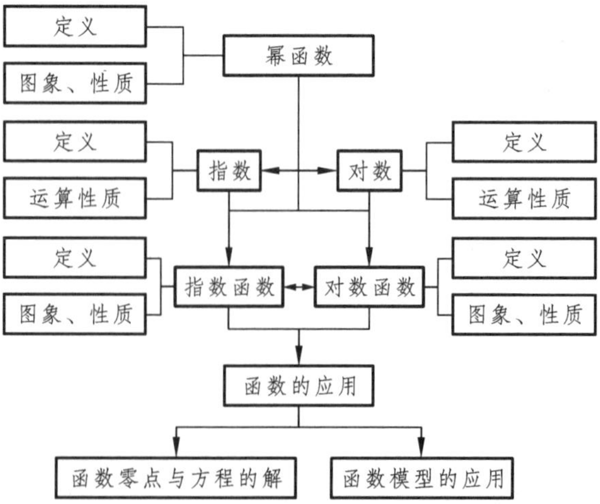
</td></tr>
</table>

续表

单元内容	教材内容	1. 从教材的编写来看 函数是高中数学内容的一条主线，第三章前面两节学习了函数的一般概念、函数性质的刻画方法，本单元将利用这些知识研究一类基本初等函数——幂函数、指数函数和对数函数. 对于幂函数可以按照“背景—概念—图象和性质—应用”的顺序进行研究. 指数函数、对数函数也不例外. 在将整数指数幂扩展到实数指数幂后，按“背景—解析式—概念—图象和性质”介绍指数函数；在引入对数的概念、表示、运算性质后，同样按“背景—解析式—概念—图象和性质”介绍对数函数；最后集中介绍指数函数和对数函数的应用. 这样编写的目的是使学生更好地理解研究函数的基本思路和方法，并能将其应用于研究新函数. 2. 从内容的呈现来看 幂函数是一类重要的基本初等函数，很多函数都是由幂函数及其他基本初等函数经过运算、复合得到的. 由于学生已经学习了正比例、反比例函数、一次函数、二次函数，幂函数的学习从学生熟悉的 $y=x^{-1},y=x,y=x^2$ 出发，在归纳五个具体幂函数共性的基础上给出幂函数概念，通过五个具体幂函数的图象和解析式，得出幂函数的一些性质，再用幂函数的概念与性质解决一些简单的问题. 教科书将“幂函数”内容安排到“函数的概念与性质”中的第三节，是在学习完一般函数的概念和基本性质后，以一类简单的基本初等函数为载体，使学生明确研究一类具体函数的基本构架（背景—概念—图象—性质—应用），并体会如何在一般函数的概念及基本性质的指导下展开研究. 因此，幂函数的学习既是对前面所学内容的巩固，也为后续指数函数、对数函数的学习打下基础. 指数函数作为一种全新的函数，为了能在实数范围内研究其性质，首先将整数指数幂延续数系扩充方向拓展到实数指数幂，指数函数在整个实数集上有了意义，图象是一条“连续不断”的曲线，为后续描述问题、研究问题带来极大的方便. 从生活情境出发，再现数学建模解决实际问题中发现创新新函数的历程：以两地景区游客流量变化的问题为例，首先通过表格、图象让学生直观感受变化规律，再引导学生通过减法、除法两种运算定量刻画变化规律，发现数据中蕴含的规律——线性增长和指数增长（$a>1$）. 再在碳 14 的衰减变化问题中，同样通过运算发现其中蕴含的指数衰减（$0<a<1$）的变化规律，进而抽象出指数函数的概念. 有了概念，基于运算绘制图象，进而研究性质和应用，这是研究一类具体函数的基本框架（背景—解析式—概念—图象—性质—应用），与前面幂函数相呼应. 对数函数作为指数函数的反函数，在研究函数的一般方法指引下，类比探究，认识其变化规律，进一步理解函数的概念，并利用概念建立数学模型解决实际问题
	课程标准	幂函数、指数函数与对数函数是最基本、应用最广泛的函数，是进一步学习数学的基础. 通过本单元的学习，可以帮助学生学会用函数图象和代数运算的方法研究这些函数的性质；理解这些函数中所蕴含的运算规律；运用这些函数建立模型，解决简单的实际问题，体会这些函数在解决实际问题中的作用. 1. 幂函数 通过具体实例，结合 $y=x,y=\frac{1}{x},y=x^2,y=\sqrt{x},y=x^3$ 的图象，理解其变化规律，了解幂函数. 2. 指数函数 （1）通过对有理数指数幂、实数指数幂含义的认识，了解指数幂的拓展过程，掌握指数幂的运算性质.

续表

<table>
<tr><td>课程标准</td><td>课程标准</td><td colspan="2">（2）通过具体实例，了解指数函数的实际意义，理解指数函数的概念.
（3）能用描点法或借助计算工具画出具体指数函数的图象，探索并理解指数函数的单调性与特殊点.
3. 对数函数
（1）理解对数的概念和运算性质，知道用换底公式能将一般对数转化成自然对数或常用对数.
（2）通过具体实例，了解对数函数的概念. 能用描点法或借助计算工具画出具体对数函数的图象，探索并了解对数函数的单调性与特殊点.
（3）知道同底数对数函数与指数函数互为反函数.
（4）收集、阅读对数概念的形成与发展的历史资料，撰写小论文，论述对数发明的过程以及对简化运算的作用.
4. 二分法与求方程近似解
（1）结合指数函数和对数函数的图象，进一步了解函数的零点与方程解的关系.
（2）结合具体连续函数及其图象的特点，了解函数零点存在定理，探索用二分法求方程近似解的思路并会画程序框图，能借助计算工具用二分法求方程近似解，了解用二分法求方程近似解具有一般性.
5. 函数与数学模型
（1）进一步理解函数模型是描述客观世界中变量关系和规律的重要数学语言和工具. 结合现实情境中的具体问题，利用计算工具，比较对数函数、线性函数、指数函数增长速度的差异，理解“对数增长”“直线上升”“指数爆炸”等术语的现实含义. 在实际情境中，会选择合适的函数类型刻画现实问题的变化规律.
（2）收集一些现实生活、生产实际或者经济领域中的函数模型，体会人们是如何借助函数刻画实际问题的，感悟数学模型中参数的现实意义</td></tr>
<tr><td rowspan="7">基础条件</td><td rowspan="6">资源基础</td><td>资源名称</td><td>功能</td></tr>
<tr><td>黑板</td><td>板书核心问题；板书学生解决问题时交流、分析、建构要点；板书反思提升要点等</td></tr>
<tr><td>教材、学案</td><td>提供核心问题教学各环节中自主探究与生成的环节与思维空间</td></tr>
<tr><td>Excel 作图或者网络画板、GeoGebra 作图</td><td>方便作各类幂函数的图象，便于学生直观观察幂函数图象的变化规律，学会借助图象研究函数的性质.
利用 Excel 作图快速将实际背景情境中的数据表格生成图象；作指数函数、对数函数的图象来数形结合研究函数的性质；基于已知数据作散点图，帮助学生选择拟合函数</td></tr>
<tr><td>Excel 函数计算</td><td>利用 Excel 函数计算，将表格中的生活数据进行快速计算，揭示图象蕴含的变化规律</td></tr>
<tr><td>PPT</td><td>出示核心问题；提供全班交流时所需部分结果；出示评价反馈练习等内容</td></tr>
<tr><td>学生基础</td><td colspan="2">高中阶段学习函数的要求与初中学习一次函数、二次函数和反比例函数的要求差别较大，作为系统学习的基本初等函数，要求用函数图象和代数运算的方法研究幂函数、指数函数和对数函数的性质，并利用抽象的符号语言来表达，这对高一学生而言具有挑战性.
对于作图，学生的认知基础主要还是利用描点法. 学生可以先分析函数的性质，利用性质简化和辅助作图，然后结合图象与函数性质，进一步完善图象，要用联系的观点数形结合地分析函数，以弥补学生在这方面的经验欠缺.</td></tr>
</table>

续表

<table>
<tr><td>基础条件</td><td>学生基础</td><td colspan="6">通过幂函数的学习，已经对研究函数的一般路径有了初步的认识，初步了解由函数图象数形结合分析、推导、归纳概括函数性质的一般方法. 学生有基础在本单元的学习中，通过“背景—解析式—概念—图象和性质—应用”的函数研究途径来自主学习探究. 但是学生完全理解函数体现的变化、对应的思想，还需要经历较长的时间.
本章的难点是抽象、概括指数函数和对数函数的概念和性质，学生需要通过观察、分析、探究等一系列的思维活动，由具体的问题和图象进行归纳、演绎，并通过抽象概括或推理得出其本质，从而得到有关概念和性质. 在这个过程中，学生极有可能会遇到困难. 这需要教师对学生进行引导，引导学生计算、推理、归纳并概括指数函数和对数函数的概念及其性质，特别注意让学生通过观察具体的指数函数、对数函数的图象，发现共性，归纳共同特征，在此基础上抽象出指数函数、对数函数的性质</td></tr>
<tr><td rowspan="5">单元大概念及下层结构</td><td colspan="7">单元名称：基本初等函数（一）——幂函数、指数函数与对数函数
单元核心大概念：在普遍联系观、对立统一观的引导下，利用“归纳实例、抽象概念—数形结合、探究性质—运用性质、解决问题”这一基本研究思路和方法用于研究幂函数、指数函数与对数函数.
概念结论类：幂函数、指数函数与对数函数的概念、图象、性质与运用.
大概念特征化表达：基于具体的生活情境和数学情境，抽象概括函数的概念，以研究函数概念和性质的一般方法为指导，用函数图象和代数运算的方法研究函数的性质，理解函数中蕴含的变化规律. 通过函数模型解决简单的实际问题，体会函数在解决实际问题中的作用.
思想方法类：转化与化归（特殊到一般、类比迁移、数形结合）.
大概念特征化表达：从具体的实例抽象出幂函数的概念，利用数 → 形，形 → 数的转化思想，研究幂函数的性质，类比迁移到指数函数和对数函数.
价值观念类：普遍联系观、对立统一观（变化中的不变性/规律性）.
大概念特征化表达：根式与有理数指数幂的关联，从整数指数幂最终推广到实数指数幂之间的运算和形式的关联；幂函数、指数函数和对数函数图象及性质之间的关联，它们的研究与函数研究的一般方法和路径的关联；函数性质的特殊性又体现了变化中的规律性和不变性</td></tr>
<tr><td rowspan="2">课时名称</td><td rowspan="2">课时</td><td colspan="2">课时大概念</td><td colspan="3">课时概念梳理</td></tr>
<tr><td>简约化表达</td><td>特征化表达</td><td>概念结论（小概念）</td><td>思想方法</td><td>价值观念</td></tr>
<tr><td>幂函数</td><td>2</td><td>幂函数的概念、图象和性质</td><td>经历从具体情境中抽象出幂函数概念的过程，能正确画出 5 个常见幂函数的图象，并利用图象和代数运算探究其基本性质，归纳研究一类函数的内容、基本路径和方法</td><td>幂函数的概念、图象、定义域、值域、单调性、特殊点、范围、对称性</td><td>数形结合、从特殊到一般、抽象概括、逻辑推理、数学运算</td><td>幂函数概念、图象和性质的研究与函数研究方法的关联，图象和性质间的关联</td></tr>
<tr><td>指数</td><td>2</td><td>实数指数幂的推广与运算</td><td>将整数指数幂推广到有理数指数幂，再通过极限逼近推广到无理数指数幂. 进而推广到实数指数幂，推广后实数指数幂保持整数指数幂的运算性质</td><td>根式、整数指数幂、有理数指数幂、无理数指数幂、实数指数幂</td><td>极限逼近、逻辑推理、数学运算</td><td>根式与有理数指数幂的关联，从整数指数幂最终推广到实数指数幂之间的运算和形式的关联</td></tr>
</table>

续表

	课时名称	课时	课时大概念		课时概念梳理		
			简约化表达	特征化表达	概念结论（小概念）	思想方法	价值观念
单元大概念及下层结构	指数函数	2	指数函数的概念、图象和性质	基于景区游客人次变化和生物体内碳14含量变化的实例，进行数据分析，探究其变化规律的本质，并类比幂函数概念生成经验抽象概括出指数函数的概念．从数到形和形到数同时探究指数函数的图象与性质，进一步提炼研究一类函数的基本路径和方法	指数函数的概念、图象、单调性、值域、定义域、特殊点、范围、对称性	数据分析、逻辑推理、现象到本质、抽象概括、类比、特殊到一般、数形结合	指数函数概念、图象和性质的研究与函数研究方法的关联，图象和性质间的关联
	对数	2	对数和对数运算	通过指数幂的求指数运算引出对数的概念，结合指数幂的运算性质和对数概念推导对数的运算性质	对数、常用对数、自然对数、对数运算	抽象概括、数学运算	指数和对数的关联
	对数函数	3	对数函数的概念、图象和性质	从碳14情境中求年份抽象出对数函数概念，通过与指数函数的堆成性作对数函数图象，通过数形结合和逻辑推理推导对数函数 性质	对数函数的概念、图象、单调性、值域、定义域、特殊点、范围、对称性，对数函数与指数函数的对称性	数形结合、抽象概括、逻辑推理、数学运算	对数函数概念、图象和性质的研究与函数研究方法的关联，图象和性质间的关联；指数函数和对数函数的关联
	函数的应用（二）	4	零点存在定理、二分法、数学建模	用函数零点的观点求解方程的根；通过反复取半逼近方程的根；用指数函数和对数函数的模型解决实际问题	零点、方程的根、零点存在定理、二分法求根、数学建模	数学建模、逻辑推理、数形结合、数学运算	函数零点与方程的根的关联；指数爆炸与指数函数的关联，对数增长与对数函数的关联
	小节	2	指数函数、对数函数	指数函数和对数函数的概念、图象、性质、运算	指数和对数函数的概念、图象、性质、运算	数学运算、逻辑推理	指数和对数函数性质与其他函数性质研究的关联

续表

<table>
<tr><td>单元教学目标</td><td colspan="3">借助生活实例抽象出函数的概念，能从数 → 形，形 → 数两个角度研究函数的图象与性质，归纳研究一类函数的基本方法，由此懂得数形结合、类比迁移是研究基本初等函数的基本思路和方法，体验函数变化中的规律性与不变性及事物是具有普遍联系的</td></tr>
<tr><td>单元核心问题及问题分解</td><td colspan="3">核心问题：借助生活实例，抽象概括幂函数、指数函数、对数函数的定义，运用数形结合从图象特征和代数运算的角度探究这三种函数的基本性质，归纳研究一类函数的基本方法.
本单元注重通过函数图象和代数运算的方法研究函数. 幂函数引入由学生熟悉的特例入手再拓展到一般表达式，体现了特殊到一般的思想，然后归纳 5 种幂函数的共性，即变化中的不变性，发现性质渗透了化归的思想. 本单元不断用数形结合的思想研究幂函数与函数 $y=x+\frac{1}{x}$ 的图象与性质，其中在作函数 $y=x+\frac{1}{x}$ 图象时，引导学生将自己所作的图象与计算机画出的图象进行对比，发现忽略的性质，然后再通过解析式，用代数运算研究函数，完善作图.
指数函数在整数指数幂拓展为实数指数幂运算后，为解决生活实际问题，运用数学建模的定性和定量方法进行数据分析，发现其中的非线性变化，即为指数增长（指数衰减），为解决这一类模型，抽象概括出指数函数. 不仅体现了特殊到一般的思想，渗透了创新价值和数学的实际应用价值意义导向，同时培养了学生的数学思维和核心素养. 接下来，引导学生借助幂函数的研究经验，研究指数函数的图象和性质，并进一步提炼研究一类函数的基本内容、方法.
对数函数作为指数函数的反函数，在这一研究函数的基本内容和方法指导下，完成探究</td></tr>
<tr><td rowspan="9">课时划分</td><td>课时</td><td>课时名称</td><td>课时核心问题</td></tr>
<tr><td>第 1 ~ 2 课时</td><td>幂函数</td><td>抽离下列生活实例中的函数并归纳其共同特征，通过图象和代数运算探究这些函数的基本性质</td></tr>
<tr><td>第 3 ~ 4 课时</td><td>指数</td><td>结合数系的扩充规律，了解指数幂的实数范围推广路径和历程，归纳指数幂计算的法则和步骤</td></tr>
<tr><td>第 5 ~ 6 课时</td><td>指数函数</td><td>分析景区游客人次变化和生物碳 14 含量变化两个实例的数据，发现一类函数的变化规律及其本质，归纳抽象出该函数的概念. 数形结合探究指数函数的图象和性质，进一步提炼研究一类函数的基本思想方法</td></tr>
<tr><td>第 7 ~ 8 课时</td><td>对数</td><td>结合对数概念和指数幂运算性质，推导对数运算的法则</td></tr>
<tr><td>第 9 ~ 11 课时</td><td>对数函数</td><td>基于碳 14 衰减问题的不同指数研究角度，抽象对数函数概念，并完成图象和性质的探究活动，抽象概括其性质</td></tr>
<tr><td>第 12 ~ 15 课时</td><td>函数的应用（二）</td><td>通过解决具体问题的求根问题，理解函数与方程的思想，提炼零点存在定理和二分法的一般步骤. 通过解决简单指对实际问题，归纳数学建模的一般思想方法</td></tr>
<tr><td>第 16 ~ 17 课时</td><td>单元复习</td><td>解决下列指对问题，进一步理解幂指对概念、图象和性质，归纳典型问题的一般解题思路和方法</td></tr>
<tr><td colspan="3"></td></tr>
<tr><td>教学评价</td><td colspan="3">一、对大概念的生成理解评价维度
（概念结论类）幂函数、指数函数和对数函数是进入高中后，学生最先接触到的新的函数类型，怎么理解函数的概念，研究其图象和性质，学生是茫然的. 但是在幂函数图象和性质研究的基础上，学生可以类比研究，同时通过观察、抽象出指数函数的性质. 在系统学习探究了指数函数的“背景—概念—图象和性质”后，按照这个思路学生可以探究对数函数的相关结论. 在这个过程中，教师需要不断引导学生进行思考和抽象概括</td></tr>
</table>

续表

<table>
<tr><td>教学评价</td><td colspan="7">（思想方法类）函数是描述客观事物变量关系和规律的重要数学语言和工具，在学习函数的过程中，要理解函数概念的抽象概括过程，在性质的研究中要数形结合并逻辑推理，在运用中要善于观察和发现规律. 这些思想方法体现在具体的活动中，需要教师对学生适时引导，并通过鼓励不断督促学生完成探究活动，接近真理.
（价值观念）本单元有大量的实例，如生产问题的景区门票问题，如文化熏陶类的考古指数衰减问题，学生在背景丰富多样的情境中体会数学的管理和有用价值，并将这种观点传达学生，增强学生学习的兴趣和信心.
二、对素养目标达成的评价
1. 在幂指对数概念实例应用的活动中评价学生的数学抽象能力.
2. 在幂函数、指数函数和对数函数的函数性质的自我探究活动中评价学生类比逻辑推理、数形结合、数学运算等能力.
3. 在幂函数、指数函数和对数函数的应用中评价学生数学建模、数学运算、逻辑推理的能力</td></tr>
<tr><td rowspan="4">单元作业</td><td>作业类型</td><td>作业目标</td><td>作业内容</td><td>作业情境</td><td>概念结论</td><td>思想方法</td><td>价值观念</td></tr>
<tr><td>基础性作业</td><td>会计算指数幂和对数运算性质；会判断幂指对函数；会解决幂指对函数的简单性质问题和简单的实际问题</td><td>幂指对性质的计算；幂指对函数形式辨析，简单数学建模问题</td><td>计算题数学情境；简单幂指对概念情境；简单的生活生产建模情境</td><td>指数幂和对数的法则；幂指对函数概念和简单性质</td><td>数学运算、抽象概括、逻辑推理、数形结合</td><td>联系观和有用价值观</td></tr>
<tr><td>综合性作业</td><td>对函数 $y=x+\frac{1}{x}$ 性质的探究；解决指对生活情境问题；用零点存在定理或二分法找零点的根；幂指对性质综合考察</td><td>函数 $y=x+\frac{1}{x}$ 性质的探究；指对函数的实际运用；零点的存在性或区间位置判断；幂指对性质综合</td><td>在方程根问题中用函数观点解题；在生活和数学情境中幂指对函数综合考察</td><td>幂指对函数的性质和图象；方程根的个数</td><td>数形结合逻辑推理</td><td>事物是普遍联系的</td></tr>
<tr><td>实践性作业</td><td>对数发展史</td><td>阅读对数概念形成与发展的历史资料，撰写论文，论述对数发明的过程以及对数对简化运算的作用</td><td>阅读对数概念的形成和发展的历史资料</td><td>对数的发明和意义</td><td>逻辑推理</td><td>事物是普遍联系的</td></tr>
<tr><td>反馈调整</td><td colspan="7">教学设计中应更加凸显核心问题教学在大概念生成及迁移过程中所发挥的独特作用. 核心问题教学有利于构建大概念的探究和生成情境，通过核心任务活动实现概念的迁移运用. 作业设计应更加注重思维导图等工具的应用. 大概念不是孤立的概念，它往往是多组平行概念和系列上下位概念的融合，而思维导图可以深度呈现概念之间的关系并利用大概念解决问题</td></tr>
</table>

“幂函数”学教案

鲜何琴

一、教学分析设计

【教材课标】☞

1. 课程标准分析

幂函数是一类重要的基本初等函数，很多函数都是由幂函数及其他基本初等函数经过运算、复合得到的. 幂函数是学生进入高中后学习的第一类具体的基本初等函数. 学生已学习正比例函数、反比例函数、一次函数、二次函数. 因此幂函数的学习是在学生已有的函数学习经验上的拓展，主要是在归纳 5 个具体函数共性基础上的数学抽象.

“幂函数”的内容安排在“函数的概念与性质”一章的第三节，是在学习完一般函数的概念以及函数的基本性质后，选取一类简单的基本初等函数进行研究，使学生明确一类具体函数的研究内容（定义与表示—图象与性质—应用），并体会如何在一般函数的概念及基本性质的指导下展开研究. 因此幂函数的学习既是对前面所学内容的巩固，也为后面指数函数、对数函数的学习打下基础.

2. 教材内容分析

本节课选自《普通高中教科书　数学　必修　第一册》（2019 人教 A 版）第三章“函数的概念与性质”，本节课是第三节. 幂函数是基本初等函数之一，是在学生系统学习了函数概念与函数性质之后，进入高中以来遇到的第一种特殊函数，是对函数概念及性质的应用. 通过本节的学习能培养学生应用性质（定义域、值域、单调性、奇偶性）和图象研究一个函数的意识. 在幂函数概念的生成过程中，注意通过在初中已学的正比例、反比例、二次函数等基础上，从生活实例引导学生归纳共性、抽象概括出概念. 从概念到图象，再通过探究归纳出幂函数的性质. 从教材整体安排上来看，学习幂函数是为了让学生进一步理解研究一类函数的内容、基本思路和方法，学会利用这种方法去研究其他函数. 因而本节课更是对学生研究函数方法和能力的一个综合提升.

【大概念】☞

简约化表达：幂函数的概念、图象和性质.

特征化表达：从生活实例中归纳概括出幂函数，在变化中的规律性的指导下，沿背景—

概念—图象—性质—应用的路径，通过数形结合探究得到其定义域、值域以及奇偶性、单调性等性质用于解决相关问题.

概念类别	简略化表达	特征化表达
概念结论类	幂函数的概念、图象和性质	经历从具体情境中抽象出幂函数概念的过程，能正确画出5种常见幂函数的图象，并利用图象和代数运算探究它们的基本性质
思想方法类	从特殊到一般、数学抽象、数形结合；研究一类函数的基本路径	通过具体实例，能从自变量、函数值及函数解析式的结构等角度归纳共性，并用数学语言抽象地表达幂函数的概念；由5种具体幂函数的图象，从图象和代数运算两个方面数形结合探究它们的基本性质，体会函数图象是研究函数性质的一种重要工具，数形结合是研究函数的重要方法；通过对幂函数的研究，归纳研究一类函数的基本路径
价值观念类	普遍联系观 变化中的规律性和不变性	在抽象幂函数概念的过程中，建立函数与生活的关联，具体函数与一般函数的关联，在探究幂函数性质的活动过程中，建立数与形的关联；体会幂函数的指数变化时，幂函数的图象和性质变化的规律性

【资源条件】☞

资源名称	功能
黑板	板书教学流程，尤其是学生解决问题、反思提升过程的要点以及学生演板. 适时适当的板书利于学生建立知识结构，归纳学科思想方法
课件，电子白板	展示教学环节，展示学生活动成果，让学生感受更加直观
GeoGebra 软件	便捷、迅速地绘制各类幂函数的图象，便于学生直观观察幂函数图象的变化规律，学会借助图象研究函数的性质

【学生基础】☞

高中阶段学习函数的要求与初中学习一次函数、二次函数和反比例函数的要求差别较大. 作为高中第一个系统学习的基本初等函数，要求用函数图象和代数运算的方法研究幂函数的性质，并利用抽象的符号语言来表达，这对高一学生而言具有挑战性. 学生在初中已经学习过一些具体的幂函数，但缺乏对研究一类函数的内容和方法的认识，教学时应联系初中学习函数的经验，以及前面学习过的一般函数的概念和性质，让学生尝试构建本节课的学习思路，从而体会研究一类函数的内容、思路和方法.

对于作图，学生的认知基础主要还是利用描点法. 在画出 $y=x^3$ 和 $y=\sqrt{x}$ 的图象时会有一定难度. 在教学时可以引导学生先分析函数的性质，利用性质简化和辅助作图，然后结合图象与函数性质，进一步完善图象，要用联系的观点数形结合地分析函数，以弥补学生在这方面经验的欠缺.

在知识上，学生已经有了初中的一次函数、二次函数和反比例函数等作为基础，这为学习幂函数做好了知识和方法上的准备. 在能力上，学生已经具备一定的形象思维和抽象思维能力，有一定的分析和解决问题的能力. 当然，对于进入高中不到半个学期的学生来说，虽然具备一定的分析和解决问题的能力，逻辑思维初步形成，但可能缺乏冷静、深刻，思维具有片面性、不严谨的特点，需要不断提升.

【教学目标】☞

参与抽离下列生活实例中的函数并归纳其共同特征（达成数学抽象水平 1），从图象和代数运算探究这些函数的基本性质的活动，理解幂函数的定义及 5 种常见幂函数的性质，能据此判断其定义域、值域、单调性、奇偶性等性质并加以应用. 在对幂函数图象和性质的研究过程中，感受图形直观与代数运算相结合的思想方法，发展数形结合、数学抽象、逻辑推理和数学运算的数学核心素养（达成数形结合水平 2，逻辑推理水平 2，数学运算水平 2）；由此懂得研究一类函数的内容（定义域、值域、单调性、奇偶性等）、基本路径（背景—概念—图象—性质—应用）和方法（联系与类比、数形结合等），提升研究素养和解决问题的能力（达成学业质量水平 3）.

【核心问题】☞

核心问题：抽离下列生活实例中的函数并归纳其共同特征，通过图象和代数运算探究这些函数的基本性质.

函数是高中数学内容的一条主线，第三章前面两节学习了函数的一般概念、函数的表示方法、函数性质的刻画方法，本节课将利用这些知识研究一类新的基本初等函数——幂函数. 对于幂函数可以按照"背景—概念—图象—性质—应用"的顺序进行研究. 这样安排的目的是使学生更好地理解研究函数的内容、基本路径和方法，并能将其应用于研究新函数.

从内容的呈现来看，幂函数是一类重要的基本初等函数，很多函数都是由幂函数及其他基本初等函数经过运算、复合得到的. 由于学生已经学习了正比例、反比例函数、一次函数、二次函数，幂函数的学习，从学生熟悉的 $y=x^{-1}, y=x, y=x^2$ 出发，在归纳 5 种具体幂函数共性的基础上给出幂函数概念，通过 5 种具体幂函数的图象和解析式，得出幂函数的一些性质，再用幂函数的概念与性质解决一些简单的问题. 另外，在课后布置学生重点研究函数 $y=x+\dfrac{1}{x}$. 它是由正比例函数 $y=x$ 与反比例函数 $y=\dfrac{1}{x}$ 通过加法运算构造而成的，因此可以看成是幂函数的延伸，同时要引导学生运用研究幂函数的思想方法探究这个函数的图象与性质. 它的学习需要突破用代数运算研究函数图象与性质这个难点. 可以设计问题串：你画的函数图象与几何画板生成的图象类似吗？你能用函数 $y=x$ 和 $y=\dfrac{1}{x}$ 的图象变化趋势说明 $y=x+\dfrac{1}{x}$ 的图象变化趋势吗？引导学生又回到解析式的代数结构进行思考，这不但提供了用代数运算研究函数性质的"拆分法"而且将用代数运算研究函数性质的思想提高到一个新的高度. 教科书将"幂函数"内容安排到"函数的概念与性质"中的第三节，是在学习完一般函数的概念和基本性质后，以一类简单的基本初等函数为载体，使学生明确研究一类具体函数的基本构架（背景—概念—图象—性质—应用），并体会如何在一般函数的概念及基本性质的指导下展开研究. 因此幂函数的学习既是对前面所学内容的巩固，也为后面指数函数、对数函数的学习打下基础.

【评价预设】☞

1. 提出问题环节

复习回顾初中已经学习过的函数类型，引导学生思考如何研究一个新的函数，知道研究一类函数的一般路径，进而提出本节课的核心问题. 从已有知识中建构新知，启迪思维.

2. 解决问题环节

此环节一共设计了两个学生活动. 学生活动（一）：给出 5 个生活实例，引导学生从中抽离出幂函数的对应关系，可以设问如下：观察以上问题中的函数具有什么共同特征？你能将此类函数的形式一般化吗？引导学生观察归纳出这类函数的共同特征，从而抽象出幂函数的定义，且能够用专业的数学语言进行表示. 有了幂函数的定义后，适时引导学生接下来应该研究幂函数的哪些内容，又该如何研究一类函数的这些性质？进而完善本节课的核心问题：抽离下列生活实例中的函数并归纳其共同特征，通过图象和代数运算探究这些函数的基本性质. 学生活动（二）：在同一坐标系中画函数 $y=x,y=x^2,y=x^3$，$y=\sqrt{x}$ 和 $y=x^{-1}$ 的图象，观察函数图象并结合函数解析式，将发现的结论写在表格内. 在解决核心问题的活动中，学生借助之前学习的函数知识，按照背景—概念—图象—性质—应用的路径研究幂函数，在作图和由图象到性质的研究过程中，可能出现以下困难：① 学生在同一坐标系中画出这 5 种函数的图象时，$y=x^{-1},y=x,y=x^2$ 这 3 种函数的图象是学生熟悉的，而在画 $y=x^3$ 和 $y=\sqrt{x}$ 的图象时会有一定难度. 在教学时可以引导学生注意取点的策略，或者先分析函数性质，利用性质简化和辅助作图，然后结合图象与函数性质，进一步完善图象，要用联系的观点数形结合地分析函数. ② 图象作好后，少部分学生可能在分析图象时无从下手，有点茫然，还有部分同学可能在把从图形中直观观察到的特征用准确规范的数学语言表达出来时不够清晰. 教师可以引导学生从“共性”与“个性”两个角度进行观察分析. 同时提醒学生从函数图象和解析式两个角度认识函数的性质，从解析式中可以获得定义域、奇偶性等性质，这些性质也可以反过来帮助作图，使研究解析式和作函数图象相辅相成. 同时也培养学生用数学的眼光观察世界，用数学的语言表达世界的素养. 在解决问题的过程中，教师提出核心问题、学生自主探究和小组讨论，班级展示，交流辨析等都应围绕学生发现知识、理解知识的能力进行评价.

3. 反思提升环节

与学生一起回顾整个解决问题的探究过程，并就探究过程中用到的数学知识、数学思想方法做点评和总结. 强调研究一类函数的内容（定义域、值域、单调性、奇偶性等）、基本路径（背景—概念—图象—性质—应用）和方法（联系与类比，数形结合等），提升研究素养和解决问题的能力. 教师应围绕学生对体验到的研究一类函数的方法进行评价.

4. 评价反馈环节

检测学生把课堂中体验到的数学方法用来解决问题的能力，教师应围绕学生能否应用知识解决问题，能否落实本节课的核心素养教学目标进行评价. 增强学生对新知的应用能力，让学生在分析、证明的过程中提升逻辑推理素养和数学运算素养.

二、教学实施设计

【教学环节】☞

教学环节（时间）	学生活动	教师活动	设计意图	技术融合
提出问题（2 min）	复习回顾初中已经学习过的函数类型以及研究函数的路径，明确本节课的学习任务，为积极参与探究活动做好准备	提出本节课的核心问题：抽离下列生活实例中的函数并归纳其共同特征	复习回顾旧知，引导学生思考新的问题，去认识新的函数对应关系	PPT 展示核心问题，明确任务，引导学生深入思考
解决问题（26 min）	学生活动（一）： （1）如果张红以 1 元/kg 的价格购买了某种蔬菜 w kg，那么她需要支付 $p=w$ 元，这里 p 是 w 的函数； （2）如果正方形的边长为 a，那么正方形的面积 $S=a^2$，这里 S 是 a 的函数； （3）如果立方体的棱长为 b，那么立方体的体积 $V=b^3$，这里 V 是 b 的函数； （4）如果一个正方形场地的面积为 S，那么这个正方形的边长 $c=\sqrt{S}$，这里 c 是 S 的函数； （5）如果某人 t s 内骑车行进 1 km，那么他骑车的平均速度 $v=\frac{1}{t}$ km/s，这里 v 是 t 的函数. 观察上述函数解析式，它们有什么共同特征？ 学生活动（二）： 1. 个人探究	给出 5 个生活实例，引导学生思考：观察以上问题中的函数具有什么共同特征？你能将此类函数的形式一般化吗？ 教师提出问题，学生观察思考后回答问题. 根据学生回答，教师进行必要的补充. 最后指明：这几个函数解析式都具有幂的形式，幂的底数是变量，指数为常数，形成幂函数的定义. 引导学生思考如何研究一个新的函数，知道研究一类函数的一般路径. 进而完善本节课核心问题：抽离下列生活实例中的函数并归纳其共同特征，通过图象和代数运算探究这些函数的基本性质. 引导学在同一坐标系中画出这 5 个函数的图象，并通过图象和代数运算探究函数的相应性质. 教师引导学生从“共性”与“个性”两个角度进行观察分析. 同时提醒学生从函数图象和解析式两个角度认识函数的性质，从解析式中可以获得定义域、奇偶性等性质，这些性质	数学源于生活，引导学生从具体的生活实例出发，观察，归纳出这类函数的共同特征，从而抽象出幂函数的定义，且能够用专业的数学语言进行表示. 这是以后学生探究未知世界，用数学眼光看待世界的基本路径. 整个过程加深学生对幂函数的定义和呈现形式的理解. 培养学生的观察、归纳、概括能力，提升数学抽象素养. 研究一个函数的性质最直观的方式就是作出函数的图象. 让学生自己动手先做并总结可以培养良好的学习习惯，同时提高作图、识图的能力.	黑板板书师生共同总结的内容和要点； 电子白板展示学生的探究成果； PPT 展示教学的主要环节和内容； GeoGebra 软件演示幂函数图象绘制过程，更加直观和准确，便于分析共性和个性

续表

教学环节（时间）	学生活动	教师活动	设计意图	技术融合
解决问题（26 min）	在同一坐标系中画函数 $y=x$，$y=x^2$，$y=x^3$，$y=\sqrt{x}$ 和 $y=x^{-1}$ 的图象，观察函数图象并结合函数解析式，将你发现的结论写在表格内． 2. 小组讨论 3. 学生展示并讲解 学生自主动手作图，并从老师提出的核心问题出发，通过观察图象和解析式，结合以往学习函数的经验，分组讨论，探究幂函数的图象特征及其性质，完成表格	也可以反过来帮助作图，使研究解析式和作函数图象相辅相成．教师根据需要用 GeoGebra 软件演示幂函数图象绘制过程 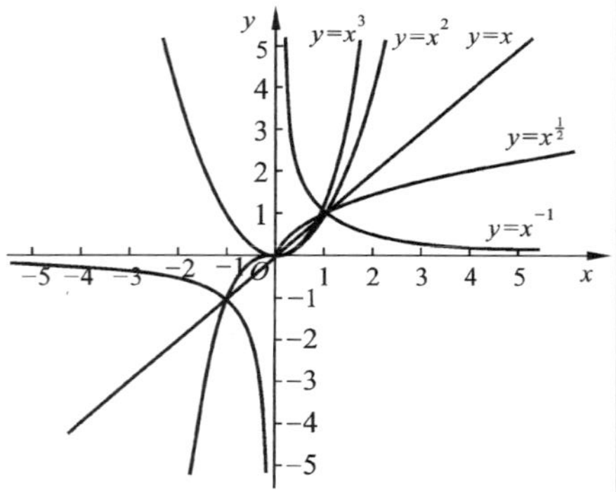 	通过创设问题情境，激发学生的思维，并在新知探究的过程中，使学生自然形成研究问题的一般思路．在探究幂函数的性质和图象的变化规律的过程中，提升学生的数形结合和逻辑推理素养	
反思提升（6 min）	研究一类函数的基本路径及方法： 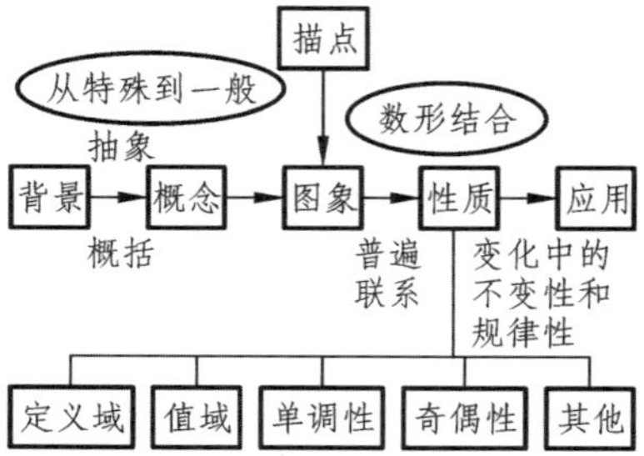 	与学生一起回顾整个探究过程，并就探究过程中用到的数学知识、数学思想方法做点评和总结．强调研究一类函数的基本路径	师生共同总结幂函数的概念、图象和性质，是让学生学习研究一个函数的基本方法中最重要的一步，在学生自主探究的基础上再进行归纳总结和升华，有效地提升了学生的逻辑推理能力	黑板板书形成

续表

教学环节（时间）	学生活动	教师活动	设计意图	技术融合
评价反馈（6 min）	【课堂反馈】已知幂函数 $y=f(x)$ 的图象过点 $\left(2,\frac{1}{4}\right)$. （1）求函数 $f(x)$ 的解析式； （2）探究函数 $f(x)$ 的性质并证明. 【课后反馈】总结本节课学到的研究一个函数的基本方法，并利用该方法自主探究教材 92 页中函数 $f(x)=x+\frac{1}{x}$ 的图象和性质	巡视，引导学生积极完成课堂反馈，同学之间交流展示，教师点评总结	知道幂函数的定义，会通过函数图象和代数运算两个视角研究函数的各种常见性质. 此题可以增强学生对新知的应用能力，让学生在分析、证明的过程中提升逻辑推理素养和数学运算素养	PPT 出示反馈任务

【板书设计】☞

3.3 幂函数 一、提出问题 核心问题：抽离下列生活实例中的函数并归纳其共同特征，通过图象和代数运算探究这些函数的基本性质. 二、解决问题 学生活动（一）： 1. 幂函数的定义 学生活动（二）： 2. 幂函数的图象与性质	三、反思提升 研究一类函数的基本路径及方法： 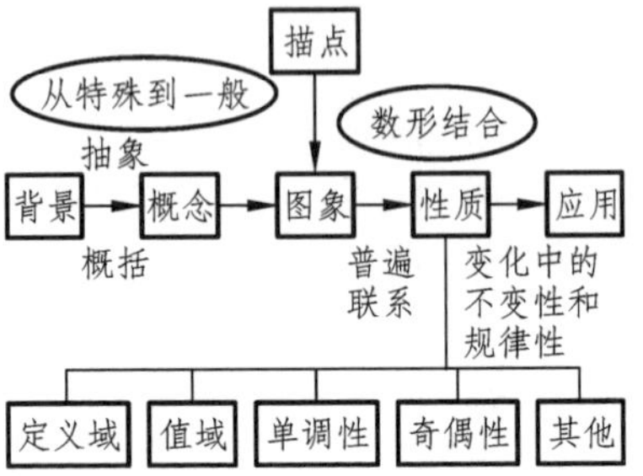 	四、评价反馈 学生板书解答过程及师生共同订正	副板书（步骤）

【作业设计】☞

课时作业的结构化设计：

作业序号	作业目标	作业情境		概念结论		思想方法		价值观念		整体评估	
		内容	水平	内容	水平	内容	水平	内容	水平	类型	水平
1～4	知道幂函数的定义，掌握幂函数的常见性质的运用（包括幂函数单调性在比大小中的应用和幂函数单调性和奇偶性的严格推理证明）	对幂函数定义的考查，幂函数单调性和奇偶性的简单应用	简单	幂函数的定义；幂函数的性质	数学运算水平1	概念辨析；性质的应用	数学抽象水平1；数学运算水平1	事物是普遍联系的	数学运算水平1	基础性作业	学业质量水平1
5	能在实际情境中体会幂函数的广泛应用	会求幂函数的表达式，会在实际应用中用幂函数求解相关问题	简单	幂函数的实际应用	逻辑推理水平1；数学运算水平1	解决实际问题	数学运算水平1	数学来源于生活，事物是普遍联系的	逻辑推理水平1；数学运算水平1	综合性作业	学业质量水平1
6	会从特殊的幂函数入手，通过观察和类比分析，得到一般幂函数的常见性质	根据5种基本幂函数的性质，小组合作探究一般形式幂函数的性质	相对复杂	幂函数的性质	数学抽象水平1	特殊到一般；类比归纳	逻辑推理水平2；数学抽象水平1	变化中的规律性和不变性	数学抽象水平1	综合性作业	学业质量水平2

续表

作业序号	作业目标	作业情境		概念结论		思想方法		价值观念		整体评估	
		内容	水平	内容	水平	内容	水平	内容	水平	类型	水平
7～8	掌握研究一类函数的内容、基本路径和方法以及幂函数在实际生活中的应用	总结本节课学到的研究一个函数的一般方法，并利用该方法自主探究函数 $f(x)=x+\frac{1}{x}$ 的图象和性质以及幂函数在实际生活中的应用	相对复杂	研究一类函数的内容、基本路径和方法，实际应用	逻辑推理水平2	类比归纳	数学抽象水平2	事物是普遍联系的	数学抽象水平2	实践性作业	学业质量水平2
课时作业总体评估	针对本堂课核心问题及教学目标，按照合格考和等级考的要求，设计了具有梯度的课时练习，题量适中，有选择题也有主观性试题，符合学生学习思维. 作业目标明确可检测、易操作，利于得到客观反馈和检测素养目标，以便调整教学教法；根据新教材、新高考的特点，作业情境设置多样，从简单情境到复杂情境，从学术情境到生活情境，兼顾习题生动性与深度性										

（具体的作业内容略）

【教学流程】☞

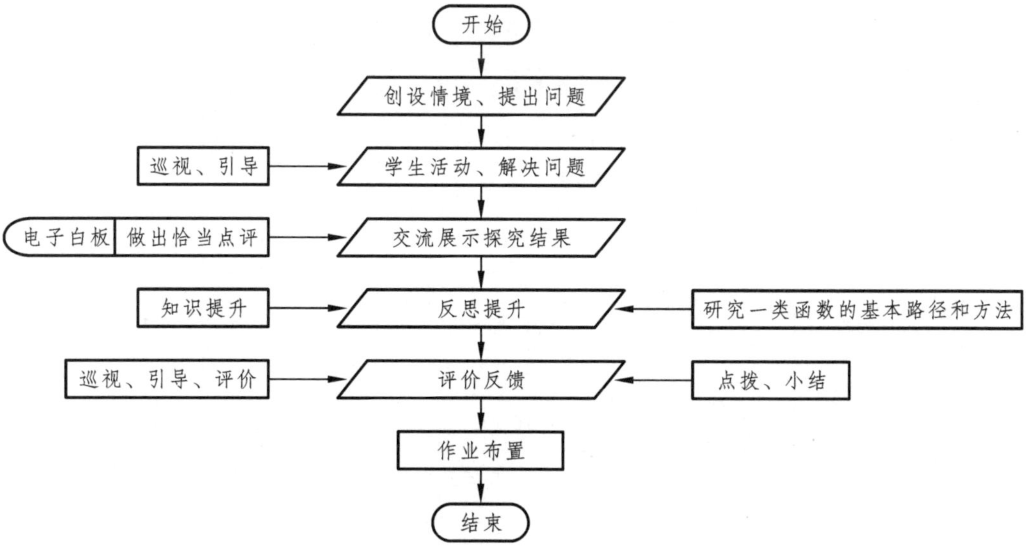

三、教学评价设计

【评价实施】☞

大概念核心问题教学文化评价表

课时名称：幂函数.

所属单元：基本初等函数（一）——幂函数、指数函数与对数函数.

单元大概念：在普遍联系观、对立统一观的引导下，利用“归纳实例、抽象概念-数形结合、探究性质-运用性质、解决问题”这一基本研究思路和方法用于研究幂函数、指数函数与对数函数.

单元核心问题：借助生活实例，抽象概括幂函数、指数函数、对数函数的定义，运用数形结合从图象特征和代数运算的角度探究幂指对函数的基本性质，归纳研究一类函数的基本方法.

课时核心大概念：

简约化表达：幂函数的概念、图象和性质.

特征化表达：从生活实例中归纳概括出幂函数，在变化中的规律性的指导下，沿背景—概念—图象—性质—应用的路径，通过数形结合探究得到其定义域、值域以及奇偶性、单调性等性质用于解决相关问题.

课时核心问题：抽离下列生活实例中的函数并归纳其共同特征，通过图象和代数运算探究这些函数的基本性质.

评价目标	评价指标			评价方法结果	
	一级指标	二级指标	三级指标		
实现活动体验中的学习与素养发展	具有大概念核心问题教学形态	核心问题利于活动体验	内含学科问题和学生活动方式	8	每项指标最高评 8 分（满分为 96 分）
			问题情境与真实生活密切相关	7	
			能引发大概念、新知新法生成	8	
		教学目标价值引导恰当	两类目标正确全面	7	
			关联体验目标恰当	7	
			目标价值引导显现	7	
		教学环节完整合理落实	教学环节清晰完整	8	
			环节内容合理充实	8	
			学生活动时间充分	7	
		教学要素相互匹配促进	问题目标环节两两匹配	7	
			技术促进活动形式内容	7	
			素养导向突出氛围浓郁	7	合计 88 分

续表

<table>
<tr><th rowspan="2">评价目标</th><th colspan="3">评价指标</th><th rowspan="2">评价
方法结果</th></tr>
<tr><th>一级指标</th><th>二级指标</th><th>三级指标</th></tr>
<tr><td rowspan="23">实现活动体验中的学习与素养发展</td><td rowspan="23">具有大概念核心问题教学特质</td><td rowspan="4">拓宽学习视野</td><td>课堂与现实世界有恰当关联</td><td rowspan="23">选择一个表现突出的二级指标，在相应三级指标引导下，以现场学生表现为主要依据，以其余指标为背景，于本表的第二页写出 150 字以上的简要评价</td></tr>
<tr><td>有基于缄默知识的问题解决</td></tr>
<tr><td>有缄默知识运用的追踪剖析</td></tr>
<tr><td>知识运用剖析导向素养发展</td></tr>
<tr><td rowspan="4">投入实践活动</td><td>有真实而且完整的实践活动</td></tr>
<tr><td>实践活动深度融入两类情境</td></tr>
<tr><td>能够全身心地浸渍于活动中</td></tr>
<tr><td>活动的内容结果均丰富深入</td></tr>
<tr><td rowspan="4">感受意义关联</td><td>有核心问题的深层意义感受</td></tr>
<tr><td>有以知识为中心的关联感受</td></tr>
<tr><td>有以个人为中心的关联感受</td></tr>
<tr><td>有对三类大概念的关联感受</td></tr>
<tr><td rowspan="4">自觉反思体验</td><td>有实质性反思活动的开展</td></tr>
<tr><td>有课堂新因素的追踪利用</td></tr>
<tr><td>有体验的交流与改善重构</td></tr>
<tr><td>有概念生成中的素养发展</td></tr>
<tr><td rowspan="4">乐于对话分享</td><td>乐于自我的表达与认真的倾听</td></tr>
<tr><td>乐于合作中成果与思路的分享</td></tr>
<tr><td>乐于成果交流中深层意义分享</td></tr>
<tr><td>有宽容的对话氛围和双向交流</td></tr>
<tr><td rowspan="3">认同素养评价</td><td>认可素养评价</td></tr>
<tr><td>参与素养评价</td></tr>
<tr><td>利用素养评价</td></tr>
<tr><td colspan="5">大概念核心问题教学特质的简要评价（包括发展性建议）</td></tr>
<tr><td colspan="5">本节课凸显了大概念核心问题教学中“投入实践活动”这个二级指标.
本节课以大概念核心问题为主线，充分激发学生的学习动力和兴趣，有真实而且完整的实践活动，突出核心内容，提升数学核心素养. 本节课的核心问题分为两个部分呈现，同时也分别对应两个学生活动. 学生活动（一）：给出 5 个生活实例，引导学生从中抽离出幂函数的对应关系，在课堂上抛出问题：观察以上问题中的函数具有什么共同特征？你能将此类函数的形式一般化吗？引导学生观察归纳出这类函数的共同特征，从而抽象出幂函数的定义，且能够用专业的数学语言进行表示，因为学生有了幂函数的形式的缄默知识，而且问题导向清晰，学生很快完成学生活动（一），给出了幂函数的概念. 有了幂函数的定义后，适时引导学生接下来应该研究幂函数的哪些内容，又该如何研究一类函数的这些性质？进而完善本节课的核心问题：抽离下列生活实例中的函数并归纳其共同特征，通过图象和代数运算探究这些函数的基本性质. 学生活动（二）：在同一坐标系中画函数 $y=x,y=x^2,y=x^3$, $y=\sqrt{x}$ 和 $y=x^{-1}$ 的图象，观察函数图象并结合函数解析式，将你发现的结论写在表格内. 在解决核心问题的活动中，学生借助之前学习的函数知识，按照背景—概念—图象—性质—应用的路径研究幂函数，在作图和由图象到性质的研究过程中，学生遇到以下困难：① 在同一坐标系</td></tr>
</table>

中画出这 5 种函数的图象时，$y=x^{-1},y=x,y=x^2$ 这 3 种函数的图象是学生熟悉的，而在画 $y=x^3$ 和 $y=\sqrt{x}$ 的图象时会有一定难度．在巡视时，注意引导学生注意取点的策略，或者先分析函数性质，利用性质简化和辅助作图，然后结合图象与函数性质，进一步完善图象，要用联系的观点数形结合地分析函数，因为是自己全身心投入的实践活动，所以学生的体会非常深刻；② 图象作好后，少部分学生在分析图象时无从下手，有点茫然，还有部分学生在把从图形中直观观察到的特征用准确规范的数学语言表达出来时不够清晰．学生亲身经历这个活动后，再引导其从“共性”与“个性”两个角度进行观察分析．同时，可从函数图象和解析式两个角度认识函数的性质，从解析式中可以获得定义域、奇偶性等性质．这些性质也可以反过来帮助作图，使研究解析式和作函数图象相辅相成．学生体会非常深刻，在实实在在的活动中，把自己之前不清楚的概念和思维角度一一厘清，自然通透，同时也培养了学生用数学的眼光观察世界，用数学的语言表达世界的素养．在整个学生活动中，学生全身心地投入活动之中，甚至发现了一些意料之外的幂函数的性质，探索兴趣更加浓厚，探索投入而忘我．基于这种浓厚兴趣的探索活动真实、完整而且高效．在学生深入沉浸活动后，反思提升环节，我与学生一起回顾整个解决问题的探究过程，并就探究过程中用到的数学知识、数学思想方法做点评和总结．强调研究一类函数的内容（定义域、值域、单调性、奇偶性等）、基本路径（背景—概念—图象—性质—应用）和方法（联系与类比，数形结合等），一切就显得水到渠成，顺理成章了，学生的体验深刻，学习效果好

【信息收集】☞

本节课后，认真听取了同组教师、校本教研领导小组的听课意见和建议，并做了详细的梳理和反思．同时在课后及时搜集全班 53 名同学的评价反馈练习，对学生基于素养目标达成情况及正确率进行了批阅和分类，并及时与各个类别的学生进行交流了解相关情况并给予指导和帮助，与学生的课后交流也带给我很多对于这节课设计的新思考．

【反馈调整】☞

通过以上信息整理和分析，对本课教学做了以下调整：

（1）在基于具体的生活情境和数学情境抽象概括函数的概念的过程中，在黑板上呈现几种常见幂函数的生成过程，在整节课的研究中，它们贯穿始终．

（2）加强引导学生以研究函数概念和性质的一般方法为指导，用函数图象和代数运算的方法研究函数的性质，理解函数中蕴含的变化规律．

大概念核心问题教学素养目标点检测表

课时名称	幂函数
所属单元	基本初等函数（一）——幂函数、指数函数与对数函数
单元大概念	在普遍联系观、对立统一观的引导下，利用“归纳实例、抽象概念—数形结合、探究性质—运用性质、解决问题”这一基本研究思路和方法用于研究幂函数、指数函数与对数函数
单元核心问题	借助生活实例，抽象概括幂函数、指数函数、对数函数的定义，运用数形结合从图象特征和代数运算的角度探究幂指对函数的基本性质，归纳研究一类函数的基本方法

续表

<table>
<tr><td>课时大概念</td><td colspan="3">简约化表达：幂函数的概念、图象和性质.
特征化表达：从生活实例中归纳概括出幂函数，在变化中的规律性的指导下，沿背景—概念—图象—性质—应用的路径，通过数形结合探究得到其定义域、值域以及奇偶性、单调性等性质用于解决相关问题</td></tr>
<tr><td>课时核心问题</td><td colspan="3">抽离生活实例中的函数并归纳其共同特征，通过图象和代数运算探究这些函数的基本性质</td></tr>
<tr><td>课时素养目标</td><td colspan="3">参与抽离生活实例中的函数并归纳其共同特征（达成数学抽象水平 1），从图象和代数运算探究这些函数的基本性质的活动，理解幂函数的定义及 5 种常见幂函数的性质，能据此判断其定义域、值域、单调性、奇偶性等性质并加以应用. 在对幂函数图象和性质的研究过程中，感受图形直观与代数运算相结合的思想方法，发展数形结合、数学抽象、逻辑推理和数学运算的数学核心素养（达成数形结合水平 2，逻辑推理水平 2，数学运算水平 2）；由此懂得研究一类函数的内容（定义域、值域、单调性、奇偶性等）、基本路径（背景—概念—图象—性质—应用）和方法（联系与类比，数形结合等），提升研究素养和解决问题的能力（达成学业质量水平 3）</td></tr>
<tr><td>检测点</td><td colspan="3">幂函数的定义、图象及性质之间的关联，图形直观与代数运算之间的关联</td></tr>
<tr><td>检测工具
（检测题）</td><td colspan="3">【课堂反馈】已知幂函数 $y=f(x)$ 的图象过点 $\left(2,\frac{1}{4}\right)$.
（1）求函数 $f(x)$ 的解析式；
（2）探究函数 $f(x)$ 的性质并证明</td></tr>
<tr><td rowspan="4">分类标准</td><td colspan="3">A. 知道幂函数的定义，对幂函数图象和性质之间的关联体验深入，懂得研究一类函数的路径和方法，尤其会通过图象和解析式数形结合一起研究幂函数的性质，答案正确且书写规范逻辑清晰，对图形直观与代数运算之间的关联体验深入</td></tr>
<tr><td colspan="3">B. 知道幂函数的定义，对幂函数的图象和性质之间的关联体验较为深入，懂得研究一类函数的路径和方法，可能在探究性质时思维不严密，不能给出严格证明，对图形直观与代数运算之间的关联体验较为深入</td></tr>
<tr><td colspan="3">C. 知道幂函数的定义，对幂函数的图象和性质之间的关联有所体验，知道研究一个函数的大致内容，可能在探究性质时内容不全面，方法不准确，思维不够严密，或者运算素养不到位，未能得出答案</td></tr>
<tr><td colspan="3">D. 不太清楚幂函数的定义，对幂函数的图象和性质之间的关联体验很少，不清楚如何研究一个函数，基本未能得出答案</td></tr>
<tr><td rowspan="5">检测统计</td><td>分类等级</td><td>学生人数（总人数 53 人）</td><td>百分比</td></tr>
<tr><td>A</td><td>22</td><td>41.5%</td></tr>
<tr><td>B</td><td>16</td><td>30.2%</td></tr>
<tr><td>C</td><td>9</td><td>17.0%</td></tr>
<tr><td>D</td><td>6</td><td>11.3%</td></tr>
<tr><td>检测分析
结果运用</td><td colspan="3">学生素养目标的达成情况较好. 全班有 22 人（占 41.5%）知道幂函数的定义，对幂函数图象和性质之间的关联体验深入，懂得研究一类函数的路径和方法，尤其会通过图象和解析式数形结合一起研究幂函数的性质，答案正确且书写规范逻辑清晰，对图形直观与代数运算之间的关联体验深入. 有 16 人（占 30.2%）对幂函数的图象和性质之间的关联体验较为深入，懂得研究一类函数的路径和方法，可能在探究性质时思维不严密，不能给出严格证明，对图形直观与代数运算之间的关联体验较为深入，在方法的选择和幂函数性质的探究上有一定的经验. 还有 15 位同学未能第一时间完全掌握此类问题的处理方法. 课后及时与同学们交流解决问题的障碍和困难，进一步指导和跟进</td></tr>
</table>

续表

素养目标达成典型实例	上面这位同学熟练掌握幂函数的定义，对幂函数图象和性质之间的关联体验深入，懂得研究一类函数的路径和方法，尤其会通过图象和解析式数形结合一起研究幂函数的性质，答案正确且书写规范逻辑清晰，课时素养目标达成情况很好
检测反馈	基于搜集信息的检测分析情况，现准备做如下的反馈调整： 1. 在教学设计的过程中除了照顾到优生，对于基础相对较差的学生更要给予更多的关注．课堂上如果他们的回答有不足之处，一定要耐心引导，帮助他们顺利找到正确的思路．如果有时间可以让不同层次的学生都有机会展示自己的成果，让各种知识和方法的应用性更强，并且从帮助他们解决问题的过程中，发现问题，在课后及时跟进辅导． 2. 课后，对本节课的检测题目及时做了评讲，并请学生再次总结了研究一类函数的基本路径和方法．通过大家的思考和总结，学生们更加明确处理这类问题的一般方法，相信课后再辅助一些练习，可以取得比较好的效果． 针对等级为 D 的 6 名同学，课后及时跟进，一一交流，了解了出错的原因，及时纠正

“指数函数的概念”学教案

杨入境

一、教学分析设计

【教材课标分析】☞

1. 单元主题

本单元以幂函数、指数函数、对数函数为载体，让学生明确研究一类函数的研究内容、研究思路和研究方法，同时广泛运用于生活和其他学科之中.

2. 课标内容

新一轮课程改革以“数学的整体性、逻辑的连贯性、思想的一致性、方法的普适性、思维的系统性”为追求，强调突出数学本质，不仅要引导学生学会知识，还要引导学生学会学习，为其终身学习打下基础.“指幂对函数”是高中数学课程四条主线（函数、几何与代数、概率与统计、数学建模活动与数学探究活动）中函数主线的重要组成部分.

指数函数可以刻画很多实际问题，且与其他学科密切联系，本节课课标要求“通过具体实例，了解指数函数的实际意义，理解指数函数的概念”. 教材注重生活问题情境的引入，让学生在经历“背景—解析式—概念”的探索过程中，从现象到本质，发现变化中的不变与规律性，提升数据分析、数学运算、逻辑推理、数学抽象的数学核心素养. 同时通过充分关注与实际问题的联系，促进学生了解中国文化、关心社会，体现了数学的应用价值和人文价值. 无论是探究发现指数函数的路径“背景—解析式—概念”，还是体会指数函数的实际意义，都让学生感受到世界是普遍联系的，数学是有价值的.

3. 本课地位

4.2.1“指数函数的概念”是第四章“指数函数与对数函数”第二节“指数函数”的第一课时，在教材编排上承上启下. 承上：幂函数的学习展现了研究一类函数的基本思路——“背景—解析式—概念—图象与性质—应用”，本课时进一步关注了其前半程，也是函数的发现提炼过程——“背景—解析式—概念”. 加深了对“函数是描述客观事物对应关系的语言和工具”以及对函数概念的理解，同时指数增长和衰减的本质源于指数幂运算的性质. 启下：结合指数函数概念从图象和代数运算两个角度继续研究指数函数的图象与性质，并在图象和性质中继续加深对于指数函数概念的理解，为后续对数函数概念以及等比数列、导数等知识的学习奠定了基础.

4. 教材关联

“指数函数的概念”在过去所用的人教A版老教材中没有单独成为一个课时小节，只是从结构形式出发抽象概括指数函数的概念，侧重研究指数函数的图象和性质. 在新课改后，人教B版从死亡生物体内碳14含量变化的情境引入，直接由一个式子的结构抽象出指数函数的概念. 江苏版教材也是直接由式子结构抽象出指数函数的概念，只是在引入的情境和数量上有所不同. 北师大版教材甚至没有情境，直接给出指数函数的概念.

5. 教材逻辑

本课所用人教A版新教材充分体现情境融入、数学建模的素养立意，从A、B两地景区游客人次变化的生活问题情境、死亡生物体内碳14含量变化的学科问题情境出发，通过图象看变化趋势和代数运算探变化本质，从表象到本质，发现数据变化中的不变和规律性. 然后结合变化的本质，由特殊到一般推导出函数模型的解析式. 最后类比幂函数概念的生成过程，归纳这两个模型解析式的共同结构特征，抽象概括出指数函数的概念. 同时，基于两个情境模型中增长率和衰减率的取值范围，很自然地提出对指数函数底数范围与定义域的思考，呼应了上一小节指数幂的指数范围拓展，还培养了学生思维的严谨性.

【大概念】☞

简约化表达：指数函数的概念.

特征化表达：基于景区游客人次变化和死亡生物体内碳14含量变化的实例，进行数据分析，探究其变化规律的本质，并类比幂函数概念生成经验抽象概括出指数函数的概念. 加深对普遍联系观、对立统一观的领悟.

概念类别	简略化表达	特征化表达
概念结论类	指数函数的概念	变化率是常数的一类形如 $y=a^x(a>0,且a\neq 1)$ 的函数
思想方法类	数据分析、现象到本质、特殊到一般、抽象概括	对实际生活中收集的数据进行分析：用图象（散点图）定性分析，直观观察变量变化的趋势；用代数运算（减法、除法、指数幂计算）定量分析，探究其变化中的不变性和规律性. 基于数据变化的本质，特殊到一般推导出问题情境的函数模型解析式. 再由两个具体的函数解析式，抽象概括得到指数函数的概念
价值观念类	对立统一观、普遍联系观	指数变化是非线性变化，增长量或衰减量是变化的，但是增长率和衰减率是不变的，这种变化中的不变性和规律性以及增长与衰减最后到指数函数的殊途同归，体现了对立统一观. 指数函数概念的探究历程也是按照研究一类函数的基本思路“背景—解析式—概念—图象与性质—应用”进行的；同时作为描述客观世界中变量的一类对应关系的指数函数，与生活实际及其他学科广泛联系，促进了学生了解中国文化、关心社会，体现了数学的应用价值与人文价值. 这些均体现了普遍联系观

【资源条件】☞

资源名称	功能
黑板	板书核心问题和教学环节；板书学生解决问题时交流、分析、建构的要点；板书反思提升的生成性思维导图；板书适当的评价反馈内容
PPT 课件	展示课前作业、问题情境和核心问题；提供全班交流时所需部分结果；呈现评价反馈练习等内容
电子白板	投放 PPT；学生探究过程和结果的拍照、拍摄投屏；在线批注
Excel	B 地景区的数据分析（作散点图、减法和除法代数运算）；评价反馈问题情境中 A、B 两地旅游收入对比分析的技术支撑（作图对比、计算函数值对比）

【学生分析】☞

在知识上，学生已有幂函数的知识储备，但是在描述 B 地游客人次的非线性增长现象时，幂函数（凹性增长的二次函数、三次函数等）不足以描述变化中其增长率的不变性，幂函数的知识储备反而让学生容易得到错误的函数模型. 学生有指数幂运算性质的知识储备，能够理解增长率和衰减率不变是指数变化的本质，但不容易直接抽象得出指数函数解析式，需要基于情境实例，特殊到一般地去归纳推导函数解析式，然后反过来用指数幂运算性质解释论证其变化中的不变和规律性的本质. 学生类比幂函数的概念生成经验，能粗略生成指数函数的概念，但是不严谨，对于底数的范围探究，需要教师进一步地追问.

在能力上，学生于幂函数处已经完整体验并提炼了“背景—解析式—概念—图象与性质—应用”的研究一类函数的基本思路和方法，但是稍显生硬，还没有过多的体会. 尤其是从“背景”到“解析式”到“概念”这种新生函数概念的生成过程，需要学生进一步去跟随去贴合知识的产生过程和路径去进行深度地体验，这种基于生活情境发现知识的学习经验是学生未曾体验过的，不容易找到探究方向. 如何对情境数据进行分析，是学生不熟悉和不会的，学生也不擅长处理不规则的、较大的实际数据.

【教学目标】☞

参与探寻景区游客人次和死亡生物碳 14 含量数据变化中的规律，能发现指数增长和指数衰减变化规律的本质，推导出情境问题的函数解析式（达成数据分析水平 2、逻辑推理水平 1）；类比幂函数概念生成经验抽象概括出指数函数的概念（达成数学抽象水平 1），能解决生产生活中的相关问题，由此加深对“背景—概念”的研究思路和数据分析、现象到本质、特殊到一般、抽象概括的思想方法的理解，深入体会变化中的不变性和规律性，进而感悟社会价值和普遍联系观.

【核心问题】☞

核心问题：探寻景区游客人次和死亡生物碳 14 含量数据变化中的规律，归纳抽象出该类函数的概念.

本节课的知识内容是研究一类函数的路径里“背景—解析式—概念”的过程，所以总体上分为“背景中提炼出函数解析式”和“解析式抽象出函数概念”两部分的内容，这也是核心问题两个部分的内容.

首先是“背景中提炼出函数解析式”，也就是探寻数据变化的规律. 在课前作业 A 地景区游客人次变化规律（线性增长、一次函数）探寻的活动后，学生对将生活情境问题转化为数学问题、数据分析等有了初步的认识. 扩展到具有更复杂的数据分析需求的 B 地景区游客人次变化规律的探寻. 首先发现 B 地景区游客人次与年份的函数关系，为了表达这种函数关系，需要对数据进行分析，才能拟合函数. 先用图象（散点图）定性分析，直观感受游客人次数据变化的趋势——凹性非线性增长. 然后用代数运算（减法到除法）定量分析，排除幂函数的猜想，发现增长率为常数的变化方式（指数增长），这就探寻到了 B 地景区游客人次增长变化中的不变性和规律性：$\frac{f\left(x_0+1\right)}{f\left(x_0\right)}\approx 1.11$，并引出了年增长率的概念 $p=\frac{f\left(x_0+1\right)}{f\left(x_0\right)}-1\in\left(0,+\infty\right)$. 结合这个数据变化规律可以使用一般不完全归纳法归纳出函数模型的解析式：第 x 年后 B 地景区游客人次为 $y=278\times 1.11^x$ 万人次.

为了得到底数为 $\left(0,1\right)$ 的指数幂解析式，还设计了死亡生物碳 14 含量变化的情境. 从情境背景中直接给出了 $p=1-\frac{f\left(x_0+1\right)}{f\left(x_0\right)}\in\left(0,1\right)$ 的年衰减率的概念和衰减率不变的变化规律，学生基于指数幂运算的相应法则，可以推导出年衰减率与第 x 年后死亡生物碳 14 含量的关系为 $y=N\times\left[\left(\frac{1}{2}\right)^{\frac{1}{5730}}\right]^x$ 的函数模型解析式.

以上两个不同的问题情境中探寻得到的数据变化的规律本质均是：$\frac{f\left(x_0+\Delta x\right)}{f\left(x_0\right)}$ 是常数，而且函数类型未知，解析式在结构上有共同特征. 所以“解析式抽象出函数概念”，发现并定义一类新的函数的概念. 类似幂函数概念的生成经验，比较容易发现其结构上的共同特征，进而抽象出指数函数的概念，并了解指数型函数. 这里底数的范围来自景区情境中增长的指数幂底数 $1+p\in\left(1,+\infty\right)$ 和碳 14 情境中衰减的指数幂底数 $1-p\in\left(0,1\right)$，这里一般性地印证了指数函数中底数可取的范围. 当然，指数函数的底数不为负数和 1 需要额外论证.

在上述探寻了数据变化规律和抽象了函数概念的课堂活动后，学生随即进行反思提升和评价反馈.

【评价预设】☞

在教材上，A、B 地景区是同时做对比研究的，但是如果想要在课堂上让学生完整体验数据分析的过程、方法和路径，学生需要具备的知识和技能、情感态度和价值观要求就非常高. 因此，将 A 地景区这个线性增长的一次函数模型作为课前内容，情境内容一分为二，可以分散需要学生注意和收获的知识点、技能、思想方法、价值观，同时也是为 B 地景区这个较复杂的情境搭了脚手架. 比如，A 地景区的情境让学生更多体验手工作图的技巧和原则（坐标轴折叠、散点图、虚线看走势等等）、体验 Excel 作图和简单运算的操作，简单初步感受生活数据分析的路径（图象与代数运算）、方法（模糊数据处理、数形结合等）. B 地景区情境的探究就可以直接运用 Excel 的相关技巧进行数据分析和计算支持，不再过多关心操作技能层面，更多的是思维和素养层面.

1. 在提出问题环节

教师简单回顾、点评课前作业，随即迁移提出核心问题. 学生唤醒学习经验，做好探究准备.

2. 在解决问题环节

设置两个学生活动，学生活动一是探究数据变化规律，包含两个问题情境，一个是景区游客人次变化的生活问题情境，一个是死亡生物碳 14 含量的学科问题情境. 学生活动二是归纳抽象函数概念，基于活动一两个情境所得的函数解析式，类比幂函数概念生成经验进行概括.

在景区游客人次变化规律的生活问题情境中，学生缺乏数据分析的经验和思路方法. 当用 Excel 作图得到一个凹性非线性增长的图象后，大部分学生是茫然的. 一些学生因为 A 地景区数据分析的经验，会进行一次减法计算，发现年增加率不是常数也陷入了茫然当中. 这些都是因为 A 地景区的线性增长太直白，学生未深刻理解为什么数据分析要作图、要运算的原因. 部分学生可能会从“凹性非线性增长的图象”联想到幂函数，这是极为合理的，但是要引导学生思考如何验证，验证排除幂函数后，学生也容易陷入茫然，因为这是未知函数模型的情境问题了.

为了解决上述难题，教师可以从纯数学和生活经验两个角度，基于学生的实际思维情况进行引导，纯数学的角度是：“代数运算除了减法还有哪些？”生活经验的角度是：“除了年增加量可以表示增长模型，还有什么生活术语？”引发学生思考除法的代数运算或者增长率，接下来殊途同归，学生极容易发现 $\dfrac{f(x_0+1)}{f(x_0)}\approx 1.11$. 此时，教师可以顺便引出生活中年增长率 $p=\dfrac{f(x_0+1)}{f(x_0)}-1\in(0,+\infty)$ 和指数增长（增长率是常数的变化方式）的概念.

即使发现了增长率不变的规律性，学生也不容易得到函数模型的解析式，可以引导学生特殊到一般进行归纳，这种不完全归纳也是数学非常重要的思想方法与分析复杂问题的手段技巧，学生比较容易掌握.

在死亡生物碳 14 含量变化规律的学科问题情境中，教师要首先联系年增长率的概念解释情境题干中年衰减率 $p=1-\dfrac{f(x_0+1)}{f(x_0)}\in(0,1)$ 的概念，以及指数衰减（衰减率是常数的变化方式）. 此情境数据变化规律的分析因为是指数幂计算，且基本是字母计算，学生掌握代数运算需要一个过程，教师需要耐心地等待和个别的指导. 学生也可能从“有几个 5 730”的角度，即“有几个半衰期”的角度，来直接写出解析式 $y=N\times\left(\dfrac{1}{2}\right)^{\frac{x}{5730}}$.

在活动二“归纳抽象函数概念”的过程中，学生首先遇到的问题是对哪个解析式进行归纳抽象，不是 $y=278\times1.11^x$ 与 $y=N\times\left[\left(\dfrac{1}{2}\right)^{\frac{1}{5730}}\right]^x$，而是类比幂函数概念生成经验取系数为 1

的指数幂部分：$y=1.11^{x}$ 与 $y=\left[\left(\frac{1}{2}\right)^{\frac{1}{5730}}\right]^{x}$，观察出结构上的共同特征，抽象出 $y=a^{x}$ 的结构，其中自变量是指数，定义域是 $\mathbf{R}$. 但是这对于指数函数的概念是不完备的，需要对为常数的底数 a 进行范围分析. 学生会因为活动一两个情境的底数分别为 1.11 和 $\left(\frac{1}{2}\right)^{\frac{1}{5730}}$ 指出 $a>1$ 与 $0<a<1$ 的范围，但是这只是特例，论据不充分. 教师可以从年增长率 $p=\frac{f\left(x_{0}+1\right)}{f\left(x_{0}\right)}-1\in(0,+\infty)$、年衰减率 $p=1-\frac{f\left(x_{0}+1\right)}{f\left(x_{0}\right)}\in(0,1)$，一般性证明得到指数增长类型的底数大于 1，指数衰减的底数大于 0 且小于 1 的范围. 最后，教师再引导学生思考底数不取负数和 1 的原因，进而最终完善指数函数的概念. 因为情境中解析式，教师可随即直接引出指数型函数. 在得到函数的概念后，从概念出发，一般性论证指数增长或指数衰减的变化规律本质：$\frac{f\left(x_{0}+\Delta x\right)}{f\left(x_{0}\right)}=\frac{a^{x_{0}+\Delta x}}{a^{x_{0}}}=\frac{a^{x_{0}}\cdot a^{\Delta x}}{a^{x_{0}}}=a^{\Delta x}$（常数）.

3. 在反思提升环节

教师引导学生回顾整个探究过程，在做什么？怎么做的？用到了什么思想方法？这节课除了指数函数概念的知识大概念外，其他研究的历程和思想方法、价值观的大概念应该尽量由学生生成，教师进行适时的追问和引导.

4. 在评价反馈环节

回顾景区旅游人次变化的问题情境，让学生探究“比较这 15 年间 A、B 两地旅游收入的变化情况”并为 A、B 两地景区旅游局献策. 为降低学生课堂运算难度，借助 Excel，并给出相应参考数据，使得学生能够更多从思维上分析如何对比两地收入变化情况. 学生是极可能不能全面地分析，不能将数学结论化归为实际问题结论作答，教师要正面引导. 献策是一个开放性的回答，言之有理、操作可行即可，这里主要是感受数学的人文性和价值性，并感悟一些人生哲理.

二、教学实施设计

【教学环节】☞

教学环节	学生活动	教师活动	设计意图	技术融合
提出问题（2 min）	1. 回顾课前作业，做好课堂探究知识准备； 2. 知晓核心问题，明确学习任务	1. 回顾、点评课前作业； 2. 提出核心问题：探寻景区游客人次和死亡生物碳 14 含量数据变化中的规律，归纳抽象出该类函数的概念	回顾、点评课前作业，唤醒已有的探究方法认知. 随即迁移提出核心问题，让认知有了延续，获得整合，同时明确了学习任务	PPT 展示回顾内容并呈现核心问题

续表

教学环节	学生活动	教师活动	设计意图	技术融合
解决问题（20 min）	学生活动一：探究数据变化规律 1. B 地景区旅客人次变化情境： （1）小组共同借助 Excel 分析 （2）独立思考 （3）小组讨论 （4）学生展示 （5）生生评价、完善 2. 死亡生物碳 14 含量变化情境： （1）独立思考 （2）学生展示 （3）生生评价、完善 学生活动二：归纳抽象函数概念 1. 独立思考. 2. 小组讨论. 3. 学生展示. 4. 生生评价、完善	活动一：探究生活情境问题 1. 对学生的 Excel 操作提供技术辅助和指导. 2. 基于学生现场作答情况适时引导. 3. 及时追问，促进生生评价、师生评价. 4. 教师恰当板书要点. 活动二：归纳抽象函数概念 1. 引导学生观察、抽象概括指数函数概念. 2. 追问、引导学生完善指数函数的概念，了解指数型函数的概念	1. 引入生活实际背景的问题情境，吻合课标要求. 2. 体验未知函数形式的问题情境中如何建立恰当函数模型的过程，提升数据分析、逻辑推理、的核心素养和关键能力. 3. 类比幂函数概念生成经验抽象指数函数概念，提升学生数学抽象素养和思维的严谨性，体会对立统一观、普遍联系观	1. Excel 简单处理数据. 2. 电子白板拍照解答过程投屏，并勾画批注. 3. PPT 必要展示. 4. 黑板要点板书
反思提升（8 min）	跟随教师的引导反思解决问题环节	1. 引导学生反思解决问题环节的探究活动过程，以及本节课的三维大概念，用思维导图的方式串联. 2. 正向评价，适时追问	通过对探究过程的反思，将缄默知识显性化、结构化，让学生不仅学会知识，更是能逐步学会学习探究的思想方法和路径，同时对知识的获得经验将会更加深刻	黑板板书
	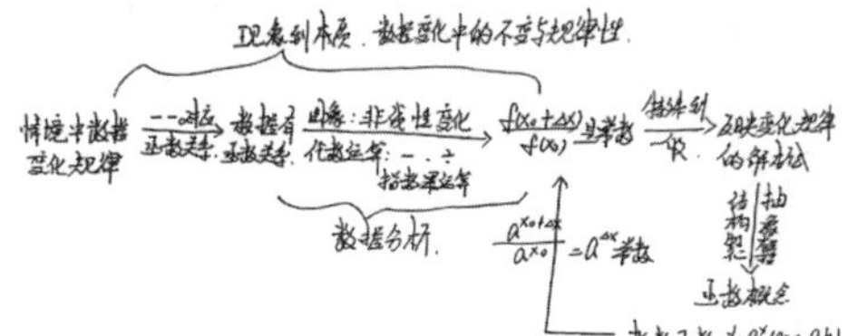			
评价反馈（10 min）	1. 独立完成评价反馈的练习. 2. 生生评价、修改完善. 在 A、B 两地游客人次变化的情境中，若平均每位游客出游一次均可给当地带来 1 000 元的门票之外的收入，A 地景区门票价格 150 元/人. （1）2001—2015 年这 15 年间 A、B 两地的旅游收入变化情况（可借助 Excel）. （2）基于（1）问的分析，请给 A、B 两地旅游局提一些建议	1. 巡视，引导学生积极完成课堂反馈练习，让同学间相互交流，对学生展示正面鼓励评价，适当追问. 2. 展示参考答案	问题情境回扣情境一，具有连续性. 完善了数学建模的过程，让学生更深刻体会指数（型）函数的实际背景和意义，也让学生对后面指数函数图象与性质、指幂对函数的数学建模应用的学习充满了期待	1. 电子白板拍照投屏展示. 2. PPT 呈现参考答案

【板书设计】（按照 6 楼科技楼黑板设计）☞

1. 设计图

<table>
<tr>
<td>
4.2.1 指数函数的概念
一、提出问题
核心问题：探寻景区游客人次和死亡生物碳 14 含量数据变化中的规律，归纳抽象出该类函数的概念.
二、解决问题
学生活动一：探究数据变化规律
（一）景区游客人次变化　（二）死亡生物碳 14 含量变化
图象：（草图）　非线性增长　　年衰减率 $p=1-\dfrac{f(x_0+1)}{f(x_0)}$ 常数 $\in(0,1)$
代数运算：除法 $\dfrac{f(x_0+1)}{f(x_0)}\approx 1.11$　　衰减率为常数的变化方式：指数衰减
年增长率 $p=\dfrac{f(x_0+1)}{f(x_0)}-1$ 常数 $\in(0,+\infty)$　　1 年后含量为 $y=N\times(1-p)^1$
增长率为常数的变化方式：指数增长　　2 年后含量为 $y=N\times(1-p)^2$
</td>
<td>三、反思提升
（见教学环节）</td>
</tr>
<tr>
<td>
1 年后游客人次为 $y=278\times1.11^1$ 万次　　……
2 年后游客人次为 $y=278\times1.11^2$ 万次　　5730 年后 $y=N\times(1-p)^{5730}=\dfrac{1}{2}N$
3 年后游客人次为 $y=278\times1.11^3$ 万次　　$(1-p)=\left(\dfrac{1}{2}\right)^{\frac{1}{5730}}$，$p=1-\left(\dfrac{1}{2}\right)^{\frac{1}{5730}}$
……
x 年后游客人次为 $y=278\times1.11^x$ 万次　　x 年后 $y=N\times\left[\left(\dfrac{1}{2}\right)^{\frac{1}{5730}}\right]^x$
学生活动二：归纳概括函数概念
$y=1.11^x=(1+p)^x$，$p\in(0,+\infty)$，$y=\left[\left(\dfrac{1}{2}\right)^{\frac{1}{5730}}\right]^x=(1-p)^x$，$p\in(0,1)$
$y=a^x$，$a\in(1,+\infty)$；$y=a^x$，$a\in(0,1)$
$y=a^x$，$a<0?a=1?$
</td>
<td>四、运用反馈</td>
</tr>
</table>

2. 实图

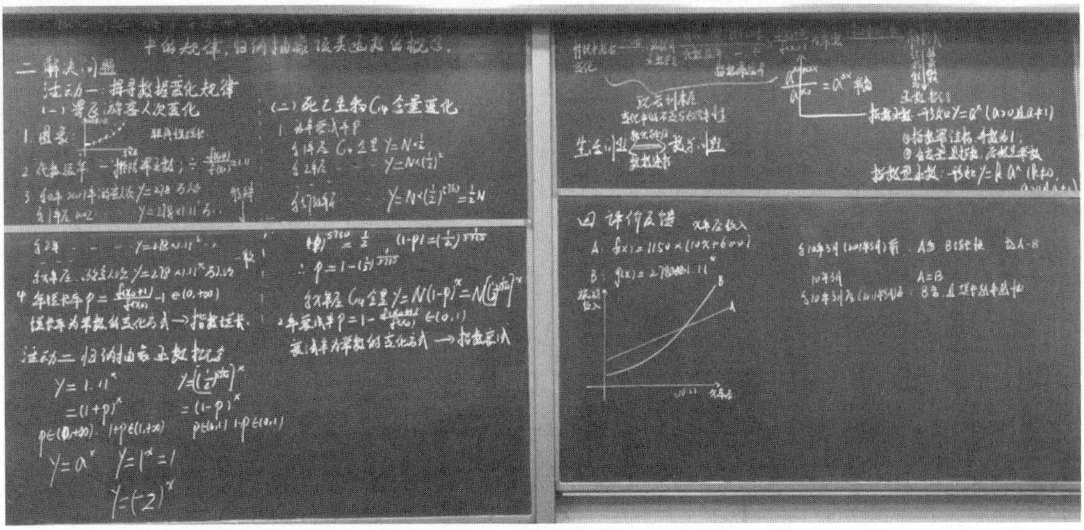

【作业设计】☞

作业序号	作业目标	作业情境		概念结论		思想方法		价值观念		整体评估	
		内容	水平	内容	水平	内容	水平	内容	水平	类型	水平
1～3	指数函数概念的简单应用	直接的数学问题情境	简单	指数函数的概念	数学运算水平1	概念辨析、待定系数	数学运算水平1、数学抽象水平1	事物是普遍联系的	数学运算水平1	基础性作业	学业质量水平1
4	指数函数与指数幂运算性质交互	直接的数学问题情境	简单	指数幂运算性质	数学运算水平1	运算性质演绎	数学运算水平1	事物是普遍联系的	数学运算水平1	基础性作业	学业质量水平1
5	分段函数与指数函数交互	包含指数函数结构的分段函数复合求值	较简单	分段函数、指数运算、复合函数求值	数学运算水平1，逻辑推理1	分段函数分段求值、复合函数由内向外求值	数学运算水平1，逻辑推理1	事物是普遍联系的	数学运算水平1	综合性作业	学业质量水平2
6	指数函数在实际问题中的应用	指数增长与指数衰减模型的实际应用	相对复杂	指数增长、指数衰减	数学运算水平2，逻辑推理2	数学建模	数学运算水平2，逻辑推理2	事物是普遍联系的	数学运算水平2，逻辑推理2	综合性作业	学业质量水平2
7	已知函数结构性质，求函数解析式	抽象的数学背景条件	复杂	指数函数变化规律本质	数学运算水平1，逻辑推理2	逆向思维、抽象思维	数学运算水平1，逻辑推理2	变化中的规律性	数学运算水平1，逻辑推理2	综合性作业	学业质量水平2

续表

<table>
<tr><th rowspan="2">作业序号</th><th rowspan="2">作业目标</th><th colspan="2">作业情境</th><th colspan="2">概念结论</th><th colspan="2">思想方法</th><th colspan="2">价值观念</th><th colspan="2">整体评估</th></tr>
<tr><th>内容</th><th>水平</th><th>内容</th><th>水平</th><th>内容</th><th>水平</th><th>内容</th><th>水平</th><th>类型</th><th>水平</th></tr>
<tr><td>8</td><td>自主探究指数函数的实际背景和意义</td><td>在生活中开放性探寻指数模型</td><td>较简单</td><td>指数函数的实际背景和意义</td><td>数学建模 2、数学运算 2</td><td>数学建模</td><td>数学建模 2、数学运算 2</td><td>事物是普遍联系的、数学的应用和人文价值</td><td>数学建模 2、数学运算 2</td><td>实践性作业</td><td>学业质量水平 2</td></tr>
<tr><td>课时作业总体评估</td><td colspan="11">1. 针对本节课的核心问题和教学目标，按照合格考和等级考的要求，设计了具有梯度的课后作业，题量适中.
2. 作业目标明确可检测、易操作，利于得到客观反馈和检测素养目标，以便调整教学教法.
3. 从题型上看，既有单选，也有多选；既有客观题，也有主观题，还有开放性探究问题，符合学生学习思维.
4. 响应新教材、新高考特点，作业情境多样，从简单情境到复杂情境，从学术情境到生活情境，兼顾习题生动性与深度性.
5. 实践性作业培养了同学们勇于探索的科研精神，培养了同学们的数学核心素养，提高了数学价值的认同感，拓宽了视野</td></tr>
</table>

（具体的作业内容略）

【教学流程】☞

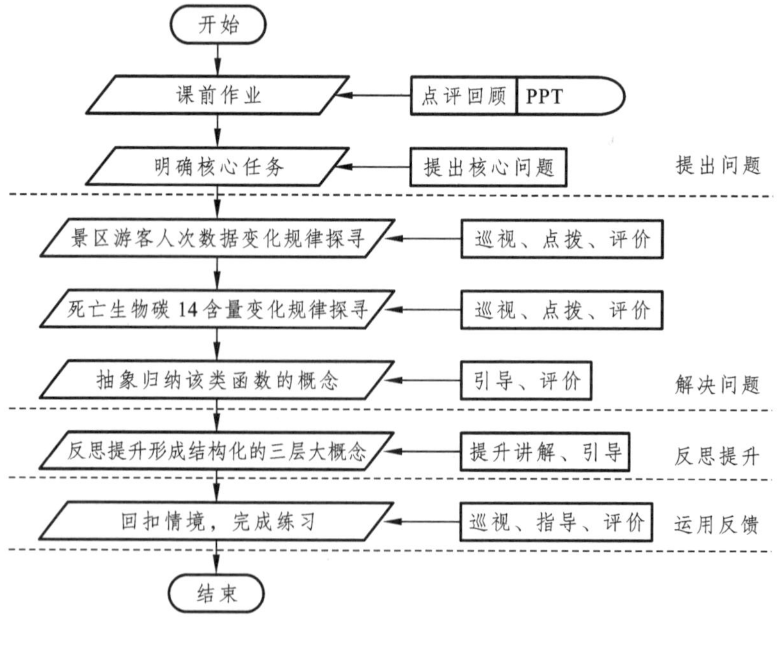

三、教学评价设计

【评价实施】☞

大概念核心问题教学文化评价表

课时名称：指数函数的概念.

所属单元：基本初等函数（一）——幂函数、指数函数与对数函数.

单元大概念：基于具体的生活情境和数学情境，抽象概括函数的概念，以研究函数概念和性质的一般方法为指导，用函数图象和代数运算的方法研究函数的性质，理解函数中蕴含的变化规律. 通过函数模型解决简单的实际问题，体会函数在解决实际问题中的作用.

单元核心问题：借助生活实例，抽象概括幂函数的定义，运用数形结合从图象特征和代数运算的角度探究幂函数的基本性质，归纳研究一类函数的基本方法；研习指对运算，在此基础上，类比幂函数的研究过程，研究指数函数和对数函数.

课时大概念：基于景区游客人次变化和死亡生物体内碳 14 含量变化的实例，进行数据分析，探究其变化规律的本质，并类比幂函数概念生成经验抽象概括出指数函数的概念. 加深对普遍联系观、对立统一观的体悟.

课时核心问题：探寻景区游客人次和死亡生物碳 14 含量数据变化中的规律，归纳抽象出该类函数的概念.

评价目标	评价指标			评价方法结果	
	一级指标	二级指标	三级指标		
实现活动体验中的学习与素养发展	具有大概念核心问题教学形态	核心问题利于活动体验	内含学科问题和学生活动方式	8	每项指标最高评 8 分（满分为 96 分）
			问题情境与真实生活密切相关	8	
			促进课时大概念生成理解运用	8	
		教学目标价值引导恰当	素养目标结构完整	8	
			体验目标关联具体	8	
			目标价值引导显现	8	
		教学环节完整合理落实	教学环节清晰完整	8	
			环节内容合理充实	8	
			学生活动时间充分	8	
		教学要素相互匹配促进	问题目标环节两两匹配	8	
			技术促进概念生成理解	8	
			课程性质突出氛围浓郁	8	合计 96 分

续表

评价目标	评价指标			评价方法结果
	一级指标	二级指标	三级指标	
实现活动体验中的学习与素养发展	具有大概念核心问题教学特质	拓宽学习视野	课堂与现实世界有恰当关联	选择一个表现突出的二级指标，在相应三级指标引导下，以现场学生表现为主要依据，以其余指标为背景，于本表的第二页写出 150 字以上的简要评价
			有缄默知识运用及追踪剖析	
			概念生成理解导向素养发展	
		投入实践活动	有真实而且完整的实践活动	
			实践活动深度融入两类情境	
			活动的内容结果均丰富深入	
		感受意义关联	有核心问题的深层价值意义感受	
			有以知识个人为中心的关联感受	
			有对三类大概念的深层关联感受	
		自觉反思体验	有实质性反思活动的开展	
			有体验的交流与改善重构	
			有概念生成中的素养积淀	
		乐于对话分享	乐于自我的表达与认真的倾听	
			乐于合作中成果与思路的分享	
			有宽容的对话氛围和双向交流	
		认同素养评价	认可素养评价	
			参与素养评价	
			利用素养评价	

大概念核心问题教学特质的简要评价（包括发展性建议）

笔者从“拓展学习视野——课堂与现实世界有恰当关联”与“感受意义关联——有对三类大概念的深层关联感受”两个突出表现的指标角度具体简要评价.

“指数函数的概念”是研究一类函数的基本路径“背景—概念—图象与性质—应用”的第一部分. 从真实的生活情境或者学科情境中发现一类函数关系，运用数学建模的相应思想方法拟合函数解析式，进而发现一类新的函数并对其进行抽象概括出概念. 这个研究路径决定了情境性必须成为本节课非常突出的特点. 同时，本节课浸润于问题情境，充分体现了关联性、研究性和本质性.

在提出问题环节，通过课前作业“A 地景区提高门票价格后游客人次变化”的模型的回顾与评价，学生调动其初步的数据分析能力，以应对本节课的两个关联的函数模型：“B 地景区免门票后游客人次变化”“生物死亡后碳 14 含量变化”. 提出问题是学生用数学的眼光观察世界的铺垫.

在解决问题环节，学生关联运用 A 地景区线性增长的数据分析方法求 B 地景区的解析式不能解决问题，因而开始了各种方向的自主探究. 有的同学从代数计算的角度想到加减以后应该考虑乘除，进而发现数据变化中的规律；有的同学从散点图的趋势联想到幂函数，并运用幂函数 n 次作差得常数来拟合验证；有的同学从生活经验中的“增加量”与“增长率”中得到启发，发现增长率不变的变化本质. 最后，从这个变化规律出发，学生不完全归纳得到函数的解析式. 以上活动过程充分体现了数学的学科本质，以及研究性，不仅有生活与数学学科间的关联，还有数学学科知识间的关联，如几何直观与代数运算、减法与除法等等. 在这个过程中，充分感受了“增长率不变”的指数增长本质的概念结论论大概念，充分感受了数据分析、现象到本质、特殊到一般的思想方法类大概念，充分感受了对立统一观、普遍联系观的价值观念类大概念

接着，学生运用逻辑推理、特殊到一般的方法探究得到“生物死亡后碳 14 含量变化”模型中的指数衰减函数解析式. 不论是解析式的结构，还是变化率不变（指数增长与指数衰减）的变化本质，都说明这两个解析式是一类函数. 同学们在此基础上很快速的抽象概括出指数函数的概念，尤其是结合两个情境，说明了指数函数的底数在$(0, 1)$和$(1, +\infty)$的实际背景，进一步地提出指数型函数的概念. 这里主要是感受了本节课的核心大概念——指数函数的概念，体验了抽象概括的思想方法大概念，普遍联系观的价值观念类大概念. 在反思提升环节，教师引导学生反思整个探究活动，反思从生活问题到数学问题的数学建模过程，尤其是数据分析的两种角度，在整个“背景—解析式—概念”的过程中，不仅仅是指数函数概念、一些方法技巧，还有思维、思想方法、价值观念等. 这是一个网状结构的反思生成和提升，助力学生知识体系的架构. 此处再次全面地、充分地对三类大概念进行了深层关联感受. 在评价反馈环节，建立了一个回扣问题情境的情境：“A、B 两地景区收入对比分析，并对当地旅游局提建议”. 这是从数学问题化归生活问题的数学建模过程，完成数学建模体验的闭环. 重要的是，学生在上述所有用数学的思维分析世界之后，为了评价两地景区的收入并提出合理建议，不仅仅运用数学的计算和作图手段，同时还要正确的用生活语言解释，充分考核了学生用数学的语言表达世界的学科素养. 综上，“指数函数的概念”是一节课堂与现实世界关联恰当且紧密，三类大概念深度螺旋关联感受的一节课，极大地促进了学生学科核心素养的发展和提升

【信息收集】☞

课后听取、收集了听课教师的反馈意见，并收集了全班学生的评价反馈练习 55 份，对学生评价反馈练习基于素养目标达成情况评判标准进行了批阅和分类，按照等级标准标注了等级.

这里需要说明的是，本次课高度融合信息技术，学生借助 Excel 的作图和计算列表功能进行探究和完成评价反馈的练习，所以学生在评价反馈的一些解答是计算机上呈现的，很多学案上写得不全面详细，具体的计算和数据基本没有再从计算机上誊抄，完成的是现象与建议.

【反馈调整】☞

可以在以下两个地方改进：一是在活动时，可以通过设立子问题的方式降低探究的难度，因为学生普遍表现出不大擅长独立探究实际问题，进行数据分析，这对于刚上高中的学生来说确实有点难度. 二是不仅在本课，在前面课程的教学时就要落实教材精神，处理好教材上新课与习题中的情境问题，培养和提升学生进行数学阅读和分析处理实际问题的能力.

大概念核心问题教学素养目标点检测表

课时名称	4.2.1 指数函数的概念
所属单元	基本初等函数（一）——幂函数、指数函数与对数函数
单元大概念	基于具体的生活情境和数学情境，抽象概括函数的概念，以研究函数概念和性质的一般方法为指导，用函数图象和代数运算的方法研究函数的性质，理解函数中蕴含的变化规律. 通过函数模型解决简单的实际问题，体会函数在解决实际问题中的作用
单元核心问题	借助生活实例，抽象概括幂函数的定义，运用数形结合从图象特征和代数运算的角度探究幂函数的基本性质，归纳研究一类函数的基本方法；研习指对运算，在此基础上，类比幂函数的研究过程，研究指数函数和对数函数

续表

课时大概念	基于景区游客人次变化和死亡生物体内碳 14 含量变化的实例，进行数据分析，探究其变化规律的本质，并类比幂函数概念生成经验抽象概括出指数函数的概念，加深对普遍联系观、对立统一观的体悟
课时核心问题	探寻景区游客人次和死亡生物碳 14 含量数据变化中的规律，归纳抽象出该类函数的概念
课时素养目标	参与探寻景区游客人次和死亡生物碳 14 含量数据变化中的规律，能发现指数增长和指数衰减变化规律的本质，推导出情境问题的函数解析式（达成数据分析水平 2、逻辑推理水平 1）；类比幂函数概念生成经验抽象概括出指数函数的概念（达成数学抽象水平 1），能解决生产生活中的相关问题，由此加深对“背景—概念”的研究思路和数据分析、现象到本质、特殊到一般、抽象概括的思想方法的理解，深入体会到变化中的不变性和规律性，进而感悟到社会价值，感悟到普遍联系观
检测点	对数据分析、现象到本质等思想方法的关联体验；对对立统一、普遍联系等价值观念的体验感悟
检测工具 （检测题）	在 A、B 两地景区游客人次变化的情境中，若平均每位游客出游一次可给当地带来 1 000 元的门票之外的收入，A 地景区门票价格为 150 元/人. （1）比较 2001—2015 年这 15 年间 A、B 两地景区的旅游收入变化情况（可借助 Excel）.
检测工具 （检测题）	（2）基于（1）问的分析，请给 A、B 两地景区旅游局提一些建议. 2001 年为起始年，自 2001 年起第 x 年后 A 地景区游客人次为 $y=600+10x$ 万人次，B 地景区游客人次为 $y=278\times1.11^x$ 万人次. 参考数值：$1150\times(600+10\times10.22)\approx278000\times1.11^{10.22}$
分类标准	A. 正确写出了 A、B 两地景区每年收入的解析式，借助 Excel 列表计算并作图发现了两地每年收入的变化趋势；至少从 2001 年收入、2015 年收入、2011 年 3 月收入、2001 年至 2011 年 3 月的每年收入、2011 年 3 月至 2015 年的每年收入、每年收入的增长变化率这六个角度用恰当的生活语言分析、表达了表格与图象；能立足当下并放眼未来给两地旅游局提出合情合理的建议. （完美解答）
	B. 正确写出了 A、B 两地景区每年收入的解析式，借助 Excel 列表计算并作图发现了两地每年收入的变化趋势；能够从 2011 年 3 月前后每年收入、每年收入的增长变化率的角度用恰当的生活语言分析、表达了表格与图象；能立足当下并放眼未来给两地旅游局提出合情合理的建议. （较完美解答；分析图表不够全面严谨）
	C. 正确写出了 A、B 两地景区每年收入的解析式，借助 Excel 列表计算并作图发现了两地每年收入的变化趋势；能够从 11 年 3 月前后每年收入、每年收入的增长变化率的角度用恰当的生活语言分析、表达了表格与图象；能立足当下给两地旅游局提出合情合理的建议. （稍完整解答；分析图表不够全面严谨，建议策略不够辩证）
	D. 正确写出了 A、B 两地景区每年收入的解析式，借助 Excel，只是列表对比发现了两地每年收入的变化趋势；能够从收入多少的角度对比分析表格，忽视指数增长与线性增长的变化率角度；基本能提出合理建议. （一般解答；分析图表与建议策略比较表象）

续表

	分类等级	学生人数（总人数 55 人）	百分比
检测统计	A	7	12.73%
	B	23	41.82%
	C	16	29.09%
	D	9	16.36%

检测分析结果运用

同学们都能写出正确的解析式，并运用 Excel 进行数据分析，但是表现出来的素养有所差异：

差异 1：数据分析应该至少有图象直观与代数计算两个维度，这在本节课的课前、课中活动中充分体现，但是有 9 位同学（D）仍然只是直接通过代数计算对比两地每年的收入，从收入多少回答两地收入变化情况. 忽略了“形”，同时反馈出对非线性增长中的“指数增长”体验不够深刻，没有形成指数增长直觉. 这部分同学同时反映出不大擅长用数学结论化归生活问题，在给两地旅游局提建议时比较表象. 这部分学生数据分析、现象到本质等思想方法有待进一步学习和提升，对立统一、普遍联系等价值观念有待进一步感悟.

差异 2：有 39 位学生（B 和 C）数据分析方法恰当，不仅能从对比每年收入的角度，还能从变化趋势的角度分析图与表，只是注意到了收入相等的前后，忽略掉“15 年间收入变化”应包含初始年、结束年、相等年三个临界值，以及收入相等前后两个区间的分析. 这反映为学生的思维不够严谨，此时无伤大雅，学生后续可以较容易得到训练和提升. 这部分同学在此课时中对数据分析、现象到本质等思想方法和普遍联系的价值观念确实获得了深度体验和提升.

检测分析结果运用

差异 3：上述 39 位同学中，有 16 位同学（C）给旅游局的建议策略角度更聚焦当下，学生从初中到高中，不常处理这样的问题，缺乏经验. 另外，反馈出预测未来的大局意识和优劣势的辩证思维需要进一步通过体验感悟提升.

差异 4：有 7 位同学（A）全面完美地进行了解决做答，不仅对图表的数据分析全面到位，而且给旅游局的建议立足当下、考虑了未来，或者有的同学对 B 地目前的形势大好表达了忧虑，并提出了建议，这充分体现了辩证统一的价值观念.

结合上述差异能够评价某同学的课堂素养目标是否达成，A、B、C 等级的这部分同学已达成素养目标，达成率为 83.64%，其中 A 等级的同学可评价为优异，B 等级的同学可评价为良好，C 等级的同学可评价为一般. 有 9 位 D 等级的同学解题合格，也就是知识技能目标基本达成，但是素养目标未达成，需要教师进一步关注

素养目标达成典型实例

A 等级案例

A 地景区自 2001 年起第 x 年后旅游收入　A 地：$f(x)=1150\times(600+10x)$ 万元

B 地景区自 2001 年起第 x 年后旅游收入　B 地：$g(x)=278000\times1.11^{x}$ 万元

年份	第x年后	A地收入（万元）	B地收入（万元）	A-B（万元）
2001年	0	690000	278000	412000
2002年	1	701500	308580	392920
2003年	2	713000	342524	370476
2004年	3	724500	380201	344299
2005年	4	736000	422024	313976
2006年	5	747500	468446	279054
2007年	6	759000	519975	239025
2008年	7	770500	577173	193327
2009年	8	782000	640661	141339
2010年	9	793500	711134	82366
2011年	10	805000	789359	15641
2012年	11	816500	876189	-59689
2013年	12	828000	972569	-144569
2014年	13	839500	1079552	-240052
2015年	14	851000	1198303	-347303

素养目标达成典型实例

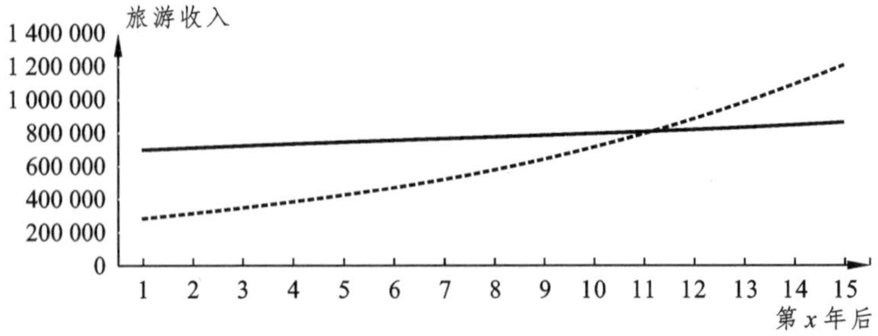

解：(1) A每年收入：$f(x)=1150\times(600+10x)$ 万元

B每年收入：$g(x)=278000\times1.11^x$ 万元

$f(0)=690000$　$g(0)=278000$　$f(0)>g(0)$

$f(14)=851000$　$g(14)=1198303$　$f(14)<g(14)$

$f(10)>g(10)$　$f(11)<g(11)$

若用计算器求解小数位，$f(10.22)\approx g(10.22)$

∴2001年时，A地旅游收入高于B地；在2011年3月左右A地收入与B地收入相等；2001年至2011年3月间，两地旅游收入均在增加，但B增长率快于A；2011年3月至2015年，两地仍然增加，B地指数增长更快；到2015年B地收入1198303，远远高于A地的收入。

(2) A地：要创新形式吸引游客，可以是降低门票、免门票，也可以是举办活动等方式。

B地：提高景区建设工作，精减人数，收入高不一定持续，可改变发展模式，要提前考虑，比如出行、发动旅行旅游等。

第3页共4页

B 等级案例（图和表略）

解：(1) A：$y=1150\times(600+10x)$

B：$y=278000\times1.11^x$

$x\approx10.22$，$y_A=y_B$ 约在2011年11月

$x=0$，$y_A>y_B$，A收入更高，$x=14$，$y_A<y_B$，B收入远远高

因为B地指数增长，增长率更快。

(2) A：竞争无处不在，要想办法吸引游客，降价、提高服务质量，加大宣传力度。

B：吸引了游客，要更多利用这一点，赚更多钱，物尽其用。祸福相依，要注重口碑，安全，不要有重大事故，[illegible]。

C 等级案例（图和表略）

解：(1) A地：$f(x)=1150(600+10x)$ 万元

B地：$g(x)=278000\times1.11^x$ 万元

A地最开始收入高，多41亿，2011年3月两地基本持平，B地因为增长很快，是指数增长，到2015年，B地反比A地多35亿左右。

(2) A地：向B地学习，

B地：做得很好，提高服务质量。

续表

素养目标达成典型实例	D 等级案例（表略） 解：(1) $y_A = (600+10\times x)150$ $y_B = 278\times 1.11^x\times 1000$ 2021年A地收入更多，约2021年两地持平. 2015年B地收入更高. (2) A: 向B地取经. B: 无.
检测反馈	通过检测反馈，本课时的素养目标能很好地达成，但是学生思考问题逻辑不够严密，一些框架流程待归纳掌握；学生不擅长关联生活，基于数学结论，用生活语言做决策、预判等. 这对学生的综合素养要求较高，后续需要进一步关联生活情境，培养和提升这方面的能力. 对于那 9 个同学，教师要进一步点对点关注，并在后续的课堂上注意这些学生的深度融入

“指数函数的性质”学教案

梁如均

一、教学分析设计

【教材课标】☞

1. 课程标准分析

新一轮课程改革以“数学的整体性、逻辑的连贯性、思想的一致性、方法的普适性、思维的系统性”为追求，强调突出数学本质，不仅要引导学生学会知识，还要引导学生学会学习，为其终身学习提供保障.“指幂对函数”是高中数学课程四条主线（函数、几何与代数、概率与统计、数学建模活动与数学探究活动）中函数主线的重要组成部分，通过本单元的学习，要让学生明确研究一类函数的研究内容、研究思路和研究方法，同时广泛运用于其他学科和生活之中.

指数函数可以刻画很多实际问题，且与其他学科密切联系，本节课标要求“通过具体实例，会画指数函数的图象，根据指数函数图象总结，归纳出指数函数的性质，并能运用性质解决相关问题”. 教材用特殊 $y=2^x, y=3^x, y=\left(\frac{1}{2}\right)^x, y=\left(\frac{1}{3}\right)^x$ 函数图象的引入，让学生在经历“图象—性质—归纳”的探索过程中，从特殊到一般，从现象到本质，发现变化中的不变与规律性，提升数据分析、数学运算、逻辑推理、数学抽象的数学核心素养. 同时通过充分关注与实际问题的联系，促进学生了解中国文化、关心社会，体现了数学的应用价值和人文价值. 无论是探究发现指数函数的性质路径“图象—性质—归纳”还是体会指数函数图象与性质的实际意义，都让学生感受到世界是普遍联系的，数学是有价值的.

2. 教材内容分析

“4.2.1 指数函数的性质”是第四章“指数函数与对数函数”第二节“指数函数性质”的第一课时，在教材编排上承上启下. 承上：幂函数的学习展现了研究一类函数的基本思路——“背景—解析式—概念—图象与性质—应用”，本课时进一步关注了指数函数运用与提升，也是函数的发现提炼过程——“背景—解析式—图象—性质”. 加深了对“函数是描述客观事物对应关系的语言和工具”以及对函数性质的理解，同时指数增长和衰减的本质源于指数幂运算的性质；启下：结合指数函数概念从图象和代数运算两个角度继续研究指数函数的图象与性质，并在图象和性质中继续加深对于指数函数概念的理解，为后续对数函数运用以及等比数列、导数等知识的学习奠定基础.

“指数函数的性质”在老教材中单独成为一个课时小节，是从具体的图象抽象概括指数函数的图象与性质，侧重研究指数函数的图象和性质. 新教材充分体现情境融入、数学建模的素养立意，从 $y=2^x, y=3^x, y=\left(\frac{1}{2}\right)^x, y=\left(\frac{1}{3}\right)^x$ 问题情境出发，从学科问题情境出发，通过图象变化看变化趋势和代数运算探变化本质，从表象到本质，发现数据变化中的不变和规律性. 然后结合变化的本质，特殊到一般推导出函数模型的解析式. 最后类比幂函数概念的生成过程，归纳这两个模型解析式的共同结构特征，抽象概括出指数函数的性质. 同时基于四个情境模型中递增和递减的取值范围，很自然的提出对指数函数底数范围与定义域的思考，呼应了上一小节指数幂的指数范围拓展，还培养了学生思维的严谨性.

【大概念】☞

简约化表达：指数函数的图象和性质.

特征化表达：基于函数图象量的变化的实例，$y=2^x, y=3^x, y=\left(\frac{1}{2}\right)^x, y=\left(\frac{1}{3}\right)^x$ 的图象进行数据分析，探究其变化规律的本质，并类比幂函数图象性质生成经验抽象概括出指数函数的性质. 通过数形结合探究得到其定义域、值域以及奇偶性、单调性等性质用于解决相关问题. 加深对普遍联系观、对立统一观的感悟.

概念类别	简略化表达	特征化表达
概念结论类	指数函数的图象和性质	经历从具体指数函数情境中正确画出 $y=2^x, y=3^x, y=\left(\frac{1}{2}\right)^x$，$y=\left(\frac{1}{3}\right)^x$ 的图象，并利用图象和代数运算探究它们的基本性质
思想方法类	从特殊到一般、数学抽象、数形结合；研究一类函数的基本路径	通过具体实例，能从自变量、函数值及函数解析式的结构等角度归纳共性，并用数学语言抽象地表达指数函数的性质；由 4 个具体指数函数的图象，从图象和代数运算两个方面数形结合探究它们的基本性质，体会函数图象是研究函数性质的一种重要工具，数形结合是研究函数的重要方法；通过对指数函数的研究，归纳研究一类函数的基本路径
价值观念类	普遍联系观、变化中的规律性和不变性	在总结抽象指数函数性质的过程中，建立函数与生活的关联，具体函数与一般函数的关联，在探究指数函数性质的活动过程中，建立数与形的关联；体会指数函数的底数变化时，指数函数的图象和性质变化的规律性

【资源条件】☞

资源名称	功能
黑板	板书教学流程，尤其是学生解决问题、反思提升过程的要点以及学生演板. 适时适当的板书利于学生建立知识结构，归纳学科思想方法
课件，电子白板	展示教学环节，展示学生活动成果，让学生感受更加直观
GeoGebra 软件	便捷、迅速地绘制各类指数函数的图象，便于学生直观观察指数函数图象的变化规律，学会借助图象研究函数的性质

【学生基础】☞

高中阶段学习函数的要求与初中学习一次函数、二次函数和反比例函数的要求差别较大.

作为高中第一个系统学习的基本初等函数，要求利用已经学习过的幂函数图象和代数运算的方法研究指数函数的性质，并利用抽象的符号语言来表达，这对高一学生而言具有挑战性．学生在前面已经学习，研究过幂函数的图象与性质，但缺乏对研究一类函数的内容和方法的认识，教学时应联系学习幂函数的经验，以及前面学习过的一般函数的概念和性质，让学生尝试构建本节课的学习思路，从而体会研究一类函数的内容、思路和方法．

对于作图，学生的认知基础主要还是利用描点法作图．在画出 $y=2^x,y=3^x,y=\left(\frac{1}{2}\right)^x$，$y=\left(\frac{1}{3}\right)^x$ 的图象时会有一定难度．在教学时可以引导学生先分析函数性质，利用性质简化和辅助作图，然后结合图象与函数性质，进一步完善图象．要用联系的观点数形结合地分析函数，学生在这方面的经验有所欠缺．

在知识上，学生已经有了一次函数、二次函数、反比例函数及幂函数作为基础，这为学习指数函数做好了知识和方法上的准备．在能力上，学生已经具备一定的形象思维和抽象思维能力，有一定的分析和解决问题的能力．当然，对于进入高中不到半个学期的学生来说，虽然具备一定的分析和解决问题的能力，逻辑思维初步形成，但其思维可能缺乏冷静、深刻，具有片面性、不严谨的特点，需要不断提升．

【教学目标】☞

参与抽离下列具体的函数并归纳其共同特征（达成数学抽象水平 1），从图象和代数运算探究这些函数的基本性质的活动，理解指数函数的性质，能据此判断其定义域、值域、单调性、奇偶性等性质并加以应用．在对指数函数图象和性质的研究过程中，感受图形直观与代数运算相结合的思想方法，发展数形结合、数学抽象、逻辑推理和数学运算的数学核心素养（达成数形结合水平 2，逻辑推理水平 2，数学运算水平 2）；由此懂得研究一类函数的内容（定义域、值域、单调性、奇偶性等）、基本路径（图象—性质—应用）和方法（联系与类比，数形结合等），提升研究素养和解决问题的能力（达成学业质量水平 3）．

【核心问题】☞

画出 $y=2^x,y=3^x,y=\left(\frac{1}{2}\right)^x,y=\left(\frac{1}{3}\right)^x$ 的图象并归纳其共同特征，结合图象和代数运算探究这些函数的基本性质．

函数是高中数学内容的一条主线，第三章前面两节学习了函数的一般概念、函数的表示方法、函数性质的刻画方法，本节课将利用这些知识研究一类新的基本初等函数——指数函数的性质．对于指数函数可以按照“图象—性质—应用”的顺序进行研究．这样编写的目的是使学生更好地理解研究函数的内容、基本路径和方法，并能将其应用于研究新函数．

从内容的呈现来看，指数函数是一类重要的基本初等函数，很多函数都是由指数函数及其他基本初等函数经过运算、复合得到的．指数函数的学习从学生熟悉的 $y=2^x,y=3^x$，$y=\left(\frac{1}{2}\right)^x,y=\left(\frac{1}{3}\right)^x$ 出发，在归纳 4 个具体指数函数共性的基础上给出指数函数概念．通过 4 个具体指数函数的图象和解析式，得出指数函数的一些性质，再用指数函数的概念与性质解决一些简单的问题. 学习完一般函数的概念和基本性质后，以一类简单的基本初等函数为载体，使学生明确研究一类具体函数的基本构架（背景—概念—图象—性质—应用），并体会如何在一般函数的概念及基本性质的指导下展开研究. 因此指数函数的学习既是对前面所学内容的巩固，也为后面对数函数的学习打下基础.

【评价预设】☞

1. 提出问题环节

复习回顾已经学习过的幂函数图象与性质，以及指数函数的概念，引导学生思考如何研究一个新的函数的图象与性质，知道研究一类函数图象与性质的一般路径，进而提出本节课的核心问题. 从已有知识中建构新知，启迪思维.

2. 解决问题环节

此环节一共设计了两个学生活动. 学生活动（一）：画出 $y=2^x, y=3^x$， $y=\left(\frac{1}{2}\right)^x, y=\left(\frac{1}{3}\right)^x$ 图象，观察函数图象并结合函数解析式，将你发现的结论写在表格内. 在解决核心问题的活动中，学生借助之前学习的函数知识，按照画“图象—性质—应用”的路径研究指数函数，在作图和由图象到性质的研究过程中，可能出现以下困难：（1）学生在同一坐标系中画出这 4 个函数的图象时，$y=2^x, y=3^x, y=\left(\frac{1}{2}\right)^x, y=\left(\frac{1}{3}\right)^x$ 这 4 个函数的图象在学生画图象时会有一定难度. 在教学时可以引导学生注意取点的策略，或者先分析函数性质，利用性质简化和辅助作图，然后结合图象与函数性质，进一步完善图象，要用联系的观点数形结合地分析函数；② 图象作好后，少部分学生可能在分析图象时无从下手，有点茫然，还有部分同学可能在把从图形中直观观察到的特征用准确规范的数学语言表达出来时不够清晰. 教师可以引导学生从“共性”与“个性”两个角度进行观察分析. 同时提醒学生从函数图象和解析式两个角度认识函数的性质，从解析式中可以获得定义域、奇偶性等性质，这些性质也可以反过来帮助作图，使研究解析式和作函数图象相辅相成. 同时也培养学生用数学的眼光观察世界，用数学的语言表达世界的素养. 在解决问题的过程中，教师提出核心问题、学生自主探究和小组讨论，班级展示，交流辨析等都应围绕学生发现知识、理解知识的能力进行评价.

3. 反思提升环节

与学生一起回顾整个解决问题的探究过程，并就探究过程中用到的数学知识、数学思想方法做点评和总结. 强调研究一类函数的内容（定义域、值域、单调性、奇偶性等）、基本路径（函数图象—性质—应用）和方法（联系与类比、数形结合等），提升研究素养和解决问题的能力. 教师应围绕学生对体验到的研究一类函数的方法进行评价.

4. 评价反馈环节

检测学生把课堂中体验到的数学方法用来解决问题的能力. 教师应围绕学生能否应用知识解决问题，能否落实本节课的核心素养教学目标进行评价. 增强学生对新知的应用能力，让学生在分析、证明的过程中提升逻辑推理素养和数学运算素养.

二、教学实施设计

【教学环节】☞

教学环节（时间）	学生活动	教师活动	设计意图	技术融合
提出问题（2 min）	回顾初中已经学习过的函数类型和前面学习幂函数以及研究函数的路径，明确本节课的学习任务，为积极参与探究活动做好准备	提出本节课的核心问题：画出函数 $y=2^x,y=3^x$ $y=\left(\frac{1}{2}\right)^x,y=\left(\frac{1}{3}\right)^x$ 的图象并归纳其共同特征	回顾旧知，引导学生思考新的问题，去认识新的函数对应关系	PPT 展示核心问题，明确任务，引导学生深入思考
解决问题（26 min）	学生活动（一）： 画出函数 $y=2^x$，$y=3^x$，$y=\left(\frac{1}{2}\right)^x$，$y=\left(\frac{1}{3}\right)^x$ 的图象. 观察上述函数图象，它们有什么共同特征？ 学生活动（二）： 个人探究 $y=a^x(a>0,且a\neq1)$ 的图象，观察函数图象并结合函数解析式，将你发现的结论写在表格内. 小组讨论 学生展示并讲解	给出 4 个具体的函数，引导学生画图并思考：观察以上问题中的函数图象具有什么共同特征？你能将此类函数的形式一般化吗？ 教师提出问题，学生观察思考后回答问题. 根据学生回答，教师进行必要的补充. 最后指明：函数的图象与 a 的取值有关，引导学生思考如何研究一个新的函数，知道研究一类函数的一般路径. 进而完善本节课核心问题：抽离下列具体实例中的函数并归纳其共同特征，通过图象和代数运算探究这些函数的基本性质. 引导学生在同一坐标系中画出这 4 个函数的图象，并通过图象和代数运算探究函数的相应性质. 教师引导学生从“共性”	数学源于生活，引导学生从具体的图象出发，观察、归纳出这类函数图象的共同特征，从而抽象出指数函数的性质，且能够用专业的数学语言进行表示. 这是以后学生探究未知世界，用数学眼光看待世界的基本路径. 整个过程加深学生对指数函数的定义和呈现形式的理解. 培养学生的观察、归纳、概括能力，提升数学抽象素养	黑板板书师生共同总结的内容和要点； 电子白板展示学生的探究成果； PPT 展示教学的主要环节和内容； GeoGebra 软件演示幂函数图象绘制过程，更加直观和准确，便于分析共性和个性

教学环节（时间）	学生活动	教师活动	设计意图	技术融合
解决问题（26 min）	学生自主动手作图，并从老师提出的核心问题出发，通过观察图象和解析式，结合以往学习函数的经验，分组讨论，探究指数函数的图象特征及其性质，完成表格	与“个性”两个角度进行观察分析．同时提醒学生从函数图象和解析式两个角度认识函数的性质，从解析式中可以获得定义域、奇偶性等性质，这些性质也可以反过来帮助作图，使研究解析式和作函数图象相辅相成．教师根据需要用 GeoGebra 软件演示指数函数图象绘制过程 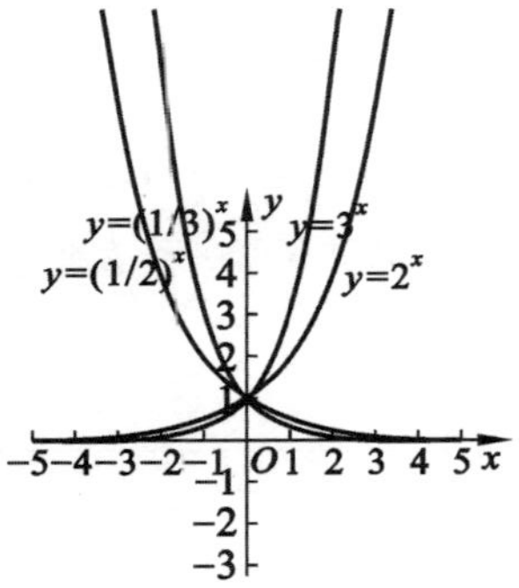 指数函数 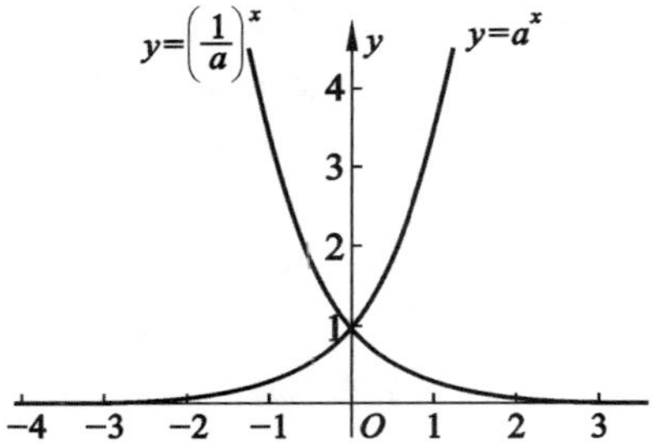 	研究一个函数的性质最直观的方式就是作出函数的图象．让学生自己动手先做可以让学生亲自动手实践，积极思考，自己总结，培养良好的学习习惯，同时加强作图识图的能力． 通过创设问题情境，激发学生的思维，并在新知探究的过程中，使学生自然形成研究问题的一般思路．在探究指数函数的性质和图象的变化规律的过程中，提升学生的数形结合和逻辑推理素养	

续表

教学环节（时间）	学生活动	教师活动	设计意图	技术融合
反思提升（6 min）	研究一类函数的基本路径及方法： 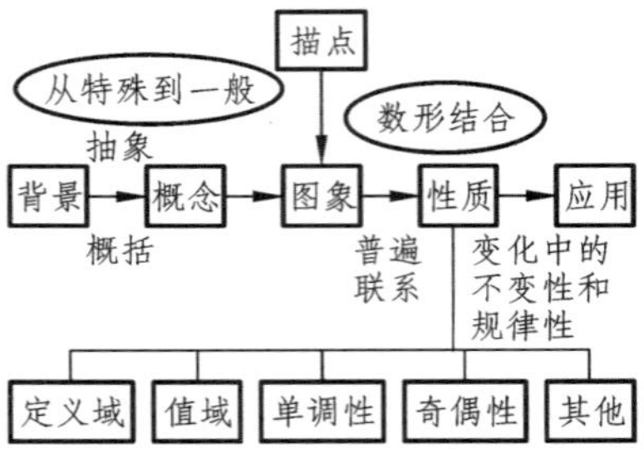 	与学生一起回顾整个探究过程，并就探究过程中用到的数学知识、数学思想方法做点评和总结．强调研究一类函数的基本路径	师生共同总结指数函数的图象和性质，是让学生学习研究一个函数的基本方法中最重要的一步，在学生自主探究的基础上再进行归纳总结和升华，有效地提升学生的逻辑推理能力	黑板板书形成
评价反馈（6 min）	【课堂反馈】已知函数 $f(x)=2^{4-x^2}$，讨论函数的性质（定义域、值域、奇偶性、单调性） 【课后反馈】总结本节课学到的研究函数的基本方法	巡视，引导学生积极完成课堂反馈，同学之间交流展示，教师点评总结	知道指数函数的定义，会通过画函数图象和代数运算两个视角研究函数的各种常见性质．此题可以增强学生对新知的应用能力，让学生在分析、证明的过程中提升逻辑推理素养和数学运算素养	PPT 出示反馈任务

【板书设计】☞

3.3 指数函数的性质	三、反思提升	四、评价反馈	副板书（步骤）
一、提出问题 核心问题：画出函数 $y=2^x$，$y=3^x, y=\left(\frac{1}{2}\right)^x, y=\left(\frac{1}{3}\right)^x$ 的图象，抽离具体的函数并归纳其共同特征，通过图象和代数运算探究这些函数的基本性质. 二、解决问题 学生活动（一）： 画出函数 $y=2^x, y=3^x$，$y=\left(\frac{1}{2}\right)^x, y=\left(\frac{1}{3}\right)^x$ 的图象 学生活动（二）： 归纳指数函数的性质	研究一类函数的基本路径及方法： 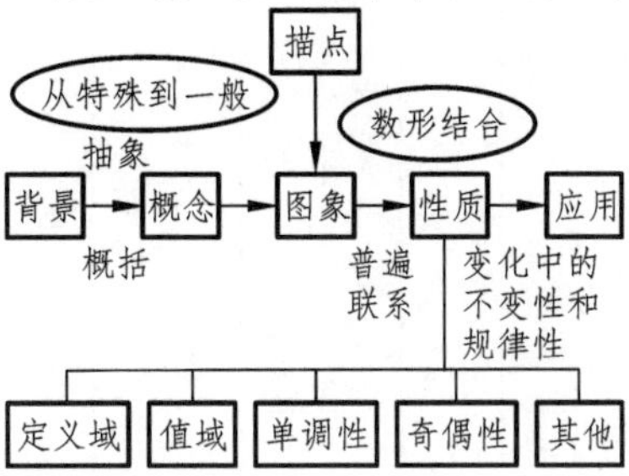 	学生板书解答过程及师生共同订正	

【作业设计】☞

课时作业的结构化设计：

作业序号	作业目标	作业情境		概念结论		思想方法		价值观念		整体评估	
		内容	水平	内容	水平	内容	水平	内容	水平	类型	水平
1～4	知道指数函数的定义，掌握指数函数的常见性质的运用（包括指数函数单调性在比大小中的应用和指数函数单调性和奇偶性的严格推理证明）	对指数函数定义的考查，指数函数单调性和奇偶性的简单应用	简单	指数函数的图象和性质；	数学运算水平1	概念辨析；性质的应用	数学抽象水平1；数学运算水平1	事物是普遍联系的	数学运算水平1	基础性作业	学业质量水平1
5	能在实际情境中体会指数函数的广泛应用	会画指数函数的图象，会在实际应用中用指数函数求解相关问题	简单	指数函数的实际应用	逻辑推理水平1；数学运算水平1	解决实际问题	数学运算水平1	数学来源于生活，事物是普遍联系的	逻辑推理水平1；数学运算水平1	综合性作业	学业质量水平1
6	会从特殊的指数函数图象入手，通过观察和类比分析，得到一般指数函数的常见性质	根据4个基本指数函数的性质，小组合作探究一般形式指数函数的性质	相对复杂	指数函数的性质	数学抽象水平1	特殊到一般；类比归纳	逻辑推理水平2；数学抽象水平1	变化中的规律性和不变性	数学抽象水平1	综合性作业	学业质量水平2

续表

作业序号	作业目标	作业情境		概念结论		思想方法		价值观念		整体评估	
		内容	水平	内容	水平	内容	水平	内容	水平	类型	水平
7	掌握研究一类函数的内容、基本路径和方法	总结本节课学到的研究一个函数的一般方法，并利用该方法自主探究函数 $f(x)=2^{4-x^2}$ 的图象和性质	相对复杂	研究一类函数的内容、基本路径和方法	逻辑推理水平2	类比归纳	数学抽象水平2	事物是普遍联系的	数学抽象水平2	综合性作业	学业质量水平2
课时作业总体评估	针对本堂课核心问题及教学目标，按照合格考和等级考的要求，设计了具有梯度的课时练习，题量适中，有选择题也有主观性试题，符合学生学习思维．作业目标明确可检测、易操作，利于得到客观反馈和检测素养目标，以便调整教学教法；根据新教材、新高考的特点，作业情境设置多样，从简单情境到复杂情境，从学术情境到生活情境，兼顾习题生动性与深度性										

（具体的作业内容略）

【教学流程】☞

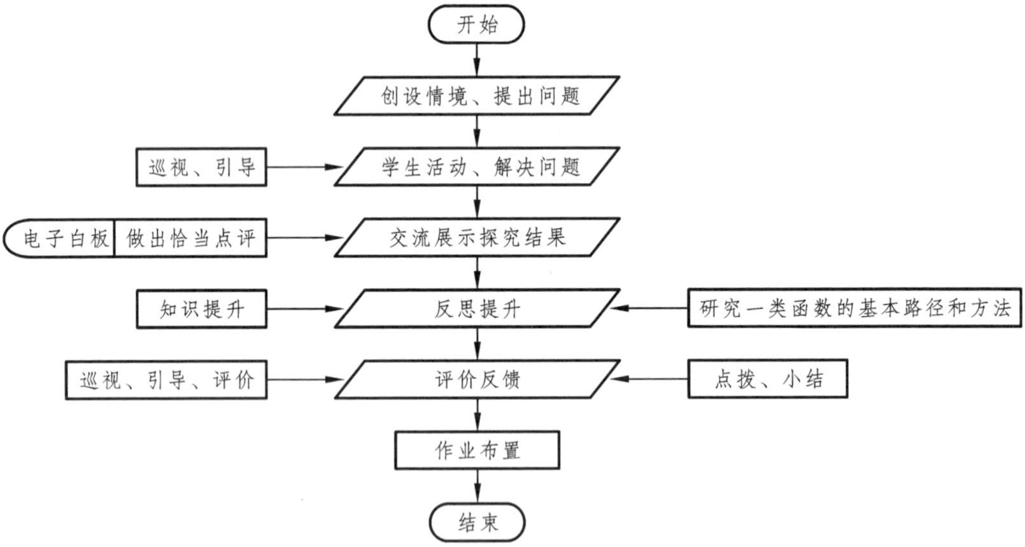

三、教学评价反馈

【评价实施】☞

大概念核心问题教学文化评价表

课时名称：指数函数的性质.

所属单元：基本初等函数（一）——幂函数、指数函数与对数函数.

单元大概念：在普遍联系观、对立统一观的引导下，利用“归纳实例、抽象概念-数形结合、探究性质-运用性质、解决问题”这一基本研究思路和方法用于研究幂函数、指数函数与对数函数.

单元核心问题：借助生活实例，抽象概括幂函数、指数函数、对数函数的定义，运用数形结合从图象特征和代数运算的角度探究幂指对函数的基本性质，归纳研究一类函数的基本方法.

课时核心大概念：

简约化表达：指数函数的概念、图象和性质及简单运用.

特征化表达：基于函数图象量的变化的实例，对 $y=2^x, y=3^x, y=\left(\frac{1}{2}\right)^x, y=\left(\frac{1}{3}\right)^x$ 的图象进行数据分析，探究其变化规律的本质，并类比幂函数图象性质生成经验抽象概括出指数函数的性质. 通过数形结合探究得到其定义域、值域以及奇偶性、单调性等性质用于解 $1150\times(600+10\times10.22)\approx278000\times1.11^{10.22}$ 决相关问题. 加深对普遍联系观、对立统一观的感悟.

课时核心问题：抽离具体函数图象性质，归纳总结指数函数的其共同特征，通过图象和代数运算探究这些函数的基本性质.

评价目标	评价指标				评价方法结果
	一级指标	二级指标	三级指标		
实现活动体验中的学习与素养发展	具有大概念核心问题教学形态	核心问题利于活动体验	内含学科问题和学生活动方式	8	每项指标最高评 8 分（满分为 96 分）
			问题情境与真实生活密切相关	8	
			能引发大概念、新知新法生成	8	
		教学目标价值引导恰当	两类目标正确全面	7	
			关联体验目标恰当	7	
			目标价值引导显现	7	
		教学环节完整合理落实	教学环节清晰完整	7	
			环节内容合理充实	8	
			学生活动时间充分	7	
		教学要素相互匹配促进	问题目标环节两两匹配	7	
			技术促进活动形式内容	8	
			素养导向突出氛围浓郁	7	合计 89 分
	具有大概念核心问题教学特质	拓宽学习视野	课堂与现实世界有恰当关联		选择一个表现突出的二级指标，在相应三级指标引导下，以现场学生表现为主要依据，以其余指标为背景，于本表的第二页写出 150 字以上的简要评价
			有基于缄默知识的问题解决		
			有缄默知识运用的追踪剖析		
			知识运用剖析导向素养发展		
		投入实践活动	有真实而且完整的实践活动		
			实践活动深度融入两类情境		
			能够全身心地浸渍于活动中		
			活动的内容结果均丰富深入		

续表

<table>
<tr><th rowspan="2">评价目标</th><th colspan="3">评价指标</th><th rowspan="2">评价
方法结果</th></tr>
<tr><th>一级指标</th><th>二级指标</th><th>三级指标</th></tr>
<tr><td rowspan="15">实现活动体验中的学习与素养发展</td><td rowspan="15">具有大概念核心问题教学特质</td><td rowspan="4">感受意义关联</td><td>有核心问题的深层意义感受</td><td rowspan="15"></td></tr>
<tr><td>有以知识为中心的关联感受</td></tr>
<tr><td>有以个人为中心的关联感受</td></tr>
<tr><td>有对三类大概念的关联感受</td></tr>
<tr><td rowspan="4">自觉反思体验</td><td>有实质性反思活动的开展</td></tr>
<tr><td>有课堂新因素的追踪利用</td></tr>
<tr><td>有体验的交流与改善重构</td></tr>
<tr><td>有概念生成中的素养发展</td></tr>
<tr><td rowspan="4">乐于对话分享</td><td>乐于自我的表达与认真的倾听</td></tr>
<tr><td>乐于合作中成果与思路的分享</td></tr>
<tr><td>乐于成果交流中深层意义分享</td></tr>
<tr><td>有宽容的对话氛围和双向交流</td></tr>
<tr><td rowspan="3">认同素养评价</td><td>认可素养评价</td></tr>
<tr><td>参与素养评价</td></tr>
<tr><td>利用素养评价</td></tr>
<tr><td colspan="5">大概念核心问题教学特质的简要评价（包括发展性建议）</td></tr>
<tr><td colspan="5">本节课凸显了大概念核心问题教学中“投入实践活动”这个二级指标.
本节课以大概念核心问题为主线，充分激发学生的学习动力和兴趣，有真实而且完整的实践活动，突出核心内容，提升数学核心素养. 本节课的核心问题分为两个部分呈现，同时也分别对应两个学生活动. 学生活动（一）：给出 4 个具体的指数函数 $y=2^x,y=3^x,y=\left(\frac{1}{2}\right)^x,y=\left(\frac{1}{3}\right)^x$，引导学生画出它们的图象，从中归纳指数函数的性质，在课堂上抛出问题：观察以上问题中的图象具有什么共同特征？你能将此类函数的形式一般化吗？引导学生观察归纳出这类函数的共同特征，从而抽象出指数函数的性质，且能够用专业的数学语言进行描述. 因为学生有了指数函数的形式的缄默知识，而且问题导向清晰，学生很快完成学生活动（一）. 有了具体函数的图象后，适时引导学生“接下来我们归纳研究指数函数的哪些内容呢？又该如何研究一类函数的这些性质？”进而完善本节课的核心问题：抽离下列生活实例中的函数并归纳其共同特征，通过图象和代数运算探究这些函数的基本性质. 进入学生活动（二）：在同一坐标系中画函数 $y=a^x(a>1),y=a^x(0<a<1)$ 的图象，观察函数图象并结合函数解析式，将你发现的结论写在表格内. 在解决核心问题的活动中，学生借助之前学习的函数知识，按照背景—概念—图象—性质—应用的路径研究幂函数，在作图和由图象到性质的研究过程中，学生遇到以下困难：① 在同一坐标系中画出这 4 个函数的图象时，$y=2^x,y=3^x$ 这 2 个函数的图象是学生熟悉的，而在画 $y=\left(\frac{1}{2}\right)^x,y=\left(\frac{1}{3}\right)^x$ 的图象时会有一定难度. 在巡视时，注意引导学生注意取点的策略，或者先分析函数性质，利用性质简化和辅助作图，然后结合图象与函数性质，进一步完善图象，要用联系的观点数形结合地分析函数，因为是自己全身心投入的实践活动，所以学生的体会非常深刻. ② 图象作好后，少部分学生在分析图象时无从下手，有点茫然，还有部分学生在把从图形中直观观察到的特征用准确规范的数学语言表达出来时不够清晰. 学生亲身经历这个活动后，再引导可以从“共性”与“个性”两个角度进行观察分析. 同时可从函数图象和解析式两个角</td></tr>
</table>

度认识函数的性质，从解析式中可以获得定义域、奇偶性等性质，这些性质也可以反过来帮助作图，使研究解析式与作函数图象相辅相成. 学生体会非常深刻，在实实在在的活动中，把自己之前不清楚的概念和思维一一厘清，自然通透，同时也培养了学生用数学的眼光观察世界，用数学的语言表达世界的素养. 在整个学生活动中，学生全身心地沉浸于活动之中，甚至发现了一些意料之外的指数函数的性质，探索兴趣更加浓厚，探索投入而忘我. 基于这种浓厚兴趣的探索活动真实、完整而且高效. 在学生深入沉浸活动后，反思提升环节，我与学生一起回顾整个解决问题的探究过程，并就探究过程中用到的数学知识、数学思想方法做点评和总结. 强调研究一类函数的内容（定义域、值域、单调性、奇偶性等）、基本路径（背景—概念—图象—性质—应用）和方法（联系与类比，数形结合等），一切就显得水到渠成，顺理成章了，学生的体验深刻，学习效果好

【信息收集】☞

学生素养目标的达成较好. 全班有 22 人（占 40.5%）知道指数函数的性质，对指数函数图象和性质之间的关联体验深入，懂得研究一类函数的路径和方法，尤其会通过图象和解析式数形结合一起研究指数函数的性质，答案正确且书写规范逻辑清晰，对图形直观与代数运算之间的关联体验深入. 有 16 人（占 30.2%）对指数函数的图象和性质之间的关联体验较为深入，懂得研究一类函数的路径和方法，可能在探究性质时思维不严密，不能给出严格证明，对图形直观与代数运算之间的关联体验较为深入，在方法的选择和幂函数性质的探究上有一定的经验. 还有 17 位同学未能第一时间完全掌握此类问题的处理方法. 课后及时与同学们交流解决问题的障碍和困难，进一步指导和跟进.

【反馈调整】☞

基于搜集信息的检测分析情况，现准备做如下的反馈调整：

在教学设计的过程中除了照顾到优生，对于基础相对较差的学生更要给予更多的关注，课堂上如果他们的回答有不足之处，一定要耐心引导，帮助他们顺利找到正确的思路. 如果有时间可以让不同层次的学生都有机会展示自己的成果，让各种知识和方法的应用性更强，并且从帮助他们在解决问题的过程中，发现问题.

课后，对本节课的检测题目及时做了评讲，并请学生再次总结了研究一类函数的基本路径和方法. 通过大家的思考和总结，学生们更加明确处理这类问题的一般方法，相信课后再辅助一些练习，可以取得比较好的效果. 针对等级为 D 的 8 名同学，课后及时跟进，一一交流，了解了出错的原因，及时纠正.

大概念核心问题教学素养目标点检测表

课时名称	指数函数的性质
所属单元	基本初等函数（一）——幂函数、指数函数与对数函数
单元大概念	在普遍联系观、对立统一观的引导下，利用“归纳实例、抽象概念—数形结合、探究性质—运用性质、解决问题”这一基本研究思路和方法用于研究幂函数、指数函数与对数函数
单元核心问题	借助生活实例，抽象概括幂函数、指数函数、对数函数的定义，运用数形结合从图象特征和代数运算的角度探究幂指对函数的基本性质，归纳研究一类函数的基本方法

续表

<table>
<tr><td>课时大概念</td><td colspan="3">简约化表达：指数函数的概念、图象和性质.
特征化表达：从具体图象实例中归纳概括出指数函数的性质，在变化中的规律性的指导下，沿背景—概念—图象—性质—应用的路径，通过数形结合探究得到其定义域、值域以及奇偶性、单调性等性质用于解决相关问题</td></tr>
<tr><td>课时核心问题</td><td colspan="3">从具体实例中的函数并归纳其共同特征，通过图象和代数运算探究这些函数的基本性质</td></tr>
<tr><td>课时素养目标</td><td colspan="3">参与抽离下列生活实例中的函数并归纳其共同特征（达成数学抽象水平 1），从图象和代数运算探究这些函数的基本性质的活动，理解指数函数的性质，能据此判断其定义域、值域、单调性、奇偶性等性质并加以应用. 在对指数函数图象和性质的研究过程中，感受图形直观与代数运算相结合的思想方法，发展数形结合、数学抽象、逻辑推理和数学运算的数学核心素养（达成数形结合水平 2，逻辑推理水平 2，数学运算水平 2）；由此懂得研究一类函数的内容（定义域、值域、单调性、奇偶性等）、基本路径（背景—概念—图象—性质—应用）和方法（联系与类比，数形结合等），提升研究素养和解决问题的能力（达成学业质量水平 3）</td></tr>
<tr><td>检测点</td><td colspan="3">指数函数的定义、图象及性质之间的关联，研究一类函数的基本路径和方法，图形直观与代数运算之间的关联</td></tr>
<tr><td>检测工具
（检测题）</td><td colspan="3">【课堂反馈】讨论函数 $f(x)=2^{4-x^2}$ 的单调性，判断其奇偶性，并求函数的定义域和值域</td></tr>
<tr><td rowspan="4">分类标准</td><td colspan="3">A. 知道指数函数的性质，对指数函数图象和性质之间的关联体验深入，懂得研究一类函数的路径和方法，尤其会通过图象和解析式数形结合一起研究指数函数的性质，答案正确且书写规范逻辑清晰，对图形直观与代数运算之间的关联体验深入</td></tr>
<tr><td colspan="3">B. 知道指数函数的性质，对指数函数的图象和性质之间的关联体验较为深入，懂得研究一类函数的路径和方法，可能在探究性质时思维不严密，不能给出严谨的解题步骤，对图形直观与代数运算之间的关联体验较为深入</td></tr>
<tr><td colspan="3">C. 知道指数函数的性质，对指数函数的图象和性质之间的关联有所体验，知道研究一个函数的大致内容，可能在探究性质时内容不全面，方法不准确，思维不够严密，或者运算素养不到位，未能得出答案</td></tr>
<tr><td colspan="3">D. 不太清楚指数函数的性质，对指数函数的图象和性质之间的关联体验很少，不清楚如何研究一个函数，基本未能得出答案</td></tr>
<tr><td rowspan="5">检测统计</td><td>分类等级</td><td>学生人数（总人数 55 人）</td><td>百分比</td></tr>
<tr><td>A</td><td>22</td><td>40.5%</td></tr>
<tr><td>B</td><td>16</td><td>30.2%</td></tr>
<tr><td>C</td><td>9</td><td>17.0%</td></tr>
<tr><td>D</td><td>8</td><td>12.3%</td></tr>
<tr><td>检测分析
结果运用</td><td colspan="3">学生素养目标的达成较好. 全班有 22 人（占 40.5%）知道指数函数的性质，对指数函数图象和性质之间的关联体验深入，懂得研究一类函数的路径和方法，尤其会通过图象和解析式数形结合一起研究指数函数的性质，答案正确且书写规范逻辑清晰，对图形直观与代数运算之间的关联体验深入. 有 16 人（占 30.2%）对指数函数的图象和性质之间的关联体验较为深入，懂得研究一类函数的路径和方法，可能在探究性质时思维不严密，不能给出严格证明，对图形直观与代数运算之间的关联体验较为深入，在方法的选择和幂函数性质的探究上有一定的经验. 还有 17 位同学未能第一时间完全掌握此类问题的处理方法. 课后及时与同学们交流解决问题的障碍和困难，进一步指导和跟进</td></tr>
</table>

<table>
<tr><td>素养目标达成典型实例</td><td>讨论函数 $f(x)=2^{4-x^2}$ 的单调性，判断其奇偶性，并求函数的定义域和值域
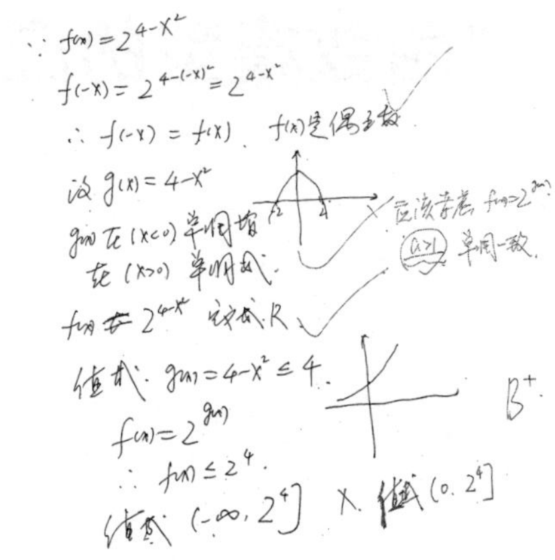</td></tr>
<tr><td>素养目标达成典型实例</td><td>部分同学熟练掌握指数函数的图象与性质，对指数函数图象和性质之间的关联体验深入，懂得研究一类函数的路径和方法，尤其会通过图象和解析式数形结合一起研究指数函数及其复合函数的性质，答案正确且书写规范逻辑清晰，课时素养目标达成情况很好</td></tr>
<tr><td>检测反馈</td><td>基于搜集信息的检测分析情况，现准备做如下的反馈调整：
在教学设计的过程中除了照顾到优生，对于基础相对较差的学生更要给予更多的关注，课堂上如果他们的回答有不足之处，一定要耐心引导，帮助他们顺利找到正确的思路. 如果有时间可以让不同层次的学生都有机会展示自己的成果，让各种知识和方法的应用性更强，并且从帮助他们在解决问题的过程中，发现问题.
课后，对本节课的检测题目及时做了评讲，并请学生再次总结了研究一类函数的基本路径和方法. 通过大家的思考和总结，学生们更加明确处理这类问题的一般方法，相信课后再辅助一些练习，可以取得比较好的效果.
针对等级为 D 的 8 名同学，课后及时跟进，一一交流，了解了出错的原因，及时纠正</td></tr>
</table>

“函数模型的应用”学教案

胡宗祥

一、教学分析设计

【教材课标】☞

1. 课程标准分析

新一轮课程改革以“数学的整体性、逻辑的连贯性、思想的一致性、方法的普适性、思维的系统性”为目标，强调突出数学本质，不仅要引导学生学会知识，还要引导学生学会学习，为其终身学习提供保障.“指幂对函数”是高中数学课程四条主线（函数、几何与代数、概率与统计、数学建模活动与数学探究活动）中函数主线的重要组成部分，通过本单元的学习，要让学生明确研究一类函数的研究内容、研究思路和研究方法，同时广泛运用于其他学科和生活之中.

2. 教材内容分析

本堂课安排在函数的概念与基本初等函数的学习之后，对所学常见函数模型及其图象进行归纳总结,使学生对函数图象有系统的认识. 在此基础上,一方面加强学生的看图识图能力,探究函数模型的广泛应用；另一方面，着重探讨函数图象与方程的联系，渗透函数与方程的思想及数形结合思想，为后续学习函数做好铺垫，承上启下，衔接自然，水到渠成.

学生对函数与方程的关系有一个逐步认识的过程，应遵循由浅入深、循序渐进的原则. 从学生认为较简单的问题入手，由具体到一般，建立方程的根与函数图象的联系. 另外，函数与方程相比较，一个“动”，一个“静”；一个“整体”，一个“局部”. 用函数的观点研究方程，本质上就是将局部的问题放在整体中研究，将静态的结果放在动态的过程中研究，这为今后进一步学习函数与不等式等其他知识的联系奠定了坚实的基础.

【大概念】☞

简约化表达：函数模型的应用.

特征化表达：函数是描述客观世界变化规律的数学模型，不同的变化规律需要不同的函数模型来刻画，面对实际应用问题构建符合实际情况的函数模型，求解函数模型，解决实际问题，加深对普遍联系观、对立统一观的感悟.

概念类别	简略化表达	特征化表达
概念结论类	几种常见的函数模型	一次函数 $y=kx+b(k,b\text{为常数},\ k\neq 0)$ 二次函数 $y=ax^2+bx+c(a\neq 0)$，分段函数 $y=\begin{cases} f_1(x)(x\in D_1) \\ f_2(x)(x\in D_2)\end{cases}$ 幂函数 $y=x^{\alpha}$（α为常数）指数型函数 $y=a^x(a>0,\text{且}a\neq 1)$ 对数型函数 $y=k\log_a x+b(k\neq 0,a>0,a\neq 1)$ 的函数
思想方法类	数据分析、现象到本质、特殊到一般、抽象概括	对实际生活问题中收集的数据进行数据分析：用图象（散点图）定性分析，直观观察变量变化的趋势；用代数运算（减法、除法、指数幂计算）定量分析，探究其变化中不变和规律性. 基于数据变化的本质，由特殊到一般推导出问题情境的函数模型解析式. 再由其余数据或变化趋势进行验证. 从而得到拟合函数，对所给问题进行预测和控制，为决策和管理提供依据
价值观念类	对立统一观、普遍联系观	因指对数变化是非线性变化，增长量或衰减量是变化的，但是增长率和衰减率是不变的，这种变化中的不变性和规律性以及增长与衰减最后到指数函数的殊途同归体现了对立统一观. 同时，作为描述客观世界中变量的一类对应关系的指数函数，与生活实际及其他学科广泛联系，体现了数学的应用价值与人文价值，及普遍联系观

【资源条件】☞

资源名称	功能
黑板	板书核心问题和教学环节；板书学生解决问题时交流、分析、建构的要点；板书反思提升的生成性思维导图；板书适当的评价反馈内容
PPT 课件	展示课前作业、问题情境和核心问题；提供全班交流时所需部分结果；呈现评价反馈练习等内容
电子白板	投放 PPT；学生探究过程和结果的拍照、拍摄投屏；在线批注

【学生基础】☞

学生在学习完了第一章“集合与常用逻辑用语”、第二章“一元二次函数、方程、不等式”、第三章“函数的概念与性质”后，对函数的性质和基本初等函数及其图象有了一定的了解和把握，但学生领悟知识的能力参差不齐，导致不同学生对知识的掌握差距很大. 因此进行本堂课的复习教学，应首先有意识地让学生归纳总结旧知识，提高综合能力，即如何利用函数图象解决方程的根的问题，应给足学生思考的空间和时间，充分化解学生的认知冲突，化难为易、化繁为简、突破难点.

高中数学与初中数学相比，数学语言在抽象程度上突变，思维方法向理性层次跃迁，知识内容的整体数量剧增. 以上这三点在函数这一章中得到了充分的体现，本章知识具有高度的抽象性、逻辑性和广泛的适用性，对能力要求较高. 因此，在复习教学中应多考虑已学知识的衔接，更好地帮助学生借助形象的手段理解抽象的概念，因此函数的图象就显得尤其重要而且直观.

【教学目标】☞

通过复习所学函数模型及其图象特征，使学生对函数有一个较直观的把握和较形象的理解，感悟数学模型中参数的现实意义，会利用已知函数模型解决实际问题. 首先确定已知函数模型解析式的未知参数；利用已知函数模型相关的运算性质、函数性质解决实际问题；涉及较为复杂的指数运算时，常常利用指对互化. 能根据实际问题构建指对函数模型或拟合数据构建函数模型解题. 树立以学生为主体的意识，实现有效教学. 其次，设计一些问题情境，渗透数学思想，使学生掌握解决问题的一般规律. 使学生对函数与方程的关系有一个逐步认识的过程，应遵循由浅入深、循序渐进的原则. 使学生能由具体到一般，建立方程的根与函数图象的联系. 感悟动与静，整体与局部的关联，体会函数知识的核心作用. 结合具体的问题，领会特殊到一般，函数与方程之间的关联.

【核心问题】☞

通过常见函数模型的图象特征，联系实际问题，通过函数与方程、数形结合及等价转化的思想方法间的关联，寻找解题思路，使问题化难为易、化繁为简，实现难点突破.

常见函数模型的图象特征和实际应用. 通过课堂师生互动交流，共同完成对相关知识的系统归纳，借助多媒体课件演示，增加学生的直观体验，深化认识，突破重点，利用函数图象研究方程问题的思想和方法. 在教学过程中，通过学生自主探究学习，在实际问题的解决中学习将抽象的数学语言与直观的图象结合起来，充分利用这种结合，寻找解题思路，使问题化难为易、化繁为简，实现难点突破. 通过常见函数模型的图象特征，联系实际问题，体验函数与方程、数形结合及等价转化的思想方法间的关联，体验函数与方程思想、数形结合思想及等价转化思想的意义和价值.

【评价预设】☞

1. 尽管教材为学生提供了精心选择的课程资源，但其仅是教师在教学设计时所思考的依据. 在具体实施中，需要根据学生数学学习的特点，联系学生的学习实际，对教材内容进行灵活处理，如调整教学进度、整合教学内容等. 本节课是必修 1 第二章与第三章的总结课，既巩固了第二章所学知识，又为第三章学习加深印象埋下伏笔，对教材做了一次成功的加工整合，正所谓磨刀不误砍柴工.

2. 树立以学生为主体的意识，实现有效教学. 现代教学论认为，学生的数学学习过程是一个学生已有的知识和经验为基础的主动建构的过程，只有学生主动参与到学习活动中，才是有效的教学. 在本节课的设计中，首先设计一些能够启发学生思维的活动，学生通过观察、试验、思考、表述，体现学生的自主性和主动性；其次，设计一些问题情境，而解决问题所需要的信息均来自学生的真实水平，要么定位在学生已有的知识基础上，要么定位在一些学生很容易掌握的知识上，保证课堂上大部分学生都能够轻松地解决问题. 随着学生的知识和信息不断丰富，可以向学生介绍更多类型的问题情境或更难的应用问题情境，渗透数学思想，使学生学会问题解决的一般规律.

3. 凡事预则立，不预则废. 预设是数学课堂教学的基本要求，但课堂教学不能过分拘泥于预设的固定不变的程序，应当开放地纳入弹性灵活的成分以及始料不及的体验. 一堂好数学课应该是一节不完全预设的课，在课堂中有教师和学生真实的情感、智慧的交流，这个过程既有资源的生成，又有过程状态的生成，内容丰富，多方互动，给人以启发.

二、教学实施设计

【教学环节】☞

教学环节（时间）	学生活动	教师活动	设计意图	技术融合
提出问题 目标设疑，学生解疑，温故知新 （约 5 min）	活动 1：我们学过哪些基本初等函数？对它们的大致图象还有印象吗？试回忆所学并完成表格. 练习 1（后附） 活动 2：若将“$a>1$”改为“$a>0$ 且 $a\neq1$”，又该如何选择？	提出本节课的核心问题：通过常见函数模型的图象特征，联系实际问题，体验函数与方程、数形结合及等价转化的思想方法间的关联，体验函数与方程思想、数形结合思想及等价转化思想的意义和价值	所有的知识只有通过学生自身的“再创造”活动，才能纳入其认知结构，才可能成为下一个有效的知识.教师必需尊重学生的主体性，让学生自主参与探究，切实掌握本节课的重点，辅以多媒体直观演示能使教学更富趣味性和生动性	PPT 展示核心问题，明确任务，引导学生深入思考
解决问题 演练巩固，深化理解，学以致用 （约 25 min）	练习 2（后附） 活动 3：你能否写出通话收费 S（元）关于通话时间 t（分）的函数表达式？这样的函数称为什么函数？ 例 1（后附） 教师：从函数图象上可以分析函数的性质（如定义域、值域、单调性、奇偶性等），除此之外，函数图象还有什么妙用吗？请看例 2. 例 2（后附） 活动 4：一定要画出具体的函数图象吗？不画图有没有办法直接给出 k 的取值范围呢？ 变式二：依照这样的解题方法，你能否判断方程 $\ln x+x=4$ 的根的个数？	以问题为驱动，讲练结合，引入对具体实例的详细剖析，循序渐进，由浅入深，探讨函数模型的广泛应用和函数与方程的等价转化，渗透数形结合思想（板书结合多媒体演示）. 练习 2：借助具体实例，了解简单的分段函数，这是很重要的一类函数模型，在实际问题中有较广泛的应用.本题要求写出函数解析式，大约 5 min 可完成. 例 1：借由函数图象解决函数性质（值域）是函数图象的重要应用，以概念定义方式呈现，以分段函数的形式考察，足见题目设计的新颖，对学生较有吸引力和挑战性，给足学生思维、探究、讨论的时间，大约 8 min 方可完成	（1）新教材为引导学生自主发现、探索留有比较充分的空间，在教学中我们应充分利用这些空白空间，目标问题化，问题设疑化，过程探讨化，再给予学生发挥的空间，促进他们主动地学习和发展，让空白的地方丰富多彩也是学习方式丰富的表现. （2）对于学生来说，学习数学的一个重要目的是学会数学地思考，数学能力的提高离不开解题，解题教学重点是向学生暴露思维过程和展示学生的思维过程.例题的设计以阶梯式呈现，给学生较为充分的时间，自主探究和解决问题，教师在评讲时，有意识地渗透数形结合的思想方法，从而达到传授知识、培养能力的目的，实现难点的化解与突破	黑板板书师生共同总结的内容和要点； 电子白板展示学生的探究成果； PPT 展示教学的主要环节和内容

续表

教学环节（时间）	学生活动	教师活动	设计意图	技术融合
解决问题 演练巩固，深化理解，学以致用 （约 25 min）		例 2：恰当的问题情境，能引发学生的认知冲突，使学生产生明显的意识倾向和情感共鸣，激发他们的求知欲和探索精神，引导学生主动思考．这个问题涉及本课题的核心内容，给学生充足的探究时间，大约 12 min 可完成． 教师：数和形是数学的两种表达形式，在本例中，我们借由函数图象（形）解决方程的根的个数判断（数），以形辅数，这种思想方法称为数形结合	（3）学习函数和方程的相互等价转化，注意相关内容的前后联系，使学生加深对所学知识的系统认识，促进思维的深刻性．在潜移默化中培养了学生的科学态度和理性精神	
反思提升 理论升华，思维拓展，总结评价 （约 5 min）	活动：这节课我们学习了那些内容？哪些方法？哪些数学思想？（课堂小结后附） 课后作业：（后附） 1．写下本节课的学习心得体会． 2．完成课后习题	与学生一起回顾整个探究过程，并就探究过程中用到的数学知识、数学思想方法做点评和总结．强调研究一类函数的基本路径，总结学习内容，归纳学习方法，提升数学思想，拓展学生思维，完成总结评价	在学生自主探究的基础上再进行归纳总结和升华，有效地提升了学生的逻辑推理能力．提纲挈领，理清基本内容，形成知识体系，提升数学思想，使本节内容不再浮于表面	黑板板书形成
评价反馈 （5 min）	【课堂反馈一】 1．若定义运算 $a\cdot b=\begin{cases}b(a\geq b)\\a(a<b)\end{cases}$，则函数 $f(x)=3^{x}\cdot 3^{-x}$ 的值域为（　　） A．$(0,1]$　　B．$[1,+\infty)$ C．$(0,+\infty)$　　D．$(-\infty,+\infty)$ 【课堂反馈二】2．当 $k\in$______时，方程 $\|x^{2}-2x-3\|=k$ 有两解？有三解？有四解呢？无解呢？	巡视，引导学生积极完成课堂反馈，同学之间交流展示，教师点评总结	通过函数图象和代数运算两个视角研究函数的各种类型．此题可以增强学生对新知的应用能力，让学生在分析、证明的过程中提升逻辑推理素养和数学运算素养	PPT 出示反馈任务

练习 1. 如图 1 所示，当$a>1$时，在同一坐标系中，函数$y=a^{-x}$与$y=\log_a x$的图象是（　　）.

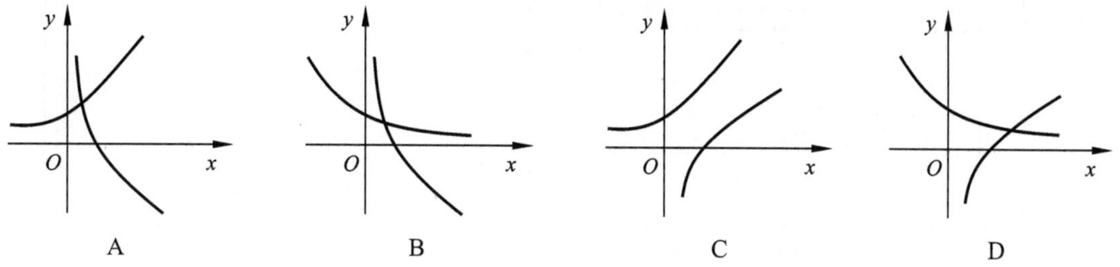

图 1

练习 2. 某地区电信资费调整后，市话费标准为：通话时间不超过 3 min 收费 0.2 元，超过 3 min 后，每增加 1 min 多收费 0.1 元（不足 1 min 按 1 min 收费）. 通话收费 S（元）与通话时间 t（分）的函数图象可表示为（　　）.

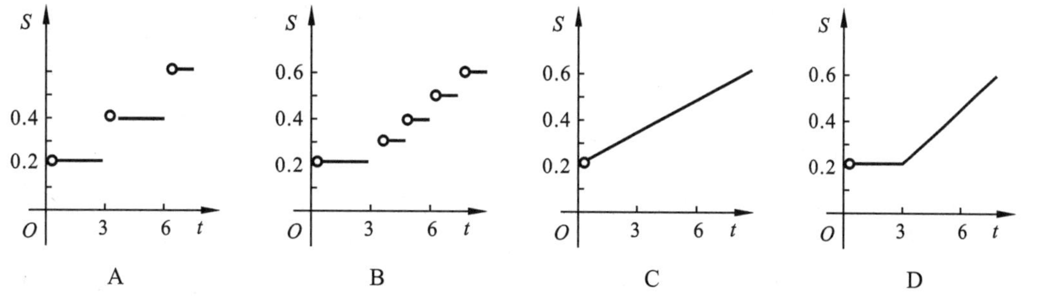

图 2

【板书设计】☞

4.5.3 函数模型的应用

一、提出问题

核心问题：通过常见函数模型的图象特征，联系实际问题，体验函数与方程、数形结合及等价转化的思想方法间的关联，体验函数与方程思想、数形结合思想及等价转化思想的意义和价值

二、解决问题

学生活动（一）：

1. 常见函数模型

函数名称	函数解析式	函数大致图象
常数函数	$y=k$（k 为常数）	……
一次函数	$y=kx+b$（k,b 为常数）	……
二次函数	$y=ax^2+bx+c$（$a\neq0,a,b,c$ 为常数）	……
反比例函数	$y=\frac{k}{x}$（$k\neq0,k$ 为常数）	……
指数函数	$y=a^x(a>0,a\neq1)$	……
对数函数	$y=\log_a x(a>0,a\neq1)$	……
幂函数	$y=x^a$（$a\neq0,a$ 为常数）	……

学生活动（二）：

2. 练习 2：……

例 1. ……

例 2. ……

三、反思提升

本节课复习了常见函数模型及其图象特征，体会到利用函数图象解决函数性质的形象和直观，学习函数和方程的相互等价转化，体会函数方程思想与数形结合思想的意义和价值.

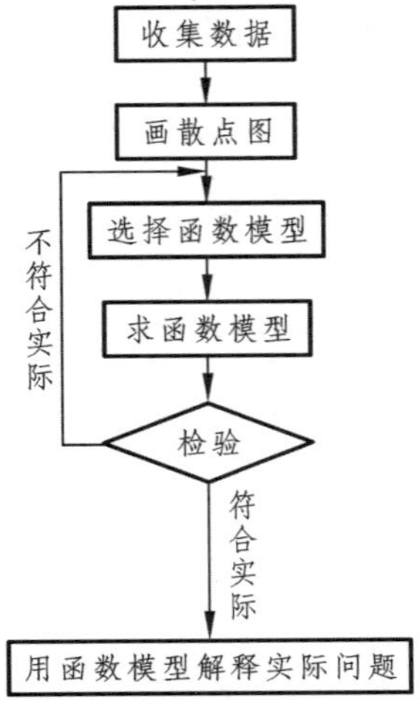

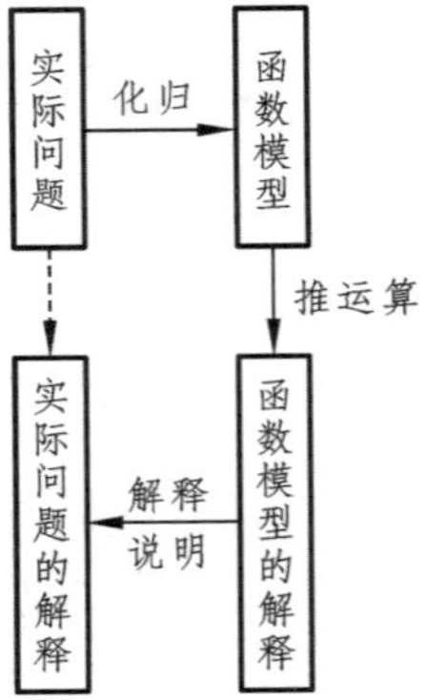

四、评价反馈

学生板书解答过程及师生共同订正

【作业设计】☞

<table>
<tr><td rowspan="2">作业序号</td><td rowspan="2">作业目标</td><td colspan="2">生活实际情境</td><td colspan="2">概念结论</td><td colspan="2">思想方法</td><td colspan="2">价值观念</td><td colspan="2">整体评估</td></tr>
<tr><td>内容</td><td>水平</td><td>内容</td><td>水平</td><td>内容</td><td>水平</td><td>内容</td><td>水平</td><td>类型</td><td>水平</td></tr>
<tr><td>1～3</td><td>指数函数解析式及图象的简单应用</td><td>直接的数学问题情境</td><td>简单</td><td>指数函数的图象</td><td>数学识记水平1</td><td>概念辨析、图象识别</td><td>数学识记水平1、逻辑推理1</td><td>事物是普遍联系的</td><td>数学识记水平1</td><td>基础性作业</td><td>学业质量水平1</td></tr>
<tr><td>4</td><td>函数模型选择</td><td>直接的数学问题情境</td><td>简单</td><td>指对数函数定义</td><td>数学运算水平1</td><td>运算性质演绎</td><td>数学运算水平1</td><td>事物是普遍联系的</td><td>数学运算水平1</td><td>基础性作业</td><td>学业质量水平1</td></tr>
<tr><td>5</td><td>指数函数相关计算</td><td>由指数函数图象进行相关运算</td><td>简单</td><td>指数函数图象</td><td>数学运算水平1，逻辑推理1</td><td>指数函数解析式</td><td>数学运算水平1，逻辑推理1</td><td>事物是普遍联系的</td><td>数学运算水平1</td><td>综合性作业</td><td>学业质量水平2</td></tr>
<tr><td>6</td><td>对数函数型解析式</td><td>对数函数模型的实际应用</td><td>较复杂</td><td>对数函数解析式</td><td>数学运算水平2，逻辑推理2</td><td>对数函数解析式</td><td>数学运算水平2，逻辑推理2</td><td>事物是普遍联系的</td><td>数学运算水平2，逻辑推理2</td><td>综合性作业</td><td>学业质量水平2</td></tr>
<tr><td>7</td><td>已知函数结构性质，求函数解析式</td><td>抽象的数学背景条件</td><td>复杂</td><td>指数函数变化规律本质</td><td>数学运算水平1，逻辑推理2</td><td>逆向思维、抽象思维</td><td>数学运算水平1，逻辑推理2</td><td>变化中的规律性</td><td>数学运算水平1，逻辑推理2</td><td>综合性作业</td><td>学业质量水平2</td></tr>
<tr><td>8</td><td>自主探究指数函数的实际背景和意义</td><td>在生活中开放性探寻指数模型</td><td>简单</td><td>指数函数的实际背景和意义</td><td>数学建模2、数学运算2</td><td>数学建模</td><td>数学建模2、数学运算2</td><td>事物是普遍联系的、数学的应用和人文价值</td><td>数学建模2、数学运算2</td><td>实践性作业</td><td>学业质量水平2</td></tr>
<tr><td>课时作业总体评估</td><td colspan="11">1. 针对本节课的核心问题和教学目标，按照合格考和等级考的要求，设计了具有梯度的课后作业，题量适中.
2. 作业目标明确可检测、易操作，利于得到客观反馈和检测素养目标，以便调整教学教法.
3. 从题型上看，既有单选，也有多选；既有客观题，也有主观题，还有开放性探究问题，符合学生学习思维.
4. 响应新教材、新高考特点，作业情境多样，从简单情境到复杂情境，从学术情境到生活情境，兼顾习题生动性与深度性.
5. 实践性作业培养了同学们勇于探索的科研精神、数学核心素养，提高了数学价值的认同感，拓宽了视野</td></tr>
</table>

（具体的作业内容略）

【教学流程】☞

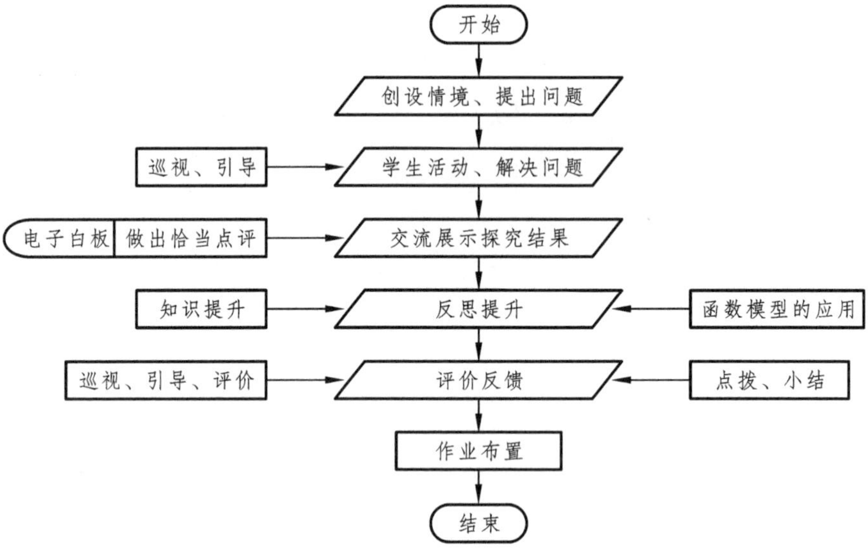

三、教学评价反馈

【评价实施】☞

本节课的核心问题是：通过常见函数模型的图象特征，联系实际问题，体验函数与方程、数形结合及等价转化的思想方法间的关联，体验函数与方程思想、数形结合思想及等价转化思想的意义和价值. 在该问题下是有利于拓展学习视野，投入实践活动，感受意义关联，自觉反思体验，乐于对话分享，认同体验评价. 有 81.6%的同学很好地完成教学任务，有 95%的同学较好地完成任务，只有 5%的同学有一定困难没有全部完成.

大概念核心问题教学文化评价表

课时名称：函数模型的应用.

所属单元：基本初等函数（一）——幂函数、指数函数与对数函数.

单元大概念：在普遍联系观、对立统一观的引导下，利用“归纳实例、抽象概念—数形结合、探究性质—运用性质、解决问题”这一基本研究思路和方法用于研究幂函数、指数函数与对数函数.

单元核心问题：借助生活实例，抽象概括幂函数、指数函数、对数函数的定义，运用数形结合从图象特征和代数运算的角度探究幂指对函数的基本性质，归纳研究一类函数的基本方法.

课时核心大概念：

简约化表达：函数模型的应用.

特征化表达：函数是描述客观世界变化规律的数学模型，不同的变化规律需要不同的函数模型来刻画，面对实际应用问题构建符合实际情况的函数模型，求解函数模型，解决实际问题. 加深对普遍联系观、对立统一观的体悟.

课时核心问题：通过常见函数模型的图象特征，联系实际问题，体验函数与方程、数形结合及等价转化的思想方法间的关联，体验函数与方程思想、数形结合思想及等价转化思想的意义和价值.

评价目标	评价指标			评价结果	
	一级指标	二级指标	三级指标		
实现活动体验中的学习与发展	具有核心问题教学形态	核心问题利于活动体验	内含学科问题和学生活动方式	7	每项指标最高评 8 分
			问题情境与真实生活密切相关	7	
			能引发新知识、新方法的生成	7	
		教学目标价值引导恰当	两类目标正确全面	7	
			关联体验目标恰当	7	
			目标价值引导显现	7	
		教学环节完整合理落实	教学环节清晰完整	7	
			环节内容合理充实	7	
			学生活动时间充分	7	
		教学要素相互匹配促进	问题目标环节两两匹配	7	
			技术促进活动形式内容	7	
			学科特点突出氛围浓郁	8	合计 85 分
	具有核心问题教学实质	拓宽学习视野	课堂与现实世界有恰当关联	选择一个表现突出的二级指标，在相应三级指标引导下，以现场学生表现为依据，于本表的第二页写出 150 字以上的简要评价	
			有基于缄默知识的问题解决		
			有缄默知识运用的追踪剖析		
		投入实践活动	有真实而且完整的实践活动		
			能够全身心地浸渍于活动中		
			活动的内容结果均丰富深入		
		感受意义关联	有核心问题的深层意义感受		
			有以知识为中心的关联感受		
			有以个人为中心的关联感受		
		自觉反思体验	有实质性反思活动的开展		
			有课堂新因素的追踪利用		
			有体验的交流与改善重构		
		乐于对话分享	乐于自我的表达与认真的倾听		
			乐于合作中成果与思路的分享		
			有宽容的对话氛围和多向交流		
		认同体验评价	认可体验评价		
			参与体验评价		
			利用体验评价		

续表

大概念核心问题教学特质的简要评价（包括发展性建议）
本节课凸显了大概念核心问题教学中“教学内容的反思”这个二级指标. 本节课以大概念核心问题为主线，充分激发学生的学习动力和兴趣，有真实而且完整的实践活动，突出核心内容，提升数学核心素养. ① 对教学内容的反思：对于数学教师来说，他要从“教”的角度去看数学、去挖掘数学，不仅要能“做”，“会理解”，还应当能够教会别人去“做”、去“理解”，因此教师对教学概念的反思应当从逻辑的、历史的、关系、辩证等方面去展开. ② 对学生数学学习活动的反馈：本节课在教学中着力于为学生提供丰富多彩的问题情境，关注学生的情感和情绪体验，让学生投入到现实的、充满探索的数学学习过程中，从而提高数学学习的水平，养成正确的学习态度和习惯. ③ 对数学教学活动的反馈：教学设计的难点在于教师把学术形态的知识转化为适合学生探究的认知形态的知识. 学生的认知结构具有个性化特点，教学内容具有普遍性要求. 如何在一节课中把二者较好地结合起来，是提高课堂教学效率的关键. 本节课致力于提高课堂教学的有效性，其一，有明确的教学目标；其二，能突出重点、化解难点；其三，善于运用现代化教学手段；其四，根据具体内容，选择恰当的教学方法；其五，关注学生，及时鼓励；其六，充分发挥学生主体作用，调动学生的学习积极性；其七，切实重视基础知识、基本技能和基本方法；其八，渗透数学思想方法，提高综合运用能力. 在巡视时，我注意引导学生注意取点的策略，或者先分析函数性质，利用性质简化和辅助作图，然后结合图象与函数性质，进一步完善图象，要用联系的观点数形结合地分析函数，因为是自己全身心投入的实践活动，所以学生的体会非常深刻；图象作好后，少部分学生在分析图象时无从下手，有点茫然，还有部分学生在把从图形中直观观察到的特征用准确规范的数学语言表达出来时不够清晰. 学生亲身经历这个活动后，我再引导可以从“共性”与“个性”两个角度进行观察分析. 同时，可从函数图象和解析式两个角度认识函数的性质，从解析式中可以获得定义域、奇偶性等性质，这些性质也可以反过来帮助作图，使研究解析式和作函数图象相辅相成. 学生体会非常深刻，在实实在在的活动中，把自己之前不清楚的概念和思维角度一一厘清，自然通透，同时也培养了学生用数学的眼光观察世界，用数学的语言表达世界的素养. 在整个学生活动中，学生全身心地沉浸于活动之中，基于这种浓厚兴趣的探索活动真实、完整而且高效. 在学生深入沉浸活动后，反思提升环节，我与学生一起回顾整个解决问题的探究过程，并就探究过程中用到的数学知识、数学思想方法做点评和总结. 强调研究函数的内容（定义域、值域、单调性、奇偶性等）、基本路径（背景—概念—图象—性质—应用）和方法（联系与类比、数形结合等），一切就显得水到渠成，顺理成章了，学生的体验深刻，学习效果好

【信息收集】☞

课后收集了全班 52 名同学的评价反馈练习，按照体验性目标的达成情况及正确率进行了批阅和分类，并按照等级标准标注了等级.

具体情况为：通过学案的反馈结果，有 23.07%的同学能够深刻体验到数与形的关联，灵活运用所学知识与方法多角度地寻找解决问题的方法；有 40.38%的同学较好地达成结果性目标和体验性目标，他们能够解决相关的函数图象问题，但是解题方法相对单一；有 34.6%的同学只能部分体验到本节课所要达成的关联，他们要么能体验到了数与形的关联，要么能找到解决问题的办法；还有 1.92%的同学未写出解答题的解题过程，无法对所给答案做出合理解释，未能明显地达成体验性目标.

【反馈调整】☞

1. 对教学内容的反馈

对于数学教师来说，他要从“教”的角度去看数学去挖掘数学，不仅要能“做”、会“理解”，还应当能够教会别人去“做”、去“理解”，因此教师对教学概念的反思应当从逻辑的、历史的、关系、辩证等方面去展开. 从逻辑的角度看，函数概念主要包含定义域、值域、对应法则三要素，以及函数的单调性、奇偶性、对称性等性质和一些具体的特殊函数，如指数函数、对数函数等这些内容是函数教学的基础，但不是函数的全部. 从关系的角度来看，不仅函数的主要内容之间存在着种种实质性的联系，函数与其他中学数学内容也有着密切的联系，其中就包括方程的根与函数的图象之间的等价转化问题.

2. 对学生数学学习活动的反馈

师生之间在数学知识、数学活动经验、兴趣爱好、社会生活阅历等方面存在很大的差异，这些差异使得他们对同一个教学活动的感觉通常是不一样的. 学生的数学学习只有通过自身的操作和主动的参与才可能是有效的，更为进一步的是学生的数学学习只有通过自身的情感体验，树立坚定的自信心才可能是成功的. 为此，本节课在教学中着力于为学生提供丰富多彩的问题情境，关注学生的情感和情绪体验，让学生投入到现实的、充满探索的数学学习过程中，从而提高数学学习的水平，养成正确的学习态度和习惯.

3. 对数学教学活动的反馈

教学设计的难点在于教师把学术形态的知识转化为适合学生探究的认知形态的知识. 学生的认知结构具有个性化特点，教学内容具有普遍性要求. 如何在一节课中把二者较好地结合起来，是提高课堂教学效率的关键. 本节课致力于提高课堂教学的有效性，其一，有明确的教学目标；其二，能突出重点、化解难点；其三，善于运用现代化教学手段；其四，根据具体内容，选择恰当的教学方法；其五，关注学生，及时鼓励；其六，充分发挥学生主体作用，调动学生的学习积极性；其七，切实重视基础知识、基本技能和基本方法；其八，渗透数学思想方法，提高综合运用能力. 在实际教学中应因材施教，用不一样的标准衡量学生，尽量做到让不同的学生得到不同的发展.

大概念核心问题教学素养目标点检测表

课时名称	函数模型的应用
所属单元	基本初等函数（一）——幂函数、指数函数与对数函数
单元大概念	在普遍联系观、对立统一观的引导下，利用“归纳实例、抽象概念—数形结合、探究性质—运用性质、解决问题”这一基本研究思路和方法用于研究幂函数、指数函数与对数函数
单元核心问题	借助生活实例，抽象概括幂函数、指数函数、对数函数的定义，运用数形结合从图象特征和代数运算的角度探究幂指对函数的基本性质，归纳研究一类函数的基本方法
课时大概念	简约化表达：函数模型的应用. 特征化表达：函数是描述客观世界变化规律的数学模型，不同的变化规律需要不同的函数模型来刻画，面对实际应用问题构建符合实际情况的函数模型，求解函数模型，解决实际问题. 加深对普遍联系观、对立统一观的体悟
课时核心问题	通过常见函数模型的图象特征，联系实际问题，体验函数与方程、数形结合及等价转化的思想方法间的关联，体验函数与方程思想、数形结合思想及等价转化思想的意义和价值

<table>
<tr><td>教学目标</td><td>通过复习所学函数模型及其图象特征，使学生对函数有一个较直观的把握和较形象的理解.
1. 通过练习的设置，从解决简单实际问题的过程中，让学生体会函数模型与数学的应用，看图识图的关联.
2. 通过对所给问题（例题 1、2）的自主探究和合作交流，使学生理解动与静，整体与局部的关联，体会函数知识的核心作用.
3. 结合具体的问题，领会特殊到一般，函数与方程之间的关联</td></tr>
<tr><td>检测点</td><td>由具体题目的完成情况和解题方法观察是否体验到函数与方程的关联和数与形的关联</td></tr>
<tr><td>检测工具（题）</td><td>完成以下练习并写出解答过程，两题均完成后再尝试一题多解
1.（2014·新课标全国Ⅰ卷）如图，圆 O 的半径为 1，A 是圆上的定点，P 是圆上的动点，角 x 的始边为射线 OA，终边为射线 OP，过点 P 作直线 OA 的垂线，垂足为 M. 将点 M 到直线 OP 的距离表示成 x 的函数 $f(x)$，则 $y=f(x)$在$[0,\pi]$上的图象大致为（　　）.
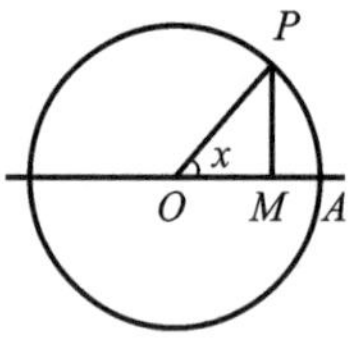
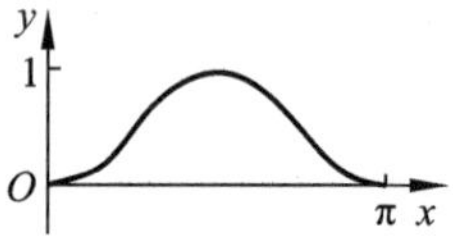
A
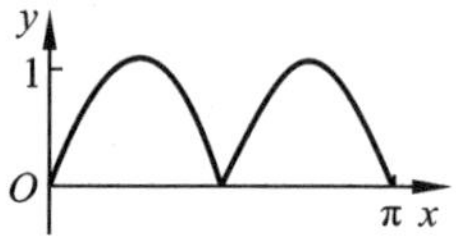
B
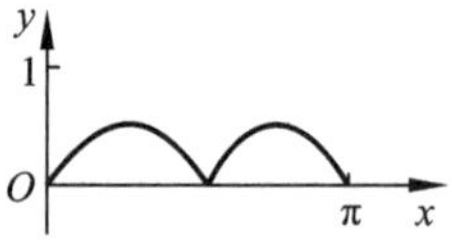
C

D
2. 在平面直角坐标系 xOy 中，若直线 $y=2a$ 与函数 $y=|x-a|-1$ 的图象只有一个交点，则 a 的值为________.
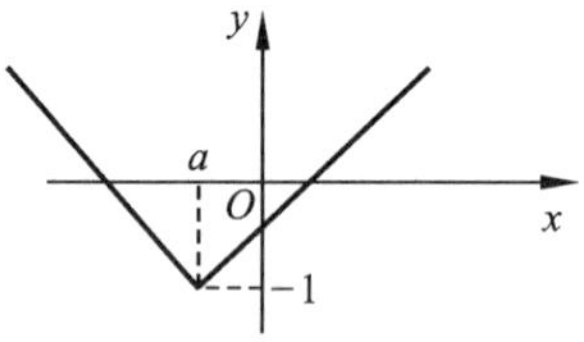
3.（1）已知函数 $y=f(x)$的定义域为 $\mathbf{R}$，且当 $x\in\mathbf{R}$ 时，$f(m+x)=f(m-x)$恒成立，求证 $y=f(x)$的图象关于直线 $x=m$ 对称；
（2）若函数 $y=\log_2\left|ax-1\right|$的图象的对称轴是 $x=2$，求非零实数 a 的值.</td></tr>
<tr><td rowspan="4">分类标准</td><td>A. 能够正确完成三道题，写出解答过程，且能给出不同解法，解法中涉及本节课所学的解题策略——分类讨论，数形结合的方法，深刻体验到数与形的关联和函数与方程关系的关联</td></tr>
<tr><td>B. 能够正确完成三道题，写出解答过程，两道题总共涉及两种不同解法，较好地体验到数与形的关联和函数与方程关系的关联</td></tr>
<tr><td>C. 只能正确完成其中两道题，解答过程中只涉及一种解法，只体验到数与形的关联或空间函数与方程关系关联中的其中一种</td></tr>
<tr><td>D. 两道题能完成，基本体验到数与形的关联</td></tr>
</table>

续表

<table>
<tr><td rowspan="5">检测统计</td><td>分类等级</td><td>学生人数（总人数 52 人）</td><td>百分比</td></tr>
<tr><td>A</td><td>12</td><td>23.07%</td></tr>
<tr><td>B</td><td>21</td><td>40.38%</td></tr>
<tr><td>C</td><td>18</td><td>34.6%</td></tr>
<tr><td>D</td><td>1</td><td>1.92%</td></tr>
<tr><td>检测分析
结果运用</td><td colspan="3">本节课的体验性目标是① 通过练习的设置，从解决简单实际问题的过程中，让学生体会函数模型与数学的应用，看图识图的关联. ② 通过对所给问题（例题 1、2）的自主探究和合作交流，使学生理解动与静，整体与局部的关联，体会函数知识的核心作用. ③ 结合具体的问题，领会特殊到一般，函数与方程之间的关联. 从课堂学生运用反馈的表现与对学案的分析综合看来，学生基本达成教学目标.
通过学案的反馈结果，有 23.07%的同学能够深刻体验到数与形的关联，灵活运用所学知识与方法多角度地寻找解决问题的方法；有 40.38%的同学较好地达成结果性目标和体验性目标，他们能够解决相关的函数图象问题，但是解题方法相对单一；有 34.6%的同学只能部分体验到本节课所要达成的关联，他们要么能体验到了数与形的关联，要么能找到解决问题的办法；还有 1.92%的同学未写出解答题的解题过程，无法对所给答案做出合理解释，未能明显地达成体验性目标</td></tr>
<tr><td>素养目标达成
典型实例</td><td colspan="3">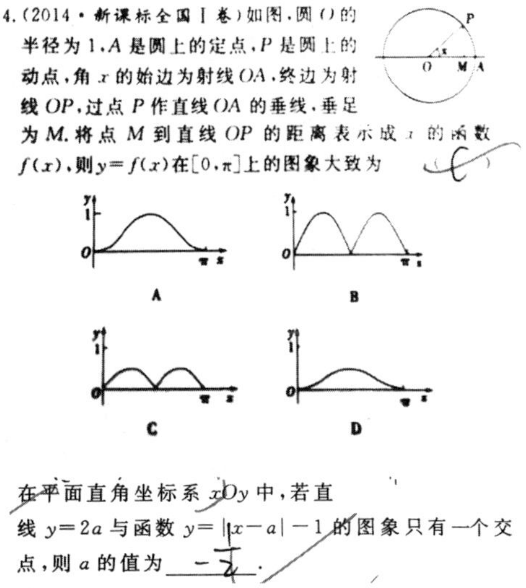
4.（2014·新课标全国Ⅰ卷）如图，圆 O 的半径为 1，A 是圆上的定点，P 是圆上的动点，角 x 的始边为射线 OA，终边为射线 OP，过点 P 作直线 OA 的垂线，垂足为 M. 将点 M 到直线 OP 的距离表示成 x 的函数 $f(x)$，则 $y=f(x)$ 在 $[0,\pi]$ 上的图象大致为 （C）
在平面直角坐标系 xOy 中，若直线 $y=2a$ 与函数 $y=|x-a|-1$ 的图象只有一个交点，则 a 的值为 $-\frac{1}{2}$.
上面这位同学能够正确完成三道题，写出解答过程，且能给出不同解法，解法中涉及本节课所学的解题策略——分类讨论，数形结合的方法，深刻体验到数与形的关联和函数与方程关系的关联</td></tr>
<tr><td>检测反馈</td><td colspan="3">基于搜集信息的检测分析情况，现准备做如下的反馈调整：
总的说来，大部分同学通过课堂上的合作探究相互交流，在达成结果性目标的基础上，较为深入地体会到了空间中数与形的关联和函数与方程关系的关联，他们能够很快寻求到这一类问题的解法，但在方法上还有待进一步补充完善. 教师应指导学生将所学知识融会贯通，从不同角度转化条件解决问题，丰富解题方法. 另外针对关联体验不足的少部分同学，需要教师课下与学生交流，找出原因，帮助学生感受到本节课的关联体验，争取让每一位同学都有所收获</td></tr>
</table>

“三角函数概念和性质”单元教学

"三角函数概念和性质"单元大概念的核心·问题教学单元规划纲要

学科 数学 教师 兰正会 刘光宇 杨晓波

<table>
<tr><td>年级</td><td>高一</td><td>单元名称</td><td>三角函数概念和性质</td><td>单元课时</td><td>7 课时</td></tr>
<tr><td>单元内容</td><td>教材内容</td><td colspan="4">三角函数概念的建构过程与前面各类基本初等函数概念的建构过程都不一样．幂函数、指数函数等是通过具体实例的共性归纳而抽象出来的，而三角函数概念是直接由单位圆上点的运动规律的描述得到的．建构三角函数的概念，是一个数学化的过程．用单位圆上点的坐标定义三角函数有许多优点，其中最主要的是使正弦函数、余弦函数从自变量（角的弧度数）到函数值（单位圆上点的横、纵坐标）之间的对应关系更清楚、简单，突出了三角函数的本质，有利于学生利用已有的函数概念来理解三角函数；其次是使三角函数反映的数形关系更直接，为后面讨论其他问题奠定基础．因此，可以把三角函数的概念与性质整合为一个自然单元．整个单元章节包含三角函数的概念、同角三角函数的基本关系、诱导公式、正弦，余弦、正切函数的图象及性质．
本章知识结构如下图所示：
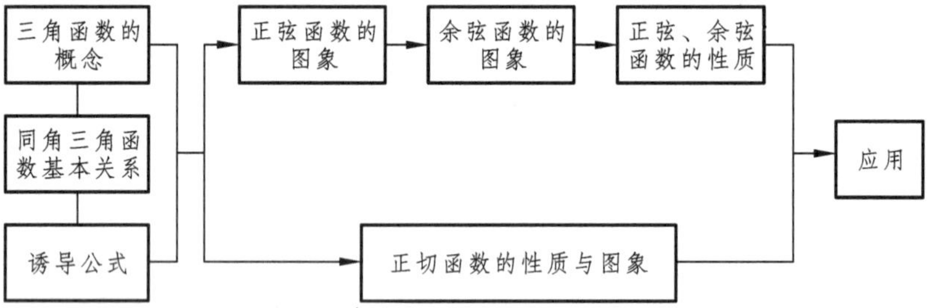

1. 从教材的编写来看
函数是高中数学的一条主线，第三章、第四章学习了函数的一般概念、函数性质的刻画方法，以及幂函数、指数函数和对数函数．现实世界中普遍存在着周而复始的现象，对这些现象中变量关系和规律的抽象，就形成本章的研究对象——三角函数，因此，通过学习本单元可以有力地促进学生数学抽象素养的发展．本单元学习的认知基础主要是几何中圆的性质、相似形的有关知识，以及前面建立的函数一般概念，幂函数、指数函数、对数函数的研究经验．单位圆是研究三角函数的重要工具，借助它的直观性，可以使学生更好地理解三角函数的概念和性质，从而发展学生的直观想象素养．三角恒等变换与学生熟悉的代数恒等变形有较大的不同，可用的公式多、变化灵活，可以有效促进学生的数学运算、逻辑推理等素养的发展，三角函数作为描述周期现象的重要数学模型，与其他学科（特别是物理、地理）有紧密联系，因此，本单元的学习对发展学生的数学建模素养很有作用</td></tr>
</table>

续表

单元内容	教材内容	2. 从内容的呈现来看 任意角的三角函数可以有不同的定义方法，而且各种定义都有自己的特点. 许多教师习惯于用角的终边上点的“坐标比”来定义，这种定义方法能够表现出从锐角三角函数到任意角三角函数的推广，有利于引导学生从已有认知基础出发学习三角函数，但它对准确把握三角函数的本质有不利影响.“从角的集合”到“坐标比的集合”的对应关系与学生熟悉的函数一般概念中的“数集到数集”的对应关系有冲突，而且“比值”需要通过运算才能得到，这与函数值是一个确定的实数也有所不同. 这些都会影响学生对三角函数概念的理解. 本章利用单位圆上点的坐标定义任意角的正弦函数、余弦函数. 第一，圆周运动是典型的周期性变化现象，而单位圆上点的圆周运动又不失一般性，这个过程可以理解为一个数学抽象过程；第二，这个定义清楚地表明了正弦函数、余弦函数中从自变量到函数值之间的对应关系，也表明了这两个函数之间的关系；第三，如果 α 是弧度数，即 $\angle xOP=\alpha$ rad，那么正弦函数、余弦函数就是关于任意实数 α 的函数，这时的自变量和函数值都是实数，这就与函数的一般概念完全一致. 事实上，在弧度制（这是一种用半径来度量角的方法）下，角度和长度的单位是统一的，正是这种单位的统一，使得我们可以这样来描述这两个函数的对应关系. 基于上述理由，利用单位圆定义三角函数可以更好地反映三角函数的本质，也正是三角函数的这种形式决定了它们在数学（特别是应用数学）中的重要性. 事实上，后续的内容，特别是在微积分中，最常用的是弧度制以及弧度制下的三角函数. 另外，这样的定义使得三角函数所反映的数与形的关系更加直接，数形结合更加紧密，这就为后续内容的学习带来了方便，也使三角函数更加好用了. 例如，从定义可以方便地推导同角三角函数的关系式、诱导公式、和（差）角公式，而且为公式的记忆提供了图形支持；单位圆为讨论三角函数的性质提供了很好的直观载体，我们可以借助单位圆，直接从定义出发讨论三角函数的性质等
	课程标准	三角函数是一类最典型的周期函数. 通过本单元的学习，可以帮助学生在用锐角三角函数刻画直角三角形中边角关系的基础上，借助单位圆建立一般三角函数的概念，体会引入弧度制的必要性，用几何直观和代数运算的方法研究三角函数的周期性、奇偶性(对称性)、单调性和最大（小）值等性质，探索和研究三角函数之间的一些恒等关系；利用三角函数构建数学模型，解决实际问题. 1. 角与弧度 了解任意角的概念和弧度制，能进行弧度与角度的互化，体会引入弧度制的必要性. 2. 三角函数概念和性质 （1）借助单位圆理解三角函数（正弦、余弦、正切）的定义，能画出这些三角函数的图象，了解三角函数的周期性、单调性、奇偶性、最大（小）值. 借助单位圆的对称性，利用定义推导出诱导公式（$\alpha\pm\frac{\pi}{2}$，$\alpha\pm\pi$ 的正弦、余弦、正切）. （2）借助图象理解正弦函数、余弦函数在 $[0,2\pi]$ 上，正切函数在 $\left(-\frac{\pi}{2},\frac{\pi}{2}\right)$ 上的性质. （3）结合具体实例，了解 $y=A\sin(\omega x+\phi)$ 的实际意义；能借助图象理解参数 ω，ϕ，A 的意义，了解参数的变化对函数图象的影响. 3. 同角三角函数的基本关系式 理解同角三角函数的基本关系式：$\sin^2x+\cos^2x=1$，$\frac{\sin x}{\cos x}=\tan x$

续表

<table>
<tr><td rowspan="6">基础条件</td><td rowspan="5">资源基础</td><td>资源名称</td><td>功能</td></tr>
<tr><td>黑板</td><td>板书核心问题；板书学生解决问题时交流、分析、建构要点；板书反思提升要点等</td></tr>
<tr><td>教材、学案</td><td>提供核心问题教学各环节中自主探究与生成的环节与思维空间</td></tr>
<tr><td>网络画板、GeoGebra 作图</td><td>方便作正弦、余弦、正切函数的图象，便于学生直观观察三角函数图象的变化规律，学会借助图象研究函数的性质</td></tr>
<tr><td>PPT</td><td>出示核心问题；提供全班交流时所需部分结果；出示评价反馈练习等内容</td></tr>
<tr><td>学生基础</td><td colspan="2">学生已经学习了“幂函数、指数函数、对数函数”拥有对函数研究的经验，初中已经学习过锐角三角函数，对锐角三角函数的定义也有一定的了解，但是用单位圆上点的坐标表示任意角的三角函数，与学生的已有经验有较大的差别. 前面学习的函数，其解析式都有明确的运算含义，三角函数对应关系则与众不同，主要表现在不以“代数运算”为媒介，以前遇到的 $y=kx+b$，$y=ax^2+bx+c$，$y=a^x$，$y=\log_a x$ 等，都有“运算”的背景，而三角函数是“α 与 x，y 直接对应”，无须计算，虽然 α，x，y 都是实数，但实际上是“几何元素之间的对应”. 所以，三角函数中的对应关系，与学生的已有经验差别较大，由此产生第一个学习难点：理解三角函数的对应关系，包括影响单位圆上点的坐标变化的因素分析，以及三角函数的定义方式的理解.
所以在“对应关系”的认识上学生有困难，必须采取措施破除定势，帮助学生搞清三角函数的“三要素”，特别是要先明确“给定一个角，如何得到对应的函数值”的操作过程，然后再给定义，这是在一般函数概念引导下的“下位学习”，不仅使三角函数定义的引入水到渠成，而且由三角函数对应关系的独特性，可以使学生再一次认识函数的本质. 另外，这样的定义使得三角函数所反映的数与形的关系更加直接，数形结合更加紧密，这就为后续内容的学习带来方便，也使三角函数更加好用. 例如，从定义可以方便地推导同角三角函数的关系式、诱导公式、和（差）角公式，而且为公式的记忆提供了图形支持；单位圆为讨论三角函数的性质提供了很好的直观载体，我们可以借助单位圆直接从定义出发讨论三角函数的性质等</td></tr>
<tr><td>单元大概念及下层结构</td><td colspan="3">单元名称：三角函数.
单元核心大概念：在普遍联系观、对立统一观的引导下，利用研究函数的思维模式从“直观到抽象、整体到局部”突破到“抽象到直观、局部到整体”，研究过程也从“先图象后性质”突破到“先性质后图象”的基本研究思路和方法用于研究三角函数.
概念结论类：三角函数的图象、性质与运用.
大概念特征化表达：借助单位圆研究了正弦函数、余弦函数的图象与性质，先推导函数性质，再作图，又由图形发现新性质，再理性反思的处理方式. 这样既能在性质的指导下，可以更加有效地作图，数形结合相得益彰，又能给学生提供更多研究数学问题的视角. 通过函数模型解决简单的实际问题，体会函数在解决实际问题中的作用.
思想方法类：转化与化归（特殊到一般、类比迁移、数形结合）.
大概念特征化表达：借助单位圆研究正弦函数的性质，利用数 $\to$ 形，形 $\to$ 数的转化思想，研究正弦函数的性质，类比迁移到余弦函数和正切函数.
价值观念类：普遍联系观、对立统一观（变化中的不变性/规律性）</td></tr>
</table>

续表

<table>
<tr><td rowspan="9">单元大概念及下层结构</td><td colspan="7">大概念特征化表达：正弦函数、余弦函数和正切函数图象及性质之间的关联，它们的研究与函数研究的一般方法和路径的关联；函数性质的特殊性又体现了变化中的规律性和不变性</td></tr>
<tr><td rowspan="2">课时名称</td><td rowspan="2">课时</td><td colspan="2">课时大概念</td><td colspan="3">课时概念梳理</td></tr>
<tr><td>简约化表达</td><td>特征化表达</td><td>概念结论（小概念）</td><td>思想方法</td><td>价值观念</td></tr>
<tr><td>三角函数的概念</td><td>1</td><td>三角函数的概念</td><td>通过刻画单位圆上动点的位置，抽象出三角函数的概念</td><td>三角函数的概念、定义域</td><td>数形结合、抽象概括、逻辑推理、数学运算</td><td>图象和性质间的关联</td></tr>
<tr><td>同角三角函数的基本关系</td><td>1</td><td>同角三角函数的基本关系</td><td>利用三角函数定义探究同角三角函数的关系</td><td>同角三角函数关系</td><td>逻辑推理、数学运算</td><td>几何特征与数学运算间的关联</td></tr>
<tr><td>诱导公式</td><td>2</td><td>诱导公式</td><td>借助单位圆中的对称关系，探究终边对称关系</td><td>诱导公式</td><td>逻辑推理、抽象概括、类比、特殊到一般、数形结合</td><td>几何特征与数学运算间的关联</td></tr>
<tr><td>正弦、余弦函数图象</td><td>1</td><td>正弦、余弦函数图象</td><td>通过单位圆中三角函数的定义绘制正弦函数的图象，类比探究余弦函数的图象</td><td>正弦、余弦函数的图象</td><td>数形结合、逻辑推理、数学运算</td><td>正弦函数和余弦函数的关联</td></tr>
<tr><td>周期性、奇偶性、单调性</td><td>1</td><td>正弦、余弦函数的周期性、奇偶性和单调性</td><td>绘制正弦、余弦函数的图象，利用代数运算和图象探究正弦、余弦函数的性质</td><td>正弦、余弦函数的周期性、奇偶性和单调性.</td><td>数形结合、抽象概括、逻辑推理、数学运算</td><td>图象和性质间的关联</td></tr>
<tr><td>正切函数的图象和性质</td><td>1</td><td>正切函数的图象和性质</td><td>绘制正切函数的图象、利用代数运算和图象研究正切函数的性质</td><td>正切函数的图象、奇偶性、周期性、对称性</td><td>逻辑推理、数形结合、数学运算</td><td>正切函数图象与正余弦函数的关联</td></tr>
<tr><td>单元教学目标</td><td colspan="7">体验用函数描述周期运动现象；借助单位圆上点的旋转过程，分析其中量与量的对应关系来抽象三角函数的概念；能根据定义求给定角的三角函数值；结合实际情境，借助单位圆的几何特征索三角函数的有关性质；重点提升数学抽象、数学建模、数学运算、直观想象和逻辑推理素养</td></tr>
<tr><td>单元核心问题及问题分解</td><td colspan="7">核心问题：借助单位圆，抽象三角函数的定义，运用数形结合从图象特征和代数运算的角度探究正弦、余弦、正切函数的基本性质，归纳研究三角函数的基本方法.
本单元注重通过几何直观和代数运算的方法研究函数. 三角函数概念的建构过程与前面各类基本初等函数概念的建构过程都不一样. 幂函数、指数函数等是通过具体实例的共性归纳而抽象出来的，而三角函数概念是直接由单位圆上点的运动规律的描述得到的. 建构三角函数的概念，是一个数学化的过程. 教科书先利用已有的函数研究经验，在直角坐标系中对问题进行了重新叙述，即把问题归结为点 P 的坐标与旋转角 α 之间对应关系的探索. 然后通过“探究”，引导学生从特殊到一般，对单位圆上点的坐标与相应的角之间的对应关系展开研究，得出“点 P 的横坐标 x、纵坐标 y 都是角 α 的函数”的结论；接着再给出三角函数的定义，这是一个在一般函数概念指导下的探究活动，其思路是先确认“这样的对应关系是函数”然后给出形式化定义.</td></tr>
</table>

续表

<table>
<tr><td>单元核心问题及问题分解</td><td colspan="7">根据正弦函数的定义，借助单位圆画出正弦曲线；再利用正弦函数与余弦函数的内在联系，通过图象的平移变换画出余弦曲线；最后借助几何直观和代数运算研究正弦函数和余弦函数的性质.
研究正切函数过程中要体会另一种思维模式，先研究函数的一些局部的抽象的性质，再通过性质画出函数的整体的直观的图象. 使学生的研究函数的思维模式从“直观到抽象、整体到局部”突破到“抽象到直观、局部到整体”，研究过程也从“先图象后性质”突破到“先性质后图象”，这也是今后研究一个不熟悉的函数时的常用方法</td></tr>
<tr><td rowspan="8">课时划分</td><td colspan="2">课时</td><td colspan="2">课时名称</td><td colspan="3">课时核心问题</td></tr>
<tr><td colspan="2">第 1 课时</td><td colspan="2">三角函数的概念</td><td colspan="3">通过刻画单位圆上动点的位置，抽象出三角函数的概念</td></tr>
<tr><td colspan="2">第 2 课时</td><td colspan="2">同角三角函数的基本关系</td><td colspan="3">利用三角函数定义探究同角三角函数的关系</td></tr>
<tr><td colspan="2">第 3～4 课时</td><td colspan="2">诱导公式</td><td colspan="3">借助单位圆中的对称关系，探究终边对称关系</td></tr>
<tr><td colspan="2">第 5 课时</td><td colspan="2">正弦、余弦函数的图象</td><td colspan="3">通过单位圆中三角函数的定义绘制正弦函数的图象，类比探究余弦函数的图象</td></tr>
<tr><td colspan="2">第 6 课时</td><td colspan="2">周期性、奇偶性、单调性</td><td colspan="3">绘制正弦、余弦函数的图象，利用代数运算和图象探究正弦、余弦函数的性质</td></tr>
<tr><td colspan="2">第 7 课时</td><td colspan="2">正切函数的图象和性质</td><td colspan="3">绘制正切函数的图象、利用代数运算和图象研究正切函数的性质</td></tr>
<tr></tr>
<tr><td>教学评价</td><td colspan="7">一、对大概念的生成理解评价维度
（概念结论类）学生已经学习了“幂函数、指数函数、对数函数”拥有对函数研究的经验，并且借助单位圆研究了正弦函数、余弦函数的图象与性质，但是由于学生基础薄弱，所以要争取对已学过的内容循序渐进，比较自然地得到所要研究的新知识. 通过类比让学生进行模仿，引导画出图象，再数形结合，得出正切函数的性质.
（思想方法类）函数是描述客观事物变量关系和规律的重要数学语言和工具，在学习函数的过程中，要理解函数概念的抽象概括过程，在性质的研究中要数形结合和逻辑推理，在运用中要善于观察和发现. 这些思想方法体现在具体的活动中，这需要教师对学生适时引导，并通过鼓励不断督促学生完成探究活动，接近真理.
（价值观念）本单元有大量的实例，学生在背景丰富多样的情境中体会数学的管理和有用价值，并将这种观点传达学生，增强学生学习的兴趣和信心.
二、对素养目标达成的评价
1. 在利用单位圆探究三角函数概念的探究活动中评价学生的数学抽象能力.
2. 在正弦函数、余弦函数和正切函数的函数性质的自我探究活动中评价学生类比逻辑推理、数形结合、数学运算等能力</td></tr>
<tr><td rowspan="2">单元作业</td><td>作业类型</td><td>作业目标</td><td>作业内容</td><td>作业情境</td><td>概念结论</td><td>思想方法</td><td>价值观念</td></tr>
<tr><td>基础性作业</td><td>会计算三角函数值；会解决正余弦、正切函数的简单性质问题和简单的实际问题</td><td>三角函数值的计算；正余弦、正切函数图象的绘制</td><td>计算题数学情境；简单正余弦、正切概念情境；简单的生活生产建模情境</td><td>特殊角三角函数值；诱导公式；三角函数的念和简单性质</td><td>数学运算、抽象概括、逻辑推理、数形结合</td><td>联系观和有用价值观</td></tr>
</table>

续表

	作业类型	作业目标	作业内容	作业情境	概念结论	思想方法	价值观念
单元作业	综合性作业	对正弦型、余弦型、正切型函数性质的探究；解决生活情境问题	对正弦型、余弦型、正切型函数性质的探究；解决生活情境问题	三角型函数性质；在生活和数学情境中三角函数的综合考察	三角函数的性质	数形结合 逻辑推理	事物是普遍联系的
	实践性作业	三角函数发展史	三角型函数性质探究，撰写论文，论述研究三角型函数性质的过程及收获	三角型函数性质的探究	三角型函数的性质	逻辑推理	事物是普遍联系的
反馈调整	教学设计中应更加凸显核心问题教学在大概念生成及迁移过程中所发挥的独特作用．核心问题教学有利于构建大概念的探究和生成情境，通过核心任务活动实现概念的迁移运用．作业设计应更加注重思维导图等工具的应用．大概念不是孤立的概念，它往往是多组平行概念和系列上下位概念的杂糅，而思维导图可以深度呈现概念之间的关系并利用大概念解决问题						

“三角函数的诱导公式（一）”学教案

刘光宇

一、教学分析设计

【教材分析】☞

本节课教学内容选自《普通高中教科书 数学 必修第一册》(2019 人教版)，第五章第三节，一共分为 2 课时. 本节课设计为第一课时内容，主要是三角函数诱导公式二、三、四的推导及其简单应用，起到承上启下的作用. 承上，有任意角三角函数的定义、三角函数线、同角三角函数关系及诱导公式一等；启下，学生将学习利用诱导公式进行任意角三角函数的求值化简以及三角函数的图象与性质等内容. 教材将三角函数作为一种数学模型来定位，力图在单位圆中借助对称性来考察对应点的坐标关系，从而统整各组诱导公式. 三角函数的诱导公式是圆的对称性的“代数表示”，利用对称性，让学生自主发现终边分别关于原点或坐标轴对称的角的三角函数值之间的关系，使得“数”与“形”得到紧密结合，成为一个整体.

求三角函数值是三角函数中的重要问题之一. 诱导公式是求三角函数值的基本方法，其重要作用是把求任意角的三角函数值问题转化为求 $0°\sim90°$ 的三角函数值问题. 诱导公式的推导过程，使学生学会用联系的观点，把单位圆的性质与三角函数联系起来，体现了数学的数形结合及转化与化归的数学思想. 这对培养学生的创新意识、发展学生的思维能力，掌握数学的思想方法具有重大的意义，也体现了数学的学科素养.

【大概念】☞

简约化表达：三角函数的诱导公式（一）.

特征化表达：从具体事例中，发现 $\pi+\alpha,-\alpha,\pi-\alpha$ 与 α 的三角函数值之间的规律性的关系，在变化中的规律性的指导下，沿情境—规律—图象—结论—应用的路径，借助单位圆，通过数形结合探究 $\pi+\alpha,-\alpha,\pi-\alpha$ 与 α 的三角函数值之间的内在的关系，并用于解决相关问题. 体会变化中的不变性，加深对对立统一、普遍联系观的理解.

概念类别	简略化表达	特征化表达
概念结论类	三角函数的诱导公式（一）	通过具体实例，发现 $\pi+\alpha,-\alpha,\pi-\alpha$ 与 α 的三角函数值之间的规律性的关系，借助单位圆，探究并掌握诱导公式（一），并用于解决相关问题

续表

概念类别	简略化表达	特征化表达
思想方法类	从特殊到一般、数学抽象、数形结合、化归与转化	通过具体实例，发现$\pi+\alpha,-\alpha,\pi-\alpha$与$\alpha$的三角函数值之间的规律性的关系，并用数学语言抽象地表达；借助单位圆，证明发现的结论，体会诱导公式的作用是将较大的角转化为较小的角（$0°\sim 90°$）进行计算，从而达到简化计算的目的
价值观念类	普遍联系观、变化中的规律性和不变性	在提炼、证明结论的过程中，建立数与形的关联，体会角度发生变化时，函数名和符号的变化规律

【资源条件】☞

资源名称	功能
黑板	板书教学流程，尤其是学生解决问题、反思提升过程的要点以及学生演板.适时适当的板书利于学生建立知识结构，归纳学科思想方法
课件，电子白板	展示教学环节，展示学生活动成果，让学生感受更加直观

【学生分析】☞

1. 学生基础分析

（1）在初中，三角函数是静态的，主要讨论直角三角形的边角关系，通过边的比值反映角的大小. 而在高中阶段，从函数的角度来研究三角函数，强调的是变化规律. 因此，学生在高中学三角函数时会受到一定的影响.

（2）学生在初中就接触过圆的对称性等知识，对几何图形的对称等知识相当熟悉，这些缄默知识构成了学生的一个认知基础. 学生已经有了任意角三角函数的定义和单位圆的对称性的知识，本节课将二者融合起来后学生有能力在教师的引导下完成诱导公式的推导.

2. 学生心理分析

作为刚进高一的学生，很少经历探究活动. 本班学生数学基础不算很强，尤其是对数学知识和方法的产生的探究缺少经验. 因此在教学中要逐步培养学生的实践与探索的能力. 针对我班学生的实际情况，相信只要核心问题设计恰当、指向清晰，学生是能够在整个过程中充分体会到任意角与锐角三角函数值之间的关联关系.

【目标分析】☞

通过具体实例，发现$\pi+\alpha,-\alpha,\pi-\alpha$与$\alpha$的三角函数值之间的规律性的关系，能用数学语言抽象地表达这种规律性的关系（达成数学抽象水平 1）. 能借助单位圆，利用三角函数定义证明探索到的规律性的关系，并用于解决具体问题，在此过程中感受从特殊到一般、数学抽象、数形结合、化归与转化等数学思想，发展学生数形结合、数学抽象、逻辑推理和数学运算的数学核心素养（达成数形结合水平 2）. 体验发现问题，生成问题，解决问题的完整过程，体会事物普遍联系观以及变化中的规律性和不变性提升研究素养和解决问题的能力（达成学业质量水平 3）.

【核心问题】☞

核心问题：基于特殊角，借助单位圆，探究角$\pi+\alpha,-\alpha,\pi-\alpha$与$\alpha$的三角函数值之间的关系并说明理由.

【核心问题分析】☞

三角函数是一类十分重要的函数，它与本模块第三章“三角恒等变换”构成了高中“三角”知识的主体，是中学数学的重要内容之一，也是学习数学中重要的数学模型之一，是研究度量几何的基础，又是研究自然界周期变化规律最强有力的数学工具.

诱导公式的数学本质在于把任意角的三角函数化为锐角三角函数. 它的教学价值体现在以下几个方面：① 感受探索发现，通过几何对称这个研究工具，去探索发现任意角三角函数间的数量关系式，即三角函数的基本性质乃是圆的几何性质（主要是其对称性质）的代数解析表示；② 学会初步选用恰当的诱导公式将任意角的三角函数转化为锐角三角函数问题并求解；③ 领悟思想方法，在诱导公式的学习过程中领悟转化与化归、数形结合等思想方法；④ 积累数学经验，为学生认识任意角的三角函数既是一个起源于圆周运动的周期函数又是研究现实世界中周期变化现象的“最有表现力的函数”做好准备.

基于上述考虑，本节课运用核心问题教学模式推进教学活动. 准备从角间关系入手，抛出核心问题：借助单位圆，探究 $\pi+\alpha,-\alpha,\pi-\alpha$ 与 α 的同名三角函数值之间的关系并说明理由. 估计学生主要会有两种方法：一种是把角间关系转化成角的终边的对称关系，再到角的终边与单位圆交点的坐标关系，最后运用三角函数的定义给出三角函数值之间的关系. 即角间关系→对称关系→坐标关系→三角函数值间关系. 另一种是在最后用三角函数线的知识给出任意角和相应锐角的三角函数值之间的关系. 老师可以在最后给出指导和评价. 另外，由正余弦到正切时，可能有学生是利用同角三角函数的关系其实也是可以的. 或者学生如果充分理解了诱导公式的实质，可能由公式二、三、四中先得到的任意两组公式都可以推导出另一组. 这都是非常好的（估计会出现的新因素）应用. 激发学生用数学的眼光思考问题，相信对本节课教学目标的达成有很大的帮助.

本节课的重心在于诱导公式的推导，让学生经历由几何直观到探讨数量关系式的过程. 学生在整个探究过程中感受数形结合和化未知为已知的化归思想.

【评价预设】☞

1. 提出问题环节

在前面的学习中，已经将求任意角的三角函数问题转化到求 $[0,2\pi)$ 范围内的角的问题. 而我们最熟悉的还是锐角的各种三角函数值，所以本节课将讨论如何将 $[0,2\pi)$ 内的角转化成锐角三角函数. 进而提出核心问题. 数学问题情境真实自然，相信能激发学生的学习兴趣.

2. 解决问题环节

在解决核心问题的活动中，学生借助单位圆，探究角 $\pi+\alpha,-\alpha,\pi-\alpha$ 与锐角 α 的同名三角函数值之间的关系并说明理由. 老师搜集学生典型的解题方案，展示交流，学生间可以互相补充完善，之后老师再从知识、方法、思想的角度进行评价. 学生在整个探究过程中感受数形结合和化未知为已知的化归思想，并体验任意角与锐角的同名三角函数值之间的关联.

3. 反思提升环节

首先用学科化语言对学生的解决问题过程作出反思性评价，评价中用专业化的语言展示对关联体验的关注. 知识上：学会了三组诱导公式并强调对角α的任意性理解. 方法上：① 形成三角函数诱导公式的推导路线图：角间关系→对称关系→坐标关系→三角函数值间关系；② 用诱导公式将任意的三角函数转化为锐角三角函数的一般步骤：负化正、大化小、小化锐. 思想上：① 转化与化归；② 数形结合.

4. 评价反馈环节

主要着眼于学生能否准确借助诱导公式进行化简求值去检测体验性目标的达成情况，学生利用反思提升的知识与思想方法解决点检测题目，以促进和加强学生关联体验.

【作业设计】☞

二、教学实施设计

【教学环节】☞

环节	教学过程	学生活动	教师活动	设计意图
提出问题（4 min）	创设数学问题情境，提出核心问题：基于特殊角，借助单位圆，探究角 $\pi+\alpha,-\alpha,\pi-\alpha$ 与 α 的三角函数值之间的关系并说明理由	理解核心问题，明确学习任务，为积极参与探究活动做好准备	创设问题情境，提出核心问题	由已有知识导出新的问题，为学习新知识创设问题情境，以引起学生的学习需要和学习兴趣，激发学生的求知欲，激发学生思维的火花
解决问题（16 min）	学生活动： 1. 个人探究 借助单位圆，探究角 $\pi+\alpha,-\alpha,\pi-\alpha$ 与 α 的三角函数值之间的关系并说明理由. 2. 小组讨论 3. 成果展示	每位同学先独立解决核心问题，然后前后四人为一小组，相互交流讨论解决方案，形成一种合作探究意识. 并感受数学的美和发现规律（公式）的喜悦	巡视、指导，做必要的个体提示. 展示学生的探究成果并引导学生关注公式推导的路线图及蕴含的数学思想和方法	在解决核心问题的活动中，学生借助单位圆，探究角 $\pi+\alpha,-\alpha,\pi-\alpha$ 与 α 的同名三角函数值之间的关系并说明理由. 学生经历由几何直观到探讨数量关系式的过程，培养学生数学发现能力和概括能力
反思提升（10 min）	公式二　公式三　公式四 1. 诱导公式的推导路线图 角间关系→对称关系→坐标关系→三角函数值间关系. 2. 角 α 的任意性理解 3. 数学思想 （1）转化与化归. （2）数形结合	学生在活动体验的基础上反思公式的推导过程，数学思想和方法	与学生一起回顾整个探究过程，并就其中用到的知识、方法、数学思想做点评和总结	在归纳小结过程中，再现本节课的知识，梳理整个探究过程中体现的方法和数学思想，使之系统化、条理化，回归数学本质，加深对知识间内在联系的理解和认识

续表

环节	教学过程	学生活动	教师活动	设计意图
评价反馈（10 min）	例 1. 利用公式求下列三角函数值： (1) $\sin 150°$；　(2) $\cos 240°$； (3) $\sin\left(-\frac{16\pi}{3}\right)$；　(4) $\tan(-2040°)$. 例 2. 已知 $\cos\left(\frac{\pi}{6}-\alpha\right)=\frac{\sqrt{3}}{3}$， 则 $\cos\left(\frac{5\pi}{6}+\alpha\right)-\sin^2\left(\alpha-\frac{\pi}{6}\right)=$ 例 3. 化简 (1) $\frac{\cos(180°+\alpha)\sin(\alpha+360°)}{\sin(-\alpha-180°)\cos(-180°-\alpha)}$ (2) $\frac{\sqrt{1+2\sin 290°\cos 430°}}{\sin 250°+\cos 790°}$	运用师生交流合作的成果，完成相关练习	教师出示相关题型，学生自主完成．在巡视过程中适时给予提示和评价	初步熟悉诱导公式的使用，让学生感悟在解决问题的过程中，如何合理地使用这几组公式．此外，引导学生注意同一个三角函数的求值问题可以采用不同的诱导公式，启发学生这些公式的内在关系和联系，体会数学方法的多样性

【板书设计】☞

§5.3 三角函数的诱导公式 （第一课时） 一、核心问题： 二、解决问题 公式二 公式三 公式四	三、反思提升 公式二　公式三　公式四 1. 诱导公式的推导路线图： 角间关系→对称关系→坐标关系→三角函数值间关系 2. 角 α 的任意性理解 3. 数学思想（1）转化与化归 （2）数形结合	四、运用反馈 学生板书解答过程及师生共同订正 解决例 1、例 2 后小结： 用诱导公式将任意的三角函数转化为锐角三角函数的一般步骤： 负化正、大化小、小化锐

【作业设计】☞

作业序号	作业目标	作业情境		概念结论		思想方法		价值观念		整体评估	
		内容	水平	内容	水平	内容	水平	内容	水平	类型	水平
1	诱导公式的简单应用、三角函数符号	学习探索情境	简单	诱导公式	数学运算 1 逻辑推理 1	运算性质演绎	数学运算水平 1	事物是普遍联系的	数学运算水平 1	基础性作业	学业质量水平 1
2	诱导公式的简单应用	学习探索情境	简单	诱导公式	数学运算 1	运算性质演绎	数学运算水平 1	事物是普遍联系的	数学运算水平 1	基础性作业	学业质量水平 1
3	诱导公式的简单应用、三角函数定义	学习探索情境	简单	诱导公式	数学运算 1 逻辑推理 1	运算性质演绎	数学运算水平 1，逻辑推理 1	事物是普遍联系的	数学运算水平 1	基础性作业	学业质量水平 2

续表

作业序号	作业目标	作业情境		概念结论		思想方法		价值观念		整体评估	
		内容	水平	内容	水平	内容	水平	内容	水平	类型	水平
4	诱导公式的应用（配角）	学习探索情境	简单	诱导公式	数学运算 1 逻辑推理 1	运算性质演绎	数学运算水平 2，逻辑推理 2	事物是普遍联系的	数学运算水平 2，逻辑推理 2	基础性作业	学业质量水平 2
5	诱导公式的应用、基本关系（和差积）	学习探索情境	较复杂	诱导公式	数学运算 1 逻辑推理 1	运算性质演绎	数学运算水平 1，逻辑推理 2	事物是普遍联系的	数学建模 2、数学运算 2	综合性作业	学业质量水平 2
6	诱导公式的应用、基本关系（齐次式）	学习探索情境	较复杂	诱导公式	数学运算 2	运算性质演绎	数学运算水平 1，逻辑推理 2	事物是普遍联系的	数学运算水平 2	综合性作业	学业质量水平 2
课时作业总体评估	针对本堂课核心问题及教学目标，按照合格考和等级考的要求，设计了具有梯度的课时练习，题量适中，有选择题也有主观性试题，符合学生学习思维．作业目标明确可检测、易操作，利于得到客观反馈和检测素养目标，以便调整教学教法；根据新教材、新高考的特点，作业情境设置多样，从简单情境到复杂情境，从学术情境到生活情境，兼顾习题生动性与深度性										

（具体的作业内容略）

【教学流程】☞

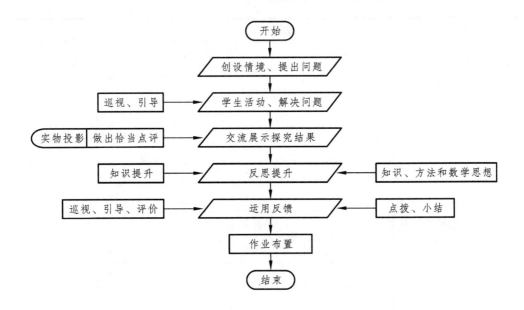

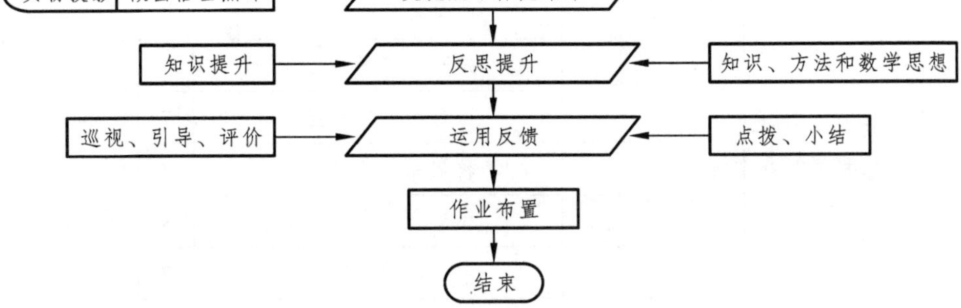

三、教学评价反馈

【评价实施】☞

大概念核心问题教学文化评价表

课时名称：<u>诱导公式（一）.</u>

所属单元：<u>三角函数.</u>

单元大概念：<u>在普遍联系观、对立统一观的引导下，利用研究函数的思维模式从“直观到抽象、整体到局部”突破到“抽象到直观、局部到整体”，研究过程也从“先图象后性质”突破到“先性质后图象”的基本研究思路和方法用于研究三角函数.</u>

单元核心问题：<u>借助生活实例，抽象概括幂函数、指数函数、对数函数的定义，运用数形结合从图象特征和代数运算的角度探究幂指对函数的基本性质，归纳研究一类函数的基本方法.</u>

课时大概念：

简约化表达：<u>三角函数的诱导公式（一）.</u>

特征化表达：<u>从具体事例中，发现$\pi+\alpha,-\alpha,\pi-\alpha$与$\alpha$的三角函数值之间的规律性的关系.在变化中的规律性的指导下，沿情境—规律—图象—结论—应用的路径，借助单位圆，通过数形结合探究$\pi+\alpha,-\alpha,\pi-\alpha$与$\alpha$的三角函数值之间的内在的关系，并用于解决相关问题. 体会变化中的不变性，加深对对立统一、普遍联系观的理解.</u>

<table>
<tr><th rowspan="2">评价目标</th><th colspan="3">评价指标</th><th colspan="2" rowspan="2">评价结果</th></tr>
<tr><th>一级指标</th><th>二级指标</th><th>三级指标</th></tr>
<tr><td rowspan="12">实现活动体验中的学习与发展</td><td rowspan="12">具有核心问题教学形态</td><td rowspan="3">核心问题
利于活动体验</td><td>内含学科问题和学生活动方式</td><td>8</td><td rowspan="12">每项指标最高评 8 分（满分为 96 分）

合计 <u>90</u> 分</td></tr>
<tr><td>问题情境与真实生活密切相关</td><td>7</td></tr>
<tr><td>能引发新知识、新方法的生成</td><td>8</td></tr>
<tr><td rowspan="3">教学目标
价值引导恰当</td><td>两类目标正确全面</td><td>7</td></tr>
<tr><td>关联体验目标恰当</td><td>7</td></tr>
<tr><td>目标价值引导显现</td><td>7</td></tr>
<tr><td rowspan="3">教学环节
完整合理落实</td><td>教学环节清晰完整</td><td>8</td></tr>
<tr><td>环节内容合理充实</td><td>8</td></tr>
<tr><td>学生活动时间充分</td><td>7</td></tr>
<tr><td rowspan="3">教学要素
相互匹配促进</td><td>问题目标环节两两匹配</td><td>8</td></tr>
<tr><td>技术促进活动形式内容</td><td>7</td></tr>
<tr><td>学科特点突出氛围浓郁</td><td>8</td></tr>
</table>

续表

评价目标	评价指标			评价结果
	一级指标	二级指标	三级指标	
实现活动体验中的学习与发展	具有核心问题教学实质	拓宽学习视野	课堂与现实世界有恰当关联	选择一个表现突出的二级指标，在相应三级指标引导下，以现场学生表现为依据，于本表的第二页写出 150 字以上的简要评价
			有基于缄默知识的问题解决	
			有缄默知识运用的追踪剖析	
		投入实践活动	有真实而且完整的实践活动	
			能够全身心地浸渍于活动中	
			活动的内容结果均丰富深入	
		感受意义关联	有核心问题的深层意义感受	
			有以知识为中心的关联感受	
			有以个人为中心的关联感受	
		自觉反思体验	有实质性反思活动的开展	
			有课堂新因素的追踪利用	
			有体验的交流与改善重构	
		乐于对话分享	乐于自我的表达与认真的倾听	
			乐于合作中成果与思路的分享	
			有宽容的对话氛围和多向交流	
		认同体验评价	认可体验评价	
			参与体验评价	
			利用体验评价	

核心问题教学实质的简要评价（包括发展性建议）

本节课凸显了核心问题教学中“投入实践活动”这个二级指标.

在本节课之前，学生已经知道角的概念从锐角推广到了任意角，学习了任意角三角函数的定义，接下来自然地会提出任意角的三角函数值怎么去求. 通过诱导公式已经可以把这个问题转化为 $0°\sim360°$ 范围内的角的求值问题. $0°\sim360°$ 范围内的非锐角求值比较麻烦，因此很自然地提出本节课的核心问题：借助单位圆，探究角 $\pi+\alpha,-\alpha,\pi-\alpha$ 与 α 的同名三角函数值之间的关系并说明理由. 所以核心问题真实自然，学生很快就能深度投入探究活动. 在课堂上，讲的内容很少，只在关键时候进行适当的引导和点拨，主要是把时间都留给学生.

在这节课上，精心设计了两次主要的学生实践活动. 活动的内容很丰富，而且是层层递进的，大部分学生都能全身心地投入到真实而且完整的两次实践活动中，并有很大的收获.

活动（一）中，对于核心问题的探究，当时就有学生对于单位圆与角的终边的对称性的理解不是很透彻，不知道如何切入进行探究. 课堂上，通过小组讨论交流，同学展示回顾，很快就清楚了. 而在活动（二）中，是在运用反馈的环节，由于第一次使用诱导公式解题，有部分学生在一开始明显没有很好地体会到本节课的核心思想，导致解题时要么出错，要么方法不够简洁. 但是这些学生实实在在的实践活动一定是有益的，最后在同学的帮助下，共同解决问题，一定会理解得更深刻. 学生在有效的实践活动中，体会学习的乐趣，并能够自我成长.

但是本节课也存在着一些问题，比如学生在展示自己的探究成果时，由于急着板书，对学生的成果评价不是很到位，如果能在学生的探究结果上圈点做详细点评可能会更好些

【信息收集】☞

课后听取、收集了听课教师的反馈意见，并搜集了全班 59 名同学的运用反馈练习. 对收集到的学生评价反馈练习，基于素养目标达成情况进行了批阅和分类，按照等级标准标注了等级.

【反馈调整】☞

在探究活动中，学生普遍表现出不太擅长独立探究实际问题，即习惯地解决老师或教材上提出的问题，对于发现、提出问题感到吃力. 这对刚刚进入高中的同学来讲确实有一定难度，但就这一点对学生来说非常重要，因此应该在前面的课程教学中就要落实教材精神，落实好教材中的情境问题，不能总认为学生对实际问题感到困难，等过段时间他们适应后再培养.

大概念核心问题教学素养目标点检测表

课题名称	1.3 三角函数的诱导公式 （第一课时）
所属单元	三角函数
单元大概念	单元核心大概念：在普遍联系观、对立统一观的引导下，利用研究函数的思维模式从“直观到抽象、整体到局部”突破到“抽象到直观、局部到整体”，研究过程也从“先图象后性质”突破到“先性质后图象”的基本研究思路和方法用于研究三角函数
单元核心问题	借助单位圆，抽象三角函数的定义，运用数形结合从图象特征和代数运算的角度探究正弦、余弦、正切函数的基本性质，归纳研究三角函数的基本方法
课时大概念	从具体事例中，发现 $\pi+\alpha,-\alpha,\pi-\alpha$ 与 α 的三角函数值之间的规律性的关系，在变化中的规律性的指导下，沿情境—规律—图象—结论—应用的路径，借助单位圆，通过数形结合探究 $\pi+\alpha,-\alpha,\pi-\alpha$ 与 α 的三角函数值之间的内在的关系，并用于解决相关问题. 体会变化中的不变性，加深对对立统一、普遍联系观的理解
课时核心问题	基于特殊角，借助单位圆，探究角 $\pi+\alpha,-\alpha,\pi-\alpha$ 与 α 的三角函数值之间的关系并说明理由
课时素养目标	通过具体实例，发现 $\pi+\alpha,-\alpha,\pi-\alpha$ 与 α 的三角函数值之间的规律性的关系，能用数学语言抽象地表达这种规律性的关系（达成数学抽象水平 1）. 能借助单位圆，利用三角函数定义证明探索到的规律性的关系，并用于解决具体问题，在此过程中感受从特殊到一般、数学抽象、数形结合、化归与转化等数学思想，发展学生数形结合、数学抽象、逻辑推理和数学运算的数学核心素养（达成数形结合水平 2）. 体验发现问题，生成问题，解决问题的完整过程，体会事物普遍联系观以及变化中的规律性和不变性提升研究素养和解决问题的能力（达成学业质量水平 3）
检测点	任意角与锐角 α 同名三角函数值之间的关联体验
检测工具（检测题）	利用公式求下列三角函数值：$\sin\left(-\frac{16\pi}{3}\right)$

续表

<table>
<tr><td rowspan="4">分类标准</td><td colspan="3">A. 对任意角与锐角 α 同名三角函数值之间关联的体验深入．能从负化正、大化小、小化锐三个方面着手研究，并得出正确结果</td></tr>
<tr><td colspan="3">B. 对任意角与锐角 α 同名三角函数值之间关联的体验较为深入．能从负化正、大化小、小化锐三个方面着手研究，但计算错误</td></tr>
<tr><td colspan="3">C. 对任意角与锐角 α 同名三角函数值之间关联的体验有所体验．能从负化正、大化小、小化锐三个方面的两个维度着手，不能得出正确结果</td></tr>
<tr><td colspan="3">D. 对任意角与锐角 α 同名三角函数值之间关联的体验不足．能从负化正、大化小、小化锐三个方面的一个维度研究，不能得出正确结果，或者利用定义计算</td></tr>
<tr><td rowspan="5">检测统计</td><td>分类等级</td><td>学生人数（总人数 59 人）</td><td>百分比</td></tr>
<tr><td>A</td><td>42</td><td>71.1%</td></tr>
<tr><td>B</td><td>8</td><td>13.6%</td></tr>
<tr><td>C</td><td>5</td><td>8.5%</td></tr>
<tr><td>D</td><td>4</td><td>6.8%</td></tr>
<tr><td>检测分析</td><td colspan="3">学生关联体验性目标的达成较好．全班有 42 人（占 71.2%）能完全准确地体会到任意角与锐角 α 同名三角函数值之间的关联，能从负化正、大化小、小化锐三个方面着手研究，并得出正确结果且解题过程表达规范．还有 17 名同学未能得出正确结果，其中有 8 名同学能从负化正、大化小、小化锐三个方面着手研究，但由于对诱导公式理解不深入和对锐角三角函数值不熟悉导致计算错误．课后我会再次强调，避免再错．另外的 4 名同学对本节课的体验性目标的关联体验严重不足，课后需要进一步指导和跟进</td></tr>
<tr><td>学生深度体验的典型实例</td><td colspan="3">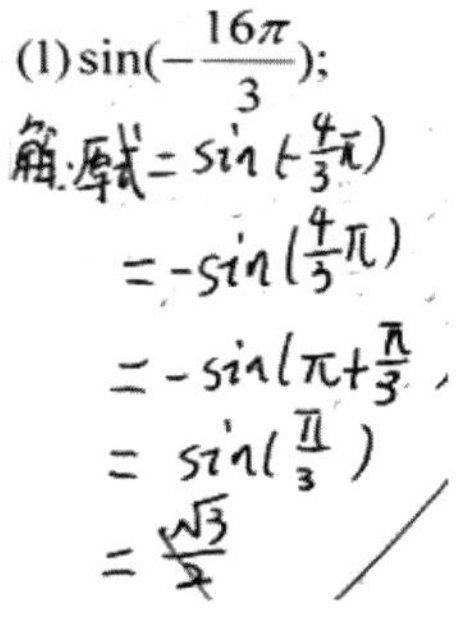 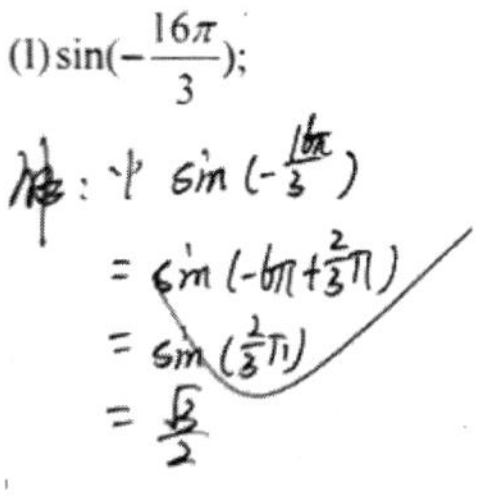
第一位同学的答案能从负化正、大化小、小化锐三个方面着手研究，并得出正确结果．答案简洁明了，关键步骤又都有呈现，在负化正的时候使用的是诱导公式（三）属于典型的正确的方法，学生对任意角与锐角 α 同名三角函数值之间关联的体验深入．
第二位同学的答案能从负化正、大化小、小化锐三个方面着手研究，并得出正确结果．关键步骤基本呈现，在负化正的时候使用的是诱导公式（一）学生对任意角与锐角 α 同名三角函数值之间关联的体验深入．
这两位同学给出了两种比较典型的做法，通过评讲引导学生注意同一个三角函数的求值问题可以采用不同的诱导公式，启发学生这些公式的内在关系和联系，体会数学方法的多样性</td></tr>
</table>

续表

检测反馈	基于搜集信息的检测分析情况，现准备做如下的反馈调整： 1. 在教学设计的过程中除了照顾到优生，对于基础相对较差的学生要给予更多的关注，课堂上如果他们的回答有不足之处，一定要耐心引导，帮助他们找到正确的思路. 如果有时间可以让不同层次的学生都有机会展示自己的成果，让各种知识和方法的应用性更强，并且从帮助他们解决问题的过程中，发现问题，在课后及时跟进辅导. 2. 课后，对本节课的检测题目及时做了评讲，并请学生总结了化任意角三角函数为锐角三角函数的一般步骤. 通过大家的思考和总结，学生们更加明确处理这类问题的一般方法，相信课后再辅助一些练习，可以取得比较好的效果. 3. 针对等级为 D 的 4 名同学，课后及时跟进，一一交流，了解了出错的原因，及时纠正

“正弦函数、余弦函数的图象”学教案

兰正会

一、教学分析设计

【教材课标】☞

1. 课程标准分析

《普通高中数学课程标准（2017 版 2020 年修订）》中指出：三角函数是一类典型的周期函数. 本单元的学习可以帮助学生在用锐角三角函数刻画直角三角形中边角关系的基础上，借助单位圆建立一般三角函数的概念，体会引入弧度制的必要性；用几何直观和代数运算的方法研究三角函数的周期性、奇偶性（对称性）、单调性和最大（小）值等性质. 三角函数的教学，应发挥单位圆的作用，引导学生结合实际情境，借助单位圆的直观，探索三角函数的有关性质.

本节课选自《普通高中教科书 数学 必修 第一册》（2019 人教 A 版）第五章“三角函数的概念与性质”第四小节. 正弦函数、余弦函数是一类基本初等函数，作为函数的下位知识，对于它们的研究基本遵从函数图象与性质的研究思路，可以类比指数函数、对数函数等展开研究：绘制函数图象—观察图象、发现性质—证明性质—应用函数.

故确定第 5.4 节三角函数的图象与性质知识结构：

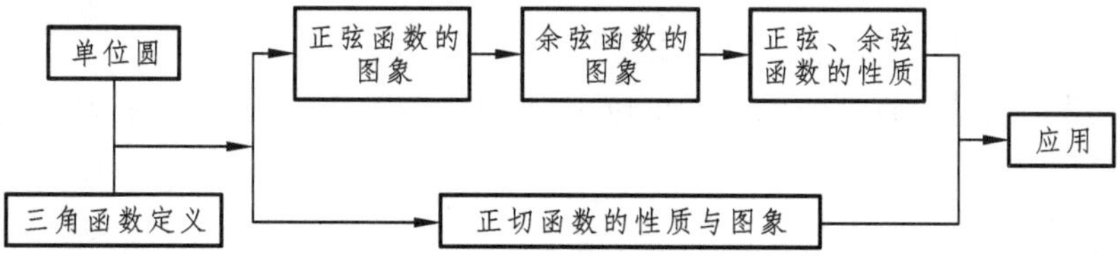

2. 教材内容分析

研究函数的思路一般有两种：一是根据定义画函数图象，再结合图象研究性质；二是根据定义推导性质，再由性质画图象. 在具体实践中，往往需要将两者有机地结合起来. 教材先从正弦函数入手，根据正弦的定义，借助单位圆画出正弦曲线；再利用正弦函数与余弦函数的内在联系，通过图象的平移变换画出余弦曲线；最后借助几何直观和代数运算研究正弦函数和余弦函数的性质. 故第 5.4.1 节建议用 3 课时教学，第 1 课时，画出正弦函数、余弦函数的图象；第 2 课时，研究正弦函数、余弦函数性质；第 3 课时，正弦函数、余弦函数图象与性质的应用. 本课是第一课时，引导学生类比过去的学习经验，提出从定义出发画正弦函数、余弦函数的图象，重点是对正弦函数图象的构造和认识过程.

【大概念】☞

简约化表达：正弦函数图象、余弦函数的图象.

特征化表达：借助单位圆中三角函数定义绘制出的正弦曲线与余弦曲线.

概念类别	简略化表达	特征化表达
概念结论类	正弦曲线、余弦曲线，五点法作图	正弦曲线、余弦曲线是借助单位圆中三角函数几何意义绘制出的正弦函数、余弦函数的图象，简略画法是五点法作图
思想方法类	数形结合、从特殊到一般	利用三角函数定义绘制函数图象，反之，借助函数图象研究函数性质，是“数”与“形”结合的重要体现. 通过取特殊点到取所有点，通过绘制 $[0,2\pi]$ 的图象，利用周期性拓展到实数集上的图象，体现了从特殊到一般的思想
价值观念类	普遍联系观	在探究正余弦曲线的过程中，建立三角函数与生活的关联，尤其是与物理简谐运动的关联；在探究三角函数图象与应用图象的活动过程中，建立数与形的关联

【资源条件】☞

资源名称	功能
黑板	板书教学流程，尤其是学生解决问题、反思提升过程的要点以及学生演板. 适时适当的板书有利于学生建立知识结构，归纳学科思想方法
PPT 课件	展示教学环节，展示学生活动成果，让学生感受更加直观
网络画板软件	动态演示绘制三角函数图象，便于学生直观观察绘制过程

【学生基础】☞

学生在生活中见过简谐运动展示的曲线，但与正余弦函数图象还未能产生关联；学生拥有丰富的绘制函数图象的经验，取值、列表、描点、画图，但学生对于弧度制的理解不够透彻，不能准确地将角与实数一一对应，对三角函数值的取值也仅限于少数特殊角如 $0,\frac{\pi}{6},\frac{\pi}{4},\frac{\pi}{3},\frac{\pi}{2},\pi$ 等的三角函数值，进而导致绘制正余弦函数任意一点 $(x_0,\sin x_0)$ 有困难，进而考虑从三角函数的几何意义绘制函数图象.

本课的教学难点是：将正弦函数在单位圆中的纵坐标“量”通过平移转化为正弦函数图象上的点.

【教学目标】☞

经历绘制正弦函数图象的过程，掌握绘制正弦函数图象的方法，感受图形直观与代数运算相结合的思想方法（达成直观想象素养水平 1）.

通过类比正弦函数图象的画法绘制余弦函数图象（达成直观想象素养水平 2），理解余弦曲线与正弦曲线的关系（达成逻辑推理水平 2）.

能用正弦函数图象与余弦函数图象解决不等式问题及零点问题，发展数形结合、逻辑推理的数学核心素养（达成直观想象水平 2，逻辑推理水平 2），提升研究素养和解决问题的能力.

【核心问题】☞

核心问题：借助单位圆，基于三角函数定义，探究正弦函数、余弦函数的图象.

图象是函数的直观表示，也是函数性质的集中体现，对于画正弦函数的图象，教科书突出了单位圆的作用，充分利用了三角函数周期性的特点．本课先从画图象上任意一点出发，明确作图的原理；再画出具有代表性的适当数量的点，初步感受图象的特点；最后利用信息技术画出足够多的点，得到对图象更直观的认识．这种方式使得学生更清楚知识的发生发展、归纳概括的过程．

【评价预设】☞

1．提出问题环节

复习回顾研究指数函数、对数函数的路径，引导学生思考如何研究三角函数，进而提出本节课的核心问题．从已有知识中建构新知，启迪思维．

2．解决问题环节

此环节设计如下：

（1）突出正弦函数的周期性的特点：根据周期性，可以将实数集 **R** 范围的作图问题归结为区间 $[0,2\pi]$ 内的作图问题．

（2）画出正弦函数图象上的任意一点．图象上任意一点的作法，蕴含了函数图象整体的构成原理．借助单位圆画出正弦函数图象上任意一点 $T(x_0,\sin x_0)$，$x_0\in[0,2\pi]$．

（3）选取 $[0,2\pi]$ 上 12 个特殊的值进行描点，通过选择具体的、足够多的点进行描点，是从感性认识的累积飞跃到理性认识不可缺少的步骤．这 12 个等分点的选取不仅操作简便，而且包含了函数中的零点和最值点以及一些常用的特殊角，有利于对图象特征的把握．获得以上具体经验后，学生可以初步想象图象的大致形状．

（4）借助信息技术描出任意多的点，并连续成线．利用信息技术（网络画板）的连续动画功能，可以得到更多的图象上的点，达到点动成线的直观效果，使学生进一步理解任意一点与整体图形之间的关系，理解图象形成的内在道理．

（5）从区间 $[0,2\pi]$ 到实数集 **R** 的延伸．

（6）五点（作图）法．引导学生观察图象中的关键点，进一步说明在掌握正弦曲线图形特征的基础上，只要一个周期中五个关键点确定好，图象就能基本确定．在精度要求不高的情况下，这样作图更方便、有效，实际上这也是在解决具体问题的过程中，借助图象直观分析问题、找到解题思路的有效方法．

在解决问题的过程中，教师提出核心问题、学生自主探究和小组讨论，班级展示，交流辨析等都应围绕学生发现知识、理解知识的能力进行评价．

3．反思提升环节

与学生一起回顾整个解决问题的探究过程，并就探究过程中用到的数学知识、数学思想方法做点评和总结．强调绘制函数图象的方法，提升研究素养和解决问题的能力．教师应围绕学生对体验到的三角函数图象进行强化印象．

4．评价反馈环节

检测学生把课堂中体验到的数学方法用来解决问题的能力，教师应围绕学生能否应用知识解决问题，能否落实本节课的核心素养教学目标进行评价．增强学生对新知的应用能力，让学生在分析、证明的过程中提升逻辑推理素养和数学运算素养．

二、教学实施设计

【教学环节】☞

<table>
<tr><th>教学环节（时间）</th><th>学生活动</th><th>教师活动</th><th>设计意图</th><th>技术融合</th></tr>
<tr><td>提出问题
（2 min）</td><td>回顾研究幂函数、指数函数、对数函数的图象与性质的路径，回顾正弦函数定义，提出问题：在直角坐标系中如何作出正弦函数 $y=\sin x$ 的图象？</td><td>提出本节课的核心问题：借助单位圆，基于三角函数定义，探究正弦函数、余弦函数的图象</td><td>类比幂指对函数的学习过程，研究本节课的正弦函数、余弦函数. 明确本节课的学习任务，为积极参与探究活动做好准备</td><td>PPT 展示核心问题，明确任务，引导学生深入思考</td></tr>
<tr><td>解决问题
（25 min）</td><td>探究 1：需要绘制正弦函数在整个定义域上的函数图象，选择哪个区间即可？
探究 2：对于正弦函数，在 $[0,2\pi]$ 上任取一个值 x_0，如何借助单位圆确定正弦函数值 $\sin x_0$，并画出点 $T(x_0,\sin x_0)$？
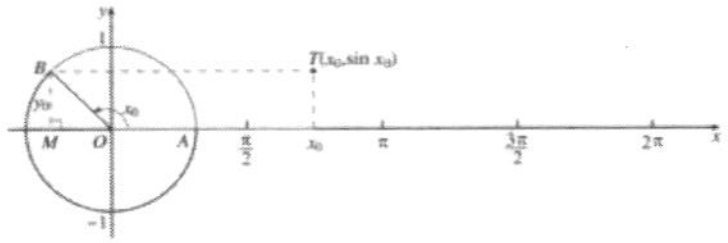
探究 3：如何绘制正弦函数图象？
探究 4：如何快速绘制正弦函数图象？
探究 5：如何绘制余弦函数图象？</td><td>教师提出问题，学生观察思考后回答问题. 根据学生回答，教师进行必要的补充
借助网络画板引导学生完成探究 2：
网络画板资源网址：
https://www. netpad. net. cn/resource_web/course/ #/951357
（也可扫码进入网址观看动态演示）
<table><tr><td>x</td><td>…</td><td>0</td><td>π/6</td><td>π/3</td><td>π/2</td><td>2π/3</td><td>5π/6</td><td>π</td><td>7π/6</td><td>4π/3</td><td>3π/2</td><td>5π/3</td><td>11π/6</td><td>2π</td><td>…</td></tr><tr><td>y=sin x</td><td>…</td><td>0</td><td>1/2</td><td>√3/2</td><td>1</td><td>√3/2</td><td>1/2</td><td>0</td><td>-1/2</td><td>-√3/2</td><td>-1</td><td>-√3/2</td><td>-1/2</td><td>0</td><td>…</td></tr></table>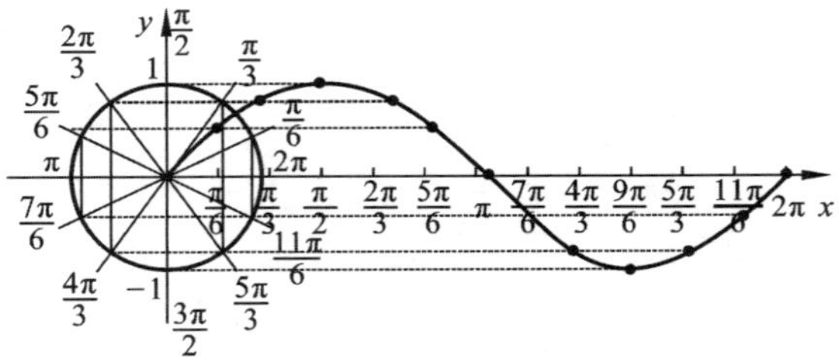</td><td>通过创设问题情境，激发学生的思维，并在新知探究的过程中，使学生自然形成研究问题的一般思路. 在探究绘制正弦函数图象的过程中，培养学生数形结合的思想方法，绘制余弦函数图象中渗透转化与化归思想，培养逻辑推理素养</td><td>黑板板书师生共同总结的内容和要点；
PPT 展示教学的主要环节和内容；
网络画板演示三角函数的图象绘制过程，使得图象更加直观，便于学生理解</td></tr>
</table>

续表

教学环节（时间）	学生活动	教师活动	设计意图	技术融合
解决问题（25 min）		借助网络画板引导学生完成探究 3： 网络画板资源网址： https://www. netpad. net. cn/resource_web/course/ #/ 951375 （也可扫码进入网址观看动态演示） 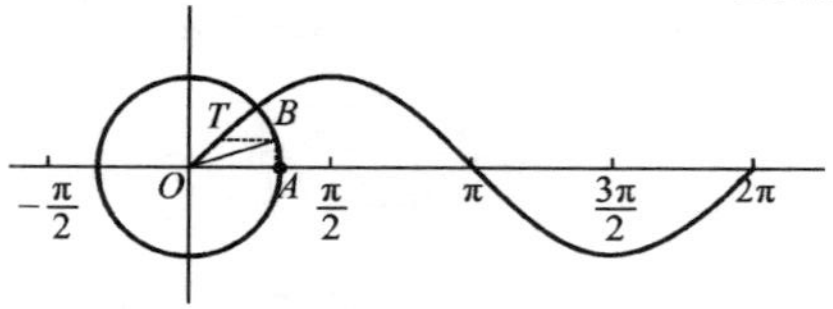 引导学生观察图象提取关键点，提炼出五点作图法； 引导学生用类比的方法，和图象变换的方法完成探究 5： 网络画板资源网址： https://www. netpad. net. cn/resource_web/course/ #/ 951385 （也可扫码进入网址观看动态演示） 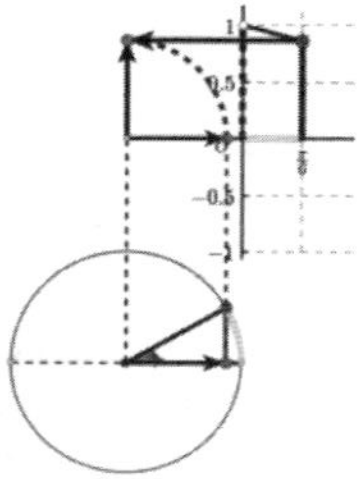 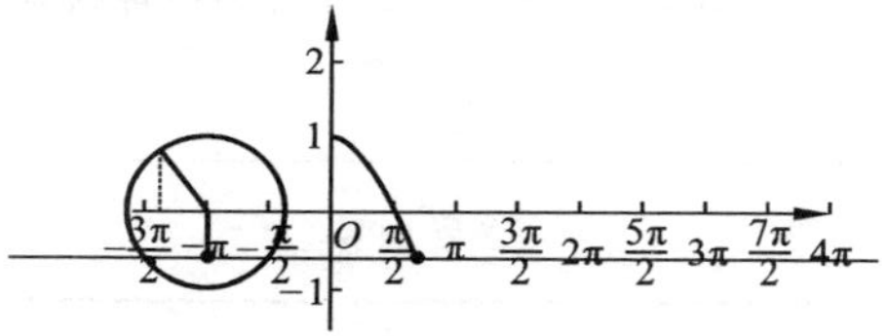 		

续表

教学环节（时间）	学生活动	教师活动	设计意图	技术融合
反思提升（3 min）	绘制三角函数图象的基本路径及方法： 代数描点作图—单位圆—几何意义作图	与学生一起回顾整个探究过程，并就探究过程中用到的数学知识、数学思想方法做点评和总结．强调单位圆的作用	师生共同总结，是让学生学习研究绘制三角函数图象的基本方法中最重要的一步，在学生自主探究的基础上再进行归纳总结和升华，有效地提升了学生的逻辑推理能力	黑板板书形成
评价反馈（10 min）	【课堂反馈】 1.（链接教材 P199 例 1）用“五点法”作出函数 $y=1-\frac{1}{3}\cos x$ 的简图. 2. 求函数 $f(x)=\lg(\sin x)+\sqrt{16-x^2}$ 的定义域. 【课后反馈】 用“五点法”作出函数 $y=1-2\sin x$，$x\in[-\pi,\pi]$的简图，并回答下列问题： （1）观察函数图象，写出满足 $y>1$ 的 x 的区间； （2）若直线 $y=a$ 与 $y=1-2\sin x$，$x\in[-\pi,\pi]$有两个交点，求 a 的取值范围	巡视，引导学生积极完成课堂反馈，同学之间交流展示，教师点评总结	实践用五点法作出三角型函数图象，并应用图象解决零点、不等式问题．此题可以增强学生对新知的应用能力，让学生在解题的过程中提升数形结合思想，提升逻辑推理素养和数学运算素养	PPT 出示反馈任务

【板书设计】☞

5.4.1 正弦函数、余弦函数图象 一、提出问题 核心问题：借助单位圆，基于三角函数定义，探究正弦函数、余弦函数的图象. 二、解决问题 代数描点作图—单位圆—几何意义作图	三、反思提升 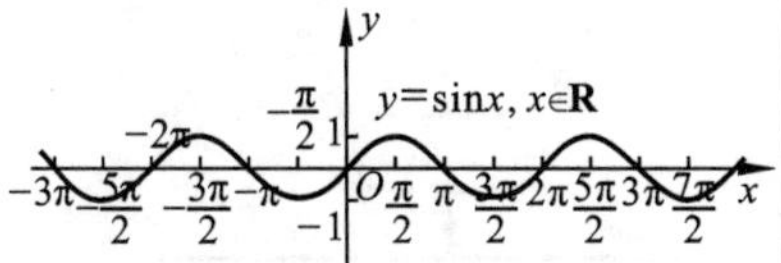 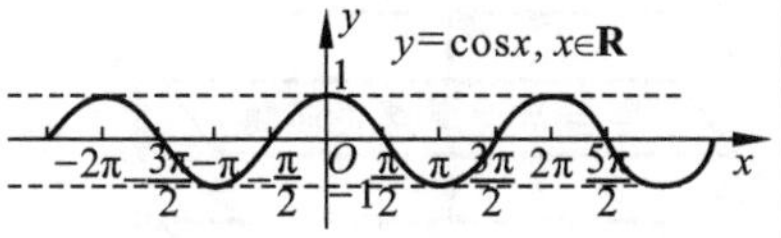 五点作图法，数形结合思想	四、评价反馈 学生板书解答过程及师生共同订正	副板书 （步骤）

【作业设计】☞

课时作业的结构化设计：

作业序号	作业目标	作业情境		概念结论		思想方法		价值观念		整体评估	
		内容	水平	内容	水平	内容	水平	内容	水平	类型	水平
1～4	掌握正弦函数、余弦函数的图象及其画法	知识再现情境，直接画出正余弦函数图象	简单	正弦曲线，余弦曲线	水平 1	五点法，数形结合思想	数学抽象水平 1；直观想象水平 1	事物是普遍联系的	逻辑推理水平 1	基础性作业	学业质量水平 1
5	能在实际情境中体会三角函数图象的应用	解三角函数不等式问题情境	相对复杂	三角函数不等式	数形结合水平 2；数学运算水平 1	数形结合	数学运算水平 1	事物是普遍联系的	数形结合水平 1；数学运算水平 1	综合性作业	学业质量水平 2
6	能将三角函数与其他函数综合应用	三角函数与对数函数图象的交点个数问题	相对复杂	对数函数的图象	数形结合水平 2	数形结合，转化与化归	逻辑推理水平 2；数形结合水平 2	变化中的规律性和不变性	数学抽象水平 1	综合性作业	学业质量水平 2
7	三角函数图象在生活中的实际呈现	实际生活情境，跨学科综合	相对复杂	正弦曲线	数学抽象水平 2	数学抽象	数学抽象水平 2	事物是普遍联系的	数学抽象水平 2	综合性作业	学业质量水平 2
课时作业总体评估	针对本堂课核心问题及教学目标，按照合格考和等级考的要求，设计了具有梯度的课时练习，题量适中，有选择题也有主观性试题，符合学生学习思维. 作业目标明确可检测、易操作，利于得到客观反馈和检测素养目标，以便调整教学教法；根据新教材，新高考的特点，作业情境设置多样，从简单情境到复杂情境，从学术情境到生活情境，兼顾习题生动性与深度性.										

（具体的作业内容略）

【教学流程】☞

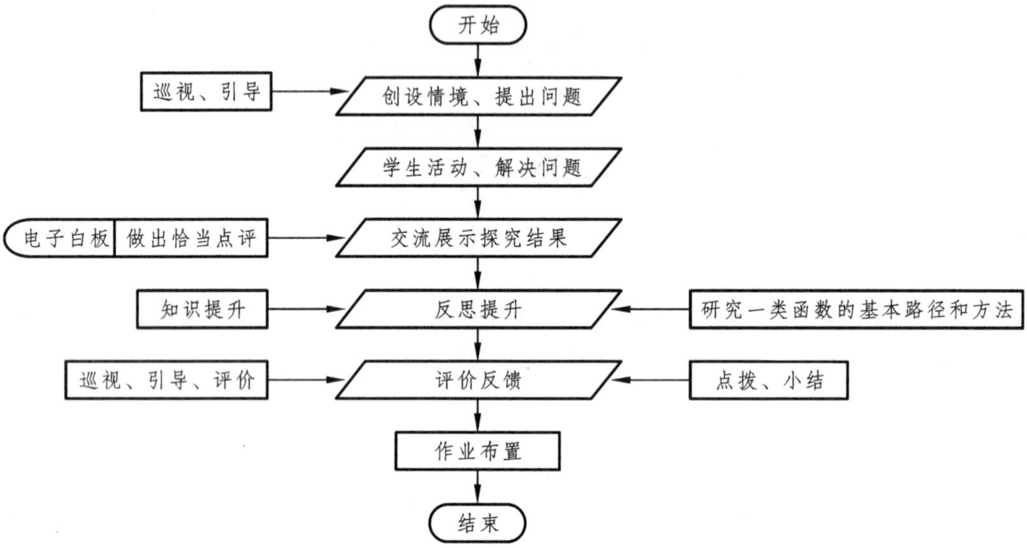

三、教学评价反馈

【评价实施】☞

大概念核心问题教学文化评价表

课时名称：5.4.1 正弦函数、余弦函数的图象.

所属单元：三角函数的图象与性质.

单元大概念：在普遍联系观、对立统一观的引导下，利用研究函数的思维模式从“直观到抽象、整体到局部”突破到“抽象到直观、局部到整体”，研究过程也从“先图象后性质”突破到“先性质后图象”的基本研究思路和方法用于研究三角函数.

单元核心问题：借助单位圆，抽象三角函数的定义，运用数形结合从图象特征和代数运算的角度探究正弦、余弦、正切函数的基本性质，归纳研究三角函数的基本方法.

课时核心大概念：

简约化表达：正弦函数、余弦函数的图象.

特征化表达：借助单位圆中三角函数定义绘制出的正弦曲线与余弦曲线.

课时核心问题：借助单位圆，基于三角函数定义，探究正弦函数、余弦函数的图象.

评价目标	评价指标				评价方法结果
	一级指标	二级指标	三级指标		
实现活动体验中的学习与素养发展	具有大概念核心问题教学形态	核心问题利于活动体验	内含学科问题和学生活动方式	8	每项指标最高评 8 分（满分为 96 分）
			问题情境与真实生活密切相关	7	
			能引发大概念、新知新法生成	8	
		教学目标价值引导恰当	两类目标正确全面	7	
			关联体验目标恰当	7	
			目标价值引导显现	7	
		教学环节完整合理落实	教学环节清晰完整	8	
			环节内容合理充实	8	
			学生活动时间充分	8	
		教学要素相互匹配促进	问题目标环节两两匹配	7	
			技术促进活动形式内容	8	
			素养导向突出氛围浓郁	7	合计 90 分
	具有大概念核心问题教学特质	拓宽学习视野	课堂与现实世界有恰当关联		选择一个表现突出的二级指标，在相应三级指标引导下，以现场学生表现为主要依据，以其余指标为背景，于本表的第二页写出 150 字以上的简要评价
			有基于缄默知识的问题解决		
			有缄默知识运用的追踪剖析		
			知识运用剖析导向素养发展		
		投入实践活动	有真实而且完整的实践活动		
			实践活动深度融入两类情境		
			能够全身心地浸渍于活动中		
			活动的内容结果均丰富深入		
		感受意义关联	有核心问题的深层意义感受		
			有以知识为中心的关联感受		
			有以个人为中心的关联感受		
			有对三类大概念的关联感受		
		自觉反思体验	有实质性反思活动的开展		
			有课堂新因素的追踪利用		
			有体验的交流与改善重构		
			有概念生成中的素养发展		
		乐于对话分享	乐于自我的表达与认真的倾听		
			乐于合作中成果与思路的分享		
			乐于成果交流中深层意义分享		
			有宽容的对话氛围和双向交流		
		认同素养评价	认可素养评价		
			参与素养评价		
			利用素养评价		

续表

大概念核心问题教学特质的简要评价（包括发展性建议）
本节课凸显了大概念核心问题教学中“感受意义关联”这个二级指标. 以知识为中心的关联感受，主要体现在单位圆这个工具的使用上. 第一，由圆的周期性将任意角的三角函数值化到$[0,2\pi]$的三角函数，缩小研究范围；第二，从三角函数概念出发，$\sin\alpha=y$，使得角的终边与单位圆交点的纵坐标即为对应角的正弦函数值；第三，单位圆上点沿着圆周运动时，角——自变量x_0，都有唯一的三角函数值$\sin x_0$与之对应，构造点坐标$(x_0,\sin x_0)$，进而描点法绘制图象. 不仅是绘制图象，单位圆这个核心工具，渗透在研究三角函数的定义、图象、性质、应用等方面. 在这些过程中，图形直观和代数运算的关联，即数形结合的思想始终贯穿其中

【信息收集】☞

课后收集全班 57 名同学的评价反馈练习，按照体验性目标的达成情况及正确率进行了批阅和分类.

大概念核心问题教学素养目标点检测表

课时名称	5.4.1 正弦函数、余弦函数的图象
所属单元	三角函数的图象与性质
单元大概念	在普遍联系观、对立统一观的引导下，利用研究函数的思维模式从“直观到抽象、整体到局部”突破到“抽象到直观、局部到整体”，研究过程也从“先图象后性质”突破到“先性质后图象”的基本研究思路和方法用于研究三角函数
单元核心问题	借助单位圆，抽象三角函数的定义，运用数形结合从图象特征和代数运算的角度探究正弦、余弦、正切函数的基本性质，归纳研究三角函数的基本方法
课时大概念	简约化表达：正弦函数、余弦函数的图象. 特征化表达：借助单位圆中三角函数定义绘制出的正弦曲线与余弦曲线
课时核心问题	借助单位圆，基于三角函数定义，探究正弦函数、余弦函数的图象
课时素养目标	经历绘制正弦函数图象的过程，掌握绘制正弦函数图象的方法，感受图形直观与代数运算相结合的思想方法（达成直观想象素养水平 1） 通过类比正弦函数图象的画法绘制余弦函数图象（达成直观想象素养水平 2），理解余弦曲线与正弦曲线的关系（达成逻辑推理水平 2）. 能用正弦函数图象与余弦函数图象解决不等式问题及零点问题，发展数形结合、逻辑推理的数学核心素养（达成直观想象水平 2，逻辑推理水平 2），提升研究素养和解决问题的能力
检测点	三角函数图形直观与代数运算之间的关联
检测工具（检测题）	用“五点法”作出函数$y=1-2\sin x$，$x\in[-\pi,\pi]$的简图，并回答下列问题： （1）观察函数图象，写出$x\in[-\pi,\pi]$满足$y>1$的x的区间. （2）若直线$y=a$与$y=1-2\sin x$，$x\in[-\pi,\pi]$有两个交点，求a的取值范围. （3）写出$x\in\mathbf{R}$时$y>0$的x的区间
分类标准	A. 正确列表并用“五点法”画出简图，能根据图象求解三角函数不等式，答案正确且书写规范逻辑清晰，对三角函数图形直观与代数运算之间的关联体验深入
	B. 会用“五点法”画出简图，但未清楚列表，能根据图象求解三角函数不等式，但会遗漏周期性，对三角函数图形直观与代数运算之间的关联体验较深入

<table>
<tr><td rowspan="2">分类标准</td><td colspan="3">C. 会用“五点法”画出简图，但未清楚列表，不能根据图象求解三角函数不等式，或者遗漏周期性或题目中具体区间范围. 对三角函数图形直观与代数运算之间的关联体验一般</td></tr>
<tr><td colspan="3">D. 会画出简图，但“五点法”不明确，不能根据图象求解三角函数不等式，不能准确找到特殊三角函数值对应的零点. 对三角函数图形直观与代数运算之间的关联体验不深入</td></tr>
<tr><td rowspan="5">检测统计</td><td>分类等级</td><td>学生人数（总人数 57 人）</td><td>百分比</td></tr>
<tr><td>A</td><td>20</td><td>35.1%</td></tr>
<tr><td>B</td><td>25</td><td>43.8%</td></tr>
<tr><td>C</td><td>8</td><td>14.0%</td></tr>
<tr><td>D</td><td>4</td><td>7.1%</td></tr>
<tr><td>检测分析
结果运用</td><td colspan="3">学生素养目标的达成情况较好. A、B 等级全班有 45 人，占总人数的 78.9%，基本上都能用“五点法”列表画出三角函数图象，也能正确写出三角函数不等式在给定区间上的不等关系. 但是列表不够规范，描点连线时有“凹凸性”不明显的情况，还需强调此细节. 在拓展到实数 R 时，学生容易遗漏周期性，个别学生未能第一时间完全掌握此类问题的处理方法. 课后及时与同学们交流解决问题的障碍和困难，进一步指导和跟进</td></tr>
<tr><td>素养目标达成
典型实例</td><td colspan="3">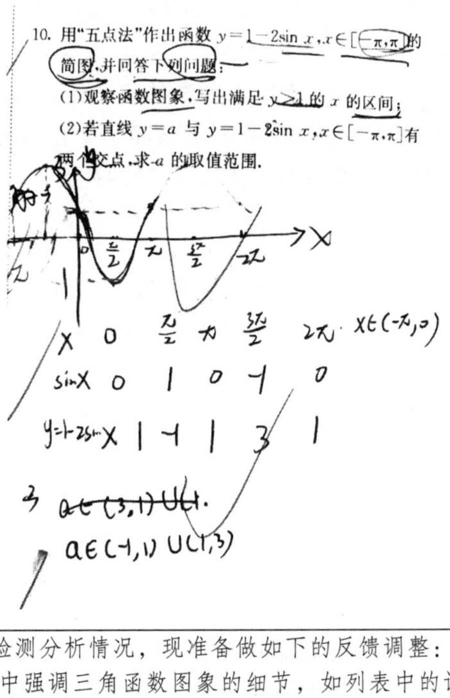</td></tr>
<tr><td>检测反馈</td><td colspan="3">基于搜集信息的检测分析情况，现准备做如下的反馈调整：
1. 在教学的过程中强调三角函数图象的细节，如列表中的计算、描点时对应的横坐标是弧度制导致的估算、连线时的凹凸性等进行详细阐述，减少学生的细节错误.
2. 对于特殊角的三角函数值学生还不够熟练，对于三角不等式的周期性还理解不到位，课后，需加强特殊角的三角函数值的默写，注意图象的周期性，数形结合进行求解三角不等式.
针对等级为 D 的 4 名同学，课后及时跟进，一一交流，了解了出错的原因，及时纠正</td></tr>
</table>

"正切函数的图象与性质"学教案

杨晓波

一、教学分析设计

【教材课标】☞

1. 课程标准分析

随着新课程新教材改革的推进，教师的教学方式和学生的学习方式都有了新的变化，从以往单纯关注知识点转向更加关注学科思想和思维方式，关注学生在知识习得过程中的体验，注重学生数学核心素养的提升和高级思维的培养. 数学核心素养是对高中数学内容和思想方法的高度凝练，其实质是培养学生数学抽象、逻辑推理、数学建模、直观想象、数学运算和数据分析能力. 在数学课堂中落实数学学科素养，不仅仅是高考选拔人才的需要，也是学生终身发展的需要，更是国家落实立德树人根本任务的需要. 大概念教学不仅可以帮助学生建构知识之间的联系、理解数学本质，还有利于培养学生在新的情境中将数学知识进行迁移运用的能力，在整个学习过程中有助于学生核心素养的提升.

2. 教材内容分析

本节课选自《普通高中教科书 数学 必修 第一册》（2019 人教 A 版）第五章"三角函数"，本节课是第四节第三课时. 本节课是研究了正弦、余弦函数的图象与性质后，又一具体的三角函数. 正切函数的性质和图象是对前面已学函数以及三角函数知识的深化运用.

教材紧扣课题，先探究正切函数的性质，再作图，这与前面对正弦函数、余弦函数的研究过程恰好相反. 本节课提出先推导函数性质，再作图，又由图形发现新性质，再理性反思的处理方式，这样既能在性质的指导下，可以更加有效地作图，数形结合相得益彰，又能给学生提供更多研究数学问题的视角.

【大概念】☞

简约化表达：正切函数的图象和性质.

特征化表达：在变化中的规律性指导下，探究正切函数的局部性质及图象，再通过数形结合探究正切函数的其他性质并用于解决相关问题.

概念类别	简略化表达	特征化表达
概念结论类	正切函数的图象和性质	先推导正切函数的定义域、奇偶性、周期性，再类比正弦函数作图绘制其在$\left(0,\frac{\pi}{2}\right)$的图象，并利用图象和代数运算探究正切函数其他性质

续表

概念类别	简略化表达	特征化表达
思想方法类	抽象到具体、数形结合、局部到整体	本节课提出先推导函数性质，再作图，又由图形发现新性质，再理性反思的处理方式，这样既能在性质的指导下，可以更加有效地作图，数形结合相得益彰，又能给学生提供更多研究数学问题的视角方面；数形结合探究它们的基本性质，体会函数图象是研究函数性质的一种重要工具，数形结合是研究函数的重要方法
价值观念类	普遍联系观 变化中的规律性和不变性	在探究正切函数图象和性质的活动中，建立数与形的关联，体会正切函数图象和性质变化的规律性

【资源条件】☞

资源名称	功能
黑板	板书教学流程，尤其是学生解决问题、反思提升过程的要点以及学生板演. 适时适当的板书利于学生建立知识结构，归纳学科思想方法
课件，电子白板	展示教学环节，展示学生活动成果，让学生感受更加直观
几何画板	便捷、迅速地绘制正切函数的图象，便于学生直观观察正切函数图象的变化规律，学会借助图象研究正切函数的性质

【学生基础】☞

学生已经学习了幂函数、指数函数、对数函数，拥有研究函数的经验，并且借助单位圆研究了正弦函数、余弦函数的图象与性质. 但是由于学生基础薄弱，所以要争取对已学过的内容逐渐拓展，比较自然地得到所要研究的新知识. 通过类比让学生进行模仿，引导画出图象，再数形结合，得出正切函数的性质.

前面主要研究了正余弦函数的图象和性质，研究方法是先画出函数的图象，观察图象得到函数的性质. 这节课研究正切函数过程中要体会另一种思维模式，先研究函数的一些局部的抽象的性质，再通过性质画出函数的整体的直观的图象.

使学生的研究函数的思维模式从“直观到抽象、整体到局部”突破到“抽象到直观、局部到整体”，研究过程也从“先图象后性质”突破到“先性质后图象”，这也是今后研究一个不熟悉的函数时的常用方法.

【教学目标】☞

参与正切函数局部性质的探究过程，能利用诱导公式分析正切函数的奇偶性和周期性，并能画出正切函数的图象，再利用图象和代数运算探究正切函数的其他性质（包括周期性、奇偶性、单调性、对称性）. 在对正切函数图象和性质的研究过程中，感受图形直观与代数运算相结合的思想方法，发展数形结合、数学抽象、逻辑推理和数学运算的数学核心素养（达成数形结合水平 2，逻辑推理水平 2，数学运算水平 2）；体会先根据已有知识研究性质，然后再根据性质研究图象的函数研究方法；由此懂得研究一类函数的内容（定义域、值域、单调性、奇偶性等）、基本路径（背景—概念—图象—性质—应用）和方法（联系与类比，数形结合等），提升研究素养和解决问题的能力（达成学业质量水平 3）.

【核心问题】☞

分析正切函数的奇偶性和周期性、绘制 $y=\tan x$，$x\in\left[0,\frac{\pi}{2}\right)$ 的图象，通过图象和代数运算探究正切函数的性质.

我们知道研究函数常见两种方式：第一种方式是先根据函数解析式作出整体的函数图象. 通过观察图象获得对函数性质的直观感性的认识，然后再把直观想象的内容用代数的语言加以抽象概括，进一步加以推理证明. 这种研究过程体现的思维模式是由“直观想象”到“抽象概括”，研究方法是由“整体”到“局部”；第二种方式是先用代数的语言抽象概括出函数的局部性质，再根据性质画出函数的整体图象，这种研究过程体现的思维模式是由“抽象概括”到“直观想象”，研究方法是由“局部”到“整体”.

前面主要研究了正余弦函数的图象和性质，我们的研究方法是先画出函数的图象，观察图象得到函数的性质. 这节课研究正切函数过程中要体会另一种思维模式，先研究函数的一些局部的抽象的性质，再通过性质画出函数的整体的直观的图象.

使学生的研究函数的思维模式从“直观到抽象、整体到局部”突破到“抽象到直观、局部到整体”，研究过程也从“先图象后性质”突破到“先性质后图象”，这也是今后研究一个不熟悉的函数时的常用方法.

【评价预设】☞

1. 提出问题环节

复习回顾正弦函数和余弦函数的图象、性质探究思路，引导学生对函数性质的研究经验进行概括性总结，进而提出本节课的核心问题. 从已有知识中建构新知，启迪思维.

2. 解决问题环节

此环节设计了一个学生活动：结合定义探究正切函数的奇偶性与周期性，绘制 $y=\tan x$，$x\in\left[0,\frac{\pi}{2}\right)$ 的图象，利用奇偶性和周期性画出正切曲线，再探究正切函数的其他性质，将发现的结论写在空白处. 在解决核心问题的活动中，由于一个角的正切值是这个角的终边与单位圆交点的坐标比值，难以直接利用正切值的几何意义对正切函数进行几何作图，对正切函数图象与正切定义之间的内在联系在理解上有一定的难度，为突破这一难点，教科书采用了第二种思路. 对于正切函数的性质和图象，教科书呈现了如下的研究过程：部分性质—局部图象—完成曲线—性质—应用的路径研究正切函数，在作图和由图象到性质的研究过程中，可能出现以下困难：图象作好后，少部分学生可能在分析图象时无从下手，有点茫然；还有部分同学可能在把从图形中直观观察到的特征用准确规范的数学语言表达出来时不够清晰. 教师可以引导学生从“共性”与“个性”两个角度进行观察分析同时提醒学生从函数图象和解析式两个角度认识函数的性质，从解析式中可以获得定义域、对称性等性质，这些性质也可以反过来帮助作图，使研究解析式和作函数图象相辅相成. 同时也培养学生用数学的眼光观察世界，用数学的语言表达世界的素养. 在解决问题的过程中，教师提出核心问题、学生自主探究和小组讨论，班级展示，交流辨析等都应围绕学生发现知识、理解知识的能力进行评价.

3. 反思提升环节

学生先根据活动成果完成正切函数性质的整理，教师再与学生一起回顾整个解决问题的探究过程，并就探究过程中用到的数学知识、数学思想方法做点评和总结. 强调研究一类函数的内容（定义域、值域、单调性、奇偶性等）、基本路径（背景—概念—图象—性质—应用）和方法（联系与类比，数形结合等），提升研究素养和解决问题的能力. 教师应围绕学生对体验到的研究一类函数的方法进行评价.

4. 评价反馈环节

检测学生把课堂中体验到的数学方法用来解决问题的能力，教师应围绕学生能否应用知识解决问题，能否落实本节课的核心素养教学目标进行评价. 增强学生对新知的应用能力，让学生在分析证明的过程中提升逻辑推理素养和数学运算素养.

二、教学实施设计

【教学环节】☞

教学环节（时间）	学生活动	教师活动	设计意图	技术融合
提出问题（3 min）	复习回顾正弦函数、余弦函数性质研究基本方法，明确本节课的学习任务，为积极参与探究活动做好准备	引导学生回顾正弦函数、余弦函数性质的研究方法，提出本节课的核心问题：分析正切函数的奇偶性和周期性、绘制 $y=\tan x$，$x\in\left[0,\frac{\pi}{2}\right)$，的图象，通过图象和代数运算探究正切函数的性质	通过回顾以往研究函数图象和性质的内容和方法，提出研究正切函数的图象和性质的研究内容和研究方法，为接下来的学习建立先行组织者	PPT展示核心问题，明确任务，引导学生深入思考
解决问题（20 min）	学生活动： 1. 个人探究 结合定义探究正切函数的奇偶性与周期性，绘制 $y=\tan x$，$x\in\left[0,\frac{\pi}{2}\right)$ 的图象，利用奇偶性和周期性画出正切曲线，再探究正切函数的其他性质，将发现的结论写在空白处 2. 小组讨论 3. 学生展示并讲解 学生自主动手作图，并从教师提出的核心问题出发，通过观察图象和解析式，结合以往学习函数的经验，分组讨论，研究正切函数的图象特征及其性质	引导学生分析正切函数奇偶性与周期性、并绘制正切函数在 $\left[0,\frac{\pi}{2}\right)$ 的图象，通过图象和代数运算探究函数的相应性质. 引导学生从“共性”与“个性”两个角度进行观察分析	研究一个函数的性质最直观的方式就是作出函数的图象，让学生自己动手先做可以让学生亲自动手实践，积极思考，自己总结，培养良好的学习习惯，同时加强作图识图的能力. 通过画图，归纳函数的特征，并数形结合地抽象出正切函数的性质	黑板板书师生共同总结的内容和要点. 电子白板展示学生的探究成果. PPT展示教学的主要环节和内容. 几何画板演示正切函数图象绘制过程，更加直观和准确，便于分析共性和个性

续表

教学环节（时间）	学生活动	教师活动	设计意图	技术融合
反思提升（7 min）	根据活动成果，整理、归纳正切函数的图象和性质；研究一类函数的路径与方法. 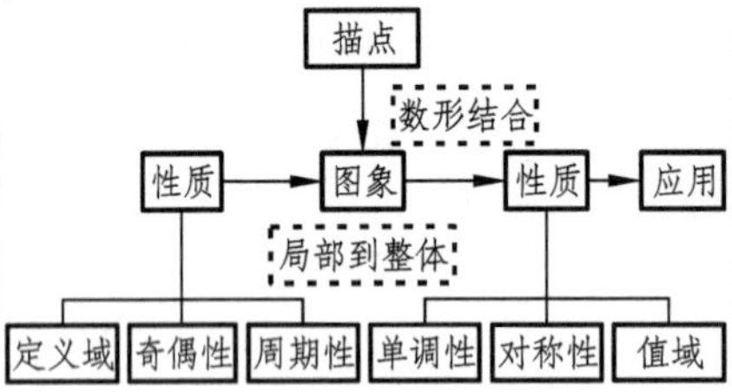	与学生一起回顾整个探究过程，并就探究过程中用到的数学知识、数学思想方法做点评和总结	师生共同总结正切函数的图象和性质，是让学生学习研究一个函数的基本方法中最重要的一步，在学生自主探究的基础上再进行归纳总结和升华，有效地提升了学生的逻辑推理能力	黑板板书形成
评价反馈（10 min）	【课堂反馈】 出生于美索不达米亚的天文学家阿尔·巴塔尼在公元920年左右给出了一个关于垂直高度为h的日晷及其投影长度s的公式：$s=\dfrac{h\sin(90°-\varphi)}{\sin\varphi}$，即等价于现在的$s=h\cot\varphi$，称$y=\cot x$为余切函数，则下列关于余切函数的说法中正确的有哪些，请说明理由. A. 函数$y=\cot x$的最小正周期为2π B. 函数$y=\cot x$关于$(\pi,0)$对称 C. 函数$y=\cot x$在区间$(0,\pi)$上单调递减 D. 函数$y=\tan x$的图象与函数$y=\cot x$的图象关于直线$x=\dfrac{\pi}{2}$对称	巡视，引导学生积极完成课堂反馈，同学之间交流展示，教师点评总结	会通过函数图象和代数运算两个视角研究函数的各种常见性质. 此题可以增强学生对新知的应用能力，让学生在分析、证明的过程中提升逻辑推理素养和数学运算素养	PPT 出示反馈任务

【板书设计】☞

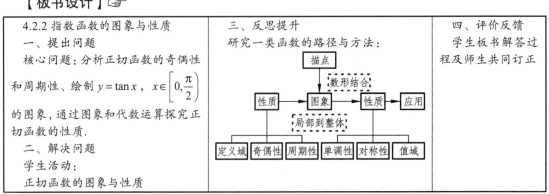

4.2.2 指数函数的图象与性质 一、提出问题 核心问题：分析正切函数的奇偶性和周期性、绘制$y=\tan x$，$x\in\left[0,\dfrac{\pi}{2}\right)$的图象，通过图象和代数运算探究正切函数的性质. 二、解决问题 学生活动： 正切函数的图象与性质	三、反思提升 研究一类函数的路径与方法： 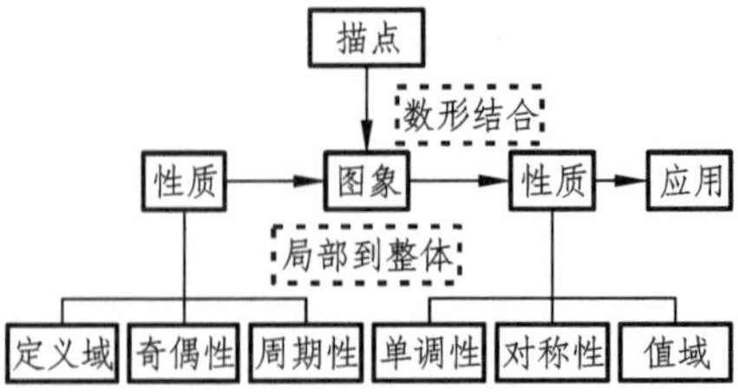	四、评价反馈 学生板书解答过程及师生共同订正

【作业设计】☞

课时作业的结构化设计

作业序号	作业目标	作业情境		概念结论		思想方法		价值观念		整体评估	
		内容	水平	内容	水平	内容	水平	内容	水平	类型	水平
1～3	掌握正切函数的常见性质的运用（包括正切函数单调性的应用）	对正切函数单调性的简单应用	学习探索情境	正切函数的性质	数学运算水平1；逻辑推理水平1	性质的应用	数学抽象水平1；数学运算水平1	事物是普遍联系的	数学运算水平1；逻辑推理水平1	基础性作业	学业质量水平1
5	能在实际情境中体会指数函数的广泛应用	会求正切函数的表达式，会在实际应用中用正切函数求解相关问题	生活实践情境	正切函数的实际应用	逻辑推理水平1；数学运算水平1	解决实际问题	数学运算水平1	数学来源于生活，事物是普遍联系的	逻辑推理水平1；数学运算水平1	综合性作业	学业质量水平2
4	根据本节课学到的研究一个函数的基本方法，从图象和代数运算的角度自主探究新函数的性质	探究新函数的性质	学习探索情境	探究新函数的性质	逻辑推理水平2；数学运算水平1	从一般到特殊；	逻辑推理水平2；数学运算水平1	变化中的规律性和不变性；事物是普遍联系的	逻辑推理水平2；数学运算水平1	综合性作业	学业质量水平2
6	根据本节课学到的研究一个函数的基本方法，从图象和代数运算的角度自主探究新函数的性质	探究新函数的性质	学习探索情境	探究新函数的性质	逻辑推理水平2；数学运算水平1	从一般到特殊；	逻辑推理水平2；数学运算水平1	变化中的规律性和不变性；事物是普遍联系的	逻辑推理水平2；数学运算水平1	综合性作业	学业质量水平2
课时作业整体评估	针对本堂课核心问题及教学目标，按照合格考和等级考的要求，设计了具有梯度的课时练习，题量适中，有填空题也有解答题，符合学生学习思维. 作业目标明确可检测、易操作、利于得到客观反馈和检测素养目标，以便调整教学教法；根据新教材，新高考的特点，作业情境设置多样. 从简单情境到复杂情境，从学术情境到生活情境，兼顾习题生动性与深度性										

（具体的作业内容略）

【教学流程】☞

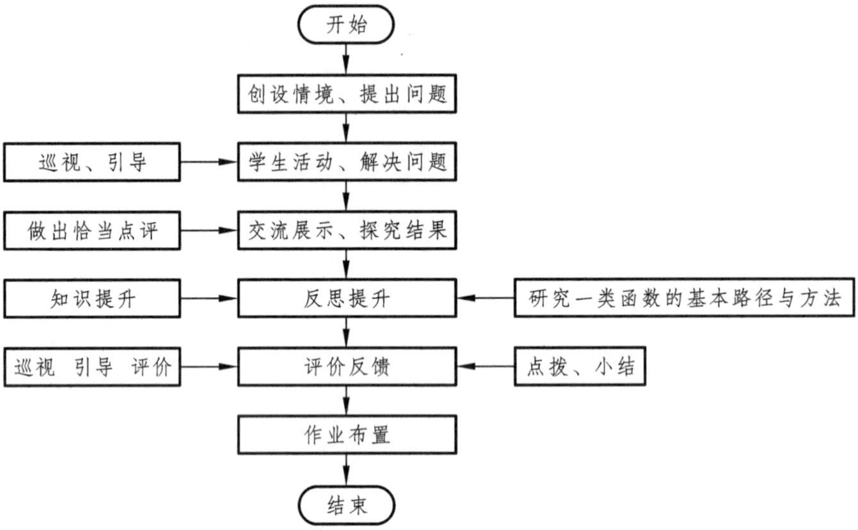

三、教学评价反馈

【评价实施】☞

大概念核心问题教学文化评价表

课时名称：正切函数的图象与性质.

所属单元：三角函数概念和性质.

单元大概念：在普遍联系观、对立统一观的引导下，利用研究函数的思维模式从“直观到抽象、整体到局部”突破到“抽象到直观、局部到整体”，研究过程也从“先图象后性质”突破到“先性质后图象”的基本研究思路和方法用于研究三角函数.

单元核心问题：借助单位元，抽象三角函数的定义，运用数形结合从图象特征和代数运算的角度探究正弦、余弦、正切函数的基本性质，归纳研究三角函数的基本方法.

课时核心大概念：

简约化表达：正切函数的图象和性质.

特征化表达：在变化中的规律性指导下，探究正切函数的局部性质及图象，再通过数形结合探究正切函数的其他性质并用于解决相关问题.

课时核心问题：分析正切函数的奇偶性和周期性、绘制 $y=\tan x$，$x\in\left[0,\frac{\pi}{2}\right)$的图象，通过图象和代数运算探究正切函数的性质.

评价目标	评价指标			评价方法结果	
	一级指标	二级指标	三级指标		
实现活动体验中的学习与素养发展	具有大概念核心问题教学形态	核心问题利于活动体验	内含学科问题和学生活动方式	8	每项指标最高评 8 分（满分为 96 分）
			问题情境与真实生活密切相关	7	
			能引发大概念、新知新法生成	8	
		教学目标价值引导恰当	两类目标正确全面	7	
			关联体验目标恰当	7	
			目标价值引导显现	7	
		教学环节完整合理落实	教学环节清晰完整	8	
			环节内容合理充实	8	
			学生活动时间充分	7	
		教学要素相互匹配促进	问题目标环节两两匹配	7	
			技术促进活动形式内容	7	
			素养导向突出氛围浓郁	7	合计 <u>88</u> 分
	具有大概念核心问题教学特质	拓宽学习视野	课堂与现实世界有恰当关联	选择一个表现突出的二级指标，在相应三级指标引导下，以现场学生表现为主要依据，以其余指标为背景，于本表的第二页写出 150 字以上的简要评价	
			有基于缄默知识的问题解决		
			有缄默知识运用的追踪剖析		
			知识运用剖析导向素养发展		
		投入实践活动	有真实而且完整的实践活动		
			实践活动深度融入两类情境		
			能够全身心地浸渍于活动中		
			活动的内容结果均丰富深入		
		感受意义关联	有核心问题的深层意义感受		
			有以知识为中心的关联感受		
			有以个人为中心的关联感受		
			有对三类大概念的关联感受		
		自觉反思体验	有实质性反思活动的开展		
			有课堂新因素的追踪利用		
			有体验的交流与改善重构		
			有概念生成中的素养发展		
		乐于对话分享	乐于自我的表达与认真的倾听		
			乐于合作中成果与思路的分享		
			乐于成果交流中深层意义分享		
			有宽容的对话氛围和双向交流		
		认同素养评价	认可素养评价		
			参与素养评价		
			利用素养评价		

续表

大概念核心问题教学特质的简要评价（包括发展性建议）
本节课凸显了大概念核心问题教学中“投入实践活动”这个二级指标. 本节课以大概念核心问题为主线，充分激发学生的学习动力和兴趣，有真实而且完整的实践活动，突出核心内容，提升数学核心素养. 本节课设计了一个学生活动：结合定义探究正切函数的奇偶性与周期性，绘制 $y=\tan x$，$x\in\left[0,\dfrac{\pi}{2}\right)$ 的图象，利用奇偶性和周期性画出正切曲线，再探究正切函数的其他性质，将发现的结论写在空白处. 在解决核心问题的活动中，由于一个角的正切值是这个角的终边与单位圆交点的坐标比值，难以直接利用正切值的几何意义对正切函数进行几何作图，对正切函数图象与正切定义之间的内在联系在理解上有一定的难度. 为突破这一难点，教材采用了第二种思路. 对于正切函数的性质和图象，教材呈现了如下的研究过程：部分性质—局部图象—完成曲线—性质—应用的路径研究正切函数. 在作图和由图象到性质的研究过程中，可能出现以下困难：图象作好后，少部分学生可能在分析图象时无从下手，有点茫然；还有部分同学可能在把从图形中直观观察到的特征用准确规范的数学语言表达出来时不够清晰. 在巡视时，注意引导学生注意取点的策略，或者先分析函数性质，利用性质简化和辅助作图，然后结合图象与函数性质，进一步完善图象，要用联系的观点数形结合地分析函数，因为是自己全身心投入的实践活动，所以学生的体会非常深刻；学生亲身经历这个活动后，我再引导可以从“共性”与“个性”两个角度进行观察分析. 同时可从函数图象和解析式两个角度认识函数的性质，从解析式中可以获得定义域、奇偶性等性质，这些性质也可以反过来帮助作图，使研究解析式和作函数图象相辅相成. 学生体会非常深刻，在实实在在的活动中，把自己之前不清楚的概念和思维角度一一厘清，自然通透，同时也培养了学生用数学的眼光观察世界，用数学的语言表达世界的素养. 在整个学生活动中，学生全身心地浸渍于活动之中，探索兴趣更加浓厚，探索投入而忘我. 基于这种浓厚兴趣的探索活动真实、完整而且高效. 在学生深入沉浸活动后，反思提升环节，我与学生一起回顾整个解决问题的探究过程，并就探究过程中用到的数学知识、数学思想方法做点评和总结. 强调研究一类函数的内容（定义域、值域、单调性、奇偶性等）、基本路径（背景—概念—图象—性质—应用）和方法（联系与类比，数形结合等），一切就显得水到渠成，顺理成章了，学生的体验深刻，学习效果好

【信息收集】☞

课后收集全班 40 名同学的评价反馈练习，按照体验性目标的达成情况及正确率进行了批阅和分类.

【反馈调整】☞

在教学设计的过程中除了照顾到优生，对于基础相对较差的学生更要给予更多的关注，课堂上如果他们的回答有不足之处，一定要耐心地引导，帮助他们顺利找到正确的思路. 如果有时间可以让不同层次的学生都有机会展示自己的成果，让各种知识和方法的应用性更强，并且在帮助他们解决问题的过程中，发现问题，在课后及时跟进辅导.

大概念核心问题教学素养目标点检测表

课时名称	正切函数的图象和性质
所属单元	三角函数概念和性质
单元大概念	在普遍联系观、对立统一观的引导下，利用研究函数的思维模式从“直观到抽象、整体到局部”突破到“抽象到直观、局部到整体”，研究过程也从“先图象后性质”突破到“先性质后图象”的基本研究思路和方法用于研究三角函数

续表

单元核心问题	借助单位元，抽象三角函数的定义，运用数形结合从图象特征和代数运算的角度探究正弦、余弦、正切函数的基本性质，归纳研究三角函数的基本方法
课时大概念	简约化表达：正切函数的图象和性质 特征化表达：先推导正切函数的性质，再作图，通过数形结合探究正切函数的其他性质并用于解决相关问题.
课时核心问题	分析正切函数的奇偶性和周期性、绘制 $y=\tan x$，$x\in\left[0,\frac{\pi}{2}\right)$ 的图象，通过图象和代数运算探究正切函数的性质
课时素养目标	参与正切函数局部性质的探究过程，能利用诱导公式分析正切函数的奇偶性和周期性，并能画出正切函数的图象，再利用图象和代数运算探究正切函数的其他性质（包括周期性、奇偶性、单调性、对称性），在对正切函数图象和性质的研究过程中，感受图形直观与代数运算相结合的思想方法，发展数形结合、数学抽象、逻辑推理和数学运算的数学核心素养（达成数形结合水平 2，逻辑推理水平 2，数学运算水平 2）；体会先根据已有知识研究性质，然后再根据性质研究图象的函数研究方法；由此懂得研究一类函数的内容（定义域、值域、单调性、奇偶性等）、基本路径（背景—概念—图象—性质—应用）和方法（联系与类比，数形结合等），提升研究素养和解决问题的能力（达成学业质量水平 3）
检测点	正切函数的图象及性质之间的关联，研究一类函数的基本方法与路径，图形直观与代数运算之间的关联
检测工具（检测题）	【课堂反馈】出生于美索不达米亚的天文学家阿尔·巴塔尼在公元 920 年左右给出了一个关于垂直高度为 h 的日晷及其投影长度 s 的公式：$s=\frac{h\sin(90^\circ-\varphi)}{\sin\varphi}$，即等价于现在的 $s=h\cot\varphi$，称 $y=\cot x$ 为余切函数，则下列关于余切函数的说法中正确的有哪些，请说明理由. A. 函数 $y=\cot x$ 的最小正周期为 2π B. 函数 $y=\cot x$ 关于 $(\pi,0)$ 对称 C. 函数 $y=\cot x$ 在区间 $(0,\pi)$ 上单调递减 D. 函数 $y=\tan x$ 的图象与函数 $y=\cot x$ 的图象关于直线 $x=\frac{\pi}{2}$ 对称
分类标准	A. 对正切函数图象和性质之间的关联体验深入，懂得研究一类函数的路径和方法，尤其会通过图象和解析式数形结合一起研究余切函数的性质，答案正确且书写规范逻辑清晰，对图形直观与代数运算之间的关联体验深入
	B. 对正切函数的图象和性质之间的关联体验较为深入，懂得研究一类函数的路径和方法，可能在探究性质时思维不严密，不能给出严格证明，对图形直观与代数运算之间的关联体验较为深入
	C. 对正切函数的图象和性质之间的关联有所体验，知道研究一个函数的大致内容，可能在探究性质时内容不全面，方法不准确，思维不够严密，或者运算素养不到位，未能得出答案
	D. 对正切函数的图象和性质之间的关联体验很少，不清楚如何研究一个函数，基本未能得出答案

检测统计	分类等级	学生人数（总人数 40 人）	百分比
	A	16	40%
	B	12	30%
	C	8	20%
	D	4	10%

续表

检测分析结果运用	学生素养目标的达成情况较好. 全班有 16 人（占 40%）对正切函数图象和性质之间的关联体验深入，懂得研究一类函数的路径和方法，尤其会通过图象和解析式数形结合一起研究余切函数的性质，答案正确且书写规范逻辑清晰，对图形直观与代数
检测分析结果运用	运算之间的关联体验深入. 有 12 人（占 30%）对正切函数的图象和性质之间的关联体验较为深入，懂得研究一类函数的路径和方法，可能在探究性质时思维不严密，不能给出严格证明，对图形直观与代数运算之间的关联体验较为深入，在方法的选择和正切函数性质的探究上有一定的经验. 还有 12 名同学未能第一时间完全掌握此类问题的处理方法. 课后及时与同学们交流解决问题的障碍和困难，进一步指导和跟进
素养目标达成典型实例	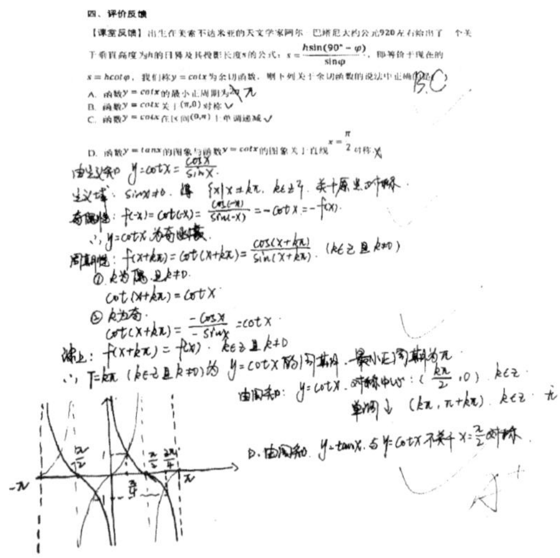 上面这位同学熟练掌握正切函数的定义，对正切函数图象和性质之间的关联体验深入，懂得研究一类函数的路径和方法，尤其会通过图象和解析式数形结合一起研究余切函数的性质，答案正确且书写规范逻辑清晰，课时素养目标达成情况很好
检测反馈	基于搜集信息的检测分析情况，现准备做如下的反馈调整： 1. 在教学设计的过程中除了照顾到优生，对于基础相对较差的学生更要给予更多的关注，课堂上如果他们的回答有不足之处，一定要耐心地引导，帮助他们顺利找到正确的思路. 如果有时间可以让不同层次的学生都有机会展示自己的成果，让各种知识和方法的应用性更强，并且在帮助他们解决问题的过程中，发现问题，在课后及时跟进辅导. 2. 课后，我对本节课的检测题目及时做了评讲，并请学生再次总结了研究一类函数的基本路径和方法. 通过大家的思考和总结，学生们更加明确处理这类问题的一般方法，相信课后再辅助一些练习，可以取得比较好的效果. 针对等级为 D 的 4 名同学，课后及时跟进，一一交流，了解了出错的原因，及时纠正

正余弦定理解三角形范围问题

史棚林

一、教学分析设计

【教材课标分析】☞

新课标提出“四基”“四能”，对学生的要求由“双基”向“四基”转变，在以前的基础知识、基本技能的基础上，增加了基本思想和基本活动经验。这意味着学生不能只简单地掌握基础知识和基本题型，更重要的是从基础知识和基本题型中提炼出数学思想方法，并且鼓励学生积极参与知识发生、发展和升华的过程，通过探究总结出技能和方法，在探究中提升数学核心素养，收获数学学习的经验、思想方法和价值观.

求解三角形是高考数学中的高频考点，其中求范围或最值的问题更是常见，这类问题比较综合，且题型比较灵活，是学生学习的难点. 如何让学生从本质上掌握这类问题的解法、通性通法是我们需要探究的问题. 如果引导学生从思想的层面把握这类问题的本质，借助正余弦定理完成边角互化将解三角形的范围问题转化为运用函数性质求函数最值或者值域，运用基本不等式求最值，那么此类问题将迎刃而解. 利用正余弦定理研究最值问题，不仅能帮助学生理解数学知识，而且也促进了学生自身思维能力的发展，同时培养了学生的数学核心素养. 本教学设计旨在通过设计利用正余弦定理解三角形范围问题的微专题复习，让学生掌握解三角形范围问题的要义，并且对这一类问题能够融会贯通，使学生学有所得.

【大概念】☞

<table>
<tr><td colspan="2" rowspan="2">课时核心大概念</td><td colspan="4">简约化表达：正余弦定理解三角形范围问题</td></tr>
<tr><td colspan="4">特征化表达：在普遍联系观的引领下，利用正余弦定理解三角形范围问题，在解题过程中体会分析综合法、消元（方程思想）、转化与化归、函数思想、归纳类比等思想方法，归纳解决该类问题的一般思路，体会变化中的不变性、规律性</td></tr>
<tr><td colspan="2">概念结论</td><td colspan="2">思想方法</td><td colspan="2">价值观念</td></tr>
<tr><td>简约化表达</td><td>特征化表达</td><td>简约化表达</td><td>特征化表达</td><td>简约化表达</td><td>特征化表达</td></tr>
<tr><td>正余弦定理解三角形范围问题</td><td>分析综合法探索解题思路，经历边角互化、消元构造一元函数、求函数最值和构造基本不等式的过程，获得解决该类问题的一般思路</td><td>分析综合法、消元（方程思想）、转化与化归、函数思想、归纳类比</td><td>应用分析综合法探索解题思路，寻找已知条件与目标之间的联系，应用消元统一变量构造函数，利用基本不等式求最值，归纳解决此类问题的一般思路</td><td>普遍联系观、变化中的不变性、规律性</td><td>在普遍联系观的引领下建立已知条件与目标之间的关联，体会变化中的不变性、规律性</td></tr>
</table>

【资源条件】☞

名称	电子白板	黑板
功能	展示函数图象、例题等	板书核心问题、教学过程、发言重点与总结

【学生分析】☞

学生在学习了完整的正余弦定理之后，已经在一定程度上熟悉了正弦定理、余弦定理，已经具备用正、余弦定理解决部分解三角形问题的能力，但对于解决综合性问题还存在困难. 在数学核心素养方面，学生经历了对三角函数系统的学习，已经具备一定的数学抽象素养、逻辑推理素养和数学运算素养，但在灵活运用数学思想方法解决综合性问题还存在困难. 因此学生在学习了完整的正余弦定理之后，需要对该部分的知识进行重新整合，一般的复习课多以习题课为主，过量的习题评讲会让学生疲惫不堪，并且对于纠错能力较弱的学生来说，过量的练习可能达不到预期的效果，学生获得少. 那么，如何解决这个问题呢？“微专题”复习整合是一种有效的教学策略. 微专题复习的特点是“微”“小”，根据高考中的高频考点、难点，或者某种思想方法进行针对性讲解，进行专项训练、变式训练，不断强化. 依托针对性比较强的“微专题”，帮助学生对基础知识进行梳理、对题型进行归纳、对数学思想进行提炼，解决某类问题并掌握该类型问题的通性通法，不仅能梳理知识结构，并且能强化学生对知识的理解，培养数学素养.

【教学目标】☞

参与探究正余弦定理解三角形范围问题的活动，能够利用分析综合法、转化与化归等思想方法建立已知条件与目标之间的联系，探究解决三角形范围问题的一般路径，归纳概括解三角形范围问题的一般特征并建立解题模型，体会转化与化归、从特殊到一般的数学思想方法，培养逻辑推理、数学运算素养（数学抽象素养水平 2、逻辑推理素养水平 2、数学运算素养水平 1）；能够在函数思想、方程思想的引领下通过消元构造一元函数、构造基本不等式，解决最值问题，进一步深化转化与化归、从特殊到一般的数学思想方法，培养逻辑推理素养（逻辑推理素养水平 2、数学运算素养水平 1）；由此加深对解决三角形范围问题基本方法的掌握，体会从现象到本质、转化与化归、特殊到一般、抽象概括的思想方法，深入体会到变化中的不变性和规律性，进而感悟到社会价值，感悟到普遍联系观.

【核心问题】☞

利用正余弦定理解决下列三角形范围问题.

围绕核心问题展开教学活动，在这一过程中，学生原有的认知水平及现场学习中的内心体验都不可或缺. 根据以上分析，本节课采用“提出问题、解决问题、反思提升、评价反馈”的教学模式. 首先，提出核心问题“利用正余弦定理解决下列三角形范围问题”；在解决问题的过程中，利用分析综合法建立已知条件与目标之间的联系，利用正余弦定理完成边角互化，在转化与划归、函数思想、方程思想的引领下通过消元构造一元函数，应用函数的单调性解决最值问题，或应用余弦定理挖掘变量之间的关系建立基本不等式结构；在反思提升环节归纳概括解决三角形范围问题的一般路径并建立解题模型，归纳总结解题策略；最后在评价反馈环节，沿着解决三角形范围问题的一般路径解决问题，体会到变化中的不变性和规律性，进而感悟到社会价值，感悟普遍联系观.

【评价预设】☞

1. 提出问题环节

提出核心问题，利用正余弦定理解决下列三角形范围问题.

2. 解决问题环节

从具体的三角形范围问题入手，引导学生完成从定性分析到定量分析的转变，为形成一般解题思路做准备. 以学生熟悉的正余弦定理为切入点，知道解一个三角形需要已知三角形中的三个量，知三求三，为引入一个新的变量，凑足三角形的三个条件做准备，进行边角互化. 在活动一中设计了解决问题的两种方法：其一，通过问题串启发学生在遇到双变量问题时，需要寻找等量关系，运用方程思想消元得到一元函数. 学生的困难点可能是在遇到双变量问题时难以准确确定等量关系达到消元的目的. 其二，启发学生构建 $a^2+b^2,a+b,ab$ 的关系，利用基本不等式进行放缩. 学生的困难点可能是利用基本不等式进行放缩. 在独立解题的过程中，学生的困难点可能是细化解题步骤以及分析自变量的取值范围. 在解决问题的过程中进一步体验综合分析法、转化与化归、方程思想、函数思想等数学思想方法，经历由特殊到一般、由感性到理性的思维过程，为进一步归纳解三角形范围问题的基本路径做相应的铺垫，凸显大概念的迁移性和意义性特征.

3. 反思提升环节

首先，通过对解决问题过程的反思与结构化提升，进一步提炼解三角形范围问题的一般方法，即分析综合法探路，寻求已知条件与目标之间的联系，在函数思想、方程思想的引领下通过消元构造一元函数，应用函数的单调性解决最值问题. 其次，也可构建基本不等式进行放缩. 学生可能在总结一般解题路径时对思想方法的描述存在困难，教师可以适当引导. 最后，归纳概括解决问题策略.

4. 评价反馈环节

沿着解决此类问题的一般路径解决实际问题. 学生的困难点可能在于转化已知条件建立其和目标之间的联系，以及选择合适的策略解决问题.

二、教学实施设计

【教学环节】☞

教学环节	学生活动	教师活动	设计意图	技术融合
提出问题	回顾正余弦定理，归纳其能够解决的问题，并完成学案对应内容	引导学生回顾正余弦定理，归纳其能够解决的问题	通过问题串引导学生对于利用正余弦定理解三角形问题，需要知道至少3个量	PPT出示活动内容，黑板板书核心问题

续表

教学环节	学生活动	教师活动	设计意图	技术融合
解决问题	例 1. $\triangle ABC$ 中，$(2b-c)\cos A=a\cos C$ （1）求 $\angle A$ 的大小. （2）若 $a=3$，探究 $\triangle ABC$ 周长的取值范围. （3）若 $\triangle ABC$ 为锐角且 $a=3$，探究 $\triangle ABC$ 周长的取值范围	巡视观察学生的独立解题情况，若出现困难，可以适当引导，比如：①利用正弦定理进行边化角，利用三角形内角和定理消元得到关于 $\angle A$ 的三角函数方程，求出 $\angle A$；②③启发学生分别利用正弦定理边化角构造函数解决范围问题，接着启发学生利用余弦定理构造基本不等式解决范围问题	培养学生的数学迁移意识和能力，进一步体会综合分析法、转化与化归、方程思想、函数思想等数学思想方法	PPT 出示活动内容，黑板展示学生解题过程
反思提升	小组讨论，请同学们回顾上述解决问题的过程，归纳概括解三角形范围问题的一般思路	巡视观察学生小组讨论情况，若出现困难，可以适当引导，在巡视过程中选择自愿分享的小组代表	聚焦解三角形问题，学生认知的起点就是正弦定理和余弦定理，其一般方法是知三求三. 通过活动1，让学生感知两个变量无法解三角形，必须再引进一个新的变量，选取角作为自变量，利用正弦定理，借助三角函数的有界性来研究最值，让学生感受到求解三角形范围（最值）问题的一般方法，提炼出函数思想的重要性. 利用函数求最值是通式通法，其关键是要巧妙地选取变量，解决本节课的核心问题. 其次，也可利用余弦定理构造基本不等式解决范围问题. 区分两种方法的异同	PPT 出示活动内容，黑板展示学生活动过程
评价反馈	例 2.（改编 2019 全国卷Ⅲ）锐角 $\triangle ABC$ 的内角 A，B，C 的对边分别为 a，b，c，$B=\dfrac{\pi}{3}$，且 $c=1$，求 $\triangle ABC$ 面积的取值范围	巡视观察学生的独立解题情况，若出现困难，可以适当引导	通过正弦定理、余弦定理、面积公式等建立所求量的边或角的关系，转化为边或角的函数关系，进而求函数的最值. 归纳解三角形的范围（最值）问题的方法，引导学生选取自变量来构造函数，借助函数思想求解范围问题，凸正余弦定理在解决三角形范围问题的重要性	PPT 出示活动内容，展示学生活动过程

【板书设计】☞

<table>
<tr>
<td>微专题：正余弦定理解三角形范围问题
一、提出问题
利用正余弦定理解决下列三角形范围问题.
二、解决问题
例 1.</td>
<td>三、反思提升
1. 知识维度
2. 思想方法维度：小组讨论，请同学们回顾上述解决问题的过程，归纳概括解三角形范围问题的一般思路.
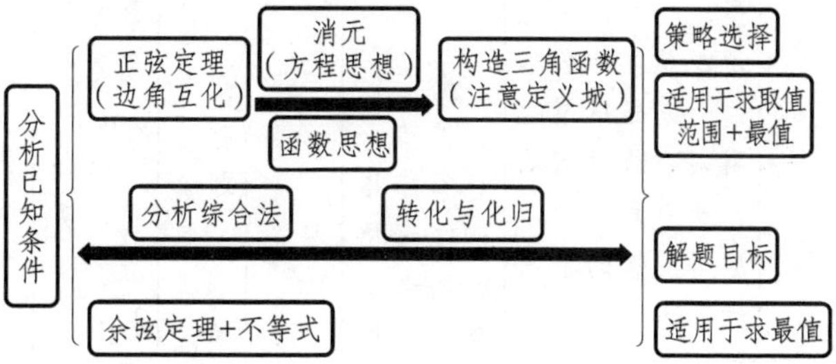

变化中的不变性，规律性
四、评价反馈
例 2.</td>
</tr>
</table>

【作业设计】☞

课时作业的结构化设计.

作业序号	作业目标	作业情境		概念结论		思想方法		价值观念		整体评估	
		内容	类型	内容	水平	内容	水平	内容	水平	内容	水平
1	利用正弦定理能够在函数思想、方程思想的引领下通过消元构造一元函数，应用函数的单调性解决类似的最值问题. 能够利用余弦函数，通过转化与化归构造不等式	学习探索情境，对解题模型掌握情况的考查及简单应用	简单	正余弦定理解三角形范围问题	数学抽象素养水平2、逻辑推理素养水平2、数学运算素养水平1	转化与化归、函数思想、转化与化归、从特殊到一般	数学抽象素养水平2、逻辑推理素养水平2、数学运算素养水平1	普遍联系观	数学抽象素养水平2、逻辑推理素养水平2、数学运算素养水平1	基础性作业	学业质量水平1
2	利用正弦定理能够在函数思想、方程思想的引领下通过消元构造一元函数，应用函数的单调性解决类似的最值问题. 能够利用余弦函数，通过转化与化归构造不等式	学习探索情境，对解题模型掌握情况的考查及综合应用	一般	正余弦定理解三角形范围问题	数学抽象素养水平2、逻辑推理素养水平2、数学运算素养水平1	转化与化归、函数思想、转化与化归、从特殊到一般	数学抽象素养水平2、逻辑推理素养水平2、数学运算素养水平1	普遍联系观	数学抽象素养水平2、逻辑推理素养水平2、数学运算素养水平1	综合性作业	学业质量水平2

续表

作业序号	作业目标	作业情境		概念结论		思想方法		价值观念		整体评估	
		内容	类型	内容	水平	内容	水平	内容	水平	内容	水平
3	抽象数学信息，建立数学模型，利用正弦定理能够在函数思想、方程思想的引领下通过消元构造一元函数，应用函数的单调性解决类似的最值问题．能够利用余弦函数，通过转化与化归构造不等式．解决实际生活问题	生活时间情境，对解题模型掌握情况的考查及实际应用	复杂	正余弦定理解三角形范围问题	数学抽象素养水平2、逻辑推理素养水平2、数学运算素养水平1	转化与化归、函数思想、转化与化归、从特殊到一般	数学抽象素养水平2、逻辑推理素养水平2、数学运算素养水平1	普遍联系观	数学抽象素养水平2、逻辑推理素养水平2、数学运算素养水平1	实践性作业	学业质量水平2
课时作业总体评估	针对本堂课核心问题及教学目标，按照合格考和等级考的要求，设计了具有梯度的课时练习，题量适中，有选择题也有主观性试题，符合学生学习思维．作业目标明确可检测、易操作，利于得到客观反馈和检测素养目标，以便调整教学教法；根据新教材，新高考的特点，作业情境设置多样，从简单情境到复杂情境，从学术情境到生活情境，兼顾习题生动性与深度性										

（具体的作业内容略）

【教学流程】☞

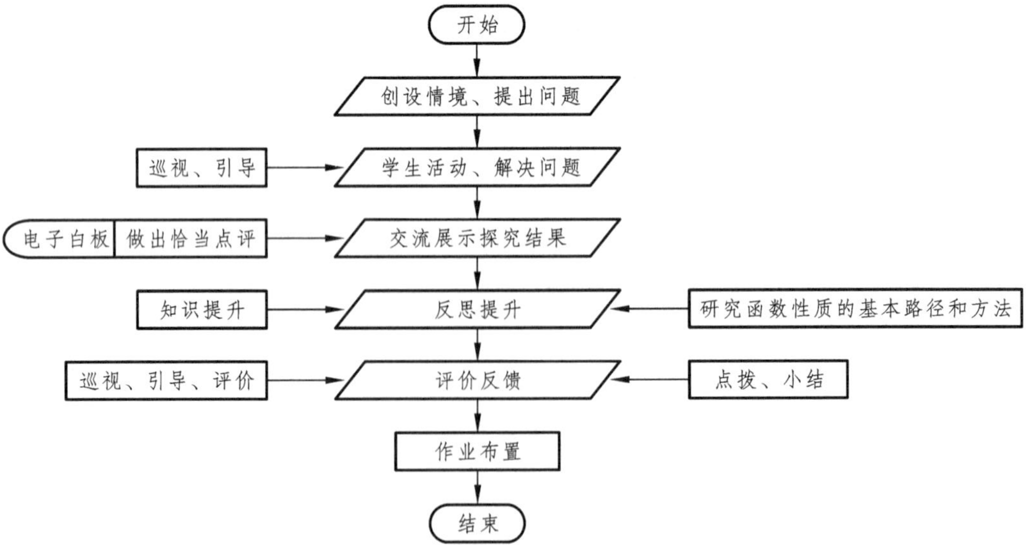

三、教学评价设计

【评价实施】☞

大概念核心问题教学文化评价表

课时名称：微专题：正余弦定理解三角形范围问题.

所属单元：平面向量及其应用.

单元大概念：平面向量及其应用.

单元核心问题：通过实际背景引入向量概念，类比数的运算学习向量的运算及其性质，建立向量的运算体系. 在此基础上，用向量的语言、方法表述和解决现实生活、数学和物理中的一些问题.

课时大概念：正余弦定理解三角形范围问题.

课时核心问题：利用正余弦定理解决下列三角形范围问题.

<table>
<tr><th rowspan="2">评价目标</th><th colspan="3">评价指标</th><th colspan="2" rowspan="2">评价
方法结果</th></tr>
<tr><th>一级指标</th><th>二级指标</th><th>三级指标</th></tr>
<tr><td rowspan="20">实现活动体验中的学习与素养发展</td><td rowspan="12">具有大概念核心问题教学形态</td><td rowspan="3">核心问题利于活动体验</td><td>内含学科问题和学生活动方式</td><td>7</td><td rowspan="12">每项指标最高评8分（满分为96分）

合计<u>91</u>分</td></tr>
<tr><td>问题情境与真实生活密切相关</td><td>8</td></tr>
<tr><td>能引发大概念、新知新法生成</td><td>8</td></tr>
<tr><td rowspan="3">教学目标价值引导恰当</td><td>两类目标正确全面</td><td>8</td></tr>
<tr><td>关联体验目标恰当</td><td>8</td></tr>
<tr><td>目标价值引导显现</td><td>7</td></tr>
<tr><td rowspan="3">教学环节完整合理落实</td><td>教学环节清晰完整</td><td>8</td></tr>
<tr><td>环节内容合理充实</td><td>8</td></tr>
<tr><td>学生活动时间充分</td><td>7</td></tr>
<tr><td rowspan="3">教学要素相互匹配促进</td><td>问题目标环节两两匹配</td><td>7</td></tr>
<tr><td>技术促进活动形式内容</td><td>8</td></tr>
<tr><td>素养导向突出氛围浓郁</td><td>7</td></tr>
<tr><td rowspan="12">具有大概念核心问题教学特质</td><td rowspan="4">拓宽学习视野</td><td>课堂与现实世界有恰当关联</td><td colspan="2" rowspan="12">选择一个表现突出的二级指标，在相应三级指标引导下，以现场学生表现为主要依据，以其余指标为背景，于本表的第二页写出150字以上的简要评价</td></tr>
<tr><td>有基于缄默知识的问题解决</td></tr>
<tr><td>有缄默知识运用的追踪剖析</td></tr>
<tr><td>知识运用剖析导向素养发展</td></tr>
<tr><td rowspan="4">投入实践活动</td><td>有真实而且完整的实践活动</td></tr>
<tr><td>实践活动深度融入两类情境</td></tr>
<tr><td>能够全身心地浸渍于活动中</td></tr>
<tr><td>活动的内容结果均丰富深入</td></tr>
<tr><td rowspan="4">感受意义关联</td><td>有核心问题的深层意义感受</td></tr>
<tr><td>有以知识为中心的关联感受</td></tr>
<tr><td>有以个人为中心的关联感受</td></tr>
<tr><td>有对三类大概念的关联感受</td></tr>
</table>

续表

<table>
<tr><td rowspan="2">评价目标</td><td colspan="3">评价指标</td><td rowspan="2">评价
方法结果</td></tr>
<tr><td>一级指标</td><td>二级指标</td><td>三级指标</td></tr>
<tr><td rowspan="11">实现活动体验中的学习与素养发展</td><td rowspan="11">具有大概念核心问题教学特质</td><td rowspan="4">自觉反思体验</td><td>有实质性反思活动的开展</td><td rowspan="11"></td></tr>
<tr><td>有课堂新因素的追踪利用</td></tr>
<tr><td>有体验的交流与改善重构</td></tr>
<tr><td>有概念生成中的素养发展</td></tr>
<tr><td rowspan="4">乐于对话分享</td><td>乐于自我的表达与认真的倾听</td></tr>
<tr><td>乐于合作中成果与思路的分享</td></tr>
<tr><td>乐于成果交流中深层意义分享</td></tr>
<tr><td>有宽容的对话氛围和双向交流</td></tr>
<tr><td rowspan="3">认同素养评价</td><td>认可素养评价</td></tr>
<tr><td>参与素养评价</td></tr>
<tr><td>利用素养评价</td></tr>
<tr><td colspan="5">大概念核心问题教学特质的简要评价（包括发展性建议）</td></tr>
<tr><td colspan="5">本节课凸显了大概念核心问题教学中“投入实践活动”这个二级指标．本节课以大概念核心问题为主线，充分激发学生的学习动力和兴趣，有真实而且完整的实践活动，突出核心内容，提升数学核心素养．本节课的核心问题设置恰当，学生活动参与度高．
学生活动 1，例 1：$\triangle ABC$ 中，$(2b-c)\cos A=a\cos C$．（1）求 $\angle A$ 的大小．（2）若 $a=3$，探究$\triangle ABC$ 周长的取值范围．（3）若$\triangle ABC$ 为锐角且 $a=3$，探究$\triangle ABC$ 周长的取值范围．例 1 为归纳一般思路形成解题模型做好准备．接着，带领学生完善解题步骤．随后，在例 1（3）中设置一个类似的问题情境提供学生独立思考的空间，培养数学迁移意识和能力，为归纳一般思路形成解题模型做好准备．接下来，在例 2 中通过对解决问题过程的反思与结构化提升，进一步提炼解三角形范围问题的一般方法，即分析综合法探路，寻求已知条件与目标之间的联系，在函数思想、方程思想的引领下通过消元构造一元函数，应用函数的单调性解决最值问题．通过构造基本不等式，对目标表达式进行放缩求最值．学生在总结一般解题路径时对思想方法的描述存在困难，教师做出了适当引导．最后，设计自我检测进一步深化本节课的核心问题．在实实在在的活动中，学生体会非常深刻，把自己之前不清楚的概念和思维角度一一厘清，自然通透，同时也培养了学生用数学的眼光观察世界，用数学的语言表达世界的素养．在整个学生活动中，学生全身心地沉浸于活动之中，探索兴趣更加浓厚，探索投入而忘我．基于这种浓厚兴趣的探索活动真实、完整而且高效．在学生深入沉浸活动后，反思提升环节，我与学生一起回顾了整个解决问题的探究过程，并就探究过程中用到的数学知识、数学思想方法做点评和总结．强调研究函数性质的基本路径和方法，一切就显得水到渠成，顺理成章了，学生的体验深刻，学习效果好</td></tr>
</table>

【信息收集】☞

素养目标的达成较好．全班有 28 人（占 56%）知道正余弦定理解三角形范围问题的解题模型，对解题模型理解深入，懂得研究这类问题的路径和方法，尤其会通过分析综合法建立已知条件和目标之间的联系，答案正确且书写规范逻辑清晰，对逻辑推理与数学运算之间的关联体验深入．有 14 人（占 28%）知道正余弦定理解三角形范围问题的解题模型，对解题模型理解较深入，懂得研究这类问题的路径和方法，可能在探究性质时思维不严密，不能给出严格证明，对逻辑推理与数学运算之间的关联体验较为深入．但是，一共还有 8 名同学未能第一时间完全掌握此类问题的处理方法. 课后及时与同学们交流解决问题的障碍和困难,进一步指导和跟进.

【反馈调整】☞

基于收集信息的检测分析情况，做如下的反馈调整：在教学设计的过程中除了照顾优生，对于基础相对较差的学生更要给予更多的关注，课堂上如果他们的回答有不足之处，一定要耐心引导,帮助他们顺利找到正确的思路. 如果有时间可以让不同层次的学生都有机会展示自己的成果，让各种知识和方法的应用性更强，并且从帮助他们解决问题的过程中，发现问题，在课后及时跟进辅导. 课后，对本节课的检测题目及时做了评讲，并请学生再次总结了研究函数性质的基本路径和方法. 通过大家的思考和总结，学生们更加明确处理这类问题的一般方法，相信课后再辅助一些练习，可以取得比较好的效果.

大概念核心问题教学素养目标点检测表

课时名称	微专题：正余弦定理解三角形范围问题
所属单元	平面向量及其应用
单元大概念	平面向量及其应用
单元核心问题	通过实际背景引入向量概念，类比数的运算学习向量的运算及其性质，建立向量的运算体系. 在此基础上，用向量的语言、方法表述和解决现实生活、数学和物理中的一些问题
课时大概念	正余弦定理解三角形范围问题
课时核心问题	利用正余弦定理解决下列三角形范围问题
课时素养目标	参与探究正余弦定理解三角形范围问题的活动,能够利用分析综合法建立已知条件与目标之间的联系,探究解决三角形范围问题的一般路径,归纳概括解三角形范围问题的一般特征并建立解题模型,体会转化与化归、从特殊到一般的数学思想方法，培养逻辑推理、数学运算素养（数学抽象素养水平 2、逻辑推理素养水平 2、数学运算素养水平 1)；能够在函数思想、方程思想的引领下通过消元构造一元函数，应用函数的单调性解决最值问题，进一步深化转化与化归、从特殊到一般的数学思想方法，培养逻辑推理素养（逻辑推理素养水平 2、数学运算素养水平 1)；由此加深对解决三角形范围问题基本方法的掌握，体会从现象到本质、转化与化归、特殊到一般、抽象概括的思想方法，深入体会到变化中的不变性和规律性，进而感悟到社会价值，感悟到普遍联系观
检测点	正余弦定理解三角形范围问题的解题模型
检测工具（检测题）	$\triangle ABC$ 的内角 A，B，C 的对边分别为 a，b，c，已知 $B=\dfrac{\pi}{3}$，$\triangle ABC$ 为锐角三角形，且 $a+c=2$，求 b 的取值范围.
分类标准	A. 知道正余弦定理解三角形范围问题的解题模型，对解题模型理解深入，懂得研究这类问题的路径和方法,尤其会通过分析综合法建立已知条件和目标之间的联系，答案正确且书写规范逻辑清晰，对逻辑推理与数学运算之间的关联体验深入
	B. 知道正余弦定理解三角形范围问题的解题模型，对解题模型理解较深入，懂得研究这类问题的路径和方法,可能在探究性质时思维不严密,不能给出严格证明，对逻辑推理与数学运算之间的关联体验较为深入

<table>
<tr><td rowspan="2">分类标准</td><td>C. 知道正余弦定理解三角形范围问题的解题模型的大致内容，基本懂得研究这类问题的路径和方法，可能在探究性质时内容不全面，方法不准确，思维不够严密，或者运算素养不到位，未能得出答案</td></tr>
<tr><td>D. 不太清楚正余弦定理解三角形范围问题的解题模型的大致内容，对分析综合法建立已知条件和目标之间的体验很少，不清楚如何研究这类问题，基本未能得出答案</td></tr>
<tr><td>检测统计</td><td><table>
<tr><td>分类等级</td><td>学生人数（总人数 50 人）</td><td>百分比</td></tr>
<tr><td>A</td><td>28</td><td>56%</td></tr>
<tr><td>B</td><td>14</td><td>28%</td></tr>
<tr><td>C</td><td>8</td><td>16%</td></tr>
<tr><td>D</td><td>0</td><td>0</td></tr>
</table></td></tr>
<tr><td>检测分析
结果运用</td><td>学生素养目标的达成较好. 全班有 28 人（占 56%）知道正余弦定理解三角形范围问题的解题模型，对解题模型理解深入，懂得研究这类问题的路径和方法，尤其会通过分析综合法建立已知条件和目标之间的联系，答案正确且书写规范逻辑清晰，对逻辑推理与数学运算之间的关联体验深入. 有 14 人（占 28%）知道正余弦定理解三角形范围问题的解题模型，对解题模型理解较深入，懂得研究这类问题的路径和方法，可能在探究性质时思维不严密，不能给出严格证明，对逻辑推理与数学运算之间的关联体验较为深入. 但是，还有 8 名同学未能第一时间完全掌握此类问题的解决方法. 课后及时与同学们交流解决问题的障碍和困难，进一步指导和跟进</td></tr>
<tr><td>素养目标达成
典型实例</td><td>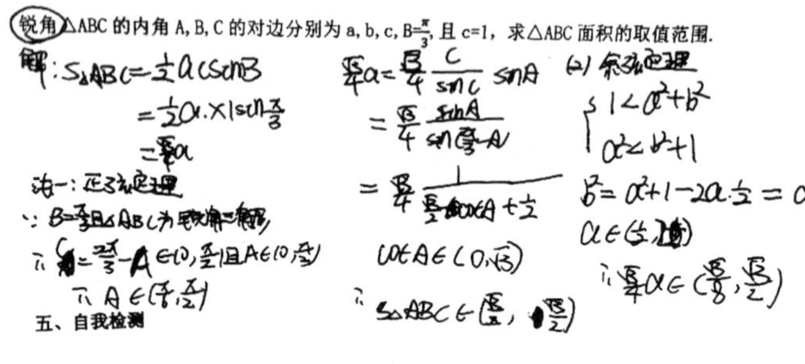

上面这位同学熟练掌握三角形范围问题的解题模型，懂得研究这类问题的路径和方法，尤其会通过分析综合法建立已知条件和目标之间的联系，答案正确且书写规范逻辑清晰，对逻辑推理与数学运算之间的关联体验深入</td></tr>
<tr><td>检测反馈</td><td>基于搜集信息的检测分析情况，现准备做如下的反馈调整：在教学设计的过程中除了照顾到优生，对于基础相对较差的学生更要给予更多的关注，课堂上如果他们的回答有不足之处，一定要耐心引导，帮助他们顺利找到正确的思路. 如果有时间可以让不同层次的学生都有机会展示自己的成果，让各种知识和方法的应用性更强，并且从帮助他们解决问题的过程中，发现问题，在课后及时跟进辅导. 课后，对本节课的检测题目及时做了评讲，并请学生再次总结了研究函数性质的基本路径和方法. 通过大家的思考和总结，学生们更加明确处理这类问题的一般方法，相信课后再辅助一些练习，可以取得比较好的效果</td></tr>
</table>

立体几何单元教学

立体几何单元
大概念的核心·问题教学单元规划纲要

学科 数学 教师 马小平 杨光虹 张琳琳

年级	高二年级	单元名称	立体几何	单元课时	22 课时
单元内容	教材内容	几何与代数是高中数学课程的主线之一，立体几何研究现实世界中物体的形状、大小与位置关系．在高中数学课程中，《课程标准》（2017 年版）将立体几何内容分两部分安排，在教材中分为《人教 A 版（2019 版新教材）必修二》第八章“立体几何初步”和《人教 A 版（2019 版新教材）选择性必修一》第一章“空间向量与立体几何”第四节两部分．包括基本立体图形，立体图形的直观图，简单立体几何的表面积和体积，空间点直线平面之间的位置关系，空间、直线平面的平行，空间、直线平面的垂直；空间向量的应用等内容． 立体几何初步是初等几何教育重要内容之一，它是在初中平面几何学习的基础上开设的，以空间图形的性质、画法、计算以及它们的应用为研究对象，以演绎法为研究方法．通过对三维空间的几何对象进行直观感知、操作确认、思辨论证，使学生的认识水平从平面图形延拓至空间图形，完成由二维空间向三维空间的转化，空间向量为处理立体几何问题提供了新的视角，它是解决空间中图形位置关系和度量问题非常有效的工具．根据问题的特点，以适当的方式把问题中涉及的点、线、面等元素用空间向量表示出来，建立起空间图形与空间向量的联系；然后通过空间向量的运算，研究相应元素之间的关系（距离和夹角等问题）；最后对运算结果的几何意义作出解释，从而解决立体图形的问题．通过本单元学习，提升学生直观想象、逻辑推理、数学抽象和数学运算的数学学科核心素养． 本单元主要包含三部分； 第一部分是基本立体图形，主要是对空间几何体的认识，即通过认识柱、锥、台、球等基本立体图形的组成元素及其相互关系，帮助学生认识这些图形的几何结构特征，学习它们在平面上的直观图表示以及它们的表面积和体积的计算． 第二部分是基本图形位置关系，主要是对组成立体图形的几何元素之间的位置关系的认识，从点、直线、平面出发，研究平面基本性质认识空间点、直线、平面的位置关系，重点研究直线、平面的平行和垂直这两种特殊的位置关系． 第三部分是“空间向量的应用”，主要是利用向量方法解决简单的立体几何问题，包括用空间向量描述空间直线、平面间的平行、垂直关系，证明直线、平面位置关系的判定定理，用空间向量解决空间距离、夹角问题等．向量方法是这部分的重点，为了使学生掌握向量方法，需注意以典型的立体几何问题为例，让学生体会向量方法在解决立体几何问题中的作用，并引导学生自己归纳用向量方法解决立体几何问题的“三部曲”．同时，需注意引导学生归纳向量法、综合法与坐标法的特点，根据具体问题的特点选择合适的方法			

续表

<table>
<tr><td>单元内容</td><td>课程标准</td><td colspan="2">基本立体图形、基本图形位置关系、*几何学的发展、空间向量在立体几何中的应用
1. 基本立体图形
① 利用实物、计算机软件等观察空间图形，认识柱、锥、台、球及简单组合体的结构特征，能运用这些特征描述现实生活中简单物体的结构.
② 知道球、棱柱、棱锥、棱台的表面积和体积的计算公式，能用公式解决简单的实际问题.
③ 能用斜二测法画出简单空间图形（长方体、球、圆柱、圆锥、棱柱及其简单组合）的直观图.
2. 基本图形位置关系
① 借助长方体，在直观认识空间点、直线、平面的位置关系的基础上，抽象出空间点、直线、平面的位置关系的定义，了解基本事实（公理）和定理.
② 从上述定义和基本事实出发，借助长方体，通过直观感知，了解空间中直线与直线、直线与平面、平面与平面的平行和垂直的关系，归纳出性质定理，并加以证明.
③ 从上述定义和基本事实出发，借助长方体，通过直观感知，了解空间中直线与直线、直线与平面、平面与平面的平行和垂直的关系，归纳出判定定理.
3. *几何学的发展
收集、阅读几何学发展的历史资料，撰写小论文，论述几何学发展的过程、重要结果、主要人物、关键事件及其对人类文明的贡献.
4. 空间向量在立体几何中的应用
① 能用空间向量语言描述直线与平面，理解直线的方向向量与平面的法向量.
② 能用空间向量语言表述线线、线面、面面的垂直、平行关系.
③ 能用空间向量方法证明有关线、面位置关系的判定定理.
④ 能用空间向量方法解决线线、线面、面面的夹角计算问题，点到直线、点到平面、平行直线、平行平面的距离问题，体会空间向量方法在研究几何问题中的作用.
对于“空间几何体”，《课程标准》要求：认识柱、锥、台、球及简单组合体的结构特征.《课程标准》把重点放在了空间想像能力上，对概念、性质则降低了要求. 对于“点、线、面之间的位置关系”:《课程标准》把重点放在了定性研究（平行和垂直）上，定量研究（角和距离）在必修中不作要求（移到选修中），对线、面垂直的判定定理不证明，移到空间向量中再证. 分段设计，分层递进. 对知识发生的过程提出了较高的要求，多处使用了“观察”、“认识”、“画出”、“直观感知、操作确认，归纳”等情感、态度与价值要求的行为动词. 对空间几何体的要求是直观感知；对线、面关系则要求操作确认、思辨论证；对判定定理的要求是操作确认、合情推理；对性质定理则要求思辨论证、逻辑推理</td></tr>
<tr><td rowspan="5">基础条件</td><td rowspan="5">资源基础</td><td>资源名称</td><td>功能</td></tr>
<tr><td>黑板</td><td>板书核心问题；板书学生解决问题时交流；板书反思提升要点、运用反馈等</td></tr>
<tr><td>教材、学案</td><td>提供主要学习和研究的内容，核心问题教学各环节设计、核心问题、学生活动、教师活动、设计意图等</td></tr>
<tr><td>GGB</td><td>借助 GGB 制作动态的立体图形将难观察、难以想象的立体图形可视化，全方位、全透视、动态直观地观察立体图形，突出重点突破难点，增强空间直观想象</td></tr>
<tr><td>PPT</td><td>展示课前任务、课中学习的主要内容与各环节需要辅助的文字、问题、图形、符号、计算过程，教学流程等</td></tr>
</table>

续表

<table>
<tr><td>基础条件</td><td>学生基础</td><td>学生刚开始接触立体几何，缺乏空间想象能力，在教学中应注意促进学生主动探究学习方式的形成，帮助学生完善思维结构，发展空间想象能力，倡导学生积极主动、勇于探索的学习方法.通过生活情境入手，借助网络画板使学生进一步体会比较、化归、分析等一般科学方法的运用.
通过对球体、圆柱、圆锥、圆台以及棱柱、棱锥、棱台这些简单几何体的学习，直观感知了简单几何体的基本特性，为后面学习直观图做铺垫.同时，还可以培养学生空间想象能力、动手操作能力，能使数学知识与现实生活联系起来，突出数学学科的重要性.通过对空间图形的基本关系与公理的学习，建立空间点、线、面三者的位置关系的概念，需要学会用图形语言和自然语言表述，了解符号语言.从微观角度体会点、线、面之间的关系，进一步体会几何学习中，语言的简洁精确，初步建立几何直观的能力，为后面的定理学习奠定基础.直线平行于平面和平面平行于平面的判定定理需要观察长方体对角线、棱和面，通过直观感知、操作确认、归纳理解，不要求证明，而平行关系的性质需要学生掌握严格证明，并能熟练应用以发现新的定理或结论.在学习这四条定理时，学生不仅要学会文字语言的表述，而且要将其转化为符号语言和图形语言，熟练三种语言的转化，体验数学语言的简洁和严密.
在空间向量的学习中，要注意类比、推广、特殊化、化归等思想方法的应用，充分利用空间向量与平面向量之间的内在联系，通过类比，将平面向量中的概念、运算以及处理问题的方法推广到空间，既使相关的内容相互沟通，又学习了类比、推广、特殊化、化归等思想方法，体会数学探索活动的基本规律，提高对向量的整体认识水平.空间向量的引进、运算、正交分解、坐标表示、用空间向量表示空间中的几何元素等，都是通过与平面向量的类比完成的在空间向量运算中，还要注意与数的运算的对比.另外，通过适当的例子，对解决空间几何问题的三种方法，即向量方法、解析法、综合法进行比较，对各自的优势以及面临问题时应当如何做出选择进行正确的分析</td></tr>
</table>

<table>
<tr><td rowspan="5">单元大概念及下层结构</td><td colspan="7">单元名称：立体几何与空间向量
单元核心大概念：
概念结论类：空间点、直线、平面的位置关系，空间的平行关系（定义、判定、性质），空间的垂直关系（定义、判定、性质）.简单几何体的表面积与体积.
思想方法类：数形结合、转化与化归、分类与整合、特殊与一般、归纳与演绎、抽象与具体.
价值观念类：现实客观世界全是立体的世界，错综复杂，运动变化，客观世界是普遍联系的，联系中有规律性、不变性、现象与本质的关联、事物的认识总是螺旋式上升</td></tr>
<tr><td rowspan="2">课时名称</td><td rowspan="2">课时</td><td colspan="2">课时大概念</td><td colspan="3">课时概念梳理</td></tr>
<tr><td>简约化表达</td><td>特征化表达</td><td>概念结论（小概念）</td><td>思想方法</td><td>价值观念</td></tr>
<tr><td>8.1 基本立体图形</td><td>2</td><td>多面体与旋转体的结构特征</td><td>柱体、锥体、台体的结构特征以及相互之间的关系</td><td>柱体、锥体、台体的概念</td><td>数形结合
直观到抽象
定性到定量
特殊到一般
类比推理</td><td>事物变化具有普遍联系的；透过现象看本质</td></tr>
<tr><td>8.2 立体图形的直观图</td><td>2</td><td>立体图形的直观图</td><td>用斜二测画法画立体几何体的直观图</td><td>斜二测画法</td><td>直观到抽象
化归与转化思想</td><td>事物变化具有普遍联系的；透过现象看本质</td></tr>
</table>

续表

	课时名称	课时	课时大概念		课时概念梳理		
			简约化表达	特征化表达	概念结论（小概念）	思想方法	价值观念
单元大概念及下层结构	8.3 简单立体几何的表面积和体积	2	简单立体几何的表面积和体积	简单几何体的和表面积和体积	多面体的展开图形，旋转体的表面积与体积，球的表面积和体积	数形结合思想、特殊与一般思想、从直观到抽象	事物变化具有普遍联系的；透过现象看本质
	8.4 空间点直线平面之间的位置关系	2	空间点、直线、平面之间的位置关系	空间中点与面、线与线、线与面、面与面的位置关系，确定一个平面的方法	四个公理，异面直线，直线与平面相交、平行	化归与转化思想、特殊与一般思想、从直观到抽象、类比推理、归纳演绎	事物变化具有普遍联系的、可相互转化. 整体与局部的关联认识
	8.5 空间、直线平面的平行	3	线线平行、线面平行、面面平行	空间中线线平行与异面，空间中直线与平面、平面与平面的位置关系判定	直线与平面平行的判定与性质、平面与平面平行的判定与性质	数形结合思想、化归与转化思想、从直观到抽象、类比推理、归纳演绎	事物变化具有普遍联系的、可相互转化. 整体与局部的关联认识
	8.6 空间、直线平面的垂直	5	线线垂直、线面垂直、面面垂直	空间中直线与平面所称夹角，平面与平面所称夹角	直线与平面垂直的判定与性质、平面与平面垂直的判定与性质	数形结合思想、化归与转化思想、从直观到抽象、类比推理、归纳演绎	事物变化具有普遍联系的、可相互转化. 整体与局部的关联认识
	1.4 空间向量的应用（在立体几何的应用）	6	空间向量研究立体几何中有关直线、平面的位置关系和度量问题	用空间向量解决直线与平面、平面与平面之间的平行与垂直以及度量问题	空间向量解决线线垂直与平行、直线与平面和平面与平面的平行和垂直，线线角和二面角	数形结合思想，化归与转化思想、从直观到抽象	事物变化具有普遍联系的、可相互转化. 整体与局部的关联认识
单元教学目标	观察空间几何体，认识基本立体图形的结构特征，知道简单几何体的表面积和体积计算公式等，能运用这些特征描述现实生活中简单物体的结构，用公式解决简单的实际问题（抽象概括水平 1、直观想象水平 2、逻辑推理水平 1、数学计算水平 2、数学建模水平 2）. 借助长方体模型，在直观认识空间点、直线、平面的位置关系的基础上，抽象出空间点、直线、平面的位置关系的定义，了解以立体几何的本事实和重要定理，并会运用与证明（抽象概括水平 2、直观想象水平 2、逻辑推理水平 3、数学计算水平 3、数学建模水平 2）.						

续表

<table>
<tr><td>单元教学目标</td><td colspan="4">能用空间向量语言描述直线与平面，理解直线的方向向量与平面的法向量，能用空间向量语言表述线线、线面、面面的垂直、平行关系，能用空间向量方法证明有关线、面位置关系的判定定理，能用空间向量方法解决线线、线面、面面的夹角计算问题，点到直线、点到平面、平行直线、平行平面的距离问题，体会空间向量方法在研究几何问题中的作用（直观想象水平 2、逻辑推理水平 1、数学计算水平 3、数学建模水平 2）</td></tr>
<tr><td>单元核心问题及问题分解</td><td colspan="4">核心问题教学采用“课前任务—课中学习—课后任务”三段任务驱动学习. 课中学习运用核心问题教学模式：提出问题—解决问题—反思提升—运用反馈.
核心问题：观察和分析实物模型，探究立体几何中点、线、面、体的位置、大小、相互关系等，通过准确作图，使用数学符号语言推导说理，运用空间向量建立立体几何的线线平行和垂直关系、面面平行和垂直关系的证明，以及线线、线面、面面角，点、线、面之间的距离的计算模型和计算方法，归纳认识立体几何图形的结构特征、相关计算、重要定理的立体几何研究方法，空间向量优越性工具的作用</td></tr>
<tr><td rowspan="6">课时划分</td><td>课时名称</td><td>课时</td><td>课时大概念</td><td>课时核心问题</td></tr>
<tr><td>8.1 基本立体图形</td><td>2</td><td>简单几何体的结构特征</td><td>观察和分析实物模型，借助网络画板 3D 作图或者课件资源，探究棱柱、棱锥、棱台、圆柱、圆锥、圆台、球等简单几何体的结构特征，归纳它们的定义</td></tr>
<tr><td>8.2 立体图形的直观图</td><td>2</td><td>简单几何体的直观图</td><td>观察和分析实物模型，借助网络画板 3D 作图或者课件资源，探究斜二测法画出简单空间图形（长方体、球、圆柱、圆锥、棱柱及其简单组合）的直观图的画法</td></tr>
<tr><td>8.3 简单立体几何的表面积和体积</td><td>2</td><td>棱柱、棱锥、棱台、圆柱、圆锥、圆台、球的表面积和体积</td><td>借助实物图或网络画板 3D 作图或者课件资源，探究棱柱、棱锥、棱台、圆柱、圆锥、圆台、球的展开与复原，研究表面积和体积的计算方法</td></tr>
<tr><td>8.4 空间点直线平面之间的位置关系</td><td>2</td><td>平行直线、异面直线、垂直直线、平行平面、相交平面、垂直平面</td><td>借助长方形（正方体）实物图或网络画板 3D 作图，探究点、线、面、体的位置、大小、相互关系，探究立体几何的公理和基本定理，并用图形、文字、符号语言表达</td></tr>
<tr><td>8.5 空间直线平面的平行</td><td>3</td><td>线线、线面、面面的平行的性质定理与判定定理</td><td>利用长方体模型或网络画板 3D 作图，探究立体几何中线线、线面、面面的平行关系，利用几何直观，合情推理与逻辑推理，探究相关性质定理与判定方法，并用图形、文字、符号语言准确表达</td></tr>
<tr><td rowspan="2">课时划分</td><td>8.6 空间直线平面的垂直</td><td>5</td><td>线线、线面、面面的垂直的性质定理与判定定理</td><td>利用长方体模型或网络画板 3D 作图，探究立体几何中线线、线面、面面的垂直关系，利用几何直观，合情推理与逻辑推理，探究相关性质定理与判定方法，并用图形、文字、符号语言准确表达</td></tr>
<tr><td>1.4 空间向量的应用（在立体几何的应用）</td><td>6</td><td>直线的方向向量、平面的法向量、异面直线所成角、直线与平面所成角、二面角的平面角、点点距、点线距、点面距、异面直线距、线面距、面面距</td><td>利用空间向量刻画直线的方向向量和平面的法向量，探究立体几何中线线、线面的平行与垂直关系的向量证明，以及利用空间向量计算立体几何中的三大角（异面直线、直线与平面、二面角）、六大距离（点点距、点线距、点面距、异面直线距、线面距、面面距）的方法</td></tr>
</table>

续表

<table>
<tr><td>教学评价</td><td colspan="7">1. 对大概念的生成理解评价维度
（概念结论类）对立体几何与空间向量的概念结论的学习和认识，需要提供实物或立体几何模型，创设问题情境，让学生多观察、多思考，利用网络画板 3D 技术制作空间立体图形辅助多角度、全透视、全方位地观察，空间直观想象，建立立体几何模型，进而提高思维能力，逻辑推理能力，语言、文字、符号表达能力等，在评价学生时，积极引导为主、完善修正思维、鼓励大胆想象、严谨求证、准确计算.
（思想方法类）立体几何与空间向量的思想方法丰富，数形结合思想、分类与整合思想、化归与转化思想、特殊与一般思想、从直观到抽象、从定性到定量、类比推理、归纳演绎.
（价值观念）立体几何的世界，既是现实客观世界，也是可以发挥直观想象的虚拟世界，错综复杂，但其本质是点、线、面、体的大小、位置、关系. 学会认识和研究立体几何的三种方法，认识客观世界是普遍联系的，可以相互转化，形成对立统一的价值观.
概念结论类：现实世界中物体形状、大小与位置关系；空间点、直线、平面的位置关系；空间点、直线、平面的基本事实（公理、定理）；空间直线与平面的平行与垂直的性质与判定定理；简单几何体的表面积与体积.
思想方法类：数形结合、转化与化归、分类与整合、特殊与一般、归纳与演绎、抽象与具体.
价值观念类：现实客观世界全是立体的世界，错综复杂，运动变化，客观世界是普遍联系的，联系中有规律性、不变性、现象与本质的关联、事物的认识总是螺旋式上升的.
2. 对素养目标达成的评价：
（1）在研究立体几何中点、线、面位置关系和性质定理时，需利用数学符号语言进行推理表达，对直观想象、逻辑推理等素养进行评价.
（2）在利用向量概念和性质研究分析问题、转换和解决问题的活动中，对学生直观想象、逻辑推理、数学运算等素养进行评价</td></tr>
<tr><td>单元作业</td><td colspan="7">作业设计目的：以学业要求的达成为目标，以大概念核心知识为基础，体现单元教学的整体性，具体以问题情境为载体，以思想方法为依托，以关键能力为特征，突出单元大概念生成、理解、运用，综合体现数学学科核心素养的落实</td></tr>
<tr><td rowspan="3">单元作业</td><td>作业类型</td><td>作业目标</td><td>作业内容</td><td>作业情境</td><td>概念结论</td><td>思想方法</td><td>价值观念</td></tr>
<tr><td>基础性作业</td><td>通过使用三种不同的方法（基底法、坐标法、综合法）解决立体几何问题，复习巩固，体会几种方法的内在联系</td><td>教材习题复习巩固</td><td>数学情境</td><td>线面平行、线面垂直的性质定理、两个平面的夹角</td><td>数学结合</td><td>客观世界是普遍联系的，事物的认识总是螺旋式上升</td></tr>
<tr><td>综合性作业</td><td>结合 GGB 作图与实际模型，探究棱柱、棱锥、圆柱、圆锥的外接球与内切球</td><td>棱柱、棱锥、圆柱、圆锥的外接球与内切球问题</td><td>棱柱、棱锥、圆柱、圆锥</td><td>球的表面积、体积、棱柱、棱锥的几何性质、垂径定理</td><td>数形结合、转化与化归</td><td>客观世现象与本质的关联</td></tr>
</table>

续表

<table>
<tr><td rowspan="2">单元作业</td><td>作业类型</td><td>作业目标</td><td>作业内容</td><td>作业情境</td><td>概念结论</td><td>思想方法</td><td>价值观念</td></tr>
<tr><td>实践性作业</td><td>通过课外探究与阅读，结合实际模型理解祖暅原理，并能借助祖暅原理推导柱体和锥体的体积公式</td><td>祖暅原理探究立体几何的体积与表面积</td><td>祖暅原理</td><td>柱体体积、锥体体积</td><td>数形结合、转化与化归、抽象与具体</td><td>客观世界是普遍联系的，联系中有规律性、不变性、现象与本质的关联</td></tr>
<tr><td>反馈调整</td><td colspan="7">单元教学中，从核心问题教学的四个环节关注课堂学生的表现，尤其是新因素的发掘；单元教学后，从学生整体和个体的数学抽象、直观想象、逻辑推理等素养积淀、具体针对核心问题教学评价表（讨论稿）、大概念的核心问题教学素养目标点检测表（讨论稿）的相关要素进行搜集并反馈调整</td></tr>
</table>

“用空间向量研究距离问题”学教案

杨光虹

一、教学分析设计

【教材课标】☞

1. 课程标准分析

空间向量与代数专题的课标要求是：

（1）通过几何直观，理解向量运算的几何意义.

（2）探索并解释空间向量的内积（即数量积）与外积及其几何意义.

（3）理解向量的投影与分解及其几何意义，并会应用.

（4）掌握向量组的线性相关性，并能加以判断.

（5）掌握向量的线性运算，理解向量空间与子空间的概念.

用空间向量研究距离问题是课程标准第（2）、（3）的具体体现，是空间向量在立体几何中的具体应用，其实质是几何问题代数化.

2. 教材内容分析

用空间向量研究距离问题是人教社 A 版《普通高中教科书 数学选择性必修第一册》（以下简称《数学选择性必修第一册》）第一章第四节的内容，这一节是空间向量的应用，其核心内容是利用空间向量解决立体几何问题的一般方法：先用空间向量表示点、直线和平面等基本要素，建立立体图形与空间向量的联系；然后进行空间向量的运算；最后把空间向量的运算结果“翻译”成几何结论. 本节课是继点、直线和平面的向量表示以及直线、平面的平行和垂直等位置关系的向量表示之后，讨论空间距离和角度的向量表示，并通过例题归纳用向量方法解决立体几何问题的“三部曲”.

空间中直线、平面的位置关系主要研究平行、垂直等，也就是“方向”问题，而向量表达了方向，于是利用向量及其运算可以解决方向问题. 空间中度量问题主要研究“距离”和“夹角”问题. 距离和角度可以用向量的运算表达，于是利用向量的运算可以解决距离和夹角的问题. 向量法为解决立体几何问题提供了一种通用方法，这也是向量法的优势所在.

对于距离问题，由于前面研究了两点间的距离，本节课利用向量投影统一研究其余距离问题，其中点到直线的距离以及点到平面的距离是核心，其余距离都可以转化为这两类距离求解. 通过求解空间距离的问题，可以帮助学生归纳用空间向量解决立体几何问题的“三部曲”，并自觉运用“三部曲”解决立体几何问题，从而进一步体会向量及其运算在解决立体几何问题中的作用和普适性，培养学生直观想象、数学运算和逻辑推理等素养.

【大概念】☞

简约化表达：空间向量、空间距离.

特征化表达：空间向量是研究数学问题的重要工具和手段，利用空间向量可以计算各类空间距离，通过具体数学情境，可以推导相关距离公式，进而计算空间点到直线的距离、平行线间的距离、点到平面的距离、两平行平面间的距离.

<table>
<tr><td rowspan="2">课时</td><td colspan="2">课时大概念</td><td colspan="3">课时概念梳理</td></tr>
<tr><td>简约化表达</td><td>特征化表达</td><td>概念结论（小概念）</td><td>思想方法</td><td>价值观念</td></tr>
<tr><td>第 4 课时</td><td>空间向量、空间距离</td><td>用空间向量研究点到直线的距离、点到平面的距离</td><td>点到直线的距离
两平行线间的距离
点到平面的距离
两平行平面间的距离</td><td>转化与化归、数形结合</td><td>理念论联系实际，透过现象看本质</td></tr>
</table>

【资源条件】☞

资源名称	功能
黑板、实物投影台	板书核心问题；板书学生解决问题时交流、分析，板书反思提升要点；投影学生的解答
教材、学案	提供核心问题教学各环节中自主探究与解决问题的素材
PPT	出示具体的教学内容；提供全班交流时所需部分结果；出示评价反馈练习等内容

【学生基础】☞

学生在“立体几何初步”的学习中，对于距离和夹角有了一定的认识，但缺乏整体性、系统性. 在本章前面的学习中，已经利用空间向量及其运算、空间向量基本定理等解决了一些简单的立体几何问题，但对于其中的向量方法体会还不够深刻，对于用空间向量解决立体几何问题的“三部曲”，也达不到熟练运用的程度，特别是在解决综合性问题时，常常对其中的第一步“建立立体图形与空间向量的联系，用空间向量表示问题中涉及的点、直线、平面，把立体几何问题转化为向量问题”缺少经验和体会. 但另一方面，由于学生已经系统学习了平面向量和空间向量的理论知识，具备利用向量解决数学问题的思路和条件，同时，高二的学生已具备较强的逻辑推理和运算素养，动手、动脑的习惯基本养成，所以本节课的学习应该相对容易.

【教学目标】☞

在解决给定数学问题情境的过程中，抽象数学概念（数学抽象 1），提炼实质，建立模型（数学建模 1），运用空间向量推导空间中点到直线、点到平面的距离公式（数学运算 2，逻辑推理 3），进一步明确相互平行的直线、直线到平面、相互平行的平面的距离的解决办法（逻辑推理 2）. 在相关距离公式的推导过程中，体验向量方法解决立体几何问题的一般过程，体验向量的工具性作用.

【核心问题】☞

空间距离是立体几何中度量问题的一大基本类型，是数与形结合的典型问题，空间向量也是数与形的完美结合体，所以用空间向量研究空间距离就非常自然和合理. 由于距离必然涉及垂直，一个向量在另一个向量方向上的投影向量的长度是由这个向量的起点和终点分别向被投影向量作垂线后，垂足之间的距离，这就给学生提供了思考的方向和解决空间距离的具体方法. 用向量方法推导点线距离和点面距离是本节课的核心知识，推导过程中利用已有知识与待解决问题间建立联系体现了上下位知识的融合性，学生在解决问题的活动中体验向量知识的强大工具性作用，进而培养学生的学习兴趣. 基于以上分析，本节课采用以学生为主体，参与活动、自主探究为主要形式的核心问题教学.

核心问题：尝试用不同方法解决给定距离问题，归纳主要步骤.

1. 如图 1，在棱长为 2 的正方体 $ABCD-A_1B_1C_1D_1$ 中，E 是 BC 的中点，P 是 AE 上的动点，求 D_1P 长度的最小值.

2. 如图 2，P 是 Rt$\triangle ABC$ 所在平面外一点，且 $PA\perp$ 平面 ABC，$\angle BAC=90°, BA=3, AC=4,$ $PA=1$. 求点 A 到平面 PBC 的距离.

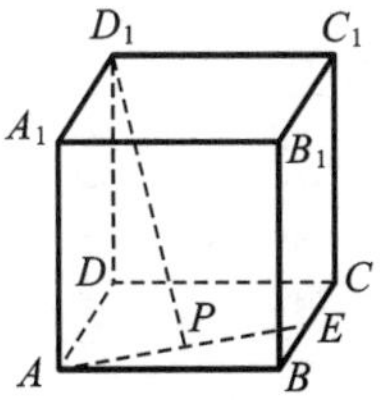

图 1

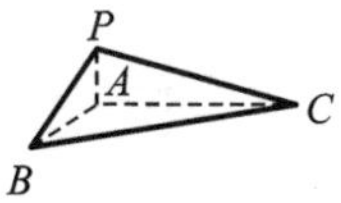

图 2

【评价预设】☞

1. 提出问题环节

从学生熟悉的能解决的数学问题情境入手，布置任务，鼓励和激发学生的学习兴趣与信心，从已有知识中建构新知，启迪思维.

2. 解决问题环节

结合学生对核心问题的完成情况，教师加以指导完善，特别注意总结方法，提炼核心步骤，为后面一般情形做铺垫. 教师设问、学生回答、辨析、提炼等都应围绕学生的实际进行评价.

3. 反思提升环节

根据解决问题环节形成的方法，引导学生抽象提炼一般步骤，引导学生反思、总结、提升，教师应围绕学生对体验到思想方法和提炼出的方法和步骤进行评价.

4. 运用反馈环节

检测学生把课堂中体验到的数学方法用来解决问题的能力，教师应围绕学生能否应用知识解决问题，能否落实本节课的教学目标进行评价.

二、教学实施设计

【教学过程】☞

<table>
<tr><th colspan="2">教学环节（时间）</th><th>学生活动</th><th>教师活动</th><th>设计意图</th><th>技术融合</th></tr>
<tr><td colspan="2">提出问题
（3 min）</td><td>思考立体几何中的各种距离问题，发现归根结底就是点线距离和点面距离，回顾解决这些距离问题的方法和步骤</td><td>1. 立体几何中有哪些距离问题？如何研究这些距离问题？
2. 展示具体的点线距离和点面距离问题？</td><td>明确研究内容，聚焦基本问题．创设具体到一般的问题情境，让学生尝试解决具体的点到直线的距离和点到平面的距离</td><td>PPT，利用 PPT 展示核心问题，给出数学情境</td></tr>
<tr><td rowspan="2">解决问题
（17 min）</td><td>问题 1. 如图，在棱长为 2 的正方体 $ABCD-A_1B_1C_1D_1$ 中，E 是 BC 的中点，P 是 AE 上的动点，求 D_1P 长度的最小值</td><td>方法一：几何法．
方法二：利用空间向量的模长建立函数，再求函数的最值．
方法三：利用投影向量的长度，建立直角三角形，利用勾股定理求解</td><td rowspan="2">鼓励同学们尝试不同解法，勇于探索新方法，巡视指导学生完善解答，特别注意总结方法，为后面一般情形做铺垫</td><td>由具体到一般的研究思路，学生在解决了具体问题之后，抽象概括，为归纳整理一般性的方法和步骤做铺垫．化抽象为具体，旨在攻克本节课的难点</td><td>实物投影，展示学生解决问题的过程和方法</td></tr>
<tr><td>问题 2. 如图，P 是 $\mathrm{Rt}\Delta ABC$ 所在平面外一点，且 $PA\perp$ 平面 ABC，$\angle BAC=90°, BA=3, AC=4, PA=1$. 求点 A 到平面 PBC 的距离</td><td>方法一：几何法，需要经历找（作）、证、算等步骤．
方法二：等体积法．
方法三：利用投影向量的长度求解</td><td></td><td></td></tr>
<tr><td colspan="2">反思提升
（10 min）</td><td>1. 数学知识：
（1）点到直线的距离．
直线 l 的方向向量是 $\vec{a}$，点 $P\notin l, P'\in l$，则点 P 到直线 l 的距离为 $d=\sqrt{\left|\overrightarrow{PP'}\right|^2-\left(\frac{\overrightarrow{PP'}\cdot\vec{a}}{\left|\vec{a}\right|}\right)^2}$</td><td>引导学生归纳总结，形成一般的距离公式，教师辅助学生修正完善，板书相关公式</td><td>学生经历具体距离问题的求解过程，反思总结，归纳数学知识和思想方法，形成一般的距离公式</td><td>板书</td></tr>
</table>

续表

教学环节（时间）	学生活动	教师活动	设计意图	技术融合
反思提升 （10 min）	（2）点到平面的距离. 已知 AB 为平面 α 的一条斜线段（点 A 在平面 α 内），$\vec{n}$ 为平面 α 的法向量，则点 B 到平面 α 的距离为 $d=\left\|\|\overrightarrow{AB}\|\cdot\cos\langle\overrightarrow{AB},\vec{n}\rangle\right\|$ $=\dfrac{\|\overrightarrow{AB}\cdot\vec{n}\|}{\|\vec{n}\|}$ （3）平行线间的距离⇒点线距离； 线面距离⇒点面距离； 面面距离⇒点面距离. （4）用空间向量解决立体几何问题的“三步曲”. 2. 数学思想方法： 数形结合、转化与化归、向量法、坐标法			
运用反馈（10 min） 1. 如图，已知正方形 $ABCD$ 的边长为 1，$PD\perp$ 平面 $ABCD$，且 $PD=1$，E,F 分别为 AB,BC 的中点. （1）求点 D 到平面 PEF 的距离； （2）求直线 AC 到平面 PEF 的距离. 2. 正方体 $ABCD-A_1B_1C_1D_1$ 的棱长为 4，M,N,E,F 分别为 A_1D_1，A_1B_1,C_1D_1,B_1C_1 的中点，求平面 AMN 与平面 $EFBD$ 间的距离	学生独立完成反馈练习，进一步熟悉相关距离公式，体验利用空间向量解决距离问题的优越性	巡视指导，待完成解答后，抽学生进行交流分享，对学生的作答情况做点评，适当板书相关过程	学以致用，检验学生对相关知识和方法的掌握情况，同时进一步熟悉公式，培养学生的逻辑推理、数学运算等核心素养	PPT，展示规范的解答过程，强调细节、规范作答

【板书设计】☞

§1.4.2 用空间向量研究距离问题		
一、核心问题： 尝试用不同方法解决给定距离问题，归纳主要步骤. 二、解决问题： 问题 1：方法一：几何法. 方法二：利用空间向量的模建立函数，再求函数最值. 方法三：利用投影向量的长度，建立直角三角形，利用勾股定理求解. 问题 2：方法一：几何法，找（作）、证、算. 方法二：等体积法. 方法三：利用投影向量的长度求解.	多媒体	三、反思提升 一、数学知识： 1. 点到直线的距离： $d=\sqrt{\left\|\overrightarrow{PP'}\right\|^2-\left(\frac{\overrightarrow{PP'}\cdot\vec{a}}{\left\|\vec{a}\right\|}\right)^2}$. 2. 点到平面的距离： $d=\left\|\left\|\overrightarrow{AB}\right\|\cdot\cos\left\langle\overrightarrow{AB},\vec{n}\right\rangle\right\|=\frac{\left\|\overrightarrow{AB}\cdot\vec{n}\right\|}{\left\|\vec{n}\right\|}$ 3. 平行线间的距离 ⇒ 点线距离； 线面距离 ⇒ 点面距离；面面距离 ⇒ 点面距离. 4. 用空间向量解决立体几何问题的“三部曲”. 二、数学思想方法： 数形结合、转化与化归、向量法，坐标法 四、运用反馈 学生板书解答过程

【作业设计】☞

课时作业的结构化设计.

作业序号	作业目标	学习探索情境		概念结论		思想方法		价值观念		整体评估	
		内容	水平	内容	水平	内容	水平	内容	水平	类型	水平
1～4	理解空间距离的实质，熟悉相关距离公式并应用	点到直线的距离的考查，点到平面距离的考查	简单	空间距离的概念与应用	数学运算 1	概念辨析、数形结合	数学抽象 1 数学运算 1	数学思维的连续性	数学运算 1	基础性作业	学业质量水平 1
5	回顾空间位置关系的判定与性质，应用空间距离公式解决相关问题	面面垂直，线面平行	较复杂	空间距离的内涵	数学抽象 2 数学运算 2	特殊到一般	逻辑推理 2 数学运算 2	历史性、稳定性、持久性	数学抽象 2 数学运算 2	综合性作业	学业质量水平 2
6	提高学生查阅资料的能力，体会数学知识之间的内在联系	感受空间距离的应用	复杂	空间距离的应用	数学抽象 3	文献检索	数据分析 2 数学建模 2	选择性、主观性	数据分析 2	实践性作业	学业质量水平 2

（具体的作业内容略）

【教学流程】☞

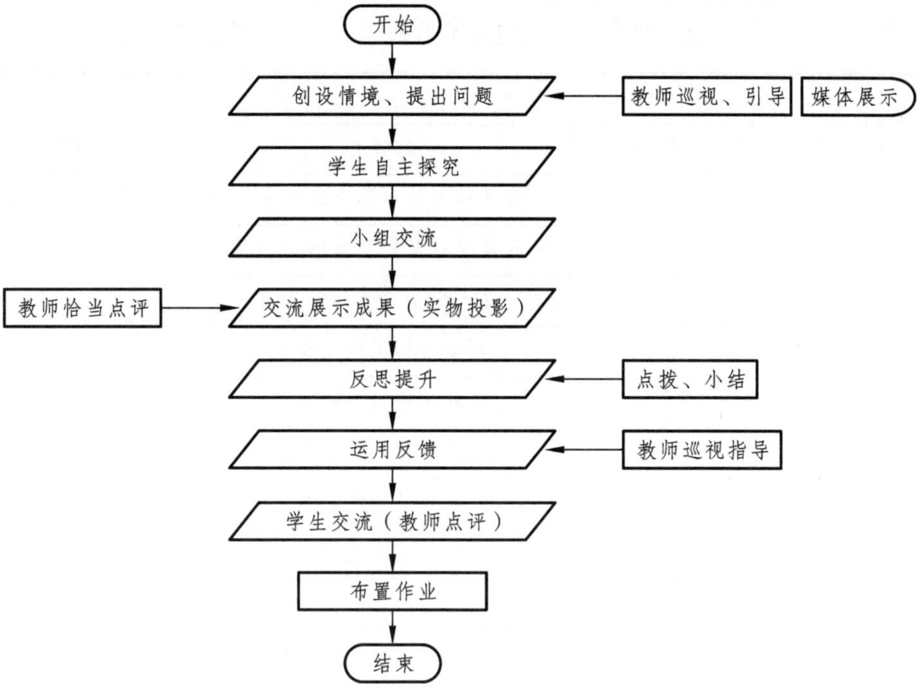

三、教学评价设计

【评价实施】☞

本节课以给定的具体距离作为活动探究的主要载体，学生熟悉问题情境，能积极参与，就算部分学生不能用空间向量加以解决，但是用已有知识和方法也能解决．因此，在提出问题环节，我以“尝试用不同方法解决给定距离问题，归纳主要步骤”为核心问题，旨在让学生都能参与活动．所以解决问题环节，老师能根据不同学生的情况做出积极正面的鼓励性评价．学习过程由具体到抽象，由特殊到一般，由易到难，符合学生的认知规律．学生经历充分的活动，解决核心问题，为反思提升创造条件．反思提升环节，学生有话可说，教师只需适当优化，形成新知．同时，本节课学生活动充分，教师进一步引导学生从数学思想的角度反思提升，形成学科思想方法和价值观念．有了前面三个环节的充分体验，学生运用所学知识很容易解决运用反馈的问题．

大概念核心问题教学文化评价表

课时名称：用空间向量研究距离问题．

所属单元：第四单元．

单元大概念：空间向量．

单元核心问题：运用空间向量解决立体几何问题中的平行、垂直等位置关系以及距离和角等度量关系.

课时大概念：空间向量、空间距离.

课时核心问题：尝试用不同方法解决给定距离问题，归纳主要步骤.

<table>
<tr><th rowspan="2">评价目标</th><th colspan="3">评价指标</th><th rowspan="2" colspan="2">评价
方法结果</th></tr>
<tr><th>一级指标</th><th>二级指标</th><th>三级指标</th></tr>
<tr><td rowspan="12">实现活动体验中的学习与素养发展</td><td rowspan="12">具有大概念核心问题教学形态</td><td rowspan="3">核心问题
利于活动体验</td><td>内含学科问题和学生活动方式</td><td>8</td><td rowspan="12">每项指标最高评 8 分（满分为 96 分）

合计 92 分</td></tr>
<tr><td>问题情境与真实生活密切相关</td><td>8</td></tr>
<tr><td>能引发大概念、新知新法生成</td><td>8</td></tr>
<tr><td rowspan="3">教学目标
价值引导恰当</td><td>两类目标正确全面</td><td>8</td></tr>
<tr><td>关联体验目标恰当</td><td>7</td></tr>
<tr><td>目标价值引导显现</td><td>7</td></tr>
<tr><td rowspan="3">教学环节
完整合理落实</td><td>教学环节清晰完整</td><td>8</td></tr>
<tr><td>环节内容合理充实</td><td>7</td></tr>
<tr><td>学生活动时间充分</td><td>8</td></tr>
<tr><td rowspan="3">教学要素
相互匹配促进</td><td>问题目标环节两两匹配</td><td>8</td></tr>
<tr><td>技术促进活动形式内容</td><td>7</td></tr>
<tr><td>素养导向突出氛围浓郁</td><td>8</td></tr>
<tr><td rowspan="16">实现活动体验中的学习与素养发展</td><td rowspan="16">具有大概念核心问题教学特质</td><td rowspan="4">拓宽学习视野</td><td>课堂与现实世界有恰当关联</td><td rowspan="16" colspan="2">选择一个表现突出的二级指标，在相应三级指标引导下，以现场学生表现为主要依据，以其余指标为背景，于本表的第二页写出 150 字以上的简要评价</td></tr>
<tr><td>有基于缄默知识的问题解决</td></tr>
<tr><td>有缄默知识运用的追踪剖析</td></tr>
<tr><td>知识运用剖析导向素养发展</td></tr>
<tr><td rowspan="4">投入实践活动</td><td>有真实而且完整的实践活动</td></tr>
<tr><td>实践活动深度融入两类情境</td></tr>
<tr><td>能够全身心地浸渍于活动中</td></tr>
<tr><td>活动的内容结果均丰富深入</td></tr>
<tr><td rowspan="4">感受意义关联</td><td>有核心问题的深层意义感受</td></tr>
<tr><td>有以知识为中心的关联感受</td></tr>
<tr><td>有以个人为中心的关联感受</td></tr>
<tr><td>有对三类大概念的关联感受</td></tr>
<tr><td rowspan="4">自觉反思体验</td><td>有实质性反思活动的开展</td></tr>
<tr><td>有课堂新因素的追踪利用</td></tr>
<tr><td>有体验的交流与改善重构</td></tr>
<tr><td>有概念生成中的素养发展</td></tr>
</table>

续表

<table>
<tr><td rowspan="2">评价目标</td><td colspan="3">评价指标</td><td rowspan="2">评价
方法结果</td></tr>
<tr><td>一级指标</td><td>二级指标</td><td>三级指标</td></tr>
<tr><td rowspan="7">实现活动体验中的学习与素养发展</td><td rowspan="7">具有大概念核心问题教学特质</td><td rowspan="4">乐于对话分享</td><td>乐于自我的表达与认真的倾听</td><td rowspan="7"></td></tr>
<tr><td>乐于合作中成果与思路的分享</td></tr>
<tr><td>乐于成果交流中深层意义分享</td></tr>
<tr><td>有宽容的对话氛围和双向交流</td></tr>
<tr><td rowspan="3">认同素养评价</td><td>认可素养评价</td></tr>
<tr><td>参与素养评价</td></tr>
<tr><td>利用素养评价</td></tr>
<tr><td colspan="5">大概念核心问题教学特质的简要评价（包括发展性建议）</td></tr>
<tr><td colspan="5">本节课凸显了核心问题教学中“投入实践活动”这一教学实质.
本节课以给定的具体问题为背景，创设数学情境，学生紧紧围绕该问题情境，在尝试运用不同方法解决之后，首先发现这些不同距离实质上就是点线距离和点面距离；其次，这些问题用传统几何方法解决难度较大，进而教师引导学生尝试用空间向量，走代数法的路线. 过程中，教师引导学生进一步探究，进而得出相关距离公式，整堂课教师抓住学生“投入实践”一主线开展教学. 学生通过解决核心问题的题目，体验空间中各种距离的联系，在解决核心问题后半段的探究活动中，通过转化与化归的思想解决问题，这样的探究活动培养了学生综合分析问题的能力，转化与化归的能力等. 学生在经历这样的活动过程中，一直在不断地体验空间距离的不同方法，在不断地进行数学实践活动. 所以，本节课突出体现了核心问题教学的“投入实践活动”这一实质</td></tr>
</table>

【信息收集】☞

课后收集了全班学生的运用反馈练习51份. 对收集到的51份学生运用反馈练习基于关联体验目标达成情况评判标准进行了批阅和分类，并按照等级标准标注了等级；在此基础上完成了“大概念的核心问题教学素养目标点检测表”（附于教学设计之后）.

【反馈调整】☞

基于本节课的核心问题设置较为恰当,体验到了恰当设置核心问题的重要性和必要性. 因此较好地达成了体验性目标和结果性目标，整节课的完成是比较成功的.

（1）学生活动充分，体验层层深入. 作为一节高二探究课，更关注学生的“学”. 放手把时间交还给学生，学生先后经历了独立探究、小组合作、全班展示交流三个活动环节. 由于学生活动充分所以在全班展示环节，学生的展示有内容，有层次，有高潮.

（2）教师的评价实施较好和学生感受意义关联较好. 本节课是在空间向量、空间距离的大概念下，基于空间向量研究空间距离的大单元教学，实质上是一节知识的应用课（用空间向量解决空间距离），然后运用所学知识和方法，尝试探究异面直线间的距离问题，学生活动充分，学习效果较好，达成了预期的教学目标.

大概念核心问题教学素养目标点检测表

<table>
<tr><td>课时名称</td><td colspan="3">用空间向量研究距离问题</td></tr>
<tr><td>所属单元</td><td colspan="3">空间向量与立体几何</td></tr>
<tr><td>单元大概念</td><td colspan="3">空间向量、空间距离</td></tr>
<tr><td>单元核心问题</td><td colspan="3">运用空间向量解决立体几何问题中的平行、垂直等位置关系以及距离和角等度量关系</td></tr>
<tr><td>课时大概念</td><td colspan="3">空间向量、空间距离</td></tr>
<tr><td>课时核心问题</td><td colspan="3">尝试用不同方法解决给定距离问题，归纳主要步骤</td></tr>
<tr><td>课时素养目标</td><td colspan="3">能用向量方法解决点到直线、点到平面、相互平行的直线、直线到平面、相互平行的平面的距离问题.
在相关距离公式的推导过程中，体验向量方法解决立体几何问题的一般过程，体验向量的工具性作用</td></tr>
<tr><td>检测点</td><td colspan="3">点到直线的距离公式与点到平面的距离公式的运用.</td></tr>
<tr><td>检测工具
（检测题）</td><td colspan="3">1. 棱长为 1 的正方体 $ABCD—A_1B_1C_1D_1$ 中，M，N 分别是线段 BB_1, B_1C_1 的中点，则直线 MN 到平面 ACD_1 的距离为______.
2. 如图所示，多面体 $ABCDE$ 中，面 $ABCD\perp$ 面 ABE，$AD\perp AB$，$AD//BC$，$\angle BAE=\dfrac{\pi}{2}$，$AB=AD=AE=2BC=2$，$F$ 是 AE 的中点.
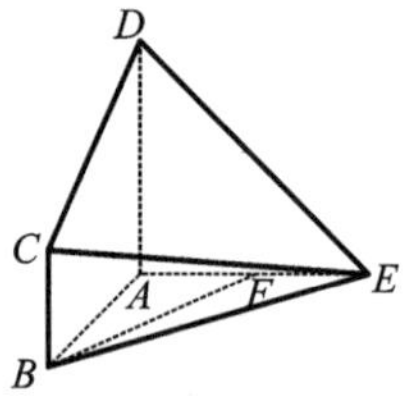

（1）证明：$BF//$平面 CDE；（2）求点 F 到平面 CDE 的距离</td></tr>
<tr><td rowspan="4">分类标准</td><td colspan="3">A. 能基于数学问题情境，分析问题，提炼实质，选用相应公式，完整解决问题 1，2，达成数学建模，数学运算等核心素养的培育</td></tr>
<tr><td colspan="3">B. 能基于数学问题情境，分析问题，提炼实质，选用相应公式，比较完整解决问题 1，2，在问题 1 或 2 的运算上有一些小问题，数学运算素养需要进一步培育</td></tr>
<tr><td colspan="3">C. 能基于数学问题情境，分析问题，提炼实质，选用相应公式，只能正确计算一个问题，数学建模，数学运算等核心素养需要提升</td></tr>
<tr><td colspan="3">D. 能基于数学问题情境，分析问题，提炼实质，公式选用存在问题，不能正确解决问题，需要全面提升数学核心素养</td></tr>
<tr><td rowspan="5">检测统计</td><td>分类等级</td><td>学生人数（总人数 51 人）</td><td>百分比</td></tr>
<tr><td>A</td><td>32</td><td>63%</td></tr>
<tr><td>B</td><td>12</td><td>24%</td></tr>
<tr><td>C</td><td>4</td><td>8%</td></tr>
<tr><td>D</td><td>3</td><td>5%</td></tr>
<tr><td>检测分析
结果运用</td><td colspan="3">空间距离是空间两大度量关系的一个重要方面，学生用传统几何方法解决起来难度较大. 空间向量是数学中的一大工具，用空间向量可以比较容易地解决空间距离问题. 在解决这些问题过程中，核心是点到直线的距离和点到平面的距离，其实质是一个向量在另一个向量方向上的投影长度. 从学生的答题情况分析可以看出，学生在掌握了点到直线的距离和点到平面的距离公式之后，可以很容易地解决相关问题.</td></tr>
</table>

续表

<table>
<tr>
<td>素养目标达成典型实例</td>
<td>
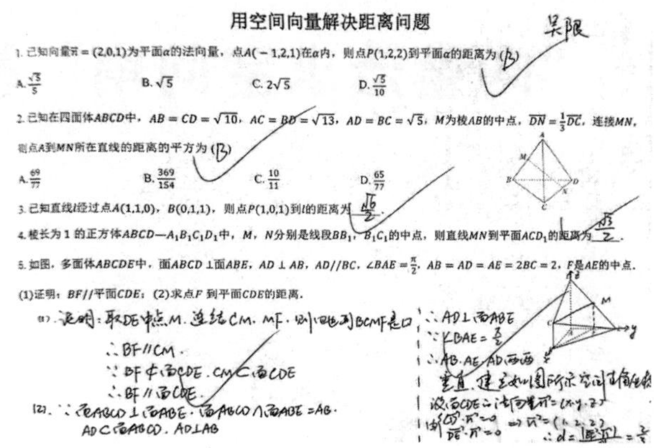

用空间向量解决距离问题

1. 已知向量$\vec{n}=(2,0,1)$为平面α的法向量，点$A(-1,2,1)$在α内，则点$P(1,2,2)$到平面α的距离为（B）

A. $\frac{\sqrt{5}}{5}$ B. $\sqrt{5}$ C. $2\sqrt{5}$ D. $\frac{\sqrt{5}}{10}$

2. 已知在四面体$ABCD$中，$AB=CD=\sqrt{10}$，$AC=BD=\sqrt{13}$，$AD=BC=\sqrt{5}$，M为棱AB的中点，$\overrightarrow{DN}=\frac{1}{3}\overrightarrow{DC}$，连接$MN$，则点$A$到$MN$所在直线的距离的平方为（B）

A. $\frac{69}{77}$ B. $\frac{369}{154}$ C. $\frac{10}{11}$ D. $\frac{65}{77}$

3. 已知直线l经过点$A(1,1,0)$，$B(0,1,1)$，则点$P(1,0,1)$到l的距离为$\frac{\sqrt{6}}{2}$.

4. 棱长为1的正方体$ABCD-A_1B_1C_1D_1$中，M，N分别是线段BB_1，B_1C_1的中点，则直线MN到平面ACD_1的距离为$\frac{\sqrt{3}}{2}$.

5. 如图，多面体$ABCDE$中，面$ABCD\perp$面ABE，$AD\perp AB$，$AD//BC$，$\angle BAE=\frac{\pi}{2}$，$AB=AD=AE=2BC=2$，F是AE的中点.

(1)证明：$BF//$平面CDE；(2)求点F到平面CDE的距离.
</td>
</tr>
<tr>
<td>检测反馈</td>
<td>空间向量是数学中的重要工具，利用空间向量可以比较容易地解决空间距离问题.解决距离问题的核心是点到直线的距离和点到平面的距离，实质是一个向量在另一个向量方向上的投影长度</td>
</tr>
</table>

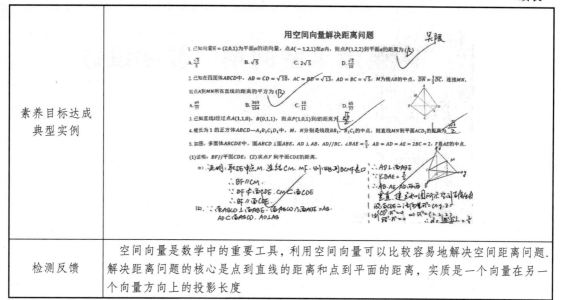

“向量法求空间角”教学设计

彭艳

一、教学分析设计

【教材课标】☞

F. 克莱因说：“对比把长度、面积、体积考虑为绝对值的普通初等几何学，这样做有极大的好处. 初等几何必须依照图形呈现的情况而区分许多情况，而现在使用几个简单的一般定理就可以概括.”这几个“一般定理”就是向量的加法与减法、数乘、数量积的运算及运算规则、几何意义（物理意义），以及向量基本定理及坐标表示. 用向量方法研究几何，可概括为“三部曲”：用向量表示出问题中关键的点、线、面；进行向量计算得出结果；对所得结果给予几何的解释而将问题解决. 需要注意的是，向量法是非常灵活的，利用“基”转化为坐标运算仅仅是其中的一种方法.

本章属于《课程标准》（2017 年版）中“几何与代数”主线的内容. 学生将在必修（第二册）“平面向量”和“立体几何初步”的基础上学习空间向量及其运算、空间向量基本定理，并利用空间向量解决立体几何问题. 对于用空间向量解决立体几何问题，教科书“先分散、后集中”，即在学习空间向量及其运算、空间向量基本定理时“随学随用、学以致用”，同时在解决立体几何问题中巩固空间向量的知识. 最后，利用空间向量描述空间直线、平面间的平行、垂直关系，用空间向量解决空间距离、夹角问题，让学生进一步体会用空间向量解决立体几何问题的思想和方法.

本章共分为四部分：空间向量及其运算、空间向量基本定理、空间向量及其运算的坐标表示、空间向量的应用.

“空间向量及其运算”是本章的基础，主要包括空间向量的基本概念和基本运算. 空间向量的概念和运算与平面向量的概念和运算具有一致性.

“空间向量基本定理”揭示出三维空间任何一个向量都可以用三个不共面的向量唯一表示，因此空间中三个不共面的向量就构成了三维空间的一个“基底”，这为几何问题代数化奠定了基础. 为了突出空间向量基本定理的基础地位，教材将这一节内容单设一节. 不仅学习空间向量基本定理，还应用向量方法解决立体几何中的一些问题. 这种安排不仅可以突出空间向量基本定理在本章内容中承上启下的作用，而且可以使学生更好地掌握用空间向量解决立体几何问题的基本方法——基底法，为后续学习空间向量及其运算的坐标表示奠定坚实基础.

“空间向量及其运算的坐标表示”主要包括空间直角坐标系和空间向量运算的坐标表示.

其中，空间直角坐标系是空间向量运算坐标表示的基础. 对于空间直角坐标系的编排，基于使本章内容逻辑主线更加清晰地考虑，教材选择了利用空间任意给定的一点和一个单位正交基底建立空间直角坐标系的方法，这与旧教材从立体几何知识出发建立空间直角坐标系相比有较大不同. 由于空间向量运算的坐标表示与平面向量的坐标表示类似，因此，对于空间向量运算的坐标表示的编排，教科书采用类比方法，引导学生经历由平面推广到空间的过程.

“空间向量的应用”主要是利用向量方法解决简单的立体几何问题，包括用空间向量描述空间直线、平面间的平行、垂直关系，证明直线、平面位置关系的判定定理，用空间向量解决空间距离、夹角问题等，向量方法是这部分的重点. 为了使学生掌握向量方法，教材以典型的立体几何问题为例，让学生体会向量方法在解决立体几何问题中的作用，并引导学生自己归纳用向量方法解决立体几何问题的“三部曲”. 同时，教材还注意引导学生归纳向量法、综合法与坐标法的特点，根据具体问题的特点选择合适的方法.

空间向量及其运算、空间向量基本定理、空间向量及其运算的坐标表示和立体几何中的向量方法是本章的重点. 用向量方法解决立体几何中的问题，需要综合运用向量知识和其他数学知识，通过建立立体图形与空间向量之间的联系，把立体几何问题转化为向量问题，这对学生的直观想象、数学运算、逻辑推理等数学学科核心素养要求较高.

空间向量与立体几何是选择性必修一的第一章，在必修课程学习平面向量的基础上，将平面向量推广到空间，学习空间向量及其运算、空间向量基本定理及空间向量运算的坐标表示，并运用空间向量研究立体几何图形的位置关系和度量问题，包括用空间向量描述空间直线、平面间的平行、垂直关系，用空间向量解决空间距离、夹角问题等，通过这一章的学习，侧重提升学生的直观想象、数学运算、逻辑推理和数学抽象等数学学科核心素养.

1. 关注内容的联系性和整体性，构建本章的研究框架

与必修“平面向量及其应用”一样，本章也是《课程标准》(2017 年版)中“几何与代数”的主线内容. 空间向量既是代数研究的对象，也是几何研究的对象，是沟通几何与代数的桥梁. 本章的内容安排充分考虑空间向量的这种联系性，突出几何直观与代数运算之间的融合，通过形与数的结合，感悟数学知识之间的关联，加强对数学整体性的理解.

2. 类比平面向量研究空间向量的概念及其运算，关注其中维数带来的变化

平面向量与空间向量都属于向量，平面向量是二维向量，空间向量是三维向量，两者有密切的联系. 空间向量是平面向量的推广，两者除维数不同外，在概念、运算及其几何意义、坐标表示等方面具有一致性；平面向量基本定理与空间向量基本定理在形式上也具有一致性；利用空间向量解决立体几何问题，是利用平面向量解决平面几何问题的发展，主要变化是维数的增加，讨论对象由二维图形变为三维图形，基本方法都是将几何问题用向量形式表示，通过向量的运算，得出相应的几何结论.

由于平面向量和空间向量具有相同的线性运算性质，在构建空间向量及其线性运算的结构体系时，把空间向量及其线性运算的内容进行了集中处理，相关概念和线性运算性质通过类比平面向量的方式呈现. 这样，使教材在局部范围内整体性更强，知识的纵向联系更加紧密.

3. 关注空间向量与立体几何知识间的联系

空间向量体系的建立需要立体几何的基本知识，反过来，立体几何中的问题可以用向量

方法解决. 因此，空间向量与立体几何间有着天然的联系. “空间向量与立体几何”属于“几何与代数”内容主线，课标设计的基点是让学生知道如何用代数运算解决几何问题，是现代数学的重要研究方法.

4. 突出用向量方法解决立体几何问题

立体几何讨论的是三维空间中的点、直线、平面等元素，由于它们可以与空间向量建立联系，许多立体几何问题可以转化为空间向量问题，通过空间向量的运算得出几何结论.

5. 关注用空间向量研究空间中直线、平面间的夹角问题

角度是立体几何中的另外一个重要的度量. 空间直线、平面间的夹角问题，包括直线与直线所成的角、直线与平面所成的角、平面与平面所成的角. 而直线、平面又都可以利用它的方向向量来刻画，因而空间直线、平面间的夹角问题就转化为求直线的方向向量、平面的法向量间的夹角问题，进而可以利用空间向量的数量积运算加以解决.

学生在必修课程“立体几何初步”的学习中，已经知道如何用综合几何的方法求两条异面直线所成的角，即通过平移把两条异面直线转化为相交直线，再构造三角形来计算. 有了向量工具，两条直线的方向能用它们的方向向量来表达，利用向量方法就能得到这两条异面直线的夹角，而不需要平移，从而既体现“角”的本质，也简化求解过程；同时为研究直线与平面所成的角，以及平面与平面的夹角奠定基础.

类似地，求直线与平面所成的角，可以转化为求直线的方向向量与平面的法向量的夹角；求平面与平面的夹角，可以转化为求这两个平面的法向量的夹角或其补角，并给出其一般计算公式.

【大概念】☞

为将《普通高中数学课程标准》(2017 年版 2020 年修订）中“以大概念为核心，使课程内容结构化”落到实处，更好发挥学科育人功能，培养学生数学学科核心素养，从定义结论、思想方法、价值观念三个层面挖掘本单元的大概念.

简约化表达：空间向量研究立体几何中有关直线、平面的位置关系和度量问题.

特征化表达：用空间向量解决直线与平面、平面与平面之间的平行与垂直以及度量问题.

概念类别	简约化表达	特征化表达
概念结论类	空间向量解决线线垂直与平行、直线与平面和平面与平面的平行和垂直，线线角和二面角	二面角的求解是继立体几何中的证明之后角的求解的一个知识点，用空间向量的方法求解二面角的步骤比较清楚明确，先求两个平面的法向量，再求这两个法向量的夹角的余弦. 在具体的立体图形中，二面角是锐角还是钝角需要通过直观观察得出结论，从而确定法向量的夹角是二面角本身还是其补角，最后得出结论. 在此处，求法向量时，或者先设法向量，通过方程组取其中一个法向量，或者根据证明线面垂直从而直接得出法向量. 而在判断二面角是锐角还是钝角时，需要一定的直观想象能力

续表

概念类别	简约化表达	特征化表达
思想方法类	数形结合思想，化归与转化思想、从直观到抽象	数形结合：立体几何属于几何范畴，通过空间向量的方法求解二面角，充分抓住了数形结合的直观性，化几何为代数，再回归到几何结论. 转化：利用点的位置关系（中点、等分点）写出某些点的坐标，以及通过向量的关系（相等、共线）写出某些向量的坐标，都体现了转化的思想. 坐标法：建立恰当的直角坐标系，将点表示为有序数对，建立起空间内几何体上的点与有序数对之间的一一对应，将符号语言坐标化，借助数学运算和逻辑推理，求解二面角

【资源条件】☞

资源名称	功能	来源
黑板	板书核心问题；板书学生解决问题时交流要点；板书反思提升要点等	S402
PPT	出示核心问题；提供教师教学环节的展示，提供评价反馈题目	PPT 内容来源于教师的教学设计和学生反思归纳
电子白板	直观展示学生探究过程并进行适时批注	配合手机操作
几何画板	依据问题情境展示立体图形	教师事先做好的基本模型，课堂呈现

【学生基础】☞

学生在必修课程“平面向量及其应用”部分，已经初步掌握了平面向量解决平面几何问题的一般思路和步骤. 平面向量与空间向量都属于向量，平面向量是二维向量，空间向量是三维向量，两者有密切的联系. 空间向量是平面向量的推广，两者除维数不同外，在概念、运算及其几何意义、坐标表示等方面具有一致性；平面向量基本定理与空间向量基本定理在形式上也具有一致性；利用空间向量解决立体几何问题，是利用平面向量解决平面几何问题的发展，主要变化是维数的增加，讨论对象由二维图形变为三维图形，基本方法都是将几何问题用向量形式表示，通过向量的运算，得出相应的几何结论.

在选择性必修课程“空间向量与立体几何”中，学生已经学会了空间向量及其运算、空间向量基本定理、空间向量及其运算的坐标表示，这就为建立起立体几何与空间向量的联系奠定了基础.

学生在“立体几何初步”的学习中，已经知道如何用综合几何的方法求两条异面直线所成的角、直线与平面所成的角、二面角. 求两条异面直线所成的角，即通过平移把两条异面直线转化为相交直线，再构造三角形来计算. 求直线与平面所成的角，当直线与平面交于一点时，直线上不在平面内的另外一点到平面的距离与该直线的长度的比值是直线与平面所成角的正弦值. 求二面角时，可以考虑射影面积法，垂线法等. 但是综合几何的方法求空间角难度较大，对学生的空间想象能力、对空间角的本质的理解，以及计算能力要求都比较高，学生往往怀有畏难情绪，难以得出正确的结果.

对于高三的理科生来说，立体几何部分的空间角（尤其是二面角）的求法是高考重点，要尽可能地达到方法熟练、计算准确. 利用空间向量求解便是最好的方法，用空间向量解决空间角的求解是每一位理科同学应该熟练掌握的内容.

【教学目标】☞

参与观察分析棱柱和棱锥的特点，借助逻辑推理，能够知道几何体中点线面的位置关系（探求坐标轴的确立），能够由此建立恰当的空间直角坐标系，并得出点和向量的坐标，通过向量的运算，将结果进行几何解释，由此懂得建系、写出点的坐标、写出向量的坐标、向量的运算、做出几何解释是利用向量法求解二面角的一般路径.

【核心问题】☞

核心问题：解决直四棱柱中线面角、二面角的习题，总结用向量法求空间角的一般路径.

习题：（2019 全国Ⅰ卷理 18 题改编）如图所示，直四棱柱 $ABCD-A_1B_1C_1D_1$ 的底面是菱形 $AA_1=4$，$AB=2$，$\angle BAD=60°$，E 为 BC 的中点，M,N 分别是 BB_1,DD_1 上的动点，且满足 $BM=DN$.

（1）求直线 MN 与平面 C_1DE 所成角的正弦值；

（2）求平面 ABB_1A_1 与平面 C_1DE 所成的锐二面角的余弦值.

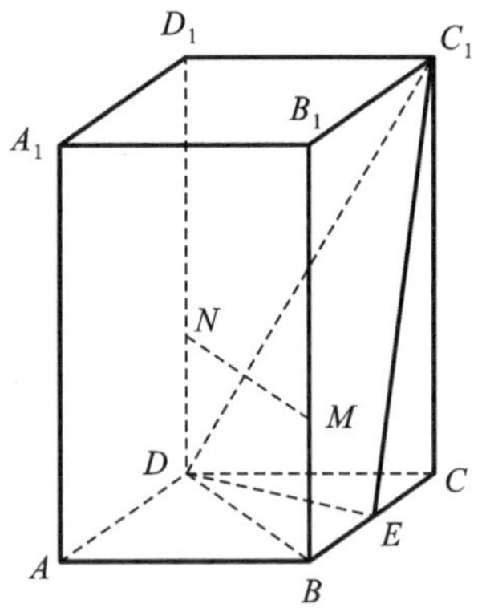

核心问题分析：本节课首先简要展示近五年求空间角的高考题目和分数占比，让学生明确其得分的重要性，加强学生对这堂课的重视程度. 然后回顾用空间向量求空间角的方法和公式，但是由于异面直线所成的角往往在小题中考查，而本节课聚焦于解答题的得分点，所以提出本节课的核心问题：解决下面习题，总结用向量法求空间角的一般路径.

鉴于学生为理科班基础偏薄弱的同学，为了让学生掌握这部分内容的常规操作方法，选择一个比较基础的便于操作的立体模型：长方体. 设置两个小问：求解线面角和二面角，带领学生复习巩固利用空间向量求解线面角和二面角的一般方法. 由于是高三学生的复习课，不同于知识的新授课，更多的应该是通过动手回顾一般方法，以及注意书写的细节、计算的准确，确保高考得分.

通过核心问题教学，让学生收获师生合作、同学合作的学习方式带来的愉悦感，认识到及时反思归纳总结的重要性及意义，从而提升自己，养成良好的学习习惯和方法，基于上述分析，设计了本节课的核心问题.

【评价预设】☞

1. 提出问题环节

通过梳理高考真题，发现求二面角是高考中的必考知识点，考频高，考点明确，从而提出本节课的核心问题.

2. 解决问题环节

针对问题引导学生理清利用空间向量求解空间角的一般操作步骤，对学生解决问题的活动给予指导性、发展性和激励性相结合的评价方式，对解决问题的细节给与激励性评价.

3. 反思提升环节

和学生一起就问题的解决过程和策略进行反思总结. 在学生有效性认识和实践提升的基础上，重点对用向量解决几何问题的三部曲进行归纳，对解题细节进行提升，给予学生引导性、激励性评价.

4. 评价反馈环节

为了让学生对用空间向量求解空间角的方法进行本质上的把握，设置一个与例题不同的并不足够简单的立体模型——底面为等腰梯形的四棱锥，让学生感受空间向量解决立体几何问题的核心步骤，并对此过程中学生的灵活性表现进行赞赏性评价、导引性评价、肯定性评价、纠错性评价.

二、教学实施设计

【教学环节】☞

教学环节（时间）	学生活动	教师活动	设计意图	技术融合
提出问题（约 3 min）	简要展示近五年求空间角的高考题目和占比，回顾用空间向量求空间角的方法和公式，提出本节课的核心问题：解决直四棱柱中线面角、二面角的习题，总结用向量法求空间角的一般路径. 习题：（2019 全国Ⅰ卷理 18 题改编） 如图，直四棱柱 $ABCD-A_1B_1C_1D_1$ 的底面是菱形 $AA_1=4$，$AB=2$，$\angle BAD=60°$，E 为 BC 的中点，M,N 分别是 BB_1,DD_1 上的动点，且满足 $BM=DN$. 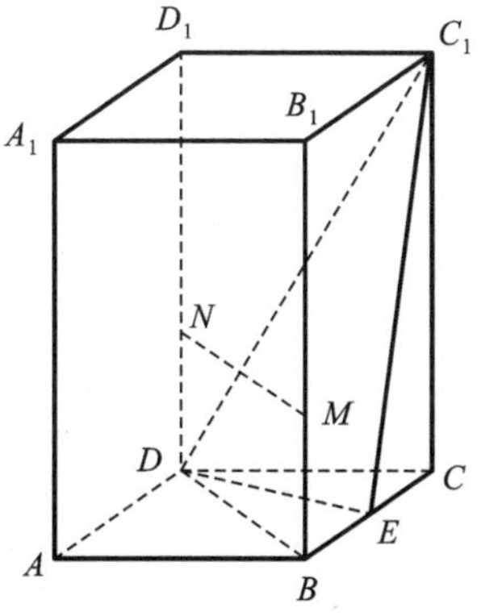 （1）求直线 MN 与平面 C_1DE 所成角的正弦值； （2）求平面 ABB_1A_1 与平面 C_1DE 所成的锐二面角的余弦值		结合高考试卷中求空间角的题目和占比，让学生明确其得分的重要性，加强学生对这堂课的重视程度. 直奔主题相对省时. 此习题涵盖了大题中常见的求线面角和二面角的方法	PPT 展示问题情境、核心问题

续表

<table>
<tr><th>教学环节（时间）</th><th>学生活动</th><th>教师活动</th><th>设计意图</th><th>技术融合</th></tr>
<tr><td>解决问题（约 15 min）</td><td>① 个体活动（7 min）
学生先独立解决问题，请每位同学独立解决学案上的习题.
② 小组讨论（2 min）
前后四人为一小组，相互交流各自的书写步骤.
③ 代表展示，全班交流（6 min）
选出学生代表上台陈述</td><td>在个体活动时，教师在巡视过程中做必要的个体提示.
在小组讨论中，教师巡视收集不同的解题策略.
在代表展示中，教师给予细节指导和方法归纳</td><td>学生先经历独立思考的过程可以充分开发其思维，才能客观地估计自己的分析能力和解题水平，才能真正发现自己的问题所在，避免部分学生不动脑.
相互学习解题方法，判断策略，完善自己的解题过程，形成一种合作意识.
选出不同策略的学生代表上台陈述可以让其他同学思路更清晰，并且为后面的反思提升做好铺垫</td><td>PPT：展示问题和教学内容
电子白板：展示学生解答过程，并在交流中给以批注修改</td></tr>
<tr><td>反思提升（约 7 min）</td><td>在教师的引导下，学生自主归纳方法，并进行思维提升，形成一般性的解题策略.
用向量法解决立体几何问题的“三部曲”</td><td>将学生在例题中涉及的方法汇总并梳理，整理成解题策略</td><td>刷题切忌盲目低效，做完题之后要学会反思、总结，这个环节旨在引导学生要及时反思总结，养成科学高效的学习习惯和方法，终身受益</td><td>PPT；展示教学内容和教学环节</td></tr>
<tr><td>评价反馈（约 15 min）</td><td>完成评价反馈任务并交流展示
（2022 全国甲卷理 18 题改编）在四棱锥 $P-ABCD$ 中，$PD\perp$ 底面 $ABCD$，$CD // AB$，$AD=DC=CB=PD=3$，$AB=6$，点 M 为线段 PB 上靠近点 B 的三等分点.
（1）求 PD 与平面 MAC 所成的角的余弦值；
（2）求二面角 $M-AC-P$ 的余弦值.
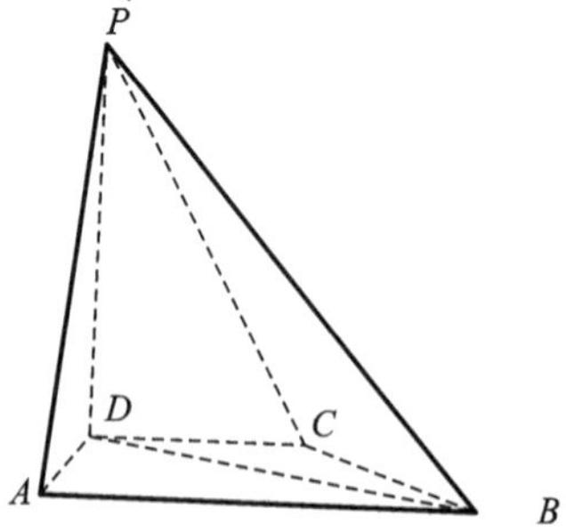</td><td>出示评价反馈任务</td><td>此题继续通过空间向量求解空间角，较例题需要深入一步建立空间直角坐标系，当点的坐标不方便直接写出来的时候，需要将空间图形转化为平面图形，在平面上来看点的坐标，以及根据向量的关系写出点的坐标，达到检测学生的目的</td><td>PPT：展示教学环节和教学内容</td></tr>
</table>

【板书设计】☞

微专题：向量法求空间角

一、提出问题

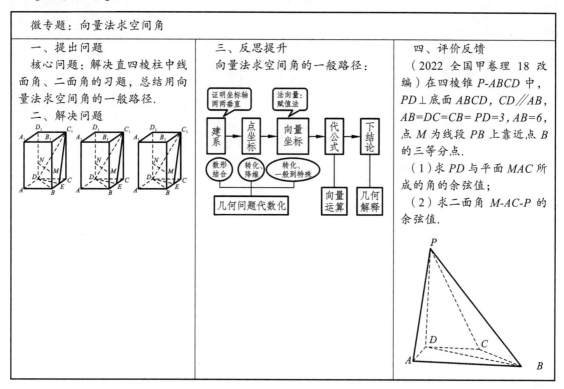

核心问题：解决直四棱柱中线面角、二面角的习题，总结用向量法求空间角的一般路径.

二、解决问题

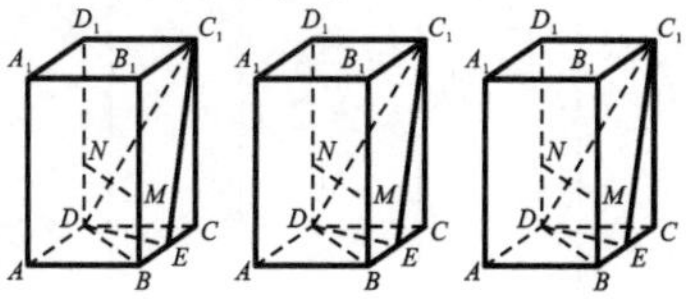

三、反思提升

向量法求空间角的一般路径：

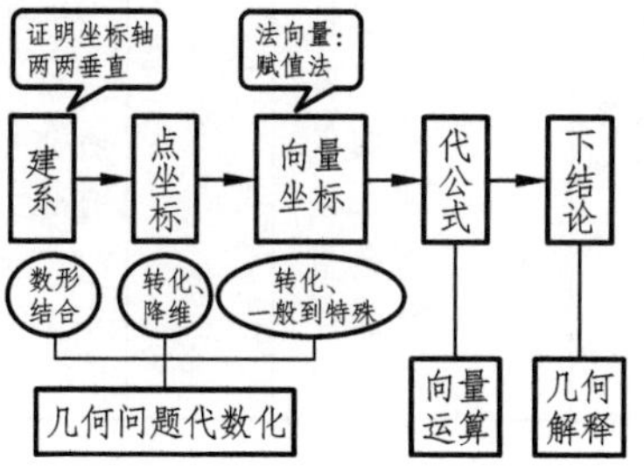

四、评价反馈

（2022 全国甲卷理 18 改编）在四棱锥 $P\text{-}ABCD$ 中，$PD\perp$底面 $ABCD$，$CD\parallel AB$，$AB=DC=CB=PD=3$，$AB=6$，点 M 为线段 PB 上靠近点 B 的三等分点.

（1）求 PD 与平面 MAC 所成的角的余弦值；

（2）求二面角 $M\text{-}AC\text{-}P$ 的余弦值.

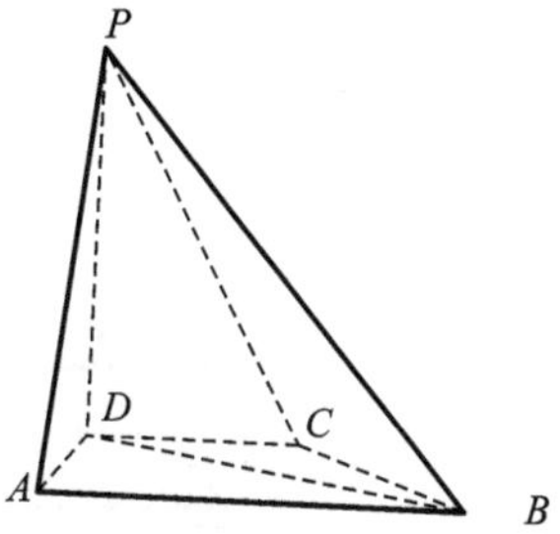

【作业布置】☞

作业设计目的：以学业要求的达成为目标，以大概念核心知识为基础，体现单元教学的整体性，具体以问题情境为载体，以思想方法为依托，以关键能力为特征，突出单元大概念生成、理解、运用，综合体现学科核心素养的落实.

作业序号	作业目标	作业情境		概念结论		思想方法		价值观念		整体评估	
		内容	水平	内容	水平	内容	水平	内容	水平	内容	水平
1	知道线面角的定义的向量表达式，建系的基本操作	对线面角的考查	简单	线面角的定义、建系	数学抽象水平1、数学运算水平1	坐标法、数形结合	直观想象水平1、数学运算水平1	事物是普遍联系的	数学运算水平1	基础性作业	学业质量水平1
2	知道二面角的定义，在探索情境中感知坐标法求二面角的一般路径	将二面角的求解置于探究性情境中进行考察，求解最值问题	相对复杂	向量法求解二面角的一般路径	数学抽象水平2	坐标法、类比推理	直观想象水平2，数学运算水平2	事物是普遍联系的	数学抽象水平2，数学运算水平2	综合性作业	学业质量水平2

续表

作业序号	作业目标	作业情境		概念结论		思想方法		价值观念		整体评估	
		内容	水平	内容	水平	内容	水平	内容	水平	内容	水平
3	会找平面的交线，考察探索情境中线面角的最值问题，将概念结论、思想方法、价值观念进行深入的理解与应用	借助高考题情境，考查平面的交线，在探索情境中求解线面角的最值问题	复杂	从高考题中再次通过探究性情境感受向量法求线面角最值的一般路径	逻辑推理水平2	数形结合、转化与化归	直观想象水平2，逻辑推理水平2	事物是普遍联系的	直观想象水平2，逻辑推理水平2	实践性作业	学业质量水平2

（具体的作业内容略）

【教学流程】☞

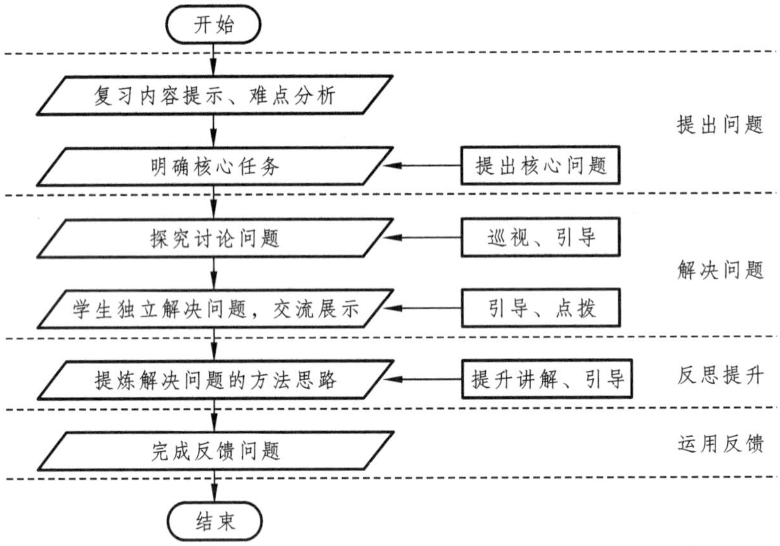

三、教学评价设计

【评价实施】☞

对于课前预设的评价在课程实施过程中基本达成预设目标. 学生在用空间向量求解二面角的求解过程中，建立不同的坐标系，对于某些点的坐标，以及法向量的求法基本符合课前预设. 但是基于学生基本知识和基本活动经验，在计算的准确性、建系的灵活性、转化思想的应用、书写的规范性还存在不足，需要教师给予更多的引导性评价和激励性评价.

在“评价反馈”环节，通过收集学生完成情况，统计相关数据，发现学生中的共性问题：灵活性不够，书写格式不够规范，运算速度与准确度有待提升等. 对于这些问题进行了总结性和激励性评价.

大概念核心问题教学文化评价表

课时名称：<u>向量法求空间角.</u>

所属单元：<u>立体几何与空间向量.</u>

单元大概念：<u>立体几何与空间向量.</u>

单元核心问题：<u>观察和分析实物模型，借助网络画板 3D 作图或者课件资源，探究立体几何中点、线、面、体的位置、大小、相互关系等，并进行美观的图形画图、简洁的数学文字语言描述、准确的数学符号语言推导说理，运用优越的空间向量工具建立立体几何的线线平行和垂直关系、面面平行和垂直关系的证明，以及线线、线面、面面角，点、线、面之间的距离的计算模型和计算方法，归纳认识立体几何图形的结构特征、相关计算、重要定理的立体几何研究方法，空间向量优越性工具的作用.</u>

课时大概念：<u>空间向量研究立体几何中有关直线、平面的位置关系和度量问题.</u>

课时核心问题：<u>解决直四棱柱中线面角、二面角的习题，总结用向量法求空间角的一般路径.</u>

<table>
<tr><th rowspan="2">评价目标</th><th colspan="3">评价指标</th><th rowspan="2" colspan="2">评价
方法结果</th></tr>
<tr><th>一级指标</th><th>二级指标</th><th>三级指标</th></tr>
<tr><td rowspan="20">实现活动体验中的学习与素养发展</td><td rowspan="12">具有大概念核心问题教学形态</td><td rowspan="3">核心问题利于活动体验</td><td>内含客观问题和学生活动方式</td><td>6</td><td rowspan="12">每项指标最高评 8 分（满分为 96 分）

合计 <u>75</u> 分</td></tr>
<tr><td>问题情境与真实生活密切相关</td><td>4</td></tr>
<tr><td>能引发大概念、新知新法生成</td><td>6</td></tr>
<tr><td rowspan="3">教学目标价值引导恰当</td><td>目标构成全面准确</td><td>6</td></tr>
<tr><td>内含关联体验目标</td><td>6</td></tr>
<tr><td>目标价值引导显现</td><td>6</td></tr>
<tr><td rowspan="3">教学环节完整合理落实</td><td>课程教学环节完整</td><td>8</td></tr>
<tr><td>环节内容合理充实</td><td>7</td></tr>
<tr><td>学生活动时间充分</td><td>7</td></tr>
<tr><td rowspan="3">教学要素相互匹配促进</td><td>问题目标环节两两匹配</td><td>6</td></tr>
<tr><td>技术促进活动形式内容</td><td>7</td></tr>
<tr><td>课程特色突出氛围浓郁</td><td>6</td></tr>
<tr><td rowspan="8">具有大概念核心问题教学特质</td><td rowspan="4">拓宽学习视野</td><td>课堂与现实世界有恰当关联</td><td rowspan="8" colspan="2">选择一个表现突出的二级指标，在相应三级指标引导下，以现场学生表现为主要依据，以其余指标为背景，于本表的第二页写出 150 字以上的简要评价</td></tr>
<tr><td>有基于缄默知识的问题解决</td></tr>
<tr><td>有缄默知识运用的追踪剖析</td></tr>
<tr><td>知识运用剖析导向素养发展</td></tr>
<tr><td rowspan="4">投入实践活动</td><td>有真实而且完整的实践活动</td></tr>
<tr><td>实践活动深度融入两类情境</td></tr>
<tr><td>能够全身心地浸渍于活动中</td></tr>
<tr><td>活动的内容结果均丰富深入</td></tr>
</table>

续表

评价目标	评价指标			评价方法结果
	一级指标	二级指标	三级指标	
实现活动体验中的学习与素养发展	具有大概念核心问题教学特质	感受意义关联	有核心问题的深层意义感受	
			有以知识为中心的关联感受	
			有以个人为中心的关联感受	
			有对三类大概念的关联感受	
		自觉反思体验	有实质性反思活动的开展	
			有课堂新因素的追踪利用	
			有体验的交流与改善重构	
			有概念生成中的素养发展	
		乐于对话分享	乐于自我的表达与认真的倾听	
			乐于合作中成果与思路的分享	
			乐于成果交流中深层意义分享	
			有宽容的对话氛围和双向交流	
		认同素养评价	认可素养评价	
			参与素养评价	
			利用素养评价	
大概念核心问题教学特质的简要评价（包括发展性建议）				
教学环节完整、合理，学生活动时间充分。在课前解决问题环节，同学们能投入实践活动，灵活建立不同的坐标系，建系依据充分，方法多种多样，同学们对基本思路和方法掌握得比较到位，大部分同学计算结果准确，个别同学细节把握不好，如计算结果错误、结果没有化简、向量结果没有回归到几何解释. 课堂问题解决环节，同学们乐于对话分享展示，大胆积极，有理有据. 反思提升部分，能在教师的引导下回答老师的提问，完成总结归纳，完成自觉反思体验. 但由于本班基础偏薄弱，运用反馈在课堂有限的时间内没有达到比较好的效果，参与公开课的次数少，同学们有些紧张，心理素质还需加强				

【信息收集】☞

课后收集了全班学生的运用反馈练习 18 份. 对收集到反馈练习基于教学目标达成情况评判标准进行了批阅和分类，并按照等级标准标注了等级；在此基础上完成了“大概念核心问题教学素养目标点检测表”（附后）.

【反馈调整】☞

1. 教学设计反思

亮点：① 本节课通过两道高考题的改编，选取了常见的立体模型——四棱柱和四棱锥，梳理了空间向量求解二面角的一般路径，重点关注某些点的坐标以及向量坐标的写法，灵活运用转化的思想，尤其关注此类题目的书写规范，通过展示教师的规范解答提供给分标准，让学生了解得分点，作为高考得分的关键点，本题的目标是使全体同学快速得到满分.

改进之处：① 题目的选取脱离了学生的书写实际，可以直接选取周考中学生的书写作为例子，让学生互相评价，这样更直观具体，课堂互动也更充分，通过评价同学的书写和被同学评价，这样学生印象更深刻，学习效果更好；② 反思提升略显生硬，教师主导太多，可由学生主导完成；③ 评价预设不够具体，部分评价预设没有切实结合生实际进行评价；④ 运用反馈的题目稍有难度，课堂上占用时间较长，且完成效果不好，本班学生基础薄弱，题目的设定不够贴合他们的实际能力；⑤ 作为新进教师，对核心问题教学模式的理解还比较肤浅，课堂仅仅是按照四个环节完成了一堂课，没有跳出这个框框达到灵活处理的效果，通过听课评课收获很多，还要继续思考研究，争取早日做到运用自如.

2. 教学实施反思

本节课的课堂教学存在以下问题：

（1）板书设计：核心问题教学模式的四个环节地位对等，解决问题环节画了三幅图，对应的关键点略显凌乱，不够清晰，反思提升的布局不够精美；运用反馈环节板书缺失，对运用反馈的习题应该有重要过程的板书，这样四个环节都有收获.

（2）教师表现：由于是下午第一节课，学生普遍比较困乏，教师没有采取良好的策略调节和带动沉闷的气氛；反思提升环节，教师主导太多，没有充分发挥学生的主体地位；时间把控不好，运用反馈时只请了一位同学分享他的解法，但还有一位同学做得很不错，没有机会展示，这是需要改进的地方；整个过程都只关注了正确思路的展示，而若从教学实际出发，更应该关注错位思路的展示，错误思路更能看出问题所在.

大概念核心问题教学素养目标点检测表

课时名称	向量法求空间角
所属单元	选择性必修一 第一章 空间向量与立体
单元大概念	立体几何与空间向量
单元核心问题	观察和分析实物模型，借助网络画板 3D 作图或者课件资源，探究立体几何中点、线、面、体的位置、大小、相互关系等，并进行美观的图形画图、简洁的数学文字语言描述、准确的数学符号语言推导说理，熟练地运用空间向量工具建立立体几何的线线平行和垂直关系、面面平行和垂直关系的证明，以及线线、线面、面面角，点、线、面之间的距离的计算模型和计算方法，归纳认识立体几何图形的结构特征、相关计算、重要定理的立体几何研究方法，空间向量优越性工具的作用
课时大概念	空间向量研究立体几何中有关直线、平面的位置关系和度量问题
课时核心问题	解决直四棱柱中线面角、二面角的习题，总结用向量法求空间角的一般路径
课时素养目标	1. 情境性目标：通过对高考题的梳理，感受二面角在高考中的必考地位. 2. 知识性目标：系统归纳向量法求空间角的一般路径. 3. 体验性目标：通过对习题的处理，感受不同的建系方式，以及某些点的坐标和向量坐标的写法，体会转化思想的重要作用，并养成书写规范的良好学习习惯
检测点	空间向量求二面角的一般路径及书写规范

<table>
<tr><td>检测工具
（检测题）</td><td colspan="3">（2019 全国Ⅰ卷理 18 题改编）如图所示，直四棱柱 $ABCD-A_1B_1C_1D_1$ 的底面是菱形 $AA_1=4$，$AB=2$，$\angle BAD=60^\circ$，E 为 BC 的中点，M,N 分别是 BB_1,DD_1 上的动点，且满足 $BM=DN$．
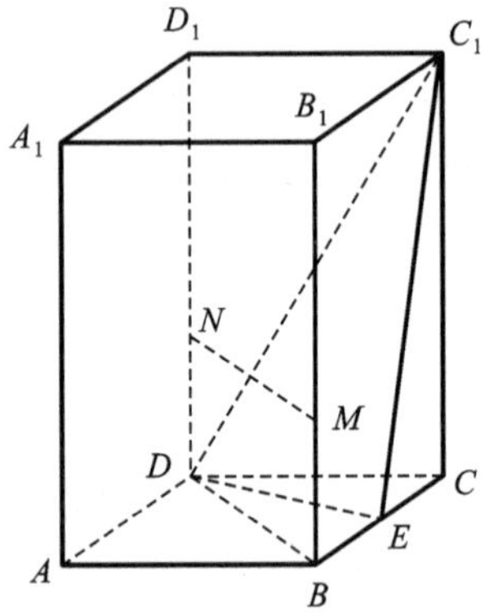

（1）求直线 MN 与平面 C_1DE 所成角的正弦值；
（2）求平面 ABB_1A_1 与平面 C_1DE 所成的锐二面角的余弦值</td></tr>
<tr><td rowspan="4">分类标准</td><td colspan="3">A. 能用最优的方式建系，书写规范，结果准确无误</td></tr>
<tr><td colspan="3">B. 能准确建系，计算结果准确，书写不够规范，或者书写规范但计算失误</td></tr>
<tr><td colspan="3">C. 能准确建系，书写不规范，计算结果有误</td></tr>
<tr><td colspan="3">D. 不能准确建系，书写不规范，计算结果有误</td></tr>
<tr><td rowspan="5">检测统计</td><td>分类等级</td><td>学生人数（总人数 18 人）</td><td>百分比</td></tr>
<tr><td>A</td><td>4</td><td>22.22%</td></tr>
<tr><td>B</td><td>10</td><td>55.56%</td></tr>
<tr><td>C</td><td>4</td><td>22.22%</td></tr>
<tr><td>D</td><td>0</td><td>0%</td></tr>
<tr><td>检测分析
结果运用</td><td colspan="3">此题建系可以以 D 为原点，DA，DE，DD_1 为 x，y，z 轴建系，也可以以 E 为原点，ED，EC，竖直向上为 x，y，z 轴建系，或者以 D 为原点，垂直于 AB，DC，DD_1 为 x，y，z 轴建系．
得 A 的同学能快速建系，并能分辨出哪种方式建系更简单，避开了复杂的点的坐标，计算准确无误，且书写规范完整．
得 B 的同学做法和 A 大致相同，但是建系的灵活度相对欠缺，建系的方式不是最简单的方式，计算结果正确，但整体书写不够规范，或者书写规范，但是结果不完全准确，比如建系时没有证明坐标轴两两垂直，或者没有在图中标注出来，或者最后的结果没有转化为最终的几何意义．这看出同学们的学习态度不够端正，严谨性不强，对自己的要求不够严格．
得 C 的同学一方面书写不规范，与得 B 的同学的书写有类似的问题，基本能建系，但是对于所需点的坐标以及向量的坐标的求法不能灵活使用转化的思想写出来，计算粗心大意，顾此失彼，导致解题过程中错误百出，以至于最后未能求出相应的结果．
此次没有得 D 的同学，因为该部分知识点偏简单，是普通同学高考得分的重点</td></tr>
</table>

续表

<table>
<tr>
<td>素养目标达成典型实例</td>
<td>

学生甲：A 等级

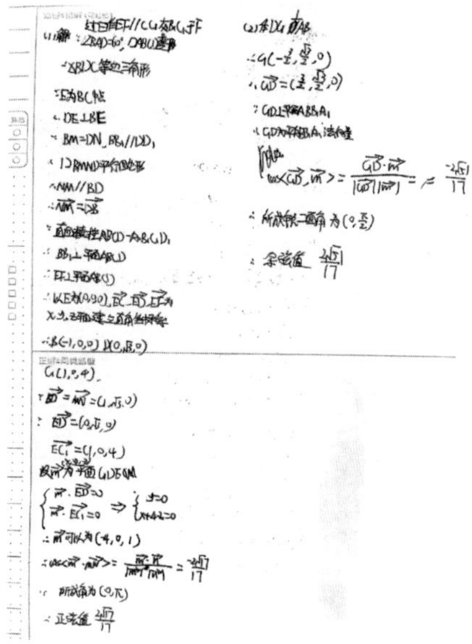

点评：学生甲很好地完成检测点的要求，能以最简单的方法快速成功的解决问题

学生乙：B 等级

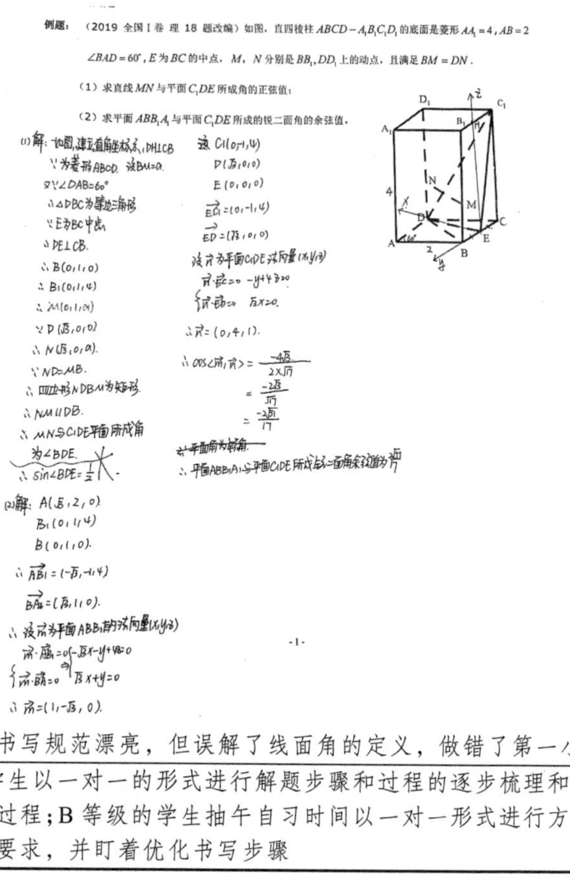

例题：（2019 全国Ⅰ卷 理 18 题改编）如图，直四棱柱 $ABCD-A_1B_1C_1D_1$ 的底面是菱形 $AA_1=4$，$AB=2$

$\angle BAD=60^{\circ}$，E 为 BC 的中点，M，N 分别是 BB_1，DD_1 上的动点，且满足 $BM=DN$.

（1）求直线 MN 与平面 C_1DE 所成角的正弦值；

（2）求平面 ABB_1A_1 与平面 C_1DE 所成的锐二面角的余弦值.

-1-

点评：学生乙书写规范漂亮，但误解了线面角的定义，做错了第一小问

</td>
</tr>
<tr>
<td>检测反馈</td>
<td>对 C 等级的学生以一对一的形式进行解题步骤和过程的逐步梳理和指导，并让其重新书写解题过程；B 等级的学生抽午自习时间以一对一形式进行方法的优化建议及书写的严格要求，并盯着优化书写步骤</td>
</tr>
</table>

平面解析几何单元教学

平面解析几何单元
大概念的核心·问题教学单元规划纲要

学科 数学 教师 张琳琳

<table>
<tr><td>年级</td><td>高二年级</td><td>单元名称</td><td>平面解析几何</td><td>单元课时</td><td>29 课时</td></tr>
<tr><td rowspan="2">单元内容</td><td>教材内容</td><td colspan="4">几何与代数是高中数学课程的主线之一，平面解析几何是几何与代数的大单元之一. 在教材中，平面解析几何包含人教 A 版（2019 版新教材）选择性必修二第二章“直线和圆的方程”和第三章“圆锥曲线的方程”. 包括直线的倾斜角和斜率，直线的方程、圆的方程、直线和圆的位置、三类圆锥曲线的定义和标准方程及其几何特征等内容. 本单元主要有三部分内容，包含对三类平面图形定义、方程和几何性质的研究. 坐标法是平面解析几何的重要方法.
第一部分是直线的方程，主要研究内容包括直线的倾斜角与斜率、直线的方程、直线的交点坐标和距离公式. 通过对直线这个几何研究对象不断代数化的过程，逐步将“形”转化为“数”，用“数”表示“形”，并通过建立几何对象的方程研究几何对象的性质，这也是解析几何研究几何图形的基本过程. 在平面直角坐标系中，给定一个点和斜率，就能唯一地确定一条直线. 最后定量地研究两条直线的位置关系（距离、夹角）.
第二部分是圆的方程. 主要研究内容包括圆的方程、直线和圆、圆与圆的位置关系. 在这部分需要确定圆的几何要素建立圆的方程，通过圆的方程，运用坐标法解决相关问题. 在直线和圆、圆与圆位置关系的研究中，可以使用完全的代数方法，也可以综合使用几何方法、代数方法得到图形的性质. 这部分内容可以类比直线的位置关系的学习过程.
第三部分是对圆锥曲线进行研究. 主要包括了对椭圆、双曲线和抛物线的定义、方程、几何性质、与直线的位置关系进行研究. 由于三类圆锥曲线的内在联系，三类曲线的研究过程都遵循将几何问题化归为代数问题，并能用坐标法，建立适当的坐标系，表示定点和定直线的位置关系并抽象出定义，然后借助于代数运算和逻辑推理，得到对应曲线的方程，并借助方程研究其几何性质这一过程</td></tr>
<tr><td>课程标准</td><td colspan="4">几何与代数是高中数学课程的主线之一. 平面解析几何是高中数学选择性必修课程几何与代数主题下的大单元之一“平面解析几何”. 解析几何是数学发展过程中的标志性成果，是微积分创立的基础. 本主题将学习平面解析几何，通过建立坐标系，借助直线、圆与圆锥曲线的几何特征，导出相应方程；用代数方法研究它们的几何性质体现形与数的结合.
通过平面解析几何这一单元的学习，学生可以在平面直角坐标系中，认识直线圆、椭圆、抛物线、双曲线的几何特征，建立它们的标准方程；运用代数方法进一步认识圆锥曲线的性质以及它们的位置关系；运用平面解析几何方法解决简单的数学问题和实际问题，感悟平面解析几何中蕴含的数学思想. 本单元主要内容包括：直线与方程、圆与方程、圆锥曲线与方程、平面解析几何的形成与发展四个部分的内容</td></tr>
</table>

续表

<table>
<tr><td>单元内容</td><td>课程标准</td><td colspan="2">在直线与方程这一部分内容中，课标要求学生能结合具体图形确定直线的几何要素，经历代数方法刻画直线的过程，掌握直线斜率的概念和计算方法，并能求解和判定直线的位置关系. 在圆与方程这一部分内容中，课标要求学生能结合具体图形确定直线的几何要素，经历代数方法刻画直线的过程，掌握圆的标准方程和一般方程，并能求解和判定直线与圆、圆与圆的位置关系. 在圆锥曲线与方程这一部分内容中，课标要求学生了解圆锥曲线的实际背景，经历从具体情境中抽象出圆锥曲线的过程，掌握圆锥曲线的定义、标准方程和简单几何性质，并从中进一步体会数形结合思想.
课标指出，在平面解析几何的教学中，学生需要经历以下过程：首先，通过实例了解几何图形的背景，使学生了解圆锥曲线的背景与应用；其次，结合情境清晰地描述图形的几何特征与问题，再结合具体问题合理地建立坐标系，用代数语言描述这些特征与问题；最后，借助几何图形的特点，形成解决问题的思路，通过直观想象和代数运算得到结果，并给出几何解释，解决问题，提升学生的直观想象、数学运算、数学建模、逻辑推理和数学抽象素养.
在此过程中，结合信息技术向学生展示参数的变化对方程表示曲线的影响，使学生深入理解曲线与方程的关系</td></tr>
<tr><td rowspan="6">基础条件</td><td rowspan="5">资源基础</td><td>资源名称</td><td>功能</td></tr>
<tr><td>黑板</td><td>板书核心问题；板书学生解决问题时交流；板书反思提升要点、运用反馈等</td></tr>
<tr><td>教材、学案</td><td>提供主要学习和研究的内容，核心问题教学各环节设计、核心问题、学生活动、教师活动、设计意图等等</td></tr>
<tr><td>GGB</td><td>借助 GGB 制作动态的图象，展示参数变化时平面图形（直线、圆、圆锥曲线）的变化展示出来，使图形和特征量的关系更加直观，促进学生对数形结合的理解</td></tr>
<tr><td>PPT</td><td>展示课前任务、课中学习的主要内容与各环节需要辅助的文字、问题、图形、符号、计算过程，教学流程等</td></tr>
<tr><td>学生基础</td><td colspan="2">平面解析几何是不同于立体几何、空间向量的代数与几何的大单元之一. 解析几何的内容比较综合，需要通过方程的运算和几何图形性质的研究发展学生的数学运算、直观想象、逻辑推理等素养，综合运用平面几何、三角函数、平面向量等知识.
解析几何的研究对象和学生在义务教育阶段学习的平面几何完全一样，都是几何图形，如多边形和圆这两类基本图形. 学生已经在小学、初中经历了从图形的形状出发，建立图形的概念，运用直观感知、操作确认、思辨论证、度量计算等方法，获得这些图形的性质，即组成这些图形的要素之间的关系，如线段的大小、平行或垂直关系等. 因此，这部分的很多内容是学习高中平面解析几何内容需要复习的预备知识，包括三角形的高、中线、角平分线、三边的垂直平分线，三角形的外接圆、内切圆，垂径定理，圆的切线等.
但从研究方法的角度，解析几何与义务教育阶段学习的平面几何的研究方法并不一样. 在平面几何的学习中，主要是定性地研究平面中图形的位置关系，但在解析几何中，将对这些关系进行定量的研究. 通过解析几何的学习，可以进一步加深和巩固对于多边形、圆两类基本图形的认知. 此外，角度和距离也是平面解析几何重要的研究问题，角度常常涉及的三角函数，距离问题涉及的面向量的投影、数量积运算等向量知识，都是本单元学生学习的基础</td></tr>
</table>

续表

<table>
<tr><td rowspan="5">单元大概念及下层结构</td><td colspan="7">单元名称：平面解析几何.
概念结论类：直线的倾斜角与斜率，过两点的直线斜率的计算公式，两条直线平行或垂直的判定，直线方程的三种形式：点斜式、两点式、一般式，两条直线的交点及其坐标，两点间的距离公式，点到直线的距离公式，两条平行直线间的距离，圆的标准方程，圆的一般方程，直线与圆的位置关系，圆与圆的位置关系，直线与圆的简单应用，椭圆的定义，椭圆的标准方程，椭圆的简单几何性质，双曲线的定义，双曲线的标准方程，双曲线的简单几何性质，抛物线的定义，抛物线的标准方程，抛物线的简单几何性质.
思想方法类：数形结合，函数与方程，化归与转化，特殊与一般，方程，分类与整合，特殊与一般.
价值观念类：普遍联系观，变化中的不变性，透过现象看本质</td></tr>
<tr><td rowspan="2">课时名称</td><td rowspan="2">课时</td><td colspan="2">课时大概念</td><td colspan="3">课时概念梳理</td></tr>
<tr><td>简约化表达</td><td>特征化表达</td><td>概念结论（小概念）</td><td>思想方法</td><td>价值观念</td></tr>
<tr><td>2.1 直线的倾斜角与斜率</td><td>2</td><td>直线的斜率</td><td>（1）理解直线的倾斜角与斜率（能解释直线的倾斜角和斜率的概念），并能根据斜率（倾斜角）的范围判断倾斜角（斜率）的范围（能根据倾斜角或斜率判断两条直线平行或垂直），并能用不同语言叙述判定结论.
（2）掌握过两点的直线斜率的计算公式：能推导得出过两点的直线斜率的计算公式，并能灵活运用斜率公式计算直线的斜率.
（3）理解两条直线平行或垂直的判定：能描述如何利用斜率或方向向量判断两直线平行或垂直，能根据给定条件求出直线的斜率或方向向量，进而判断两直线平行或垂直</td><td>直线的倾斜角与斜率，过两点的直线斜率的计算公式，两条直线平行或垂直的判定</td><td>数形结合、方程思想、化归与转化</td><td>普遍联系观，变化中的不变性，透过现象看本质</td></tr>
<tr><td>2.2 直线的方程</td><td>3</td><td>直线的方程</td><td>掌握直线方程的三种形式（点斜式、两点式、一般式）：能依据斜率公式导出直线的点斜式方程和两点式方程；能利用直线的点斜式、两点式方程及截距的概念，导出直线的斜截式截距式方程；能描述点斜式和两点式的适用范围；能根据直线特殊形式的方程归纳出直线的一般式方程，能讨论特殊形式与一般式的关系</td><td>直线方程的三种形式（点斜式、两点式、一般式）</td><td>数形结合、方程思想</td><td>变化中的不变性</td></tr>
</table>

续表

	课时名称	课时	课时大概念		课时概念梳理		
			简约化表达	特征化表达	概念结论（小概念）	思想方法	价值观念
单元大概念及下层结构	2.3 直线的交点坐标与距离公式	4	直线间的位置关系	1. 理解两条直线的交点及其坐标：能描述两条直线交点（坐标）的几何（代数）含义，能用解方程组的方法求两条直线的交点坐标. 2. 掌握两点间的距离公式：能推导两点间的距离公式，会分析公式中相关量的几何意义，能根据给定的两点坐标运用公式求两点间的距离. 3. 掌握点到直线的距离公式：会运用多种方法推导点到直线的距离公式，明确使用公式的前提条件；能根据给定的点与直线熟练运用公式求点到直线的距离. 4. 理解两条平行直线间的距离：能将两条平行直线间的距离转化为点到直线的距离，并会用点到直线距离公式导出两条平行直线间的距离公式；能说明应用公式的前提条件，并能用公式求解给定两平行直线间的距离	两条直线的交点及其坐标，两点间的距离公式，点到直线的距离公式，理解两条平行直线间的距离	数形结合、化归与转化、特殊与一般	普遍联系观，变化中的不变性，透过现象看本质
	2.4 圆的方程	2	圆的标准方程、圆的一般方程	1. 掌握圆的标准方程：能描述确定圆的几何要素，能根据给定圆的几何要素推导出圆的标准方程，能分析圆的标准方程中相关量的几何意义，能根据给定的确定圆的几何要素求出圆的标准方程. 2. 掌握圆的一般方程：能描述圆的一般方程的结构与代数意义，能熟练进行圆的标准方程与一般方程间的互化，能根据给定的确定圆的几何要素求出圆的一般方程	圆的标准方程、圆的一般方程	数形结合、方程思想	普遍联系观，变化中的不变性

续表

	课时名称	课时	课时大概念		课时概念梳理		
			简约化表达	特征化表达	概念结论（小概念）	思想方法	价值观念
单元大概念及下层结构	2.5 直线与圆、圆与圆的位置关系	3	直线与圆、圆与圆的位置关系	1. 理解直线与圆的位置关系：能用几何方法和代数方法描述直线与圆的三种位置关系能根据给定直线、圆的方程，通过研究联立方程组解的情况或通过计算圆心到直线的距离判断直线与圆的位置关系. 2. 理解圆与圆的位置关系：能描述圆与圆的位置关系，能根据给定两圆的方程判断两个圆的位置关系. 3. 了解直线与圆的简单应用：知道直线与圆在刻画现实世界和解决实际问题中的作用，会用直线与圆的方程解决一些简单的数学问题和实际问题	直线与圆、圆与圆的位置关系	数形结合、化归与转化、特殊与一般	普遍联系观，变化中的不变性，透过现象看本质
	3.1 椭圆	4	椭圆的定义和简单几何性质	1. 掌握椭圆的定义，能用不同方式描述椭圆的定义、相关概念和几何特征. 2. 掌握椭圆的标准方程：能建立适当的平面直角坐标系推导椭圆的标准方程，并能说明其中特征量的关系. 3. 掌握椭圆的简单几何性质：能用其标准方程分析推导出椭圆的几何性质，能说明椭圆特征量的几何意义	椭圆的定义、椭圆的标准方程、椭圆的简单几何性、椭圆与直线的关系	数形结合、方程思想、化归与转化、分类与整合	普遍联系观，变化中的不变性
	3.2 双曲线	3	双曲线的定义和简单几何性质	1. 掌握双曲线的定义，能用不同方式描述双曲线的定义、相关概念和几何特征. 2. 掌握双曲线的标准方程：能建立适当的平面直角坐标系推导双曲线的标准方程，并能说明其中特征量的关系. 3. 掌握双曲线的简单几何性质：能用其标准方程分析推导出双曲线的几何性质，能说明双曲线特征量的几何意义	双曲线的定义、双曲线的标准方程、双曲线的简单几何性、双曲线与直线的关系	数形结合、方程思想、化归与转化、分类与整合	普遍联系观，变化中的不变性

续表

<table>
<tr><td rowspan="3">单元大概念及下层结构</td><td rowspan="2">课时名称</td><td rowspan="2">课时</td><td colspan="2">课时大概念</td><td colspan="3">课时概念梳理</td></tr>
<tr><td>简约化表达</td><td>特征化表达</td><td>概念结论（小概念）</td><td>思想方法</td><td>价值观念</td></tr>
<tr><td>3.3 抛物线</td><td>3</td><td>抛物线的定义和简单几何性质</td><td>1. 掌握抛物线的定义，能用不同方式描述抛物线的定义、相关概念和几何特征.
2. 掌握抛物线的标准方程：能建立适当的平面直角坐标系推导抛物线的标准方程，并能说明其中特征量的关系.
3. 掌握抛物线的简单几何性质：能用其标准方程分析推导出抛物线的几何性质，能说明抛物线特征量的几何意义</td><td>抛物线的定义、抛物线的标准方程、抛物线的简单几何性、抛物线与直线的关系</td><td>数形结合、方程思想、化归与转化、分类与整合</td><td>普遍联系观，变化中的不变性</td></tr>
<tr><td>单元教学目标</td><td colspan="7">结合具体图形，探究确定直线的几何要素，经历用代数方法刻画直线斜率的过程，掌握直线斜率的计算公式，探究并掌握直线方程的三种形式，能够掌握直线间的位置关系（平行、垂直、夹角、距离、交点等）（直观想象 2，逻辑推理 1，数学抽象 2，数学运算 1）.
确定圆的几何要素，探究并掌握圆的标准方程与一般方程，能够判断直线与圆、圆与圆的位置关系并能解决相关问题.（直观想象 2，逻辑推理 2，数学抽象 1，数学运算 2）.
了解圆锥曲线的实际背景，从具体情境中抽象出椭圆、双曲线、抛物线的定义、几何图形、标准方程、简单的几何性质，进一步体会数形结合思想（直观想象 1，逻辑推理 2，数学抽象 2，数学运算 2）</td></tr>
<tr><td>单元核心问题及问题分解</td><td colspan="7">核心问题教学采用“课前任务—课中学习—课后任务”三段任务驱动学习. 课中学习运用核心问题教学模式：提出问题—解决问题—反思提升—运用反馈.
核心问题：结合具体图形，探究平面图形的几何要素，使用适当的语言进行表述，并探究平面图形直线的位置关系</td></tr>
<tr><td rowspan="7">课时划分</td><td colspan="2">课时名称</td><td>课时</td><td>课时大概念</td><td colspan="3">课时核心问题</td></tr>
<tr><td colspan="2">2.1 直线的倾斜角与斜率</td><td>2</td><td>直线的斜率</td><td colspan="3">结合具体图形，探究直线的几何要素，并使用代数方法进行描述</td></tr>
<tr><td colspan="2">2.2 直线的方程</td><td>3</td><td>直线的方程</td><td colspan="3">根据确定直线的几何要素，使用适当的语言进行描述</td></tr>
<tr><td colspan="2">2.3 直线的交点坐标与距离公式</td><td>4</td><td>直线间的位置关系</td><td colspan="3">根据几何关系的代数表达，定量地研究平面内两条直线的位置关系</td></tr>
<tr><td colspan="2">2.4 圆的方程</td><td>2</td><td>圆的标准方程、圆的一般方程</td><td colspan="3">类比直线的研究方法，探究圆的几何要素，并使用代数方法进行描述</td></tr>
<tr><td colspan="2">2.5 直线与圆、圆与圆的位置关系</td><td>3</td><td>直线与圆、圆与圆的位置关系</td><td colspan="3">根据几何关系的代数表达，定量地研究平面内直线与圆、圆与圆的位置关系</td></tr>
<tr><td colspan="2">3.1 椭圆</td><td>4</td><td>椭圆的定义和简单几何性质</td><td colspan="3">结合具体图形，探究平面内到两个定点距离之和为定值的点的轨迹并描述，根据方程探究其的几何特征</td></tr>
</table>

续表

<table>
<tr><td rowspan="3">课时划分</td><td>课时名称</td><td>课时</td><td>课时大概念</td><td colspan="4">课时核心问题</td></tr>
<tr><td>3.2 双曲线</td><td>3</td><td>双曲线的定义和简单几何性质</td><td colspan="4">结合具体图形，探究平面内到两个定点距离之差为定值的点的轨迹并描述，根据方程探究其的几何特征</td></tr>
<tr><td>3.3 抛物线</td><td>3</td><td>抛物线的定义和简单几何性质</td><td colspan="4">类比椭圆、双曲线的研究方法，探究平面内到定点和定直线的距离等于 1 的动点的轨迹并描述，根据方程探究其的几何特征</td></tr>
<tr><td>教学评价</td><td colspan="7">1. 对大概念的生成理解评价维度
（概念结论类）通过梳理本单元专业学习要求、普通高中课程标准中的内容标准、历年高考考查的知识内容的基础上，梳理出本单元的概念结论，结合校本教研对核心知识的评价要求，划分为内化、结构、迁移三个层次.
（思想方法类）本单元思想方法包括数形结合，函数与方程，化归与转化，特殊与一般，方程，分类与整合，特殊与一般，在教学评价中，将结合具体情境，将思想方法层次划分为低、中、高三类.
（价值观念类）本单元价值观念包括普遍联系观，变化中的不变性，透过现象看本质等.
2. 对素养目标达成的评价
对素养目标的评价维度主要基于课程标准数学学科核心素养的水平划分：
（1）研究平面图形的几何特征，并抽象出其的定义，对学生的直观想象、数学抽象等素养进行评价.
（2）在推导出平面图形的标准方程，并借助方程研究其几何性质的过程中，对学生的数学运算、逻辑推理等素养进行评价</td></tr>
<tr><td rowspan="5">单元作业</td><td colspan="7">作业设计目的：以学业要求的达成为目标，以大概念核心知识为基础，体现单元教学的整体性，具体以问题情境为载体，以思想方法为依托，以关键能力为特征，突出单元大概念生成、理解、运用，综合体现数学学科核心素养的落实</td></tr>
<tr><td>作业类型</td><td>作业目标</td><td>作业内容</td><td>作业情境</td><td>概念结论</td><td>思想方法</td><td>价值观念</td></tr>
<tr><td>基础性作业</td><td>椭圆的离心率</td><td>根据条件，介绍椭圆的标准方程和离心率</td><td>数学情境（椭圆）</td><td>椭圆标准方程中特征量的几何意义</td><td>数学结合</td><td>客观世界是普遍联系的，事物的认知过程总是螺旋式上升的</td></tr>
<tr><td>作业示例</td><td colspan="6">1. 若椭圆经过点 $B(0,\sqrt{3})$，且焦点分别为 $F_1(-1,0)$ 和 $F_2(1,0)$，则椭圆的离心率为（　）.
(A) $\frac{3}{4}$　　(B) $\frac{2}{3}$　　(C) $\frac{1}{2}$　　(D) $\frac{1}{4}$</td></tr>
<tr><td>综合性作业</td><td>直线的方程、圆的方程</td><td>能够在熟悉的情境中，建立实物的几何图形，建立简单图形与实物之间的联系</td><td>实际情境（操场）</td><td>直线与圆、圆与圆的位置关系</td><td>数形结合、转化与化归</td><td>客观世现象与本质的关联</td></tr>
</table>

续表

<table>
<tr>
<td rowspan="3">单元作业</td>
<td>作业示例</td>
<td colspan="6">【情境】400 m 标准跑道的内圈如图所示，其中左右两边均是半径为 36 m 的半圆弧。（注：400 m 标准跑道最内圈约为 400 m）
（1）求每条直道的长度（圆周率取 3.14，结果精确到 1 m）；
（2）建立平面直角坐标系 xOy，写出跑道上半部分对应的函数解析式。
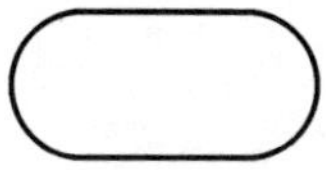
标准跑道内圈示意</td>
</tr>
<tr>
<td>发展性作业</td>
<td>两点间的距离</td>
<td>考查学生数学抽象、直观想象素养和数学运算素养达成的综合情况</td>
<td>实际情境、数学情境</td>
<td>两点间的距离、点到直线的距离</td>
<td>数形结合、转化与化归、抽象与具体</td>
<td>客观世界是普遍联系的，联系中有规律性、不变性、现象与本质的关联</td>
</tr>
<tr>
<td>作业示例</td>
<td colspan="6">【情境 1】在数轴上，对坐标分别为 x_1 和 x_2 的两点 A 和 B，用绝对值定义两点间的距离，表示为 $d(A,B)=|x_1-x_2|$。回答下面的问题：
（1）在数轴上任意取三点 A，B，C，证明
$d(A,B)\leqslant d(A,C)+d(B,C)$。
（2）设 A 和 B 两点的坐标分别为 -3 和 2，找出满足 $d(A,B)=d(A,C)+d(B,C)$ 的点 C 的范围，再找出满足 $d(A,B)<d(A,C)+d(B,C)$ 的点 C 的范围。
【情境 2】城市的许多街道是相互垂直或平行的，因此，往往不能沿直线行走到达目的地，只能按直角拐弯的方式行走。如果按照街道的垂直和平行方向建立平面直角坐标系，对两点 $A(x_1,y_1)$ 和 $B(x_2,y_2)$，类比“情境 1”中的方式定义两点间距离为
$d(A,B)=|x_1-x_2|+|y_1-y_2|$，
回答类似的问题：
（1）在平面直角坐标系中任意取三点 A，B，C，证明
$d(A,B)\leqslant d(A,C)+d(B,C)$。
（2）设 A 和 B 两点坐标分别为 (x_1,y_1) 和 (x_2,y_2)，找出满足 $d(A,B)=d(A,C)+d(B,C)$ 的点 C 的范围，再找出满足 $d(A,B)<d(A,C)+d(B,C)$ 的点 C 的范围。</td>
</tr>
<tr>
<td>反馈调整</td>
<td colspan="7">单元教学中，从核心问题教学的四个环节关注课堂学生的表现，尤其是新因素的发掘；单元教学后，从学生整体和个体的学科核心素养积淀，具体针对核心问题教学评价表、大概念的核心问题教学素养目标点检测表的相关要素进行搜集并反馈调整</td>
</tr>
</table>

“抛物线及其标准方程”学教案

张琳琳

一、教学课标设计

【教材课标】☞

平面解析几何是数学发展过程中的一个标志性成果，是微积分创立的基础. 平面解析几何的内涵和方法是：通过建立平面直角坐标系，把几何的基本元素（点）和代数的基本对象（数，即有序数组或数对）对应起来，在此基础上建立曲线（点的轨迹）的方程，从而把几何问题转化为代数问题，再通过代数方法研究几何图形的性质.

本课位于人教 A 版《普通高中数学课程教科书（2019）》选择性必修一第三章《圆锥曲线的方程》第 3 节，本节为《抛物线》的第一课时. 本节内容在本章的位置如下：

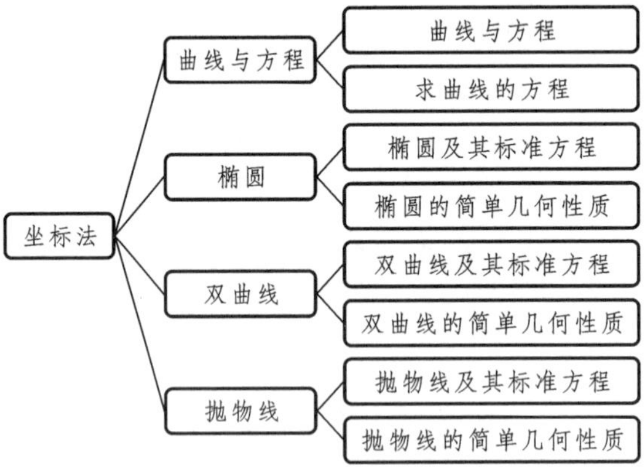

本节学习的内容“抛物线及其标准方程”是建立在学生学习了“直线的方程”“直线的交点坐标和距离公式”“椭圆”“双曲线”的基础上，了解抛物线的定义，建立其标准方程. 本节内容是对坐标法的进一步运用，进一步体现研究圆锥曲线的一般方法，在此过程中，学生进一步体会解析几何方法的步骤及应用.

从本章知识结构上看，抛物线的研究背景、研究问题、研究方法与椭圆、抛物线两节具有高度相似性，因此本节内容在学习时可以依据“椭圆”“双曲线”的学习路径，通过“抛物线”一节的学习，学生可以比较完整地构建圆锥曲线的知识体系.

本节内容包含的核心思想方法是坐标法，主要体现在结合抛物线的几何特征推出抛物线的标准方程这一过程. 此外，本节内容的学习需要类比“椭圆”“双曲线”的研究过程与方法；通过数形结合，从抛物线的几何特征推导出抛物线的方程. 学生在此过程中，强化曲线与方程的对应关系. 并结合椭圆、双曲线的学习过程，总结梳理圆锥曲线学习的一般路径，找到三类圆锥曲线的内在联系，使圆锥曲线单元的知识内容和思想方法结构化，从而形成整个圆锥曲线的知识脉络.

【大概念】☞

为将《普通高中数学课程标准》(2017 年版 2020 年修订) 中“以大概念为核心，使课程内容结构化”落到实处，更好发挥学科育人功能，培养学生数学学科核心素养，并从概念结论、思想方法、价值观念三个层面挖掘本单元的大概念.

简约化表达：抛物线的定义、抛物线的标准方程.

特征化表达：类比椭圆、双曲线的学习过程，根据抛物线的几何特征，使用坐标法，建立抛物线的标准方程，体会数形结合、转化与化归思想. 结构化圆锥曲线大单元，加深对普遍联系观、变化中的不变性的感悟.

概念类别	简约化表达	特征化表达
概念结论类	抛物线及其标准方程	把平面内与一个定点 F 和一条定直线 l（l 不经过点 F）的距离相等的点的轨迹叫作抛物线. 点 F 叫作抛物线的焦点，直线 l 叫作抛物线的准线. 将 $y^2=2px(p>0)$ 叫作抛物线标准方程，如果选择不同的建立平面直角坐标系的方式，还可以得到抛物线的标准方程的不同形式：$y^2=-2px(p>0)$，$x^2=2px(p>0)$，$x^2=-2px(p>0)$
思想方法类	数形结合、转化与化归	在概念抽象和探索的过程中，强调明确其几何性质，再利用几何特征建立坐标系，求出标准方程，然后通过方程，运用代数方法进一步认识圆锥曲线的性质. 能够将抛物线的几何问题化归为代数问题，并能用坐标法，建立适当的坐标系，表示定点和定直线的位置关系，并在此基础上表示将到定点和到定直线的距离之比为一的动点满足的代数关系，然后借助于代数运算和逻辑推理，得到抛物线的方程
价值观念类	普遍联系观、变化中的不变性	抛物线的概念及其标准方程的获得过程是对使用解析几何的一般思想与方法解决问题的过程，本节内容在学习可以依据“椭圆”“双曲线”的学习路径，并通过“抛物线”一节的学习，使学生可以构建圆锥曲线的知识体系. 同时，圆锥曲线与生活实际和其他学科广泛联系，由此体现了普遍联系观. 在抛物线标准方程的探究过程中，由于学生不同的作图方式和建系方式，得到的方程各有不同，但在抛物线的焦准距相同的情况下，其本质是相同的，由此体现了变化中的不变性

【资源条件】☞

资源名称	功能
黑板	板书核心问题；板书学生解决问题时交流要点；板书反思提升要点等
PPT	出示核心问题；显示教学环节
GGB	展示圆锥与截面交线的变化过程
电子白板	展示学生活动具体过程，快速及时展示学生解决问题的切入点、思维过程、解答结果

【学生分析】☞

学生在初中学习了“二次函数的图象”，由于二次函数的图象与抛掷物体时物体的轨迹类似，因此将二次函数的图象称作抛物线. 在初中，结合二次函数的性质研究了抛物线图象的对称性，但对抛物线图象的几何特征未进行进一步探究. 本节是高中数学学习平面解析几何的最后一部分内容. 学生已学习“直线和圆的方程”以及“椭圆”和“双曲线”两种圆锥曲线方程，学生目前能够初步体会解析几何的内涵和方法，以及对曲线（点的轨迹）和方程之间的一一对应关系，体会到了解析几何的核心思想方法——坐标法并经历了其具体应用过程，并使用过 GeoGebra 软件等信息技术辅助学习. 通过“直线和圆的方程”一章内容的学习，学生掌握“两点间的距离公式”“点到直线的距离公式”，这是学生使用坐标法建立抛物线基本方程的基础；通过对“椭圆”和“双曲线”的学习，对研究圆锥曲线的一般过程和方法有了初步的认识.

在本节中，通过具体情境引入，体现抛物线的实际应用，体现数学的实际应用，引发学生的学习兴趣；通过几何情境认识抛物线的几何特征，这一过程帮助学生建立圆锥曲线之间的联系，凸显信息技术与数学课堂的融合，但对学生平面几何知识基础与直观想象能力有一定要求. 根据其几何特征得出抛物线的定义，并在此基础上建立适当的平面直角坐标系，然后通过代数运算得到抛物线的标准方程，这一过程是对学生坐标法的应用与深化，提升学生的数形结合思想与数学运算素养；由于焦点的位置不同，需要充分运用坐标法对方程的形式进行转化，获得抛物线其他形式的标准方程. 在此过程中体现了研究圆锥曲线的一般过程.

【教学目标】☞

类比椭圆、双曲线的学习过程，通过绘制到定点距离等于到定直线距离的动点的轨迹，获得抛物线的图象（达成直观想象素养水平 1），能根据抛物线的几何特征，抽象出抛物线的定义（达成数学抽象素养水平 2），建立适当的平面直角坐标系，使用坐标法探究抛物线的方程，理解抛物线的标准方程（达成数学运算水平 2），由此加深对数形结合、坐标法、抽象概括的理解，通过结构化圆锥曲线大单元，感悟到普遍联系观.

【核心问题】☞

类比椭圆、双曲线的研究方法，探究平面内到定点和定直线的距离等于 1 的动点的轨迹并描述.

1. 核心问题分析

本节课的研究过程贯彻了解析几何中“先用几何眼光观察和思考，再用坐标法解决”的策略. 因此，本节课的学生活动也将以该策略为主线展开，这也是本节课核心问题的主要组成.

首先是需要“用几何眼光观察和思考”，在这部分学生需要获得抛物线的几何特征. 在前面的学习中，通过教材椭圆中的例 6、双曲线中的例 5，发现可以通过动点到定点和定直线的距离之比不等于 1 的常数来得到椭圆和双曲线，由此提出问题：如果动点到定点和定直线的距离之比等于 1 时，动点的轨迹是什么曲线. 动点到定点和定直线的距离之比 k 为定值是本章内容的暗线，体现并兼顾了三种圆锥曲线的共性与个性，使三种圆锥曲线的内在联系更加清晰，更有利于学生构建本章的知识体系. 学生需要通过作图这一学生活动，探究满足条件的动点的轨迹，并通过这个过程明确抛物线的几何特征.

对于一个新的学习对象，学生将需要用适当的语言对满足条件的点的轨迹进行描述，包括自然语言（定义）、图形语言、符号语言（表达式）. 学生需要通过类比椭圆、双曲线的定义，对抛物线的几何特征进行抽象概括并进行准确表述. 学生在作出满足条件的点的轨迹的过程中，自然而然地会对定点和定直线的位置进行分类讨论，并作出满足条件的抛物线图象. 根据作出图象的不同，学生将类比椭圆、双曲线学习过程中建立平面直角坐标系的过程，建立适当的平面直角坐标系，通过逻辑推理、代数运算获得抛物线的方程. 在上述过程中，由于学生作图时定点和定直线的位置不同，建立的平面直角坐标系和得到的抛物线的方程也不尽相同，获得抛物线的标准方程的关键点是建立平面直角坐标系时需要把握住抛物线的对称性（以抛物线的对称轴和到定点和定直线距离相等的直线为坐标轴，建立平面直角坐标系），在抛物线焦点到准线的距离确定的前提下，不同的建系方式得到的抛物线的方程不同，但其本质相同.

在以上问题情境的探究中，关键在于用坐标法解决几何问题，其基础是利用坐标系将点表示为有序数对，建立起平面内点与有序数对之间的一一对应，由此可以将曲线表示为一个方程，几何问题就归结为代数问题；然后借助于代数运算和逻辑推理，对这些数、代数式及方程之间的关系进行讨论；最后把讨论的结果利用坐标系翻译成相应的几何结论，即几何问题翻译为代数问题—代数运算与推理—代数结论翻译为几何结论三部曲.

在上述探究抛物线几何特征及描述的学生活动后，学生随即进行反思提升和评价反馈.

【评价预设】☞

在教材中，是直接对比椭圆和双曲线的第二定义引入抛物线，但这样无法让学生体会本节课学习对象——抛物线的广泛应用性. 在提出问题环节，本节课将卫星接收天线作为本节课的问题情境引入，让学生充分认识到抛物线的光学性质在日常生产生活中的广泛应用，如何确定焦点的位置是其中的关键，学生由此认识到定性研究抛物线的必要性. 结合学习椭圆和双曲线的内容，由此提出本节课核心问题.

在解决问题环节，对于活动的第一部分，在教材上，抛物线的图象是利用信息技术作图获得的，但是这对学生信息技术能力要求较高，对学生平面几何知识要求较高，如果仅由教师作图，学生不仅无法深入参与到课堂这部分的学习过程中，并且教师的作图结果容易固化学生的思维. 由于学生在初中对于抛物线的图象已经有初步的认识,学生已有的作图基础能够使学生完成的大致图象，并且学生在此过程中能够深入体会抛物线的几何特征，因此让学生自主作图，也使整个学生活动的体系更加完整. 在这一部分的活动中，学生容易想到作定点到定直线的垂线段，取垂线段中点为满足条件的动点的某种情况；能够根据过往的几何作图经验，连接定点和动点得到动点到定点的距离，过动点作定直线的垂线段得到动点到定直线的距离；但如何保证距离相等，学生由于平面几何知识遗忘、作图过程不严谨等不良习惯忽视这一问题，这里需要引导学生回忆垂直平分线的几何性质，构造垂直平分线保证动点到定点和定直线的距离相等. 有的学生会由于思路不严谨未讨论当定点在定直线上这一种情况,可在点评环节的过程中引导学生，帮助学生完善对抛物线定义的抽象.

在活动的第二部分“使用适当的语言对获得的点的轨迹进行描述”中，需要使用自然语言、图形语言和符号语言进行描述. 在定义（自然语言）的抽象过程中，需要类比椭圆和双曲线的学习，对抛物线的几何特征进行抽象概括，学生容易忽视说明定点和定直线的位置关系. 同时，由于抛物线的定义涉及的对象是定点和定直线，这与椭圆和双曲线的定义形式上不一致，在学生未能深入理解的抛物线的几何特征的情况下，容易陷入思维定势.

在抛物线的方程形式（符号语言）的探究过程中，首先根据抛物线的几何性特征，确定定点到定直线的距离为 p（$p>0$）. 学生探究获得抛物线的方程是一个难点. 学生在建立适当的平面直角坐标系的过程中，由于无法准确把握抛物线的对称性，容易出现将抛物线的定点或抛物线的对称轴与准线的交点这两个点上,导致代数运算难度增加. 学生经历代数运算需要一个过程，需要耐心等待和个别指导. 在这部分活动的学生展示环节，由于学生自主作图，学生将得到向上、下、左、右等开口方向不同的抛物线，又由于学生建立平面直角坐标系的方式不同,学生可能会得到不一致的抛物线方程形式. 这里需要引导学生在此深入体会抛物线的几何特征，即在抛物线焦准距一定的情况下，表达式的不同只是由于建立平面直角坐标系的方式不同，但作出的曲线都是一样的，其本质相同，让学生体会变化中的不变性这一价值观，由此也解决了二次函数图象为什么是抛物线这一问题，体现了转化与化归的思想.

在反思提升环节，教师引导学生回顾整个探究过程，包括如何绘制抛物线、如何抽象出抛物线的定义、如何描述这样一个新的数学研究对象，尽量由学生总结研究的历程、思想方法和价值观的大概念. 进一步，GGB 的动图演示通过圆锥获得三类圆锥曲线的过程，并结合椭圆、双曲线的学习过程，整体总结梳理圆锥曲线学习的一般路径；根据椭圆、双曲线、抛物线的定义和学习内容，找到三类圆锥曲线的内在联系，使圆锥曲线单元的知识内容和思想方法结构化，从而形成整个圆锥曲线的知识脉络.

在评价反馈环节，回扣卫星接收天线这一情境引入，让学生探究在已知卫星接收器轴截面口径等信息的情况下,探究其标准方程和焦点的位置信息. 第一小问需要学生将实际问题转化为数学问题，再次经历建立适合的平面直角坐标系的过程；第二问是基于例题本身对抛物线光学性质的延申，学生结合基础的光学知识对抛物线的光学性质进行简单的探究，学生使用数学知识解释现实，感受数学源于生活、用于生活的实际意义.

二、教学实施设计

【教学环节】☞

教学环节	学生活动	教师活动	设计意图	技术融合
提出问题（约 3 min）	回顾椭圆和双曲线的相关学习内容	使用实际情境引出本节学习对象，提出核心问题： 类比椭圆、双曲线的研究方法，探究平面内到定点和定直线的距离等于 1 的动点的轨迹并描述	从卫星接收天线这一生活情境出发，并结合椭圆、双曲线的学习内容，引出本节学习的核心问题，激发学生的学习兴趣．选择抛物线的光学性质这一情境，让学生了解抛物线的实际应用，体会数学源于生活，并为例题中抛物线的简单应用埋下伏笔．椭圆和双曲线的学习内容不仅可以引出本节课研究问题，还起到了引发学生探寻三类圆锥曲线内在联系的作用	PPT 展示问题情境、回顾内容（椭圆例 6，双曲线例 5）并展示核心问题
解决问题（约 2 min）	学生活动： 探究平面内到定点和定直线的距离等于 1 的动点的轨迹并描述． 第一部分： 绘制平面内到定点和定直线距离相等的点的轨迹． 1．学生独立思考，自主作图、探究． 2．学生展示． 3．生生评价、完善． 第二部分： 使用适当的语言对获得的点的轨迹进行描述． 1．学生独立思考，探究． 2．小组讨论． 3．学生展示． 4．生生评价、完善	第一部分： 1．基于学生作图的具体情境，对学生进行适当引导． 2．通过问题引导学生对定点和定直线的位置关系进行分类讨论． 3．通过问题串的方式对得到的图形进行提问，引导学生抽象出抛物线的几何特征． 4．及时追问促进生生评价． 5．恰当板书要点． 第二部分： 1．根据学生现场情境，引导学生使用不同的方式对抛物线进行描述． 2．引导学生完善抛物线的定义． 3．引导学生不同的建系方式对得到不同的抛物线方程，但其本质相同，都是使用符号语言对抛物线进行描述． 4．及时追问促进生生评价． 5．恰当板书要点	在解决问题环节，贯彻“先用几何眼光观察和思考，再用坐标法解决”这一解析几何的基本策略．对于活动的第一部分，能够让学生在此过程中深入体会抛物线的几何特征，使整个学生活动的体系更加完整． 在活动的第二部分，对于一个新的学习对象，用适当的语言[自然语言（定义）、图形语言、符号语言（表达式）]对满足条件的点的轨迹进行描述，不仅可以帮助学生深入理解抛物线的定义和几何特征，还能使学生再次使用坐标法解决几何问题，自主构建圆锥曲线知识网络体系	1. PPT：展示问题和教学内容． 2．电子白板：拍摄学生解答过程投屏，并勾画批注． 3．黑板要点批注

续表

<table>
<tr><th>教学环节</th><th>学生活动</th><th>教师活动</th><th>设计意图</th><th>技术融合</th></tr>
<tr><td rowspan="2">反思提升（约 7 min）</td><td>在教师的引导下，学生自主归纳概念结论和思想方法，并归纳知识框架</td><td>将学生在活动探究中涉及的概念结论、思想方法、价值观念汇总并梳理，并梳理三类圆锥曲线的内在联系，使单元知识结构化</td><td>让学生较为系统地梳理数学知识，感悟蕴含其中的数学思想方法，体验在平面解析几何中解决问题的一般思路和方法</td><td>PPT；展示教学内容和教学环节.
GGB：展示圆锥与截面交线的变化过程</td></tr>
<tr><td colspan="4">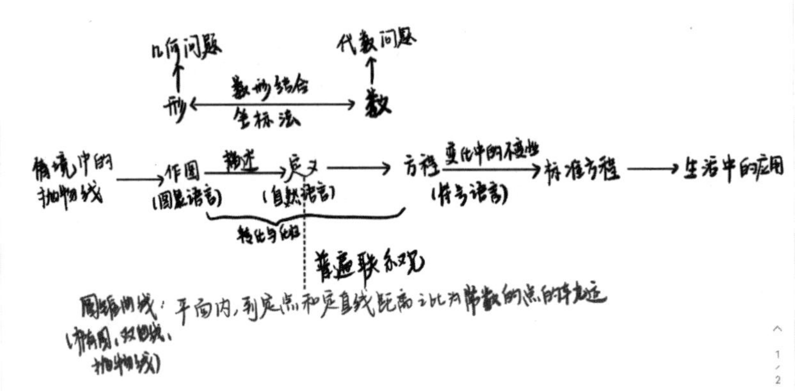
</td></tr>
<tr><td>评价反馈（约 7 min）</td><td>完成评价反馈任务并交流展示</td><td>展示评价反馈任务，通过例题再次强化抛物线的几何特征与求点的轨迹的一般方法</td><td>例 1 通过经由抛物线的标准方程求其焦点坐标和准线方程、由抛物线的焦点坐标或准线方程求抛物线的方程，巩固知识，强化学生对抛物线标准方程、p、焦点坐标以及准线方程的认识，深入理解到 p 是抛物线唯一的特征量.
例 2 的选择回扣课堂引例，使学生认识到数学知识在实际生活的应用；第一小问需要学生将实际问题转化为数学问题，再次经历建立适合的平面直角坐标系的过程；第二问是基于例题本身对抛物线光学性质的延申，学生结合基础的光学知识对抛物线的光学性质进行简单的探究，学生使用数学知识解释现实，提升学生的数学学习兴趣，达到学生在本节内容的学习基于教材，高于教材的目的</td><td>PPT：展示教学环节和教学内容</td></tr>
</table>

【板书设计】☞

抛物线及其标准方程

一、提出问题

核心问题：类比椭圆、双曲线的研究方法，探究平面内到定点和定直线的距离等于 1 的动点的轨迹并描述.

二、解决问题

定义：

活动：探究平面内到定点和定直线的距离等于 1 的动点的轨迹并描述.

自然语言：

图形语言：

符号语言：

三、反思提升

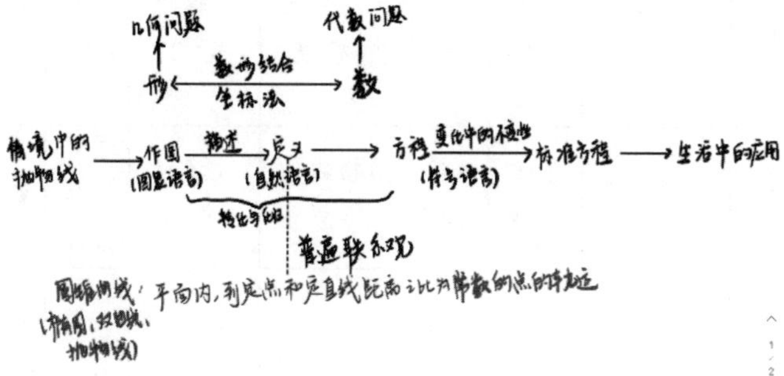

四、评价反馈

【作业设计】☞

序号	作业目标	作业情境		概念结论		思想方法		价值观念		整体评估	
		内容	水平	内容	水平	内容	水平	内容	水平	内容	水平
1	抛物线的几何特征的应用	数学情境	简单	抛物线的定义和标准方程	数学抽象 1	概念辨析	数学运算 1	事物是普遍联系的	数学运算 1	基础性	学业质量水平 1
2	抛物线的概念的辨析	数学情境	简单	抛物线的焦点坐标和准线方程	数学抽象 1	概念辨析	数学运算 1、数学抽象 1	事物是普遍联系的	数学抽象 1	基础性	学业质量水平 1
3	抛物线的实际应用	现实情境	简单	抛物线的标准方程	数学运算 1	数学建模	数学建模 1、数学运算 1	事物是普遍联系的	数学建模 1	基础性	学业质量水平 1
4	抛物线的几何特征的应用	数学情境	较简单	抛物线的几何特征	逻辑推理 1，数学抽象 2	待定系数	数学运算 2、逻辑推理 1	事物是普遍联系的	逻辑推理 1	基础性	学业质量水平 2
5	抛物线的概念的辨析	数学情境	较简单	抛物线的定义	数学抽象 2、逻辑推理 2	转化与化归	数学抽象 2、逻辑推理 2	规律中的不变性	数学抽象 2、逻辑推理 2	综合性	学业质量水平 2

续表

序号	作业目标	作业情境		概念结论		思想方法		价值观念		整体评估	
		内容	水平	内容	水平	内容	水平	内容	水平	内容	水平
6	抛物线的实际应用	现实情境	较简单	抛物线的几何特征和标准方程	逻辑推理2	数形结合	数学建模2、逻辑推理2	数学的应用价值	数学建模2	综合性	学业质量水平2
7	抛物线的几何特征的应用	数学情境	较简单	抛物线的标准方程	数学抽象1	运算性质演绎	数学运算2、数学抽象1	事物是普遍联系的	数学抽象1	综合性	学业质量水平2
8	圆锥曲线的内在联系	文化情境	复杂	抛物线的几何特征	数学抽象2、逻辑推理2	转化与化归	数学抽象2、逻辑推理2、直观想象2	规律中的不变性	数学抽象2、逻辑推理2	实践性	学业质量水平3
课时作业内容评估	1. 针对本节课的核心问题和教学目标，按照合格考和等级考的要求，设计了具有梯度的课后，题量适中. 2. 作业目标明确可检测，易操作，利于得到客观反馈和检测素养目标，以便调整教学教法. 3. 响应新教材、新高考的特点，作业情境多样，包括学习情境、现实情境、文化情境等，兼顾习题的生动性与深度性. 4. 实践性作业培养了学生勇于探究的科研精神，培养了学生的数学核心素养										

（具体的作业内容略）

【教学流程】☞

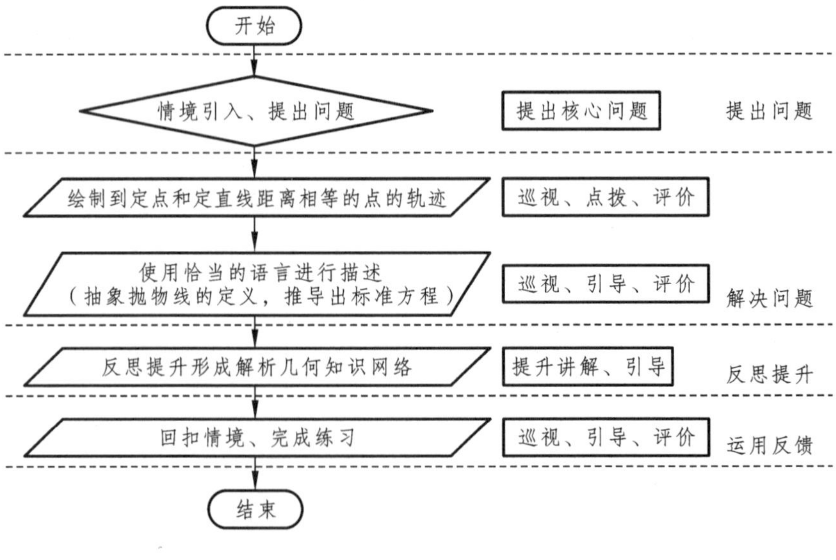

三、教学评价设计

【评价实施】☞

大概念核心问题教学文化评价表

课时名称：<u>抛物线及其标准方程.</u>

所属单元：<u>解析几何.</u>

单元大概念：<u>圆锥曲线.</u>

单元核心问题：<u>探究平面内满足一定条件的点的轨迹，推导对应的曲线方程并描述，根据曲线几何特征探究曲线性质.</u>

课时大概念：<u>抛物线的定义、抛物线的标准方程.</u>

课时核心问题：<u>探究平面内到定点和定直线的距离等于 1 的动点的轨迹并描述.</u>

<table>
<tr><th rowspan="2">评价目标</th><th colspan="3">评价指标</th><th colspan="2" rowspan="2">评价
方法结果</th></tr>
<tr><th>一级指标</th><th>二级指标</th><th>三级指标</th></tr>
<tr><td rowspan="20">实现活动体验中的学习与素养发展</td><td rowspan="12">具有大概念核心问题教学形态</td><td rowspan="3">核心问题
利于活动体验</td><td>内含学科问题和学生活动方式</td><td>8</td><td rowspan="12">每项指标最高评 8 分（满分为 96 分）

合计 <u>91</u> 分</td></tr>
<tr><td>问题情境与真实生活密切相关</td><td>7</td></tr>
<tr><td>能引发大概念、新知新法生成</td><td>7</td></tr>
<tr><td rowspan="3">教学目标
价值引导恰当</td><td>目标构成全面准确</td><td>8</td></tr>
<tr><td>关联体验目标恰当</td><td>8</td></tr>
<tr><td>目标价值引导显现</td><td>8</td></tr>
<tr><td rowspan="3">教学环节
完整合理落实</td><td>教学环节清晰完整</td><td>8</td></tr>
<tr><td>环节内容合理充实</td><td>7</td></tr>
<tr><td>学生活动时间充分</td><td>7</td></tr>
<tr><td rowspan="3">教学要素
相互匹配促进</td><td>问题目标环节两两匹配</td><td>8</td></tr>
<tr><td>技术促进活动形式内容</td><td>7</td></tr>
<tr><td>课堂特色突出氛围浓郁</td><td>8</td></tr>
<tr><td rowspan="8">具有大概念核心问题教学特质</td><td rowspan="4">拓宽学习视野</td><td>课堂与现实世界有恰当关联</td><td colspan="2" rowspan="8">选择一个表现突出的二级指标，在相应三级指标引导下，以现场学生表现为主要依据，以其余指标为背景，于本表的第二页写出 150 字以上的简要评价</td></tr>
<tr><td>有基于缄默知识的问题解决</td></tr>
<tr><td>有缄默知识运用的追踪剖析</td></tr>
<tr><td>知识运用剖析导向素养发展</td></tr>
<tr><td rowspan="4">投入实践活动</td><td>有真实而且完整的实践活动</td></tr>
<tr><td>实践活动深度融入两类情境</td></tr>
<tr><td>能够全身心地浸渍于活动中</td></tr>
<tr><td>活动的内容结果均丰富深入</td></tr>
</table>

续表

<table>
<tr><td rowspan="2">评价目标</td><td colspan="3">评价指标</td><td rowspan="2">评价
方法结果</td></tr>
<tr><td>一级指标</td><td>二级指标</td><td>三级指标</td></tr>
<tr><td rowspan="15">实现活动体验中的学习与素养发展</td><td rowspan="15">具有大概念核心问题教学特质</td><td rowspan="4">感受意义关联</td><td>有核心问题的深层意义感受</td><td rowspan="15"></td></tr>
<tr><td>有以知识为中心的关联感受</td></tr>
<tr><td>有以个人为中心的关联感受</td></tr>
<tr><td>有对三类大概念的关联感受</td></tr>
<tr><td rowspan="4">自觉反思体验</td><td>有实质性反思活动的开展</td></tr>
<tr><td>有课堂新因素的追踪利用</td></tr>
<tr><td>有体验的交流与改善重构</td></tr>
<tr><td>有概念生成中的素养发展</td></tr>
<tr><td rowspan="4">乐于对话分享</td><td>乐于自我的表达与认真的倾听</td></tr>
<tr><td>乐于合作中成果与思路的分享</td></tr>
<tr><td>乐于成果交流中深层意义分享</td></tr>
<tr><td>有宽容的对话氛围和双向交流</td></tr>
<tr><td rowspan="3">认同素养评价</td><td>认可素养评价</td></tr>
<tr><td>参与素养评价</td></tr>
<tr><td>利用素养评价</td></tr>
<tr><td colspan="5">大概念核心问题教学特质的简要评价（包括发展性建议）</td></tr>
<tr><td colspan="5">本节课凸显了核心问题教学中“感受意义关联”这一教学实质：
1. 在本节概念课的教学中，通过GGB，深化数形结合过程，更直观地展示当平面与圆锥的轴的夹角变化过程中平面与圆锥交线的变化，更能使学生体会三类圆锥曲线的联系，并能类比学习椭圆、双曲线的过程研究抛物线.
2. 在本节概念课的教学中，需要学生从椭圆、双曲线、抛物线的第二定义出发建立三种圆锥曲线的内在联系，并通过研究坐标法研究一般的点的轨迹，借助平面直角坐标系联系几何与代数，进一步体会数形结合思想</td></tr>
</table>

【信息收集】☞

根据本节课的核心问题与教学目标，基于检测目标设计检测工具，具体包含难度递增的三个题目，本测试卷的测试对象是高二21班所有学生，将测试试卷发放后定时12 min进行测试，对测试结果进行收集、批正、统计后通过梳理得到测试结果.

通过对学生测试结果进行分析，对于第一小问，有88.9%的学生能够准确作答，达到数学抽象素养水平1；对于第二小问，79.6%的学生能够理解抛物线的焦准距这一几何特征并能进行正确计算，达到数学抽象素养水平1、数学运算素养水平1；对于第三小问，70.4%的学生能够构建抛物线和二次函数图象之间的联系，51.9%的学生能在此基础上使用数学语言进行论证，达到数学抽象素养水平2. 综合来看，在本次测试中，共有38位学生占总人数70.4%能在规定时间内正确完成检测.

【反馈调整】☞

在测试结束后，并针对基于信息搜集的检测分析完成后，将正确率及目标达成分类这两种不同标准批改后的学生运用反馈联系发给学生，并于课堂上主要基于后一标准的情境做了全班评讲. 尤其是对检测后等级为 C 的 10 位同学和等级为 D 的 6 位同学进行重点反馈，并与等级为 D 的 6 位同学进行了个别交流，帮助他们真正理解能够理解抛物线方程与抛物线几何特征的内在联系.

此外，对于本节的课堂教学，对于活动的第一部分，可以将作出抛物线图象的这部分活动内容作为课前活动，一方面学生可以有更加充裕的时间对这一几何问题进行探讨，加深学生对抛物线几何特征的理解；另一方面，使课堂中反思提升部分的时间更加充裕，使构建三类圆锥曲线内在联系和知识框架部分内容更加深入.

大概念核心问题教学素养目标点检测表

<table>
<tr><td>课时名称</td><td colspan="3">抛物线及其标准方程</td></tr>
<tr><td>所属单元</td><td colspan="3">圆锥曲线的方程</td></tr>
<tr><td>单元大概念</td><td colspan="3">圆锥曲线</td></tr>
<tr><td>单元核心问题</td><td colspan="3">探究平面内三类动点的轨迹对应的曲线方程并描述，根据曲线几何特征探究曲线性质</td></tr>
<tr><td>课时大概念</td><td colspan="3">抛物线的定义、抛物线的标准方程</td></tr>
<tr><td>课时核心问题</td><td colspan="3">类比椭圆、双曲线的研究方法，探究平面内到定点和定直线的距离等于 1 的动点的轨迹并描述</td></tr>
<tr><td>课时目标</td><td colspan="3">类比椭圆、双曲线的学习过程，通过绘制到定点距离等于到定直线距离的动点的轨迹，获得抛物线的图象（达成直观想象素养水平 1），能根据抛物线的几何特征，抽象出抛物线的定义（达成数学抽象素养水平 2），建立适当的平面直角坐标系，使用坐标法探究抛物线的方程，理解抛物线的标准方程（达成数学运算水平 2），由此加深对数形结合、坐标法、抽象概括的理解，通过结构化圆锥曲线大单元，感悟到普遍联系观</td></tr>
<tr><td>检测点</td><td colspan="3">学生对抛物线标准方程理解与应用</td></tr>
<tr><td>检测工具
（检测题）</td><td colspan="3">求抛物线的焦点坐标和准线方程 $x=ay^2(a\neq 0)$</td></tr>
<tr><td rowspan="4">分类标准</td><td colspan="3">A. 能够理抛物线的几何特征，理解抛物线的本质，能够理解抛物线方程与抛物线几何特征的内在联系</td></tr>
<tr><td colspan="3">B. 能够理抛物线的几何特征，但不能够理解抛物线方程与抛物线几何特征的内在联系</td></tr>
<tr><td colspan="3">C. 只能直接应用定义解决简单问题，只能直接套用公式解决问题</td></tr>
<tr><td colspan="3">D. 不能理解抛物线的概念，概念模糊不清，只能依靠直觉解决问题</td></tr>
<tr><td rowspan="5">检测统计</td><td>分类等级</td><td>学生人数（总人数 54 人）</td><td>百分比</td></tr>
<tr><td>A</td><td>8</td><td>14.8%</td></tr>
<tr><td>B</td><td>30</td><td>55.6%</td></tr>
<tr><td>C</td><td>10</td><td>18.5%</td></tr>
<tr><td>D</td><td>6</td><td>11.1%</td></tr>
</table>

续表

检测分析结果运用	本检测点是掌握抛物线定义的重要内容．主要考点是考查学生对抛物线定义和几何特征的理解，需要学生能够结合抛物线的定义及标准方程，建立抛物线的几何特征与抛物线的方程的联系．第一小问考查学生能够结合定义对数学问题进行简单求解（数学抽象 1），第二小问需要学生理解抛物线的焦准距这一几何特征，并能在熟悉的情境中进行求解（数学抽象 1、数学运算 1）；第三小问需要学生能够构建抛物线和二次函数图象之间的联系，并能使用数学语言进行论证（数学抽象 2）
素养目标达成典型	1. 学生能够根据抛物线的标准方程，结合所学内容解决简单问题． 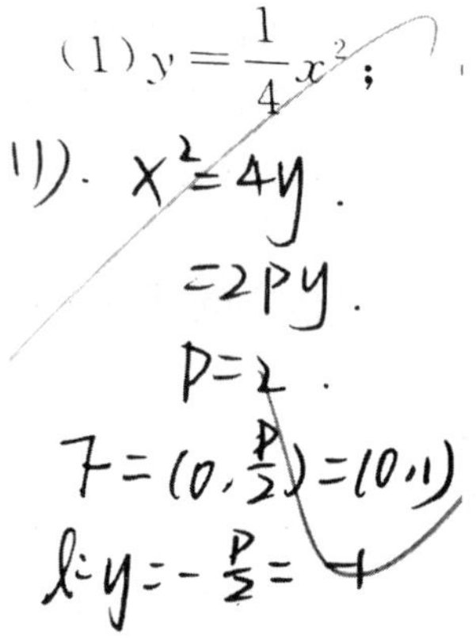 2. 能够理抛物线的几何特征，能够理解抛物线方程与抛物线几何特征的内在联系． 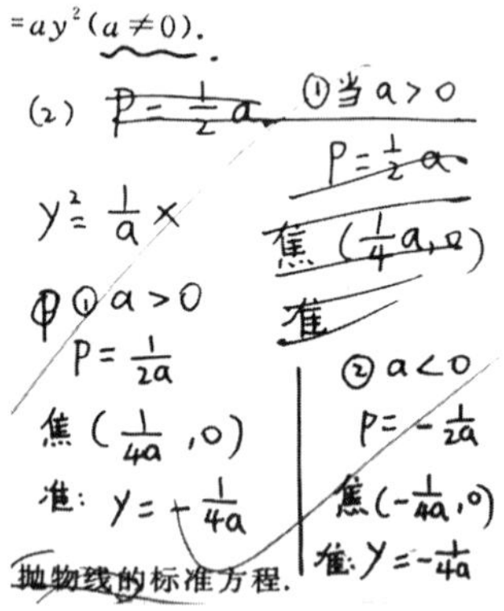
检测反馈	从检测结果统计看，本课程有 38 名学生，占总人数 70.4%能在规定时间内正确完成检测，说明大部分学生通过这节课，能通过绘制抛物线的过程，确定抛物线上的点满足的几何条件，明确抛物线的几何特征，形成抛物线的概念；能认识建立抛物线标准方程的过程与建立椭圆、双曲线标准方程的过程是类似的，能通过建立适当的坐标系，根据抛物线上的点满足的几何条件，列出抛物线上的点的坐标满足的方程，化简列出的方程，得到抛物线的标准方程；并能用它解决简单的问题，进一步体验获得曲线的方程的过程和步骤．由此可见，大部分学生能够借助抛物线的标准方程与抛物线的几何性质的内在联系解决问题，关联体验目标的达成度较好，体现出了课程实施成果

圆锥曲线的方程单元教学

圆锥曲线的方程单元
大概念的核心·问题教学单元规划纲要

学科 数学 教师 高俊兰 张翼 周冠男

<table>
<tr><td>年级</td><td>高二年级</td><td>单元名称</td><td>圆锥曲线的方程</td><td>单元课时</td><td>13 课时</td></tr>
<tr><td>单元内容</td><td>教材内容</td><td colspan="4">“圆锥曲线的方程”是人教社 A 版选择性必修第一册第三章的内容．在学习了“直线和圆的方程”这一章后，初步感受了平面解析几何的基本思想方法——坐标法．而接下来的三大圆锥曲线的方程求解都以此方法为核心，所以可以把椭圆、双曲线和抛物线三大圆锥曲线整合为一个自然单元．整个单元起着承上的作用．本章知识结构如下．
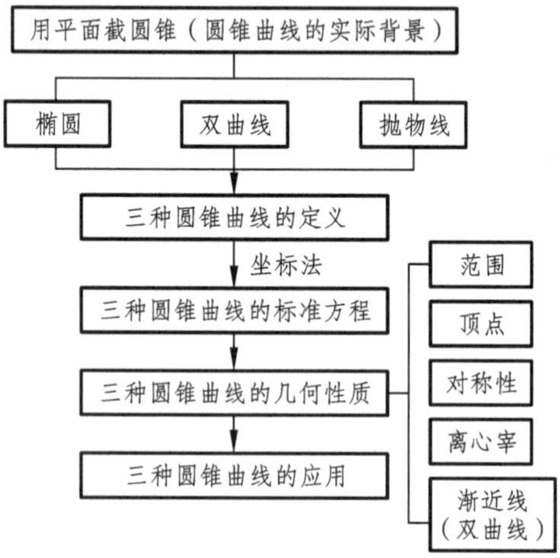

1. 从教材的编写来看
椭圆、双曲线、抛物线是圆锥曲线的三大曲线，也是解析几何的代表内容．在上一章“直线和圆的方程”中，借助了“坐标法”将直线和圆的几何元素代数化，进而探究直线的方程、圆的方程，再通过方程，用代数方法研究直线与圆中的几何问题．本单元将继续沿用这种“几何—代数—几何”的研究思路解决椭圆、双曲线和抛物线的方程、几何性质．故整个单元在编排上起着“承上”的作用，同时再次强化“坐标法”在解析几何中的运用及强大魅力．这样的编写是使学生更好地理解研究曲线的方程与性质的基本思路和方法，并能将其应用于研究新曲线</td></tr>
</table>

续表

单元内容	教材内容	2. 从内容的呈现来看 因为圆锥曲线有着丰富的现实背景和广泛的实际应用，如行星运行轨道、抛物运动轨迹、探照灯的镜面等，所以教材结合具体情境探索椭圆、双曲线和抛物线的几何特征，利用确定三类圆锥曲线的几何要素（如定点、定直线等）合理地建立坐标系，然后用代数语言描述这些特征，得到相应的标准方程，再通过方程研究了圆锥曲线的简单几何性质并用圆锥曲线的方程解决了一些简单问题. 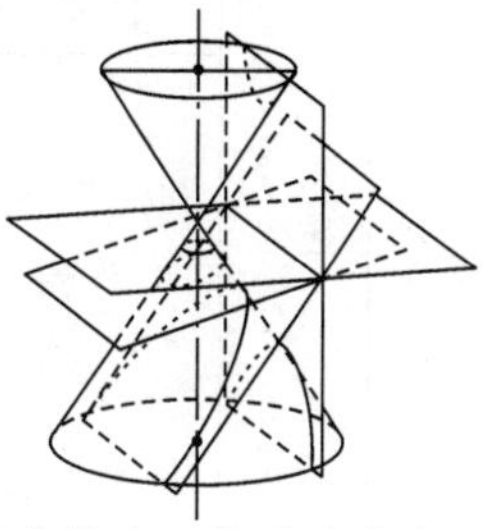 在阿波罗尼奥斯的《圆锥曲线论》中，三种圆锥曲线是基于平面截圆锥给出的，当平面与圆锥的轴的夹角不同时，可以得到不同的截面曲线（截面与圆α锥侧面的交线）——圆、椭圆、抛物线、双曲线. 但这种原始定义的几何特征并不明显，并且推导方程时要用到较多的几何知识，推理过程比较复杂，对大多数学生而言难度太大，并不合适. 椭圆是继圆之后的内容."平面内，与两个定点的距离的和等于常数的点的轨迹叫作椭圆"的几何特征非常明确，可以与圆的定义相衔接（当两个定点的位置逐渐接近时，椭圆的形状就逐渐接近圆），易作图，基本几何性质（对称性）也易直观想象，便可合理建立直角坐标系求出椭圆方程. 而由"距离的和等于常数"也容易联想出"若是距离的差是常数，又该是何种曲线"，进而引出双曲线的定义，所以教材对椭圆、双曲线的定义做出如此选择. 不过缺陷来了，抛物线的定义无法衔接，因此，教材为了解决这个问题，在椭圆、双曲线的例题设置中做了铺垫，引出三大曲线的统一定义——第二定义："动点 M 到定点 F 的距离和它到定直线 l 的距离的比是常数 λ，求动点 M 的轨迹". 粗略有：若 $\lambda>1$，轨迹为双曲线；若 $\lambda=1$，轨迹为抛物线；若 $0<\lambda<1$，轨迹为椭圆. 这种设置将三大曲线的定义进行了有效整合，兼顾了三种圆锥曲线的"个性"和"共性"，使概念的引入、定义的给出基本做到了衔接自然、光滑. 虽然第二定义将三种曲线的定义统一起来，但结合学生思维的前因后果和自然过渡衔接，笔者认为在教学过程中，直接用第二定义探究圆锥曲线方程，略显突兀和刻意（教材也回避了这种探究情境），并且与上一章圆的知识衔接不够紧密. 若能借助圆的知识探究椭圆和双曲线，探究完成后在椭圆的例题——教材第 113 页例 6 和双曲线课后习题——教材第 127 页的讲解中，渗透第二定义，在抛物线的教学中便可借助此定义探究抛物线的标准方程，所以笔者在教学中进行了改变，借助"点与圆的位置关系"和"定点到两点的距离之和（或差）等于常数"探究曲线形状，完善曲线定义
	课程标准	本单元的学习，可以帮助学生在平面直角坐标系中，认识椭圆、双曲线、抛物线的几何特征，建立它们的标准方程；运用代数方法进一步认识圆锥曲线的性质以及它们的位置关系；运用平面解析几何方法解决简单的数学问题和实际问题，感悟平面解析几何中蕴含的数学思想. （1）了解圆锥曲线的实际背景，感受圆锥曲线在刻画现实世界和解决实际问题中的作用. （2）经历从具体情境中抽象出椭圆的过程，掌握椭圆的定义、标准方程及简单几何性质. （3）了解抛物线与双曲线的定义、几何图形和标准方程，以及它们的简单几何性质. （4）通过圆锥曲线与方程的学习，进一步体会数形结合的思想. （5）了解椭圆、抛物线的简单应用. （6）了解解析几何产生和发展的过程、重要结果、主要人物、关键事件及其对人类文明的贡献.

续表

<table>
<tr><td rowspan="7">基础条件</td><td rowspan="6">资源基础</td><td>资源名称</td><td>功能</td></tr>
<tr><td>黑板</td><td>板书核心问题；板书学生解决问题时交流、分析、建构要点；板书反思提升要点等</td></tr>
<tr><td>教材、学案</td><td>提供核心问题教学各环节中自主探究与生成的环节与思维空间</td></tr>
<tr><td>作图软件
网络画板</td><td>（1）定义生成：借助网络画板构建问题情境，让学生直观感受椭圆、双曲线或抛物线的生成动画，并借助网络画板改变点的位置，发现定性定量的约束条件，进一步完善定义.
（2）几何性质：借助网络画板呈现圆锥曲线的几何性质，让学生化抽象为具象，加强对性质的理解和记忆.
（3）实际应用：用网络画板动态呈现圆锥曲线的光学性质，直观感受圆锥曲线在刻画现实世界和解决实际问题中的作用</td></tr>
<tr><td>PPT</td><td>出示核心问题；出示评价反馈练习等内容</td></tr>
<tr><td colspan="2"></td></tr>
<tr><td>学生基础</td><td colspan="2">基于基本的生活经验，学生对椭圆、双曲线、抛物线这三大圆锥曲线的形状并不陌生，但从数学角度三大圆锥曲线是怎样产生的，如何做出标准的三大圆锥曲线，能否像圆一样，给出定性定量描述，这些都是本章学习前学生没法解决的问题.
初中阶段，学生已经接触过抛物线中的一类：焦点在 y 轴上的抛物线——二次函数图象，从学生对“坐标法”的认知基础看，初中学生已初步接触平面直角坐标系，并应用坐标法、数形结合思想在直角坐标系中解决抛物线与平面几何的交汇问题，所以将曲线放在坐标系研究的思想学生已初具雏形.
三大圆锥曲线的探究遵循了“几何—代数—几何”的路径，先经历问题情境画出几何图形，抓住定性条件、定量描述给出代数定义，再结合代数形式的标准方程研究几何性质. 这种曲线的探究路径在圆的学习中学生已初步感受，从学生现有的学习能力看，学生已经具备了一定的抽象概括的能力，但强度和深度不够.
平面解析几何问题的基本过程：根据具体问题情境的特点. 建立平面直角坐标系；根据几何问题和图形的特点，用代数语言把几何问题转化为代数问题；根据对几何问题的分析，探索解决问题的思路；应用代数方法得到结论；给出代数结论合理的集合解释，解决几何问题. 显然学生对这一基本过程的高度概括性不够，因此在这一单元继续加强平面解析几何的基本思想和方法显得更加重要，并且学生需要不断地探索与实践才能掌握这种思想和方法的精髓与本质</td></tr>
<tr><td>单元大概念及下层结构</td><td colspan="3">单元名称：圆锥曲线的方程
单元核心大概念：在普遍联系观的引导下，利用“曲线的几何特征—曲线的标准方程—通过方程研究曲线的性质—运用”这一基本研究思路和方法用于研究椭圆、双曲线、抛物线，进一步体会坐标法和数形结合思想统领解析几何.
概念结论类：椭圆、双曲线、抛物线的定义、标准方程、几何性质.
特征化表达：基于具体的生活情境和数学情境，抽象椭圆、双曲线、抛物线的概念，以研究曲线与方程的一般路径为指导，用几何图形探究代数定义，再用代数定义挖掘几何性质，理解探究中蕴含的“坐标法”和“数形结合”. 通过三大曲线在实际生产生活中的运用，体会三大曲线的巨大魅力.
思想方法类：坐标法、数形结合、转化</td></tr>
</table>

续表

<table>
<tr><td rowspan="5">单元大概念及下层结构</td><td colspan="7">特征化表达：从具体的数学情境抽象出三大圆锥曲线的定义，利用坐标法，认识三大圆锥曲线的几何特征，建立它们的标准方程，运用数形结合的思想进一步认识三大圆锥曲线的几何性质，整个探究过程代数语言与几何语言不断转化方能游刃有余.
价值观念类：普遍联系观、共性与个性
特征化表达：从几何角度看，首先，三大曲线的几何产生是基于与圆锥的轴的夹角 α 不同平面截圆锥所得，可以说三大圆锥曲线产生的母体是同一个母体——圆锥，三者又是有着类似于血缘的普遍联系的. 圆锥曲线的统一定义也表明三种曲线之间的内在联系. 从代数的角度看，三大圆锥曲线在第二定义上有着统一的定性描述，拥有“共性定义”，而在第一定义上有着各自的“个性定义”，从而充分体现了三大圆锥曲线的共性与个性；从思想方法看，用坐标法研究几何问题，体现了数与形的关联</td></tr>
<tr><td rowspan="2">课时名称</td><td rowspan="2">课时</td><td colspan="2">课时大概念</td><td colspan="3">课时概念梳理</td></tr>
<tr><td>简约化表达</td><td>特征化表达</td><td>概念结论（小概念）</td><td>思想方法</td><td>价值观念</td></tr>
<tr><td>椭圆</td><td>4</td><td>椭圆的定义、标准方程、几何性质</td><td>1. 椭圆定义：平面内，定点，距离之和为定值，大于两定点间距离.
2. 椭圆标准方程：分焦点在 x 轴和 y 轴两大类，推广椭圆的一般方程：$mx^2+ny^2=1$.
3. 椭圆几何性质：长轴、短轴、焦距、顶点、焦点、对称性、离心率、通径</td><td>1. 定义：$|MF_1|+|MF_2|=2a$（常数）且 $2a\geqslant|F_1F_2|$.
2. 方程：$\frac{x^2}{a^2}+\frac{y^2}{b^2}=1$（$a>b>0$）、$\frac{y^2}{b^2}+\frac{x^2}{b^2}=1$（$a>b>0$）.
3. 焦点、顶点、长轴、短轴、焦距、对称性、离心率、通径</td><td>数形结合、坐标法、转化、分类讨论、数学抽象、数学运算.</td><td>椭圆与圆锥曲线统一定义的关联，椭圆定义的个性</td></tr>
<tr><td>双曲线</td><td>3</td><td>双曲线的定义、标准方程、几何性质</td><td>1. 双曲线定义：平面内，定点，距离之差的绝对值为定值，小于两定点间距离，左支，右支.
2. 双曲线标准方程：分焦点在 x 轴和 y 轴两大类，推广双曲线的一般方程：$mx^2-ny^2=1$.
3. 双曲线几何性质：实轴、虚轴、焦距、顶点、焦点、对称性、离心率、通径、渐近线</td><td>1. 定义：$||MF_1|-|MF_2||=2a$（常数）且 $2a<|F_1F_2|$.
2. 方程：$\frac{x^2}{a^2}-\frac{y^2}{b^2}=1$（$a>b>0$）、$\frac{y^2}{a^2}-\frac{x^2}{b^2}=1$（$a>b>0$）.
3. 焦点、顶点、长轴、短轴、焦距、对称性、离心率、通径</td><td>数形结合、坐标法、转化、分类讨论、数学抽象、数学运算.</td><td>双曲线与圆锥曲线统一定义的关联，双曲线的个性</td></tr>
</table>

续表

	课时名称	课时	课时大概念		课时概念梳理		
			简约化表达	特征化表达	概念结论（小概念）	思想方法	价值观念
单元大概念及下层结构	抛物线	3	抛物线的定义、标准方程、几何性质	1. 抛物线定义：平面内，定点，定直线，距离之比为定值，点不在直线上. 2. 抛物线标准方程：分焦点在 x 轴和 y 轴两大类. 3. 抛物线几何性质：焦点、准线，开口、焦准距、对称性、离心率、通径	1. 定义： $\lvert PF\rvert = d_{P\to l}$. 2. 方程： $y^2 = 2px$（$p>0$）， $y^2 = -2px$（$p>0$）， $x^2 = 2py$（$p>0$）， $x^2 = -2py$（$p>0$）. 3. 焦点、顶点、准线、焦准距、对称性、离心率、通径	数形结合、坐标法、转化、分类讨论、数学抽象、数学运算.	抛物线与圆锥曲线统一定义的关联，抛物线的个性
	文献阅读与数学写作	1	解析几何的形成与发展	坐标法的引入，使常量数学进入变量数学时代，解析几何可以定量描述物体的运动变化	根据推荐的主题，按照实施建议查阅与解析几何有关的文献写一篇数学论文	数学抽象、直观想象、逻辑推理.	坐标法研究几何问题，数与形的关联
	小结	2	圆锥曲线、坐标法	1. 用代数语言描述曲线，得到标准方程，研究简单几何性质，解决简单问题. 2. 用坐标法研究几何问题，用代数方法研究几何图形	根据本章知识结构复习内容，总结坐标法解决几何问题的基本步骤和思想，借助信息技术研究圆锥曲线	数形结合、坐标法、转化、分类讨论、数学抽象、数学运算.	三大圆锥曲线定义的关联、图形产生的关联、坐标法蕴含的数与形的关联
单元教学目标	参与借助网络画板从具体问题情境中感受圆锥曲线的生成，理解圆锥曲线的定义，达成直观想象水平 1，数学抽象水平 1；掌握并熟练应用圆锥曲线方程的推导方法，达成数学建模水平 2，数学运算水平 1；借助图形理解并掌握圆锥曲线的几何性质，能借助圆锥曲线特征解决实际背景问题，达成逻辑推理水平 1；由此懂得坐标法、数形结合是研究解析几何的基本方法和思想，体验三大圆锥曲线形成的普遍联系和定义之间的共性和个性						
单元核心问题及问题分解	核心问题：借助问题情境和网络画板的演示，抽象概括和完善椭圆的定义，并经历由定义构建恰当直角坐标系，求解椭圆标准方程，再借助方程研究椭圆的几何性质，解决实际问题，进而归纳研究一类圆锥曲线的基本方法，类比椭圆的探究路径研究双曲线、抛物线. 核心问题分解：本单元注重通过坐标法和数形结合的思想研究圆锥曲线. 椭圆的引入借助网络画板，将问题置于圆这一几何图形情境中，利用垂直平分线、点在圆内的相关平面几何知识，绘制椭圆，然后挖掘关键信息并对其进行定量、定性的代数语言描述，						

续表

<table>
<tr><td>单元核心问题及问题分解</td><td colspan="3">归纳并完善椭圆的第一定义，并建立恰当的直角坐标系，利用坐标法、数学运算（平方法）求出椭圆的标准方程，再由标准方程和几何图形相结合研究椭圆一系列的几何性质. 纵观椭圆的探究路径，不难归纳出解析几何最基本的研究方法——坐标法. 坐标法三部曲：“几何问题‘翻译’成代数问题——代数运算与推理——代数结论‘翻译’为几何结论”，并运用“坐标法”三部曲探究双曲线和抛物线的定义、标准方程、几何性质. 在此过程中，感受“坐标法”是研究圆锥曲线的核心和纽带，形成“先用几何眼光观察，再用坐标法推理、论证和求解”的基本思路，体会“数与形”的关联，培养学生逻辑推理、数学抽象和数学运算的核心素养</td></tr>
<tr><td rowspan="9">课时划分</td><td>课时</td><td>课时名称</td><td>课时核心问题</td></tr>
<tr><td>第 1～2 课时</td><td>椭圆及其标准方程</td><td>探究点 P 的轨迹曲线，准确定义该曲线，推导该曲线的标准方程</td></tr>
<tr><td>第 3～4 课时</td><td>椭圆的简单几何性质</td><td>借助方程和椭圆图形探究椭圆的简单几何性质，并熟练运用几何性质解决数学问题</td></tr>
<tr><td>第 5 课时</td><td>双曲线及其标准方程</td><td>探究点 P 的轨迹曲线，准确定义该曲线，求出该曲线的标准方程</td></tr>
<tr><td>第 6～7 课时</td><td>双曲线的简单几何性质</td><td>借助方程和椭圆图形探究椭圆的简单几何性质，并熟练运用几何性质解决数学问题</td></tr>
<tr><td>第 8 课时</td><td>抛物线及其标准方程</td><td>探究点 P 的轨迹曲线，准确定义该曲线，求出该曲线的标准方程</td></tr>
<tr><td>第 9～10 课时</td><td>抛物线的简单几何性质</td><td>借助方程和椭圆图形探究椭圆的简单几何性质，并熟练运用几何性质解决数学问题</td></tr>
<tr><td>第 11 课时</td><td>文献阅读与数学写作</td><td>查阅与解析几何有关的文献，根据实施建议，自己选题，写一篇数学小论文</td></tr>
<tr><td>第 12～13 课时</td><td>小结</td><td>从知识和方法两个维度制作本章思维导图</td></tr>
<tr><td>教学评价</td><td colspan="3">1. 对大概念的生成理解评价维度
（概念结论类）圆锥曲线在生活中随处可见，但如果从数学的角度给出定量定性的描述，对学生而言是陌生和未知的. 因此对第一个圆锥曲线——椭圆的研究在本章中起着引领和典型示范的作用. 系统学习并熟练掌握椭圆的探究路径，并将“几何问题‘翻译’成代数问题—代数运算与推理—代数结论‘翻译’为几何结论”这样的探究路径推广到一般性，学生便可类比椭圆探究双曲线、抛物线的定义、标准方程、几何性质等知识点. 在这个过程中，需要教师逐步渗透，循序渐进导学生进行思考和抽象概括.
（思想方法类）“坐标法”是研究解析几何的核心和纽带，“数形结合”在解析几何中化抽象为直观，在本章的学习中，二者统领全局. 用坐标法解决几何问题，其基础是利用坐标系将点表示为有序数对建立起平面内点与有序数对之间的一一对应，由此可以将曲线表示为一个方程，几何问题就归结为代数问题；然后借助于代数运算和逻辑推理，对这些数、代数式及方程之间的关系进行讨论；最后把讨论的结果利用坐标系翻译成相应的几何结论. 整个过程中渗透了数形结合思想、几何语言与代数语言的相互转化的思想. 这就需要教师引导学生透过现象抓本质，鼓励学生深入思考，深度挖掘，领悟思想和方法.
（价值观念类）圆锥曲线的统一定义表明三种曲线之间的内在联系，而“个性定义”又凸显了彼此的差异所在，说明圆锥曲线之间的普遍联系，“共性与个性”并存. 教科书通过例题的设置兼顾了三种圆锥曲线的“个性”与“共性”，使概念的引入、定义的给出基本做到了衔接自然，光滑. 因此，教师在例题的讲解中注意方法和知识的迁移，借助这种共性和联系引出双曲线、抛物线的定义</td></tr>
</table>

续表

<table>
<tr><td>教学评价</td><td colspan="7">2. 对素养目标达成的评价
（1）在圆锥曲线的定义生成中评价学生数学抽象、逻辑推理的能力.
（2）在圆锥曲线的方程求解中评价学生数学运算的能力.
（3）在圆锥曲线的几何性质中评价学生直观想象的能力.
（4）在圆锥曲线的实际应用中评价学生数学建模、数学运算、逻辑推理的能力</td></tr>
<tr><td rowspan="5">单元作业</td><td colspan="7">作业设计目的：以学业要求的达成为目标，以大概念核心知识为基础，体现单元教学的整体性，具体以问题情境为载体，以思想方法为依托，以关键能力为特征，突出单元大概念生成、理解、运用，综合体现数学学科核心素养的落实</td></tr>
<tr><td>作业类型</td><td>作业目标</td><td>作业内容</td><td>作业情境</td><td>概念结论</td><td>思想方法</td><td>价值观念</td></tr>
<tr><td>基础性作业</td><td>以圆锥曲线为问题情境，运用圆锥曲线的定义、方程、基本几何性质解决基础数学问题，达到巩固熟练的效果（达成直观想象的水平3、数学运算的水平2）</td><td>圆锥曲线的定义、标准方程、简单的几何性质</td><td>几何情境：圆锥曲线图形和几何性质
代数情境：圆锥曲线方程</td><td>椭圆、双曲线、抛物线的定义、标准方程、简单的几何性质</td><td>数形结合、数学运算、数学抽象、坐标法、逻辑推理</td><td>普遍联系观：曲线与方程的一一对应关系</td></tr>
<tr><td>综合性作业</td><td>以圆锥曲线为载体，借助网络画板，用“坐标法”的探究路径和基本方法依据几何特征探究曲线形状及方程（达成数学抽象的水平3、逻辑推理的水平3、数学运算的水平3）</td><td>在具体的圆锥曲线问题情境中，运用坐标法和数形结合等思想方法解决直线与圆锥曲线的综合问题掌握通性通法</td><td>利用坐标法将圆锥曲线问题中的几何元素的特征转化为代数表达式，直线与圆锥曲线的综合应用</td><td>圆锥曲线几何性质的综合运用
直线与圆锥曲线的位置关系</td><td>数形结合、坐标法、转化、逻辑推理，数学运算</td><td>以坐标法和数形结合思想方法统领椭圆研究，建立代数与几何的普遍联系观</td></tr>
<tr><td>发展性作业</td><td>以圆锥曲线的运用为特征，将圆锥曲线的核心知识、思想方法、实际运用有机结合，突出对问题情境蕴含的数学关键能力的评价.（达成数学抽象的水平3、逻辑推理的水平3、数学运算的水平3）</td><td>能在具体的圆锥曲线生产、生活情境中，运用平面解析几何思想解决一些简单的圆锥曲线实际问题.</td><td>圆锥曲线的光学性质及其应用的阅读学习探索情境；融入数学文化、运用信息技术等探索情境，初步感知圆锥曲线在生产生活的运用</td><td>圆锥曲线的光学性质及其运用</td><td>数形结合、转化、数学抽象、类比研究</td><td>通过代数问题几何化、几何问题代数化建立代数和几何的关联，透过现象看本质</td></tr>
</table>

续表

反馈调整	评价反馈的目的：促进学直观想象、数学运算、数学建模和数学抽象的提升. 评价反馈的内容：针对圆锥曲线的概念结论、平面解析几何的思想方法、价值观念等理解、掌握情况，适时作出评价反馈、调整改进，以促进学生更好地在体验中学习与发展. 评价反馈的方式：课堂上多以行为观察与对话交流的方式进行；课后以素养目标点检测分析，书面或实践作业布置与书面批改、统计分析、针对性反馈讲评，访谈交流、批改等方式进行. 评价反馈的时机：概念结论类中主要采用及时性评价以促进学生对圆锥曲线的基本概念生成中科学的深度体验；思想方法类中针对不同情况综合采用及时性评价，以促进学生数形结合、转化与化归、坐标法在具体的情境中获得深度体验；价值观念类中主要采用延迟性评价为主、辅以及时性评价，以促进对圆锥曲线统一定义的理解上在深度的缄默体验基础上，获得显性反馈进入深层的缄默状态，激活数学学科核心素养在缄默与显性的相互转化、生长、运用和发展

“椭圆及其标准方程”（第一课时）学教案

高俊兰

一、教学分析设计

【教材课标分析】☞

依据《普通高中数学课程标准》（2017 年版 2020 年修订）中的阐释，本单元的学习可以帮助学生在平面直角坐标系中，认识圆锥曲线的几何特征，建立它们的标准方程；运用代数方法进一步认识圆锥曲线的性质以及它们的位置关系；运用坐标法和数形结合的思想解决简单的数学问题和实际问题，感悟平面解析几何的魅力.

《课程标准》中明确提出本课时的教学目标：经历从具体情境中抽象出椭圆的过程，掌握椭圆的定义、标准方程，进一步体会数形结合的思想.

在椭圆的教学中，应引导学生经历以下过程：首先，通过实例了解椭圆的背景. 如通过行星运行轨道等，使学生了解椭圆的背景与应用；进而，结合情境清晰地描述图形的几何特征与问题，如椭圆是到两个定点的距离之和为定长的动点的轨迹等；再结合具体问题合理建立坐标系，用代数语言描述这些特征与问题；最后，借助椭圆的特点，形成曲线定义及方程的探究策略，通过直观想象和代数运算得到结果，给出几何解释，解决问题. 可充分发挥信息技术的作用，向学生演示方程中参数的变化对方程所表示的曲线的影响，使学生进一步理解曲线与方程的关系.

本课时对本单元的领衔和典型示范作用是：通过椭圆的探究过程归纳并掌握平面解析几何解决问题的基本方法：坐标法——根据具体问题情境的特点，建立恰当的平面直角坐标系；根据几何问题和图形的特点，用数学语言把几何问题转化成为代数问题；根据对几何问题（图形）的分析，探索解决问题的思路；运用代数方法得到结论；给出代数结论合理的几何解释，解决几何问题. 简而言之，坐标法的三部曲：几何问题“翻译”为代数问题—代数运算与推理—代数结论“翻译”成几何结论.

【大概念】☞

为将《普通高中数学课程标准》（2017 年版 2020 年修订）中“以大概念为核心，使课程内容结构化”落到实处，更好发挥学科育人功能，培养学生数学学科核心素养，从定义结论、思想方法、价值观念三个层面挖掘了本单元的大概念.

简约化表达：椭圆定义及其标准方程.

特征化表达：从具体的数学问题情境中，借助网络画板演示，观察椭圆定义满足的约束条件，并通过改变参数设置完善椭圆定义，并用坐标法建立恰当的直角坐标系，运用数学运算求椭圆的标准方程，加深图形语言、文字语言和符号语言的普遍联系观，数与形的普遍联系观，曲线与方程一一对应的普遍联系观.

概念类别	简约化表达	特征化表达
概念结论类	椭圆的定义、标准方程.	“3.1.1 椭圆及其标准方程”位于“第二章、直线与圆的方程”之后，又是解析几何的起始篇章，起着承上启下的作用. 借助教材第 115 页“习题 3.1”的第 6 题，创设问题情境，依据情境中的条件借助网络画板绘制出椭圆，让学生自主探究椭圆的定义，并建立恰当直角坐标系，求解椭圆标准方程. 具体经历“直观感知椭圆形状—借助网络画板定量描述椭圆特征—用文字语言、符号语言、图形语言定性归纳椭圆定义—依据轨迹方程的求解步骤求解椭圆方程”的概念方程生成之旅. 这种曲线探究路径为之后的双曲线、抛物线的探究奠定基础
思想方法类	数形结合、转化、坐标法	数形结合：在定义及方程的生成过程中，充分借助数与形之间的对应和转化来解决，以形助数，以数解形，实现想象到直观，抽象到具体. 具体体现为：A. 在定义的生成过程中，先借助网络画板绘制问题情境中的动点轨迹，让学生通过生活经验直观感知曲线形状为椭圆；B. 在定义的细节中，通过网络画板动态演示随着定点位置的改变，曲线形状发生改变（由椭圆变幻为双曲线）. 转化：通过定量的计算，将图象语言转化为定性描述的文字语言，再将文字语言转化为数学符号语言，实现具体表象到抽象文字，抽象文字到简洁符号. 坐标法：建立恰当的直角坐标系，将点表示为有序数对，建立起平面内椭圆上的点与有序数对之间的一一对应，将符号语言坐标化，借助数学运算和逻辑推理，求出椭圆标准方程
价值观念类	普遍联系观	将椭圆的生成置于“圆”的背景，借助了垂直平分线的性质，动点的轨迹即为椭圆，体现了新旧知识的关联. 将椭圆定义的图形语言转化为文字语言，再转化为符号语言，体现了三种语言的关联，用坐标法求出椭圆的标准方程，体现了数与形的关联，整个椭圆的探究体现了曲线与方程一一对应的关联

【资源条件】☞

资源名称	功能	来源
黑板	板书核心问题；板书学生解决问题时交流要点；板书反思提升要点等	录播教室
PPT	出示核心问题；提供教师教学环节的展示，提供运用反馈题型	多媒体设备源自录播教室；PPT 内容来源于教师的教学设计和学生反思归纳
电子白板	直观展示学生探究过程并进行适时批注	配合手机操作
网络画板	依据问题情境展示椭圆的生成，定量描述，定义中细节探究完善	教师事先做好的基本模型，课堂追踪动点，生成椭圆

【学生分析】☞

通过“2.4 圆的方程”的学习，学生已经基本理解了曲线与方程的一一对应关系，初步掌握了求曲线方程的一般步骤，为椭圆及其标准方程的推导打下了扎实的知识基础.

在椭圆的定义生成部分，学生因处于完全的未知领域，不知从哪些维度、哪些量来定义椭圆，所以在定义的语言组织上学生是欠缺严谨性的；椭圆的标准方程的推导过程涉及“双根号”无理方程，学生在初中对于这类方程的学习较少，所以如何恰当地运用平方法有效化简方程，降低运算量也是欠缺的，而 a^2-c^2 替换成 b^2 这一简化处理对学生来说更是无法想到的，所以从能力上，这部分知识的突破学生稍显乏力.

学生对于网络画板的操作不熟悉甚至陌生，需要教师进行逐步演示，让学生直观感受椭圆的生成，从信息技术的掌握来看，学生是缺乏的.

【教学目标】☞

参与动点轨迹的生成过程，观察轨迹形状，并进行定量定性挖掘椭圆生成过程的几何特征与要素，给出椭圆定义的准确描述（达成数学抽象水平 1、逻辑推理水平 1），并建立恰当的直角坐标系，借助数学运算推导出椭圆的标准方程（达成数学运算水平 1），能解决生产生活中的实际问题，由此体会平面解析几何方法坐标法的一般的研究路径：几何问题“翻译”成代数问题—代数运算与推理—代数结论“翻译”成几何结论，体会数形结合的思想，从特殊到一般的逻辑推理，感悟曲线与方程的普遍联系观.

【核心问题】☞

核心问题：探究点 M 的轨迹曲线，准确定义该曲线，推导该曲线的标准方程.

核心问题分析：本课时的设计目的是想让学生从问题情境中，借助网络画板利用追踪的方法生成点 M 的轨迹曲线. 事先学生并不知道这一曲线是什么图形，但通过教师的演示，凭借生活经验感受曲线为椭圆. 但数学讲究严谨和论证，所以需要从理论上给出椭圆的定义，并借助曲线与方程的关系，建立恰当坐标系，求解椭圆的标准方程. 这让学生不仅从形的角度感受椭圆的生成，并从数的角度对椭圆下定义，以形助数，以数解形. 所以本节课的核心问题确立为：探究点 M 的轨迹曲线，准确定义该曲线，求出该曲线的标准方程.

【评价预设】☞

1. 提出问题环节

对学生在问题串的导引下逐一挖掘椭圆的特征，准确定义椭圆，借助网络画板的演示并完善椭圆定义细节给以肯定性、激励性、指引性评价，带动全班同学参与研究核心问题.

2. 解决问题环节

针对学生解决问题的活动给以指导性、发展性和激励性相结合的评价方式，一是对问题的层层递进性解答和椭圆焦点位置的变换给以指导性评价；二是方程探究过程、化简过程给以发展性评价；三是对学生采用双平方和抓住方程结构的对称性简化方程的形式给予激励性评价.

3. 反思提升环节

和学生一起就问题的解决过程和策略进行反思总结. 在学生有效性认识和实践提升的基础上，重点对椭圆的定义、标准方程、基本几何特征进行归纳，对曲线方程的探究策略进行提升，给予学生引导性、激励性评价.

4. 评价反馈环节

为了让学生对椭圆定义进行本质上的把握，结合数学发展史中的丹德林双球模型证明切口曲线是椭圆让学生再次感受椭圆定义，进行赞赏性评价；对本节课的问题情境进行变式——改变定点位置，借助曲线方程的探究路径解决双曲线的定义和标准方程的推导，进行导引性评价、肯定性评价、纠错性评价.

二、教学实施设计

【教学环节】 ☞

教学环节（时间）	学生活动	教师活动	设计意图	技术融合
提出问题（约 3 min）	感受生活中的椭圆图形，结合问题情境思考椭圆的数学生成. 情境：如图所示，圆 F_1 的半径为定长 r，F_2 是圆 F_1 内一个定点，P 是圆上任意一点，线段 F_2P 的垂直平分线 l 和半径 F_1P 相交于点 M，当点 P 在圆上运动时，思考下列问题： 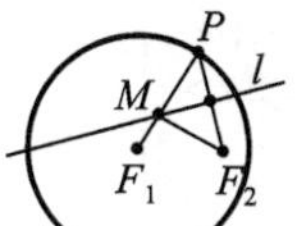 问题 1. 点 M 的轨迹是一条什么样的曲线？ 问题 2. 你能对该曲线进行准确的文字定义吗？ 问题 3. 你能求出该曲线的方程吗？	展示生活中的椭圆图片，创设问题情境	让学生感受数学图形既来源于生活，又可以美化生活，问题情境激发学生的探究欲望和好奇心	PPT 展示椭圆图片、问题情境、核心问题
解决问题（约 20 min） 活动一：椭圆定义的生成	在网络画板的助力下和 3 个问题串的导引下，挖掘椭圆的定量几何特征，并改变参数，对椭圆进行定性描述，并借助网络画板感受定义中细节“平面内”“和为常数”“$2a>2c$”的必要性	一方面向学生抛出定量的数据探索，归纳椭圆的形成的条件，另一方面演示定点 F_2 和圆的位置关系，完善椭圆定义中的要点和细节，引导激励学生积极探索	借助信息技术的力量感受椭圆的生成过程和科学直观的定量描述，准确描述椭圆定义，进行图形、文字、符号三者的等价转化，培养学生直观想象和数学抽象的核心素养	网络画板：演示椭圆的生成过程. PPT：展示问题和教学内容

续表

<table>
<tr><th colspan="2">教学环节（时间）</th><th>学生活动</th><th>教师活动</th><th>设计意图</th><th>技术融合</th></tr>
<tr><td>解决问题（约 20 min）</td><td>活动二：椭圆标准方程的生成</td><td>借助曲线方程的探究步骤：建（建立直角坐标系）、设（设动点坐标）、限（找限制条件）、代（代入坐标）、化（化简方程）、检（检验完备性），建立恰当直角坐标系，借助数学运算探究椭圆的标准方程，并进行坐标系的转换，由焦点在 x 轴的椭圆得到焦点在 y 轴的椭圆</td><td>引导学生对双根号方程进行恰当的平方法化简整理，并进行赋值计算：a^2-c^2 替换成 b^2，简化方程的形式</td><td>学生在“2.1 曲线与方程”一节中学习了求曲线方程的步骤，所以学以致用求解椭圆方程，经历即成长，经历即经验，积累数学运算的技巧和方法，为圆锥曲线庞大的计算量打下坚实的计算基础</td><td>手机和电子白板连接，进行拍照上传投屏讲解和批改.
电子白板：展示并交流学生的探究过程，老师进行适时批注和点评</td></tr>
<tr><td colspan="2">反思提升（约 8 min）</td><td>教师的引导，学生自主归纳本节课时的知识和方法，并进行思维提升，形成一般性的探究策略.
1. 定义结论类
（1）椭圆定义：$MF_1+MF_2=2a>2c>0$.
（2）焦点在 x 轴的椭圆：
$\frac{x^2}{a^2}+\frac{y^2}{b^2}=1(a>b>0)$，焦点 $F_1(-c,0), F_2(c,0)$.
（3）焦点在 y 轴的椭圆：
$\frac{y^2}{a^2}+\frac{x^2}{b^2}=1(a>b>0)$，焦点 $F_1(0,-c), F_2(0,c)$.
（4）a,b,c 的关系：$a^2=b^2+c^2$.
2. 思想方法类
（1）思想：数形结合，转化.
（2）曲线方程探究的一般策略：
信息技术—曲线形状—定量描述—定性描述—文字定义—符号语言定义—坐标化—曲线方程.
几何问题——代数问题
点——坐标
一一对应
曲线——方程
（3）解析几何本质方法：坐标法</td><td>将学生归纳整理的知识进行分块系统性展示，将曲线方程的探究策略以思维导图的形式呈现，让学生思路更清晰</td><td>通过对问题解决过程中的知识、思想和方法进行系统性、结构化提升，促进学生的关联的体验和认识，培养学生逻辑推理和数学抽象的数学学科核心素养</td><td>PPT；展示教学内容和教学环节</td></tr>
</table>

续表

教学环节 （时间）	学生活动	教师活动	设计意图	技术融合
评价反馈 （约 9 min）	完成评价反馈任务并交流展示 例 1.（1）椭圆 $\frac{x2}{25}+y^2=1$ 上一点 P 到一个焦点的距离为 2，则点 P 到另一个焦点的距离为（　　）. A. 5　　B. 6　　C. 7　　D. 8 （2）已知椭圆 $\frac{x^2}{a^2}+\frac{y^2}{b^2}=1$（$a>b>0$），$M$ 为椭圆上一动点，F_1 为椭圆的左焦点，则线段 MF_1 的中点 P 的轨迹是（　　）. A. 圆　　B. 椭圆 C. 线段　　D. 直线 例 2. 求适合下列条件的椭圆的标准方程. （1）两个焦点坐标分别是（5，0），（−5，0），椭圆上一点 P 到两焦点的距离之和为 26； （2）两个焦点的坐标分别是（0，−2），（0，2），并且椭圆经过点 $\left(-\frac{3}{2},\frac{5}{2}\right)$	出示评价反馈任务：① 运用椭圆定义求焦半径和探究动点轨迹；② 求椭圆的标准方程，注意焦点位置对方程形式的影响	任务一是让学生再次感受椭圆定义的要点，学以致用，检验学生对椭圆的定义把握；任务二是让学生关注椭圆焦点，求解椭圆标准方程	PPT：展示教学环节和教学内容

【板书设计】☞

<table>
<tr><td colspan="3">3.1.1 椭圆及其标准方程（第一课时）</td></tr>
<tr>
<td>一、提出问题
核心问题：探究点 M 的轨迹曲线，准确定义该曲线，求出该曲线的标准方程.
二、解决问题
活动一：椭圆定义
$|MF_1|+|MF_2|=$ 常数 $>|F_1F_2|$
活动二：椭圆标准方程
焦点 x 轴：
$\frac{x^2}{a^2}+\frac{y^2}{b^2}=1(a>b>0)$
焦点 y 轴：
$\frac{y^2}{a^2}+\frac{x^2}{b^2}=1(a>b>0)$</td>
<td>三、反思提升
1. 概念结论类
<table>
<tr><td>定义</td><td colspan="2">$MF_1+MF_2=2a(2a>2c>0)$</td></tr>
<tr><td>焦点位置</td><td>焦点在 x 轴</td><td>焦点在 y 轴</td></tr>
<tr><td>图形</td><td>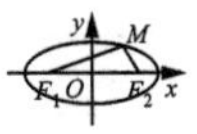</td><td></td></tr>
<tr><td>标准方程</td><td>$\frac{x^2}{a^2}+\frac{y^2}{b^2}=1(a>b>0)$</td><td>$\frac{y^2}{a^2}+\frac{x^2}{b^2}=1(a>b>0)$</td></tr>
<tr><td>焦点</td><td>$F_1(-c,0),\ F_2(c,0)$</td><td>$F_1(0,-c),\ F_2(0,c)$</td></tr>
<tr><td>a、b、c 之间的关系</td><td colspan="2">$a^2=b^2+c^2$</td></tr>
</table></td>
<td>3. 价值观念类：
曲线与方程
椭圆 ⟷ 方程
普遍联系观
四、评价反馈
例 1（1）板书答案
（2）几何画板演示轨迹，代数论证轨迹曲线
例 2（1）板书过程
（2）板书过程</td>
</tr>
</table>

	2. 思想方法类 （1）数形结合，转化 （2）方法 反思提升　曲线方程的探究策略 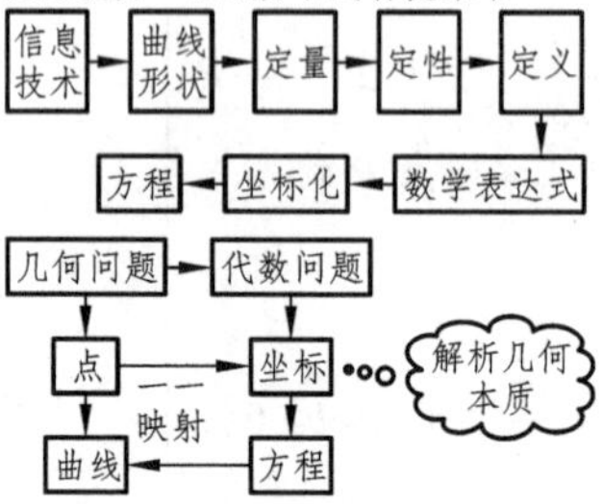 	

【作业设计】☞

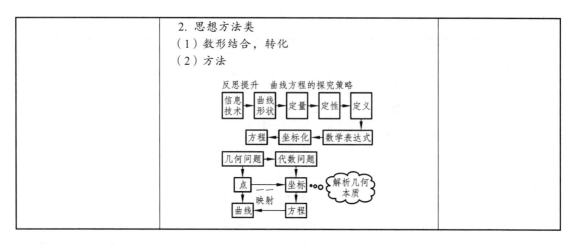

课时作业的结构化设计以学业要求的达成为目标，以大概念核心知识为基础，体现单元教学的整体性，具体以问题情境为载体，以思想方法为依托，以关键能力为特征，突出单元大概念生成、理解、运用，综合体现数学学科核心素养的落实.

作业序号	作业目标	作业情境		概念结论		思想方法		价值观念		整体评估	
		内容	水平	内容	水平	内容	水平	内容	水平	内容	水平
1～5	知道椭圆的定义的数学表达式，标准方程的形式与结构	对椭圆定义的考查、对标准方程的求解	简单	椭圆的定义、标准方程	数学抽象水平1、数学运算水平1	坐标法、数形结合	直观想象水平1、数学运算水平1	事物是普遍联系的	数学运算水平1	基础性作业	学业质量水平1
6	掌握坐标法，运用坐标法解决双曲线定义的探究	将椭圆探究情境进行变式，将定点拉至圆外，再寻求约束条件	相对复杂	坐标法“三部曲”	数学抽象水平2	坐标法、类比推理	直观想象水平2，数学运算水平2	事物是普遍联系的	数学抽象水平2，数学运算水平2	综合性作业	学业质量水平2
7	通过《文献阅读与数学写作》的指导，搜索丹德林双球模型，揭秘椭圆的生成原理，推导椭圆定义的数学表达式	借助网络画板动态生成丹德林模型中椭圆曲线，并尝试实物模拟	复杂	从几何的角度再次感受椭圆定义	逻辑推理水平2	数形结合、转化与化归	直观想象水平2，逻辑推理水平2	事物是普遍联系的	直观想象水平2，逻辑推理水平2	实践性作业	学业质量水平2

（具体的作业内容略）

【教学流程】☞

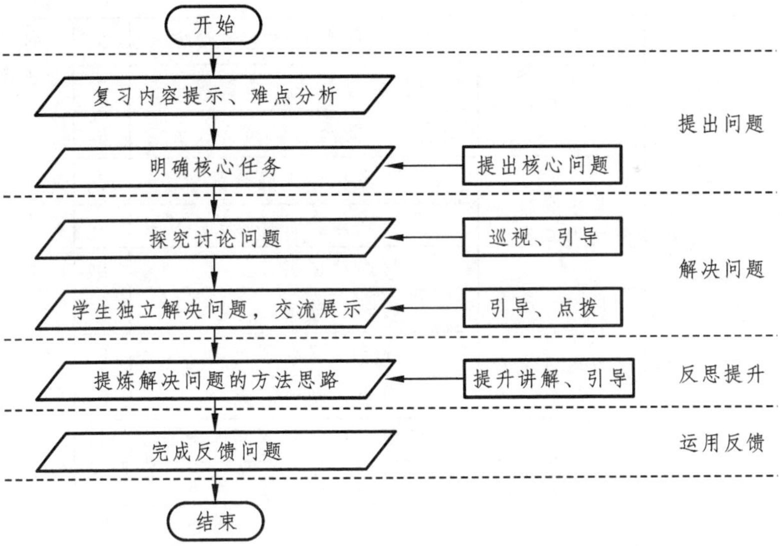

三、教学评价反馈

【评价实施】☞

对于课前预设的评价在课程实施过程中基本达成预设目标. 学生在椭圆定义的探究过程中运用的策略和求解标准方程中运用的运算技巧基本符合课前预设. 但是基于学生基本知识和基本活动经验，在表述的准确性、严谨性和思维的灵活性、完整性上还略有不足，需要教师给予更多的引导性评价和激励性评价.

在“评价反馈”环节，通过收集学生完成情况，统计相关数据，发现学生中的共性问题：解题思路不够清晰，书写格式不够完整，运算速度有待提升等. 对于这些问题进行了总结性和激励性评价.

大概念核心问题教学文化评价表

课时名称：3.1.1 椭圆及其标准方程.

所属单元：第三章 圆锥曲线的方程.

单元大概念：圆锥曲线的方程.

单元核心问题：借助问题情境和网络画板的演示，抽象概括和完善椭圆的定义，并经历由定义构建恰当直角坐标系，求解椭圆标准方程，再借助方程研究椭圆的几何性质，解决实际问题，进而归纳研究一类圆锥曲线的基本方法. 类比椭圆的探究路径研究双曲线、抛物线.

课时大概念：椭圆及其标准方程.

课时核心问题：探究点 M 的轨迹曲线，准确定义该曲线，求出该曲线的标准方程.

<table>
<tr><th rowspan="2">评价目标</th><th colspan="3">评价指标</th><th rowspan="2" colspan="2">评价
方法结果</th></tr>
<tr><th>一级指标</th><th>二级指标</th><th>三级指标</th></tr>
<tr><td rowspan="35">实现活动体验中的学习与素养发展</td><td rowspan="12">具有大概念
核心问题
教学形态</td><td rowspan="3">核心问题
利于活动体验</td><td>内含学科问题和学生活动方式</td><td>8</td><td rowspan="12">每项指标最高评8分（满分为96分）

合计<u>92</u>分</td></tr>
<tr><td>问题情境与真实生活密切相关</td><td>7</td></tr>
<tr><td>能引发大概念、新知新法生成</td><td>8</td></tr>
<tr><td rowspan="3">教学目标
价值引导恰当</td><td>两类目标正确全面</td><td>7</td></tr>
<tr><td>关联体验目标恰当</td><td>7</td></tr>
<tr><td>目标价值引导显现</td><td>8</td></tr>
<tr><td rowspan="3">教学环节
完整合理落实</td><td>教学环节清晰完整</td><td>8</td></tr>
<tr><td>环节内容合理充实</td><td>8</td></tr>
<tr><td>学生活动时间充分</td><td>8</td></tr>
<tr><td rowspan="3">教学要素
相互匹配促进</td><td>问题目标环节两两匹配</td><td>7</td></tr>
<tr><td>技术促进活动形式内容</td><td>8</td></tr>
<tr><td>素养导向突出氛围浓郁</td><td>8</td></tr>
<tr><td rowspan="23">具有大概念
核心问题
教学特质</td><td rowspan="4">拓宽学习视野</td><td>课堂与现实世界有恰当关联</td><td rowspan="23" colspan="2">选择一个表现突出的二级指标，在相应三级指标引导下，以现场学生表现为主要依据，以其余指标为背景，于本表的第二页写出150字以上的简要评价</td></tr>
<tr><td>有基于缄默知识的问题解决</td></tr>
<tr><td>有缄默知识运用的追踪剖析</td></tr>
<tr><td>知识运用剖析导向素养发展</td></tr>
<tr><td rowspan="4">投入实践活动</td><td>有真实而且完整的实践活动</td></tr>
<tr><td>实践活动深度融入两类情境</td></tr>
<tr><td>能够全身心地浸渍于活动中</td></tr>
<tr><td>活动的内容结果均丰富深入</td></tr>
<tr><td rowspan="4">感受意义关联</td><td>有核心问题的深层意义感受</td></tr>
<tr><td>有以知识为中心的关联感受</td></tr>
<tr><td>有以个人为中心的关联感受</td></tr>
<tr><td>有对三类大概念的关联感受</td></tr>
<tr><td rowspan="4">自觉反思体验</td><td>有实质性反思活动的开展</td></tr>
<tr><td>有课堂新因素的追踪利用</td></tr>
<tr><td>有体验的交流与改善重构</td></tr>
<tr><td>有概念生成中的素养发展</td></tr>
<tr><td rowspan="4">乐于对话分享</td><td>乐于自我的表达与认真的倾听</td></tr>
<tr><td>乐于合作中成果与思路的分享</td></tr>
<tr><td>乐于成果交流中深层意义分享</td></tr>
<tr><td>有宽容的对话氛围和双向交流</td></tr>
<tr><td rowspan="3">认同素养评价</td><td>认可素养评价</td></tr>
<tr><td>参与素养评价</td></tr>
<tr><td>利用素养评价</td></tr>
</table>

续表

大概念核心问题教学特质的简要评价（包括发展性建议）
结合本节课的教学实际，选择指标“自觉反思体验”之“有概念生成中的素养发展”进行评价.
本单元大概念是“圆锥曲线与方程”，主要探究曲线与方程的关系. 第一节“曲线与方程”在整个单元中起着引领和铺垫的作用. 首先明确曲线与方程的完备性与纯粹性关系，掌握求曲线的方程的基本步骤，基于这些基本技能，展开具体的三类曲线：椭圆、双曲线、抛物线的定义、方程和简单几何性质的探究. 本节课依据第一节“求动点的轨迹”的基本探究方法和对“曲线”生成的认知逻辑顺序，先设置具体数学问题情境——随着点 P 在圆上运动时，动点 M 的轨迹是一条什么曲线，并借助信息技术“几何画板”先让学生直观感受动点 M 的轨迹图形的生成. 凭借生活经验，学生易感知这一轨迹是椭圆，接着设置三个问题串进行脚手架的搭建，让学生通过对 M 点轨迹的生成过程中的代数量进行测量和定量描述，通过量的特征抽象出数学符号语言，再进行文字定性描述，抽象出椭圆的初步定义（有缺陷）. 教师再对点 F_2 的位置进行变动，让学生对概念中的细节进行挖掘（动点 M 到两定点的距离和大于两定点间的距离），循序渐进式地进一步完善椭圆的定义，生成椭圆的概念. 在整个椭圆的概念生成中，教师没有急于求成，一步到位，而是借助核心问题教学模式，设置系列问题导学，让椭圆的概念生成水到渠成，瓜熟蒂落，在整个过程中，通过数形结合、转化与化归的思想让学生一步一步完善椭圆的定义，充分发挥学生的主观能动探究力，进行概念的生成，培养和发展了学生的直观想象、逻辑推理、数学抽象的数学学科核心素养

【信息收集】☞

课后收集了全班学生的运用反馈练习 54 份. 对收集到反馈练习基于教学目标达成情况评判标准进行了批阅和分类，并按照等级标准标注了等级；在此基础上完成了“大概念的核心问题教学素养目标点检测表”.

【反馈调整】☞

1. 核心问题导向下问题串设置逐步生成椭圆定义

因椭圆的定义中有重点（动点到两定点的距离之和为定值）、有难点（定值大于两定点间的距离）、有条件（平面内），这些需要学生逐步去挖掘、思考，所以单纯的核心问题略显太大、太空、太整，可在大核心问题下设置问题串进行搭桥，逐步引导学生完善定义，最终定义的生成水到渠成.

2. 数学文字语言的精确性和严谨性有待培养

椭圆定义的重点、难点和条件也对学生数学语言的精确性和严谨性有更高的要求，不仅要表述出来，还要完整精确地表述出来，而这节课学生显然在这个地方遇到瓶颈，在教师的引导下勉强将椭圆定义进行完整准确的表达，所以在今后的数学教学过程中，可以多提供学生表达的机会，比如让学生讲题，让学生自主归纳总结，培养数学文字语言的精确性和严谨性.

3. 数学运算速度和技巧的加强

在椭圆的标准方程求解过程中，学生根据椭圆定义的符号语言和求曲线方程的一般步骤求解椭圆的标准方程过程中，遇到双根号方程，学生知道用平方法去根号，但如何技巧性地处理双根号让运算难度降低对学生也是一大瓶颈，由此可见，该班的孩子虽然整体的运算能力和准确度比较高，但也采用了所谓的“暴力运算”来解决问题，没有深入思考运算技巧和方法，从而化繁为简，化难为易. 因此在今后的教学中，教师除了一如既往多放手让学生进行运算外，必要时可就复杂运算、技巧运算做示范讲解，让学生明白，不仅追求计算的准确性，更要追求计算的速度，它是考场上节省时间的法宝.

大概念核心问题教学素养目标点检测表

<table>
<tr><td>课时名称</td><td colspan="3">3.1.1 椭圆及其标准方程</td></tr>
<tr><td>所属单元</td><td colspan="3">选择性必修第一册第三章“圆锥曲线的方程”</td></tr>
<tr><td>单元大概念</td><td colspan="3">圆锥曲线的方程</td></tr>
<tr><td>单元核心问题</td><td colspan="3">借助问题情境和网络画板的演示，抽象概括和完善椭圆的定义，并经历由定义构建恰当直角坐标系，求解椭圆标准方程，再借助方程研究椭圆的几何性质，解决实际问题，进而归纳研究一类圆锥曲线的基本方法. 类比椭圆的探究路径研究双曲线、抛物线</td></tr>
<tr><td>课时大概念</td><td colspan="3">椭圆及其标准方程</td></tr>
<tr><td>课时核心问题</td><td colspan="3">探究点 M 的轨迹曲线，准确定义该曲线，求出该曲线的标准方程</td></tr>
<tr><td>课时素养目标</td><td colspan="3">参与动点轨迹的生成过程，观察轨迹形状，并进行定量定性挖掘椭圆生成过程的几何特征与要素，给出椭圆定义的准确描述（达成数学抽象水平 1、逻辑推理水平 1），并建立恰当的直角坐标系，借助数学运算推导出椭圆的标准方程（达成数学运算水平 1），能解决生产生活中的实际问题，由此体会平面解析几何方法坐标法的一般的研究路径：几何问题“翻译”成代数问题—代数运算与推理—代数结论“翻译”成几何结论，体会数形结合的思想，从特殊到一般的逻辑推理，感悟曲线与方程的普遍联系观</td></tr>
<tr><td>检测点</td><td colspan="3">运用信息技术探究动点曲线形状，借助定量描述准确定义该曲线.</td></tr>
<tr><td>检测工具
（检测题）</td><td colspan="3">如图所示，圆 F_1 的半径为定长 r，F_2 是圆 F_1 外一个定点，P 是圆上任意一点，线段 F_2P 的垂直平分线 l 和半径 PF_1 的延长线相交于点 M. 请类比椭圆的定义及标准方程的探究路径探究当点 P 在圆上运动时：点 M 的轨迹是一条什么样的曲线？你能对该曲线进行准确的文字定义吗？
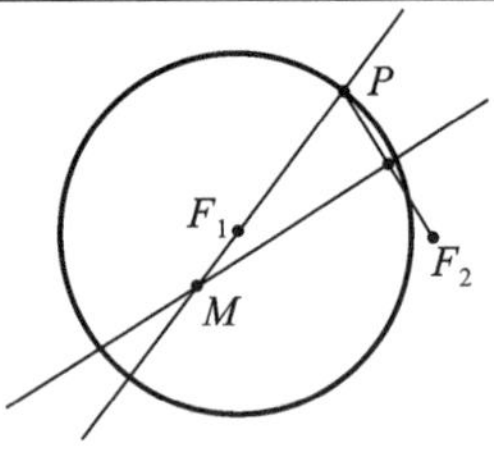
</td></tr>
<tr><td rowspan="4">分类标准</td><td colspan="3">A. 能感知曲线为双曲线，并进行准确的文字定义</td></tr>
<tr><td colspan="3">B. 能感知曲线为双曲线，但定义中缺少要点：差小于两定点间距离</td></tr>
<tr><td colspan="3">C. 能感知曲线为双曲线，但只进行了单只曲线的文字定义</td></tr>
<tr><td colspan="3">D. 感知曲线形状错误，误判为抛物线</td></tr>
<tr><td rowspan="5">检测统计</td><td>分类等级</td><td>学生人数（总人数 54 人）</td><td>百分比</td></tr>
<tr><td>A</td><td>13</td><td>24.07%</td></tr>
<tr><td>B</td><td>28</td><td>51.85%</td></tr>
<tr><td>C</td><td>9</td><td>16.67%</td></tr>
<tr><td>D</td><td>4</td><td>7.41%</td></tr>
</table>

检测分析 结果运用	A 等级和 B 等级的学生，从知识和方法的迁移情况来看，在检测题的解答过程中，学生基本实现了运用椭圆定义的探究路径探究出了双曲线的定义，比较严谨完整地描述出了文字语言，但大部分同学的细节处理欠缺，比如差小于两定点间的距离的条件刻画. 从思想和方法来看，学生在双曲线的定义探究过程中比较充分地体会到了数形结合、转化的数学思想，因此，本节课的体验性目标达成较好. 但 C 等级的学生没有注意“双”字，只是按照表面现象建立了关系：动点到两定点的距离之差等于定值，漏掉了差的绝对值，导致得到的定义和双曲线没有建立一一对应的关系，缺少了纯粹性；D 等级的同学凭借经验感知错误曲线的形状，导致整个题的求解出现完全的偏离
素养目标达成 典型实例	A 等级学生借助网络画板对双曲线定义进行了完整的描述. 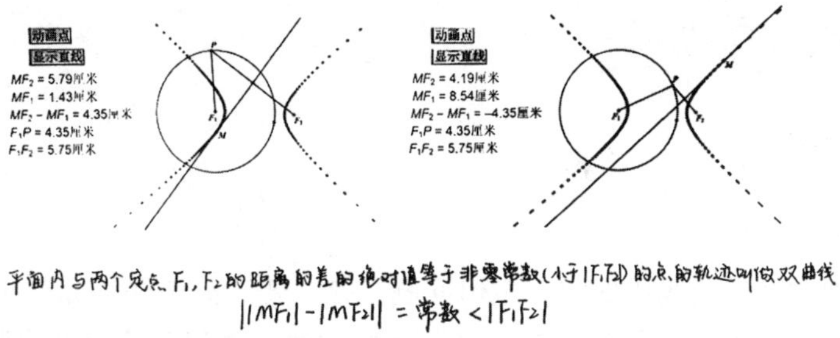 B 等级学生借助网络画板对双曲线定义进行了描述，但缺乏对 F_1F_2 距离的度量，所以没有刻画要点：常数与两定点之间的距离. 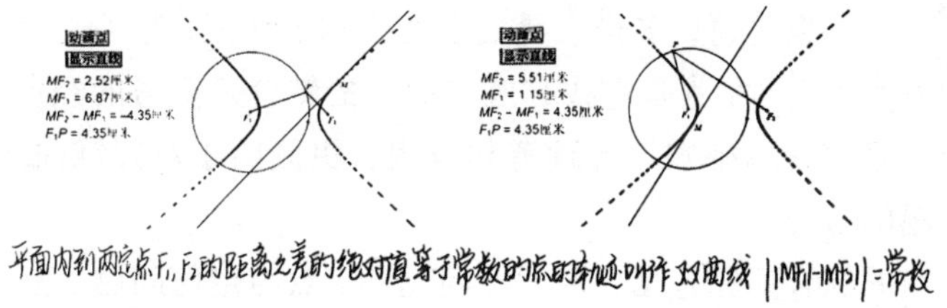 C 等级学生借助网络画板对双曲线定义进行了描述，但只是观察了 M 点在左支满足的关系，忽略了对右支关系的考察，导致定义和曲线不是充要条件关系，缺少纯粹性.
素养目标达成 典型实例	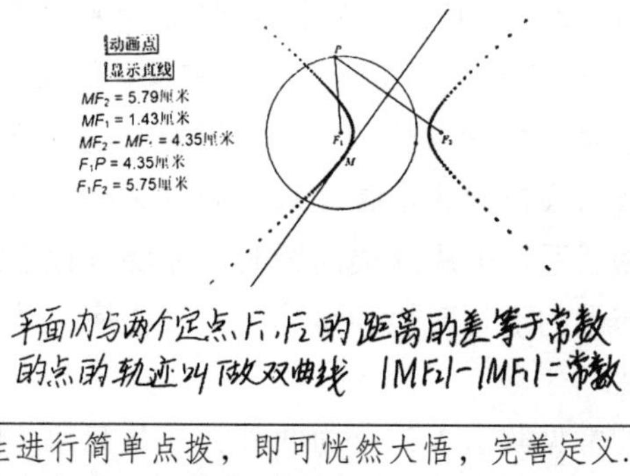
检测反馈	对于 B 等级的学生进行简单点拨，即可恍然大悟，完善定义. 对于 C 等级的学生再次用网络画板演示生成过程，并类比椭圆进行定量刻画，呈现所满足的关系，对于 D 等级的学生用网络画板演示抛物线和双曲线形状的不同，纠正经验感知，再让 A 等级的学生协助其探究双曲线定义

“圆锥曲线中的定点定值问题”学教案

张翼

一、教学分析设计

【教材课标】☞

1. 学科角度

本节课“圆锥曲线中的定点定值问题”是《普通高中课程标准实验教科书 数学 2-1（选修）》（人民教育出版社 A 版）第二章“圆锥曲线与方程”的微专题课.

解析几何作为结合几何、代数的主要考点，是高考的重难点. 它的核心内容是圆锥曲线，其主要思想方法是运用代数思想来解决几何问题，主要是对六大核心素养的综合考查. 对于圆锥曲线的考查，客观题题型多样、灵活多变、知识交汇，主观题计算能力要求高、问法多变、条件转化能力要求高. 尤其是直线与圆锥曲线的结合是高考的经典模型，对学生的能力提出了很高的要求，不仅是基础知识的理解和应用，更倾向于对圆锥曲线、向量和导数等知识点结合的综合问题的考查.

圆锥曲线的综合问题包括：探索性问题、定点与定值问题、范围与最值问题等. 这些问题以直线和圆锥曲线的位置关系为载体，以参数处理为核心，需要综合运用函数与方程、平面几何、不等式、平面向量等诸多知识以及数形结合、分类讨论等多种数学思想方法进行求解.

在解析几何中，图形的运动会产生不同的几何曲线或者方程系. 但是在变化的曲线或者方程中往往会有不变的因素，称其为定点定值问题. 有些含有参数的直线或曲线，不论参数如何变化，都过某定点，这类问题称为定点问题. 有些几何量，如斜率、距离、面积、比值等基本量与动点坐标或者动直线中的参变量无关，这类问题统称为定值问题. 它涉及圆锥曲线的定义、几何性质、直线与圆锥曲线位置关系，同时又与三角函数、函数、不等式、方程、平面向量等代数知识紧密联系，解决这类问题时，需要有较强的代数运算能力和图形识别能力，要能准确地进行数与形的语言转换和运算、推理转换，并在运算过程中注意思维的严密性，以保证结果的完整性.

定点定值问题的常见解法大致分为两种：一是几何（特殊）法，即通过直线与曲线的定义、定理、图形的对称性，通过特殊位置和特殊数值直接推理求出定点与定值，在猜测结论后再进行一般性证明，对于求解客观题有事半功倍的效果. 但这种方法对学生的直观想象能力和逻辑推理能力有较高的要求，在很多定点定值问题中，往往不易或者不能寻求“定点定值”

的特殊位置. 二是代数（演绎）法，即把目标表示为某个（些）变化的参数的函数（解析式），根据等式的恒成立、数式变换等寻找不受参数影响的量. 特别地，直线过定点问题通法，是设出直线方程，通过韦达定理和已知条件找出 k 和 m 的函数关系式，代入直线方程即可. 技巧在于：设哪一条直线，如何转化题目条件. 这对于学生的逻辑分析能力、数学运算能力有较高的要求. 事实上，大多数定点定值问题需要建立相应的目标函数进行求解，如何选择变量建立相应的目标函数是关键. 变量的确定往往根据所求目标的“动因”分析而定. “动因”常为点、斜率等几何要素，不同的动因对应不同的参数，进而会对运算复杂程度产生直接的影响. 从而如何让学生学会“分析动因，选择恰当的变量建立目标函数，预判运算量，解决问题”是突破运算困难的关键.

本节课是高三章节微专题复习课，以椭圆内的定点定值问题为切入点进行复习，围绕函数、平面（解析）几何等有关知识、“数形结合、特殊与一般、转化与化归”数学思想方法进行专题教学，达到微专题复习的目标要求. 既帮助学生梳理数学常见考点，又让学生形成圆锥曲线中的定点定值问题的两个求解策略：① 借助几何图形，寻求“定点定值”的特殊位置求解；② 结合所求目标，建立相应的目标函数求解.

2. 教育角度

数学教学的一个重要任务就是发展学生的数学思维能力. 所谓数学思维就是通过对数学问题的提出、分析、解决、应用和推广等一系列工作，以获得对数学对象的本质和规律性的认识. 从思维的角度看，要借助数学概念，科学地判断和遵循形式逻辑及辩证逻辑的推理，同时还要熟练地运用分析与综合、抽象与概括等逻辑方法以及演绎、归纳与类比等推理方法.

学生对“圆锥曲线中的定点定值问题”相关知识的习得，要经历直观感知、操作确认、文字描述和反思建构等思维活动，经历图形语言、文字语言、符号语言之间的相互转化的过程. 因此，本节内容是训练学生数学思维能力的良好素材. 同时，本节内容蕴含着丰富的数学思想及探究数学结论的方法，为后继数学的学习提供了一种范式. 此外，“圆锥曲线中的定点定值问题”这章中常常需要利用圆锥曲线的相关知识绘制曲线的图象，求解时都需要把已知的量标记在图形上，其中蕴含着典型的数形结合的数学思想方法；在探究定点定值问题时，可以先利用特殊值、特殊位置猜想结果，再进行一般化演绎推理，这又是典型的特殊与一般的数学思想；根据题意特征将几何问题表示成代数问题蕴含着典型转化与化归的数学思想方法；其中还可能涉及函数与方程、分类讨论等数学思想方法. 同时这部分知识对于运算能力的要求极高，也是培养学生运算求解能力、数据处理能力及应用意识和创新意识的较好素材.

【大概念】☞

简约化表达：圆锥曲线中的定点定值问题.

特征化表达：基于对典型动态变化问题的代数与几何特征的分析，探究其动态变化的本质，关联圆锥曲线范围、面积等问题的分析要点和解题步骤，总结圆锥曲线中的定点定值问题的求解策略. 加深对普遍联系观、对立统一观的感悟.

概念类别	简略化表达	特征化表达
概念结论类	圆锥曲线中的定点定值问题的解答策略	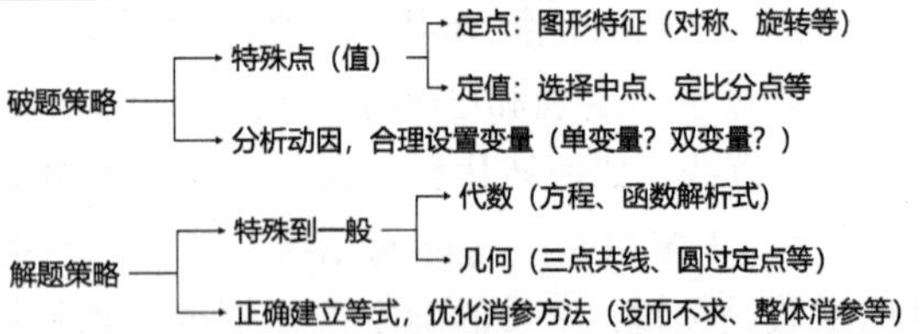破题策略 特殊点（值） 定点：图形特征（对称、旋转等） 定值：选择中点、定比分点等 分析动因，合理设置变量（单变量？双变量？） 解题策略 特殊到一般 代数（方程、函数解析式） 几何（三点共线、圆过定点等） 正确建立等式，优化消参方法（设而不求、整体消参等）
思想方法类	数形结合、特殊与一般、转化与化归	对典型动态变化问题的代数与几何特征进行分析，借助信息技术对图象进行定性分析，重点观察特殊位置与特殊数据的目标值，再一般化地直观观察动态问题中的不变量和规律性；利用代数运算（方程联立、目标函数化）定量分析，将目标转化为代数问题，探究其变化中不变和规律性
价值观念类	客观世界是普遍联系的，联系中有规律性、不变性；事物间的相互转化	圆锥曲线动态问题中的定点定值问题在变化中具有不变性和规律性，体现了联系中有规律性、不变性，即对立统一观. 圆锥曲线动态问题中的定点定值问题的求解策略与步骤同该知识板块中的轨迹方程、特征量问题；范围、最值问题；探索性、存在性问题；综合（证明）问题一脉相承，都需要经历“代数特征—几何图象（直观定性）—代数运算（客观定量）—解决问题”的过程，体现了事物间的相互转化

【资源条件】☞

教学媒体	功能
黑板	板书教学流程及重要要点
平板电脑	展示教学环节，展示动画、图片，让学生感受更加直观
网络画板、GGB 软件	借助软件的计算功能，快速准确地解决问题，体会借助现代信息技术解决问题的便利性

【学生基础】☞

圆锥曲线知识的高综合性对学生的数学运算能力、逻辑推理能力、直观想象能力等要求都比较高，学生如果缺少其中的某种能力都会导致学习遇到困难. 高三学生对圆锥曲线的基本知识已经有了一定的理解，部分知识遗忘. 能够简单求解圆锥曲线的方程、弦长、离心率、中点弦等问题，但对于圆锥曲线中的定点、定值、最值与范围以及存在性问题比较困难. 学生在解答最值这类问题的过程中“可能存在”的两个问题：一是解题思路单一，试图从几何图象特征入手，寻求取得最值的特殊位置或者只选择以斜率为变量的目标函数求解最值. 二是思维层次较低，在建立目标函数时，不知道怎么合理选取变量，不知道怎么进行“动因”分析，建立目标函数后，运算较为复杂等.

【教学目标】☞

1. 教学目标

能合理运用几何法或代数法求解圆锥曲线内接特殊多边形面积. 在求解活动中，体验到问题与方法、方法与方法以及数与形的关联（达成直观想象水平 2，逻辑推理水平 2，数学运算水平 3），并由此懂得数形结合、函数与方程是研究解析几何综合问题的基本方法（达成直观想象水平 2，逻辑推理水平 3，数学运算水平 3），树立克服运算困难，迎难而上，勇于突破的意志品质.

2. 目标解析

圆锥曲线的定点定值问题的求解策略蕴含了解析几何的核心思想——解析法，即把几何问题代数化，用坐标、方程、函数表示问题中涉及的几何元素，利用函数与方程思想、基本不等式等求解. 在借助几何图形，寻求“定点定值”的特殊位置的探究中，立意培养学生的直观想象素养；在建立目标函数（方程）的过程中需要进行“动因”分析，立意培养学生的逻辑推理素养；建立了相应的目标函数（方程）就要合理选择运算方法，提高解题效率，立意培养学生的数学运算素养；通过圆锥曲线的定点定值问题求解策略的探究，在反思过程中让学生逐渐形成此类解题的模型化，立意培养学生的数学建模素养；整节课在动因分析（寻求变量）—目标函数（方程）—求解定点定值的过程中就需要直观想象，逻辑推理，数学运算，数学建模等素养相互发挥作用才能完成，而逻辑推理贯穿于整堂课的教学始末，并与其他核心素养相互融合发挥作用，从而更好地培养学生的综合能力.

【核心问题】☞

1. 问题提出

解决如下定点定值问题，反思圆锥曲线定点定值问题的求解策略.

问题 1. 在平面直角坐标系 xOy 中，已知点 $F_1(-\sqrt{17},0)$ 、$F_2(\sqrt{17},0),|MF_1|-|MF_2|=2$，点 M 的轨迹为 C.

（1）求 C 的方程；

（2）设点 T 在直线 $x=\dfrac{1}{2}$ 上，过 T 的两条直线分别交 C 于 A 、B 两点和 P ，Q 两点，且 $|TA|\cdot|TB|=|TP|\cdot|TQ|$，求直线 AB 的斜率与直线 PQ 的斜率之和.

问题 2. 已知 A、B 分别为椭圆 E：$\dfrac{x^2}{a^2}+y^2=1$（$a>1$）的左右顶点，G 为 E 的上顶点，$\overrightarrow{AG}\cdot\overrightarrow{GB}=8$，$P$ 为直线 $x=6$ 上的动点，PA 与 E 的另一交点为 C，PB 与 E 的另一交点为 D.

（1）求 E 的方程；

（2）证明：直线 CD 过定点.

2. 问题分析

设计思想：专题复习课不仅是知识的重现，而是学生知识的生长、升华和能力的提升，更是方法的提炼和总结以及思维能力的培养与训练. 在微专题复习课的教学中，重构数学教育价值，关注数学本质，可以通过由生长源（元问题）出发，基于基础与经验，在解决问题过程中不断产生新问题，不断生长新的数学知识、方法、思维、经验. 让学生经历知识自主建构、方法感悟提炼、经验不断积累、思维不断提升的过程. 利用具有知识生成逻辑的“问题串”加深拓宽学生对圆锥曲线中的定点定值问题的理解及应用，让学生在数学活动中通过经历、体验、内化，力求突出疑难问题复习教学中的系统性、纵深性、生成性. 促进了学生数形结合、特殊与一般、转化与化归等数学思想方法及数学核心素养的形成. 从而本节课采用如下的教学策略：

（1）在教法上：采用以学生为主体的探究式教学方法，采用“设问—探索—归纳—应用”层层递进的方式来突破本课的重难点.

（2）在学法上：通过问题串，由浅入深、循序渐进地突出教学重点和突破教学难点，着眼于知识的形成和发展，注重学生的学习体验，培养学生的探究精神.

（3）在教学辅助手段上：本节学习的主要载体是三角形图象，为了使学生构建从具体到抽象的过程，应用网络画板和 GGB 软件作出图形的静态图象和动态变化图象，通过观察图象加深对求解路径和策略的理解，提高课堂效率.

基于高中数学新课程倡导的学习数学的重要活动方式：自主探索、合作交流；结合我校核心问题教学模式对本节课作如下设计：① 提出问题——基于学生课前预习任务的完成情况提出本节课的核心问题；② 解决问题——学生自主探索、小组合作讨论、全班展示交流（教师适时点评）等活动解决问题；③ 反思提升——通过回顾、反思核心问题的解决过程，提升知识和体会思想方法；④ 运用反馈——通过反馈练习，巩固知识方法.

【评价预设】☞

1. 知识回顾、提出问题环节

学生在独立思考问题 1 之后，会作出有代表性的回答，预设会有：消参法、特殊值法等方法. 评价应引导学生关注消除变量影响以及一般与特殊的数学思想. 对于问题 2，预设学生会想到利用消参法、特殊值法进行求解，但是使用特殊值法时运算过于复杂，所以在预判运算量后应优先使用消参法. 对于问题 3、4、5 及其引申探究 1、2、3，意在让学生类比圆中的中心展直角结论的证明，掌握椭圆与双曲线中的中心展角结论，在方法与结论上为后续教学的开展奠定基础. 同时对学生存在的问题作出正面的评价，从正面指出，圆锥曲线中的综合问题都蕴含着明显的数形结合、转化与化归的数学思想.

2. 解决问题环节

针对学生活动和展示侧重激励性和发展性评价. 对于学生所展现出的分析、计算中的问题进行引导性评价，对情境与方法的关联进行总结性评价. 坚定学生克服困难，勇于解决复杂问题的勇气与信心，发挥好激励性评价的作用.

3. 反思提升环节

通过引导学生反思回顾本节课的活动过程，让其体会到解决问题的过程中充分体现了数形结合、特殊与一般思想；通过图形分析函数的代数性质和几何特征体现了数形结合的思想. 因此，对学生的正确回答应该予以充分的正面肯定，并注意引导学生有进一步具体的解释，避免生硬和空洞.

4. 评价反馈环节

第 1 题主要检测学生对定点问题的掌握，第 2 题主要检测定值题型的掌握. 评价的重点侧重对于运算难点的突破和数形结合、转化与化归等数学思想的理解.

二、教学实施环节

【教学环节】☞

教学环节	学生活动	教师活动	设计意图	技术融合
知识回顾	在解析几何中，图形的运动会产生不同的几何曲线或者方程系.但是在变化的曲线或者方程中往往会有不变的因素，称其为定点定值问题. 定点问题：有些含有参数的直线或曲线，不论参数如何变化，都过某定点，这类问题称为定点问题. 定值问题：有些几何量，如斜率、距离、面积、比值等基本量与动点坐标或者动直线中的参变量无关，这类问题统称为定值问题	解读圆锥曲线在高考中的地位和考察方向，展示近年高考中的圆锥曲线定点定值试题，开篇明义提出本专题的特征“动中有静、静中有动”和求解思想“动中窥静、以静制动”	以高考真题引出本课课题，激发学生的学习兴趣和求知欲	PPT 展示高考题
提出问题	核心问题：解决如下定点定值问题，反思圆锥曲线定点定值问题的求解策略	带领学生解读核心问题，明晰本节课核心任务.引导学生阅读题目，结合图象分析条件，尝试独立求解	以一个统领本节课结题策略和数学思想的问题作为整节课的开篇，激发学生的探究欲望	PPT 展示核心问题

续表

教学环节	学生活动	教师活动	设计意图	技术融合
解决问题	问题 1.（2021·新高考 I 21）在平面直角坐标系 xOy 中，知点 $F_1(-\sqrt{17},0)$、$F_2(\sqrt{17},0)$，$\lvert MF_1\rvert-\lvert MF_2\rvert=2$，点 M 的轨迹为 C. （1）求 C 的方程； （2）设点 T 在直线 $x=\frac{1}{2}$ 上，过 T 的两条直线分别交 C 于 A、B 两点和 P，Q 两点，且 $\lvert TA\rvert\cdot\lvert TB\rvert=\lvert TP\rvert\cdot\lvert TQ\rvert$，求直线 AB 的斜率与直线 PQ 的斜率之和	解：（1）因为 $\lvert MF_1\rvert-\lvert MF_2\rvert=2<\lvert F_1F_2\rvert=2\sqrt{17}$， 所以，轨迹 C 是以点 F_1、F_2 为左、右焦点的双曲线的右支， 设轨迹 C 的方程为 $\frac{x^2}{a^2}-\frac{y^2}{b^2}=1(a>0,b>0)$，则 $2a=2$，可得 $a=1$，$b=\sqrt{17-a^2}=4$， 所以，轨迹 C 的方程为 $x^2-\frac{y^2}{16}=1(x\geqslant 1)$. （2）[方法一]【最优解】：直线方程与双曲线方程联立 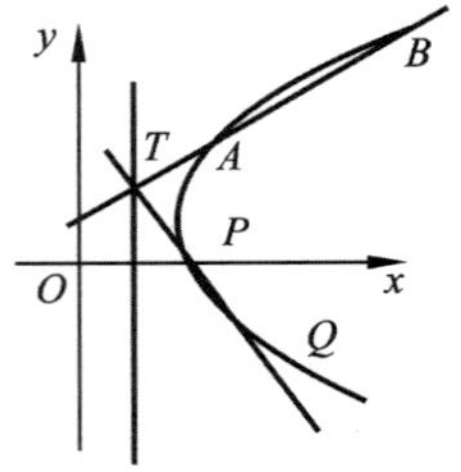 如图所示，设 $T\left(\frac{1}{2},n\right)$，则直线 AB 的方程为 $y-n=k_1\left(x-\frac{1}{2}\right)$,$A(x_1,y_1)$,$B(x_2,y_2)$. 联立 $\begin{cases}y-n=k_1\left(x-\frac{1}{2}\right)\\x^2-\frac{y^2}{16}=1\end{cases}$，化简得 $(16-k_1^2)x^2+(k_1^2-2k_1n)x-\frac{1}{4}k_1^2-n^2+k_1n-16=0$	通过动态几何引领学生观察变化中的不变量．通过抓取连续变化中的特殊位置，培养学生利用图形对称性确定特殊位置寻求解的方法，渗透数学结合、特殊与一般的数学思想	网络画板展示图形的动态变化过程，使得问题的探讨更加形象与直观

续表

教学环节	学生活动	教师活动	设计意图	技术融合
解决问题		则 $x_1+x_2=\frac{k_1^2-2k_1n}{k_1^2-16}$，$x_1x_2=\frac{\frac{1}{4}k_1^2+n^2-k_1n+16}{k_1^2-16}$．故 $\|TA\|=\sqrt{1+k_1^2}\left(x_1-\frac{1}{2}\right)$，$\|TB\|=\sqrt{1+k_1^2}\left(x_2-\frac{1}{2}\right)$． 则 $\|TA\|\cdot\|TB\|=(1+k_1^2)\left(x_1-\frac{1}{2}\right)\left(x_2-\frac{1}{2}\right)=\frac{(n^2+12)(1+k_1^2)}{k_1^2-16}$． 设 PQ 的方程为 $y-n=k_2\left(x-\frac{1}{2}\right)$，同理 $\|TP\|\cdot\|TQ\|=\frac{(n^2+12)(1+k_2^2)}{k_2^2-16}$． 因为 $\|TA\|\cdot\|TB\|=\|TP\|\cdot\|TQ\|$，所以 $\frac{1+k_1^2}{k_1^2-16}=\frac{1+k_2^2}{k_2^2-16}$，化简得 $1+\frac{17}{k_1^2-16}=1+\frac{17}{k_2^2-16}$，所以 $k_1^2-16=k_2^2-16$，即 $k_1^2=k_2^2$． 因为 $k_1\neq k_1$，所以 $k_1+k_2=0$		
	选择一种新的解答路径计算求解问题 1. 并展示求解过程	[方法二]：参数方程法 设 $T\left(\frac{1}{2},m\right)$．设直线 AB 的倾斜角为 θ_1，则其参数方程为 $\begin{cases}x=\frac{1}{2}+t\cos\theta_1\\ y=m+t\sin\theta_1\end{cases}$， 联立直线方程与曲线 C 的方程 $16x^2-y^2-16=0(x\geqslant 1)$， 可得 $16\left(\frac{1}{4}+t^2\cos^2\theta_1+t\cos\theta_1\right)-(m^2+t^2\sin^2\theta_1+2mt\sin\theta_1)-16=0$， 整理得 $(16\cos^2\theta_1-\sin^2\theta_1)t^2+(16\cos\theta_1-2m\sin\theta_1)t-(m^2+12)=0$．设 $TA=t_1,TB=t_2$， 由根与系数的关系得 $\|TA\|\cdot\|TB\|=t_1\cdot t_2=\frac{-(m^2+12)}{16\cos^2\theta_1-\sin^2\theta_1}=\frac{m^2+12}{1-17\cos^2\theta_1}$	展示求解过程、规范书写格式、厘清求解思路，初步总结求解策略	投影展示学生求解案例，PPT 展示规范解答过程

续表

教学环节	学生活动	教师活动	设计意图	技术融合
解决问题		设直线 PQ 的倾斜角为 θ_2，$TP=t_3,TQ=t_4$，同理可得 $\lvert TP\rvert\cdot\lvert TQ\rvert=t_3\cdot t_4=\dfrac{m^2+12}{1-17\cos^2\theta_2}$. 由 $\lvert TA\rvert\cdot\lvert TB\rvert=\lvert TP\rvert\cdot\lvert TQ\rvert$，得 $\cos^2\theta_1=\cos^2\theta_2$. 因为 $\theta_1\neq\theta_2$，所以 $\cos\theta_1=-\cos\theta_2$. 由题意分析知 $\theta_1+\theta_2=\pi$. 所以 $\tan\theta_1+\tan\theta_2=0$，故直线 AB 的斜率与直线 PQ 的斜率之和为 0. [方法三]：利用圆幂定理 因为 $\lvert TA\rvert\cdot\lvert TB\rvert=\lvert TP\rvert\cdot\lvert TQ\rvert$，由圆幂定理知 A，B，P，Q 四点共圆. 设 $T\left(\dfrac{1}{2},t\right)$，直线 AB 的方程为 $y-t=k_1\left(x-\dfrac{1}{2}\right)$，直线 PQ 的方程为 $y-t=k_2\left(x-\dfrac{1}{2}\right)$，则二次曲线为 $\left(k_1x-y-\dfrac{k_1}{2}+t\right)\left(k_2x-y-\dfrac{k_2}{2}+t\right)=0$. 又由 $x^2-\dfrac{y^2}{16}=1$，得过 A，B，P，Q 四点的二次曲线系方程为 $\lambda\left(k_1x-y-\dfrac{k_1}{2}+t\right)\left(k_2x-y-\dfrac{k_2}{2}+t\right)+\mu\left(x^2-\dfrac{y^2}{16}-1\right)=0(\lambda\neq 0)$， 整理可得 $(\lambda k_1k_2+\mu)x^2+\left(\lambda-\dfrac{\mu}{16}\right)y^2-\lambda(k_1+k_2)xy+[t(k_1+k_2)-k_1k_2]\lambda x+\left(\dfrac{k_1+k_2}{2}-2t\right)\lambda y+m=0$， 其中，$m=\lambda\left[t^2+\dfrac{k_1k_2}{4}-\dfrac{t}{2}(k_1+k_2)\right]-\mu$. 由于 A，B，P，Q 四点共圆，则 xy 项的系数为 0，即 $k_1+k_2=0$		

教学环节	学生活动	教师活动	设计意图	技术融合
解决问题	问题 2. （2020·全国Ⅰ卷 20）已知 A、B 分别为椭圆 E：$\frac{x^2}{a^2}+y^2=1$（$a>1$）的左、右顶点，G 为 E 的上顶点，$\overrightarrow{AG}\cdot\overrightarrow{GB}=8$，$P$ 为直线 $x=6$ 上的动点，PA 与 E 的另一交点为 C，PB 与 E 的另一交点为 D. （1）求 E 的方程； （2）证明：直线 CD 过定点	【详解】（1）依据题意作出如下图象： 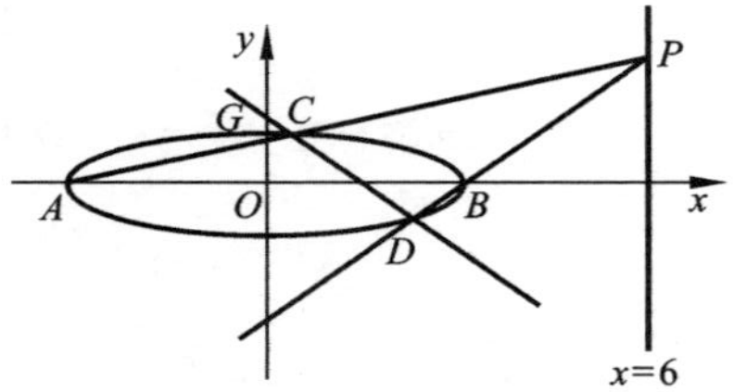 由椭圆方程 $E:\frac{x^2}{a^2}+y^2=1(a>1)$ 可得：$A(-a,0)$，$B(a,0)$，$G(0,1)$. 因为 $\overrightarrow{AG}=(a,1)$，$\overrightarrow{GB}=(a,-1)$，$\overrightarrow{AG}\cdot\overrightarrow{GB}=a^2-1=8$，$a^2=9$ 所以椭圆方程为 $\frac{x^2}{9}+y^2=1$. （2）[方法一]：设而求点法 证明：设 $P(6,y_0)$，则直线 AP 的方程为 $y=\frac{y_0-0}{6-(-3)}(x+3)$，即 $y=\frac{y_0}{9}(x+3)$. 联立直线 AP 的方程与椭圆方程可得 $\begin{cases}\frac{x^2}{9}+y^2=1\\ y=\frac{y_0}{9}(x+3)\end{cases}$，整理得 $(y_0{}^2+9)x^2+6y_0{}^2x+9y_0{}^2-81=0$，解得：$x=-3$ 或 $x=\frac{-3y_0{}^2+27}{y_0{}^2+9}$	通过类似问题让学生巩固已经习得的方法与策略，强化相关的数学思想，渗透逻辑推理、直观想象、数学运算等核心素养	PPT 展示规范解答过程

续表

教学环节	学生活动	教师活动	设计意图	技术融合
解决问题		将 $x=\dfrac{-3y_0^2+27}{y_0^2+9}$ 代入直线 $y=\dfrac{y_0}{9}(x+3)$ 可得 $y=\dfrac{6y_0}{y_0^2+9}$. 所以点 C 的坐标为 $\left(\dfrac{-3y_0^2+27}{y_0^2+9},\dfrac{6y_0}{y_0^2+9}\right)$. 同理可得，点 D 的坐标为 $\left(\dfrac{3y_0^2-3}{y_0^2+1},\dfrac{-2y_0}{y_0^2+1}\right)$. 当 $y_0^2\neq 3$ 时，因为直线 CD 的方程为 $y-\left(\dfrac{-2y_0}{y_0^2+1}\right)=\dfrac{\dfrac{6y_0}{y_0^2+9}-\left(\dfrac{-2y_0}{y_0^2+1}\right)}{\dfrac{-3y_0^2+27}{y_0^2+9}-\dfrac{3y_0^2-3}{y_0^2+1}}\left(x-\dfrac{3y_0^2-3}{y_0^2+1}\right)$, 整理可得 $y+\dfrac{2y_0}{y_0^2+1}=\dfrac{8y_0(y_0^2+3)}{6(9-y_0^4)}\left(x-\dfrac{3y_0^2-3}{y_0^2+1}\right)=\dfrac{8y_0}{6(3-y_0^2)}\left(x-\dfrac{3y_0^2-3}{y_0^2+1}\right)$ 整理可得 $y=\dfrac{4y_0}{3(3-y_0^2)}x+\dfrac{2y_0}{y_0^2-3}=\dfrac{4y_0}{3(3-y_0^2)}\left(x-\dfrac{3}{2}\right)$ 所以直线 CD 过定点 $\left(\dfrac{3}{2},0\right)$. 当 $y_0^2=3$ 时，直线 CD：$x=\dfrac{3}{2}$，直线过点 $\left(\dfrac{3}{2},0\right)$. 故直线 CD 过定点 $\left(\dfrac{3}{2},0\right)$		

续表

教学环节	学生活动	教师活动	设计意图	技术融合
解决问题		[方法二]【最优解】：数形结合 设 $P(6,t)$，则直线 PA 的方程为 $y=\frac{t}{9}(x+3)$，即 $tx-9y+3t=0$. 同理，可求直线 PB 的方程为 $tx-3y-3t=0$. 则经过直线 PA 和直线 PB 的方程可写为 $(tx-9y+3t)(tx-3y-3t)=0$. 可化为 $t^2(x^2-9)+27y^2-12txy+18ty=0$. ① 易知 A，B，C，D 四个点满足上述方程，同时 A，B，C，D 又在椭圆上，则有 $x^2-9=-9y^2$，代入①式可得 $(27-9t^2)y^2-12txy+18ty=0$. 故 $y[(27-9t^2)y-12tx+18t]=0$，可得 $y=0$ 或 $(27-9t^2)y-12tx+18t=0$. 其中 $y=0$ 表示直线 AB，则 $(27-9t^2)y-12tx+18t=0$ 表示直线 CD. 令 $y=0$，得 $x=\frac{3}{2}$，即直线 CD 恒过点 $\left(\frac{3}{2},0\right)$		
反思提升	小结：求解曲线定点定值问题的一般方法： ①先“猜”后“证”：从特殊位置（值）入手，求（猜）出定点或定值，再证明这个定点或定值与变量无关. 找特殊，求定点（值），证一般. ②边“求”边“证”：分析“动因”，合理设变量进行推理计算，在过程中消去变量，从而得到结果	引导学生回顾解决问题的过程，师生共同反思总结、修正完善所涉及的知识、方法、思想	通过类似问题让学生巩固已经习得的方法与策略，强化相关的数学思想，渗透逻辑推理、直观想象、数学运算等核心素养	PPT 展示，黑板板书

教学环节	学生活动	教师活动	设计意图	技术融合
反思提升	巧设参，建等式，消参得定点（值）． 1. 知识与技能 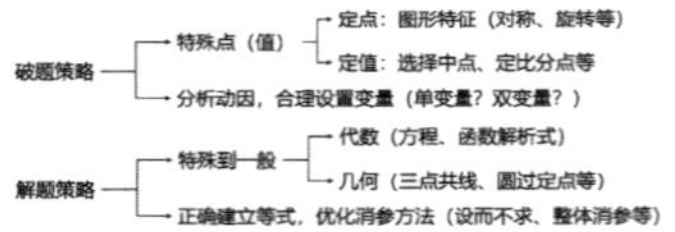 2. 思想与方法 数形结合、特殊与一般、转化与化归			
评价反馈	1. （2023 年全国乙理 20）已知椭圆 $C:\frac{y^2}{a^2}+\frac{x^2}{b^2}=1(a>b>0)$ 的离心率是 $\frac{\sqrt{5}}{3}$，点 $A(-2,0)$ 在 C 上． （1）求 C 的方程； （2）过点 $(-2,3)$ 的直线交 C 于 P,Q 两点，直线 AP,AQ 与 y 轴的交点分别为 M,N，证明：线段 MN 的中点为定点． 2. （2020·山东）已知椭圆 C：$\frac{x^2}{a^2}+\frac{y^2}{b^2}=1(a>b>0)$ 的离心率为 $\frac{\sqrt{2}}{2}$，且过点 $A(2,1)$． （1）求 C 的方程：	展示交流时进行引导、评价、总结． 1. 【解析】（1）由题意可得 $\begin{cases}b=2\\a^2=b^2+c^2\\e=\frac{c}{a}=\frac{\sqrt{5}}{3}\end{cases}$，解得 $\begin{cases}a=3\\b=2\\c=\sqrt{5}\end{cases}$， 所以椭圆方程为 $\frac{y^2}{9}+\frac{x^2}{4}=1$． （2）由题意可知：直线 PQ 的斜率存在，设 $PQ:y=k(x+2)+3,P(x_1,y_1),Q(x_2,y_2)$， 联立方程 $\begin{cases}y=k(x+2)+3\\\frac{y^2}{9}+\frac{x^2}{4}=1\end{cases}$，消去 y 得 $(4k^2+9)x^2+8k(2k+3)x+16(k^2+3k)=0$，	检测学生是否具备运用本节课所学知识解决问题的能力，培养数形结合、函数与方程的数学思想．属于对课堂基础知识的考察	PPT 展示，实物投影，黑板板书

续表

<table>
<tr><th>教学环节</th><th>学生活动</th><th>教师活动</th><th>设计意图</th><th>技术融合</th></tr>
<tr><td>评价反馈</td><td>（2）点 M，N 在 C 上，且 $AM\perp AN$，$AD\perp MN$，D 为垂足．证明：存在定点 Q，使得 $|DQ|$ 为定值</td><td>则 $\Delta=64k^2(2k+3)^2-64(4k^2+9)(k^2+3k)=-1728k>0$，解得 $k<0$，可得 $x_1+x_2=-\dfrac{8k(2k+3)}{4k^2+9},x_1x_2=\dfrac{16(k^2+3k)}{4k^2+9}$，
因为 $A(-2,0)$，则直线 $AP:y=\dfrac{y_1}{x_1+2}(x+2)$，
令 $x=0$，解得 $y=\dfrac{2y_1}{x_1+2}$，即 $M\left(0,\dfrac{2y_1}{x_1+2}\right)$，同理可得 $N\left(0,\dfrac{2y_2}{x_2+2}\right)$，
则 $\dfrac{\dfrac{2y_1}{x_1+2}+\dfrac{2y_2}{x_2+2}}{2}=\dfrac{[k(x_1+2)+3]}{x_1+2}+\dfrac{[k(x_2+2)+3]}{x_2+2}$
$=\dfrac{[kx_1+(2k+3)](x_2+2)+[kx_2+(2k+3)](x_1+2)}{(x_1+2)(x_2+2)}$
$=\dfrac{2kx_1x_2+(4k+3)(x_1+x_2)+4(2k+3)}{x_1x_2+2(x_1+x_2)+4}$
$=\dfrac{\dfrac{32k(k^2+3k)}{4k^2+9}-\dfrac{8k(4k+3)(2k+3)}{4k^2+9}+4(2k+3)}{\dfrac{16(k^2+3k)}{4k^2+9}-\dfrac{16k(2k+3)}{4k^2+9}+4}=\dfrac{108}{36}=3$，
所以线段 PQ 的中点是定点 $(0,3)$．
2.【详解】（1）由题意可得 $\begin{cases}\dfrac{c}{a}=\dfrac{\sqrt{2}}{2}\\ \dfrac{4}{a^2}+\dfrac{1}{b^2}=1\\ a^2=b^2+c^2\end{cases}$，解得 $a^2=6,b^2=c^2=3$，
故椭圆方程为 $\dfrac{x^2}{6}+\dfrac{y^2}{3}=1$</td><td></td><td></td></tr>
</table>

续表

教学环节	学生活动	教师活动	设计意图	技术融合
评价反馈		（2）[方法一]：通性通法设点 $M(x_1,y_1),N(x_2,y_2)$， 若直线 MN 斜率存在时，设直线 MN 的方程为 $y=kx+m$， 代入椭圆方程消去 y 并整理得 $(1+2k^2)x^2+4kmx+2m^2-6=0$， 可得 $x_1+x_2=-\frac{4km}{1+2k^2}$，$x_1x_2=\frac{2m^2-6}{1+2k^2}$， 因为 $AM\perp AN$，所以 $\overrightarrow{AM}\cdot\overrightarrow{AN}=0$，即 $(x_1-2)(x_2-2)+(y_1-1)(y_2-1)=0$， 根据 $y_1=kx_1+m,y_2=kx_2+m$，代入整理可得 $(k^2+1)x_1x_2+(km-k-2)(x_1+x_2)+(m-1)^2+4=0$， 所以 $(k^2+1)\frac{2m^2-6}{1+2k^2}+(km-k-2)\left(-\frac{4km}{1+2k^2}\right)+(m-1)^2+4=0$， 整理化简得 $(2k+3m+1)(2k+m-1)=0$， 因为 $A(2,1)$ 不在直线 MN 上，所以 $2k+m-1\neq0$， 故 $2k+3m+1=0$，$k\neq1$，于是 MN 的方程为 $y=k\left(x-\frac{2}{3}\right)-\frac{1}{3}$ $(k\neq1)$， 所以直线过定点直线过定点 $P\left(\frac{2}{3},-\frac{1}{3}\right)$. 当直线 MN 的斜率不存在时，可得 $N(x_1,-y_1)$， 由 $\overrightarrow{AM}\cdot\overrightarrow{AN}=0$ 得：$(x_1-2)(x_1-2)+(y_1-1)(-y_1-1)=0$， 得 $(x_1-2)^2+1-y_1^2=0$，结合 $\frac{x_1^2}{6}+\frac{y_1^2}{3}=1$ 可得：$3x_1^2-8x_1+4=0$， 解得：$x_1=\frac{2}{3}$ 或 $x_2=2$（舍）. 此时直线 MN 过点 $P\left(\frac{2}{3},-\frac{1}{3}\right)$. 令 Q 为 AP 的中点，即 $Q\left(\frac{4}{3},\frac{1}{3}\right)$，		

续表

教学环节	学生活动	教师活动	设计意图	技术融合
评价反馈		若 D 与 P 不重合，则由题设知 AP 是 $Rt\triangle ADP$ 的斜边，故 $\lvert DQ\rvert=\frac{1}{2}\lvert AP\rvert=\frac{2\sqrt{2}}{3}$，若 D 与 P 重合，则 $\lvert DQ\rvert=\frac{1}{2}\lvert AP\rvert$，故存在点 $Q\left(\frac{4}{3},\frac{1}{3}\right)$，使得 $\lvert DQ\rvert$ 为定值. ［方法二］：设 $M(x_1,y_1),N(x_2,y_2)$. 若直线 MN 的斜率不存在，则 $M(x_1,y_1),N(x_1,-y_1)$. 因为 $AM\perp AN$，则 $\overrightarrow{AM}\cdot\overrightarrow{AN}=0$，即 $(x_1-2)^2+1-y_1^2=0$. 由 $\frac{x_1^2}{6}+\frac{y_1^2}{3}=1$，解得 $x_1=\frac{2}{3}$ 或 $x_1=2$（舍）. 所以直线 MN 的方程为 $x=\frac{2}{3}$. 若直线 MN 的斜率存在，设直线 MN 的方程为 $y=kx+m$，则 $x^2+2(kx+m)^2-6=(1+2k^2)(x-x_1)(x-x_2)=0$. 令 $x=2$，则 $(x_1-2)(x_2-2)=\frac{2(2k+m-1)(2k+m+1)}{1+2k^2}$. 又 $\left(\frac{y-m}{k}\right)^2+2y^2-6=\left(2+\frac{1}{k^2}\right)(y-y_1)(y-y_2)$，令 $y=1$，则 $(y_1-1)(y_2-1)=\frac{(2k+m-1)(-2k+m-1)}{1+2k^2}$. 因为 $AM\perp AN$，所以 $\overrightarrow{AM}\cdot\overrightarrow{AN}=(x_1-2)(x_2-2)+(y_1-1)(y_2-1)=\frac{(2k+m-1)(2k+3m+1)}{1+2k^2}=0$，即 $m=-2k+1$ 或 $m=-\frac{2}{3}k-\frac{1}{3}$		

续表

教学环节	学生活动	教师活动	设计意图	技术融合
评价反馈		当 $m=-2k+1$ 时，直线 MN 的方程为 $y=kx-2k+1=k(x-2)+1$．所以直线 MN 恒过 $A(2,1)$，不合题意； 当 $m=-\frac{2}{3}k-\frac{1}{3}$ 时，直线 MN 的方程为 $y=kx-\frac{2}{3}k-\frac{1}{3}=k\left(x-\frac{2}{3}\right)-\frac{1}{3}$，所以直线 MN 恒过 $P\left(\frac{2}{3},-\frac{1}{3}\right)$. 综上，直线 MN 恒过 $P\left(\frac{2}{3},-\frac{1}{3}\right)$，所以 $\|AP\|=\frac{4\sqrt{2}}{3}$. 又因为 $AD\perp MN$，即 $AD\perp AP$，所以点 D 在以线段 AP 为直径的圆上运动. 取线段 AP 的中点为 $Q\left(\frac{4}{3},\frac{1}{3}\right)$，则 $\|DQ\|=\frac{1}{2}\|AP\|=\frac{2\sqrt{2}}{3}$. 所以存在定点 Q，使得 $\|DQ\|$ 为定值		

【板书设计】☞

圆锥曲线中的定点定值问题

一、知识回顾

1. 含参数直线或曲线过定点问题.

2. 简单的圆锥曲线定值问题.

二、提出问题

核心问题：解决如下定点定值问题，反思圆锥曲线定点定值问题的求解策略.

三、解决问题

（一）定值问题

问题 1. 在平面直角坐标系 xOy 中，已知点 $F_1(-\sqrt{17},0)$ 、 $F_2(\sqrt{17},0)$, $|MF_1|-|MF_2|=2$，点 M 的轨迹为 C.

（1）求 C 的方程；

（2）设点 T 在直线 $x=\frac{1}{2}$ 上，过 T 的两条直线分别交 C 于 A、B 两点和 P，Q 两点，且 $|TA|\cdot|TB|=|TP|\cdot|TQ|$，求直线 AB 的斜率与直线 PQ 的斜率之和

（二）定点问题

问题 2. 已知 A、B 分别为椭圆 E：$\frac{x^2}{a^2}+y^2=1$（$a>1$）的左、右顶点，G 为 E 的上顶点，$\overrightarrow{AG}\cdot\overrightarrow{GB}=8$，$P$ 为直线 $x=6$ 上的动点，PA 与 E 的另一交点为 C，PB 与 E 的另一交点为 D.

（1）求 E 的方程；

（2）证明：直线 CD 过定点.

四、反思提升

1. 知识与技能

破题策略：
- 特殊点（值）
  - 定点：图形特征（对称、旋转等）
  - 定值：选择中点、定比分点等
- 分析动因，合理设置变量（单变量？双变量？）

对立统一观

数学思想：数形结合　特殊到一般　转化与化归

解题策略：
- 特殊到一般
  - 代数（方程、函数解析式）
  - 几何（三点共线、圆过定点等）
- 正确建立等式，优化消参方法（设而不求、整体消参等）

普遍联系观

五、运用反馈

【作业设计】☞

作业序号	作业目标	作业情境		概念结论		思想方法		价值观念		整体评估	
		内容	水平	内容	水平	内容	水平	内容	水平	类型	水平
1	椭圆中的定值问题	数学问题情境	简单	曲线与方程、直线斜率	数学运算水平 2	数形结合、转化与化归	数学运算水平 1、数学抽象水平 1	事物是普遍联系的	数学运算水平 1、数学抽象水平 1	基础性作业	学业质量水平 1
2	抛物线中的定点问题	数学问题情境	简单	曲线与方程、勾股定理、向量的数量积	数学运算水平 2	数形结合、转化与化归	数学运算水平 1、数学抽象水平 1	事物是普遍联系的	数学运算水平 1、数学抽象水平 1	基础性作业	学业质量水平 1
3	椭圆中的定点解答题	数学问题情境	较简单	曲线与方程、直线的方程、中点坐标	数学运算水平 2，逻辑推理 1	数形结合、转化与化归、特殊与一般	数学运算水平 2，逻辑推理 1	事物是普遍联系的、变化中的规律性	数学运算水平 2、数学抽象水平 2	综合性作业	学业质量水平 2
4	椭圆中的定值解答题	数学问题情境	相对复杂	曲线的方程、线段长公式	数学运算水平 2，逻辑推理 2	数形结合、转化与化归、特殊与一般	数学运算水平 2，逻辑推理 2	事物是普遍联系的、变化中的规律性	数学运算水平 2、数学抽象水平 2	综合性作业	学业质量水平 2

续表

作业序号	作业目标	作业情境		概念结论		思想方法		价值观念		整体评估	
		内容	水平	内容	水平	内容	水平	内容	水平	类型	水平
5	圆锥曲线中范围最值问题的求解策略	抽象的数学背景条件	复杂	曲线与方程	数学建模 2，逻辑推理 3	数形结合、转化与化归	数学建模 2，逻辑推理 3	变化中的规律性	数学抽象水平 2、逻辑推理 2	综合性作业	学业质量水平 2
课时作业总体评估	针对本节课的核心问题和教学目标，按照合格考和等级考的要求，设计了具有梯度的课后作业，题量适中. 作业目标明确可检测、易操作，利于得到客观反馈和检测素养目标，以便调整教学教法. 从题型上看，既有单选，也有主观题，还有开放性探究问题，符合学生学习思维. 实践性作业培养了同学们勇于探索的科研精神，培养了同学们的数学核心素养，提高了数学价值的认同感，拓宽了视野										

（具体的作业内容略）

【教学流程】☞

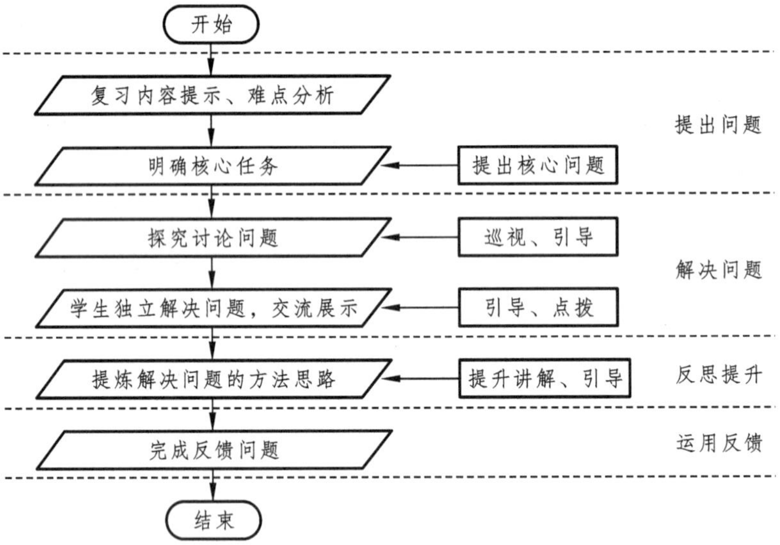

三、教学评价设计

【评价实施】☞

课前预设的评价在课程实施过程中基本达成目标. 学生在课程中生成的方法与解答策略基本符合课前预设. 但是基于学生基本知识和基本活动经验，在思维的灵活性与表述的准确性上还略有不足，需要教师给予更多的引导性评价和激励性评价.

在“评价反馈”环节，通过收集学生完成情况，统计相关数据，发现学生中的共性问题：解题路径不够优化，书写格式不够完整，运算速度有待提升等. 对这些问题进行了总结性和激励性评价.

大概念核心问题教学文化评价表

课时名称：圆锥曲线中的定点定值问题.

所属单元：曲线与方程.

单元大概念：曲线与方程.

单元核心问题：探究平面曲线的几何特征、建立曲线的方程，通过方程研究曲线的性质及直线与曲线的位置关系，应用方程解决相关的几何问题和实际问题.

课时大概念：圆锥曲线的方程.

课时核心问题：解决如下定点定值问题，反思圆锥曲线定点定值问题的求解策略.

<table>
<tr><th rowspan="2">评价目标</th><th colspan="3">评价指标</th><th rowspan="2" colspan="2">评价
方法结果</th></tr>
<tr><th>一级指标</th><th>二级指标</th><th>三级指标</th></tr>
<tr><td rowspan="24">实现活动体验中的学习与素养发展</td><td rowspan="12">具有大概念核心问题教学形态</td><td rowspan="3">核心问题
利于活动体验</td><td>内含学科问题和学生活动方式</td><td>8</td><td rowspan="12">每项指标最高评 8 分（满分为 96 分）

合计 92 分</td></tr>
<tr><td>问题情境与真实生活密切相关</td><td>8</td></tr>
<tr><td>能引发大概念、新知新法生成</td><td>7</td></tr>
<tr><td rowspan="3">教学目标
价值引导恰当</td><td>两类目标正确全面</td><td>8</td></tr>
<tr><td>关联体验目标恰当</td><td>7</td></tr>
<tr><td>目标价值引导显现</td><td>7</td></tr>
<tr><td rowspan="3">教学环节
完整合理落实</td><td>教学环节清晰完整</td><td>8</td></tr>
<tr><td>环节内容合理充实</td><td>8</td></tr>
<tr><td>学生活动时间充分</td><td>8</td></tr>
<tr><td rowspan="3">教学要素
相互匹配促进</td><td>问题目标环节两两匹配</td><td>7</td></tr>
<tr><td>技术促进活动形式内容</td><td>8</td></tr>
<tr><td>素养导向突出氛围浓郁</td><td>8</td></tr>
<tr><td rowspan="12">具有大概念核心问题教学特质</td><td rowspan="4">拓宽学习视野</td><td>课堂与现实世界有恰当关联</td><td rowspan="12" colspan="2">选择一个表现突出的二级指标，在相应三级指标引导下，以现场学生表现为主要依据，以其余指标为背景，于本表的第二页写出150字以上的简要评价</td></tr>
<tr><td>有基于缄默知识的问题解决</td></tr>
<tr><td>有缄默知识运用的追踪剖析</td></tr>
<tr><td>知识运用剖析导向素养发展</td></tr>
<tr><td rowspan="4">投入实践活动</td><td>有真实而且完整的实践活动</td></tr>
<tr><td>实践活动深度融入两类情境</td></tr>
<tr><td>能够全身心地浸渍于活动中</td></tr>
<tr><td>活动的内容结果均丰富深入</td></tr>
<tr><td rowspan="4">感受意义关联</td><td>有核心问题的深层意义感受</td></tr>
<tr><td>有以知识为中心的关联感受</td></tr>
<tr><td>有以个人为中心的关联感受</td></tr>
<tr><td>有对三类大概念的关联感受</td></tr>
</table>

续表

<table>
<tr><th rowspan="2">评价目标</th><th colspan="3">评价指标</th><th rowspan="2">评价
方法结果</th></tr>
<tr><th>一级指标</th><th>二级指标</th><th>三级指标</th></tr>
<tr><td rowspan="11">实现活动体验中的学习与素养发展</td><td rowspan="11">具有大概念核心问题教学特质</td><td rowspan="4">自觉反思体验</td><td>有实质性反思活动的开展</td><td rowspan="11"></td></tr>
<tr><td>有课堂新因素的追踪利用</td></tr>
<tr><td>有体验的交流与改善重构</td></tr>
<tr><td>有概念生成中的素养发展</td></tr>
<tr><td rowspan="4">乐于对话分享</td><td>乐于自我的表达与认真的倾听</td></tr>
<tr><td>乐于合作中成果与思路的分享</td></tr>
<tr><td>乐于成果交流中深层意义分享</td></tr>
<tr><td>有宽容的对话氛围和双向交流</td></tr>
<tr><td rowspan="3">认同素养评价</td><td>认可素养评价</td></tr>
<tr><td>参与素养评价</td></tr>
<tr><td>利用素养评价</td></tr>
<tr><td colspan="5">大概念核心问题教学特质的简要评价（包括发展性建议）</td></tr>
<tr><td colspan="5">本节课凸显了具有大概念核心问题教学特质核心问题教学中“知识为中心的关联感受”这一教学实质. 作为一节复习课，既是对以往知识与方法的总结，也为随后的学习在知识与方法上做好铺垫. 其重点在于让学生在已有的基础知识、基本技能、基本思想和基本活动经验的基础上，通过数学情境，发现和提出问题；通过小组合作，探究交流，分析并解决问题，理解定理与定义，掌握方法，达成关联，体会思想，渗透素养. 在情境引入即提出问题环节中，学生通过对核心问题的感受与分析，体验到圆锥曲线中综合问题的类型虽然丰富，但是基于图形特征与代数方法，可以将定点定值问题转化为方程问题、函数问题，进而可以使用代数与几何的方法求解. 本节课的学习过程也是很好地体现了“知识为中心的关联感受”的教学实质：“设问—探索—归纳—应用”，进而为顺利开展教学环节做好方法上的铺垫，强化方法论的基础上也为后续的学习积累经验.</td></tr>
</table>

【信息收集】☞

课后收集了全班学生的运用反馈练习 53 份. 对收集到反馈练习基于关联体验目标达成情况评判标准进行了批阅和分类，并按照等级标准标注了等级；在此基础上完成了“大概念的核心问题教学素养目标点检测表”

【反馈调整】☞

1. 体现数学的思辨性

在教学中通过微专题的形式，激发了学生的求知欲与认知冲突. 借助学生已有的知识水平引出核心问题，使教学生动、自然而亲切，既提高了学生学习数学的兴趣，又体现了数学的情境化，增强了学生的学习兴趣.

2. 关注学生思维发展，充分体现“生本”的原则

本节课以理解数学、理解学生、理解教学的观念来设计课堂教学，本质与核心是“以学生的发展为本”. 这就要求教师在教学设计中，不仅要看到所教的学科知识，而且要看到相应

的知识在学生发展中起什么作用；不仅要研究学生的发展规律，思考学习与发展的关系，而且要研究学生是如何学习的；不仅要以适合学生认知特点的方式传授数学知识，而且要在教学过程中时刻体现思想性，从而在提高学生知识水平的同时，提高他们的素质，丰富他们的精神世界.

3. 充分运用构建主义的思想

知识的获得不是通过教师传授得到的，而是学习者在一定的情境下，借助他人的帮助，利用必要的学习资料，通过构建的方式而获得的. 因此，在教学过程的设计上，更加注重学生的探索过程，充分向学生展示知识的发生、发展过程，而不是将知识强加给学生.

大概念核心问题教学素养目标点检测表

<table>
<tr><td>课时名称</td><td colspan="3">圆锥曲线中的定点定值问题</td></tr>
<tr><td>所属单元</td><td colspan="3">曲线与方程</td></tr>
<tr><td>单元大概念</td><td colspan="3">曲线与方程</td></tr>
<tr><td>单元核心问题</td><td colspan="3">探究平面曲线的几何特征、建立曲线的方程，通过方程研究曲线的性质及直线与曲线的位置关系，应用方程解决相关的几何问题和实际问题</td></tr>
<tr><td>课时核心问题</td><td colspan="3">解决如下定点定值问题，反思圆锥曲线定点定值问题的求解策略</td></tr>
<tr><td>课时素养目标</td><td colspan="3">能合理运用几何法或代数法求解圆锥曲线内接特殊多边形面积. 在求解活动中，体验到问题与方法、方法与方法以及数与形的关联（达成直观想象水平 2，逻辑推理水平 2，数学运算水平 3）. 并由此懂得数形结合、函数与方程是研究解析几何综合问题的基本方法（达成直观想象水平 2，逻辑推理水平 3，数学运算水平 3），树立克服运算困难，迎难而上，勇于突破的意志品质</td></tr>
<tr><td>检测点</td><td colspan="3">问题特征与解题方法的关联</td></tr>
<tr><td>检测题目</td><td colspan="3">已知椭圆 $C:\frac{x^2}{a^2}+\frac{y^2}{b^2}=1(a>b>0)$ 的离心率为 $\frac{\sqrt{3}}{2}$，$A(a,0)$，$B(0,b)$，$O(0,0)$，$\triangle AOB$ 的面积为 1.
（1）求椭圆 C 的方程；
（2）设 P 是椭圆 C 上一点，直线 PA 与 y 轴交于点 M，直线 PB 与 x 轴交于点 N. 求证：$|AN|\cdot|BM|$ 为定值</td></tr>
<tr><td rowspan="4">分类标准</td><td colspan="3">A. 根据题目图形特征，能熟练设置多种变元，构建目标函数，利用转化与化归思想化简等式，求解正确</td></tr>
<tr><td colspan="3">B. 根据题目图形特征，能熟练设置一种变元，构建目标函数，利用转化与化归思想化简等式，求解正确</td></tr>
<tr><td colspan="3">C. 根据题目图形特征，能设置变元，构建目标函数，但不能利用转化与化归思想化简等式，求解错误</td></tr>
<tr><td colspan="3">D. 根据题目图形特征，不能设置变元，不能构建目标函数，求解错误</td></tr>
<tr><td rowspan="5">检测统计</td><td>分类等级</td><td>学生人数（总人数 53 人）</td><td>百分比</td></tr>
<tr><td>A</td><td>10</td><td>18.87%</td></tr>
<tr><td>B</td><td>19</td><td>35.85%</td></tr>
<tr><td>C</td><td>17</td><td>32.08%</td></tr>
<tr><td>D</td><td>7</td><td>13.20%</td></tr>
</table>

续表

检测分析	在运用反馈的解答过程中，学生基本实现了问题的特征与解题方法的关联，使用严格的演绎推理求解结论，比较充分地体会到了数形结合、转化与化归等数学思想，因此，本节课的体验性目标达成较好．但部分学生没有用严谨的数学推理得出正确结果，准确阐明其证明过程．若在上课时在对学生的反思提升环节的知识与方法的总结更为充分，深入剖析求解方法与策略，学生在运用检测中的完成情况应该会更好 因此在课堂上教师有针对性地评价与拓展总结对学生的知识体系的构建和数学思维的发展是非常重要和有意义的，应该引起更充分的重视． 在学生活动环节，教师在对学困生的个别指导，激励性评价方面还应当格外用心和照顾，在课后也应给予相应的帮助和辅导，才能在全班范围内真正实现一节课的体验性目标和结果性目标
体验典型实例	在运用反馈环节中，学生较好地建立了本节的知识与方法、数学思想与求解方法的关联，能正确求解问题．有 54.71%的学生对问题特征与方法选择的关联体验深入，能用严谨的数学逻辑推理得出正确结果；解答过程表达规范，书写工整．由此可见，通过本节课，较好地理解了圆锥曲线定点定值问题的求解方法，提升知识综合运用、抽象概括等能力，培养逻辑推理、直观想象、数学运算等数学核心素养．较好地达成了本节课的体验性目标和结果性目标． 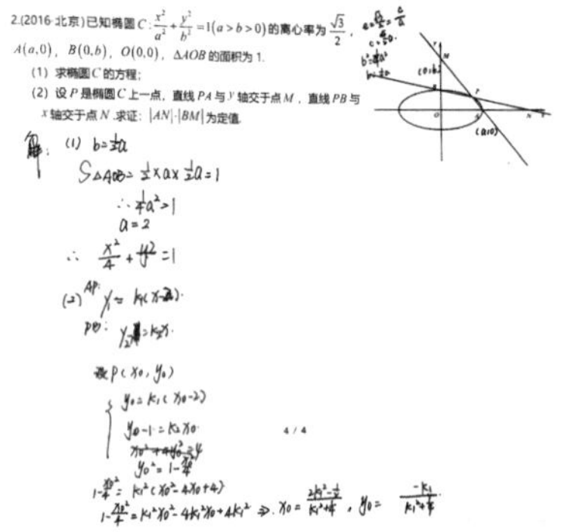 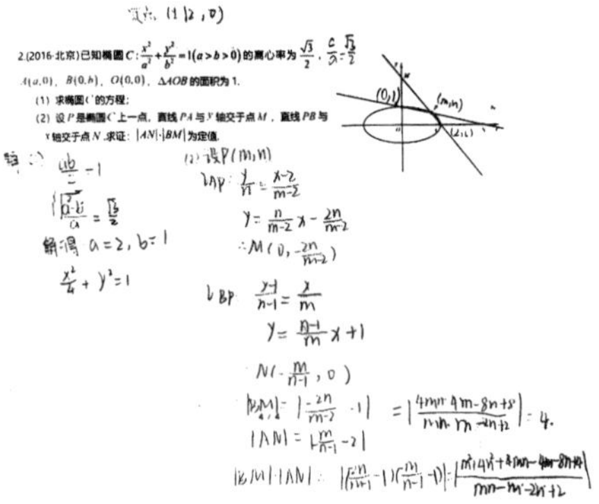 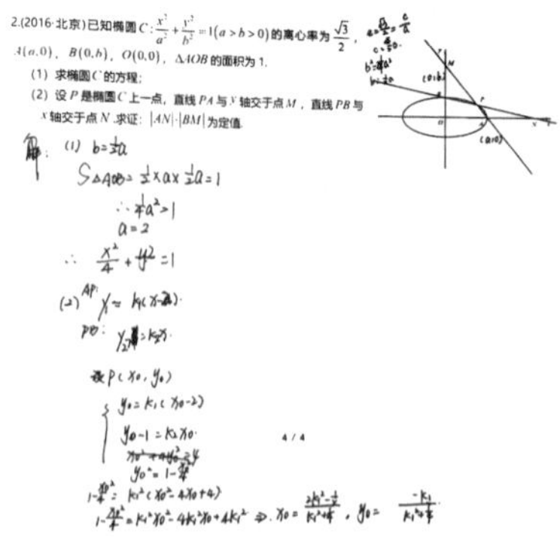 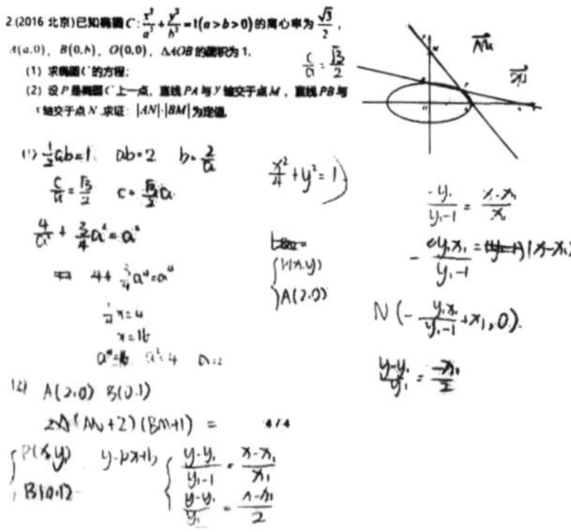
检测反馈	1. 对于不能正确求解问题的 24 位同学，请他们在全班评讲的基础上认真订正反馈练习，必要时提供个别帮助．促进这部分学生在订正练习的过程中，加深对函数零点存在性定理和零点求解方法的理解，在方法和细节上突破． 2. 从学生书面完成的反馈练习来看，部分学生的推理或过略，或不够明晰，解答证明过程的严谨性有待进一步规范．这些问题将在学生后续练习中更加严格要求，引导学生加以调整、改进，不断提升学生的书面表达能力

“圆锥曲线专项反馈训练讲评”学教案

周冠男

一、教学分析设计

【教材课标】 ☞

1. 课标分析

新课程标准中明确指出，通过平面解析几何板块的学习，可以帮助学生在平面直角坐标系中，运用代数方法进一步认识圆锥曲线的性质以及它们的位置关系；运用平面解析几何的方法解决简单的数学问题和实际问题，感悟平面解析几何中蕴含的数学思想. 圆锥曲线主题研究的对象是几何图形，所用的研究方法主要是代数方法. 本节课依托新课程标准，通过反馈递进的问题设置，学生能够发现问题，并能够针对具体的最值问题选择合适的解题策略，积累从具体到抽象的活动经验，提升学生的数学核心素养.

2. 教学内容

本节课在成都市 2021 级第一次诊断性检测的基础上，借助智学网大数据的分析发现一诊试题中涉及圆锥曲线的问题学生存在得分率低，答题思路不清晰且书写不严谨、不规范等问题进行的一次有针对性的专项反馈训练，对圆锥曲线的几何性质进行了深入考查，体现了对主干知识考查的深刻性.

3. 教学内容解析

圆锥曲线问题中蕴含丰富的数学思想（函数与方程思想、数形结合思想、化归与转化思想、分类与整合思想、特殊与一般思想等），对于圆锥曲线的考查，客观题题型多样、灵活多变、知识交汇，主观题计算能力要求高、问法多变、条件转化能力要求高，尤其是直线与圆锥曲线的结合是高考的经典模型，对学生的能力提出了很高的要求，不仅是基础知识的理解和应用，更倾向于对圆锥曲线、向量和导数等知识点结合的综合问题的考查. 所以对圆锥曲线的考查依然是 2024 年高考的重点方向. 圆锥曲线综合问题类型较多，解法灵活多变，但总体上主要有两种方法：一是利用几何方法，即通过利用曲线的定义、几何性质以及平面几何中的定理、性质等进行求解. 具体要求是：分析几何图形的基本元素及其相互关系，观察研究图形中几何元素之间的相互关系，将几何关系转化为代数关系，通过运算求解或得出结论. 二是利用代数方法，即把要求解或求证的几何量或代数表达式表示为某个（些）参数的函数（解析式），然后利用函数方法、参数法、不等式方法等进行求解. 其具体要求是：分析运算条件，探究运算方向，选择运算公式，确定运算程序.

解析几何是一种方法论——用代数的方法解决几何问题，用几何眼光去观察几何图形的基本特征，确定几何图形的要素和要素的基本关系，然后再根据几何特征去选择代数方法. 完成圆锥曲线问题的求解需要先用几何眼光观察，再用代数方法转化. 确定几何要素，分析几何要素间的关系. 培养学生数形结合的分析能力，强化运算能力. 彰显了解析几何独特的分支教育价值，以落实学科教学的立德树人的根本任务.

试卷讲评课是高三数学复习课中重要的课型之一. 试卷讲评在弥补学生的知识漏洞，完善学生的知识结构，提高学生的思维能力方面起着重要的作用.

【大概念】☞

简约化表达：直线与圆锥曲线位置关系综合问题的求解.

特征化表达：在普遍联系观的引导下，关联圆锥曲线的定义、几何性质，从几何视角和代数视角综合分析直线与圆锥曲线位置关系的综合问题并求解：一是利用几何方法，即通过利用曲线的定义、几何性质以及平面几何中的定理、性质等进行求解；二是利用代数方法，即把要求解的几何量或代数表达式表示为某个（些）参数的函数（解析式），然后利用函数方法、参数法、不等式方法等进行求解，进一步体会坐标法和数形结合统领解析几何的核心思想.

概念类别	简略化表达	特征化表达
概念结论类	直线与圆锥曲线位置关系综合问题的求解	直线与圆锥曲线位置关系综合问题的求解内含对圆锥曲线的几何性质、曲线与方程关系的研究，又对最值、定点定值问题有所青睐，重点研究变化的距离、弦长、角度、面积、斜率、比值等几何量的最值及相关问题
思想方法类	数形结合 函数与方程 转化与化归	针对圆锥曲线的综合问题，依据曲线本身的定义和几何性质，借助几何直观探索解题思路；当几何关系不明显时，就需要借助代数分析来实现突破，充分展现数形结合、函数与方程、化归转化等数学思想在解题中的应用
价值观念类	普遍联系观	在问题解决的具体情境中，关联单元知识结构，建立问题与策略的关联；通过几何问题代数化，建立函数与方程、不等式的关联，通过代数语言与几何语言之间的相互转换，实现几何问题与代数问题之间的有效转化，能够用运动、变化和对立统一的观点去分析、解决几何问题

【媒体分析】☞

媒体名称	功能
PPT	营造情境，展示课堂教学环节
黑板	板书“核心问题”，学生解决核心问题的主要内容、反思提升要点
电子白板	展示学生“解决问题”、“评价反馈”活动，以方便全班学生共同交流、分享与分析，统计及时，形成个性化反馈

【学生分析】☞

圆锥曲线知识的高综合性对学生的数学运算能力、逻辑推理能力、直观想象能力等要求都比较高,学生如果缺少其中的某种能力都会导致学习遇到困难. 高三学生对圆锥曲线的基本知识已经有了一定的理解,能够简单求解圆锥曲线的方程,弦长、离心率、中点弦等问题,但对于圆锥曲线中的定点、定值、定直线、最值与范围以及存在性问题的求解比较困难. 学生在解答圆锥曲线这类问题的过程中“可能存在”的两个问题:一是解题思路单一,只能对已知条件进行简单的直译,简单粗暴地联立直线与圆锥曲线的方程,对借助韦达定理得出交点横、纵坐标的两根之和与两根之积后怎么处理没有清晰的认识. 二是思维层次较低,在建立目标关系式时,不知道怎么合理选取变量,不知道怎么有效进行“几何特征”分析,建立目标关系式后,运算较为复杂等.

本节课的授课对象是高三(1)班,根据成都市的教学顺序安排,学生已经基本完成了一轮复习的内容,对解析几何有了一个宏观的认识,但还不够深刻,学生仅仅停留在单纯做题的角度,对数形结合的思想、转化与划归思想在解析几何中的认识不够深刻,整体的思辨能力还有待加强. 因此,在每次考试时学生对圆锥曲线问题存在畏惧心态,无法发挥出自己应有的水平.

【教学目标】☞

参与直线与圆锥曲线综合问题的求解活动中,能合理运用几何法或代数法求解圆锥曲线中常见的求值、求方程、求范围等基本问题. 并能感受不同的方法在解决同一道圆锥曲线问题中各自的优势与不足,深化学生对几何对象的几何特征分析得越深入,代数化运算就越简单的理解. 同时在求解活动中,体验到问题与方法、方法与方法以及数与形的关联(达成直观想象水平 2,逻辑推理水平 2,数学运算水平 3). 由此懂得数形结合、坐标法是研究椭圆及其综合运用的基本方法,建立函数与方程、不等式的关联,体验代数和几何的普遍联系观(数学抽象的水平 3、逻辑推理的水平 3、数学运算的水平 3). 树立克服运算困难,迎难而上,勇于突破的意志品质.

【核心问题分析】☞

本节课首先通过一诊答题结果的统计数据出发,由于圆锥曲线板块并未达到复习的预期效果,因此在一诊试题的基础上,重新命制圆锥曲线反馈试卷,再次进行大数据成绩分析,创设问题情境,然后提出核心问题“多角度分析圆锥曲线解题路径,反思提升此类问题的求解策略.”本节课的设计一明一暗两条主线,一条明主线以评讲习题为载体,多角度去分析直线与圆锥曲线的解题策略,即常规的基础知识、基本技能、基本方法的梳理,有利于学生进一步完善知识结构,形成知识体系,提高解析法的应用能力;另一条暗线就是在试题求解过程中引导学生形成多角度思考的思维习惯,在试题的求解与反思总结过程中抽象出适合自己的解决策略,引导学生形成良好的学习习惯. 同时学生在典型例题的研讨过程中,体会数形结合、函数与方程的数学思想,在问题解决、反思的具体情境中体现对学生数学抽象、直观想象、逻辑推理等数学素养的培养. 针对第 4 题,首先对典型错误归因. 学生在考试过程中主要出现以下几种思路:借助直线与圆相切,得出以斜率为变量的目标方程;借助中垂线的性质,

得出动点 B 的轨迹方程；用点差法得出斜率为变量的目标方程. 学生根据相应解题路径，完成过手训练. 然后教师引导学生比较几种方法的难易程度，学生比较后得出的结果可能是：在三种方法中，方法一为基础方法，具有较强的普适性；方法二、三相对简单的原因是并没有直接联立直线与椭圆方程，而是借助几何特征转化为点 B 的轨迹问题，以及三条直线相交问题，从而运算量大大减少. 教师给予评价：几何特征分析越深入，代数运算就越简单. 第 5 题中教师引导学生概括出解决面积最值问题的首要条件和关键：分析清楚“动因”，是解决问题的首要条件；用哪一个量来刻画“动因”，是解决问题的关键. 在选择好刻画“动因的量”后，用这个量与所求目标建立函数关系时，要特别关注“动因”的取值范围，因为它是目标函数的“定义域”. 使学生能进一步充分理解解析几何的本质，以数形结合为指导思想，以坐标法为核心，以运动变化观念为重要视角，用代数手段研究几何图形性质的重要方法，教师依托形象直观的网络画板软件展示，学生发现在形的运动中必然伴随着量的变化，进一步在运动变化中，关注变化中的不变量，以及变量的变化趋势，选择合理的运算途径解决问题. 让学生在“提出问题—发现问题—反思提升—评价反馈—新的发现……”的认知循环中，螺旋上升，积累更多、更新、更高层次的问题解决模式. 由此提出本节课的核心问题：多角度分析圆锥曲线解题路径，反思提升此类问题的求解策略.

【评价预设】☞

1. 提出问题环节

通过数据分析，简单的情境营造，提出的核心问题真实、针对有效，能激发学生的探究兴趣.

2. 解决问题环节

针对学生考试过程中出现的典型问题，师生共同进行了分析回顾，并多角度分析解决圆锥曲线问题的解题路径.

3. 反思提升环节

通过引导学生反思回顾本节课的活动过程，让其体会到解决问题的过程中充分体现了数形结合、特殊与一般思想；通过图形分析函数的代数性质和几何特征体现了数形结合的思想. 因此，对学生的正确回答应该予以充分的正面肯定.

4. 评价反馈环节

主要着眼于学生能否转化哪类目标函数去检测体验性目标的达成情况，学生利用将反思提升的知识与思想方法解决点检测，以促进和加强学生关联体验.

二、教学实施设计

环节	教学过程	学生活动	教师活动	设计意图
提出问题	1. 借助智学网平台大数据分析，对成都一诊考试与本次反馈训练的考情进行反馈，向学生展示成都一诊考试中学生的成绩情况以及各题答题情况统计（平均分、得分率）等. 统计分析出学生在一诊反馈训练试卷存在的问题：① 畏难心理；② 基本运算不过关；③ 书写不规范；④ 基础知识，基本方法运用不熟练. 2. 提出核心问题： 多角度分析圆锥曲线解题路径，反思提升此类问题的求解策略	明确学习任务，为积极参与探究活动做好准备	提出核心问题，鼓励学生信心	以考试数据引出本课课题，让学生明确本节课的学习任务，做到心中有数，以便更好地完成教学目标
解决问题	试卷中 1、2、3 小题在反馈训练中同学们完成情况很好，有问题的同学在课下已经完成了个性化辅导，课上就不在统一分析. 将目光聚焦到完成较差的 4、5 题上. 题 4. 已知椭圆 $\frac{x^2}{a^2}+\frac{y^2}{b^2}=1(a>b>0)$ 的一个顶点为 $A(0,-3)$，右焦点为 F，且 $\|OA\|=\|OF\|$，其中 O 为原点. （1）求椭圆的方程； （2）已知点 C 满足 $3\overrightarrow{OC}=\overrightarrow{OF}$，点 B 在椭圆上（B 异于椭圆的顶点），直线 AB 与以 C 为圆心的圆相切于点 P，且 P 为线段 AB 的中点. 求直线 AB 的方程	结合大数据分析结果，学生展示分享解题思路. 独立探究，体验过程，团队合作，讨论交流. 解题思路一：设直线方程 $y=kx-3$ 联立 $\begin{cases} y=kx-3 \\ \frac{x^2}{18}+\frac{y^2}{9}=1 \end{cases}$ $x_1+x_2=\frac{12k}{2k^2+1}$，$x_1x_2=0$ 垂直关系得：$k_{CP}\cdot k_{AB}=-1$ 求解 k. 解题思路二：l_{CP} 为 l_{AB} 的中垂线→$\|CA\|=\|CB\|=\sqrt{10}$→点 B 的轨迹方程→联立方程→求 B 点坐标→求解直线 AB. 解题思路三： 设直线方程 $y=kx-3$→设点作差得 $k_{AB}\cdot k_{OP}=-\frac{b^2}{a^2}$→直线 OP 的方程→P 为 l_{OP} 与 l_{CP} 的交点→求 P→求解 k	注意知识结构的重组与概括，妙解一类（一题多解），进而形成一个有序化、条理化、网络化的高效的有机认知结构	学生通过考试时的独立思考，课上其他同学的方法分享，有助于问题的解决，知识的形成，并把握考点，抓住关键，以及具体明确的操作步骤做出铺垫. 体验概念结论类思想方法的生成，体现大概念的意义性和网络性

续表

环节	教学过程	学生活动	教师活动	设计意图
解决问题	题 5. 已知直线 $x-2y+1=0$ 与抛物线 $C:y^2=2px(p>0)$ 交于 A,B 两点，且 $\|AB\|=4\sqrt{15}$. （1）求 p ； （2）设 F 为 C 的焦点，M，N 为 C 上两点，$\overrightarrow{FM}\cdot\overrightarrow{FN}=0$ ，求 $\triangle MFN$ 面积的最小值	解题思路： 设直线方程 $x=my+n\to$ 联立 $\begin{cases}x=my+n\\y^2=4x\end{cases}\to y_1+y_2=4m$, $y_1y_2=-4n$ ， $\overrightarrow{FM}\cdot\overrightarrow{FN}=0\to$ 求解的关系 m，n. 预设： $S_{\triangle MNF}=\frac{1}{2}\cdot\frac{2}{1-\cos\theta}\cdot\frac{2}{1+\sin\theta}$ $=\frac{2}{1+\sin\theta-\cos\theta-\sin\theta\cos\theta}$	巡视、引导、帮助学生对问题的解读与解决. 对困难学生给予适当指导，体现教师的课堂引领作用	促使学生有层次地、递进地理解数学本质，有利于提升学生直观感知、数学抽象、逻辑推理核心素养，体现思想方法类大概念的构建和生成，实现试卷讲评的意义
反思提升	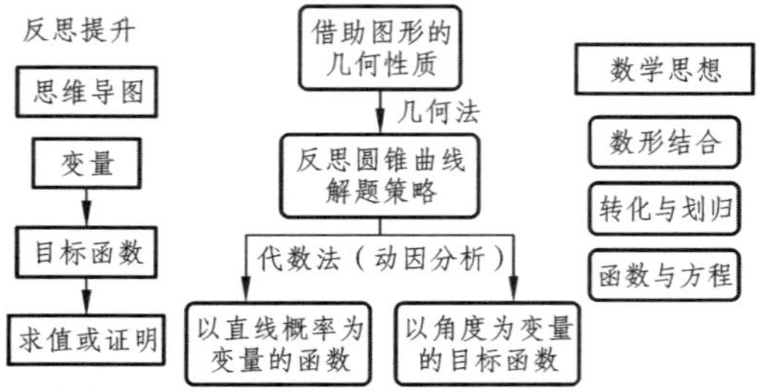	体验感受解决问题过程中的成功与不足，体验转化与划归、分类讨论的数学思想方法，并进一步完善建立自己严谨的知识结构	教师引导学生归纳解决问题的思维过程，让学生完善建立严谨的知识结构	让学生通过解决问题的体验，领悟数学的思想方法，感受数学的严谨，从而完善自己已有的知识结构
评价反馈	真题溯源： 1. 抛物线上顶点展直角模型； 2. 抛物线上任意一点展直角模型； 3. 变式拓展：已知抛物线 $C:y^2=2px(p>0)$ 上任意一点到焦点 F 的最短距离为 1， （1）求抛物线 C 的方程； （2）过焦点 F 的直线 l_1，l_2 互相垂直，且与 C 分别交于 A，B，M，N 四点，求四边形 $AMBN$ 面积的最小值.	学生直观感受高考真题的来源变形，运用本节课所习得的知识与方法解决问题	注意知识结构的重组与概括，精学一题（一题多变）出示相关变式练习，让学生思考，并作出点评．最后布置作业	通过网络画板感受圆锥曲线问题变化中的不变性，让学生体验相同问题的不同形态，体现大概念的迁移性

【板书设计】☞

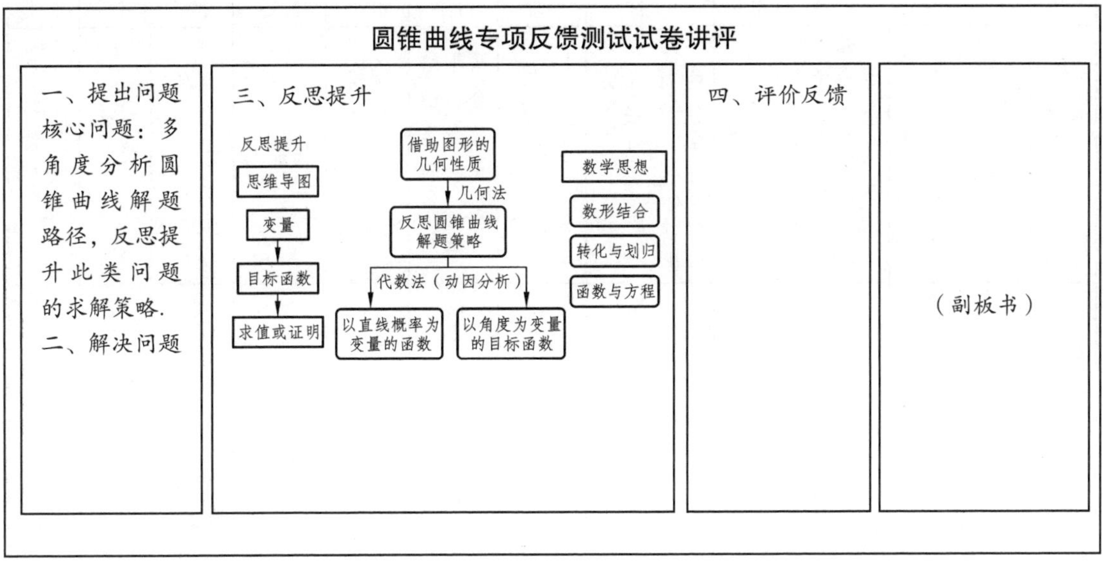

【作业设计】☞

为使学生通过课堂与课外作业对本课时生成三类大概念在各种新情境的运用中加深理解，本课课内外作业进行了如下表所示的结构化设计，其中评价反馈练习是课堂上完成的作业，其余 3 道题是请学生课后完成的作业.

作业序号	作业目标	作业情境		概念结论		思想方法		价值观念		整体评估	
		内容	水平	内容	水平	内容	水平	内容	水平	类型	水平
评价反馈	从几何视角、代数视角进行探究抛物线中四边形面积的最值问题	抛物线中四边形最值求解的学习探索情境	较复杂	抛物线的标准方程及其性质、弦长公式、三角形的面积计算公式、基本不等式	逻辑推理水平 3 数学运算 3	数形结合、函数与方程、转化与化归	逻辑推理水平 3 数学运算 3	联系观	逻辑推理水平 3 数学运算 3	综合性作业	学业质量水平 3
课后作业 1	利用椭圆的定义、中垂线或焦点三角形几何性质作为具体突破点，将斜率问题转化为坐标问题求解	椭圆中的焦点三角形与点的轨迹的学习探索情境	较复杂	椭圆的定义、焦点三角形、中垂线、轨迹方程、直线的斜率	直观想象 2 逻辑推理水平 2 数学运算 2	数形结合、转化与化归、函数与方程	直观想象 2 逻辑推理水平 2 数学运算 2	联系观	直观想象 2 逻辑推理水平 2 数学运算 2	综合性作业	学业质量水平 2

续表

作业序号	作业目标	作业情境		概念结论		思想方法		价值观念		整体评估	
		内容	水平	内容	水平	内容	水平	内容	水平	类型	水平
课后作业2	选择恰当的设线方式，运用转化思想探究线段比值问题的转化	抛物线中线段比值问题，数与形关联体验的学习探索情境	较复杂	抛物线的标准方程、弦长公式、韦达定理、相似三角形的相似比	逻辑推理水平2 数学运算2	数形结合、函数与方程、转化与化归	逻辑推理水平2 数学运算2	联系观	逻辑推理水平2 数学运算2	综合性作业	学业质量水平2
课后作业3	在新定义的陌生情境中有效提取信息；选择恰当的设线方式，利用坐标法完成“囧边形”面积的代数化表达，并利用导数完成范围的求解，并根据给定情境完成线段比的代数化解释的问题解决	抛物线中求解“囧边形”面积的取值范围与动因、“阿基米德三角形”切线问题与方法的学习探索情境	复杂	直线与抛物线相交问题、韦达定理、弦长公式、三角形的面积计算公式、基本不等式、函数的单调性与导数	直观想象3 逻辑推理水平3 数学运算3	数形结合、转化与化归、函数与方程	直观想象3 逻辑推理水平3 数学运算3	联系观	直观想象3 逻辑推理水平3 数学运算3	实践性作业	学业质量水平3
课时作业总体评估	从作业目标及概念结论、思想方法、价值观念水平综合看，课时作业与本课时确立的素养目标一致、检测全面，可有效促进学生对本课时中多角度思考圆锥曲线问题的求解，对数与形的转化、方法的选择与调节等凸显关联思维的数学学科思想方法，以代数和几何、函数与方程关联的普遍联系观等价值观念的进一步深入理解，提升其迁移运用上述课时大概念解决新问题的能力和水平. 课堂上师生及时的交流互动，反馈有效，本课时的作业覆盖了基础性、综合性与实践性三大类别，且设计了作业学业质量水平较高的等级，有助于学生在问题解决情境中发展高阶思维能力与水平，学生进一步提炼转化划归思想、数形结合思想等，以发展学生直观想象、逻辑推理、数学运算等核心素养；另外，课后作业第3题知识范畴的基础上进一步加深，将圆锥曲线问题与导数研究结合，需要学生将课堂中的解题策略与方法迁移到不同的问题情境中，为数学思想的渗透以及核心素养的培养奠定了坚实的基础，充分发挥了课时作业在整个学习过程中承上启下，真正将方法延伸到课堂之外的作用. 综上，本课时作业设计具有单元视角、结构化程度较高，有助于学生对课时大概念的理解与内化，有效达成课时育人目标											

（具体的作业内容略）

【教学流程】☞

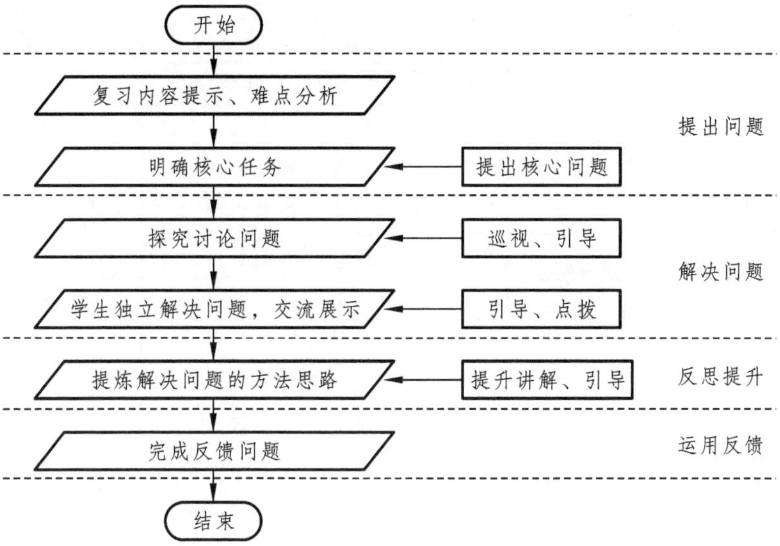

三、教学评价设计

【评价实施】☞

大概念核心问题教学文化评价表

课题名称：圆锥曲线专项反馈训练讲评.

所属单元：圆锥曲线的方程.

单元大概念：在普遍联系观、对立统一观的引导下，利用“曲线的几何特征—曲线的标准方程—通过方程研究曲线的性质—运用”这一基本研究思路和方法用于研究椭圆、双曲线、抛物线，进一步体会坐标法和数形结合思想统领解析几何.

单元核心问题：基于圆锥曲线的现实背景和几何情境，利用坐标思想和代数运算探究椭圆的定义、方程及几何性质，归纳研究此类圆锥曲线基本方法；类比其研究内容、过程和方法探究双曲线、抛物线，进而将其作为策略解决圆锥曲线综合问题.

课时大概念：在普遍联系观的引导下，关联椭圆定义、几何性质，从几何视角和代数视角综合分析直线与圆锥曲线位置关系的综合问题并求解，运用函数方法、参数法、不等式方法求解，进一步体会坐标法和数形结合统领解析几何的核心思想.

课时核心问题：多角度分析圆锥曲线解题路径，反思提升此类问题的求解策略.

<table>
<tr><td rowspan="2">评价目标</td><td colspan="3">评价指标</td><td colspan="2" rowspan="2">评价
方法结果</td></tr>
<tr><td>一级指标</td><td>二级指标</td><td>三级指标</td></tr>
<tr><td rowspan="30">实现活动体验中的学习与素养发展</td><td rowspan="12">具有大概念核心问题教学形态</td><td rowspan="3">核心问题
利于活动体验</td><td>内含学科问题和学生活动方式</td><td>8</td><td rowspan="12">每项指标最高评 8 分（满分为 96 分）

合计 <u>89</u> 分</td></tr>
<tr><td>问题情境与真实生活密切相关</td><td>6</td></tr>
<tr><td>促进课时大概念生成理解运用</td><td>8</td></tr>
<tr><td rowspan="3">教学目标
价值引导恰当</td><td>目标构成全面正确</td><td>8</td></tr>
<tr><td>体验目标关联具体</td><td>8</td></tr>
<tr><td>目标价值引导显现</td><td>8</td></tr>
<tr><td rowspan="3">教学环节
完整合理落实</td><td>课程教学环节完整</td><td>8</td></tr>
<tr><td>环节内容合理充实</td><td>6</td></tr>
<tr><td>学生活动时间充分</td><td>7</td></tr>
<tr><td rowspan="3">教学要素
相互匹配促进</td><td>问题目标环节两两匹配</td><td>8</td></tr>
<tr><td>技术促进概念生成理解</td><td>8</td></tr>
<tr><td>课程特色突出氛围浓郁</td><td>6</td></tr>
<tr><td rowspan="18">具有大概念核心问题教学特质</td><td rowspan="3">拓宽学习视野</td><td>课堂与现实世界有恰当关联</td><td colspan="2" rowspan="15">选择一个表现突出的二级指标，在相应三级指标引导下，以现场学生表现为主要依据，以其余指标为背景，于本表的第二页写出 150 字以上的简要评价</td></tr>
<tr><td>有缄默知识运用及追踪剖析</td></tr>
<tr><td>概念生成理解导向素养发展</td></tr>
<tr><td rowspan="3">投入实践活动</td><td>有真实而且完整的实践活动</td></tr>
<tr><td>实践活动深度融入两类情境</td></tr>
<tr><td>活动的内容结果均丰富深入</td></tr>
<tr><td rowspan="3">感受意义关联</td><td>有核心问题的深层价值意义感受</td></tr>
<tr><td>有以知识个人为中心的关联感受</td></tr>
<tr><td>有对三类大概念的深层关联感受</td></tr>
<tr><td rowspan="3">自觉反思体验</td><td>有实质性反思活动的开展</td></tr>
<tr><td>有体验的交流与改善重构</td></tr>
<tr><td>有概念生成中的素养积淀</td></tr>
<tr><td rowspan="3">乐于对话分享</td><td>乐于自我的表达与认真的倾听</td></tr>
<tr><td>乐于合作中成果与思路的分享</td></tr>
<tr><td>有宽容的对话氛围和双向交流</td></tr>
<tr><td rowspan="3">认同素养评价</td><td>认可素养评价</td><td colspan="2" rowspan="3"></td></tr>
<tr><td>参与素养评价</td></tr>
<tr><td>利用素养评价</td></tr>
<tr><td colspan="6">大概念核心问题教学特质的简要评价（包括发展性建议）</td></tr>
<tr><td colspan="6">本节课凸显了核心问题教学中“有核心问题的深层价值意义感受”这一教学实质.
学生在解决圆锥曲线问题的活动中体验经历了形成知识与方法的两个步骤：
（1）借助几何图形，认真观察，寻找存在“形”与“数”的关联.
（2）结合所求目标，学会多维度思考问题的基本方向.
整个课堂的核心就是突破圆锥曲线综合问题的解题策略. 拿到一个问题应该怎么思考，从哪个方向思考. 从形的角度去考虑，解题的关键大概率会隐藏在哪里？从数的角度去思考，又会建立哪些必要的代数关系式？因此在解决问题的环节中，带领学生从不同角度理解相同问题，体会不同角度下同一问题的不同解法</td></tr>
</table>

续表

例如，通过第 4 题，对“相切”一词的分析，学生最容易想到的就是两直线斜率乘积为-1，这也是大多数同学的做法，即走代数角度，计算量极大导致部分同学无法准确算出关键步骤. 在此基础上提出解决方案①增强计算能力，规定时间重新计算. ②优化方法，在相切的基础上结合中点一词就有中垂线出现，准确进行中垂线的代数化表达，就能确定点 B 的轨迹为圆，此时联立椭圆和圆的方程，可快速完成 B 点的计算. 两种方法对比出现，迫使部分计算能力较弱的同学向深度思考转化，突破此类问题. 当然该问题的解决方法还包括二级结论——点差法的使用，也可以简化计算. 在反思提升中学生有 10 min 的时间，学生分讨论、探索、交流，学生有足够的空间进行知识的建构. 同时，教师有意识地对学生的知识生长点进行引导，并重视学生经历数与形思维过程的体验评价. 另外，本节课活动的内容结果也是丰富深入的，学生在运用环节将第 5 题中的问题进行高考真题追溯，让学生清楚此类问题研究的价值，并在此基础上进一步拓展到一类双斜率问题转化为直线过定点问题中，将课堂的内容延申至课堂之外. 不过本节课也存在着一些问题，由于时间的关系，学生在展示自己的探究成果时，对自己成果的评价不是很到位；部分学生依旧没能完成计算结果，这一点如何解决，还有待继续思考

【信息收集】☞

课后收集了全班学生的运用反馈练习 39 份，按照体验性目标的达成情况及正确率进行了批阅和分类. 在上述点检测表中仅展示部分解答过程.

【反馈调整】☞

在收集到的教师反馈意见基础上认真自我反思，针对大概念核心问题教学的课堂教学加以评价，基于本节课的核心问题设置较为恰当，体验到了恰当设置核心问题的重要性和必要性. 因此较好地达成了体验性目标和结果性目标，整节课的完成是比较成功的. 作为一节高三一轮复习后的试卷讲评课，更关注学生的“过手”. 放手把时间交还给学生，学生先后经历了自查自纠、小组合作、全班展示交流三个活动环节. 由于学生活动充分所以在全班展示环节，学生的展示有内容、有层次、有高潮. 但是由于时间的关系，学生在展示自己的探究成果时，对自己成果的评价不是很到位；部分学生依旧没能完成计算结果，这一点如何解决，还有待继续思考. 另外，圆锥曲线的综合问题历来都是学生的难点和痛点，仅仅凭借一节课也无法真正让学生突破圆锥曲线综合问题，那么在后续的教学中如何高效提升课堂质量，依然有待思考.

大概念核心问题教学素养目标点检测表

课时名称	圆锥曲线专项反馈训练讲评
所属单元	曲线与方程
单元大概念	在普遍联系观、对立统一观的引导下，利用“曲线的几何特征—曲线的标准方程—通过方程研究曲线的性质—运用”这一基本研究思路和方法用于研究椭圆、双曲线、抛物线，进一步体会坐标法和数形结合思想统领解析几何
单元核心问题	基于圆锥曲线的现实背景和几何情境，利用坐标思想和代数运算探究椭圆的定义、方程及几何性质，归纳研究此类圆锥曲线基本方法；类比其研究内容、过程和方法探究双曲线、抛物线，进而将其作为策略解决圆锥曲线综合问题

续表

课时大概念	在普遍联系观的引导下，关联椭圆定义、几何性质，从几何视角和代数视角综合分析直线与圆锥曲线位置关系的综合问题并求解，运用函数方法、参数法、不等式方法求解，进一步体会坐标法和数形结合统领解析几何的核心思想
课时 核心问题	多角度分析圆锥曲线解题路径，反思提升此类问题的求解策略
课时 素养目标	参与直线与圆锥曲线综合问题的求解活动中，能合理运用几何法或代数法求解圆锥曲线中常见的求值、求方程、求范围等基本问题．并能感受不同的方法在解决同一道圆锥曲线问题中各自的优势与不足，深化学生对几何对象的几何特征分析得越深入，代数化运算就越简单的理解．同时在求解活动中，体验到问题与方法、方法与方法以及数与形的关联（达成直观想象水平 2，逻辑推理水平 2，数学运算水平 3）．由此懂得数形结合、坐标法是研究椭圆及其综合运用的基本方法，建立函数与方程、不等式的关联，体验代数和几何的普遍联系观（达成数学抽象的水平 3、逻辑推理的水平 3、数学运算的水平 3）．树立克服运算困难，迎难而上，勇于突破的意志品质
检测点	最值问题与思想方法的关联，几何与代数关联的体验
检测工具 （检测题）	变式拓展：已知抛物线 $C:y^2=2px(p>0)$ 上任意一点到焦点 F 的最短距离为 1， （1）求抛物线 C 的方程； （2）过焦点 F 的直线 l_1，l_2 互相垂直，且与 C 分别交于 A，B，M，N 四点，求四边形 $AMBN$ 面积的最小值
分类标准	A. 对最值与变量的关联体验深入．能同时从几何视角、代数视角进行探究，解题过程中正确使用解析法，能够多种方法完成问题的求解，且能对问题和方法进行分类，解法中涉及本节课所学的两类方法——借助几何图形，寻找存在“最值”的特殊位置；建立目标函数，用代数方法求此函数的最值，深刻体验到问题和方法的关联，数与形的关联，一题多解
	B. 对最值与变量的关联体验较为深入．能同时从几何视角、代数视角进行探究，解题过程中正确使用解析法．能够正确写出解答过程，且能对问题和方法进行分类，较好地体验到问题与方法的关联，数与形的关联
	C. 对最值与变量的关联体验有所体验．能从代数视角进行探究，解题过程中正确使用解析法．能从代数视角进行探究，解题过程中会使用解析法但计算不正确
	D. 对最值与变量的关联体验不足．能从代数视角进行探究，解题过程中会使用解析法但不能进行相应的转化，基本未体验到问题与方法的关联
检测统计	<table><tr><td>分类等级</td><td>学生人数（总人数 39 人）</td><td>百分比</td></tr><tr><td>A</td><td>7</td><td>17.95%</td></tr><tr><td>B</td><td>14</td><td>35.90%</td></tr><tr><td>C</td><td>12</td><td>30.77%</td></tr><tr><td>D</td><td>6</td><td>15.38%</td></tr></table>
检测分析 结果运用	在运用反馈的解答过程中，学生基本实现了问题的特征与解题方法的关联，使用严格的演绎推理求解结论，比较充分地体会到了数形结合、转化与化归等数学思想，因此，本节课的体验性目标达成较好．但部分学生没有用严谨的数学推理得出正确结果，准确阐明其证明过程．若在上课时在对学生的反思提升环节的知识与方法的总结更为充分，深入剖析求解方法与策略，学生在运用检测的完成情况应该会更好．因此在课堂上教师有针对性地评价与拓展总结对学生的知识体系的构建和数学思维的发展是非常重要和有意义的，应该引起更充分的重视．

续表

检测分析结果运用	在学生活动环节，教师在对学困生的个别指导，激励性评价方面还应当格外用心和照顾，在课后也应给予相应的帮助和辅导，才能在全班范围内真正实现一节课的体验性目标和结果性目标
素养目标达成典型实例	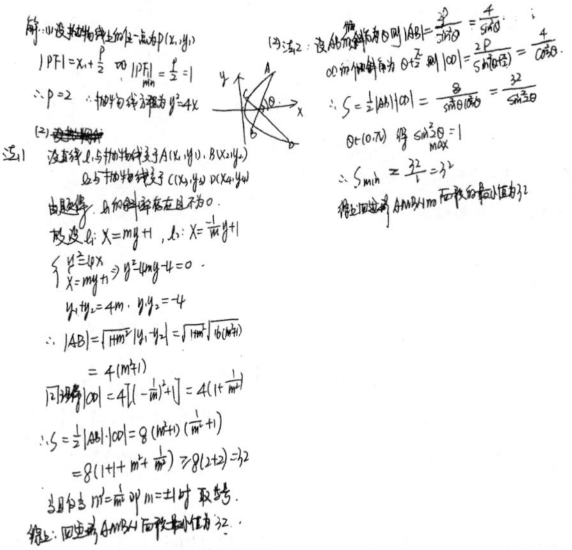 该同学写出解答过程，且能抓住抛物线中焦点线长的不同表示进行一题多解，解法中涉及本节课的核心问题——多角度探究圆锥曲线问题的解题策略，寻找恰当的设线方法；建立目标函数，将几何问题有效地进行代数化表达，深刻体验到问题和方法的关联，数与形的关联. 体验性目标达成情况很好. 同时教师通过评讲引导学生注意不同的设线方法之间的选择，启发学生方法之间的内在关系和联系，体会数学方法的多样性
检测反馈	基于搜集信息的检测分析情况，现准备做如下的反馈调整： （1）对于等级为D的6位同学，进一步分析错因：审题不清、计算失误、基本知识出现漏洞，提供个别帮助. 促进这部分学生在订正练习的过程中，加深对方法的理解，在方法和细节上突破. （2）对于等级为B、C的同学，要么只能从单一角度记住某种解题方法，或者推导过程不够清晰，推导的严谨性还需要规范. 这些问题在提出给学生后，在作业检测中更加严格规范书写和推理过程. 在后续的课程中还需要改进以下几点： （1）课后必要时对学生提供个性化帮助，促进坐标法运用的熟练度和思维灵活性. （2）在课堂上的提问要更加扣合主要内容，尤其是关联体验评价更应该引起充分的重视. （3）关注学生的计算能力和计算思维

“椭圆中的最值问题”学教案

冯小辉

一、教学分析设计

【教材课标】☞

课标分析：考纲中明确了以下几点：① 了解椭圆的实际背景，了解性质在刻画现实世界和解决实际问题中的作用. ② 掌握椭圆的定义、几何图形、标准方程及简单性质. ③ 了解椭圆的简单应用. ④ 理解数形结合的思想. 本节课依托考纲，通过递进式的问题设置，学生能够发现问题，并能够针对具体的最值问题选择合适的解题策略，积累从具体到抽象的活动经验，提升学生的数学核心素养.

教材分析：椭圆的最值问题是解析几何知识板块中综合性较强的内容，重点研究变化的距离、弦长、角度、面积、斜率、比值等几何量的最值及相关问题. 椭圆更是近五年来，椭圆、双曲线、抛物线的综合问题是高考考试的重点，每年必考，一般是两小一大的布局一道基础题，另一道是提高题，难度中等以上，有时作为把关题. 考查方面有利用性质求椭圆方程，求焦点三角形的周长与面积，求弦长，求椭圆中的最值或范围问题，过定点问题，定值问题等. 研究发现，与椭圆有关的范围、最值问题，各种题型都有，既有对椭圆的性质、曲线与方程关系的研究，又有最值范围问题，它能综合应用函数、三角、不等式等有关知识，紧紧抓住椭圆的三种定义进行转化，充分展现数形结合、函数与方程、化归转化等数学思想在解题中的应用.

（1）利用椭圆三种定义求最值. 借助椭圆定义将最值问题等价转化为易求、易解、易推理证明的问题来处理.

（2）单变量最值问题转化为函数最值. 建立目标函数求解椭圆的范围、最值问题，是常规方法，关键是选择恰当的变量为自变量.

（3）二元变量最值问题转化为二次函数最值. 利用点在二次曲线上，将二元函数的最值问题转化为一元函数的最值问题来处理.

（4）双参数最值问题. 该类问题往往有三种类型：① 建立两个参数之间的等量关系和不等式关系，通过整体消元得到参数的取值范围；② 建立两个参数的等量关系，通过分离参数，借助一边变量的范围，确定另一个参数的取值范围；③ 建立两个参数的等量关系，通过选取一个参数为自变量，令一个变量为参数（主元思想），从而确定参数的取值范围.

椭圆中的最值问题类型较多，解法灵活多变，但总体上主要有两种方法：一是利用几何方法，即利用曲线的定义、几何性质以及平面几何中的定理、性质等进行求解；二是利用代数方法，即把要求最值的几何量或代数表达式表示为某个（些）参数的函数（解析式），然后利用函数方法、参数法、不等式方法等进行求解.

【大概念】☞

简约化表达：椭圆中的最值问题.

特征化表达：在普遍联系观的引导下，关联椭圆定义、几何性质，利用几何分析和代数分析基本策略将椭圆中的最值问题转化为函数的最值问题，运用函数方法、参数法、不等式方法求解，进一步体会坐标法和数形结合统领解析几何的核心思想.

概念类别	简略化表达	特征化表达
概念结论类	椭圆中的最值问题	椭圆中的最值问题内含对椭圆的性质、曲线与方程关系的研究，又对最值范围问题有所青睐，重点研究变化的距离、弦长、角度、面积、斜率、比值等几何量的最值及相关问题
思想方法类	数形结合、 函数与方程、 转化与化归、	针对椭圆中的最值问题，依据椭圆的定义和几何性质，借助几何直观直接作出最值点位置的判断；当几何关系不明显时，就需要借助代数分析来实现突破，即通过引进参变量，将目标表示为参变量的函数，进而转化为函数的最值问题求解. 充分展现数形结合、函数与方程、化归转化等数学思想在解题中的应用
价值观念类	普遍联系观	在问题解决的具体情境中，关联单元知识结构，建立问题与策略的关联；通过几何问题代数化，建立函数与方程、不等式的关联，体验代数和几何的普遍联系观

【媒体分析】☞

媒体名称	功能
PPT	营造情境，展示课堂教学环节
黑板	板书“核心问题”，学生解决核心问题的主要内容、反思提升要点
电子白板	展示学生“解决问题”、“评价反馈”活动，以方便全班学生共同交流、分享与分析，统计及时，形成个性化反馈

【学生分析】☞

本班学生对椭圆的基本知识等概念结论类已经有了一定的理解，能够解决求椭圆的方程，弦长计算，椭圆几何性质的应用，中点弦问题等问题，但是对于椭圆中的定值、定点与存在性问题，范围与最值等问题比较陌生. 此时，我们针对复习课，需要停下来思考研究大概念的意义性和迁移性特征，如果我们置学情于不顾，仍然一味地进行方法的机械总结、题型的重复训练，必将不断挫伤学生学习的积极性，学生越怕越算不出来，越算不出来越不想算，从而无法突破“5 ~ 8 分”的瓶颈. 我们认为学生在解答最值这类问题的过程中可能存在两个问题：

（1）解题思路单一. 部分学生在解题过程中可能表现出思维的广阔性、灵活性不够，只想到一条直接的路径：试图先找到取最值的时刻或位置，然后再求最值，但是在某些情况下，很难实现，应该先建立目标函数，然后转化成求函数的最值.

（2）考虑问题不全面. 在解答过程中很多学生表现出思维的灵活性、严密性不够. 建立目标函数时，不知道怎么选取自变量，不知道怎么进行“动因”分析；建立目标函数后，不关注自变量的取值范围. 通过训练让学生在思维的广阔性、灵活性和严谨性上有所体验和提升是本课努力的方向.

针对学生对动因分析不明的背后不难发现，学生对数形结合、转化与化归的思想方法体验不够深刻，学生知识的联系性和系统性较弱，难以把散乱的知识融合在一起解决问题，加上运算能力、数形结合能力及转化能力都还不强，更需要大概念的核心问题教学思想统领此节课，以此重点提升学生对椭圆最值策略的体验.

【教学目标】☞

参与求解椭圆中有关最值问题的探究活动，能关联椭圆定义和几何性质，利用几何分析和代数分析基本策略将椭圆中的最值问题转化为函数的最值问题（达成直观想象的水平 2、数学抽象的水平 2、逻辑推理的水平 3、数学运算的水平 3），运用函数方法、参数法、不等式方法求解（达数学抽象的水平 3、逻辑推理的水平 3、数学运算的水平 3），进一步体会坐标法和数形结合统领解析几何的核心思想，从而体验到问题与方法的关联，方法与方法的关联. 由此懂得数形结合、坐标法是研究椭圆及其综合运用的基本方法，建立函数与方程、不等式的关联，体验代数和几何的普遍联系观（达数学抽象的水平 3、逻辑推理的水平 3、数学运算的水平 3）.

【核心问题分析】☞

本节课首先简单地介绍高考在与椭圆有关的最值方面的考查要求，创设问题情境，然后提出核心问题“解决下列与椭圆有关的最值问题，反思最值问题的求解策略”. 学生针对前面三个问题，能从几何直观、代数方法（设点、设斜率）等方式进行求解，从而为后面总结出解决椭圆最值问题的基本策略以及具体明确的操作步骤做出铺垫，有利于提升学生直观想象、逻辑推理核心素养. 针对第 4 题，首先独立思考，独立完成. 学生解决问题的办法估计会无意识地出现四种：借助几何图形解决问题，寻找取得最值的位置或时刻；用直线的斜率作为自变量建立目标函数，转化为求函数最值；用点 E 的某个坐标作为自变量建立目标函数，转化为求函数最值；设直线 AB 的方程，用斜率 k 作为自变量建立目标函数，转化为求函数最值. 学生独立完成后小组讨论，小组选派代表全班展示交流. 然后教师引导学生比较几种方法的难易程度，学生比较后得出的结果可能是：在三种方法中，方法四和方法三相对简单. 方法四简单的原因是直线的设法（无须讨论直线斜率不存在的情况）利用了“降维”的思想，即把平面内两点之间的距离及点到直线的距离（“二维”），均转化为坐标轴上两点间的距离（“一维”）；方法三简单的原因是，线段 EF 的长容易求，点 E 到线段 AB 的距离又与线段 AB 的长有公因式可消，从而运算量大大减少. 教师给予专业性的评价：但是通常情况下，我们并不敢轻易地设点为“动因”，其原因是设点为“动因”会出现二元变量，害怕消元时不方便. 但事实说明，如果问题本身是“对称”的（比如点 E，F 关于原点对称），化简时又有公因式可消，设点为“动因”不失为一种好的方法. 教师引导学生概括出解决这种最值问题的首要条件和关键：分析清楚“动因”，是解决问题的首要条件；用哪一个量来刻画“动因”，是解决问题的关键. 在选择好刻画“动因的量”后，用这个量与所求目标建立函数关系时，要特别关注“动因”的取值范围，因为它是目标函数的“定义域”. 因此本节课的核心问题设置如下：

解决与椭圆有关的最值问题，反思此类最值问题的求解策略.

二、教学实施设计

【教学环节】☞

环节	教学过程	学生活动	教师活动	设计意图
提出问题	1. 简介高考要求，创设问题情境. 2. 提出核心问题： 解决下列“与椭圆有关的最值”问题，反思此类最值问题的求解策略	明确学习任务，为积极参与探究活动做好准备	提出核心问题，鼓励学生信心	让学生明确本节课的学习任务，做到心中有数，以便更好地完成教学目标
解决问题	1. 已知 F_1,F_2 为椭圆 $C:\frac{x^2}{4}+\frac{y^2}{9}=1$ 的两个焦点，P 为 C 上一点，则 $\frac{1}{\lvert PF_1\rvert}+\frac{1}{\lvert PF_2\rvert}$ 的最大值. 2. 已知 F_1、F_2 分别为椭圆 C：$\frac{x^2}{4}+\frac{y^2}{3}=1$ 的左、右焦点，P 为椭圆 C 上一点，以 P 为圆心，PF_2 为半径的圆交 y 轴于 A、B 两点，则 $\lvert AB\rvert$ 的最大值. 3. 已知椭圆 $M:\frac{x^2}{4}+y^2=1$ 的上、下顶点为 A,B，过点 $P(0,2)$ 的直线 l 与椭圆 M 相交于两个不同的点 C,D（C 在线段 PD 之间），则 $\overrightarrow{OC}\cdot\overrightarrow{OD}$ 的取值范围	学生尝试运用直线和椭圆位置关系的处理方法先独立解决，并小组讨论交流，然后进行展示分享. 独立探究，体验过程，团队合作，讨论交流. 1. 利用基本不等式或特殊位置求解 $\frac{1}{\lvert PF_1\rvert}+\frac{1}{\lvert PF_2\rvert}=\frac{\lvert PF_1\rvert+\lvert PF_2\rvert}{PF_1\rvert\cdot\lvert PF_2\rvert}=\frac{6}{\lvert PF_1\rvert\cdot\lvert PF_2\rvert}$. 2. 设点的坐标进行求解 $P(2\cos\theta,\sqrt{3}\sin\theta)$ 3. 设斜率求解 $y=kx+2$ 联立求解，$\overrightarrow{OC}\cdot\overrightarrow{OD}=x_1x_2+y_1y_2=\frac{12}{1+4k^2}+\frac{4-4k^2}{1+4k^2}=\frac{16-4k^2}{1+4k^2}=-\frac{1+4k^2-17}{1+4k^2}=-1+\frac{17}{1+4k^2}$	巡视、引导、帮助学生对问题的解读与解决. 对困难学生给予适当指导，体现教师的课堂引领作用	学生通过独立思考和小组交流讨论，分享彼此的见解，有助于问题的解决，知识的形成，并把握考点，抓住关键，跳过陷阱，也为后面第 4 题解决椭圆最值问题的基本策略以及具体明确的操作步骤做出铺垫. 体验概念结论类思想方法的生成

续表

环节	教学过程	学生活动	教师活动	设计意图
解决问题	4. 椭圆 $M:\frac{x^2}{4}+y^2=1$ 的上顶点和右顶点分别是 E,F，过原点且斜率为正值的直线 l 与椭圆相交于点 A,B，求四边形 $AEBF$ 面积 S 的最大值	分析动因： 动因一：设直线 EF 的斜率为 k. $S=S_{\Delta BEF}+S_{AEF}=2\sqrt{1+\frac{4k}{4k^2+1}}$ 动因二：设点的坐标 1. 以离心角的坐标为变量的函数关系式建立 $S_{四边形AEBF}=S_{\triangle AEF}+S_{\triangle BEF}=x_1+2y_1$ 预设 2： $S_{四边形AEBF}=2(\sin\theta+\cos\theta)\leqslant 2\sqrt{2}$	注意知识结构的重组与概括，精学一题（一题多变）、妙解一类（一题多解），进而形成一个有序化、条理化、网络化的高效有机认知结构	促使学生有层次地、递进地理解数学本质，有利于提升学生直观感知、数学抽象、逻辑推理核心素养，体现思想方法类大概念的构建和生成
反思提升	1. 知识点 （1）直线和椭圆的位置关系. （2）直线和椭圆相交形成的弦长公式. 2. 求“最值”问题的一般方法 （1）借助几何图形，寻找存在“最值”的特殊位置. （2）建立目标函数，用代数方法求此函数的最值. ① 分析“动因”；② 建立所求目标与“动因”之间的函数关系式；③ 寻找“动因”的范围；④ 用代数方法求目标函数的最值与范围. 3. 思想方法：数形结合、分类讨论、函数与方程	体验感受解决问题过程中的成功与不足，体验转化与划归、分类讨论的数学思想方法，并进一步完善建立自己的知识结构	教师引导学生归纳解决问题的思维过程，掌握此类题型的知识点、解题思路、思想方法等思维途径，让学生建立严谨的知识结构	让学生通过解决问题的体验，领悟数学的思想方法，感受数学的严谨，从而完善自己已有的知识结构，实现高三复习的意义，体现大概念的意义性和网络性

续表

环节	教学过程	学生活动	教师活动	设计意图
评价反馈	已知椭圆 C：$\frac{x^2}{a^2}+\frac{y^2}{3}=1(a>\sqrt{10})$ 的右焦点 F 在圆 D：$(x-2)^2+y^2=1$ 上，直线 l：$x=my+3(m\neq 0)$ 交椭圆于 M，N 两点. （Ⅰ）求椭圆 C 的方程； （Ⅱ）设点 N 关于 x 轴的对称点为 N_1，且直线 N_1M 与 x 轴交于点 P，试问 ΔPMN 的面积是否存在最大值？若存在，求出这个最大值；若不存在，请说明理由	运用归纳提升的成果，完成课堂练习，再次体验椭圆最值的求解策略. 方法一：利用三角形的面积计算公式 $S_{\triangle PMN}=\frac{1}{2}\|FP\|\cdot\|y_1-y_2\|=\frac{1}{2}\sqrt{(y_1+y_2)^2-4y_1y_2}$，把根与系数的关系代入，再利用基本不等式的性质即可得出 m 的取值与三角形 PMN 面积的最大值. 方法二：利用弦长公式 $=\sqrt{(1+m^2)[(y_1+y_2)^2-4y_1y_2]}$，及点 P 到直线 l 的距离公式求出点 P 到直线 MN 的距离 d，再利用二次函数的单调性即可求解	出示相关题型练习，让学生解决，并作出点评，最后布置作业	通过学生自主探究，得到结论，并运用到实践之中，让学生体验“成功”的喜悦，感受数学学习的价值，体现大概念的迁移性

【评价预设】☞

1. 提出问题环节

通过复习引入，简单的情境营造，提出的核心问题自然、真实、针对有效，能激发学生的探究兴趣，营造解决问题的情境.

2. 解决问题环节

针对学生提出的两个角度，师生共同进行了回顾总结，概括出解决“最值”问题的两个思考角度：

（1）借助几何图形，认真观察，寻找存在“最值”的特殊位置.

（2）结合所求目标，建立相应的目标函数，通过代数方法求此函数的最值与范围.

3. 反思提升环节

首先用学科化语言对学生的解决问题过程作出总结反思性评价，评价中用专业化的语言对“动因”内在关联的关注，引导学生体验化归和数形结合的数学思想.

4. 评价反馈环节

主要着眼于学生能否转化哪类目标函数去检测体验性目标的达成情况，学生利用将反思提升的知识与思想方法解决点检测，以促进和加强学生关联体验.

【板书设计】☞

<table>
<tr><td colspan="4">椭圆中的最值问题</td></tr>
<tr>
<td>一、提出问题
核心问题：解决下列与椭圆有关的最值问题，反思此类最值问题的求解策略.
二、解决问题</td>
<td>三、反思提升
1. 知识点

2. 解题思路

3. 思想方法</td>
<td>四、评价反馈</td>
<td>（副板书）</td>
</tr>
</table>

【作业设计】☞

为使学生通过课堂与课外作业对本课时生成三类大概念在各种新情境的运用中加深理解，本课课内外作业进行了如下表所示的结构化设计，其中评价反馈练习是课堂上完成的作业，其余 4 道题是请学生课后完成的作业.

作业序号	作业目标	作业情境		概念结论		思想方法		价值观念		整体评估	
		内容	水平	内容	水平	内容	水平	内容	水平	类型	水平
评价反馈	从几何视角、代数视角进行探究椭圆中的最值问题	椭圆最值求解的学习探索情境	较复杂	椭圆的标准方程及其性质、弦长公式、三角形的面积计算公式、基本不等式、二次函数的单调性	逻辑推理水平2 数学运算3	数形结合 函数与方程 转化与化归	逻辑推理水平2 数学运算3	联系观	逻辑推理水平2 数学运算3	综合性作业	学业质量水平3
课后作业1	利用几何直观的严谨性将最值问题的二元问题化成一元问题解决	椭圆上的动点转为最值的学习探索情境.	简单	椭圆的方程、两点间的距离公式、函数最值	逻辑推理水平2 数学运算2	数形结合 转化与化归	逻辑推理水平2 数学运算2	联系观	直观想象3 逻辑推理水平2	基础性作业	学业质量水平1
课后作业2	利用椭圆的几何性质作为具体突破点将最值问题转化代数问题，利用函数与方程思想求解	椭圆上的动点转为直线再到最值的学习探索情境	较复杂	直线与椭圆的位置关系、韦达定理 点到线的距离公式	直观想象2 逻辑推理水平2 数学运算2	数形结合 转化与化归	直观想象2 逻辑推理水平2 数学运算2	联系观	直观想象3 逻辑推理水平2 数学运算2	综合性作业	学业质量水平2
课后作业3	从几何视角、代数视角进行椭圆最值的探究，在解题过程中正确使用解析法	椭圆最值与变量、数与形的关联体验的学习探索情境	较复杂	直线与椭圆相交问题、根与系数的关系、弦长公式、基本不等式、二次函数的单调性	直观想象2 逻辑推理水平2 数学运算3	数形结合 转化与化归 函数与方程	直观想象3 逻辑推理水平2 数学运算2	联系观	直观想象3 逻辑推理水平2 数学运算2	综合性作业	学业质量水平3
课后作业4	通过代数法计算求出相关点的坐标，进而求出长度表达式进行椭圆最值的问题解决	椭圆最值与动因、问题与方法的学习探索情境	复杂	直线与椭圆相交问题、韦达定理、弦长公式、三角形的面积计算公式、基本不等式、二次函数的单调性	直观想象2 逻辑推理水平2 数学运算3	数形结合 转化与化归 函数与方程	直观想象3 逻辑推理水平2 数学运算2	联系观	直观想象3 逻辑推理水平2 数学运算2	综合性作业	学业质量水平3
课后作业5	针对椭圆的最值问题，类比迁移归纳双曲线、抛物线的最值问题求解策略	椭圆最值迁移到双曲线、抛物线最值问题研究的学习探索情境	复杂	椭圆的最值解题策略	逻辑推理水平2 数学运算3	数形结合 转化与化归 函数与方程	逻辑推理水平2 数学运算2	联系观	逻辑推理水平2 数学运算2	实践性作业	学业质量水平3

续表

课时作业总体评估	从作业目标及概念结论、思想方法、价值观念水平综合看，课时作业与本课时确立的素养目标一致、检测全面，可有效促进学生对本课时椭圆中的概念结论、数形结合、转化化归等凸显关联思维的数学学科思想方法，以代数和几何、函数与方程关联的普遍联系观等价值观念的进一步理解，提升其迁移运用这些课时大概念解决新问题的能力和水平. 从作业类别看，本课时的作业覆盖了基础性、综合性与实践性三大类别的作业. 从学业质量水平要求看，课堂上由于有师生及时的交流互动，作业设计对学业质量水平较高的 3 等级，有助于学生在问题解决情境中发展高阶思维能力与水平，通过几何直观的代数运算，求出结果，发展学生直观想象和逻辑推理的核心素养. 课后作业主要是学生自主独立完成，因此设计了由浅入深水平由 1～3 不同等级的作业题，有助于学生自主、自信地学习与探究，提升发展学生数学抽象的核心素养. 同时，课后作业第 5 题又为下一课时将要学习的双曲线、抛物线的最值问题埋下了伏笔，学生在课时作业中既缄默激活、运用已有知识，又缄默开启、创生新知，充分发挥了课时作业在单元作业中承上启下的功能作用. 综上，本课时作业设计具有单元视角、结构化程度较高，有助于学生对课时大概念的理解与内化，有效达成课时育人目标

（具体的作业内容略）

【教学流程】☞

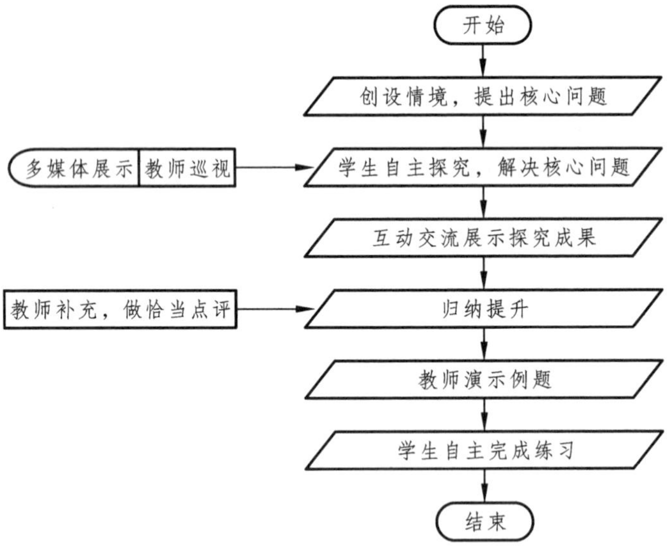

三、教学评价反馈

【评价实施】☞

在收集到的教师反馈意见基础上认真自我反思，针对大概念核心问题教学的课堂教学加以评价，完成了“大概念核心问题教学文化评价表”.

基于本节课的核心问题设置较为恰当，体验到了恰当设置核心问题的重要性和必要性. 因此较好地达成了体验性目标和结果性目标，整节课的完成是比较成功的.

（1）学生活动充分，体验层层深入. 作为一节高一探究课，更关注学生的“学”. 放手把时间交还给学生，学生先后经历了独立探究、小组合作、全班展示交流三个活动环节. 由于学生活动充分所以在全班展示环节，学生的展示有内容、有层次、有高潮.

（2）教师的评价实施较好和学生投入实践活动较好.

根据“大概念”，按照核心问题教学形态评价和实质评价的一级、二级、三级指标，结合结果性目标，体验性目标尤其关联体验目标，根据学生课堂中的具体表现和收集整理的资料，反思判断自己的教学，对核心问题教学文化的自评情况如下表.

大概念核心问题教学文化评价表

课题名称：微专题：椭圆中的最值问题.

核心问题：解决下列与椭圆有关的最值问题，反思此类最值问题的求解策略.

课题名称：圆锥曲线的方程.

单元大概念：在普遍联系观、对立统一观的引导下，利用“曲线的几何特征—曲线的标准方程—通过方程研究曲线的性质—运用”这一基本研究思路和方法用于研究椭圆、双曲线、抛物线，进一步体会坐标法和数形结合思想统领解析几何.

单元核心问题：基于圆锥曲线的现实背景和几何情境，利用坐标思想和代数运算探究椭圆的定义、方程及几何性质，归纳研究此类圆锥曲线基本方法；类比其研究内容、过程和方法探究双曲线、抛物线，进而将其作为策略解决圆锥曲线综合问题.

课时大概念：在普遍联系观的引导下，关联椭圆定义、几何性质，利用几何分析和代数分析基本策略将椭圆中的最值问题转化为函数的最值问题，运用函数方法、参数法、不等式方法求解，进一步体会坐标法和数形结合统领解析几何的核心思想.

课时核心问题：解决下列“与椭圆有关的最值”问题，反思此类最值问题的求解策略.

评价目标	评价指标			评价方法结果	
	一级指标	二级指标	三级指标		
实现活动体验中的学习与素养发展	具有大概念核心问题教学形态	核心问题利于活动体验	内含学科问题和学生活动方式	8	每项指标最高评8分（满分为96分）
			问题情境与真实生活密切相关	6	
			促进课时大概念生成理解运用	8	
		教学目标价值引导恰当	目标构成全面正确	8	
			体验目标关联具体	8	
			目标价值引导显现	8	
		教学环节完整合理落实	课程教学环节完整	8	
			环节内容合理充实	6	
			学生活动时间充分	7	
		教学要素相互匹配促进	问题目标环节两两匹配	8	
			技术促进概念生成理解	6	
			课程特色突出氛围浓郁	7	合计88分

续表

<table>
<tr><th rowspan="2">评价目标</th><th colspan="3">评价指标</th><th rowspan="2">评价
方法结果</th></tr>
<tr><th>一级指标</th><th>二级指标</th><th>三级指标</th></tr>
<tr><td rowspan="18">实现活动体验中的学习与素养发展</td><td rowspan="18">具有大概念核心问题教学特质</td><td rowspan="3">拓宽学习视野</td><td>课堂与现实世界有恰当关联</td><td rowspan="18">选择一个表现突出的二级指标，在相应三级指标引导下，以现场学生表现为主要依据，以其余指标为背景，于本表的第二页写出150字以上的简要评价</td></tr>
<tr><td>有缄默知识运用及追踪剖析</td></tr>
<tr><td>概念生成理解导向素养发展</td></tr>
<tr><td rowspan="3">投入实践活动</td><td>有真实而且完整的实践活动</td></tr>
<tr><td>实践活动深度融入两类情境</td></tr>
<tr><td>活动的内容结果均丰富深入</td></tr>
<tr><td rowspan="3">感受意义关联</td><td>有核心问题的深层价值意义感受</td></tr>
<tr><td>有以知识个人为中心的关联感受</td></tr>
<tr><td>有对三类大概念的深层关联感受</td></tr>
<tr><td rowspan="3">自觉反思体验</td><td>有实质性反思活动的开展</td></tr>
<tr><td>有体验的交流与改善重构</td></tr>
<tr><td>有概念生成中的素养积淀</td></tr>
<tr><td rowspan="3">乐于对话分享</td><td>乐于自我的表达与认真的倾听</td></tr>
<tr><td>乐于合作中成果与思路的分享</td></tr>
<tr><td>有宽容的对话氛围和双向交流</td></tr>
<tr><td rowspan="3">认同素养评价</td><td>认可素养评价</td></tr>
<tr><td>参与素养评价</td></tr>
<tr><td>利用素养评价</td></tr>
<tr><td colspan="5">大概念核心问题教学特质的简要评价（包括发展性建议）</td></tr>
<tr><td colspan="5">本节课凸显了核心问题教学中“投入实践活动”这一教学实质.
学生在解决下列与椭圆有关的最值问题的活动中亲自体验了形成知识与方法的两个步骤：
（1）借助几何图形，认真观察，寻找存在“最值”的特殊位置.
（2）结合所求目标，建立相应的目标函数，通过代数方法求此函数的最值与范围.
指向认知客体的活动分为两步走，这两个活动不仅有操作层面的，而且有思维层面的，对学生来说都是真实而具体的. 例如，求解过程中，方法四简单的原因是直线的设法（无须讨论直线斜率不存在的情况）及利用了“降维”的思想，即把平面内两点之间的距离及点到直线的距离（“二维”），均转化为坐标轴上两点间的距离（“一维”）；方法三简单的原因是，线段长容易求，点 A 到线段 EF 的距离又与线段 EF 的长有公因式可消，从而运算量大大减少. 但是通常情况下，我们并不敢轻易地设点为“动因”，其原因是设点为“动因”会出现二元变量，害怕消元时不方便. 但如果问题本身是“对称”的（比如点 E，F 关于原点对称），化简时又有公因式可消，设点为“动因”不失为一种好的方法. 在选择好刻画“动因的量”后，用这个量与所求目标建立函数关系时，学生特别关注“动因”的取值范围，因为它是目标函数的“定义域”. 在探究过程中学生有 15 min 的时间，学生充分讨论、探索、交流，有足够的时间进行知识的建构. 同时，教师有意识地对学生的知识生长点进行引导，并重视学生经历数与形思维过程的体验评价. 其实本节课的背后实质具体表现为将学生内在的缄默知识具体表现为重新组织、转化、改造，学生在合作交流中获取知识，在体验中成长. 因此学生有真实而完整的实践活动，并能够全身心地沉浸于活动中.</td></tr>
</table>

续表

另外，本节课活动的内容结果也是丰富深入的，学生在反思提升环节能够归纳最值问题的求解策略，说明学生真正掌握了探究的本质. 运用体验性目标来检测学生掌握的情况，既有思维层面的拔高，更将本节课的关联体验推向高潮. 但是本节课也存在着一些问题，由于时间的关系，学生在展示自己的探究成果时，我由于急着板书，对学生的成果评价不是很到位，如果能在学生的探究结果上做详细点评效果可能会更好些. 另外，在每一个活动后面如果能再给学生一些时间去整理去类比，学生的体验可能会更深刻清晰

【信息收集】☞

课后收集了全班 51 名同学的运用反馈练习，按照体验性目标的达成情况及正确率进行了批阅和分类.

【反馈调整】☞

大概念核心问题教学素养目标点检测表

课时名称	椭圆中的最值问题
所属单元	解决下列与椭圆有关的最值问题，反思此类最值问题的求解策略
单元大概念	在普遍联系观、对立统一观的引导下，利用“曲线的几何特征—曲线的标准方程—通过方程研究曲线的性质—运用”这一基本研究思路和方法用于研究椭圆、双曲线、抛物线，进一步体会坐标法和数形结合思想统领解析几何
单元核心问题	基于圆锥曲线的现实背景和几何情境，利用坐标思想和代数运算探究椭圆的定义、方程及几何性质，归纳研究此类圆锥曲线基本方法；类比其研究内容、过程和方法探究双曲线、抛物线，进而将其作为策略解决圆锥曲线综合问题
课时大概念	在普遍联系观的引导下，关联椭圆定义、几何性质，利用几何分析和代数分析的基本策略将椭圆中的最值问题转化为函数的最值问题，运用函数方法、参数法、不等式方法求解，进一步体会坐标法和数形结合统领解析几何的核心思想
课时核心问题	解决下列“与椭圆有关的最值”问题，反思此类最值问题的求解策略
课时素养目标	参与求解椭圆中有关最值问题的探究活动，能关联椭圆定义和几何性质，利用几何分析和代数分析基本策略将椭圆中的最值问题转化为函数的最值问题（达成直观想象的水平 2、数学抽象的水平 2、逻辑推理的水平 3、数学运算的水平 3），运用函数方法、参数法、不等式方法求解（达数学抽象的水平 3、逻辑推理的水平 3、数学运算的水平 3），进一步体会坐标法和数形结合统领解析几何的核心思想，从而体验到问题与方法的关联，方法与方法的关联. 由此懂得数形结合、坐标法是研究椭圆及其综合运用的基本方法，建立函数与方程、不等式的关联，体验代数和几何的普遍联系观（达数学抽象的水平 3、逻辑推理的水平 3、数学运算的水平 3）
检测点	最值问题与思想方法的关联，几何与代数关联的体验
检测工具（检测题）	已知椭圆 C：$\dfrac{x^2}{a^2}+\dfrac{y^2}{3}=1(a>\sqrt{10})$ 的右焦点 F 在圆 D：$(x-2)^2+y^2=1$ 上，直线 l：$x=my+3(m\neq 0)$ 交椭圆于 M，N 两点. （Ⅰ）求椭圆 C 的方程； （Ⅱ）设点 N 关于 x 轴的对称点为 N_1，且直线 N_1M 与 x 轴交于点 P，试问 $\triangle PMN$ 的面积是否存在最大值？若存在，求出这个最大值；若不存在，请说明理由

续表

<table>
<tr><td rowspan="4">分类标准</td><td colspan="3">A. 对“最值”与“动因”、最值与变量的关联体验深入. 能同时从几何视角、代数视角进行探究，解题过程中正确使用解析法，能够正确写出解答过程，且能对问题和方法进行分类，解法中涉及本节课所学的两类方法——借助几何图形，寻找存在“最值”的特殊位置；建立目标函数，用代数方法求此函数的最值，深刻体验到问题和方法的关联，数与形的关联</td></tr>
<tr><td colspan="3">B. 对“最值”与“动因”、最值与变量的关联体验较为深入. 能同时从几何视角、代数视角进行探究，解题过程中正确使用解析法. 能够正确写出解答过程，且能对问题和方法进行分类，较好地体验到问题与方法的关联，数与形的关联</td></tr>
<tr><td colspan="3">C. 对“最值”与“动因”、最值与变量的关联体验有所体验. 能从代数视角进行探究，解题过程中正确使用解析法. 能从代数视角进行探究，解题过程中会使用解析法但计算不正确</td></tr>
<tr><td colspan="3">D. 对“最值”与“动因”、最值与变量的关联体验不足. 能从代数视角进行探究，解题过程中会使用解析法但不能进行相应的转化，基本未体验到问题与方法的关联</td></tr>
<tr><td rowspan="5">检测统计</td><td>分类等级</td><td>学生人数（总人数 51 人）</td><td>百分比</td></tr>
<tr><td>A</td><td>25</td><td>49%</td></tr>
<tr><td>B</td><td>16</td><td>31.4%</td></tr>
<tr><td>C</td><td>8</td><td>15.7%</td></tr>
<tr><td>D</td><td>2</td><td>3.9%</td></tr>
<tr><td>检测分析
结果运用</td><td colspan="3">（1）本题综合考查了椭圆的标准方程及其性质、直线与椭圆相交问题转化为方程联立得到根与系数的关系、弦长公式、三角形的面积计算公式、基本不等式、二次函数的单调性等基础知识与基本技能，考查了推理能力、计算能力，属较难题. 学生首先体验到分析清楚“动因”，是解决问题的首要条件，用哪一个量来刻画“动因”，是解决问题的关键；体验到问题与方法的关联，方法与方法的关联，体验到几何与代数的关联、动与静的关联；体验到函数与方程、转化与化归、分类讨论、数形结合等数学思想方法在此类数学试题求解过程中的作用. 其关联体验的具体检测点在于对题目的完成情况及解题方法. 有 31.4%的学生能够从“代数视角”的解题策略进行解题，解题过程中的基本上都能选取恰当的变量建立函数关系，若在解决问题和反思提升环节的评价更为到位、具体、充分些，学生在课后此检测题的完成情况应该会更好些.
（2）学生考虑“动因”，将双动点问题先转化为单动点，以点的坐标为自变量建立目标函数，既有用函数单调性求最值的，也有用均值不等式求最值的. 一些学生由于深刻体验到了“分析清楚“动因”，是解决问题的首要条件，用哪一个量来刻画“动因”，是解决问题的关键”，表现在直接用点的坐标作自变量，当然也有用斜率作为自变量的. 从学生的检测题中看到有 16 位同学得到 B 等级，得到 B 等级的同学主要是因为还未建立起“代数视角”与“几何视角”解题策略的关联，在下一新授课的时候还需要升华知识与方法.
（3）得到 C 等级的学生主要是因为在“代数视角”下，不能选择恰当的变量建立函数关系，导致因计算量大等原因未能得到正确答案.
（4）得到 D 等级的学生说明在课堂上收获不是很大，说明在求解椭圆最值问题的活动中，未能充分体验到“最值”与“动因”、问题与方法、方法与方法以及数与形的关联. 课后必要时对学生提供个性化帮助，促进解题策略的内化和运用，这也需要在后面的教学中加以改进</td></tr>
</table>

素养目标达成典型实例	评价反馈： 已知椭圆C：$\frac{x^2}{a^2}+\frac{y^2}{3}=1(a>\sqrt{10})$的右焦点$F$在圆$D$：$(x-2)^2+y^2=1$上，直线$l$：$x=my+3(m\neq 0)$交椭圆于$M$，$N$两点. ($I$)求椭圆$C$的方程； ($II$)设点$N$关于$x$轴的对称点为$N_1$，且直线$N_1M$与$x$轴交于点$P$，试问$\triangle PMN$的面积是否存在最大值？若存在，求出这个最大值；若不存在，请说明理由. 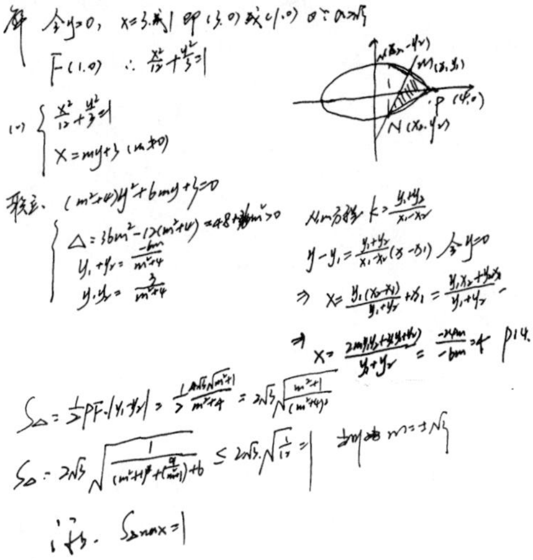 该同学写出解答过程，且能对问题和方法进行分类，解法中涉及本节课所学的两类方法——借助几何图形，寻找存在“最值”的特殊位置；建立目标函数，用代数方法求此函数的最值，深刻体验到问题和方法的关联，数与形的关联．体验性目标达成情况很好．同时教师通过评讲引导学生注意方法之间的选择，启发学生方法之间的内在关系和联系，体会数学方法的多样性
检测反馈	基于搜集信息的检测分析情况，现准备做如下的反馈调整： 学生在得到两种解法之后回过头来想一想：方法一很简单，但它是解决“最值与范围”问题的一般方法吗？如果“动因”是直线的斜率，直线方程设纵截式还是横截式好？求三角形面积时，在何种情况下将面积分割好？“动因”的范围如何寻找？“最值问题”如何思考？如果对这些问题反复琢磨，我想最后得到的就不仅仅是问题的两种解法，而是解决“最值”这一类问题的一般方法．还需要改进以下几点： （1）若在上课时在对学生的反思提升环节的评价更为到位、具体、充分些．学生在课后此检测题的完成情况应该会更好些，课后必要时对学生提供个性化帮助，促进点线对称运用的熟练度和思维度． （2）对学生“数”与“形”的关联评价不到位．在课堂上教师有的放矢的评价对学生而言是非常重要和有意义的，尤其是关联体验评价更应该引起充分的重视． （3）关注学生的计算能力和计算思维

“椭圆的离心率”学教案

董治江

一、教学分析设计

【教材课标】☞

椭圆的离心率是人教 A 版高中数学选择性必修第一册第三章椭圆的几何性质中的一个专题，它刻画了椭圆的扁平程度，引入离心率的概念可以用定量刻画椭圆的形状. 椭圆离心率的理解也是一个从定性到定量的过程，同时，离心率作为高考的重要考点，在课堂内外都有举足轻重的作用.

曲线的形状是曲线的重要性质，它是确定曲线的方程的参数决定的，所以，对离心率的探究和学习，是认识曲线形状的重要抓手. 椭圆的三个基本量 a，b，c 中任意两个量就可以确定椭圆. 由椭圆的概念可以知道，a，c 是基本量，b 是衍生量，尽管 $\frac{b}{a}$，$\frac{c}{a}$ 都能刻画出椭圆的形状，但 $\frac{c}{a}$ 能更好地揭示椭圆的本质属性：在椭圆长轴长不变的情况下，两个焦点离中心的远近程度. 随着学习的深入，学生还会逐步理解 $\frac{c}{a}$ 中还蕴含着圆锥曲线几何特征的统一性.

【课时大概念】☞

简约化表达：椭圆离心率概念形成与理解.

特征化表达：从生活中的实际出发，寻求一个定量刻画椭圆的扁平程度的量，利用定义与方程思想探求得到离心率的值与范围的基本方法，用于解决相关问题.

概念类别	简略化表达	特征化表达
概念结论类	椭圆离心率概念	经历探究离心率的形成过程，正确分析出 $\frac{c}{a}$ 表达离心率的优越性，通过例题总结求解离心率的通性通法
思想方法类	从具体到抽象，从特殊到一般	通过生活实例，抽象出数学概念，并能从椭圆的一般性结论中分析，整理解析几何中系数与形状存在量化关系，同时体会数学解题的一般性思路，体会数学的严谨性
价值观念类	敢于质疑、善于思考、严谨求学的科学精神	探究过程中，允许学生质疑，这是打开思维的窗口，有利于学生建构知识，在新旧知识互相冲突时，更要勤于思考，能从多角度思考问题、分析问题，养成严谨求学的习惯

【资源条件】☞

资源名称	功能
黑板	板书核心问题；板书关键知识；板书部分例题过程，规范学生解题过程. 反思提升课程要点，突出重点
教材学案	明确教学环节，启迪学生思维
网络画板	学生探究后可以直观感知椭圆离心率大小与椭圆扁平程度的关系
PPT，投影仪	出示核心问题以及教学流程；展示学生的活动成果；出示评价反馈练习等内容

【学生基础】☞

学生在本节课前学习了椭圆的定义与标准方程，对椭圆中的关键系数与椭圆的形状的关系有一定的感性认知，在此基础上，引导学生量化表示系数与形状之间的关系还是比较容易的.

高二学生的数学计算能力较之高一时有了一定程度的提高，但就本班学生而言，计算的准确度和速度都存在一定的问题. 解析几何的学习对运算能力的要求颇高，对学生而言，代数运算也是主要的“拦路虎”之一. 解题过程中，许多学生都是因为不能顺利完成代数运算而导致失败，所以控制代数运算的难度和提高技巧是必需的. 但必要的运算是不可避免的，这是由解析几何的大单元学习的特点决定的，关键要把握解析几何中运算的特点.

学生在上一章学习了直线与圆的方程，课程中也着力讲解了轨迹与轨迹方程的相关知识，多数学生能够利用坐标法求曲线的轨迹. 同时，教学过程中常常引导学生分析代数关系的几何意义，为本节课的教学做了一定的铺垫. 但是，部分学生常常忽略几何要素分析，很难做到先用几何眼光观察，再利用坐标分析、推理、论证和求解的过程.

【教学目标】☞

参与现实情境，抽象数学概念（数学抽象 1），理解椭圆相关系数与椭圆扁平程度的关系，经历离心率概念形成、理解过程，并利用离心率的概念求解相关问题（数学运算 2）；在此基础上，明白曲线方程的待定系数与曲线形状存在量化关系，从而更加深入地认识利用坐标法解决平面解析几何的一般方法（逻辑推理 3，直观想象 3）.

【核心问题】☞

平面解析几何是高中数学的一个重要的大单元，是高考的重点，也是难点，因此，研究求解平面解析几何的通性通法至关重要. 离心率作为解析几何中的关键知识，常常单独出题，也作为大题解题中的重要环节. 探索情境中，为了学生能及时融入情境，并深度体验、深刻认识，逐步感受抽象到具象，采用问题驱动，并借助学生分析、讨论形成感性认知，再利用网络画板具象呈现从而形成严密的逻辑体系. 对例题的分析和理解后，总结通性通法，形成解决问题的基本思路. 教育教学中，重点提升学生的逻辑推理，数学运算，数学抽象，直观想象的数学能力. 基于此拟定了如下的核心问题.

核心问题：通过对椭圆扁平程度的探究，刻画椭圆的离心率，并探索求解椭圆离心率的基本方法.

【评价预设】☞

1. 提出问题环节

复习回顾椭圆的标准方程和性质，出示生活中常见的椭圆模型，引导学生思考如何利用椭圆中确定的量刻画椭圆的扁平程度，进而提出本节课的核心问题，产生探究愿望并启迪思维.

2. 解决问题环节

此环节设计了两个活动. 学生活动（一）：利用椭圆中确定的量如何刻画椭圆的扁平程度；学生活动（二）：运用三角函数的知识解释，为什么离心率越大，椭圆就越扁平，离心率越小，椭圆就更接近圆？活动（一）中，学生会对利用 a 来求离心率的可能性大，但对利用 $\frac{c}{a}$ 或 $\frac{b}{a}$ 会产生疑问，要请学生分别阐述理由，并引导学生发现 $\frac{c}{a}$ 的优越性. 活动（二）中大部分学生利用数形结合应该能够解决，可以重点培养学生的分析表达能力. 在例题的讲解中，例题 1 中，已知离心率求椭圆中的系数时极易漏解，要引导学生严谨治学，例题 2 椭圆的方程均未明确给出数值，需要构建 a，b，c 的齐次式，对部分学生而言有一定的难度，教学时要注意引导，启发学生.

3. 反思提升环节

与学生共同对求解平面解析几何问题的方法进行反思，通过在激励性的学科化评价基础上进行结构化的提升，进一步加深学生解决离心率求解的一般方法：定义法，方程与不等式法. 根据本节课的学习，让学生更加深入地理解解析式中的系数与图形结构件存在着密切的关系. 这些知识是缄默的，学生还要在学习过程中潜移默化地掌握.

4. 评价反馈环节

检测学生能否把课堂中体验和掌握的数学方法和技巧用来解决问题，让学生深刻感知情境在课外，答案在课内. 教师应围绕学生能否应用知识解决问题，能否运用核心素养对自身进行评价，能否提升了数学抽象、数学运算、直观想象和逻辑推理的数学素养.

二、教学实施设计

【教学环节】☞

教学环节（时间）	学生活动	教师活动	设计意图	技术融合
提出问题（3 min）	复习椭圆的概念和性质. 从具体生活实例初步感知椭圆的形状与椭圆中的相关系数存在关系，明确核心问题	引导学生复习椭圆的有关知识，引导抽象现在是椭圆的形状	复习回顾旧知，引发新的知识生长点，激发学习兴趣	PPT 出示生活实例，出示核心问题

续表

<table>
<tr><th>教学环节（时间）</th><th>学生活动</th><th>教师活动</th><th>设计意图</th><th>技术融合</th></tr>
<tr><td rowspan="2">解决问题（约 23 min）</td><td>活动一：
利用椭圆中的量刻画椭圆的扁平程度，并分析出利用 $\frac{c}{a}$ 来表示离心率的优越性.
活动二：
利用三角函数知识刻画离心率</td><td>提出问题：如何用椭圆中的量刻画椭圆的扁平程度. 引导学生利用已知的系数，观察、分析、总结</td><td>引导学生经历概念的形成过程，有助于学生缄默知识的积累</td><td>借助网络画板绘制椭圆的图象，学生更易感知数与形的关系. 板书离心率的概念</td></tr>
<tr><td>问题解决：
一、1. 求下列椭圆的离心率
（1）$\frac{x^2}{9}+\frac{y^2}{5}=1$
（2）$\frac{x^2}{3}+\frac{y^2}{4}=1$
（3）$\frac{x^2}{m^2+1}+\frac{y^2}{1}=1$
2. 若椭圆 $\frac{x^2}{9}+\frac{y^2}{m+9}=1$ 的离心率为 $\frac{1}{2}$，求 m 的值.
二、1. 已知 F_1，F_2 分别为椭圆 $\frac{x^2}{a^2}+\frac{y^2}{b^2}=1$（$a>b>0$）的左、右焦点，$P$ 是以 F_1F_2 为直径的圆与该椭圆的交点，且 $\angle PF_1F_2=2\angle PF_2F_1$. 求椭圆的离心率.
2. 已知椭圆 $\frac{x^2}{a^2}+\frac{y^2}{b^2}=1$（$a>b>0$），过椭圆的右焦点做 x 轴的垂线交椭圆于 A，B 两点，若 $\overrightarrow{OA}\cdot\overrightarrow{OB}=0$，求椭圆的离心率.
3. 若椭圆 $\frac{x^2}{a^2}+\frac{y^2}{b^2}=1$ （$a>b>0$）上存在一点 M，使得 $\angle F_1MF_2=90^\circ$，其中 F_1，F_2 分别为椭圆左右焦点，求椭圆离心率的取值范围</td><td>提出问题并引导学生回答.
讲解课时例题，引导学生分析例题并板书过程</td><td>增强新旧知识的联系，有利于学生构建良好的知识体系，并衍生出新的知识生长点. 掌握知识，熟悉概念. 拔高本节课的知识水平，提高学生直观想象，逻辑推理，数学运算的核心素养，理解并掌握树形结合的思想方法</td><td>PPT 出示例题，黑板板书解题过程</td></tr>
<tr><td>反思提升（约 4 min）</td><td>复习并思考：
1. 离心率的概念.
2. 离心率的求法.
3. 轨迹方程中系数与轨迹形状之间的关系（举例说明）</td><td>与学生一起回顾探究过程，总结其中的数学知识，方法. 并总结点评</td><td>总结本节课内容，掌握离心率的概念和解题思路，并培养学生数形结合的能力，加强学生对数、形相互关系中的缄默知识的理解</td><td>黑板板书</td></tr>
</table>

续表

教学环节（时间）	学生活动	教师活动	设计意图	技术融合
评价反馈（约 10 min）	课堂练习 1. 直线 l 经过椭圆的一个顶点和一个焦点，若椭圆中心（坐标原点）到 l 的距离为其短轴长的 $\frac{1}{4}$，求该椭圆的离心率. 2. 已知椭圆 $\frac{x^2}{a^2}+\frac{y^2}{b^2}=1$（$a>b>0$）的左右焦点分别为 $F_1(-c,\ 0)$，$F_2(c,\ 0)$，若椭圆上存在一点 P，使得 $\frac{a}{\sin\angle PF_1F_2}=\frac{c}{\sin\angle PF_2F_1}$，求椭圆离心率的取值范围	观察、引导学生积极完成课堂反馈，鼓励学生展示交流，并总结点评	检验学生知识的掌握情况	PPT 出示反馈任务

【板书设计】☞

<table>
<tr><th colspan="3">3.1.3 椭圆的离心率</th></tr>
<tr>
<td>一、核心问题：
核心问题：通过对椭圆扁平程度的探究，刻画椭圆的离心率，并探索求解椭圆离心率的基本方法.

二、解决问题
活动一　椭圆中的系数与椭圆形状的关系

注：椭圆中的量 a，b，c 与形状的关系.

活动二用不同的方法刻画系数与形状的关系</td>
<td>例题讲解
例题一、二

例题三

注：方程思想、不等式思想的运用</td>
<td>三、反思提升
1. 离心率的概念
2. 离心率的求法
3. 轨迹方程中系数与轨迹形状之间的关系（举例说明）

四、评价反馈</td>
</tr>
</table>

【作业设计】☞

课时作业的结构化设计.

作业序号	作业目标	作业情境		概念结论		思想方法		价值观念		整体评估	
		内容	水平	内容	水平	内容	水平	内容	水平	类型	水平
1～4	理解离心率的定义，掌握离心率的性质，能利用定义法和方程法求椭圆的离心率，能正确画出图象，做到数形结合	对离心率定义的考查，对数学运算的考察	简单	离心率的概念与应用	数学运算1	概念辨析、数形结合	数学抽象1 数学运算1	数学思维的连续性	数学运算1	基础性作业	学业质量水平1
5	进一步理解数学知识的连贯性，明白新旧知识的关联，促进学生对知识体系的构建	坐标法求已知轨迹的轨迹方程	较复杂	离心率的内涵	数学抽象2 数学运算2	特殊到一般	逻辑推理2 数学运算2	历史性、稳定性、持久性	数学抽象2 数学运算2	综合性作业	学业质量水平2
6	提高数学阅读能力，明确数学来源于生活，又高于生活	感受离心率起源和他在生活中的应用	复杂	离心率的应用	数学抽象3	文献检索	数据分析2 数学建模2	选择性、主观性	数据分析2	实践性作业	学业质量水平2

（具体的作业内容略）

【教学流程】☞

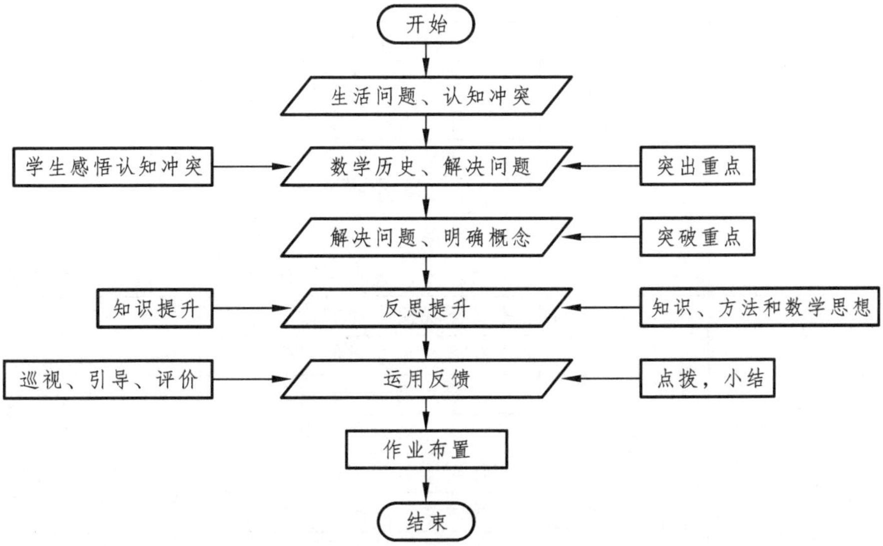

三、教学评价设计

【评价实施】☞

大概念核心问题教学文化评价表

课时名称：<u>椭圆的离心率.</u>

所属单元：<u>圆锥曲线的方程.</u>

单元大概念：<u>对椭圆、双曲线、抛物线的定义、简单性质进行学科专业知识的评价.</u>

单元核心问题：<u>用数学语言描述生活中的现象，借助网络画板研究动点轨迹方程及曲线基本性质，进而应用综合知识解决实际问题.</u>

课时大概念：<u>简约化表达：椭圆离心率概念形成与理解.</u>

<u>特征化表达：从生活中的实际出发，寻求一个定量刻画椭圆的扁平程度的量，利用定义与方程思想探求得到离心率的值与范围的基本方法，用于解决相关问题.</u>

课时核心问题：<u>通过对椭圆扁平程度的探究，刻画椭圆的离心率，并探索求解椭圆离心率的基本方法.</u>

<table>
<tr><th rowspan="2">评价目标</th><th colspan="3">评价指标</th><th colspan="2" rowspan="2">评价
方法结果</th></tr>
<tr><th>一级指标</th><th>二级指标</th><th>三级指标</th></tr>
<tr><td rowspan="20">实现活动体验中的学习与素养发展</td><td rowspan="12">具有大概念核心问题教学形态</td><td rowspan="3">核心问题
利于活动体验</td><td>内含学科问题和学生活动方式</td><td>7</td><td rowspan="12">每项指标最高评8分（满分为96分）

合计<u>90</u>分</td></tr>
<tr><td>问题情境与真实生活密切相关</td><td>8</td></tr>
<tr><td>能引发大概念、新知新法生成</td><td>8</td></tr>
<tr><td rowspan="3">教学目标
价值引导恰当</td><td>两类目标正确全面</td><td>8</td></tr>
<tr><td>关联体验目标恰当</td><td>8</td></tr>
<tr><td>目标价值引导显现</td><td>8</td></tr>
<tr><td rowspan="3">教学环节
完整合理落实</td><td>教学环节清晰完整</td><td>8</td></tr>
<tr><td>环节内容合理充实</td><td>7</td></tr>
<tr><td>学生活动时间充分</td><td>7</td></tr>
<tr><td rowspan="3">教学要素
相互匹配促进</td><td>问题目标环节两两匹配</td><td>7</td></tr>
<tr><td>技术促进活动形式内容</td><td>7</td></tr>
<tr><td>素养导向突出氛围浓郁</td><td>7</td></tr>
<tr><td rowspan="8">具有大概念核心问题教学特质</td><td rowspan="4">拓宽学习视野</td><td>课堂与现实世界有恰当关联</td><td colspan="2" rowspan="8">选择一个表现突出的二级指标，在相应三级指标引导下，以现场学生表现为主要依据，以其余指标为背景，于本表的第二页写出150字以上的简要评价</td></tr>
<tr><td>有基于缄默知识的问题解决</td></tr>
<tr><td>有缄默知识运用的追踪剖析</td></tr>
<tr><td>知识运用剖析导向素养发展</td></tr>
<tr><td rowspan="4">投入实践活动</td><td>有真实而且完整的实践活动</td></tr>
<tr><td>实践活动深度融入两类情境</td></tr>
<tr><td>能够全身心地浸渍于活动中</td></tr>
<tr><td>活动的内容结果均丰富深入</td></tr>
</table>

续表

评价目标	评价指标			评价方法结果
	一级指标	二级指标	三级指标	
实现活动体验中的学习与素养发展	具有大概念核心问题教学特质	感受意义关联	有核心问题的深层意义感受	
			有以知识为中心的关联感受	
			有以个人为中心的关联感受	
			有对三类大概念的关联感受	
		自觉反思体验	有实质性反思活动的开展	
			有课堂新因素的追踪利用	
			有体验的交流与改善重构	
			有概念生成中的素养发展	
		乐于对话分享	乐于自我的表达与认真的倾听	
			乐于合作中成果与思路的分享	
			乐于成果交流中深层意义分享	
			有宽容的对话氛围和双向交流	
		认同素养评价	认可素养评价	
			参与素养评价	
			利用素养评价	
大概念核心问题教学特质的简要评价（包括发展性建议）				
学生对用什么量来表示椭圆的离心率会产生分歧，如果沿用直接给出的方法，学生也能对相关题型进行解答，但理解可能不够深刻，时间长了也会遗忘. 从知识获取的效率而言，无疑会慢一些，教学过程中也要注意取舍. 椭圆离心率的求解过程主要以方程思想与不等式思想相结合，本班学生数学计算能力强，准确率较高，过程中总结方法和技巧比较容易. 数形结合的思想在本课时中尤为重要. 例题与反思过程中，需要学生在计算时多总结方法和技巧，能举一反三，少练与精练，重在理解数形结合的方法				

【信息收集】☞

课后对收集到的 45 份导学案基于素养目标达成情况评判标准进行了批阅和分类，按照等级标准标注了等级. 学生在听课时认真仔细，笔记完整，部分学生把学生上课的经典发言也记录在案.

课后收集了听课教师的反馈意见，本次课贴近生活，生活实例丰富，情境再现多，学生发言积极、效率高，但是内容稍多，时间有些仓促.

【反馈调整】☞

改进一：加强课前预习，减少课程量，增加学生练习量，进一步让学生成为学习的主体.

改进二：几个教学情境中的衔接不够紧密，学生学习的过渡不够自然，个别学生基础较差，各板块的联系不够，应该注意板块与板块的联系.

大概念核心问题教学素养目标点检测表

<table>
<tr><td>课时名称</td><td colspan="3">椭圆的离心率</td></tr>
<tr><td>所属单元</td><td colspan="3">圆锥曲线的方程</td></tr>
<tr><td>单元大概念</td><td colspan="3">椭圆、双曲线、抛物线的定义、简单性质进行学科专业知识的评价.
如从“形”的角度，直观获得圆锥曲线性质的认识；能从“数”的角度进行圆锥曲线方程的推理论证；在归纳研究圆锥曲线的基本方法时应对学生的知识结构及思想方法进行总结评价，举一反三地解决实际问题. 感受圆锥曲线在刻画现实世界和解决实际问题中的作用，以及解析几何发展过程中对人类文明的贡献</td></tr>
<tr><td>单元核心问题</td><td colspan="3">用数学语言描述生活中的现象，借助网络画板研究动点轨迹方程及曲线基本性质，进而应用综合知识解决实际问题</td></tr>
<tr><td>课时大概念</td><td colspan="3">简约化表达：椭圆离心率概念形成与理解.
特征化表达：从生活中的实际出发，寻求一个定量刻画椭圆的扁平程度，利用定义与方程思想探求得到离心率的值与范围的基本方法，用于解决相关问题</td></tr>
<tr><td>课时核心问题</td><td colspan="3">通过对椭圆扁平程度的探究，刻画椭圆的离心率，并探索求解椭圆离心率的基本方法</td></tr>
<tr><td>课时素养目标</td><td colspan="3">通过现实情境，抽象数学概念（数学抽象 1），理解椭圆相关系数与椭圆扁平程度的关系，经历离心率概念形成、理解过程，并利用离心率的概念求解相关问题（数学运算 2）；在此基础上，明白曲线方程的待定系数与曲线形状存在量化关系，从而更加深入地认识利用坐标法解决平面解析几何的一般方法（逻辑推理 3，直观想象 3）</td></tr>
<tr><td>检测点</td><td colspan="3">椭圆的离心率的概念与应用</td></tr>
<tr><td>检测工具
（检测题）</td><td colspan="3">1. 直线 l 经过椭圆的一个顶点和一个焦点，若椭圆中心（坐标原点）到 l 的距离为其短轴长的 $\frac{1}{4}$，求该椭圆的离心率.
2. 已知椭圆 $\frac{x^2}{a^2}+\frac{y^2}{b^2}=1$（$a>b>0$）的左右焦点分别为 $F_1(-c,\ 0)$，$F_2(c,\ 0)$，若椭圆上存在一点 P，使得 $\frac{a}{\sin\angle PF_1F_2}=\frac{c}{\sin\angle PF_2F_1}$，求椭圆离心率的取值范围</td></tr>
<tr><td rowspan="4">分类标准</td><td colspan="3">A 对离心率的定义理解深刻，对解题策略中定义法运用熟练，对数与形的关联体验深入，能利用其定义和方法得出 2 个问题的正确结果，解题步骤规范</td></tr>
<tr><td colspan="3">B 对离心率的定义理解深刻，对解题策略中定义法运用熟练，对数与形的关联体验较深入，能利用其定义得出两个问题的正确结果. 但解题过程存在一定的步骤的问题</td></tr>
<tr><td colspan="3">C 对离心率的定义理解深刻，对解题策略中定义法运用熟练，对数与形的关联体验较深入，能利用其定义得出列式求解，运算过程出现了失误. 解题过程存在一定的步骤的问题</td></tr>
<tr><td colspan="3">D 对离心率的定义有一定的理解，对解题策略中定义法较熟练，做出了部分正确的解答，由于对数与形的关联体验不深，不能对先将求问题进行转化，再利用定义法求解. 解题过程存在一定的步骤的问题</td></tr>
<tr><td rowspan="5">检测统计</td><td>分类等级</td><td>学生人数（总人数 45 人）</td><td>百分比</td></tr>
<tr><td>A</td><td>18</td><td>40%</td></tr>
<tr><td>B</td><td>19</td><td>42.22%</td></tr>
<tr><td>C</td><td>7</td><td>15.56%</td></tr>
<tr><td>D</td><td>1</td><td>2.22%</td></tr>
</table>

检测分析结果运用	A 类 18 人，占比 40%，B 类同学 19 人，A、B 两类占了全班 80%以上，学生基本掌握了离心率的概念，会用概念解决相关的数学问题，能用方程思想解决问题. C 类的同学问题基本都出在计算上，他们有的算得慢，没有办法在规定时间内完成，有的同学还出现了明显的计算错误，同时书写过程也有一定的问题. D 类的同学因基础差，对新授知识理解较慢，课后要抽时间做专门辅导
素养目标达成典型实例	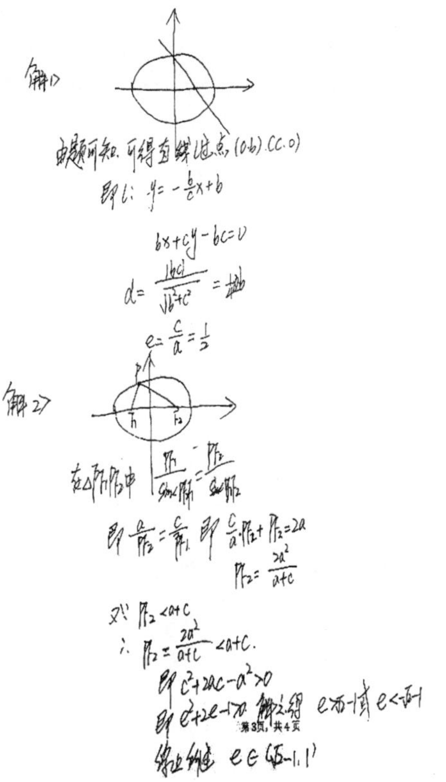 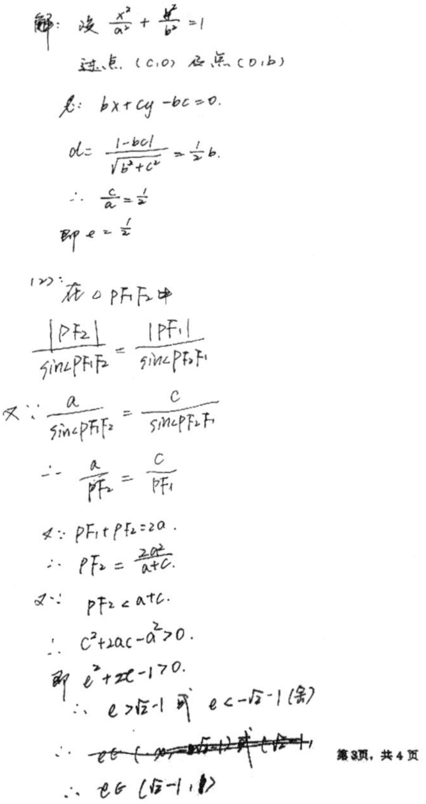
检测反馈	通过检测学生情况反映了学生的速度较快，准确度较高，但学生总体上计算能力存在一定的问题. 有些学生是计算速度慢，有的学生是把式子列出来就不愿意计算，等待教师或其他同学的答案，今后要加强学生敢于计算、勤于思考的品质的培养

普通高中新教材实施的大概念核心问题教学研究（一）

英语

总主编 ◎ 米云林

主　编 ◎ 舒启慧　王学龙

西南交通大学出版社

·成　都·

图书在版编目（CIP）数据
普通高中新教材实施的大概念核心问题教学研究. 一
3 英语 / 米云林总主编 ；舒启慧，王学龙主编.
成都：西南交通大学出版社，2025. 2. --ISBN 978-7-
5774-0326-7
Ⅰ. G633
中国国家版本馆 CIP 数据核字第 20252V0F43 号

Putong Gaozhong Xinjiaocai Shishi de Dagainian Hexin Wenti Jiaoxue Yanjiu （yi）
普通高中新教材实施的大概念核心问题教学研究（一）

总主编 / 米云林
语文 **主　编** / 向柱文　郑　芸
数学 **主　编** / 董蜀章　张　翼
英语 **主　编** / 舒启慧　王学龙

策划编辑 / 罗小红　余崇波
责任编辑 / 居碧娟　何明飞　孟　媛
责任校对 / 左凌涛
封面设计 / 墨创文化

西南交通大学出版社出版发行
（四川省成都市金牛区二环路北一段 111 号西南交通大学创新大厦 21 楼　610031）
营销部电话：028-87600564　　028-87600533
网址：https://www.xnjdcbs.com
印刷：成都勤德印务有限公司

成品尺寸　185 mm × 260 mm
总 印 张　54.75　　总字数　1370 千
版　　次　2025 年 2 月第 1 版　　印次　2025 年 2 月第 1 次

书　　号　ISBN 978-7-5774-0326-7
套价（全 3 册）　288.00 元

目　录

Book 1 Unit 5 Into the Wild 教学

Unit 5 Into the Wild

大概念的核心问题教学单元规划纲要

李蕊攸 等

学科 英语 教师 李蕊攸 杜胜蓝 李敏 陈思竹 冷亚

年级	高一年级	单元名称	Into the wild	单元课时	7
单元内容	教材内容	本次授课内容选自普通高中教科书外语教学与研究出版社（2019 版）必修一第五单元。本单元的主题语境是“人与自然”，涉及的主题语境内容是人与动物的关系。本单元从介绍英国人饲养宠物的情况开始，展现了黑脉金斑蝶的迁徙、中国熊猫出访荷兰、与动物有关的英文习语、关于动物园圈养动物的辩论、一次惊心动魄的拍摄经历、丹顶鹤的基本信息等类型丰富的语篇内容，帮助学生了解动物习性、特征等相关知识，引导学生深入思考人与动物的关系，最终形成关爱动物、与动物和谐相处的正确的、可持续发展的观念。 本单元的主题语境内容基于单元提供的科普类说明文、电子邮件、英文习语、漫画、电视辩论、人物经历记叙等多模态语篇，谈论与动物有关的话题——黑脉金斑蝶、熊猫、丹顶鹤等动物的习性。 本单元具体内容如下：Starting out 呈现了一段与动物主题相关的视频，介绍了英国人饲养动物的情况。接下来的活动 2 要求学生看图片，了解生活中人与动物有哪些关系，并结合自身经历讲述自己与动物有哪些关系，使学生初步了解人与动物应该如何和谐相处。本版块旨在激活已有的语言、背景知识，为接下来整个单元的学习活动做铺垫和预热。Understanding ideas 呈现了一篇反映单元主题的课文，语篇类型为科普类说明文，以科学家的观察和研究为依据介绍了黑脉金斑蝶的迁徙。读前的导入活动列举了有迁徙行为的动物，请学生们谈论对动物迁徙行为的认识，帮助学生提前熟悉课文话题，为课文学习做铺垫。读中活动考查学生对课文话题的理解。读后活动则是通过文章出处和主旨大意、细节理解和开放性问答等活动，启发学生深入思考，运用所学知识创造性地探究主题意义。Using language 语法部分包括两个语篇，第一个语篇展现了中国大熊猫到达荷兰后的情况，第二个语篇是一封介绍南非之行的邮件。词汇部分介绍了与动物相关的英语习语，帮助学生了解英语文化。听说部分的材料是动物园饲养员和动物保护组织成员间就“是否应将动物圈养在动物园”展开的辩论，引导学生辩证地思考人与动物的关系。通过真实语境下技能的综合训练，学生能够加深对单元主题的理解，提高语言应用能力。Developing ideas 呈现了从另一个角度反映单元主题的课文，语篇类型为记叙文，记叙了一名自然摄影师在美国黄石国家公园的一次惊心动魄的拍摄经历，学生能够进一步理解人与动物之间的关系，最终形成爱护动物、尊重动物、尊重自然、保护生态的正确价值观。Presenting ideas 要求学生介绍一部表现人与动物关系的电影或故事，回顾电影或故事的情节并在班级内分享。通过内容和观点阐述，促使学生对所学内容进行复习，进而掌握，并在真实情境下加以运用和实践。Project 要求学生了解濒危动物，并以一种濒危动物为主题制作海报，唤醒大家保护濒危动物的意识			

续表

单元内容	课程标准	《普通高中英语课程标准》(2017 年版 2020 年修订)中对本单元及各课时教学的要求如下: 该单元主题语境:人与自然 主题群:自然生态 主题语境内容:人与环境、人与动植物 语篇类型内容要求:科普类说明文、电子邮件、英文习语、漫画、电视辩论、人物经历记叙文 一、语言能力 词汇知识内容要求:借助词典等各种资源,理解语篇中关键词的词义和功能以及所传递的意图和态度等;在语境中,根据不同主题,运用词汇命名相关事物,进行指称,描述行为、过程和特征,说明概念。(语言能力二级水平) 语法知识内容要求:意识到语言使用中的语法知识是"形式—意义—使用"的统一体,学习语法的最终目的是在语境中有效地运用语法知识来理解和表达意义;运用所学的语法知识,理解口头和书面语篇的基本意义,描述真实和想象世界中的人和物、情景和事件。简单地表达观点、意义和情感态度,在生活中进行一般性的人际交流;在语篇中理解和使用由关系代词 that,which,who,whom,whose 和关系副词 when,where,why 引导的限制性定语从句。(语言能力二级水平) 语篇知识内容要求:记叙文和说明文语篇的主要写作目的(如:再现经历、传递信息、说明事实、想象创作)以及这类语篇的主要语篇结构特征(如:该类语篇的必要组成部分和可选组成部分、各组成部分的顺序等)。(语言能力二级水平) 语言技能内容要求:从语篇中提取主要信息和观点,理解语篇要义;把握语篇中主要事情的来龙去脉;抓住语篇中的关键概念和关键细节;把握语篇的结构以及语言特征;理解多模态语篇(如:电影、电视、海报、歌曲、漫画)中的画面、图像、声音、符号、色彩等非文字资源传达的意义。(语言能力二级水平) 二、文化意识 理解常用英语成语和俗语的文化内涵;对比英汉语中常用成语和俗语的表达方式,感悟语言和文化的密切联系;通过比较、分析、思考,区分和鉴别语篇包含或反映的社会文化现象,并做出正确的价值判断。(文化意识二级水平) 三、思维品质 主动观察文化的各种现象,通过比较,识别各种信息之间的关联,从中推断出它们之间简单的逻辑关系、作者的观点和态度;针对所获取的信息,提出批判性的问题,辩证思考、判断观点和思想的价值,联系自身实际,形成自己的观点,实现知识向思维能力的迁移。(思维品质二级水平) 四、学习能力 根据学习内容和学习重点,计划和安排预习和复习;经常对所学内容进行管理和归纳;通过图书馆、计算机网络等资源获得更广泛的英语信息,扩充学习资源;在新旧语言知识之间建立有机联系;在语境中学习词汇和语法;开展自主、合作与探究学习,选择恰当的策略与方法,监控、评价、反思和调整自己的学习内容和进程,反思学习效果,并据此优化学习策略和方法,提升理解和表达能力,运用英语进行交流和表达(学习能力二级水平)

续表

<table>
<tr>
<td rowspan="2">基础条件</td>
<td>资源基础</td>
<td>
<table>
<tr><th>资源名称</th><th>功　能</th></tr>
<tr><td>黑板</td><td>板书核心问题；板书学生解决问题时交流、分析、建构要点；板书反思提升要点等</td></tr>
<tr><td>教材、学案、课外助读资料</td><td>提供核心问题教学各环节中自主阅读、探究与生成的支架与思维空间</td></tr>
<tr><td>PPT</td><td>出示具体的教学内容；提供全班交流时所需部分结果；出示评价反馈练习等内容</td></tr>
<tr><td>信息技术融合</td><td>用白板或投影展示学生作品；方便进行基于深度理解与表达的思维训练</td></tr>
</table>
</td>
</tr>
<tr>
<td>学生基础</td>
<td>本次授课对象为高一的学生。对于已经适应高中生活的高一学生来说，英语综合能力依然参差不齐。具体来说，在阅读能力上，对于课本上的文章，他们基本都可以读懂文章大意，但是在细节上还是不能做到百分之百理解。口语表达能力上，部分同学能用简单的英语表达观点和回答问题，正在建立良好的英语思维模式。至于写作能力，大多数的学生现在基本都还停留在简单的文章及句法结构和有用表达的模仿写作上。学生们写作的逻辑思维上都还比较弱，在内容安排和主旨表达方面往往不能做到有条有理，而且在英语写作时往往不能传达出比较深刻的中心思想。
对于高一学生来说，本单元的内容为“人与动物和谐相处”。他们更熟悉的是常见动物的名词、外形以及生活方式的简单表达。而本单元 Understanding ideas 中的语篇是关于黑脉金斑蝶的一篇科普类说明文，以及 Developing ideas 中的第二个语篇是关于丹顶鹤的科普说明文。而本单元 Writing 部分要求学生根据自己所掌握的关于一种动物的知识，建立动物档案，记录其外形、栖息地、迁徙行为、饮食习惯等内容。然而，科普类文章对于大多数学生来说都是知识点盲区，学生没有关于动物迁徙和栖息地等相关的科学背景缄默知识。另外，就动物迁徙和栖息地以及外形描述等学生学习活动，学生缺乏对应的单词及短语储备。这需要老师在本单元开始前带着学生通过图书馆、计算机网络等资源获得与“人与动物和谐相处”话题的英语学科学习资源。Using language 中语法知识是关系副词引导的限制性定语从句。定语从句是整个高中英语学习的重点和难点，关键在于学生们识别不出定语从句以及定语从句中缺少什么成分。这要求老师们带领学生理清楚句子结构，分析句子成分。Using language 最后一个环节学生需要就“我们是否需要饲养宠物”这一辩题展开辩论，从而进一步引导学生关注话题“我们是否应该把动物当成宠物”，学生能够更深入地思考人与动物之间的关系。学生们熟悉议论文，大多数同学能够用英语把辩题的观点陈述出来，并且根据自己立场给出支撑数据。但是能够清晰地、有层次地、有逻辑地、语言准确简洁地、思维敏捷地反驳对方观点是绝大多数同学都做不到的。老师们需要在辩论前就双方观点和同学们做一下梳理工作，同时引导学生们开展自主、合作与探究学习</td>
</tr>
<tr>
<td colspan="2">单元大概念及下层结构</td>
<td>单元大概念：
单元核心大概念：走近荒野
特征化表达：归纳概括黑脉金斑蝶、熊猫、丹顶鹤等动物的习性，辩证思考动物在文化交流方面的作用，听懂并谈论与动物有关的多模态语篇，对比思考并辩论“家庭是否能饲养宠物”，表达同意或不同意的观点，形成关爱动物、保护生态的正确价值观。
概念结论：人与动物和谐共生话题下相关表达的了解与运用。
特征化表达：归纳概括描写动物迁徙话题相关语言、与动物相关习语、介绍动物的表达与句式等语言，类比关系代词引导的定语从句，掌握关系副词引导的定语从句，仿照范文迁移创作动物档案，对比在野外、动物园和家庭生活的动物，谈论人与动物的话题，辩证思考和表达人与动物和谐共生的观点。</td>
</tr>
</table>

续表

<table>
<tr>
<td>单元大概念及下层结构</td>
<td>
思想方法：形象思维、归纳概括、分析判断、逻辑思维、系统思维、对比思维、创新思维、辩证思维、迁移思维、发散思维。
特征化表达：观看介绍英国人饲养宠物的视频，运用形象思维，激活已有的语言、背景知识，激发对话题的兴趣；阅读有关黑脉金斑蝶迁徙的课文和有关一名自然摄影师一次惊心动魄的拍摄经历的课文，通过略读锁定关键词，归纳概括课文大意；通过精读，理清文中的因果逻辑关系；读后活动时，通过文章出处和主旨大意、细节理解和开放性问答等活动，启发学生运用逻辑思维和系统思维深入思考，创造性地探究主题意义。归纳概括关系副词在引导定语从句时的用法，对比三个关系副词 when，where，why 的区别和相似之处；恰当地使用与动物有关的习语，对比不同动物在习语中的不同意义；运用功能表达和辩证思维展开辩论“家庭是否应该饲养宠物”，对比同意和不同意的观点，运用创新思维提出更多的观点。仿照介绍丹顶鹤的基本信息的范文，运用从局部到整体的系统思维，迁移介绍、描述一种动物。运用发散思维和辩证思维，介绍一部表现人与动物关系的电影或故事和制作以一种濒危动物为主题海报。
价值观念：
1. 认识到爱护动物、尊重动物、尊重自然的重要性，树立人与动物和谐相处的价值观。
2. 尊重自然，爱护动物，人与动物和谐相处。
特征化表达：观看英国人饲养宠物的视频，简单谈论、描述、评价人与动物的关系，了解人与动物应该如何和谐相处；理解黑脉金斑蝶迁徙的背景、目的和方式，了解人类行为对其生存的影响；辩论“家庭是否能饲养宠物”，辩证思考人与动物的关系；阅读丹顶鹤的基本信息，迁移创作动物档案，最终形成尊重自然、爱护动物、人与动物和谐相处的价值观
<table>
<tr><th colspan="3">课时大概念</th><th>概念结论（小概念）</th><th>思想方法</th><th>价值观念</th></tr>
<tr><td rowspan="2">1. Starting out: Pets in the UK</td><td colspan="2">简略化表达</td><td>英国人饲养宠物的情况</td><td rowspan="2">形象思维</td><td rowspan="2">人与动物可以和谐相处</td></tr>
<tr><td colspan="2">特征化表达</td><td>英国人饲养宠物的比例、花费，两位宠物主人饲养宠物的心得，英国的克鲁弗兹狗展和英国皇家防止虐待动物协会</td></tr>
<tr><td rowspan="2">2. Understanding ideas: The Monarch’s Journey</td><td colspan="2">简略化表达</td><td>黑脉金斑蝶的迁徙</td><td rowspan="2">归纳概况
分析判断
逻辑思维
系统思维</td><td rowspan="2">人类应尊重自然，爱护动物，与动物和谐共生</td></tr>
<tr><td colspan="2">特征化表达</td><td>以科学家的观察和研究为依据介绍了黑脉金斑蝶的迁徙的背景、目的和方式，以及人类行为对其生存的影响</td></tr>
<tr><td rowspan="2">3. Using language</td><td rowspan="2">Using language 1: Grammar</td><td>简略化表达</td><td>关系副词引导的定语从句</td><td rowspan="2">归纳总结
对比思维</td><td rowspan="2">人和动物友好相处</td></tr>
<tr><td>特征化表达</td><td>归纳关系副词引导的定语从句的用法，阅读一篇包含关系副词引导的定语从句的文章，使用关系副词填空完成一封有关南非之行的邮件。本语法是关系副词 where，why 和 when 引导的定语从句，关系副词在定语从句中做地点状语、原因状语或时间状语</td></tr>
</table>
</td>
</tr>
</table>

续表

<table>
<tr><td rowspan="9">单元大概念及下层结构</td><td colspan="3">课时大概念</td><td>概念结论（小概念）</td><td>思想方法</td><td>价值观念</td></tr>
<tr><td rowspan="4">3. Using language</td><td rowspan="2">Using language 2: Vocabulary</td><td>简略化表达</td><td>与动物相关的英文习语</td><td rowspan="2">对比思维</td><td rowspan="2">动物是可爱有趣的</td></tr>
<tr><td>特征化表达</td><td>蜜蜂的勤劳，老鼠和猫的关系，奔驰的马，以及天上掉下的猫狗，这些动物的特征或属性都以有趣的方式进入了英语的习语中，增进了英语的语言表现力</td></tr>
<tr><td rowspan="2">Using language 3: Listening and speaking</td><td>简略化表达</td><td>将动物圈养在动物园和家庭饲养宠物的思辨表达</td><td rowspan="2">创新思维
对比思维
辩证思维</td><td rowspan="2">爱护动物、尊重动物、尊重自然</td></tr>
<tr><td>特征化表达</td><td>在听力范文中学习动物园饲养员和动物保护组织成员间就“是否应将动物圈养在动物园”展开的辩论。运用功能表达和辩证思维，学生展开辩论“家庭是否应该饲养宠物”</td></tr>
<tr><td rowspan="4">4. Developing ideas</td><td rowspan="2">Reading: An Encounter with Nature</td><td>简略化表达</td><td>一名自然摄影师一次惊心动魄的拍摄经历</td><td rowspan="2">归纳概况
逻辑思维
批判思维</td><td rowspan="2">尊重自然
尊重动物与自然和谐相处</td></tr>
<tr><td>特征化表达</td><td>一名自然摄影师在美国黄石国家公园的一次拍摄中，近距离偶遇一头熊，在巨大的恐惧中，摄影师按下快门拍下了与熊的这一次近距离偶遇。熊随后转身离开，摄影师表达了人类作为大自然访客，应当对大自然心存尊重</td></tr>
<tr><td rowspan="2">Writing an animal fact file</td><td>简略化表达</td><td>包括外形、栖息地、迁徙行为和饮食习惯等方面的动物档案</td><td rowspan="2">系统思维
迁移思维
创新思维</td><td rowspan="2">爱护动物、尊重动物、保护生态的价值观</td></tr>
<tr><td>特征化表达</td><td>仿照介绍丹顶鹤的基本信息的范文，了解丹顶鹤的外形、习性及在中国文化中的寓意等，了解动物介绍的内容特点、表达和句式，迁移介绍、描述一种动物</td></tr>
</table>

续表

<table>
<tr>
<td>单元大概念及下层结构</td>
<td>
<table>
<tr><th colspan="3">课时大概念</th><th>概念结论（小概念）</th><th>思想方法</th><th>价值观念</th></tr>
<tr><td rowspan="2">5. Presenting ideas</td><td rowspan="2">Practise telling a film or story about relationships between humans and animals</td><td>简略化表达</td><td>有关动物的电影或故事的分享</td><td rowspan="2">发散思维
辩证思维</td><td rowspan="2">深刻认识人与动物的关系，尊重动物，爱护动物，与动物和谐相处</td></tr>
<tr><td>特征化表达</td><td>介绍一部表现人与动物关系的电影或故事，回顾电影或故事的情节并在班级内分享</td></tr>
<tr><td rowspan="2">6. Project</td><td rowspan="2">Making a poster about an endangered animal</td><td>简略化表达</td><td>关于濒危动物的海报的制作</td><td rowspan="2">发散思维
辩证思维</td><td rowspan="2">关注濒危动物；认识到分工合作的重要性</td></tr>
<tr><td>特征化表达</td><td>制作一个以一种濒危动物为主题的海报，了解濒危动物，唤醒大家保护濒危动物的意识，通过小组展示进一步探索人与动物的主题语境</td></tr>
</table>
</td>
</tr>
<tr>
<td>单元教学目标</td>
<td>核心素养目标：
参与“人与动物和谐共生”主题下多模态语篇的听、说、读、写、看的学习活动，将相关词汇及关系副词引导的限制性定语从句等语言知识用于思考“如何处理好人与动物的关系”的观点表达中。
学生能够围绕本单元的主题语境内容，基于单元提供的多模态语篇，综合运用各种语言技能，读懂语篇内容，听懂并谈论与动物相关的话题（语言能力二级）；使用新学语言简单谈论动物，围绕话题展开辩论，恰当使用定语从句描述自然界中的动物（语言能力二级）；了解黑脉金斑蝶、熊猫、丹顶鹤等动物的习性，给动物创建档案，了解动物在文化交流中的作用，坚定文化自信，深化对单元主题意义的理解和挖掘（文化意识二级）；同时能够感知人与动物的和谐相处，思考如何处理好人与动物的关系；有逻辑、有条理地在辩论中概括信息、构建概念、分析逻辑关系，创造性地表达关于人与动物的观点（思维品质三级）。
由此形成坚定文化自信、懂得人与动物和谐相处，爱护动物、尊重动物、尊重自然、保护生态的正确价值观</td>
</tr>
<tr>
<td>单元核心问题及问题分解</td>
<td>核心问题：
从听、说、读、写、看五方面，研习有关人与动物的多模态语篇，探究人与动物的关系，听动物园饲养员和动物保护组织成员就“是否应将动物圈养在动物园”展开的辩论音频，提取梳理辩论语篇的结构和主要语言及特征，就“家庭是否应该饲养宠物”展开辩论；分析总结动物介绍类文章的写作特点，撰写一篇包括外形、栖息地、迁徙行为和饮食习惯等方面的动物档案；制作以一种濒危动物为主题的英文海报。
核心问题分解：
根据本单元教材内容、教学活动、教学目标和主题意义的分析，将单元的核心问题拟定为：研习有关人与动物的多模态语篇，探究人与动物的关系，联系实际描述、阐释和例证如何与动物和谐相处。根据内容和课时安排，将单元核心问题分解为七个课时核心问题（见下文课时划分一览表）。
本单元的主题语境为人与自然；主题语境内容为“人与动植物”。主题意义为人与动物和谐相处。要使学生形成与动物和谐相处的意识，首先，就要通过听、说、读、写、看等学习探究活动去获取“人与动物”的多模态语篇的主要信息，并感知其主题意义，掌握相关语言表达，运用本单元所学谈论“人与动物”的话题，如辩论“家庭是否应该饲养宠物”，</td>
</tr>
</table>

续表

<table>
<tr><td>单元核心问题及问题分解</td><td colspan="3">分享有关动物的电影或故事，让学生在人与动物的知识习得中建立与动物和谐相处的意识。其次，要让学生树立与动物和谐相处的意识，就要探究人与动物的关系，形成自己的态度和观点。通过分析、判断作者的写作意图和观点，了解中外人民与动物和谐相处的情况，了解不同民族的文化习俗，增强跨文化理解和跨文化意识，树立文化自信。能够运用单元所学正确判断他人的观点和态度，辩证地理解人类与动物的关系，形成爱护动物、与动物和谐相处的意识。最后，从学习能力的角度，学生要多渠道获取“人与自然”的学习资源，丰富知识、开阔眼界。通过运用各种学习策略，评判自己是否达成了本单元的核心素养目标，不断监控、评价、反思和调整自己的学习内容和进程。在自主合作与探究式学习的过程中，提高自己的理解和表达能力，最终促进自身语言能力、文化意识、思维品质和学习能力的综合提升</td></tr>
<tr><td rowspan="8">课时划分</td><td>课时</td><td>课时大概念</td><td>课时核心问题</td></tr>
<tr><td>1. Starting out and understanding ideas</td><td>英国人饲养宠物的情况和介绍黑脉金斑蝶的迁徙</td><td>略读《黑脉金斑蝶的旅程》的语篇内容，归纳总结段落大意；精读语篇，获取关键细节和理清文章结构，探析人与动物的关系</td></tr>
<tr><td>2. Using language 1 & 2</td><td>运用关系副词引导的定语从句介绍中国大熊猫到达荷兰后的情况和与动物相关的英文习语</td><td>归纳关系副词 when，where 和 why 引导的定语从句的表意功能和用法，用关系副词填空完成一封有关南非之行的邮件</td></tr>
<tr><td>3. Using language 3</td><td>是否应将动物圈养在动物园，家庭是否应该饲养宠物</td><td>听动物园饲养员和动物保护组织成员就“是否应将动物圈养在动物园”展开的辩论音频，运用本单元所学归纳双方的观点和理由，在辩论中有逻辑、有条理地概括信息、分析逻辑关系</td></tr>
<tr><td>4. Developing idea 1: Reading</td><td>一名自然摄影师一次惊心动魄的拍摄经历</td><td>研读《一次与自然的邂逅》，探究人与动物应该如何相处，人类应该怎样保护好动物</td></tr>
<tr><td>5. Developing idea 2: Writing an animal fact file</td><td>描述一种动物</td><td>研读介绍丹顶鹤的语篇，分析和总结动物介绍类文章的写作特点，撰写一篇包括外形、栖息地、迁徙行为和饮食习惯等方面的动物档案</td></tr>
<tr><td>6. Presenting ideas</td><td>分享有关动物的电影或故事</td><td>介绍一部表现人与动物关系的电影或故事，并在班级内分享自己与动物相处的故事，更深刻地认识人与动物的关系</td></tr>
<tr><td>7. Project</td><td>制作关于濒危动物的海报</td><td>研习濒危动物的相关知识，制作以一种濒危动物为主题的英文海报</td></tr>
<tr><td rowspan="2">教学评价</td><td colspan="3">从单元大概念的三方面进行评价：概念结论、思想方法和价值观念。
概念结论：通过单元教学，学生能否围绕本单元的主题语境内容，基于单元提供的科普类说明文、电子邮件、英文习语、漫画、电视辩论、人物经历记叙等多模态语篇，综合运用各种语言技能，读懂与动物有关的文章内容？能否听懂并谈论与动物有关的话题？能否使用新学语言简单谈论动物、围绕话题展开辩论？能否恰当使用定语从句描述自然界中的动物？能否运用单元所学给动物创建档案？教师在教学中如何达成上述目标？有何需要改进之处？具体有何改进方法？</td></tr>
<tr><td colspan="3">思想方法：通过单元教学，学生能否了解黑脉金斑蝶、熊猫、丹顶鹤等动物的习性，给动物创建档案？学生能否有逻辑、有条理地在辩论中概括信息、构建概念、分析逻辑关系，深化对单元主题意义的理解与挖掘？教师在教学中如何达成上述目标？有何需要改进之处？具体有何改进方法？</td></tr>
</table>

续表

<table>
<tr><td>教学评价</td><td colspan="7">价值观念：通过单元教学，能否创造性地表达关于人与动物关系的观点，形成关爱动物、保护生态的正确价值观？能否通过阅读熊猫租借的相关信息，了解动物在文化交流方面的作用，坚定文化自信？能否在深入理解文本的同时联系自身实际，思考如何处理好人与动物的关系，实现知识与思维能力的迁移？教师在教学中如何达成上述目标？有何需要改进之处？具体有何改进方法？</td></tr>
<tr><td rowspan="4">单元作业</td><td>作业类型</td><td>作业目标</td><td>作业内容</td><td>作业情境</td><td>概念结论</td><td>思想方法</td><td>价值观念</td></tr>
<tr><td>基础性作业</td><td>进一步了解定语从句的结构和表意功能（语言水平二级），掌握关系副词的用法，并在真实语境中运用</td><td>用关系副词填空完成一封有关南非之行的邮件</td><td>学习探索情境：语言知识的梳理和在真实语境中的运用</td><td>类比关系代词引导的定语从句，掌握关系副词引导的定语从句</td><td>归纳总结迁移</td><td>人与动物和谐相处</td></tr>
<tr><td>综合性作业</td><td>能选择合适的角度，有针对性且逻辑清楚地阐述自己的观点；在表达时，讲究逻辑，力求做到观点明确，内容丰富，思路清晰，表达准备、生动（语言水平三级）</td><td>研读介绍丹顶鹤的语篇，分析总结动物介绍类文章的写作特点，撰写一篇包括外形、栖息地、迁徙行为和饮食习惯等方面的动物档案</td><td>生活实践情境：学生结合有关熊猫的缄默知识，根据真实情境，撰写熊猫的动物档案。学习探索情境：围绕前述生活实践情境中的话题，合理借鉴 writing 中说明文语篇的行文特色和语料素材，迁移撰写动物档案</td><td>包括外形、栖息地、迁徙行为和饮食习惯等方面的动物档案</td><td>系统思维迁移思维创新思维</td><td>人与动物和谐相处</td></tr>
<tr><td>实践性作业</td><td>综合运用本单元所学，自主合作，有效完成开放型任务，通过对濒危动物的搜索、筛选和研究，培养识别、分析和整合信息的能力；了解和掌握海报的特点，能够自主选择合适的设计和呈现方式介绍一种濒危动物</td><td>利用图书馆、网络等多渠道收集关于濒危动物的英文资料，分析并整合信息。学生以小组为单位，为海报选择一个醒目生动并吸引人的标题。罗列濒危动物的信息要点，讨论并丰富海报的具体内容。撰写关于该海报的相关文字，绘制或筛选图片，进行排版，完成海报制作</td><td>生活实践情境：将“人与自然”单元人文主题和小组活动结合，在收集信息、整合信息和呈现信息的过程中，进一步探索人与动物的主题语境。
学习探究情境：综合运用本单元所学，具体、详细、全面地介绍一种濒危动物</td><td>合作探究，发展综合运用语言的能力</td><td>逻辑思维批判性思维</td><td>人与动物和谐相处</td></tr>
<tr><td>单元作业总体评估</td><td colspan="7">单元作业与课时作业包括课后练习、作文本、小组口头交流和小组分工合作四种形式。学生在完成作业的过程中，不仅能够进一步评估自己的相关知识、能力、素养的习得情况，而且能够得到针对性的强化，取得一定的学习和探究成果，得到相应的实践锻炼，并进而促进学科核心素养的生成与发展</td></tr>
<tr><td>反馈调整</td><td colspan="7">待单元教学完成之后，拟从单元教学设计、教学实施和作业设计三个方面进行反思总结，提出具体的优化措施</td></tr>
</table>

Writing 动物资料档案

李蕊攸

一、教学分析设计

【教材课标】☞

本次授课内容选自必修一的 Unit 5，单元主题为：Into the wild（走近荒野）。本单元主题语境为人与自然，主题语境主题群为自然生态，主题语境内容为人与环境、人与动植物。

下文从主题内容（what），意图/情感态度价值观（why）和文体特征、内容结构、语言（how）三个方面对本课语篇内容进行分析。

主题内容（what）：本课的主题语境为“人与自然”。

1. 文体类型

动物资料档案，属于说明文范畴。说明文常用于解说事物，阐明事理，以解释、阐述事物的形状、特征等为目的。

2. 要点内容

（1）通过阅读了解丹顶鹤的外形、栖息地、迁徙行为、饮食习惯、象征意义等方面的关键信息。（2）学会介绍丹顶鹤的表达和句式，并应用到其他情境中。具体到本文的写作时，注意以下几点：（1）动物说明文要求结构合理，人称、时态正确，逻辑清楚，有较多的高级词汇及句型，为保护动物的主题服务；（2）描写时可写以下方面（顺序自定但要符合逻辑）：动物习性（如动物外貌、动物主要生长地、动物是否迁徙及迁徙到何处等）；生存现状及原因；象征意义；呼吁、建议或展望等。

意图/情感态度价值观（why）：Developing ideas：Writing an animal factfile 要求仿照介绍丹顶鹤基本信息的范文，了解丹顶鹤的外形、栖息地、迁徙行为、饮食习惯、象征意义等方面，了解动物介绍类文章的内容特点、表达和句式，迁移创建介绍熊猫的动物档案，最终形成尊重动物、关爱动物、保护生态的价值观。

文体特征、内容结构、语言（how）：Developing ideas：Writing an animal factfile 的文章是一篇说明文，描述了丹顶鹤的外形、栖息地、迁徙行为、饮食习惯、象征意义等方面内容，文章结构清晰，并包含很多与“外形、栖息地、迁徙行为、饮食习惯、象征意义”等相关的词汇和表达。

研读课标（2017年版2020年修订）后，梳理课标对本课时教学的目标要求如下：

1. 语言能力

在常见的语境中，较为熟练地整合运用已有的英语语言知识，理解多模态语篇，即本课的视频、图片等非文字资源传达的意义，推断作者的意图、情感、态度和价值取向；分析语篇的组织结构和文体特征；从语篇中提取主要信息和观点，理解语篇要义；运用本单元所学有效地陈述事实，传递信息，表达个人观点和情感、体现意图、态度和价值取向。（语言能力三级水平）

2. 文化意识

能够选择合适的方式方法，在课堂等现实情境中获取文化信息；了解国家代表性动植物，加深对人与自然关系的理解，最终形成尊重动物、关爱动物、保护生态的价值观。（文化意识二级水平）

3. 思维品质

主动观察文化的各种现象，通过比较，识别各种信息之间的关联，从中推断出它们之间简单的逻辑关系、作者的观点和态度；针对所获取的信息，提出批判性的问题，辩证思考、判断观点和思想的价值，联系自身实际，形成自己的观点，实现知识向思维能力的迁移。（思维品质二级水平）

4. 学习能力

对英语学习有较强的兴趣和自信心，能开展课外学习，利用图书馆、工具书、网络资源等扩充学习内容和信息渠道，丰富知识，开阔眼界，提高英语运用能力；开展自主、合作与探究学习，选择恰当的策略与方法。

【大概念】☞

课时核心大概念：包括外形、栖息地、迁徙行为和饮食习惯等方面的动物档案。

特征化表达：阅读介绍丹顶鹤基本信息的范文，系统地了解丹顶鹤的外形、习性及在中国文化中的寓意等，理清动物介绍的内容特点、表达和句式的逻辑，运用从局部到整体的系统思维，迁移介绍、描述一种动物。运用多视角的结构化呈现方式，建立尊重动物、关爱动物、保护生态的价值观。

	概念结论	思想方法	价值观念
简略化表达	提炼丹顶鹤说明文的内容、结构，用英语表达介绍熊猫的档案信息	系统思维 逻辑思维 创新思维	尊重动物、关爱动物、保护生态
特征化表达	研读并仿照介绍丹顶鹤基本信息的范文，了解丹顶鹤的外形、习性及在中国文化中的寓意等，了解动物介绍类文章的内容及特点、表达和句式，迁移介绍熊猫	说明动物时应有逻辑，从整体到局部、从外观到习性、从生存到文化等多视角结构化呈现	了解丹顶鹤濒危是因为其依赖的生态受到破坏，其他动物同样面临濒危的境地，建立尊重动物、关爱动物、保护生态的价值观迫在眉睫

【资源条件】☞

资源名称	功 能
黑板	板书核心问题；板书学生解决问题时分析、交流、建构的英语知识，结构和要点；板书反思提升的要点和语言表达
教材、学案	提供大概念核心问题教学各环节中自主阅读的任务、探究与生成的知识和观点等
PPT	展示具体的教学环节和教学内容，出示反馈评价和总结、家庭作业等内容
投影	用白板展示学生作品，方便进行基于深度理解与表达的思维训练

【学生基础】☞

本班学生是高一的学生，已具备一定的语言表达能力和写作所需的词汇和短语基础，绝大多数学生能使用简单句，少数学生能使用高级的复合句描述事物。但是，学生的英语综合能力和英语学习习惯依然参差不齐。语言能力和思维品质方面存在差异，创新思维和迁移思维较弱，书面表达和语言准确性有待大幅度提高。

从话题方面来说，本单元主题语境是“人与自然”，Developing ideas：Writing an animal fact file 语篇对于高一的学生来说，生难词汇多（主要体现在 the red-crowned crane，Mongolia，Korean Peninsula，migrate，snail，breed，habitat，measure 等词汇），高级复合句型较多（主要体现在 standing at about 150cm tall，from which it gets its name，where the natural habitat is safe 等），话题生僻（科普类说明文，学生们对丹顶鹤的外形、栖息地、迁徙行为、饮食习惯等内容的缄默知识和英语单词、短语表达了解不多）。

基于以上分析，要求学生开展课外学习，利用图书馆、工具书、网络资源等扩充学习内容和信息渠道，丰富知识，开阔眼界，提高英语运用能力。学生最终能够基于课堂提供的科普类说明文以及图片等多模态语篇，谈论与动物有关的话题，撰写一篇动物说明文。

【教学目标】☞

参与有关丹顶鹤科普的研读和探究活动，能够理解文章大意，厘清文本类型；能够运用本文所学的与动物的外形、栖息地、迁徙行为、饮食习惯、象征意义等相关的词汇及定语从句（语言能力二级水平），谈论与熊猫的动物档案有关的话题，撰写熊猫说明文（思维品质三级水平、语言能力二级水平）；思考人与动物的关系，最终形成尊重动物、关爱动物、保护生态的价值观（文化意识三级水平、思维品质三级水平）。

【核心问题】☞

核心问题：运用思维导图，研读《丹顶鹤》，提炼动物类说明文的基本内容及结构。

核心问题分析：本文是一篇科普说明文，介绍丹顶鹤的基本信息，了解丹顶鹤的外形、栖息地、迁徙行为、饮食习惯、象征意义等，了解动物介绍类文章的内容及特点、表达和句式，迁移介绍和描述熊猫。

【评价预设】☞

本堂课语篇类型为科普说明文，对于丹顶鹤这个话题，学生的缄默知识有限，从而导致脱离文本学生的话题输出量也有限。但是对于高一的学生来说，比较容易理解语篇，根据语篇内容，学生能够画出思维导图，学会动物说明文的写作特征和优美表达，为最终写作的输出铺垫。在反思提升环节，学生分析动物说明文写作策略，大多数学生能够通过研读文本提炼出动物说明文应有的内容和结构这两点。但是大多数学生容易忽略从整体到局部，从局部到整体，人称、时态这三点。表象的词句和文章结构是平时阅读训练中常见的部分，但逻辑和人称时态是阅读训练的盲区，因此本堂课需要老师引导学生挖掘这部分深层次的文本内容。大熊猫虽然是四川孩子熟悉的动物，但是对学生的输出来说，涉及英语表达和生活习性等文化类知识是个难题，因此课前需要学生以大熊猫为关键词上网搜索相关纪录片，为学生的作文输出搭建课前脚手架。

二、教学实施设计

【教学环节】☞

教学环节	学生活动	教师活动	设计意图	技术融合
1. 提出 问题 （5 mins）	1. 读本单元描述黑脉金斑蝶和熊的语句，回答：What aspects should be included if we want to introduce an animal to others? 2. 根据老师的口头描述和图片碎片，猜测图片内容	营造情境，导入本课话题，提出核心问题：运用思维导图，研读《丹顶鹤》，提炼动物类说明文的基本内容及结构	营造情境，利用多模态语篇为下一环节阅读科普说明文铺垫	PPT 展示
2. 解决 问题 （5 mins）	1. 阅读文章，绘制思维导图，理清文章结构 2. 根据语篇内容，找出关于丹顶鹤外形、栖息地、迁徙行为和饮食习惯等的表达	引导学生理解《丹顶鹤》的结构，概括归纳出动物档案的写作要点，即外形、栖息地、迁徙行为、饮食习惯、象征意义等方面	细节理解，归纳动物档案的写作要点	PPT 展示 学生学案 投影仪
		引导学生积累关于动物档案英文写作的表达词句	脚手架搭建	
3. 反思 提升 （10 mins）	分析《丹顶鹤》，得出： 1. 动物说明文写作的内容和结构 2. 逻辑（分段） 3. 人称 4. 时态 5. 高级词汇、短语、句型（定语从句）	引导学生找出动物档案写作的文体特征： 1）内容和结构 2）逻辑 3）人称 4）时态 5）高级词汇、短语、句型（定语从句）	脚手架搭建	PPT 黑板板书
4. 评价 反馈 （22 mins）	根据真实情境，基于大熊猫的外形、栖息地、迁徙行为和饮食习惯等五个写作要点，讨论并记录熊猫说明文写作的高级表达	归纳总结、板书学生以大熊猫为话题的说明文写作中的优美表达及其他方面（笔记由学生的答案生成）	创新介绍、描述另一种动物，完善写作输出	PPT 黑板板书 学案 投影仪
	以大熊猫为话题的动物说明文写作			
	根据反思提升环节中的分析结果，全班评价			
	作业：根据课堂评价总结，撰写一篇大熊猫说明文			

【板书设计】☞

Book 1 Unit 5 Writing an animal fact file

核心问题：运用思维导图，研读《丹顶鹤》，提炼动物类说明文的基本内容及结构。

Mind map

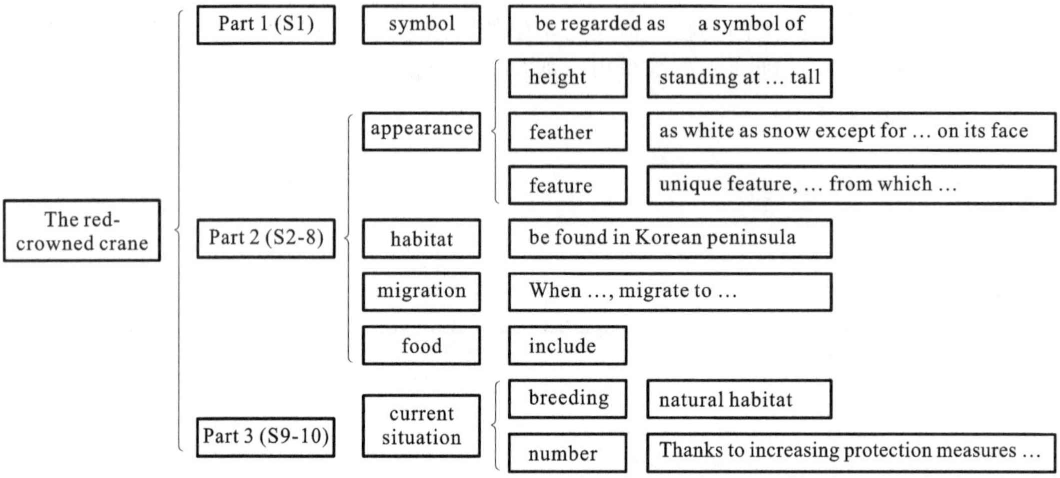

Value & attitude   love & protect animals

【教学流程图】☞

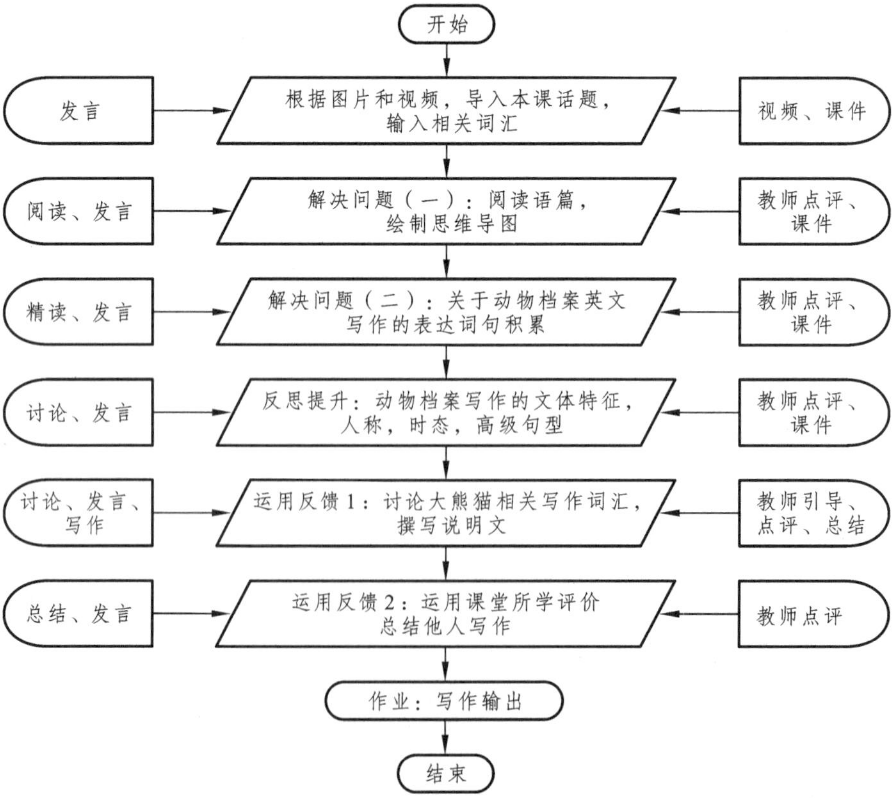

【作业布置】☞

为了让学生能够将本节课体验到的反思总结、基本思想方法和概念结论迁移到后续的学习中，特布置如下作业。

作业序号	作业目标	作业内容	作业情境		概念结论		思想方法		价值观念		整体评估	
			内容	水平	内容	水平	内容	水平	内容	水平	类型	水平
1	正确使用课堂所学新词汇填空（语言水平二级、学习能力二级）	根据提示填空	人与自然	较复杂	人与自然语境下的词汇运用	语言水平二级、学习能力二级	迁移思维	思维品质二级	尊重动物、保护自然	文化意识三级水平	基础作业	学业质量水平2
2	能正确运用说明文的时态、人称；能使用3～4个复合句型；有一定的高级单词、短语表达；能意识到保护动物的重要性（语言水平三级、思维品质三级）	撰写一篇包括外形、栖息地、迁徙行为和饮食习惯等方面的熊猫说明文	学生根据大熊猫的缄默知识，分析大熊猫的外形、栖息地、迁徙行为和饮食习惯等，提高保护动物、保护生态的意识	较复杂	包括外形、栖息地、迁徙行为和饮食习惯等方面的熊猫说明文	思维品质三级水平、语言能力二级水平、文化意识三级水平	系统思维、迁移思维、创新思维	思维品质三级水平	尊重动物、保护自然	文化意识三级水平	综合作业	学业质量水平3
3	能正确运用说明文的时态、人称；能使用3～4个复合句型；有一定的高级单词、短语表达；能意识到保护动物的重要性（语言水平三级、思维品质三级）	撰写一篇包括外形、栖息地、迁徙行为和饮食习惯等方面的动物说明文	学生根据身边熟悉的动物的缄默知识，分析其的外形、栖息地、迁徙行为和饮食习惯等，提高保护动物、保护生态的意识	较复杂	包括外形、栖息地、迁徙行为和饮食习惯等方面的动物说明文	思维品质三级水平、语言能力二级水平、文化意识三级水平	系统思维、迁移思维、创新思维	思维品质三级水平	尊重动物、保护自然	文化意识三级水平	实践性作业	学业质量水平3

（具体的作业内容略）

大概念核心问题教学文化评价表

基本信息	课程名称	Book 1 Unit 5 Into the wild Writing an animal file			
	课程大概念	课时核心大概念：包括外形、栖息地、迁徙行为和饮食习惯等方面的动物档案 特征化表达：阅读介绍丹顶鹤基本信息的范文，系统地了解丹顶鹤的外形、习性及在中国文化中的寓意等，理清动物介绍类文章的内容特点、表达和句式的逻辑，运用从局部到整体的思维，迁移介绍、描述一种动物。运用多视角的结构化呈现方式，建立尊重动物、关爱动物、保护生态的价值观			
	课程内容（核心问题）	运用思维导图，研读《丹顶鹤》，提炼动物类说明文的基本内容及结构			
评价目标	评价指标				评价方法结果
	一级指标	二级指标	三级指标		
实现活动体验中的学习与素养发展	具有大概念核心问题教学形态	核心问题利于活动体验	内含客观问题和学生活动方式	8	每项指标最高评8分（满分为96分）
			问题情境与真实生活密切相关	8	
			能引发大概念、新知新法生成	7	
		教学目标价值引导恰当	目标构成全面准确	8	
			内含关联体验目标	8	
			目标价值引导显现	8	
		教学环节完整、合理地落实	教学环节清晰完整	8	
			环节内容合理充实	8	
			学生活动时间充分	8	
		教学要素相互匹配、促进	问题目标环节两两匹配	8	
			技术促进活动形式内容	7	
			学科特色突出氛围浓郁	7	合计<u>93</u>分
	具有大概念核心问题教学特质	拓展学习视野	课堂与现实世界有恰当关联		选择一个表现突出的二级指标，在相应三级指标引导下，以现场学生表现为主要依据，以其余指标为背景，于本表的第二页写出150字以上的简要评价
			有基于缄默知识的问题解决		
			有缄默知识运用的追踪剖析		
			知识运用剖析导向素养发展		
		投入实践活动	有真实而且完整的实践活动		
			实践活动深度融入两类情境		
			能够全身心地浸渍于活动中		
			活动内容和结果均丰富深入		
		感受意义关联	有核心问题的深层意义感受		
			有以知识为中心的关联感受		
			有以个人为中心的关联感受		
			有对三类大概念的关联感受		

续表

<table>
<tr><th rowspan="2">评价目标</th><th colspan="3">评价指标</th><th rowspan="2">评价
方法结果</th></tr>
<tr><th>一级指标</th><th>二级指标</th><th>三级指标</th></tr>
<tr><td rowspan="11">实现活动体验中的学习与素养发展</td><td rowspan="11">具有大概念核心问题教学特质</td><td rowspan="4">自觉反思体验</td><td>有实质性反思活动的开展</td><td rowspan="11"></td></tr>
<tr><td>有课堂新因素的追踪利用</td></tr>
<tr><td>有体验的交流与改善重构</td></tr>
<tr><td>有概念生成中的素养发展</td></tr>
<tr><td rowspan="4">乐于对话分享</td><td>乐于自我的表达与认真地倾听</td></tr>
<tr><td>乐于合作中成果与思路的分享</td></tr>
<tr><td>乐于成果交流中深层意义分享</td></tr>
<tr><td>有宽容的对话氛围和双向交流</td></tr>
<tr><td rowspan="3">认同素养评价</td><td>认可素养评价</td></tr>
<tr><td>参与素养评价</td></tr>
<tr><td>利用素养评价</td></tr>
<tr><td colspan="5">大概念核心问题教学特质的简要评价（包括发展性建议）:</td></tr>
</table>

本课的核心问题是：运用思维导图，研读《丹顶鹤》，提炼动物类说明文的基本内容及结构。本次课采用的是大概念的核心问题教学，本课“拓展学习视野”的二级指标下四个三级指标凸显充分——课堂与现实世界有恰当关联、有基于缄默知识的问题解决、有缄默知识运用的追踪剖析、知识运用剖析导向素养发展。

首先，缄默知识的输入和输出方面。本单元主题语境是人与自然，主题群为自然生态，主题语境内容为人与环境、人与动植物。

1）动物保护话题——本文涉及丹顶鹤语篇和大熊猫话题，学生有着一定的缄默知识。但是学生的缄默知识有限，从而导致脱离文本学生的话题输出量也有限。

2）大多数学生能够通过研读文本提炼出动物说明文应有的内容和结构这两点。但是大多数学生容易忽略从整体到局部，从局部到整体，人称，时态这三点。

3）表象的词句和文章结构是平时阅读训练中常见的部分，逻辑和人称时态是阅读训练的盲区，因此本堂课需要老师引导学生挖掘这部分深层次的文本内容。

4）大熊猫虽然是四川孩子熟悉的动物，对学生的输出来说，涉及英语表达和生活习性等文化类知识是个难题。

其次，课堂上基于缄默知识的问题解决方面。

1）学生根据语篇内容画出思维导图，得到动物说明文的写作特征和优美表达，为最终写作的输出铺垫。

2）老师带领全班梳理思维导图，对比个别学生的思维导图，引导学生总结出动物说明文应有的内容、结构。

3）通过分析丹顶鹤说明文语篇，得出动物说明文的行文逻辑、人称和时态。

4）学生讨论得出部分写作话题词汇和短语，老师补充相关表达，学生能够认识到 120 cm to 180 cm in length for an adult，80 kg to 120 kg，round face with black fur on its ears，eye sockets（眼圈），legs and arms，national treasure，survive on the earth for millions of years，vulnerable animal（易危动物）...mountain regions of Sichuan，Shanxi province，nature reserves，breeding and research center...等知识，从而迁移到写作输出中。

最后，缄默知识运用的追踪剖析和知识运用剖析导向素养发展方面。本课最后学生的文章互评和自评环节，要求学生运用课堂所学，分析文章结构、内容、人称、时态、表达……让学生可以用英文讲好中国故事，把中国的文化传播到全世界，提升学生的学习能力和学习素养

大概念核心问题教学素养目标点检测表

课程名称	Book 1 Unit 5 Into the wild—Writing an animal file
课程大概念	课时核心大概念：从丹顶鹤说明文中提炼出说明内容、结构，适用于熊猫等其他动物的说明文。运用多视角的结构化呈现方式，建立尊重动物、关爱动物、保护生态的价值观 特征化表达：根据关于丹顶鹤基本信息的范文，了解丹顶鹤的外形、习性及在中国文化中的寓意等，了解动物介绍类文章的内容特点、表达和句式，迁移介绍和描述一篇关于熊猫的动物说明文
核心问题	运用思维导图，研读《丹顶鹤》，提炼动物类说明文的基本内容及结构
课程素养目标	1. 语言能力 在常见的语境中，较为熟练地整合运用已有的英语语言知识，理解多模态语篇，即本课的视频、图片等非文字资源传达的意义，推断作者的意图、情感、态度和价值取向；分析语篇的组织结构和文体特征；从语篇中提取主要信息和观点，理解语篇要义；运用本单元所学有效地陈述事实，传递信息，表达个人观点、情感、意图、态度和价值取向。（语言能力三级水平） 2. 文化意识 能够选择合适的方式方法，在课堂等现实情境中获取文化信息；了解国家代表性动植物，加深对人与自然关系的理解，最终形成尊重动物、关爱动物、保护生态的价值观。（文化意识二级水平） 3. 思维品质 主动观察文化的各种现象，通过比较，识别各种信息之间的关联，推断出它们之间的逻辑关系、作者的观点和态度；针对所获取的信息，提出批判性的问题，辩证思考、判断观点和思想的价值，联系自身实际，形成自己的观点，实现知识向思维能力的迁移。（思维品质二级水平） 4. 学习能力 对英语学习有较强的兴趣和自信心，能开展课外学习，利用图书馆、工具书、网络资源等扩充学习内容和信息渠道，丰富知识，开阔眼界，提高英语运用能力；开展自主、合作与探究学习，选择恰当的策略与方法
检测点	熊猫说明文是否结构正确；文章人称和时态是否正确；内容是否包含 symbol，appearance，habitat，migration，food，current situation，attitude & value 这几方面；语言使用是否恰当高级；文章是否有定语从句
检测任务	学生课堂完成的熊猫说明文
分类标准	A. 熊猫说明文分段合理；人称、时态使用正确；内容包含 symbol，appearance，habitat，migration，food，current situation，attitude & value 这几方面；语言使用恰当高级；文章有定语从句
	B. 熊猫说明文分段较合理；人称、时态使用正确；内容包含 symbol，appearance，habitat，migration，food，current situation，attitude & value 这几方面；有部分恰当高级的语言表达；文章有定语从句

续表

<table>
<tr><td rowspan="2">分类标准</td><td colspan="3">C. 熊猫说明文分段合理；人称、时态使用正确；内容包含 symbol，appearance，habitat，migration，food，current situation，attitude & value 这几方面；有少许恰当高级的语言表达；文章没有定语从句</td></tr>
<tr><td colspan="3">D. 熊猫说明文分段欠合理；人称、时态使用偶有不正确；内容包含 symbol，appearance，habitat，migration，food，current situation，attitude & value 这几方面；有一两句恰当高级的语言表达；文章没有定语从句</td></tr>
<tr><td rowspan="5">检测统计</td><td>分类等级</td><td>学生人数</td><td>百分比（总人数 56 人）</td></tr>
<tr><td>A</td><td>A</td><td>25</td></tr>
<tr><td>B</td><td>B</td><td>24</td></tr>
<tr><td>C</td><td>C</td><td>7</td></tr>
<tr><td>D</td><td>D</td><td>0</td></tr>
<tr><td>检测分析及结果运用</td><td colspan="3">本次点检测一共 56 人参与。A 等即熊猫说明文分段合理；人称、时态使用正确；内容包含 symbol，appearance，habitat，migration，food，current situation，attitude & value 这几方面；语言使用恰当高级；文章有定语从句的同学有 25 人，占比 45%。B 等即熊猫说明文分段较合理；人称、时态使用正确；内容包含 symbol，appearance，habitat，migration，food，current situation，attitude & value 这几方面；有部分恰当高级的语言表达；文章有定语从句的同学有 24 人，占比 43%。C 等即熊猫说明文分段合理；人称、时态使用正确；内容包含 symbol，appearance，habitat，migration，food，current situation，attitude & value 这几方面；有少许恰当高级的语言表达；文章没有定语从句的同学 7 人、占 12%。
从检测结果看，全班绝大多数学生能融会贯通本课所学内容，能够把丹顶鹤说明文语篇分析以及熊猫在 symbol，appearance，habitat，migration，food，current situation，attitude & value 这几方面的表达讨论输出，并合理运用到熊猫说明文的输出中。部分同学在熊猫说明文中使用了定语从句，使文章内容更加丰富，更富有逻辑性。
但是学生们的写作中也反映出少数问题：
1. 介绍熊猫的身长时仿写丹顶鹤科普文里的 standing at…tall 句型。
2. 熊猫的皮毛应该用 fur 来表达，少数学生用了 feather。
3. 句子缺少谓语。
4. 熊猫的食物的语句用 only eat bamboo，与事实不符合。
5. 文章结构采用一段式从各个方面描述熊猫。
综上，以学科教学内容为载体，运用大概念核心问题教学进行的学习方法与策略指导课，能使学生从学科知识与能力、学科思想方法、学科价值观念多维度、深层次地学习体验，在深度体验中获得学科学习经验，积淀英语语言知识、语言技能、思维品质、学习技能等英语学科核心素养。因此，在后续的教学中，应着力加强学生思维品质、学习方法与策略的培育，观察发现学生学习方法与策略中存在的不足，进行强针对性的指导与交流</td></tr>
</table>

<table>
<tr>
<td>素养目标达成典型实例</td>
<td>
Step 6 Writing: write an animal fact file about panda.
Panda.
In Chinese culture, panda as the national treasure has long been regarded as a symbol of unity and friendship. symbol
Not only its medium height, but also its round face enables it to enjoy the fame. It's also known for its special black and white for fur. appearance
It's found in Sichuan and Shanxi province, for the reason that it prefers to bamboo forest to zoo. habitat Its food includes bamboo, fruits and so on. food
However, even if It survives on the earth for millions of years, it's one of vulnerable animals. So We should try our best to protect it and appeal to more people to protect it from dangerous situation. current situation
熊猫说明文分段合理；人称、时态使用正确；内容包含 symbol，appearance，habitat，migration，food，current situation，attitude & value 这几方面；语言使用恰当高级；文章有定语从句
Step 6 Writing: write an animal fact file about panda.
<s>In Chinese culture</s>
Panda has been regarded as the national treasure of China. It's a symbol of peace and friendship. symbol
It's in a round body shape and is about 120cm to 180 cm in height. Also, the biggest feature of it is the black and white fur. appearance
It food includes bamboo and some other plants. It can eat 12-18 kg bamboo a day. In Sichuan, Shanxi province, there's hundreds of bamboo, so pandas mainly to live here and some research center. food habitat
However, <s>it's</s> they're in the face of dying out, as their families and friends, we're supposed to protect them and provide a nice environment for them to live. current situation / other information
有定从文章就更好了!
熊猫说明文分段合理；人称、时态使用正确；内容包含 symbol，appearance，habitat，migration，food，current situation，attitude & value 这几方面；语言使用恰当高级
</td>
</tr>
</table>

续表

<table>
<tr>
<td>素养目标达成典型实例</td>
<td>
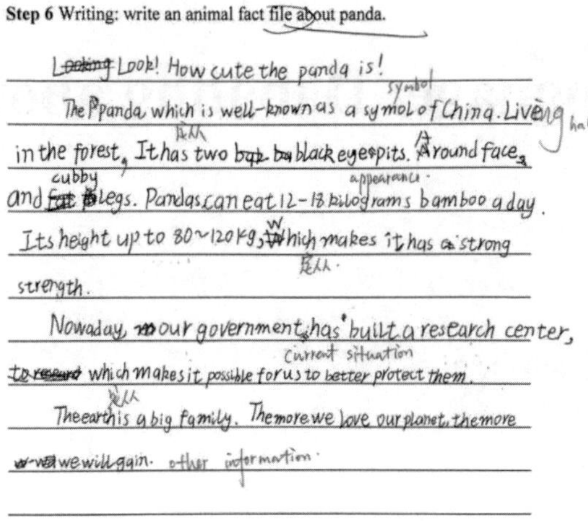

Step 6 Writing: write an animal fact file about panda.

~~Looking~~ Look! How cute the panda is!

The Ppanda which is well-known as a symol of China. Living in the forest, It has two black eye pits, A round face, and cubby legs. Pandas can eat 12-18 kilograms bamboo a day. Its height up to 80~120kg, which makes it has a strong strength.

Nowaday, our government has built a research center, ~~to research~~ which makes it possible for us to better protect them.

The earth is a big family. The more we love our planet, the more we will gain.

熊猫说明文分段合理；人称、时态使用正确；内容包含 symbol，appearance，habitat，migration，food，current situation，attitude & value 这几方面；语言使用恰当高级；文章有定语从句

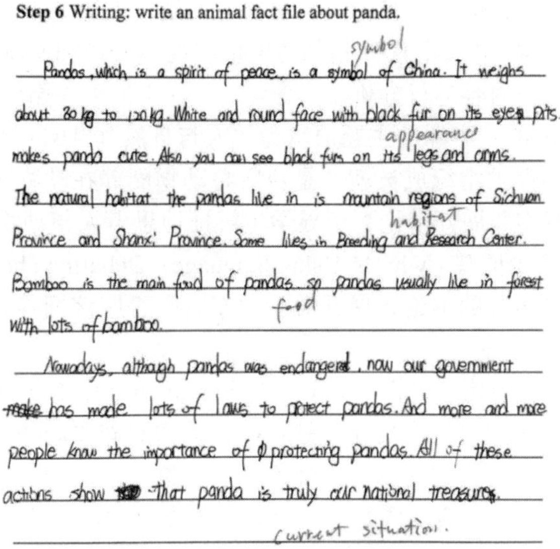

Step 6 Writing: write an animal fact file about panda.

Pandas, which is a spirit of peace, is a symbol of China. It weighs about 80 kg to 120 kg. White and round face with black fur on its eye pits makes panda cute. Also, you can see black furs on its legs and arms. The natural habitat the pandas live in is mountain regions of Sichuan Province and Shanxi Province. Some lives in Breeding and Research Center. Bamboo is the main food of pandas, so pandas usually live in forest with lots of bamboo.

Nowadays, although pandas was endangered, now our government ~~make~~ has made lots of laws to protect pandas. And more and more people know the importance of protecting pandas. All of these actions show that panda is truly our national treasure.

熊猫说明文分段合理；人称、时态使用正确；内容包含 symbol，appearance，habitat，migration，food，current situation，attitude & value 这几方面；语言使用恰当高级
</td>
</tr>
<tr>
<td>检测反馈</td>
<td>对学生完成的评价反馈作业进行认真的归类分析后，从课堂学习及课后作业两个方面与学生进行反馈交流：针对课堂交流互动的积极程度略欠佳这一情况，激励学生在今后的课堂学习中更加大胆地表达自己的观点与见解，这样更有助于对所学知识的理解与内化；至于课后作业，如前面分析所述，情况良好，因此在对全班进行肯定性评价的基础上，通过对学生优秀案例的剖析强化，加强学生的相互学习和借鉴。对反馈作业中结果不太好的学生（包括质量和书写等方面）进行沟通交流，以期在今后的学习中能更好地对待，对学科知识、思想方法和价值观念进行更好的迁移和运用</td>
</tr>
</table>

Using Language: Dabating about Animals

杜胜蓝

一、教学分析设计

【教材课标】☞

普通高中英语课程的具体目标是：培养和发展学生在接受高中英语教育后应具备的语言能力、文化意识、思维品质、学习能力等核心素养。

本次授课内容选自必修一的 Unit 5，单元主题为：Into the wild（走进荒野）。本单元主题语境为人与自然，主题语境内容为人与动物的关系，主题意义为人与动物和谐共处。

下文从主题内容（what），意图/情感态度价值观（why）和文体特征、内容结构、语言（how）三个方面对本课语篇内容进行分析。

主题内容（what）：本课的主题语境为“人与自然”。Using language 中听说部分的材料是动物饲养员和动物保护组织成员就“是否应将动物圈养在动物园”展开的辩论，学生就“家庭是否应该饲养宠物”展开辩论，引导学生辩证地思考人与动物的关系。

意图/情感态度价值观（why）：Using language：Debating about animals 通过听懂“是否应将动物圈养在动物园”的辩论，展开关于“家庭是否应该饲养宠物”的辩论，树立人与动物和谐相处的价值观。

文体特征、内容结构、语言（how）：Using language：Debating about animals 听力材料是动物饲养员和动物保护组织成员就“是否应将动物圈养在动物园”展开的辩论，辩论双方相继陈诉己方立场并给出支撑立场的详细论据。辩论文本结构清晰，先陈诉立场，再给出理由和支撑论据，并包含很多表示同意、反对和提出支撑立场的详细论据的相关词汇和表达。

研读课标后，梳理课标（2017 年版 2020 年修订）对本课时教学的目标要求如下：

1. 语言能力

熟练地整合性运用已有的英语语言知识，解析语篇结构的合理性和语篇主要观点与事实之间的逻辑关系，批判性地审视语篇的观点、情感态度；准确、熟练和得体地陈述事件，传递信息，表达个人观点和情感，体现意图、态度和价值取向。（语言能力三级水平）

2. 文化意识

能够选择合适的方式方法，在课堂等现实情境中获取中外文化信息，并结合实际情况进行分析和比较，深入思考人与动物的关系，最终形成关爱动物、与动物和谐相处的正确且可持续发展的观念。（文化意识二级水平）

3. 思维品质

主动观察文化的各种现象，通过比较，识别各种信息之间的关联，从中推断出它们之间简单的逻辑关系、作者的观点和态度；针对所获取的信息，提出批判性的问题，辩证思考、判断观点和思想的价值，联系自身实际，形成自己的观点，实现知识向思维能力的迁移。(思维品质二级水平)

4. 学习能力

对英语学习有较强的兴趣和自信心，善于自主学习和合作学习，举一反三，积极争取和把握各种学习和表现机会，运用英语进行有效沟通和交流。(学习能力三级)

【大概念】☞

课时核心大概念：辩论——家庭是否应该饲养宠物。

特征化表达：听懂动物园饲养员和动物保护组织成员间就“是否应将动物圈养在动物园”展开的辩论，对比正反方的立场、观点、理由和支撑论据；提取、梳理、归纳辩论语篇的结构和辩论技巧，对比思考并辩论“家庭是否能饲养宠物”，在进行辩论活动时，创造性地表达人与动物关系的观点，更加深入地思考人与动物的关系，认识到人与动物和谐相处的重要性，树立尊重动物的可持续发展生态观。

	概念结论	思想方法	价值观念
简略化表达	将动物圈养在动物园和家庭饲养宠物的思辨表达	创新思维 对比思维 辩证思维.	爱护动物、尊重动物
特征化表达	在听力语篇中学习动物园饲养员和动物保护组织成员间就“是否应将动物圈养在动物园”展开的辩论，掌握有用表达及辩论结构，运用功能表达和辩证思维展开辩论：“家庭是否应该饲养宠物”	在听力活动中，对比正反方的立场、观点、理由和支撑论据，辩证地思考对话中的观点和自己是否支持这些观点；在进行辩论活动时，更加深入地思考人与动物的关系，创造性地表达人与动物关系的观点	在听力和辩论活动中，思考人与动物的关系，认识到人与动物和谐相处的重要性，树立尊重动物、保护动物的生态观

【资源条件】☞

资源名称	功　能
黑板	板书核心问题；板书学生解决问题时分析、交流、建构的英语知识，结构和要点；板书反思提升的要点和语言表达
教材、学案	提供大概念核心问题教学各环节中自主阅读的任务、探究与生成的知识和观点等
PPT	展示具体的教学环节和教学内容，出示反馈评价和总结、家庭作业等内容
投影	用白板展示学生作品，方便进行基于深度理解与表达的思维训练

【学生基础】☞

本班学生是高一的学生，已具备了一定的听力和语言表达能力，能够通过听的方式获取关于人与动物关系的信息，并在老师的指导下关注并收集有关支持和反对的相关表达，并进行深层次的思考。但是，学生的英语综合能力和英语学习习惯依然参差不齐。语言能力和思维品质方面存在差异，跨文化意识还较薄弱，创新思维和多元思维需要加强。大部分学生对英语较感兴趣，学习态度较端正，部分学生口头表达较好，但部分学生在课堂上不愿意张口，在进行口头表达时，关于辩论技巧、陈诉观点时的结构、语言准确性等方面有待大幅度提高。

从话题方面来说，学生在初中了解过关于人与自然的话题，对话题较熟悉，但缺乏对人与动物的关系、辩论文本结构和辩论技巧的深入了解。从语言方面来说，学生认识且会使用一些简单的与动物相关的词汇，如“nature，pet，feed，protect，charity，zoo，zookeeper，dog，cat，fish，horse”等；认识并且会使用定语从句中关系代词，但不认识本单元与动物相关的话题词汇和词组，如“die out，cage，observe，educate”，在表达人与动物关系方面，学生也存在词汇储备不够的问题；学生梳理、提取辩论中论证的技巧不够，辩论中陈述自己观点时结构不够清晰严谨。

所以，基于以上分析，本课要引导学生通过听力活动，获取人与动物关系的信息，梳理、提取表达支持反对和建议的短语句型和辩论中的论证技巧，激发学生对动物话题的深入思考，在相关话题的辩论中表达自己的观点、态度和情感。

【教学目标】☞

参与有关“是否应将动物圈养在动物园”的辩论和探究人与动物关系的活动，能够听懂与动物有关的一般性话题（语言能力一级），理解辩论语篇的结构和主要语言特征，有逻辑、有条理地在辩论中概括信息、构建概念、分析原因和逻辑关系，并能够恰当地运用功能表达展开辩论（语言能力二级），能够对比正反方的立场观点和支撑依据，辩证地思考对话中的观点和是否支持这些观点。创造性地表达同意或不同意的观点及原因（思维品质二级），认识到人与动物和谐相处的重要性，形成关爱动物的正确价值观（思维品质三级）。

【核心问题】☞

核心问题：听动物园饲养员和动物保护组织成员间就“是否应将动物圈养在动物园”展开的辩论音频，提取梳理辩论语篇的主要语言特征和结构。

核心问题分析：本课听力材料是动物饲养员和动物保护组织成员就“是否应将动物圈养在动物园”展开的辩论，辩论双方相继陈诉己方立场并给出支撑立场的详细论据。学生在听力活动中，获取人与动物关系的信息，通过提取、梳理辩论语篇的结构和主要语言及特征，学习辩论中的论证技巧，有逻辑、有条理地在辩论中概括信息、构建概念、分析原因和逻辑关系，能够对比正反方的立场观点和支撑依据，辩证地思考对话中的观点和是否支持这些观点。能够恰当地运用功能表达展开辩论，创造性地表达人与动物关系的观点，形成关爱动物的正确价值观。

【评价预设】☞

本堂课听力材料是辩论，学生在辨别确认辩论的论点和支撑依据时有一定困难。在口语输出部分，学生对辩论话题有话可说，但是口头表达时关于辩论技巧、陈诉观点的结构、语言准确性等方面有待大幅度提高。因此，在听力练习时，需要老师引导学生关注辩论双方的论点、支撑依据以及辩论者表达自己观点时的逻辑性，并带领学生就表达的逻辑性加以练习。

二、教学实施设计

【教学环节】☞

教学环节	学生活动	教师活动	设计意图	技术融合
1. 提出问题（2 mins）	看图片，描述家里宠物以及动物园里的动物和人类的关系，领会核心问题	营造情境，导入本课话题，提出核心问题。听动物园饲养员和动物保护组织成员间就“是否应将动物圈养在动物园”展开的辩论音频，提取梳理辩论语篇的结构和主要语言及特征，就“家庭是否应该饲养宠物”展开辩论	营造情境，提出核心问题，让学生明确本课学习重点	黑板板书 核心问题
2. 解决问题（16 mins）	1. 听材料，回答问题 1）What are the debate about? 2）Who are they?	引导学生听音频，获取辩论语篇的基本信息：辩题和辩论双方身份	理解和获取听力材料的大意和辩论语篇的基本信息	PPT 展示
	2. 精听语篇，挖掘文本细节信息	引导学生精听音频，获取和梳理听力材料的详细信息：辩论双方各自立场及支撑立场的详细论据	通过精听语篇，学生获取辩论双方的立场观点及支撑立场观点的论据，收集整理表达同意和反对的词汇表达和方法	PPT 和学案
	3. 提取梳理辩论语篇的结构	引导学生运用逻辑思维总结辩论语篇的结构	让学生运用辩论语篇的结构和主要语言及特征，进一步拓展思维	黑板板书
3. 反思提升（10 mins）	小组讨论如何在辩论中有好的表现，并完成思维导图	挑选学生展示思维导图，并就学生完成的思维导图进行点评	引导学生将关于辩论的缄默知识和零散知识显性化、系统化	黑板板书
4. 评价反馈（12 mins）	运用本课所学，就“家庭是否应该饲养宠物”展开辩论，生生、师生评价	引导学生展开辩论，在辩论中运用表达同意和不同意的句型以及从听力材料中提取、梳理、归纳出的辩论技巧；进行生生、师生评价	通过运用本课所学，使学生从基于和深入语篇的学习，发展到超越语篇的学习，让学习从感知理解—运用实践—创造迁移层层递进，实现知识—能力—素养的提升，最终达成英语核心素养目标	PPT

【板书设计】☞

Unit 1 Into the wild　　Using language

Debating about animals

核心问题：听动物园饲养员和动物保护组织成员间就“是否应将动物圈养在动物园”展开的辩论音频，提取、梳理辩论语篇的结构和主要语言及特征，就“家庭是否应该饲养宠物”展开辩论。

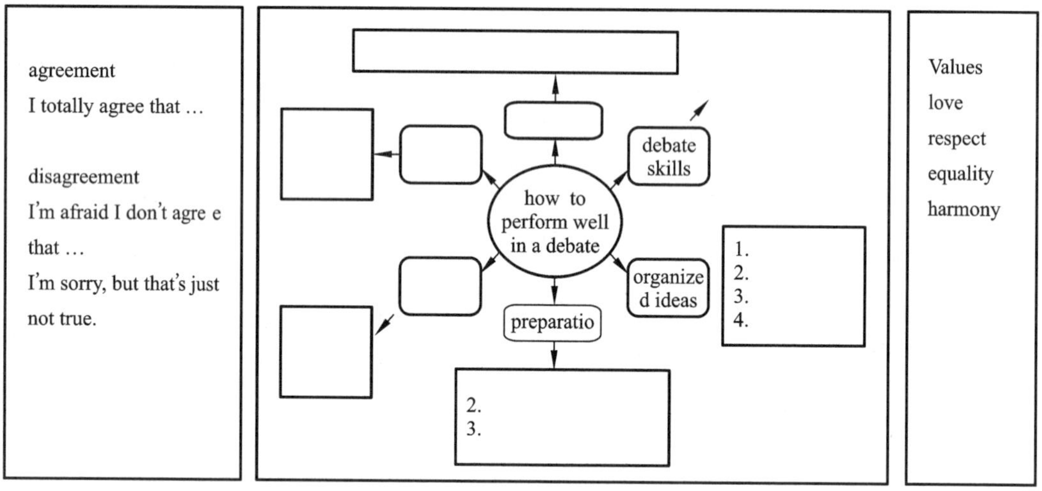

【教学流程图】☞

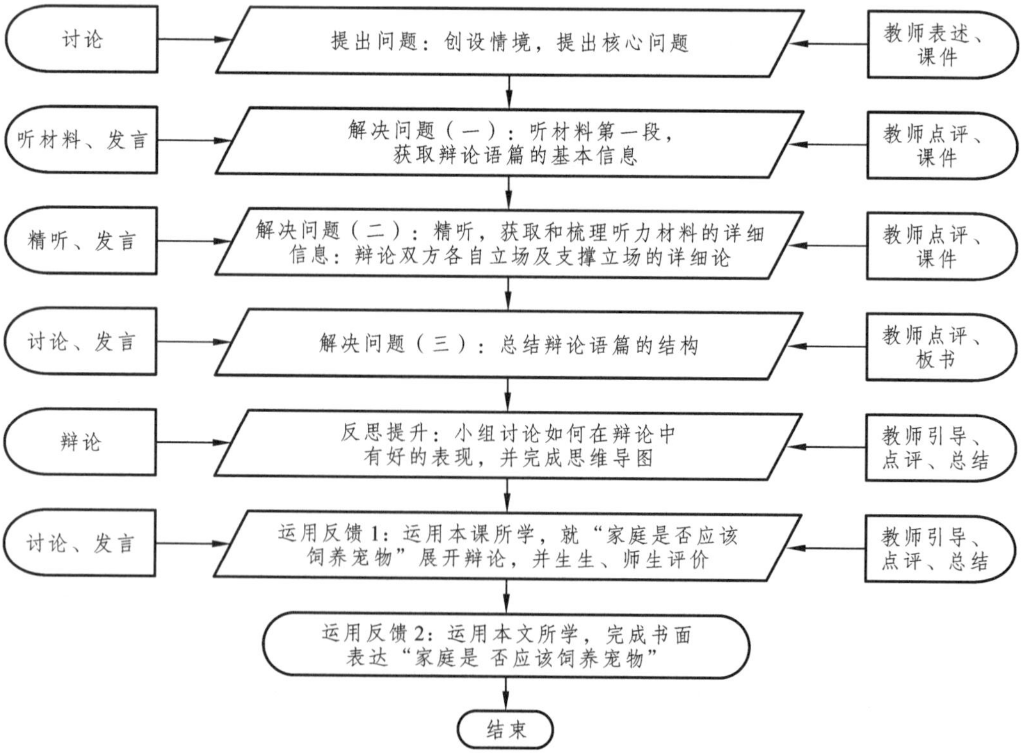

【作业布置】☞

为了让学生能够将本节课体验到的反思总结、基本思想方法、概念结论迁移到后续的学习之中，特布置如下作业。

作业序号	作业目标	作业内容	作业情境		概念结论		思想方法		价值观念		整体评估	
			内容	水平	内容	水平	内容	水平	内容	水平	类型	水平
1	掌握并恰当地使用赞同与反对的表达（语言能力二级）	根据上下文，完成关于赞同与反对的情景对话选择题	人与社会	简单	人与社会语境下的句型运用	语言能力二级	逻辑思维	思维品质二级	根据不同的环境条件，分析信息之间的关联和差异	思维品质二级	基础性作业	学业质量水平2
2	能争取运用辩论文体的结构；能恰当使用表示同意和不同意的词汇和句型（语言能力二级）；能认识到人与动物和谐相处的重要性（思维品质三级）	运用辩论文体行文结构和论证方法，以“家庭是否应该饲养宠物”为题目，完成议论文写作	学生联系生活实际，分析人与动物关系的问题，解决问题的方法	较复杂	议论文三大板块：引入，论证，结论	语言能力二级	逻辑思维，辩证思维	思维品质二级	尊重动物；人与动物和谐相处	思维品质三级	综合性作业	学业质量水平3
3	了解更多人对家庭是否应当养宠物的看法（语言能力二级、文化意识二级）	设计家庭是否应当养宠物的调查问卷，并进行问卷调查	人与社会	较复杂	问卷调查	语言能力二级	逻辑思维，辩证思维	思维品质二级	人与动物和谐相处	思维品质三级	实践性作业	学业质量水平3

（具体的作业内容略）

三、教学评价反馈

【评价实施】☞

课后听取、收集了听课教师的反馈意见，收集了全班学生的评价反馈练习 53 份。

【信息收集】☞

认真反思收集到的教师反馈意见，针对大概念核心问题教学的课堂教学评价，完成了“大概念核心问题教学文化评价表”。

【反馈调整】☞

1. 针对学生

对学生完成的评价反馈作业进行认真的归类分析后，从课堂学习及课后作业两个方面与学生进行反馈交流。针对课堂交流互动积极性略欠佳这一情况，激励学生在今后的课堂学习中更大胆地表达自己的观点与见解，这样有助于理解与内化所学知识；学生课后作业完成情况良好，因此在对全班进行肯定性评价的基础上，通过剖析优秀案例，加强学生的相互学习和借鉴。与反馈作业中结果不太好的学生（包括质量和书写等方面）进行沟通交流，以期在今后的学习中有更好的表现，能对学科知识、思想方法和价值观念进行更好的迁移和运用。

2. 针对教师

认真对课前教学设计、课堂教育教学及课后作业情况进行反思后，从课堂教学与课后作业两个方面对自己提出反馈调整意见：

（1）课堂教学设计上，听力部分应该让学生从整体上获取信息，再针对部分进行细节信息的挖掘；在系统思维培养方面，应该更信任学生，给学生更大的空间去提取梳理辩论语篇的结构、主要语言及特征和辩论中的论证技巧。

（2）课后作业上，因为学生初中时没有进行议论文写作的学习，所以在这次作业之前应该让学生先明确辩论文体的行文结构和论证方法，再进行议论文的写作。

大概念核心问题教学文化评价表

课时名称	Debating about animals
所属单元	Unit 5 Into the wild
单元大概念	简略化表达：走进荒野。 特征化表达：归纳概括黑脉金斑蝶、熊猫、丹顶鹤等动物的习性，辩证思考动物在文化交流方面的作用，听懂并谈论与动物有关的多模态语篇，对比思考并辩论“家庭是否能饲养宠物”，表达同意或不同意的观点，形成关爱动物保护生态的正确价值观

续表

<table>
<tr><td>单元核心问题</td><td colspan="6">从听、说、读、写、看五方面，研习有关人与动物的多模态语篇，探究人与动物的关系，听动物园饲养员和动物保护组织成员间就“是否应将动物圈养在动物园”展开的辩论音频材料，提取梳理辩论语篇的结构和主要语言及特征；分析总结动物介绍类文章的写作特点，撰写一篇包括外形、栖息地、迁徙行为和饮食习惯等方面的动物档案；制作以一种濒危动物为主题的英文海报</td></tr>
<tr><td>课时大概念</td><td colspan="6">简略化表达：辩论：家庭是否应该饲养宠物。
特征化表达：听懂动物园饲养员和动物保护组织成员间就“是否应将动物圈养在动物园”展开的辩论，对比正反方的立场观点理由和支撑论据，辩证地思考对话中的观点和自己是否支持这些观点；提取、梳理、归纳辩论语篇的结构和辩论技巧，对比思考并辩论“家庭是否能饲养宠物”，在进行辩论活动时，创造性地表达人与动物关系的观点，更加深入地思考人与动物的关系，认识到人与动物和谐相处的重要性，树立尊重动物的可持续发展生态观</td></tr>
<tr><td>课时核心问题</td><td colspan="6">听动物园饲养员和动物保护组织成员间就“是否应将动物圈养在动物园”展开的辩论音频材料，提取梳理辩论语篇的主要语言特征和结构</td></tr>
<tr><td rowspan="2">评价目标</td><td colspan="3">评价指标</td><td colspan="2" rowspan="2">评价
方法结果</td></tr>
<tr><td>一级指标</td><td>二级指标</td><td>三级指标</td></tr>
<tr><td rowspan="20">实现活动体验中的学习与素养发展</td><td rowspan="12">具有大概念
核心问题
教学形态</td><td rowspan="3">核心问题
利于活动体验</td><td>内含学科问题和学生活动方式</td><td>7</td><td rowspan="12">每项指标最高评8分（满分为96分）

合计<u>90</u>分</td></tr>
<tr><td>问题情境与真实生活密切相关</td><td>8</td></tr>
<tr><td>能引发大概念、新知新法生成</td><td>7</td></tr>
<tr><td rowspan="3">教学目标
价值引导恰当</td><td>目标构成全面准确</td><td>8</td></tr>
<tr><td>内含关联体验目标</td><td>8</td></tr>
<tr><td>目标价值引导显现</td><td>8</td></tr>
<tr><td rowspan="3">教学环节
完整、合理地
落实</td><td>教学环节清晰完整</td><td>8</td></tr>
<tr><td>环节内容合理充实</td><td>8</td></tr>
<tr><td>学生活动时间充分</td><td>8</td></tr>
<tr><td rowspan="3">教学要素
相互匹配、促进</td><td>问题目标环节两两匹配</td><td>8</td></tr>
<tr><td>技术促进活动形式内容</td><td>6</td></tr>
<tr><td>学科特色突出氛围浓郁</td><td>6</td></tr>
<tr><td rowspan="8">具有大概念
核心问题
教学特质</td><td rowspan="4">拓展学习视野</td><td>课堂与现实世界有恰当关联</td><td colspan="2" rowspan="8">选择一个表现突出的二级指标，在相应三级指标引导下，以现场学生表现为主要依据，以其余指标为背景，于本表的第二页写出 150 字以上的简要评价</td></tr>
<tr><td>有基于缄默知识的问题解决</td></tr>
<tr><td>有缄默知识运用的追踪剖析</td></tr>
<tr><td>知识运用剖析导向素养发展</td></tr>
<tr><td rowspan="4">投入实践活动</td><td>有真实而且完整的实践活动</td></tr>
<tr><td>实践活动深度融入两类情境</td></tr>
<tr><td>能够全身心地浸渍于活动中</td></tr>
<tr><td>活动内容和结果均丰富深入</td></tr>
</table>

续表

评价目标	评价指标			评价 方法结果
	一级指标	二级指标	三级指标	
实现活动体验中的学习与素养发展	具有大概念核心问题教学特质	感受意义关联	有核心问题的深层意义感受	
			有以知识为中心的关联感受	
			有以个人为中心的关联感受	
			有对三类大概念的关联感受	
		自觉反思体验	有实质性反思活动的开展	
			有课堂新因素的追踪利用	
			有体验的交流与改善重构	
			有概念生成中的素养发展	
		乐于对话分享	乐于自我的表达与认真地倾听	
			乐于合作中成果与思路的分享	
			乐于成果交流中深层意义分享	
			有宽容的对话氛围和双向交流	
		认同素养评价	认可素养评价	
			参与素养评价	
			利用素养评价	

大概念核心问题教学特质的简要评价（包括发展性建议）：

本课采用的是大概念的核心问题教学，“投入实践活动”和“感受意义关联”两个一二级指标凸显充分。

本课的核心问题是：听动物园饲养员和动物保护组织成员间就“是否应将动物圈养在动物园”展开的辩论音频，提取、梳理辩论语篇的主要语言特征和结构。本核心问题设置恰当，既能引导学生整节课活动的开展和体验，又能让学生体验意义关联，还能体现出本课时大概念的中心性、意义性、迁移性和持久性。

投入实践活动：本核心问题让学生完全浸渍在完整和真实的实践活动中，如解决问题环节中听材料，获取辩论语篇的基本信息；反思提升环节中小组讨论如何在辩论中有好的表现。同时，活动内容丰富，通过略听，获取辩论语篇的基本信息；通过精听，获取和梳理听力材料的详细信息：辩论双方的各自立场；通过反思提升的小组活动，把辩论的零散信息整合起来。

感受意义关联：本课的语篇内容为动物园饲养员和动物保护组织成员间就“是否应将动物圈养在动物园”展开的辩论。以听力文本为载体，提取梳理辩论语篇的主要语言特征结构和辩论技巧。在反思提升环节中，教师引导学生对辩论语篇主要语言特征结构、辩论技巧、辩论前准备、辩论时的身体语言等进行总结归纳，充分体现了概念结论类、思想方法类、价值观念类大概念间的紧密关联，让学生全方位感受意义关联。在运用反馈环节中，学生在辩论“家庭是否能饲养宠物”中获得了以知识为中心的关联感受：人与动物和谐相处的重要性，树立尊重动物的可持续发展生态观。

综上，学生在本课的学习中有核心问题的完整活动的浸渍，有深层价值意义的感受，有以知识为中心的关联感受，有对三类大概念的深层关联感受，所以“投入实践活动”和“感受意义关联”这两个一二级指标凸显充分。

大概念核心问题教学素养目标点检测表

课时名称	Debating about animals
所属单元	Book1 Unit 5 Into the wild
单元大概念	简略化表达：走进荒野。 大概念特征化表达：归纳概括黑脉金斑蝶、熊猫、丹顶鹤等动物的习性，辩证思考动物在文化交流方面的作用，听懂并谈论与动物有关的多模态语篇，对比思考并辩论“家庭是否能饲养宠物”，表达同意或不同意的观点，形成关爱动物、保护生态的正确价值观。 思想方法：形象思维、归纳概括、分析判断、逻辑思维、系统思维、对比思维、创新思维、辩证思维、迁移思维、发散思维。 价值观念： （1）认识到爱护动物、尊重动物、尊重自然的重要性，树立人与动物和谐相处的价值观。 （2）尊重自然，爱护动物，人与动物和谐相处
单元核心问题	从听、说、读、写、看五方面，研习有关人与动物的多模态语篇，探究人与动物的关系，听动物园饲养员和动物保护组织成员间就“是否应将动物圈养在动物园”展开的辩论音频，提取梳理辩论语篇的结构和主要语言及特征；分析总结动物介绍类文章的写作特点，撰写一篇包括外形、栖息地、迁徙行为和饮食习惯等方面的动物档案；制作以一种濒危动物为主题的英文海报
课时大概念	简略化表达：辩论——家庭是否应该饲养宠物。 特征化表达：听懂动物园饲养员和动物保护组织成员间就“是否应将动物圈养在动物园”展开的辩论，对比正反方的立场观点理由和支撑论据，辩证地思考对话中的观点和是否支持这些观点；提取、梳理、归纳辩论语篇的结构和辩论技巧，对比思考并辩论“家庭是否能饲养宠物”，在进行辩论活动时，创造性地表达人与动物关系的观点，更加深入地思考人与动物的关系，认识到人与动物和谐相处的重要性，树立尊重动物的可持续发展生态观
课时核心问题	听动物园饲养员和动物保护组织成员间就“是否应将动物圈养在动物园”展开的辩论音频，提取梳理辩论语篇的主要语言特征和结构
课时素养目标	听懂动物园饲养员和动物保护组织成员间就“是否应将动物圈养在动物园”展开的辩论，对比思考并辩论“家庭是否能饲养宠物”。 熟练地整合性运用已有的英语语言知识，解析语篇结构的合理性和语篇主要观点与事实之间的逻辑关系，批判性地审视语篇的观点、情感态度；准确、熟练和得体地陈述事件，传递信息，表达个人观点和情感，体现意图、态度和价值取向。（达到语言能力三级水平） 能够选择合适的方式方法，在课堂等现实情境中获取中外文化信息，并结合实际情况进行分析和比较，深入思考人与动物的关系，最终形成关爱动物、与动物和谐相处的正确的且可持续发展的观念（达到文化意识二级水平）
检测点	明确表示赞同或反对，文章结构清晰有条理

续表

<table>
<tr><td>检测工具
（检测题）</td><td colspan="3">议论文写作：家庭是否应该饲养宠物</td></tr>
<tr><td rowspan="4">分类标准</td><td colspan="3">A. 第一段明确表示赞同或反对；有两个以上的论点，每个论点均有支撑证据，论点与支撑证据之间有明确的关联；在结尾段，有明确表示总结的词或句子，并且能够总结全文观点</td></tr>
<tr><td colspan="3">A-. 第一段有表示赞同或反对意味的词或句子；有两个以上的论点，每个论点均有支撑证据，论点与支撑证据之间关联性不太强；在结尾段，有表示总结的词或句子，并且能够总结全文观点</td></tr>
<tr><td colspan="3">B. 第一段或没有表示赞同或反对意味的词或句子；有论点，或只有一个论点，有的论点或没有支撑证据，或论点与支撑证据之间关联性不强；或没有结尾段来总结全文观点</td></tr>
<tr><td colspan="3">C. 第一段没有表示赞同或反对意味的词或句子；有论点，或只有一个论点，有的论点或没有支撑证据，或论点与支撑证据之间关联性不强；或没有结尾段来总结全文观点</td></tr>
<tr><td rowspan="5">检测统计</td><td>分类等级</td><td>学生人数</td><td>百分比（总人数 53 人）</td></tr>
<tr><td>A</td><td>30</td><td>56.6%</td></tr>
<tr><td>A-</td><td>13</td><td>24.5%</td></tr>
<tr><td>B</td><td>10</td><td>18.9%</td></tr>
<tr><td>C</td><td>0</td><td>0%</td></tr>
<tr><td>检测分析
结果运用</td><td colspan="3">本次点检测一共 53 人参与。第一段有明确表示赞同或反对；有两个以上的论点，每个论点均有支撑证据，论点与支撑证据之间有明确的关联，在结尾段，有明确表示总结的词或句子的同学有 30 人（A 等），占比 56.6%；第一段有表示赞同或反对意味的词或句子；有两个以上的论点，每个论点均有支撑证据，论点与支撑证据之间关联性不太强；在结尾段，有表示总结的词或句子的同学有 13 人（A-等），占比 24.5%；只有 10 人（C 等）占 18.9%，第一段或没有表示赞同或反对意味的词或句子；有论点，或只有一个论点，有的论点或没有支撑证据，或论点与支撑证据之间关联性不强；或没有结尾段来总结全文观点；没有学生（0%）第一段没有表示赞同或反对意味的词或句子；有论点，或只有一个论点，有的论点或没有有支撑证据，或论点与支撑证据之间关联性不强；或没有结尾段来总结全文观点。
从检测结果看，全班绝大多数学生能使用表达赞成或反对的句子明确表达自己的观点；有清晰的论点和与论点相关性很强的支撑证据；在结尾段有明确表示总结的词或句子来总结全文观点。
但也有部分同学第一段或没有表示赞同或反对意味的词或句子；有论点，或只有一个论点，有的论点或没有支撑证据，或论点与支撑证据之间关联性不强；或没有结尾段来总结全文观点。
综上，一方面，进入高一的学生对学科教学内容载体的显性信息获取和梳理要好一些，但对信息后的内涵挖掘还不够，对学习方法与策略的关注与提升不足；另一方面，以学科教学内容为载体，运用大概念核心问题教学进行的学习方法与策略指导课，能使学生从学科知识与能力、学科思想方法、学科价值观念多维度、深层次学习体验，在深度体验中获得学科学习经验，积淀英语语言知识、语言技能、思维品质、学习技能等英语学科核心素养。因此，在后续的教学中，应着力加强学生思维品质、学习方法与策略的培育，观察发现学生学习方法与策略中存在的不足，进行强针对性的指导与交流</td></tr>
</table>

素养目标达成典型实例

①

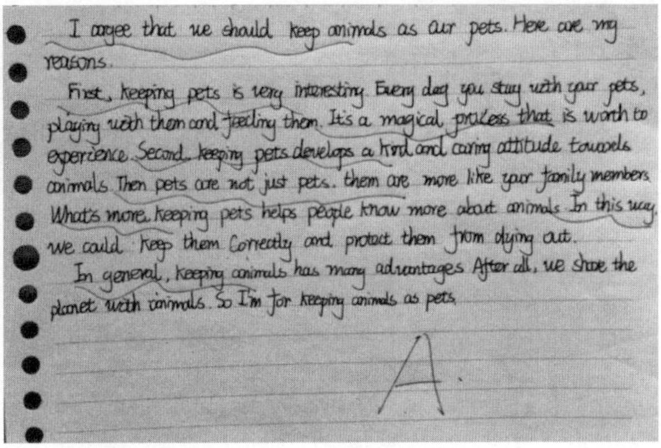

I agree that we should keep animals as our pets. Here are my reasons.

First, keeping pets is very interesting. Every day you stay with your pets, playing with them and feeding them. It's a magical process that is worth to experience. Second, keeping pets develops a kind and caring attitude towards animals. Then pets are not just pets. them are more like your family members. What's more, keeping pets helps people know more about animals. In this way, we could keep them Correctly and protect them from dying out.

In general, keeping animals has many advantages. After all, we share the planet with animals. So I'm for keeping animals as pets.

A

②

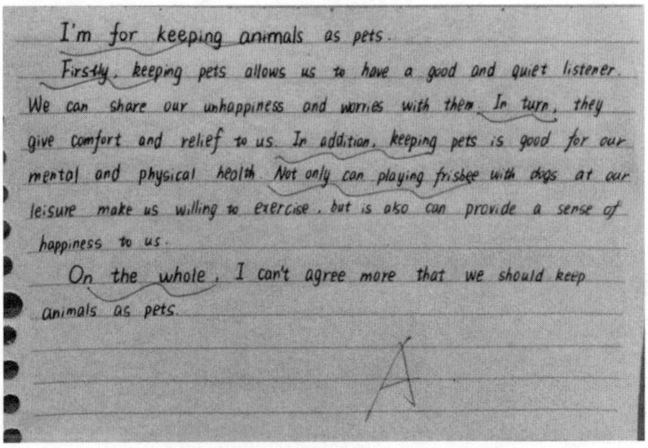

I'm for keeping animals as pets.

Firstly, keeping pets allows us to have a good and quiet listener. We can share our unhappiness and worries with them. In turn, they give comfort and relief to us. In addition, keeping pets is good for our mental and physical health. Not only can playing frisbee with dogs at our leisure make us willing to exercise, but is also can provide a sense of happiness to us.

On the whole, I can't agree more that we should keep animals as pets.

A

③

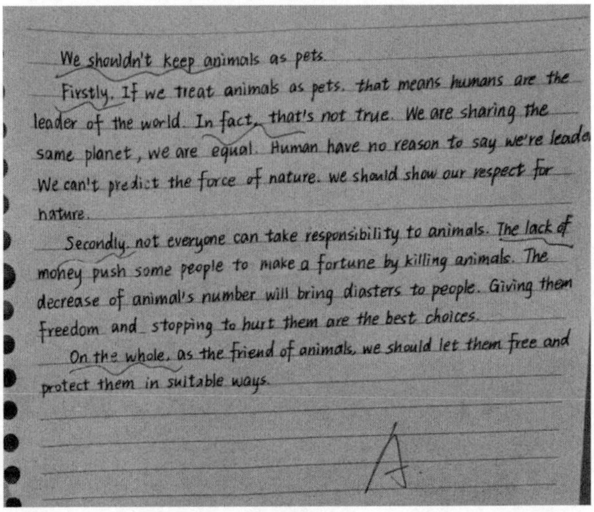

We shouldn't keep animals as pets.

Firstly, If we treat animals as pets. that means humans are the leader of the world. In fact, that's not true. We are sharing the same planet, we are equal. Human have no reason to say we're leader. We can't predict the force of nature. we should show our respect for nature.

Secondly, not everyone can take responsibility to animals. The lack of money push some people to make a fortune by killing animals. The decrease of animal's number will bring diasters to people. Giving them Freedom and stopping to hurt them are the best choices.

On the whole, as the friend of animals, we should let them free and protect them in suitable ways.

A

续表

<table>
<tr>
<td>素养目标达成典型实例</td>
<td>

④

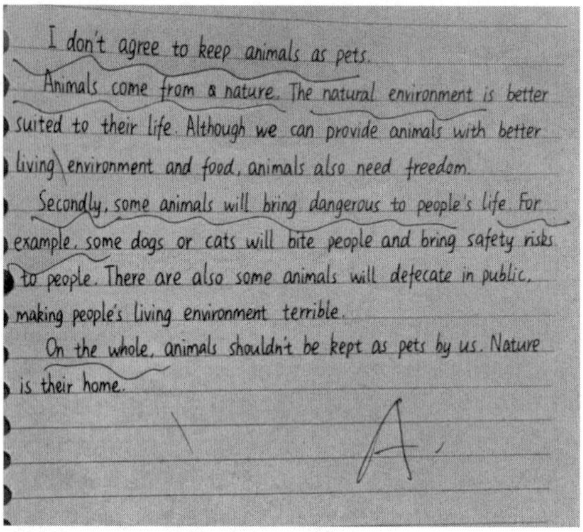

I don't agree to keep animals as pets.

Animals come from a nature. The natural environment is better suited to their life. Although we can provide animals with better living environment and food, animals also need freedom.

Secondly, some animals will bring dangerous to people's life. For example, some dogs or cats will bite people and bring safety risks to people. There are also some animals will defecate in public, making people's living environment terrible.

On the whole, animals shouldn't be kept as pets by us. Nature is their home.

A

⑤

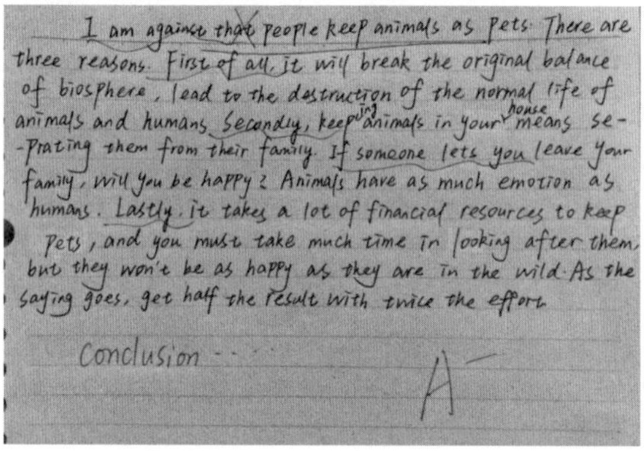

I am against that people keep animals as pets. There are three reasons. First of all, it will break the original balance of biosphere, lead to the destruction of the normal life of animals and humans. Secondly, keeping animals in your house means se-prating them from their family. If someone lets you leave your family, will you be happy? Animals have as much emotion as humans. Lastly, it takes a lot of financial resources to keep pets, and you must take much time in looking after them, but they won't be as happy as they are in the wild. As the saying goes, get half the result with twice the effort.

Conclusion ...

A

⑥

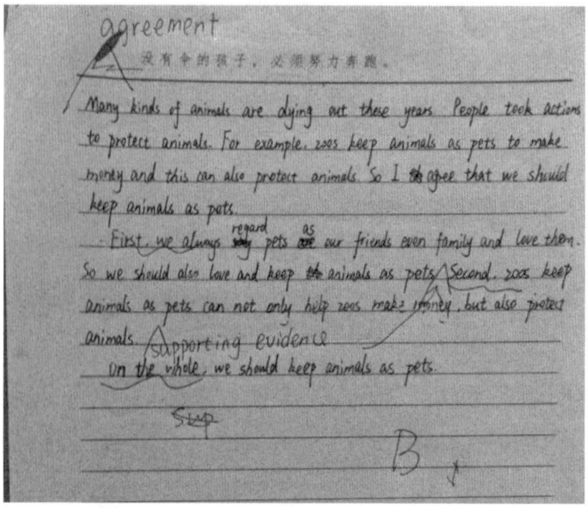

agreement

没有伞的孩子，必须努力奔跑。

Many kinds of animals are dying out these years. People took actions to protect animals. For example, zoos keep animals as pets to make money and this can also protect animals. So I agree that we should keep animals as pets.

First, we always regard pets as our friends even family and love them. So we should also love and keep animals as pets. Second, zoos keep animals as pets can not only help zoos make money, but also protect animals. supporting evidence

On the whole, we should keep animals as pets.

Step

B

</td>
</tr>
</table>

素养目标达成典型实例	从以上点检测可以看出，前四位同学都能第一段明确表示赞同或反对；有两个以上的论点，每个论点均有支撑证据，论点与支撑证据之间有明确的关联；在结尾段，有明确表示总结的词或句子，并且能够总结全文观点，故评为A等。 ⑤同学，第一段有表示赞同或反对意味的句子，但是有语法错误；有三个论点，每个论点均有支撑证据，论点与支撑证据之间关联性较强；但是没有总结段来总结全文观点，故评为A-等。 ⑥同学，第一段没有表示赞同或反对意味的词或句子；有两个论点，有支撑证据，或论点与支撑证据之间关联性不强；或没有结尾段来总结全文观点，所以评为B等
检测反馈	反馈调整 1. 针对学生 对学生完成的评价反馈作业进行认真的归类分析后，从课堂学习及课后作业两个方面与学生进行反馈交流。针对课堂交流互动积极性略欠佳这一情况，激励学生在今后的课堂学习中更大胆地表达自己的观点与见解，这样有助于理解与内化所学知识；学生课后作业完成情况良好，因此在对全班进行肯定性评价的基础上，通过剖析优秀案例，加强学生的相互学习和借鉴。与反馈作业中结果不太好的学生（包括质量和书写等方面）进行沟通交流，以期在今后的学习中有更好的表现，能对学科知识、思想方法和价值观念进行更好的迁移和运用。 2. 针对教师 认真对课前教学设计、课堂教育教学及课后作业情况进行反思后，从课堂教学与课后作业两个方面提出反馈调整意见： （1）系统思维培养方面，课堂上应更大胆地放手让学生去做如对龙脊梯田的运作原理，学生结合地理知识，可以自己描述出梯田运作的自然原理过程，老师不用提前标出顺序。在反思总结说明文语言特点时，可以整体上去反思语言特点，不用每段去总结，这样更有利于学生系统思维的培养。 （2）师生评价方面，运用反馈环节学生在表达对at one with nature的理解和观点时，教师的评价应该更有针对性和指导性，不能一概地评论“Good idea；Wonderful；It doesn't matter”等。对回答得好的同学，多一些概括性评价，对回答欠佳的同学，多些指导性、激励性评价和建议，以提高学生的学习技能，激励学生英语学习的积极性。

Understanding Ideas
语篇：The Monarch's Journey

李敏

一、教学分析设计

【教材课标】☞

普通高中英语课程的具体目标是：培养和发展学生在接受高中英语教育后应具备的语言能力、文化意识、思维品质、学习能力等核心素养。

本次授课内容选自必修一的 Unit 5，单元主题为：Into the wild（走近荒野）。本单元主题语境为人与动物，主题意义为人与动物和谐共处。

下文从主题内容（what），意图/情感态度价值观（why）和文体特征、内容结构、语言（how）三个方面对本课语篇内容进行分析。

内容（what）：本课的主题语境为“人与自然”。Understanding ideas 中的语篇 The Monarch's Journey 的语篇类型为科普类说明文，以科学家的观察和研究为依据介绍了黑脉金斑蝶的迁徙，介绍了黑脉金斑蝶迁徙的背景、目的、方式、它们现在的处境及黑脉金斑蝶研究的价值。引导学生辩证地思考人与动物的关系。

意图/情感态度价值观（why）：Understanding ideas 中的语篇 The Monarch's Journey，旨在通过介绍黑脉金斑蝶的迁徙，描述人类活动对动物生存的影响，引发读者对人与动物关系的深入思考，树立人与动物和谐相处的意识，形成尊重关爱动物、与动物和谐相处的正确的且可持续发展的观念和积极态度，树立人与动物和谐相处的价值观。

文体特征、内容结构、语言（how）：Understanding ideas 中的语篇 The Monarch's Journey 呈现了一篇反映单元主题的课文，语篇类型为科普类说明文，以科学家的观察和研究为依据介绍了黑脉金斑蝶的迁徙。文章分为五个自然段，前三段是对黑脉金斑蝶客观事实的描述，各段分别围绕迁徙的原因、迁徙的时间和目的地及如何迁徙展开。第四段转向描写黑脉金斑蝶目前的处境，第五段在描述客观事实的基础上，介绍黑脉金斑蝶研究的价值，引发读者对人与动物关系的思考。文章包含许多有关黑脉金斑蝶的话题词汇与短语，对学生来说部分单词有一定难度，如 migration，mystery，destroy，caterpillar。文中也用了 where，when，why 引导定语从句的例子，例如 Eventually，it manages to reach the place where it will spend the winter. Sadly，human activity is the main reason why the number of monarch butterflies is falling. The solution to the mystery of the monarch's amazing ability comes at a time when it is in serious trouble. 为本单元的语法学习做好铺垫。读前的导入活动列举了有迁徙行为的动物，请学生们谈论对动物迁徙行为的认识，帮助学生提前熟悉课文话题，为课文学习做铺垫。读中活动考查学生对课文话题的理解。读后活动则是通过文章出处和主旨大意、细节理解和开放性问答等活动，启发学生深入思考，运用所学知识创造性地探究主题意义。

研读课标后，梳理课标（2017 年版 2020 年修订）对本课时教学的目标要求如下：

1. 语言能力

熟练地整合性运用已有的英语语言知识，解析语篇结构的合理性和语篇主要观点与事实之间的逻辑关系，批判性地审视语篇的观点、情感态度；准确、熟练和得体地陈述事件，传递信息，表达个人观点和情感，体现意图、态度和价值取向。（语言能力三级水平）

2. 文化意识

能够选择合适的方式方法，在课堂等现实情境中获取中外文化信息，并结合实际情况进行分析和比较，深入思考人与动物的关系，最终形成关爱动物、与动物和谐相处的正确的且可持续发展的观念。（文化意识二级水平）

3. 思维品质

主动观察文化的各种现象，通过比较，识别各种信息之间的关联，从中推断出它们之间简单的逻辑关系、作者的观点和态度；针对所获取的信息，提出批判性的问题，辩证思考、判断观点和思想的价值，联系自身实际，形成自己的观点，实现知识向思维能力的迁移。（思维品质二级水平）

4. 学习能力

对英语学习有较强的兴趣和自信心，善于自主学习和合作学习，举一反三，积极争取和把握各种学习和表现机会，运用英语进行有效沟通和交流。（学习能力三级）

【大概念】☞

课时核心大概念：《黑脉金斑蝶的旅行》的介绍与探析。

特征化表达：以科学家的观察和研究为依据介绍了黑脉金斑蝶迁徙的背景、目的和方式，以及人类行为对其生存的影响。更加深入地思考人与动物的关系，认识到人与动物和谐相处的重要性，树立尊重动物、尊重自然的可持续发展生态观。

	概念结论	思想方法	价值观念
简略化表达	黑脉金斑蝶的迁徙：以科学家的观察和研究为依据介绍了黑脉金斑蝶迁徙的背景、目的和方式，以及人类行为对其生存的影响	归纳概括 分析判断 系统思维 对比思维 辩证思维	爱护动物、尊重动物、人与动物和谐相处
特征化表达	以科学家的观察和研究为依据介绍了黑脉金斑蝶迁徙的背景、目的和方式，以及人类行为对其生存的影响	归纳概况 分析判断 逻辑思维 系统思维	在阅读活动中，思考人与动物的关系，认识到人与动物和谐相处的重要性，树立尊重动物、保护动物的生态观

【资源条件】☞

资源名称	功　能
黑板	板书核心问题；板书学生解决问题时分析、交流、建构的英语知识，结构和要点；板书反思提升的要点和语言表达
教材、学案	提供大概念核心问题教学各环节中自主阅读的任务、探究与生成的知识和观点等
PPT	展示具体的教学环节和教学内容，出示反馈评价和总结、家庭作业等内容
投影	用白板展示学生作品，方便进行基于深度理解与表达的思维训练

【学生基础】☞

本次授课对象为高一的学生。对于已经适应高中生活的高一学生来说，对英语学习有较大的兴趣和热情，但归纳概括、挖掘细节、提炼信息、处理信息和推断等英语综合能力依然有待提高。具体来说，在阅读能力上，对于课本上的文章，他们基本都可以读懂文章大意，但是在细节上还是不能做到精准理解和推断。口语表达能力上，部分同学能用简单的英语表达自己的观点和回答问题，正在建立良好的英语思维模式。逻辑思维都还比较弱，在内容安排和主旨表达方面往往不能做到有条有理，而且英语写作往往不能传达出比较深刻的中心思想。

对于高一学生来说，本单元的内容为“人与动物和谐相处”。他们更熟悉的是常见动物的名词、外形以及生活方式的简单表达。从话题和教学内容来看，内容涉及英国人饲养宠物、黑脉金斑蝶的迁徙、中国熊猫出访荷兰、与动物有关的英语习语、关于动物园圈养动物的辩论、一次惊心动魄的拍摄经历、丹顶鹤的基本信息等语篇类型丰富的文章内容，帮助学生了解动物习性、特征等相关知识，内容贴近学生生活。置身于真实的问题情境中，能激发学生的缄默知识，激发学生的思维。学生在英语字、词、句等方面都有一定的知识储备，这为阅读理解和处理信息奠定了一定的基础。但他们的知识储备还不够，观看关于黑脉金斑蝶的视频，能为学生搭建更好的英语输出的脚手架，提高语言能力。此外，从思维方面来说，高一学生能根据问题的关键词去定位答案，从中推断它们之间的简单逻辑关系。学生有一定的英语阅读能力，如寻找细节、归纳、推断、分析、有逻辑地进行英语输出表达。但在理解信息之间的隐性逻辑关系和意义上存在一定的困难，概括原文内容、提炼组织信息的能力还比较欠缺。

所以，基于以上分析，本课要引导学生通过阅读迁徙的原因、迁徙的时间和目的地、如何迁徙、目前的处境、黑脉金斑蝶研究的价值，了解和熟悉关于黑脉金斑蝶的新词汇；通过寻找话语标记词、理解句间关系，训练推断能力；通过引导学生寻找关键词进行归纳概括，并且使用恰当的连词来组织信息，使其语言更加自然和有逻辑性。即：本单元通过对主题意义的挖掘和情境的创设，引导学生阅读文本、解读文本、寻找细节、归纳提炼细节、推断文本来源及画思维导读，根据思维导图复述活动，实现知识与思维能力的迁移，树立正确的学习态度和价值观念。最后，学生运用各种学习策略，在自主与探究式学习过程中，结合单元所提供的反思性和评价型问题不断监控、评价、反思和调整自己的学习内容和过程，激发英语学习的兴趣，提高自己的理解和表达能力，最终促进自身语言能力、文化意识、思维品质和学习能力的综合提升。

【教学目标】☞

参与“人与动物和谐共生”主题下“The Monarch’s Journey”的略读、精读和人与自然关系的探究活动；能够理解文章大意，分析作者的写作意图，厘清文本类型、来源、结构和语言特点；能够运用本文所学谈论对单元主题“与动物和谐相处”的理解，了解黑脉金斑蝶迁徙的基本知识、人类活动对黑脉金斑蝶的影响以及对其研究的意义，深化对单元主题意义的理解和挖掘（达到语言能与力二级水平）。

有逻辑、有条理地在文本阅读中概括信息、构建概念、分析原因和逻辑关系，画思维导图，并复述文章内容（思维品质三级）。

形成坚定文化自信，懂得人与动物和谐相处，爱护动物、尊重动物、尊重自然、保护生态的正确价值观。树立正确的学习态度和价值观念（文化意识二、三级水平）。

【核心问题】☞

核心问题：略读“The Monarch’s Journey”的语篇内容，归纳总结段落大意；精读、梳理关键细节信息，制作文章的思维导图。

核心问题分析：本文语篇类型为科普类说明文，以科学家的观察和研究为依据介绍了黑脉金斑蝶的迁徙。通过学习黑脉金斑蝶迁徙的原因、迁徙的时间和目的地及如何迁徙、黑脉金斑蝶目前的处境及黑脉金斑蝶研究的价值，引发读者对人与动物关系的思考。加深对语篇和单元主题的理解，认识人与动物和谐共生的重要性。学生通过略读、精读等学习活动，归纳总结段落大意和黑脉金斑蝶的主要信息，分析判断作者的写作意图，理清文本类型、来源结构和语言特点及制作思维导图；通过探析人与动物的关系，形成尊重关爱动物、与动物和谐相处的正确的且可持续发展的观念和积极态度，树立人与动物和谐相处的价值观。

【评价预设】☞

（1）语言知识（词汇方面）的预测：学生在阅读文章时，可能不认识 caterpillar，migration 等词汇，如果个别生词不影响理解文章，也可以引导学生暂时忽略个别生词。教师可以引导学生联系上下文去猜测单词的意义。在表达黑脉金斑蝶如何迁徙时，可能存在词汇方面的困难，老师要根据学生的回答给予引导和帮助。通过课前观看黑脉金斑蝶的视频，学生进入情境，激活缄默知识，引发对黑脉金斑蝶现状的关注。

（2）语篇理解的困难：学生在理解文章内容，获取文章的主旨大意时可能会有困难，教师应针对学生情况，提醒引导学生找关键词、主题句，从而找出段落大意及文章的主旨大意。

（3）细节理解的困难：第四段第一句“The solution to the mystery of the monarch’s amazing ability comes at a time when it is in serious trouble.”，学生可能对本句意思的理解不到位。教师应引导学生阅读上下文的信息，如下句：“Its population has crashed by as much as 90 percent in the last few years.”来帮助学生理解本句话。

（4）在讨论“cause and effect”时，学生可能对 cause 和 effect 的关系分不清楚，在语言表达上也会有困难，老师要及时引导或给与帮助，不要打击学生，而是正面评价和肯定学生敢于表达的勇气和态度。通过回读文本的方式，利用教材 69 页练习 4 给学生搭建脚手架，理解 cause 和 effect 的关系，将知识转换为能力和素养。

二、教学实施设计

【教学环节】☞

教学环节	学生活动	教师活动	设计意图
1. 提出问题（5 mins）	Lead-in: Watch and answer 观看一段与黑脉金斑蝶相关（介绍世界五大热门旅行地）的视频，领会核心问题	略读“The Monarch's Journey”的语篇内容，归纳总结段落大意；精读，梳理关键细节信息，制作文章的思维导图	创设语境，营造情境，提出核心问题，让学生明确本课学习重点
2. 解决问题（10 mins）	1. 略读语篇“The Monarch's Journey”，对访谈内容进行排序，概括段落大意，判断文章出处	引导学生略读语篇“The Monarch's Journey”，通过略读锁定关键词，获取课文各段大意，并判断文章出处	提取信息，内化语言：通过略读，概括段落大意，让学生理解文章大意，并判断文章出处
	2. 精读语篇，梳理文章提及的cause和effect，探析cause和effect的逻辑关系	引导学生精读语篇，梳理文章提及的cause和effect，探析cause和effect的逻辑关系	提取信息，内化语言：通过精读语篇，学生梳理获取cause和effect，探析cause和effect的逻辑关系。在这个活动中，引发读者对人与动物关系的思考。加深对语篇和单元主题的理解，认识人与动物和谐共生的重要性。学生通过略读、精读等学习活动，归纳总结段落大意，梳理龙脊梯田的主要信息，分析判断作者的写作意图，理清文本类型、来源结构和语言特点及制作思维导图；通过探析人与动物的关系，形成尊重关爱动物、与动物和谐相处的正确的且可持续发展的观念和积极态度，树立人与动物和谐相处的价值观，为后面的大单元主题意义的探究做好铺垫
3. 反思提升（5 mins）	1. 作者的写作意图	引导学生反思作者的写作意图和文本类型，总结文本结构	根据已知，推理、判断、归纳；让学生分析反思作者的写作意图和文本类型，让学生反思总结说明文的文本结构，通过学习加深学生对本文所学知识的巩固和对主题的进一步理解，为后面的评价反馈和家庭作业运用搭好脚手架
	2. 文本类型和结构		

续表

教学环节	学生活动	教师活动	设计意图
4. 评价反馈（20 mins）	1. 运用本课所学，绘制关于基于说明文特征的结构的思维导图	1. 引导学生运用本课所学，绘制关于基于说明文特征的结构的思维导图	通过学习黑脉金斑蝶迁徙的原因、迁徙的时间和目的地及如何迁徙、黑脉金斑蝶目前的处境及黑脉金斑蝶研究的价值，加深对语篇和单元主题的理解，认识人与动物和谐共生的重要性。通过略读、精读等学习活动，归纳总结段落大意和梳理龙脊梯田的主要信息，分析判断作者的写作意图，理清文本类型、来源结构和语言特点及制作思维导图；通过探析人与动物的关系，形成尊重关爱动物、与动物和谐相处的正确且可持续发展的观念和积极态度，树立人与动物和谐相处的价值观。 让学生从感知理解—运用实践—创造迁移层层递进地学习，实现知识—能力—素养的提升，最终达成英语核心素养目标。另外，家庭作业让学生多渠道查询信息，一方面拓展了学生的眼界和知识，另一方面也让学生多策略学习，提高学生的学习能力
		2. 引导生生评价，并师生评价	
	2. Homework：运用本文所学，书面介绍与黑脉金斑蝶关联的事例并表达自己的观点	3. 布置家庭作业	

【板书设计】☞

Unit 5 Into the Wild

Understanding ideas

“The Monarch’s Journey”

核心问题：略读“The Monarch’s Journey”的语篇内容，归纳总结段落大意；精读，梳理关键细节信息，制作文章的思维导图。

The Monarch’s Journey
- definition: …
- Tim and destination: …
- how …
- The current situation: …
- The value of the research …

Cause and effect:
1. Humans cut down trees.
2. Humans use chemicals that kill the plants that monarch caterpillars eat.
→ The natural environment of many places where monarchs can be found is destroyed.→ The monarch butterfly’s population has crashed by as much as 90 percent in the last few years.

【教学流程图】☞

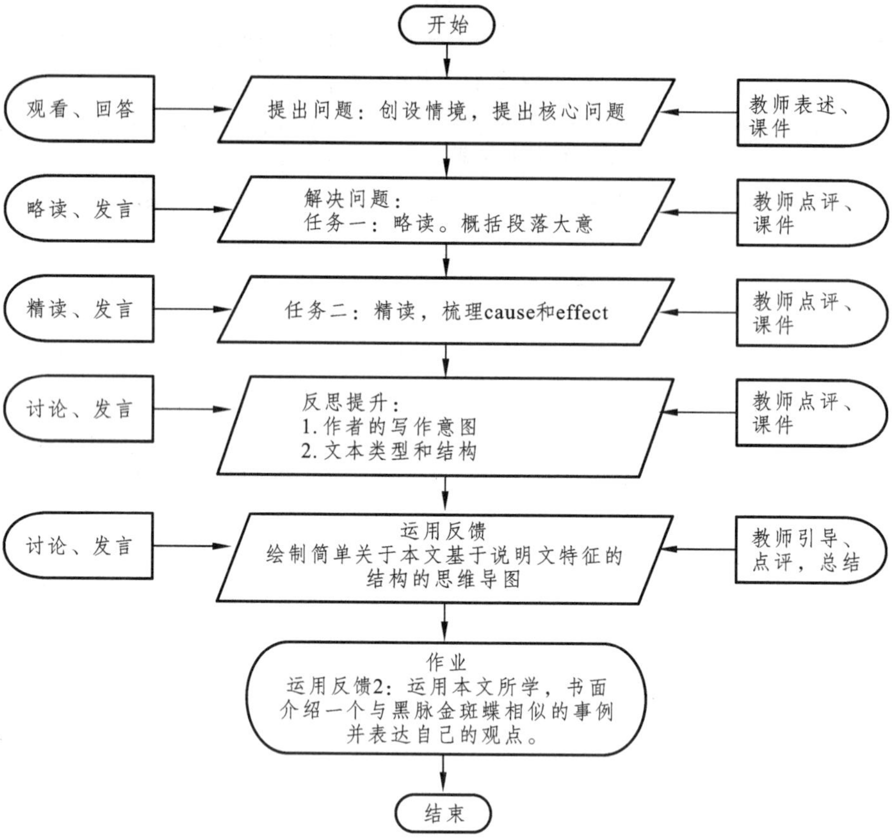

【作业布置】☞

书面介绍一个与黑脉金斑蝶相似的事例并表达自己的观点，让学生从感知理解—运用实践—创造迁移层层递进地学习，实现从知识—能力—素养的提升，最终达成英语核心素养目标。另外，家庭作业让学生多渠道查询信息，一方面拓展了学生的眼界和知识，另一方面也让学生多策略学习，提高学生的学习能力。

为了让学生能够将本节课体验到的反思总结、基本思想方法、概念结论迁移到后续的学习中，特布置如下作业。

作业序号	作业目标	作业内容	作业情境		概念结论		思想方法		价值观念		整体评估	
			内容	水平	内容	水平	内容	水平	内容	水平	类型	水平
1	掌握并恰当地使用语篇所学的表达方式：词汇、短语及语法表达（语言能力二级）	根据上下文，完成关于黑脉金斑蝶的填空题；完成定语从句相关填空题	人与动物	简单	人与动物语境下的句型运用	语言能力二级	逻辑思维	思维品质二级	根据不同的环境条件，分析信息之间的关联和差异	思维品质二级	基础性作业	学业质量水平2

续表

作业序号	作业目标	作业内容	作业情境		概念结论		思想方法		价值观念		整体评估	
			内容	水平	内容	水平	内容	水平	内容	水平	类型	水平
2	能运用说明文文体的结构及语言；能恰当使用描述动物特征及生活习性的词汇和句型（语言能力二级）；能认识到人与动物和谐相处的重要性（思维品质三级）	运用说明文文体的结构及语言；能恰当使用描述动物特征及生活习性的词汇和句型，介绍一个与黑脉金斑蝶相似的事例并表达自己的观点	学生联系生活实际，分析人与动物关系的问题，解决问题的方法	较复杂	说明文的结构：引入，描述，个人观点	语言能力二级	逻辑思维，辩证思维	思维品质二级	尊重动物；人与动物和谐相处	思维品质三级	综合性作业	学业质量水平3
3	了解更多人对某些濒危动物现状的看法（语言能力二级、文化意识二级）	设计对某些濒危动物现状的了解及看法的调查问卷，并进行问卷调查	人与动物	较复杂	问卷调查	语言能力二级	逻辑思维，辩证思维	思维品质二级	人与动物和谐相处	思维品质三级	实践性作业	学业质量水平3

（具体的作业内容略）

三、教学评价设计

【评价实施】☞

体验人与动物的关系，课后书面介绍一个与黑脉金斑蝶相似的事例并表达自己的观点。

【信息收集】☞

认真反思收集到的教师反馈意见，针对大概念核心问题教学的课堂教学评价，完成了“大概念核心问题教学文化评价表”。

【反馈调整】☞

1. 针对学生

对学生完成的评价反馈作业进行认真的归类分析后，从课堂学习及课后作业两个方面与学生进行反馈交流。针对课堂交流互动积极性略欠佳这一情况，激励学生在今后的课堂学习中更大胆地表达自己的观点与见解，这样有助于理解与内化所学知识；学生课后作业完成情况良好，因此在对全班进行肯定性评价的基础上，通过剖析优秀案例，加强学生的相互学习和借鉴。与反馈作业中结果不太好的学生（包括质量和书写等方面）进行沟通交流，以期在今后的学习中有更好的表现，能对学科知识、思想方法和价值观念进行更好的迁移和运用。

2. 针对教师

认真对课前教学设计、课堂教育教学及课后作业情况进行反思后，从课堂教学与课后作业两个方面对自己提出反馈调整意见：

（1）系统思维培养方面，课堂上应更大胆地放手让学生去做，如理解 cause 和 effect 时，教师应充满耐心，让学生回读文本，通过回读，让学生体验 cause 和 effect 的区别。在反思总结说明文语言特点时，可以整体上去反思语言特点，不用每段去总结，这样更有利于学生系统思维的培养。

（2）师生评价上，在运用反馈环节，学生在绘制思维导图时，教师的评价应该更有针对性、指导性、学术性，以更好地培养学生的思维品质和语言能力。

【教学反思与改进】☞

大概念核心问题教学文化评价表

课时名称	The Monarch’s Journey
所属单元	Unit 5 Into the Wild
单元大概念	简略化表达：走近荒野。 特征化表达：归纳概括黑脉金斑蝶、熊猫、丹顶鹤等动物的习性，辩证思考动物在文化交流方面的作用，听懂并谈论与动物有关的多模态语篇，对比思考并辩论“家庭是否能饲养宠物”，表达同意或不同意的观点，形成关爱动物保护生态的正确价值观
单元核心问题	从听、说、读、写、看五方面，研习有关人与动物的多模态语篇，探究人与动物的关系，听动物园饲养员和动物保护组织成员间就“是否应将动物圈养在动物园”展开的辩论音频材料，提取梳理辩论语篇的结构和主要语言及特征，就“家庭是否应该饲养宠物”展开辩论；分析总结动物介绍类文章的写作特点，撰写一篇包括外形、栖息地、迁徙行为和饮食习惯等方面的动物档案；制作以一种濒危动物为主题的英文海报
课时大概念	阅读黑脉金斑蝶的迁徙，提炼说明文的结构，形成思维导图。运用多视角的结构化呈现方式，建立尊重动物、关爱动物、保护生态的价值观
课时核心问题	略读“The Monarch’s Journey”的语篇内容，归纳总结段落大意；精读，梳理关键细节信息，制作文章的思维导图

续表

<table>
<tr><th rowspan="2">评价目标</th><th colspan="3">评价指标</th><th rowspan="2" colspan="2">评价
方法结果</th></tr>
<tr><th>一级指标</th><th>二级指标</th><th>三级指标</th></tr>
<tr><td rowspan="35">实现活动体验中的学习与素养发展</td><td rowspan="12">具有大概念核心问题教学形态</td><td rowspan="3">核心问题利于活动体验</td><td>内含学科问题和学生活动方式</td><td>7</td><td rowspan="12">每项指标最高评 8 分（满分为 96 分）

合计 94 分</td></tr>
<tr><td>问题情境与真实生活密切相关</td><td>8</td></tr>
<tr><td>能引发大概念、新知新法生成</td><td>7</td></tr>
<tr><td rowspan="3">教学目标价值引导恰当</td><td>目标构成全面准确</td><td>8</td></tr>
<tr><td>内含关联体验目标</td><td>8</td></tr>
<tr><td>目标价值引导显现</td><td>8</td></tr>
<tr><td rowspan="3">教学环节完整、合理地落实</td><td>教学环节清晰完整</td><td>8</td></tr>
<tr><td>环节内容合理充实</td><td>8</td></tr>
<tr><td>学生活动时间充分</td><td>8</td></tr>
<tr><td rowspan="3">教学要素相互匹配、促进</td><td>问题目标环节两两匹配</td><td>8</td></tr>
<tr><td>技术促进活动形式内容</td><td>8</td></tr>
<tr><td>学科特色突出氛围浓郁</td><td>8</td></tr>
<tr><td rowspan="23">具有大概念核心问题教学特质</td><td rowspan="4">拓展学习视野</td><td>课堂与现实世界有恰当关联</td><td rowspan="23" colspan="2">选择一个表现突出的二级指标，在相应三级指标引导下，以现场学生表现为主要依据，以其余指标为背景，于本表的第二页写出 150 字以上的简要评价</td></tr>
<tr><td>有基于缄默知识的问题解决</td></tr>
<tr><td>有缄默知识运用的追踪剖析</td></tr>
<tr><td>知识运用剖析导向素养发展</td></tr>
<tr><td rowspan="4">投入实践活动</td><td>有真实而且完整的实践活动</td></tr>
<tr><td>实践活动深度融入两类情境</td></tr>
<tr><td>能够全身心地浸渍于活动中</td></tr>
<tr><td>活动内容和结果均丰富深入</td></tr>
<tr><td rowspan="4">感受意义关联</td><td>有核心问题的深层意义感受</td></tr>
<tr><td>有以知识为中心的关联感受</td></tr>
<tr><td>有以个人为中心的关联感受</td></tr>
<tr><td>有对三类大概念的关联感受</td></tr>
<tr><td rowspan="4">自觉反思体验</td><td>有实质性反思活动的开展</td></tr>
<tr><td>有课堂新因素的追踪利用</td></tr>
<tr><td>有体验的交流与改善重构</td></tr>
<tr><td>有概念生成中的素养发展</td></tr>
<tr><td rowspan="4">乐于对话分享</td><td>乐于自我的表达与认真地倾听</td></tr>
<tr><td>乐于合作中成果与思路的分享</td></tr>
<tr><td>乐于成果交流中深层意义分享</td></tr>
<tr><td>有宽容的对话氛围和双向交流</td></tr>
<tr><td rowspan="3">认同素养评价</td><td>认可素养评价</td></tr>
<tr><td>参与素养评价</td></tr>
<tr><td>利用素养评价</td></tr>
</table>

续表

大概念核心问题教学特质的简要评价（包括发展性建议）：
本课采用的是大概念的核心问题教学，“投入实践活动”和“感受意义关联”两个一二级指标凸显充分。 本课的核心问题是：略读“The Monarch’s Journey”的语篇内容，归纳总结段落大意；精读，梳理关键细节信息，制作文章的思维导图。本核心问题设置恰当，既能引导学生整节课在层层递进的活动中全身心体验阅读技巧并运用，又能让学生体验意义关联，还能体现出本课时大概念的中心性、意义性、迁移性和持久性。 投入实践活动：本核心问题让学生完全浸渍在完整和真实的实践活动中，如解决问题环节中提取信息，内化语言。通过略读，概括段落大意，让学生理解文章大意。通过精读语篇，梳理获取黑脉金斑蝶的关键细节信息，使学生了解黑脉金斑蝶迁徙的原因、迁徙的时间和目的地及如何迁徙、黑脉金斑蝶目前的处境及黑脉金斑蝶研究的价值，引发读者对人与动物关系的思考。加深对语篇和单元主题的理解，认识人与动物和谐共生的重要性。通过略读、精读等学习活动，归纳总结段落大意和黑脉金斑蝶的主要信息，分析判断作者的写作意图，理清文本类型、来源结构和语言特点及制作思维导图。通过探析人与动物的关系，形成尊重关爱动物、与动物和谐相处的正确且可持续发展的观念和积极态度，树立人与动物和谐相处的价值观。 运用本文所学，书面介绍与黑脉金斑蝶关联的事例并表达自己的观点。使学生从基于语篇，深入语篇，到超越语篇地学习，让学生活动从感知理解—运用实践—创造迁移层层递进地学习，实现从知识—能力—素养的提升，最终达成英语核心素养目标。另外，家庭作业让学生多渠道查询信息，一方面拓展学生的眼界和知识，另一方面也让学生多策略学习，提高学生的学习能力。充分体现了概念结论类、思想方法类、价值观念类大概念间的紧密关联，让学生全方位深度感受意义关联。 综上，学生在本课的学习中有核心问题的完整活动的浸渍，有深层价值意义的感受，有以知识为中心的关联感受，有对三类大概念的深层关联感受，所以“投入实践活动”和“感受意义关联”这两个一二级指标凸显充分

大概念核心问题教学素养目标点检测表

课时名称	The Monarch’s Journey
所属单元	必修 1 Unit 5 Into the wild
单元大概念	简略化表达：走近荒野。 特征化表达：归纳概括黑脉金斑蝶、熊猫、丹顶鹤等动物的习性，辩证思考动物在文化交流方面的作用，听懂并谈论与动物有关的多模态语篇，对比思考并辩论“家庭是否能饲养宠物”，表达同意或不同意的观点，形成关爱动物、保护生态的正确价值观
单元核心问题	从听、说、读、写、看五方面，研习有关人与动物的多模态语篇，探究人与动物的关系，听动物园饲养员和动物保护组织成员间就“是否应将动物圈养在动物园”展开的辩论音频，提取梳理辩论语篇的结构和主要语言及特征，就“家庭是否应该饲养宠物”展开辩论；分析总结动物介绍类文章的写作特点，撰写一篇包括外形、栖息地、迁徙行为和饮食习惯等方面的动物档案；制作以一种濒危动物为主题的英文海报
课时大概念	阅读关于黑脉金斑蝶迁徙的文章，提炼说明文的结构，形成思维导图。运用多视角的结构化呈现方式，建立尊重动物、关爱动物、保护生态的价值观

<table>
<tr><td>课时核心问题</td><td colspan="3">略读“The Monarch’s Journey”的语篇内容，归纳总结段落大意；精读，梳理关键细节信息，制作文章的思维导图。</td></tr>
<tr><td>课时素养目标</td><td colspan="3">参与“人与动物和谐共生”主题下“The Monarch’s Journey”的略读、精读和人与自然关系的探究活动。
能够理解文章大意，分析作者的写作意图，厘清文本类型、来源、结构和语言特点；能够运用本文所学谈论对单元主题“与动物和谐相处”的理解，了解黑脉金斑蝶迁徙的基本知识，及人类活动对黑脉金斑蝶的影响以及对其研究的意义，深化对单元主题意义的理解和挖掘（语言能力二级水平）。
有逻辑、有条理地在文本阅读中概括信息、构建概念、分析原因和逻辑关系，画思维导图，复述文章内容（思维品质三级）。
形成文化自信，懂得人与动物和谐相处，爱护动物、尊重动物、尊重自然、保护生态的正确价值观，树立正确的学习态度和价值观念（文化意识二、三级水平）</td></tr>
<tr><td>检测点</td><td colspan="3">体现人与动物的关系，书面介绍一个与黑脉金斑蝶相似的动物例子表达自己的观点</td></tr>
<tr><td>检测工具
（检测题）</td><td colspan="3">运用本文所学，书面介绍一个与黑脉金斑蝶相似的动物例子并表达自己的观点</td></tr>
<tr><td rowspan="4">分类标准</td><td colspan="3">A. 完全能表达人与动物的关系，书面介绍一个与黑脉金斑蝶相似的动物例子并表达自己的观点</td></tr>
<tr><td colspan="3">B. 较好表达人与动物的关系，书面介绍一个与黑脉金斑蝶相似的动物例子并表达自己的观点，但在表达上欠缺个一或一个以上的点项</td></tr>
<tr><td colspan="3">C. 基本能表达人与动物的关系，书面介绍一个与黑脉金斑蝶相似的动物例子并表达自己的观点，但在表达上欠缺两个或两个以上的点项</td></tr>
<tr><td colspan="3">D. 没有表达出人与动物的关系，书面介绍一个与黑脉金斑蝶相似的动物例子并表达自己的观点，完全没有相关表达和例证</td></tr>
<tr><td rowspan="5">检测统计</td><td>分类等级</td><td>学生人数</td><td>百分比（总人数 56 人）</td></tr>
<tr><td>A</td><td>48</td><td>85.7%</td></tr>
<tr><td>B</td><td>7</td><td>12.5%</td></tr>
<tr><td>C</td><td>1</td><td>1.8%</td></tr>
<tr><td>D</td><td>0</td><td>0%</td></tr>
<tr><td>检测分析
结果运用</td><td colspan="3">本次点检测一共 56 人参与。完全能表达出人与自然（旅游）的关系，书面介绍完成一个与黑脉金斑蝶相似的动物例子并表达自己的观点的 48 人（A 等），占比 85.7%；较好表达人与动物的关系，书面介绍完成一个与黑脉金斑蝶相似的动物例子并表达自己的观点。但在表达上欠缺个一或一个以上的点项。有一些例证，但在观点表达上有少许欠缺的点项，一共有 7 人（占比 12.5%）；只有 1 人（占 1.8%），基本能表达人与动物的关系，书面介绍完成一个与黑脉金斑蝶相似的动物例子并表达自己的观点 。但在表达上欠缺两个或两个以上的点项。没有（0%）同学没有表达出人与动物的关系，书面介绍完成一个与黑脉金斑蝶相似的动物例子并表达自己的观点。完全没有相关表达和例证。
直接从检测结果看，全班绝大多数学生（A48+B7=55 人，98.2%）能对本课所学的“The Monarch’s Journey”这个文本载体，进行知识的内化和关联，能表达出人与动物的关系，运用本文所学，书面介绍完成一个与黑脉金斑蝶相似的动物例子并表达自己的观点。</td></tr>
</table>

续表

检测分析结果运用	综上，本教学以学科教学内容为载体，运用大概念核心问题教学进行的这类学习方法与策略指导课确能使学生从学科知识与能力、学科思想方法、学科价值观念多维度、深层次的学习体验，在深度体验中获得学科学习经验，积淀英语语言知识，语言技能、思维品质、学习技能等英语学科核心素养。因此，在后续的教学中，应着力加强学生思维品质和学习方法与策略的培育，观察发现学生学习方法与策略中存在的不足，进行并加强针对性的指导与交流
素养目标达成典型实例	本堂课的设计思路很清晰，核心问题设置恰当。素养目标达成较好，学生活动丰富，关注了学生的体验，也关注了学生的评价。在崇尚活动体验的“核心问题教学文化”中，体现了“拓展学习视野”“投入实践活动”和“自觉反思体验”三个亚层文化。通过引导学生在读三篇申请信时提炼技巧。教师在设计教学的时候始终围绕核心问题，利用现代媒体技术充分激发了学生的兴趣，调动了学生的探究热情，教学过程环环相扣，过渡自然。从课堂反应来看，本堂课很成功。在阅读“The Monarch’s Journey”并归纳各段大意及绘制思维导图的过程中，同学们很投入，讨论时同学们参与度很高，讨论热烈，发言踊跃。通过本堂课的学习，98.2%的同学掌握了表达黑脉金斑蝶的迁徙的句型，并在阅读挖掘文本的活动中，问题层层深入，结果丰富递进，获得了丰富而深入的体验。 任宇瀚同学认为：人类应正确认识人与动物的关系，形成关爱动物、与动物和谐相处的正确的、可持续发展的观念。树立正确的学习观，价值观，生活观，了解不同动物背后的文化因素，我们作为中国未来的建设者，应该培养文化自信。 刘静嫣同学作品：The giant panda，which is our national treasure，is one of the rare animals in the world. Believe it or not，at present only several thousand pandas exist in the world. Pandas live in the bamboo forests in the west and north of Sichuan Province. They feed on bamboo. However，a lack of food makes pandas on the point of dying out. As a Chinese，I have the responsibility to do something to save pandas from dying out.
检测反馈	反馈调整 收集学生在课后的评价反馈环节完成的对“Into the Wild”的理解和观点表达，对学生是否正确体验到人与动物的关系，形成坚定文化自信、懂得人与动物和谐相处，爱护动物、尊重动物、尊重自然、保护生态的正确价值观。对“体验人与动物的关系，书面介绍完成一个与黑脉金斑蝶相似的动物例子并表达自己的观点”的检测点进行统计、分析，完成了《大概念核心问题教学素养目标点检测表》，并反馈给学生和教师。 1. 针对学生 对学生完成的评价反馈作业进行认真的归类分析后，从课堂学习及课后作业两个方面向学生进行反馈交流。针对课堂交流互动积极性略欠佳这一情况，激励学生在今后的课堂学习中更大胆地表达自己的观点与见解，这样有助于理解与内化所学知识；学生课后作业完成情况良好，因此在对全班进行肯定性评价的基础上，通过剖析优秀案例，加强学生的相互学习和借鉴。与反馈作业中结果不太好的学生（包括质量和书写等方面）进行沟通交流，以期在今后的学习中有更好的表现，能对学科知识、思想方法和价值观念进行更好的迁移和运用。 2. 针对教师 认真对课前教学设计、课堂教育教学及课后作业情况进行反思后，从课堂教学与课后作业两个方面对自己提出反馈调整意见：(1)学生在阅读文章时，不认识 caterpillar，教师应引导学生联系上下文去猜测单词的意义，在表达黑脉金斑蝶如何迁徙时，学生存在词汇方面的困难，老师要根据学生的回答给予引导和帮助。通过本节课前观看

续表

检测反馈	关于黑脉金斑蝶的视频，学生进入情境，激活缄默知识，引发对黑脉金斑蝶现状的关注。(2)语篇理解的困难：通过语篇学习，学生在理解文章内容，获取文章的主旨大意可能会有困难，教师应针对学生情况，提醒引导学生找关键词、主题句，从而找出段落大意及文章的主旨大意。(3)细节理解的困难：第四段第一句“The solution to the mystery of the monarch’s amazing ability comes at a time when it is in serious trouble.”，学生的确对本句的意思理解不到位。教师应引导学生阅读上下文的信息，如下句：“Its population has crashed by as much as 90 percent in the last few years.”来帮助学生理解本句话。 （4）在讨论“cause and effect”时，学生对 cause 和 effect 的关系分不清楚，在语言表达上也有困难，老师要及时引导或给与帮助，不要打击学生，而是要正面评价和肯定学生敢于表达的勇气和态度。并通过回读文本的方式，利用教材 69 页练习 4 给学生搭建脚手架，理解 cause 和 effect 的关系，将知识转换为能力和素养

Using Language 1 & 2 Grammar 定语从句 & Vocabulary 英语习语

陈思竹

一、教学分析设计

【教材课标】☞

普通高中英语课程的具体目标是：培养和发展学生在接受高中英语教育后应具备的语言能力、文化意识、思维品质、学习能力等核心素养。本次授课内容选自必修一的 Unit 5，单元主题为：Into the wild（走近荒野）。本单元主题语境为“人与自然”，主题语境主题群为自然生态，主题语境内容为人与环境、人与动植物。本课则是 Using Language 的 1、2 部分，包含了语法定语从句和词汇部分的习语，定语从句部分在两个语篇的情境中帮助学生梳理定语从句，词汇部分用与动物相关的习语帮助学生了解英语文化，这两部分也在为第三部分的听说进行输入准备。

下文从主题内容（what），意图/情感态度价值观（why）和文体特征、内容结构、语言（how）三个方面对本课语篇内容进行分析。

主题内容（what）：本课的主题语境为“人与自然、人与动物”

语法部分着重归纳关系副词引导的定语从句的用法，通过阅读一篇包含关系副词引导的定语从句的文章，使用关系副词填空完成一封有关南非之行的邮件。涉及关系副词 where，why 和 when 引导的定语从句，关系副词在定语从句中做地点状语、原因状语或时间状语。词汇部分则是用与动物相关的英文习语来推进学生的语言学习，比如蜜蜂的勤劳，老鼠和猫的关系，奔驰的马，以及天上掉下的猫狗，这些动物的特征或属性都以有趣的方式进入了英语的习语中，增进了学生英语的语言表现力。

意图/情感态度价值观（why）：Using Language 1&2 Grammar 定语从句& Vocabulary 英语习语要求在保护大熊猫和南非行的邮件中归纳关系副词定语从句并应用，使用关系副词 where、why 和 when 引导的定语从句完成邮件；阅读、应用、拓展与动物相关的习语来贴近“人与自然、人与动物”的语境，最终形成尊重动物、关爱动物、保护生态的价值观。

文体特征、内容结构、语言（how）：Using Language 1 文章是一篇说明文和一篇应用文，描述了保护大熊猫和南非动物参观之行；词汇部分习语也是在说明文里，将动物习性联系到人类生活中。文章结构清晰，并包含很多与“动物习性、人类习惯等方面内容”相关的词汇和表达。

研读课标后，梳理了课标（2017年版2020年修订）中对本课时教学的目标要求如下：

1. 语言能力

能够围绕本单元的主题语境内容，基于本课提供的语篇、习语等多模态语篇，加上图片等非文字资源传达的意义，综合运用定语从句语法及习语等多种语言技能，读懂本课关于动物习性、人类生活特征等，恰当使用所学词汇、语法与习语等表达，完成应用文及习语等。（语言能力二级水平）在生活等语境中，较为熟练地整合运用已有的英语语言知识，运用本课所学有效地陈述事实，传递信息，表达个人对于人与动物习性相关的观点和情感、体现意图、态度和价值取向。（语言能力三级水平）

2. 文化意识

能够运用本课所学的关系副词 where，why 和 when 引导的定语从句完成邮件；阅读、应用、拓展与动物相关的习语来贴近“人与自然、人与动物”的语境，在课堂等现实情境中获取文化信息；加深对人与动物、人与自然的关系的理解，最终形成尊重动物、关爱动物、保护生态的价值观，能够通过比较与分享，锻炼思维能力，拓展知识，提升表达能力。（文化意识二级水平）

3. 思维品质

主动观察动物与人的习性等现象，通过比较，识别信息之间的关联，联系自身实际，形成自己的观点，实现知识和思维能力的拓展与迁移。通过比较与分享，锻炼思维能力，拓展知识，提升表达能力。（思维品质三级水平）

4. 学习能力

对英语学习有较强的兴趣和自信心，能将所用活用到生活中，并自主开展课外学习，利用图书馆、工具书、网络资源等多渠道扩充学习内容，丰富知识，开阔眼界，提高英语运用能力；开展自主，合作与探究学习，选择恰当的策略学习。能够运用各种学习策略，在自主学习、合作学习、探究式学习过程中，结合单元提供的反思性和评价性问题不断监控、评价、反思和调整自己的学习内容和进程，激发英语学习的兴趣，提高分析和解决问题的能力，提高自己的理解能力和表达能力。

【大概念】☞

课时核心大概念：运用关系复习引导的定语从句介绍中国大熊猫到达荷兰后的情况和与动物相关的英文习语。

特征化表达：归纳关系副词引导的定语从句的用法，阅读一篇包含关系副词引导的定语从句的文章，使用关系副词填空完成一封有关南非之行的邮件。本语法是关系副词 where，why 和 when 引导的定语从句，关系副词在定语从句中做地点状语、原因状语或时间状语。蜜蜂的勤劳，老鼠和猫的关系，奔驰的马，以及天上掉下的猫狗，这些动物的特征或属性都以有趣的方式进入了英语的习语中，增进了英语的语言表现力。更加深入地思考人与动物的关系，认识到人与动物和谐相处的重要性，树立尊重动物、尊重自然的可持续发展生态观。

	概念结论	思想方法	价值观念
简略化表达	观察归纳总结并应用关系副词引导的定语从句及动物相关的英文习语	归纳总结 对比思维 辩证思维	人与动物的习性关联，人类应尊重自然，爱护动物，与动物和谐共生
特征化表达	归纳关系副词引导的定语从句的用法，阅读一篇包含关系副词引导的定语从句的文章，使用关系副词填空完成一封有关南非之行的邮件。本语法是关系副词 where，why 和 when 引导的定语从句，关系副词在定语从句中做地点状语、原因状语或时间状语	归纳概况 分析判断 逻辑思维 系统思维	在阅读及语法运用中，思考人与动物的关系，认识到人与动物和谐相处的重要性，树立尊重动物保护动物的生态观

【资源条件】☞

资源名称	功　能
黑板	板书核心问题；板书学生解决问题时分析、交流、建构的英语知识，结构和要点；板书反思提升的要点和语言表达
教材、学案	提供大概念核心问题教学各环节中自主阅读的任务、探究与生成的知识和观点等
PPT	展示具体的教学环节和教学内容，出示反馈评价和总结、家庭作业等内容
投影	用白板展示学生作品，方便进行基于深度理解与表达的思维训练

【学生基础】☞

本班学生是高一的学生，已具备了一定的定语从句知识及生活中跟动物相关的习语，有一定的语言表达能力和所需的词汇和短语基础，有一部分学生能使用定语从句，但是分不清楚本课所学的关系副词与上个单元的关系代词之间的区别，学生的英语综合能力和英语学习习惯依然参差不齐，在语言能力和思维品质方面都有差异。

从话题方面来说，本单元主题语境是“人与自然”，本板块旨在促进学生观察关系副词所引导的定语从句，对所学内容的总结与归纳，并在真实的情境下加以综合运用，内化单元主题思想，发展思维品质，完成对所学内容的迁移和创新。学生通过小组合作，培养团队合作意识，能够与小组成员一起协作完成任务。指导学生使用本板块中所学内容恰当表达与动物相关的习语及与生活相关情景的关系副词引导的定语从句。

【教学目标】☞

参与“人与动物和谐共生”主题下使用定语从句，厘清结构和语言特点，能够运用本文所学谈论对单元主题“与动物和谐相处”的理解，用定语从句描述自然界中的动物（语言能力二级水平）；有逻辑、有条理地在文本阅读中概括信息、构建概念、分析原因和逻辑关系，谈论与有关动物习性关联人类生活情景的习语的学习和拓展（思维品质三级水平）；由此思考人与动物的关系，最终形成尊重动物、关爱动物、保护生态的价值观（文化意识三级水平、思维品质三级水平）。

【核心问题】☞

核心问题：阅读语篇，观察、归纳、总结、运用关系副词引导的定语从句，运用关系复习引导的定语从句介绍中国大熊猫到达荷兰后的情况和与动物相关的英文习语。

核心问题分析：本课在语境和生活场景中运用关系副词的定语从句及与动物相关的习语来让学生将语法、应用文等英语语言学习与自然、与生活相关联，完成邮件及习语。

【评价预设】☞

本课有两条主线，引导学生对本单元的主题“人与自然”进行升华。一条主线是通过阅读包含关系副词引导的定语从句介绍中国熊猫到荷兰的语篇并运用定语从句完成邮件，部分学生分不清关系副词和关系代词，更不会应用，应在评价中加以引导并适时予以表扬等。另一条线是与动物相关的习语，部分学生有生活常识和一定的文化底蕴，应给予肯定，对于文化迁移不够的学生予以引导和鼓励。

二、教学实施设计

【教学环节】☞

教学环节	学生活动	教师活动	设计意图	技术融合
提出问题（5 mins）	1. 观察第一组句子，回答 What do where, when and why refer to in each sentence? 2. 比较第二组句子，思考与第一组的不同	营造情境，导入本课话题，提出核心问题	营造情境，启发学生观察思考关系副词引导的定语从句，作铺垫	PPT 展示
解决问题（15 mins）	阅读第一篇文章，思考为什么作者要用第一组句子，并在文章中找出更多的关系副词引导的定语从句。	引导学生理解关系副词引导的定语从句的结构，概括归纳出 where、when、why 引导的定语从句的特点	启发引导学生观察思考并为后面搭建脚手架	PPT 展示
	尝试用关系副词引导的定语从句完成邮件	引导学生完成邮件	营造情境，在生活中试用	
	与动物习性相关的跟人类生活场景相关的英语习语（定语从句）	引导学生进一步试用相关语法和习语	进一步营造情境，贴近生活试用习语和语法	PPT 展示
反思提升（10 mins）	归纳总结关系副词引导的定语从句	引导学生找出关系副词引导的定语从	脚手架搭建	PPT 黑板板书
	自创含定语从句的与动物相关英语习语	引导学生使用	创新、反思提升	PPT 黑板板书
评价反馈（10 mins）	分小组分享并互相评价 作业：根据课堂评价总结，完善定语从句习语	归纳总结、板书学生的优美表达及其他方面（笔记由学生的答案生成）	评价反馈	PPT 黑板板书 投影仪

【板书设计】☞

Book 1 Unit 5 Using Language 1&2

核心问题：阅读语篇，观察、归纳、总结、运用关系副词引导的定语从句，运用关系复习引导的定语从句介绍中国大熊猫到达荷兰后的情况和与动物相关的英文习语。

中心词+关系副词+定语从句　　Where 地点　　学生答案及评价

When 时间

Why 原因

动物习性 vs 人类生活　　定语从句及习语

Bee　busy　　学生答案及评价

…

学生价值观及情感态度 Value& attitude：love & protect animals　　学生答案及评价

【教学流程图】☞

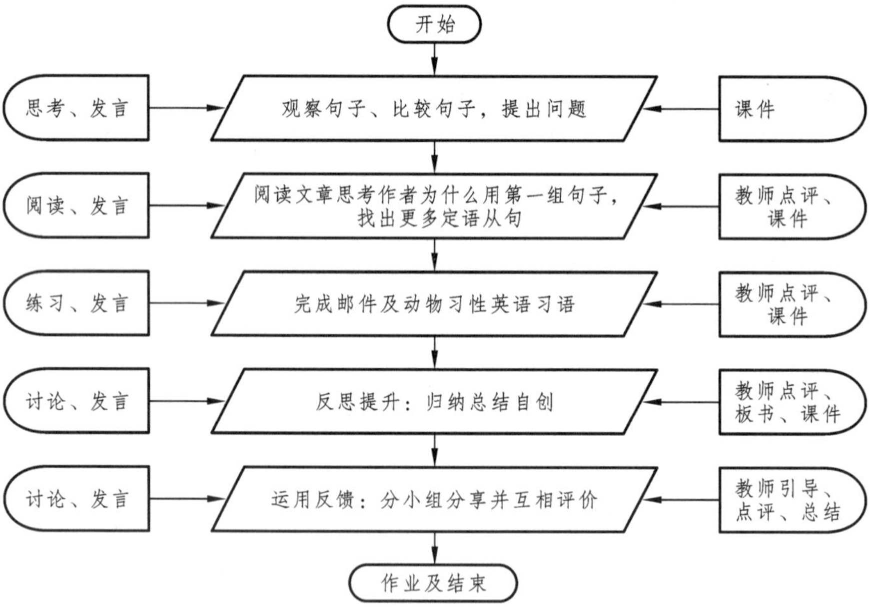

【作业布置】☞

为了让学生能够将本节课体验到的反思总结、基本思想方法、概念结论迁移到后续的学习中，特布置如下作业。

作业序号	作业目标	作业内容	作业情境		概念结论		思想方法		价值观念		整体评估	
			内容	水平	内容	水平	内容	水平	内容	水平	类型	水平
1	正确使用课堂所学词语法填空（语言水平二级、学习能力二级）	运用正确填空	人与自然	较复杂	人与自然语境下的语法运用	语言水平二级学习能力二级	迁移思维	思维品质二级	尊重动物、保护自然	文化意识三级水平	基础作业	学业质量水平2

续表

作业序号	作业目标	作业内容	作业情境		概念结论		思想方法		价值观念		整体评估	
			内容	水平	内容	水平	内容	水平	内容	水平	类型	水平
2	能使用与动物习性及人类生活相关的习语；能意识到保护动物的重要性（语言水平三级、思维品质三级）	完成与动物习性及人类生活相关的习语	学生根据缄默知识将人类生活情景与动物习性关联	较复杂	习语	思维品质三级水平语言能力二级水平文化意识三级水平	系统思维、迁移思维、	思维品质三级水平	尊重动物、保护自然	文化意识三级水平	综合作业	学业质量水平3
3	能正确运用语法关系副词引导的定语从句；能使用与动物习性及人类生活相关的习语；能意识到保护动物的重要性（语言水平三级、思维品质三级）	用关系代词引导的定语从句完成与动物习性及人类生活相关的习语	学生根据定语从句及习语创新	较复杂	包括定语从句及习语	思维品质三级水平语言能力二级水平文化意识三级水平	系统思维、迁移思维、创新思维	思维品质三级水平	尊重动物、保护自然	文化意识三级水平	实践性作业	学业质量水平3

（具体的作业内容略）

三、教学评价反馈

【评价实施】☞

课后听取、收集了听课教师的反馈意见，收集了全班学生的评价反馈练习。

【信息收集】☞

认真反思收集到的教师反馈意见，针对大概念核心问题教学的课堂教学评价，完成了下列“大概念核心问题教学文化评价表”。

【反馈调整】☞

1. 针对学生

对学生完成的评价反馈作业进行认真的归类分析后，从课堂学习及课后作业两个方面向学生进行反馈交流。针对课堂交流互动积极性略欠佳这一情况，激励学生在今后的课堂学习中更大胆地表达自己的观点与见解，这样有助于理解与内化所学知识；学生课后作业完成情况良好，因此在对全班进行肯定性评价的基础上，通过剖析优秀案例，加强学生的相互学习和借鉴。与反馈作业中结果不太好的学生（包括质量和书写等方面）进行沟通交流，以期在今后的学习中有更好的表现，能对学科知识、思想方法和价值观念进行更好的迁移和运用。

2. 针对教师

认真对课前教学设计、课堂教育教学及课后作业情况进行反思后，从课堂教学与课后作业两个方面对自己提出反馈调整意见：（1）系统思维培养方面，课堂上应更大胆地放手让学生去做有利于学生系统思维的培养。（2）在师生评价上，在运用反馈环节，学生在表达时，教师的评价应该更有针对性和指导性，培养学生的学习技能，各方面激励学生学习和增强英语学习的积极性和信心。

大概念核心问题教学文化评价表

课时名称	Using Language 1 & 2				
所属单元	必修一五单元				
单元大概念	走进荒野				
单元核心问题	从听、说、读、写、看五方面，研习有关人与动物的多模态语篇，探究人与动物的关系，听动物园饲养员和动物保护组织成员间就“是否应将动物圈养在动物园”展开的辩论音频，提取梳理辩论语篇的结构和主要语言及特征，就“家庭是否应该饲养宠物”展开辩论；分析总结动物介绍类文章的写作特点，撰写一篇包括外形、栖息地、迁徙行为和饮食习惯等方面的动物档案；制作一张以一种濒危动物为主题的英文海报				
课时大概念	关系副词引导的定语从句及动物习性英语习语				
课时核心问题	阅读语篇，观察、归纳、总结、运用关系副词引导的定语从句，运用关系复习引导的定语从句介绍中国大熊猫到达荷兰后的情况和与动物相关的英文习语				
评价目标	评价指标			评价方法结果	
	一级指标	二级指标	三级指标		
实现活动体验中的学习与素养发展	具有大概念核心问题教学形态	核心问题利于活动体验	内含学科问题和学生活动方式	7	每项指标最高评8分（满分为96分）
			问题情境与真实生活密切相关	8	
			能引发大概念、新知新法生成	7	
		教学目标价值引导恰当	目标构成全面准确	8	
			内含关联体验目标	8	
			目标价值引导显现	8	
		教学环节完整合理落实	教学环节清晰完整	8	
			环节内容合理充实	8	
			学生活动时间充分	8	
		教学要素相互匹配促进	问题目标环节两两匹配	8	
			技术促进活动形式内容	6	
			学科特色突出氛围浓郁	6	合计 90 分

续表

<table>
<tr><th rowspan="2">评价目标</th><th colspan="3">评价指标</th><th rowspan="2">评价
方法结果</th></tr>
<tr><th>一级指标</th><th>二级指标</th><th>三级指标</th></tr>
<tr><td rowspan="22">实现活动体验中的学习与素养发展</td><td rowspan="22">具有大概念核心问题教学特质</td><td rowspan="4">拓展学习视野</td><td>课堂与现实世界有恰当关联</td><td rowspan="22">选择一个表现突出的二级指标，在相应三级指标引导下，以现场学生表现为主要依据，以其余指标为背景，于本表的第二页写出150字以上的简要评价</td></tr>
<tr><td>有基于缄默知识的问题解决</td></tr>
<tr><td>有缄默知识运用的追踪剖析</td></tr>
<tr><td>知识运用剖析导向素养发展</td></tr>
<tr><td rowspan="4">投入实践活动</td><td>有真实而且完整的实践活动</td></tr>
<tr><td>实践活动深度融入两类情境</td></tr>
<tr><td>能够全身心地浸渍于活动中</td></tr>
<tr><td>活动内容和结果均丰富深入</td></tr>
<tr><td rowspan="4">感受意义关联</td><td>有核心问题的深层意义感受</td></tr>
<tr><td>有以知识为中心的关联感受</td></tr>
<tr><td>有以个人为中心的关联感受</td></tr>
<tr><td>有对三类大概念的关联感受</td></tr>
<tr><td rowspan="4">自觉反思体验</td><td>有实质性反思活动的开展</td></tr>
<tr><td>有课堂新因素的追踪利用</td></tr>
<tr><td>有体验的交流与改善重构</td></tr>
<tr><td>有概念生成中的素养发展</td></tr>
<tr><td rowspan="4">乐于对话分享</td><td>乐于自我的表达与认真地倾听</td></tr>
<tr><td>乐于合作中成果与思路的分享</td></tr>
<tr><td>乐于成果交流中深层意义分享</td></tr>
<tr><td>有宽容的对话氛围和双向交流</td></tr>
<tr><td rowspan="3">认同素养评价</td><td>认可素养评价</td></tr>
<tr><td>参与素养评价</td></tr>
<tr><td>利用素养评价</td></tr>
<tr><td colspan="5">大概念核心问题教学特质的简要评价（包括发展性建议）：</td></tr>
<tr><td colspan="5">本课采用的是大概念的核心问题教学，“投入实践活动”和“感受意义关联”两个一二级指标凸显充分。
本课的核心问题是：阅读语篇，观察、归纳、总结、运用关系副词引导的定语从句，运用关系复习引导的定语从句介绍中国大熊猫到达荷兰后的情况和与动物相关的英文习语。本核心问题设置恰当，既能引导学生整节课活动的开展和体验，又能让学生体验意义关联，还能体现出本课时大概念的中心性、意义性、迁移性和持久性。
投入实践活动：本核心问题让学生完全浸渍在完整和真实的实践活动中，如：解决问题环节中在文章中发现总结归纳关系副词引导的定语从句并运用到邮件中，在生活场景中将动物习性与人类生活联系成习语；反思提升环节中让学生分析反思归纳，旨在加深学生对本文所学知识的巩固和对主题的进一步理解，也为后面的评价反馈和家庭作业运用搭好脚手架。同时，活动内容丰富，通过小组讨论，运用本课所学表达对“人与动物、人与自然”的理解，绝大多数同学都能表达出本单元标题意义。
感受意义关联：在解决问题环节中，学生获得了以知识为中心深刻的关联感受：人类生活与动物习性及英语习语与社会与自然与文化息息相关。在反思提升环节中，教师引导学生对学生发言进行总结和提升，充分体现了思想方法类、价值观念类大概念间的紧密关联，让学生全方位深度感受意义关联。
综上，学生在本课的学习中有核心问题的完整活动的浸渍，有深层价值意义的感受，有以知识为中心的关联感受，有对三类大概念的深层关联感受，所以“投入实践活动”和“感受意义关联”这两个一二级指标凸显充分</td></tr>
</table>

大概念核心问题教学素养目标点检测表

<table>
<tr><td>课时名称</td><td colspan="3">Using Language 1 & 2</td></tr>
<tr><td>所属单元</td><td colspan="3">必修一五单元</td></tr>
<tr><td>单元大概念</td><td colspan="3">简略化表达：走进荒野。
大概念特征化表达：归纳概括黑脉金斑蝶、熊猫、丹顶鹤等动物的习性，辩证思考动物在文化交流方面的作用，听懂并谈论与动物有关的多模态语篇，对比思考并辩论“家庭是否能饲养宠物”，表达同意或不同意的观点，形成关爱动物保护生态的正确价值观</td></tr>
<tr><td>单元核心问题</td><td colspan="3">从听、说、读、写、看五方面，研习有关人与动物的多模态语篇，探究人与动物的关系，听动物园饲养员和动物保护组织成员间就“是否应将动物圈养在动物园”展开的辩论音频材料，提取梳理辩论语篇的结构和主要语言及特征，就“家庭是否应该饲养宠物”展开辩论；分析总结动物介绍类文章的写作特点，撰写一篇包括外形、栖息地、迁徙行为和饮食习惯等方面的动物档案；制作一张以一种濒危动物为主题的英文海报</td></tr>
<tr><td>课时大概念</td><td colspan="3">简约化表达：关系副词引导的定语从句及动物习性英语习语。
特征化表达：归纳关系副词引导的定语从句的用法，阅读一篇包含关系副词引导的定语从句的文章，使用关系副词填空完成一封有关南非之行的邮件。本语法是关系副词 where，why 和 when 引导的定语从句，关系副词在定语从句中做地点状语、原因状语或时间状语。蜜蜂的勤劳，老鼠和猫的关系，奔驰的马，以及天上掉下的猫狗，这些动物的特征或属性都以有趣的方式进入了英语的习语中，增进了英语的语言表现力。
思想方法：归纳总结、对比思维</td></tr>
<tr><td>课时核心问题</td><td colspan="3">阅读语篇，观察、归纳、总结、运用关系副词引导的定语从句，运用关系复习引导的定语从句介绍中国大熊猫到达荷兰后的情况和与动物相关的英文习语。</td></tr>
<tr><td>课时素养目标</td><td colspan="3">参与使用定语从句描述自然界中的动物（语言能力二级水平），谈论与有关动物习性关联人类生活情景的习语的学习和拓展（思维品质三级水平）；由此思考人与动物的关系，最终形成尊重动物、关爱动物、保护生态的价值观（文化意识三级水平、思维品质三级水平）</td></tr>
<tr><td>检测点</td><td colspan="3">运用关系复习引导的定语从句介绍中国大熊猫到达荷兰后的情况和与动物相关的英文习语</td></tr>
<tr><td>检测工具
（检测题）</td><td colspan="3">用关系副词引导的定语从句表达并写下动物习性与人类生活活动相关联的英语习语</td></tr>
<tr><td rowspan="4">分类标准</td><td colspan="3">A. 完全能正确使用关系副词引导的定语从句写出相关习语，行文优美</td></tr>
<tr><td colspan="3">B. 较好使用关系副词引导的定语从句写出相关习语</td></tr>
<tr><td colspan="3">C. 能写出习语，但不能使用关系副词引导的定语从句</td></tr>
<tr><td colspan="3">D. 不能运用定语从句并写出习语</td></tr>
<tr><td rowspan="5">检测统计</td><td>分类等级</td><td>学生人数</td><td>百分比（总人数 55 人）</td></tr>
<tr><td>A</td><td>41</td><td>73.3%</td></tr>
<tr><td>B</td><td>13</td><td>23.2%</td></tr>
<tr><td>C</td><td>2</td><td>3.5%</td></tr>
<tr><td>D</td><td>0</td><td>0%</td></tr>
</table>

续表

检测分析 结果运用	本次点检测一共 56 人参与。41 人（A 等），占比 73.3%，完全能正确使用关系副词引导的定语从句写出相关习语，行文优美；13 人（B 等），占比 23.2%，较好使用关系副词引导的定语从句写出相关习语；2 人（C 等），占比 3.5%，能写出习语，但不能使用关系副词引导的定语从句。没有学生（0%）不能运用定语从句并写出习语。 直接从检测结果看，全班绝大多数学生（A41+B13=55 人，96.5%）能对本课所听所学习的定语从句及习语这些载体，进行知识的内化和关联，能把人类活动和动物习性等进行关联体验。 但也有部分同学的描述没有显性化出来或显性化得不够完整。没有显性化出来的同学缺乏对人类活动和动物习性关系的反思总结。 总之，学生对学科教学内容载体的显性信息获取和梳理要好一些，但对信息后的内涵挖掘还不够，对学习方法与策略的关注与提升不足；另一方面，以学科教学内容为载体，运用大概念核心问题教学进行的这类学习方法与策略指导，能使学生从学科知识与能力、学科思想方法、学科价值观念多维度、深层次地学习体验，在深度体验中获得学科学习经验，积淀英语语言知识，语言技能、思维品质、学习技能等英语学科核心素养。因此，在后续的教学中，应着力加强学生思维品质和学习方法与策略的培育，观察发现学生学习方法与策略中存在的不足，进行强针对性的指导与交流
素养目标达成 典型实例	41 人（A 等），占比 73.3%，完全能正确使用关系副词引导的定语从句写出相关习语，行文优美；13 人（B 等），占比 23.2%，较好使用关系副词引导的定语从句写出相关习语；2 人（C 等），占比 3.5%，能写出习语，但不能使用关系副词引导的定语从句。没有学生（0%）不能运用定语从句并写出习语 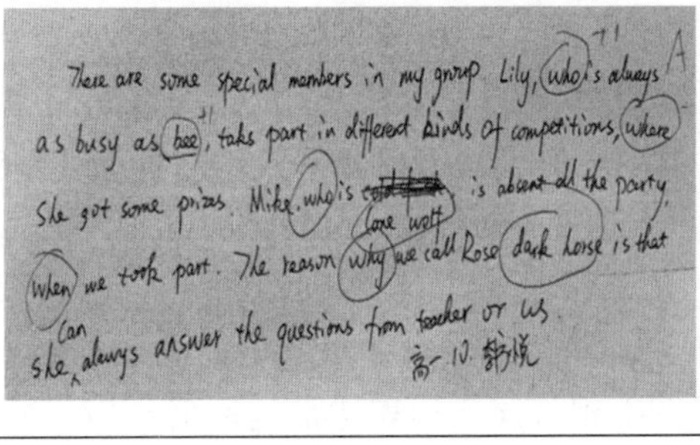
检测反馈	1. 针对学生 对学生完成的评价反馈作业进行认真的归类分析后，从课堂学习及课后作业两个方面向学生进行反馈交流。针对课堂交流互动积极性略欠佳这一情况，激励学生在今后的课堂学习中更大胆地表达自己的观点与见解，这样有助于理解与内化所学知识；学生课后作业完成情况良好，因此在对全班进行肯定性评价的基础上，通过剖析优秀案例，加强学生的相互学习和借鉴。与反馈作业中结果不太好的学生（包括质量和书写等方面）进行沟通交流，以期在今后的学习中有更好的表现，能对学科知识、思想方法和价值观念进行更好的迁移和运用。 2. 针对教师 认真对课前教学设计、课堂教育教学及课后作业情况进行反思后，从课堂教学与课后作业两个方面对自己提出反馈调整意见：（1）系统思维培养方面，课堂上应更大胆地放手让学生去做有利于学生系统思维的培养。（2）在师生评价上，在运用反馈环节，学生在表达时，教师的评价应该更有针对性和指导性，培养学生的学习技能，从各方面激励学生学习和增强英语学习的积极性和信心

Presenting Ideas

冷亚

一、教学分析设计

【教材课标】☞

普通高中英语课程的具体目标是：培养和发展学生在接受高中英语教育后应具备的语言能力、文化意识、思维品质、学习能力等核心素养。

本次授课内容选自外研版 2019 必修一的 Unit 5，单元主题为：Into the wild（走近荒野）。本单元主题语境为：人与自然，主题语境内容为人与动物的关系，主题意义为人与动物和谐共处。

下文从主题内容（what），意图/情感态度价值观（why）和文体特征、内容结构、语言（how）三个方面对本课语篇内容进行分析。

主题内容（what）：本课的主题语境为“人与自然”。Presenting ideas 板块引导学生介绍一部表现人与动物关系的电影或故事，分享人与动物相处情形，辩证地思考人与动物的关系。

意图/情感态度价值观（why）：Presenting ideas 板块通过分享人与动物关系的电影或故事，号召大家尊重爱护动物，树立人与动物和谐相处的价值观以及可持续发展的观念。

文体特征、内容结构、语言（how）：Presenting ideas 板块选择学生分享人与动物关系的电影或故事，相对来说相关词汇和表达都是通俗易懂，难度较低，结构简单，复杂句型以及高级句式较少，且课本上已经提供了相应单词短语可以使用。

研读课标后，梳理了课标（2017 年版 2020 年修订）中对本课时教学的目标要求如下：

1. 语言能力

整合运用已有的英语语言知识，如本单元的定语从句、与动物相关的词汇、习语，合理且熟练地阐明主要观点与事实，批判性地审视语篇观点的逻辑性、情感态度；准确、熟练和得体地陈述事件，传递信息，表达个人观点和情感，体现意图、态度和价值取向。（语言能力三级水平）

2. 文化意识

能够选择恰当的方式方法，在课堂等现实情境中获取中外文化信息，并结合实际情况和书本呈现的内容进行分析和比较，深入思考人与动物的关系，对待动物的正确态度，最终形成关爱动物、与动物和谐相处的正确的、可持续发展的观念。（文化意识二级水平）

3. 思维品质

主动观察文化中存在的各种现象，通过比较，识别各种信息之间的关联，从中推断出他们之间形成的简单逻辑关系和作者的观点和态度；针对所获取的信息，提出批判性的问题，辩证思考、判断观点和思想的价值，联系自身实际，形成自己的观点，实现知识向思维能力的迁移。（思维品质三级水平）

4. 学习能力

对英语学习有较强的兴趣和自信心，善于自主学习和合作学习，举一反三，积极争取和把握各种学习和表现机会，运用英语进行有效沟通和交流，积极主动且高质量地进行课堂内容输出。（学习能力二级）

【大概念】☞

课时核心大概念：分享人与动物关系的电影或故事

特征化表达：学生分享人与动物关系的电影或故事，尽可能创造性地表达人与动物关系的观点，更加深入地思考人与动物的关系，认识到人与动物和谐相处的重要性，树立尊重动物、尊重自然的可持续发展生态观。

	概念结论	思想方法	价值观念
简略化表达	分享反映人与动物关系的电影或故事	创新思维 对比思维 辩证思维	爱护动物、尊重动物、尊重自然、可持续发展
特征化表达	学生分享人与动物关系的电影或故事，尽可能创造性地表达人与动物关系的观点，更加深入地思考人与动物的关系，认识到人与动物和谐相处的重要性，注重语言的逻辑性、故事情节的完整性，树立尊重动物、尊重自然的可持续发展生态观	在分享、语言输出活动中，学生更加深入地思考人与动物的关系，创造性地表达人与动物关系的观点，渗透爱护动物的理念	思考人与动物的关系，认识到人与动物和谐相处的重要性，树立尊重动物保护动物的生态观

【资源条件】☞

资源名称	功　能
黑板	板书核心问题；板书学生解决问题时分析、交流、建构的英语知识，结构和要点；板书反思提升的要点和语言表达
教材、学案	提供大概念核心问题教学各环节中自主阅读的任务、探究与生成的知识和观点等
PPT	展示具体的教学环节和教学内容，出示反馈评价和总结、家庭作业等内容
投影	用白板展示学生作品，方便进行基于深度理解与表达的思维训练

【学生基础】☞

本班学生是高一空军班的学生，经过初中及本学期的学习，已具备了一定的语言表达能力，能够通过听、说、读的方式获取关于人与动物关系的信息，并在老师的指导下运用相关表达，阐述有关人与动物关系的故事或电影，并进行深层次的思考。但是，学生的英语综合能力参差不齐。在语言能力和思维品质方面都有差异，跨文化意识还较薄弱，创新思维和多元思维需要加强。大部分学生对英语不太感兴趣，学习态度一般，大部分学生英语口头表达能力需要提高，一些学生在课堂上不愿意张口，在进行口头表达时语言准确性、故事情节的逻辑性、思维严密性有待大幅度提高。

从话题方面来说，学生了解过关于人与自然的话题，对话题较熟悉，但缺乏对人与动物的关系的深入思考。从语言方面来说，学生认识且会使用一些简单的与动物相关的词汇，但对本单元出现的与动物相关的话题词汇和词组却较陌生，在表达人与动物关系方面，学生也存在词汇储备不够的问题，在陈述自己观点时结构不够清晰严谨。

所以，基于以上分析，本课要引导学生通过前期的知识输入，转化成本课的语言输出，获取人与动物关系的信息，激发学生对动物话题的深入思考，在相关话题的阐述中表达自己的观点、态度和情感。

【教学目标】☞

参与小组合作，通过介绍一个表现人与动物关系的电影或故事，完成语言的组织、提炼和内化（语言能力一级）；理解介绍电影或者故事的叙述方式及语言结构特征，情节有逻辑条理且做到引人入胜（语言能力二级）；能够在叙述电影或故事的过程中，渗透人与动物和谐相处的理念，辩证地看待人与动物的关系（思维品质二级）；通过自我评价和自我反思，发现问题并解决问题，认识到人与动物和谐相处的重要性，关爱动物，尊重动物，保护动物，形成人与自然和谐共生、可持续发展的正确价值观（思维品质三级）。

【核心问题】☞

核心问题：介绍一个表现人与动物关系的电影或故事；探讨人与动物和谐相处的方式。

核心问题分析：小组合作完成语言的组织、提炼和内化，最后在班上有条理地、流畅地介绍一个表现人与动物关系的电影或故事；增强人与动物和谐相处的意识，关爱动物，尊重动物，保护动物；通过自我评价和自我反思，发现问题并解决问题；创造性地表达人与动物关系的观点，形成关爱动物、保护生态的正确价值观。

【评价预设】☞

本堂课在口语输出部分，学生对话题有话可说，但是在进行口头表达时的结构、语言准确性有待大幅度提高。因此，需要老师在口语练习时，引导学生关注故事的完整性、逻辑性，支撑依据，并带领学生就表达的逻辑性加以练习。

二、教学实施设计

【教学环节】☞

教学环节	学生活动	教师活动	设计意图	技术融合
1. 提出问题 （2 mins）	看图片，描述动物和人类的关系，领会核心问题	营造情境，导入本课话题，提出核心问题：介绍一个表现人与动物关系的电影或故事	营造情境，提出核心问题，让学生明确本课学习重点	黑板板书核心问题

续表

教学环节	学生活动	教师活动	设计意图	技术融合
2. 解决 问题 （16 mins）	Ss practise telling their stories in groups with the help of their notes in Activity 1 and the expressions in the box.	T asks Ss to practise telling their stories in groups with the help of their notes in Activity 1 and the expressions in the box.	To help Ss make full preparations for their presentation.	PPT 展示
	1. Ss make criteria for a good story. 2. Ss present their stories to the class. 3. Ss vote for the best story.	1. T guides Ss to make criteria for a good story. 2. T asks Ss to tell the stories to the class. 3. T asks Ss to vote for the best story.	To encourage Ss to present their stories and assess other Ss' presentation.	PPT 和学案
3. 反思 提升 （10 mins）	小组讨论如何在分享中有好的表现，并完成思维导图	挑选学生展示思维导图，并就学生完成的思维导图进行点评。	引导学生将关于故事分享的缄默知识和零散知识显性化、系统化。	PPT 和黑板板书
4. 评价 反馈 （12 mins）	运用本课所学，展开生生、师生评价	引导学生分享电影或者故事，引导进行生生、师生评价	通过运用本单元所学，使学生从基于和深入语篇的学习，发展到超越语篇的学习，让学习从感知理解—运用实践—创造迁移层层递进，实现知识—能力—素养的提升，最终达成英语核心素养目标	PPT

【板书设计】☞

Unit 1 Into the wild　　Presenting ideas

核心问题：介绍一个表现人与动物关系的电影或故事；探讨人与动物和谐相处的方式。

The story is about.... The main characters are... It takes place in.... It starts with.... It's written for...	Values love respect equality harmony

【教学流程图】☞

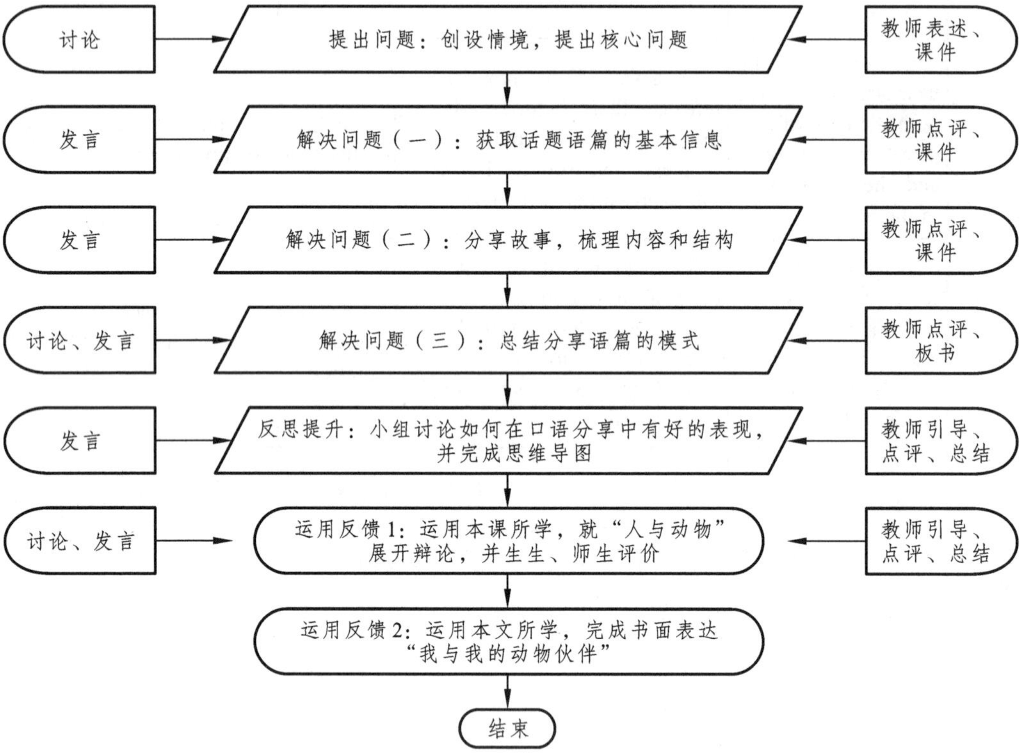

【作业布置】☞

为了让学生能够将本节课体验到的反思总结、基本思想方法、概念结论迁移到后续的学习中，特布置如下作业。

作业序号	作业目标	作业内容	作业情境		概念结论		思想方法		价值观念		整体评估	
			内容	水平	内容	水平	内容	水平	内容	水平	类型	水
1	掌握并恰当地使用表达（语言能力二级）	翻译并总结归纳与动物有关的习语	人与自然	简单	人与自然语境下的句型运用	语言能力二级	逻辑思维	思维品质二级	根据不同的环境条件，分析信息之间的关联和差异	思维品质二级	基础性作业	学业质量水平2
2	能认识到人与动物和谐相处的重要性（思维品质三级）。完整地书写有关人与动物的文章（语言能力二级）	撰写一篇有关人与动物关系的议论文	学生联系生活实际，分析人与动物关系的问题，解决问题的方法	较复杂	议论文三大板块：引入，论证，结论	语言能力二级	逻辑思维，辩证思维	思维品质二级	尊重动物；人与动物和谐相处	思维品质三级	综合性作业	学业质量水平3

续表

作业序号	作业目标	作业内容	作业情境		概念结论		思想方法		价值观念		整体评估	
			内容	水平	内容	水平	内容	水平	内容	水平	类型	水
3	了解更多人对动物的正确态度(思维品质二级、文化意识二级、学习能力二级)	设计濒危动物的海报、海报内容反映人与该濒危动物的关系。	人与社会	较复杂	海报	语言能力二级	逻辑思维，发散思维	思维品质二级	人与动物和谐相处	思维品质三级	实践性作业	学业质量水平3

（具体的作业内容略）

三、教学评价反馈

【评价实施】☞

课后听取、收集了听课教师的反馈意见，收集了全班学生的反馈练习 40 份。

【信息收集】☞

认真反思收集到的教师反馈意见，针对大概念核心问题教学的课堂教学评价，完成了下列“大概念核心问题教学文化评价表”。

【反馈调整】☞

1. 针对学生

对学生完成的反馈作业进行认真的归类分析后，从课堂学习及课后作业两个方面向学生进行反馈交流：课堂交流互动的质量不高，激励学生在今后的课堂学习中可更加大胆地表达自己的观点与见解，这样更有助于自己对所学知识的理解与内化；学生之间的发言局限在简单罗列客观现状，且现状雷同，叙述的观点角度比较窄，缺乏自己的深入思考和见解；对于课后作业，学生完成度较高，情况良好，但是用词准确度及句式结构多样性方面比较欠缺，书面表达偏口语化，大部分学生的写作质量一般，小部分同学观点新颖，逻辑缜密，因此在基于数据对全班进行肯定性评价的基础上，通过对学生优秀案例的剖析强化，加强学生的相互学习和借鉴。对反馈作业中反馈结果不太好的学生（包括质量和书写等方面）进行沟通交流，以期在今后的学习中能有所改善，对学科知识，思想方法和价值观念进行更好的迁移和运用。

2. 针对教师

认真对课前教学设计、课堂教育教学及课后作业情况进行反思后，以下方面需要改进：

（1）在教学设计上，在学生语言输出之前，教师应该有足够的铺垫，鼓励学生在课前多渠道地收集信息、并引导学生运用高级句式和词汇来组织语言，对于能力较弱的学生，教师应该明确提出课模仿书上的句型句式来进行语言输出。

（2）系统思维培养方面，在课堂上，要更大胆放手鼓励学生去说，如让学生模拟政府工作人员，从社会层面制定相应保护动物的政策措施。

（3）师生评价方面，运用反馈环节学生在表达 stay in harmony with animals 等观点时，教师的评价应该更有针对性和指导性，不能一概地评论“Good idea; Wonderful; It doesn't matter”等。对回答得好的同学，多一些概括性评价，对回答欠佳的同学，多些指导性、激励性评价和建议，以提高学生的学习技能，激励学生英语学习的积极性。

（4）现阶段的学生的辩证思维和逻辑思维不够缜密，在布置议论文写作之前，应该先充分讲授议论文的行文结构和论证方法，再进行议论文的写作。

大概念核心问题教学文化评价表

<table>
<tr><td colspan="2">课时名称</td><td colspan="4">Presenting ideas</td></tr>
<tr><td colspan="2">所属单元</td><td colspan="4">Unit 5 Into the wild</td></tr>
<tr><td colspan="2">单元大概念</td><td colspan="4">简略化表达：走进荒野。
特征化表达：归纳概括黑脉金斑蝶、熊猫、丹顶鹤等动物的习性，辩证思考动物在文化交流方面的作用，听懂并谈论与动物有关的多模态语篇，对比思考并辩论“家庭是否能饲养宠物”，表达同意或不同意的观点，形成关爱动物保护生态的正确价值观</td></tr>
<tr><td colspan="2">单元核心问题</td><td colspan="4">从听、说、读、写、看五方面，研习有关人与动物的多模态语篇，探究人与动物的关系，听动物园饲养员和动物保护组织成员间就“是否应将动物圈养在动物园”展开的辩论音频材料，提取梳理辩论语篇的结构和主要语言及特征；分析总结动物介绍类文章的写作特点，撰写一篇包括外形、栖息地、迁徙行为和饮食习惯等方面的动物档案；分享人与动物关系的电影或故事；制作一张以一种濒危动物为主题的英文海报</td></tr>
<tr><td colspan="2">课时大概念</td><td colspan="4">简略化表达：分享人与动物关系的电影或故事
特征化表达：学生分享人与动物关系的电影或故事，尽可能创造性地表达人与动物关系的观点，更加深入地思考人与动物的关系，认识到人与动物和谐相处的重要性，树立尊重动物、尊重自然的可持续发展生态观</td></tr>
<tr><td colspan="2">课时核心问题</td><td colspan="4">介绍一个表现人与动物关系的电影或故事；探讨人与动物和谐相处的方式</td></tr>
<tr><td rowspan="2">评价目标</td><td colspan="3">评价指标</td><td colspan="2" rowspan="2">评价
方法结果</td></tr>
<tr><td>一级指标</td><td>二级指标</td><td>三级指标</td></tr>
<tr><td rowspan="6">实现活动体验中的学习与素养发展</td><td rowspan="6">具有大概念核心问题教学形态</td><td rowspan="3">核心问题
利于活动体验</td><td>内含学科问题和学生活动方式</td><td>8</td><td rowspan="6">每项指标最高评 8 分（满分为 96 分）

合计 91 分</td></tr>
<tr><td>问题情境与真实生活密切相关</td><td>7</td></tr>
<tr><td>能引发大概念、新知新法生成</td><td>7</td></tr>
<tr><td rowspan="3">教学目标
价值引导恰当</td><td>目标构成全面准确</td><td>8</td></tr>
<tr><td>内含关联体验目标</td><td>8</td></tr>
<tr><td>目标价值引导显现</td><td>8</td></tr>
</table>

续表

评价目标	评价指标			评价 方法结果	
	一级指标	二级指标	三级指标		
实现活动体验中的学习与素养发展	具有大概念核心问题教学形态	教学环节完整合理落实	教学环节清晰完整	8	
			环节内容合理充实	8	
			学生活动时间充分	8	
		教学要素相互匹配促进	问题目标环节两两匹配	8	
			技术促进活动形式内容	6	
			学科特色突出氛围浓郁	7	
	具有大概念核心问题教学特质	拓展学习视野	课堂与现实世界有恰当关联	选择一个表现突出的二级指标，在相应三级指标引导下，以现场学生表现为主要依据，以其余指标为背景，于本表的第二页写出150字以上的简要评价	
			有基于缄默知识的问题解决		
			有缄默知识运用的追踪剖析		
			知识运用剖析导向素养发展		
		投入实践活动	有真实而且完整的实践活动		
			实践活动深度融入两类情境		
			能够全身心地浸渍于活动中		
			活动内容和结果均丰富深入		
		感受意义关联	有核心问题的深层意义感受		
			有以知识为中心的关联感受		
			有以个人为中心的关联感受		
			有对三类大概念的关联感受		
		自觉反思体验	有实质性反思活动的开展		
			有课堂新因素的追踪利用		
			有体验的交流与改善重构		
			有概念生成中的素养发展		
		乐于对话分享	乐于自我的表达与认真地倾听		
			乐于合作中成果与思路的分享		
			乐于成果交流中深层意义分享		
			有宽容的对话氛围和双向交流		
		认同素养评价	认可素养评价		
			参与素养评价		
			利用素养评价		

大概念核心问题教学特质的简要评价（包括发展性建议）:

本课采用的是大概念的核心问题教学，“投入实践活动”和“感受意义关联”两个一二级指标凸显充分。

本课的核心问题是：介绍一个表现人与动物关系的电影或故事；树立人与动物和谐相处的意识。本核心问题设置恰当，既能让学生清楚明白本节课的任务，方便整节课活动的开展和体验，又能让学生体验意义关联，还能体现出本课时大概念的中心性、意义性、迁移性和持久性。

续表

投入实践活动：本核心问题让学生完全浸渍在完整和真实的实践活动中，如：解决问题环节中讲述人与动物关系的电影和故事，获取语言输出的基本信息；反思提升环节中小组讨论如何在陈述观点时有好的表现。同时，活动内容丰富，通过学生讲述、观看电影片段，获取口语阐述的基本信息；通过生生评价，让学生明白从哪些角度展开能更好地用语言表达自己的观点；通过反思提升的小组活动，让学生彼此交流、互相学习借鉴，把各自零散的信息整合起来，使语言表达更充分、思想更有深度。 感受意义关联：本课的内容为介绍一个表现人与动物关系的电影或故事。通过课前收集的信息、了解的故事和电影情节，提取口语展示的主要语言特征结构。在反思提升环节中，教师引导学生对故事讲解和复述电影情节的主要语言特征、陈述技巧、陈述时的身体语言等进行总结归纳，充分体现了概念结论类、思想方法类、价值观念类大概念间的紧密关联，让学生全方位深度感受意义关联。在运用反馈环节中，学生在讲故事和分享电影情节时，获得了以知识为中心的关联感受：爱护动物、保护动物、人与动物和谐相处的重要性，树立尊重动物的可持续发展生态观。 综上，学生在本课的学习中有核心问题的完整活动的浸渍，有深层价值意义的感受，有以知识为中心的关联感受，有对三类大概念的深层关联感受，所以“投入实践活动”和“感受意义关联”这两个一二级指标凸显充分

大概念核心问题教学素养目标点检测表

课时名称	Presenting ideas
所属单元	Book1 Unit 5 Into the wild
单元大概念	简略化表达：走进荒野。 大概念特征化表达：归纳概括黑脉金斑蝶、熊猫、丹顶鹤等动物的习性，辩证思考动物在文化交流方面的作用，听懂并谈论与动物有关的多模态语篇，对比思考并辩论“家庭是否能饲养宠物”，表达同意或不同意的观点，形成关爱动物保护生态的正确价值观
单元核心问题	从听、说、读、写、看五方面，研习有关人与动物的多模态语篇，探究人与动物的关系，听动物园饲养员和动物保护组织成员间就“是否应将动物圈养在动物园”展开的辩论音频材料，提取梳理辩论语篇的结构和主要语言及特征；分析总结动物介绍类文章的写作特点，撰写一篇包括外形、栖息地、迁徙行为和饮食习惯等方面的动物档案；分享人与动物关系的电影或故事；制作一张以一种濒危动物为主题的英文海报
课时大概念	简略化表达：分享人与动物关系的电影或故事。 特征化表达：学生分享人与动物关系的电影或故事，尽可能创造性地表达人与动物关系的观点，更加深入地思考人与动物的关系，认识到人与动物和谐相处的重要性，树立尊重动物、尊重自然的可持续发展生态观
课时核心问题	介绍一个表现人与动物关系的电影或故事；探讨人与动物和谐相处的方式
课时素养目标	介绍一个表现人与动物关系的电影或故事；探讨人与动物和谐相处的方式。整合运用已有的英语语言知识，如与动物相关的词汇、习语，有逻辑有条理地讲述一个人与动物关系的电影或故事（语言能力一级水平）；能够理解电影或故事的叙述方式及语言结构特征，表达个人观点和情感，体现意图、态度和价值取向（语言能力三级水平）；

续表

<table>
<tr><td>课时素养目标</td><td colspan="3">能够选择恰当的方式方法，在课堂再现影片或者故事情境，并选择合适的词汇和句型表达，投入感情表达观点，引发同学共鸣（思维品质二级水平）；通过同伴讨论和评价深入思考人与动物的关系，对待动物的正确态度，最终形成关爱动物、与动物和谐相处的正确的、可持续发展的观念（学习能力二级、文化意识二级水平）；
能够激发学生参与讨论，增强英语学习兴趣和自信心，善于自主学习和合作学习，举一反三，积极争取和把握各种学习和表现机会，运用英语进行有效沟通和交流，积极主动且高质量地进行课堂内容输出（学习能力二级）</td></tr>
<tr><td>检测点</td><td colspan="3">文章结构清晰有条理，情节完整有逻辑，体现人与动物的关系</td></tr>
<tr><td>检测工具
（检测题）</td><td colspan="3">议论文写作：人与动物的关系</td></tr>
<tr><td rowspan="4">分类标准</td><td colspan="3">A. 阐述人与动物关系的现状；阐明保护的措施，或者正确对待人与动物关系的态度或方法；展现保护动物、与自然和谐相处的核心思想；有两个以上的观点，每个论点均合情合理，论点与支撑证据之间有明确的关联；在结尾段，有明确表示总结的词或句子，文章正能量</td></tr>
<tr><td colspan="3">A-. 阐述人与动物关系的现状；阐明保护的措施；有两个以上的论点，每个论点关联性不太强；在结尾段，有表示总结的词或句子，并且能够总结全文观点</td></tr>
<tr><td colspan="3">B. 阐述人与动物关系的现状；有论点，或只有一个论点，有的论点或没有有支撑证据，或论点与支撑证据之间关联性不强；或没有结尾段来总结全文观点</td></tr>
<tr><td colspan="3">C. 有论点，或只有一个论点，有的论点或没有支撑证据，语言松散随意；逻辑性差；或没有结尾段来总结全文观点</td></tr>
<tr><td rowspan="5">检测统计</td><td>分类等级</td><td>学生人数</td><td>百分比（总人数 40 人）</td></tr>
<tr><td>A</td><td>22</td><td>55%</td></tr>
<tr><td>A-</td><td>12</td><td>30%</td></tr>
<tr><td>B</td><td>6</td><td>15%</td></tr>
<tr><td>C</td><td>0</td><td>0%</td></tr>
<tr><td>检测分析
结果运用</td><td colspan="3">本次检测一共 40 人参与。文章阐述人与动物关系的现状；阐明保护的措施，或者正确对待人与动物关系的态度或方法；展现保护动物、与自然和谐相处的核心思想；有两个以上的观点，每个论点均合情合理，论点与支撑证据之间有明确的关联；在结尾段，有明确表示总结的词或句子，文章正能量的同学有 22 人（A 等），占比 55%；文章阐述人与动物关系的现状；阐明保护的措施；有两个以上的论点，每个论点关联性不太强；在结尾段，有表示总结的词或句子，并且能够总结全文观点的同学有 12 人（A-等），占比 30%。有论点，或只有一个论点，有的论点或没有支撑证据，语言松散随意；逻辑性差；或没有结尾段来总结全文观点的学生人数为 0。
直接从检测结果看，全班绝大多数学生（A22+ A-12=34 人，85%）能阐述人与动物关系的现状；阐明保护的措施；有两个以上的论点，每个论点关联性不太强；在结尾段，有表示总结的词或句子，并且能够总结全文观点。
但也有部分同学只是阐述人与动物关系的现状，有论点，或只有一个论点，有的论点或没有支撑证据，或论点与支撑证据之间关联性不强；或没有结尾段来总结全文观点。</td></tr>
</table>

<table>
<tr><td>检测分析
结果运用</td><td>综上，一方面，进入高一的学生对学显性信息获取和梳理要好一些，但对信息后的内涵挖掘还不够，对学习方法与策略的关注与提升不足；另一方面，以学科教学内容为载体，运用大概念核心问题教学进行的这类学习方法与策略指导课确能使学生从学科知识与能力、学科思想方法、学科价值观念多维度、深层次地学习体验，在深度体验中获得学科学习经验，积淀英语语言知识，语言技能、思维品质、学习技能等英语学科核心素养。因此，在后续的教学中，应着力加强学生思维品质和学习方法与策略的培育，观察发现学生学习方法与策略中存在的不足，进行强针对性的指导与交流。</td></tr>
<tr><td>素养目标达成
典型实例</td><td>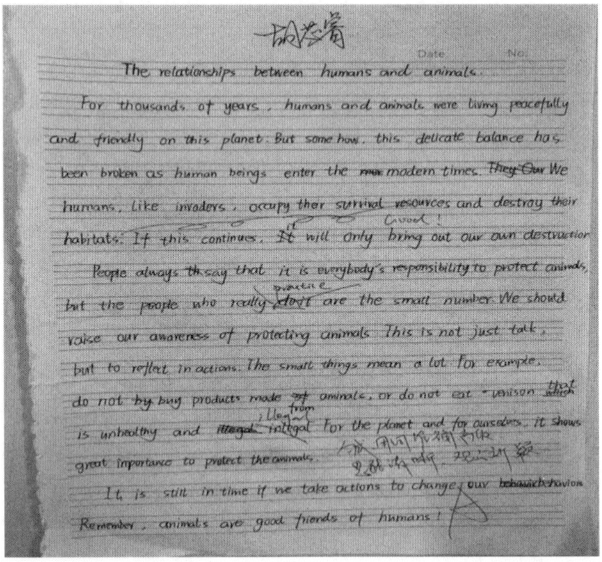
The relationships between humans and animals.
For thousands of years, humans and animals were living peacefully and friendly on this planet. But somehow, this delicate balance has been broken as human beings enter the modern times. We humans, like invaders, occupy their survival resources and destroy their habitats. If this continues, it will only bring out our own destruction. Good!
People always say that it is everybody's responsibility to protect animals, but the people who really practice are the small number. We should raise our awareness of protecting animals. This is not just talk, but to reflect in actions. The small things mean a lot. For example, do not buy products made from animals, or do not eat venison that is unhealthy and illegal for the planet and for ourselves. It shows great importance to protect the animals.
It is still in time if we take actions to change our behavior. Remember, animals are good friends of humans!
A

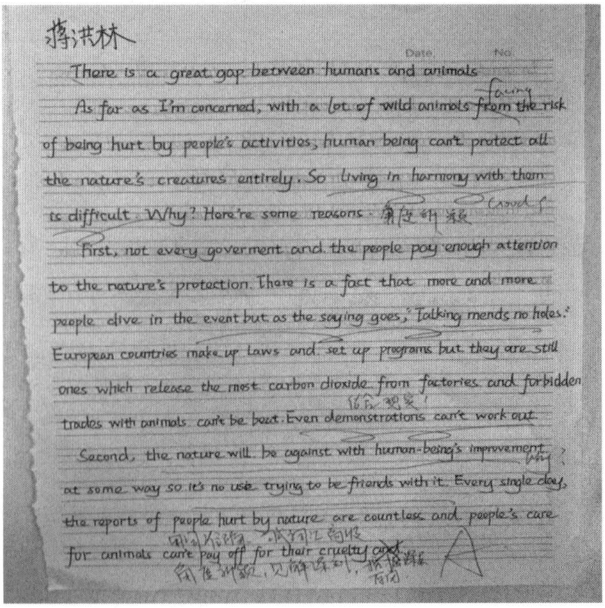
There is a great gap between humans and animals
As far as I'm concerned, with a lot of wild animals facing the risk of being hurt by people's activities, human being can't protect all the nature's creatures entirely. So living in harmony with them is difficult. Why? Here're some reasons. Good!
First, not every goverment and the people pay enough attention to the nature's protection. There is a fact that more and more people dive in the event but as the saying goes, "Talking mends no holes." European countries make up laws and set up programs but they are still ones which release the most carbon dioxide from factories and forbidden trades with animals can't be beat. Even demonstrations can't work out.
Second, the nature will be against with human-being's improvement at some way so it's no use trying to be friends with it. Every single day, the reports of people hurt by nature are countless and people's care for animals can't pay off for their cruelty.
A</td></tr>
</table>

<table>
<tr>
<td>素养目标达成
典型实例</td>
<td>

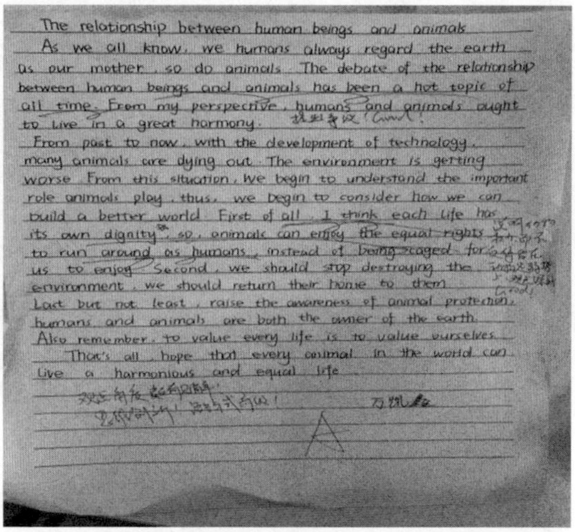

The relationship between human beings and animals

As we all know, we humans always regard the earth as our mother, so do animals. The debate of the relationship between human beings and animals has been a hot topic of all time. From my perspective, humans and animals ought to live in a great harmony.

From past to now, with the development of technology, many animals are dying out. The environment is getting worse. From this situation, we begin to understand the important role animals play. thus, we begin to consider how we can build a better world. First of all, I think each life has its own dignity, so, animals can enjoy the equal rights to run around as humans, instead of being caged for us to enjoy. Second, we should stop destroying the environment, we should return their home to them. Last but not least, raise the awareness of animal protection, humans and animals are both the owner of the earth. Also remember, to value every life is to value ourselves.

That's all, hope that every animal in the world can live a harmonious and equal life.

A

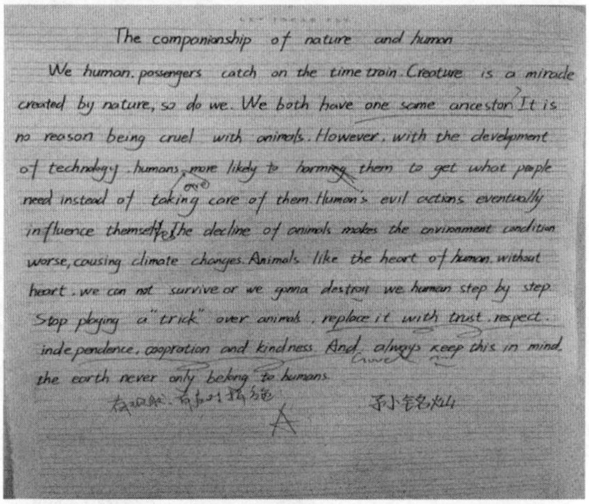

The companionship of nature and human

We human, passengers catch on the time train. Creature is a miracle created by nature, so do we. We both have one same ancestor. It is no reason being cruel with animals. However, with the development of technology, humans more likely to harming them to get what people need instead of taking care of them. Human's evil actions eventually influence themself. The decline of animals makes the environment condition worse, causing climate changes. Animals like the heart of human. without heart, we can not survive or we gonna destroy we human step by step. Stop playing a "trick" over animals, replace it with trust, respect, independence, cooperation and kindness. And always keep this in mind, the earth never only belong to humans.

A

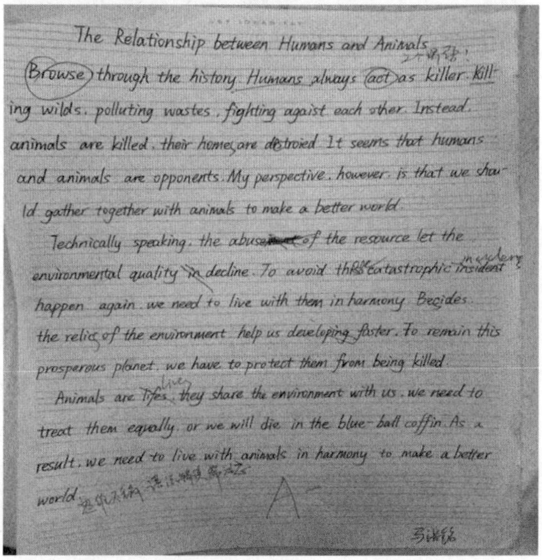

The Relationship between Humans and Animals

Browse through the history. Humans always act as killer. Killing wilds, polluting wastes, fighting agaist each other. Instead, animals are killed, their homes are destroied. It seems that humans and animals are opponents. My perspective, however, is that we should gather together with animals to make a better world.

Technically speaking, the abuse of the resource let the environmental quality decline. To avoid the catastrophic insident happen again, we need to live with them in harmony. Besides, the relics of the environment help us developing faster. To remain this prosperous planet, we have to protect them from being killed.

Animals are lifes, they share the environment with us, we need to treat them equally, or we will die in the blue-ball coffin. As a result, we need to live with animals in harmony to make a better world.

A-

</td>
</tr>
</table>

<table>
<tr>
<td>素养目标达成
典型实例</td>
<td>
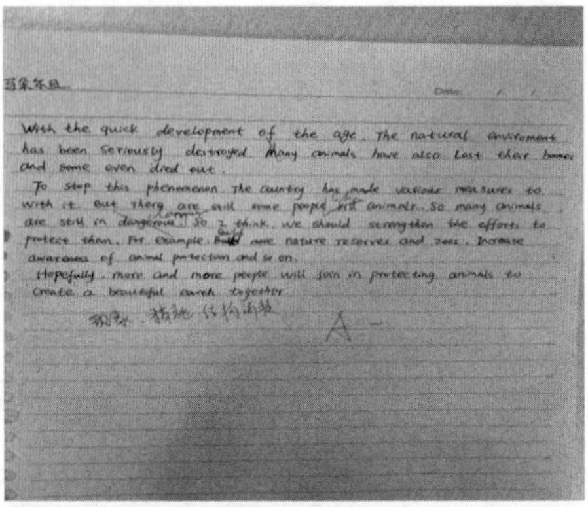

With the quick development of the age. The natural enviroment has been seriously destroyed Many animals have also lost their homes and some even died out.
To stop this phenomenon The country has made various measures to with it. But there are still some people kill animals. So many animals are still in dangerous. So I think, we should strength the efforts to protect them. For example, build more nature reserves and zoos. Increase awareness of animal protection and so on.
Hopefully, more and more people will join in protecting animals to create a beautiful earth together.

A-

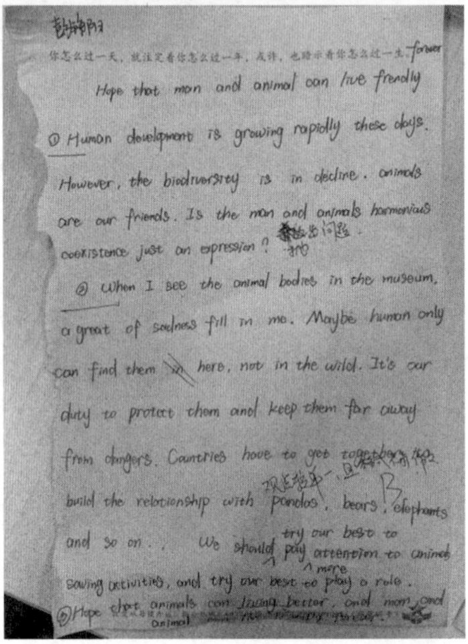

你怎么过一天，就注定着你怎么过一年，或许，也暗示着你怎么过一生。

Hope that man and animal can live friendly forever

① Human development is growing rapidly these days. However, the biodiversity is in decline. animals are our friends. Is the man and animals harmonious coexistence just an expression?

② When I see the animal bodies in the museum, a great of sadness fill in me. Maybe human only can find them here, not in the wild. It's our duty to protect them and keep them far away from dangers. Countries have to get together to build the relationship with pandas, bears, elephants and so on. We should try our best to pay more attention to animal saving activities, and try our best to play a role.

③ Hope that animals can living better, and man and animal

B

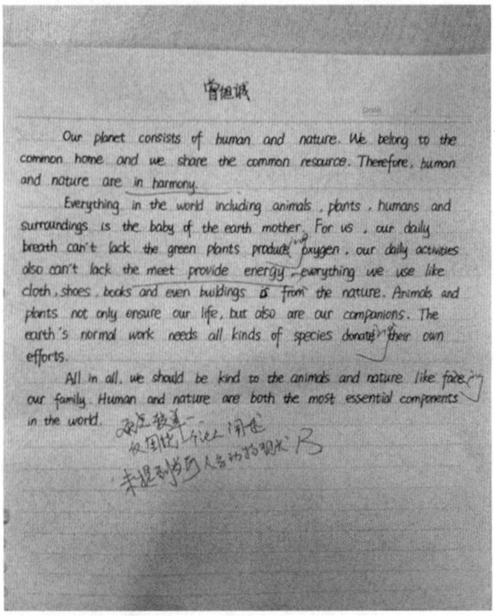

Our planet consists of human and nature. We belong to the common home and we share the common resource. Therefore, human and nature are in harmony.
Everything in the world including animals, plants, humans and surroundings is the baby of the earth mother. For us, our daily breath can't lack the green plants producing oxygen, our daily activities also can't lack the meet provide energy, everything we use like cloth, shoes, books and even buildings is from the nature. Animals and plants not only ensure our life, but also are our companions. The earth's normal work needs all kinds of species donating their own efforts.
All in all, we should be kind to the animals and nature like facing our family. Human and nature are both the most essential components in the world.

B
</td>
</tr>
</table>

续表

素养目标达成典型实例	从以上点检测可以看出，前四位同学都能阐述人与动物关系的现状；阐明保护的措施，或者正确对待人与动物关系的态度或方法；展现保护动物、与自然和谐相处的核心思想；有两个以上的观点，每个论点均合情合理，论点与支撑证据之间有明确的关联；在结尾段，有明确表示总结的词或句子，文章正能量。故评为A等。 马同学文章阐述人与动物关系的现状；阐明保护的措施；有两个以上的论点，每个论点关联性不太强；在结尾段，有表示总结的词或句子，并且能够总结全文观点，故评为A-等。 彭同学和曾同学，阐述人与动物关系的现状；有论点，或只有一个论点，有的论点或没有有支撑证据，或论点与支撑证据之间关联性不强；或没有结尾段来总结全文观点，所以评为B等
检测反馈	反馈调整 1. 针对学生 对学生完成的反馈作业进行认真的归类分析后，从课堂学习及课后作业两个方面向学生进行反馈交流：课堂交流互动的质量不高，激励学生在今后的课堂学习中可更加大胆地表达自己的观点与见解，这样更有助于自己对所学知识的理解与内化；学生之间的发言局限在简单罗列客观现状，且现状雷同，叙述的观点角度比较窄，缺乏自己的深入思考和见解；对于课后作业，学生完成度较高，情况良好，但是用词准确度及句式结构多样性方面比较欠缺，书面表达偏口语化，大部分学生的写作质量一般，小部分同学观点新颖，逻辑缜密，因此在基于数据对全班进行肯定性评价的基础上，通过对学生优秀案例的剖析强化 ，加强学生的相互学习和借鉴。对反馈作业中反馈结果不太好的学生（包括质量和书写等方面）进行沟通交流，以期在今后的学习中能有所改善，对学科知识，思想方法和价值观念进行更好的迁移和运用。 2. 针对教师 认真对课前教学设计、课堂教育教学及课后作业情况进行反思后，以下方面需要改进：（1）在教学设计上，在学生语言输出之前，教师应该有足够的铺垫，鼓励学生在课前多渠道地收集信息、并引导学生运用高级句式和词汇来组织语言，对于能力较弱的学生，教师应该明确提出课模仿书上的句型句式来进行语言输出。 （2）系统思维培养方面，在课堂上，要更大胆放手鼓励学生去说，如让学生模拟政府工作人员，从社会层面制定相应保护动物的政策措施。 （3）师生评价方面，运用反馈环节学生在表达 stay in harmony with animals 等观点时，教师的评价应该更有针对性和指导性，不能一概地评论“Good idea; Wonderful; It doesn’t matter”等。对回答得好的同学，多一些概括性评价，对回答欠佳的同学，多些指导性、激励性评价和建议，以提高学生的学习技能，激励学生英语学习的积极性。 （4）现阶段的学生的辩证思维和逻辑思维不够缜密，在布置议论文写作之前，应该先充分讲授议论文的行文结构和论证方法，再进行议论文的写作

Book 1 Unit 6　At One with Nature

教学

Unit 6　At One with Nature
大概念的核心·问题教学单元规划纲要

舒启慧 等

学科 英语　　　　教师 舒启慧　朱芹芹　何良英

年级	高一	单元名称	At one with nature	单元课时	8
单元内容	教材内容	本次授课内容选自《英语》（新标准）高中教材必修第一册。本教材落实《普通高中英语课程标准（2017 版）》的要求，坚持立德树人的根本任务，突出学科核心素养的重要性。教材内容以主题为引领，以活动为重点，整体设计单元内容。单元主题语境涉及人与自我、人与社会和人与自然。 本次授课单元是 Unit 6，单元主题为 At One with Nature（天人合一，即与大自然和谐共生）。本单元主题语境为人与自然，主题语境内容为人与自然环境，主题意义为人与自然和谐共生。语篇多模态类型呈现，有说明文、电子邮件和小测试。本单元具体内容为：Starting out 用视频介绍水上城市威尼斯面临的环境问题及解决方案。Understanding ideas 介绍了位于广西壮族自治区桂林市龙胜各族自治县的龙脊梯田在不同季节的美景、悠久历史、开垦原因、运作原理和意义。Using language 一共有三个板块，Grammar 部分为限制性定语从句“介词+which/whom”的表意功能和用法，语篇内容介绍了人们对天然染料的应用及原因；Vocabulary 部分以地理特征为话题，描述了几处国外特殊地貌，并展示了一封介绍中国不同地貌的邮件；Listening and speaking 部分的材料是一位因纽特人的独白，介绍因纽特人的生活方式及优缺点。Developing ideas 包含 Reading 和 Writing 两部分，Reading 板块从另一角度呈现了反应单元主题的课文，介绍了英国人对园艺的热爱；Writing 部分的语篇（说明文）介绍了英国人饮用水果茶和花草药茶的情况及功效。Presenting ideas 板块要求学生先看几幅地理特征居住图，然后讨论自己的理想居住地，并思考在该地生活的优点和不便，需要携带的物品及如何应对当地的环境。Project 是项目实践活动，根据本单元所学制作校园植物手册。			

续表

单元内容	教材内容	单元内容分析图：(见下表)；单元内容关联图：(见下图)

单元内容分析图：

语篇		语篇类型（技能）	语篇内容	语篇主题
Starting out: The Floating City		知识介绍（听和看）	威尼斯面临的困难：不同环境对人类的影响	自然环境对当地居民的影响
Understanding ideas: The Longji Rice Terraces		说明文（读）	龙脊梯田的生态原理与意义	尊重自然，利用、改造自然
Using Language	Grammar: Attributive Clauses (3)	说明文（读）	自然染料的起源于受欢迎的原因	改造、利用自然植物
	Vocabulary: Geographical Feature	说明文、图片（读和看）	不同地区典型的地貌特征	认识自然
	Listening: Life in different climate zones	说明文（听和说）	因纽特人生活方式的优缺点	利用、适应自然环境
Developing ideas	Reading: A love of gardening	说明文（读）	英国人园艺的热爱	热爱自然、享受自然
	Writing: Writing a summary	说明文（读和写）	英国的果茶和花药茶	热爱自然、享受自然
Presenting Ideas: The place in which you would like most to live in		图片（说和写）	自己的理想居住地	亲近自然、融入自然
Project: Making an illustrated book of campus plants		图文（综合技能）	校园植物手册	亲近自然、融入自然

单元内容关联图：

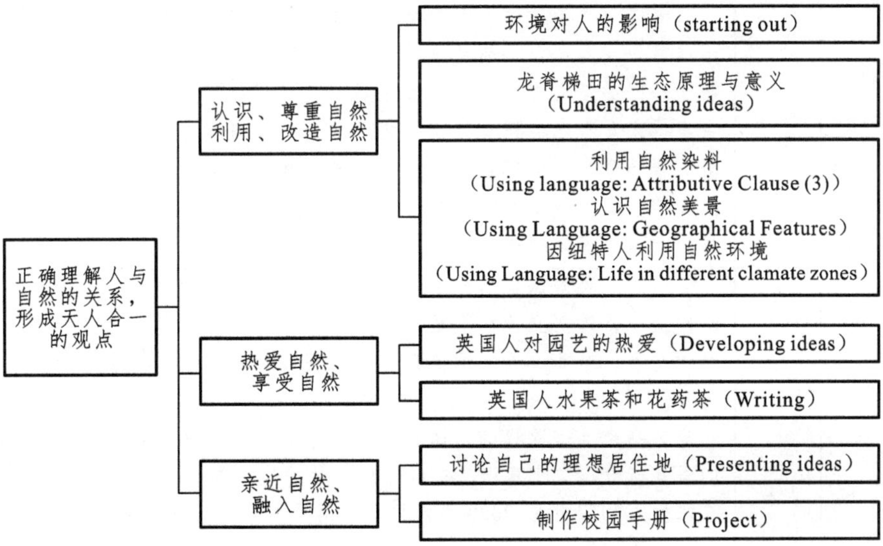

续表

单元内容	教材内容	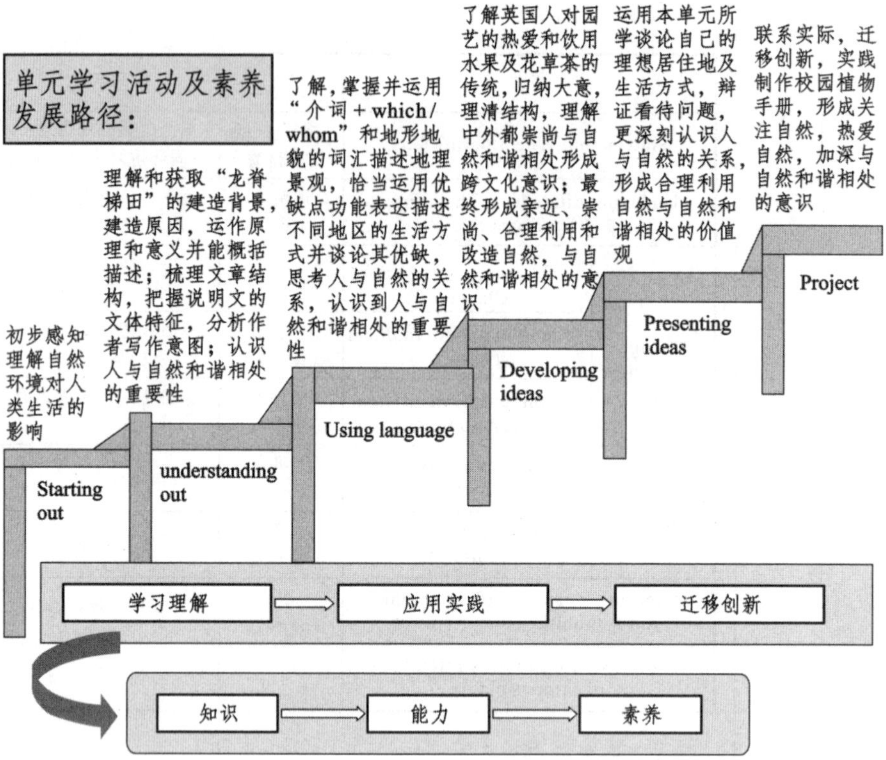 基于以上学生活动和素养发展路径，单元内容紧扣"人与自然"的主题，以"基于语篇—深入语篇—超越语篇"的方式递进展开，通过"学习理解—应用实践—创新迁移"的活动，引导学生加深对"人与自然"主题意义的理解，帮助学生在活动中习得人与自然的语言知识，拓展学生对人与自然的中外文化认识，形成跨文化理解，帮助学生树立尊重自然、合理利用和改造自然、与自然和谐共生的意识，逐步提升学生的英语能力、文化意识和思维品质，从而使学生实现"知识—能力—素养"核心素养的落实和达成
	课程标准	普通高中英语课程的总目标是：全面贯彻党的教育方针，培育和践行社会主义核心价值观，落实立德树人根本任务，在义务教育的基础上，进一步促进学生核心素养的发展，培养具有中国情怀、国际视野和跨文化沟通能力的社会主义建设者和接班人。 普通高中英语课程的具体目标是：培养和发展学生在接受高中英语教育后应具备的语言能力、文化意识、思维品质、学习能力等核心素养。 课标（2017年版2020年修订）中对本单元及各课时教学的要求： 一、语言能力 在常见的语境中，较为熟练地整合运用已有的英语语言知识，理解和获取多模态语篇传递的要义和具体信息，推断作者的意图、情感、态度和价值取向，归纳大意和提炼主题意义，分析语篇的组织结构和文体特征，厘清主要观点和事实之间的逻辑关系，了解语篇恰当表意所采用的手段；运用本单元所学有效地陈述事实，传递信息，表达个人观点和情感、体现意图、态度和价值取向。（语言能力二级水平）

续表

<table>
<tr><td>单元内容</td><td>课程标准</td><td>二、文化意识
能够选择合适的方式方法，在课堂等现实情境中获取中外文化信息，并结合实际情况进行分析和比较，增强跨文化意识，尊重和理解文化的多样性，进一步坚定文化自信，树立正确的价值观。（文化意识二级水平）
三、思维品质
主动观察文化的各种现象，通过比较，识别各种信息之间的关联，从中推断出它们之间简单的逻辑关系、作者的观点和态度；针对所获取的信息，提出批判性的问题，辩证思考、判断观点和思想的价值，联系自身实际，形成自己的观点，实现知识向思维能力的迁移。（思维品质二级水平）
四、学习能力
对英语学习有较强的兴趣和自信心，能开展课外学习，利用图书馆、工具书、网络资源等扩充学习内容和信息渠道，丰富知识，开阔眼界，提高英语运用能力；开展自主、合作与探究学习，选择恰当的策略与方法，监控、评价、反思和调整自己的学习内容和进程，反思学习效果，并据此优化学习策略和方法，提升理解和表达能力，运用英语进行交流和表达（学习能力二级水平）</td></tr>
<tr><td rowspan="2">基础条件</td><td>资源基础</td><td><table>
<tr><th>资源名称</th><th>功能</th></tr>
<tr><td>黑板</td><td>板书核心问题；板书学生解决问题时获取或生成的知识和要点、交流分析的结论、反思提升的要点等</td></tr>
<tr><td>教材、学案</td><td>提供大概念核心问题教学各环节自主探究与生成的知识，支架与思维空间</td></tr>
<tr><td>PPT</td><td>展示具体的教学环节和内容；展示反思提升和评价反馈练习等内容</td></tr>
<tr><td>信息技术融合</td><td>用白板展示学生作品；方便进行基于深度理解与表达的思维训练</td></tr>
</table></td></tr>
<tr><td>学生基础</td><td>本次授课对象为高一的学生。对于刚进入高中两个多月的高一学生来说，英语综合能力参差不齐，英语学习习惯不同。语言能力和思维品质方面存在差异，跨文化意识还较薄弱，创新思维和多元思维需要加强。大部分学生对英语较感兴趣，学习态度较端正，部分学生口头表达和书面表达较好，但部分学生在课堂上不愿意张口，书面表达的书写和语言准确性有待大幅度提高。
针对本单元人与自然的主题，很多同学乐于探索自然，欣赏自然，也有一定尊重自然、与大自然和谐共生的意识，但对利用自然、改造自然的认识和意识不够。大部分学生能够提取篇章细节信息，但分析篇章结构、判断语篇类型、感知篇章背后的意义、对知识进行迁移创新的能力还不够。
因此，在教学过程中，教师首先要设计与学生生活贴近的学习探索情境，让学生进行探究学习，增强学习的积极性和主动性。其次，要搭建好语言表达的脚手架，学习内容由浅入深，学习要求由易到难，层层递进，逐渐拔高。另外，要引导学生思考人与自然的关系，在探究人与自然关系的过程中，帮助学生形成尊重自然、合理利用和改造自然、与自然和谐共生的意识和价值观。最后，通过生生评价、师生评价，给予学生及时和恰当的引导和鼓励，引导他们及时调整学习策略、拓宽学习渠道，保持学习的热情，树立英语学习的信心，建立英语学习的成就感</td></tr>
</table>

续表

单元大概念及下层结构	单元核心大概念：与大自然和谐共生 特征化表达：了解威尼斯面临的困难，研读龙脊梯田的开垦原因、生态原理和意义，天然染料的起源及受欢迎的原因，不同地区典型的地形景观，英国人对园艺的热爱，英国果茶和花草茶文化，因纽特人的生活方式。科学分析和评价不同地域人类生活的差异及原因，谈论并撰写自己的理想居住地，理解和思考人类生活与大自然的相关性，探究人与自然的关系，最终形成与大自然和谐共生的正确价值观。 概念结论：人与自然和谐共生话题与观点的表达 特征化表达：运用描写自然状况、地形地貌、地理景观、气候特征等的语言，恰当使用“介词+which/whom”引导的定语从句，谈论人与自然的话题，辩证思考并表达与自然和谐共生的观点。 思想方法：形象思维、归纳概括、分析判断、逻辑思维、系统思维、辩证思维、发散思维、创新思维 特征化表达：观看关于威尼斯面临的困难的视频，运用形象思维，激活已有的语言、背景知识，激发对话题的兴趣；阅读本单元多模态语篇，通过略读锁定关键词，归纳概括课文大意；通过精读，理清文中的因果逻辑关系，分析判断作者的写作目的；归纳概况介词+which/whom 引导定语从句的用法，用来介绍自然景观；了解因纽特人生活方式的优缺点，科学地分析和评价不同地域人类生活的差异及原因，辩证看待其优缺点，发散思考，分享自己的理想居住地，培养发散思维和创新思维；通过谈论对单元话题的理解，启发学生运用逻辑思维和系统思维深入思考，创造性地探究主题意义；运用本单元所学正确分析、判断他人的观点和态度，辩证地理解人类生活与自然环境的关系。 价值观念： （1）自然环境影响人类生活，人类要尊重自然、合理利用和改造自然，与大自然和谐共生。 （2）辩证地看待事物的优缺点。 （3）了解不同民族与自然相处时的一些文化习俗，形成跨文化意识，树立文化自信 特征化表达：本单元介绍了威尼斯面临的困难，龙脊梯田的开垦原因、生态原理和意义，天然染料的起源及受欢迎的原因，不同地区典型的地形景观，因纽特人的生活方式，英国人对园艺的热爱和英国果茶和花草茶文化，使学生系统理解和思考人类生活与大自然的相关性，探究人与自然的关系，最终形成自然环境影响人类生活，人类要尊重自然、合理利用和改造自然，与大自然和谐共生的正确价值观。其中，因纽特人生活方式优缺点的介绍，使学生科学分析和评价不同地域人类生活的差异及原因，培养学生辩证看待事物优缺点的思维；介绍英国人对园艺的热爱和英国果茶和花草茶文化，使学生了解中外人民与自然和谐相处的情况和一些文化习俗，形成跨文化意识，并树立自己的文化自信。

课时大概念		概念结论（小概念）	思想方法	价值观念
1. Starting out: The Floating City	简略化表达	水上城市威尼斯的环境现状	形象思维	自然环境影响人类生活，人类可以合理利用和改造自然环境
	特征化表达	水上城市威尼斯现遭受咸水和洪水侵害，自然环境影响人类生活，人们在采取措施预防和解决问题		
2. Understanding ideas: The Longji Rice Terraces	简略化表达	龙脊梯田的介绍	归纳概括 分析判断 逻辑思维 系统思维	人类应尊重自然，合理利用和改造自然，与大自然和谐共生
	特征化表达	广西壮族自治区的龙脊梯田是人类合理利用和改造自然的天人之作，它的建造基于实际问题，利用生态原理，有重大的意义和价值		

续表

<table>
<tr><td rowspan="15">单元大概念及下层结构</td><td colspan="3">课时大概念</td><td>概念结论（小概念）</td><td>思想方法</td><td>价值观念</td></tr>
<tr><td rowspan="6">3. Using Language</td><td rowspan="2">Using Language 1: Grammar</td><td>简略化表达</td><td>运用“介词+which/whom”引导的定语从句介绍天然染料</td><td rowspan="2">归纳总结</td><td rowspan="2">人类合理利用和保护自然</td></tr>
<tr><td>特征化表达</td><td>运用“介词+which/whom”引导的定语从句介绍天然染料的来源、特点及受欢迎的原因。本语法是介词前置的一种定语从句句型，介词与关系代词存在一种介宾关系</td></tr>
<tr><td rowspan="2">Using Language 2: vocabulary</td><td>简略化表达</td><td>不同地理景观及特征的描述</td><td rowspan="2">对比思维</td><td rowspan="2">人类要热爱自然，崇尚自然，亲近自然</td></tr>
<tr><td>特征化表达</td><td>澳洲大堡礁、科罗拉多河、维多利亚瀑布、英吉利海峡、黄果树瀑布、吐鲁番等，位置、地形地貌特征都有着与众不同的特点</td></tr>
<tr><td rowspan="2">Using Language 3: Listening and speaking</td><td>简略化表达</td><td>北极因纽特人的生活方式及优缺点</td><td rowspan="2">对比思维
辩证思维</td><td rowspan="2">人类要尊重自然，合理利用和改造自然，适应自然，辩证地看待事物优缺点</td></tr>
<tr><td>特征化表达</td><td>北极因纽特人因自然环境影响而拥有自己的生活方式，这种生活方式有优点，也有缺点</td></tr>
<tr><td rowspan="4">4. Developing ideas:</td><td rowspan="2">Reading: A love of gardening</td><td>简略化表达</td><td>谈论英国人对园艺的热爱</td><td rowspan="2">归纳概括
逻辑思维</td><td rowspan="2">崇尚自然，合理利用和改造自然，热爱自然，享受自然，与自然和谐共生</td></tr>
<tr><td>特征化表达</td><td>英国人热爱园艺，不仅是因为园艺美化环境，还因为园艺带给人们私人空间，净化空气，还能净化心灵</td></tr>
<tr><td rowspan="2">Summary Writing</td><td>简略化表达</td><td>概要写作</td><td rowspan="2">梳理归纳
逻辑思维</td><td rowspan="2">热爱自然，利用自然，享受自然，与自然和谐相处</td></tr>
<tr><td>特征化表达</td><td>概要写作是以迅速掌握原文内容梗概为目的一种对原始文献的基本内容进行浓缩，再加工但不加主观评论和解释的语言输出，具有简明、确切和客观的特点</td></tr>
<tr><td rowspan="2">5. Presenting ideas</td><td rowspan="2">The place in which you would like most to live in</td><td>简略化表达</td><td>分享理想居住地及其生活方式</td><td rowspan="2">发散思维
辩证思维</td><td rowspan="2">深刻认识人与自然的关系，形成合理利用自然，与大自然和谐共生的理念；辩证看待事物的优缺点</td></tr>
<tr><td>特征化表达</td><td>一个理想的居住地，受自然环境影响，在该地生活有优点和不便，应做好应对当地环境的措施和准备</td></tr>
</table>

续表

<table>
<tr>
<td>单元大概念及下层结构</td>
<td>
<table>
<tr><td colspan="3">课时大概念</td><td>概念结论（小概念）</td><td>思想方法</td><td>价值观念</td></tr>
<tr><td rowspan="2">6. project</td><td rowspan="2">Project practice</td><td>简略化表达</td><td>制作校园植物手册</td><td rowspan="2">发散思维
批判思维</td><td rowspan="2">关注自然，热爱自然，与自然和谐共生；认识到分工合作，沟通协调的重要性</td></tr>
<tr><td>特征化表达</td><td>制作校园植物手册，就是要探索校园，发现、记录、了解和掌握植物的特点，选择合适的呈现方式介绍校园植物</td></tr>
</table>
</td>
</tr>
<tr>
<td>单元教学目标</td>
<td>核心素养目标：
参与以“人与自然和谐共生”为主题的听、说、读、看、写等学习探究活动
能够理解人与自然相关的多模态语篇内容，获取主要信息，使用“介词+which/whom”引导的定语从句和新学语言谈论人与自然的话题，能够把握说明结构和特点进行概要写作，制作校园植物手册（达到语言能力二级水平）；能够推断作者的写作意图、态度和价值取向，辩证地理解人类生活与自然环境的关系，实现知识向思维能力的迁移（达到思维品质二级水平）；能够多渠道获取学习资源，不断监控、评价、反思和调整自己的学习内容和进程，开展自主、合作与探究学习（达成学习能力二级别水平）。
了解到中外人民与自然和谐相处的情况和不同国家民族的文化习俗，增强跨文化意识，树立文化自信，懂得辩证地看待问题，形成尊重自然、合理利用和改造自然、与自然和谐共生的意识（思维品质和文化意识二级水平）</td>
</tr>
<tr>
<td>单元核心问题及问题分解</td>
<td>核心问题：
通过听、说、读、看、写，多途径研习有关人与自然的多模态语篇，探究人与自然的关系，联系实际描述、阐释和例证如何与大自然和谐共生。
核心问题分解：
根据本单元教材内容、教学活动、教学目标和主题意义的分析，将单元的核心问题拟定为：研习有关人与自然的多模态语篇，探究人与自然的关系；联系实际描述、阐释和例证如何与大自然和谐共生。根据内容和课时安排，将单元核心问题分解为七个课时核心问题。
本单元的主题语境为人与自然；主题语境内容为人与自然环境，主题意义为人与自然和谐共生。要使学生形成与大自然和谐共生的意识，首先就要通过听、说、读、看、写等学习探究活动获取有关“人与自然”的多模态语篇的主要信息和，并感知其主题意义，掌握相关语言表达，联系实际，运用本单元所学谈论“人与自然”的话题，如理想居住地和生活方式的选择、与大自然和谐共生的事例，让学生在人与自然的知识习得中建立与大自然和谐共生的意识。其次，要探究人与自然的关系，形成自己的态度和观点。这种态度的建立，要通过分析、判断作者的写作意图和观点，了解中外人民与自然和谐相处的情况，了解不同民族的文化习俗，增强跨文化理解和跨文化意识，树立文化自信。同时能够运用单元所学正确判断他人的观点和态度，科学分析和评价不同地域人类生活的差异及原因，辩证地理解人类生活与自然环境的关系，形成尊重自然、合理利用和改造自然、与自然和谐共生的意识和自觉性。最后，从学习能力的角度，学生要多渠道获取“人与自然”的学习资源，丰富知识、开阔眼界；通过运用各种学习策略，评判自己是否达成了本单元的核心素养目标，不断监控、评价、反思和调整自己的学习内容和进程；在自主合作与探究式学习的过程中，提高自己的理解和表达能力，最终促进自身语言能力、文化意识、思维品质和学习能力的综合提升，有效落实英语核心素养的达成</td>
</tr>
</table>

<table>
<tr><td rowspan="9">课时划分</td><td rowspan="9">课时划分</td><td>课时</td><td>课时大概念</td><td>课时核心问题</td></tr>
<tr><td>1. Starting out</td><td>水上威尼斯的环境问题</td><td>观看有关威尼斯环境问题的视频，谈论自然环境对人类生活的影响</td></tr>
<tr><td>2. Understanding ideas</td><td>龙脊梯田的介绍</td><td>略读《龙脊梯田》的语篇内容，归纳总结段落大意；精读，梳理关键细节信息、文本类型和结构，探析人与自然的关系</td></tr>
<tr><td>3. Using language 1 & 2</td><td>运用“介词+ which/whom”引导的定语从句介绍天然原料，运用有关地形地貌的词汇描述地理景观</td><td>归纳“介词+which/whom”引导的定语从句的表意功能和用法，用来介绍天然染料，学习有关地形地貌的词汇并运用来描述自然景观</td></tr>
<tr><td>4. Using language 3</td><td>不同地区人们的生活方式</td><td>听关于水上威尼斯环境问题和因纽特人有关生活的独白，运用单元所学描述人与自然的关系，判断独白人的观点和态度，分析和评价不同地域人类生活的差异及原因，并角色扮演表达观点</td></tr>
<tr><td>5. Developing idea 1: Reading</td><td>英国人热爱园艺</td><td>研读“A Love of Gardening”，谈论英国人对园艺的热爱</td></tr>
<tr><td>6. Developing idea 2: Writing a summary</td><td>英国人喜欢饮用果茶和花药茶</td><td>阅读关于英国茶文化的文章，归纳总结段落主题句及细节，厘清文本类型和文章结构；探析如何进行概要写作</td></tr>
<tr><td>7. Presenting ideas</td><td>选择理想居住地</td><td>观看不同居住地的地理景观图片，讨论分享自己的理想居住地</td></tr>
<tr><td>8. Project</td><td>制作校园植物手册</td><td>调研校园植物，通过多种途径查询植物档案信息，制作植物手册</td></tr>
<tr><td>教学评价</td><td colspan="4">从单元大概念的三方面进行评价：概念结论，思想方法和价值观念。
概念结论：通过单元教学，学生能否围绕本单元的主题语境内容，基于单元提供的说明文、电子邮件、小测试等多模态语篇，综合运用各种语言技能，读懂人与自然相关的内容？能否听懂，并谈论与之相关的话题？能否用自己的语言总结文章大意？能否恰当使用定语从句介绍自然景观？能否使用新学语言简单谈论与自然和谐共生的事例，描述理想的生活环境？是否提高了英语理解和表达能力？教师在教学中如何达成上述目标？有何需要改进之处？具体有何改进方法？
思想方法：通过单元教学，学生能否正确判断文章和作者的观点和态度？能否辩证地理解人类生活与自然环境的关系？能否科学分析和评价不同地域人类生活的差异及原因，分享自己的理想居住地，增强尊重自然、合理利用和开发自然资源、与自然和谐共生的意识和自觉性？能否在深入理解文本的同时联系自身实际，实现知识与思维能力的迁移？能否多渠道获取英语学习资源，巩固本单元所学元知识，丰富相关知识、开阔眼界，提高英语应用能力？能否在合作与探究式学习的过程中，选择恰当的策略与方法，监控、评价、反思和调整自己的学习内容和进程？是否激发了英语学习的兴趣和增加了英语学习的自信？教师在教学中如何达成上述目标？有何需要改进之处？具体有何改进方法？
价值观念：通过单元教学，学生是否了解了如何与大自然和谐共生？能否了解中外人民与自然和谐相处的情况，正确认识人类生活与自然环境的关系，深化对单元主题意义的理解？能否增强尊重自然、合理利用和开发自然资源、与自然和谐共生的意识？能否了解不同民族的文化习俗，树立文化自信？教师在教学中如何达成上述目标？有何需要改进之处？具体有何改进方法？</td></tr>
</table>

续表

	作业类型	作业目标	作业内容	作业情境	概念结论	思想方法	价值观念
单元作业	基础性作业	巩固并掌握本单元单词，短语和重点句子结构；进一步理解“介词+关系代词”引导定语从句的结构和表意功能，并在语境中运用（语言水平二级）	1. 完成和课文相关内容的选词填空。 2. 运用所学语法知识“介词+关系代词”填空	学习探索情境：语言知识的梳理和在真实语境中的运用	本单元单词，短语和重点句子结构的语言表达；“介词+关系代词”引导定语从句的语法意义和功能运用	归纳总结迁移	人与自然和谐共生
	综合性作业	能选择合适的角度，有针对性且逻辑清楚地阐述自己的观点；在表达时，讲究逻辑，力求做到观点明确、内容丰富、思路清晰（语言水平三级）	撰写一篇题为“At One with Nature”的演讲稿	生活实践情境：学生结合人与自然的缄默知识，根据真实情境，撰写演讲稿。 学习探索情境：围绕本单元所学，合理借鉴本单元语篇的行文特色和语料素材，迁移撰写演讲稿	人与自然的相处现状，人与自然的正确关系，建议如何与大自然和谐共生	系统思维迁移思维创新思维	人与自然和谐共生
	实践性作业	综合运用本单元所学，自主合作，有效完成开放型任务，培养识别、分析和整合信息的能力；了解和掌握校园手册的特点，能够自主选择合适的设计和呈现方式介绍校园自然环境	查阅学校资料，细心观察并制作调查问卷，分析并整合信息。学生以小组为单位，为校园手册选择一个醒目生动并吸引人的标题和封面。罗列校园手册的信息要点，讨论并丰富校园手册的具体内容。撰写关于该校园手册的相关文字，绘制或筛选图片，进行排版，完成校园手册制作	生活实践情境：将“人与自然”单元主题和小组活动结合，在收集信息、整合信息和呈现信息的过程中，进一步探索人与自然的主题语境。 学习探究情境：综合运用本单元所学，具体、详细、深入地谈论人与自然和谐共生	合作探究，发展综合运用语言能力	逻辑思维批判性思维	人与自然和谐共生

续表

单元作业总体评估	单元作业与课时作业包括课后练习、作文本、小组口头交流和小组分工合作四种形式。在完成作业的过程中，学生不仅能够进一步评估自己相关知识、能力、素养的习得情况，而且能够得到针对性的强化，取得一定的学习和探究成果，得到相应的实践锻炼，进而促进学科核心素养的生成与发展
反馈调整	待单元教学完成之后，拟从单元教学设计、教学实施和作业设计三个方面进行反思总结，提出具体的优化措施

Understanding Ideas
语篇：Longji Rice Terraces

舒启慧

一、教学分析设计

【教材课标】☞

普通高中英语课程的具体目标是：培养和发展学生在接受高中英语教育后应具备的语言能力、文化意识、思维品质、学习能力等核心素养。

本次授课内容选自必修一的 Unit 6，单元主题为：At One with Nature（天人合一，即与大自然和谐共生）。本单元主题语境为人与自然，主题语境内容为人与自然环境，主题意义为人与自然和谐共生。下文从主题内容（what），意图/情感态度价值观（why）和文体特征、内容结构、语言（how）三个方面对本课语篇内容进行分析。

（1）主题内容（what）：本课的主题语境为“人与自然”。Understanding ideas 中的语篇 Longji Rice Terraces 是一篇说明文，介绍了广西桂林龙脊梯田的四季风光、悠久历史、修建原因、运作原理和意义。

（2）意图/情感态度价值观（why）：Understanding ideas 部分作者旨在通过描述人类合理利用和改造自然，引发读者对人与自然关系的思考，树立人与自然和谐相处的意识，形成尊重自然、合理利用和改造自然、与自然和谐共生的积极态度。

（3）文体特征、内容结构、语言（how）：Understanding ideas 的文章是一篇说明文，文章分为五个自然段，前四段是对龙脊梯田客观事实的描述，各段分别围绕龙脊梯田的四季风光、悠久历史、修建原因、运作原理和意义展开。最后一段（第五段）描述梯田的价值，引发读者对人与自然关系的思考。文章包含许多与自然话题有关的词汇与短语，对学生来说，部分单词和短语有一定难度，如 vapor，steep，shallow，silver，white frost，be cleverly designed，connect with，form，wrapped in silver water，文中也用了大量“介词+whom/which”的句型，例如“Building the terraces therefore meant that they could increase the areas in which they could grow rice”，为后面的语法学习做好铺垫。

研读课标后，梳理了课标（2017 年版 2020 年修订）中对本单元及各课时教学的目标要求如下：

1. 语言能力

在常见的语境中，较为熟练地整合运用已有的英语语言知识，理解和获取多模态语篇传递的要义和具体信息，推断作者的意图、情感、态度和价值取向，归纳大意和提炼主题意义，分析语篇的组织结构和文体特征，厘清主要观点和事实之间的逻辑关系，了解语篇恰当表意所采用的手段；运用本单元所学有效地陈述事实，传递信息，表达个人观点和情感、体现意图、态度和价值取向。（语言能力二级水平）

2. 文化意识

能够选择合适的方式方法，在课堂等现实情境中获取文化信息，并结合实际情况进行分析和比较，增强文化意识，进一步坚定文化自信，树立正确的价值观。（文化意识二级水平）

3. 思维品质

主动观察文化的各种现象，通过比较，识别各种信息之间的关联，从中推断出它们之间简单的逻辑关系、作者的观点和态度；针对所获取的信息，提出批判性的问题，辩证思考、判断观点和思想的价值，联系自身实际，形成自己的观点，实现知识向思维能力的迁移。（思维品质二级水平）

4. 语言能力

对英语学习有较强的兴趣和自信心，能开展课外学习，利用图书馆、工具书、网络资源等扩充学习内容和信息渠道，丰富知识，开阔眼界，提高英语运用能力；开展自主、合作与探究学习，选择恰当的策略与方法。

【大概念】☞

课时核心大概念：龙脊梯田（Longji Rice Terraces）的介绍与探析。

特征化表达：阅读《龙脊梯田》并获取相关重要信息，判断作者写作意图，厘清文本类型和结构，探析人与自然的关系。

	概念结论	思想方法	价值观念
简略化表达	龙脊梯田（Longji Rice Terraces）的介绍	归纳概括 分析判断 系统思维	人与自然和谐共生
特征化表达	用英语介绍龙脊梯田的四季风光、悠久历史、修建原因，运作原理及意义	阅读《龙脊梯田》语篇，通过归纳概括，理解文章大意和关键细节信息；通过分析，判断作者的写作意图和文本类型；运用系统思维认识本文的主题意义和价值：人与自然是统一体，相互影响，相互发展和共生	和谐共生指的是人与自然相互影响，人类应尊重自然，合理利用和改造自然，追求天人合一

【资源条件】☞

资源名称	功　能
黑板	板书核心问题；板书学生解决问题时分析、交流、建构的英语知识，结构和要点；板书反思提升的要点和语言表达
教材、学案	提供大概念核心问题教学各环节中自主阅读的任务、探究与生成的知识和观点等
PPT	展示具体的教学环节和教学内容，出示反馈评价和总结、家庭作业等内容
投影	用白板展示学生作品，方便进行基于深度理解与表达的思维训练

【学生基础】☞

本班学生是高一的学生，整体来说，经过初中和高中三个多月的学习和训练，学生具备了一定的语言表达能力，能够找出一些明显的细节信息，并在老师的指导下进行一定的深层次思考。

话题方面，学生在初中了解过人与自然的话题，对话题较熟悉，但缺乏对龙脊梯田历史、修建原因、生态原理、意义和价值的了解。

语言方面，学生认识且会使用一些简单的与自然相关的词汇，如 desert，nature，mountain，rainy，ocean，bamboo，traditional 等；认识并且会使用定语从句中关系代词，但不认识本单元与自然相关的话题词汇和词组，如 vapor，steep，shallow，frost，wrapped in silver water，在表达人与自然关系方面，学生也存在词汇储备不够的问题；语法方面还没有系统学习过“介词+which/whom”的句型结构。

思维方面，新高一学生能根据问题的关键词定位答案，从中推断它们之间的简单逻辑关系，但在理解信息之间的隐性逻辑关系和意义上存在一定的困难，概括原文内容、提炼组织信息的能力还比较欠缺。

所以，基于以上分析，本课要引导学生通过阅读关于龙脊梯田的文章，拓展学生对梯田的了解，使其熟悉并使用新词汇；通过寻找话语标记词、理解句间关系，训练推断能力；通过引导学生寻找关键词进行归纳概括，使用恰当的连词组织信息，使语言更加自然和有逻辑性。

【教学目标】☞

参与《龙脊梯田》的略读、精读等探究活动；能够理解文章大意，分析作者的写作意图，厘清文本类型、结构和语言特点；能够运用本文所学谈论对单元主题“At one with nature”的理解（达到语言能力二级水平）；懂得人类要尊重自然，合理利用和改造自然，与自然和谐共生（达到文化意识二、三级水平）。

【核心问题】☞

核心问题：略读《龙脊梯田》的语篇内容，归纳总结段落大意；精读，梳理关键细节信息、文本类型和结构，探析人与自然的关系。

核心问题分析：本文是一篇说明文，语篇内容为广西壮族自治区龙脊梯田的介绍，旨在让学生了解当地人民尊重自然、合理利用和改造自然的行为，加深对语篇和单元主题的理解，认识人与自然和谐共生的重要性。通过略读、精读等学习活动，归纳总结段落大意，梳理龙脊梯田的主要信息，分析判断作者的写作意图，理清文本类型及结构；通过探析人与自然的关系，形成尊重自然、合理利用和改造自然、与自然和谐共生的积极态度。

【评价预设】☞

1. 课堂教学中的评价预设

（1）词汇方面的预测：阅读文章时，学生可能不认识 terrace，silver，frost，steep，shallow，vapor，form，insect，crop，agriculture 等词，教师可以引导学生联系上下文猜测单词的意义，如果个别生词不影响理解文章，也可以引导学生暂时忽略个别生词。在表达人与自然的关系、如何与大自然和谐共生时，学生可能不会使用 live in harmony with（与……和谐共生）、合理利用自然（make use of nature properly）、改造自然（change or transform nature）、统一的系统（a unified system）、平衡的生态系统（a balanced ecosystem）等短语，老师要根据学生的回答给予引导和帮助。

（2）归纳段落大意时，学生可能会在第四段卡壳，老师要用问题引导学生概括总结。如概括第四段时，学生可能会回答“Terraces were cleverly designed”，老师可以追问“How are they cleverly designed? Can you find how the terraces work?”顺势引导出本段大意为：working principle（运作原理）或 way of working（运作方式）。

（3）运用本单元所学谈论对单元主题的理解时，学生可能停留在环保和节能方面，谈如何与大自然和谐相处，没有联系本文所学（尊重自然，合理利用和改造自然等）进行表达，思路打不开，语言表达上也有困难，这时，老师要及时引导，不要打击学生，而是要正面评价和肯定学生敢于表达的勇气和态度。

（4）学完本课，让学生运用本课所学谈论其他人类与大自然和谐共生的事例，学生可能觉得有难度，尤其是对事例关键信息的介绍，要引导学生课后利用图书馆或网络收集信息。一方面拓展了学生的眼界和知识，另一方面也让学生多渠道、多策略学习，提高学生的学习能力，增强其学习自觉性。同时，让学生运用所学，发现更多生活中人与自然的问题，将知识转换为能力和素养。

2. 针对课堂教学后的评价设计

课后反思整个教学过程，从教学形态与教学特质两个维度做出自我评价，完成“大概念核心问题教学评价表”。收集学生在评价反馈环节完成的对单元主题的理解，对学生是否正确体验到人与自然的关系，形成尊重自然、合理利用和改造自然、与大自然和谐共生的意识进行统计、分析，完成“大概念核心问题教学素养目标点检测表”，并反馈给学生。

二、教学实施设计

【教学环节】☞

教学环节	学生活动	教师活动	设计意图
1. 提出 问题 （2 mins）	Lead-in: Watch and answer 观看龙脊梯田的视频，领会核心问题	营造情境，提出核心问题：略读《龙脊梯田》的语篇内容，归纳总结段落大意；精读，梳理关键细节信息，探析人与自然的关系	营造情境，提出核心问题，让学生明确本课学习重点
2. 解决 问题 （22 mins）	1. 略读语篇，概括段落大意	引导学生略读语篇	通过略读，概括段落大意，让学生理解文章大意
	2. 精读语篇，梳理龙脊梯田的关键细节信息，探析人与自然的关系	1. 引导学生精读文章，梳理龙脊梯田的关键细节信息，探析人与自然的关系	通过精读语篇，学生梳理获取龙脊梯田的关键细节信息，使学生了解其四季风光、悠久历史、建造原因、运作原理及意义和价值；在这个活动中，让学生了解当地人民尊重、合理利用和改造自然的行为，加深对语篇和单元主题的认知，认识树立人与自然和谐共生意识的重要性，感知和辩证看待人与自然的关系，逐步实现从知识到素养的过渡

续表

教学环节	学生活动	教师活动	设计意图
3. 反思 提升 （6 mins）	1. 作者的写作意图 2. 本语篇的类型，结构和语言特点	引导学生反思总结作者的写作意图、文本类型、结构和语言特点	让学生分析、判断作者的写作意图，反思总结文本类型、结构和语言特点，加深对所学知识的巩固，进一步理解和把握说明文文体和主题，也为后面的评价反馈和家庭作业搭好脚手架
4. 评价 反馈 （10 mins）	1. 运用本课所学，谈论对单元主题“At one with nature”的理解 2. Homework：运用本文所学，书面介绍一个其他人类与大自然和谐相处的事例并表达自己的观点（学生可以课外阅读或网络查询收集相关事例信息）	1. 引导学生运用本课所学，谈论对单元主题“At one with nature”的理解。 2. 引导生生评价，并师生评价。 3. 布置家庭作业	介绍一个其他人类与大自然和谐相处的事例并表达自己的观点，旨在使学生从基于和深入语篇的学习，发展到超越语篇的学习，让学习从感知理解—运用实践—创造迁移层层递进，实现知识—能力—素养的提升，最终达成英语核心素养目标。另外，家庭作业让学生多渠道查询信息，一方面拓展了眼界和知识，另一方面也让学生多策略学习，提高学习能力

【板书设计】☞

Unit 6 At One with Nature

Starting out & Understanding ideas

Longji Rice Terraces

核心问题：略读《龙脊梯田》的语篇内容，归纳总结段落大意；精读，获取关键细节信息；探析人与自然的关系。

Longji Rice Terraces
- Scenery: ………………
- History: ………………
- Reasons: ………………
- Way of working / Working principle: …………………
- Value: ……………………

Notes:
…………………………………………
…………………………………………
…………………………………………
…………………………………………

At one with nature:
…………………………………………
…………………………………………
…………………………………………
…………………………………………
…………………………………………

【教学流程图】☞

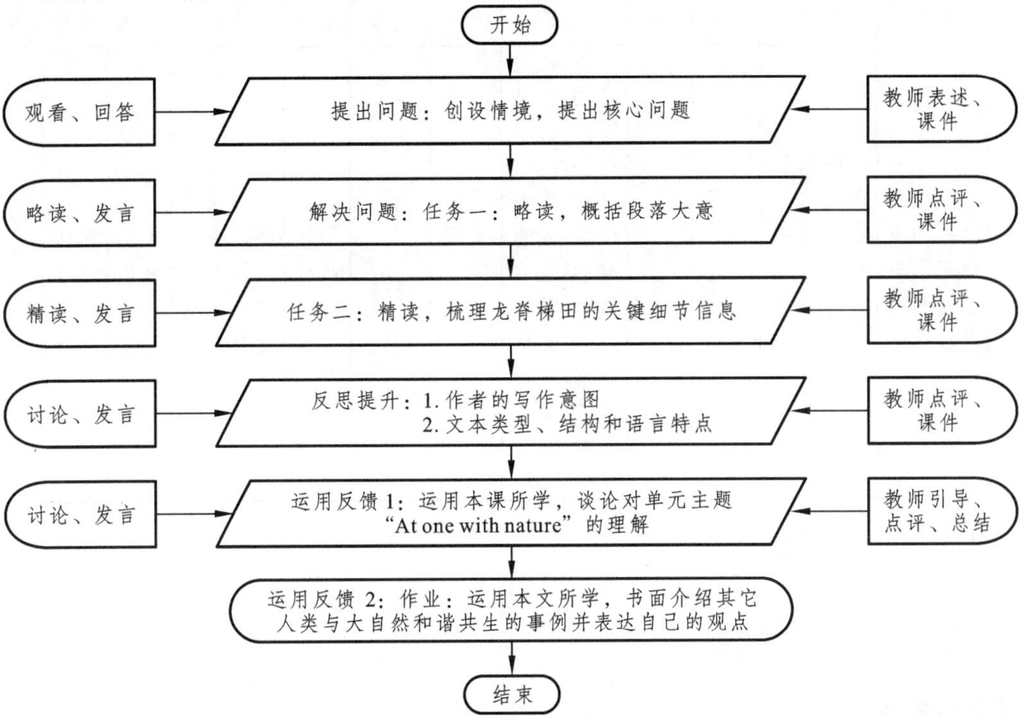

【作业布置】☞

为了让学生能够将本节课体验到的反思总结、基本思想方法、概念结论迁移到后续的学习中，特布置如下作业。

作业序号	作业目标	作业内容	作业情境		概念结论		思想方法		价值观念		整体评估	
			内容	水平	内容	水平	内容	水平	内容	水平	类型	水平
1	掌握龙脊梯田相关信息的语言表达和运用	复习龙脊梯田语篇和笔记，英汉互译重点单词、短语和句子	人与自然	简单	有关龙脊梯田相关信息的语言表达	语言能力一级	系统思维，逻辑思维	思维品质二级	保护自然，合理利用自然，与大自然和谐共生的文化意识	文化意识二级	基础性作业	学业质量水平1
2	理解并表达人与自然的关系，如何与自然和谐共生	能运用本文所学用英语表达对单元标题的理解	人与自然，生活情境	较复杂	包括三方面内容：联系实际，谈论人与自然的现状；分析原因；提出解决办法	语言能力二级	分析判断，逻辑推理	思维品质二级	与大自然和谐共生的文化意识	文化意识二级	综合性作业	学业质量水平2

续表

作业序号	作业目标	作业内容	作业情境		概念结论		思想方法		价值观念		整体评估	
			内容	水平	内容	水平	内容	水平	内容	水平	类型	水平
3	从校园自然环境做起，与自然和谐共生	调查校园与大自然和谐共生的情况，并撰写调查报告	人与自然，生活情境	较复杂	调查校园自然环境现状；分析、归纳、整理调查结果；提出与校园自然环境和谐共生的措施；撰写调查报告并提交学校环卫部	语言能力二级	系统思维，分析判断，逻辑思维，创新思维	思维品质三级	热爱自然，合理利用和保护自然的文化意识	文化意识二级	实践性作业	学业质量水平3

（具体的作业内容略）

三、教学评价反馈

【评价实施】☞

课后听取、收集了听课教师的反馈意见，收集了56份学生的评价反馈练习。

【信息收集】☞

认真反思收集到的教师反馈意见，针对大概念核心问题教学的课堂教学评价，完成了下列“大概念核心问题教学文化评价表”。

【反馈调整】☞

1. 针对学生

对学生完成的评价反馈作业进行认真的归类分析后，从课堂学习及课后作业两个方面向学生进行反馈交流。针对课堂交流互动积极性略欠佳这一情况，激励学生在今后的课堂学习中更大胆地表达自己的观点与见解，这样有助于理解与内化所学知识；学生课后作业完成情况良好，因此在对全班进行肯定性评价的基础上，通过剖析优秀案例，加强学生的相互学习和借鉴。与反馈作业中结果不太好的学生（包括质量和书写等方面）进行沟通交流，以期在今后的学习中有更好的表现，能对学科知识、思想方法和价值观念进行更好的迁移和运用。

2. 针对教师

认真对课前教学设计、课堂教育教学及课后作业情况进行反思后，从课堂教学与课后作业两个方面提出反馈调整意见：

（1）系统思维培养方面，课堂上应更大胆地放手让学生去做，如对龙脊梯田的运作原理，学生结合地理知识，可以自己描述出梯田运作的自然原理过程，老师不用提前标出序号。在反思总结说明文语言特点时，可以整体上反思语言特点，不用每段都总结，这样更有利于学生系统思维的培养。

（2）师生评价方面，运用反馈环节学生在表达对 at one with nature 的理解和观点时，教师的评价应该更有针对性和指导性，不能一概地评论“Good idea；Wonderful；It doesn’t matter”等。对回答得好的同学，多一些概括性评价，对回答欠佳的同学，多些指导性、激励性评价和建议，以提高学生的学习技能，激励学生英语学习的积极性。

大概念核心问题教学文化评价表

课时名称	Longji Rice Terraces				
所属单元	Unit 6 At one with nature				
单元大概念	简略化表达：人与自然和谐共生话题与观点的表达。 特征化表达：运用描写自然状况，地形地貌，地理景观，气候特征等语言和恰当表达与自然和谐共生的观点				
单元核心问题	通过听、说、读、看、写多途径研习有关人与自然的多模态语篇，探究人与自然的关系，联系实际描述、阐释和例证如何与大自然和谐共生				
课时大概念	简略化表达：龙脊梯田（Longji Rice Terraces）的介绍与探析。 特征化表达：阅读《龙脊梯田》并获取相关重要信息，判断作者写作意图，厘清文本类型和结构，探析人与自然的关系				
课时核心问题	略读《龙脊梯田》的语篇内容，归纳总结段落大意；精读，梳理关键细节信息、文本类型和结构，探析人与自然的关系				
评价目标	评价指标				评价 方法结果
	一级指标	二级指标	三级指标		
实现活动体验中的学习与素养发展	具有大概念核心问题教学形态	核心问题利于活动体验	内含学科问题和学生活动方式	7	每项指标最高评 8 分（满分为 96 分）
			问题情境与真实生活密切相关	8	
			能引发大概念、新知新法生成	7	
		教学目标价值引导恰当	目标构成全面准确	8	
			内含关联体验目标	8	
			目标价值引导显现	8	
		教学环节完整合理落实	教学环节清晰完整	8	
			环节内容合理充实	8	
			学生活动时间充分	8	
		教学要素相互匹配促进	问题目标环节两两匹配	8	
			技术促进活动形式内容	6	
			学科特色突出氛围浓郁	6	合计 90 分

续表

评价目标	评价指标			评价方法结果
	一级指标	二级指标	三级指标	
实现活动体验中的学习与素养发展	具有大概念核心问题教学特质	拓展学习视野	课堂与现实世界有恰当关联	选择一个表现突出的二级指标，在相应三级指标引导下，以现场学生表现为主要依据，以其余指标为背景，于本表的第二页写出 150 字以上的简要评价
			有基于缄默知识的问题解决	
			有缄默知识运用的追踪剖析	
			知识运用剖析导向素养发展	
		投入实践活动	有真实而且完整的实践活动	
			实践活动深度融入两类情境	
			能够全身心地浸渍于活动中	
			活动内容和结果均丰富深入	
		感受意义关联	有核心问题的深层意义感受	
			有以知识为中心的关联感受	
			有以个人为中心的关联感受	
			有对三类大概念的关联感受	
		自觉反思体验	有实质性反思活动的开展	
			有课堂新因素的追踪利用	
			有体验的交流与改善重构	
			有概念生成中的素养发展	
		乐于对话分享	乐于自我的表达与认真地倾听	
			乐于合作中成果与思路的分享	
			乐于成果交流中深层意义分享	
			有宽容的对话氛围和双向交流	
		认同素养评价	认可素养评价	
			参与素养评价	
			利用素养评价	

大概念核心问题教学特质的简要评价（包括发展性建议）:

本课采用的是大概念的核心问题教学，“投入实践活动”和“感受意义关联”两个一二级指标凸显充分。

本课的核心问题是：略读《龙脊梯田》的语篇内容，归纳总结段落大意；精读，梳理关键细节信息，探析人与自然的关系。本核心问题设置恰当，既能引导学生整节课活动的开展和体验，又能让学生体验意义关联，还能体现出本课时大概念的中心性、意义性、迁移性和持久性。

投入实践活动：

本核心问题让学生完全浸渍在完整和真实的实践活动中，如解决问题环节中对语篇的略读、精读、探析人与自然关系的活动；反思提升环节中通过反思判断作者的写作目的、语篇类型，总结文本构和语言特点；运用反馈环节中讨论对“At one with nature”的理解及分享表达活动。同时，活动内容丰富，通过略读，概括了段落大意；通过精读，梳理出文本关键信息，在梳理过程中思考和探析人

续表

与自然的关系；通过反思提升，分析判断出本文的写作目的是解释人与自然怎样和谐相处；通过小组讨论，运用本课所学表达对“At one with nature”的理解，绝大多数同学都能表达出天人合一，人类要尊重自然，合理利用和改造自然，与大自然和谐共生的观点。 感受意义关联： 本课的语篇内容为龙脊梯田的介绍。以龙脊梯田这个文本为载体，梳理出龙脊梯田在开垦前存在的问题是缺乏大的平坦的种植地，因为山陡、土浅，雨水会冲走陡山上的土壤。当地人民通过修建梯田，不仅解决了这两个问题，梯田还利用自然原理种植水稻，保持了生态平衡。解决问题环节，学生获得了以知识为中心的关联感受：人类活动要尊重自然，恰当改造和利用自然，与大自然和谐共生。反思提升环节，教师引导学生对语篇写作目的、语篇类型、结构和语言特点进行总结，充分体现了概念结论类、思想方法类、价值观念类大概念间的紧密关联，让学生全方位感受意义关联。 综上，学生在本课的学习中有核心问题的完整活动的浸渍，有深层价值意义的感受，有以知识为中心的关联感受，有对三类大概念的深层关联感受，所以“投入实践活动”和“感受意义关联”这两个一二级指标凸显充分

大概念核心问题教学素养目标点检测表

课时名称	The Longji Rice Terraces
所属单元	Book 1 Unit 6 At one with nature
单元大概念	简略化表达：人与自然和谐共生话题与观点的表达。 特征化表达：运用描写自然状况、地形地貌、地理景观、气候特征等的语言，恰当使用“介词+which/whom”引导的定语从句，谈论人与自然的话题，辩证思考并表达与自然和谐共生的观点。 思想方法：形象思维、归纳概括、分析判断、逻辑思维、系统思维、辩证思维、发散思维、创新思维 价值观念： （1）自然环境影响人类生活，人类要尊重自然、合理利用和改造自然，与大自然和谐共生。 （2）辩证地看待事物的优缺点
单元核心问题	通过听、说、读、看、写，多途径研习有关人与自然的多模态语篇，探究人与自然的关系，联系实际描述、阐释和例证如何与大自然和谐共生
课时大概念	简略化表达：龙脊梯田（Longji Rice Terraces）的介绍和探析。 特征化表达：阅读《龙脊梯田》并获取相关重要信息，判断作者写作意图，厘清文本类型和结构，探析人与自然的关系
课时核心问题	略读《龙脊梯田》的语篇内容，归纳总结段落大意；精读，梳理关键细节信息、文本类型和结构，探析人与自然的关系。
课时素养目标	参与《龙脊梯田》的略读、精读和人与自然关系的探究活动。 能够理解文章大意，分析作者的写作意图，厘清文本类型、结构和语言特点；能够运用本文所学谈论对单元主题“At one with nature”的理解（达到语言能力二级水平）。 懂得人类要尊重自然，合理利用和改造自然，与自然和谐共生（达到文化意识二，三级水平）
检测点	体验人与自然的关系，形成尊重自然，合理利用和改造自然，与自然和谐共生的意识

续表

<table>
<tr><td>检测工具
（检测题）</td><td colspan="3">表达并写下对“At one with nature（天人合一）”的理解和观点</td></tr>
<tr><td rowspan="4">分类标准</td><td colspan="3">A. 完全能表达出人与自然的关系，形成尊重自然，合理利用和改造自然，与自然和谐共生的意识，且能举例说明</td></tr>
<tr><td colspan="3">B. 较好表达出人与自然的关系，形成尊重自然，合理利用和改造自然，与自然和谐共生的意识，有一些例证，但在观点表达上有少许欠缺的点项</td></tr>
<tr><td colspan="3">C. 基本能表达出人与自然的关系，形成尊重自然，合理利用和改造自然，与自然和谐共生的意识，但在表达上欠缺两个或两个以上的点项</td></tr>
<tr><td colspan="3">D. 不能表达出人与自然的关系，形成尊重自然，合理利用和改造自然，与自然和谐共生的意识，完全没有相关表达和例证</td></tr>
<tr><td rowspan="5">检测统计</td><td>分类等级</td><td>学生人数</td><td>百分比（总人数 56 人）</td></tr>
<tr><td>A</td><td>41</td><td>73.3%</td></tr>
<tr><td>B</td><td>13</td><td>23.2%</td></tr>
<tr><td>C</td><td>2</td><td>3.5%</td></tr>
<tr><td>D</td><td>0</td><td>0%</td></tr>
<tr><td>检测分析
结果运用</td><td colspan="3">本次一共 56 人参与点检测。完全能表达出人与自然的关系，形成尊重自然，合理利用和改造自然，与自然和谐共生的意识的同学高达 41 人（A 等），占比 73.3%；较好表达出人与自然的关系，形成尊重自然，合理利用和改造自然，与自然和谐共生的意识，有一些例证，但在观点表达上有少许欠缺的点项的同学一共 13 人（B 等），占比 23.2；只有 2 人（占 3.5%），基本能表达出人与自然的关系，形成尊重自然，合理利用和改造自然，与自然和谐共生的意识，但在表达上欠缺两个或两个以上的点项。没有（0%）不能表达出人与自然的关系，形成尊重自然，合理利用和改造自然，与自然和谐共生的意识，完全没有相关表达和例证的同学。
从检测结果看，全班绝大多数学生（A41+B13=54 人，96.5%）能以本课所学的龙脊梯田这个文本为载体，进行知识的内化和关联，能把人类活动和自然进行关联体验：人与自然处在同一个系统中，人类活动和自然相互影响，所以人类要尊重自然，合理利用和改造自然，与自然和谐共生。此外，学生能联系实际进行举例阐述和说明，且能在新的问题情境中指导自己的行为。
但也有部分同学对自然关系的描述没有呈现显性化或显性化不够。没有显性化出来的同学缺乏对人与关系的反思总结，仅停留在列举一些与自然相处的具体措施；还有一些同学对人与自然关系的理解不全面，有的少了尊重自然，有的少了合理改造，有的少了合理利用等点项等。
综上，一方面，进入高一的学生对学科教学内容载体的显性信息获取和梳理要好一些，但对信息后的内涵挖掘还不够，对学习方法与策略的关注与提升不足；另一方面，以学科教学内容为载体，运用大概念核心问题教学进行的学习方法与策略指导课，的确能使学生从学科知识与能力、学科思想方法、学科价值观念多维度和深层次地学习体验，在深度体验中获得学科学习经验，积淀英语语言知识、语言技能、思维品质、学习技能等英语学科核心素养。因此，在后续的教学中，应着力加强学生思维品质和学习方法与策略的培育，观察发现学生学习方法与策略中存在的不足，进行有针对性的指导与交流</td></tr>
</table>

续表

<table>
<tr>
<td>素养目标达成典型实例</td>
<td>
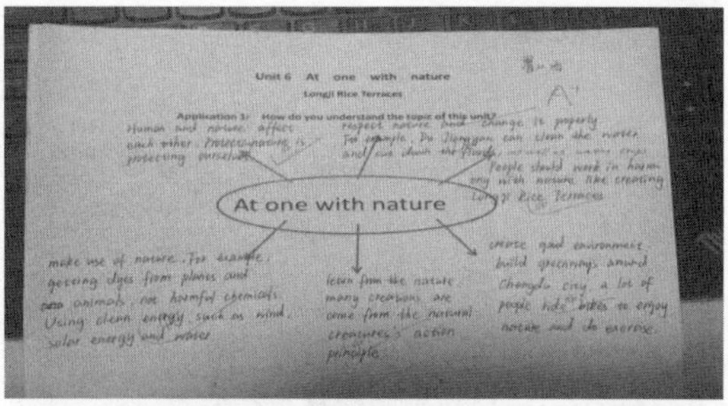

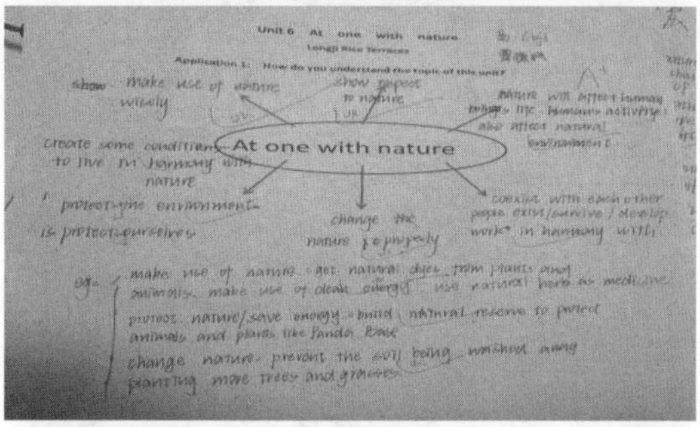

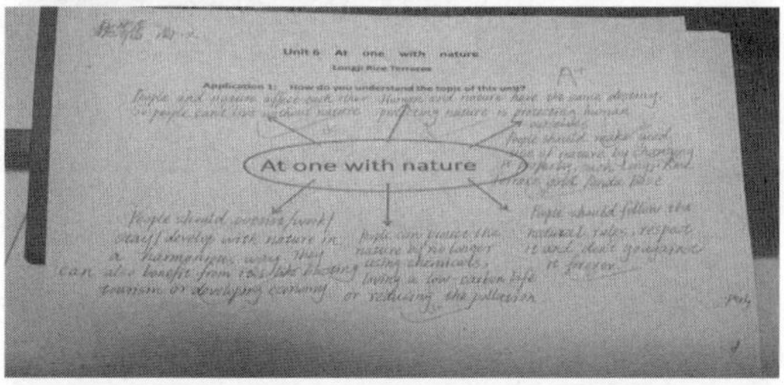

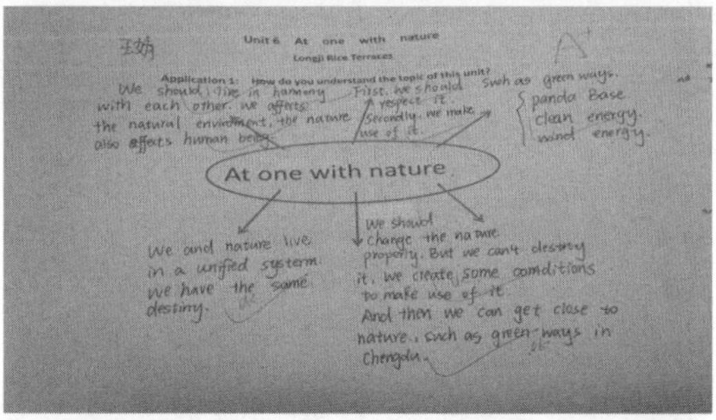

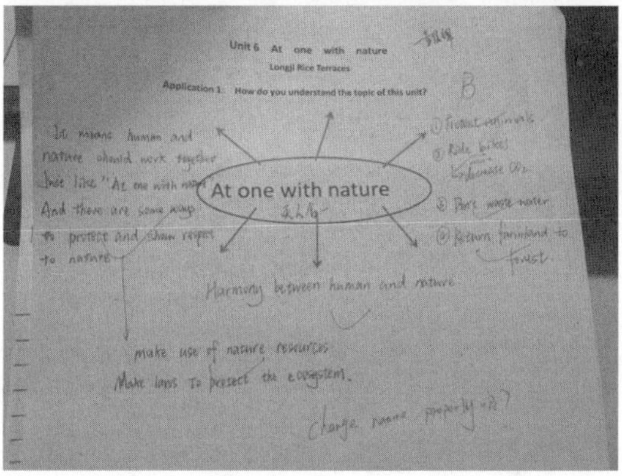

</td>
</tr>
</table>

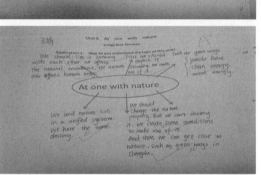

续表

<table>
<tr>
<td>素养目标达成典型实例</td>
<td>
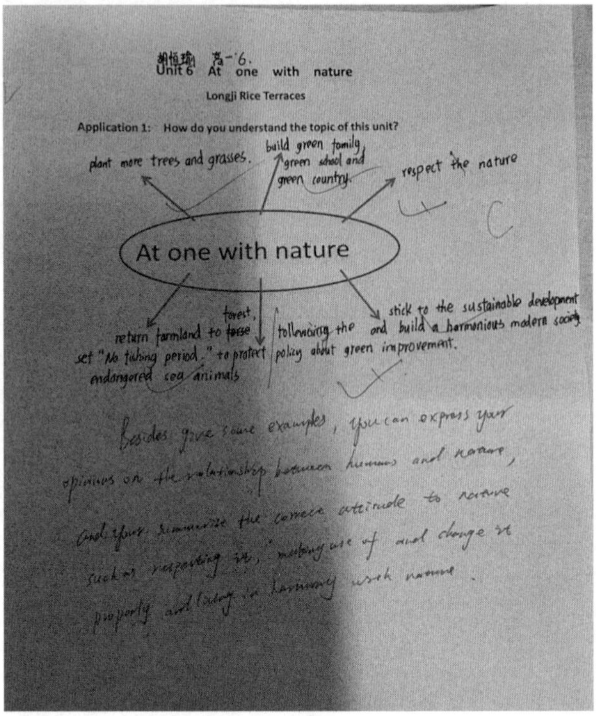

从以上点检测可以看出，前四位同学都能很好地体验并描述人与自然的关系，表达出人类要尊重自然，合理利用和改造自然，与自然和谐共生的意识。如翟从西同学写道：人与自然相互影响，保护自然就是保护我们自己，要尊重自然，合理利用和改造自然，与自然和谐相处；人类要创造条件，与自然和谐相处，如成都修的绿道等，同时可以从动植物中提取天然染料，不用化学染料，利用清洁能源如太阳能、风能等。曹媛媛同学写道：人与自然相互影响，要尊重自然，合理利用和改造自然，与自然和谐相处，如多种树和草、建立自然保护区、利用中药草、天然染料等。魏霁蕾同学写道：人与自然相互影响，人类不能违背自然，人与自然有着共同的命运，要尊重自然，合理利用和改造自然，与自然和谐相处，共发展，共生存，倡导大家多种树，过低碳生活，减少污染等。王婧同学也写道：人与自然相互影响，人与自然处在同一个系统中，要尊重自然，合理利用和改造自然，与自然和谐相处，同时也要利用自然，走近自然，享受自然等。这几位同学都很好地把人类活动和自然关联起来，且表达出具体的观点并举例说明如何做到尊重自然，合理利用和改造自然，与自然和谐相处和共生，故评为 A 等。

董俊辉同学对人与自然的关系描述为天人合一，要和谐相处，人类要尊重，合理利用自然，要保护动物、多骑车绿色出行、退耕还林、不要浪费水等，但缺少恰当改造自然的概括表达，故评为 B 等。

胡恒瑜同学表达了人类要尊重自然，列举了多种树和草，建立绿色家庭、绿色学校、绿色国家，退耕还林，设立禁渔期，坚持走可持续发展之路，建立现代和谐社会等，例子虽然与自然和谐相处有关，但缺乏人与自然关系的描述，所以评为 C 等
</td>
</tr>
</table>

续表

检测反馈	反馈调整 1. 针对学生 对学生完成的评价反馈作业进行认真的归类分析后，从课堂学习及课后作业两个方面向学生进行反馈交流。针对课堂交流互动积极性略欠佳这一情况，激励学生在今后的课堂学习中更大胆地表达自己的观点与见解，这样有助于理解与内化所学知识；学生课后作业完成情况良好，因此在对全班进行肯定性评价的基础上，通过剖析优秀案例，加强学生的相互学习和借鉴。与反馈作业中结果不太好的学生（包括质量和书写等方面）进行沟通交流，以期在今后的学习中有更好的表现，能对学科知识、思想方法和价值观念进行更好的迁移和运用。 2. 针对教师 认真反思课前教学设计、课堂教育教学、课后作业情况后，从课堂教学与课后作业两个方面提出反馈调整意见： （1）系统思维培养方面，课堂上应更大胆地放手让学生去做，如对龙脊梯田的运作原理，学生结合地理知识，可以自己描述出梯田运作的自然原理过程，老师不用提前标出顺序号。在反思总结说明文语言特点时，可以整体上去反思语言特点，不用每段去总结，这样更有利于学生系统思维的培养。 （2）师生评价方面，运用反馈环节学生在表达对 at one with nature 的理解和观点时，教师的评价应该更有针对性和指导性，不能一概地评论“Good idea; Wonderful; It doesn’t matter”等。对回答得好的同学，多一些概括性评价，对回答欠佳的同学，多些指导性、激励性评价和建议，以提高学生的学习技能，激励学生英语学习的积极性

Developing Ideas—Writing a Summary

朱芹芹

一、教学分析设计

【教材课标】☞

普通高中英语课程的具体目标是：培养和发展学生在接受高中英语教育后应具备的语言能力、文化意识、思维品质、学习能力等核心素养。

本次授课内容选自必修一的 Unit 6，单元主题为 At One with Nature（天人合一，即与大自然和谐共生）。本单元主题语境为人与自然，主题语境内容为人与自然环境，主题意义为人与自然和谐共生。下文从主题内容（what），意图/情感态度价值观（why）和文体特征、内容结构、语言（how）三个方面对本课语篇内容进行分析。

主题内容（what）：本课时的主题语境为"人与自然"。本文介绍了英国果茶与花草茶口味种类、受欢迎程度以及对健康的益处，展示了英国人的茶文化。

意图/情感态度价值观（why）：本文作者通过介绍英国果茶与花草茶口味种类、受欢迎程度以及对健康的益处，凸显人们热爱自然、享受自然，使读者形成热爱自然、享受自然，最终与自然和谐共处的积极态度。

文体特征、内容结构、语言特点（how）：本文的体裁为说明文。作者从英国果茶与花草茶口味种类、受欢迎程度以及对健康的益处等方面体现了英国人热爱自然、享受自然的生活状态。文章结构清晰，段意鲜明，语言简洁明了，大量运用举例来展示英国的茶文化和口味的多样性。第一段 such as mint and lemongrass；第二段 such as lemon and ginger，mango and strawberry，apple and pear，blackberry leaf and dandelion 等；第三段则通过 if you…，if you…choose…，drink…，用简洁的祈使句来说明花草茶给身心带来的益处。

研读课标后，梳理了课标（2017 年版 2020 年修订）中对本单元及各课时教学的目标要求如下：

1. 语言能力

在常见的语境中，较为熟练地整合并运用已有的英语语言知识，理解和获取多模态语篇传递的要义和具体信息，推断作者的意图、情感、态度和价值取向，归纳大意和提炼主题意义，分析语篇的组织结构和文体特征，厘清主要观点和事实之间的逻辑关系，了解语篇表意所采用的手段；运用本单元所学有效地陈述事实，传递信息，表达个人观点和情感，体现意图、态度和价值取向。（语言能力二级水平）

2. 文化意识

能够选择合适的方式方法，在课堂等现实情境中获取中外文化信息，并结合实际情况进行分析和比较，增强跨文化意识，尊重和理解文化的多样性，进一步坚定文化自信，树立正确的价值观。（文化意识二级水平）

3. 思维品质

主动观察文化的各种现象，通过比较，识别各种信息之间的关联，从中推断出它们之间简单的逻辑关系、作者的观点和态度；针对所获取的信息，提出批判性的问题，辩证思考、判断观点和思想的价值，联系自身实际，形成自己的观点，实现知识向思维能力的迁移。（思维品质二级水平）

4. 学习能力

对英语学习有较强的兴趣和自信心，能开展课外学习，利用图书馆、工具书、网络资源等扩充学习内容和信息渠道，丰富知识，开阔眼界，提高英语运用能力；开展自主、合作与探究学习，选择恰当的策略与方法。

【大概念】☞

课时核心大概念：用说明文语篇介绍英国茶文化。

特征化表达：读懂关于英国茶文化的语篇，梳理提炼文本要点及语言支撑，系统分析说明文文本结构和特征。思考并总结如何进行概要写作，并通过概要写作有逻辑地介绍英国茶文化。

	概念结论	思想方法	价值观念
简略化表达	书面介绍英国茶文化	归纳概括 分析判断 系统思维 逻辑思维	热爱自然，享受自然
特征化表达	以说明文文体，用英语介绍英国人对花草茶和果茶的喜爱，茶的口味以及花草茶对身体的益处	在阅读语篇的过程中，通过归纳概括和分析判断，找出主题句和关键细节信息；运用系统思维认识本文的主题意义和价值，形成热爱自然、享受自然最终与自然和谐共处的积极态度。运用逻辑思维梳理好写作框架	学习英国人热爱自然、享受自然最终与自然和谐共处的积极态度，形成跨文化意识

【资源条件】☞

资源名称	功　能
黑板	板书核心问题；板书学生解决问题时分析、交流、建构的英语知识，结构和要点；板书反思提升的要点和语言表达
教材、学案	提供大概念核心问题教学各环节中自主阅读的任务、探究与生成的知识和观点等
PPT	展示具体的教学环节和教学内容，出示反馈评价和总结、家庭作业等内容
投影	用白板展示学生作品，方便进行基于深度理解与表达的思维训练

【学生基础】☞

授课学生是高一学生，有较好的听读能力，但在写的输出方面还有欠缺。

已有基础：

话题方面，学生在学习完本单元的 understanding ideas 和 developing ideas 后，对人与自然的关系有了较深入的理解，知道如何认识自然、改造自然等；语言方面，通过单元的前期学习，学生已掌握了一定的词汇和句型来描述人与自然的关系；思维方面，学生能较好地辨析人与自然的关系，并具备初步的归纳、概括等逻辑思维能力。

存在问题：

话题方面，学生对英国的茶文化了解不多，对花草茶给身心带来的益处了解不够；语言方面，如何抓住文章的核心思想，用简洁明了的词汇和句型总结文本主旨要义的能力不够；思维方面，跨文化思维意识不够，归纳、概括等逻辑性思维还需进一步提高。

解决措施：

话题方面，通过阅读关于英国茶文化的文章，加深对英国茶文化的理解，加深跨文化意识；语言方面，通过使用每段的主题句、关键词及适当的衔接词，如 however，for one thing，for another，meanwhile 等重组并总结文本大意；思维方面，通过了解英国的茶文化，辨析出人与自然的正确关系，通过总结文本大意，提升归纳、概括等逻辑性思维。

【教学目标】☞

通过阅读“英国茶文化”语篇，归纳总结段落主题句及细节支撑，厘清文本类型和文章结构，能够运用段落主题句和细节支撑进行概要写作（语言能力二级水平）；通过谈论英国人对茶水的热爱、茶的味道和对身体的益处，懂得人类要热爱自然、享受自然，与自然和谐共处，通过对比中英茶文化形成跨文化意识（文化意识二级水平）。

【核心问题】☞

核心问题：阅读关于英国茶文化的文章，归纳总结段落主题句及细节支撑，厘清文本类型和文章结构；探析如何进行概要写作。

核心问题分析：本文是一篇说明文，主题语境为“人与自然”。本文介绍了英国果茶与花草茶口味种类、受欢迎程度以及对健康的益处，展示了英国的茶文化。通过阅读文章，归纳总结段落主题句及细节支撑，厘清文本类型和文章结构；运用段落主题句和细节支撑信息进行概要写作。通过学习英国人对茶的热爱和对大自然的正确利用，培养学生热爱自然、享受自然，最终与自然和谐共处的积极态度。通过写作培养学生归纳概括的能力及逻辑思维和创新思维。

【评价预设】☞

（1）词汇方面的预测：阅读文章时，学生可能不认识 flavor，scent，mint，digestion 等词，如果个别生词不影响理解文章，可以引导学生暂时忽略生词。如果影响理解，可以引导学生联系上下文猜测单词的意义。

（2）寻找段落主题句时，学生可能会出错，引导学生如何寻找段落主题句。

（3）概要写作时，学生可能会把段落主题句进行简单的叠加，引导学生使用一些过渡的字词句，使行文逻辑清楚合理。

（4）主题理解方面，学生可能打不开思维，要引导学生理解与表达文章主题意义。

二、教学实施设计

【教学环节】☞

教学环节	学生活动	教师活动	设计意图
1. 提出问题	学生谈论分享中国茶文化，并回答问题：你对英国茶文化了解多少？	营造情境，提出核心问题：阅读关于英国茶文化的文章，归纳总结段落主题句及细节支撑，厘清文本类型和文章结构；探析如何进行概要写作	营造情境，提出核心问题，让学生明确本课学习重点
2. 解决问题	1. 略读语篇，找出段落主题句	引导学生略读语篇	通过阅读寻找段落主题句，让学生厘清段落大意
	2. 精读语篇，梳理段落主题句的细节支撑信息	引导学生精读文章，梳理细节信息	通过精读语篇，学生梳理获取段落主题句的细节支撑信息，使学生了解文章结构，理解如何围绕主题句展开写作
	3. 谈论从英国茶文化中你感受到的英国人的特点。 4. 讨论分享如何进行概要写作	引导学生讨论并分享，老师评价和总结	引导素养目标的达成，学习英国人热爱自然，享受自然的精神，培养跨文化意识。归纳概括如何进行概要写作，为写作铺垫
3. 反思提升	1. 文本类型和结构 2. 谈论从英国的茶水文化中学到了什么。 3. 概要写作的要点	引导学生反思总结文本类型和结构，引导学生的思维提升，上升到从人与自然的关系去理解文章主题，以及如何进行概要写作	总结前面的学习重点，升华文本主题，厘清如何进行概要写作，为下一步写作再次打下基础
4. 评价反馈	1. 学生完成概要写作。 2. 学生分享写作内容。 3. 学生评价写作内容	1. 引导学生开展生生评价以及师生评价。 2. 老师进行总结	通过概要写作，巩固并整合所学，体现知识内化，培养学生的创新思维。通过评价反馈进一步促进学生的理解和更好的应用

【板书设计】☞

Unit 6 At One with Nature

Developing ideas—Writing a summary

核心问题：阅读关于英国茶文化的文章，归纳总结段落主题句及细节支撑，厘清文本类型和文章结构；探析如何进行概要写作。

1. content（popularity/flavours/benefits）

2. language

3. structure

【教学流程图】☞

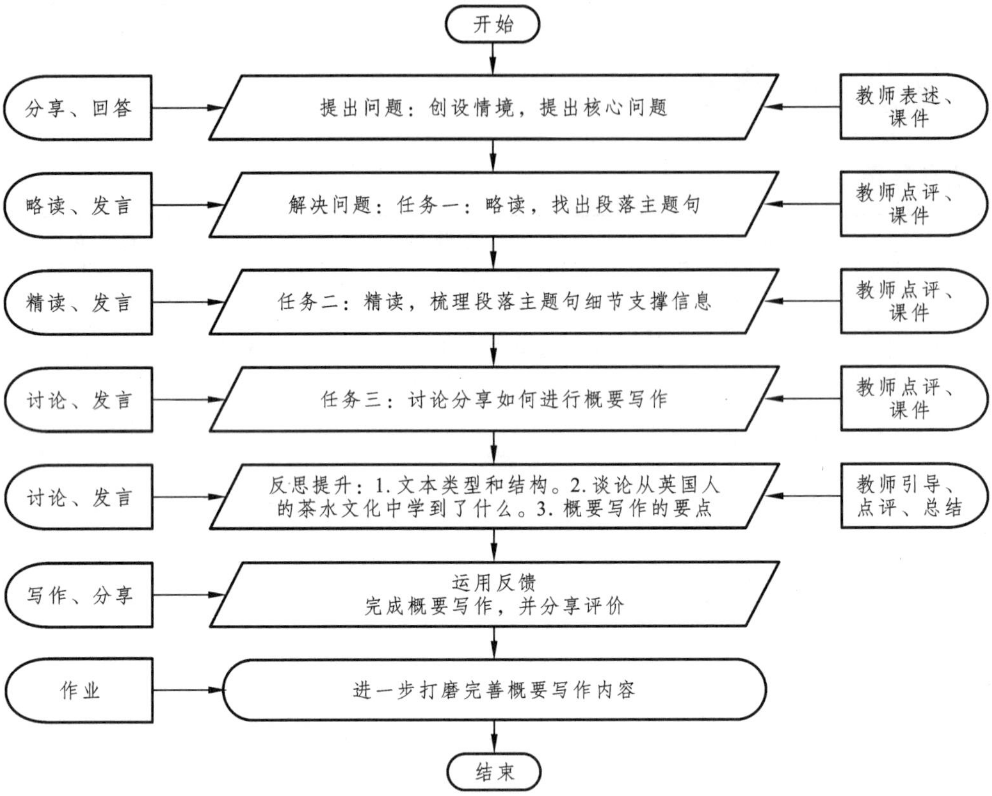

【作业布置】☞

为了让学生能够将本节课体验到的反思总结、基本思想方法、概念结论迁移到后续的学习中，特布置如下作业。

作业序号	作业目标	作业内容	作业情境		概念结论		思想方法		价值观念		整体评估	
			内容	水平	内容	水平	内容	水平	内容	水平	类型	水平
1	进一步熟悉英国茶文化及其表达	大声朗读Writing a summary部分的文章	人与社会	简单	人与社会语境下的英国茶水文化有关表达	语言能力一级	系统思维，逻辑思维	思维品质二级	尊重与理解不同的文化	文化意识二级	基础性作业	学业质量水平1
2	通过阅读了解中国传统茶文化的影响	阅读关于中国传统制茶技艺申遗成功的文章并积累生词	理解中国茶文化的真实学习情境	较复杂	介绍中国茶技艺申遗成功的相关表达	语言能力二级	分析判断，逻辑推理	思维品质二级	了解中华传统文化，增强文化自信	文化意识二级	综合性作业	学业质量水平2

续表

作业序号	作业目标	作业内容	作业情境		概念结论		思想方法		价值观念		整体评估	
			内容	水平	内容	水平	内容	水平	内容	水平	类型	水平
3	能通过概要写作进一步了解英国茶文化，提升写作能力，在写作中培养思维品质和文化意识（语言水平二级、思维品质二级）	根据评价完善关于英国茶文化的概要写作	理解和评析英国茶文化，探索真实写作情境	较复杂	概要写作的特征，英国茶文化有关表达	语言能力二级	系统思维，分析判断，逻辑思维	思维品质二级	热爱自然，享受自然，跨文化意识	思维品质二级，文化意识二级	实践性作业	学业质量水平2

（具体的作业内容略）

三、教学评价反馈

【评价实施】☞

课后收集到61份学生作业，听取听课老师以及学生的反馈意见。

【信息收集】☞

认真反思收集到的教师反馈意见，针对大概念核心问题教学的课堂教学评价，完成以下“大概念核心问题教学文化评价表”。

【反馈调整】☞

在反思的基础上，根据需要针对教学设计进行调整。与学生进行个别交流、小组交流，以期达到最佳教学效果。

【教学反思与改进】☞

大概念核心问题教学文化评价表

课时名称	Developing Ideas—writing a summary
所属单元	外研社2019版必修一第六单元
单元大概念	与大自然和谐共生 简略化表达：人与自然和谐共生话题与观点的表达。

续表

<table>
<tr><td colspan="2">单元大概念</td><td colspan="4">特征化表达：运用描写自然状况，地形地貌，地理景观，气候特征等语言和恰然和谐共生的观点。
思想方法：归纳概括，分析判断，系统思维，辩证思维，创新思维，逻辑思维
价值观念：
（1）自然环境影响人类生活，人类要尊重、合理利用和改造自然，与大自然和谐共生。
（2）辩证地看待事物的优缺点</td></tr>
<tr><td colspan="2">单元核心问题</td><td colspan="4">通过听、说、读、看、写多途径研习有关人与自然的多模态语篇，探究人与自然的关系，联系实际描述、阐释和例证如何与大自然和谐共生</td></tr>
<tr><td colspan="2">课时大概念</td><td colspan="4">用说明文语篇书面介绍英国茶文化。
简略化表达：书面介绍英国茶文化。
特征化表达：运用概要写作（段落主题句，及其细节支撑信息）介绍英国人对茶的喜爱，介绍茶水的不同口味，以及对身体的益处。
思想方法：归纳概括，分析判断，系统思维，逻辑思维
价值观念：热爱自然，享受自然，跨文化意识</td></tr>
<tr><td colspan="2">课时核心问题</td><td colspan="4">阅读关于英国茶文化文章，归纳总结段落主题句及细节支撑，厘清文本类型和文章结构；探析如何进行概要写作</td></tr>
<tr><td rowspan="2">评价目标</td><td colspan="3">评价指标</td><td colspan="2" rowspan="2">评价
方法结果</td></tr>
<tr><td>一级指标</td><td>二级指标</td><td>三级指标</td></tr>
<tr><td rowspan="20">实现活动体验中的学习与素养发展</td><td rowspan="12">具有大概念核心问题教学形态</td><td rowspan="3">核心问题
利于活动体验</td><td>内含学科问题和学生活动方式</td><td>8</td><td rowspan="12">每项指标最高评8分（满分为96分）

合计<u>93</u>分</td></tr>
<tr><td>问题情境与真实生活密切相关</td><td>8</td></tr>
<tr><td>能引发大概念、新知新法生成</td><td>7</td></tr>
<tr><td rowspan="3">教学目标
价值引导恰当</td><td>目标构成全面准确</td><td>8</td></tr>
<tr><td>内含关联体验目标</td><td>8</td></tr>
<tr><td>目标价值引导显现</td><td>8</td></tr>
<tr><td rowspan="3">教学环节
完整合理落实</td><td>教学环节清晰完整</td><td>8</td></tr>
<tr><td>环节内容合理充实</td><td>8</td></tr>
<tr><td>学生活动时间充分</td><td>7</td></tr>
<tr><td rowspan="3">教学要素
相互匹配促进</td><td>问题目标环节两两匹配</td><td>8</td></tr>
<tr><td>技术促进活动形式内容</td><td>7</td></tr>
<tr><td>学科特色突出氛围浓郁</td><td>8</td></tr>
<tr><td rowspan="8">具有大概念核心问题教学特质</td><td rowspan="4">拓展学习视野</td><td>课堂与现实世界有恰当关联</td><td colspan="2" rowspan="8">选择一个表现突出的二级指标，在相应三级指标引导下，以现场学生表现为主要依据，以其余指标为背景，于本表的第二页写出150字以上的简要评价</td></tr>
<tr><td>有基于缄默知识的问题解决</td></tr>
<tr><td>有缄默知识运用的追踪剖析</td></tr>
<tr><td>知识运用剖析导向素养发展</td></tr>
<tr><td rowspan="4">投入实践活动</td><td>有真实而且完整的实践活动</td></tr>
<tr><td>实践活动深度融入两类情境</td></tr>
<tr><td>能够全身心地浸渍于活动中</td></tr>
<tr><td>活动内容和结果均丰富深入</td></tr>
</table>

续表

评价目标	评价指标			评价方法结果
	一级指标	二级指标	三级指标	
实现活动体验中的学习与素养发展	具有大概念核心问题教学特质	感受意义关联	有核心问题的深层意义感受	
			有以知识为中心的关联感受	
			有以个人为中心的关联感受	
			有对三类大概念的关联感受	
		自觉反思体验	有实质性反思活动的开展	
			有课堂新因素的追踪利用	
			有体验的交流与改善重构	
			有概念生成中的素养发展	
		乐于对话分享	乐于自我的表达与认真地倾听	
			乐于合作中成果与思路的分享	
			乐于成果交流中深层意义分享	
			有宽容的对话氛围和双向交流	
		认同素养评价	认可素养评价	
			参与素养评价	
			利用素养评价	
大概念核心问题教学特质的简要评价（包括发展性建议）：				
本节课有以下几个特点，第一，教学环节清晰完整，有课堂新因素的追踪利用。本节课提出问题、解决问题、反思提升和评价反馈四个环节完整，全部在 40 分钟的课堂完整呈现。第二，有以知识为中心的关联感受，本节课通过略读寻找段落主题句，再通过精读寻找段落主题句的支撑细节信息，这些知识都为后面的概要写作铺垫。每一步都关系密切，看似在阅读，实则读写结合。第三，有体验的交流与改善重构。学生完成概要写作后进行分享交流，大家相互评价，然后根据生生互评和师生评价，进一步打磨和完善家庭作业				

大概念核心问题教学素养目标点检测表

课时名称	Developing Ideas—writing a summary
所属单元	外研社 2019 版必修一第六单元
单元大概念	与大自然和谐共生
单元核心问题	通过听、说、读、看、写多途径研习有关人与自然的多模态语篇，探析人与自然的关系，联系实际描述、阐释和例证如何与大自然和谐共生
课时大概念	用说明文语篇书面介绍英国茶文化
课时核心问题	阅读关于英国茶文化的文章，归纳总结段落主题句及细节支撑，厘清文本类型和文章结构；探析如何进行概要写作

<table>
<tr><td>课时素养目标</td><td colspan="3">通过阅读“英国茶文化”语篇，归纳总结段落主题句及细节支撑，厘清文本类型和文章结构，能够运用段落主题句和细节支撑进行概要写作（语言能力二级水平）；通过谈论英国人对茶水的热爱、茶的味道和对身体的益处，懂得人类要热爱自然、享受自然，与自然和谐共处，通过对比中英茶文化形成跨文化意识（文化意识二级水平）</td></tr>
<tr><td>检测点</td><td colspan="3">通过概要写作检测学生是否掌握了概要写作的写作技巧</td></tr>
<tr><td>检测工具
（检测题）</td><td colspan="3">Introduce the tea culture in Great Britain</td></tr>
<tr><td rowspan="4">分类标准</td><td colspan="3">A. 非常清楚地掌握概要写作的写作技巧，英国人对茶水的喜爱、茶的不同口味、茶对身体健康的益处三大要点无遗漏，语言连贯，逻辑清晰，无明显的语言运用和拼写错误</td></tr>
<tr><td colspan="3">B. 比较清楚地掌握概要写作的写作技巧，英国人对茶水的喜爱、茶的不同口味、茶对身体健康的益处三大要点无遗漏，语言基本连贯，逻辑比较清晰，有少量的语言运用和拼写错误，但基本不影响理解</td></tr>
<tr><td colspan="3">C. 一般性地掌握概要写作的写作技巧，英国人对茶水的喜爱、茶的不同口味、茶对身体健康的益处三大主要点无遗漏，次要点有个别遗漏，语言欠连贯，逻辑欠清晰，有部分的语言运用和拼写错误</td></tr>
<tr><td colspan="3">D. 不能掌握小说脉络和写作技巧，主要要点有遗漏，语言连贯性和逻辑性有问题，语言运用与拼写有问题</td></tr>
<tr><td rowspan="5">检测统计</td><td>分类等级</td><td>学生人数</td><td>百分比（总人数 62 人）</td></tr>
<tr><td>A</td><td>38</td><td>62.%</td></tr>
<tr><td>B</td><td>18</td><td>30%</td></tr>
<tr><td>C</td><td>6</td><td>8%</td></tr>
<tr><td>D</td><td>0</td><td>0</td></tr>
<tr><td>检测分析
结果运用</td><td colspan="3">本次有 62 人参与检测。其中得 A 的 38 人，他们非常清楚地掌握了概要写作的写作技巧，英国人对茶水的喜爱、茶的不同口味、茶对身体健康的益处三大要点无遗漏，语言连贯，逻辑清晰，无明显的语言运用和拼写错误。得 B 的 18 人，这类同学比较清楚地掌握了概要写作的写作技巧，英国人对茶水的喜爱、茶的不同口味、茶对身体健康的益处三大要点无遗漏，语言基本连贯，逻辑比较清晰，有少量的语言运用和拼写错误，但基本不影响理解。得 C 的 6 人，这类同学一般性地掌握了概要写作的写作技巧，英国人对茶水的喜爱、茶的不同口味、茶对身体健康的益处三大主要点无遗漏，次要点有个别遗漏，语言欠连贯，逻辑欠清晰，有部分的语言运用和拼写错误</td></tr>
<tr><td>素养目标达成
典型实例</td><td colspan="3">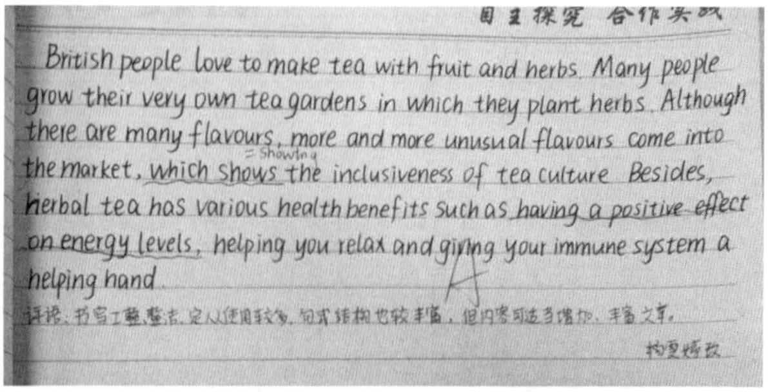</td></tr>
</table>

自主探究 合作实践

British people love to make tea with fruit and herbs. Many people grow their very own tea gardens in which they plant herbs. Although there are many flavours, more and more unusual flavours come into the market, which shows (=showing) the inclusiveness of tea culture. Besides, herbal tea has various health benefits such as having a positive effect on energy levels, helping you relax and giving your immune system a helping hand.

A

评语：书写工整、整洁，定从使用较多，句式结构也较丰富，但内容可适当增加，丰富文章。

续表

素养目标达成典型实例	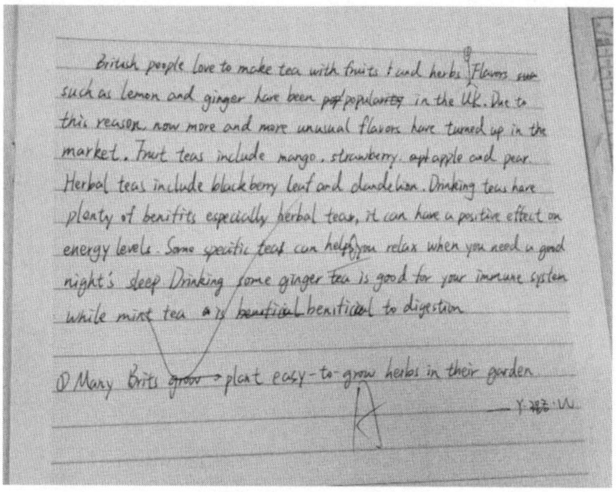 British people love to make tea with fruits and herbs. Flavors such as lemon and ginger have been popularity in the UK. Due to this reason, now more and more unusual flavors have turned up in the market. Fruit teas include mango, strawberry, apple and pear. Herbal teas include blackberry leaf and dandelion. Drinking teas have plenty of benifits especially herbal teas, it can have a positive effect on energy levels. Some specific teas can help you relax when you need a good night's deep. Drinking some ginger tea is good for your immune system while mint tea is benificial to digestion. ① Many Brits grow → plant easy-to-grow herbs in their garden. 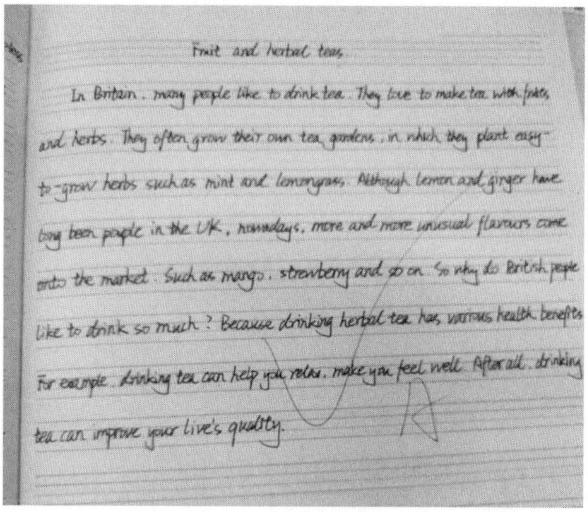 Fruit and herbal teas In Britain, many people like to drink tea. They love to make tea with fruits and herbs. They often grow their own tea gardens, in which they plant easy-to-grow herbs such as mint and lemongrass. Although lemon and ginger have long been people in the UK, nowadays, more and more unusual flavours come onto the market. Such as mango, strawberry and so on. So why do British people like to drink so much? Because drinking herbal tea has various health benefits. For example, drinking tea can help you relax, make you feel well. After all, drinking tea can improve your live's quality. 从以上点检测可以看出，同学们比较好地掌握了概要写作的写作技巧。基本以段落主题句为框架展开介绍，通过具体细节信息支撑主题句，并运用了恰当的关联词等使行文逻辑合理清晰。几位同学的写作，句式多变各不相同，但都把英国的茶文化介绍得非常清楚，有理有据，恰当地体现出了英国人对茶的热爱，对不同口味的茶的尝试，以及药茶对身体的益处
检测反馈	1. 针对学生 笔者为学生展示了 A，B，C，D 四类典型文章，并让大家对比分析，A，B 两个等级的文章好在哪里，C 类的不足之处又在哪里，以此来指导学生的学习。之后，再针对写得特别不好的几位同学做了单独辅导，重新复习了概要写作的写作思路以及写作的要点，修正了写作中的语法和拼写错误。并再次有意识地引导学生体会和学习英国人热爱自然、享受自然的精神，通过中英文化的对比提升跨文化意识。 2. 针对教师 认真对课前教学设计、课堂教学实施及课后作业情况进行反思后，提出了以下调整意见。教学实施过程中，要信任学生，给学生足够的思考和活动时间；评价方面，评价内容要具体，评价要具有引导教学的作用；针对写作，在日后的教学过程中要更加重视学生书面语言的准确度以及书面情况

Book 2 Unit 2 Let's celebrate!

教学

Unit 2 Let's Celebrate!
大概念的核心·问题教学单元规划纲要

刘克轩 等

学科 英语 教师 刘克轩 王艳彬 朱珠 黄艺瑶

年级	高一	单元名称	Let's celebrate	单元课时	10
单元内容	教材内容	本单元的主题语境是“人与社会”，涉及的主题语境内容是中外节日。 Starting out 部分：活动 1 呈现了一段与节日主题相关的视频，介绍了世界各地一些庆祝季节变换的节日，如保加利亚的玫瑰节和中国的中秋节等。活动 2 请学生阅读对几个节日的描述，并将节日与庆祝原因进行匹配，从而了解节日庆祝原因的多样性。活动 3 鼓励学生联想其他节日及其庆祝原因。本板块旨在激活学生已有的语言、背景知识，为接下来整个单元的学习活动做铺垫和预热。 Understanding ideas 部分：本板块呈现了一篇反映单元主题的课文，语篇类型为书评。课文介绍了英国作家 Tolkien 的《圣诞老人的来信》，主要讲述了 Tolkien 在圣诞节以圣诞老人的口吻给他的孩子们写信的故事，体现了 Tolkien 对孩子们深沉的父爱。读前的导入活动帮助学生了解 Tolkien，从而熟悉课文的主要人物和文化背景。读中活动引导学生思考“写的是什么、为什么要写”这两个问题。读后活动则通过主旨大意理解、细节理解和开放性问答等活动，启发学生深入思考，探究主题意义。 Using language 语法部分通过提供化装舞会和“黑色星期五”两个语境的相关练习，引导学生恰当使用情态动词。词汇部分以元宵节庆祝活动思维导图的形式总结了描述节日的词汇，使学生了解并思考如何对节日进行描述。 Developing ideas 板块呈现了本单元的第二个主要阅读语篇，即两封写给报纸专栏的读者来信，呈现了两个不同年龄、不同职业的人对年夜饭在哪里吃的两种不同看法。第一位读者认为在外吃年夜饭为人们提供了便利，让人们有更多的时间陪伴家人。第二位读者认为一家人一起准备年夜饭的过程是最珍贵的回忆。 Reading & Writing 写作部分进一步延伸春节这一话题，要求学生针对世界各地庆祝中国春节这一现象发表自己的评论。通过完成写作任务，学生能够了解中国节日逐渐走向世界的趋势，坚定文化自信，传播中国文化。 Listening & Presenting ideas 听说部分的材料是两位朋友之间的一段对话，引导学生学习发出邀请和接受邀请的恰当表达。通过真实语境下的综合训练，学生能够加深对单元主题的理解，提高综合运用语言的能力			

续表

<table>
<tr>
<td>单元内容</td>
<td>课程标准</td>
<td>课标（2017 年版 2020 年修订）中对本单元及各课时教学的要求如下。
该单元主题
主题语境：人与社会
主题群：社会生活
主题语境内容：人与社会、人与文化
语篇类型内容要求：书评、报社征稿、书信、留言便条、议论文
语言能力方面：
词汇知识方面，需要借助各种资源，如词典等，理解语篇中关键词的意义和功能，以及传递的意图和态度。在特定语境下，根据不同主题，能够灵活运用词汇，对相关事物进行命名、描述和说明概念。（语言能力二级）
语法知识方面，意识到语法知识是“形式—意义—使用”的统一体。学习语法的最终目的是在语境中有效地应用语法知识来理解和表达意义。此外，要能够在口头和书面语篇中简单地表达观点、意义和情感态度，以及理解和使用限制性定语从句。（语言能力二级）
语篇知识方面，需要了解议论文和应用文语篇的主要写作目的以及主要语篇结构特征，比如必要组成部分和可选组成部分的排列顺序等。（语言能力一级）
语言技能方面，需要从语篇中提取主要信息和观点，理解语篇的要义，把握主要事情的来龙去脉，抓住关键概念和细节，以及理解多模态语篇中非文字资源传达的意义，比如电影、电视等。（语言能力二级）
1. 文化意识
文化意识方面，要理解常用英语成语和俗语的文化内涵，对比英汉语中的表达方式，感悟语言和文化之间的联系。同时，通过比较、分析、思考、区分和鉴别语篇中反映的社会文化现象，做出正确的价值判断。（文化意识二级）
2. 思维品质
思维品质方面，需要主动观察各种文化现象，通过比较、识别信息之间的关联，推断简单逻辑关系和作者的观点态度。针对获取的信息，提出批判性问题，辩证思考、判断观点和思想的价值，形成自己的观点，实现知识向思维能力的迁移。（思维品质二级）
3. 学习能力
学习能力方面，要根据学习内容和重点，制定预习和复习计划，对所学内容进行管理和归纳。通过各种资源获得更广泛的信息，建立新旧语言知识之间的联系，学习词汇和语法，并开展自主、合作与探究学习，选择恰当的策略与方法。同时，监控、评价、反思和调整学习内容和进程，优化学习策略和方法，提升理解和表达能力，运用英语进行交流和表达（学习能力二级）</td>
</tr>
<tr>
<td>基础条件</td>
<td>资源基础</td>
<td>
<table>
<tr><th>资源名称</th><th>功 能</th></tr>
<tr><td>黑板</td><td>板书核心问题；板书学生解决问题时分析、交流、建构的英语知识，结构和要点；板书反思提升的要点和语言表达</td></tr>
<tr><td>教材、学案</td><td>提供大概念核心问题教学各环节中自主阅读的任务、探究与生成的知识和观点等</td></tr>
<tr><td>PPT</td><td>展示图片等情境；提供全班交流时所需的资料；出示评价反馈练习等内容</td></tr>
<tr><td>信息技术融合</td><td>视频/音频播放、学生纸质文件投影、白板</td></tr>
<tr><td>网络资源</td><td>学生网页查询中国传统节日及相关英语表达；查询圣诞节的起源等背景知识及相关英语表达</td></tr>
</table>
</td>
</tr>
</table>

续表

<table>
<tr>
<td>基础条件</td>
<td>学生基础</td>
<td>本单元的主题是 Let's celebrate，主题语境是人与社会，单元主目标是了解中外不同民族文化习俗与传统节日。本单元话题以传统文化为载体，跳脱了以往以节日的活动内容为话题主线的语篇模式，从关于西方圣诞节背景知识的引入到中国春节的与时俱进，再到写作部分春节在国外的流行，话题把中西方最重要的节日结合，步步深入，引导学生对于节日的深度思考。根据课标要求，英语课程内容是发展学生英语学科核心素养的基础，包含六个要素：主题语境、语篇类型、语言知识、文化知识、语言技能和学习策略。因此，学生应具备以下学习基础：
1. 语篇知识：明确记叙文语篇的写作目的（如再现经历、传递信息等）和结构特征；理解语境在语篇前后、语篇内容的关系。
2. 语法知识：在语境中正确地理解 could/can，must，might/may 等情态动词，并熟练运用所学语法知识，准确地理解语篇的基本意义和深层意义，有效地描述人和物、情景和事件，表达观点和情感态度。
3. 词汇知识：在语篇语境中，理解关键词语的词义，并用于理解和表达有关主题的信息和观点等。
4. 文化知识：了解不同国家的文化习俗与传统节日，尊重和包容文化多样性的同时，树立文化自信，学习并运用英语介绍中国的传统文化，主动传播和弘扬中华优秀文化</td>
</tr>
<tr>
<td>单元大概念及下层结构</td>
<td colspan="2">
<table>
<tr><td colspan="17">英语核心素养</td></tr>
<tr><td colspan="3">主题语境</td><td colspan="4">语篇类型</td><td colspan="5">语言知识</td><td colspan="2">文化知识</td><td colspan="2">语言技能</td><td colspan="4">学习策略</td></tr>
<tr><td>人与自我</td><td>人与社会</td><td>人与自然</td><td>记叙文</td><td>议论文</td><td>说明文</td><td>应用文</td><td>语音知识</td><td>词汇知识</td><td>语法知识</td><td>语篇知识</td><td>语用知识</td><td>中外文化知识</td><td>物质精神文化</td><td>表达性技能</td><td>理解性技能</td><td>元认知策略</td><td>认知策略</td><td>交际策略</td><td>情感策略</td></tr>
</table>
单元名称：Book 2 Unit 2 Let's celebrate!
单元核心大概念：节日庆祝。
特征化表达：归纳概括不同民族文化习俗与传统节日的特点，辩证思考节日庆祝在文化交流方面的作用，听懂并谈论与节日庆祝有关的多模态语篇，对比思考并辩论“应该在哪里吃年夜饭”这一话题，表达同意或不同意的观点，形成爱护传统文化，批判继承的正确价值观。
概念结论类：新时代背景下节日文化的相关表达和运用。
特征化表达：归纳、概括与节日庆祝相关的表达与句式，情态动词的使用，仿照范文迁移创作投稿信件，对比中外传统节日的异同，谈论人与文化的话题，辩证思考和表达人与文化辩证统一的观点。
思想方法类：形象思维、归纳概括、分析判断、逻辑思维、系统思维、对比思维、创新思维、辩证思维、迁移思维、发散思维。
特征化表达：观看介绍全球各国著名节日的视频，运用形象思维，激活已有的语言、背景知识，激发对话题的兴趣。阅读有关《圣诞老人的来信》书评的课文、不同职业的社会工作者对于在哪里吃年夜饭的想法的课文，通过略读锁定关键词，归纳概况课文大意。通过精读，理清文中的因果逻辑关系。读后活动时通过文章出处和主旨大意、细节理解和开放性问答等活动，启发学生运用逻辑思维和系统思维深入思考，创造性地探究主题意义。归纳概况情态动词的用法，对比情态动词 could，might，must，have to do 的区别和相似之处。恰当地使用与节日有关
</td>
</tr>
</table>

单元大概念及下层结构

的习语，对比不同节日在习语中的不同意义。运用功能表达和辩证思维展开“我们应该在哪里吃年夜饭”的辩论，对比同意和不同意的观点，运用创新思维提出更多的观点。仿照介绍中国春节基本信息的范文，运用从局部到整体的系统思维，迁移介绍、描述春节走向世界舞台的现象。运用发散思维和辩证思维，创建一个新的节日，并赋予其合理的文化意义。

价值观念类：运用单元所学辨析不同节日的意义和内涵，通过了解中国传统节日走向世界的事实，增强国家认同感，主动弘扬和传播中华优秀文化，增强社会责任感。

特征化表达：观看介绍不同国家著名节日的视频，简单谈论、描述、评价人与节日的关系，了解人类社会中节日的意义和价值；理解西方国家圣诞节的背景、目的和方式；议论“春节年夜饭应该在哪吃”，辩证思考随时代进步，节日庆祝方式的变化；阅读海外庆祝中国春节的介绍文本，辩证思考、迁移创作中国春节走向世界背后的原因。最终形成尊重传统文化、爱护传统文化、继承和发扬传统文化的价值观。

课时	概念结论	思想方法	价值观念
1. Starting out	人与社会—中外不同民族文化习俗与传统节日	面对多媒体语篇“看”的能力	节日文化在人类社会中具备重要价值
	通过看视频及讨论活动，了解端午节、感恩节、五朔节及自由日（亚洲、美洲、欧洲及非洲）习俗及背景知识	通过观看视频，从中获取相关文化习俗的背景知识，积累表达	通过对各地传统习俗的了解，体会文化在人类社会中扮演的重要角色
2. Understanding ideas	圣诞节的宗旨是爱和关心的表达，是“给予”文化	归纳概括 分析判断 系统思维	人与社会—圣诞节文化内涵
	理解文章内容；讨论 Tolkien 的个人品质并分享观点；引导学生感受父母无私的爱	阅读中让学生了解文章的基本结构并且从中获取书评的基本元素	品读文中体现父爱的句子，让学生感受到 Tolkien 对其孩子的爱，根据所给句子，小组讨论 Tolkien 的个人品质
3. Using Language	情态动词 can/could，may/might 和 must 的基本使用规则	归纳概括 分析判断 系统思维	规范使用语言 多元文化观念
	根据交际情境的需要选择 can/could，must，need，have to 等情态动词，体现恰当的语气，来改写对话和描述有关 Black Friday 的图片	改写对话和描述图片时选择合适的情态动词	了解不同的文化，增强对多元文化的认同
4. Developing ideas	用英语表达对不同形式年夜饭的看法和原因	文化现象与本质的辩证统一 语言与文化知识的迁移与创新	传统节日文化价值的传承和推陈出新

续表

<table>
<tr><td rowspan="5">单元大概念及下层结构</td><td>4. Developing ideas</td><td>研读一篇专栏文章，针对在哪里吃、如何吃年夜饭的议题进行讨论，探讨传统节日与文化认同、文化传承义之间的关系</td><td>运用辩证思维认识本文的主题——新时代传统节日的意义和价值，迁移中国传统文化的传承与时代的变迁相互依存、相互渗透的关系</td><td>传统文化承载了民族的文化价值，不仅要传承传统，也应顺应时代的发展，让传统文化鲜活地发展下去</td></tr>
<tr><td rowspan="2">5. Reading & Writing</td><td>人与社会—中国春节走向全世界</td><td>现象（P）—分析（R）—归纳（C）</td><td>中国文化自信</td></tr>
<tr><td>中国春节国际化，分析此现象背后的原因</td><td>通过话题作文，掌握 PRC 文章结构，锻炼语言输出能力</td><td>通过写作，传承、弘扬和传播中华优秀文化</td></tr>
<tr><td rowspan="2">6. Listening & Presenting ideas</td><td>发出和接受邀请的相关语言表达</td><td>交际意识
辩证思维
逻辑思维</td><td>多元文化观念</td></tr>
<tr><td>根据交际情境的需要选择 can/could，must，need，have to 等情态动词，体现恰当的语气，用于发出或接受邀请</td><td>在听说活动中，根据对方的回答选择合适的语言进行劝说，展开交际</td><td>了解、尊重中外不同的节日文化，增强对多元文化的认同</td></tr>
<tr><td>单元教学目标</td><td colspan="4">核心素养目标：
研读资料（本单元提供的书评、专栏文章、漫画、口头邀请等多模态语篇及其他），围绕本单元的主题语境内容，综合运用各种语言技能，读懂语篇内容，听懂并谈论与节日有关的话题（语言能力二级）；深入理解不同国家的节日文化，使用新语言谈论节日的庆祝方式，恰当使用情态动词表示推测，书面表达自己对某种节日现象的观点（语言能力二级）；深化对单元主题意义的理解与挖掘；能够运用单元所学辨析不同节日的意义和内涵，通过了解中国传统节日走向世界的事实，增强国家认同感，主动弘扬和传播中华优秀文化，增强社会责任感（文化意识二级）；通过运用各种学习策略，在自主、合作与探究学习的过程中，结合单元所提供的反思性和评价性问题，不断监控、评价、反思和调整自己的学习内容和进程，提高自己理解和表达的效果，最终促进自身语言能力、文化意识、思维品质和学习能力的综合提升（思维品质三级）</td></tr>
<tr><td>单元核心问题及问题分解</td><td colspan="4">核心问题：
从倾听、口语、阅读、书写和观察五个方面，深入研究涉及人与节日文化的多模态语篇，探讨人们与节日文化之间的联系。阅读有关《圣诞老人的来信》的相关文本，分析总结书评类文章的写作特点。聆听与感恩节相关的音频，积累节日文化类语篇的基本语料。阅读两位不同职业人士对于在哪里庆祝年夜饭的不同看法，撰写一篇包括形式、意义、价值、现象、原因和感受的议论文</td></tr>
</table>

续表

<table>
<tr><td>单元核心问题及问题分解</td><td colspan="3">核心问题分解：
本单元的主题背景涉及“人与社会”，具体围绕“人与节日文化”展开，旨在理解人与节日文化之间的辩证关系。通过听、说、读、写、观察等学习与探究活动，学生将获取“人与节日文化”多样化语篇的主要信息，理解其主题意义，并掌握相关语言表达。此外，学生将运用所学知识，联系实际生活，探讨“人与节日文化”相关话题，如就“在新时代如何庆祝中国春节”展开讨论，分享中国春节相关的新闻和视频，从而培养对传统文化的尊重和传承意识。
此外，学生将建立发扬传统文化的自觉意识，通过探究人与传统节日的关系，形成个人态度和观点。学生将分析作者的写作意图和观点，了解中外人民与中国春节的关系，认识不同民族的文化习俗，加强跨文化理解与意识，树立文化自信。同时，学生将运用所学知识正确评判他人观点与态度，辩证理解人类生活与文化节日的关系，培养保护传统文化、传承文化的观念。
从学习能力的角度出发，学生将积极获取有关“人与节日文化”的学习资源，拓宽知识面，增加见闻。他们将运用多种学习策略，评估自己是否达到本单元的核心素养目标，不断监控、评价、反思并调整学习内容与进程。在自主、合作与探究式学习中，学生将提高理解与表达能力，全面促进语言能力、文化意识、思维品质与学习能力的综合发展，以实现英语核心素养的全面提升</td></tr>
<tr><td rowspan="7">课时划分</td><td>课时</td><td>课时大概念</td><td>课时核心问题</td></tr>
<tr><td>1</td><td>世界各地一些庆祝季节变换的节日的介绍</td><td>观看视频，梳理课文中不同节日庆祝方式的内容，并探讨其原因</td></tr>
<tr><td>2</td><td>《圣诞老人的来信》一书的书评以及作者 Tolkien 通过圣诞节与子女建立的深切联系</td><td>略读和细读文章，理清文章结构及主题意义，探究圣诞节的真正内涵</td></tr>
<tr><td>3-4</td><td>运用情态动词描述可能性</td><td>创设情景，找出表示可能性的情态动词，运用词汇进行发出或接受邀请的表达，自创对话</td></tr>
<tr><td>5-6</td><td>对春节年夜饭应在哪吃的不同讨论</td><td>运用词汇和短语，讨论春节团圆饭在哪里吃，批判思考节日庆祝背后的时代变更原因和价值</td></tr>
<tr><td>7-8</td><td>对节日创设不同原因的调查</td><td>查找资料，分析各种节日创设的原因，创建一个节日并论述创建原因及庆祝方式</td></tr>
<tr><td>9-10</td><td>节日海报的设计和制作</td><td>分组对上一课时中自己创建的节日进行修改，制作一篇完整的节日介绍文章或海报</td></tr>
<tr><td>教学评价</td><td colspan="3">从单元大概念的三方面进行评价：概念结论、思想方法和价值观念。
概念结论：通过单元教学，学生能否围绕本单元的主题语境内容，基于单元提供的书评、读者来信、电子邮件、英文习语、漫画、人物对话等多模态语篇，综合运用各种语言技能，读懂与节日有关的文章内容？能否听懂并谈论与节日有关的话题？能否使用新学语言简单谈论节日，围绕话题展开辩论？能否恰当使用定语从句描述不同节日的不同文化？能否运用单元所学介绍中国传统节日？教师在教学中如何达成上述目标？有何需要改进之处？具体有何改进方法？
思想方法：通过单元教学，学生能否了解中国春节、圣诞节、端午节、感恩节等节日的特色，介绍不同节日的特点？在辩论中，学生能否有逻辑、有条理地概括信息、构建概念、分析原因和逻辑关系，深化对单元主题意义的理解？教师在教学中如何达成上述目标？有何需要改进之处？具体有何改进方法？</td></tr>
</table>

教学评价

价值观念：通过单元教学，能否创造性地表达关于人与社会关系的观点，形成热爱生活、尊重多样文化的正确价值观？能否通过阅读相关信息，了解传统节日在文化交流方面的作用，坚定文化自信？能否在深入理解文本的同时联系自身实际，思考如何处理好人与社会的关系，实现知识与思维能力的迁移？教师在教学中如何达成上述目标？有何需要改进之处？具体有何改进方法？

通过综合评价这三个方面，可以提高教学效果，进一步激发学生保护动物和生态的兴趣和意识。

一、概念的生成理解评价维度

（概念结论类）每个节日的出现都有它们的历史渊源。庆祝形式多样化。

（思想方法类）在归纳圣诞节和春节等节日形成的渊源和庆祝形式时，学生能通过阅读文章和查阅资料得到自己的答案。讨论春节团圆饭该在何处吃时，学生能有自己的见解，并能对别人的观点做出理性的评价。

二、素养目标达成的评价

Ⅰ. 评价工具

各种相关问题：

1. What festivals are mentioned in the module?
2. Why is Christmas celebrated?
3. What are your opinions about where we should have dinner on spring festival?
4. Create your own festival and present your reasons.

Ⅱ. 材料用具

ppt, vedioes, test paper

Ⅲ. 评价量表

评价量表			
评价维度	评价项目	题号	自评、互评
概念识记	了解各种节日及它们的渊源	（1）	是 否
理解迁移	弄清楚各种节日被创建或庆祝的原因	（2）（3）	是 否
综合运用	创建自己的节日并论述创建原因及意义	（4）	是 否

注：评价维度通用，概念知识对应生命观念水平的一二级要求，理解迁移对应生命观念的三级要求和科学思维、科学探究的一二级要求，综合运用指向科学思维的和科学探究的三级要求，以及对社会责任的初步评价要求

单元作业

作业设计目的：

以学业要求的达成为目标，根据国家课程标准和学生实际，指向学科核心内容、学科思想方法、学科核心素养的发展进阶，描述学生经历学习过程后应达成的目标和学生应能够做到的事情

续表

<table>
<tr><td rowspan="4">单元作业</td><td>作业类型</td><td>作业目标</td><td>作业内容</td><td>作业情境</td><td>概念结论</td><td>思想方法</td><td>价值观念</td></tr>
<tr><td>基础性作业</td><td>进一步了解单元词汇和单元语法（情态动词表推测）的用法和表意功能，并且能够在较为基础的学习实践活动情境中进行运用</td><td>1. 根据汉语提示完成句子。（巩固本单元的词汇）
2. 单句语法填空（巩固本单元词汇语法）</td><td>学习探索情境：语言知识的梳理、词汇在具体句子语境中的运用</td><td>类比不同情态动词表示推测含义和具体使用情境</td><td>归纳
总结
迁移</td><td>了解尊重中外不同的节日文化，增强对多元文化的认同</td></tr>
<tr><td>综合性作业</td><td>能够选择合适的角度，有针对性地介绍中国传统节日，表达时逻辑清晰、观点明确、内容丰富、语言准确生动</td><td>讨论中国传统节日在当代的现象，分析其背后的原因，表达自己的感受，在此基础上形成一篇介绍传统文化节日的文章</td><td>生活实践情境：创设 China Daily 周刊的撰稿情境，根据该情境完成介绍中国传统节日的写作活动
学习探索情境：围绕前述生活实践情境，综合选取单元所学词汇和相关表达，实现语言的内化和输出</td><td>节日相关的词汇及表达；描述变化、对比的词汇；文章结构相关语篇知识</td><td>迁移思维
系统思维
创新思维</td><td>能够通过了解中国传统节日，增强国家认同感，主动弘扬和传播中华优秀文化，增强社会责任感</td></tr>
<tr><td>实践性作业</td><td>综合运用本单元所学，自主展开合作探索，完成对单元所学语言的内化，并迁移运用到生活情境当中</td><td>以小组为单位，在对校园情况进行调查的基础上，为学校创设一个特殊的节日，形成庆祝节日的活动方案，并且制作海报对节日进行宣传推广</td><td>生活实践情境：基于高中校园举办校园特色活动的实践需求，创设生活实践情境。
学习探究情境：综合本单元所学，收集信息，在情境中使用话题语言</td><td>合作研究，发展语言综合运用能力</td><td>逻辑思维
批判思维
系统思维
创新思维</td><td>深入理解节日的意义，体会节日中隐含的价值观念和核心思想</td></tr>
<tr><td>单元作业整体评估</td><td colspan="7">在单元学习中，学生需要完成多种形式的作业，包括课后练习、作文本、小组口头交流和小组分工合作。这些作业不仅是对学生知识、能力和素养的评估，而且能够帮助他们进一步加强学习，取得一定的学习和探究成果。通过完成这些作业，学生能够得到实践锻炼，同时也促进了学科核心素养的形成和发展。</td></tr>
<tr><td>反馈调整</td><td colspan="7">单元教学中，从核心问题教学的四个环节关注学生的课堂表现，尤其是节日庆祝话题的发掘。
单元教学后，从学生整体和个体的学科核心素养积淀、针对核心问题的教学评价表、大概念的核心问题教学素养目标点检测表的相关要素，了解学生对节日庆祝话题和相关词汇语法知识的掌握情况，进行收集并反馈调整</td></tr>
</table>

Understanding Ideas:
The Real Father Christmas 教案

刘克轩

一、教学分析设计

【教材课标】☞

普通高中英语课程的具体目标是：培养和发展学生在接受高中英语教育后应具备的语言能力、文化意识、思维品质、学习能力等核心素养。

本次授课内容选自外研（2019）必修二的 Unit 2，单元主题为：Let's celebrate! 本单元主题语境是"人与社会"，涉及的主题语境内容是中外不同民族文化习俗与传统节日。本单元从介绍世界各地的不同节日引入话题。第一篇主课文通过呈现与圣诞节有关的文学作品，引导学生理解圣诞节的真正内涵。第二篇主课文通过讨论春节团圆饭在外面吃还是在家吃的话题，引导学生关注中国传统文化的继承和发展。本单元还涉及了其他中外传统节日的庆祝活动以及世界各地庆祝中国春节等话题，增强国家认同感和文化传播意识。下文从主题内容（what），意图/情感态度价值观（why）和文体特征、内容结构、语言（how）三个方面对本课语篇内容进行分析。

主题内容（what）：

本文是一篇书评，介绍了 Tolkien 的《圣诞老人的来信》。文章第一、第二段介绍了《圣诞老人的来信》这本书深受欢迎的原因，第三、第四段对书中的内容进行介绍，最后一段探讨了这本书体现出来的 Tolkien 对孩子们深沉的父爱，以及圣诞节的真正内涵。

意图/情感态度价值观（why）：

（1）通过略读提取文章大意，梳理书评文体的结构。

（2）通过对文章细节的理解，并基于自主学习与小组合作学习，进一步梳理文章信息，深入理解主题意义。

（3）基于语篇信息，探讨节日传达的精神，并结合自身发表观点与评论。

文体特征、内容结构、语言特点（how）：

Understanding ideas 的文章是一篇说明文，文章分为五个自然段，前三段讲述了《圣诞老人的来信》形成一本书信集的原因，第四段讲述了书信集的主要内容，第五段谈到了该书信集的意义。

文章包含许多与圣诞节有关的话题词汇与短语，对于学生描述圣诞节的内容及意义有重要引导作用。比如：

Letters from Father Christmas tells us that as well as enjoying the adventures of father Christmas, polar bear and other characters at the north pole, we can all share the true spirit of giving at Christmas time. By expressing love for his children in such a special way, he may indeed have been the real Father Christmas.

基于以上分析，本课要引导学生通过阅读文章，利用文章的意义和价值拓展学生对这些充满生活温情的普通信件的深刻理解；通过在语境中阅读，理解“介词+which/whom”的功能意义和用法；通过寻找话语标记词、理解句间关系，训练推断能力；通过引导学生寻找关键词进行归纳概括，并且使用恰当的连词组织信息，使其语言更加自然和有逻辑性。

研读课标后，梳理了课标 2017 年版（2020 年修订）中对本单元及各课时教学的目标要求如下：

1. 语言能力

在常见的语境中，较为熟练地整合运用已有的英语语言知识，理解和获取多模态语篇传递的要义和具体信息，推断作者的意图、情感、态度和价值取向，归纳大意和提炼主题意义，分析语篇的组织结构和文体特征，厘清主要观点和事实之间的逻辑关系，了解语篇恰当表意所采用的手段；运用本单元所学有效地陈述事实，传递信息，表达个人观点和情感、体现意图、态度和价值取向。（语言能力二级水平）

2. 文化意识

能够选择合适的方式方法，在课堂等现实情境中获取中外文化信息，并结合实际情况进行分析和比较，增强跨文化意识，尊重和理解文化的多样性，进一步坚定文化自信，树立正确的价值观。（文化意识二级水平）

3. 思维品质

主动观察文化的各种现象，通过比较，识别各种信息之间的关联，从中推断出它们之间简单的逻辑关系、作者的观点和态度；针对所获取的信息，提出批判性的问题，辩证思考、判断观点和思想的价值，联系自身实际，形成自己的观点，实现知识向思维能力的迁移。（思维品质二级水平）

4. 语言能力

对英语学习有较强的兴趣和自信心，能开展课外学习，利用图书馆、工具书、网络资源等扩充学习内容和信息渠道，丰富知识，开阔眼界，提高英语运用能力；开展自主、合作与探究学习，选择恰当的策略与方法。

【课时大概念】☞

课时核心大概念：阅读书评《圣诞老人的来信》，讨论作者 Tolkien 的品质。

特征化表达：了解作家 Tolkien 及其作品的特点，熟悉课文的主要人物和文化背景；了解书评类文章的特点，获取课文中的重要信息和语言知识，归纳圣诞礼物实质上表达了家人之间的爱和关心。分析课文中 Tolkien 作为一名父亲对孩子的爱，总结其具备的品质；深入思考家庭成员之间的爱并探究圣诞节的文化内涵，分析这篇文章深刻的教育意义。

	概念结论	思想方法	价值观念
简略化表达	圣诞节的宗旨是爱和关心的表达，是“给予”文化	归纳概括 分析判断 系统思维	人与社会—圣诞节文化内涵
特征化表达	理解文章内容；讨论 Tolkien 的个人品质并分享观点；引导学生感受父母无私的爱	让学生了解文章的基本结构并且从中获取书评的基本元素	品读文中体现父爱的句子，让学生感受 Tolkien 对其孩子的爱，根据所给句子，小组讨论 Tolkien 的个人品质

【资源条件】☞

资源名称	功　能
黑板	板书核心问题；板书学生解决问题时分析、交流、建构的英语知识，结构和要点；板书反思提升的要点和语言表达
教材、学案	提供大概念核心问题教学各环节中自主阅读的任务、探究与生成的知识和观点等
PPT	展示具体的教学环节和教学内容，出示反馈评价和总结、家庭作业等内容
投影	用白板展示学生作品，方便进行基于深度理解与表达的思维训练

【学生基础】☞

本课的授课对象是高一的学生，整体来说，经过初中和高中三个多月的学习和训练，学生应该具备了一定的语言表达能力，能够找出一些明显的细节信息，并在老师的指导下进行一定程度的深层次思考。大部分学生能够围绕本单元的主题语境内容，基于单元提供的书评、专栏文章、漫画、口头邀请等多模态语篇，综合运用各种语言技能，读懂语篇内容，听懂并谈论与节日有关的话题，深入理解不同国家的节日文化，使用新语言谈论节日的庆祝方式，恰当使用情态动词表示推测，书面表达自己对某种节日现象的观点，深化对单元主题意义的理解与挖掘。此外，能够运用单元所学辨析不同节日的意义和内涵，通过了解中国传统节日走向世界的事实，增强国家认同感，主动弘扬和传播中华优秀文化，增强社会责任感；通过运用各种学习策略，在自主、合作与探究学习的过程中，结合单元提供的反思性和评价性问题，不断监控、评价、反思和调整自己的学习内容和进程，提高自己理解和表达的效果，最终促进语言能力、文化意识、思维品质和学习能力的综合提升。

【核心素养教学目标】☞

阅读关于《圣诞老人的来信》的书评，学生能够提取文章大意，梳理书评文体的结构（语言能力一级）；能够基于对文章细节的理解，并通过自主学习与小组合作学习，进一步梳理文章信息，深入理解主题意义（语言能力二级）；用英语讨论《圣诞老人的来信》的作者 Tolkien 的品质（思维品质二级），由此懂得父母对孩子无私的爱（思维品质三级）。

【核心问题】☞

核心问题：通过阅读《圣诞老人的来信》的书评，提取文章大意，梳理书评文体的结构；能够基于对文章细节的理解，并通过自主学习与小组合作学习，进一步梳理文章信息，探究主题意义。

核心问题分析：基于语篇信息，探讨节日传达的精神，并结合自身发表观点与评论。引导学生通过自主阅读和小组合作，完成对《圣诞老人的来信》的内容及其深受欢迎原因的信息梳理，并基于文本理解圣诞节的真正内涵；引导学生总结书评的基本文体结构和特点（文化意识二、三级水平）。

【评价预设】☞

词汇方面的预测：阅读文章时，学生可能不认识 address，complain，wrap，starving 等词，教师可以引导学生联系上下文猜测单词的意义，如果个别生词不影响理解文章，也可以引导学生暂时忽略个别生词。在表达人与社会的关系以及如何对社会产生共情时，学生可以参照 all over the world most people want to receive gifts because presents are the symbol of love and care 这样的句子，表达人与社会不可分割的状态。

运用本单元所学谈论对单元主题 Let's celebrates 的理解时，学生可能没有联系本文所学（爱自己、爱家人、爱社会）进行表达，打不开思路，语言表达也有困难。这时，老师要及时引导或给与帮助，不要打击学生，而是正面评价和肯定学生敢于表达的勇气和态度。

学完本课，让学生运用本课所学谈论社会和谐共生的事例，这对学生来讲是有难度的，尤其是对事例关键信息的介绍，所以要引导学生课后利用图书馆或网络收集信息。一方面拓展了学生的眼界和知识，另一方面也让学生多渠道、多策略学习，提高学生的学习能力，增强其学习自觉性。同时，让学生运用所学，发现更多生活中人与自然的问题并进行解决，将知识转换为能力和素养。

二、教学实施设计

【教学环节】☞

Teaching steps	Procedures		Purposes
	Teacher's activity	Students' activity	
1. 提出问题（5 mins）	1. Teacher asks students to read the instruction of Tolkien and answer the questions in Activity 1. 2. Teacher asks students to share more information they know about Tolkien.	1. Students read and answer the questions in Activity 1. 2. Students share what they know about Tolkien.	Activate background knowledge.
2. 解决问题（10 mins）	Teacher asks students to read the passage quickly and find out: （1）Why did Tolkien write these letters? （2）What stories are included in *Letters from Father Christmas*?	1. Students read the passage and find the answers to the questions. 2. Students share the answers with the class.	Train the reading skills in skimming.
3. 反思提升（10 mins）	1. Teacher asks students to summarize the main idea of the passage. 2. Teacher asks students to choose the best explanation in Activity 3. 3. Teacher asks some students to share their answers and give the reasons.	1. Students summarize the main idea and figure out the meaning of the title of the passage. They may refer back to the passage if necessary. 2. Students share their answers with the class and make improvements on each other's answers.	Train the reading skills in global comprehension.

续表

Teaching steps	Procedures		Purposes
	Teacher's activity	Students' activity	
4. 评价反馈（10 mins）	1. Teacher asks students to read the passage carefully and complete the notes in Activity 4. 2. Teacher asks some students to share their answers.	1. Students complete the notes in Activity 4. They can read the passage again if necessary. 2. Students share their answers.	Train the reading skills in detail comprehension.
5. 总结（5 mins）	Teacher asks students to discuss the two questions in groups and offers help if they need.	Students discuss the two questions in groups and then share them with the class.	Train the ability to use language in their real life and express the ideas in a logical way.

【板书设计】☞

Unit 2 Let's celebrates

Understanding ideas　　The Real Father Christmas

核心问题：通过阅读《圣诞老人的来信》的书评，提取文章大意，梳理书评文体的结构；能够基于对文章细节的理解，并通过自主学习与小组合作学习，进一步梳理文章信息，深入理解主题意义。

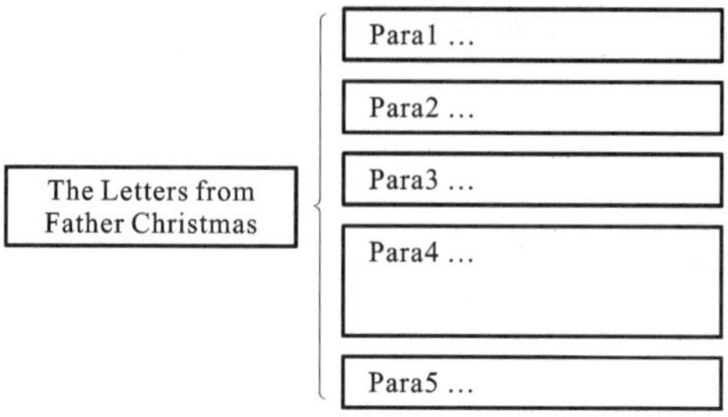

【教学流程图】☞

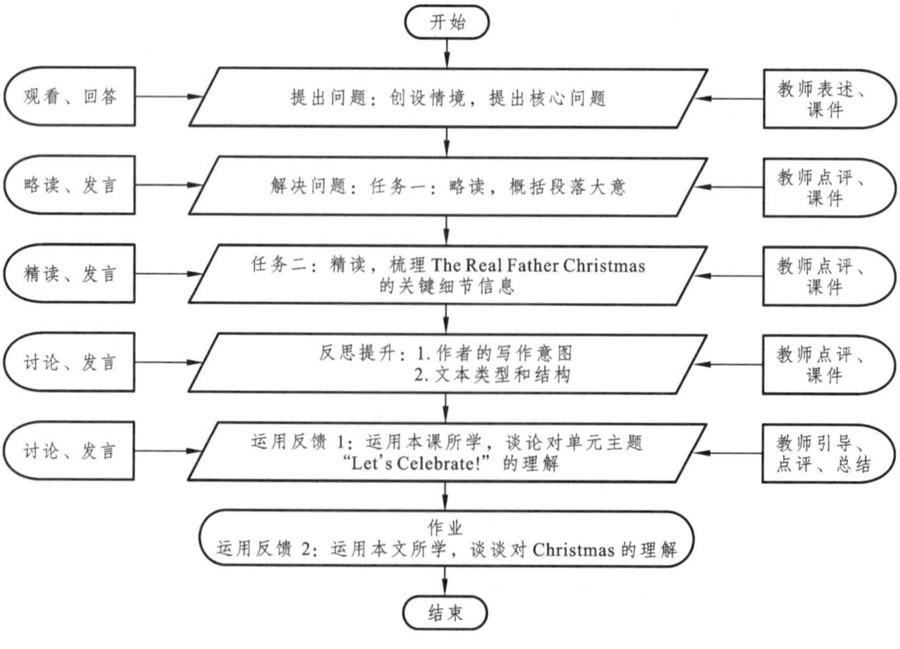

【作业布置】☞

为了让学生能够将本节课体验到的反思总结、基本思想方法、概念结论迁移到后续的学习中，特布置如下作业。

作业序号	作业目标	作业内容	作业情境		概念结论		思想方法		价值观念		整体评估	
			内容	水平	内容	水平	内容	水平	内容	水平	类型	水平
1	正确使用课堂所学新词汇和语法知识填空（语言水平二级、学习能力二级）	根据提示填空	人与社会	较复杂	人与社会语境下的词汇运用	语言水平二级 学习能力二级	迁移思维	思维品质二级	人际关系	文化意识三级水平	基础作业	学业质量水平2
2	能正确运用所学词汇、短语翻译句子，表达思想。（语言水平三级、思维品质三级）	完成句子	本课重点短语句型	较复杂	重点培养学生运用语言表达思想	思维品质三级水平 语言能力二级水平 文化意识三级水平	系统思维、迁移思维、创新思维	思维品质三级水平	人际交往	文化意识三级水平	综合作业	学业质量水平3
3	能正确运用所学词汇短语及语法知识缩写课文（语言水平三级、思维品质三级）	课文缩写填空	熟练运用语言知识和课文情节完成短文	较复杂	培养语言活学活用能力	思维品质三级水平 语言能力二级水平 文化意识三级水平	系统思维、迁移思维、创新思维	思维品质三级水平	关爱家人，乐于奉献	文化意识三级水平	实践性作业	学业质量水平3

（具体的作业内容略）

【教学反思与改进】☞

在整个阅读和课文理解过程中，大部分学生能够借助关键词快速查到文章中的细节信息，并且能介绍自己喜欢的一部作品。分享作品时，他们能紧扣文章主题，意识到礼物背后体现的是来自家庭的关爱，要学会感恩和关心家人。少部分学生在词汇的选择和口语的表达上需要改进。在以后的教学中，针对上述情况，笔者会更加注重词汇、重点句型的熟练使用，引导学生深入探讨文章的主旨。

大概念核心问题教学文化评价表

<table>
<tr><td>课时名称</td><td colspan="5">The Real Father Christmas</td></tr>
<tr><td>所属单元</td><td colspan="5">Unit 2 Let's celebrate!</td></tr>
<tr><td>单元大概念</td><td colspan="5">简略化表达：人与社会话题与观点的表达。
特征化表达：1. 引导学生通过自主阅读和小组合作完成对《圣诞老人的来信》的内容及其深受欢迎原因的信息梳理，并基于文本理解圣诞节的真正内涵；
2. 引导学生总结书评的基本文体结构和特点</td></tr>
<tr><td>单元核心问题</td><td colspan="5">通过阅读关于 Tolkien 的《圣诞老人的来信》的书评，学生略读提取文章大意，梳理书评文体的结构；通过对文章细节的理解，并基于自主学习与小组合作学习，进一步梳理文章信息，深入理解主题意义</td></tr>
<tr><td>课时大概念</td><td colspan="5">简略化表达：圣诞老人信集的介绍。
特征化表达：本文是一篇书评，介绍了 Tolkien 的《圣诞老人的来信》。文章第一、第二段介绍了《圣诞老人的来信》这本书深受欢迎的原因，第三、第四段对书中的内容进行介绍，最后一段探讨了这本书体现出来的 Tolkien 对孩子们深沉的父爱，以及圣诞节的真正内涵</td></tr>
<tr><td>课时核心问题</td><td colspan="5">基于语篇信息，探讨节日传达的精神，并结合自身发表观点与评论</td></tr>
<tr><td rowspan="2">评价目标</td><td colspan="3">评价指标</td><td colspan="2" rowspan="2">评价
方法结果</td></tr>
<tr><td>一级指标</td><td>二级指标</td><td>三级指标</td></tr>
<tr><td rowspan="12">实现活动体验中的学习与素养发展</td><td rowspan="12">具有大概念核心问题教学形态</td><td rowspan="3">核心问题
利于活动体验</td><td>内含学科问题和学生活动方式</td><td>7</td><td rowspan="11">每项指标最高评 8 分（满分为 96 分）</td></tr>
<tr><td>问题情境与真实生活密切相关</td><td>8</td></tr>
<tr><td>能引发大概念、新知新法生成</td><td>7</td></tr>
<tr><td rowspan="3">教学目标
价值引导恰当</td><td>目标构成全面准确</td><td>8</td></tr>
<tr><td>内含关联体验目标</td><td>8</td></tr>
<tr><td>目标价值引导显现</td><td>8</td></tr>
<tr><td rowspan="3">教学环节
完整合理落实</td><td>教学环节清晰完整</td><td>8</td></tr>
<tr><td>环节内容合理充实</td><td>8</td></tr>
<tr><td>学生活动时间充分</td><td>8</td></tr>
<tr><td rowspan="3">教学要素
相互匹配促进</td><td>问题目标环节两两匹配</td><td>8</td></tr>
<tr><td>技术促进活动形式内容</td><td>8</td></tr>
<tr><td>学科特色突出氛围浓郁</td><td>7</td><td>合计 93 分</td></tr>
</table>

续表

评价目标	评价指标			评价 方法结果
	一级指标	二级指标	三级指标	
实现活动体验中的学习与素养发展	具有大概念核心问题教学特质	拓展学习视野	课堂与现实世界有恰当关联	选择一个表现突出的二级指标，在相应三级指标引导下，以现场学生表现为主要依据，以其余指标为背景，于本表的第二页写出150字以上的简要评价
			有基于缄默知识的问题解决	
			有缄默知识运用的追踪剖析	
			知识运用剖析导向素养发展	
		投入实践活动	有真实而且完整的实践活动	
			实践活动深度融入两类情境	
			能够全身心地浸渍于活动中	
			活动内容和结果均丰富深入	
		感受意义关联	有核心问题的深层意义感受	
			有以知识为中心的关联感受	
			有以个人为中心的关联感受	
			有对三类大概念的关联感受	
		自觉反思体验	有实质性反思活动的开展	
			有课堂新因素的追踪利用	
			有体验的交流与改善重构	
			有概念生成中的素养发展	
		乐于对话分享	乐于自我的表达与认真地倾听	
			乐于合作中成果与思路的分享	
			乐于成果交流中深层意义分享	
			有宽容的对话氛围和双向交流	
		认同素养评价	认可素养评价	
			参与素养评价	
			利用素养评价	

大概念核心问题教学特质的简要评价（包括发展性建议）：

本课采用的是大概念的核心问题教学，“投入实践活动”和“感受意义关联”两个一二级指标凸显充分。

本课的核心问题是：略读《圣诞老人的来信》的语篇内容，归纳总结段落大意；精读，梳理关键细节信息，探析人与社会的关系。本课核心问题设置恰当，既能引导学生整节课活动的开展和体验，又能让学生体验意义关联，还能体现出本课时大概念的中心性、意义性、迁移性和持久性。

投入实践活动：本课核心问题让学生完全浸渍在完整和真实的实践活动中，如解决问题环节语篇的略读、精读及探析人与社会关系的活动；反思提升环节通过反思判断作者的写作目的、语篇类型，

续表

总结文本构和语言特点；运用反馈环节，讨论对语篇的理解及分享表达活动。同时，活动内容丰富，通过略读，概括段落大意；通过精读，梳理文本关键信息，思考和探析人与社会的关系；通过反思提升，分析判断本文的写作目的；通过小组讨论，运用本课所学表达对《圣诞老人的来信》的理解，绝大多数同学都能表达出本单元标题意义为父亲对孩子的爱，能够体验出家人的爱在不同国家都是一样的浓厚朴实。 感受意义关联：本课的语篇内容为介绍一位父亲的书信集。通过阅读关于书信集的点评，学生应该能体会到家人的爱是朴实和真实的。反思提升环节，教师引导学生总结语篇写作目的、语篇类型、结构和语言特点，充分体现了概念结论类、思想方法类、价值观念类大概念间的紧密关联，让学生全方位深度感受意义关联。 综上，学生在本课的学习中有核心问题的完整活动的浸渍，有深层价值意义的感受，有以知识为中心的关联感受，有对三类大概念的深层关联感受，所以“投入实践活动”和“感受意义关联”这两个一二级指标凸显充分

大概念核心问题教学素养目标点检测表

课时名称	The Real Father Christmas
所属单元	Book 2 Unit 2 Let’s celebrate
单元核心问题	通过听、说、读、看、写多途径研习有关人与社会的多模态语篇，探究人与不同文化的关联
课时大概念	简略化表达：圣诞老人信集的介绍。 特征化表达：本文是一篇书评，介绍了 Tolkien 的《圣诞老人的来信》。文章第一、第二段介绍了《圣诞老人的来信》这本书深受欢迎的原因，第三、第四段对书中的内容进行介绍，最后一段探讨了这本书体现出来的 Tolkien 对孩子们深沉的父爱，以及圣诞节的真正内涵
课时核心问题	基于语篇信息，探讨节日传达的精神，并结合自身发表观点与评论
课时素养目标	通过自主阅读和小组合作，完成对《圣诞老人的来信》的内容及其深受欢迎原因信息的梳理，并基于文本理解圣诞节的真正内涵； 引导学生总结书评的基本文体结构和特点（文化意识二、三级水平）
检测点	体验人与社会的关系
检测工具（检测题）	表达并写下对圣诞节的理解和观点
分类标准	A. 完全能表达出人与社会不同文化的和谐相处，学习接纳并尊重它们
	B. 较好表达出人与社会不同文化的和谐相处，学习接纳并尊重它们有一些例证，但在观点表达上有少许欠缺的点项
	C. 基本能表达出人与社会不同文化的和谐相处，学习接纳并尊重它们但在表达上欠缺两个或两个以上的点项
	D. 不能表达出人与社会不同文化的和谐相处，学习接纳并尊重它们完全没有相关表达和例证

续表

<table>
<tr><td rowspan="5">检测统计</td><td>分类等级</td><td>学生人数</td><td>百分比（总人数 56 人）</td></tr>
<tr><td>A</td><td>45</td><td>80.4%</td></tr>
<tr><td>B</td><td>6</td><td>10.7%</td></tr>
<tr><td>C</td><td>5</td><td>8.9%</td></tr>
<tr><td>D</td><td>0</td><td></td></tr>
<tr><td>检测分析
结果运用</td><td colspan="3">本次一共 56 人参与点检测。全对的同学有 45 人（A 等），占比 80.4%；错 1～2 个的同学有 6 人（B 等），占比 10.7%；只有 5 人拿 C 等，占比 8.9%。
从检测结果看，全班绝大多数学生（45 人，80.4%），对课文理解透彻，语言知识掌握准确；能根据课文，准确理解缩写的文章并完成相关练习。
有部分同学理解出现偏差或者不能完全理解课文，也有部分同学出现语法错误。
综上，一方面，高一的学生对学科教学内容载体的显性信息获取和梳理要好一些，但对信息后的内涵挖掘还不够，对学习方法与策略的关注与提升不足。另一方面，以学科教学内容为载体，运用大概念核心问题教学进行的学习方法与策略指导课，的确能使学生从学科知识与能力、学科思想方法、学科价值观念多维度、深层次地体验学习，在深度体验中获得学科学习经验，积淀英语语言知识、语言技能、思维品质、学习技能等英语学科核心素养。因此，在后续的教学中，应着力加强学生思维品质和学习方法与策略的培育，观察发现学生学习方法与策略中存在的不足，进行强针对性的指导与交流</td></tr>
<tr><td>素养目标达成
典型实例</td><td colspan="3">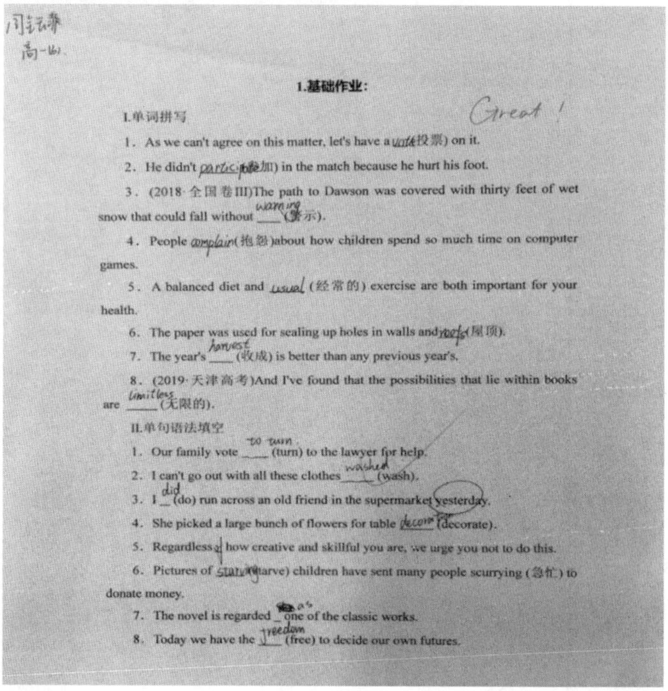</td></tr>
</table>

1.基础作业：

I.单词拼写

1．As we can't agree on this matter, let's have a ____(投票) on it.

2．He didn't ____(参加) in the match because he hurt his foot.

3．(2018·全国卷III)The path to Dawson was covered with thirty feet of wet snow that could fall without ____(警示).

4．People ____(抱怨)about how children spend so much time on computer games.

5．A balanced diet and ____(经常的) exercise are both important for your health.

6．The paper was used for sealing up holes in walls and ____(屋顶).

7．The year's ____(收成) is better than any previous year's.

8．(2019·天津高考)And I've found that the possibilities that lie within books are ____(无限的).

II.单句语法填空

1．Our family vote ____ (turn) to the lawyer for help.

2．I can't go out with all these clothes ____ (wash).

3．I ____ (do) run across an old friend in the supermarket yesterday.

4．She picked a large bunch of flowers for table ____ (decorate).

5．Regardless ____ how creative and skillful you are, we urge you not to do this.

6．Pictures of ____ (starve) children have sent many people scurrying (急忙) to donate money.

7．The novel is regarded ____ one of the classic works.

8．Today we have the ____ (free) to decide our own futures.

素养目标达成典型实例

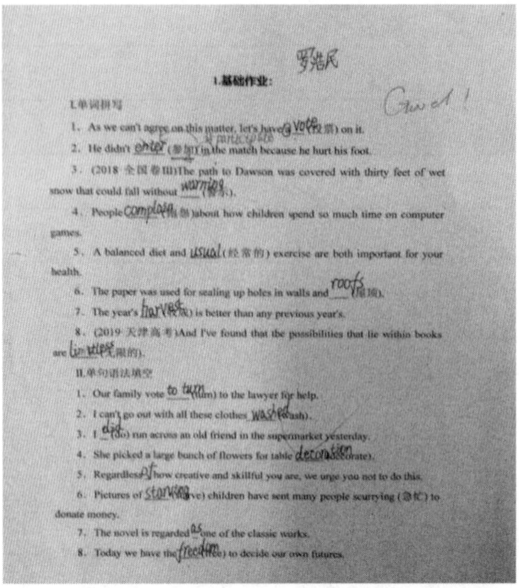

1.基础作业：

I.单词拼写

1. As we can't agree on this matter, let's have ____(投票) on it.
2. He didn't ____(参加) in the match because he hurt his foot.
3. (2018·全国卷III)The path to Dawson was covered with thirty feet of wet snow that could fall without ____(警示).
4. People ____(抱怨)about how children spend so much time on computer games.
5. A balanced diet and ____(经常的) exercise are both important for your health.
6. The paper was used for sealing up holes in walls and ____(屋顶).
7. The year's ____(收成) is better than any previous year's.
8. (2019·天津高考)And I've found that the possibilities that lie within books are ____(无限的).

II.单句语法填空

1. Our family vote ____(turn) to the lawyer for help.
2. I can't go out with all these clothes ____(wash).
3. I ____(do) run across an old friend in the supermarket yesterday.
4. She picked a large bunch of flowers for table ____(decorate).
5. Regardless ____ how creative and skillful you are, we urge you not to do this.
6. Pictures of ____(starve) children have sent many people scurrying (急忙) to donate money.
7. The novel is regarded ____ one of the classic works.
8. Today we have the ____(free) to decide our own futures.

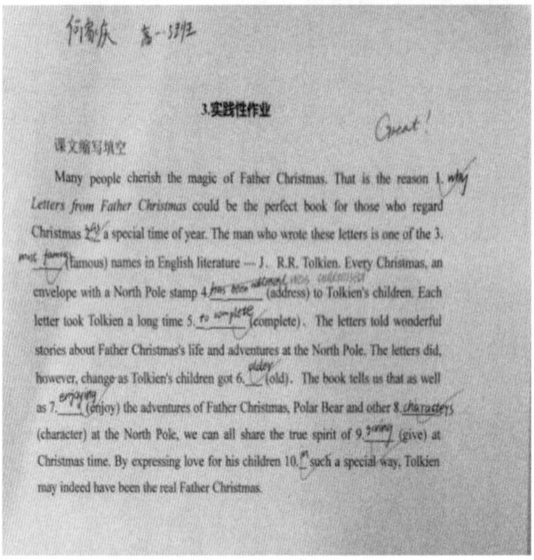

3.实践性作业

课文缩写填空

Many people cherish the magic of Father Christmas. That is the reason 1.____ *Letters from Father Christmas* could be the perfect book for those who regard Christmas 2.____ a special time of year. The man who wrote these letters is one of the 3.____(famous) names in English literature — J. R.R. Tolkien. Every Christmas, an envelope with a North Pole stamp 4.____(address) to Tolkien's children. Each letter took Tolkien a long time 5.____(complete). The letters told wonderful stories about Father Christmas's life and adventures at the North Pole. The letters did, however, change as Tolkien's children got 6.____(old). The book tells us that as well as 7.____(enjoy) the adventures of Father Christmas, Polar Bear and other 8.____(character) at the North Pole, we can all share the true spirit of 9.____(give) at Christmas time. By expressing love for his children 10.____ such a special way, Tolkien may indeed have been the real Father Christmas.

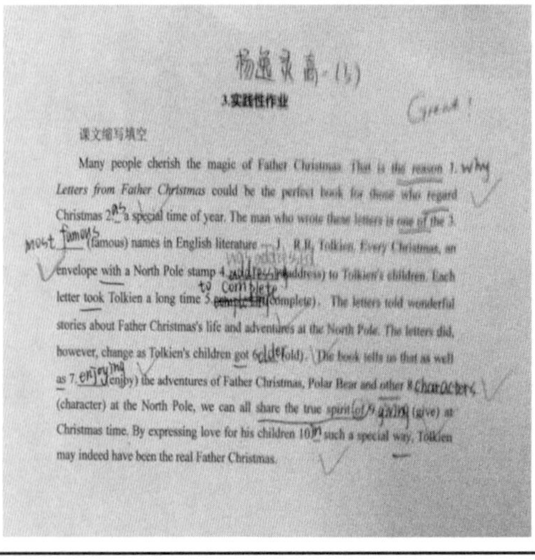

3.实践性作业

课文缩写填空

Many people cherish the magic of Father Christmas. That is the reason 1.____ *Letters from Father Christmas* could be the perfect book for those who regard Christmas 2.____ a special time of year. The man who wrote these letters is one of the 3.____(famous) names in English literature — J. R.R. Tolkien. Every Christmas, an envelope with a North Pole stamp 4.____(address) to Tolkien's children. Each letter took Tolkien a long time 5.____(complete). The letters told wonderful stories about Father Christmas's life and adventures at the North Pole. The letters did, however, change as Tolkien's children got 6.____(old). The book tells us that as well as 7.____(enjoy) the adventures of Father Christmas, Polar Bear and other 8.____(character) at the North Pole, we can all share the true spirit of 9.____(give) at Christmas time. By expressing love for his children 10.____ such a special way, Tolkien may indeed have been the real Father Christmas.

Using Language Grammar：Modal Verbs 教学设计

王艳彬

一、教学分析设计

【教材课标】☞

普通高中英语课程的具体目标是：培养和发展学生在接受高中英语教育后应具备的语言能力、文化意识、思维品质、学习能力等核心素养。

本次授课内容选自必修二的 Unit 2，单元主题为：let's celebrate! 本单元主题语境是“人与社会”，涉及的主题语境内容是中外不同民族文化习俗与传统节日。本单元从介绍世界各地的不同节日引入话题。在第一篇课文 The Real Father Christmas 的基础上，引出本部分内容：语法部分通过提供化装舞会和“黑色星期五”两个语境的相关练习，引导学生恰当使用情态动词。词汇部分以元宵节庆祝活动思维导图的形式总结描述节日的词汇，使学生了解并思考如何对节日进行描述；听说部分的材料是两位朋友之间的一段对话，引导学生学习发出邀请和接受邀请的恰当表达。通过真实语境下技能的综合训练，学生能够加深对单元主题的理解，提高综合语言运用能力。本单元还涉及其他中外传统节日的庆祝活动以及世界各地庆祝中国春节等话题，增强国家认同感和文化传播意识。下文从主题内容（what），意图/情感态度价值观（why）和文体特征、内容结构、语言（how）三个方面对本课语篇内容进行分析。

主题内容（what）：本节主题是学会正确、恰当使用情态动词。本部分通过用情态动词对一段对话进行改写和对一幅有关黑色星期五的图片进行描述，让学生加深对本单元主题的理解，提高综合语言运用能力。

意图/情感态度价值观（why）：

（1）通过对以上各部分的深入理解，达到拓展知识的广度，学会用情态动词描述节日和表达猜测的意图。

（2）通过本部分的理解，并基于自主学习与小组合作学习，进一步梳理各部分信息，深入理解本章节主题意义。

（3）基于各部分信息的深入探讨，探讨节日传达的精神，并结合自身发表观点与评论。

文体特征、内容结构、语言特点（how）：

Using Language 部分通过设置实际情景（化装舞会，黑色星期五），促使学生在实际情景中掌握情态动词的正确使用。

在这几部分中，教材提供了很多实际的例子来引导学生正确地使用语言，比如：

The customers must have got up very early.

You must be feeling tired.

That can’t be Lucy.

……

基于以上分析，本课要引导学生深刻理解这些生活情景；通过在语境中运用各个语言板块，理解情态动词表示推断的功能意义和用法；使用其他恰当的词汇组织信息，使语言更加自然和具有逻辑性。

研读课标后，梳理了课标（2017 年版 2020 年修订）中对本单元及各课时教学的目标要求如下：

1. 语言能力

在日常的语境中，较为熟练地整合运用已有的英语语言知识，解析语篇结构的合理性、语篇主要观点与事实之间的逻辑关系，批判性地审视语篇的观点、情感态度；准确、熟练和得体地陈述事件，传递信息，表达个人观点和情感，体现意图、态度和价值取向。（语言能力三级水平）

2. 文化意识

能够选择合适的方式方法，在课堂等现实情境中获取中外文化信息，并结合实际情况进行分析和比较，增强跨文化意识，尊重和理解文化的多样性，进一步坚定文化自信，树立正确的价值观。（文化意识二级水平）

3. 思维品质

在实际课堂学习中，能够选择合适的方式，让学生主动观察文化的各种现象，通过比较，识别各种信息之间的关联，从中推断出它们之间简单的逻辑关系、作者的观点和态度；针对所获取的信息，提出批判性的问题，辩证思考、判断观点和思想的价值，联系自身实际，形成自己的观点，实现知识向思维能力的迁移。（思维品质二级水平）

4. 语言能力

对英语学习有较强的兴趣和自信心，能开展课外学习，利用图书馆、工具书、网络资源等扩充学习内容和信息渠道，丰富知识，开阔眼界，提高英语运用能力；开展自主、合作与探究学习，选择恰当的策略与方法。

【大概念】☞

课时核心大概念：情态动词 can/could，may/might 和 must 的具体用法。

特征化表达：通过改写对话和描述有关 Black Friday 的图片，在体验多元文化的过程中归纳出情态动词 can/could，may/might 和 must 表示推测语气的用法。

	概念结论	思想方法	价值观念
简略化表达	情态动词 can/could，may/might 和 must 的基本使用规则	归纳概括 分析判断 系统思维	规范使用语言 多元文化观念
特征化表达	根据交际情境的需要选择 can/could，must，need，have to 等情态动词体现恰当的语气，改写对话和描述有关 Black Friday 的图片	在改写对话和描述图片的过程中选择合适的情态动词	了解不同的文化，增强对多元文化的认同

【资源条件】☞

资源名称	功　能
黑板	板书核心问题；板书学生解决问题时分析、交流、建构的英语知识，结构和要点；板书反思提升的要点和语言表达
教材、学案	提供大概念核心问题教学各环节中自主阅读的任务、探究与生成的知识和观点等
PPT	展示具体的教学环节和教学内容，出示反馈评价和总结、家庭作业等内容
投影	用白板展示学生作品，方便进行基于深度理解与表达的思维训练

【学生基础】☞

本课的授课对象是高一的学生，整体来说，经过初中和高中近一学期的学习和训练，学生应该具备了一定的语言表达能力，能够在教材的指引下归纳找出一定的知识点，并在老师的指导下进行一定的深层次思考。大部分学生能够围绕本单元的主题语境内容，基于单元提供的书评、专栏文章、漫画、口头邀请等多模态语篇，综合运用各种语言技能，读懂语篇内容，看懂有关节日的图片并谈论与节日有关的话题，深入理解不同国家的节日文化，使用新语言谈论节日的庆祝方式，恰当使用情态动词表示推测，能够使用含有情态动词的句子书面表达自己对某种节日现象的观点，深化对单元主题意义的理解与挖掘。

大部分学生还是比较熟悉与语法有关的话题，但具体到情态动词在语言环境中所表达的不同语气或含义，学生还不能系统地掌握。

所以，基于以上分析，本节课的主要目的是通过生活实际中化装舞会的对话和对黑色星期五图片的描述，让学生学会如何用情态动词表达对确定和不确定场景的推测。

【教学目标】☞

学生在已学课文中查找含有情态动词（can/could，may/might 和 must）的句子，体会它们在句中表达推测语气的含义。选择含有适当语气的情态动词改写对话和描述图片，在此实践过程中，体验不同语气的情态动词在不同文化中的恰当使用。（思维品质三级水平）

带领学生初步了解“黑色星期五”这一节日，拓展知识的广度。（语言能力二级水平）

引导学生总结归纳节日期间各种庆祝活动的相关表达，学会描述节日。（文化意识二三级水平）。

【核心问题】☞

核心问题：学生阅读课文材料，改写对话和描述有关黑色星期五的图片，研习情态动词 can/could，may/might 和 must 表达推测语气的用法。

核心问题分析：基于语篇信息，探讨情态动词表示推测的用法。引导学生通过自主阅读和小组合作，总结情态动词表示推测的用法。（文化意识二、三级水平）

【评价预设】☞

（1）词汇方面的预测：描述图片时，学生可能不会使用一些词汇或句型。思路上打不开，语言表达上也有困难，这时，老师要及时引导或给与帮助，不要打击学生，而是要正面评价和肯定，同时给一些词汇和句型的提示。比如：

The customers must have got up very early.

It's possibly him.

—It might be him.

（2）归纳情态动词表示推测的用法时，学生可能局限于书上的内容。或者只知道一些，但不能用英语造句。

二、教学实施设计

【教学环节】☞

教学环节	学生活动	教师活动	设计意图	技术融合
提出问题	1. 通过分析活动 1 中句子中情态动词的用法，初步归纳情态动词表示推测语气的用法 2. 在文中找出更多含有情态动词的句子	1. 组织学生朗读表格中的句子然后回答问题 2. 让学生再次阅读课文并从中找出更多含有情态动词的句子，指出情态动词在这些句子中的用法	学生掌握情态动词表示可能性的不同程度，同时总结使用规则	PPT 展示 板书
解决问题	1. 朗读活动 2 中的短文并用恰当的情态动词改写画线部分。 2. 分角色朗读改编后的对话	1. 组织学生朗读活动 2 中的对话并谈论对话中人物的活动 2. 组织学生选用恰当的情态动词改写对话中画线部分 3. 部分学生分角色朗读改编后的对话	在给定情景中使用本单元语法项目（can/could，may/might 和 must）	PPT 展示 板书
反思提升	1. 以小组为单位，用含有情态动词的句子描写有关黑色星期五的图片 2. 在班上展示小组成果	1. 向同学介绍黑色星期五的背景知识，学生观察图片 2. 让学生以小组为单位用含有情态动词的句子描写有关黑色星期五的图片 3. 邀请部分同学在班上展示小组成果	在更开放的语言环境中使用情态动词	PPT 展示 板书 投影
应用反馈	模拟一个场景，用含有情态动词的一小段话展示出来，小组互评	学生呈现作品和互评的时候，引导学生再次归纳情态动词表示推测可能性的用法	互评中强化语法板块（can/could，may/might 和 must）的用法	板书

【板书设计】☞

Unit 2 The Celebrates

核心问题：阅读从课文中选取的句子，描述关于黑色星期五的图片，学生能自主归纳和掌握情态动词 must，could/can 和 might/may 表示推测的用法。

情态动词表推测

can/could，may/might，must

must +
- do/be 一定是…… She must be a teacher.（对现在情况的推测）
- be+doing 一定正在做…… Tom must be sleeping.（对此刻情况的推测）
- have done 一定做过…… You must have stayed up late, for you look so sleepy.（对过去情况的推测）

can/could+
- do/be 可能是…… The monkey sometimes can be naughty.（对现在情况的推测）
- be+doing 可能正在做…… Tom can be sleeping.（对此刻情况的推测）
- have done 可能做过…… You could have stayed up late, for you look so sleepy.（对过去情况的推测）

may/might+
- do/be 可能是…… Our teacher might be in the classroom.（对现在情况的推测）
- be+doing 可能正在做…… What you have done may hurt her.（对此刻情况的推测）
- have done 可能做过…… You might have missed the essential part.（对过去情况的推测）

可能性大小：

must > can > may

V V

could might

【教学流程图】☞

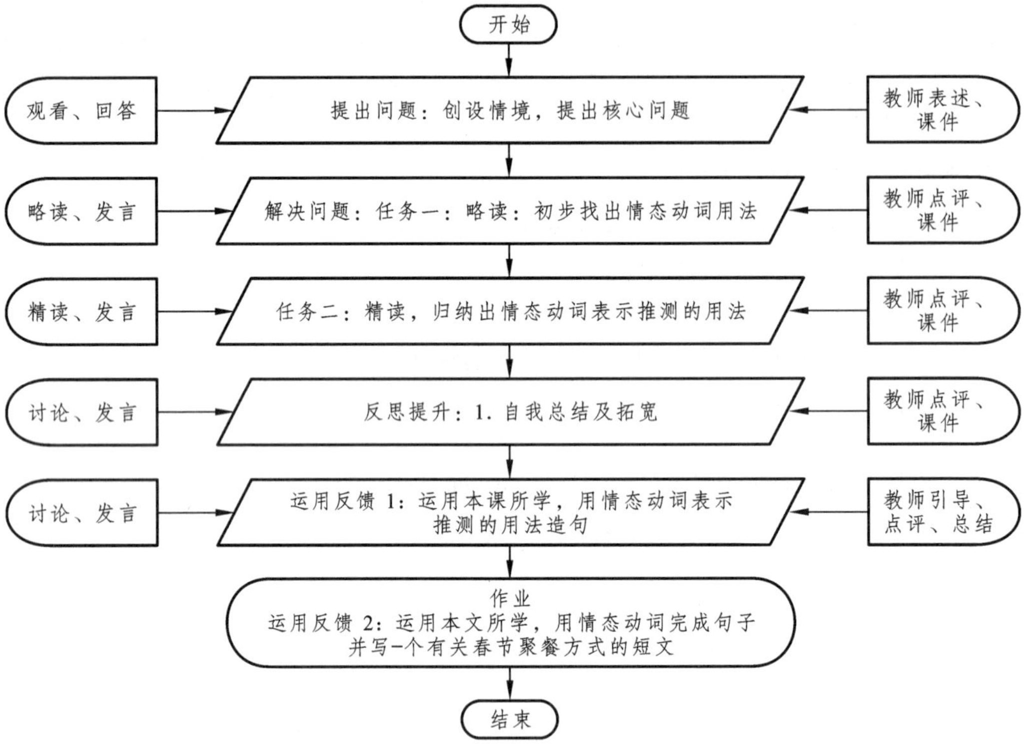

【教学反思与改进】☞

在学习归纳情态动词用法的过程中，大部分学生能够借助课本句子以及教师的引导完成学习任务。在改写化装舞会对话和描述黑色星期五的活动中，学生能够思考不同文化背景下如何表达自己的思想。但还有少数学生在词汇的选择以及口语的表达上需要改进。在以后的教学中，针对班上的具体情况，笔者会更加注重词汇、重点句型的熟练使用，引导学生深入探讨教学内容的主旨。

【作业布置】☞

为了让学生能够将本节课体验到的反思总结、基本思想方法、概念结论迁移到后续的学习中，特布置如下作业。

作业序号	作业目标	作业内容	作业情境		概念结论		思想方法		价值观念		整体评估	
			内容	水平	内容	水平	内容	水平	内容	水平	类型	水平
1	正确使用情态动词填空（语言水平二级、学习能力二级）	根据提示填空	人与自我	较复杂	人与自我语境下的词汇运用	语言水平二级 学习能力二级	迁移思维	思维品质二级	语法知识的运用	文化意识三级水平	基础作业	学业质量水平2

续表

作业序号	作业目标	作业内容	作业情境		概念结论		思想方法		价值观念		整体评估	
			内容	水平	内容	水平	内容	水平	内容	水平	类型	水平
2	运用情态动词完成句子翻译		学生根据语境正确使用情态动词	较复杂		思维品质三级水平语言能力二级水平	系统思维、迁移思维	思维品质三级水平		文化意识三级水平	综合性作业	学业质量水平2
3	运用情态动词完成短文写作；意识到语法知识在实际生活中有效运用的重要意义（语言水平三级、思维品质三级）		学生根据语境正确使用情态动词	复杂		思维品质三级水平语言能力二级水平文化意识三级水平	系统思维、迁移思维、创新思维	思维品质三级水平			实践性作业	学业质量水平3

（具体的作业内容略）

三、教学评价反馈

【评价实施】☞

课后听取、收集了听课教师的反馈意见，收集全班学生的评价反馈练习。

【信息收集】☞

认真反思收集到的教师反馈意见，针对大概念核心问题教学的课堂教学评价，完成下列“大概念核心问题教学文化评价表”。

【反馈调整】☞

1. 针对学生

对学生完成的评价反馈作业进行认真的归类分析后，从课堂学习及课后作业两个方面向学生进行反馈交流。针对课堂交流互动积极性略欠佳这一情况，激励学生在今后的课堂学习中更大胆地表达自己的观点与见解，这样有助于理解与内化所学知识；学生课后作业完成情况良好，因此在对全班进行肯定性评价的基础上，通过剖析优秀案例，加强学生的相互学习和借鉴。与反馈作业中结果不太好的学生（包括质量和书写等方面）进行沟通交流，以期在今后的学习中有更好的表现，能对学科知识、思想方法和价值观念进行更好的迁移和运用。

2. 针对教师

认真对课前教学设计、课堂教育教学及课后作业情况进行反思后，从课堂教学与课后作业两个方面对自己提出反馈调整意见：

（1）系统思维培养方面，课堂上应更大胆地放手，让学生去做有利于系统思维的培养。

（2）师生评价方面，在运用反馈环节，学生在表达时，教师的评价应该更有针对性和指导性，培养学生的学习技能，各方面激励学生学习，增强英语学习的积极性和信心。

大概念核心问题教学文化评价表

<table>
<tr><td colspan="2">课时名称</td><td colspan="4">Using language（must，could/can 和 might/may）</td></tr>
<tr><td colspan="2">所属单元</td><td colspan="4">Unit 2 Let’s celebrate!</td></tr>
<tr><td colspan="2">单元大概念</td><td colspan="4">节日庆祝。
大概念特征化表达：梳理概括不同民族文化习俗与传统节日的特点，辩证思考传统文化在新时代下如何继续传承和发扬，节日文化在全球文化交流方面的作用，听懂并谈论与节日相关的多模态语篇，对比思考春节年夜饭的形式，表达同意或不同意的观点，形成保护，继承，发扬传统文化的正确价值观</td></tr>
<tr><td colspan="2">单元核心问题</td><td colspan="4">研读资料，分析中外民族文化习俗与传统节日现象的异同，运用恰当语言和文字表达自己对某种节日现象的观点和其文化价值</td></tr>
<tr><td colspan="2">课时大概念</td><td colspan="4">简略化表达：情态动词 can/could，may/might，和 must 的基本使用规则。
特征化表达：通过改写对话和描述有关 Black Friday 的图片，在体验多元文化的过程中归纳出情态动词 can/could，may/might 和 must 表示推测语气的用法</td></tr>
<tr><td colspan="2">课时核心问题</td><td colspan="4">通过学生自主阅读从课文中选取的句子以及描述关于“黑色星期五”的图片，让学生能自主归纳和掌握情态动词 must，could/can 和 might/may 表示推测的用法</td></tr>
<tr><td rowspan="2">评价目标</td><td colspan="3">评价指标</td><td colspan="2" rowspan="2">评价
方法结果</td></tr>
<tr><td>一级指标</td><td>二级指标</td><td>三级指标</td></tr>
<tr><td rowspan="12">实现活中的学习与素养发展</td><td rowspan="12">具有大概念核心问题教学形态</td><td rowspan="3">核心问题
利于活动体验</td><td>内含学科问题和学生活动方式</td><td>7</td><td rowspan="11">每项指标最高评 8 分（满分为 96 分）</td></tr>
<tr><td>问题情境与真实生活密切相关</td><td>8</td></tr>
<tr><td>能引发大概念、新知新法生成</td><td>7</td></tr>
<tr><td rowspan="3">教学目标
价值引导恰当</td><td>目标构成全面准确</td><td>8</td></tr>
<tr><td>内含关联体验目标</td><td>8</td></tr>
<tr><td>目标价值引导显现</td><td>8</td></tr>
<tr><td rowspan="3">教学环节
完整合理落实</td><td>教学环节清晰完整</td><td>8</td></tr>
<tr><td>环节内容合理充实</td><td>8</td></tr>
<tr><td>学生活动时间充分</td><td>8</td></tr>
<tr><td rowspan="3">教学要素
相互匹配促进</td><td>问题目标环节两两匹配</td><td>8</td></tr>
<tr><td>技术促进活动形式内容</td><td>6</td></tr>
<tr><td>学科特色突出氛围浓郁</td><td>6</td><td>合计 90 分</td></tr>
</table>

续表

评价目标	评价指标			评价 方法结果
	一级指标	二级指标	三级指标	
实现活中的学习与素养发展	具有大概念核心问题教学特质	拓展学习视野	课堂与现实世界有恰当关联	选择一个表现突出的二级指标，在相应三级指标引导下，以现场学生表现为主要依据，以其余指标为背景，于本表的第二页写出 150 字以上的简要评价
			有基于缄默知识的问题解决	
			有缄默知识运用的追踪剖析	
			知识运用剖析导向素养发展	
		投入实践活动	有真实而且完整的实践活动	
			实践活动深度融入两类情境	
			能够全身心地浸渍于活动中	
			活动内容和结果均丰富深入	
		感受意义关联	有核心问题的深层意义感受	
			有以知识为中心的关联感受	
			有以个人为中心的关联感受	
			有对三类大概念的关联感受	
		自觉反思体验	有实质性反思活动的开展	
			有课堂新因素的追踪利用	
			有体验的交流与改善重构	
			有概念生成中的素养发展	
		乐于对话分享	乐于自我的表达与认真地倾听	
			乐于合作中成果与思路的分享	
			乐于成果交流中深层意义分享	
			有宽容的对话氛围和双向交流	
		认同素养评价	认可素养评价	
			参与素养评价	
			利用素养评价	

大概念核心问题教学特质的简要评价（包括发展性建议）

本课采用的是大概念的核心问题教学，“投入实践活动”和“感受意义关联”两个一二级指标凸显充分。

本节课的核心问题是，通过自主阅读，学生从课文中选取句子、描述关于黑色星期五的图片，让自主归纳和掌握情态动词 must，could/can 和 might/may 表示推测的用法。本核心问题设置恰当，既能引导学生整节课活动的开展和体验，又能让学生体验意义关联，还能体现出本课时大概念的中心性、意义性、迁移性和持久性。

投入实践活动：本核心问题让学生完全浸渍在完整和真实的实践活动中，如解决问题环节，通过略读语篇归纳情态动词表示推测的用法，反思提升环节，通过反思归纳和拓宽语言知识点。同时，活动内容丰富，通过略读归纳了情态动词的用法；通过对话改写和图片描写让学生进一步练习情态动词表示推测的用法；通过反思提升，进一步掌握知识点，进一步体会和了解不同文化背景下相关活动的表达。

感受意义关联：本部分为语言知识运用，通过这部分的学习，学生能体会到不同文化背景下的各种活动。反思提升环节，教师引导学生改写对话，总结情态动词的语言特点，充分体现了概念结论类、思想方法类、价值观念类大概念间的紧密关联，让学生全方位深度感受意义关联。

综上，学生在本课的学习中有核心问题的完整活动的浸渍，有深层价值意义的感受，有以知识为中心的关联感受，有对三类大概念的深层关联感受，所以“投入实践活动”和“感受意义关联”这两个一二级指标凸显充分

大概念核心问题教学素养目标点检测表

<table>
<tr><td>课时名称</td><td colspan="3">Using Language（must，could/can 和 might/may 的使用）</td></tr>
<tr><td>所属单元</td><td colspan="3">Book 2 Unit 2 Let’s celebrate</td></tr>
<tr><td>单元大概念</td><td colspan="3">单元核心大概念：节日庆祝。
大概念特征化表达：梳理概括不同民族文化习俗与传统节日的特点，辩证思考传统文化在新时代下如何传承和发扬，节日文化在全球文化交流方面的作用，听懂并谈论与节日相关的多模态语篇，对比思考春节年夜饭的形式，表达同意或不同意的观点，形成保护、继承、发扬传统文化的正确价值观</td></tr>
<tr><td>单元核心问题</td><td colspan="3">研读资料，分析中外民族文化习俗与传统节日现象的异同，运用恰当语言和文字表达自己对某种节日现象的观点和其文化价值</td></tr>
<tr><td>课时大概念</td><td colspan="3">简略化表达：情态动词 can/could，may/might 和 must 的基本使用规则。
特征化表达：通过改写对话和描述有关 Black Friday 的图片，在体验多元文化的过程中，归纳情态动词 can/could，may/might 和 must 表示推测语气的用法</td></tr>
<tr><td>课时核心问题</td><td colspan="3">学生自主阅读从课文中选取的句子、描述关于黑色星期五的图片，自主归纳和掌握情态动词 must，could/can 和 might/may 表示推测的用法</td></tr>
<tr><td>课时素养目标</td><td colspan="3">Using language 板块通过语法、词汇运用，启发学生思考不同文化背景和情景下应该如何做出选择。启发学生思考，激发学生的求知欲和探索的兴趣。基于自主学习与小组合作，归纳情态动词的用法，进一步培养学生合作学习的意识</td></tr>
<tr><td>检测点</td><td colspan="3">体验人与社会的关系，用恰当的语言表达进行交流</td></tr>
<tr><td>检测工具
（检测题）</td><td colspan="3">完成有关情态动词的句子和关于春节聚餐方式的短文</td></tr>
<tr><td rowspan="4">分类标准</td><td colspan="3">A. 完全能正确使用情态动词表推测并能很好完成短文</td></tr>
<tr><td colspan="3">B. 较正确使用情态动词表推测并能很好完成短文，但在短文表达上有少许欠缺的点项</td></tr>
<tr><td colspan="3">C. 基本能正确使用情态动词表推测并能很好完成短文，但在短文表达上欠缺两个或两个以上的点项</td></tr>
<tr><td colspan="3">D. 不能表达使用情态动词表推测并不能很好完成短文</td></tr>
<tr><td rowspan="5">检测统计</td><td>分类等级</td><td>学生人数</td><td>百分比（总人数 44 人）</td></tr>
<tr><td>A</td><td>25</td><td>56%</td></tr>
<tr><td>B</td><td>10</td><td>22%</td></tr>
<tr><td>C</td><td>6</td><td>13%</td></tr>
<tr><td>D</td><td>3</td><td>7%</td></tr>
</table>

检测分析 结果运用	本次一共 44 人参与点检测。句子填空和翻译部分，绝大部分同学能准确使用情态动词表达推测，短文表达上也能很好使用情态动词，并且使用高级句型，这类学生有 25 人（A 等），占比 56%；部分同学容易弄混情态动词 can/could 和 may/might 表达推测可能性大小的用法，介绍春节聚餐方式时能较准确使用情态动词和一些高级句型，这类同学有 10 人（B 等）占 22%；有 6 个同学只能基本正确使用情态动词表推测，短文表达稍欠缺，占比 13%（C 等）；有 3 个同学（D 等）不会情态动词的任何用法，不会在短文中使用情态动词，他们占了检测人数的 7%。 从检测结果看，全班绝大多数学生（A 等 25 人）能准确使用情态动词表达推测含义的用法，并能很好地在句子和短文中使用。但也有部分同学达不到要求，需要课后强化练习。 综上，一方面，进入高一的学生对学科教学内容载体的显性信息获取和梳理要好一些，但对信息后的内涵挖掘还不够，对学习方法与策略的关注与提升不足；另一方面，以学科教学内容为载体，运用大概念核心问题教学进行的学习方法与策略指导课，的确能使学生从学科知识与能力、学科思想方法、学科价值观念多维度、深层次地体验学习，在深度体验中获得学科学习经验，积淀英语语言知识、语言技能、思维品质、学习技能等英语学科核心素养。因此，在后续的教学中，应着力加强学生思维品质和学习方法与策略的培育，观察发现学生学习方法与策略中存在的不足，进行强针对性的指导与交流
素养目标达成 典型实例	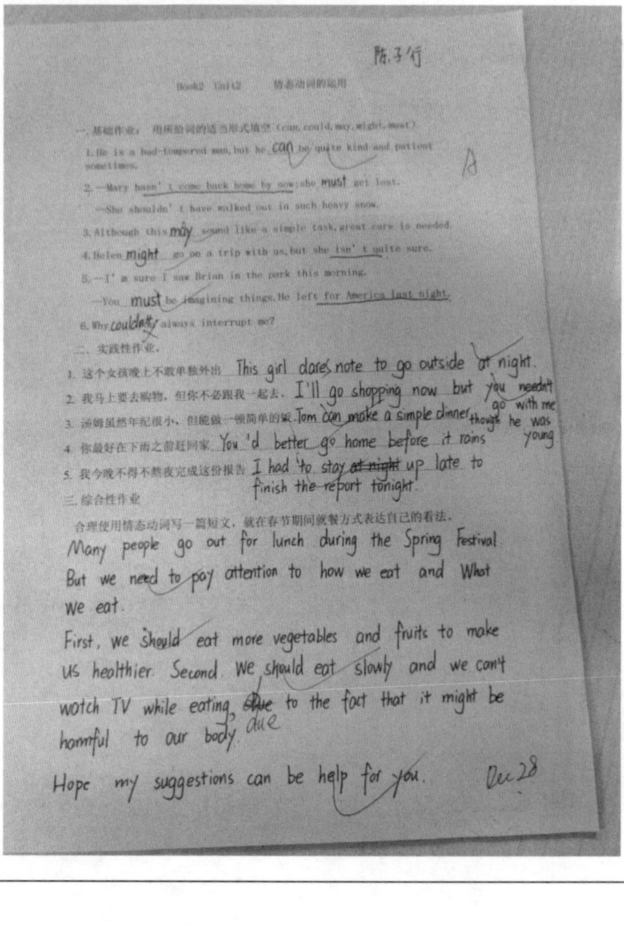 陈子行 Book2 Unit2 情态动词的运用 一、基础作业：用所给词的适当形式填空（can, could, may, might, must） 1. He is a bad-tempered man, but he can be quite kind and patient sometimes. 2. —Mary hasn't come back home by now; she must get lost. —She shouldn't have walked out in such heavy snow. 3. Although this may sound like a simple task, great care is needed. 4. Helen might go on a trip with us, but she isn't quite sure. 5. —I'm sure I saw Brian in the park this morning. —You must be imagining things. He left for America last night. 6. Why couldn't always interrupt me? 二、实践性作业。 1. 这个女孩晚上不敢单独外出 This girl dares note to go outside at night. 2. 我马上要去购物，但你不必跟我一起去。I'll go shopping now but you needn't go with me 3. 汤姆虽然年纪很小，但能做一顿简单的饭。Tom can make a simple dinner though he was young 4. 你最好在下雨之前赶回家 You'd better go home before it rains 5. 我今晚不得不熬夜完成这份报告 I had to stay ~~at night~~ up late to finish the report tonight. 三、综合性作业 合理使用情态动词写一篇短文，就在春节期间就餐方式表达自己的看法。 Many people go out for lunch during the Spring Festival. But we need to pay attention to how we eat and What we eat. First, we should eat more vegetables and fruits to make us healthier. Second, we should eat slowly and we can't watch TV while eating, ~~due~~ due to the fact that it might be harmful to our body. Hope my suggestions can be help for you. A Dec 28

续表

<table>
<tr>
<td>素养目标达成典型实例</td>
<td>
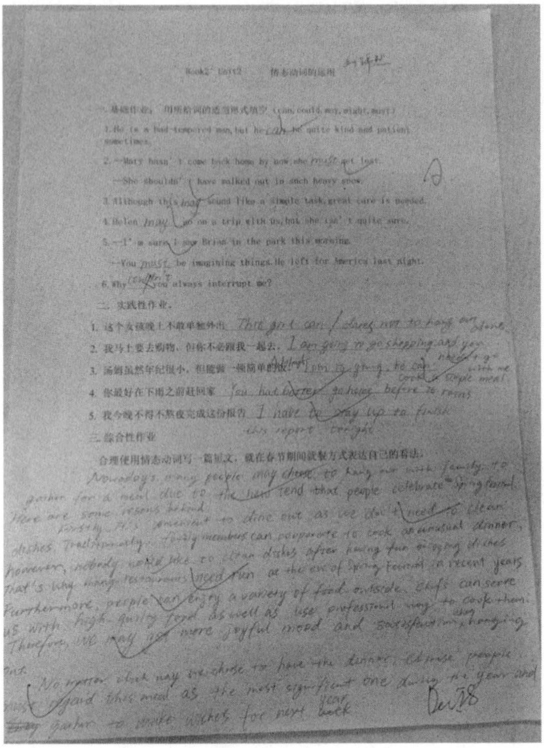

Book2 Unit2 情态动词的运用

一、基础作业：用所给词的适当形式填空（can, could, may, might, must）

1. He is a bad-tempered man, but he can be quite kind and patient sometimes.

2. —Mary hasn't come back home by now, she must get lost.

—She shouldn't have walked out in such heavy snow.

3. Although this may sound like a simple task, great care is needed.

4. Helen may go on a trip with us, but she isn't quite sure.

5. —I'm sure I saw Brian in the park this morning.

—You must be imagining things. He left for America last night.

6. Why ___ you always interrupt me?

二、实践性作业。

1. 这个女孩晚上不敢单独外出

2. 我马上要去购物，但你不必跟我一起去。

3. 汤姆虽然年纪很小，但能做一顿简单的饭。

4. 你最好在下雨之前赶回家

5. 我今晚不得不熬夜完成这份报告

三、综合性作业

合理使用情态动词写一篇短文，就在春节期间就餐方式表达自己的看法。

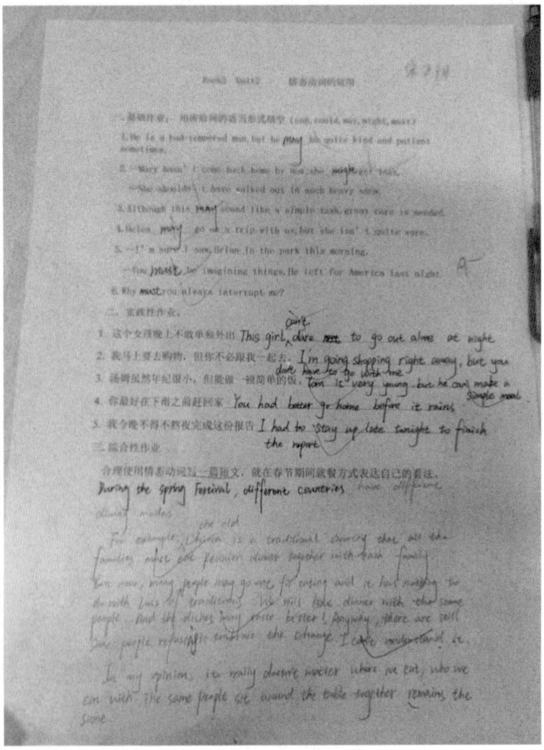

Book2 Unit2 情态动词的运用

一、基础作业：用所给词的适当形式填空（can, could, may, might, must）

1. He is a bad-tempered man, but he ___ be quite kind and patient sometimes.

2. —Mary hasn't come back home by now, she ___ get lost.

—She shouldn't have walked out in such heavy snow.

3. Although this ___ sound like a simple task, great care is needed.

4. Helen ___ go on a trip with us, but she isn't quite sure.

5. —I'm sure I saw Brian in the park this morning.

—You ___ be imagining things. He left for America last night.

6. Why ___ you always interrupt me?

二、实践性作业。

1. 这个女孩晚上不敢单独外出

2. 我马上要去购物，但你不必跟我一起去。

3. 汤姆虽然年纪很小，但能做一顿简单的饭。

4. 你最好在下雨之前赶回家

5. 我今晚不得不熬夜完成这份报告

三、综合性作业

合理使用情态动词写一篇短文，就在春节期间就餐方式表达自己的看法。
</td>
</tr>
</table>

素养目标达成典型实例

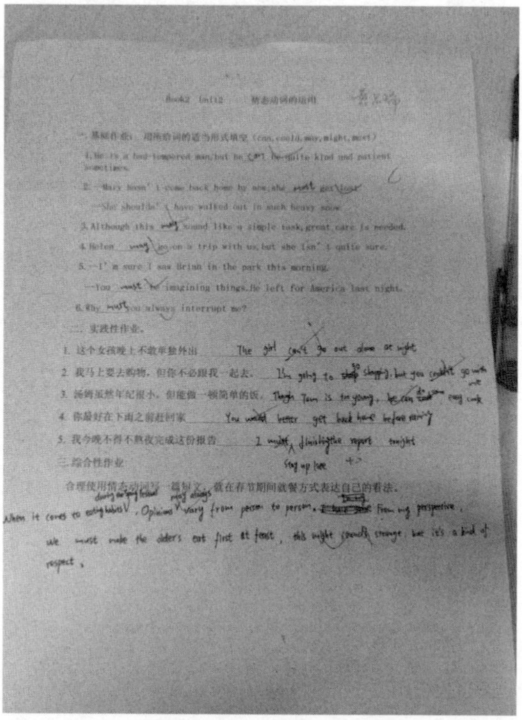

Book2 Unit2 情态动词的运用

一、基础作业：用所给词的适当形式填空（can, could, may, might, must）

1. He is a bad-tempered man, but he can't be quite kind and patient sometimes.

2. —Mary hasn't come back home by now, she must get lost.

—She shouldn't have walked out in such heavy snow.

3. Although this may sound like a simple task, great care is needed.

4. Helen may go on a trip with us, but she isn't quite sure.

5. —I'm sure I saw Brian in the park this morning.

—You must be imagining things. He left for America last night.

6. Why must you always interrupt me?

二、实践性作业。

1. 这个女孩晚上不敢单独外出 The girl can't go out alone at night

2. 我马上要去购物，但你不必跟我一起去。 I'm going to shop shopping, but you couldn't go with me

3. 汤姆虽然年纪很小，但能做一顿简单的饭。 Though Tom is too young, he can easy cook

4. 你最好在下雨之前赶回家 You would better get back home before raining

5. 我今晚不得不熬夜完成这份报告 I might stay up late finish the report tonight

三、综合性作业

合理使用情态动词写一篇短文，就在春节期间就餐方式表达自己的看法。

When it comes to eating habits during the Spring Festival, opinions may always vary from person to person. From my perspective, we must make the olders eat first at feast, this might sound strange, but it's a kind of respect.

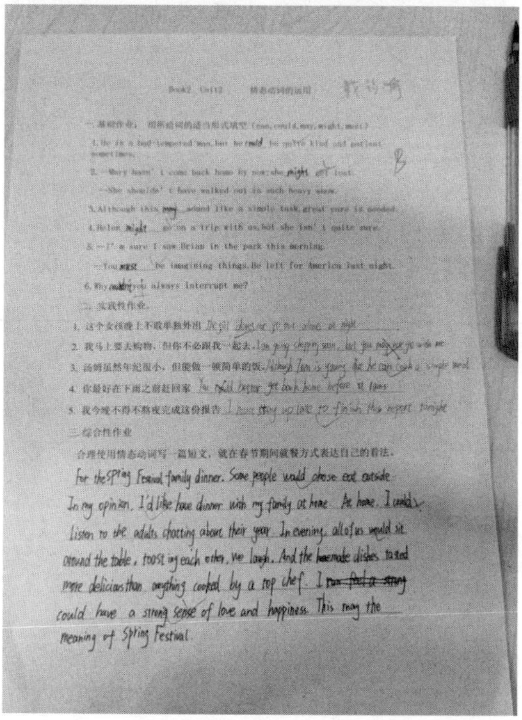

Book2 Unit2 情态动词的运用

一、基础作业：用所给词的适当形式填空（can, could, may, might, must）

1. He is a bad-tempered man, but he could be quite kind and patient sometimes.

2. —Mary hasn't come back home by now, she might get lost.

—She shouldn't have walked out in such heavy snow.

3. Although this may sound like a simple task, great care is needed.

4. Helen might go on a trip with us, but she isn't quite sure.

5. —I'm sure I saw Brian in the park this morning.

—You must be imagining things. He left for America last night.

6. Why must you always interrupt me?

二、实践性作业。

1. 这个女孩晚上不敢单独外出 The girl dare not go out alone at night

2. 我马上要去购物，但你不必跟我一起去。 I'm going shopping soon, but you may not go with me

3. 汤姆虽然年纪很小，但能做一顿简单的饭。 Although Tom is young, but he can cook a simple meal

4. 你最好在下雨之前赶回家 You will better get back home before it rains

5. 我今晚不得不熬夜完成这份报告 I must stay up late to finish this report tonight

三、综合性作业

合理使用情态动词写一篇短文，就在春节期间就餐方式表达自己的看法。

For the Spring Festival family dinner. Some people would chose eat outside. In my opinion, I'd like have dinner with my family at home. At home, I could listen to the adults chatting about their year. In evening, all of us would sit around the table, toasting each other, we laugh. And the homemade dishes tasted more delicious than anything cooked by a top chef. I could have a strong sense of love and happiness. This may the meaning of Spring Festival.

续表

素养目标达成典型实例	从以上点检测可以看出，前两位同学都能很好地把情态动词运用到各种语言环境中。陈子行同学不仅能适当使用情态动词，并且能合理使用高级句型 due to the fact that....。除了以上亮点，刘锦然同学使用了高级句型和其他情态动词，比如 enjoy a variety of...，we may get more joyful mood and satisfaction when hanging out，情态动词和现在分词很自然地结合，故评为 A 等。 戢筠喻同学情态动词在基本句子中的使用较令人满意，但实践性练习和综合练习中出现了一些问题，特别是在翻译句子和短文中，仅仅是为了满足要求而使用情态动词，忽略了是否符合上下文语境，故评为 B 等。 黄品瑞同学的作业反映出来，还没有掌握情态动词最基本的用法和短文写作的技巧，所以评为 C 等
检测反馈	反馈调整 1. 针对学生 对学生完成的评价反馈作业进行认真的归类分析后，从课堂学习及课后作业两个方面向学生进行反馈交流。针对课堂交流互动积极性略欠佳这一情况，激励学生在今后的课堂学习中更大胆地表达自己的观点与见解，这样有助于理解与内化所学知识；学生课后作业完成情况良好，因此在对全班进行肯定性评价的基础上，通过剖析优秀案例，加强学生的相互学习和借鉴。与反馈作业中结果不太好的学生（包括质量和书写等方面）进行沟通交流，以期在今后的学习中有更好的表现，能对学科知识、思想方法和价值观念进行更好的迁移和运用。 2. 针对教师 认真对课前教学设计、课堂教育教学及课后作业情况进行反思后，从系统思维培养与师生评价两个方面对自己提出反馈调整意见： （1）系统思维培养方面，在课堂上，要更耐心地放手让学生去做，如总结情态动词的用法，在对对话画线部分用情态动词改写时，要耐心地等同学给答案，即使错了，也不要怕耽搁时间，学生是在错误中会成长的。 （2）师生评价方面，运用反馈环节学生推测 could/can 和 might/may 两组词的用法时，教师的评价应该更有针对性和指导性，不能一概地评论“Good idea；Wonderful；It doesn't matter”等。对回答得好的同学，多一些概括性评价，对回答欠佳的同学，多些指导性、激励性评价和建议，以提高学生的学习技能，激励学生英语学习的积极性

Developing Ideas: Time for a Change

朱珠

一、教学分析设计

【教材课标】☞

课程标准分析：Developing ideas: Time for change 是外研版高中英语必修二第二单 Let's celebrate 第四个课时的内容，本单元内容课标要求如下。

（1）语言能力：能够理解与节日有关的文章内容，听懂并谈论与节日有关的话题；能够恰当地使用情态动词表示推测，能够表达自己对某种节日现象的观点。（语言能力二级水平）

（2）文化意识：能够了解中外不同的节日文化，能够通过了解中国传统节日走向世界的现实，增强国家认同感，主动弘扬和传播中华优秀文化，增强社会责任感。（文化意识二级水平）

（3）思维品质：能够辨析不同节日的意义和内涵；能够在深入理解文本主题的同时联系自身实际，实现知识与思维能力的迁移，创造一个新的节日并设定其意义与价值。（思维品质二级水平）

（4）学习能力：能够通过了解各国的节日，激发英语学习的兴趣，能够多渠道获取英语学习资源，能够选择恰当的策略与方法，监控评价、反思和调整自己的学习内容和进程。（学习能力二级水平）

下文从主题内容（what），意图/情感态度价值观（why）和文体特征、内容结构、语言（how）三个方面对本课语篇内容进行分析。

What 是什么：本课时主题语境是“人与社会”。继第一课时语篇、语法、听力板块从语言层面了解国内外传统文化后，本课时语篇继续探究单元核心主题，升华主题意义。语篇就同一个话题“年夜饭在哪里吃”，呈现了两个不同年龄、不同职业的人的两种不同看法，虽然就餐形式不同，但是对家人的爱、关怀和团聚主题依旧不变，旨在倡导珍视和传承中国传统节日和文化。

How 什么形式：语篇类型为专栏文章，由两封读者来信构成，针对在哪里吃年夜饭表达了不同的观点。第一位读者认为在外吃年夜饭为人们提供了便利，让人们有更多的时间陪伴家人。第二位读者认为一家人一起准备年夜饭的过程是最珍贵的回忆。语篇结构清晰，通过呈现事实与观点，展现两代人对“团聚”意义的理解。

Why 为什么：语篇旨在引发学生感受不同人群对传统节日的不同庆祝方式，引导学生思考其中缘由，探究庆祝意义，号召珍视和继承中国传统节日。在发展语言技能的同时，培养学生批判性思维能力，实现对主题意义的探究。

【大概念】☞

课时核心大概念：书信撰写新年年夜饭形式与意义。

特征化表达：阅读并批判性思考两封信件内容；提取、梳理、归纳书信语篇的结构和写作技巧；思考并讨论年夜饭的形式与意义，结合真实语境进行书信体的创造性输出；批判继承传统文化，培养文化自信的价值观。

	概念结论	思想方法	价值观念
简略化表达	用英语表达对不同形式年夜饭的看法和原因	文化现象与本质的辩证统一 语言与文化知识的迁移与创新	传统节日文化价值的传承和推陈出新
特征化表达	研读一篇以专栏文章为文体，由两封读者来信构成的文本，针对在哪里吃、如何吃年夜饭的议题进行讨论，并探讨这类传统节日庆祝活动与文化认同、文化传承的价值意义之间的关系	运用辩证思维认识本文的主题——新时代传统节日庆祝的意义和价值，中国传统文化的传承与时代的变迁相互依存、相互渗透的关系	传统文化承载了民族的文化价值，作为中华民族的一员，不仅要传承传统，也应顺应时代发展，让传统文化发展下去

【资源条件】☞

资源名称	功　能
黑板	板书核心问题；板书学生解决问题时分析、交流、建构的英语知识，结构和要点；板书反思提升的要点和语言表达
教材、学案	提供大概念核心问题教学各环节中自主阅读的任务、探究与生成的知识和观点等
PPT	展示具体的教学环节和教学内容，出示反馈评价和总结、家庭作业等内容
投影	用白板展示学生作品，方便进行基于深度理解与表达的思维训练

【学生基础】☞

高中一年级第一学期，学生们已经具备一定的英语学习基础，熟练掌握了基本的英语语法规则，例如动词的各个时态、名词的复数形式以及形容词的比较等级，他们能够较流畅地应用这些语法知识进行口头和书面交流。听力和阅读技能方面，他们能够理解日常对话和简单的文章并提炼要点。关于中国传统节日的用语，高中生通常有所了解，并表现出学习的热情与强烈的表达愿望，但确切性、逻辑性和分级表达方面仍然需要提高。

涉及节日话题时，高中生熟悉节日的主题，但缺乏对节日背后深层文化意义和价值的深入思考，对文化现象本质的分析也有待提高。学术写作方面，高中生了解书信的基本结构，但具体的写作技巧和语言运用能力不足。能使用一些简单的节日相关词汇，如 festival，celebrate，dinner，eve，traditional culture，dish 等；认识并且会使用情态动词表推测和部分倒装等语言知识，但可能不认识本单元与文化内涵相关的话题词汇和词组，如 observe，occasion，embrace， be keen on，regard...as，address to；表达节日文化价值时，也存在词汇储备不够的问题；梳理、提取书信中的观点和论点，进行书信体写作时，陈述自己观点时结构不够清晰严谨。因此，学生难以将所学内容运用到真实语境中，用事实和观点准确地、富有逻辑性地表达。

所以，基于以上分析，本课要引导学生通过阅读活动，获取关于传统节日及其文化价值关系的信息，梳理、提取表达支持反对和建议的短语句型和书信中的写作技巧，激发学生对节日文化话题的深入思考，在相关话题的书信写作中表达自己的观点、态度和情感。

【教学目标】☞

通过略读和细读，把握文本细节信息，即对两种不同形式年夜饭的看法，梳理和总结文本内容，掌握书信体的基本结构和语言特征（语言能力二级水平）。参与讨论和展示活动，运用合适的言语探讨年夜饭的庆祝形式和意义价值，由此懂得年夜饭所代表的传统节日庆祝活动对于文化传承的重要意义（文化意识二级水平）。思考并撰写书信，分享自己家今年的年夜饭，在真实语境中灵活运用观点—事实型语篇结构，掌握书信文体，准确表述自己的观点（思维品质二级、学习能力二级水平）。

【核心问题】☞

核心问题：研读 Time for a change 文章，厘清书信体的文章要点，探究节日庆祝—年夜饭的意义和价值，运用书信进行观点表达。

核心问题分析：本文是一篇专栏文章，语篇内容为两位读者通过读者来信，针对在哪里吃年夜饭表达了不同的观点，引发学生对传统习俗意义和价值的思考，并探讨是否应该对庆祝形式进行改变。通过学习，学生能够将语言知识和文章结构运用在真实语境中，运用书信文体表达自己对于年夜饭形式的观点、态度和情感。

【评价预设】☞

本堂课的阅读材料是一篇议论文，学生在辨别、确认议论的论点和支撑依据时有一定困难。在输出环节，学生对议论话题有话可说。然而，口头表达时，议论文的整体结构、议论技巧、陈诉观点时的结构和语言准确性有待提高。因此，教师应该引导学生注意双方的论点、支撑依据以及观点的逻辑性，并鼓励他们练习表达的逻辑性。

二、教学实施设计

【教学环节】☞

1. 提出问题环节

展示关于庆祝传统节日的图片或短视频，例如家庭团聚的场景。然后，提出一些开放性问题，比如“你们如何庆祝春节？”“你认为年夜饭应该在家吃还是在外面吃？”这些问题旨在引发学生在对传统习俗和变化的初步思考，明确本课的核心问题。

2. 解决问题环节

学生分组阅读文章，每组关注文章中的不同观点。之后，每组代表分享他们的理解，包括作者和读者的观点。学生在分析、解决问题的活动过程中，教师给予引导性、提示性和鼓励性的评价，引导学生分析这些观点，探讨为什么人们对于在哪里庆祝年夜饭有不同看法，以及这些看法背后的文化意义和价值。

3. 反思提升环节

与学生一起反思观点和经历，教师提出问题，如“你是否同意文章中的某个观点？为什么？”“你认为传统习俗在现代社会中应该如何变化？”，学生可以自由讨论，并尝试结合自己的生活经验来回答这些问题。

4. 评价反馈环节

以素养目标“感知理解—运用实践—创造迁移”为指导，以书信体写作为目标，对问题在新情境中的解决进行检测，并针对学生讨论中出现的重点和潜在的误解给予指导，具体问题如下。

（1）阅读文章时，学生可能会遇到一些生词，比如 embrace，retired，nationality，audience，interact，phenomenon，token 等。为了帮助学生理解这些词的意思，教师可以鼓励他们通过上下文进行推测。如果某些生词不影响对文章的理解，也可以引导学生暂时忽略这些词汇。当讨论人与社会的关系以及传承传统节日时，学生可能不熟悉表达方式，如 keep...alive（保持……有活力），regard...as（把……看作），address...to（向……写信），be keen on（在……上面坚持），wrap up（包装）等。学生回答时，教师可以给予适当引导和帮助。

（2）学生总结两封邮件的主旨时，他们需要运用观点和事实来概括春节传统话题。在这个过程中，可能会遇到词汇方面的困难，教师可以通过问题引导学生提升和简化语言表达。例如，在总结第一封信时，学生可能会回答“The author thinks people can have the new year eve dinner outside”。教师可以通过给出常用的观点表达来引导学生更好地总结：“In the author's point of view, the love between family members sitting together around the table remains unchanged.”。

（3）当学生讨论与庆祝春节相关的内容时，他们可能只停留在庆祝和团聚方面，没有联系到本单元所学的内容，包括节日背后的文化价值和传统节日在新时代的变化。这可能导致学生的思路受限，语言表达上也会遇到困难。在这种情况下，教师应及时给予引导和帮助，而不是打击学生的积极性。教师应该肯定学生敢于表达的勇气和态度。

（4）学生运用本单元所学，讨论其他传统节日在新时代的更新时可能会遇到困难，特别是介绍事例关键信息方面。为此，教师应引导学生利用图书馆或网络收集信息，一方面可以扩展学生的知识，另一方面也可以让学生通过多种渠道和策略学习，提高他们的学习能力，培养学习的自觉性、兴趣和自信心。同时，让学生运用所学，发现更多不同社会文化中传承传统节日文化的过程，并提出解决方法，从而将知识转化为能力和素养。

三、教学实施设计

【教学环节】☞

教学环节	学生活动	教师活动	设计意图	技术融合
提出问题（5 mins）	看图片和视频，回答：How do you celebrate the Spring Festival? Do you think the New Year's Eve dinner should be eaten at home or outside?	营造情境，导入本课话题，提出核心问题。研读 Time for a change 文章，厘清书信体的文章结构，探究节日庆祝—年夜饭的意义和价值，运用书信进行观点表达	营造情境，利用多模态语篇形式为下一环节的书信体文章的阅读铺垫	黑板板书 PPT 展示 视频播放
解决问题（5 mins）	阅读文章，回答问题 1) What are the identities of the authors of the two letters? 2) What are their respective viewpoints? 3) What are the advantages and disadvantages of eating New Year's Eve dinner at home and outside?	引导学生理解书信文—两篇来自不同身份读者的来信，关于春节年夜饭在哪吃的讨论，概括写作要点，即年夜饭在哪吃，分别的优缺点和原因	归纳整理节日相关的语言表达，厘清书信体文本的要点，为发掘传统习俗的文化价值和意义铺垫	PPT 黑板板书 学案
反思提升（20 mins）	以小组为单位进行讨论 1）Why do people eat New Year's Eve dinner? What are the reasons and values behind the formation of this custom? 2）In the new era, should we continue to inherit traditional customs? How to inherit?	引导学生对传统习俗本身和传统习俗的传承进行辩证思考，适当为学生提供问题澄清、语法结构和词汇的支撑	由语篇内容过渡到真实情境，为学生进行书信体输出提供支撑	PPT 黑板板书 学案
评价反馈（10 mins）	根据真实情境，基于对春节不同年夜饭形式的优点和缺点，以及传统习俗的文化价值与意义的讨论，采用书信体，讨论自己家庭打算如何庆祝新年年夜饭及其原因	引导学生进入真实情境，将本课所学的书信体文体特点、节日相关表达、对节日及其文化价值的思考转化为输出	通过运用本课所学，使学生超越语篇，让学生结合自身生活经历，从感知理解—运用实践—创造迁移层层递进地学习，实现知识—能力—素养的提升，最终达成英语核心素养目标	PPT 黑板板书 学案 投影仪

【板书设计】☞

核心问题：研读 Time for a change 文章，厘清书信体的文章要点，探究节日庆祝—年夜饭的意义和价值，运用书信进行观点表达。

Wang peng：

1. Eating at home
2. Preparation for the dinner are hard work
3. Loss of traditions
4. Form changed，love remained

Liu yonghui：

1. Won't like Spring festival
2. Gather family members
3. Flavor of home made dishes

Value：

family harmony and reunion

Respect and commemoration for the ancestors

Inheritance of Chinese traditional values

【教学流程】☞

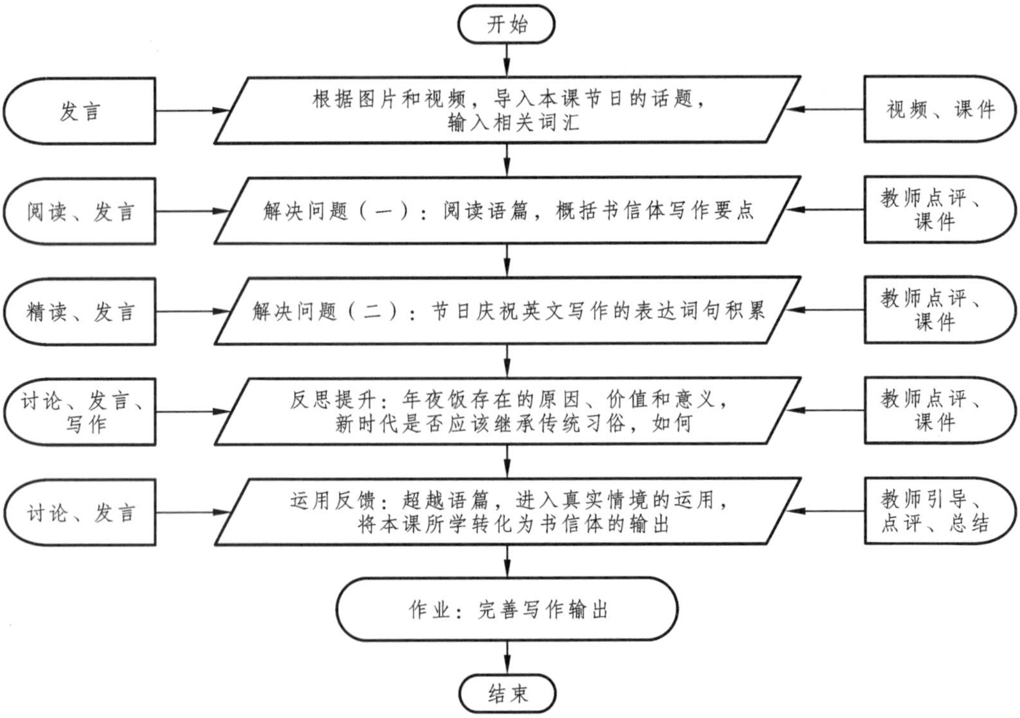

【作业布置】☞

为了让学生能够将本节课体验到的反思总结、基本思想方法、概念结论迁移到后续的学习中，特布置如下作业。

作业序号	作业目标	作业内容	作业情境		概念结论		思想方法		价值观念		整体评估	
			内容	水平	内容	水平	内容	水平	内容	水平	类型	水平
1	掌握并恰当地使用与节日相关的语言表达（语言能力一级）	完成有关节日词汇的字词填空和语篇填空，完成与节日相关的语言表达	学生通过多模态语篇中的文字资源，在不同节日的情境中积累有关节日的表达	简单	理解多模态语篇传递的意义	语言能力一级	逻辑思维	思维品质一级	根据所获得的信息，提取共同特征，形成新的简单概念，并试用新概念解释新的问题	思维品质一级	基础性作业	学业质量水平3
2	能运用书信文体的结构；能恰当使用表示节日庆祝的词汇和句型（语言能力二级）；能认识到传统节日的重要性（思维品质三级）	运用书信文体行文结构和论证方法，以是否应当传承传统节日为题，完成书信文写作	学生联系生活实际，分析传统节日在新时代的文化价值，解决真实情境的真实问题	较复杂	书信体的格式和语言特点	语言能力二级	迁移思维辩证思维	思维品质二级	传统节日文化价值的传承和推陈出新	思维品质三级	综合性作业	学业质量水平3
3	小组形式讨论和创造新的节日（语言能力二级、文化意识二级）	创作新节日的节日文化要点，并创作节日文化小报	文化生活	较复杂	海报	语言能力二级	逻辑思维辩证思维	思维品质二级	人与社会和谐相处	思维品质三级	实践性作业	学业质量水平3

（具体的作业内容略）

四、教学评价反馈

【信息收集】☞

课后听取、收集了听课教师的反馈意见，收集了 52 份学生的评价反馈练习。

【评价实施】☞

认真反思收集到的教师反馈意见，针对大概念核心问题教学的课堂教学评价，完成了下列“大概念核心问题教学文化评价表”。

【反馈调整】☞

对学生的评价反馈作业进行认真的归类分析后，从课堂学习和课后作业两个方面向学生进行反馈交流：在今后的课堂学习中，激励学生更加大胆地表达观点与见解。对全班进行肯定性评价的基础上，剖析学生优秀案例，让学生相互学习和借鉴。与反馈作业中表现不佳的学生沟通交流，以期在今后的学习有所改进，更好地实现学科知识、思想方法和价值观念的迁移和运用。

认真对课前教学设计、课堂教育教学及课后作业情况进行思考，从课堂教学与课后作业两个方面对自己提出反馈调整意见。在课堂教学设计上，应让学生从整体上获取信息，再针对部分进行细节信息的挖掘；在学生系统思维培养方面，应更信任学生，给予更大的空间去提取梳理书信语篇的结构、主要语言和特征、书信写作中的技巧；在课后作业方面，应该让学生更加明确信件写作的行文结构和话题内容词汇，再进行应用文的写作。

大概念核心问题教学文化评价表

课时名称	Time for change
所属单元	Unit 2 Let’s celebrate
单元大概念	简略化表达：节日庆祝。 特征化表达：梳理概括不同民族文化习俗与传统节日的特点，辩证思考传统文化在新时代下如何继续传承和发扬，节日文化在全球文化交流方面的作用，听懂并谈论与节日相关的多模态语篇，对比思考春节年夜饭的形式，表达同意或不同意的观点，形成保护，继承，发扬传统文化的正确价值观
单元核心问题	研读资料，分析中外民族文化习俗与传统节日现象的异同，运用恰当语言和文字表达自己对某种节日现象的观点和其文化价值
课时大概念	简略化表达：用英语表达对不同形式年夜饭的看法和原因。 特征化表达：研读一篇以专栏文章为文体，用两封读者来信构成的文本，针对在哪里吃如何吃年夜饭的议题进行讨论，并探讨这类传统节日庆祝活动与文化认同、文化传承的价值意义之间的关系。 两种对年夜饭应该在哪里吃的不同看法

续表

<table>
<tr><td>课时核心问题</td><td colspan="5">研读 Time for a change 文章，厘清书信体的文章要点，探究节日庆祝—年夜饭的意义和价值，运用书信进行观点表达</td></tr>
<tr><td rowspan="2">评价目标</td><td colspan="3">评价指标</td><td rowspan="2" colspan="2">评价
方法结果</td></tr>
<tr><td>一级指标</td><td>二级指标</td><td>三级指标</td></tr>
<tr><td rowspan="28">实现活动体验中的学习与素养发展</td><td rowspan="12">具有大概念核心问题教学形态</td><td rowspan="3">核心问题
利于活动体验</td><td>内含学科问题和学生活动方式</td><td>7</td><td rowspan="12">每项指标最高评8分（满分为96分）
合计<u>90</u>分</td></tr>
<tr><td>问题情境与真实生活密切相关</td><td>8</td></tr>
<tr><td>能引发大概念、新知新法生成</td><td>7</td></tr>
<tr><td rowspan="3">教学目标
价值引导恰当</td><td>目标构成全面准确</td><td>8</td></tr>
<tr><td>内含关联体验目标</td><td>8</td></tr>
<tr><td>目标价值引导显现</td><td>8</td></tr>
<tr><td rowspan="3">教学环节
完整合理落实</td><td>教学环节清晰完整</td><td>8</td></tr>
<tr><td>环节内容合理充实</td><td>8</td></tr>
<tr><td>学生活动时间充分</td><td>8</td></tr>
<tr><td rowspan="3">教学要素
相互匹配促进</td><td>问题目标环节两两匹配</td><td>8</td></tr>
<tr><td>技术促进活动形式内容</td><td>6</td></tr>
<tr><td>学科特色突出氛围浓郁</td><td>6</td></tr>
<tr><td rowspan="16">具有大概念核心问题教学特质</td><td rowspan="4">拓展学习视野</td><td>课堂与现实世界有恰当关联</td><td rowspan="16" colspan="2">选择一个表现突出的二级指标，在相应三级指标引导下，以现场学生表现为主要依据，以其余指标为背景，于本表的第二页写出150字以上的简要评价</td></tr>
<tr><td>有基于缄默知识的问题解决</td></tr>
<tr><td>有缄默知识运用的追踪剖析</td></tr>
<tr><td>知识运用剖析导向素养发展</td></tr>
<tr><td rowspan="4">投入实践活动</td><td>有真实而且完整的实践活动</td></tr>
<tr><td>实践活动深度融入两类情境</td></tr>
<tr><td>能够全身心地浸渍于活动中</td></tr>
<tr><td>活动内容和结果均丰富深入</td></tr>
<tr><td rowspan="4">感受意义关联</td><td>有核心问题的深层意义感受</td></tr>
<tr><td>有以知识为中心的关联感受</td></tr>
<tr><td>有以个人为中心的关联感受</td></tr>
<tr><td>有对三类大概念的关联感受</td></tr>
<tr><td rowspan="4">自觉反思体验</td><td>有实质性反思活动的开展</td></tr>
<tr><td>有课堂新因素的追踪利用</td></tr>
<tr><td>有体验的交流与改善重构</td></tr>
<tr><td>有概念生成中的素养发展</td></tr>
</table>

续表

<table>
<tr><th rowspan="2">评价目标</th><th colspan="3">评价指标</th><th rowspan="2">评价
方法结果</th></tr>
<tr><th>一级指标</th><th>二级指标</th><th>三级指标</th></tr>
<tr><td rowspan="7">实现活动体验中的学习与素养发展</td><td rowspan="7">具有大概念核心问题教学特质</td><td rowspan="4">乐于对话分享</td><td>乐于自我的表达与认真地倾听</td><td rowspan="7"></td></tr>
<tr><td>乐于合作中成果与思路的分享</td></tr>
<tr><td>乐于成果交流中深层意义分享</td></tr>
<tr><td>有宽容的对话氛围和双向交流</td></tr>
<tr><td rowspan="3">认同素养评价</td><td>认可素养评价</td></tr>
<tr><td>参与素养评价</td></tr>
<tr><td>利用素养评价</td></tr>
<tr><td colspan="5">大概念核心问题教学特质的简要评价（包括发展性建议）：</td></tr>
<tr><td colspan="5">本课采用的是大概念的核心问题教学，“投入实践活动”和“感受意义关联”两个一二级指标凸显充分。
本课核心问题：研读 Time for a change 文章，厘清书信体的文章要点，探究节日庆祝—年夜饭的意义和价值，运用书信进行观点表达。
整个课程设计围绕核心问题展开，进行了真实、完整的探究实践活动，整个活动都是根据“节日庆祝”这一真实生活情境展开。
创设情境，引出主题，激活与“春节习俗”相关的话题词汇和短语。引导学生感知“变化”，为话题铺垫。学生识记和应用相关话题词汇和短语，是为后续发现问题和解决问题做好铺垫。随着情境的深入，学生能够提出关于春节习俗的问题，如年夜饭应该在哪吃、怎么吃、为什么吃、有什么影响和价值？学生产生疑问的过程，就是在真实生活情境中学习的过程。解决问题环节，学生通过阅读两篇来自不同身份背景的读者来信，进行较为复杂的学习探究活动。在这个过程中，经过小组讨论，学生可以归纳总结出春节年夜饭的形式特点、意义以及书信体语篇的语言特点。在反思提升环节，学生回到真实的语言情境，通过老师的引导，自主思考在真实社会环境中，人们为何会创造节日，发掘传统节日文化背后的内涵，进一步思考新时代背景下，应该对传统习俗持什么样的态度，怎么让传统节日文化在新时代继续保持鲜活的生命力。在评价反馈环节，学生根据本课所学，应用输入的语言资源和思维方式，尝试将本堂课探究活动的结果应用到真实的生活实践</td></tr>
</table>

大概念核心问题教学素养目标点检测表

课时名称	Time for a change?
所属单元	Book 2 Unit 2 Let’s celebrate
单元大概念	简略化表达：节日庆祝。 大概念特征化表达：梳理概括不同民族文化习俗与传统节日的特点，思考传统文化在新时代下如何传承和发扬、节日文化在全球文化交流方面的作用，听懂并谈论与节日相关的多模态语篇，对比思考春节年夜饭的形式，表达同意或不同意的观点，形成保护、继承、发扬传统文化的正确价值观

续表

<table>
<tr><td>单元大概念</td><td colspan="3">思想方法：形象思维、归纳概括、分析判断、逻辑思维、系统思维、对比思维、创新思维、辩证思维、迁移思维、发散思维。
价值观念：运用单元所学，辨析不同节日的意义和内涵，通过了解中国传统节日走向世界的事实，增强国家认同感，主动弘扬和传播中华优秀文化，增强社会责任感</td></tr>
<tr><td>单元核心问题</td><td colspan="3">研读资料，分析中外民族文化习俗与传统节日现象的异同，运用恰当的语言，表达自己对某种节日现象的观点和其文化价值</td></tr>
<tr><td>课时大概念</td><td colspan="3">简略化表达：两种对年夜饭应该在哪里吃的不同看法。
特征化表达：以专栏文章为载体，根据两封读者来信，针对在哪里吃年夜饭的议题进行讨论，探讨中国传统节日对文化认同、文化传承的价值和意义</td></tr>
<tr><td>课时核心问题</td><td colspan="3">研读 Time for a change 文章，厘清书信体的文章要点，探究节日庆祝—年夜饭的意义和价值，运用书信进行观点表达</td></tr>
<tr><td>课时素养目标</td><td colspan="3">通过略读和细读，把握文本细节信息，即对两种不同形式年夜饭的看法，梳理和总结文本内容，掌握书信体的基本结构和语言特征（语言能力二级水平）。参与讨论和展示活动，运用合适的言语探讨年夜饭的庆祝形式和意义价值，由此懂得年夜饭所代表的传统节日庆祝活动对于文化传承的重要意义（文化意识二级水平）。思考并撰写书信，分享自己家今年的年夜饭，在真实语境中灵活运用观点—事实型语篇结构，掌握书信文体，准确表述自己的观点（思维品质二级、学习能力二级水平）</td></tr>
<tr><td>检测点</td><td colspan="3">领悟人与社会的关系，理解文化现象是文化价值的体现，意识到优秀传统文化习俗应该被传承和发展</td></tr>
<tr><td>检测工具（检测题）</td><td colspan="3">表达并写下对“forms change，love remain”的理解和观点</td></tr>
<tr><td rowspan="4">分类标准</td><td colspan="3">A. 完全能表达出人与社会的关系，我们应该尊重和保护优秀传统文化，传承和发展传统习俗，完全意识到传统文化是民族身份的一部分，并合理说明其观点</td></tr>
<tr><td colspan="3">B. 较好表达出人与社会的关系，我们应该尊重和保护优秀传统文化，传承和发展传统习俗，部分意识到传统文化是民族身份的一部分，有一些例证，但在观点表达上有少许欠缺的点项</td></tr>
<tr><td colspan="3">C. 基本能表达出人与社会的关系，我们应该尊重和保护优秀传统文化，传承和发展传统习俗，部分意识到传统文化是民族身份的一部分，但在表达上欠缺两个或两个以上的点项</td></tr>
<tr><td colspan="3">D. 不能表达出人与社会的关系，我们应该尊重和保护优秀传统文化，传承和发展传统习俗，部分意识到传统文化是民族身份的一部分，完全没有相关表达和例证</td></tr>
<tr><td rowspan="5">检测统计</td><td>分类等级</td><td>学生人数</td><td>百分比（总人数 55 人）</td></tr>
<tr><td>A</td><td>39</td><td>70.9%</td></tr>
<tr><td>B</td><td>15</td><td>27.2%</td></tr>
<tr><td>C</td><td>1</td><td>1.8%</td></tr>
<tr><td>D</td><td>0</td><td>0%</td></tr>
</table>

续表

检测分析 结果运用	共有 55 名学生参与本次评估，其中 39 名学生（占 70.9%）能够准确地表达人与社会的关系，赞同尊重与保护优秀传统文化，认识到传统文化是民族认同的一部分，并且能够充分表述自己的见解。有 15 名学生（占 27.2%）表现出对人与社会关系较好的理解，但观点表达稍显不足。仅有 1 名学生（占 1.8%）的表达不够完整，未能充分阐述人与社会的关系。无学生（0%）完全无法表达这一关系或给出相关例证。 从结果来看，学生几乎能将课堂内容如年夜饭的意义内化，并关联至社会文化。他们认识到人与社会是相互依存的，人的行为会与社会文化互动。然而，有些学生在描述人与社会的关系时，没有明确展现出深度思考，缺乏足够的论据支持自己的立场。 总的来说，高一学生拥有较强的表象信息处理能力，但还需要在挖掘深层含义以及提高学习方法和策略上下功夫。大概念核心问题教学方法能够促进学生理解力、思维品质和学习技能的提升，积累英语学科的核心素养。因此，在未来的教学实践中，应该重点培养学生的思维品质和学习方法，针对学生在学习策略上的不足进行有针对性的指导和交流
素养目标 达成实例	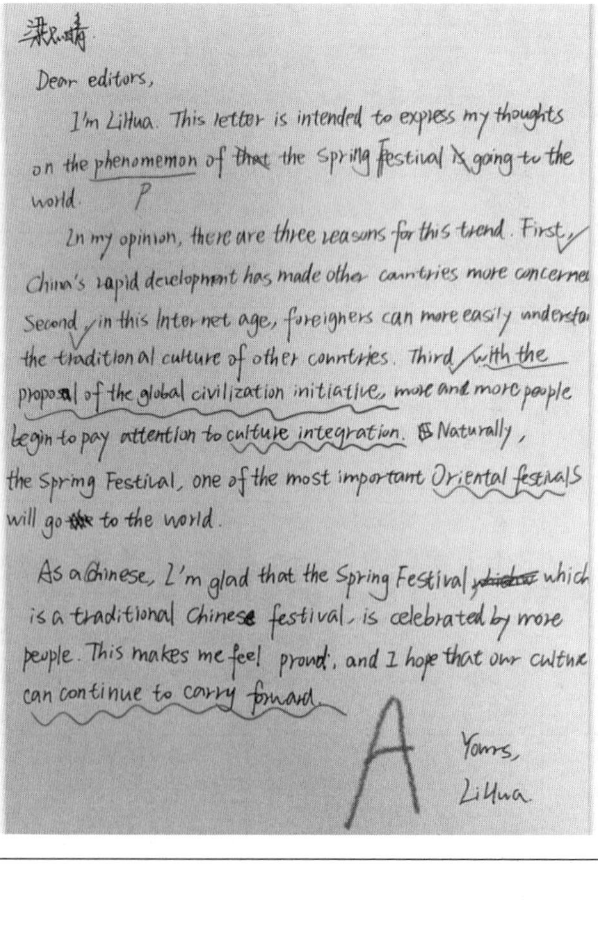 Dear editors, I'm LiHua. This letter is intended to express my thoughts on the phenomemon of the Spring Festival going to the world. In my opinion, there are three reasons for this trend. First, China's rapid development has made other cauntries more concerned. Second, in this Internet age, foreigners can more easily understand the traditional culture of other countries. Third, with the proposal of the global civilization initiative, more and more people begin to pay attention to culture integration. Naturally, the Spring Festival, one of the most important Oriental festivals will go to the world. As a Chinese, I'm glad that the Spring Festival, which is a traditional Chinese festival, is celebrated by more people. This makes me feel proud, and I hope that our culture can continue to carry forward. A Yours, LiHua

续表

素养目标达成实例

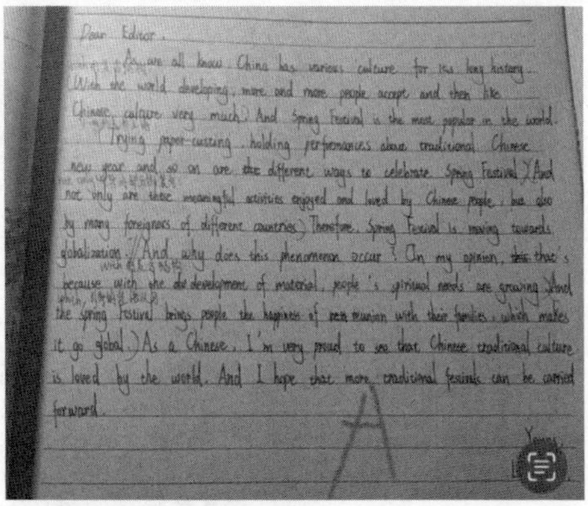

Dear Editor,

As we all know, China has various culture for its long history. With the world developing, more and more people accept and then like Chinese culture very much. And Spring Festival is the most popular in the world.

Trying paper-cutting, holding performances about traditional Chinese new year and so on are the different ways to celebrate Spring Festival. And not only are these meaningful activities enjoyed and loved by Chinese people, but also by many foreigners of different countries. Therefore, Spring Festival is moving towards globalization. And why does this phenomenon occur? In my opinion, that's because with the development of material, people's spiritual needs are growing. And the Spring Festival brings people the happiness of reunion with their families, which makes it go global. As a Chinese, I'm very proud to see that Chinese traditional culture is loved by the world. And I hope that more traditional festivals can be carried forward.

A

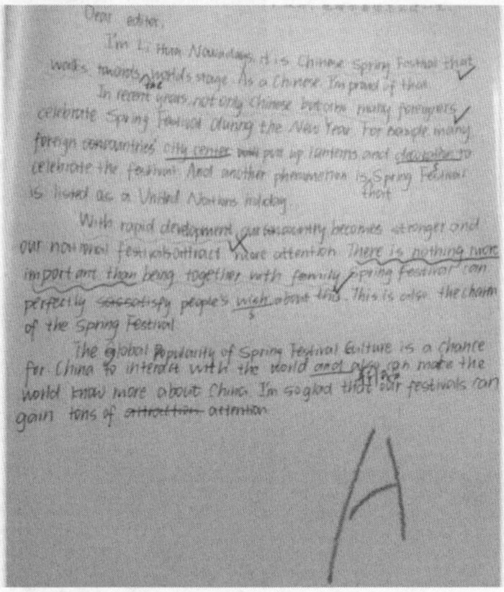

Dear editor,

I'm Li Hua. Nowadays, it is Chinese Spring Festival that walks towards the world's stage. As a Chinese, I'm proud of that.

In recent years, not only Chinese but also many foreigners celebrate Spring Festival during the New Year. For example, many foreign countries' city centers put up lanterns and decorations to celebrate the festival. And another phenomenon is that Spring Festival is listed as a United Nations holiday.

With rapid development, our country becomes stronger and our national festivals attract more attention. There is nothing more important than being together with family. Spring Festival can perfectly satisfy people's wishes about this. This is also the charm of the Spring Festival.

The global popularity of Spring Festival culture is a chance for China to interact with the world and also can make the world know more about China. I'm so glad that our festivals can gain tons of attention.

A

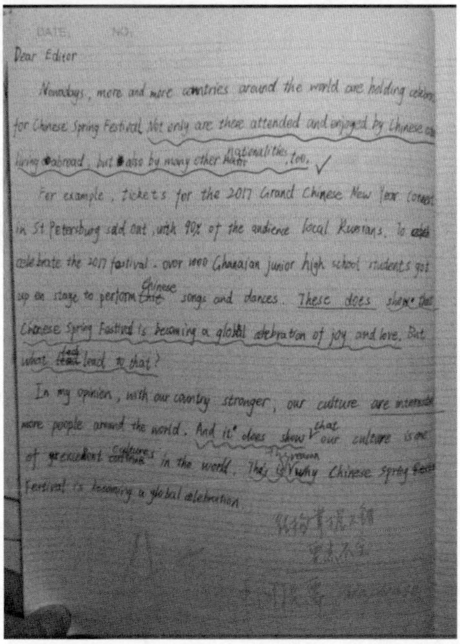

DATE: NO:

Dear Editor

Nowadays, more and more countries around the world are holding celebrations for Chinese Spring Festival. Not only are these attended and enjoyed by Chinese living abroad, but also by many other nationalities, too.

For example, tickets for the 2017 Grand Chinese New Year Concert in St Petersburg sold out, with 90% of the audience local Russians. To celebrate the 2017 festival, over 1000 Ghanaian junior high school students got up on stage to perform Chinese songs and dances. These does show that Chinese Spring Festival is becoming a global celebration of joy and love. But what lead to that?

In my opinion, with our country stronger, our culture are interested more people around the world. And it does show that our culture is one of excellent cultures in the world. That's the reason why Chinese Spring Festival is becoming a global celebration.

A

续表

<table>
<tr>
<td>素养目标
达成实例</td>
<td>
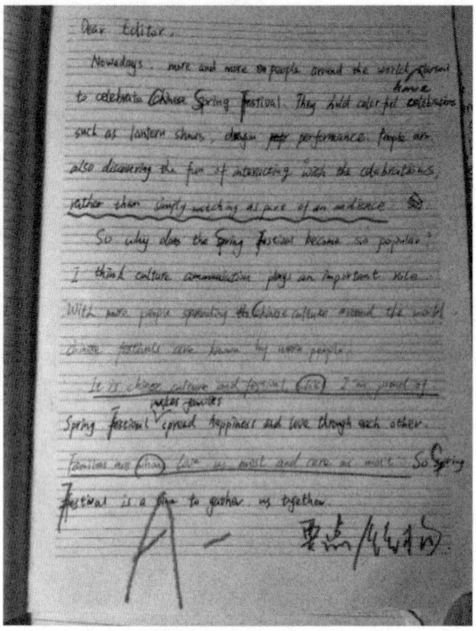

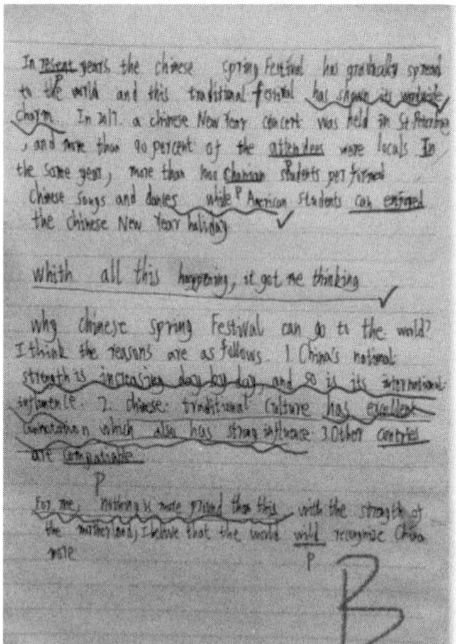

从以上点检测可以看出，前两位同学都能在内容和结构上明确写作的主题，完整地表达三个要点（形式、意义、感受），每个要点均有合理的支撑语言，要点与支撑语言之间有明确的关联；在开头和结尾段，有明确表示信件礼仪的表达，并且能够总结全文观点，故评为 A 等。
A 同学的文章表达完整，应用了倒装、强调等句子结构，书信结构完整，但是缺了一个要点，而且对于重点现象的描述缺乏语言支撑，故评为 A-等。
B 同学的文章没有采用书信体的结构，有两个要点，有相应的支撑语言，但要点和阐释之间关联性不强；语言使用上，存在多个单词拼写错误和句子结构错误，所以评为 B 等
</td>
</tr>
</table>

续表

检测反馈	反馈调整 对学生的评价反馈和作业完成情况进行细致的分类和分析后，建议从两个方面与学生进行沟通交流。首先，在课堂互动上，鼓励学生更自信地分享自己的想法与理解，这对于深化对学习内容的把握和促进同伴之间的交流非常重要。其次，课后作业方面，通过对数据分析的积极反馈，鼓励学生互相借鉴优秀的学习方法和成果。对于那些作业质量与态度不佳的学生，主张进行个别沟通，旨在帮助他们改进学习态度，并更有效地运用学科知识及价值观。 在对教学过程进行反思之后，建议从两个方面调整教学策略。一方面，应该更加鼓励学生自主学习，彰显系统思维的培养。另一方面，学生互动和评价时，教师的反馈应更具针对性，使其既有助于激发学生表达见解，又能增强学生的学习技能。对于回答出色的学生，给予更多总结性的表扬；对于回答不足的学生，提供更详细的指导和鼓励性建议，以此提升他们的学习热情与自信心

Using Language: Listening and Speaking—A Festival Invitation

黄艺瑶

一、教学分析设计

【教材课标】☞

普通高中英语课程的具体目标是：培养和发展学生在接受高中英语教育后应具备的语言能力、文化意识、思维品质、学习能力等核心素养。

本次授课内容选自必修二的 Unit 2，单元主题为：Let's celebrate（欢庆佳节）。本单元主题语境为人与社会，主题语境内容为中外节日，主题意义为了解多元节日文化，理解节日深刻内涵，培养节日文化自信。

下文从主题内容（what），意图/情感态度价值观（why）和文体特征、内容结构、语言（how）三个方面对本课语篇内容进行分析。

主题内容（what）：听说部分的材料为一段发出感恩节家庭派对邀请的对话，主要内容包含时间、地点、活动内容、活动所需物品、活动注意事项等。在正式进入听力之前，教材在 Did you know 板块设计了一篇短文，介绍了人们发出邀请的正式程度和对应形式，并从赴约时间的角度，讲述在不同文化背景和情境下应当如何做出选择。

意图/情感态度价值观（why）：语篇的目的基于交际需求产生，本单元话题内容为节日，节日通常会举行各种各样的庆祝活动。在这个大的主题语境下融入发出邀请这一交际需求，根据这一交际需求和交际对象形成正式或非正式的语篇。

文体特征、内容结构、语言（how）：听力语篇逻辑清楚，邀请者在询问对方时间的基础上发出邀请，受邀者明确地表示意愿以后提出了疑惑，邀请者能够清楚地解答疑惑的同时，进一步展开劝说发出邀请，语言生动地道，既有积极劝说，也有委婉的请求，是很有价值的口语交际范本。

研读课标后，梳理了课标（2017 年版 2020 年修订）中对本课时教学的目标要求如下：

1. 语言能力

熟练地整合运用已有的英语语言知识，解析语篇结构的合理性、语篇主要观点与事实之间的逻辑关系，批判性地审视语篇的观点、情感态度；准确、熟练和得体地陈述事件，传递信息，表达个人观点和情感，体现意图、态度和价值取向。（语言能力三级水平）

2. 文化意识

能够选择合适的方式方法，在课堂等现实情境中获取中外文化信息，并结合实际情况进行分析和比较，深入思考深入节日的意义，能够通过了解中国传统节日，增强国家认同感，主动弘扬和传播中华优秀文化，增强社会责任感。（文化意识二级水平）

3. 思维品质

主动观察文化的各种现象，通过比较，识别各种信息之间的关联，从中推断出它们之间简单的逻辑关系、作者的观点和态度；针对所获取的信息，提出批判性的问题，辩证思考、判断观点和思想的价值，联系自身实际，形成自己的观点，实现知识向思维能力的迁移。（思维品质二级水平）

4. 学习能力

对英语学习有较强的兴趣和自信心，善于自主学习和合作学习，举一反三，积极争取和把握各种学习和表现机会，运用英语进行有效沟通和交流。（学习能力三级）

【大概念】☞

课时核心大概念：在不同场合恰当地发出和回应邀请。

特征化表达：发出邀请方面，基于交际场合的情境特征，选择恰当的词汇和方式发出或回应邀请，并根据对方回复展开进一步的劝说；在交际中更加深入地思考交际对话策略，感受中外多元文化，增强对文化多样性的理解。

	概念结论	思想方法	价值观念
简略化表达	发出和接受邀请的相关语言表达	交际意识 辩证思维 逻辑思维	多元文化观念
特征化表达	根据交际情境的需要选择 can/could，must，need，have to 等情态动词，体现恰当的语气，用于发出或接受邀请	在听说活动中，根据对方的回答选择合适的语言进行劝说，展开交际	了解尊重中外不同的节日文化，增强对多元文化的认同

【资源条件】☞

资源名称	功能
黑板	板书核心问题；板书学生解决问题时交流、分析、建构概念过程的要点；板书反思提升要点等
教材、学案	提供核心问题教学各环节中自主探究与生成的环节与思维空间
PPT	展示图片等情境；提供全班交流时所需的资料；出示评价反馈练习等内容
信息技术融合	视频/音频播放、学生纸质文件投影、白板
网络资源	学生网页查询中国传统节日及相关英语表达；查询节日的起源等背景知识及相关英语表达

【学生基础】☞

本班学生是高一的学生，已具备了一定的听力和语言表达能力，能够通过听的方式获取关于节日和邀请的信息，在老师的指导下关注并收集有关发出和接受的相关表达，并进行深层次的思考。但是，学生的英语综合能力参差不齐，英语学习习惯具有较大差异。跨文化意识还较薄弱，创新思维和多元思维需要加强。大部分学生对英语较感兴趣，学习态度较端正，部分学生口头表达较好，但部分学生在课堂上不愿意张口。口头表达时，辩论技巧、陈诉观点时的结构、语言准确性等有待大幅度提高。交际意识方面，大部分同学对英语的掌握停留在试题上，语言表达更多的是简单的句子操练，较少在情境当中真实运用语言完成交际，因此对语用方面的知识关注较少。

话题方面，学生在初中了解过节日相关的话题，背景知识相对丰富。语言方面，学生认识且会使用一些简单的与邀请相关的词汇，如 invite，would you like 等，但对情态动词所表达不同程度的语气还未形成系统性的认知。

所以，基于以上分析，本课要引导学生通过听力活动，获取发出和接受邀请的语言表达，明确邀请要包含的内容，结合前一课时对情态动词的学习，感受其表达的语气程度，引导学生在交际的过程中关注交际需求和交际对象的身份背景。

【教学目标】☞

经过听说活动，能够听懂邀请相关对话，并把握对话中关于节日活动的重要信息，运用合理的语言发出和接受邀请。能够考虑交际情境中文化背景、交际对象身份等要素，尊重交际对象文化背景，运用多元文化意识和跨文化交际能力，根据对方回答展开劝说，发展逻辑思维能力。

【核心问题】☞

核心问题：听“邀请参加感恩节家庭庆祝活动”音频，总结邀请需要包含的内容、发出和接受邀请的相关表达和影响表达方式选择的因素，并将所学迁移到新情境中，完成发出和接受邀请的对话。

核心问题分析：本课要引导学生通过听力活动，获取发出和接受邀请的语言表达，明确邀请要包含的内容，结合前一课时对情态动词的学习，感受其表达的语气程度，引导学生在交际的过程中关注交际需求和交际对象的身份背景，创设新的贴近学生生活的交际情境，在情境中完成邀请的发出和接受相关语言活动。

【评价预设】☞

本堂课听力材料是“发出邀请”，学生能够较清楚地提取出发出邀请的语言，但是在感受不同表达方式的语气上存在困难。在口语输出部分，学生对话题有话可说，但是进一步展开劝说，疑问的提出、话轮的转换和衔接还需要引导练习。因此，听力练习时，老师需要引导学生关注交际双方的文化背景和身份信息，引导学生感受不同程度的语气，为语言输出做准备。

二、教学实施设计

【教学环节】 ☞

教学环节	学生活动	教师活动	设计意图	技术融合
提出问题（5 mins）	简要谈论春节期间会进行的家庭活动	1. 展示春节背景图片，引导学生简要谈论春节期间进行的家庭活动 2. 创设情境：邀请在中国度过春节的国际学生共度春节	1. 激活春节相关背景知识 2. 复习 developing ideas 部分关于春节的词汇，为语言表达做准备 3. 创设并将学生引入交际情境当中	PPT 展示
解决问题（15 mins）	1. 听第一遍听力材料，根据材料内容完成句子（P24：6） 2. 听后回答问题：Where does Tony and Hugo come from?	1. 引导学生听音频，获取邀请语篇的基本信息：交际目的，活动内容，受邀者态度 2. 引导学生关注交际双方背景信息	1. 初步掌握材料大意，明确邀请应包含内容框架 2. 引导学生关注交际双方文化背景和身份特征，明确其在邀请过程中的重要性	PPT 展示 板书
	听第二遍材料，获取材料细节信息，完成表格	引导学生精听音频，获取和梳理听力材料的详细信息：活动的时间、地点、具体安排、注意事项	锻炼听取细节信息的能力；明确邀请应包含的具体内容	
	听第三遍材料，提取发出和接受邀请的表达方式	引导学生关注邀请相关表达，引导关注情态动词表达的语气和话轮转换	学习积累邀请相关语言表达；感受口语的交际特征和在具体语言上的体现，培养语用能力	PPT 展示 板书
反思提升（10 mins）	组内进行头脑风暴，思考可以发出和回应邀请的其他表达，并按照委婉程度排序	板书展示学生讨论结果，帮助学生对表达方式排序	搭建语言脚手架；进一步引导关注语言的适切性	投影 黑板板书
应用反馈（10 mins）	运用本课所学，两人一组，编演对话。 展开学生互评	再次呈现情境，明确评价标准，引导学生展开生生评价	再次呈现交际情境，实现语言的迁移运用	PPT

【板书设计】☞

Let's Celebrate

Using Language Listening and Speaking

A Festival Invitation

核心问题：听音频材料，总结感恩节发出邀请需要包含的内容，总结相关表达，并在新情境中完成对话

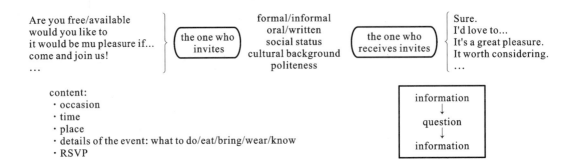

Are you free/available
would you like to
it would be mu pleasure if...
come and join us!
…

the one who invites

formal/informal
oral/written
social status
cultural background
politeness

the one who receives invites

Sure.
I'd love to...
It's a great pleasure.
It worth considering.
…

content:
- occasion
- time
- place
- details of the event: what to do/eat/bring/wear/know
- RSVP

information
↓
question
↓
information

【教学流程图】☞

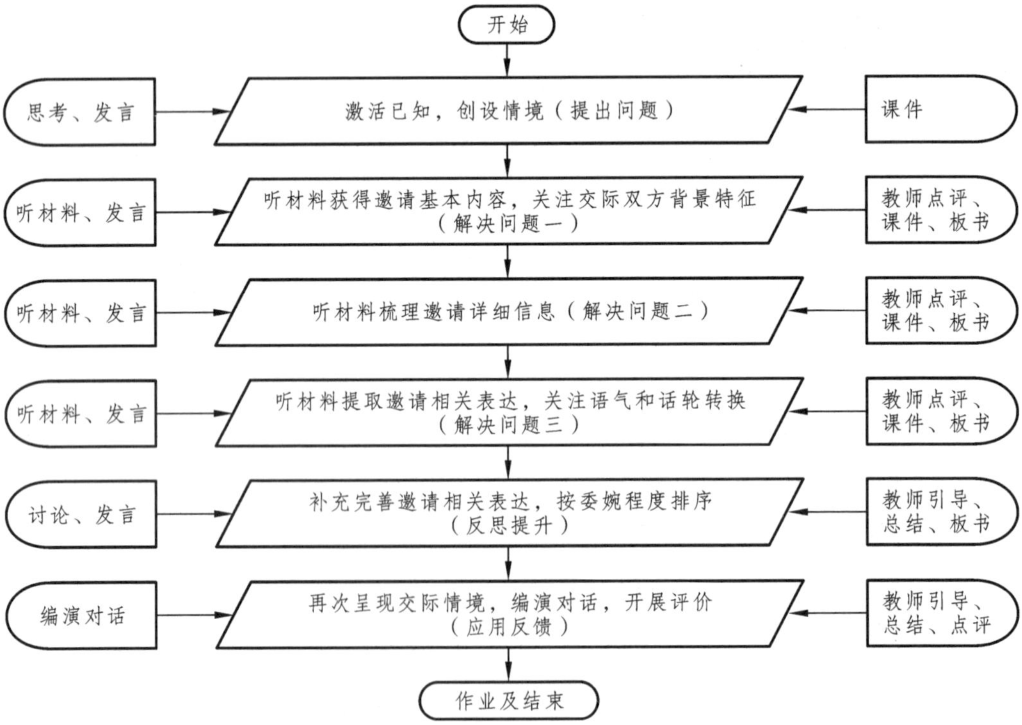

【作业布置】☞

为了让学生能够将本节课体验到的反思总结、基本思想方法、概念结论迁移到后续的学习中，特布置如下作业。

作业序号	作业目标	作业内容	作业情境		概念结论		思想方法		价值观念		整体评估	
			内容	水平	内容	水平	内容	水平	内容	水平	类型	水平
1	正确使用课堂所学词汇、情态动词填空	单句填空、阅读理解、七选五	主题相关话题：圣诞节，暖房派对	较简单	话题词汇和情态动词	语言水平二级学习能力二级	逻辑思维	思维品质二级	了解尊重中外不同的节日文化，增强对多元文化的认同	文化意识二级水平	基础作业	学业质量水平二
2	能够使用恰当的书面语言发出邀请	完成书面邀请函	向国际学生撰写书面邀请函，邀请参加春节活动	较复杂	邀请函具体内容；邀请相关语言表达；语用知识	语言能力二级水平文化意识三级水平	系统思维迁移思维	思维品质三级水平	能够通过了解中国传统节日，增强国家认同感，主动弘扬和传播中华优秀文化，增强社会责任感	文化意识三级水平	综合作业	学业质量水平二
3	综合运用本单元所学，自主展开合作探索，完成对单元所学语言的内化，并迁移运用到生活情境当中	以小组为单元，在对校园情况进行调查的基础上，为学校创设一个特殊的节日，形成庆祝节日的活动方案，并且制作海报对节日进行宣传推广	学习探究情境：综合本单元所学，收集信息，在情境中使用话题语言	复杂	学习探究情境：综合本单元所学，收集信息，在情境中使用话题语言	思维品质三级水平语言能力二级水平文化意识三级水平	逻辑思维批判思维系统思维创新思维	思维品质三级	深入理解节日的意义，体会节日中隐含的价值观念和核心思想	文化意识三级水平	实践性作业	学业质量水平三

（具体的作业内容略）

三、教学评价反馈

【评价实施】☞

课后听取、收集了听课教师的反馈意见，收集全班学生的评价反馈练习。

【信息收集】☞

认真反思收集到的教师反馈意见，针对大概念核心问题教学的课堂教学评价，完成下列“大概念核心问题教学文化评价表”。

【反馈调整】☞

1. 针对学生

对学生完成的评价反馈作业进行认真的归类分析后，从课堂学习及课后作业两个方面向学生进行反馈交流。针对课堂交流互动积极性略欠佳这一情况，激励学生在今后的课堂学习中更大胆地表达自己的观点与见解，这样有助于理解与内化所学知识；学生课后作业完成情况良好，因此在对全班进行肯定性评价的基础上，通过剖析优秀案例，加强学生的相互学习和借鉴。与反馈作业中结果不太好的学生（包括质量和书写等方面）进行沟通交流，以期在今后的学习中有更好的表现，能对学科知识、思想方法和价值观念进行更好的迁移和运用。

2. 针对教师

认真对课前教学设计、课堂教育教学及课后作业情况进行反思后，从课堂教学与课后作业两个方面对自己提出反馈调整意见：

（1）课堂上应更大胆地放手让学生去做有利于系统思维的培养。

（2）运用反馈环节，学生在表达时，教师的评价应该更有针对性和指导性，培养学生的学习技能，激励学生学习，增强其英语学习的积极性和信心。

大概念核心问题教学文化评价表

课时名称	Using Language：Listening and Speaking A Festival Invitation
所属单元	必修二 2 单元
单元大概念	节日庆祝 大概念特征化表达：梳理概括不同民族文化习俗与传统节日的特点，辩证思考传统文化在新时代下如何继续传承和发扬，节日文化在全球文化交流方面的作用，听懂并谈论与节日相关的多模态语篇，对比思考春节年夜饭的形式，表达同意或不同意的观点，形成保护，继承，发扬传统文化的正确价值观
单元核心问题	研读资料，分析中外民族文化习俗与传统节日现象的异同，运用恰当语言和文字表达自己对某种节日现象的观点和其文化价值

续表

<table>
<tr><td colspan="2">课时大概念</td><td colspan="4">简约化表达：在不同场合恰当地发出和回应邀请。
特征化表达：发出邀请方面，基于对交际场合正式程度、交际对象身份特征、交际对象文化背景等方面的考量，选择恰当的词汇和方式发出或回应邀请，并展开进一步的劝说；回应邀请方面，明确表明意愿态度，在邀请对话中合理提出疑问，以获取更多信息</td></tr>
<tr><td colspan="2">课时核心问题</td><td colspan="4">听“邀请参加感恩节家庭庆祝活动”音频材料，总结感恩节发出和接受邀请的相关表达和影响表达方式选择的因素，并将所学迁移到新情境中，完成发出和接受邀请的对话</td></tr>
<tr><td rowspan="2">评价目标</td><td colspan="3">评价指标</td><td colspan="2" rowspan="2">评价
方法结果</td></tr>
<tr><td>一级指标</td><td>二级指标</td><td>三级指标</td></tr>
<tr><td rowspan="24">实现活动体验中的学习与素养发展</td><td rowspan="12">具有大概念核心问题教学形态</td><td rowspan="3">核心问题
利于活动体验</td><td>内含学科问题和学生活动方式</td><td>7</td><td rowspan="12">每项指标最高评8分（满分为96分）
合计 90 分</td></tr>
<tr><td>问题情境与真实生活密切相关</td><td>8</td></tr>
<tr><td>能引发大概念、新知新法生成</td><td>7</td></tr>
<tr><td rowspan="3">教学目标
价值引导恰当</td><td>目标构成全面准确</td><td>8</td></tr>
<tr><td>内含关联体验目标</td><td>8</td></tr>
<tr><td>目标价值引导显现</td><td>8</td></tr>
<tr><td rowspan="3">教学环节
完整合理落实</td><td>教学环节清晰完整</td><td>8</td></tr>
<tr><td>环节内容合理充实</td><td>8</td></tr>
<tr><td>学生活动时间充分</td><td>8</td></tr>
<tr><td rowspan="3">教学要素
相互匹配促进</td><td>问题目标环节两两匹配</td><td>8</td></tr>
<tr><td>技术促进活动形式内容</td><td>6</td></tr>
<tr><td>学科特色突出氛围浓郁</td><td>6</td></tr>
<tr><td rowspan="12">具有大概念核心问题教学特质</td><td rowspan="4">拓展学习视野</td><td>课堂与现实世界有恰当关联</td><td colspan="2" rowspan="12">选择一个表现突出的二级指标，在相应三级指标引导下，以现场学生表现为主要依据，以其余指标为背景，于本表的第二页写出150字以上的简要评价</td></tr>
<tr><td>有基于缄默知识的问题解决</td></tr>
<tr><td>有缄默知识运用的追踪剖析</td></tr>
<tr><td>知识运用剖析导向素养发展</td></tr>
<tr><td rowspan="4">投入实践活动</td><td>有真实而且完整的实践活动</td></tr>
<tr><td>实践活动深度融入两类情境</td></tr>
<tr><td>能够全身心地浸渍于活动中</td></tr>
<tr><td>活动内容和结果均丰富深入</td></tr>
<tr><td rowspan="4">感受意义关联</td><td>有核心问题的深层意义感受</td></tr>
<tr><td>有以知识为中心的关联感受</td></tr>
<tr><td>有以个人为中心的关联感受</td></tr>
<tr><td>有对三类大概念的关联感受</td></tr>
</table>

续表

<table>
<tr><td rowspan="2">评价目标</td><td colspan="3">评价指标</td><td rowspan="2">评价
方法结果</td></tr>
<tr><td>一级指标</td><td>二级指标</td><td>三级指标</td></tr>
<tr><td rowspan="11">实现活动体验中的学习与素养发展</td><td rowspan="11">具有大概念核心问题教学特质</td><td rowspan="4">自觉反思体验</td><td>有实质性反思活动的开展</td><td rowspan="11"></td></tr>
<tr><td>有课堂新因素的追踪利用</td></tr>
<tr><td>有体验的交流与改善重构</td></tr>
<tr><td>有概念生成中的素养发展</td></tr>
<tr><td rowspan="4">乐于对话分享</td><td>乐于自我的表达与认真地倾听</td></tr>
<tr><td>乐于合作中成果与思路的分享</td></tr>
<tr><td>乐于成果交流中深层意义分享</td></tr>
<tr><td>有宽容的对话氛围和双向交流</td></tr>
<tr><td rowspan="3">认同素养评价</td><td>认可素养评价</td></tr>
<tr><td>参与素养评价</td></tr>
<tr><td>利用素养评价</td></tr>
<tr><td colspan="5">大概念核心问题教学特质的简要评价（包括发展性建议）：</td></tr>
<tr><td colspan="5">发出邀请方面，基于对交际场合正式程度、交际对象身份特征、交际对象文化背景等方面的考量，选择恰当的词汇和方式发出或回应邀请，并展开进一步的劝说；回应邀请方面，明确表明意愿态度，在邀请对话中合理提出疑问，以获取更多信息。
本核心问题让学生完全浸渍在完整和真实的实践活动中，如在课堂开始便引导学生进入交际情境，明确要解决的问题。解决问题环节中听材料，获取邀请语篇的基本信息；反思提升环节中小组讨论如何在邀请中有好的表现。同时，活动内容丰富，通过略听，获取邀请语篇的基本信息；通过精听，获取和梳理听力材料的详细信息。听说部分的材料为一段发出感恩节家庭派对邀请的对话，主要内容包含时间、地点、活动内容、活动所需物品、活动注意事项等。以听力文本为载体，提取梳理邀请语篇的主要语言特征结构和邀请这一交际活动对语言适切性的要求。在反思提升环节中，教师引导学生对邀请相关语言进行头脑风暴补充完善，并按照语气委婉程度总结归纳，充分体现了概念结论类、思想方法类、价值观念类大概念间的紧密关联，让学生全方位深度感受意义关联。在运用反馈环节中，学生在新的情境中编演对话并展开评价，巩固语言的同时深入理解节日的意义，体会节日中隐含的价值观念和核心思想，通过深入了解中国传统节日，增强国家认同感，主动弘扬和传播中华优秀文化，增强社会责任感。
综上，学生在本课的学习中有核心问题的完整活动的浸渍，有深层价值意义的感受，有以知识为中心的关联感受，有对三类大概念的深层关联感受，所以“投入实践活动”和“感受意义关联”这两个一二级指标凸显充分</td></tr>
</table>

大概念核心问题教学素养目标点检测表

课时名称	Using Language Listening and Speaking A Festival Invitation
所属单元	Book 2 Unit 2 Let’s celebrate

续表

<table>
<tr><td>单元大概念</td><td colspan="3">单元核心大概念：节日庆祝。
大概念特征化表达：梳理概括不同民族文化习俗与传统节日的特点，辩证思考传统文化在新时代下如何继续传承和发扬、节日文化在全球文化交流方面的作用，听懂并谈论与节日相关的多模态语篇，对比思考春节年夜饭的形式，表达同意或不同意的观点，形成保护、继承、发扬传统文化的正确价值观。
概念结论类：新时代背景下节日文化的了解以及批判继承。
思想方法类：形象思维、归纳概括、分析判断、逻辑思维、系统思维、对比思维、创新思维、辩证思维、迁移思维、发散思维。通过运用各种学习策略，在自主、合作与探究学习的过程中，结合单元提供的反思性和评价性问题不断监控、评价、反思和调整自己的学习内容和进程，提高自己理解和表达的效果，最终促进自身语言能力、文化意识、思维品质和学习能力的综合提升。
价值观念类：运用单元所学辨析不同节日的意义和内涵，通过了解中国传统节日走向世界的事实，增强国家认同感，主动弘扬和传播中华优秀文化，增强社会责任感</td></tr>
<tr><td>单元核心问题</td><td colspan="3">研读资料，分析中外民族文化习俗与传统节日现象的异同，运用恰当的语言和文字，表达自己对某种节日现象的观点和其文化价值</td></tr>
<tr><td>课时大概念</td><td colspan="3">简约化表达：在不同场合恰当地发出和回应邀请。
特征化表达：发出邀请方面，基于对交际场合正式程度、交际对象身份特征、交际对象文化背景等方面的考量，选择恰当的词汇和方式发出或回应邀请，并展开进一步的劝说；回应邀请方面，明确表明意愿态度，在邀请对话中合理提出疑问，以获取更多信息</td></tr>
<tr><td>课时核心问题</td><td colspan="3">听“邀请参加感恩节家庭庆祝活动”音频材料，总结感恩节发出和接受邀请的相关表达和影响表达方式选择的因素，并将所学迁移到新情境中，完成发出和接受邀请的对话</td></tr>
<tr><td>课时素养目标</td><td colspan="3">经过听说活动，能够听懂邀请相关对话，并把握对话中关于节日活动的重要信息，运用合理的语言发出和接受邀请。能够考虑交际情境中文化背景、交际对象身份等要素，尊重交际对象文化背景，运用多元文化意识和跨文化交际能力，根据对方回答展开劝说，发展逻辑思维能力</td></tr>
<tr><td>检测点</td><td colspan="3">用恰当的语言发出邀请并表示接受，邀请信息完整，结构清晰</td></tr>
<tr><td>检测工具（检测题）</td><td colspan="3">邀请函写作
Group A：邀请学校留学生参加春节联欢活动。
Group B：邀请学校外教参加春节联欢活动</td></tr>
<tr><td rowspan="4">分类标准</td><td colspan="3">A. 邀请函内容完整，文章结构清晰；考虑书面语和交际对象特征，语言恰当灵活</td></tr>
<tr><td colspan="3">B. 邀请函内容较完整，文章结构较清晰；考虑书面语和交际对象特征，语言较恰当</td></tr>
<tr><td colspan="3">C. 邀请函较完整，较少语法错误</td></tr>
<tr><td colspan="3">D. 基本达到交际需求</td></tr>
<tr><td rowspan="5">检测统计</td><td>分类等级</td><td>学生人数</td><td>百分比（总人数 52 人）</td></tr>
<tr><td>A</td><td>30</td><td>57.7%</td></tr>
<tr><td>B</td><td>14</td><td>27%</td></tr>
<tr><td>C</td><td>8</td><td>15.3%</td></tr>
<tr><td>D</td><td>0</td><td>0%</td></tr>
</table>

检测分析 结果运用	一共 52 人参与本次点检测。第一段有明确表示赞同或反对，有两个以上的论点，每个论点均有支撑证据，论点与支撑证据之间有明确的关联，结尾段有明确表示总结的词或句子的同学有 30 人（A 等），占比 56.6%；第一段有表示赞同或反对意味的词或句子，有两个以上的论点，每个论点均有支撑证据，论点与支撑证据之间关联性不太强，结尾段有表示总结的词或句子的同学有 13 人（A-等），24.5%；只有 10 人（C 等）占 18.9%，第一段或没有表示赞同或反对意味的词或句子，有论点或只有一个论点，有的论点或没有支撑证据，或论点与支撑证据之间关联性不强，或没有结尾段来总结全文观点；没有同学（0%）第一段没有表示赞同或反对意味的词或句子，有论点或只有一个论点，有的论点或没有有支撑证据，或论点与支撑证据之间关联性不强，或没有结尾段来总结全文观点。 直接从检测结果看，全班绝大多数学生（A30+A-13=43 人，81.1%）能使用表达赞成或反对的句子明确表达自己的观点，有清晰的论点和与论点相关性很强的支撑证据，结尾段有明确表示总结的词或句子来总结全文观点。 但也有部分同学第一段或没有表示赞同或反对意味的词或句子，有论点或只有一个论点，有的论点或没有有支撑证据，或论点与支撑证据之间关联性不强，或没有结尾段来总结全文观点。 综上，一方面，进入高一的学生对学科教学内容载体的显性信息获取和梳理要好一些，但对信息后的内涵挖掘还不够，对学习方法与策略的关注与提升不足；另一方面，以学科教学内容为载体，运用大概念核心问题教学进行的这类学习方法与策略指导课，的确能使学生从学科知识与能力、学科思想方法、学科价值观念多维度、深层次地体验学习，在深度体验中获得学科学习经验，积淀英语语言知识、语言技能、思维品质、学习技能等英语学科核心素养。因此，在后续的教学中，应着力加强学生思维品质和学习方法与策略的培育，观察发现学生学习方法与策略中存在的不足，进行强针对性的指导与交流
素养目标达成 典型实例	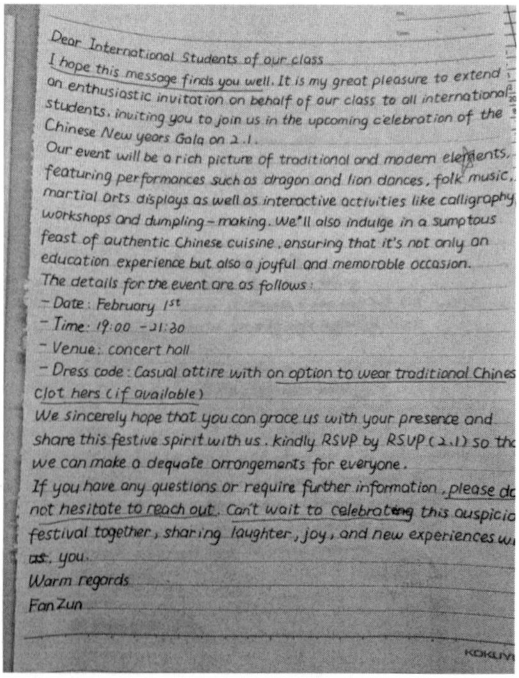 Dear International Students of our class I hope this message finds you well. It is my great pleasure to extend an enthusiastic invitation on behalf of our class to all international students, inviting you to join us in the upcoming celebration of the Chinese New years Gala on 2.1. Our event will be a rich picture of traditional and modern elements, featuring performances such as dragon and lion dances, folk music, martial arts displays as well as interactive activities like calligraphy workshops and dumpling-making. We'll also indulge in a sumptous feast of authentic Chinese cuisine, ensuring that it's not only an education experience but also a joyful and memorable occasion. The details for the event are as follows: - Date: February 1st - Time: 19:00 -21:30 - Venue: concert hall - Dress code: Casual attire with an option to wear traditional Chines clot hers (if available) We sincerely hope that you can grace us with your presence and share this festive spirit with us. Kindly RSVP by RSVP (2.1) so tha we can make a dequate arrangements for everyone. If you have any questions or require further information, please do not hesitate to reach out. Can't wait to celebrateng this auspicio festival together, sharing laughter, joy, and new experiences wi as. you. Warm regards Fan Zun

<table>
<tr><td>素养目标达成典型实例</td><td>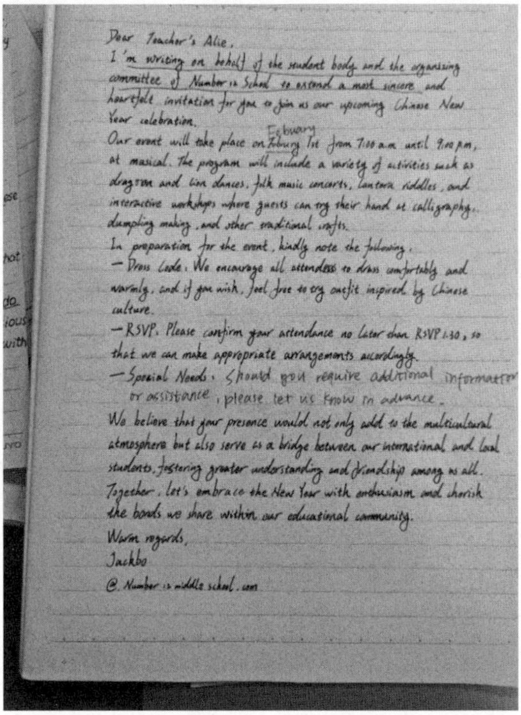
Dear Teacher's Alie,
I'm writing on behalf of the student body and the organising committee of Number 12 School to extend a most sincere and heartfelt invitation for you to join us our upcoming Chinese New Year celebration.
Our event will take place on Februry 1st from 7:00 a.m until 9:00 p.m, at musical. The program will include a variety of activities such as dragon and lion dances, folk music concerts, lantern riddles, and interactive workshops where guests can try their hand at calligraphy, dumpling making, and other traditional crafts.
In preparation for the event, kindly note the following.
— Dress Code. We encourage all attendess to dress comfortably and warmly, and if you wish, feel free to try outfit inspired by Chinese culture.
— RSVP. Please confirm your attendance no later than RSVP 1.30, so that we can make appropriate arrangements accordingly.
— Special Needs. Should you require additional information or assistance, please let us know in advance.
We believe that your presence would not only add to the multicultural atmosphere but also serve as a bridge between our international and local students, fostering greater understanding and friendship among us all. Together, let's embrace the New Year with enthusiasm and cherish the bonds we share within our educational community.
Warm regards,
Jackbo
@. Number 12 middle school.com</td></tr>
<tr><td>检测反馈</td><td>在对学生提交的评价反馈作业进行深入的分类分析后，笔者将从课堂互动与课后作业两个维度对学生进行反馈交流。首先，在课堂交流互动方面，针对部分学生表现略显保守、积极性不足的现象，鼓励他们在日后的课堂学习中勇于表达、敢于展示，这样不仅有助于他们自身对知识点的理解和内化，也能带动全班同学共同进步。其次，在课后作业方面，学生作业总体质量良好，给予全班肯定性评价；同时，将进一步通过解析优秀作业实例的方式，促进学生间的相互学习和借鉴。对于反馈作业结果欠佳的同学（包括作业质量和书写态度等方面），进行个别沟通指导，期望他们在未来的学习过程中能以更严谨的态度对待学科知识，更好地运用所学的思想方法和价值观念。
对于教师教学工作，笔者会深度反思课前的教学设计、课堂教学过程以及课后作业管理等环节，并据此提出以下两点自我反馈及调整意见:
第一，在课堂教学环节，特别是在系统思维培养方面，应更大胆放手让学生自主探索实践，这将有利于激发学生的主动性和创新能力，从而有效提升他们的系统思维能力。
第二，师生互评机制方面，在实施反馈的过程中，教师需对学生的表达给出更具针对性和指导性的评价，旨在提升学生的学习策略和技能，全方位调动学生的学习积极性，增强其英语学习的信心与动力</td></tr>
</table>

Book 2　Module 4　Stage and Screen

教学

Stage and Screen
大概念的核心·问题教学单元规划纲要

李玉婷

学科<u> 英语 </u>　　教师<u> 李玉婷 </u>

<table>
<tr><td>年级</td><td>高一年级</td><td>单元名称</td><td>Stage and screen
舞台与荧幕</td><td>单元课时</td><td>8</td></tr>
<tr><td rowspan="2">单元内容</td><td>教材内容</td><td colspan="4">外研社高中英语必修二第四单元的主题语境是人与社会，涉及的主题语境内容是中外舞台与荧幕上的艺术形式。本单元涉及各种艺术表演，从海报展示六种常见的中外艺术表演形式开始，有观看京剧版《哈姆雷特》和参加学校戏剧表演的难忘经历分享，有观看芭蕾舞剧《牡丹亭》的感受，有对六种类型的电视节目和参加外国音乐节相关事宜的讨论，还有对中外文学作品改编的电影常常不尽如人意的原因讨论，以及电影《公主日记》的影评。本单元旨在引导学生加深对不同种类的艺术形式的认识，了解中外文化的差异与融合，体会文化的多样性，理解和欣赏中外文化活动，创造性地表达对某种文化活动的看法，并能够写一篇简单的影评。在学习过程中，能够正确辨析中外文化的异同，批判性地看待多种文化活动形式，最终感受到“艺术无界，文化共通”</td></tr>
<tr><td>课程标准</td><td colspan="4">该单元主题：
主题语境：人与社会。
主题群：文学、艺术与体育（当中的文学与艺术）。
主题语境内容：小说、戏剧、文学名著与舞台荧幕多种艺术形式的结合。
基于对主题意义的探究，以解决问题为目的，整合语言知识和语言技能的学习，将特定主题与学生的生活建立密切关联，鼓励学生学习和运用语言，开展对语言、意义和文化内涵的探究。通过中外文化比较，培养学生的逻辑思维和批判思维，引导学生建构多元文化视角。在培养学生语言理解和表达的能力，推动学生对主题的深度学习的同时，帮助他们建构新概念，体验不同的生活，丰富人生阅历，树立正确的世界观、人生观和价值观。
该单元语法知识内容要求：
在语篇中理解和使用动词-ing形式做句子中的状语。
在语境中指导学生观察该语法项目的表达形式，基本意义和语用功能。通过课内外的练习和活动，巩固所学，引导学生不断加强准确、恰当、得体地使用语言的意识。
语篇知识内容要求：
论说文的写作特点和论述方式，影评的主要目的及结构特征。语篇成分（句子、句群、段落）之间的语义逻辑关系，如例证关系</td></tr>
</table>

续表

<table>
<tr><td rowspan="2">基础条件</td><td>资源基础</td><td>
<table>
<tr><th>资源名称</th><th>功能</th></tr>
<tr><td>黑板</td><td>板书核心问题；板书学生解决问题时分析、交流、建构的英语知识，结构和要点；板书反思提升的要点和语言表达</td></tr>
<tr><td>教材、学案、课外助读资料</td><td>提供大概念核心问题教学各环节中自主阅读的任务、探究与生成的知识和观点等</td></tr>
<tr><td>投影</td><td>展示学生作品，方便进行基于深度理解与表达的思维训练</td></tr>
<tr><td>PPT</td><td>展示具体的教学环节和教学内容，出示反馈评价和总结、家庭作业等内容</td></tr>
</table>
</td></tr>
<tr><td>学生基础</td><td>本次授课对象为高一学生。通过高中第一学期的学习，学生的英语综合能力有了一定提升，但是仍然需要进一步加强。具体来说，在阅读能力上，对于课本里的文章，他们基本都可以读懂文章大意，但是不能做到百分之百理解细节信息。口语表达能力较第一学期好一些，部分同学能用简单的英语表达观点和回答问题，正在建立良好的英语思维模式。至于写作能力，大多数的学生基本停留在简单的文章和句法结构及有用表达的模仿写作上。写作的逻辑思维还比较弱，内容安排和主旨表达方面不能做到有条有理，而且不能传达出比较深刻的中心思想。
对于高一学生来说，本单元的内容——中外舞台和荧幕上的艺术形式，他们更熟悉的是电影电视节目，对于其他的艺术形式，比如芭蕾舞、戏曲、戏剧等了解并不多。本单元开始热身的时候，需要老师带着他们多了解背景知识。单元里的两篇文章涉及国内外的戏剧和小说，有莎士比亚的《哈姆雷特》、菲茨杰拉德的《伟大的盖茨比》、荷马史诗中的《伊利亚特》、柯南道尔的《福尔摩斯》、林语堂的《京华烟云》、老舍的《骆驼祥子》和曹雪芹的《红楼梦》。学习这两篇文章前，需要老师根据课文内容及学生了解这些著作的程度，帮助学生有详略地获取需要的知识。这样，当讲到以艺术形式为载体，文学著作为内容的具体艺术活动时，学生才能在有着充分背景知识的情况下去理解、对比、感受、赏析和形成自己对于该艺术活动的看法。本单元结尾学习影评写作时，将前面学到的对比什么、感受什么、如何赏析和对于看法的表达有选择性地运用到写作中</td></tr>
<tr><td colspan="2">单元大概念及下层结构</td><td>单元大概念：
概念结论：舞台及荧幕艺术表演相关的表达。
特征化表达：运用动词-ing形式做状语对舞台及荧幕艺术表演形式进行表达，习得并运用与舞台及荧幕艺术表演相关的词汇、句型和表达，以口头和书面的方式表达自己的观点和看法。
思想方法：归纳概括、对比分析、辩证思维。
特征化表达：研习以舞台和荧幕的艺术形式为主题的作品，运用辩证思维，多视角感受中外舞台荧幕艺术表现。
价值观念：艺术无界，文化共通。
特征化表达：研习中外艺术形式的融合与对比，丰富对中外艺术形式的认识，感受中外不同艺术形式有共通的艺术魅力，承载着相通的世界观、价值观、人生观，呈现出艺术无界的文化观</td></tr>
</table>

续表

单元大概念及下层结构	课时	课时大概念		课时概念梳理		
		简略化表达	特征化表达	概念结论（小概念）价值观念	思想方法	价值观念
	1	Starting out 中外舞台与荧幕上的文娱活动海报	有关常见中外舞台与荧幕上的文娱活动的基本表达	中外具有代表性的舞台与荧幕上的艺术形式的表达	归纳演绎 对比分析	艺术无界
	2	Understanding ideas 理解	对《当哈姆雷特遇见京剧》主旨的获取与交流，对文章内容的理解	阅读文章，获取课文主旨大意	归纳演绎 对比分析	艺术无界，文化相通
	3	Language points 语言知识	学习《当哈姆雷特遇见京剧》文章中的生词、短语、句型	习得与《当哈姆雷特遇见京剧》文章相关的单词、短语、句型	归纳演绎	实践是表达的基础
	4	Using language 运用语言	在分享校园戏剧表演的日记和观看芭蕾舞牡丹亭的分享语篇中，习得现在分词作状语的用法与表意功能	现在分词作状语的用法，逻辑主语和独立主格结构的功能	归纳演绎	实践是表达的基础
	5	Listening 听力	对音乐节材料的倾听	音乐节相关的生词及与活动计划安排相关的表达方式	归纳演绎	文化相通，艺术无界
	6	Developing Ideas （1） 阅读	《好书坏电影》读前铺垫（了解文中提到的中外名著的主要故事情节）及略读	文中提到的中外名著的主要故事情节，好书坏电影大意	归纳演绎 对比分析	文化相通，艺术无界
	7	Developing Ideas （2） 阅读	《好书坏电影》精读	深层理解论说文的写作特点和论述方式	关联分析，联系观点看问题	辩证、批判意识
	8	Developing Ideas （3） 写作	《公主日记》影评，读后影评写作	影评写作价值观，逻辑与结构	演绎归纳	正确的价值观和人生观

续表

<table>
<tr><td>单元教学目标</td><td colspan="3">参与“舞台与荧幕”主题下多模态语篇的听、说、读、写、看的研习活动，表达对中外文化和艺术形式相结合的观点时，运用相关词汇及动词-ing形式作状语等语言知识。
能够多渠道获取英语学习资源（学习能力二级），运用多种学习策略（如“任务型学习法”“构词法”“演示法”“小组讨论”“全班分享”等）（学习能力一级），了解中外舞台和荧幕上的艺术形式（文化意识三级），理解与舞台和荧幕相关的语篇内容（语言能力二级），恰当运用新学词汇、动词-ing形式作状语等语言知识（语言能力二级），能逻辑清楚地表达自己的观点（思维品质二级、文化意识三级）。
由此丰富对中外文化与艺术结合的认识，感受到艺术无界，文化共通，形成正确的价值观、世界观和跨文化意识。感受到实践是表达的基础</td></tr>
<tr><td>单元核心问题及问题分解</td><td colspan="3">核心问题：
从听、说、读、写、看五方面，研习以舞台和荧幕为主题的多模态语篇，将习得的相关词汇及动词-ing形式作状语等语言知识，用于表达对中外文化和艺术形式的观点</td></tr>
<tr><td rowspan="9">课时划分</td><td>课时</td><td>课时大概念</td><td>课时核心问题</td></tr>
<tr><td>1</td><td>与常见的中外舞台与荧幕上的文娱活动有关的基本表达</td><td>观看常见的中外文娱活动，对比分析中外具有代表性的舞台与荧幕上的艺术形式</td></tr>
<tr><td>2</td><td>获取与交流《当哈姆雷特遇见京剧》的主旨，对文章内容的理解</td><td>阅读《当哈姆雷特遇见京剧》，交流作者第一次观看京剧版《哈姆雷特》的情感的变化，并推测原因</td></tr>
<tr><td>3</td><td>《当哈姆雷特遇见京剧》文章中生词、短语、句型的学习</td><td>梳理《当哈姆雷特遇见京剧》文章中单词、短语、句型，并加以运用</td></tr>
<tr><td>4</td><td>在关于校园戏剧表演的日记和观看芭蕾舞牡丹亭的语篇中，习得现在分词作状语的用法与表意功能</td><td>梳理分享关于校园戏剧表演的日记和观看芭蕾舞牡丹亭的语篇中动词-ing形式作状语的用法，探析其表意功能及其在语篇层面的效果</td></tr>
<tr><td>5</td><td>对国外音乐节材料的倾听</td><td>听与国外音乐节相关的听力材料，谈国外的音乐节文化及提炼听力技巧</td></tr>
<tr><td>6</td><td>《好书坏电影》读前铺垫（了解文中提到的中外名著的主要故事情节）及略读</td><td>基于对文中提到的中外名著的主要故事情节的了解，略读文章《好书坏电影》并理清文章大意</td></tr>
<tr><td>7</td><td>《好书坏电影》的精读</td><td>研读《好书坏电影》，探析交流该现象产生原因</td></tr>
<tr><td>8</td><td>《公主日记》影评读后写作</td><td>研读《公主日记》影评，分析交流最让你动心的部分</td></tr>
<tr><td>教学评价</td><td colspan="3">一、大概念的生成理解评价
通过八个课时，让学生能听懂并理解本单元主题相关表达，获取文章大意，习得语言知识点和动词-ing形式作状语，进而运用该语法点对中外舞台和荧幕上的艺术形式和文化的融合进行自己观点的表达。
其中，教师使用了归纳演绎和对比分析的思想方法，让学生在学习过程中能做到深入对比，透过现象看本质，通过课上课下的语言实践，由浅入深地学习语言知识，形成跨文化意识，批判性地看待事物。
二、对素养目标达成的评价
达到了英语学科核心素养水平中的二级语言目标，二级思维目标和三级文化意识</td></tr>
</table>

续表

	作业类型	作业目标	作业内容	作业情境	概念结论	思想方法	价值观念
单元作业	基础性作业	理解文章细节，能熟练运用单元学习的单词、词组、句式及语法知识点	1. 完成课文大意思维导图。 2. 运用所学语法知识“动词-ing形式作状语”填空。 3. 用transform, combine, date back to, get across, so…that…, grateful, absorbed, appealing, arrangement, disappointed, live up to, absence的正确形式填空	用所学词汇及语法知识来填空的学习探索情景	1. 获取课文主旨大意及结构 2. 进一步习得及运用现在分词作状语 3. 运用与课文相关的单词、短语、句型	归纳演绎	实践是表达的基础
	综合性作业	能迁移运用单元学习所获理解文章，并反过来了解中外舞台和荧幕上的艺术形式与文化的融合	1. 四部励志电影的介绍 2. 博物馆网络直播的成功带来平台和博物馆双赢的结果 3. 莎士比亚的生平及他的作品对后世的影响 4. 电影院看电影的好处 5. 介绍《网络迷踪》这部电影及其引发的思考 6. 中国越剧面临的生存困境、原因及近年来为解决这一现状而进行的一些尝试 7. 喜剧、悲剧、滑稽戏、歌剧和纪实片的特点介绍 8. 爵士乐和百老汇音乐剧介绍 9. 介绍科幻动画片《弗兰肯维尼》，并推荐学生去看 10. 2021年度四部主要革命题材电影	阅读理解的学习探索学习情景	了解更多的中外舞台与荧幕表演的相关知识，增加相关背景知识	归纳演绎对比辨析	艺术无界，文化共通
	实践性作业	能自觉运用单元学习所获的中外舞台和荧幕艺术形式的基本知识去推广中国传统艺术和价值观	1. 写一篇短文向外教老师介绍京剧 2. 写一篇影评向外教老师介绍一部中国正能量电影 3. 采访外教老师最喜欢的一种舞台表演形式，并做好采访记录 4. 阅读同学写的影评，选出自己最想看的电影，邀请家人周末一起观看	舞台与荧幕的生活实践情景	单元所学知识与语言运用	由感悟到实践	艺术无界，文化自豪
反馈调整	待单元教学完成之后，拟从单元教学设计、教学实施和作业设计三个方面进行反思总结，提出具体的优化措施						

《公主日记》影评研读与写作

李玉婷

一、教学分析设计

【教材分析】☞

外研社高中英语必修二第四单元的主题语境是人与社会，涉及的主题语境内容是舞台与荧幕上的艺术形式。本单元涉及的文娱表演活动十分丰富，从海报展示六种常见的中外文娱活动开始，有观看京剧版《哈姆雷特》和参加学校戏剧表演的难忘经历分享，有观看芭蕾舞剧《牡丹亭》的感受，有对六种类型的电视节目和参加音乐节相关事宜的讨论，还有对文学作品改编的电影常常不尽如人意的原因讨论，以及电影《公主日记》的影评。

本单元旨在引导学生加深对不同种类的文娱形式的认识，了解中外文化的差异与融合，体会文化的多样性，理解和欣赏中外文化活动，创造性地表达自己对某种文化活动看法，并能够写一篇简单的影评及推荐一种积极向上的文娱形式。最终让学生感受到“艺术无界，文化共通”。

该单元 Developing ideas 的写作部分是一篇关于电影《公主日记》的影评。该影评结构清晰，逻辑缜密，对于第一次学习写影评的学生来说是一篇非常好的范文。

该文章谈到的电影是《公主日记》。电影叙述了米亚，一个敏感自卑不善与人交际的平凡美国女孩，在十六岁生日到来前突然发现自己是欧洲小国吉诺维亚的公主。一夜之间，人生天翻地覆。宁静的生活被打破，媒体的高度关注，同学的嫉妒，需要在短时间内学会王室的繁杂规矩，这一切让米亚重新思考自己、朋友、责任等内容。在父亲日记的帮助下，米亚终于成为那个有着坚定的心、自信的眼神和敢于完成一切挑战的公主。

该影评着重对电影的主题进行了探索和推荐，介绍故事主要情节、描述自己印象最深刻的场景、向大家推荐该电影的点都是围绕电影的主题展开。本课希望通过阅读分析该影评中最让学生印象深刻的部分，让学生们在了解影评写作的结构基础上，能合逻辑地安排影评内容。同时，鼓励学生用积极的眼光发现电影中值得学习的价值观和人生观，从而让自己变得更好。

【课时大概念】☞

课时核心大概念：探究影评结构特点，理清影评逻辑。

特征化表达：研习《〈公主日记〉影评》，把握影评写作结构与特点，理清电影内容呈现与电影评论之间的逻辑关系，感受观影后学到的电影中正确的人生观、价值观，并将其运用到影评撰写中。

	概念结论	思想方法	价值观念
简略化表达	《〈公主日记〉影评》研习	逻辑思维（由表及里，关联紧密，适度留白）	正确的人生观，价值观
特征化表达	通过研读《〈公主日记〉影评》，把握影评写作结构与特点，用于自主撰写影评	由充满悬念的故事梗概到冲突，再到价值体现的高潮，最后到凸显主题的画龙点睛，每一部分均点到为止又关联紧密，令读者产生强烈的观影愿望	勇于承担责任，敢于战胜困难是拥有积极人生态度、成就更好的自己的法宝

【资源条件】☞

资源名称	功能
黑板	板书核心问题；板书学生解决问题时交流、分析、建构要点；板书反思提升要点等
教材、学案、课外助读资料	提供核心问题教学各环节中自主阅读、探究与生成的支架与思维空间
投影	展示学生作品和思路
PPT	出示具体的教学内容；出示总结和反馈练习等内容

【学生基础】☞

高一学生写作能力还不是很好，英语文章的写作基本还停留在结构和有用表达的模仿写作上。需要有逻辑地表达自己的观点时，往往条理不够清晰，表达重点不够突出，前后逻辑不够紧密。对于学生来说，梳理《公主日记》影评这篇文章的内容和结构难度并不大，然而该影评以电影主题为聚焦点，层层深入，学生很难分析出来其中的写作逻辑。所以课前，老师会带着学生先梳理清楚影评结构和有用表达，并熟悉影评内容。课堂上，学生思考并分享该影评让他们印象最深的部分，以探究影评写作的逻辑，并运用影评写作结构、有用表达和写作逻辑来写一篇影评。课后，学生根据课堂上的评价，修改打磨自己的影评。

高一学生口语能力一般，只有一些同学能够用英语回答问题和表达观点。但是影评中关于做自己、成为更好的自己、关于真心的朋友、责任的信息，学生能做到有感想且愿意表达。

【教学素养目标】☞

能够参与分析《〈公主日记〉影评》的研读活动，由此了解影评写作的结构与特点（语言能力二级），初步掌握影评写作的方法（语言能力二级），能逻辑清晰地撰写简单的影评（语言能力二级），进而体会到由表及里，适度留白的写作方式（思维品质二级、语言能力三级），体会到积极的人生观、价值观是影评写作的重要特点与价值追求（文化意识三级）。

【核心问题】☞

核心问题：研读《〈公主日记〉影评》，分析交流最让你动心的原因。

核心问题分析：本课的主要任务是思考分享该影评让人印象最深的部分，探究影评写作的特点与逻辑，如作者在推荐电影时，是如何聚焦电影主题安排内容，做到由表及里、层层深入的。

【评价预设】☞

（1）学生在根据老师的引导思考影评写作的逻辑时，可能在发现层层之间的关联上有困难，需要老师根据学生反应做相应的引导。

（2）学生在进行影评写作时，对于结构、有用表达、写作特点和逻辑这三方面，可能只注意到其中两方面，需要老师提醒，或在评价环节指引学生修改打磨。

（3）学生在进行影评写作时，可能会拿不定主意写什么内容，老师可根据情况适当指导。

（4）“评价反馈”环节，学生互相评价所写影评时，如果前面的教学环节较快，这里可以请较多同学参与；如时间紧张，请一二位同学评价即可。

二、教学实施设计

【教学环节】☞

教学环节（时间）	学生活动	教师活动	设计意图	技术融合
1. 提出问题，感知与注意（2 mins）	学生领会核心问题，思考并准备好自己最动心的原因	提出核心问题:《公主日记》影评中最打动你的是什么？为什么？	研读《公主日记》影评，分析交流最让你动心的原因	PPT 展示
2. 解决问题：描述与阐释；分析与判断（10 mins）	根据老师的问题，学生分享影评中最让自己动心的原因	引导学生思考影评中最让人动心的往往是什么	构建影评写作逻辑的思维导图的核心部分	黑板板书
	根据老师的问题，学生思考影评写作内容的安排逻辑和写作特点	引导学生找出影评的写作特点和逻辑关系	思考影评写作的内容安排逻辑和特点	黑板板书 PPT 展示
3. 反思提升：想象与创造（3 mins）	学生老师共同根据所学总结出好影评应该做到哪些方面		反思影评写作需要做到的方面	黑板板书 PPT 展示
4. 评价反馈（25 mins）	根据影评写作结构、有用表达和逻辑写一篇影评，根据总结的好影评应该做到的方面来评价同学的影评	根据学生需要提供单词、逻辑清理等帮助。学生评价后，添加他们没评价到的好的点和可以改进的点	运用所学的影评写作技巧，并在运用和观察他人运用中发现问题，改善问题	PPT 展示 投影仪

【板书设计】☞

核心问题：研读《〈公主日记〉影评》，分析交流最让你动心的原因	由学生活动现场生成		
		Feature	logic
	Para.1 General introduction	leave suspense	↓
	Para.2 Main plot	appealing and inviting	
	Para.3 The most memorable scene	highlight the value Leave some space	
	Para.4 Comments	Make the finishing point	Closely connected, Deeper-going

【教学流程图】☞

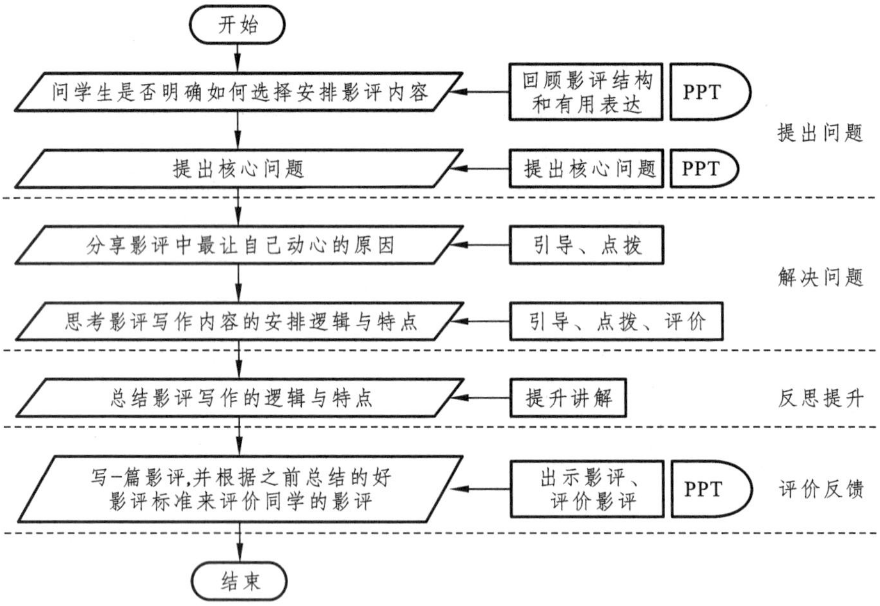

【作业布置】☞

为了让学生能够将本节课体验到的反思总结、基本思想方法、概念结论迁移到后续的学习中，特布置如下作业。

作业序号	作业目标	作业内容	作业情境		概念结论		思想方法		价值观念		整体评估	
			内容	水平	内容	水平	内容	水平	内容	水平	类型	水平
1	掌握并恰当地使用影评相关表达（语言能力二级）	找出小组同学影评中用得很好的影评相关表达，并摘抄	人与社会	简单	收集人与社会语境下的优秀词组、句式	语言能力二级	逻辑思维	思维品质二级	三人行，必有我师。生生互相促进	思维品质二级	基础性作业	学业质量水平2

续表

作业序号	作业目标	作业内容	作业情境		概念结论		思想方法		价值观念		整体评估	
			内容	水平	内容	水平	内容	水平	内容	水平	类型	水平
2	掌握影评写作的方法（语言能力二级），能逻辑清晰地撰写简单的影评（语言能力二级），进而体会到由表及里，适度留白的写作方式（思维品质二级、语言能力三级），积极的人生观、价值观是影评写作的重要特点与价值追求（文化意识三级）	从影评的表达和结构、特点及逻辑三个方面进一步打磨自己的影评	学生假设自己是老师，自己进一步批阅，打磨自己的影评	较复杂	影评表达，结构，特点及逻辑	语言能力二级	逻辑思维辩证思维	思维品质二级	追求积极的人生观价值观	文化意识三级	综合性作业	学业质量水平3
3	了解更多人是从哪些方面推荐电影（语言能力二级、文化意识二级）	与小组内其他同学交换阅读打磨过的影评，选出自己最想看的电影，周末邀请家人一起观看	英语小组沙龙式交互学习	较复杂	影评推荐方向（价值观）	语言能力二级	辩证思维	思维品质二级	积极的人生观价值观	文化意识二级	实践性作业	学业质量水平2

（具体的作业内容略）

大概念核心问题教学文化评价表

课时名称	Developing Ideas: The Princess Diaries
所属单元	外研社 2019 版必修二第四单元
单元大概念	简略化表达：舞台及荧幕艺术表演相关的表达。 特征化表达：运用动词-ing 形式做状语对舞台及荧幕艺术表演形式进行表达，习得并运用与舞台及荧幕艺术表演相关的词汇，句型和表达，以口头书面的表达方式来表达自己的观点和看法，及活动计划安排表达方式

续表

<table>
<tr><td colspan="2">单元核心问题</td><td colspan="4">从听、说、读、写、看五方面，研习以舞台和荧幕为主题的多模态语篇，将相关词汇及动词-ing 形式作状语等语言知识用于自己对于中外文化和艺术形式相结合的观点表达</td></tr>
<tr><td colspan="2">课时大概念</td><td colspan="4">简略化表达：探究影评结构特点，理清影评逻辑。
特征化表达：研习《〈公主日记〉影评》，把握影评写作结构与特点，理清电影内容呈现与电影评论之间的逻辑关系，感受观影后所学到的电影中的正确的人生观，价值观，并将其运用到自己的影评撰写</td></tr>
<tr><td colspan="2">课时核心问题</td><td colspan="4">研读《〈公主日记〉影评》，分析交流最让你动心的原因</td></tr>
<tr><td rowspan="2">评价目标</td><td colspan="3">评价指标</td><td colspan="2" rowspan="2">评价
方法结果</td></tr>
<tr><td>一级指标</td><td>二级指标</td><td>三级指标</td></tr>
<tr><td rowspan="24">实现活动体验中的学习与素养发展</td><td rowspan="12">具有大概念
核心问题
教学形态</td><td rowspan="3">核心问题
利于活动体验</td><td>内含客观问题和学生活动方式</td><td>8</td><td rowspan="12">每项指标最高评 8 分（满分为 96 分）

合计 94 分</td></tr>
<tr><td>问题情境与真实生活密切相关</td><td>7</td></tr>
<tr><td>能引发大概念、新知新法生成</td><td>8</td></tr>
<tr><td rowspan="3">教学目标
价值引导恰当</td><td>目标构成全面准确</td><td>8</td></tr>
<tr><td>内含关联体验目标</td><td>8</td></tr>
<tr><td>目标价值引导显现</td><td>8</td></tr>
<tr><td rowspan="3">教学环节
完整合理落实</td><td>教学环节清晰完整</td><td>8</td></tr>
<tr><td>环节内容合理充实</td><td>8</td></tr>
<tr><td>学生活动时间充分</td><td>8</td></tr>
<tr><td rowspan="3">教学要素
相互匹配促进</td><td>问题目标环节两两匹配</td><td>7</td></tr>
<tr><td>技术促进活动形式内容</td><td>8</td></tr>
<tr><td>学科特色突出氛围浓郁</td><td>8</td></tr>
<tr><td rowspan="12">具有大概念
核心问题
教学特质</td><td rowspan="4">拓展学习视野</td><td>课堂与现实世界有恰当关联</td><td colspan="2" rowspan="12">选择一个表现突出的二级指标，在相应三级指标引导下，以现场学生表现为主要依据，以其余指标为背景，于本表的第二页写出 150 字以上的简要评价</td></tr>
<tr><td>有基于缄默知识的问题解决</td></tr>
<tr><td>有缄默知识运用的追踪剖析</td></tr>
<tr><td>知识运用剖析导向素养发展</td></tr>
<tr><td rowspan="4">投入实践活动</td><td>有真实而且完整的实践活动</td></tr>
<tr><td>实践活动深度融入两类情境</td></tr>
<tr><td>能够全身心地浸渍于活动中</td></tr>
<tr><td>活动内容和结果均丰富深入</td></tr>
<tr><td rowspan="4">感受意义关联</td><td>有核心问题的深层意义感受</td></tr>
<tr><td>有以知识为中心的关联感受</td></tr>
<tr><td>有以个人为中心的关联感受</td></tr>
<tr><td>有对三类大概念的关联感受</td></tr>
</table>

续表

评价目标	评价指标			评价方法结果
	一级指标	二级指标	三级指标	
实现活动体验中的学习与素养发展	具有大概念核心问题教学特质	自觉反思体验	有实质性反思活动的开展	
			有课堂新因素的追踪利用	
			有体验的交流与改善重构	
			有概念生成中的素养发展	
		乐于对话分享	乐于自我的表达与认真地倾听	
			乐于合作中成果与思路的分享	
			乐于成果交流中深层意义分享	
			有宽容的对话氛围和双向交流	
		认同素养评价	认可素养评价	
			参与素养评价	
			利用素养评价	
大概念核心问题教学特质的简要评价（包括发展性建议）:				
笔者将从乐于对话分享这个方面来评价这堂课。这堂课最初的设计理念就是以沙龙的形式引导学生在分享中找出影评写作的特点和逻辑。一切的分析和结论都要从学生的分享中来，这一点是这堂写作课的设计亮点和难点。但是在前面十分钟的分享中，出乎意料的是，学生们都说得很棒。不仅把影评里所有的亮点都说出来了，在价值观上也有很正面的反馈。例如，一位同学分享到他最喜欢的是“做自己，知道自己真正的朋友是谁”。当问到为什么喜欢这一部分时，他回答：“因为这对于我的人生有很好的启示。我也会想去做自己，找到自己真正的朋友”。不少学生都举手发言，即使那些没举手被请起来分享的同学也准备得很充分，而且分享得特别到位。从乐于对话分享这方面来说，笔者觉得这堂课完成得不错				

大概念核心问题教学素养目标点检测表

课时名称	Developing Ideas: The Princess Diaries
所属单元	外研社 2019 版必修二第四单元
单元大概念	简略化表达：舞台及荧幕艺术表演相关的表达。 特征化表达：运用动词-ing 形式作状语对舞台及荧幕艺术表演形式进行表达，习得并运用与舞台及荧幕艺术表演相关的词汇、句型和表达，以口头书面的表达方式来表达自己的观点和看法
单元核心问题	从听、说、读、写、看五方面，研习以舞台和荧幕为主题的多模态语篇，将习得的相关词汇及动词-ing 形式作状语等语言知识，用于表达对中外文化和艺术形式的观点
课时大概念	简略化表达：探究影评结构特点，理清影评逻辑。 特征化表达：研习《〈公主日记〉影评》，把握影评写作结构与特点，理清电影内容呈现与电影评论之间的逻辑关系，感受观影后学到的电影中的正确人生观、价值观，并将其运用到自己的影评撰写

续表

<table>
<tr><td>课时核心问题</td><td colspan="3">研读《〈公主日记〉影评》，分析交流最让你动心的原因</td></tr>
<tr><td>课时素养目标</td><td colspan="3">参与分析《〈公主日记〉影评》的研读活动，由此了解影评写作的结构与特点（语言能力二级），初步掌握影评写作的方法（语言能力二级），能逻辑清晰地撰写简单的影评（语言能力二级），进而体会到由表及里，适度留白的写作方式（思维品质二级、语言能力三级），体会到积极的人生观、价值观是影评写作的重要特点与价值追求（文化意识三级）</td></tr>
<tr><td>检测点</td><td colspan="3">影评作文</td></tr>
<tr><td>检测工具
（检测题）</td><td colspan="3">学生是否掌握了影评写作的结构、有用表达、写作特点与逻辑</td></tr>
<tr><td rowspan="4">分类标准</td><td colspan="3">A. 影评结构非常清晰，影评写作特点突出，逻辑严密，有用表达准确丰富</td></tr>
<tr><td colspan="3">B. 影评结构清晰，影评写作特点较突出，逻辑较严密，有用表达准确</td></tr>
<tr><td colspan="3">C. 有影评结构，有影评写作特点，有影评写作逻辑，使用了有用表达</td></tr>
<tr><td colspan="3">D. 影评结构模糊，无影评写作特点，无影评逻辑，没有使用有用表达</td></tr>
<tr><td rowspan="5">检测统计</td><td>分类等级</td><td>学生人数</td><td>百分比（总人数 56 人）</td></tr>
<tr><td>A</td><td>29</td><td>51.8%</td></tr>
<tr><td>B</td><td>18</td><td>32.1%</td></tr>
<tr><td>C</td><td>9</td><td>16%</td></tr>
<tr><td>D</td><td>0</td><td>0%</td></tr>
<tr><td>检测分析
结果运用</td><td colspan="3">绝大部分学生能够了解影评写作的结构与特点，初步掌握了影评写作的方法，能逻辑清晰地撰写简单的影评，体会到由表及里、适度留白的写作方式，感受到积极的人生观、价值观是影评写作的重要特点与价值追求，并在真实的影评写作中尽量去应用所学。但是仍然有个别学生写作时不能将课堂所学运用起来</td></tr>
<tr><td>素养目标达成
典型实例</td><td colspan="3">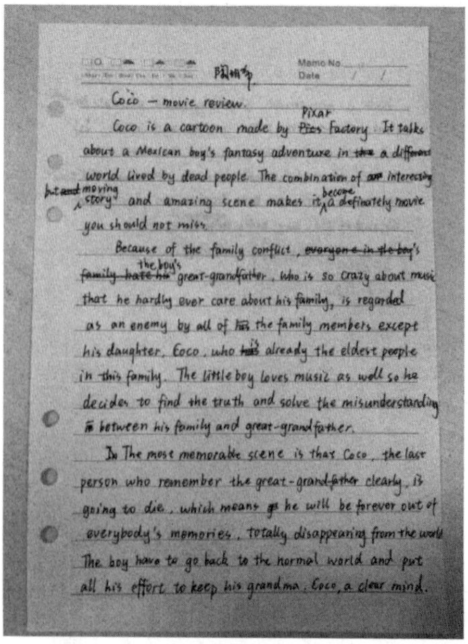
Coco — movie review.
Coco is a cartoon made by Pixar Factory. It talks about a Mexican boy's fantasy adventure in a different world lived by dead people. The combination of interesting but moving story and amazing scene makes it become a definately movie you should not miss.
Because of the family conflict, the boy's great-grandfather, who is so crazy about music that he hardly ever care about his family, is regarded as an enemy by all of the family members except his daughter, Coco, who is already the eldest people in this family. The little boy loves music as well so he decides to find the truth and solve the misunderstanding between his family and great-grandfather.
The most memorable scene is that Coco, the last person who remember the great-grandfather clearly, is going to die, which means he will be forever out of everybody's memories, totally disappearing from the world. The boy have to go back to the normal world and put all his effort to keep his grandma, Coco, a clear mind.</td></tr>
</table>

续表

素养目标达成典型实例	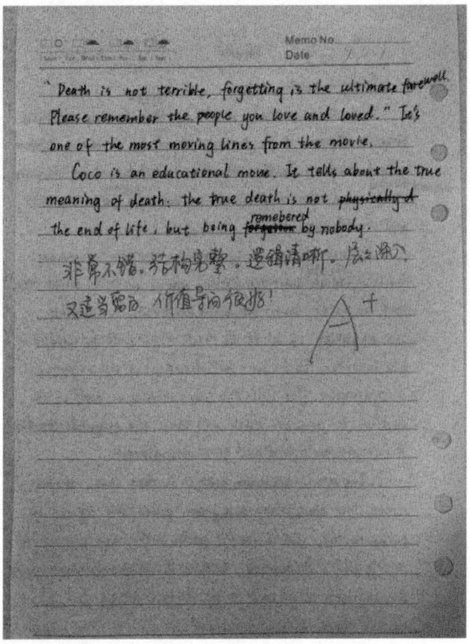 "Death is not terrible, forgetting is the ultimate farewell. Please remember the people you love and loved." It's one of the most moving lines from the movie. Coco is an educational movie. It tells about the true meaning of death: the true death is not ~~physically &~~ the end of life, but being ~~forgotten~~ remembered by nobody. 非常不错，结构完整，逻辑清晰，层层深入，又适当留白，价值导向很好！ A+ 这篇作文是十九班的陶玥希同学写的《寻梦环游记》的影评。整个影评从主题“生命的终结并不是真正的死亡，没人记得你才是。”入手做推荐。结构完整，推荐逻辑清晰。每个自然段的内容安排层层深入，适当留白。自然段和自然段之间的联系密切，都紧紧围绕着她想要推荐的点在做着电影的介绍。从简要介绍，主要情节介绍，最让人难以忘怀的一幕到她的评论，她对于电影内容的选取特别精准。而且该电影的价值导向也是特别正面积极，教会了大家如何面对死亡，并思考如何对待还在身边的家人
检测反馈	大部分同学都能通过学习，写出结构完整、逻辑清晰的影评，只有极少的学生停留在结构完整的模仿写作上。此外，大部分学生写影评都尽量运用了由表及里、适度留白的写作方式，并且影评推荐中都推荐了积极向上的价值观。 针对学生： 表扬学生上课积极发言这一块，鼓励他们在今后的课堂上保持这种积极的学习参与态度。针对影评写作一般的同学，课后单独沟通交流，指出他们作文欠缺的点，帮助他们进一步改进作文。 针对教师： 反思整个上课过程，根据学生上交作文的反馈，进行以下调整： （1）上课过程中可以放手让学生去表达，归纳。只是影评逻辑这一项，学生归纳后，教师可以进一步总结强化。 （2）在学生互评的环节，可以先将学生需要评价的方面再做一次要求，然后再让学生根据这些方面有方向地进行评价

Book 3 Unit 6 Disaster and Hope

教学

Unit 6 Disaster and Hope
大概念的核心问题教学单元规划纲要

阳婉晨 等

学科<u>　英语　</u>　　　教师<u>　阳婉晨　舒启慧　朱芹芹　</u>

年级	高二年级	单元名称	Disaster and Hope 灾害与希望并存	单元课时	7
单元内容	教材内容	本次授课的内容选自外研社（2019）高中教材必修第三册。教材的内容选择以及课程规划落实《普通高中英语课程标准（2017 版 2020 年修订）》的要求，全面贯彻党的教育方针，落实立德树人根本任务，发展英语学科核心素养，培养社会主义建设者和接班人。教材以单元设计为统领，依托不同主题语境，兼顾学生群体的基础性与多样性，践行英语学习活动观，侧重学生语言能力、文化意识、思维品质和学习能力的综合培养，实现高中英语学科工具性和人文性融合统一。 本单元主题语境是人与自然，涉及的主题语境内容是自然灾害及其防范和应对措施。主题意义为：防范自然灾害，自然灾害应对措施，树立积极乐观的人生态度。本单元呈现多模态类型：个人故事、新闻报道、天气预报、人物经历记叙文、生存指南、海报等。本单元 Starting out 从介绍人类历史上重大自然灾害——火山爆发毁灭庞贝古城和四幅灾难电影海报开始，引导学生关注自然灾害的突发性与破坏性，并初步思考如何应对自然灾害。Understanding ideas 语篇，作者结合自身搭乘地铁的感受，生动地描述了伦敦的酷热天气，并由反常的天气联想到自然灾害，引发对环境问题的思考。Using language 部分呈现根据动物行为预测天气和自然灾害的语篇、中国国际救援队在尼泊尔地震后救援工作的语篇、典型自然灾害的种类及其破坏性的语篇，关注天气预报以做好气候变化的应对准备，进一步加深学生对人与自然关系的理解，尤其是自然灾害的预防与应对。Developing ideas 阅读语篇，通过孩子视角记录一个美国家庭遭受卡特里娜飓风袭击后的境况变化以及相关心理感受，表达了团结一心战胜灾害的决心，树立对未来充满希望的积极人生态度。Developing ideas 写作部分，通过与文章主题相关的“飓风安全指南”学习和仿写，加深学生对记叙性散文的理解，掌握安全指南的文体特点和写法，以逐步培养学生防范自然灾害的意识。Presenting ideas 围绕自然灾害无情，人间有希望，分享讲述灾难面前保持希望的故事，描述事件发生经过以及分享个人情感与体验，树立乐观积极的人生态度。Project 部分，鼓励学生以小组形式设计制作并分享自然灾害海报，介绍自然灾害相关知识，在团队合作中进一步了解自然灾害相关知识，增强防灾意识和环保意识。本单元的设计与实施建立在鼓励学生认识、尊重与热爱自然的基础上，正视自然灾害，预防自然灾害的发生，积极乐观应对自然灾害的发生，最终与自然和谐相处			

续表

<table>
<tr><td>单元内容</td><td>课程标准</td><td>《高中英语课程标准（2017年版2020修订）》中对本单元及各课时教学的要求如下：
该单元主题
主题语境：人与自然。
主题群：自然灾害。
主题语境内容：自然灾害及其防范和应对措施。
语篇类型内容要求：个人故事、新闻报道、天气预报、人物经历记叙文、生存指南、海报。
一、语言能力
在常见的语境中，较为熟练地整合运用已有的英语语言知识，准确理解多模态语篇传递的要义和具体信息，推断作者的意图、情感、态度和价值取向，提炼并拓展主题意义，解析语篇结构的合理性、语篇主要观点和事实之间的逻辑关系，有效陈述事件、传递信息，表达个人观点和情感（语言能力三级水平）。
二、文化意识
能够选择合适的方式方法在课堂等现实情境中获取文化信息；基于对中外文化差异和融通的理解与思考，探究产生异同的历史文化原因；具有足够的文化知识为中外文化的异同提供可能的解释，并结合实际情况进行分析和比较；领悟世界文化的多样性和丰富性，具有人类命运共同体意识，具有正确的价值观、健康的审美情趣和道德情感（文化意识三级水平）。
三、思维品质
主动观察语言和文化的各种现象，根据不同的环境条件，客观分析各种信息之间的内在关联和差异，发现产生差异的各种原因，从中推断出它们之间形成的逻辑关系；根据所获得的多种信息，归纳共同要素，构建新的概念，并通过演绎，解释、处理新的问题，从另一个视角认识世界；针对所获取的各种观点，提出批判性的问题，辨析、判断观点和思想的价值，做出正确的评价，形成自己的观点（思维品质三级水平）。
四、学习能力
全面和正确认识英语学习的意义；对英语学习抱有浓厚的兴趣和强烈的愿望；有长远规划和明确的学习目标；积极拓宽课外学习资源，通过网络等多种渠道获取最新知识，并根据学习需要进行取舍；勇于面对学习困难并加以解决，主动调控心态和情绪，积极反思学习效果；善于自主学习和合作学习，举一反三，积极争取和把握各种学习和表现机会，运用英语进行有效交流和沟通（学习能力三级水平）</td></tr>
<tr><td>基础条件</td><td>资源基础</td><td><table>
<tr><th>资源名称</th><th>功能</th></tr>
<tr><td>黑板</td><td>板书核心问题；板书学生解决问题时获取或者生成的知识和要点、交流分析的结论、反思提升的要点等</td></tr>
<tr><td>教材、学案、课外助读资料</td><td>提供核心问题教学各环节中自主阅读、探究与生成的支架与思维空间</td></tr>
<tr><td>PPT</td><td>出示具体的教学内容；提供全班交流时所需部分结果；出示评价反馈练习等内容</td></tr>
<tr><td>信息技术融合</td><td>用白板展示学生作品；方便进行基于深度理解与表达的思维训练</td></tr>
</table></td></tr>
</table>

续表

基础条件	学生基础	本次授课的对象为高二年级学生，对于已经进入高中学习一年的学生，绝大部分同学已经顺利度过了初中英语学习到高中英语学习的过渡阶段。语言能力方面，绝大部分学生能够在既定学习情境中利用听、说、读、写以及看等技能进行理解和表达，能够抓住文章的主要内容，但是对于文章主题及其意义的探索较为浅显，常常是一扫题目而过，而不去探究题目呈现的意义，并且在提炼主题意义和表达个人观点和情感的逻辑性与流畅性方面还具有较大提升空间。文化意识方面，部分同学能够在全球化背景下呈现出部分的跨文化认知、态度和行为取向，大部分同学较为及时关注世界范围内发生的重大自然灾害，心系全球人民，具有一定全球命运共同体的意识，但仍有一部分同学拘泥于课本内容，缺乏有效的课外学习探索精神。思维品质方面，大部分同学思维的逻辑性、批判性与创新性有所提升，但是思维的多元性仍需要加强。学习能力方面，部分同学能够积极扩宽英语学习渠道，逐渐培养独立学习能力以及合作能力，努力提升英语学习效率，但仍有部分同学相对被动地接受知识输入，缺少独立思考与学习能力。 单元话题主题为人与自然中的自然灾害与防范，我校大部分学生来自多地震灾害的四川盆地，因此对于地震一类的自然灾害较为了解，有一定话题相关背景知识，也见证和参与了部分灾后重建以及灾情援助等相关活动。但对于飓风这一类常发生在沿海地区的自然灾害了解较少，因此教学过程中，教师应该充分利用多模态创造较为真实的教学场景。Understanding ideas 和 Developing ideas 两篇文章类型都是个人故事，具有鲜明的个人写作特色，如幽默、夸张抑或积极乐观，因此教学过程中需要教师引导学生通过语篇阅读代入自己，感受作者故事背后想要真正呈现的主题意义。Using language 聚焦于省略（Ellipsis）这个语法点，高中生第一次正式接触这个语法知识，教师应该引导学生整理和归纳使用省略的主要语境和场景，并鼓励学生在真实语境中使用。Writing 部分的洪灾安全指南写作以及 project 部分的自然灾害海报制作，都需要同学们收集与整合不同类型的自然灾害资料，因此教师应该鼓励学生充分利用网络媒介以及图书馆资源，制作出具有逻辑性和实用性的自然灾害防范与应对手册
单元大概念及下层结构	单元大概念： 单元核心大概念：Disaster and hope 灾害与希望并存。 特征化表达：归纳概括极端气候、地震以及飓风等自然灾害对人类产生的重大影响，辩证思考人与环境问题，形成人类自我反思意识，听懂并谈论自然灾害防范与应对措施的多模态语篇，全球视角总结概括人类面对自然灾害的态度，培养热爱、保护和尊重自然以及乐观积极面对自然灾害的正确价值观。 概念结论：人与自然和谐共生话题下相关表达的了解与运用。 特征化表达：归纳概括描写自然灾害的发生及其破坏性、个人遭受自然灾害的经历和感受等相关语言；恰当使用“Ellipsis”（缩写）描述根据动物行为预测自然灾害以及灾后救援的话题，模仿范文迁移创作自然灾害安全指南，收集与分享灾难面前保持希望的故事，树立环保意识与灾害防范意识，构建积极乐观的人生态度，辩证思考和表达人与自然和谐共生的观点。 思想方法：形象思维、归纳概括、分析判断、逻辑思维、系统思维、对比思维、创新思维、辩证思维、迁移思维、发散思维。 特征化表达：观看介绍意大利庞贝古城被火山爆发毁灭的视频，运用形象思维，激活已有的语言、背景知识，激发对话题的兴趣；阅读有关作者在酷热天气搭乘伦敦地铁的个人故事和作者一家遭遇飓风卡特里娜（Hurricane Katrina）的故事的课文，通过略读锁定关键词，归纳概	

续表

<table>
<tr>
<td>单元大概念及下层结构</td>
<td>
括语篇类型和主旨大意；通过精读，理清文中的因果逻辑关系。读后活动通过文章出处和主旨大意、细节理解和开放性问答等活动，启发学生运用逻辑思维和系统思维深入思考。此外，引导学生回归文章题目，通过对比阅读前以及阅读后的理解，创造性地探究主题意义，加深学生对单元主题的理解。归纳概括 Ellipsis（缩写）的用法、常见自然灾害类型及其破坏性，关注气候预测与播报，积极应对气候变化以及可能发生的自然灾害。仿照介绍飓风安全指南的范文，关注安全指南写作结构以及祈使句的使用，迁移完成洪灾安全指南写作。运用发散思维和辩证思维，分享一个灾难面前保持希望的故事，制作一张以一种自然灾害为主题海报。
价值观念：
（1）人与自然相互依存，保持敬畏之心。
（2）灾难与希望并存。
（3）人类要预测以及应对自然灾害的发生，反思与重新审视人与自然的关系，树立爱护自然、尊重自然、保护自然、与自然和谐相处的价值观。
特征化表达：观看庞贝古城被火山毁灭的视频，简单谈论、描述、评价自然灾害对人类历史的影响；分析人类面对极端天气和飓风等自然灾害的所思所想和所做，反思与审视人与自然的关系；仿照飓风安全指南，迁移创作洪灾安全指南，关注自然灾害中保持希望的故事，称颂人类积极乐观的生活态度，设计并制作自然灾害相关海报，最终形成尊重、理解自然，与自然和谐相处的价值观。
<table>
<tr><th colspan="2">课时大概念</th><th>概念结论（小概念）</th><th>思想方法</th><th>价值观念</th></tr>
<tr><td rowspan="2">1. Starting out：A City Frozen in Time</td><td>简略化表达</td><td>火山爆发毁灭庞贝古城</td><td rowspan="2">形象思维</td><td rowspan="2">回顾历史，初步了解人与自然相互依存，形成对自然的敬畏之心</td></tr>
<tr><td>特征化表达</td><td>意大利庞贝古城曾经的繁荣昌盛，被维苏威火山爆发毁灭与埋葬，冻结在历史长河中，直到 18 世纪中叶被发掘</td></tr>
<tr><td rowspan="2">2. Understanding ideas：Hot! Hot! Hot!</td><td>简略化表达</td><td>作者搭乘伦敦地铁的酷热经历</td><td rowspan="2">归纳概括
分析判断
逻辑思维
发散思维</td><td rowspan="2">极端气候频发引发环境问题思考，树立环保意识</td></tr>
<tr><td>特征化表达</td><td>作者在 30 多度高温，搭乘伦敦最古老且没有空调的地铁 Central line 前往 Bank station 一路的感受，并由反常天气联想到自然灾害，引发对环境问题的思考</td></tr>
<tr><td rowspan="2">3. Using language（1）</td><td>简略化表达</td><td>省略（Ellipsis）语法的功能及如何运用</td><td rowspan="2">归纳总结
辩证思维
对比思维</td><td rowspan="2">自然灾害预测以及灾后救援，树立人类命运共同意识</td></tr>
<tr><td>特征化表达</td><td>运用省略（Ellipsis）语法完成动物行为预测天气与自然灾害语篇的还原，改写中国救援队在尼泊尔地震后展开的救援工作新闻报道的句子，提升文章简明性</td></tr>
</table>
</td>
</tr>
</table>

	课时大概念		概念结论（小概念）	思想方法	价值观念
单元大概念及下层结构	4. Using language（2）	简略化表达	不同类型的自然灾害及其影响	对比思维	自然灾害是残酷且破坏性极大的
		特征化表达	历史上重大旱灾、台风、暴风雪、海啸、雪崩以及地震等自然灾害的记录及其对人类的影响		
	5. Using language（3）	简略化表达	美国五大地区的气候预报	分析判断	尊重和适应自然，积极采取应对措施
		特征化表达	识别降雨、强风、大雪、飓风、高温等气候标识，聆听气候预报，完成五大地区气候信息填写，积极采取措施应对气候变化		
	6. Developing ideas: Stars After the Storm	简略化表达	作者一家遭遇飓风卡特里娜（Hurricane Katrina）前后周遭环境及心理感受的变化	归纳概括 分析判断 系统思维	关注人与自然的关系，树立灾难防范意识，培养乐观积极面对自然灾害的生活态度，构建人类命运共同体意识和正确的世界观
		特征化表达	根据作者一家遭受飓风卡特里娜（Hurricane Katrina）的故事，梳理和归纳灾难前后作者周遭环境及其心境的变化，深入了解自然灾害发生对人类造成的影响，提炼人类积极应对自然灾害的乐观精神，赞扬人类面对自然灾害的积极乐观心态		
	7. Developing Ideas（2）writing a safety guideline	简略化表达	涵盖灾难发生前、中需要做的事情以及不要做的事情的自然灾害安全指南写作	梳理归纳 逻辑思维 系统思维 迁移思维	为可能发生的自然灾害，做好知识储备以及应对措施，防患未然
		特征化表达	仿照飓风安全指南，了解飓风前、中需要做的事情以及不能做的事情，了解自然灾害安全指南写作的内容特点、表达和句式，迁移完成洪水安全指南写作		
	8. Presenting ideas	简略化表达	一个有关自然灾难面前保持希望的故事的分享	归纳概括 逻辑思维 辩证思维 发散思维	灾难与希望并存，树立积极乐观的人生态度
		特征化表达	描述自然灾害发生的时间、地点以及主要人物，描述灾害的发生以及影响，记述人物的经历和心理情感变化，分享个人感受以及从该故事中学到了什么		
	9. Project	简略化表达	制作一份自然灾害的海报	逻辑思维 辩证思维 创新思维	增强灾难防范意识和环保意识，实现人与自然和谐相处
		特征化表达	以小组形式收集灾害类型、分布地区、影响以及防范措施等信息，设计海报的图文版式，制作海报并与全班分享		

续表

单元教学目标	核心素养目标： 参与“人与自然和谐共生”主题下，自然灾害及其防范和应对措施的多模态语篇的听、说、读、写、看的学习活动，能够围绕本单元的主题语境内容，基于单元提供的多模态语篇，综合运用各种语言技能，在常见的语境中，准确理解多模态语篇传递的要义和具体的信息，解析语篇结构和语篇主要观点，关注语篇题目的意义与重要性；准确、熟练和得体地陈述事件，传递信息，表达个人观点和情感，体现意图、态度和价值取向（语言能力三级水平）；根据所获得的信息，通过收集整理人类对自然灾害保持希望的史实，多视角认识自然与人类的关系，形成自我反思意识，关注环保问题，构建人与自然和谐相处的新模式，实现知识向思维能力的迁移（思维品质三级水平）；能够选择合适的方式方法，基于对中外文化的融通理解与思考，探究人类面对自然灾害的情感变化以及应对措施，树立人类命运共同体的意识，培养正确的价值观和健康、积极、乐观的人生态度（文化意识三级水平）		
单元核心问题及问题分解	核心问题： 从听、说、读、写、看五方面，研习有关人与自然灾害的多模态语篇，关注语篇题目及主题意义，对比、分析、构建文章题目；梳理历史上重大自然灾害类型及其影响；听气候预报音频材料，积极采取措施应对气候变化；分析总结安全指南类文章的写作特点，撰写一篇包括自然灾害发生前、中需要做的事情以及不能做的事情的安全指南；分享一个灾难面前保持希望的故事；制作以一种自然灾害为主题的英文海报。 核心问题分解： 根据本单元教材内容、教学活动、教学目标和主题意义的分析，将本单元的核心问题拟定为：研习有关人与自然灾害的多模态语篇，探究人与自然的关系，联系现实描述、阐述和例证人类应该以何种态度面对自然灾害，以探索人与自然和谐相处新模式。根据内容和课时安排，将单元核心问题分解为七个课时核心问题（见下文课时划分一览表）。 本单元的主题语境为人与自然；主题语境内容是自然灾害及其防范和应对措施，主题意义是乐观积极面对自然灾害，实现人与自然和谐相处。要使学生形成乐观积极面对自然灾害的态度，树立人与自然和谐相处的意识，首先就要通过听、说、读、写、看等学习探究活动去获取“人与自然”的多模态语篇的主要信息和感知其主题意义，掌握相关语言表达，并联系实际运用本单元“人与自然”的话题，如分享灾难面前保持希望的故事，让学生在人与自然的知识习得中建立积极乐观人生态度。其次，要树立人与自然和谐相处的意识，就需要探究人与自然的关系，形成自己的态度和观点。这种态度和观点的建立，需要学生分析判断作者的写作意图和观点，了解如何利用自然规律预测自然灾害；关注周遭环境问题，反思个人日常行为对自然的影响，形成人与自然良性互动的关系，实现人与自然和谐相处。最后，从学习能力的角度，学生要多渠道获取“人与自然”的学习资源，丰富知识、开阔眼界；通过运用各种学习策略，评判自己是否达成了本单元的核心素养目标，不断监控、评价、反思和调整自己的学习内容和进程；在自主合作与探究式学习的过程中，提高自己的理解和表达能力，最终促进语言能力、文化意识、思维品质和学习能力的综合提升，有效落实英语核心素养的达成		
课时划分	课时	课时大概念	课时核心问题
	1. Starting out and Understanding ideas	意大利庞贝古城被火山爆发毁灭和作者酷热天气搭乘伦敦地铁的感受	研读英语语篇 *Hot! Hot! Hot!* 厘清文章主旨和结构，着重分析伦敦气温“热”的描述和作者的情绪变化，分析作者的应对策略，探究面对极端气候时人类采取的防范和应对措施及人生态度

续表

<table>
<tr><td rowspan="7">课时划分</td><td>课时</td><td colspan="2">课时大概念</td><td colspan="4">课时核心问题</td></tr>
<tr><td>2. Using language 1 & 2</td><td colspan="2">运用省略（Ellipsis）介绍根据动物行为预测气候灾害、历史上重大自然灾害类型及其影响</td><td colspan="4">归纳概括省略（Ellipsis）的表意功能和用法，用省略（Ellipsis）完成一则自然灾害援救的新闻播报的改写</td></tr>
<tr><td>3. Using language 3</td><td colspan="2">气候预报以及应对气候变化的措施</td><td colspan="4">听关于美国五大地区的气候播报，关注气候变化，积极采取应对措施，归纳总结天气预报中常见的语言表达</td></tr>
<tr><td>4. Developing ideas（1）</td><td colspan="2">作者一家遭遇飓风卡特里娜（Hurricane Katrina）的故事</td><td colspan="4">研读《风暴后现繁星》，分析作者遭受飓风后的境况和相关心理感受变化，讨论并分享你对文章标题的理解，以及你从故事中学到了什么</td></tr>
<tr><td>5. Developing ideas（2）</td><td colspan="2">撰写一份自然灾害安全指南</td><td colspan="4">研读飓风安全指南的语篇，分析总结安全指南写作特点，撰写一篇洪灾安全指南</td></tr>
<tr><td>6. Presenting ideas</td><td colspan="2">讲述一个自然灾难面前保持希望的故事</td><td colspan="4">收集并分享一个人类对自然灾害保持希望的故事，在班级内进行分享，更深刻地理解单元主题灾难与希望</td></tr>
<tr><td>7. Project</td><td colspan="2">制作关于自然灾害的海报</td><td colspan="4">研习自然灾害的相关知识，制作以一种自然灾害为主题的英文海报</td></tr>
<tr><td>教学评价</td><td colspan="7">从单元大概念的概念结论，思想方法和价值观念三方面进行评价。
概念结论：通过单元教学，学生是否能够围绕本单元的主题语境内容，基于单元提供的新闻特写、人物传记等多模态语篇，综合运用各种语言技能？能否读懂个人与自然灾害相关的内容？能否听懂并谈论与之相关的话题？能否用自己的语言总结概括人类面对自然灾害的态度？能否恰当使用省略（Ellipsis）描述和介绍自然灾害的预测和救援？能否使用新语言谈论分享人类积极乐观面对自然灾害的故事？是否提高了英语理解和表达能力？教师在教学中如何达成以上目标？有何需要改进之处？具体有何改进方法？
思想方法：通过单元教学，学生能否正确判断作者的观点和态度？能否深度理解并清晰阐述文章题目的意义？能否对日常个人行为进行反思，关注周遭环境问题？能否辩证地理解人与自然灾害的关系？能否在深入理解文本的同时联系自身实际，实现知识与思维能力的迁移？能否多渠道获得英语学习资源，巩固本单元所学知识，丰富自己的相关知识，开阔眼界，提高英语应用能力？能否在独立、合作与探究式学习的过程中，选择恰当的策略和方法，监控、评价、反思和调整自己的学习内容和进程？是否激发了英语学习的兴趣和增加了英语学习的自信？教师在教学中如何达成以上目标？有何需要改进之处？具体有何改进方法？
价值观念：通过单元教学，学生是否了解重大自然灾害对人类的影响？是否能够以积极乐观的心态面对自然灾害？是否能够树立接受自然灾害的发生、重拾信心、积极重建这一系列的灾害疏导意识？是否能正确认识个人与自然的关系，深化对单元主题意义的理解与挖掘？教师在教学中如何达成以上目标？有何需要改进之处？具体有何改进方法？</td></tr>
<tr><td rowspan="2">单元作业</td><td>作业类型</td><td>作业目标</td><td>作业内容</td><td>作业情境</td><td>概念结论</td><td>思想方法</td><td>价值观念</td></tr>
<tr><td>基础性作业</td><td>进一步了解省略（Ellipsis）的结构和表意功能（语言水平二级），并在真实语境中运用</td><td>用省略（Ellipsis）完成一封有关中国参与自然灾害救援的新闻报道</td><td>学习探索情境：语言知识的梳理和在真实语境中的运用</td><td>在真实语境中迁移运用省略（Ellipsis），以夯实输入</td><td>归纳总结迁移</td><td>树立全球命运共同体意识</td></tr>
</table>

续表

<table>
<tr><td rowspan="3">单元作业</td><td>作业类型</td><td>作业目标</td><td>作业内容</td><td>作业情境</td><td>概念结论</td><td>思想方法</td><td>价值观念</td></tr>
<tr><td>综合性作业</td><td>能批判性地审视语篇内容、观点、情感态度和文体特征；针对各种现象，通过辨析，判断其价值，做出正确的评价，形成自己独立的思想与观点，树立积极乐观的生活态度；利用网络资源拓展学习内容和信息渠道，积极争取和把握各种学习和表现的机会（语言水平三级、思维品质三级）</td><td>讲述一个自然灾害面前保持希望的故事，包括：描述自然灾害的发生和影响，记述人物的经历和心理感受变化，并说明从中获得的收获以及感受</td><td>生活实践情境：结合有关自然灾害发生后心理疏导的缄默知识，根据真实故事，分享所思所想。
学习探索情境：围绕前述生活实践情境中的话题，合理借鉴Developing ideas中记叙文语篇的行文特色和语料素材，收集分享动人故事</td><td>包括描述自然灾害发生前后受灾群众周遭境况以及心理感受变化，思考如何面对自然灾害</td><td>系统思维迁移思维创新思维</td><td>灾害与希望并存</td></tr>
<tr><td>实践性作业</td><td>综合运用本单元所学，自主合作，有效完成开放型任务，通过对自然灾害的搜索、筛选和研究，培养识别、分析和整合信息的能力；了解和掌握海报的特点，能够自主选择合适的设计和呈现方式介绍一种自然灾害</td><td>利用图书馆、网络等渠道收集关于自然灾害的英文资料，分析并整合信息。以小组为单位，为海报选择一个醒目、生动并吸引人的标题。罗列自然灾害的信息要点，讨论并丰富海报的具体内容。撰写关于该海报的相关文字，绘制或筛选图片，进行排版，完成海报制作</td><td>生活实践情境：将“人与自然”单元人文主题和小组活动结合，在收集信息、整合信息和呈现信息的过程中，进一步探索人与自然的主题语境。
学习探究情境：综合运用本单元所学，具体、详细、全面地介绍一种自然灾害</td><td>合作探究，发展综合运用语言的能力</td><td>逻辑思维批判性思维</td><td>敬畏自然，尊重自然，防范自然灾害</td></tr>
<tr><td colspan="8">单元整体作业评估：单元作业与课时作业包括课后练习，作文本，小组口头交流和志愿者团队四种形式。学生取得一定的学习和探究成果，得到相应的回应与指导，从而促进英语学科核心素养的生成与发展</td></tr>
<tr><td>反馈调整</td><td colspan="7">单元教学中，从核心问题教学的四个环节关注学生的课堂表现，尤其是主题意义挖掘和新生成的观点；单元教学后，具体针对核心问题教学评价表、大概念的核心问题教学素养目标检测表的相关要素进行收集并反馈调整</td></tr>
</table>

Stars after the Storm

阳婉晨

一、教学分析设计

【教材分析】☞

《普通高中英语课程标准（2017 年版 2020 修订）》明确指出英语学科核心素养是学科育人价值的集中体现，是学生通过学科学习而逐步形成的正确价值观、必备品格和关键能力，包括语言能力、文化意识、思维品质和学习能力。

本次授课内容选自必修三的第六单元，单元主题为 Disaster and hope（灾难与希望并存）。本单元主题语境为人与自然，主题语境内容为自然灾害及其防范和应对措施，主题意义为防范自然灾害，自然灾害应对措施以及树立积极乐观的人生态度。本单元 Starting out 从介绍人类历史上重大自然灾害——火山爆发毁灭庞贝古城和四幅灾难电影海报开始，引导学生关注自然灾害的突发性与破坏性，并初步思考如何应对自然灾害。Understanding ideas 语篇作者结合自身搭乘地铁的感受，生动地描述了伦敦的酷热天气，并由反常的天气联想到自然灾害，引发对环境问题的思考。Using language 部分呈现了根据动物行为预测天气和自然灾害的语篇；中国国际救援队在尼泊尔地震实施救援工作的语篇；典型自然灾害的种类及其破坏性的语篇；关注天气预报以做好气候变化的应对准备，进一步加深学生对人与自然关系的理解，尤其是自然灾害的预防与应对。Developing ideas 阅读语篇通过孩子的视角，记录了一个美国家庭遭受卡特里娜飓风袭击后的境况变化以及相关心理感受，表达了团结一心战胜灾害的决心和对未来充满希望的乐观积极的人生态度。Developing ideas 写作部分通过与文章主题相关的“飓风安全指南”学习和仿写，加深学生对记叙性散文的理解，掌握安全指南的文体特点和写法，以逐步培养学生防范自然灾害的意识。Presenting ideas 围绕自然灾害无情，人间有希望分享讲述灾难面前保持希望的故事，描述事件发生经过以及分享个人情感与体验，树立乐观积极的人生态度。Project 部分鼓励学生以小组形式设计制作并分享自然灾害海报，介绍自然灾害相关知识，在团队合作中使学生进一步了解自然灾害相关知识，增强防灾意识和环保意识。本单元的设计与实施是鼓励学生在认识、尊重与热爱自然的基础之上，预防自然灾害的发生，正视自然灾害的发生，以及积极乐观参与灾后重建，最终实现与自然和谐相处。

本节课的内容为 Developing ideas 阅读部分，作者以个人故事的形式，通过孩童视角按照时间发展的先后顺序，记录卡特里娜飓风袭来及其之后周遭环境变化以及个人心理感受变化，充分展示了人类团结一心战胜灾害的决心和对未来生活充满希望的乐观的人生态度。下文从主题内容（what），意图/情感态度价值观（why）和文体特征、内容结构、语言（how）三个方面对本课语篇内容进行分析。

主题内容（what）：本课的主题语境为人与自然。Developing ideas 中的语篇 *Stars after the Storm* 是一篇记叙文，介绍了 2005 年飓风卡特里娜发生后，作者周遭境况以及心理感受变化，引导学生思考该以何种态度面对发生的自然灾害。

意图/情感态度价值观（why）：Developing ideas 部分，作者旨在记录飓风灾难发生后四个时间阶段，通过描述不同时空仰望同一片星空，却同样感受到希望和鼓舞，以及人们积极有序参与灾后的重建工作，表达了团结一心战胜灾害的决心和对未来生活充满希望的乐观人生态度。

文体特征、内容结构、语言（how）：Developing ideas 的文章是一篇记叙文，按照时间先后发展顺序，文章分为六个自然段，前两个自然段描述了灾难发展中作者的周遭境况变化以及心境；第三和第四自然段描述了灾难发生不久后，作者及其家人所处糟糕环境状况以及心境变化；第五自然段描述灾难发生几天后，作者及其家人顺利被营救及其心境变化；第六自然段描述了灾难发生一年后，作者及家人回到故乡重建家园产生的感悟与体会。文章题目 Stars after the storm 的赏析，对部分学生来说有一定难度。

研读课标并梳理《普通高中英语课程标准（2017 年版 2020 修订）》，对本单元及各课时教学的目标要求如下：

1. 语言能力

在常见的语境中，较为熟练地整合运用已有的英语语言知识，理解多模态语篇传递的要义和具体信息，推断作者的意图、情感、态度和价值取向，提炼主题意义；厘清主要观点和事实之间的逻辑关系；有效陈述事件，传递信息，表达个人观点和情感，体现意图、态度和价值观（语言能力三级水平）。

2. 文化意识

能够选择合适的方式方法在课堂等现实情境中获取文化信息；基于对中外文化差异和融通的理解与思考，探究产生异同的历史文化原因；具有足够的文化知识为中外文化的异同提供可能的解释，并结合实际情况进行分析和比较；领悟世界文化的多样性和丰富性，具有人类命运共同体意识，具有正确的价值观、健康的审美情趣和道德情感（文化意识三级水平）。

3. 思维品质

主动观察语言和文化的各种现象，根据不同的环境条件，客观分析各种信息之间的内在关联和差异，发现产生差异的各种原因，从中推断出它们之间形成的逻辑关系；根据所获得的多种信息，归纳共同要素，构建新的概念，并通过演绎，解释、处理新的问题，从另一个视角认识世界；针对所获取的各种观点，提出批判性的问题，辨析、判断观点和思想的价值，做出正确的评价，并形成自己的观点（思维品质三级水平）。

4. 学习能力

全面和正确认识英语学习的意义；对英语学习抱有浓厚的兴趣和强烈的愿望；有长远规划和明确的学习目标；积极拓宽课外学习资源，通过网络等多种渠道获取最新知识，并根据学习需要进行取舍；勇于面对学习困难并加以解决，主动调控心态和情绪，积极反思学习效果；善于自主学习和合作学习，举一反三，积极争取和把握各种学习和表现机会，运用英语进行有效交流和沟通（学习能力三级水平）。

【大概念】☞

课时核心大概念：作者一家遭遇飓风卡特里娜（Hurricane Katrina）前后周遭环境及心理感受变化。

特征化表达：作者一家遭受飓风卡特里娜（Hurricane Katrina）的故事，梳理和归纳灾难前后作者周遭环境及其心境的变化，深入了解自然灾害对人类造成的影响，提炼人类积极应对自然灾害的乐观精神，赞扬人类面对自然灾害的积极乐观心态。

	概念结论	思想方法	价值观念
简略化表达	研读有关作者经历飓风卡特里娜感受的英语语篇 *Stars after the storm*	归纳概括 分析判断 系统思维	关注人与自然的关系，培养乐观积极面对自然灾害的生活态度
特征化表达	阅读作者的个人故事，厘清作者遭遇飓风卡特里娜的情境及灾难后的境况变化和相关心理感受变化，联系文章题目 *Stars after the storm*，人类面对自然灾害时，应该保持积极乐观心态	阅读 *Stars after the storm* 语篇，通过归纳概括，理解文章大意和关键细节信息；通过分析，判断文本类型以及行文逻辑；运用系统思维，认识本文的主题意义和价值：团结一心战胜灾害的决心，对未来生活充满希望的乐观人生态度	自然灾害发生后的应对处理是人与自然关系中重要的环节之一，对于无法回避的自然灾害，人类应该积极采取应对措施，推进灾后重建工作，在尊重、热爱自然的基础上，正视人与自然相互依存的关系，从人类命运共同体出发展望未来

【资源条件】☞

资源名称	功　能
黑板	板书核心问题；板书学生解决问题时分析、交流、建构的英语知识，结构和要点；板书反思提升的要点和语言表达
教材、学案	提供大概念核心问题教学各环节中自主阅读的任务、探究与生成的知识和观点等
PPT	展示具体的教学环节和教学内容，出示反馈评价和总结、家庭作业等内容
投影	用白板展示学生作品，方便进行基于深度理解与表达的思维训练

【学生基础】☞

本次授课的对象为高二年级学生，他们已经进入高中学习一年，顺利度过了初中英语学习到高中英语学习的过渡阶段。语言能力方面，绝大部分学生能够在既定学习情境中利用听、说、读、写以及看等技能理解和表达，抓住文章的主要内容，但是对于文章主题及其意义的探索较为浅显，常常是一扫题目而过，不去探究题目呈现的意义，提炼主题意义和表达个人观点和情感时，逻辑性与流畅性方面还具有较大提升空间。文化意识方面，部分同学能够在全球化背景下呈现出部分跨文化认知、态度和行为取向，大部分同学较为及时关注世界范围内发生的重大自然灾害，心系全球人民，具有一定全球命运共同体的意识，但仍有一部分同学拘泥于课本内容，缺乏有效的课外学习探索精神。思维品质方面，大部分同学思维的逻辑性、批判性与创新性有所提升，但是思维的多元性仍需要加强。学习能力方面，部分同学能够积极扩宽英语学习渠道，逐渐培养独立学习能力以及合作能力，努力提升英语学习效率，但是仍有部分同学相对被动地接受知识输入，缺少独立思考与学习能力。

本单元话题主题为人与自然中的自然灾害与防范、安全常识与自我保护，我校大部分学生来自四川盆地，对于地震这一类自然灾害较为了解，有一定话题相关背景知识，也见证和参与了灾后重建以及灾情援助等相关活动。但对于飓风这一类常发生在沿海地区的自然灾害了解相对较少，因此教学过程中，教师应该充分利用多模态创造较为真实的教学场景。语言方面，学生认识并会使用自然灾害相关的简单词汇，如 disaster，earthquake，global warming，temperature，typhoon，drought，wildfire，predict，forecast，emergency，threaten 等，但是不认识本单元话题相关的词汇，如 rescue，claim，costly，optimistic，tropical depression，degree，thermometer 等。语法方面，学生并没有系统学习过略写（Ellipsis），因此需要教师同学生一起在真实语境中实践运用。思维方面，高二学生能够根据问题的关键词定位答案，从中推断它们之间的逻辑关系，但是赏析文章题目意义存在一定的困难，概括原文内容、提炼组织信息的能力还比较欠缺。

所以，基于以上分析，本课要引导学生通过阅读作者一家遭受飓风卡特里娜的经历，厘清自然灾难发生后的境况变化和相关心理感受变化，拓展学生对自然灾害——飓风的相关认知。通过寻找时间关键词，归纳概括文章行文结构与语篇类型，思考人们应该以何种态度应对自然灾害。

【教学目标】☞

参与《风暴后现繁星》的略读、精读和人类应对自然灾害态度的探究活动。

能够理解文章大意，推断作者的意图、情感、态度和价值取向，提炼并拓展主题意义，厘清文本类型、结构和语言特点；能够运用本文所学谈论对课文标题 *Stars after the storm* 的理解，并分享个人所学、所想、所思（语言能力三级）。

由此，懂得人类应该在尊重自然规律的基础上，面对已发生的自然灾害，积极进行重建工作，团结一心战胜灾害，保持对未来生活充满希望的乐观的人生态度。

【核心问题】☞

核心问题：研读《风暴后现繁星》，分析作者在遭受飓风后的境况和相关心理感受变化，讨论并分享你对文章标题的理解，以及你从故事中学到了什么。

核心问题分析：本文是一篇记叙文，其内容是作者及其家人遭遇飓风后的周遭环境以及个人心理变化，其目的是引导学生即使面对自然灾害，仍旧树立乐观积极的生活态度，从全新角度认识自然与个人的关系。通过略读和精读等学习活动，归纳总结行文结构，梳理灾难发生后的主要情感变化及其原因，并对文章题目进行解读，通过探析人与自然灾害的关系，形成积极乐观的生活态度以及灾难防范意识，从而更好尊重自然与热爱自然。

【评价预设】☞

（1）引入视频的预设：

观看引入视频后，学生在描述视频内容时，可能不知道飓风的英文表达，因此教师应该板书 hurricane，并教授该单词。

（2）题目分析的预设：

学生在回答问题“What is your new understanding of title?”“What have you learned from author’s story?”时可能卡壳，教师应该恰当用问题引导学生去概括总结，如引导学生分别思考 stars 和 storm 的意义，如“What does ‘stars’ refer to?”“What does ‘storm’ refer to?”“What’s your understanding of ‘after’?”再鼓励学生将其综合起来进行理解，并产出自己的观点。

二、教学实施设计

【教学环节】☞

教学环节	学生活动	教师活动	设计意图	技术融合
1. 提出问题（3 mins）	1. 观看有关飓风的视频，回答问题。 2. 朗读和领会核心问题	1. 播放视频，营造真实情境，引导学生进入情境。 2. 提出核心问题：研读《风暴后现繁星》，分析作者遭受飓风后的境况和相关心理感受变化，讨论并分享你对文章标题的理解，以及你从故事中学到了什么	营造情境，为文本阅读储备相关知识，激发学生阅读兴趣，并提出核心问题，让学生明确本课学习任务	黑板板书核心问题
2. 解决问题（27 mins）	观察标题 *Stars after the storm* 和图片，分享个人理解	呈现文章标题与图片，引导学生预测和分享	鼓励学生使用“看”的语言技能，通过预测激活学生已有知识，为接下来的阅读活动做准备	PPT 展示
	略读语篇，回答问题，厘清篇章类型和行文结构	引导学生阅读语篇，归纳文章主旨大意，厘清篇章类型以及行文结构	通过略读，梳理文章类型以及行文结构，初步构建文章结构及厘清写作线索，为接下来的细节阅读活动做准备	PPT 和学案
	精读语篇，完成表格梳理	布置精读任务，引导学生精读文章，关注学生完成情况	通过精读语篇，以时间为线索，帮助学生梳理获取飓风发生后的关键细节信息，使其了解作者及其家人灾后的境况以及心理感受变化	黑板板书
	小组对话，讨论并分享对文章题目 *Stars after the storm* 新的理解以及从故事中学到了什么	布置讨论任务： （1）What is your new understanding of the title? （2）What have you learned from the story? 观察学生讨论情况，并给予实时帮助	回顾题目，鼓励学生分享对标题的新理解与收获，培养学生的对比分析思维和人文思维，树立即使面对灾难，仍要保持积极乐观的心态。加深对语篇和单元主题的认知，重新解读人与自然的关系，逐步实现学生从知识到素养的过渡	黑板板书
	集体合作探索题目深层意义	引导学生逐一分析“the storm”“after”“stars”，引出修辞手法“双关（pun）”		PPT
3. 反思提升（3 mins）	1. 回顾并总结记叙文的行文结构 2. 回顾故事梗概	引导学生反思总结并给予实时点评与补充	让学生反思总结文本类型、结构和语言特点，加深对本文所学知识的巩固，对记叙文文体的把握和对主题的进一步理解，也为后面的评价反馈和家庭作业搭好脚手架	PPT

续表

教学环节	学生活动	教师活动	设计意图	技术融合
4. 评价反馈（7mins）	1. 观看视频，了解另一位飓风卡特里娜的幸存者 Smith 的相关经历 2. 两人一组准备采访，部分小组上台展示	1. 播放视频，引导学生转换视角，关注飓风卡特里娜另一幸存者 Smith 遭受飓风后的境况及心理感受变化 2. 布置访谈活动，鼓励学生聚焦 Smith 遭遇飓风的经历，尝试分享所感所想 3. 借助评价标准，引导生生评价，并师生评价	通过搭建配对活动平台，鼓励学生运用所学内容，实现知识与能力的迁移与创新	PPT
	Homework： （基础性作业）正确使用课堂所学新词汇和短语填空和翻译句子 （综合性作业）讲述一个自然灾害面前保持希望的故事 （实践性作业）制作一份有关自然灾害的海报	布置家庭作业	（基础性作业）通过回顾文本，迁移运用相关语言表达。在新的语境，加深对文本内容和主题意义的理解 （综合作业）讲述有关自然灾害面前保持希望的故事，描述自然灾害的发生和影响，记述人物的经历和心理感受变化，并说明从中获得的收获以及感受。使学生从基于和深入语篇的学习，到超越语篇的学习，让学生从感知理解—运用实践—创造迁移层层递进地学习，实现知识—能力—素养的提升，最终达成英语核心素养目标。另外，家庭作业中让学生多渠道查询信息，一方面拓展了学生的眼界和知识，另一方面也让学生多策略学习，提高学生的学习能力	PPT

【板书设计】☞

Developing ideas

Stars after the storm

核心问题：研读《风暴后现繁星》，分析作者遭受飓风后的境况和相关心理感受变化，讨论并分享你对文章标题的理解，以及你从故事中学到了什么。

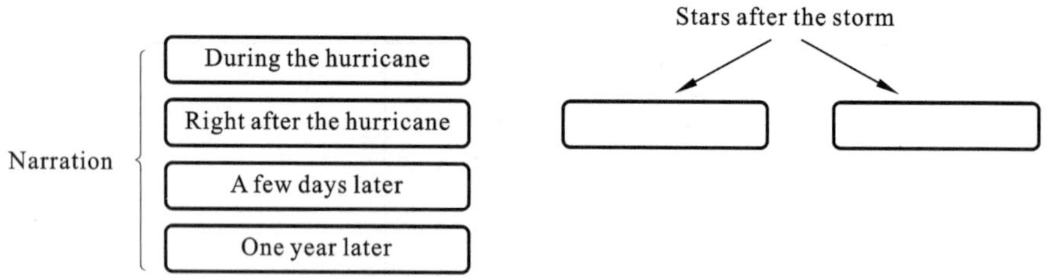

运用反馈 2:

作业:

1.（基础性作业）正确使用课堂所学新词汇和短语填空和翻译句子。

2.（综合性作业）讲述一个自然灾害面前保持希望的故事。【包括：描述自然灾害的发生和影响，记述人物的经历和心理感受变化，说明从中获得的收获以及感受】

3.（实践性作业）制作一份有关自然灾害的海报【包括：灾害类型、分布地区、影响以及防范措施等信息】

【教学流程图】☞

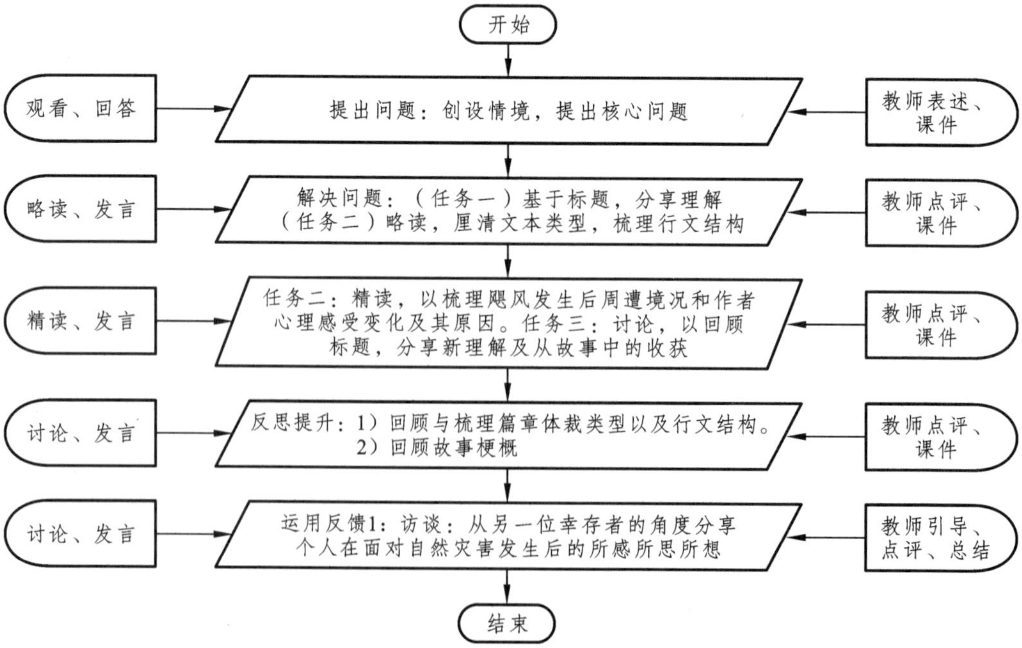

【作业布置】☞

为了让学生能够将本节课体验到的反思总结、基本思想方法、概念结论迁移到后续的学习中，特布置如下作业。

作业序号	作业目标	作业内容	作业情境		概念结论		思想方法		价值观念		整体评估	
			内容	水平	内容	水平	内容	水平	内容	水平	类型	水平
1. 基础性作业	正确使用课堂所学新单词和短语填空和翻译句子（语言水平二级、学习能力二级）	根据提示填空和翻译句子	人与自然	较复杂	人与自然语境下的词汇运用	语言能力水平二级	迁移思维	思维品质二级	敬畏自然，热爱自然	文化意识三级	基础性作业	学业质量水平2
2. 综合性作业	能批判性地审视语篇内容、观点、情感态度和文体特征；针对各种现象，通过辨析，判断其价值，做出正确的评价，形成自己独立的思想与观点，树立积极乐观的生活态度；利用网络资源拓展学习内容和信息渠道，积极争取和把握各种学习和表现的机会（语言水平三级、思维品质三级）	讲述一个自然灾害面前保持希望的故事。包括：描述自然灾害的发生和影响，记述人物的经历和心理感受变化，并说明从中获得的收获以及感受	学生联系生活实际，收集真实故事，赞颂人类面对灾难时的积极乐观态度	较复杂	以时间发生先后顺序，描述灾难发生的境况，结合个人心理感受变化，传递积极乐观面对灾害的态度	语言能力水平三级	逻辑思维系统思维	思维品质三级	积极乐观面对自然灾害	文化意识三级水平	综合性作业	学业质量水平3

续表

作业序号	作业目标	作业内容	作业情境		概念结论		思想方法		价值观念		整体评估	
			内容	水平	内容	水平	内容	水平	内容	水平	类型	水平
3. 实践性作业	综合运用本单元所学，自主合作，有效完成开放型任务，通过对自然灾害的搜索、筛选和研究，培养识别、分析和整合信息的能力；了解和掌握海报的特点，能够自主选择合适的设计和呈现方式介绍一种自然灾害（语言水平三级、思维品质三级）	以小组合作的形式，制作一份包括自然灾害类型、分布地区、破坏性以及防范措施的海报	通过图书馆、网络等多渠道收集关于频发自然灾害的英文资料，罗列自然灾害的类型和频发地区；梳理和归纳可能导致自然灾害的原因；灾前、中、后可采取的防范措施，提高灾害防范意识	较复杂	包括某种自然灾害频发地区、该自然灾害破坏性以及人类可采取的防范措施的自然灾害海报	语言能力三级	思维逻辑系统思维迁移思维	思维品质三级	敬畏自然，热爱自然，保护自然，防范自然灾害	文化意识三级水平	实践性作业	学业质量水平3

（具体的作业内容略）

三、教学评价反馈

【评价实施】☞

课后听取、收集了听课教师的反馈意见，收集了 46 份学生的评价反馈练习。

【信息收集】☞

认真反思收集到的教师反馈意见，针对大概念核心问题教学的课堂教学评价，完成了下列“大概念核心问题教学文化评价表”。

【反馈调整】☞

1. 针对学生

对学生完成的评价反馈作业进行认真的归类分析后，从课堂学习及课后作业两个方面向学生进行反馈交流。针对课堂交流互动积极性略欠佳这一情况，激励学生在今后的课堂学习中更大胆地表达自己的观点与见解，这样有助于理解与内化所学知识；学生课后作业完成情况良好，因此在对全班进行肯定性评价的基础上，通过剖析优秀案例，加强学生的相互学习和借鉴。与反馈作业中结果不太好的学生（包括质量和书写等方面）进行沟通交流，以期在今后的学习中有更好的表现，能对学科知识、思想方法和价值观念进行更好的迁移和运用。

2. 针对教师

认真对课前教学设计、课堂教育教学及课后作业情况进行反思后，从课堂教学与师生评价两个方面对自己提出反馈调整意见：

（1）系统思维培养方面，课堂上要更大胆放手让学生将课本知识与现实世界结合，如关注国内外发生的自然灾害，结合自身经历分享感受。在反思总结题目意义的过程中，可以采用问题链，通过充分的追分，给予学生充足思考的时间，加深其对文章题目的理解。

（2）师生评价方面，运用反馈环节，学生在分享灾害无情人间有希望与爱的故事时，教师的评价应该更有针对性和指导性，不能一概地评论“Good idea; Wonderful; It doesn’t matter”等。对回答得好的同学，多一些概括性评价，对回答欠佳的同学，多些指导性、激励性评价和建议，以提高学生的学习技能，激励学生英语学习的积极性。

大概念核心问题教学文化评价表

课时名称	Stars after the storm
所属单元	外研社 2019 版必修三第六单元
单元大概念	简略化表达：Disaster and hope 灾难与希望并存。 特征化表达：归纳概括极端气候、地震以及飓风等自然灾害对人类产生的重大影响，辩证思考环境问题，形成人类自我反思意识，听懂并谈论自然灾害防范与应对措施的多模态语篇，全球视角总结概括人类面对自然灾害的态度，培养热爱自然保护自然以及乐观积极面对自然灾害的正确价值观
单元核心问题	从听、说、读、写、看五方面，研习有关人与自然灾害的多模态语篇，关注语篇题目及主题意义，对比分析构建文章题目新理解；梳理历史上重大自然灾害类型及其影响；听气候预报音频材料，积极采取措施应对气候变化；分析总结安全指南类文章的写作特点，撰写一篇包括自然灾害发生前、中需要做的事情以及不能做的事情的安全指南；分享一个灾难面前保持希望的故事；制作以一种自然灾害为主题的英文海报
课时大概念	作者一家遭遇飓风卡特里娜(Hurricane Katrina)前后周遭环境及心理感受变化。 特征化表达：从作者一家遭受飓风卡特里娜（Hurricane Katrina）的故事，梳理和归纳灾难前后作者周遭环境及其心境的变化，深入了解自然灾害对人类造成的影响，提炼人类积极应对自然灾害的乐观精神，赞扬人类面对自然灾害的积极乐观心态
课时核心问题	研读《风暴后现繁星》，分析作者遭受飓风后的境况和相关心理感受变化，讨论并分享对文章标题的理解，以及从故事中学到了什么

续表

<table>
<tr><th rowspan="2">评价目标</th><th colspan="3">评价指标</th><th rowspan="2" colspan="2">评价
方法结果</th></tr>
<tr><th>一级指标</th><th>二级指标</th><th>三级指标</th></tr>
<tr><td rowspan="28">实现活动体验中的学习与素养发展</td><td rowspan="12">具有大概念核心问题教学形态</td><td rowspan="3">核心问题
利于活动体验</td><td>内含客观问题和学生活动方式</td><td>8</td><td rowspan="11">每项指标最高评8分（满分为96分）</td></tr>
<tr><td>问题情境与真实生活密切相关</td><td>7</td></tr>
<tr><td>能引发大概念、新知新法生成</td><td>7</td></tr>
<tr><td rowspan="3">教学目标
价值引导恰当</td><td>目标构成全面准确</td><td>7</td></tr>
<tr><td>内含关联体验目标</td><td>7</td></tr>
<tr><td>目标价值引导显现</td><td>8</td></tr>
<tr><td rowspan="3">教学环节
完整合理落实</td><td>教学环节清晰完整</td><td>8</td></tr>
<tr><td>环节内容合理充实</td><td>7</td></tr>
<tr><td>学生活动时间充分</td><td>8</td></tr>
<tr><td rowspan="3">教学要素
相互匹配促进</td><td>问题目标环节两两匹配</td><td>7</td></tr>
<tr><td>技术促进活动形式内容</td><td>8</td></tr>
<tr><td>学科特色突出氛围浓郁</td><td>8</td><td>合计 <u>90</u> 分</td></tr>
<tr><td rowspan="16">具有大概念核心问题教学特质</td><td rowspan="4">拓展学习视野</td><td>课堂与现实世界有恰当关联</td><td rowspan="16" colspan="2">选择一个表现突出的二级指标，在相应三级指标引导下，以现场学生表现为主要依据，以其余指标为背景，于本表的第二页写出150字以上的简要评价</td></tr>
<tr><td>有基于缄默知识的问题解决</td></tr>
<tr><td>有缄默知识运用的追踪剖析</td></tr>
<tr><td>知识运用剖析导向素养发展</td></tr>
<tr><td rowspan="4">投入实践活动</td><td>有真实而且完整的实践活动</td></tr>
<tr><td>实践活动深度融入两类情境</td></tr>
<tr><td>能够全身心地浸渍于活动中</td></tr>
<tr><td>活动内容和结果均丰富深入</td></tr>
<tr><td rowspan="4">感受意义关联</td><td>有核心问题的深层意义感受</td></tr>
<tr><td>有以知识为中心的关联感受</td></tr>
<tr><td>有以个人为中心的关联感受</td></tr>
<tr><td>有对三类大概念的关联感受</td></tr>
<tr><td rowspan="4">自觉反思体验</td><td>有实质性反思活动的开展</td></tr>
<tr><td>有课堂新因素的追踪利用</td></tr>
<tr><td>有体验的交流与改善重构</td></tr>
<tr><td>有概念生成中的素养发展</td></tr>
</table>

续表

<table>
<tr><td rowspan="2">评价目标</td><td colspan="3">评价指标</td><td rowspan="2">评价
方法结果</td></tr>
<tr><td>一级指标</td><td>二级指标</td><td>三级指标</td></tr>
<tr><td rowspan="7">实现活动体验中的学习与素养发展</td><td rowspan="7">具有大概念核心问题教学特质</td><td rowspan="4">乐于对话分享</td><td>乐于自我的表达与认真地倾听</td><td rowspan="7"></td></tr>
<tr><td>乐于合作中成果与思路的分享</td></tr>
<tr><td>乐于成果交流中深层意义分享</td></tr>
<tr><td>有宽容的对话氛围和双向交流</td></tr>
<tr><td rowspan="3">认同素养评价</td><td>认可素养评价</td></tr>
<tr><td>参与素养评价</td></tr>
<tr><td>利用素养评价</td></tr>
<tr><td colspan="5">大概念核心问题教学特质的简要评价（包括发展性建议）：</td></tr>
<tr><td colspan="5">本课采用的是大概念的核心问题教学，“投入实践活动”和“自觉反思体验”两个一二级指标凸显充分。
投入实践活动：本课的核心问题为研读《风暴后现繁星》，分析作者遭受飓风后的境况和相关心理感受变化，讨论并分享对文章标题的理解，以及从故事中学到了什么。在解决问题的过程中，同学们通过阅读文本，勾画文本信息，梳理时间顺序，分析作者感受变化及其原因，参与真实且完整的实践活动。运用反馈环节，依托访谈，结合多模态信息，学生能够以配对形式全身心地带入采访者以及受访者角色，浸渍于活动中，进一步提高对于单元主题意义的理解。
自觉反思体验：文章题目为 Stars after the storm，阅读文本之前，学生对题目进行了简单猜测与推断，其理解聚焦于字面意义。解决问题环节，教师与学生再次回归文章题目，在教师的引导下，同学们分别拆分与理解 the storm, after 以及 stars，明晰题目中双关（pun）的修辞手法。the storm—after—stars 的顺序，正好也是自然灾害发生后的情感变化过程：接受自然灾害已经发生、灾害发生后重拾希望、再见繁星。分析题目的过程中，教师和学生开展了实质性反思活动，在问题链的帮助下逐一拓展 the storm, after 以及 stars 的意义，实现有体验的交流与改善重构</td></tr>
</table>

大概念核心问题教学素养目标点检测表

课时名称	Developing ideas—Stars after the storm
所属单元	外研社 2019 版必修三第五单元
单元大概念	简略化表达：Disaster and hope 灾害与希望并存 特征化表达：归纳概括极端气候、地震以及飓风等自然灾害对人类产生的重大影响，辩证思考人与环境问题，形成自我反思意识，听懂并谈论自然灾害防范与应对措施的多模态语篇，全球视角总结概括人类面对自然灾害的态度，培养热爱自然、保护自然以及乐观积极面对自然灾害的正确价值观

续表

单元核心问题	从听、说、读、写、看五方面，研习有关人与自然灾害的多模态语篇，关注语篇题目及主题意义，对比分析构建文章题目新理解；梳理历史上重大自然灾害类型及其影响；听气候预报音频材料，积极采取措施应对气候变化；分析总结安全指南类文章的写作特点，撰写一篇包括自然灾害发生前、中需要做的事情以及不能做的事情的安全指南；分享一个灾难面前保持希望的故事；制作以一种自然灾害为主题的英文海报
课时大概念	简略化表达：作者一家遭遇飓风卡特里娜（Hurricane Katrina）前后周遭环境及心理感受变化。 特征化表达：根据作者一家遭受飓风卡特里娜（Hurricane Katrina）的故事，梳理和归纳灾难前后作者周遭环境及其心境的变化，深入了解自然灾害发生对人类造成的影响，提炼人类积极应对自然灾害的乐观精神，赞扬人类面对自然灾害的积极乐观心态
课时核心问题	研读《风暴后现繁星》，分析作者遭受飓风后的境况和相关心理感受变化，讨论并分享对文章标题的理解，以及从故事中学到了什么
课时素养目标	1. 语言能力 在常见的语境中，较为熟练地整合性运用已有的英语语言知识，理解多模态语篇传递的要义和具体信息，推断作者的意图、情感、态度和价值取向，提炼主题意义；厘清主要观点和事实之间的逻辑关系；有效陈述事件，传递信息，表达个人观点和情感，体现意图、态度和价值观。（语言能力三级水平） 2. 文化意识 能够选择合适的方式方法，在课堂等现实情境中获取文化信息；基于对中外文化差异和融通的理解与思考，探究产生异同的历史文化原因；具有足够的文化知识为中外文化的异同提供可能的解释，并结合实际情况进行分析和比较；领悟世界文化的多样性和丰富性，具有人类命运共同体意识，具有正确的价值观、健康的审美情趣和道德情感。（文化意识三级水平） 3. 思维品质 主动观察语言和文化的各种现象，根据不同的环境条件，客观分析各种信息之间的内在关联和差异，发现产生差异的各种原因，从中推断出它们之间形成的逻辑关系；根据所获得的多种信息，归纳共同要素，构建新的概念，并通过演绎，解释、处理新的问题，从另一个视角认识世界；针对所获取的各种观点，提出批判性的问题，辨析、判断观点和思想的价值，做出正确的评价，并形成自己的观点。（思维品质三级水平） 4. 学习能力 全面和正确认识英语学习的意义；对英语学习抱有浓厚的兴趣和强烈的愿望；有长远规划和明确的学习目标；积极拓宽课外学习资源，通过网络等多种渠道获取最新知识，并根据学习需要进行取舍；勇于面对学习困难并加以解决，主动调控心态和情绪，积极反思学习效果；善于自主学习和合作学习，举一反三，积极争取和把握各种学习和表现机会，运用英语进行有效交流和沟通（学习能力三级水平）
检测点	正确面对和处理自然灾害的发生，主动调控心态和情绪，积极运用所学知识和反思学习效果
检测工具 （检测题）	讲述一个自然灾害面前保持希望的故事

<table>
<tr><td rowspan="4">分类标准</td><td colspan="3">A. 非常准确且清楚地分享灾害发生中保持希望的故事，内容包括故事时间、地点、主要人物、故事主要情节、个人感受以及个人收获，并充分论述个人收获与感受，凸显主题——灾难面前保持希望</td></tr>
<tr><td colspan="3">B. 比较准确且清楚地分享灾害发生中保持希望的故事，内容包括故事时间、地点、主要人物、故事主要情节、个人感受以及个人收获，其中个人收获与感受较为简短，没有展开论述，比较能凸显主题——灾难面前保持希望</td></tr>
<tr><td colspan="3">C. 一般准确且清楚地分享灾害发生中保持希望的故事，内容包括故事时间、地点、主要人物、故事主要情节、个人感受以及个人收获，其中描述内容不完整，个人收获与感受不太能凸显主题——灾难面前保持希望</td></tr>
<tr><td colspan="3">D. 不能掌握准确且清楚地分享灾害发生中保持希望的故事，内容包括故事时间、地点、主要人物、故事主要情节、个人感受以及个人收获，其中描述内容不完整，个人收获与感受不能凸显主题——灾难面前保持希望</td></tr>
<tr><td rowspan="5">检测统计</td><td>分类等级</td><td>学生人数</td><td>百分比（总人数 46 人）</td></tr>
<tr><td>A</td><td>29</td><td>63.04%</td></tr>
<tr><td>B</td><td>13</td><td>28.26%</td></tr>
<tr><td>C</td><td>4</td><td>8.69%</td></tr>
<tr><td>D</td><td>0</td><td>0%</td></tr>
<tr><td>检测分析
结果运用</td><td colspan="3">本次一共 46 人参与点检测。非常清楚地分享灾害发生中保持希望的故事及个人感受人数为 29 人，占比 63.04%%；比较清楚地分享灾害发生中保持希望的故事及个人感受人数为 13 人，占比 28.26%；一般性地掌握且分享灾害发生中保持希望的故事及个人感受人数为 4 人，占比 8.69%；没有不能掌握分享灾害发生中保持希望的故事及个人感受的同学。
从检测结果来看，授课班级绝大部分同学能够依托文本学习，感悟灾害无情，希望永存的观点，能够收集灾害无情人间有爱的故事，并分享自己的感受，如 2008 年“5・12”汶川大地震中 9 岁林浩营救 2 名被掩埋的同学</td></tr>
<tr><td>素养目标达成
典型实例</td><td colspan="3">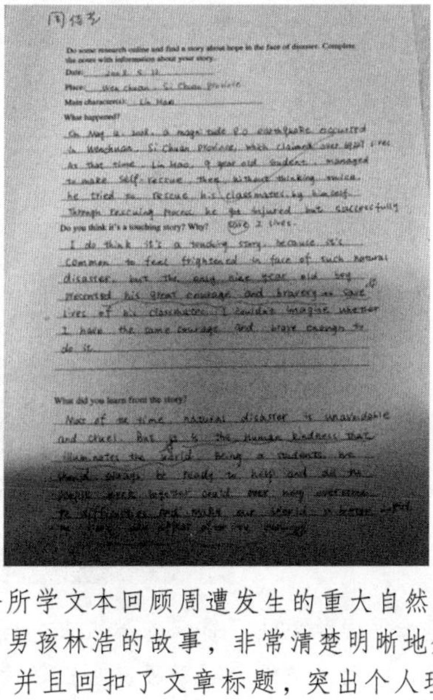
周佳艺同学能够结合所学文本回顾周遭发生的重大自然灾害，描述了“5・12”地震中勇敢救人的 9 岁男孩林浩的故事，非常清楚明晰地分享灾害发生中保持希望的故事及个人感受，并且回扣了文章标题，突出个人理解与感受，所以评为 A 级。</td></tr>
</table>

续表

素养目标达成典型实例	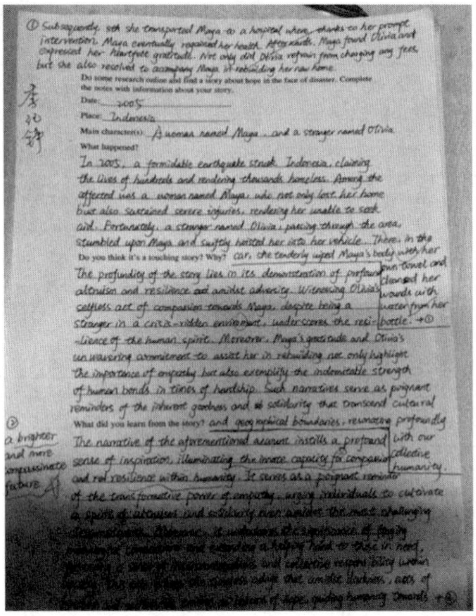 ① Subsequently, she transported Maya to a hospital where, thanks to her prompt intervention, Maya eventually regained her health. Afterwards, Maya found Olivia and expressed her heartfelt gratitude. Not only did Olivia refrain from charging any fees, but she also resolved to accompany Maya in rebuilding her new home. Do some research online and find a story about hope in the face of disaster. Complete the notes with information about your story. Date: 2005 Place: Indonesia Main character(s): A woman named Maya and a stranger named Olivia What happened? In 2005, a formidable earthquake struck Indonesia, claiming the lives of hundreds and rendering thousands homeless. Among the affected was a woman named Maya, who not only lost her home but also sustained severe injuries, rendering her unable to seek aid. Fortunately, a stranger named Olivia, passing through the area, stumbled upon Maya and swiftly hoisted her into her vehicle. There, in the car, she tenderly wiped Maya's body with her own towel and cleansed her wounds with water from her bottle. →① Do you think it's a touching story? Why? The profundity of the story lies in its demonstration of profound altruism and resilience amidst adversity. Witnessing Olivia's selfless act of compassion towards Maya, despite being a stranger in a crisis-ridden environment, underscores the resilience of the human spirit. Moreover, Maya's gratitude and Olivia's unwavering commitment to assist her in rebuilding not only highlight the importance of empathy but also exemplify the indomitable strength of human bonds in times of hardship. Such narratives serve as poignant reminders of the inherent goodness and solidarity that transcend cultural and geographical boundaries, resonating profoundly with our collective humanity. What did you learn from the story? The narrative of the aforementioned account instills a profound sense of inspiration, illuminating the innate capacity for compassion and resilience within humanity. It serves as a poignant reminder of the transformative power of empathy, urging individuals to cultivate a spirit of altruism and solidarity even amidst the most challenging circumstances. ② a brighter and more compassionate future 与其他同学不同，李纪铮同学非常清楚明晰地分享灾害发生中保持希望的故事及个人感受，彰显全球视角，关注人类命运共同体。他描述了发生在其他国家自然灾害中的动人故事，突出灾难前只有人类守望相助，才能够克服困难，重新拥有灿烂未来。 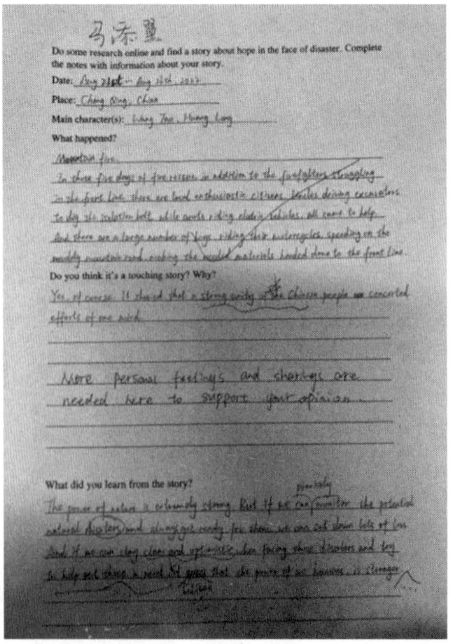 马添翼 Do some research online and find a story about hope in the face of disaster. Complete the notes with information about your story. Date: Aug 21st – Aug 26th, 2022 Place: Chong Qing, China Main character(s): What happened? Mountain fire. In those five days of fire rescue, in addition to the firefighters struggling in the front line, there are lots of enthusiastic citizens. Do you think it's a touching story? Why? Yes, of course. It showed that a strong unity of the Chinese people are concerted efforts of one mind. More personal feelings and stories are needed here to support your opinion. What did you learn from the story? 马添翼同学关注了重庆森林火灾，当地人民与人民子弟兵通力协作扑灭火灾的故事，比较清楚地分享灾害发生中保持希望的故事及个人感受，但是在分享为什么被故事打动的部分，表达稍显简单，可以再阐述一些具体的细节，所以评级B

续表

检测反馈	（四）教学评价设计 一、评价实施 课后听取、收集了听课教师的反馈意见，收集了46份学生的评价反馈练习。 二、信息收集 认真反思收集到的教师反馈意见，针对大概念核心问题教学的课堂教学评价，完成了下列“大概念核心问题教学评价表”。 三、反馈调整 1. 针对学生 对学生完成的评价反馈作业进行认真的归类分析后，从课堂学习及课后作业两个方面向学生进行反馈交流。针对课堂交流互动积极性略欠佳这一情况，激励学生在今后的课堂学习中更大胆地表达自己的观点与见解，这样有助于理解与内化所学知识；学生课后作业完成情况良好，因此在对全班进行肯定性评价的基础上，通过剖析优秀案例，加强学生的相互学习和借鉴。与反馈作业中结果不太好的学生（包括质量和书写等方面）进行沟通交流，以期在今后的学习中有更好的表现，能对学科知识、思想方法和价值观念进行更好的迁移和运用。 2. 针对教师 认真对课前教学设计、课堂教育教学及课后作业情况进行反思后，从课堂教学与课后作业两个方面对自己提出反馈调整意见： （1）系统思维培养方面，课堂上要更大胆放手让学生将课本知识与现实世界结合，如关注国内外发生的自然灾害，结合自身经历分享感受。在反思总结题目意义的过程中，可以采用问题链，通过充分的追分，给予学生充足思考的时间，加深其对文章题目的理解。 （2）师生评价方面，运用反馈环节学生在分享灾害无情人间有希望与爱的故事时，教师的评价应该更有针对性和指导性，不能一概地评论“Good idea; Wonderful; It doesn't matter”等。对回答得好的同学，多一些概括性评价，对回答欠佳的同学，多些指导性、激励性评价和建议，以提高学生的学习技能，激励学生英语学习的积极性

Book 5 Unit 2 Improving Yourself

教学

Unit 2 Improving Yourself
大概念的核心·问题教学单元规划纲要

张谦 等

学科 英语　　　教师 张谦　唐蕊

年级	高三年级	单元名称	Improve Yourself 自我提升	单元课时	7
单元内容	教材内容	本次授课内容选自外语教学与研究出版社（2019 版）普通高中教科书选择性必修二第二单元。本单元的主题语境是人与自我，涉及的主题语境内容是认识自我，丰富自我，完善自我。本单元以关于时间管理的视频和自控力的调查问卷导入，有借助网络论坛分享关于社交媒体脱敏的讨论，有通过网络日志和图片呈现禁止不文明行为的相关表达，有关于理财方法的介绍，有关于情绪管理的个人故事，也有关于自律的名人名言的分享。本单元旨在引发学生思考高中生面对的时间、社交媒体、礼仪、金钱、情绪管理等方面的问题，并以鲜活、有创意的形式呈现和探讨行之有效的解决方法，旨在帮助学生反思自己的日常行为，加强学生在成长过程中的自我管理、自我提升意识，最终引导学生树立积极乐观、不断追求更好的自我的人生态度。 本单元的主题语境内容基于单元提供的调查问卷、网络论坛、个人故事、图表数据、名人名言等多模态语篇，综合运用各种语言技能，读懂与自我管理相关的不同语篇内容。本单元具体内容如下：Starting out 是关于时间管理的视频，提出了关于时间管理的六点建议。活动 2 是完成一个有关个人自控力的问卷调查，分析和反思自己的自控力现状，本版块旨在基于学生已有的语言、背景知识，激发对单元话题的兴趣，为接下来整个单元的学习活动做铺垫和预热。Understanding ideas 呈现了一篇反映单元主题的课文，语篇类型为论坛专题讨论，介绍了一场“社交媒体脱瘾”活动，五位参与该活动的学生谈论了他们的亲身经历和感受。读前的导入活动展示了近些年中国网民使用社交媒体情况的数据，旨在帮助学生熟悉背景知识，为接下来的课文学习做铺垫。读中活动引导学生通过标题和文中的图片对课文内容进行预测，并通过阅读进行验证。读后活动通过分析“社会媒体瘾”活动的益处、细节理解和开放性问答活动，启发学生深入思考，积极探究主题意义。Using language 语法部分主要内容为过去完成时的被动语态，包括一篇网络日志和一组对比图片。综合语言运用部分的话题为“改进日常行为”，词汇部分通过对禁止不文明行为的用语和标识进行匹配及补全对话活动，帮助学生了解禁止不文明行为的相关表达。听说部分是对一位校长的采访，内容为该学校促进校园诚信教育活动的实施情况。本版块旨在帮助学生深度聚焦语言的意义和功能，通过真实语境下技能的综合训练，加深对单元主题的理解，全方位提高学生的综合语言运用能力。Developing ideas 呈现了从另一角度反映单元主题的课文，语篇类型为说明文。课文介绍了“四罐”理财法，引导学生通过学习了解有效的金钱管理方法，学会进一步提出自己的看法，真正认识到有效的金钱管理会对人生产生深远影响。本版块旨在启迪学生思考金钱、情绪方面的有效管理策略，提高学生的自控能力，培养积极乐观的人生态度。Presenting ideas 要求学生先阅读五句名人名言，思考自律和自我管理的重要性。旨在帮助学生通过对观点的思考与表达，促进其在真实情境下综合运用所学语言、内化单元主题思想、发展思维品质、完成对所学内容的迁移和创新			

续表

单元内容	课程标准	课标（2017年版2020年修订）中对本单元及各课时教学的要求如下： 该单元主题： 主题语境：人与自我。 主题群：做人与做事。 主题语境内容：认识自我，丰富自我，完善自我。 语篇类型内容要求：调查问卷、网络论坛、个人故事、图表数据、名人名言。 一、语言能力 词汇知识内容要求：借助词典等各种资源，理解语篇中关键词的词义和功能以及所传递的意图和态度等；在语境中，根据不同主题，运用词汇命名相关事物，进行指称，描述行为、过程和特征，说明概念（语言能力二级水平）。 语法知识内容要求：意识到语言使用中的语法知识是“形式—意义—使用”的统一体，学习语法的最终目的是在语境中有效地运用语法知识来理解和表达意义；运用所学的语法知识，理解口头和书面语篇的基本意义，描述真实和想象世界中的人物、情景和事件。简单地表达观点、意义和情感态度，在生活中进行一般性的人际交流；在语篇中理解和使用过去完成时被动语态的用法（语言能力二级水平）。 语篇知识内容要求：论坛专题讨论、说明文、个人故事等语篇的主要写作目的（如话题讨论、传递信息、说明事实、阐释观点）以及这类语篇的主要语篇结构特征（如该语篇的必要组成部分和可选组成部分、各组成部分的顺序等）（语言能力二级水平）。 语言技能内容要求：从语篇中提取主要信息和观点，理解语篇要义；把握语篇中主要事情的来龙去脉；抓住语篇中的关键概念和关键细节；把握语篇的结构以及语言特征；理解多模态语篇（如调查问卷、网络论坛、个人故事、图表数据、名人名言）中的非文字资源传达的意义（语言能力二级水平）。 二、文化意识 理解英语名人名言的文化内涵及其意义，对比中外名人名言的表达方式，感悟语言和文化的密切关联；通过比较、分析、思考、区分和鉴别语篇包含或反映的社会文化现象，并做出正确的价值判断（文化意识二级水平）。 三、思维品质 主动观察文化的各种现象，通过比较，识别各种信息之间的关联，从中推断出它们之间简单的逻辑关系、作者的观点和态度；针对所获取的信息，提出批判性的问题，辩证思考、判断观点和思想的价值，联系自身实际，形成自己的观点，实现知识向思维能力的迁移（思维品质二级水平）。 四、学习能力 根据学习内容和学习重点，计划和安排预习和复习；经常对所学内容进行归纳和管理；通过图书馆、计算机网络资源获取更广泛的英语信息，扩充学习资源；在新旧语言知识之间建立有机联系；在语境中学习词汇和语法；开展自主、合作与探究学习，选择恰当的策略与方法，监控、评价、反思和调整自己的学习内容和进程，反思学习效果，并据此优化学习策略和方法，提升理解和表达能力，运用英语进行交流和表达（学习能力二级水平）

续表

<table>
<tr>
<td rowspan="2">基础条件</td>
<td>资源基础</td>
<td>
<table>
<tr><th>资源名称</th><th>功能</th></tr>
<tr><td>黑板</td><td>板书核心问题；板书学生解决问题时交流、分析、建构要点；板书反思提升要点等</td></tr>
<tr><td>教材、学案、课外助读资料</td><td>提供核心问题教学各环节中自主阅读、探究与生成的支架与思维空间</td></tr>
<tr><td>PPT</td><td>出示具体的教学内容；提供全班交流时所需部分结果；出示评价反馈练习等内容</td></tr>
<tr><td>信息技术融合</td><td>用投影或白板展示学生作品，方便进行基于深度理解与表达的思维训练</td></tr>
</table>
</td>
</tr>
<tr>
<td>学生基础</td>
<td>本次授课对象为高三的学生。通过高中两年的学习后，学生的英语综合能力有了一定提升，但是仍然需要进一步加强。具体来说，阅读能力上，对于课本上的文章，他们基本都可以读懂文章大意，并能进行一定的思考，但思考的深度和广度还有待加强。口语表达能力也有了一定的进步，大部分同学能用简单的英语表达观点和回答问题，正在建立良好的英语思维模式，但“哑巴英语”的现象还比较严重，部分同学不愿开口表达。至于写作能力，虽然积累了一定的语言知识，但大多数学生的写作还停留在简单的句法结构和有用表达的模仿写作上。学生的逻辑思维还比较弱，内容安排和主旨表达方面不能做到有条有理，英语写作往往不能传达出比较深刻的中心思想。
本单元的内容为“自我提升，自我管理”。时间、金钱、社交媒体等的管理是高三学生经常谈论的话题，他们对本单元的内容较为熟悉，但对于如何进行有效管理，从而实现自我提升了解不多。本单元的 Understanding ideas 是一篇论坛专题讨论，与学生的生活经历紧密相关。Developing ideas 中的第二个语篇是关于“四罐”理财法的说明文，虽然“金钱管理”是学生经常会谈及的话题，但学生没有对于如何科学有效地花费金钱的背景缄默知识，缺乏相关知识和经验的支撑。本单元的 writing 部分要求学生写出故事概要及读后感，该高三年级仍然实施的是老高考的模式，高考的写作大都是应用文撰写，因此对于这种故事概要和读后感写作比较陌生，学生写作前，老师应对读后感写作框架和范式进行讲解。另外，就金钱管理、社交媒体使用管理等话题，学生缺乏对应的单词及短语储备。需要老师在本单元开始之前，给学生布置去图书馆查询相关资料的作业，指导他们通过网络资源获取与本单元话题有关的英语学习资源。Using language 中的语法知识是过去完成时的被动语态。这一语法点在阅读版块常常出现，但在当前高考语法填空部分考查频次不高，因此学生对其标志性时间状语、使用句型和语境不够熟悉，这要求老师结合教材给定语境，带领学生总结过去完成时被动语态的用法规则</td>
</tr>
<tr>
<td colspan="2">单元大概念及下层结构</td>
<td>单元大概念：
单元核心大概念：提升自我。
特征化表达：
归纳概括关于时间管理、社交媒体使用、礼仪、金钱、情绪管理等“自我提升”核心大概念下的各语篇所呈现的观点，批判性吸收并反思自己的日常行为，听懂并谈论与自我提升有关的多模态语篇，加强学生的自我管理和自我提升意识，最终树立积极乐观，不断追求更好的自我的人生态度</td>
</tr>
</table>

续表

<table>
<tr>
<td>单元大概念及下层结构</td>
<td>
概念结论：时间管理、社交媒体使用、礼仪、金钱、情绪管理的相关表达的了解与运用。
特征化表达：
归纳概括本单元所涉及的时间管理、社交媒体使用、礼仪、金钱、情绪管理等方面的表达与句式；在语境中，运用过去完成时的被动语态谈论讲述自己改变某个习惯的故事；基于有关情绪管理的个人故事，结合读后感写作框架，运用相关词汇进行读后感写作；谈论与自我提升有关的话题，反思自我行为，完善自我认知，提升自我管理能力。
思想方法：形象思维、归纳概括、分析判断、逻辑思维、系统思维、辩证思维、批判性思维、迁移思维、发散思维。
特征化表达：
观看与时间管理有关的视频，运用形象化思维，激活已有的语言、背景知识，激发对话题的兴趣。快速阅读有关“社交媒体脱瘾”的论坛专题讨论，归纳概括文章大意；通过精读，找出该活动的益处并从文章中找出例证；读后活动时，通过文章出处和主旨大意、细节理解和开放性问答等活动，启发学生运用逻辑思维和系统思维深入思考，反思自己的行为和现状，加深对主题意义的认识。在语境中归纳概括过去完成时的被动语态的用法；以小组讨论的形式，运用创新型思维、辩证思维、发散思维，探讨“如何促进学校价值观教育？”，并以小组为单位提出有效的建议。仿照课本上给定的读后感的框架结构，运用系统思维，进行读后感的写作。运用发散思维、辩证思维和批判性思维，系统性地介绍一句名言，并进行课堂陈述。
价值观念：
树立自我管理、自我提升的价值观。积极乐观，不断追求更好的自己。
特征化表达：
观看与时间管理有关的视频，完成与自控力相关的问卷调查，就自己的时间管理和自控力现状进行分析和反思；阅读有关“社交媒体脱瘾”的论坛专题讨论，结合五位同龄人的经历和感受，反思自己的行为和现状，形成健康、正确的个人习惯；完成一篇关于“改进日常行为”的网络日志的补全对话活动，反思规范日常行为，加强文明修养；阅读介绍“四罐”理财法的文章，并基于有关情绪管理的记叙文写出读后感，启迪思考金钱、情绪等方面的有效管理策略，提高自控能力；谈论名人名言所传递的意义、自己的感悟并提供案例支撑，最终加强学生在成长中的自我管理和提升意识，最终引导学生树立积极乐观、不断追求更好的自我的人生态度
<table>
<tr><th colspan="2">课时大概念</th><th>概念结论
（小概念）</th><th>思想方法</th><th>价值观念</th></tr>
<tr><td rowspan="2">1. Starting out: Self-control questionnaire</td><td>简略化表达</td><td>给学生时间管理的建议</td><td rowspan="2">形象思维</td><td rowspan="2">自控力和自我时间管理</td></tr>
<tr><td>特征化表达</td><td>给学生时间管理的建议：制作日程表、制定小目标、利用碎片时间、明确高效率时间段、佩戴手表、集中精力</td></tr>
<tr><td rowspan="2">2. Understanding ideas 理解</td><td>简略化表达</td><td>社交媒体脱瘾</td><td rowspan="2">归纳演绎
对比分析</td><td rowspan="2">合理使用社交媒体</td></tr>
<tr><td>特征化表达</td><td>五位中学生介绍自己“社交媒体脱瘾”的经历和感受</td></tr>
</table>
</td>
</tr>
</table>

续表

单元大概念及下层结构	3. Using language 运用语言	Using language 1: Grammar	简略化表达	过去完成时	归纳演绎	改进日常行为
			特征化表达	归纳过去完成时的用法，在一篇关于“改进日常行为”的网络日志中利用过去完成时完成语篇填空；运用过去完成时描述一组生活习惯改变的对比图片		
		Using language 2: Vocabulary	简略化表达	与日常行为有关的标识		强化文明行为意识
			特征化表达	以图片的形式呈现日常行为的标识：禁止扔垃圾、大声喧哗、吸烟、拍照、吐痰、践踏草坪		
		Using language 3: Listening and speaking	简略化表达	校园诚信教育活动		提升诚信意识
			特征化表达	在听力范文中，学习一段对校长的采访，内容为该学校促进校园诚信教育活动的实施情况。基于此讨论如何有效促进学校诚信教育活动的开展		
	4. Developing ideas	Reading: Valuable Values	简略化表达	管理金钱的方法	归纳概括 分析判断 批判性思维	树立正确的理财观，提高自控能力
			特征化表达	以问题“What to do with the money? ”引出话题；介绍 Khloe Thompson 有效使用金钱的案例；介绍“四罐”理财法/每个罐子的意义及价值，并总结其启示意义		
		Writing a reflection	简略化表达	包含故事概要、思考、总结三个部分的读后感	系统思维 迁移思维 创新思维	合理的情绪管理
			特征化表达	基于关于情绪管理的个人故事和课本提供的读后感框架，即故事概要、思考、总结三个部分，撰写读后感		

续表

<table>
<tr><td rowspan="4">单元大概念及下层结构</td><td rowspan="2">5. Presenting ideas</td><td rowspan="2">Giving a presentation about a quote</td><td>简略化表达</td><td>名人名言的分享</td><td rowspan="2">发散思维
辩证思维</td><td rowspan="2">自我反思，自我提升</td></tr>
<tr><td>特征化表达</td><td>介绍一句名人名言，包括其主要含义、所得启发、相关案例阐释，并在班级内分享</td></tr>
<tr><td rowspan="2">6. Project</td><td rowspan="2">Planning a 30-days challenge</td><td>简略化表达</td><td>设计并制作三十天自我提升计划</td><td rowspan="2">发散思维
辩证思维</td><td rowspan="2">自我管理，自我提升</td></tr>
<tr><td>特征化表达</td><td>制作三十天自我提升计划，通过小组成员展示，进一步探索自我管理、自我提升的主题</td></tr>
<tr><td>单元教学目标</td><td colspan="6">核心素养目标：
参与“自我提升”主题下多模态语篇的听、说、读、写、看的研习活动，应用相关词汇及过去完成时等语言知识，表达关于自我管理的观点。
能够多渠道获取英语学习资源（学习能力二级），运用多种学习策略（如“任务型学习法”“构词法”“演示法”“小组讨论”“全班分享”等）（学习能力一级），了解中外关于自律和自我管理重要性的名人名言（文化意识三级），理解与时间、金钱、社交媒体管理等相关的语篇内容（语言能力二级），恰当运用新学词汇、过去完成时等语用知识（语言能力二级），并能逻辑清楚地表达自己的观点（思维品质二级、文化意识三级）。
丰富对从时间、金钱、社交媒体、情绪管理等方面对自我进行管理的认识，不断完善自我认知，提升自我管理的能力，引导学生树立积极乐观、不断追求更好的自我的人生态度</td></tr>
<tr><td>单元核心问题及问题分解</td><td colspan="6">核心问题：
从听、说、读、写、看五方面，研习以“自我提升”为主题的多模态语篇，将习得的相关词汇及过去完成时等语言知识，用于对时间、社交媒体、礼仪、金钱、情绪管理等方面的观点表达。
核心问题分解：
根据本单元的教材内容、教学活动、教学目标和主题意义的分析，将单元的核心问题拟定为：研习有关人与自我的多模态语篇，探究人与自我的关系，基于单元内容，联系实际，总结如何从时间、社交媒体、礼仪、金钱、情绪管理等方面进行自我提升。根据内容和课时安排，将单元核心问题分解为七个课时核心问题（见下文课时划分一览表）。
本单元的主题语境为人与自我；主题语境内容为“认识自我，丰富自我，完善自我”，主题意义为自我提升。要使学生反思自身行为，首先，要通过听、说、读、写、看等学习探究活动，获取“人与自我”多模态语篇的主要信息，感知其主题意义，掌握相关语言表达。联系实际运用本单元所学谈论“人与自我”的话题，如观看与时间管理有关的视频，完成与自控力相关的问卷调查，就自己的时间管理和自控力现状进行分析和反思，启迪学生思考金钱、情绪等方面的有效管理策略，提高自控能力。其次，要让学生形成自我提升的意识，就要探究人与自我的关系，建立自己的态度和观点。分析判断作者的写作意图和观点，运用单元所学正确判断他人的观点和态度，辩证地理解自我提升的各个方面，不断追求更好的自我。最后，学习能力的角度，学生要多渠道获取“人与自我”的学习资源，丰富知识、开阔眼界。通过运用各种学习策略，评判自己是否达成了本单元的核心素养目标，不断监控、评价、反思和调整自己的学习内容和进程；在自主合作与探究式学习的过程中，提高自己的理解和表达能力，最终促进自身语言能力、文化意识、思维品质和学习能力的综合提升，有效落实英语核心素养的达成</td></tr>
</table>

续表

<table>
<tr><td rowspan="8">课时划分</td><td>课时</td><td>课时大概念</td><td>课时核心问题</td></tr>
<tr><td>1. Starting out and understanding ideas</td><td>给中学生时间管理的建议和社交媒体脱瘾</td><td>观看有关时间管理的视频，阅读同龄人“社交媒体脱瘾”的亲身经历，提取关键信息，反思个人是否正确使用社交媒体，制定合理使用社交媒体的计划</td></tr>
<tr><td>2. Using language 1 & 2</td><td>基于“改进日常行为”的网络日志和生活日常行为的对比图片，呈现过去完成时的使用语境，介绍生活中标识的表达</td><td>归纳过去完成时的表意功能和用法；基于“改进日常行为”的网络日志，用所给单词的正确形式填空；学习标识的英语表达并完成对话</td></tr>
<tr><td>3. Using language 3</td><td>对校长的采访，内容为该学校促进校园诚信教育活动的实施情况</td><td>听与日常不文明行为相关的听力材料，补全所缺对话，谈论生活中其他不文明行为并提炼听力技巧</td></tr>
<tr><td>4. Developing ideas 1: Reading</td><td>谈论金钱管理，实现自我提升</td><td>基于已读语篇《珍贵的价值》，探究“四个罐子”在生活中的具体消费方法和使用感受，重新设计并描述消费饼图，总结并谈论理财观的改变</td></tr>
<tr><td>5. Developing ideas 2: Writing a reflection</td><td>基于情绪管理的个人故事，进行读后感写作</td><td>研读关于情绪管理的语篇，基于读后感撰写的基本框架，从故事概要、思考、总结三个部分撰写读后感</td></tr>
<tr><td>6. Presenting ideas</td><td>分享对关于个人提升的名人名言的理解</td><td>阅读名人名言，谈论其传递的意义，介绍自己对一句名人名言的感悟，更深刻地内化自律和自我管理的重要性</td></tr>
<tr><td>7. Project</td><td>制定三十天自我提升计划</td><td>研习有关自我提升的知识，制定三十天自我提升计划</td></tr>
<tr><td>教学评价</td><td colspan="3">从单元大概念的三方面进行评价：概念结论、思想方法和价值观念。
概念结论：通过单元教学，学生能否围绕本单元的主题语境内容，基于单元提供的调查问卷、网络论坛、个人故事、图表数据、名人名言等多模态语篇，综合运用各种语言技能，读懂与时间、金钱、社交媒体、情绪管理等有关的文章内容？能否听懂并谈论与时间、金钱、社交媒体、情绪管理等有关的话题？能否使用新学语言简单谈论时间、金钱、社交媒体、情绪管理等话题，并围绕话题阐述自己的观点？能否恰当使用过去完成时的被动语态描述“改进日常行为”这一话题？能否运用单元所学深入理解关于自我提升的名人名言？教师在教学中如何达成上述目标？有何需要改进之处？具体有何改进方法？
思想方法：通过单元教学，学生能否了解与时间、金钱、社交媒体、情绪管理等相关的策略和技巧，并谈论这些话题、发表观点？学生能否运用本单元知识，有逻辑、有条理地阐释自己对名人的理解，深化对单元主题意义的理解与挖掘？教师在教学中如何达成上述目标？有何需要改进之处？具体有何改进方法？
价值观念：通过单元教学，能否创造性地表达关于人与自我关系的观点，形成自我管理、自我提升的正确价值观？能否在深入理解文本的同时联系自身实际，思考并反思如何对自己的行为进行改善，实现知识与思维能力的迁移？教师在教学中如何达成上述目标？有何需要改进之处？具体有何改进方法？</td></tr>
</table>

续表

	作业类型	作业目标	作业内容	作业情境	概念结论	思想方法	价值观念
单元作业	基础性作业	进一步了解过去完成时的被动结构和表意功能（语言水平二级），并在真实语境中运用	用过去完成时的被动语态完成一篇网络日志的填空	学习探索情境：语言知识的梳理和在真实语境中的运用	掌握过去完成时的被动语态	归纳总结迁移	自我管理，自我提升
	综合性作业	能选择合适的角度，有针对性且逻辑清楚地阐述自己的观点；在表达时，讲究逻辑，力求做到观点明确，内容丰富，思路清晰，表达准备、生动（语言水平三级）	研读介绍“四罐”理财法的文章，分析总结说明文的写作特点，撰写一篇介绍时间管理方法及策略的文章	生活实践情境：学生结合有关时间管理的缄默知识，撰写时间管理的文章。 学习探索情境：合理借鉴阅读说明文语篇 Valuable values 的行文特色和语料素材，迁移撰写时间管理的方法	时间管理的策略及技巧	系统思维 迁移思维 创新思维	自我管理，自我提升
	实践性作业	综合运用本单元所学，自主合作，有效完成开放型任务，通过对时间、金钱、社交媒体、情绪管理策略等有关资料的收集，培养识别、分析和整合信息的能力；了解个人计划撰写的特点，能够自主设计一个三十天的自我提升计划	利用图书馆、网络等渠道收集关于时间、金钱、社交媒体、情绪管理等方面的资料，分析并整合信息。学生以个人为单位，设计一个三十天的自我提升计划	生活实践情境：将“人与自我”单元人文主题和个人活动结合，在收集信息、整合信息和呈现信息的过程中，进一步探索人与自我的主题语境。 学习探究情境：综合运用本单元所学，设计一个三十天的自我提升计划	单元所学知识与语言运用	逻辑思维 批判性思维	自我管理，自我提升
单元作业整体评估	单元作业与课时作业包括课后练习、作文、创新作业三种形式。完成作业的过程中，学生不仅能够进一步评估自己相关知识、能力、素养的习得情况，而且能够得到针对性的强化，取得一定的学习和探究成果，得到相应的实践锻炼，进而促进学科核心素养的生成与发展						
反馈调整	单元教学完成之后，拟从单元教学设计、教学实施和作业设计三个方面进行反思总结，提出具体的优化措施						

Starting Out: Understanding Ideas
课时一

张谦

一、教学分析设计

【教材课标】☞

《普通高中英语课程标准（2017 年版 2020 年修订）》（以下简称《课标》）提出“英语课程除了强调对学生语言能力和学习能力的提升外，更要注重其文化意识和思维品质的培养，让英语课堂具有工具性和人文性融合统一的特点”。

同时《课标》对主题语境的内容要求为：“主题为语言学习提供主题范围或主题语境。学生对主题意义的探究应是学生学习语言的最重要内容，直接影响学生语篇理解的程度、思维发展的水平和语言学习的成效。”学生对主题语境和语篇的理解和深度挖掘，会间接影响学生的思维发展水平和语言学习成效。本单元的主题语境是人与自我，主题语境内容为不断完善自我认知、提升自我管理能力。在单元教学中，学生在老师带领下从单元标题入手，理解主题语境内容，并通过视频，学习关于时间管理的六点建议，迅速获取信息，激发已有的语言、背景知识，为后面的论坛文体做好背景铺垫。同时，学生通过标题和图片预测课文的主要内容，并通过快速阅读获取文章大意，体会五位同龄人参与“社交媒体脱瘾”活动的经历和感受；并基于五位同龄人的经历和感受，反思自己的行为和现状，正确看待社交媒体，理解脱瘾的必要性，提高思辨能力，增强自律、自控、自我提升的意识，加深对单元主题的认知，形成健康、正确的生活习惯。研读课标后，梳理了《课标》对本课时教学的目标要求如下：

1. 语言能力

在常见的语境中，较为熟练地整合运用已有的英语语言知识，理解多模态语篇，即本课的视频、图片等非文字资源传达的意义，推断作者的意图、情感、态度和价值取向；分析语篇的组织结构和文体特征；从语篇中提取主要信息和观点，理解语篇要义；运用本单元所学有效地陈述事实，传递信息，表达个人观点和情感、体现意图、态度和价值取向（语言能力三级水平）。

2. 文化意识

能够选择合适的方式方法，在课堂等现实情境中获取文化信息；具有足够的文化知识为中外文化的异同提供可能的解释，尊重理解文化多样性，并进一步坚定文化自信（文化意识二级水平）。

3. 思维品质

主动观察文化的各种现象，通过比较，识别各种信息之间的关联，从中推断出它们之间简单的逻辑关系、作者的观点和态度；针对所获取的信息，提出批判性的问题，辩证思考、判断观点和思想的价值，联系自身实际，形成自己的观点，实现知识向思维能力的迁移（思维品质二级水平）。

4. 学习能力

对英语学习有较强的兴趣和自信心，能开展课外学习，利用图书馆、工具书、网络资源等扩充学习内容和信息渠道，丰富知识，开阔眼界，提高英语运用能力；开展自主、合作与探究学习，选择恰当的策略与方法。

【大概念】☞

课时核心大概念：合理使用社交媒体。

特征化表达：通过听读、讨论、探究、分享等方式了解中国网民使用社交媒体的情况，分析“社交媒体脱瘾”活动的益处，树立合理使用社交媒体、积极向上的学习和生活态度，培养制定和实践目标的规划力和执行力。

	概念结论	思想方法	价值观念
简略化表达	合理使用社交媒体	归纳概括；分析判断；迁移运用	诚信、敬业
特征化表达	通过听读、讨论、探究、分享等方式树立合理使用社交媒体、积极向上的学习和生活态度，培养制定和实践目标的规划力和执行力	归纳概括主题情境所给信息；分析判断正确对待社交媒体的态度和方式；运用得出的课时大概念制定“合理运用社交媒体”的承诺书，指导自己合理使用社交媒体	学会用平等、公正的眼光提出自己的看法，有长远规划和明确的学习目标，树立积极向上的学习态度，最终形成诚信、敬业的价值观念

【资源条件】☞

资源名称	功能
黑板	板书核心问题；板书学生解决问题时获取、分析、交流、建构的英语知识，结构和要点；板书反思提升的要点和语言表达及特点等
学案	提供大概念核心问题教学各环节中自主阅读的任务、探究与生成的知识和观点等
PPT	展示具体的教学环节和教学内容，出示反馈评价和总结、家庭作业等内容
图片、视频	通过图片、视频等导入，引发学生对课时大概念的思考

【学生基础】☞

1. 学情现状分析

对于高二的学生来说，在语篇主题上，社交媒体是当下青少年非常熟悉的话题，与青少年的生活息息相关，但是学生也意识到自己对于社交媒体的自控力和时间管理能力不足，所以学生对话有已知的生活感受经验，帮助他们理解文章和产出。

但是学生对于社交媒体“脱敏”这一词了解较少，对于如何表达社交媒体脱瘾和正确对待社交媒体的语言积淀还不够，对于联系课文社交媒体脱敏迁移到生活中的自我反思并形成表达，还有一定的距离。

所以，教学重点除了引导学生分析、思考、解答与社交媒体脱瘾相关的问题，更重要的是加深学生对使用社交媒体的习惯和培养他们自控能力和习惯的思考。

2. 习惯特征分析

本节课的阅读内容适用于高二年级上学期，学生在日常生活中经常使用社交媒体，甚至有部分学生在社交媒体上投入大量的时间，达到上瘾的程度，这必然给学生带来很多消极影响，比如缺乏睡眠时间、视力下降、与父母关系紧张、学习成绩下滑、私人信息泄露等。通过本课的学习，学生了解到这五位学生“社交媒体脱瘾”的亲身经历，以此来反思自己使用社交媒体的现状，并思考一些行之有效的解决办法，加强自我管理、自我提升的能力。

【核心问题分析】☞

本节课基于问题—解决—反思—应用四个环节，以单元主题为导向，由已有知识导出新的问题，以引起学生的学习需要和学习兴趣，激发学生的求知欲；在解决核心问题的活动中，学生小组充分体验活动，梳理归纳，尝试表达；在反思过程中，再现本节课知识框架，梳理思想方法，并在应用环节加深对知识间内在联系的理解和认识，以达到归纳与总结、知识与技能、思维与价值观的高度一致和提升。

所以本节课的核心问题是：观看有关时间管理的视频，阅读同龄人“社交媒体脱瘾”的亲身经历，提取关键信息，反思个人是否正确使用社交媒体，制定合理使用社交媒体的个人目标计划。

【学科核心素养目标】☞

学习与社交媒体、合理掌控时间相关的词汇，如 security，detox，fundraising，switch on，social media，occupy，motivate，distract，constantly，access，up to sth.等；掌握并运用课文中的语法知识，如过去完成时、被动语态等（达成语言能力二级）。

能够在阅读与本课主题相关短文的基础上提取关键信息；能够就个人目标制定计划，并表达自己的观点（达成学习能力二级）。

在语境中懂得规划与执行、反思与运用的重要性，激发自我提升的兴趣和积极向上的学习态度（达成思维品质三级）。

【评价预设】☞

1. 语言能力方面

学生能够在主题语境中重点掌握与主题相关的词汇，如 security，detox，fundraising，switch on，social media，occupy，motivate，distract，constantly，access，up to sth.等；掌握并运用课文中的语法知识，如过去完成时、被动语态等。

2. 文化意识方面

学生能够尊重和理解文化多样性，树立正确的价值观。

3. 思维品质方面

（1）学生树立积极向上的学习态度，了解规划与执行、反思与运用的重要性，并有确立自我的目标规划的意识。

（2）学生联系自身实际，进行知识和思维能力的拓展与迁移。

4. 学习能力方面

学会阅读理解与本课主题相关的短文，提取关键信息；能够就个人目标制定计划，并表达自己的观点。

5. 针对课堂教学后的评价设计

课后反思整个教学过程，完成“大概念核心问题教学评价表”“大概念核心问题教学素养目标点检测表”，并反馈给学生。

二、教学实施设计

【教学环节】☞

环节	学生活动	教师活动	设计意图	技术融合
提出问题	1. 跟随课堂节奏进入问题情境 2. 迅速提取关键信息，激发对话题的兴趣	通过导入引起学生对主题的兴趣，激发他们的思考和学习动机	由时间管理的建议导入环节，为学习新知识创设问题情境，引起学生的学习需要和学习兴趣，激发学生的探索欲，启迪学生思维的火花	视频播放
	理解核心问题，明确学习任务，做好探究准备	明确学生已知核心任务		PPT展示
解决问题	1. 小组内讨论，发表自己的意见，并和组员合作，形成小组观点 2. 向全班同学积极展示本组的观点，互相交流和分享	协助学生主动参与，提高他们的学习效果和合作能力，激发学生的自我反思和行动	在解决核心问题的活动中，学生充分活动体验，梳理归纳，尝试表达	黑板板书
反思提升	1. 阅读文章并理解其中的关键信息和观点（可与同学合作阅读，分享观点） 2. 总结反思，并分享	回顾探究过程，反思提升；适时点评总结	在反思过程中，再现本节课知识，梳理思想方法。加深对单元主题意义的理解和认识，形成健康、正确的生活习惯	黑板板书
运用反馈	从课堂中受到启发，并写下合理使用社交媒体、合理规划时间的目标	总结课堂内容，激发学生的自我反思和行动	熟悉知识点的运用，启发学生体验题型及解题规律内在关系和联系	PPT展示

【板书设计】☞

Unit 2 Improving yourself（Starting out）		
核心问题：观看有关时间管理的视频，阅读同龄人“社交媒体脱瘾”的亲身经历，提取关键信息，反思个人是否正确使用社交媒体，制定合理使用社交媒体的个人目标计划		
Ideas 1. Tips to make full use of your time. 2. Social media detox. 3. Time management.	Methodology 1. Read: 2. Reaction: 3. Result: 4. Reflection: 5. Reconstruct:	Values 1. Consider Social Media Detox throughly; 2. Manage our daily routine properly.

【教学流程图】☞

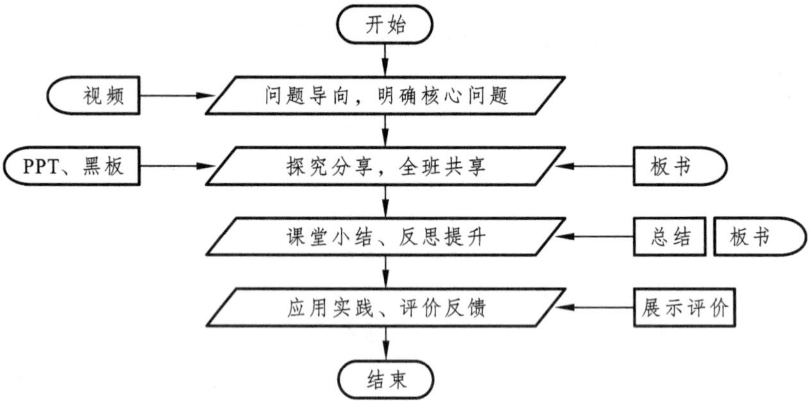

【作业设计】☞

作业序号	作业目标	作业内容	作业情境		概念结论		思想方法		价值观念		整体评估	
			内容	水平	内容	水平	内容	水平	内容	水平	类型	水平
1	基于课堂所学完成基础词汇和内容的巩固练习（语言水平二级）	完成学案1，2题，并大声朗读	新单元一开始，需要对话题词汇进行积累，激活学生词汇、短语、句型的积累	较简单	人与自我语境下的词汇运用	语言水平二级学习能力二级	迁移思维	思维品质二级	认识自我，正确评估自我	文化意识三级水平	基础作业	学业质量水平2
2	综合运用课堂所学（学习能力二级）	运用所学，用英语写好本学期的学期目标和理由	新单元一开始，需要对话题词汇进行积累，激活学生词汇、短语、句型的积累	较复杂	探究综合运用主题语境相关概念，完成口语表达	思维品质三级水平语言能力二级水平	系统思维迁移思维创新思维	思维品质三级水平	个人自我价值实现	文化意识三级水平	综合作业	学业质量水平3

续表

作业序号	作业目标	作业内容	作业情境		概念结论		思想方法		价值观念		整体评估	
			内容	水平	内容	水平	内容	水平	内容	水平	类型	水平
3	思考现实社会存在问题，提升自我价值追求（语言水平三级、思维品质三级）	设计一个“社交媒体脱敏”的问卷，提前反思自我行为管理和时间管理	创设真实情境，促进同学间的交流和相互理解	较复杂	主题语境的表达与真实生活学习的关联	思维品质三级水平语言能力二级水平	系统思维迁移思维创新思维	思维品质三级水平	与社会现实问题接轨	文化意识三级水平	实践性作业	学业质量水平3

（具体的作业内容略）

三、教学评价反馈

【评价实施】☞

课后收集了 54 份学生的评价反馈练习。

【信息收集】☞

认真反思收集到的教师反馈意见，针对大概念核心问题教学的课堂教学评价，完成了下列“大概念核心问题教学文化评价表”。

【反馈调整】☞

1. 针对学生

对学生完成的评价反馈作业进行认真的归类分析后，从课堂学案及课后作业两个方面向学生进行反馈交流：针对课堂学生反馈过于积极这一情况，激励学生在今后的课堂学习中更加规范地表达自己的观点与见解，这样更有助于扎实地、专注地学习主题相关的知识并进行理解与内化。

分析课后作业，总体情况良好，因此对全班进行肯定性评价，展示和分析学生优秀案例，加强学生的自信心，促进同伴间相互学习。反馈作业中完成度欠佳的学生，进行私下点对点的沟通和交流，鼓励他们对学科知识、思想方法和价值观念进行更好的迁移和运用。

2. 针对教师

认真对课前教学设计、课堂教育教学及课后作业情况进行反思后，从课堂教学与课后作业两个方面提出反馈调整意见：

（1）课堂教学过程中，应该更信任学生，给学生更大的空间去表达他们对主题文章的看法和对合理利用时间的做法。

（2）课后作业方面，因为学生没有进行问卷设计的经历，应该提前对问卷设计的维度、方法进行指导。

大概念核心问题教学文化评价表

课时名称	Unit 2 Improving yourself（Starting out）
所属单元	Book 5 Unit 2 Improving yourself
单元大概念	单元大概念： 单元核心大概念：提升自我。 特征化表达：归纳概括关于时间管理、社交媒体使用、礼仪、金钱、情绪管理等“自我提升”核心大概念下的各语篇所呈现的观点，批判性吸收并反思自己的日常行为，听懂并谈论与自我提升有关的多模态语篇，加强学生的自我管理和自我提升意识，最终树立积极乐观，不断追求更好的自我的人生态度
单元核心问题	从听、说、读、写、看五方面，研习以“自我提升”为主题的多模态语篇，将习得的相关词汇及过去完成时等语言知识用于自己对于时间、社交媒体、礼仪、金钱、情绪管理等方面的观点表达
课时大概念	课时大概念：合理使用社交媒体。 特征化表达：通过听读、讨论、探究、分享等方式了解中国网民使用社交媒体的情况，分析“社交媒体脱瘾”活动的益处，树立合理使用社交媒体、积极向上的学习和生活态度，培养制定和实践目标的规划力和执行力
课时核心问题	观看有关时间管理的视频，阅读同龄人“社交媒体脱瘾”的亲身经历，提取关键信息，反思个人是否正确使用社交媒体，制定合理使用社交媒体的个人目标计划

评价目标	评价指标			评价 方法结果	
	一级指标	二级指标	三级指标		
实现活动体验中的学习与素养发展	具有大概念核心问题教学形态	核心问题 利于活动体验	内含学科问题和学生活动方式	8	每项指标最高评 8 分（满分为 96 分）
			问题情境与真实生活密切相关	7	
			能引发大概念、新知新法生成	7	
		教学目标 价值引导恰当	目标构成全面准确	8	
			内含关联体验目标	8	
			目标价值引导显现	8	
		教学环节 完整合理落实	教学环节清晰完整	8	
			环节内容合理充实	8	
			学生活动时间充分	7	
		教学要素 相互匹配促进	问题目标环节两两匹配	8	
			技术促进活动形式内容	7	
			学科特色突出氛围浓郁	8	合计 92 分

续表

<table>
<tr><th rowspan="2">评价目标</th><th colspan="3">评价指标</th><th rowspan="2">评价
方法结果</th></tr>
<tr><th>一级指标</th><th>二级指标</th><th>三级指标</th></tr>
<tr><td rowspan="24">实现活动体验中的学习与素养发展</td><td rowspan="24">具有大概念核心问题教学特质</td><td rowspan="4">拓展学习视野</td><td>课堂与现实世界有恰当关联</td><td rowspan="24">选择一个表现突出的二级指标，在相应三级指标引导下，以现场学生表现为主要依据，以其余指标为背景，于本表的第二页写出150字以上的简要评价</td></tr>
<tr><td>有基于缄默知识的问题解决</td></tr>
<tr><td>有缄默知识运用的追踪剖析</td></tr>
<tr><td>知识运用剖析导向素养发展</td></tr>
<tr><td rowspan="4">投入实践活动</td><td>有真实而且完整的实践活动</td></tr>
<tr><td>实践活动深度融入两类情境</td></tr>
<tr><td>能够全身心地浸渍于活动中</td></tr>
<tr><td>活动内容和结果均丰富深入</td></tr>
<tr><td rowspan="4">感受意义关联</td><td>有核心问题的深层意义感受</td></tr>
<tr><td>有以知识为中心的关联感受</td></tr>
<tr><td>有以个人为中心的关联感受</td></tr>
<tr><td>有对三类大概念的关联感受</td></tr>
<tr><td rowspan="4">自觉反思体验</td><td>有实质性反思活动的开展</td></tr>
<tr><td>有课堂新因素的追踪利用</td></tr>
<tr><td>有体验的交流与改善重构</td></tr>
<tr><td>有概念生成中的素养发展</td></tr>
<tr><td rowspan="4">乐于对话分享</td><td>乐于自我的表达与认真地倾听</td></tr>
<tr><td>乐于合作中成果与思路的分享</td></tr>
<tr><td>乐于成果交流中深层意义分享</td></tr>
<tr><td>有宽容的对话氛围和双向交流</td></tr>
<tr><td rowspan="3">认同素养评价</td><td>认可素养评价</td></tr>
<tr><td>参与素养评价</td></tr>
<tr><td>利用素养评价</td></tr>
<tr></tr>
<tr><td colspan="5">大概念核心问题教学特质的简要评价（包括发展性建议）:</td></tr>
<tr><td colspan="5">对评价表的修改意见:
崇尚活动体验的“核心问题教学文化”的六个二级文化中，笔者认为这节课在“拓展学习视野”和“投入实践活动”两个方面表现突出。
具体表现在：学生通过这节课，参与讨论成功人士成功原因、戒除社交媒体使用上瘾的案例，调动了学生的缄默知识和真实生活中的情感体验，不再是被动地听老师讲。学生通过讨论，将自己的理解显性化，感受自律和成功之间的关联。梳理了已有的、本节课学习到的表达合理使用社交媒体和关于成功的表达，通过自主探究和小组讨论，找到合理使用社交媒体和未来成功之间的途径之一，就是千里之行始于脚下：制定并落实学期学习规划表。学生有真实完整的实践活动，积极地投入到实践活动中，学生在有意义的情境中，自觉实现了用英语进行意义构建和表达的活动</td></tr>
</table>

大概念核心问题教学素养目标点检测表

课时名称	Unit 2 Improving yourself（Starting out）
所属单元	Book 5 Unit 2 Improving yourself
单元大概念	单元大概念： 单元核心大概念：提升自我。 特征化表达：归纳概括关于时间管理、社交媒体使用、礼仪、金钱、情绪管理等“自我提升”核心大概念下的各语篇所呈现的观点，批判性吸收并反思自己的日常行为，听懂并谈论与自我提升有关的多模态语篇，加强学生的自我管理和自我提升意识，最终树立积极乐观，不断追求更好的自我的人生态度
单元核心问题	从听、说、读、写、看五方面，研习以“自我提升”为主题的多模态语篇，将习得的相关词汇及过去完成时等语言知识用于自己对于时间、社交媒体、礼仪、金钱、情绪管理等方面的观点表达
课时大概念	课时大概念：合理使用社交媒体。 特征化表达：通过听读、讨论、探究、分享等方式了解中国网民使用社交媒体的情况，分析“社交媒体脱瘾”活动的益处，树立合理使用社交媒体、积极向上的学习和生活态度，培养制定和实践目标的规划力和执行力
课时核心问题	观看有关时间管理的视频，阅读同龄人“社交媒体脱瘾”的亲身经历，提取关键信息，反思个人是否正确使用社交媒体，制定合理使用社交媒体的个人目标计划
课时素养目标	学习与社交媒体、合理掌控时间相关的词汇，如 security，detox，fundraising，switch on，social media，occupy，motivate，distract，constantly，access，up to sth. 等；掌握并运用课文中的语法知识，如过去完成时、被动语态等（达成语言能力二级） 能够在阅读的与本课主题相关短文的基础上提取关键信息；能够就个人目标制定计划，并表达自己的观点（达成学习能力二级） 在语境中懂得规划与执行、反思与运用的重要性，激发自我提升的兴趣和积极向上的学习态度（达成思维品质三级）
检测点	明确表示赞同或反对，文章结构清晰有条理
检测工具（检测题）	议论文写作：家庭是否应该饲养宠物
分类标准	A. 能掌握自律（合理使用社交媒体）的主要表达，并运用相关表达来分析和反思自己是否合理使用社交媒体，并制定规划表
	A-. 能部分掌握自律（合理使用社交媒体）的主要表达，并较为熟练地运用相关表达来分析和反思自己是否合理使用社交媒体，并制定规划表
	B. 能个别掌握自律（合理使用社交媒体）的主要表达，能一定程度上运用相关表达来分析和反思自己是否合理使用社交媒体，并制定规划表
	C. 能大概判断掌握自律（合理使用社交媒体）的主要表达，并尝试运用相关的表达分析和反思自己是否合理使用社交媒体，并制定规划表

续表

<table>
<tr><td rowspan="5">检测统计</td><td>分类等级</td><td>学生人数</td><td>百分比（总人数 54 人）</td></tr>
<tr><td>A</td><td>32</td><td>59.3%</td></tr>
<tr><td>A-</td><td>16</td><td>29.6%</td></tr>
<tr><td>B</td><td>4</td><td>7.4%</td></tr>
<tr><td>C</td><td>2</td><td>3.7%</td></tr>
<tr><td>检测分析
结果运用</td><td colspan="3">虽然根据点检测表，课堂中有 88.9%的学生感到本节课拓展了他们的学习视野、投入了实践活动并自觉反思体验自律（合理使用社交媒体）与成功的相互关联，但仍然有 10%的学生对自己的表现不够满意，主要体现在虽然读懂了主题语境，但总是表达不精准。实际上，这是因为语言没有积淀到位和没有理顺自己想表达内容的底层逻辑，因此他们也显得不自信，不乐于分享对话。这也给笔者课后进行调整指明了方向，可以再设计一些针对学习效果不佳学生的问题和环节，便于学生在运用反馈环节立即使用</td></tr>
<tr><td>素养目标达成
典型实例</td><td colspan="3">王玉筝：
本次英语课让我印象深刻。我们分析了五个高中学生戒除社交媒体上瘾的案例，让我感受到了合理使用社交媒体的重要性。我自己每次都不能控制使用手机的时间，这次课让我看到了控制或者戒除手机瘾的可能性，这使得我对未来提高学习成绩有了信心</td></tr>
<tr><td>检测反馈</td><td colspan="3">反馈调整
1. 针对学生
对学生完成的评价反馈作业进行认真的归类分析后，从课堂学案及课后作业两个方面向学生进行反馈交流：针对课堂学生反馈过于积极这一情况，激励学生在今后的课堂学习中更加规范地表达自己的观点与见解，这样更有助于扎实地、专注地学习主题相关的知识并进行理解与内化。
分析课后作业，总体情况良好，因此对全班进行肯定性评价，展示和分析学生优秀案例，加强学生的自信心，促进同伴间相互学习。反馈作业中完成度欠佳的学生，进行私下点对点的沟通和交流，鼓励他们对学科知识、思想方法和价值观念进行更好的迁移和运用。
2. 针对教师
认真对课前教学设计、课堂教育教学及课后作业情况进行反思后，从课堂教学与课后作业两个方面提出反馈调整意见：
（1）课堂教学过程中，应该更信任学生，给学生更大的空间去表达他们对主题文章的看法和对合理利用时间的做法。
（2）课后作业方面，因为学生没有进行问卷设计的经历，应该提前对问卷设计的维度、方法进行指导</td></tr>
</table>

Developing Ideas
语篇：Valuable Values

唐蕊

一、教学分析设计

【教材课标】☞

普通高中英语课程的总目标是，全面贯彻党的教育方针，培育和践行社会主义核心价值观，落实立德树人根本任务，在义务教育的基础上，进一步促进学生英语学科核心素养的发展，培养具有中国情怀，国际视野和跨文化沟通能力的社会主义建设者和接班人。具体目标是：培养和发展学生在接受高中英语教育后应具备的语言能力、文化意识、思维品质、学习能力等核心素养。

本次授课内容选自选择性必修二的 Unit 2，单元主题是不断完善自我认知、提升自我管理能力。本单元以关于时间管理的视频和自控力的调查问卷作为导入，引发学生思考高中生面对的时间、社交媒体、礼仪、金钱、情绪管理等方面的问题，并以鲜活、有创意的形式呈现和探讨了一些行之有效的解决方法，帮助学生反思自己的日常行为，加强学生在成长过程中的自我管理、自我提升意识，最终引导学生树立积极乐观，不断追求更好的自我的人生态度。

此次授课的内容是本单元 Developing ideas 部分，本课时是基于阅读语篇 *Valuable Values* 后的口语讨论课，进一步探讨“四罐”理财法在生活中的具体应用和使用感受。下文从主题内容（what），意图/情感态度价值观（why）和文体特征、内容结构、语言（how）三个方面对本课语篇内容进行分析。

主题内容（what）：本文的主题语境为人与自我，Developing ideas 部分的语篇 *Valuable Values* 介绍了“四罐”理财法，阐述了每个罐子的意义和珍贵的价值。

意图/情感态度价值观（why）：本文通过“四罐”理财法的介绍，引导学生认识到有效的金钱管理方法会对人生产生深远的影响，启迪其思考金钱的有效管理策略，提高学生的自控能力，培养积极乐观的人生态度。

文体特征、内容结构、语言（how）：Developing ideas 部分的语篇是说明文，语篇共有九个段落，第一自然段提出问题“What to do with the money？”，引出本文话题的同时引发学生思考，第二自然段介绍了 Khloe Thompson 有效使用金钱的案例，第三至第八自然段介绍了“四罐”理财法，以及每个罐子的意义及价值。最后一段总结“四罐”理财法对学生的启示意义，即为未来更好管理自己的金钱做准备。

研读《普通高中英语课程标准（2017 年版 2020 年修订）》后，梳理了课标中对本课时教学的目标要求如下：

1. 语言能力

在常见的语境中，较为熟练地整合运用已有的英语语言知识，理解和获取多模态语篇传递的要义和具体信息，推断作者的意图、情感、态度和价值取向，提炼主题意义；运用本单元所学有效地陈述事实，传递信息，表达个人观点和情感、体现意图、态度和价值取向（语言能力二级水平）。

2. 文化意识

能够选择合适的方式方法，在课堂等现实情境中获取中外文化信息，并结合实际情况进行分析和比较，增强跨文化意识，尊重和理解文化的多样性，进一步坚定文化自信，树立正确的价值观（文化意识二级水平）。

3. 思维品质

主动观察文化的各种现象，通过比较，识别各种信息之间的关联，从中推断出它们之间简单的逻辑关系、作者的观点和态度；针对所获取的信息，提出批判性的问题，辩证思考、判断观点和思想的价值，联系自身实际，形成自己的观点，实现知识向思维能力的迁移（思维品质二级水平）。

4. 学习能力

对英语学习有较强的兴趣和自信心，能开展课外学习，利用图书馆、工具书、网络资源等扩充学习内容和信息渠道，丰富知识，开阔眼界，提高英语运用能力；开展自主、合作与探究学习，选择恰当的策略与方法。

【课时大概念】☞

课时核心大概念：谈论金钱管理，实现自我提升。

特征化表达：基于有关“四罐”理财法的说明文《珍贵的价值》，学习并积累理财的基本思路、金钱管理话题下的相关语言表达；讨论“四罐”在生活中的具体用途，并重新绘制消费饼图，利用所学语言知识介绍自己的理财观念和消费习惯的转变，更深入地思考自我提升和金钱管理的关系，认识到合理规划金钱的重要性，从而树立理性消费的价值观。

	概念结论	思想方法	价值观念
简略化表达	运用本文所学的与“金钱管理”相关的语言和价值观念，完善消费饼图并描述自己消费习惯的转变	归纳概括 分析判断 批判性思维	树立正确的理财观，提高自控能力
特征化表达	研读 *Valuable Values*，了解其主旨大意和行文结构、主题相关的词汇与表达，运用于描述自身理财习惯	基于语篇 *Valuable Values* 的内容，获取并归纳“四罐”理财法的基本思路，分析其在生活中的具体消费方法，批判性选择适合自己的理财方式，并重新设计消费饼图	在管理金钱的过程中，应树立理智的消费观，合理有效地使用金钱

【资源条件】☞

资源名称	功　能
黑板	板书核心问题；板书学生解决问题时分析、交流、建构的英语知识，结构和要点；板书反思提升的要点和语言表达
教材、学案	提供大概念核心问题教学各环节中自主阅读的任务、探究与生成的知识和观点等
PPT	展示具体的教学环节和教学内容，出示反馈评价和总结、家庭作业等内容
投影	用白板展示学生作品，方便进行基于深度理解与表达的思维训练

【学生基础】☞

1. 基本情况

授课学生来自高三年级平行班，经过两年的英语学习，已经积累了一定的语言知识，并具备了基本的阅读理解和获取信息的能力，在老师的指导下也能进行深度思考。本班学生的英语综合能力较为薄弱，创新思维和批判性思维需要加强。大部分同学对英语学习的兴趣较浓厚，学习态度端正，但大多数学生口语表达能力差，在课堂上缺乏主动说英语的积极性，口语方面的能力有较大的进步空间。

2. 已有基础

话题方面：本单元的主题语境是人与自我，涉及时间、社交媒体、礼仪、金钱、情绪管理等方面的问题，并以鲜活、有创意的形式呈现和探讨了一些行之有效的解决方法。对于高三的学生来说，这些话题与他们的日常生活息息相关，能激发学生的兴趣。

语言方面：通过两年的英语学习，学生已经积累了一定的与理财有关的词汇表达和句型，在该话题下能够进行简单的表达。

思维方面：大部分学生能合理看待自身与金钱的关系，也能有一定的主动理财意识，具备初步的辩证思维和批判性思维。

3. 存在问题

话题方面：理财是一个复杂的话题，大多数学生对此仅有一定的感性认识，缺乏理性和系统的分析和实践，教师还可以对其进行相关的引导。

语言方面：有一定的语言积淀，但在如何运用有关词汇表述自己的观点上还有一定的问题。

思维方面：对于“理财”这一话题思考的深度和广度不够，还需要进一步培养其辩证思维与批判性思维，使其内化金钱管理的方法，理智有效地使用金钱。

4. 解决措施

基于以上分析，在探究“人与自我”主题下“合理消费”的课堂活动中，在话题方面，应通过有趣的方式引入，并结合学生的日常生活，从而激发学生的学习兴趣；在语言方面，通过学习和模仿使用文章中关于金钱使用的表达，提高学生对此话题的表达能力；思维方面，通过给学生搭建充分的话题支架，引导学生深入思考并完善自己的金钱管理方法，推动学生对主题的深度学习，帮助他们树立正确的价值观，实现知行合一。

【教学目标】☞

参与语篇 *Valuable Values* 进行人与自我主题下"合理消费"的探究活动；能够运用本文所学的与"金钱管理"相关的语言，描述自己的消费习惯；锻炼归纳概括、分析判断和批判性思维能力；树立正确的理财观念（语言能力三级水平、文化意识三级水平）。

【核心问题】☞

核心问题：基于已读语篇《珍贵的价值》，探究"四个罐子"在生活中的具体消费方法和使用感受，重新设计并描述消费饼图，总结并谈论理财观的改变。

核心问题分析：本文是一篇说明文，课文介绍了"四罐"理财法，引导学生通过学习了解有效的金钱管理方法，学会进一步提出自己的看法，真正认识到有效的金钱管理会对人生产生深远的影响。基于对文章内容的理解，学生进行读后的讨论活动，内化"四罐"理财法并探究"四罐"在生活中的具体使用目的及方法。通过探讨金钱的使用，反思并完善自己当前的消费观念，树立对金钱的正确态度，合理管理财务。

【评价预设】☞

（1）词汇表达方面的预测：

学生在描述自己的消费习惯和消费饼图时，可能在部分词汇表达上有困难，老师需要根据现场学生的反应做相应的语言及句型方面的支持。

（2）题目理解上的预测：

学生在理解题目 *Valuable Values* 时，可能会偏离文章的本意，主要是由于学生对于"value"做复数用时的意思不够熟悉。若出现困难，老师应对"values"的意思做出相应解释。

二、教学实施设计

【教学环节】☞

教学环节	学生活动	教师活动	设计意图	技术融合
1. 提出问题（5 mins）	1. 观看一段与理财有关的视频，引入本课话题 2. 复习"四罐"理财法及"四罐"的象征意义和价值，并理解标题 *Valuable Values* 的含义 3. 阅读核心问题，了解本课学习的重点	1. 播放视频，创设本课情景，引发学生对理财的初步认识 2. 呈现"四罐"，带领学生理解标题的含义，营造"金钱管理"的情景 3. 提出核心问题：基于已读语篇《珍贵的价值》，探究"四个罐子"在生活中的具体消费方法和使用感受，重新设计并描述消费饼图，总结并谈论理财观的改变	营造情境，提出核心问题，让学生明确本课学习重点	PPT 展示

续表

教学环节	学生活动	教师活动	设计意图	技术融合
2. 解决问题（26 mins）	基于教师给出的标准，分组讨论“四罐”理财法在生活中的使用、对自己及他人的影响、使用感受	提供标准，引导学生进行小组讨论	通过小组讨论，使学生细化并具象化“四罐”的用途，并从其他小组的回答中得到启发	PPT 展示 学生学案 投影仪 黑板板书
	根据讨论的结果，重新思考自己的理财方法，优化并完善消费饼图	给学生创设情景：“如果你有 1 万元，如何进行分配？”，引导学生在课前绘制的消费饼图基础上进行完善	通过课上小组的讨论和分享，开阔学生的视野，启发其反思当前的消费习惯和理财观念，优化消费饼图，提升自己在金钱方面的有效管理策略	
	描述消费饼图发生的改变，并进行同伴互评	基于学生的描述，进行师生评价	学生对比课前和课后消费饼图的差异，体会自己在消费观念上的改变和成长	
3. 反思提升（6 mins）	1. 总结饼图产生变化的几个领域 2. 深入探究消费饼图发生改变的原因	引导学生总结，并深入探究本课学到的理财观念	让学生描述饼图并分析判断消费饼图发生改变的原因，加深学生对本文所学知识的巩固，实现对主题的进一步理解，也为后面的评价反馈和家庭作业搭好脚手架	PPT 展示
4. 评价反馈（3 mins）	1. 运用本课所学，谈论对单元主题“Improve Yourself”的理解 2. 评价同学的发言	1. 引导学生运用本课所学，谈论对单元主题“Improve Yourself”的理解 2. 引导生生评价，并师生评价	通过运用本课所学，谈论对单元主题“Improve Yourself”的理解，使学生从基于和深入语篇的学习，发展到超越语篇的学习，让学习从感知理解—运用实践—创造迁移层层递进，实现知识—能力—素养的提升，最终达成英语核心素养目标，并实现对单元主题意义的内化和吸收	PPT 展示 黑板板书

【板书设计】☞

Unit 2 Improve Yourself

Developing ideas

Valuable Values

核心问题：基于已读语篇《珍贵的价值》，探究“四个罐子”在生活中的具体消费方法和使用感受，重新设计并描述消费饼图，总结并谈论理财观的改变。

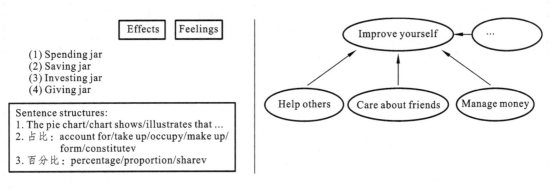

Effects　Feelings

(1) Spending jar
(2) Saving jar
(3) Investing jar
(4) Giving jar

Sentence structures:
1. The pie chart/chart shows/illustrates that ...
2. 占比：account for/take up/occupy/make up/form/constitutev
3. 百分比：percentage/proportion/sharev

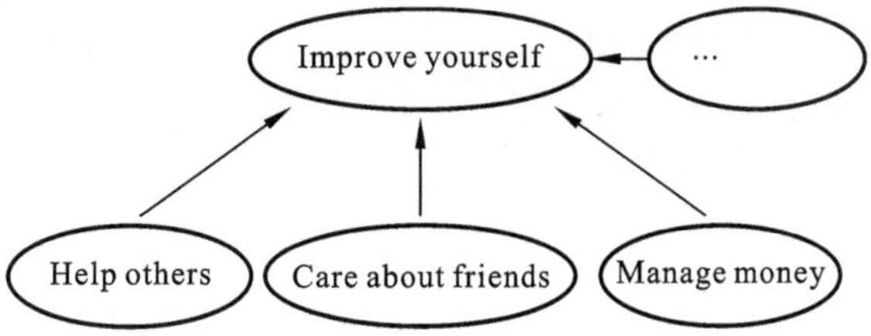

【教学流程图】☞

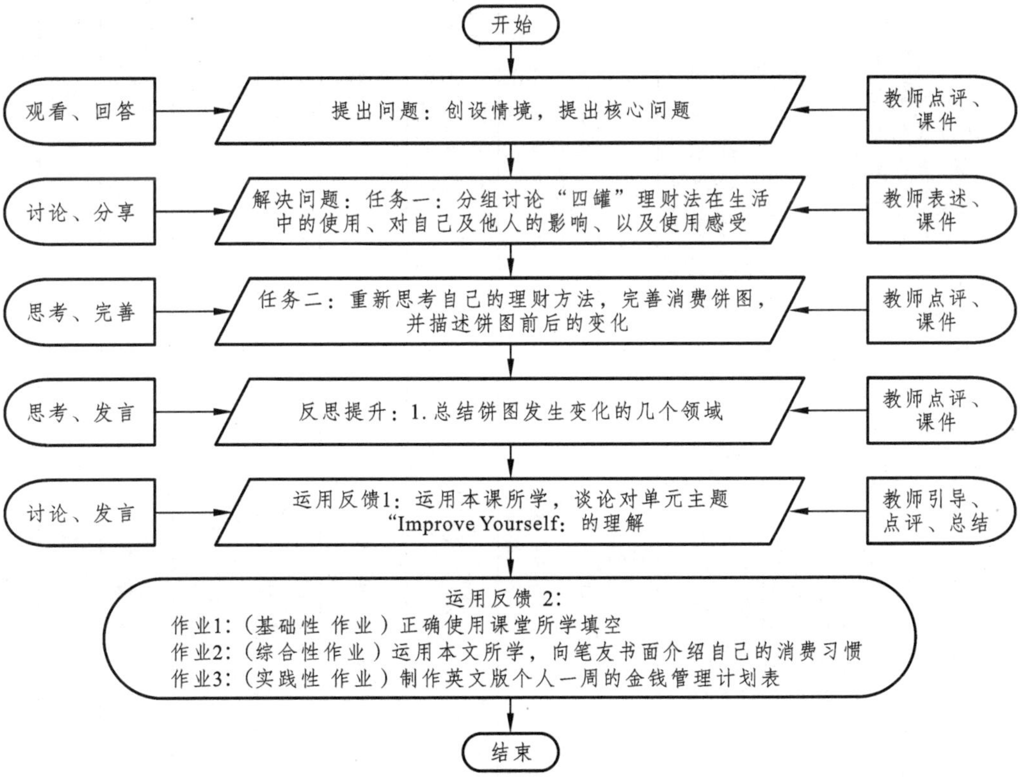

【作业布置】☞

为了让学生能够将本节课体验到的反思总结、基本思想方法、概念结论迁移到后续的学习中，特布置如下作业。

作业序号	作业目标	作业内容	作业情境		概念结论		思想方法		价值观念		整体评估	
			内容	水平	内容	水平	内容	水平	内容	水平	类型	水平
1	正确使用课堂所学新词汇填空(语言能力二级、学习能力二级、文化意识二级水平)	根据提示填空	人与自我	简单	人与自我语境下词汇的运用	语言水平二级、学习能力二级、文化意识二级	逻辑思维 迁移思维	思维品质二级	自我提升，自我管理	文化意识二级水平	基础性作业	学业质量水平2
2	能利用课堂所学内容进行书面写作，有一定高级词汇的表达；能意识到树立正确价值观的重要性(语言能力二级、思维品质三级、文化意识三级水平)	书信写作： 假设你是李华，你的美国笔友写信来询问中国高中生的消费习惯，并希望得到你在金钱管理方面的建议，请你给他回信	学生联系生活实际及课堂所学，描述自己的消费习惯，并从“花费”“储蓄”“投资”“给予”四个方面给出金钱管理的建议	较复杂	包括“花费”“储蓄”“投资”“给予”四个方面建议类的书信写作	思维品质三级水平、语言能力二级水平、文化意识三级水平	逻辑思维 系统思维	思维品质三级水平	自我提升，自我管理	文化意识三级水平	综合性作业	学业质量水平3
3	进一步巩固并内化课堂所学知识，并将知识迁移运用到自身实际生活中(思维品质三级、语言能力二级、文化意识三级)	从“花费”“储蓄”“投资”“给予”四个方面着手，设计并制作英文版个人一周的金钱管理计划表	学生基于课上所学，结合自身实际，提升自我管理的意识	较复杂	应用课堂所学进行迁移和内化	思维品质三级水平、语言能力二级水平、文化意识三级水平	系统思维 迁移思维 创新思维	思维品质三级水平	自我提升，自我管理	文化意识三级水平	实践性作业	学业质量水平3

（具体的作业内容略）

三、教学评价设计

【评价实施】☞

课后听取、收集了听课教师的反馈意见，收集了 33 份学生的评价反馈练习。

【信息收集】☞

认真反思收集到的教师反馈意见，针对大概念核心问题教学的课堂教学评价，完成了下列“大概念核心问题教学文化评价表”。

【反馈调整】☞

1. 针对学生

对学生完成的评价反馈作业进行认真的归类分析后，从课堂学习及课后作业两个方面向学生进行反馈交流。针对课堂交流互动积极性略欠佳这一情况，激励学生在今后的课堂学习中更大胆地表达自己的观点与见解，这样有助于理解与内化所学知识；学生课后作业完成情况良好，因此在对全班进行肯定性评价的基础上，通过剖析优秀案例，加强学生的相互学习和借鉴。与反馈作业中结果不太好的学生（包括质量和书写等方面）进行沟通交流，以期在今后的学习中有更好的表现，能对学科知识、思想方法和价值观念进行更好的迁移和运用。

2. 针对教师

认真对课前教学设计、课堂教育教学及课后作业情况进行反思后，从课堂教学与课后作业两个方面对自己提出反馈调整意见：

（1）系统思维培养方面，课堂上应更大胆地放手让学生去做如在课前，应让学生以小组为单位提前查阅相关资料，并结合自身的理解和生活常识，在课堂前尝试描述自己的消费习惯，这样更有利于学生系统思维和学习能力的培养。

（2）师生评价方面，运用反馈环节学生在表达对 at one with nature 的理解和观点时，教师的评价应该更有针对性和指导性，不能一概地评论“Good idea；Wonderful；It doesn’t matter”等。对回答得好的同学，多一些概括性评价，对回答欠佳的同学，多些指导性、激励性评价和建议，以提高学生的学习技能，激励学生英语学习的积极性。

大概念核心问题教学文化评价表

课时名称	Valuable Values
所属单元	Unit 2 Improve Yourself
单元大概念	简略化表达：提升自我。 特征化表达：归纳概括关于时间管理、社交媒体使用、礼仪、金钱、情绪管理等“自我提升”核心大概念下的各语篇所呈现的观点，批判性吸收并反思自己的日常行为，听懂并谈论与自我提升有关的多模态语篇，加强学生的自我管理和自我提升意识，最终树立积极乐观，不断追求更好的自我的人生态度

续表

<table>
<tr><td colspan="2">单元核心问题</td><td colspan="4">从听、说、读、写、看五方面，研习以“自我提升”为主题的多模态语篇，将习得的相关词汇及过去完成时等语言知识用于自己对于时间、社交媒体、礼仪、金钱、情绪管理等方面的观点表达</td></tr>
<tr><td colspan="2">课时大概念</td><td colspan="4">简略化表达：谈论金钱管理，实现自我提升。
特征化表达：基于有关“四罐”理财法的说明文《珍贵的价值》，学习并积累理财的基本思路，以及金钱管理话题下的相关语言表达；讨论“四罐”在生活中的具体用途，并重新绘制消费饼图，利用所学语言知识介绍自己的理财观念和消费习惯的转变，更深入地思考自我提升和金钱管理的关系，认识到合理规划金钱的重要性，从而树立理性消费的价值观</td></tr>
<tr><td colspan="2">课时核心问题</td><td colspan="4">基于已读语篇《珍贵的价值》，探究“四个罐子”在生活中的具体消费方法和使用感受，重新设计并描述消费饼图，总结并谈论理财观的改变</td></tr>
<tr><td rowspan="2">评价目标</td><td colspan="3">评价指标</td><td colspan="2" rowspan="2">评价
方法结果</td></tr>
<tr><td>一级指标</td><td>二级指标</td><td>三级指标</td></tr>
<tr><td rowspan="20">实现活动体验中的学习与素养发展</td><td rowspan="12">具有大概念核心问题教学形态</td><td rowspan="3">核心问题
利于活动体验</td><td>内含学科问题和学生活动方式</td><td>7</td><td rowspan="12">每项指标最高评 8 分（满分为 96 分）

合计 90 分</td></tr>
<tr><td>问题情境与真实生活密切相关</td><td>8</td></tr>
<tr><td>能引发大概念、新知新法生成</td><td>7</td></tr>
<tr><td rowspan="3">教学目标
价值引导恰当</td><td>目标构成全面准确</td><td>8</td></tr>
<tr><td>内含关联体验目标</td><td>8</td></tr>
<tr><td>目标价值引导显现</td><td>8</td></tr>
<tr><td rowspan="3">教学环节
完整合理落实</td><td>教学环节清晰完整</td><td>8</td></tr>
<tr><td>环节内容合理充实</td><td>8</td></tr>
<tr><td>学生活动时间充分</td><td>8</td></tr>
<tr><td rowspan="3">教学要素
相互匹配促进</td><td>问题目标环节两两匹配</td><td>8</td></tr>
<tr><td>技术促进活动形式内容</td><td>6</td></tr>
<tr><td>学科特色突出氛围浓郁</td><td>6</td></tr>
<tr><td rowspan="8">具有大概念核心问题教学特质</td><td rowspan="4">拓展学习视野</td><td>课堂与现实世界有恰当关联</td><td colspan="2" rowspan="8">选择一个表现突出的二级指标，在相应三级指标引导下，以现场学生表现为主要依据，以其余指标为背景，于本表的第二页写出150字以上的简要评价</td></tr>
<tr><td>有基于缄默知识的问题解决</td></tr>
<tr><td>有缄默知识运用的追踪剖析</td></tr>
<tr><td>知识运用剖析导向素养发展</td></tr>
<tr><td rowspan="4">投入实践活动</td><td>有真实而且完整的实践活动</td></tr>
<tr><td>实践活动深度融入两类情境</td></tr>
<tr><td>能够全身心地浸渍于活动中</td></tr>
<tr><td>活动内容和结果均丰富深入</td></tr>
</table>

续表

<table>
<tr><th rowspan="2">评价目标</th><th colspan="3">评价指标</th><th rowspan="2">评价
方法结果</th></tr>
<tr><th>一级指标</th><th>二级指标</th><th>三级指标</th></tr>
<tr><td rowspan="15">实现活动体验中的学习与素养发展</td><td rowspan="15">具有大概念核心问题教学特质</td><td rowspan="4">感受意义关联</td><td>有核心问题的深层意义感受</td><td rowspan="15"></td></tr>
<tr><td>有以知识为中心的关联感受</td></tr>
<tr><td>有以个人为中心的关联感受</td></tr>
<tr><td>有对三类大概念的关联感受</td></tr>
<tr><td rowspan="4">自觉反思体验</td><td>有实质性反思活动的开展</td></tr>
<tr><td>有课堂新因素的追踪利用</td></tr>
<tr><td>有体验的交流与改善重构</td></tr>
<tr><td>有概念生成中的素养发展</td></tr>
<tr><td rowspan="4">乐于对话分享</td><td>乐于自我的表达与认真地倾听</td></tr>
<tr><td>乐于合作中成果与思路的分享</td></tr>
<tr><td>乐于成果交流中深层意义分享</td></tr>
<tr><td>有宽容的对话氛围和双向交流</td></tr>
<tr><td rowspan="3">认同素养评价</td><td>认可素养评价</td></tr>
<tr><td>参与素养评价</td></tr>
<tr><td>利用素养评价</td></tr>
<tr><td colspan="5">大概念核心问题教学特质的简要评价（包括发展性建议）:</td></tr>
<tr><td colspan="5">本课采用的是大概念的核心问题教学，“投入实践活动”和“感受意义关联”两个一二级指标凸显充分。
本课的核心问题是：基于已读语篇《珍贵的价值》，探究“四个罐子”在生活中的具体消费方法和使用感受，重新设计并描述消费饼图，总结并谈论理财观的改变。本核心问题设置恰当，既能引导学生整节课活动的开展和体验，又能让学生体验意义关联，还能体现出本课时大概念的中心性、意义性、迁移性和持久性。
投入实践活动：本核心问题让学生完全浸渍在完整和真实的实践活动中，如解决问题环节中让学生以小组为单位讨论“四罐”理财法在生活中的使用；反思提升环节中总结消费饼图产生变化的几个领域并反思原因；运用反馈环节中讨论对“Improve Yourself”的理解及分享表达活动。同时，活动内容丰富，通过复习，首先回顾了“四罐”理财法的内容，并探析标题 Valuable Values 的内涵；通过小组活动，基于教师给出的标准，讨论“四罐”理财法在生活中的使用及使用感受；通过反思提升，反思消费饼图前后发生的改变，并探析背后的原因；通过小组讨论，运用本课所学表达对单元主题“Improve Yourself”的理解，绝大多数同学都能表达出本单元标题意义为通过规范自己在理财方面的行为，从而更好地实现自我管理，自我提升。
感受意义关联：本课的语篇内容为“四罐”理财法的介绍。通过这个文本载体，梳理出“四罐”理财法的具体内容，即从 Spending，Giving，Investing，Saving 四个方面对金钱进行管理。通过合理地将金钱放在这四个罐子里，能更好地实现金钱管理和应用。在解决问题环节中，学生获得了金钱使用与自身和周围人的关联感受，只有通过合理使用金钱，才能给自己和身边的人带来满足感和幸福感。在反思提升环节中，教师引导学生深入思考消费饼图前后发生的改变，并探析背后的原因，直观地感受到自己的成长和收获，在思维品质上进行提升和拔高，充分体现了概念结论类、思想方法类、价值观念类大概念间的紧密关联，让学生全方位深度感受意义关联。
综上，学生在本课的学习中有核心问题的完整活动的浸渍，有深层价值意义的感受，有以知识为中心的关联感受，有对三类大概念的深层关联感受，所以“投入实践活动”和“感受意义关联”这两个一二级指标凸显充分</td></tr>
</table>

大概念核心问题教学素养目标点检测表

课时名称	Valuable Values
所属单元	Book 5 Unit 2　Improve Yourself
单元大概念	简略化表达：提升自我。 大概念特征化表达：归纳概括关于时间管理、社交媒体使用、礼仪、金钱、情绪管理等“自我提升”核心大概念下的各语篇所呈现的观点，批判性吸收并反思自己的日常行为，听懂并谈论与自我提升有关的多模态语篇，加强学生的自我管理和自我提升意识，最终树立积极乐观，不断追求更好的自我的人生态度
单元核心问题	从听、说、读、写、看五方面，研习以“自我提升”为主题的多模态语篇，将习得的相关词汇及过去完成时等语言知识用于自己对于时间、社交媒体、礼仪、金钱、情绪管理等方面的观点表达
课时大概念	简略化表达：谈论金钱管理，实现自我提升。 特征化表达：基于有关“四罐”理财法的说明文《珍贵的价值》，学习并积累理财的基本思路、金钱管理话题下的相关语言表达；讨论“四罐”在生活中的具体用途，并重新绘制消费饼图，利用所学语言知识介绍自己的理财观念和消费习惯的转变，更深入地思考自我提升和金钱管理的关系，认识到合理规划金钱的重要性，从而树立理性消费的价值观
课时核心问题	基于已读语篇《珍贵的价值》，探究“四个罐子”在生活中的具体消费方法和使用感受，重新设计并描述消费饼图，总结并谈论理财观的改变
课时素养目标	参与语篇《珍贵的价值》阅读，进行人与自我关系的探究的活动。 能够理解文章大意，分析作者的写作意图，标题的含义、语篇结构和语言特点；运用课文相关语言知识，谈论自己的消费习惯；能够运用本文所学谈论对单元主题“Improve Yourself”的理解（达到语言能力二级水平）。 由此懂得通过合理使用金钱，从而实现自我管理、自我提升（达到文化意识二三级水平）
检测点	能有条理地描述高中生的消费现状，并给出金钱管理的建议
检测工具（检测题）	书信写作
分类标准	A. 运用课堂所学语言知识，条理清晰地描述高中生的消费饼图数据；列出了两个及以上的金钱管理建议，建议完全能体现出自我提升、自我管理的意识和积极乐观、不断追求更好的自我的人生态度，且能举例说明
	B. 较好地运用课堂所学语言知识，条理较为清晰地描述高中生的消费饼图数据；列出了一到两个建议，并能体现出一定的自我提升、自我管理的意识和积极乐观、不断追求更好的自我的人生态度，有一些例证，但在观点表达上有少许欠缺的点项
	C. 基本能运用课堂所学语言知识来描述高中生消费饼图数据；列出了一到两个建议，基本体现出自我提升、自我管理的意识和积极乐观、不断追求更好的自我的人生态度的，但在表达上欠缺两个或两个以上的点项
	D. 不能灵活运用课堂所学语言知识来描述高中生消费饼图数据；只列出了一个建议，且不能表达出自我提升、自我管理的意识和积极乐观、不断追求更好的自我的人生态度，完全没有相关表达和例证

续表

<table>
<tr><td rowspan="5">检测统计</td><td>分类等级</td><td>学生人数</td><td>百分比（总人数 33 人）</td></tr>
<tr><td>A</td><td>20</td><td>60.6%</td></tr>
<tr><td>B</td><td>11</td><td>33.3%</td></tr>
<tr><td>C</td><td>2</td><td>6.1%</td></tr>
<tr><td>D</td><td>0</td><td>0%</td></tr>
<tr><td>检测分析
结果运用</td><td colspan="3">本次一共 33 人参与点检测。运用课堂所学语言知识，条理清晰地描述高中生的消费饼图数据；列出了两个及以上的金钱管理建议，建议完全能体现出自我提升、自我管理的意识和积极乐观、不断追求更好的自我的人生态度，且能举例说明的同学高达 20 人（A 等），占比 60.6%。较好地运用课堂所学语言知识，条理较为清晰地描述高中生的消费饼图数据；列出了一到两个建议，并能体现出一定的自我提升、自我管理的意识和积极乐观、不断追求更好的自我的人生态度，有一些例证，但在观点表达上有少许欠缺的点项，一共有 11 人（B 等），占比 33.3%。只有 2 人（占 6.1%），基本能运用课堂所学语言知识来描述高中生消费饼图数据；列出了一到两个建议，基本体现出自我提升、自我管理的意识和积极乐观、不断追求更好的自我的人生态度的，但在表达上欠缺两个或两个以上的点项。 没有（0%）不能灵活运用课堂所学语言知识来描述高中生消费饼图数据；只列出了一个建议，且不能表达出自我提升、自我管理的意识和积极乐观、不断追求更好的自我的人生态度，完全没有相关表达和例证的同学。
从检测结果看，全班绝大多数学生（A20+B11=31 人，93.9%）能对本课所学内容进行知识的内化和关联，能把人与自我进行关联体验：人处在社会这个大环境中，个人的行为会对自身以及周围的人产生一定的影响，所以人们要学会调节自己的行为，从而提升自己，完善自己，形成积极的人生态度。并能联系实际进行举例阐述和说明，例如如何通过金钱管理提升自我，并对身边的人产生正面积极的影响，且能在新的问题情境中指导自己的行为。
但也有部分同学对人与自我的关系描述没有显性化出来或显性化不够完整。没有显性化出来的同学缺乏对人与自我关系的反思总结，仅停留在列举一些通过金钱让自己获得简单快乐的方法，缺乏思考如何利用金钱管理提升自己；还有少数同学对人与自我关系理解不全面，在反思并完善自身行为，提升自我方面表达不全，有的少了自我行为反思，有的少了行为完善，有的少了对其他人的影响的思考等。
综上，一方面，进入高三的学生对学科教学内容载体的显性信息获取和梳理要好一些，但对信息后的内涵挖掘深度还不够，对学习方法与策略的关注与提升不足。另一方面，以学科教学内容为载体，运用大概念核心问题教学进行的这类学习方法与策略指导课，的确能使学生从学科知识与能力、学科思想方法、学科价值观念多维度、深层次的学习体验，在深度体验中获得学科学习经验，积淀英语语言知识、语言技能、思维品质、学习技能等英语学科核心素养。因此，在后续的教学中，应着力加强学生思维品质和学习方法与策略的培育，观察发现学生学习方法与策略中存在的不足，进行强针对性的指导与交流</td></tr>
</table>

素养目标达成典型实例	王松 Dear Tom, Learning that you want to know the spending habits of Chinese students at senior high. Therefore, I am here to introduce them in detail. According to the spending pie chart, it's clear that the biggest share is school supplies, ~~while~~ which accounts for 59%. Books and magazine is the second largest share, 36% lower than school supplies and followed by snacks. In constrast, snacks and presents make up the smallest percentage of total 18%, which are 10% and 8% respectively. Based on the ~~stat~~ statistics, my suggestions about spending are as follows. Firstly, you should figue out how much money you will have each day. Secondly, you need to make a good plan, which means you should make a list about what you surely spend the money on and make a budget. Thirdly, carry out your plan and stick to it. That's all my suggestions. Looking forward to your early reply. A Dear Tom, 苏昶 How is everything going? Having known that you'd like to know the current situation of spending habits among students at senior high, I am willing to present my understanding about it. Demonstrated in above pie chart is an investigation of students' spending habits in No.1 senior High school. The proportion of school supplies holds for 59%, while students who would like to spend on books and magazines account for 23% approximately. In addition, snacks and presents take up 10%, and 8% respectively. Based on the above analysis, my suggestions are as follows. Firstly, you should make a budget and plan including your both fixed and variable costs. Secondly, you'd better track your spending. For example, you can use a notebook to record your spending. Finally, please shop smartly, which means comparing prices and quality before making purchases. Looking forward to your early reply. Yours Sincerely, Li Hua A Dear Tom, 王诗袁涵 I am glad to hear from you. As for the spending habits of Chinese students at senior high, I have something to share with you. As is clearly demonstrated in the pie chart, there is a series of figures showing the ratios about students' spending habits. It can be seen that school supplies accounts for the biggest part, which is 59%, followed by books and magazines, which occupies 23%, with snacks taking up 10% and presents accounting for 8%. When it comes to suggestions for spending, my views are as follows. Firstly, you should create a budget and stick to it, which means plan your expenses for the week, month or even the year. Secondly, you'd better learn the importance of saving and investing. Opening a saving account and depositing money regularly will make a big difference. Thirdly, it is suggested that you should understand the value of money and avoid spending on unnecessary items. Looking forward to your early reply. Yours sincerely, Li Hua A

素养目标达成典型实例	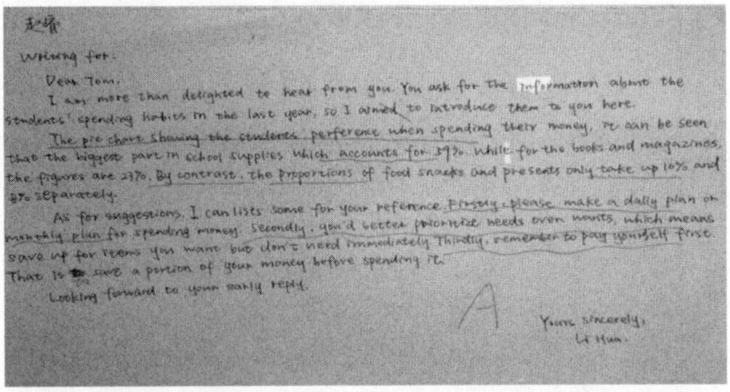 Writing for. Dear Tom, I am more than delighted to hear from you. You ask for the information about the students' spending habits in the last year, so I aimed to introduce them to you here. The pie chart showing the students' perference when spending their money, it can be seen that the biggest part in school supplies which accounts for 39% while for the books and magazines, the figures are 23%. By contrast, the proportions of food snacks and presents only take up 10% and 8% separately. As for suggestions, I can lists some for your reference. Firstly, please make a daily plan or monthly plan for spending money. Secondly, you'd better prioritize needs over wants, which means save up for items you want but don't need immediately. Thirdly, remember to pay yourself first. That is save a portion of your money before spending it. Looking forward to your early reply. A Yours sincerely, Li Hua. 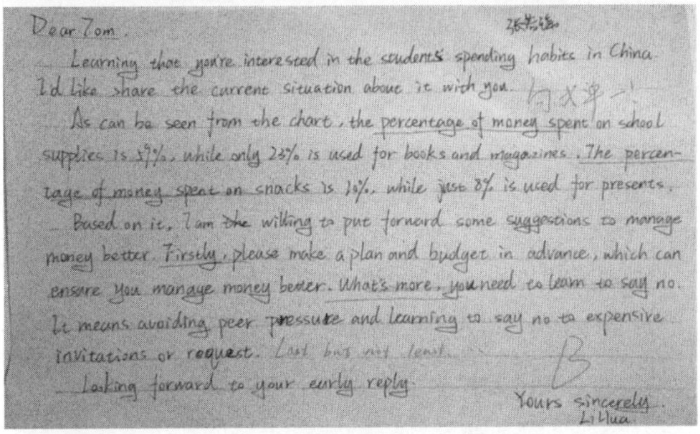 Dear Tom, Learning that you're interested in the students' spending habits in China, I'd like share the current situation about it with you. As can be seen from the chart, the percentage of money spent on school supplies is 59%, while only 23% is used for books and magazines. The percentage of money spent on snacks is 10%, while just 8% is used for presents. Based on it, I am willing to put forward some suggestions to manage money better. Firstly, please make a plan and budget in advance, which can ensure you manage money better. What's more, you need to learn to say no. It means avoiding peer pressure and learning to say no to expensive invitations or request. Last but not least. Looking forward to your early reply. B Yours sincerely, Li Hua 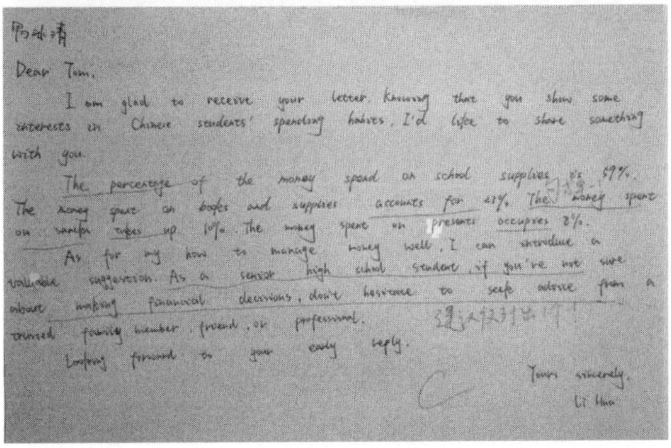 Dear Tom, I am glad to receive your letter. Knowing that you show some interests in Chinese students' spending habits, I'd like to share something with you. The percentage of the money spend on school supplies is 59%. The money spent on books and supplies accounts for 23%. The money spent on snacks takes up 10%. The money spent on presents occupies 8%. As for my how to manage money well, I can introduce a valuable suggestion. As a senior high school student, if you're not sure about making financial decisions, don't hesitate to seek advice from a trusted family member, friend, or professional. Looking forward to your early reply. C Yours sincerely, Li Hua 从以上点检测可以看出，前四位同学都能很好地运用课堂所学语言知识，条理清晰地描述高中生的消费饼图数据；列出了两个及以上的金钱管理建议，建议完全能体现出自我提升、自我管理的意识和积极乐观、不断追求更好的自我的人生态度，且能举例说明。故评为 A 等。 第五位同学较好地运用课堂所学语言知识，条理较为清晰地描述高中生的消费饼图数据，但语言运用较为生硬；列出了两个建议，并能体现出一定的自我提升、自我管理的意识和积极乐观、不断追求更好的自我的人生态度，有一些例证，但在观点表达上有少许欠缺的点项。故评为 B 等。 第六位同学基本能运用课堂所学语言知识来描述高中生消费饼图数据，但词汇和句型表达较为单一；仅列出了一个建议，基本体现出自我提升、自我管理的意识和积极乐观、不断追求更好的自我的人生态度的，但在表达上欠缺两个或两个以上的点项。故评为 C 等	

续表

检测反馈	反馈调整 1. 针对学生 对学生完成的评价反馈作业进行认真的归类分析后，从课堂学习及课后作业两个方面向学生进行反馈交流。针对课堂交流互动积极性略欠佳这一情况，激励学生在今后的课堂学习中更大胆地表达自己的观点与见解，这样有助于理解与内化所学知识；学生课后作业完成情况良好，因此在对全班进行肯定性评价的基础上，通过剖析优秀案例，加强学生的相互学习和借鉴。与反馈作业中结果不太好的学生（包括质量和书写等方面）进行沟通交流，以期在今后的学习中有更好的表现，能对学科知识、思想方法和价值观念进行更好的迁移和运用。 2. 针对教师 认真对课前教学设计、课堂教育教学及课后作业情况进行反思后，从课堂教学与课后作业两个方面对自己提出反馈调整意见： （1）系统思维培养方面，课堂上应更大胆地放手让学生去做，如在课前应让学生以小组为单位提前查阅相关资料，并结合自身的理解和生活常识，在课堂前尝试描述自己的消费习惯，这样更有利于学生系统思维和学习能力的培养。 （2）师生评价方面，运用反馈环节，学生在表达对单元标题“Improve Yourself”的理解和观点时，教师的评价应该更有针对性和指导性，不能一概地评论“Good idea; Wonderful; It doesn't matter”等。对回答得好的同学，多一些概括性评价，对回答欠佳的同学，多些指导性、激励性评价和建议，以提高学生的学习技能，激励学生英语学习的积极性